EDITION
Directeurs de collection et auteurs : Dominique AUZIAS et Jean-Paul LABOURDETTE
Auteurs : Maxime DRAY, Nathalie GENTAZ, Jérôme BOUCHAUD, Emmanuelle BLUMAN, Franck CHAUVERY, Cécile FERRI, Jean-Paul LABOURDETTE, Dominique AUZIAS et alter
Directeur Editorial : Stéphan SZEREMETA
Responsable Editorial Monde : Patrick MARINGE
Rédaction Monde : Caroline MICHELOT, Morgane VESLIN, Pierre-Yves SOUCHET, Leena BRISACQ
Rédaction France : François TOURNIE, Talatah FAVREAU, Bénédicte PETIT

FABRICATION
Responsable Studio : Sophie LECHERTIER assistée de Romain AUDREN
Maquette et Montage : Julie BORDES, Élodie CLAVIER, Sandrine MECKING, Delphine PAGANO, Laurie PILLOIS
Iconographie et Cartographie : Audrey LALOY

WEB ET NUMERIQUE
Directeur Web : Louis GENEAU de LAMARLIERE
Directeur technique : Lionel CAZAUMAYOU
Chef de projet et développeurs : Jean-Marc REYMUND, Cédric MAILLOUX, Florian FAZER et Anthony GUYOT
Community Manager : Cyprien de CANSON

DIRECTION COMMERCIALE
Directrice des Régies : Caroline CHOLLET
Responsable Régies locales : Michel GRANSEIGNE
Relation Clientèle : Vimla MEETTOO et Sandra RUFFIEUX
Chefs de Publicité Régie nationale : Caroline AUBRY, François BRIANCON-MARJOLLET, Perrine DE CARNE MARCEIN, Caroline GENTELET, Florian MEYBERGER, Caroline PREAU

REGIE INTERNATIONALE
Chefs de Publicité : Jean-Marc FARAGUET, Guillaume LABOUREUR, assistés d'Elisa MORLAND
Régie Thaïlande : Baptiste GALDEMAR

DIFFUSION ET PROMOTION
Directrice des Ventes : Bénédicte MOULET assistée d'Aïssatou DIOP, Alicia FILANKEMBO
Responsable des ventes : Jean-Pierre GHEZ assisté de Nathalie GONCALVES
Relations Presse-Partenariats : Jean-Mary MARCHAL

ADMINISTRATION
Président : Jean-Paul LABOURDETTE
Directeur Administratif et Financier : Gérard BRODIN
Directrice des Ressources Humaines : Dina BOURDEAU assistée de Sandra MORAIS et Vianney LAVERNE
Responsable informatique : Pascal LE GOFF
Responsable Comptabilité : Valérie DECOTTIGNIES assistée de Jeannine DEMIRDJIAN, Oumy DIOUF, Christelle MANEBARD
Recouvrement : Fabien BONNAN assisté de Sandra BRIJLALL
Standard : Jehanne AOUMEUR

PETIT FUTE THAÏLANDE
Petit Futé a été fondé par Dominique AUZIAS.
Il est édité par Les Nouvelles Editions de l'Université
18, rue des Volontaires - 75015 Paris.
℡ 01 53 69 70 00 - Fax 01 42 73 15 24
Internet : www.petitfute.com
SAS au capital de 1 000 000 € -
RC PARIS B 309 769 966
Couverture : © puwanai
Impression : IMPRIMERIE CHIRAT - 42540 Saint-Just-la-Pendue
Dépôt légal : 11/02/2016
ISBN : 9782746996328

Pour nous contacter par email, indiquez le nom de famille en minuscule suivi de @petitfute.com
Pour le courrier des lecteurs : info@petitfute.com

W9-BIZ-351

La Thaïlande est sans doute actuellement la destination la plus recommandée pour tous ceux qui veulent décompresser en toute quiétude et oublier l'espace d'un instant les affres que l'on a vécu en France ou ailleurs en 2015. Terre de méditation et de remise en forme, plages paradisiaques et forêts tropicales, que vous soyez amateur de nature ou d'architecture, fin gourmet ou sportif accompli, la Thaïlande offre un panel extraordinaire d'activités en tous genres et toujours dans d'excellentes conditions. Le pays en mouvement perpétuel, les constructions à Bangkok sont de plus en plus impressionnantes et la futur super-tour Rama IX devrait culminer à 619 mètres d'altitude, accueillera encore en 2016 plus de 28 millions de touristes. Mais la Thaïlande ne se résume pas à Bangkok, ses attractions nombreuses et ses nuits endiablées. Pattaya, Koh Samui, Phuket et Chiang Mai devraient comme chaque année tirer leurs épingles du jeu. D'autres villes, dont vous découvrirez moult informations dans votre guide Petit futé, méritent plus qu'un détour ; Ayuttaya, Sukhothai, Tak, Nan, Khao Yai, Nakhon Ratchasima, Loei au nord de la capitale, Rayong, Trat, Koh Chang au Sud-Est, Hua Hin, Prachuap Khiri Kan, Trang au Sud-Ouest. Sans oublier les parcs nationaux, qui depuis quelques années font l'objet d'une véritable reprise en main ainsi que les nombreuses îles enchanteresses, Koh Tarutao, Phi Phi... qui se sont remises du tsunami de 2004. Bien que la baisse de l'Euro fût importante ces deux dernières années, cela n'a pas vraiment affecté les budgets des voyageurs. Les hôtels restent très bon marché, les transports extrêmement peu couteux, et question nourriture, la gastronomie thaïlandaise, l'une des plus fameuses au monde, se déguste pour trois fois rien. Entre amis, seul, en famille, les thaïlandais avec leurs sourires légendaires sont déjà prêts à vous accueillir ! Une raison de plus pour vous rendre dans cet *Amazing Thailand*.

L'équipe de rédaction

Remerciements. *Une pensée à Hilde, Arwen, Olivier, Marilda, Christophe, Johanna, mon équipe à Paris et toutes les personnes rencontrées sur les routes du pays, qui m'ont enrichi de leurs connaissances et de leurs vécus. Un remerciement tout particulier à Mlle Kodchanuch Wanchusert.*

PEFC
10-31-1895

Certifié PEFC
Ce produit est issu de forêts gérées durablement et de sources contrôlées.
pefc-france.org

IMPRIMÉ EN FRANCE

OFFERT
ce guide
au format
numérique
Retrouvez cette offre
en page 109

SOMMAIRE

VOYAGE Sébastien + Élisabeth
décembre 2016

■ GOLFE DE THAÏLANDE – CÔTE OUEST

■ CÔTE DE LA MER D'ANDAMAN ■

■ PENSE FUTÉ ■

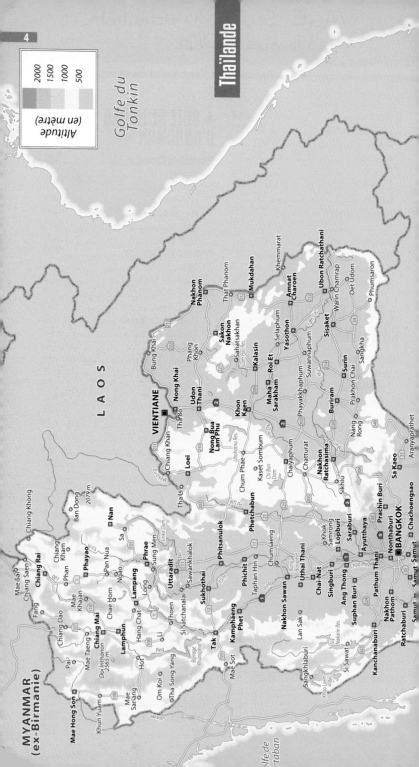

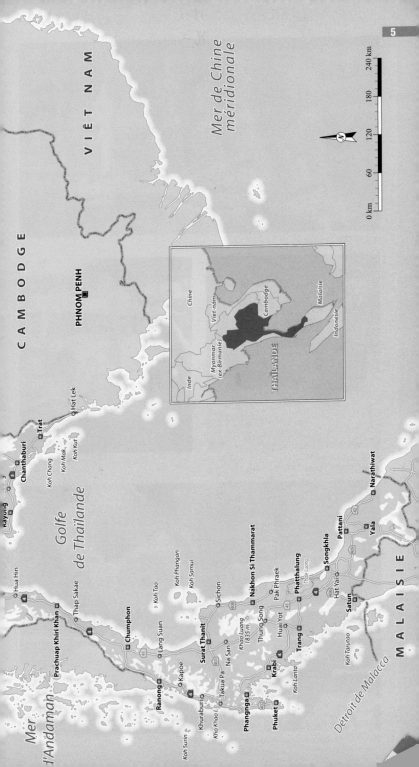

Wat Yai Chai Mongkol.

Balade à dos d'éléphant
au Maetaman Elephant Camp, Mae Rim.

Touk-touk au marché Pak Klong Talaat.

Les boxeurs exécutent le Ram Muay avant de combattre.

LES PLUS DE LA THAÏLANDE

Un climat tropical

La réputation du climat de Thaïlande n'est plus à faire. Ses plages de sable fin et ses eaux d'un bleu turquoise sont l'image des Tropiques ! Le climat est rythmé par la mousson d'Asie. On distingue trois grandes zones climatiques : la partie continentale (occupant la moitié nord du pays), la côte de la mer d'Andaman (au sud-ouest) et les côtes du golfe de Thaïlande.

Un musée naturel

Ce pays, dont la forme géographique ressemble à une grande tête d'éléphant de profil, a fait de cet animal son symbole national. A celui-ci s'ajoutent de nombreux mammifères (singes, buffles, tigres, léopards…) qu'il vous sera possible d'apercevoir dans certains parcs nationaux du pays. Les côtes regorgent de poissons et autres animaux marins multicolores. La diversité des paysages et des espèces naturelles de Thaïlande est remarquable. La Thaïlande recense sur son territoire près de 10 % des essences connues dans le monde des orchidées, lotus et autres bougainvilliers. Du Nord au Sud, des escarpements verdoyants du Triangle d'or, confluence du Myanmar et du Laos, aux massifs calcaires dressés dans les eaux turquoise des îles paradisiaques du Sud, en passant par les plaines et les rizières de l'Isaan, bordées à l'Est par le Mékong, les paysages et les sites historiques ou religieux se succèdent comme dans un songe, d'une beauté extrême et d'une variété sans pareille.

Le pays du sourire

Argument touristique exploité à l'excès, vous croiserez ce fameux sourire tout au long de votre périple. Mais parler de sourire au singulier est une erreur que les « farangs » font générale-ment par ignorance. Les Thaïlandais utilisent près de 18 sourires différents, à tel point qu'il existe un manuel officiel du sourire édité par l'Institut Royal thaïlandais. Sourire généreux, d'acquiescement, sourire d'incompréhension, sourire honteux, de remerciement, de provo-cation… Un langage complexe qui s'exprime aussi avec les yeux et parfois avec la main. À vous d'être attentif ! Et plus vous vous éloi-gnerez des grands lieux touristiques, plus vous serez confronté à cette multitude de sourires, comme en Isaan ou tout au sud du pays. Les Thaïlandais seront toujours prêts à vous aider dans votre parcours, et leur naturel curieux et spontané les incitera à engager la conversation avec vous. Échanges chaleureux ponctués de bribes d'anglais, de hochement de tête, de sons gutturaux, de charabia incompréhensible, inlas-sablement accompagné de larges sourires…

Une des meilleures cuisines au monde

Un voyage en Thaïlande est une occasion unique de goûter aux mets exotiques, aux nombreux aliments inconnus, aux fruits difficilement trou-vables en France. Rien que dans la capitale, on dénombre près de 500 000 « cuisiniers » de rues, plusieurs milliers de restaurants, des marchés, de très bonnes tables avec de grands Chefs internationaux… Et quelques marchands ambulants aussi, généralement dans les coins les plus animés de la capitale, proposant pour quelques bahts des criquets, des vers ou des scorpions frits… Vous n'aurez donc aucune excuse pour expérimenter la richesse de cette cuisine. Reconnue comme l'une des plus popu-laires et des plus appréciées au monde, elle se caractérise par son originalité, sa variété, sa subtilité. Parfumée, elle met l'accent sur le mélange des saveurs, des textures, intégrant de nombreux ingrédients telles les herbes et les épices.

© MAXIME DRAY

Femme et enfant de la tribu des Lahus.

Influencée par ses voisins, elle s'est enrichie au fil du temps des habitudes occidentales, indiennes, chinoises. La cuisine thaïe est une cuisine de partage, sans tabou. Les différents plats commandés sont généralement servis tous ensemble. Donc, plus vous serez nombreux assis autour d'une table ou par terre, plus les plaisirs seront grands !

Une destination bon marché

Une étude récente a démontré que le coût de la vie est jusqu'à cinq fois moins cher en Thaïlande. Mais ce qu'elle ne dit pas, c'est qu'à trouver tout moins cher, on est incité à consommer plus. Néanmoins, on peut réellement se faire plaisir à commencer par la nourriture, très bon marché et en plus délicieuse, préparée dans la rue ou dans des petits restaurants de quartiers. Fraîche, variée et généreuse, elle est à essayer absolument. Les transports sont relativement peu chers, plus encore si vous voyagez en utilisant les transports en commun. Les trains sont généralement ponctuels et confortables. Les trajets en autocar reliant les principales villes régionales sont convenables, rapides et très nombreux. De nombreuses compagnies privées assurent des navettes par minibus entre les différentes zones touristiques, notamment depuis Bangkok, quasiment « porte à porte ». Et pour l'hébergement, on trouve encore de petites merveilles à quelques centaines de bahts, même à Bangkok !

De beaux spots de plongée sous-marine

Amateur ou passionné, vous serez émerveillé par la beauté des fonds sous-marins de Thaïlande et la variété des espèces tropicales, y compris différentes sortes de requins, de raies, de tortues marines… La vie sous-marine est remarquable de par sa diversité et ses couleurs chatoyantes.

Le pays fait également partie des destinations privilégiées de plongée en raison de ses eaux chaudes (28 °C en haute saison) avec une bonne visibilité en dehors de la mousson ; un relief côtier souvent très découpé – choix de tombants, grottes, récifs coralliens ponctués d'épaves – offrant de multiples sites d'exploration ; un encadrement technique de niveau international ; des tarifs avantageux (du moins jusqu'à présent). On trouve des centres de plongée à peu près partout sur les côtes de la mer d'Andaman ou du golfe de Thaïlande, mais les secteurs les plus intéressants sont les suivants :

▶ **Ranong** (en dehors de la mousson) avec la proximité des archipels Surin et Mergui.

▶ **Phuket** avec les abords de Koh Phi Phi et l'archipel des Similan.

▶ **Koh Tao** et la partie nord de Koh Pha Ngan.

▶ **les îlots situés au sud de Koh Chang** (dont Koh Kood).

▶ **Koh Samui** constituerait plutôt une zone d'apprentissage et de mise à niveau technique. En période de pluies, des particules en suspension viennent troubler la limpidité des eaux côtières : d'où l'intérêt de pouvoir se rendre sur des îlots ou hauts-fonds isolés… De toute façon, il est préférable de consulter les sites Internet des différents clubs de plongée et de prendre contact avec les spécialistes avant de fixer les dates d'un voyage consacré à la plongée.

© ERIC MARTIN – ICONOTEC

Ko Hua Khwan.

Argent

Monnaie

La monnaie nationale est le baht (THB, divisé en 100 satangs). On trouve en circulation des pièces de 50 et 25 satangs, et de 10, 5 et 1 baht(s). Cette dernière pièce existe en trois types différents. Les pièces de 50 ou 25 satangs sont en cuivre jaune. Les billets de 20 bahts sont verts, ceux de 50 bahts bleus, de 100 bahts orange, de 500 bahts violets et de 1 000 bahts gris. Les billets de banque sont à l'effigie du roi Rama IX : cette image est considérée comme sacrée. N'allez pas vous risquer à manquer de respect à son Altesse royale, cela pourrait vous coûter fort cher !

Taux de change

▶ **Taux de change (novembre 2015).** 1 € = 37 B • 1 US$ = 32 B • 1 CAN$ = 28 B • 1 CHF = 35 B.

Idées de budget

▶ **Petit budget :** si vous voyagez modestement, vous pouvez compter environ 15 € par jour et par personne (hébergement, nourriture et transports urbains).

▶ **Budget moyen :** 15 à 30 € par jour, si vous regardez moins à la dépense. À Bangkok, la nourriture est dans l'ensemble plus chère, sauf à Thonburi et dans des quartiers ouvriers comme Khlong Toey et Makkasan. Dans les îles du Sud comme Koh Samui, Koh Tao, Phuket ou Koh Phi Phi (grande fréquentation touristique !), le prix de l'hébergement est à multiplier par deux (et même par trois en haute saison !). En province, aux confins de l'Issan ou près du Myanmar, ce serait plutôt l'inverse !

▶ **Gros budget :** à partir de 50 € par jour et par personne, on voyage dans de très bonnes conditions. Mais ensuite, il n'y a pas de limite…

La Thaïlande en bref

Le pays

▶ **Nom officiel :** Royaume de Thaïlande.

▶ **Capitale :** Bangkok ; 9,5 millions d'habitants environ officiellement. (Officieusement on serait plus proche de 15 millions).

▶ **Superficie :** 513 000 km².

▶ **Langue officielle :** le siamois (aussi appelé thaï).

Drapeau de la Thaïlande

Adopté en 1917, il présente cinq bandes symétriques horizontales : le rouge symbolise le sang versé pour maintenir l'indépendance du Siam ; le bleu central est la couleur de la monarchie thaïlandaise ; quant au blanc, il incarne la pureté et la religion dominante au pays du sourire : le bouddhisme.

▶ **Langues parlées :** chinois, anglais, isaan (nord-est, proche du Laos) et nombreux dialectes d'ethnies minoritaires et montagnardes (H'mong, Yao, Karen…).

▶ **Régime politique :** monarchie constitutionnelle. Mais actuellement, c'est l'armée qui dirige le pays. Le général Prayuth Chan-ocha est le Premier ministre depuis le 22 mai 2014.

La population

▶ **Nombre d'habitants :** 67,01 millions d'habitants (2014).

▶ **Espérance de vie :** 73 ans (hommes) ; 77 ans (femmes).

▶ **Taux de naissance :** 10,48 ‰.

▶ **Taux de mortalité :** 7,6 ‰.

▶ **Densité :** 132 hab./km².

▶ **Taux d'alphabétisation :** 93 % (de la population de + de 15 ans).

▶ **Population urbaine :** 33 % de la population nationale.

▶ **Religion :** pays bouddhiste theravâda à 94,6 %, avec minorités musulmane (4,6 %, principalement dans la région Sud) et chrétienne (0,7 %).

L'économie

▶ **Produit Intérieur Brut :** 387,5 milliards de dollars américains (2013).

▶ **PIB/hab :** 5 474 US$ (2012).

▶ **Répartition de la richesse (PIB) :** agriculture : 12 % ; industrie : 44 % ; service : 44 %.

▶ **Principaux partenaires commerciaux :** États-Unis, Chine, Japon, Union Européenne, Singapour (la France est 20e).

▶ **Taux de chômage :** 0,9 % (2014).

Téléphone

▶ **Code international de la Thaïlande :** +66.

Comment téléphoner ?

▶ **Depuis la France vers la Thaïlande :** 00 + 66 (indicatif pays) + indicatif de la ville (sans le 0) + le numéro du correspondant.

▶ **Depuis la Thaïlande vers la France :** 00 + 33 + le numéro du correspondant, sans le 0 de la numérotation à 10 chiffres.

▶ **En Thaïlande :** pour appeler une autre région, composer l'indicatif de la région (02 pour Bangkok par exemple), puis le numéro du correspondant.

Coût du téléphone

▶ **1 min de téléphone pour l'Europe :** entre 8 et 20 B.

▶ **1 h de connexion Internet :** 20 à 60 B.

Décalage horaire

+ 5 heures en été/+ 6 heures en hiver (en fait GMT + 7). La nuit tombe tôt (vers 18h30), mais la vie sociale ne s'arrête que plus tard, car la température est plus fraîche donc plus agréable que dans la journée. Le soleil se levant très tôt (vers 5h30/6h), il peut être intéressant d'en profiter pour admirer un lever de soleil ou se promener dans les rues et observer la vie alentour.

Formalités

Pas besoin de payer un visa si vous restez moins de 30 jours en Thaïlande. Et un aller-retour rapide à une frontière voisine (par exemple : Laos, Myanmar ou Cambodge) suffit pour faire renouveler cette autorisation de séjour, bien que depuis peu le délai ait été raccourci à 15 jours au lieu d'un mois, renouvelable seulement 4 fois, après il faut prendre un avion supplémentaire à chaque « sortie ».

Climat

La Thaïlande bénéficie d'un climat tropical à 3 saisons : l'été (mars à mai) ; la saison intermédiaire, caractérisée par une alternance de pluies tropicales et de soleil (juin-septembre) et la saison dite « fraîche » (octobre-février), où les températures restent tout à fait estivales selon les critères européens. La température moyenne annuelle est de 28°C, avec des variations relativement faibles tout au long de l'année.

© ÉRIC MARTIN – ICONOTEC

Baie de Phang Nga.

© S.NICOLAS – ICONOTEC

Vue générale du quartier moderne de Bangkok.

Saisonnalité

Pour le continent et la côte d'Andaman, on distingue trois saisons. La saison sèche, de novembre à mars, est la plus agréable (27 °C en moyenne). La saison des pluies, de juin à octobre, où le climat devient lourd et humide avec des orages en fin de journée, reste très supportable. Une troisième saison, assez courte (avril à mai) précède l'arrivée de la mousson : c'est la canicule avec de rares précipitations, plus difficile à supporter pour ceux qui ne sont pas habitués. À Bangkok, les pluies sont plus abondantes d'août à septembre. Dans le golfe de Thaïlande, la mousson est décalée de deux à trois mois. Les grandes pluies arrivent sur l'archipel de Koh Samui entre fin octobre et début décembre. À cette même époque, il fera beau sur le secteur de Phuket à Krabi, normalement. Quoi qu'il advienne, les eaux de la mer d'Andaman et du golfe de Thaïlande restent chaudes durant toute l'année.

Bangkok

Janvier	Février	Mars	Avril	Mai	Juin	Juillet	Août	Sept.	Octobre	Nov.	Déc.
20°/ 32°	22°/ 33°	24°/ 34°	25°/ 35°	25°/ 34°	24°/ 33°	24°/ 32°	24°/ 32°	24°/ 32°	24°/ 31°	22°/ 31°	20°/ 31°

Chiang Mai

Janvier	Février	Mars	Avril	Mai	Juin	Juillet	Août	Sept.	Octobre	Nov.	Déc.
13°/ 29°	14°/ 32°	17°/ 35°	21°/ 36°	23°/ 34°	23°/ 32°	23°/ 32°	24°/ 31°	23°/ 31°	22°/ 31°	19°/ 30°	24°/ 29°

Phuket

Janvier	Février	Mars	Avril	Mai	Juin	Juillet	Août	Sept.	Octobre	Nov.	Déc.
24°/ 31°	24°/ 32°	26°/ 33°	25°/ 33°	24°/ 32°	24°/ 32°	24°/ 31°	24°/ 31°	24°/ 30°	24°/ 31°	24°/ 31°	24°/ 31°

IDÉES DE SÉJOUR

Un week-end à Bangkok

▶ **1er jour :** Votre journée commence tôt par la visite des principaux temples : le Wat Pho, le Grand Palais et le Wat Phra Kaew. Prendre ensuite un bateau-bus pour vous rendre au Wat Arun. Retraverser le fleuve Chao Phraya, monter dans un tuk tuk direction Chinatown pour le déjeuner, mélange d'architecture, de communautés teochew, cantonaise, hakka et minnan. Vous pourrez en profiter pour faire quelques achats dans l'immense marché, véritable labyrinthe et dédales de rues dédiés au shopping. Un petit retour à votre hôtel pour vous rafraîchir. Il est temps d'aller assister à un match de boxe thaïe au Lumpini Stadium ou au Ratchadamnoen. Vous rendre dans l'un des nombreux restaurants de Silom pour souper. Poursuivre enfin votre soirée avec un cocktail sur le rooftop d'un gratte-ciel qui domine la ville, au Scarlett du Pullman G par exemple ou dans les sous-sols énigmatiques de Silom road, au Maggie Choo's, ambiance prohibition garantie. Les plus endurants se rendront dans l'une des nombreuses discothèques du coin ou pourquoi pas au marché nocturne de Patpong et ses rues endiablées.

▶ **2e jour :** Direction le marché Chatuchak. N'oubliez pas de vous munir d'un plan. Vous trouverez sur place une multitude de stands proposant des spécialités culinaires en tout genre. Retour dans votre lieu d'hébergement pour y déposer tous vos achats. Et pour ceux qui n'aiment pas les grands marchés, balade sur la Chao Phraya, à la frontière sud de Klong Toei, pour y admirer les marchés aux poissons ainsi que l'animation toute particulière du plus grand bidonville de Bangkok, lieu authentique des premiers arrivants de Bangkok. Rendez-vous ensuite à la maison de Jim Thompson pour une tranche d'histoire en passant par Victory Monument ou au musée des barges royales. La soirée se termine dans les rues animées de Khaosan Road.

La Thaïlande en deux semaines

▶ **1er et 2e jours :** Bangkok. Découverte de la capitale d'une manière panoramique : balade en *long tail boat* sur les klongs et (ou) circuit en vedette sur la rivière Chao Phraya. Escale au temple Wat Arun et visite des principaux joyaux de Bangkok. Le Wat Phra Kaew abritant le Bouddha d'Emeraude et le Wat Po

avec sa grande statue du bouddha couché. Le lendemain, découverte du marché flottant de Damnoen Saduak. Soirée à Khaosan road.

▶ **3e jour :** Bang Pa In et Ayutthaya. Visite des antiques temples, Wat Chai Watthanaram, Wat Lokaya Sutharam, Wat Na Phra Men et de l'ancienne capitale fondée en 1350 par le roi U-Thong.

▶ **4e jour :** Kanchanaburi et le pont de la rivière Kwaï. Sur la route, découverte du marché flottant de Damnoen Saduak et possibilité de s'arrêter en chemin à Nakhon Pathom, où l'on peut voir la plus grande pagode du monde. Puis, dans la région est de Bangkok, découverte de Kanchanaburi et du fameux pont de la rivière Kwaï, construit pendant la guerre sur ordre des occupants japonais. Le « chemin de fer de la mort » emprunte la voie ferrée de Kanchanaburi jusqu'à Nam Tok et passe sur le pont. « Survol » impressionnant de la vallée. Possibilité de faire un safari nocturne à partir d'un camp d'éléphants. Soirée restaurant à Kanchanaburi au bord de la rivière… ou sur la rivière.

▶ **5e jour :** Phitsanulok et Sukkotai. Phitsanulok. Le matin, départ pour la visite des tribus H'mong de Lomsak, avec étape éventuelle au retour à la cascade de Kengsopha. À une heure en bus de Phitsanulok, Sukkotai. Visite en vélo des ruines du parc historique classé au patrimoine de l'Unesco, capitale du premier royaume siamois et symbole de la grandeur thaïe au XIIIe siècle. Découverte des vestiges khmers et thaïs : Wat Mahathat, ancien palais royal, Wat Si Chum, Wat Sa Da Pha Daeng, le plus vieux monument de la cité. Soirée en ville.

▶ **6e et 7e jours :** Chiang Mai, la « Rose du Nord ». Découverte du charme particulier de la vieille ville. Le premier jour, visite des plus anciens temples de la cité : Wat Chedi Luang, Wat Phra Singh… Soirée dans le Night Market, puis pour les plus jeunes, au Zoe in Yellow sur la petite place proche de Thanon Ratchaphakhinai. Le lendemain, trouver une agence de trekking sérieuse qui puisse organiser une excursion à la découverte des ethnies minoritaires des montagnes : H'mong, Yao, Akha et Lahu ou Karen. Combiner avec une excursion à dos d'éléphant. Si vous y séjournez un dimanche, surtout ne manquez pas le marché du walking street sur Ratchadamnoen road en soirée.

▶ **8e jour :** Chiang Rai. Départ en bus dans la matinée pour Chiang Rai, tout au nord de la

Thaïlande. Découverte du Triangle d'Or pour son fameux panorama, région mythique où certaines ethnies montagnardes font encore pousser le pavot (il est conseillé de ne pas s'y aventurer seul). Visite de villages d'ethnies locales (H'mong, Yao, Akha, etc.). A 13 kilomètres de Chiang Rai, le Wat Rong Khun, plus connu sous le nom de temple blanc.

▶ **9ᵉ et 10ᵉ :** Direction Udon Thani, la plus grande ville de l'Isaan. Visite de la ville et souper au bord du lac. Le lendemain, se rendre au Phu Prabhat Historical Park. Retour dans la ville pour une balade dans le Marché de nuit.

▶ **11ᵉ jour :** La province de Loei et le district de Dan Sai. Une région en dehors du temps, qui vit au rythme des saisons. Authenticité garantie, paysages extraordinaires, histoire et culture. Entre juin et juillet, à ne pas manquer, le festival Phi Ta khon (fête des esprits et des fantômes).

▶ **12ᵉ jour :** Surin. Le 3ᵉ week-end de novembre se tient le plus grand rassemblement d'éléphants de Thaïlande. En dehors de cette période, vous pouvez visiter les ruines du Prasat Si Khonphum ou celles du Prasat Hin Ban Pluang, datant de l'époque khmère et non loin, l'immense Bouddha Blanc sur la colline.

▶ **13ᵉ jour :** Pattaya. Station balnéaire connue mondialement pour ses plages, son Walking street et ses fêtes endiablées...

▶ **14ᵉ jour :** Retour à Bangkok. Balade en ville, derniers achats, un dernier verre sur le toit de la ville au Bayoke.

La Thaïlande en trois semaines

Ce planning indicatif est volontairement chargé. Il propose une idée de voyage sur trois semaines. Rien n'empêche de supprimer ou de prolonger une étape pour profiter d'un vrai repos ou simplement de rester dans un lieu où l'on se sent bien... Il est clair qu'on ne peut tout voir d'un pays grand comme la France en l'espace de quelques jours ! A vous de « potasser » dans ce guide les chapitres des régions qui vous intéressent et de composer votre parcours idéal.

▶ **Jours 1 à 8 :** Reprendre les idées du séjour « La Thaïlande en deux semaines ».

▶ **9ᵉ jour :** Chiang Rai. La ville est la porte d'entrée du Triangle d'Or. Visite du musée Hilltribe et du marché aux fleurs. Le soir, une sortie au Night Market s'impose. A 13 kilomètres, le Wat Rong Khun, plus connu comme le temple blanc.

▶ **10ᵉ jour :** retour à Chiang Mai. Depuis Chiang Mai, départ vers Lampang : démonstration de dressage des éléphants et visite de « l'hôpital ». Balade au très réputé Thung Kwain Forest Market, où sont vendus des plantes et des

animaux sauvages à usage médicinal et culinaire. Visite de l'un des plus anciens et des plus beaux sanctuaires de Thaïlande du Nord : Wat Phra That Lampang Luang. Retour dans l'après-midi sur Chiang Mai. Fin d'après-midi et coucher de soleil depuis le Doi Suthep : superbe panorama de Chiang Mai et des montagnes alentour à 700 m au-dessus de la plaine.

▶ **11ᵉ jour :** transit vers Phuket (avion) ou Koh Samui (avion ou ferry). Pour se rendre directement à Koh Tao en évitant Koh Samui, transit vers Chumphon (7 heures de bus), suivi de la traversée en bateau express (billet combiné) vers Koh Tao : débarquement à Mae Had et hébergement (par exemple) sur la petite baie de Jansom... Séjour éventuel à Koh Samui : journée tranquille à la plage ou repérage de l'île en mobylette (prudence sur la route).

▶ **12ᵉ au 14ᵉ jour :** séjour au choix entre Koh Tao ou Koh Pha Ngan pour ses soirées « Moon » (éventuellement Koh Samui, île plus fréquentée). Journées à la plage : et possibilité de faire quelques excursions à l'intérieur des terres à la découverte des panoramas, plongée, *snorkeling...*

▶ **15ᵉ jour :** pour ceux qui veulent découvrir la côte d'Andaman (sauf en août-septembre à cause de la mousson), transit en bus depuis Surat Thani, direction Phuket. Arrivée à Phuket Ville (centre-ville plutôt « calme », mais accès direct en bateau vers Koh Phi Phi le matin) ou Patong Beach, restaurants et spectacles ou Walking Street et discothèques.

Vue du Wat Arun sur le fleuve Chao Phraya.

▶ **16e au 19e jour :** boucle entre Phuket, Koh Phi Phi, Krabi, baie de Phang Nga et retour à Phuket : choix d'excursions sur la plus grande île du pays ou dans les environs proches, « l'île aux Coraux », journée entière de plongée et de baignade, découverte en bateau de la baie de Phang Nga, à proximité de Phuket, excursion « jungle & aventure » dans le parc national de Phra Thaeo, avec halte au bord de la splendide cascade de Ton Sai, virée de deux jours à Koh Phi Phi (plongée sous-marine) avec une nuit sur place, sorties nocturnes sur Patong Beach : soirées cabaret, dîner au restaurant…

▶ **20e jour :** Pattaya. Rejoindre en avion cette station balnéaire connue mondialement pour son Walking street.

▶ **21e jour :** retour à Bangkok. Retour en bus, en train ou en taxi. Dernière journée dans la capitale : derniers achats au Chatuchak Market ou à Asiatique Riverfront. Massage traditionnel au Wat Po. Un cocktail sur la terrasse du Sofitel So.

Séjours thématiques

Région Nord : rando et culture (15 à 21 jours)

▶ **Bangkok : 1er au 2e jour.** Arrivée à l'hôtel. Découverte de la ville : descente en vedette de la rivière Chao Phraya ou balade en *long tail boat* au fil des *klongs* (pas d'embouteillage). Visite possible de plusieurs temples ou musées (Wat Phra Kaew ; Musée national ; Wat Po ;

Wat Phra Sri Ratana Mahathat.

Wat Arun – le « Temple de l'Aube »). École de massage traditionnel dans l'enceinte du Wat Po. Choix de restaurants à Sukhumvit. Transit vers Ayutthaya le 2e jour (train ou car).

▶ **Ayutthaya : 3e et 4e jours.** Découverte des vestiges historiques situés dans la ville même. Visite du musée. Cependant, s'il faut choisir entre Ayutthaya et Sukhothai, le second site est plus dépaysant et il permet également de se rapprocher de Chiang Mai.

▶ **Sukhothai : 5e et 6e jours.** Visite tranquille du parc historique (à 30 min de transit du centre-ville). Nuits de repos en *guesthouse* « de rêve », noyée dans la végétation d'un jardin tropical. Transit en bus vers Chiang Mai l'après-midi du dernier jour ou le lendemain matin.

▶ **Chiang Mai – premier passage : 7e jour.** Prise de contact avec la ville et organisation des randonnées (comparer entre deux ou trois agences) si la question n'a pu être réglée à l'avance. En fin de journée, balade au Night Bazar ou dans le quartier de Moon Muang (choix de cafés, bars et petits restos). Dîner.

▶ **Doi Inthanon : 8e et 9e jours.** Trekking dans le parc national suivi le lendemain d'un transit vers Mae Hong Son avec étape éventuelle à Pai.

▶ **Région Mae Sariang-Mae Hong Son-Pai : 11e au 14e jour :** randonnée de 3 à 4 jours sous la responsabilité d'un guide local. Choix d'activités (entente préalable sur le parcours, en détail, avec le guide en question) : randonnée en forêt, rafting sur radeau de bambou (sauf en période de crue !), balade à dos d'éléphant (généralement de 1 à 2 heures environ). Le soir, bivouac en forêt ou étape dans un *lodge*. C'est l'occasion de prendre contact avec différentes ethnies montagnardes de cette région encore sauvage.

▶ **Pai : 15e jour.** Découverte de cette sympathique bourgade du nord-ouest. Détente et repos bien mérités en guesthouse. Sortie au café. Retour à Chiang Mai le lendemain matin (3 à 5 heures de transit : réserver la veille).

▶ **Chiang Mai – second passage : 16e au 17e jour.** Visite de temples la journée (le choix est vaste). Achats au Night Bazaar en début de soirée. Marché d'artisanat chaque dimanche à la Porte Tha Phae. Excursion d'une matinée au Doi Suthep (panorama sur la ville par temps clair). Soirée : match de boxe thaïe ou restaurant le long de la rivière Ping.

▶ **Lampang : 18e au 19e jour.** Visite organisée au Thai Elephant Conservation Center : démonstration de dressage des éléphants au travail forestier (en matinée) suivie de la découverte du fameux Wat Phra That Luang (l'après-midi). Balade en calèche à chevaux possible… Soit retour direct à Bangkok (depuis Chiang Mai ou Lampang).

© AUTHOR'S IMAGE

© JÉRÔME BOUCHAUD

Touristes sur le pont de la rivière Kwaï.

en avion ou en train de nuit (billet à réserver à l'avance, dans les deux cas).

▶ **Bangkok : 20e et 21e jours** : viste des musées et de la maison Jim Thompson. Poursuivre votre soirée avec un cocktail sur la terrasse d'un gratte-ciel qui domine la ville. Le lendemain, direction Chinatown pour le déjeuner. Vous pourrez en profiter pour faire quelques achats dans l'immense marché chinois, véritable labyrinthe dédié au shopping. Un petit retour à votre hôtel pour vous rafraîchir. Si vous ne l'avez déjà fait, il serait temps d'aller assister à un match de boxe thaïe au Lumpini Stadium ou au Ratchadamnoen. Vous rendre ensuite dans l'un des nombreux restaurants de Sukhumvit ou de Sathorn pour souper. Les plus endurants se rendront dans l'une des nombreuses discothèques de la ville.

Phuket et baie de Phang Nga (15 jours environ)

▶ **Bangkok : 1er et 2e jours.** Découverte et visite des temples ou musées en se déplaçant par bateau le long de la rivière Chao Phraya (Wat Phra Keo, Wat Po, musée national, Wat Arun…). Balade en remontant les klongs à bord des fameux *long tail boats*. Grimper dans un tuk tuk direction Chinatown pour le déjeuner. Vous pourrez en profiter pour faire quelques achats dans l'immense marché chinois, véritable labyrinthe dédié au shopping. Assister à un match de boxe thaïe au Lumpini Stadium ou au Ratchadamnoen. Poursuivre votre soirée avec un cocktail sur la terrasse d'un gratte-ciel qui domine la ville. Les plus endurants se rendront dans l'une des nombreuses discothèques du coin ou pourquoi pas dans les rues animées de Khaosan road.

▶ **Bang Saphan : 3e et 4e jours.** Excursion « dynamique » dans la région environnante ou séjour relax à l'hôtel…

▶ **Phuket : 5e au 7e jour.** En journée, visite des différents parcs d'attractions de l'île. Découverte des plages de la côte Sud, au caractère plus « autochtone ». Sorties nocturnes à Patong Beach pour se faire une idée de l'ambiance. Transit en bateau vers Koh Phi Phi le lendemain matin.

▶ **Koh Phi Phi : 8e et 9e jours.** Plage ou excursion en bateau le matin (négocier le tarif au mieux). Randonnée autour de l'île (en passant par le point culminant : panorama en fin d'après-midi) ou farniente à la plage l'après-midi ; restaurant et animation sur la plage du village le soir.

▶ **Phuket : 10e jour.** Transit retour à Phuket. Découverte des plages en mobylette, l'après-midi (prudence sur la route). Sortie restaurant en soirée. Nuitée à Phuket Town (choix de restaurants ; ambiance tranquille) ou Patong Beach (choix de restaurants ; ambiance « animée » … bars et night-clubs).

▶ **Baie de Phang Nga : 11e et 12e jours.** Transit vers la bourgade de Phan Nga et préparation de l'excursion du lendemain. Excursion (le matin) en barque de pêche (visite guidée en bateau à moteur au milieu des îlots) ou kayak de mer dans un décor féerique de falaises et de mangrove… Visite d'un village de pêcheurs, bâti sur pilotis (restaurant et même possibilité d'hébergement sur place). Transit en bus : retour vers Phuket ou découverte de Krabi…

▶ **Retour à Phuket (ou étape à Krabi) : 13e jour.** Retour vers Bangkok (avion ou bus) ou transit vers Surat Thani (bus) pour se rendre éventuellement à Koh Samui.

COMMENT PARTIR ?

PARTIR EN VOYAGE ORGANISÉ

Voyagistes

Spécialistes

Vous trouverez ici les tour-opérateurs spécialisés dans votre destination. Ils produisent eux-mêmes leurs voyages et sont généralement de très bon conseil car ils connaissent la région sur le bout des doigts. À noter que leurs tarifs se révèlent souvent un peu plus élevés que ceux des généralistes.

■ **AEROMARINE VOYAGES**
22, Royer-Collard (5ᵉ)
Paris
℡ 01 43 29 30 22
www.aeromarine.fr
aeromarine@wanadoo.fr
Plongez avec Aéromarine dans les îles Similan, situées à 50 miles au nord-ouest de Phuket, dans la mer d'Andaman. Six heures de navigation sont nécessaires pour s'y rendre et pendant la croisière vous visiterez les îles Similan, Tachai, Surin et Richelieu Rock où vous pourrez apercevoir des raies mantas et requins-baleines. Sur place, le niveau minimum requis pour la plongée est le 1ᵉʳ échelon. Deux formules possibles pour ce voyage : 9 jours/7 nuits dont 4 jours aux Similan ou 10 jours/7 nuits dont 1 jour à Phuket.

■ **AMPLITUDES**
20, rue du Rempart de Saint-Etienne
Toulouse
℡ 05 67 31 70 00
www.amplitudes.com
contact@amplitudes.com
Cette agence basée à Toulouse propose des voyages à la carte en circuit individuel privatif depuis 1991. Plusieurs séjours sur mesure en Thaïlande sont proposés, du trek à la rencontre des tribus du nord, à la découverte des temples khmers...

■ **ANN – NOSTALASIE – NOSTALATINA**
19, rue Damesme (13ᵉ)
Paris
℡ 01 43 13 29 29
www.ann.fr
info@ann.fr
M° Tolbiac ou Maison Blanche

Ouvert du lundi au samedi de 10h à 13h et de 15h à 18h.
Sur rendez-vous. L'Asie dans tous ses Etats : de la Mongolie à Irian Jaya, des Maldives aux Mindanao, du mont Kailash à Borobudur, de la baie d'Halong au temple d'Angkor, de Kyoto à Bangkok et la Thaïlande en longueur, en largeur, en hauteur et en profondeur : de Mae Hong Sorn à Koh Samed, la route des capitales Siam et vestiges pré-ankoriens, la Thaïlande en train ou en roues libres. La formule Estampe vous propose les grands transferts de ville en ville et quartier libre, tandis qu'Aquarelle le renforce avec guides et visites. Ce voyagiste travaille uniquement en direct et fait du sur-mesure pour les voyageurs avertis et curieux grâce à une équipe conviviale.

■ **ARIANE TOURS**
5, square Dunois (13ᵉ)
Paris
℡ 01 45 86 88 66
www.ariane-tours.com
Paris@ariane-tours.com
M° Nationale ou Chevaleret
Ariane Tours est un tour-opérateur créé en 1985. Son équipe, franco-asiatique a été parmi les premières à proposer des voyages organisés en Indochine. Au fil des années, elle a développé un solide partenariat avec ses correspondants locaux et les compagnies aériennes régulières. Elle a augmenté le nombre des destinations vers l'Asie du Sud-Est et notamment la Thaïlande. Ariane Tours propose un circuit de 14 jours, avec les étapes suivantes : Bangkok, Kanchanaburi, Rivière Kwaï, Korat, Phitsanulok, Lampang, Chiang Rai, Triangle d'Or, Mae Hong Sorn et Chiang Mai.

■ **AVENTURIA**
42, rue de l'Université (7ᵉ)
Lyon
℡ 08 05 16 01 95
www.aventuria.com
Ouvert lundi et samedi de 10h à 18h et du mardi au vendredi de 9h30 à 18h30.
Spécialiste de la Thaïlande sur mesure, ce tour-opérateur original fabrique entièrement les circuits qu'il propose exclusivement dans ses propres agences. Avec l'aide de conseillers en voyage expérimentés, vous construirez votre itinéraire idéal et vous personnaliserez tota-

INVITATION AU VOYAGE

lement votre voyage. Un circuit accompagné (10 nuits sur place) est proposé pour découvrir le Royaume du Siam : « Saveurs de Thaïlande », qui programme notamment la découverte des plus beaux temples du pays et ladescente d'une rivière en radeau de bambou. A noter qu'à Lyon, un espace dédié à l'Asie est situé au centre-ville : Espace Asie 11, rue Gentil (2e) ✆ 04 72 00 88 89.

▶ **Autres adresses :** A Bordeaux, Lille, Marseille, Nantes, Paris, Strasbourg ● Espace Afrique d'Aventuria, 9 rue Gentil, 69002 Lyon ● Espace Amériques d'Aventuria, 9 quai des Célestins 69002 Lyon

■ BLUE LAGOON – BLUE WORLD
72, Rue Paradis (6e)
Marseille
✆ 04 91 19 98 12
www.blueworld.fr
info@blueworld.fr
Ce spécialiste des séjours plongée propose également des croisières en Thaïlande. L'une d'elles se déroule dans le parc national des Similan composé de neuf îles granitiques qui offrent une diversité de paysages sous-marins de premier ordre : failles, grottes, jardins de coraux, murènes, tortues, requins et tous les poissons aux mille couleurs pour une découverte de la mer d'Andaman.

▶ **Autre adresse :** 29, Rue Mogador. Paris (9e)
✆ 01 48 74 58 51

■ CFA VOYAGES
50, Rue du Disque (13e)
Paris
✆ 0892 234 232
✆ 01 40 03 98 45
www.cfavoyages.fr
infos@cfavoyages.fr
Avenue d'Ivry. M° : Olympiades (ligne 14), Tolbiac ou Maison Blanche (ligne 7). Entrée par le 70, avenue d'Ivry.
Voyages-en-thailande.com est un service de CFA Voyages (www.voyages-en-thailande.com). Spécialiste de l'Asie depuis 1986, l'expérience de CFA Voyages en tant que Tour Opérateur, le partenariat exclusif avec Thai Airways et l'Office de Tourisme de Thaïlande, vous fait

bénéficier aux meilleurs prix d'un large panel de voyages pour la Thaïlande : circuits à la carte (combinés avec Birmanie, Cambodge, Laos, Vietnam), séjours (balnéaire à l'île de Koh Phangan ou Koh Phi Phi et combinés avec Hong Kong ou Taiwan), randonnées pour découvrir les minorités, balades à dos d'éléphants, ou encore escapades de 7 jours à Chiang Mai. 40 000 voyageurs leur font confiance chaque année. L'équipe de 20 conseillers spécialistes répartis dans leurs 3 agences à Paris étudie chaque besoin, profil et budget pour concevoir un itinéraire sur mesure. La garantie d'un voyage authentique à son rythme !

▶ **Autres adresses :** 16, Boulevard de la Villette 75019 Paris ● 56, Avenue d'Ivry 75013 Paris

■ CLUB FAUNE
14, rue de Siam (16e)
Paris
✆ 01 42 88 31 32
www.club-faune.com
tourisme@club-faune.com
Club Faune, spécialiste de la destination a su combiner un choix rigoureux d'hôtels de luxe dans le pays du sourire. Réputé pour ses stations balnéaires et festives comme l'île de Phuket, pour ses paysages paradisiaques comme ceux des célèbres îles de Phi Phi, ses magnifiques palais et temples, ses singes et évidemment sa culture, les voyageurs curieux ne peuvent pas s'ennuyer.
Avec Club Faune, votre voyage en Thaïlande sera un moment d'exception.
A deux pas de la Tour Eiffel, l'équipe de spécialistes vous recevra sur rendez-vous dans son Espace Voyage : thé du Kérala servi dans le salon de l'agence puis projection sur grand écran des sites incontournables de la destination et des différentes possibilités d'hébergement. Consultez leur site !

■ ESPACE MANDARIN
29, rue de Clichy (9e)
Paris
✆ 08 25 85 08 59
www.espacemandarin.com
info@espacemandarin.com

Composez votre voyage grâce au panel de produits d'Espace Mandarin : au départ de France, des vols sont proposés selon une sélection de compagnies régulières ; un choix d'hôtels dans la ville d'arrivée, pour tous les budgets, rigoureusement sélectionnés. Au package « vol+hôtel », il est possible d'ajouter des itinéraires guidés, de prolonger son séjour dans la ville d'arrivée, de choisir des excursions, ou encore opter pour un séjour balnéaire parmi la sélection. Enfin, Espace Mandarin propose également des itinéraires guidés, à vivre à deux ou en petit groupe d'amis. Les circuits en véhicule privé avec chauffeur et guide particulier sont disponibles au choix en base petits déjeuners, demi-pension ou pension complète, pour découvrir en profondeur plusieurs régions d'un pays.

▶ **Autres adresses :** Genève : 76, rue des Eaux Vives, 1207 Genève • Lyon : 11, rue Bugeaud, 69006 Lyon 6e • Marseille : 27, rue de la Palud, 13001 Marseille 1er • Nantes (agence et siège social) : 2 ter, rue des Olivettes 44032 Nantes cedex 1

■ JAÏPUR VOYAGE
18, rue du Pré d'avril,
Annecy-le-Vieux
✆ 04 57 09 80 03 / 04 57 09 80 05
www.jaipur-voyage.com
info@jaipur-voyage.com
Partez à la découverte du « pays du sourire » avec Amandine, la spécialiste Thaïlande chez Jaïpur Voyage. Composez votre voyage sur-mesure selon vos envies et avec ses conseils. Choisissez un séjour en location de voiture, en « globe-trotter », avec chauffeur et guide francophone, dormez chez l'habitant, en Lodge, sur des bateaux... Amandine propose des formules pour tous les goûts : visites incontournables et insolites, de Bangkok, la tumultueuse capitale, aux temples et villages traditionnels du nord, des régions moins connues comme l'Isan aux plages et îles paradisiaques. Profitez d'une balade à dos d'éléphant, d'un cours de cuisine à Chiang Mai ou laissez-vous bercer par les flots de la rivière Kwaï. Possibilité de combiner avec le Laos et le Cambodge. Dates de départ et aéroport de votre choix. N'hésitez pas à contacter Amandine (thailande@jaipur-voyage. com – 04 57 09 80 01) pour un devis sur-mesure gratuit.

■ KUONI
76, avenue des Ternes (17e)
Paris
✆ 01 55 87 82 50
www.kuoni.fr
Fondée à Zurich en 1906 par Alfred Kuoni, la société suisse est depuis toujours reconnue pour son exigence de qualité en matière de voyages. De cette longue histoire, Kuoni a su développer une incomparable expertise qui lui permet aujourd'hui de savoir anticiper les nouvelles tendances et les envies de ses clients.

Indépendante depuis 2013, la filiale française est un spécialiste incontournable des circuits accompagnés à forte valeur ajoutée, des séjours dans l'océan Indien, des pays nordiques, celtes et de l'Amérique du Nord, et fait figure de référence du voyage de luxe avec sa marque émotions.

■ MELTOUR
103, avenue du Bac
La Varenne-Saint-Hilaire
✆ 01 73 43 43 43
www.meltour.com
meltour@meltour.com
Ouvert du lundi au vendredi de 9h à 19h.
Ce tour-opérateur, véritable spécialiste du voyage sur-mesure, concocte tous les types de voyages à destination de Thaïlande. Ayutthaya, Bang Pa In, Sukhothai, Sri Satchanalaï, c'est un circuit de tous les rendez-vous incontournables du pays qui vous est proposé. Au plus près des peuples dans des ethnies reculées ou sur les plages somptueuses de Phuket, Krabi ou Koh Samui, vous aurez la possibilité de choisir votre circuit, pour découvrir la Thaïlande moderne et traditionnelle.

■ NATIONAL TOURS
15, quai Lamartine
Rennes
✆ 08 21 00 20 21
www.national-tours.fr
rennes.lamartine@nationaltours.fr
Ce tour-opérateur propose plusieurs circuits très complets pour découvrir la Thaïlande, notamment : « Thaïlande du Sud et Phuket » (12 jours et 9 nuits) et « Rivière Kwai, Temples Khmers et Femmes Girafes » (14 jours et 12 nuits). Un combiné Thaïlande / Laos est également disponible.

■ OSOLEIL
5 rue Thorel (2e)
Paris
✆ 01 53 34 92 72
www.osoleil.fr
contact@osoleil.fr
Du lundi au vendredi de 10h à 19h.
Osoleil propose des séjours dans des hébergements de charme sur les plages d'Asie et de l'Océan Indien. La sélection des hôtels répond à des critères des stricts de qualité et fait la part belle aux lodges de style, aux clubs aux couleurs locales, aux petites guest-houses, et aux îles privées.

Osoleil propose aussi un large choix d'excursion à des prix très étudiés. Belle sélection pour la Thaïlande.

■ TERRE ET NATURE VOYAGES

23, rue d'Ouessant (15ᵉ)
Paris
✆ 01 45 67 60 60
www.terreetnature.com
contact@terreetnature.com
Ouvert du lundi au vendredi de 9h à 19h. Sur rendez-vous en dehors de ces horaires.
L'agence Terre et Nature Voyages propose aventure, découverte et culture. En Thaïlande 6 séjours sont proposés, un séjour « Kite surf Autonome à Hua Hin » de 8 jours, un séjour « Coaching Progression kite surf à Huan Hin » de 8 jours, et un séjour « Initiation au kitesurf à Huan Hin ». Une croisière plongée en Thaïlande et Birmanie, tout comme un séjour Découverte (Bangkok, Chiang Mai et Phuket) est également disponible.

■ TERRES LOINTAINES

2, rue Maurice Hartmann
Issy-les-Moulineaux
✆ 01 84 19 44 45 / 09 72 45 35 86
www.terres-lointaines.com
contact@terres-lointaines.com
M° Porte de Versailles (M12 et T3) ou Corentin Celton (M12).
Possibilité de venir à l'agence sur rendez-vous uniquement.
Grâce à une sélection rigoureuse de partenaires sur place et un large choix d'hébergements de petite capacité et de charme, Terres Lointaines offre des voyages de qualité et hors des sentiers battus. En Thaïlande, 6 voyages individuels (en groupe ou avec chauffeur) sont disponibles, parmi lesquels « L'essentiel de la Thaïlande » (11 jours), « D'île en île sur la mer d'Andaman » (15 jours) et « La Thaïlande en famille » (15 jours).

▶ **Autre adresse :** 4, rue Esprit des Lois, 33000 Bordeaux, 09 72 41 71 18

Généralistes

Vous trouverez ici les tour-opérateurs dits « généralistes ». Ils produisent des offres et revendent le plus souvent des produits packagés par d'autres sur un large panel de destinations. S'ils délivrent des conseils moins pointus que les spécialistes, ils proposent des tarifs généralement plus attractifs.

■ CARREFOUR VOYAGES

✆ 08 92 01 50 15 – www.voyages.carrefour.fr
Partir sans dépenser trop ? C'est la proposition faite par Carrefour Voyages dans les 115 agences du réseau. Les conseillers vous proposeront croisières, circuits organisés, des séjours (ski, bien-être, plage), week-ends et voyages sur mesure. Promotions et départs de dernière minute sont également au menu ! France, Espagne, Sénégal, Émirats Arabe, Cuba, Croatie, Etats-Unis... Le catalogue est vaste.

■ NOUVELLES FRONTIÈRES

✆ 08 25 00 07 47
Nouvelles Frontières, un savoir-faire incomparable depuis 46 ans. Des propositions de circuits, d'itinéraires à la carte, des séjours balnéaires et d'escapades imaginés et construits par des spécialistes de chaque destination. En Thaïlande, l'agence programme plusieurs circuits / combinés, parmi lesquels : « Majestueuse Thaïlande », « Tribus du Siam », « La Thaïlande autrement » ou « Nord Thaïlande et parc de Kao Sok ». Nouvelles Frontières propose également des séjours à Phuket et Koh Samui.

■ **OPODO**

℃ 08 99 86 99 88

www.opodo.fr

Pour préparer votre voyage, Opodo vous permet de réserver au meilleur prix des vols de plus de 500 compagnies aériennes, des chambres d'hôtels parmi plus de 45 000 établissements et des locations de voitures partout dans le monde. Vous pouvez également y trouver des locations saisonnières ou des milliers de séjours tout prêts ou sur mesure !

Réceptifs

■ **ASIAJET**

CCT Building 9th Floor

Unit 4 109, Surawongse Road 10500

BANGKOK

℃ +66 2 6307262 / +66 2 6307260

www.asiajet.fr

production@asiajet.net

Asiajet est un tour-opérateur – réceptif, spécialiste des pays du Mékong (Viêt Nam, Thaïlande, Laos, Cambodge) depuis plus de 20 ans. L'équipe française et tous les guides, parfaitement francophones, assurent une assistance téléphonique 24h/24h en cas d'urgence. Asiajet propose des circuits d'aujourd'hui, respectueux des habitants, de leur culture et de leurs traditions. A partir d'itinéraires originaux, vous découvrirez une Asie moderne où cultures et modes de vie ancestraux restent profondément ancrés dans le quotidien. Tous les circuits ont été élaborés, réalisés et testés dans les moindres détails pour respecter les valeurs d'un tourisme durable et solidaire. Et grâce à son centre de production et de réservation basé à Bangkok, vous disposez d'un interlocuteur unique facilitant votre voyage multi destinations, qui vous suit de l'élaboration de votre programme jusqu'à sa réalisation. En Thaïlande, plusieurs circuits proposés tous plus extraordinaires les uns que les autres. L'équipe d'Asiajet vous garantit une réponse sous 48h (2 jours ouvrables) à toutes vos demandes.

■ **ASIAN OASIS**

2/4 Wireless Road,

7ᵉ étage

Nai Lert Tower,

BANGKOK

℃ +66 26 556 246

www.asian-oasis.com

Une collection de produits de charme allant des croisières en rivière ou en mer aux expériences culturelles (cuisine, artisanat) comme à l'éco-tourisme avec notamment des trekkings dans les montagnes du nord du pays. Une palette de solutions séduisantes qui convaincra sans le moindre doute le voyageur amateur de séjours authentiques. Le personnel de l'agence parle français. Possibilité de réservation en ligne. On aime vraiment leurs offres.

■ **ASIAN TRAILS**

9th SG Tower

161/1 Soi Mahadlek Luang 3, Rajdamri Road

Lumpini, Pathumwan

BANGKOK

℃ +66 26 262 000

www.asiantrails.info

res@asiantrails.org

Présente dans plusieurs pays d'Asie, l'agence Asian Trails vous propose un large choix d'excursions originales sur l'ensemble de la région Asie Pacifique (Thaïlande, Cambodge, Laos, Vietnam, Birmanie, Malaisie, Indonésie, Philippines et Chine). Une équipe francophone se met à votre service pour vous assister dans l'organisation de votre voyage et vous facilite l'ensemble des démarches, telles que l'établissement de visa, transfert, réservation d'hôtels et visite guidée. En plus de voyages combinés avec d'autres pays frontaliers, Asian Trails possède l'avantage d'avoir différentes antennes dans toute la Thaïlande et de vous proposer des excursions à la journée, que vous pouvez combiner à votre guise pour réaliser votre séjour.

■ **ASIA SENSATIONS TRAVEL**

7/3 Moo 2 Soi Parlai

Muang District

PHUKET – PHUKET TOWN

℃ +66 7628 6340

www.thailande-receptif.com

info@thailande-receptif.com

Depuis 1998, l'agence organise voyages et séjours insolites, conventions, séminaires à travers la Thaïlande et l'Asie en collaboration avec de nombreux partenaires. Afin d'assurer la réussite de votre séjour, vos voyages sont organisés sur mesure en incluant une large sélection de partenaires hôteliers. La Thaïlande étant un parfait point de départ pour tous les circuits en Asie du sud est, vous serez satisfait du service proposé.

■ **DJ PARADISE**

69/6 Moo 4 T.Namuang

Koh Samui, Suratthani

KOH SAMUI – BANG RAK – BIG BUDDHA

℃ +66 77 920 035

www.djparadisetour.com

info@djparadisetour.com

Cette agence française a vu le jour il y a 18 ans et propose aux touristes du monde entier des programmes destinés à vous faire découvrir les merveilles multiples et le charme de voyages dans ce pays. Outre les circuits destinés à visiter le Cambodge et le Viêt Nam, ou encore les trekkings organisés dans le Nord du pays, l'agence a soigneusement sélectionné des hôtels de charme basés sur Samui mais aussi dans le reste de la Thaïlande. Des excursions à la journée, et des croisières de plongée sous-marine vers les îles Similan, Koh Tao, ou l'île de la tortue sont aussi recommandées.

■ HANOI VOYAGES

✆ +84 4 371 530 12
www.hanoivoyage.com
info@hanoivoyage.com

Hanoi Voyages est une agence réceptive francophone implantée à Hanoi. Dynamique et très professionnelle elle est à coup sûr un choix judicieux. Hanoi Voyages rayonne avec succès sur le Viêt Nam, le Cambodge, le Laos et le Myanmar ! Créativité, originalité, réactivité et flexibilité sont les atouts forts de l'équipe pour la réalisation de magnifiques périples « faits maison » et « sur mesure » conçus de A à Z pour chaque client en fonction de ses désidératas. « Etre aux petits soins pour sa clientèle », et assurer des prestations de qualité à leur juste prix, tels sont les mots d'ordre de Hanoi Voyages. Une adresse à recommander sans hésitation. D'ailleurs, sa réputation n'est plus à faire...

■ JP TRAVEL

Soï 4 (quartier Sukumvit Nana)
6 Thanon Sukhumvit,
BANGKOK
✆ +66 22 529 644
www.jptravel.co.th
jean@jptravel.co.th

Basé depuis plus de 20 ans à Bangkok, ce réceptif-tour opérateur francophone possède une expérience incomparable pour l'organisation de votre séjour en Thaïlande ainsi que dans toutes les régions du Mékong, à savoir l'Indochine et le Yunnan chinois. Grande variété de circuits, du classique à l'aventure, de l'individuel au voyage d'affaires. Bureau de représentation au Myanmar.

■ THAÏLANDE AUTREMENT

69/3 Muang, Tunghotel Rd
CHIANG MAI
✆ +66 53 241 409
www.thailandeautrement.com
contact@baliautrement.com

Renseignements et réservation sur Internet, par téléphone ou en agence. Guides francophones. Cette agence de voyage propose des séjours personnalisés et sur mesure pour découvrir les richesses de la Thaïlande. Accompagnés par des guides francophones, les voyageurs pourront partir à la rencontre des habitants du pays et visiter ce royaume à leur rythme.

■ **TRAVEX TRAVEL**
86 Soi Langsuan,
Ploenchit Road
Lumpini, Pathumwan
BANGKOK
✆ +66 26 522 556
www.travexnet.com
info@travexnet.com
Travex fait partie des principales agences réceptives de Thaïlande avec plus de 30 années d'expérience dans le pays et en Asie du Sud-Est. Leur service francophone vous propose différents packages de qualité et excursions combinées pour les individuels comme pour les groupes. La nature et la variété des tours organisés s'étendent des visites guidées, circuits golf et aventure. Plusieurs circuits sont ainsi concoctés dans les sites les plus populaires de Thaïlande : Ayutthaya, Chiang Mai, Chiang Rai, Mae Hong Son, Sukhothaï.

■ **VOYAGES THAILANDE.COM**
869/165 soï Sukhumvit 101,
Bangchark, Phrakanong
BANGKOK
✆ +66 2331 9443
www.voyagesthailande.com
info@voyagesthailande.com
Voyagesthaïlande.com, spécialiste des voyages en Thaïlande, est avant tout une équipe locale, jeune et désireuse de mettre en avant les charmes de la Thaïlande. Les tours sont au départ de Bangkok ou de Chiang Mai, mais certains circuits partent également d'autres villes comme Phuket, Samui ou encore Surat. Les tours sont nombreux et variés. Tours écotouristiques, en hôtels de charme, rencontre avec les ethnies du Nord, séjour dans les îles. Départs garantis et tarifs de groupes offerts même si vous n'êtes que deux. Composé de professionnels du tourisme, francophone et anglophone, Voyagesthailande mettra à votre disposition son expertise de la destination pour vous conseiller et réaliser vos programmes sur mesure. Voyagesthaïlande.com propose aussi la réservation de billets de trains sur toute les plus grandes destinations touristiques qui vous seront livrés sur votre lieu de résidence. L'agence a plus de vingt ans d'existence, un gage de sérieux s'il en est !

Sites comparateurs et enchères

Plusieurs sites permettent de comparer les offres de voyages (packages, vols secs, etc.) et d'avoir ainsi un panel des possibilités et donc des prix. Ils renvoient ensuite l'internaute directement sur le site où est proposée l'offre sélectionnée.

■ **BILLETSDISCOUNT**
✆ 01 40 15 15 12
www.billetsdiscount.com
Le site Internet permet de comparer les tarifs de vol de nombreuses compagnies à destination de tous les continents. Outre la page principale avec la recherche générale, des onglets spécifiques (Antilles, océan Indien, Océanie, Afrique, Amérique du Nord et Asie) permettent de cibler davantage les recherches.

■ **ILLICOTRAVEL**
www.illicotravel.com
Illicotravel permet de trouver le meilleur prix pour organiser vos voyages autour du monde. Vous y comparerez les billets d'avion, hôtels, locations de voitures et séjours. Ce site très simple offre des fonctionnalités très utiles comme le baromètre des prix pour connaître les meilleurs prix sur les vols à plus ou moins 8 jours. Le site propose également des filtres permettant de trouver facilement le produit qui répond à tous vos souhaits (escales, aéroport de départ, circuit, voyagiste…).

■ **JETCOST**
www.jetcost.com
contact@jetcost.com
Jetcost compare les prix des billets d'avion et trouve le vol le moins cher parmi les offres et les promotions des compagnies aériennes régulières et low cost. Le site est également un comparateur d'hébergements, de loueurs d'automobiles et de séjours, circuits et croisières.

PARTIR SEUL

En avion

Prix moyen d'un vol Paris-Bangkok : entre 550 et 1 000 euros. A noter que la variation de prix dépend de la compagnie empruntée mais, surtout, du délai de réservation. Pour obtenir des tarifs intéressants, il est indispensable de vous y prendre très en avance. Pensez à acheter vos billets six mois avant le départ !

■ **AIR-INDEMNITE.COM**
✆ 0892 490 125
www.air-indemnite.com
contact@air-indemnite.com
Des problèmes d'avion (retard de vol, annulation ou surbooking) gâchent le séjour de millions de vacanciers chaque année. Bonne nouvelle : selon la réglementation, les voyageurs ont droit jusqu'à 600 € d'indemnité par passager ! Mauvaise

INVITATION AU VOYAGE

nouvelle : devant la complexité juridique et les lourdeurs administratives, très peu de passagers parviennent en réalité à se faire indemniser.

▶ **La solution ?** le site air-indemnite.com ! Pionnier et leader français depuis 2007, il simplifiera toutes les démarches en prenant en charge l'intégralité de la procédure. Analyse et construction du dossier, échanges avec la compagnie, suivi de la procédure, versement des indemnités : air-indemnite.com s'occupe de tout et obtient gain de cause dans 9 cas sur 10. air-indemnite.com se rémunère uniquement par une commission sur l'indemnité reçue. Si la réclamation n'aboutit pas, rien ne sera donc déboursé !

Principales compagnies desservant la destination

■ **AIR FRANCE**
✆ 3654
www.airfrance.fr
Au départ de Paris, Air France propose 1 liaison quotidienne à destination de Bangkok. Compter 11h20 de vol en moyenne.

■ **BANGKOK AIRWAYS**
Aviareps France
122, avenue des Champs-Elysées (9e)
Paris✆ 01 53 43 53 45
www.bangkokair.com
reservation@bangkokair.com.fr
Les origines de Bankgok Airways remontent à 1968 avec une compagnie connue sous le nom de Sahakol Air, qui faisait initialement le taxi de l'air avec un petit coucou de 10 places durant la guerre du Vietnam. Aujourd'hui, Bangkok

Airways c'est près de 15 destinations en Asie. Quant aux vols domestiques, la compagnie dessert Bangkok, Chiang Maï, Chiang Rai, Krabi, Lampang, Pattaya, Samui, Phuket, Sukhotai, Trat et Udon Thani en autres en Thaïlande.

■ **SINGAPORE AIRLINES**
✆ 0 821 230 380
www.singaporeair.fr
par_reservations@singaporeair.com.sg
Au départ de Paris, Singapore Airlines propose 1 vol quotidien à destination de Bangkok et Phuket, via Singapour, et plusieurs vols quotidiens à destination de Chiang Mai (via Singapour). Singapore Airlines est membre de la Star Alliance. Vous pourrez ainsi bénéficier du programme de fidélité mis en place par ce réseau de compagnies aériennes.

■ **THAI AIRWAYS INTERNATIONAL**
Tour Opus 12
77, Esplanade du Général de Gaulle
La Défense✆ 01 55 68 80 00 /
01 55 68 80 70
www.thaiairways.fr
THAI, compagnie nationale thaïlandaise, dessert 75 destinations dans 35 pays. Elle propose un vol quotidien sans escale entre Paris et Bangkok. Départ de Paris CDG 1 à 13h30 et arrivée à 6h30 le lendemain matin. Sur place, de nombreuses correspondances en Thaïlande (12 villes thaïlandaises sont ainsi desservies). Grâce à son programme de fidélité Royal Orchid Plus, il est possible de cumuler des miles en voyageant avec THAI mais également avec les compagnies membres du réseau Star Alliance.

Aéroports

■ BEAUVAIS
✆ 08 92 68 20 66
www.aeroportbeauvais.com
service.clients@aeroportbeauvais.com

■ BORDEAUX
✆ 05 56 34 50 50
www.bordeaux.aeroport.fr

■ GENÈVE
Suisse
✆ +41 22 717 71 11 – www.gva.ch

■ LILLE-LESQUIN
✆ 0 891 67 32 10 – www.lille.aeroport.fr

■ LYON SAINT-EXUPÉRY
✆ 08 26 80 08 26
www.lyonaeroports.com
communication@lyonaeroports.com

■ MARSEILLE-PROVENCE
✆ 0 820 811 414 / 04 42 14 14 14
www.marseille.aeroport.fr
contact@airportcom.com

■ MONTPELLIER-MÉDITERRANÉE
✆ 04 67 20 85 00
www.montpellier.aeroport.fr
rh@montpellier.aeroport.fr

■ MONTRÉAL-TRUDEAU
Canada
✆ +1 514 394 7377 / +1 800 465 1213
www.admtl.com

■ NANTES-ATLANTIQUE
✆ 0 892 568 800
www.nantes.aeroport.fr

■ PARIS ORLY
✆ 39 50 / 0 892 56 39 50
www.aeroportsdeparis.fr

■ PARIS ROISSY – CHARLES-DE-GAULLE
✆ 39 50 / +33 1 70 36 39 50
www.aeroportsdeparis.fr

■ QUÉBEC – JEAN-LESAGE
Canada
✆ +1 418 640 3300 / +1 877 769 2700
www.aeroportdequebec.com

■ STRASBOURG
✆ 03 88 64 67 67
www.strasbourg.aeroport.fr
information@strasbourg.aeroport.fr

Sites comparateurs

Certains sites vous aideront à trouver des billets d'avion au meilleur prix. Certains d'entre eux comparent les prix des compagnies régulières et low cost. Vous trouverez des vols secs (transport aérien vendu seul, sans autres prestations) au meilleur prix.

■ EASY VOLS
✆ 08 99 19 98 79 – www.easyvols.fr
Comparaison en temps réel des prix des billets d'avions chez plus de 500 compagnies aériennes.

■ MISTERFLY
Paris
✆ 08 92 23 24 25 – www.misterfly.com
Ouvert du lundi au vendredi de 9h à 21h. Le samedi de 10h à 20h.
MisterFly.com est le nouveau-né de la toile pour la réservation de billets d'avion. Son concept innovant repose sur un credo : transparence tarifaire ! Cela se concrétise par un prix affiché dès la première page de la recherche, c'est-à-dire qu'aucun frais de dossier ou frais bancaire ne viendront alourdir la facture finale. Idem pour le prix des bagages ! L'accès à cette information se fait dès l'affichage des vols correspondants à la recherche. La possibilité d'ajouter des bagages en supplément à l'aller, au retour ou aux deux... tout est flexible !

■ OPTION WAY
1047, route des Dolines
06560 Valbonne
✆ +33 04 22 46 05 23 – www.optionway.com
Option Way est une agence de voyage en ligne qui offre une toute nouvelle façon d'acheter ses billets d'avion. En proposant à ses utilisateurs de fixer le prix qu'ils souhaitent payer, elle leur permet de profiter des fluctuations de prix des billets d'avion avant l'achat.
Après l'achat, elle continue de faire profiter ses utilisateurs des variations de prix en les remboursant automatiquement si une baisse se produit. Lancée en octobre 2014, cette jeune agence de voyage traque jour et nuit l'évolution des tarifs des vols afin de faire bénéficier ses clients des prix les plus avantageux.

■ SKYPICKER
fr.skypicker.com
info@skypicker.com
Skypicker.com est un comparateur de vols créé par un investisseur tchèque, Jiří Hlavenk, en 2012. Son interface est révolutionnaire. Grâce à une carte interactive et en un clic sur la ville de départ, tous les prix aux quatre coins du globe s'actualisent, que ce soient les vols low cost ou les compagnies régulières. L'intérêt de ce comparateur de vols est qu'il propose des voyages entre 50 % et 90 % moins chers et ce grâce à une base de données de plus de 100 compagnies aériennes référencées, telles que Ryanair, Wizz Air, Air Asia, Jetstar ou Southwest Airlines.

Location de voitures

■ ALAMO
✆ 08 05 54 25 10
www.alamo.fr
Avec plus de 40 ans d'expérience, Alamo possède actuellement plus d'1 million de véhicules au service de 15 millions de voyageurs chaque année, répartis dans 1 248 agences implantées dans 43 pays. Alamo met tout en œuvre pour une location de voiture sans souci.

■ AUTO EUROPE
✆ 08 00 94 05 57
www.autoeurope.fr
reservations@autoeurope.fr
Auto Europe négocie toute l'année des tarifs privilégiés auprès des loueurs internationaux et locaux afin de proposer à ses clients des prix compétitifs. Les conditions Auto Europe : le kilométrage illimité, les assurances et taxes inclues dans de tout petits prix et des surclassements gratuits pour certaines destinations. Vous pouvez récupérer ou laisser votre véhicule à l'aéroport ou en ville.

■ BSP AUTO
✆ 01 43 46 20 74
www.bsp-auto.com
Ouvert du lundi au vendredi de 9h à 21h30 ; le week-end de 9h à 20h. Location de voitures sur votre mobile.
Il s'agit là d'un prestataire qui vous assure les meilleurs tarifs de location de véhicules auprès des grands loueurs dans les gares, aéroports et centres-villes. Les tarifs comprennent toujours le kilométrage illimité ainsi que les assurances. Les bonus BSP : réservez dès maintenant et payez seulement 5 jours avant la prise de votre véhicule, pas de frais de dossier ni d'annulation, la moins chère des options zéro franchise.

■ BUDGET
✆ 08 25 00 35 64
www.budget.fr

Budget possède de multiples agences à travers le monde. Les réservations peuvent se faire sur leur site, qui propose également des promotions temporaires. En agence, vous trouverez le véhicule de la catégorie choisie (citadine, ludospace économique ou monospace familial…) avec un faible kilométrage et équipé des options réservées (sièges bébé, porte skis, GPS…).

■ CARIGAMI
✆ 08 00 73 33 33
www.carigami.fr
Notre coup de cœur : Le site compare toutes les offres de 8 courtiers en location de voitures, des citadines aux monospaces en passant par les cabriolets et 4x4. En Thaïlande, vous trouverez facilement sur 23 villes différentes l'offre la plus intéressante pour votre location de voiture. En plus du prix, l'évaluation de l'assurance et les avis clients sont affichés pour chacune des offres. Plus qu'un simple comparateur, vous pouvez réserver en ligne ou par téléphone. C'est la garantie du prix et du service !

■ TRAVELERCAR
7, rue du Docteur Germain Sée (16e)
Paris
✆ 01 73 79 27 21
www.travelercar.com
Service disponible aux aéroports de Roissy-CDG, Orly, Beauvais et Lyon St-Exupéry.
Agir en éco-responsable tout en mutualisant l'usage des véhicules durant les vacances, c'est le principe de cette plateforme d'économie du partage, qui s'occupe de tout (prise en charge de votre voiture sur un parking de l'aéroport de départ, mise en ligne, gestion et location de celle-ci à un particulier, assurance et remise du véhicule à l'aéroport le jour de votre retour, etc.). S'il n'est pas loué, ce service vous permet de vous rendre à l'aéroport et d'en repartir sans passer par la case transports en commun ou taxi, sans payer le parking pour la période de votre déplacement ! Location de voiture également, à des tarifs souvent avantageux par rapport aux loueurs habituels.

SÉJOURNER

Se loger

On trouve encore quantité de petits hôtels et guesthouses bon marché en dehors de la capitale et parfois encore à proximité des sites touristiques. Mais l'évolution est permanente. La Thaïlande a d'ailleurs connu ces dernières années un véritable boom hôtelier. Les fourchettes de prix indiquées ci-après n'ont pas valeur officielle. Mais, au vu de ces informations, il est clair que le confort des hôtels bas de gamme est une notion subjective, et vouloir économiser sur l'hébergement implique une certaine tolérance. Tout dépend si l'on considère une chambre simplement comme un lieu où dormir ou comme un véritable lieu de vie. Par ailleurs, il faut savoir qu'entre la haute saison touristique (décembre à février) et la période de mousson (juin à septembre, sauf à Koh Samui/Koh Phan Gan), les tarifs hôteliers peuvent diminuer de 30 à 50 %.

Hôtels

On peut distinguer plusieurs catégories dans la clientèle hôtelière thaïlandaise : d'une part, les touristes étrangers – sachant que les Occidentaux et les Asiatiques n'expriment pas les mêmes besoins – et d'autre part, les autochtones qui se déplacent dans leur pays pour raison professionnelle ou à l'occasion de leurs congés, tout comme les Européens. Tous ces voyageurs n'ont évidemment pas le même budget et ne recherchent pas le même type d'hébergement. La clientèle asiatique représente environ 60 % du tourisme étranger en Thaïlande. Elle comprend majoritairement des Japonais, et des Coréens, Malaisiens, Chinois, Singapouriens et Taïwanais. Voici une classification généraliste des établissements hôteliers :

▶ **Bas de gamme.** De 200 à 700 B ; ventilation ou climatisation ; douche avec eau chaude. Il s'agit là souvent de mini-hôtels, la plupart de province, aux chambres confortables, mais à la surface réduite, à la décoration simple et n'incluant pas forcément le petit déjeuner. Les hôtels bas de gamme à clientèle principalement locale ne sont pas recommandés pour les touristes étrangers en raison de leur manque de confort ou d'entretien.

▶ **Moyenne gamme.** De 700 à 1 500 B ; climatisation ; douche privée (eau chaude) ; minibar ; TV câblée (quelques chaînes internationales) ; restaurant ou coffee-shop à disposition. Dans cette catégorie, certains hôtels cossus destinés à une clientèle d'hommes d'affaires asiatiques – de construction assez ancienne et habituellement gérés par des familles chinoises locales – constituent pour les Occidentaux une option avantageuse en raison d'un confort relatif et de tarifs raisonnables. On trouve ces établissements dans toutes les villes du pays de quelque importance commerciale.

▶ **Haut de gamme.** Supérieur à 2 000 B. Tout confort moderne de catégorie internationale ; plusieurs restaurants, bars ou night-club à disposition ; salon de massage ou Spa. Les hôtels internationaux se classent par catégorie selon le nombre d'étoiles. Compter de 5 000 à 30 000 B pour un 5-étoiles , de 3 000 à 5 000 B pour un 4-étoiles, et de 1 000 à 2 000 B pour un 3-étoiles . Ces établissements de luxe étant souvent à moitié vides, des réductions substantielles ou des surclassements sont accordés spontanément en basse saison touristique.

Chambres d'hôtes

Les guesthouses ou pensions de famille sont encore moins chères : 200 à 500 B. On trouve d'ailleurs tout et n'importe quoi dans cette catégorie. L'écart de prix est net entre les chambres ventilées – « Fan » – ou climatisées – « Air Condition » – avec ou sans TV (très important pour les Thaïlandais). Visitez la chambre avant de vous installer bien entendu, surtout les douches ! Une ristourne est parfois accordée lorsqu'on envisage de rester un minimum de trois jours, à condition de demander gentiment. En dehors de Bangkok et des villes touristiques, le prix des chambres est évidemment moins élevé : 25 à 30 % moins cher, en moyenne. De même, si l'on accepte de s'éloigner des plages dans les stations balnéaires.

Campings

A cause ou grâce aux hébergements hôteliers peu coûteux, le camping ne s'est jamais vraiment développé en Thaïlande, sauf dans les parcs nationaux, bien entendu. Il faut dire que même en dehors de la mousson, un simple orage fait réfléchir. Et puis, la chaleur humide a tôt fait de transformer une tente en véritable sauna. Néanmoins, n'oubliez pas un sac de couchage léger ou mieux un sac à viande, une moustiquaire si vous êtes un passionné de randonnée. Durant les trekkings en région Nord, l'hébergement se fait souvent dans les villages ethniques, et la tente n'est pas nécessaire.

Bons plans

■ AIRBNB
www.airbnb.fr

Créée en Californie en 2008, cette société de locations saisonnières meublées, de particulier à particulier, a la cote. Ce concept simple, sorte de réseau social où il faut s'identifier pour conclure une transaction, tend à se développer dans le monde entier. Tout se passe directement sur Internet où l'on accède aux petites annonces affichant plusieurs photos et informations pratiques, fournies par les propriétaires. La recherche est lancée par géolocalisation, selon les dates et l'hébergement souhaité (chambre, maison, villa à la plage, etc.). Hôtes et clients peuvent se renseigner en ligne, échanger directement et laisser des commentaires. L'entreprise, qui possède un bureau à Paris, veille au sérieux des offres et affiche des tarifs avantageux.

■ BEDYCASA
www.bedycasa.com
contact@bedycasa.com

Chez BedyCasa, pionnier de la location chez l'habitant, il est possible de louer une chambre, un appartement, une maison, une cabane (la liste est encore longue !) ou de trouver une famille d'accueil. BedyCasa propose aux voyageurs en quête d'échange une solution économique et sympathique.

■ **BEWELCOME**

www.bewelcome.org

Le système est simple : se faire loger partout dans le monde chez l'habitant, contacté auparavant via le site Internet. Avec leur carte interactive, les profils des « *welcomers* » s'affichent, avec leurs disponibilités. Certains font part de leurs projets de voyage afin de pouvoir être aidés par les membres du site. Pour un voyage solidaire !

■ **COUCHSURFING**

www.couchsurfing.com

Grâce au CouchSurfing, vous voyagez dans le monde entier en logeant gratuitement chez l'habitant. Il suffit de s'inscrire sur des sites Internet spécialisés pour accéder aux offres des membres prêts à mettre à disposition un couchage pour quelques nuits. Échange de bons procédés oblige, vous devez accepter en contrepartie (en principe) d'accueillir chez vous celle ou celui qui vous reçoit. Soyez rassuré, des systèmes de contrôle existent sur les sites : notation des membres, numéro de passeport exigé à l'inscription, etc. CouchSurfing est le service d'hébergement en ligne regroupant le plus d'adhérents. Les participants ont accès à des hébergements volontaires dans plus de 200 pays.

■ **HOSTELBOOKERS**

fr.hostelbookers.com

Depuis 2005, cette centrale de réservation en ligne permet de planifier son séjour à prix corrects dans le monde entier. Afrique, Asie, Europe, Amérique…

Hostelbookers est spécialisé dans les logements peu onéreux (auberges de jeunesse ou *hostels*…) mais proposant des services et un cadre plutôt soignés. Pour chaque grande ville, le site propose une sélection pointue d'enseignes partenaires et vous n'aurez plus qu'à choisir l'adresse la plus pratique, la mieux située, ou tout simplement la moins chère. Une plate-forme bien pratique pour les baroudeurs.

■ **LOVE HOME SWAP**

www.lovehomeswap.com

info@lovehomeswap.com

Partir en vacances seul, en famille, ou avec un groupe d'amis sans payer le logement résume l'objectif du site. Échangez votre studio, appartement, maison, villa, château etc. contre une villa à Sidney ou une immense maison avec piscine à Miami.

Tout est permis, mais il faut un échange qui convienne des deux côtés. Pour bénéficier de tous les avantages les frais d'adhésion sont de 80 US$ environ et donnent l'accès au site.

■ **TROC MAISON**

✆ 05 59 02 02 02

www.trocmaison.com

Le slogan du site : « Échangez… ça change tout ». Un site pour échanger son logement (studio, appartement, villa…). Numéro 1 du troc de maison. Une aubaine quand on pense que 50 % du budget vacances des Français passe dans le logement. Propriétaire d'un appartement, trouvez l'échange idéal qui conviendrait au propriétaire de la maison désirée. Le choix est large : 40 000 offres dans 148 pays.

■ **WORKAWAY**

www.workaway.info

Ici, le système est simple : être nourri et logé en échange d'un travail. Des ranchs, des fermes, des maisons à retaper, des choses plus insolites comme un lieu bouddhiste à rénover. Une expérience unique en son genre.

Réservation de chambres

Même si vous n'avez pas réservé d'hôtel pour votre première nuit à Bangkok, ce n'est pas si grave : les options sont multiples. Il suffit de choisir le bon quartier et, d'ailleurs, il existe un comptoir de réservation à l'aéroport. En cas d'hésitation, si vous ne connaissez pas assez bien la capitale, mieux vaut choisir un hôtel un peu plus cher et plus confortable à Bangkok pour faire ensuite des économies sur l'hébergement en dehors de la capitale. A partir de 700 B, en basse saison, on peut trouver un hébergement correct. Essayez de tenir compte de la proximité du métro (plan de la ville) ou d'une gare routière.

Se déplacer

Avion

Plusieurs compagnies se partagent le marché des vols intérieurs, à l'image de Thai Airways, Air Asia, Bangkok Airways, Nok Air, Orient Thai et Kan Airlines.

Quelques temps de vol sur les trajets aériens usuels

▶ **Bangkok-Chiang Mai :** 567 km, 1 heure 10.

▶ **Bangkok-Chiang Rai :** 667 km, 1 heure 25.

▶ **Bangkok-Udon Thani :** 453 km, 1 heure.

▶ **Bangkok-Ubon Ratchaburi :** 482 km, 1 heure 05.

▶ **Bangkok-Phuket :** 720 km, 1 heure 20.

▶ **Bangkok-Surat Thani :** 555 km, 1 heure 05.

▶ **Chiang Mai-Phuket :** 1 187 km, 2 heures 05.

▶ **Chiang Mai-Mae Hong Son :** 119 km, 30 min.

■ **AIR ASIA**
CHIANG MAI
✆ +66 2515 9999
www.airasia.com
Vols directs quotidiens depuis et vers Bangkok et Chiang Mai.

■ **BANGKOK AIRWAYS**
99 Mu 14, Vibhavadirangsit Road
BANGKOK
✆ +66 22 655 555
www.bangkokair.com
Billets d'avion pour la Thaïlande et pour des pays limitrophes.

■ **NOK AIR**
17e étage, South Sathorn Road
183 Rajanakarn Building,
BANGKOK
✆ 1318 / +66 26 272 000
www.nokair.co.th
Déplacement à travers toute la Thaïlande, mais aussi le Laos et le Myanmar.

■ **ORIENT THAI AIRLINES**
CHIANG MAI
✆ +66 2229 4260
www.fly12go.com
Deux ou trois vols par jour depuis Bangkok Don Mueang.

■ **THAI AIRWAYS INTERNATIONAL**
CHIANG MAI
✆ +66 2356 1111
www.thaiairways.com
6 vols quotidiens au départ de Bangkok. La compagnie dessert d'autres destinations comme Ubon Ratchathani dans le sud de la région d'Isan, au nord-est de la Thaïlande, Udon Thani, Phuket… à des prix très intéressants.

Bateau

Transports fluviaux

A chaque fois que c'est possible (à Bangkok notamment), il ne faut pas hésiter à utiliser les bateaux-bus plus ou moins rapides circulant sans difficulté sur canaux et rivières. Ce mode de transport est largement utilisé par la population locale et donc très bon marché en ville (7 à 30 B). Il permet en outre de découvrir la Thaïlande d'une autre époque.
Il est dépaysant de remonter le fleuve Chao Phraya de Bangkok jusqu'à Ayutthaya et Bang Pu, domaine du Rema Hang Yao en *long tail boat*, littéralement, bateau à longue queue. Ces *long tail boats* sont de longues pirogues dont la propulsion est assurée par un moteur fixé sur pivot. L'arbre d'hélice est plongé ou sorti de l'eau en basculant le bloc moteur ce

qui permet de stopper la poussée ou de changer de direction rapidement. Ce type de propulsion et les formes effilées de la coque permettent une grande vitesse.
Il existe également sur le Mékong un transport périodique en *speed boat*, à la frontière du Laos, proposé aux gens pressés (donc aux touristes) à des tarifs généralement élevés : mais tout peut se négocier à l'avance, n'est-ce pas ? Les transits ne sont pas sans risque, en raison de la puissance des moteurs et de la fragilité des embarcations.

Navettes pour les îles

Certains *long tail boats* conçus pour la navigation maritime (coques plus lourdes) servent au transfert de passagers vers les îles, quand les conditions météorologiques le permettent (Krabi, Koh Phi Phi). Mais généralement, ce sont des ferries (transport de véhicules et de passagers) ou des *express boats* (transport de passagers à carlingue allongée comme celle d'un avion) qui assurent les navettes entre les îles et le continent. Les liaisons sont interrompues par grand vent et forte mer, et d'ailleurs les navettes sont suspendues durant la mousson (fin juin à début octobre pour la côte d'Andaman).
Quelques exemples de navettes :

▶ **Ferry** pour se rendre à Koh Chang.

▶ **Caboteur** pour gagner Koh Samet.

▶ **Ferry ou bateau express** entre Surat Thani et Koh Samui, Koh Phangan ou Chumphon et Koh Tao.

▶ *Express boat* pour gagner Koh Tarutao ou Koh Lipeh à partir de Pak Bara.

▶ **Bateau express** également pour Koh Phi Phi à partir de Phuket ou Koh Lanta à partir de Krabi.
Les grands hôtels et autres resorts proposent des services de *speed boats* pour les transferts vers les bungalows installés sur les plages de rêve voisines et certaines excursions également. En fait, bateaux proches de l'off-shore.
Il est préférable d'éviter les voyages de nuit sur de petites embarcations. Il n'y a que les grands navires qui soient normalement équipés de radar anticollision ! Les ferries thaïlandais sont fiables, en principe (tout dépend de la maintenance à bord et des moyens de communication radio), mais attention aux tempêtes durant la mousson (vents violents), notamment dans le secteur de Koh Samui entre la fin octobre et le début décembre.
Un *express boat* se caractérise par une coque très allongée et assez basse sur l'eau. Il est profilé pour aller vite en transportant seulement des passagers. Un ferry, transportant des

voitures ou des cars en plus des passagers, présente des superstructures plus hautes et un tonnage beaucoup plus important. Et ce deuxième type de bateau de transport est souvent très chargé. Un chargement mal équilibré ou mal arrimé peut s'avérer dangereux par mer forte... Donc, gare au mauvais temps !

Bus

A Bangkok, les bus, plus très jeunes, sont généralement bondés... D'autre part, bien que la circulation en ville paraisse compliquée et qu'il faille se montrer patient, les transports en commun (bus ou métro d'ailleurs) sont malgré tout satisfaisants et très bon marché. Et vous pouvez ainsi visiter les principales artères d'une ville à bon compte en étant au contact de la population. Par contre, il est indispensable d'avoir vu à l'avance le trajet sur une carte de la ville et d'avoir pris quelques points de repères (temples, centres commerciaux, banques), les autres usagers ne comprenant que rarement l'anglais !

Cars interurbains

Il y en a pour tous les goûts et tous les budgets : ordinaires, AC (bleus), NAC (orange), VIP, mini, privés... Pour les longs parcours, les liaisons sont habituellement bien organisées :

▶ **Cars publics ordinaires.** Les prix varient d'une compagnie à l'autre. Il existe dans chaque ville un terminal de bus publics, ou gare routière, appelé Bokhoso (abréviation de Borisat Khon Song). Les tarifs et les horaires sont affichés. On dit de ces bus publics qu'ils sont plus fiables que les bus privés même s'ils sont parfois plus vieux, plus lents et moins confortables.

▶ **Minibus ou minivans.** Ces transports collectifs (9 à 11 passagers) peuvent constituer une alternative très intéressante sur des parcours moyenne distance (Bangkok à Pattaya, par exemple). Ils sont plus rapides que les bus ordinaires puisqu'ils ne font pas d'arrêts intermédiaires, mais souvent ils ne prennent le départ qu'une fois pleins ! Ils sont aussi plus chers que les bus publics. La place pour charger les bagages à l'intérieur est souvent réduite, mais ils sont généralement équipés d'une galerie (attention à l'arrimage de votre sac !). Eviter les places du fond, plus petites et moins confortables.

▶ **Cars 1re classe AC (Air Conditionné).** 36 ou 44 places. Sièges inclinables (un peu) et toilettes à bord. Ne soyez pas surpris par les essais de freins au départ, c'est l'usage... Sachez que la conduite est souvent audacieuse et les accidents toujours possibles ! La solution la plus fiable à Bangkok est encore de se rendre soi-même

à la gare routière de Moh Chit pour prendre le départ (en métro ou en taxi), en partageant le voyage avec les habitants du pays, au lieu de faire confiance, à n'importe quelle agence de Khao San !

▶ **Cars VIP.** 24 sièges AC. Ce sont les cars les plus chers (Very Important Person !) et, en fait, ceux qui sont systématiquement proposés aux touristes en transit. Ces cars assurent des trajets confortables entre Bangkok et les principales villes du pays. Les sièges sont inclinables (un peu plus). Les toilettes et la climatisation fonctionnent normalement ! Et une hôtesse est même à la disposition des passagers... pour servir à boire et un encas. Mais surtout, ces cars se rendent directement à destination avec un minimum d'arrêt. Tout cela est bien tentant !

Acheter son billet

Acheter un billet de bus dans une gare routière n'est pas compliqué et ne demande que quelques minutes : il y a des départs presque toutes les heures (choisir le matin pour les étapes courtes ou le soir pour les très longues distances de nuit). Seul le cash est accepté. Les tarifs sont marqués noir sur blanc.

Faire de son mieux pour obtenir ces renseignements à l'avance (la veille, au plus tard) est toujours préférable : l'anticipation n'est-elle pas la meilleure des sécurités ? L'office national du tourisme thaïlandais – Tourism Authority of Thailand ou TAT – est présent dans chaque ville d'importance régionale pour vous renseigner (en anglais, le plus souvent) et vous fournit gratuitement plans, adresses, horaires et brochures (hébergements, transports, points d'intérêt). Cela vaut la peine d'y passer au moins pour chaque région différente (attention, les bureaux ferment vers 16h30). Bien entendu, la TAT peut d'abord vous renseigner sur la ville où vous vous trouvez (localisation de la gare routière ou horaires d'ouverture d'un service) et éventuellement téléphoner à votre place (en thaïlandais).

Ne pas confondre la TAT avec une agence de voyage privée dont la licence aurait été « agréée par la TAT », justement (agence ayant usurpé le nom, comme c'est le cas aux abords de la gare centrale de Hua Lamphong, à Bangkok). Pour faire la différence, c'est simple : la TAT ne vend jamais aucune prestation, ni aucun billet, et les informations proposées sont toujours gratuites.

Les bureaux de la TAT sont installés dans des bâtiments administratifs officiels signalés comme tels (drapeau national) et jamais dans des agences « au coin de la rue ». Et surtout, la TAT ne pratique jamais le racolage.

Train

Le réseau ferroviaire fonctionne assez bien même si les voitures de passagers évoquent une période révolue... Ce qui ajoute au charme exotique, pour ceux qui ne sont pas trop dépendants du confort moderne. Le folklore local est omniprésent, et il arrive qu'un éléphant égaré se promène au milieu des rails. En saison des pluies, les voies sont parfois coupées par les inondations... Cela dit, les trains ne desservent pas toutes les villes (Phuket ou Krabi, par exemple), sans parler de l'affluence et des réservations préalables souvent nécessaires : attention aux périodes de fêtes, nombreuses en Thaïlande.

Si vous n'êtes pas trop pressé, le train reste une bonne alternative, et les tarifs de la compagnie State Railway of Thaïland (SRT) sont les mêmes pour tous les usagers ce qui est honnête !

Un transit longue distance en wagons couchettes est une solution intéressante, et permet d'arriver le matin à destination en économisant une nuit d'hôtel. Les couchettes de 2e classe peuvent suffire pour les voyages de nuit, mais la 1re classe est indiquée pour ceux qui désirent un minimum d'intimité. Attention, ces compartiments n'existent pas sur tous les trains. Renseignez-vous la veille. Des horaires actualisés (avec le nom des principales villes écrit en anglais) sont délivrés dans toutes les gares importantes.

Les trains les plus rapides (donc plus chers) sont en principe les express diesel (Exp DRC ou « Sprinter »). Certains disposent d'un wagon-restaurant, souvent assez bruyant et bondé, mais vous pouvez demander à être servi dans votre wagon, à votre place. Tout au long du voyage, en journée, des vendeurs de poulet grillé, beignets, maïs, riz frit, eau fraîche, sodas viendront vous solliciter. Inutile, donc, de prévoir des sandwichs. Le réseau ferroviaire se subdivise de la manière suivante :

▶ **Ligne du Nord.** Bangkok-Chiang Mai via Ayutthaya et Phitsanulok.

▶ **Réseau du Nord-Est.** Bangkok-Nong Khai via Ayutthaya, Khon Kaen, et Udon Thani. Bangkok-Ubon Ratchathani via Ayutthaya, Khorat, Pak Chong et Surin.

▶ **Réseau de l'Est.** Bangkok-Aranya Prathet permettant d'atteindre la frontière cambodgienne à Poipet. Bangkok-Sattahip via Pattaya.

▶ **Ligne du Sud.** Bangkok-Sungai Kolok permettant de franchir la frontière de Malaisie (par la côte est) via Surat Thani, Hat Yai et Yala. Cette même ligne traverse la péninsule de Malaisie pour rejoindre Singapour via Butterworth (Penang) et Kuala Lumpur.

▶ **Ligne de l'Ouest.** Bangkok-Kanchanaburi (pont de la rivière Kwaï).

Réservations

Les gares de toutes les grandes villes sont à présent informatisées. Elles sont ouvertes de 8h30 à 16h du lundi au vendredi, de 8h30 à 12h le week-end. Dans la gare de Hua Lamphong, à Bangkok, il faut s'adresser au « Advance Booking Office », ouvert tous les jours de 7h à 16h. Si vous ne voulez pas vous déplacer jusqu'à la gare en question, le moyen (un peu plus cher) est de faire appel à une agence de voyage qui peut s'occuper de vos réservations. Attention : il faut que le ticket de train vous soit remis personnellement, et pas simplement un billet de réservation.

▶ **Divers suppléments.** Pour être certain de disposer d'une couchette, il est recommandé de réserver la veille, et si possible, plusieurs jours avant le départ. Pour les périodes de fêtes, effectuez votre réservation un bon mois avant le départ souhaité ! Le train est le moyen de transport le plus économique, donc très recherché...

▶ **Forfait Rail Pass.** Si vous avez de longs trajets à effectuer, les forfaits Rail Pass peuvent être une bonne affaire : pour une période de 20 jours, avec kilométrage illimité en 2e ou 3e classe, le prix est de 3 000 B (tous suppléments inclus). Sans compter les suppléments, le prix est abaissé à 1 500 B.

Voiture

▶ **État des routes.** Le réseau routier thaïlandais est assez bon, et certaines routes sont même excellentes. Les principaux axes de communication convergent naturellement vers la capitale. Attention en montagne, durant la saison des pluies : il arrive que certaines routes soient coupées par des glissements de terrain. Durant la mousson, les routes à Bangkok se transforment en véritables torrents, mais cela ne dure jamais très longtemps. D'autre part, y compris en ville, les travaux d'excavation sont souvent mal signalés (ou pas signalés du tout) ce qui est évidemment très dangereux si on n'a pas le temps de freiner !

▶ **Autoroutes.** A ce jour, seule la ville de Bangkok, la région centrale du pays et quelques tronçons à proximité de Phuket disposent de véritables autoroutes, souvent à péages : entre 20 à 70 B. Les principaux axes nationaux correspondent en fait à nos voies express, doublées sur certaines parties ou avec une troisième voie de dépassement commune dans le meilleur des cas. Sinon, une simple route élargie, pour un trafic de plus en plus dense.

Principaux axes routiers

▶ **H1.** Bangkok, Nakhon Sawan, Tak, Chiang Rai, qui devrait faire partie de la Transasiatique Pékin-Singapour.

▶ **H2.** Bangkok, Khorat, Nong Khai, dite aussi autoroute de l'amitié ; en fait, un cadeau des Américains autrefois pas vraiment amis des Vietnamiens tout proches.

▶ **H3.** Bangkok, Pattaya, Rayong, Trat, ou autoroute Sukhumvit, car elle prolonge cette avenue.

▶ **H4.** Bangkok, Hua Hin, Ranong, Hat Yai. Ou la partie sud de la Transasiatique.

Attention, la circulation est limitée à 90 km/h. En cas d'excès de vitesse après contrôle radar, demandez absolument (poliment) à voir les photos avant de payer l'amende.

Risques et mise en garde

En ce qui concerne la conduite : les Français roulent à droite, les Anglais à gauche et les Thaïlandais théoriquement comme les Anglais... mais en fait où ils peuvent ! Et il faut s'y habituer (on apprend vite !). Le trafic en ville est généralement assez dense, de jour comme de nuit dans la capitale, impressionnant mais pas si dangereux. Les panneaux de signalisation sont le plus souvent en langue thaïe, quelquefois en anglais.

Objectivement, il n'est pas vraiment recommandé pour un étranger de conduire lui-même un véhicule sur route, compte tenu du comportement au volant des autochtones. En effet, les conducteurs thaïlandais n'hésitent pas à prendre certaines libertés avec le code de la route : dépassement sans visibilité dans les côtes ou en plein virage de droite comme de gauche et, bien entendu, non-respect des marquages au sol ! Par ailleurs, les priorités sont aléatoires et l'usage des clignotants superflu. De plus, les camions ou les cars (de touristes) lancés à pleine vitesse peuvent mettre votre vie en danger, et les accidents de moto sont monnaie courante !

Les conducteurs siamois ne sont pas obligatoirement assurés, et les délits de fuite ne sont pas rares. Enfin, en cas de doute sur la responsabilité d'un accident, les torts seront volontiers attribués à l'étranger a priori fortuné (d'où l'intérêt de faire appel sans délai à la Tourist Police qui se chargera d'aplanir au mieux les difficultés).

Un conseil qui peut vous sauver la vie : quand vous apercevez un véhicule approchant en sens inverse, et amorçant une manœuvre de dépassement tout en faisant des appels de phare ou en donnant des coups de klaxon, freinez immédiatement et dégagez-lui la voie (d'autant plus rapidement s'il s'agit d'un camion) : soyez sûr que le chauffeur est ferme dans son intention de continuer sa manœuvre. De même, si un irresponsable vous dépasse alors que la voie n'est pas libre (en gros, un camion vient en face), il préférera un choc latéral à un choc frontal, c'est-à-dire qu'il va tout simplement vous éjecter de la route pour se protéger.

Location de voitures et de motos

Si vous envisagez de conduire un véhicule en Thaïlande, une assurance Assistance internationale est recommandée. Vérifiez qu'elle ne comporte pas de restriction géographique : prenez bien connaissance avant le départ des conditions générales de la police. Sinon, la carte Visa comprend également une clause assistance médicale. Pour les formalités, les compagnies internationales requièrent un minimum de deux ans de permis, d'être âgé de 23 ans et exigent le permis international à demander en préfecture. Les compagnies de location internationales (Avis, Hertz, SMT...) sont généralement plus chères, mais, moyennant une franchise de 5 000 à 20 000 bahts, elles offrent une réelle garantie. Par contre, les compagnies locales ne sont pas toujours fiables en matière d'assurance, et les conséquences peuvent s'avérer pénibles.

Taxi

Les taxis offrent une alternative fiable et à prix raisonnable pour les étrangers que nous sommes : n'oubliez pas de demander la mise en fonction du compteur, souvent préférable au tarif excessif proposé avant la course. Les voitures sont généralement récentes et climatisées. Le prix minimum de la course sera de 35 bahts et ne dépassera que rarement 100 bahts en ville, sauf en cas d'embouteillage. Il arrive que certains chauffeurs veuillent imposer un prix fixe (surtout la nuit) : refusez tout simplement et adressez-vous à un autre taxi. Les voitures sans compteur portent normalement l'enseigne « Taxi », les taxis avec compteur portent la mention Taxi Meter.

▶ **La grille tarifaire est la suivante** : 0 à 2 km = 35 B ; 5 km = 49 B ; 11 km = 71 B ; 19 km = 99 B ; 27 km = 123 B.

Motos-taxis

La solution radicale pour éviter les embouteillages n'est pas le touk-touk, un peu trop large, bruyant et nauséabond, mais la moto-taxi qui peut toujours se faufiler entre les voitures (gare aux genoux qui dépassent !). Ils se repèrent au dossard orange porté par les conducteurs qui attendent le client au coin de certaines rues. Disposez de petites coupures et de monnaie pour régler la course car les chauffeurs en ont rarement. Il faut toujours négocier le prix avant le départ, jamais à l'arrivée, pour éviter les différends toujours regrettables ! Comptez entre 20 et 100 B en moyenne.

Song téo : « deux rangées »

Il s'agit d'un taxi collectif avec deux bancs latéraux installés dans un pick-up couvert, avec accès par le marchepied arrière. Certains, plus modernes, sont des minibus japonais transformés. Toutes les villes de province disposent d'un service de transport en commun au moyen de ces taxis collectifs (progressivement remplacés par des bus) suivant des itinéraires bien déterminés. Fort pratiques à condition de disposer d'un plan de la ville (TAT) et de quelques points de repères pour se faire comprendre (temples, centres commerciaux, grands hôtels), il s'agit certainement du mode de déplacement le plus économique, le prix de la course étant le même pour tous quelle que soit la longueur du trajet parcouru (10 à 30 B). Un excellent moyen de découvrir les quartiers populaires.

A Koh Samui, les noms des plages sont écrits à l'avant. Les tarifs ont d'ailleurs augmenté dans cette île de façon vertigineuse : 50 B, pas moins, pour parcourir les quelques kilomètres qui séparent deux plages en journée ! La nuit, les tarifs sont équivalents aux forfaits des taxis : 200 à 300 B pour les mêmes distances : gonflé !

Samlo : « trois-roues »

L'ancêtre du touk-touk : il s'agit d'un cyclopousse comme on en trouvait également au Viêt-nam. La propulsion se fait à la force des jambes. On peut encore croiser à la frontière laotienne quelques engins motorisés, hybrides entre le samlo et le touk-touk : un train avant de moto (!) raccordé à une banquette de samlo. Les samlos sont utilisables dans les villes de province où il n'y a pas de dénivelées importantes, comme Kanchanaburi ; les samlos sont en revanche à éviter quand la circulation devient trop dense.

Une course revient habituellement à 20 B, mais dans ce cas, vous pouvez bien donner 30 B, le plus souvent à un vieil homme qui n'a pas le choix de partir en retraite (ce qui lui paiera un repas).

Touk-touk

Vous en rêviez, le voilà ce fameux engin motorisé à trois roues dont le nom vient du bruit caractéristique du pot d'échappement (on aurait d'ailleurs pu les appeler tout aussi bien Pout-Pout). Très bruyant, donc, et polluant aussi ! A essayer, pour connaître les joies du virage serré ou de l'accélération saccadée... quand les voitures veulent bien laisser passer ! Comme les prix sont équivalents à ceux des taxis de Bangkok, autant se fier à ces derniers

dont les chauffeurs sont moins nerveux et plus honnêtes. Les chauffeurs de touk-touk ont en effet la mauvaise habitude de transporter les touristes non avertis à l'adresse d'un magasin ou d'un hôtel, qui leur versera une commission pour ce travail de rabatteur. Il est donc préférable de n'avoir recours à ce moyen de transport folklorique qu'après avoir pris connaissance du quartier où se déroule le transit. Enfin, si vous ne pouvez résister à votre envie de faire une virée en touk-touk, laissez-vous tenter à Chiang Mai plutôt qu'à Bangkok : ça vous coûtera moins cher et ce sera aussi plus sympa. Les tarifs démarrent normalement entre 50 et 100 B pour les initiés. Le prix de la course doit être clairement fixé avant le départ, sinon vous risquez de payer le double !

Deux-roues

Moto

Ce n'est pas en Thaïlande qu'on apprend à faire de la moto. Mais en ce qui concerne les deux-roues, pour la maniabilité, la stabilité et le prix, la Honda Dream 100 cm^3 (vélomoteur à 4 vitesses, avec embrayage automatique) est sans doute le meilleur choix pour ceux qui ne sont pas des motards expérimentés, même si ce modèle ne bénéficie pas de la puissance de dépassement d'une moto. Le tarif se situe entre 150 et 200 B par jour.

Le port du casque est naturellement recommandé ne serait-ce que pour échapper à la vindicte policière. Il est également préférable de disposer d'un permis international (photocopie de bonne qualité à conserver sur soi) qui sera exigé en cas de problème avec la police. A bon entendeur !

Pour certaines routes de montagne, en fin de saison des pluies, une véritable moto (trail 125 cm^3) permet de passer quasiment partout en dépit de dénivelées importantes. Attention cependant aux moteurs deux temps avec refroidissement à eau : route de montagne et forte puissance provoquent des températures d'échauffement élevées. La Honda AX 250 est sans doute une moto plus indiquée pour la région Nord. Attention, le propre de la location de moto en Thaïlande est le « ni permis ni assurance ». Aucun loueur ne vous demandera un permis gros cube pour un « V Max » ou une Harley à Phuket, ni aucune assurance (vol par exemple). Quoi qu'il arrive, les conséquences seront à votre charge, soyez en sûr !

Vélo

A disposition dans certaines guesthouses et hôtels. Location entre 50 et 70 B par jour, en moyenne.

DÉCOUVERTE

Damnoen Saduak Floating Market, le plus grand marché flottant de Thaïlande.
© AUTHOR'S IMAGE

LA THAÏLANDE EN 20 MOTS-CLÉS

Amulettes

Vous trouverez dans tous les marchés de Thaïlande, à même le sol ou bien dans des magasins de luxe ces petits objets porte-bonheurs que les Thaïs portent autour du coup ou qui sont accrochés au rétroviseur intérieur d'une voiture. Les amulettes sont de plusieurs sortes, certaines sont des représentations de Bouddha ou de moines importants, d'autres renferment des objets bénis, des morceaux d'animaux, griffes, crocs, poils, des minerais, des tissus, des textes. Elles peuvent coûter très chères, selon la provenance, les matériaux, les vertus qui lui sont accordées. Certaines se négocient au-delà de plusieurs millions de baths.

Bonjour

Naturellement, le premier mot à dire quand on arrive quelque part, surtout si on a besoin de quelque chose, est : *Sawat'dii Khap* (de la part d'un homme) ou *Sawat'dii Khaa* (de la part d'une femme). Cela fera toujours meilleure impression que Good morning ou Hello comme n'importe quel touriste. C'est l'occasion de faire « une première bonne impression ». Vous l'accompagnerez bien vite d'un autre mot d'importance essentielle : merci ! La moindre des choses à dire quand on vous donne une information ou vous propose quelque chose qui peut vous intéresser (ou pas) est : *Kop' Koun Khap* (si vous êtes un homme) ou *Kop' Koun Khaa* (si vous êtes une femme). Prononcé avec le sourire, c'est une marque de déférence fort appréciée.

Bonzes

Ce mot désigne la communauté des moines bouddhistes partout en Asie, mais leur importance sociale est prépondérante en Thaïlande. Tous les hommes, enfants ou adultes, peuvent effectuer une retraite religieuse durant une période variable de leur existence avant de réintégrer la société civile. Cet ordre religieux est profondément respecté par le petit peuple, et le roi lui-même compte sur leur influence. Malheur à ceux qui oseraient leur faire offense !

Conduite routière

Officiellement à gauche. En réalité, là où ça passe : au milieu, à droite ! Les camions en particulier sont dangereux, car pressés, ils ne prennent pas le temps de « faire des politesses » ! En principe, la vitesse est limitée à 60 miles/h (environ 90 km/h), mais la notion de responsabilité face à l'accident de la route est différente en Asie et en Occident. Couper une ligne jaune continue ou doubler dans un virage ne pose pas de problème à un conducteur pressé. Mais la circulation siamoise est « relativement fluide », sauf à Bangkok où se frayer un passage au long des avenues tient du miracle. Les touk-touk (taxis à trois roues) zigzaguent comme des fous entre les files de voitures, et les piétons doivent courir pour survivre dans cette véritable « jungle » ! Et il est vrai que les accidents, notamment de moto, sont assez fréquents. Faites attention ! Il faut savoir que beaucoup de conducteurs n'ont pas d'assurance et que le permis de conduire est une formalité sans réelle importance en Thaïlande.

Éléphant

Cet animal a longtemps été le symbole emblématique du pays. Les Thaïlandais le respectent et l'adorent. Il y a pour cela des raisons sacrées et des raisons historiques : l'éléphant incarne une divinité hindouiste ; il fut également la monture de guerre préférée des rois de Siam ; enfin ce puissant pachyderme a longtemps été utilisé dans les chantiers forestiers thaïlandais pour déplacer de lourds troncs d'arbres (plus maintenant) et il sert encore tous les jours à promener les farangs dans les forêts du Nord... Ce fidèle serviteur de l'homme bénéficie d'un statut privilégié en Thaïlande : la retraite à 60 ans (parfaitement !). Le dressage des jeunes commence toutefois vers 5 ou 6 ans. N'oublions pas le festival consacré aux éléphants dans la ville de Surin (Isaan) chaque année, à la mi-novembre. C'est l'occasion d'une grande fête !

Fantôme

Ils sont très présents en Thaïlande. Bien plus qu'en Ecosse. Ils ne vivent pas dans des châteaux, mais dans de petites maisons appelées « maisons aux esprits ». Elles sont accolées à des façades de bâtiments, perchées sur des colonnes, trônant sur une place. Elles ressemblent à de petits temples et sont accessibles afin que le locataire, *Phra Phum*, soit honoré en fleurs, encens, nourriture et bougies quotidiennement.

Farang

En Thaïlande, ce mot désigne les Occidentaux. Adopté par tous, y compris par les étrangers eux-mêmes, il n'est pas péjoratif. Cela proviendrait de l'appellation Farang-tset qui fut donnée aux Français arrivés en Thaïlande au siècle de Louis XIV… Il aurait été ensuite attribué à tous les étrangers à la peau blanche et au long nez. Le mot se prononce quasiment comme si le R était un L.

Karaoké

Ce type de distraction très couru en Thaïlande s'est développé sous l'influence des Japonais et des Coréens, semble-t-il. Cela se déroule dans un bar, un restaurant ou un salon privé (dénommé alors « VIP »). Toute personne présente en exprimant le désir peut donc s'emparer du micro pour chanter, tant mal que bien mais avec un bel enthousiasme, les paroles du dernier « tube » à la mode qui défilent sur un écran vidéo. On aime ou pas… En tout cas, ça défoule !

Lady Boy

C'est le nom donné aux transsexuels et travestis thaïlandais, très nombreux dans le pays. Grâce à un accès facile à l'usage d'hormones et la présence de nombreux chirurgiens spécialisés, les Lady Boys sont souvent difficiles à distinguer des vraies femmes. Tolérés, ils sont bien intégrés dans la société, même si la plupart appartiennent encore au monde de la nuit. Chaque année par exemple, un célèbre concours de beauté de Lady Boys, Miss Tiffany, se déroule à Pattaya dans un bar éponyme. Leur intégration est liée à la pratique du bouddhisme thaï, qui enseigne le respect des différences et la tolérance de l'autre, ainsi qu'au fait que le pays, jamais colonisé, n'a pas souffert des exigences de la morale judéo-chrétienne.

« Mai pen rai ! »

Littéralement, dans la bouche d'un Thaïlandais : « ce n'est pas grave », « pas de quoi s'inquiéter », « ça va s'arranger » … Bref : laisser faire et avoir confiance, quelles que soient les difficultés. Tout ça, c'est très « folklorique » et ça peut faire sourire quand on n'est pas impliqué dans une affaire fâcheuse ! Quand il y va de sa vie – comme dans le cas de la conduite routière – l'Occidental en voyage à travers la Thaïlande ne rigole plus du tout ! Le « mai pen rai » ancestral du paysan impassible accablé par l'adversité a fait place à une sorte de laxisme généralisé qui frise le « je-m'en-foutisme » pur et simple : une manière bien commode de fuir ses responsabilités devant les conséquences d'un acte irréfléchi.

Bref, ouvrons l'œil et gare à ce qui pourrait nous arriver : en Orient, tout est possible !

Marchés

Chaque ville de Thaïlande possède souvent plusieurs marchés quotidiens : centre-ville, gares routières, bord du fleuve ou zone portuaire… Ne pas manquer les nombreux marchés de Bangkok ou de Chiang Mai (artisanat, vêtements, nourriture, fleurs…). La plupart des villes d'Asie possèdent un marché traditionnel qui mérite une visite. Dans la région Nord de la Thaïlande, les villageois des ethnies montagnardes viennent régulièrement s'approvisionner et vendre leur production en ville.

Monarchie

En Thaïlande, la monarchie est constitutionnelle. Comme en Grande-Bretagne, le monarque ne détient pas un pouvoir exécutif réel. Celui-ci est confié au Premier ministre, dont les méthodes de gouvernement sont contrôlées (en principe) par les votes d'une Assemblée législative. Cependant, le roi de Thaïlande conserve un grand pouvoir moral aux yeux de ses sujets qui lui sont dévoués corps et âme. De plus, il a autorité sur l'ordre ecclésiastique ou « Sangha » (l'ensemble des bonzes). Ses discours sont très écoutés et influencent l'opinion publique, ce qui permet de freiner les agissements moralement douteux de certains hauts magistrats… Le peuple lui en est d'ailleurs reconnaissant. Bref, il n'est pas toléré de critiquer (même pour plaisanter) le comportement du roi ou les agissements de sa famille. Il est considéré par son peuple comme un demi-dieu, donc sacré. Pour éviter tout malentendu préjudiciable, il est donc fortement conseillé d'aborder d'autres sujets de conversation ! Le roi Bhumibol Adulyadej, 85 ans, qui est monté sur le trône en 1950, détient le record du règne le plus long parmi toutes les têtes couronnées de la planète.

Riz

Céréale importée des Indes, devenue la nourriture de base de tout Asiatique. Il faut quatre mois pour obtenir une récolte. Il existe différentes variétés de riz. Leur nombre exact diffère selon les experts en agriculture. D'une manière basique, nous en voyons deux, principalement : la plante qui pousse ordinairement dans l'eau en un lieu appelé rizière, et l'autre qui pousse « pieds au sec », le plus souvent en zone montagneuse. Cette dernière est intéressante car elle donne, après un procédé de cuisson adéquat, ce que l'on appelle le riz gluant (affectionné par les habitants des campagnes de l'Isaan ou du Laos) ou *khao niaw* (en thaïlandais phonétique), ou encore *sticky rice* (en anglais).

En tout cas, c'est très bon avec une petite sauce pimentée et ça tient au corps pour la journée ! Le pays est passé du 1er au 6e rang mondial des exportateurs de riz, après une mesure de subventions menée dès 2011 : acheter le riz aux paysans à un prix 50 % plus élevé que les cours mondiaux, l'objectif affiché étant d'augmenter leurs revenus, une promesse électorale tenue par la Première ministre, en direction des régions pauvres du nord et du nord-est, et qu'elle paie très cher aujourd'hui.

Sai sin

Si vous êtes invité à un mariage thaï, une cérémonie d'ordination d'un jeune moine, ou tout simplement à un anniversaire, surtout dans la région de l'Isaan, il y a de fortes chances que l'on vous offre un petit bracelet de coton blanc, un sai sin, béni par un moine. Il sera attaché à votre poignet droit et une bénédiction viendra compléter ce cadeau. C'est une grande marque de respect et d'amour, car il est censé vous apporter, si vous le gardez au moins cinq jours, beaucoup de bonheur et de chance.

« Same, same but different »

Expression couramment employée en Thaïlande, à propos de tout et de rien, et toujours avec une pointe d'humour ! Il s'agit donc de la copie de quelque chose, certes... mais originale tout de même ! Si, si c'est possible ! En tout cas, on fait semblant de le croire, et tout le monde rigole.

Sourire

« Pays du sourire » : un poncif trop souvent entendu à propos de la Thaïlande, où sourire semble en effet naturel en toute occasion. Il exprime, selon les circonstances, politesse, amusement, excuse, remerciement, complaisance ou même « dégagement en touche », quand une situation délicate est sur le point de devenir conflictuelle. Dans ce dernier cas, il s'agit avant tout de « sauver la face ». Attention, quand le sourire n'est plus, il faut se mettre en garde et réfléchir rapidement pour ne pas aggraver les choses : il est en effet primordial de ménager la susceptibilité des autochtones. Lorsqu'un Thaïlandais est vexé, il se referme sur lui-même et le dialogue est rompu ! Il faudra donc faire preuve de bonne volonté, de patience et... sourire ! Alors, miracle, les blocages disparaissent ! Quant au sourire commercial – une gentillesse apparemment spontanée qui se manifeste lorsqu'on s'apprête à faire un achat – ne pensez surtout pas être un client privilégié... C'est systématique ! Pour conclure, sachons que les Thaïlandais n'ont pas le monopole

du sourire en Asie du Sud-Est : en vérité, les Cambodgiens et les Laotiens sont tout aussi souriants que les Thaïs.

Siam

On considère que l'ère siamoise débute avec l'apparition du royaume autonome de Sukhothai au XIIIe siècle. Le roi Ram Khamaeng créa les bases d'un Etat fort en développant le commerce et la diplomatie, en adoptant le bouddhisme Theravâda comme religion officielle et en créant le nouvel alphabet national. Après une suite mémorable de luttes guerrières, au fil des siècles, contre les peuples birmans et khmers, le royaume de Siam est parvenu à s'imposer jusqu'en 1939, année où il prit le nom de Thaïlande.

Tatouage

Véritable institution en Thaïlande, vous rencontrerez parmi les meilleurs tatoueurs au monde. Deux techniques, celle à la machine électrique, moderne, et celle au bambou, traditionnelle, généralement réservée au *Sak Yant* ou *Yantra*, tatouage sacré que l'on peut faire bénir dans un temple par des moines. Un projet de loi, visant à interdire les Occidentaux à se faire tatouer une image de Buddha est toujours à l'étude. Les autorités encouragent d'ailleurs l'achat d'une amulette plutôt que le tatouage d'un symbole bouddhiste.

Ting tong

Ce terme rigolo doit s'employer avec précaution. Il se traduit par fou, fada, givré, idiot... Vous êtes *ting tong* si votre partenaire se met à rire en ne comprenant rien à votre comportement, à vos explications, à vos habitudes occidentales. De la même façon, vous l'êtes aussi si vous vous conduisez mal, en allant à l'encontre des us et coutumes des Thaïlandais.

Touk-touk

Petit engin motorisé à trois roues utilisé comme taxi partout en Thaïlande. Son appellation coutumière vient du bruit caractéristique de l'échappement. Ces véhicules ont la particularité de se faufiler dans la circulation (avec un maximum de risques) pour tenter de parvenir le plus vite possible là où vous n'avez pas toujours demandé d'aller ! Cela étant dû, parfois, à une difficulté de compréhension de l'anglais par le chauffeur, mais surtout à l'appât du gain ! En effet, le chauffeur, en vous déposant à telle boutique ou tel hôtel, touchera sa petite commission... Même si ce moyen de transport est amusant, il faut parfois se méfier et toujours débattre du prix avant la course (le prix proposé est la plupart du temps gonflé et souvent exagéré).

▶ **Respecter absolument l'ordre religieux** : ne pas critiquer ouvertement. Les images de Bouddha sont sacrées. C'est d'ailleurs pour cela que le gouvernement tente de rendre illégaux les tatouages bouddhistes aux touristes, et interdit également à ces derniers de faire passer des statues ou autres objets représentant un bouddha entier (totalité du corps) hors des frontières. Un respect total est dû aux moines, qui ne doivent pas être en contact avec les femmes. Certains sièges de bus leur sont réservés. Tenue décente et chaussures ôtées pendant les visites des temples. Attention aux séances photo trop démonstratives dans l'enceinte de lieux sacrés, un sujet tellement sensible que certains maladroits ont fini en prison !

▶ **Ne pas critiquer les offrandes de nourriture** faites dans un temple ou placées devant une « maison des esprits » : on doit admettre que les esprits – désincarnés certes – se nourrissent en humant les aliments offerts. Se moquer pourrait avoir les pires conséquences !

▶ **Respecter absolument le roi et la famille royale** : ne pas critiquer ouvertement. Ne porter atteinte à aucune représentation du roi (photo, billets de banque). Ne jamais dire de mal du roi, considéré comme un dieu vivant : il est sincèrement et profondément aimé de tous les Thaïlandais. Même si la Constitution ne lui octroie aucun réel pouvoir, son autorité morale est si grande qu'aucun gouvernement n'osera s'opposer à l'une de ses positions ou décisions. Et il faut se lever pendant l'hymne national au début d'une séance de cinéma. Attention, certains Thaïlandais peuvent vous dénoncer aux autorités s'ils vous entendent critiquer le roi.

▶ **Ne pas faire le salut** de « The Hunger Games », devenu symbole de la révolte, ne pas se réunir à plus de 5, respecter le couvre-feu, en théorie depuis le 22 mai 2014.

▶ **Tabous corporels.** Certaines parties du corps restent taboues : on ne doit pas toucher la tête, siège du Kwan, l'essence de vie. Les pieds constituent les parties les moins nobles du corps, à cause de leur contact obligé avec le sol : ne jamais montrer quelqu'un du pied et éviter de croiser ses jambes l'une sur l'autre, surtout en présence des moines. Sans parler d'appuyer ses pieds sur une table. Le pire serait de se faire tatouer un bouddha sur la plante des pieds : sacrilège ! Egalement, ne pas désigner une personne du doigt, on peut quand même désigner quelqu'un avec sa main. La main gauche, servant aux ablutions intimes (à défaut de papier hygiénique), n'est pas utilisée pour manger ni pour une poignée de main. Éviter les démonstrations d'affection en public : même les couples thaïs ne se donnent pas la main dans la rue.

▶ **Bonnes manières.** Maîtrisez vos émotions et affichez la sérénité de votre âme par un sourire. Si vous vous énervez, vous n'aurez aucune chance d'obtenir ce que vous voulez, on vous prendra tout simplement pour un idiot qui ne sait pas sauver la face. Sourire pour remercier, et en toute circonstances d'une manière générale. Le sourire est automatique en Thaïlande, qui compte dans les huit termes pour désigner cette action du corps. L'indice le plus fiable pour comprendre les sentiments d'un Thaïlandais est son regard. Pour dire bonjour, faire précéder le prénom d'une personne d'un *Khun* de politesse (Monsieur ou Madame) s'il s'agit de quelqu'un d'important ou d'un invité. Les cadeaux ne s'ouvrent pas en public (pour ne pas donner matière à critique). En Thaïlande, tacitement, celui qui invite paie seul l'addition ; sinon la personne de rang social le plus élevé doit payer pour ne pas perdre la face. Ne jeter ni objet, ni nourriture (même si on peut voir certains Asiatiques le faire !). Les Thaïlandais ne comprennent pas certaines questions jugées « bizarres » posées par les étrangers… Mais ils essaieront de répondre si l'on se montre à la fois insistant et respectueux : la politesse est toujours payante au royaume de Siam.

▶ **Wai.** Ce n'est pas seulement une manière de dire bonjour mais une véritable marque de respect, dont l'intensité est proportionnelle à l'inclinaison de la tête et du corps. On s'adresse à quelqu'un selon un protocole très précis. Dans le doute, éviter de prendre l'initiative, sauf en présence d'un moine, d'un vieux sage ou d'un officier administratif que vous voulez remercier. D'ailleurs, il n'y a pas de *wai* en retour, quand le statut social est trop différent : employés, serviteurs, enfants… Un sourire poli suffit. Et, dans le doute, préférez un franc merci : « *Khop khun Kap* » (homme) ou « *Khop khun khaa* » (femme). Le *wai* est employé aussi face à un objet sacré : statue de Bouddha ou temple. De nos jours, les chauffeurs se contentent souvent de klaxonner une fois !

▶ **Le nudisme est illégal en Thaïlande**, et aucune plage n'est réservée au naturisme. Éviter donc les seins nus sauf peut-être dans les stations balnéaires vraiment touristiques : Phuket, Pattaya, Koh Samui (regarder autour de soi). De même, se promener torse nu pour les hommes est très mal perçu par les Thaïlandais. Eviter les décolletés provocants et les épaules dénudées ; les shorts en ville (réservés aux enfants, aux ouvriers, voire aux mendiants). Eviter enfin la couleur noire pour une réception ou une cérémonie, elle est réservée au deuil.

SURVOL DE LA THAÏLANDE

GÉOGRAPHIE

Situation

Située entre le 20e et le 6e degré de latitude nord et entre le 98e et le 105e degré de longitude est, la Thaïlande a la forme d'une tête d'éléphant, le front butant contre le Myanmar et la trompe descendant entre la mer d'Andaman (700 km de façade maritime) à l'ouest et la mer de Chine (1 900 km de façade maritime) à l'est. Le pays s'étend sur plus de 1 600 km du nord au sud et sur un maximum de 800 km d'est en ouest. Les pays frontaliers sont le Cambodge et le Laos à l'est, le Myanmar (ex-Birmanie) au nord et l'ouest et la Malaisie au sud, pour un total de 3 720 km de frontières terrestres. D'une superficie totale de 513 115 km², la Thaïlande est le plus vaste pays d'Asie du Sud-Est, d'une taille à peu près égale à celle de la France.

Relief

La montagne, recouverte de forêts, domine les régions Nord et Ouest et se situe dans le prolongement du massif himalayen. Elle est composée de massifs schisteux, calcaires et granitiques, et abrite le point culminant du pays, le mont Doi Inthanon, 2 595 m. À l'est, un plateau gréseux couvre près du tiers de la superficie totale du pays ; la végétation, assez pauvre, est composée de forêts et de savanes. La frontière entre la Thaïlande et le Laos est délimitée par le fleuve Mékong, alors que celle qui la sépare du Cambodge est marquée par les massifs montagneux de Dangrek et Khao Khieu. La zone du Sud-Est, entre la mer de Chine et le Cambodge, à la pluviosité exceptionnelle, a donné naissance à l'une des jungles les plus épaisses de toute la péninsule. On retrouve également une végétation luxuriante à l'extrême sud du pays, région surnommée la « Malaisie siamoise ». Cette flore recouvre les flancs des montagnes de calcaire primaire qui constituent les premières marches de la chaîne himalayenne. La partie méridionale de cette région comprend également de larges plaines propices à la riziculture. Enfin, la région centrale, autour de Bangkok, concentre 27 % de la population thaïe et s'étend sur 400 km du nord au sud, et de 100 à 150 km d'est en ouest. Le sol y est particulièrement fertile.

Hydrographie

L'eau est présente partout en Thaïlande, le réseau hydrographique est donc très développé et a joué un rôle essentiel dans l'essor de l'agriculture et des transports. De nombreuses rivières, au bord desquelles se sont installés des villages, descendent des montagnes du nord, grossissent et se regroupent pour former la Mae Nam Chao Phraya, à partir de laquelle d'innombrables voies navigables ont été exploitées.

CLIMAT

La Thaïlande, du fait de sa latitude et de l'influence des moussons sud-ouest et nord-est, jouit en toute saison d'un climat tropical humide. La distance du nord au sud-est est d'environ 1 900 km et le gradient de latitude de 15° environ au nord, Mae Sai, 20,5°N, au sud Betong 5,6°N. Ces éléments réunis confèrent à la Thaïlande un des climats les plus variés de l'Asie du Sud-Est.

La mousson nord-est (novembre-décembre à février-mars) apporte de l'air frais et sec, la mousson sud-ouest (mai-juin à octobre-novembre) son cortège de pluies (les moussons déterminent les pluies qui, elles-mêmes, déterminent les saisons). On distingue, avec des différences de gradient thermique entre les régions, deux saisons en Thaïlande (certains disent trois saisons, la troisième étant une sous-partie de la saison sèche, surtout prononcée dans le Nord) :

▶ **Saison sèche** : de novembre à avril.

▶ **Saison des pluies** : de mai à octobre.

Mais, depuis le début de la déforestation, aggravée ces 20 dernières années en Asie du Sud-Est, le climat a beaucoup changé, pour devenir extrêmement imprévisible. Il pleut parfois en saison sèche et en hiver, alors qu'il devrait faire moins de 20 °C à Chiang Mai, la température peut monter jusqu'à 28 °C.

Pluies

La durée exacte de la saison des pluies dépend des vents de mousson qui soufflent sur l'Asie… En général, les pluies débutent en juin et peuvent durer jusqu'à octobre. Les mois d'août et septembre sont en général très arrosés pour l'ensemble du pays, sauf dans l'archipel Koh Samui, Koh Pha Ngan, Koh Tao, situé dans le golfe de Thaïlande, où la mousson est décalée d'octobre à décembre.

▶ **Octobre est un mois de transition :** inondations parfois spectaculaires, notamment à Bangkok quand le fleuve Chao Phraya déborde. La montée des eaux est soudaine et laisse derrière elle de nombreux sans-abri. Maxima de précipitations à Phuket en mai et octobre, alors que le golfe de Thaïlande (Koh Samui) subit de fortes pluies en novembre. Plus on va vers le sud du pays, plus la saison des pluies s'allonge (et plus le gradient thermique est faible). Au nord (à Chiang Maï), la saison sèche peut commencer en octobre et se prolonger jusqu'en mai.

▶ **À l'approche de la mousson sud-ouest en mai-juin**, au moment où les températures sont les plus fortes, de violents orages peuvent éclater, et les pluies – appelées *mango rain* – sont diluviennes. Les Thaïlandais appellent cette période « la saison du diable », car c'est traditionnellement aussi l'époque des coups d'État et des révolutions. La saison des pluies en Thaïlande n'est habituellement pas aussi catastrophique que pour d'autres pays d'Asie, car même si certaines routes sont inondées et si les superbes plages tropicales deviennent tristes, il est toujours possible de circuler dans la majeure partie du pays et d'en apprécier les charmes.

Températures

Plus vous vous rapprochez de l'équateur, plus le gradient thermique est faible. Les températures journalières varient donc moins dans le Nord. Ainsi, au cours des mois les plus frais (de décembre à février, avec des températures moyennes situées entre 20 et 27 °C), la température peut approcher le 0 °C la nuit, en hauteur, dans les régions du Nord, alors qu'au cours de la journée, elle se maintient au-dessus de 25 °C. Notez que, pendant cette période, si les températures matinales sont voisines de 10 °C à Chiang Maï, partout ailleurs elles sont supérieures à 20 °C. Les mois les plus chauds sont avril et mai, avec des températures supérieures à 35 °C (et les 40 °C ne sont pas rares, surtout au nord).

En conclusion

▶ **La saison la plus agréable** pour voyager en Thaïlande est naturellement la saison sèche pendant les mois les plus frais, de décembre à février (sauf à Koh Samui, où il pleut normalement plus de novembre à janvier). C'est également l'époque des floraisons, ce qui donne de somptueux paysages, notamment dans les vallées du Nord. Malheureusement, c'est aussi la saison de haute affluence touristique.

▶ **La chaleur des mois d'avril et de mai** peut perturber votre séjour, surtout si votre destination est le Nord ou le Nord-Est. Les nuages de poussière qui accompagnent la saison sèche y sont permanents. Pour éviter les foules et la « saison du diable », vous pouvez choisir de voyager de mai à août en privilégiant le Nord, le Nord-Est, le Centre et Koh Samui.

La mousson, Bangkok sous l'eau.

© MICKAEL DAVID – AUTHOR'S IMAGE

DÉCOUVERTE

Un monde nouveau pour les koïs

C'est l'histoire d'un centre commercial à Bangkok, le « New World Mall », dans le quartier de Banglamphu, laissé à l'abandon après un incendie d'origine inconnue en 1997. Sa toiture cède deux ans plus tard, et les eaux de pluies qui s'y engouffrent forment petit à petit à l'intérieur un immense bassin que des hordes de moustiques s'empressent d'envahir. Lassés par l'inertie des autorités compétentes, les habitants du quartier ont l'idée d'introduire dans cet aquarium improbable des poisson-chats (koïs), pour les aider à se débarrasser des terribles insectes piqueurs. En quelques mois, les carpes gloutonnes se sont multipliées et ont avalé la quasi-totalité des moustiques. Pour continuer à nourrir ces koïs désormais sacrés, une échoppe a pris le relais, à quelques mètres de cet ancien temple de la consommation, et vend des produits alimentaires pour poissons.

▶ **Septembre reste un mois difficile** presque partout et, suivant les années, les pluies peuvent se prolonger jusqu'à fin octobre entre Bangkok et le littoral sud-ouest. Si vous affectionnez les plages aux couleurs tropicales, les eaux limpides ou la plongée, la deuxième quinzaine de novembre est une garantie. Ceux qui auraient obtenu un séjour à bas prix pendant la saison des pluies à Phuket – entre mai et octobre – auront quelques chances de voir se succéder des journées ensoleillées entre des périodes de dépression pouvant durer deux à trois jours. Considérez également les vacances universitaires européennes et thaïlandaises (de mars à juillet), ce sont bien sûr les périodes de plus grande affluence. Les réservations sont impératives pour les périodes de haute fréquentation touristique, et notamment entre la mi-décembre et la mi-février, pour le nouvel an chinois (pleine lune fin février ou début mars) ou pour le nouvel an thaïlandais (situé du 13 au 15 avril).

ENVIRONNEMENT – ÉCOLOGIE

Des campagnes de protection de l'environnement ont été lancées dans le royaume, telle la Seven Green Concept de la TAT. L'un des objectifs est de lutter contre la mauvaise habitude des Asiatiques de jeter n'importe quoi n'importe où. On dénigre tellement le tourisme de masse (souvent à juste raison) qu'il faut parfois lui trouver des avantages ! En réponse aux plaintes de nombreux visiteurs étrangers devant la saleté de certaines villes et de leurs environs, certaines municipalités ont décidé de réagir : ainsi, Pattaya a fait d'énormes progrès, du moins en ce qui concerne la pollution visible. Plus spectaculaire encore, il y a encore une dizaine d'années, Koh Samui dont les plages étaient souillées de détritus divers est aujourd'hui une île impeccable de propreté. En revanche, dès qu'on s'éloigne des régions fréquentées par les touristes – sauf exception comme Yala dans le Sud – des sites magnifiques ont été souillés par quantité de bouteilles, papiers gras et emballages divers. Les Thaïlandais ne font pas preuve de mauvaise volonté, mais la nécessité de préserver la nature est un slogan encore assez nouveau pour eux. Maintenant que les autorités du pays ont pris conscience du phénomène, les choses devraient s'améliorer au fil du temps.

Écotourisme

Les responsables du tourisme cherchent à promouvoir la visite des grands parcs comme Doi Inthanon, Mae Ping, Khao Yai, Erawan ou Tarutao. Le tarif d'accès dans un parc national thaïlandais est habituellement fixé à 200 bahts pour un étranger. Des bungalows collectifs sont

© AUTHOR'S IMAGE

Singe allant cueillir des noix de coco, Koh Samui.

mis à la disposition des visiteurs, et il est souvent possible de faire du camping. Certains parcs disposent également d'un restaurant (ouvert pendant la saison touristique).

▶ **Info futée** : pour s'assurer des services d'un ranger, prendre contact avec le Département des Forêts Royales (Royal Forestry Department).

PARCS NATIONAUX

Au cours des dernières décennies, de nombreux sites sont devenus des zones protégées. Ces zones maritimes ou terrestres sont réparties sur l'ensemble du territoire de la Thaïlande. Mais la faune et la flore de ce pays, toutes deux incroyablement diversifiées, ne sont pas forcément sorties d'affaire ; beaucoup d'espèces ne survivront pas à la déforestation massive qu'a subie le pays. La mode du tourisme vert est cependant arrivée à point nommé, pour essayer d'offrir un substitut de revenus à des régions survivant auparavant grâce à l'exploitation forestière. Ours noirs, tigres, oiseaux exotiques, serpents ou poissons multicolores sont aujourd'hui devenus autant d'entrées de devises potentielles. Souhaitons-leur tout de même de ne pas se faire trop rares. Il n'y a guère plus de trente ans, la forêt couvrait encore plus de la moitié du pays. Aujourd'hui, elle s'étend à peine sur 10 % du territoire, ce qui est insuffisant pour l'auto-entretien de son écosystème. Le premier parc naturel a été ouvert en 1962 (Khao Yai), et on en dénombre à présent une bonne centaine se partageant quelque 45 000 km². Une augmentation accompagnée d'une réelle prise de conscience écologique des pouvoirs publics, qui ont fait passer les surfaces de coupes légales de 4 800 à 380 km² par an.

▶ **Pour plus d'infos sur les parcs nationaux :** *Ecotourisme en Thaïlande*, de Richard Werly, Éd. AsieInfo : guide décrivant quelques parcs nationaux de Thaïlande et les moyens mis en place pour les protéger.

Quelques parcs naturels :

▶ **Parc national Ang Thong** (Province d'Ang Thong, Koh Samui). Des dizaines d'îles et d'archipels magnifiques pour ce parc marin, au large de Surat Thani et près de Koh Samui. Pour une visite, vous aurez l'obligation de vous faire prendre en charge par des spécialistes.

▶ **Parc national de Khao Yai** (Nakhon Ratchasima, Khorat). Pistes balisées. L'aîné des parcs nationaux thaïlandais, et sans doute l'un des plus importants au monde. Ouvert pendant la journée seulement, après l'adoption, en 1992, d'une mesure destinée à endiguer une trop grande affluence… ce qui devrait ménager les nombreuses espèces animales ayant élu domicile ici. Promu UNESCO World heritage en 2005.

▶ **Parc national Doi Inthanon** (Chiang Mai). A environ 70 km de la ville, ce parc abrite le sommet le plus haut du pays, 2 565 m – sachez qu'il n'y fait pas chaud, quand il n'y pleut pas. Des tribus de montagnards habitent ces régions (H'mong et Karen). Vous y croiserez trois types de végétation, sans compter les cultures de l'homme – qui a pas mal fait des siennes dans la région ! Cascades magnifiques.

▶ **Parcs nationaux Erawan et Sai Yok** (Kanchanaburi). Deux parcs dans la province de Kanchanaburi, au cœur de la vallée de la rivière Kwai. La trop célèbre chute d'eau du premier est impressionnante. Des centaines de milliers de visiteurs vont donc lui rendre hommage tous les ans ; la grotte de Phratat est un autre passage obligé. Le second parc abrite – entre autres – des sites archéologiques du plus haut intérêt.

▶ **Parc national Hatnopparat Thara-Koh Phi Phi** (Krabi). Presque 400 km² d'eau salée limpide, limpide… près de Krabi et des îles Phi Phi. Un véritable sanctuaire sous-marin qu'un tourisme exacerbé anéantirait. Sous l'eau vous attend, à la bonne saison, tout ce que vous avez toujours voulu voir autrement que par les caméras d'une certaine Calypso.

▶ **Parc national Khao Chamao-Khao Wong** (Rayong). A 71 kilomètres de la ville de Rayong. Suivre Sukhumvit Road et tourner à droite à l'intersection Khao Din, kilomètre 274. Continuer sur 17 kilomètres pour atteindre le parc. À 3 heures de Bangkok, deux étendues sauvages dans la province de Rayong. Vous êtes dans un véritable laboratoire à ciel ouvert pour les biologistes du monde entier. Le nombre de variétés de mammifères au kilomètre carré est ici incomparable. On peut y dormir – réserver de Bangkok –, mais vous risquez d'être la bestiole la moins adaptée à la forêt. Une expérience à ne pas manquer.

▶ **Parc national Khao Sam Roi Yot** (Prachuap Khiri Khan). Presque 100 km² de collines au-dessus d'étendues marécageuses et de superbes plages. C'est magnifique. Des petits singes, des léopards, 300 espèces d'oiseaux différentes, et des moustiques, que de moustiques !

▶ **Parc national Phu Kradung** (Loei). Pistes balisées. Au nord, nord-ouest du pays. Fermé de juin à octobre. Sur les hautes terres, à plus de 1 000 m d'altitude, dans la province de Loei. Des forêts, des sapins, des cascades, des animaux…

FAUNE ET FLORE

Protection de la nature

De nombreuses espèces ont été recensées en Thaïlande : plus de 295 types de mammifères et 900 sortes d'oiseaux, sans compter les insectes, plus de 6 000 espèces et les poissons. Malheureusement, certains animaux sont déjà en danger de disparition, et la création des parcs nationaux est une réponse insuffisante face à l'urbanisation galopante et au braconnage. Léopards, tigres, tapirs malais, rapaces et de nombreuses autres espèces sont directement menacées de disparition en raison de l'irresponsabilité et de l'avidité des hommes. Les oiseaux sont chassés pour leurs plumages chatoyants mais aussi pour leur chair. L'éducation en matière d'écologie n'est pas la priorité en Thaïlande, et l'observation de certains spécimens devient difficile, même pour les scientifiques. Si cela continue, il faudra se contenter d'aller au zoo pour découvrir la faune « sauvage » de Thaïlande. Et même dans les zoos du reste, les animaux ne sont pas tranquilles : de véritables numéros de cirque sont organisés pour attirer la clientèle. Il n'y a plus qu'à souhaiter que ce pays se donne vraiment les moyens de faire respecter la protection des espèces menacées, conformément aux lois édictées.

▶ **Pour les passionnés d'ornithologie** : *Bird Guide of Thailand*, de B. Legakul et E. Cronin, Karusapa Laprao Press, Bangkok (1974).

Éléphants exploités

Si vous voyez un de ces jeunes pachydermes errer avec son maître en guenilles, ne soyez pas surpris. On en croise parfois en ville, même à Bangkok. Le jour, leurs gardiens les cachent au milieu de la broussaille des banlieues mais le soir, on les promène dans les rues pour mendier. Ces pauvres éléphants ont un bien triste sort. Trop jeunes, ils quittent leur province natale pour la pollution des grandes villes. Une fois arrivés à Bangkok, ils sont maintenus cachés dans des coins sordides et sont contraints de mener la même vie misérable que leurs maîtres, dans le bruit et la fumée. Beaucoup d'éléphanteaux deviennent fous, quand ils ne sont pas grièvement blessés par une voiture. La misère et la bêtise réunies : un véritable scandale !

Crocodiles vagabonds

Les inondations des mois de septembre et d'octobre sont, tous les ans, l'occasion d'une floraison d'articles sur les crocodiles des élevages. Ils sont plus de 100 000 en Thaïlande. Le centre du pays compte à lui seul plus de 55 000 spécimens d'eau douce et d'eau salée, installés dans les villes et les villages qui bordent le fleuve Chao Phraya (à Nakhon Sawan, Uthai Thani, Chai Nat, Thong, Nonthaburi ou Prathum Thani). Le « prix du danger » est de 8 000 bahts quand il est âgé de 2 mois, et plus de 140 000 bahts pour un adulte de 15 ans (4 m de longueur !). Les prix ont plongé depuis quelques années, principalement à cause de la concurrence des pays limitrophes. Mal aimées, mal cotées, les petites bestioles profitent donc des inondations pour quitter leur bassin. Attention aux mollets si jamais pareil incident se reproduisait !

Les geckos et toukeys veillent...

Ces lézards de petite taille font grande consommation d'insectes et, en particulier, de moustiques... Le corps du gecko n'est pas plus gros qu'un doigt, et sa peau transparente laisse deviner toutes ses veines. Ne pas confondre avec son cousin le toukey, apparemment plus timide. Ces bestioles sympas se cachent dans toutes les maisons : on peut les voir en soirée sur les murs et jusqu'au plafond. Ils veillent discrètement et gobent de temps à autre un insecte attiré par la lumière électrique.

Le buffle d'eau

Vous aurez de plus en plus de mal à rencontrer ce grand bovin dans un champ, autrefois compagnon de travail indissociable des paysans thaïlandais, domestiqué il y a plus de 5 000 ans en Asie du Sud-Est. Plusieurs raisons à cette raréfaction. Le buffle d'Asie est remplacé peu à peu par des engins mécaniques bon marché plus « maniables » et ne nécessitant pas d'entretiens particuliers contrairement à l'animal, les champs de canne à sucre, de caoutchouc ou de manioc ont peu à peu remplacé les rizières moins rentables, les agriculteurs sont tout simplement de moins en moins nombreux. Petit à petit, tout comme l'éléphant, le buffle d'eau disparaît du monde agricole pour intégrer celui du tourisme. Il parade et transporte des vacanciers sur des charrettes et justifie ainsi encore son existence. C'est une manière aussi d'échapper à l'abatage en masse de cet animal moins cher au kilo que le bœuf. 90% des boulettes que vous consommerez en brochettes ou en soupe dans les marchés de rues ou ailleurs, sont fabriquées avec la viande de ce majestueux animal.

HISTOIRE

L'histoire de la Thaïlande pourrait se résumer à l'origine par l'immigration vers l'Asie du Sud-Est des Thaïs du Yunnan (sud de la Chine), suivie d'une lutte acharnée entre les différents princes ou généraux pour assurer leur suprématie, parallèlement aux guerres périodiques contre le royaume de Birmanie d'une part et l'empire khmer d'autre part. Plus proche de nous, la colonisation occidentale dans cette région du globe, qu'elle soit anglaise ou française, met fin à tous ces affrontements et détermine la Thaïlande actuelle. En 1932, un coup d'État militaire renverse la monarchie absolue, et la Thaïlande entre dans une période d'instabilité intérieure. Après 80 ans de « monarchie constitutionnelle » et une série de coups d'État, le dernier en date du 22 mai 2014, la tension reste palpable entre les lobbies d'hommes d'affaires et le pouvoir militaire, pour le contrôle d'une « démocratie » problématique !

Royaumes de Ngai Lao et Nanchao (Ier siècle-1253)

L'origine des Thaï se situe dans le Sud de la Chine. Du Ier au XIIIe siècle, les royaumes de Ngai Lao et Nan Chao jouent un rôle historique très important. Le royaume de Nan Chao se trouve à l'est, dans le Yunnan, alors que celui de Ngai Lao est plus à l'ouest, au-dessus du Viêt Nam. Peu à peu, le Nan Chao absorbe le Ngai Lao et prend comme capitale la ville de Tali, sur le Fleuve bleu. Très vaste – il s'étend du Tibet à Canton – le Nan Chao, dont le nom signifie « royaume du Sud » (Nan = Sud et Chao = royaume ou principauté), est militairement bien organisé et lutte, du VIIIe au XIIIe siècle, contre les Tibétains et les Chinois, dont il devient un vassal récalcitrant en 791. La fin du Nan Chao est provoquée par la conquête de la Chine, au XIIIe siècle, par les Mongols de Kubilaï Khan. En 1253, ce dernier s'empare de Tali, ce qui provoque la descente des Thaï vers le sud.

Principautés de l'Inde, de Birmanie, du Viêt Nam et du Laos

Les Thaï sont installés dans le Nord-Est du Myanmar depuis les premiers siècles de notre ère. Lorsque les Birmans les dominent, vers le XIe siècle, ils appellent les Thaï « Shans », par déformation du mot Siam. Ces Thaï s'appellent en fait eux-mêmes Thaï Yai (grands Thaï) car ils sont d'une taille plus élevée que les Thaï du Siam, appelés Thaï Noi (petits Thaï). Les premières principautés véritablement organisées apparaissent en 1215. Leurs seigneurs portent le titre royal thaï traditionnel de Chao Fa (prince du ciel). Dans le même temps, se forme un royaume thaï Ahom dans l'Assam (partie de l'Inde frontalière avec la Birmanie). Ce royaume Ahom est annexé à l'Empire britannique des Indes en 1842, et il restera attaché à l'Inde après son indépendance en 1947. Il y a encore environ 400 000 Thaï en Inde qui n'acceptent pas la domination indienne et réclament leur autonomie. Au Viêt Nam, les Thaï s'organisent en Sip Song Chao Thai (douze principautés thaï). Ce sont les Thaï noirs et les Thaï blancs, non pas à cause de la couleur de leur peau, mais du fait de la couleur des vêtements traditionnels des femmes. Au XIIIe siècle, leur capitale est Muong Theng (la ville de la citrouille), qui connaîtra plus tard une célébrité mondiale sous le nom vietnamien, donné par les Français, de Diên Biên Phu. Deux à trois millions de Thaï vivent encore au Viêt Nam où ils occupent pratiquement toutes les montagnes, les Vietnamiens vivant dans le delta du Fleuve Bleu, et de la Rivière Noire. Les Laotiens, qui tiennent leur nom de l'ancien royaume de Ngai Lao, s'installent d'abord dans la région de Luang Prabang. Puis, au XIVe siècle, ils créent le royaume du Lan Chang ou Lane Xang (million d'éléphants), que les Français appelleront de son nom d'origine, le Laos. Enfin, dans le Sud de la Chine demeurent encore 12 millions de Thaï. Ils habitent dans le Yunnan, une région qu'ils nomment les Sip Song Pan Na (12 000 rizières). C'est principalement la branche des Thaï Lü. Tous ces Thaï – Ahom, Shan (Thaï Yai) Lao, Thaï blancs ou noirs ou Thaï Lü du Yunnan – parlent la même langue, avec, évidemment, quelques variantes, mais avec suffisamment de points communs pour qu'un Thaï noir puisse communiquer avec un Thaï Yai. Ils pratiquent le même animisme et bouddhisme et ont conservé les mêmes traditions. Leur différence avec les Thaï de Thaïlande tient à ce que ces derniers habitent un pays portant leur nom.

▌ **Ier siècle >** royaumes thaïs de Nanchao et Ngai Lao dans le Sud de la Chine actuelle.

▌ **568 >** des Thaïs du royaume de Ngai Lao constituent le royaume de Chieng Sen.

▌ **791 >** le royaume de Nanchao devient vassal de l'empire de Chine.

▌ **XIIIe siècle >** formation du royaume thaï Ahom dans l'Assam de l'Inde actuelle.

▌ **1215 >** formation des principautés thaïes dans les Etats shans du Myanmar actuel.

▌ **1238 >** formation du royaume de Sukhothai.

▌ **1253 >** prise de Tali, capitale du royaume de Nanchao, par les hordes de Kubilai Khan (petit-fils de Gengis Khan). Accélération de la descente des Thaïs vers le sud.

▌ **1296 >** création, par le prince Mangrai, du royaume de Lan Na avec Chiang Mai comme capitale.

▌ **1347 >** formation du royaume d'Ayutthaya.

▌ **1349 >** le royaume de Sukhothai accepte la suzeraineté d'Ayutthaya.

▌ **1350 >** Ramitabodi Ier est couronné roi d'Ayutthaya.

▌ **1353 >** prise d'Angkor par Ramitabodi Ier.

▌ **1378 >** fin de Sukhothai. Le roi de Sukhothai est rabaissé au rang de gouverneur.

▌ **1387 >** début de longues guerres entre les royaumes d'Ayutthaya et de Lan Na.

▌ **1431 >** mise à sac d'Angkor par le roi Boro Maraja II d'Ayutthaya.

▌ **1509 >** ambassade portugaise à Ayutthaya.

▌ **1515 >** prise de Lampang, ville du Lanna. Chiang Mai résiste.

▌ **1519 >** accord Ayutthaya-Portugal. Des commerçants portugais s'installent dans le royaume.

▌ **1549 >** le royaume birman attaque Ayutthaya. Début d'une guerre de plus de 200 ans.

▌ **1556 >** allégeance du royaume du Lanna à la Birmanie.

▌ **1563 >** prise de Sukhothai par le royaume birman.

▌ **1564 >** prise d'Ayutthaya par la Birmanie.

▌ **1587 >** libération d'Ayutthaya par le prince Naret, futur roi Naresuan.

▌ **1595 >** le royaume du Lanna reconnaît la suzeraineté d'Ayutthaya.

▌ **1664 >** Mgr d'Héliopolis, des Missions étrangères de Paris, arrive à Ayutthaya.

▌ **1685 >** ambassade du chevalier de Chaumont et de l'abbé de Choisy.

▌ **1688 >** mort du roi Narai, et fin de la présence occidentale à Ayutthaya.

▌ **1767 >** mise à sac d'Ayutthaya par le royaume birman. Quelques mois plus tard, le général Taksin reprend Ayutthaya et défait le royaume birman. Il se fait couronner roi du Siam à Thonburi, qui devient la nouvelle capitale.

▌ **1775 >** le roi Taksin reprend définitivement Chiang Mai aux Birmans.

▌ **1782 >** mort du roi Taksin. Le général Chakri se proclame roi, fondant l'actuelle dynastie Chakri. Sa capitale sera Bangkok, de l'autre côté du fleuve Chao Phraya.

▌ **1826 >** traité d'amitié et de commerce signé avec l'Angleterre. Retour de la présence occidentale.

▌ **1893 >** le Siam cède à la France les provinces de la rive gauche du Mékong, rattachées au Laos.

▌ **1896 >** accord de la France et de l'Angleterre sur l'indépendance du Siam. Le Siam devient un Etat tampon entre la France en Indochine et l'Angleterre en Birmanie.

▌ **1907 >** le Siam cède les provinces de Battambang, Siem Reap et Sisophon à la France, qui les rattache au Cambodge.

▌ **1932 >** coup d'Etat mettant fin à la monarchie absolue.

▌ **1939 >** le Siam prend le nom de Thaïlande.

▌ **1957 >** coup d'État des généraux Sarit Thanarat, Thanom Kittikachorn et Prapat Charusathien. Régime de dictature militaire.

▌ **1973 >** manifestations étudiantes et renversement de la dictature des maréchaux Thanom Kittikachorn et Prapat Charusathien.

▌ **1976 >** manifestations de l'extrême droite et coup d'État militaire. Dictature civile de l'extrême droite.

▌ **1977 >** coup d'État militaire mettant fin à la dictature civile du Premier ministre Thanin Kraivichien.

▌ **1991 >** coup d'État militaire le 23 février.

▌ **1992 >** élections le 22 mars et retour à la démocratie.

▌ **1995 >** en janvier, la Thaïlande procède à son quinzième changement de Constitution depuis 1932. En mai, dissolution du Parlement, suivie d'élections législatives. Les hommes d'affaires entrent en force en politique. Banharn Silpa Archa, du parti Chat Thai, devient Premier ministre.

▶ **1997 >** le 27 septembre, 16e Constitution.

▶ **2001 >** le 18 février, élection de Thaksin Shinawatra au poste de Premier ministre.

▶ **2004 >** le 26 décembre, un tsunami s'abat sur la côte sud-ouest de Thaïlande au niveau des plages de Phuket, Koh Phi Phi et Khao Lak. Bilan : plus de 6 000 morts et disparus.

▶ **2005 >** élections législatives : le parti de Thaksin Shinawatra gagne 399 sièges sur 500, à la chambre (le parti démocrate ne recueille que 80 sièges). Thaksin Shinawatra est reconduit dans ses fonctions de Premier ministre.

▶ **2006 >** crise de février-mars : manifestations populaires demandant la démission du Premier ministre, suivies d'un boycott des élections législatives anticipées (prévues le 2 avril) par les partis d'opposition. Renversement du gouvernement de Thaksin Shinawatra le 19 septembre par un coup d'Etat militaire. Avec la bénédiction tacite du roi, une junte militaire prend le pouvoir afin de « restaurer la loi et l'ordre » et d'établir ultérieurement un nouveau gouvernement démocratique.

▶ **2007 >** août : référendum approuvant la nouvelle constitution thaïlandaise. En décembre, les élections législatives nationales donnant finalement l'avantage au PPP – « Parti du Pouvoir Populaire ».

▶ **2008 >** mai : les premières manifestations commencent dans le pays, menées par le PAD (Alliance du peuple pour la démocratie). Septembre : Samak Sundarajev est destitué, c'est Somchai Wongsawat, beau frère de Thaksin qui devient Premier ministre. Le PAD continue de manifester deux mois durant. Décembre : la Cour constitutionnelle dissout le parti politique au pouvoir. Abhisit Vejjajiva, membre de l'opposition, devient le 27e Premier ministre de Thaïlande.

▶ **2009 >** le PAD au pouvoir, les manifestants pro-Thaksin demandent la tenue de nouvelles élections et la démission d'Abhisit.

▶ **2010 >** au printemps, violentes émeutes à Bangkok entre Chemises rouges et jaunes.

Elles font 86 morts et près de 2 000 blessés. Novembre : d'importantes inondations frappent la Thaïlande. On dénombre une centaine de morts, et plus de 2 millions de déplacés au travers du pays.

▶ **2011 >** Election de Yingluck, la petite sœur de Thaksin, au poste de Premier ministre. Elle est la première femme à diriger le pays. Nouvelles inondations, les pires depuis un demi-siècle : elles frappent durement le centre de la Thaïlande, et notamment Ayutthaya.

▶ **2012 >** En mai, le parlement a été encerclé par les Chemises jaunes alors qu'il examinait un projet de loi visant à amnistier les personnes ayant été condamnées lors de la crise politique de 2006, dont l'ancien Premier ministre Thaksin, toujours en exil. L'entrée en vigueur de cette loi aurait ainsi permis son retour au pays. La Cour constitutionnelle a finalement jugé que le parti au pouvoir ne menaçait pas la monarchie constitutionnelle, ce qui a apaisé les tensions, même si le climat politique reste fragile. En fin d'année, l'ancien Premier ministre Abbhisit Vejjajiva a été inculpé pour meurtre.

▶ **2013 >** fin novembre, la Thaïlande fait face à une énorme crise politique. Les Chemises jaunes (Parti démocrate de l'ancien Premier ministre Abhisit Vejjajiva) s'opposent aux Chemises rouges (favorables au gouvernement de Shinawatra) et on dénombre près de 30 morts et des centaines de blessés dans les deux camps. De très nombreux parlementaires démissionnent.

▶ **2014 >** le 7 mai 2014, Yingluck Shinawatra est démis de ses fonctions. Le 20 mai, la loi martiale est décrétée par l'armée qui fomente un coup d'Etat, deux jours plus tard. Le général Prayuth Chan-ocha, commandant en chef de l'Armée royale thaïlandaise, prend le pouvoir.

▶ **21 août 2014 >** Prayuth Chan-ocha est élu Premier ministre par l'Assemblée nationale, nomination approuvée par le roi Bhumibol 4 jours plus tard.

▶ **17 août 2015 >** un attentat à la bombe en plein cœur de Bangkok dans un temple hindouiste tue 20 personnes et blesse près de 140 autres. Un suspect d'origine turque est arrêté quelques jours plus tard.

FORMATION DE LA THAÏLANDE

Royaume de Lanna (1296-1595)

Vers 568, des Thaïs, probablement originaires du royaume de Ngai Lao établissent le royaume de Chiang Saen sur les bords du Mékong. Mais ce n'est qu'en 1261 que ce royaume prend son véritable essor. Cette année-là, le prince Mengrai monte sur le trône. En 1262, il déplace sa capitale vers le sud-ouest et fonde Chiang Rai. Puis il se dirige, toujours plus au sud, vers Lamphun et, en 1296, fonde Chiang Mai (la ville nouvelle), capitale du futur royaume de Lanna (million de rizières). Le royaume de Lanna (ou plus simplement royaume de Chiang Mai) demeure indépendant jusqu'à son annexion par le royaume d'Ayutthaya en 1595.

Royaume de Sukhothai (1238-1378)

Au début du XIᵉ siècle, les Khmers sont arrivés jusqu'à Lopburi. Au XIIᵉ siècle, leur empire s'étend depuis Vientiane (aujourd'hui capitale du Laos) à la péninsule malaise à l'extrême sud, et jusqu'à la frontière de Birmanie à l'ouest, contrôlant ainsi la région de Sukhothai. D'autre part, le royaume Môn de Dvaravati (centre de la Thaïlande actuelle) demeure indépendant avec une capitale installée sans doute à Nakhon Pathom ou Ayutthaya.

Au IXᵉ siècle, ce royaume s'étend jusqu'à Pégou, en Birmanie. Au XIIIᵉ siècle, le royaume de Pégou est annexé par la Birmanie alors que celui de Nakhon Pathom passe sous le contrôle de l'Empire khmer. Au nord, tandis que le royaume Môn d'Hari-punchai (Lamphun) est annexé par le roi Mengrai au royaume de Lan Na, le XIIIᵉ siècle sera marqué par la fin de l'empire Môn en tant que puissance militaire et politique. De nos jours, dans le sud de la Birmanie, environ un million de Môns luttent encore pour leur autonomie.

En 1220, le prince thaï de Sukhothai, Pha Muong, s'allie au prince Bang Klang Tao pour attaquer le gouverneur khmer de Sukhothai : ils le renversent en 1238. Le prince Bang Klang Tao sera proclamé roi de Sukhothai, et le gouverneur khmer deviendra vassal des Thaïs. Le fils de Bang Klang Tao succédera à son père sous le nom de Rama Kamheng (Rama le Fort). Il connaîtra la gloire en agrandissant son royaume aux dépens des Khmers. Son nom restera dans l'histoire, comme celui du roi Mengrai. A la fin du XIIIᵉ siècle, le royaume de Sukhothai s'étendra de Vientiane, au nord-est, jusqu'à Nakhon Si Thamarat, au sud, et jusqu'à Pégou à l'ouest. Rama Kamheng emporté par son élan, envahira aussi l'empire khmer. A tel point que la Chine, en 1282, doit sommer Rama Kamheng de mettre fin à ses conquêtes. Depuis, la Chine, communiste ou non, a toujours veillé à ce que les Thaïs ou les Vietnamiens ne deviennent jamais un empire concurrent. Il est curieux de constater qu'au XIIIᵉ siècle, la Chine impériale empêche le roi de Sukhothai de s'emparer du Cambodge et qu'au XXᵉ siècle, la Chine communiste s'oppose aussi à la prise du Cambodge par le Viêt Nam communiste… Lorsque Rama Kamheng meurt en 1318, Sukhothai est devenu le royaume le plus important d'Asie du Sud-Est, mais il sera rattaché à son tour par le nouveau royaume thaï d'Ayutthaya, en 1378.

Royaume d'Ayutthaya (1350-1767)

C'est un prince thaï de la dynastie de Chiang Sen (royaume de Dvaravati) qui établira le royaume d'Ayutthaya. C'est en 1350, qu'il fonde la ville de Dvaravati Sri Ayutthaya sur une île du fleuve Chao Phraya, et se fait couronner roi d'Ayutthaya sous le nom de Rama Tibodi Iᵉʳ, créant ainsi le nouveau centre de la future nation thaïe. L'histoire d'Ayutthaya, capitale jusqu'en 1767, sera marquée par des guerres incessantes. Les rois d'Ayutthaya imposent leur autorité au Lan Na, à Sukhothai, en Malaisie, au Cambodge et même au Laos. Ils seront finalement vaincus par les Birmans à deux reprises. En 1378, sous le règne de Boro Maraja Iᵉʳ, Sukhothai passe sous la tutelle d'Ayutthaya. Le roi est rabaissé au rang de simple gouverneur de la province. Ce renforcement de l'autorité d'Ayutthaya est le début d'une lutte de plusieurs siècles contre le royaume de Chiang Mai qui craint naturellement l'annexion. Une nouvelle époque voit le jour avec le roi Maha Chakrapat, lorsqu'en 1549 le royaume birman attaque Ayutthaya en arrivant par Kanchanaburi. Cela déclenche une guerre qui va durer plus de 200 ans. Ayutthaya soutient un siège de quatre ans et parvient à repousser l'envahisseur. La reine Sri Suriyothai s'illustre en combattant à dos d'éléphant, vêtue en soldat, avant de trouver la mort au cours de l'engagement. Néanmoins, la bataille est gagnée par son armée, galvanisée par son sacrifice. La Birmanie reprendra son offensive en 1556, en passant cette fois par Chiang Mai, prise au passage. En 1563, les Birmans s'emparent de Sukhothai. En 1564, ils arrivent devant Ayutthaya qui, bizarrement, tombe sans coup férir. La domination birmane durera 20 ans. La libération du royaume d'Ayutthaya est l'œuvre du prince Naret. Entre 1575 et 1582, les Khmers attaquent Ayutthaya. En 1568, les Birmans ripostent et attaquent donc Ayutthaya en représailles mais ils sont contraints de lever le siège en 1584. En 1590, le prince Naret monte sur le trône sous le nom de Naresuan après la mort de son père (le roi Maha Thamma Raja). En 1592, les Birmans reprennent l'offensive. La bataille se déroule près de Suphanburi, où Naresuan tue en combat singulier le prince héritier ennemi : les Birmans choisissent dès lors de se retirer. Deux ans plus tard, Naresuan débarrasse également Chiang Mai de la domination birmane. En échange, le royaume de Lan Na reconnaît la suzeraineté d'Ayutthaya. Le règne de Naresuan, qui se terminera en 1605, voit aussi le début de l'arrivée massive des Occidentaux.

Intervention de l'Occident

Les premiers Occidentaux font leur apparition en 1509. Les Portugais s'emparent de Malacca en 1511 et retournent en 1516 à Ayutthaya pour y conclure un traité de commerce avec le roi Rama Tibodi II, régnant alors sur Ayutthaya. Les premiers missionnaires dominicains portugais arrivent en 1555. En 1598, Naresuan conclut un autre traité avec les Espagnols. Les Hollandais ouvrent un comptoir à Pattani en 1602 et à Ayutthaya en 1608. La même année, le roi Akatotsarot envoie une ambassade à La Haye. En 1612, un navire anglais, le Globe, arrive à Ayutthaya porteur d'une lettre du roi Jacques Ier d'Angleterre. Après de courtes négociations, la Compagnie anglaise des Indes orientales est autorisée à ouvrir un comptoir à Ayutthaya, puis à Pattani. En 1649, les Hollandais deviennent le souci principal. Encouragés par leurs succès en Insulinde et la conquête de Malacca, en 1641, ils formulent de nouvelles exigences. Après un premier conflit, une crise sérieuse éclate en 1654. Les Hollandais réussissent à conserver leurs privilèges par la force, mais dès lors, les Thaïs leur cherchent des rivaux plus puissants. Ce sera l'œuvre du roi Narai qui accède au pouvoir en 1647. Dans sa politique d'équilibre envers les puissances européennes, le roi Naraï est servi par un concours de circonstances favorables. Notamment l'ouverture du royaume de Siam à l'influence de la France, alors à son apogée. Cette politique sera abandonnée à la mort du roi Narai et se traduira par la fermeture brutale d'Ayutthaya à tout étranger, pour plus d'un siècle et demi ! En 1659, la Compagnie anglaise des Indes orientales, chassée du Cambodge par une invasion annamite, se réfugie à Ayutthaya. La même année voit aussi

la création à Paris, et grâce au soutien de Louis XIV, de la Société des Missions étrangères ayant pour but l'évangélisation de l'Annam et de la Chine. Le pape reconnaît immédiatement cette nouvelle société. L'archevêque d'Héliopolis arrive à Ayutthaya en 1664. Dix ans plus tard, après avoir rencontré Louis XIV pour lui demander plus d'aide dans le but de convertir le roi Naraï au catholicisme, le prélat revient à Ayutthaya, porteur d'une lettre dans laquelle Louis XIV remercie le roi Narai pour l'aide apportée aux missionnaires. Dès ce moment, de bonnes relations s'établissent entre le roi Soleil et le roi Narai, qui songe à faire appel à la France pour équilibrer la présence anglaise et la pression hollandaise. Suite à ce voyage, la Compagnie royale des Indes orientales installe un comptoir à Ayutthaya en 1680, et un bateau de la compagnie, le *Vautour*, emmène une ambassade d'Ayutthaya vers la France… mais fait naufrage en vue du cap de Bonne-Espérance.

En 1684, départ d'une seconde ambassade conduite par deux mandarins accompagnés du père Vachet guide et interprète des Missions étrangères. Cette ambassade est très bien accueillie par Louis XIV qui, à son tour, envoie, en 1685, une ambassade conduite par le chevalier de Chaumont et l'abbé de Choisy. L'objectif principal de ces relations diplomatiques est toujours la conversion du roi Narai au catholicisme. Si l'ambassade échoue sur ce point, elle sera politiquement un grand succès grâce à l'entremise de Constance Phaulkon, le conseiller privé de Narai. Le 1er mars 1687, une escadre de six navires, transportant 636 soldats sous le commandement du général Desfarges et ayant comme nouvel ambassadeur Simon de La Loubère, quitte Brest pour arriver à Ayutthaya le 27 septembre.

Réveil xénophobe

Les négociations se révèlent moins aisées que prévu par les Français, et la maladie du roi Narai, puis sa mort, le 11 juillet 1688, changent brutalement le cours des événements. En effet, la présence de trop nombreux étrangers et, en particulier, la garnison française de Bangkok, provoque une réaction hostile. L'évangélisation et les faveurs accordées aux missionnaires mécontentent fortement le clergé bouddhique, et les hauts dignitaires réclament le départ de Constance Phaulkon. Lorsque le général Petraja, commandant en chef des éléphants de guerre et frère de lait du roi Narai, est nommé régent puis roi à son tour, les persécutions contre les catholiques et les étrangers en général commencent. A titre d'exemple, Constance Phaulkon est arrêté puis décapité le 5 juin 1688.

ROYAUME DE SIAM...
NATION THAÏLANDAISE

Invasions des Myanmars

En 1763, les Myanmars envahissent le Siam jusqu'à Petchaburi, où ils seront arrêtés par le général Phya Taksin. Mais, en 1765, ceux-ci reprennent leur avance et assiègent Ayutthaya un an plus tard. Le siège durera plus d'un an, et la ville tombera le 7 avril 1767. Elle sera saccagée et réduite en cendres, le roi trouvant la mort dans les derniers combats. Plus de 10 000 habitants seront déportés comme esclaves au Myanmar. Peu avant la chute d'Ayutthaya, le général Taksin a pu s'enfuir avec 500 hommes. Né en 1734 à Ayutthaya, d'un père chinois teochiu et d'une mère thaïe, Taksin est adopté par un haut dignitaire qui lui donne le nom « Sin » (riche) et l'introduit à la Cour à l'âge de 13 ans. Remarqué pour ses qualités, il obtient le titre de Phya, plus haut titre de noblesse thaïe et devient gouverneur de Tak : d'où son nom de « Tak Sin ». Devenu général, il sera obligé d'abandonner Ayutthaya, dévastée par les Myanmars. Les 500 fidèles qui suivent Taksin constitueront le noyau de la future armée avec laquelle il va reconquérir le pays. Avec ses hommes, il remontera le cours de la Chao Phraya avant de venir s'installer à Thonburi (à côté de l'emplacement de la future Bangkok). Il écrasera finalement les troupes myanmars demeurées à Ayutthaya avant de se faire couronner roi à la fin de l'année 1767. Toutefois il ne contrôle que la partie sud de l'ancien royaume d'Ayutthaya. Il reste à reprendre Chiang Mai, toujours dirigée par un gouverneur myanmar. Taksin n'y parviendra qu'en janvier 1775, profitant d'une rébellion du peuple Môn au bas Myanmar. C'est un autre personnage, le général Phya Chakri qui va finalement le 20 avril 1782, s'emparer du pouvoir et se proclamer roi à la place de Taksin, destitué en raison de son comportement tyrannique. Sous le nom de Rama Ier, le nouveau roi fonde la dynastie Chakri qui règne encore actuellement. C'est lui qui choisit l'emplacement de la nouvelle capitale : Bangkok, en face de Thonburi, sur la rive gauche de la Chao Phraya.

La dynastie Chakri

Rama Ier est connu sous le titre de Pra Bouddha Yodfachulaloke (du nom de la statue de Bouddha qui lui est consacrée, dans la chapelle royale du Wat Pra Kheo). Son règne (1782 à 1809) est consacré, à l'intérieur du pays, à restaurer les ruines causées par les invasions myanmars. Cependant, Rama Ier doit toujours combattre les Myanmars, qui ne désespèrent pas de pouvoir imposer leur suzeraineté au royaume thaï. En 1786, leurs attaques sont dirigées directement contre Bangkok, mais les Myanmars sont écrasés dans la province de Kanchanaburi puis, en 1787, à Chiang Mai. Sur la frontière de l'est, le Cambodge est le théâtre de sa énième querelle dynastique opposant trois mandarins. Le jeune roi du Cambodge, réfugié à Bangkok, est couronné en 1794. L'année suivante, Rama Ier le fait accompagner par ses armées et l'installe dans sa capitale d'Udong, en échange des provinces de Battambang et Siem Reap. Son fils Ang Chan est sacré à Bangkok en 1806. De retour à Udong, craignant le célèbre et puissant

Ministère de la Défense, Bangkok.

empereur d'Annam Gia-Long (1801-1820), il lui envoie un tribut de vassalité. Au nord-est, les royaumes de Vientiane et de Luang Prabang demeurent soumis au royaume thaï. Rama II monte sur le trône en 1809. En 1812, une intervention visant à imposer la suzeraineté thaïe en totalité sur le Cambodge met en fuite le roi Ang Chan qui se réfugie auprès de l'empereur Gia-Long au Viêt Nam. Ang Chan ayant regagné son trône, il reconnaît Gia Long comme suzerain. A partir de 1818, l'effort thaï s'exerce sur les sultanats de la péninsule malaise. En 1821, l'armée thaïe conquiert le Perak, dont le sultan s'est allié avec les Myanmars. Mais les affrontements avec le Myanmar vont cesser du fait de la colonisation anglaise. En 1824, les Britanniques s'emparent de Rangoon ; en 1826, la première guerre anglo-myanmar se termine par l'annexion de Tenasserim et de l'Arakan, ce qui met un point final à la menace myanmar. A la mort du roi Rama II, le 20 juillet 1826, son fils Rama III (Nangklao) accède au pouvoir et doit lutter contre les royaumes voisins. Pour se protéger, il va renouer avec les puissances occidentales, bannies du royaume depuis la mort du roi Narai (règne de Louis XIV). En 1826, nouvelle mission de la Compagnie des Indes orientales, dirigée par le capitaine Burney. A cette occasion, le roi Rama III décide d'ouvrir son royaume aux étrangers estimant nécessaire de s'allier à un pays qu'a su, avec autant de facilité, vaincre les ennemis héréditaires myanmars. Le traité d'amitié et de commerce, signé le 20 juin 1826, remplace un système complexe de taxes sur les importations (destiné en fait à interdire le commerce des Européens avec le royaume) par une taxe unique et proportionnelle au tonnage du bateau. Ce traité établit la liberté du commerce, sauf pour le riz que les Anglais n'ont pas le droit d'importer, et l'opium. Un autre traité est signé avec les Etats-Unis en 1833. En 1851, à la mort de Rama III, la Thaïlande est en paix et a su résister aux ambitions occidentales. La Birmanie est en partie colonisée par l'Angleterre, et le Cambodge en partie dominé par le Viêt Nam ; Vientiane et Luang Prabang sont toujours soumises à Bangkok.

Règne de Rama IV

Rama IV, âgé de presque 50 ans, quitte la vie religieuse qu'il avait choisie lors de l'accession au trône de son frère Rama III et devient le nouveau monarque, le 2 avril 1851. Ce roi parle couramment anglais et peut utiliser cette langue dans sa correspondance. Il possède une très bonne expérience du monde extérieur. Durant sa période monastique, il est entré en contact avec les missionnaires catholiques et les missionnaires protestants américains. Il comprend que les défaites du Myanmar puis de la Chine, face aux Britanniques, entre 1840 et 1842, marquent le début d'une ère nouvelle pour les nations asiatiques. Cette nouvelle politique commence en 1855 avec la signature d'un traité sous la menace d'une escadre anglaise et suivie d'une mission conduite par John Bowring. Ce traité détermine plusieurs avantages à l'Angleterre comme celui d'abaisser les droits de douane pour les marchandises britanniques, de supprimer la franchise pour l'opium ou encore d'ouvrir un consulat à Bangkok. Cependant, afin de limiter les méfaits de l'opium dans le pays, un décret royal impose le port de la natte chinoise à tout Thaï qui en fait consommation et la peine de mort pour tous ceux qui ne se plient pas à cette mesure… ce qui limitera le marché de l'opium dans le royaume ! Afin de neutraliser politiquement une Angleterre encombrante, le roi Rama IV s'empresse de reconnaître les mêmes avantages aux autres puissances. Un traité analogue est d'abord signé avec la France le 15 août 1856, le Portugal en 1859, les Pays-Bas en 1860, la Prusse en 1862 et, enfin, avec la Belgique, l'Italie, la Suède et la Norvège en 1868. Ainsi est institué le régime de « la porte ouverte ». La souveraineté politique du royaume ne se trouve amoindrie que dans une faible mesure par les privilèges de l'extra-territorialité.

Règne de Rama V

Rama V (Chulalong-korn) continue avec succès la politique de son père mort le 1er octobre 1868. Sous son règne, les frontières du royaume sont définitivement fixées après de difficiles négociations avec les Anglais et les Français. En 1893, la France occupe le Laos et, à la suite d'une série d'incidents avec les Thaïlandais, force l'embouchure du fleuve Chao Phraya avec deux navires qui arriveront jusqu'à Bangkok « politique de la canonnière ». Le 20 juillet, ultimatum de la France exigeant la cession de toutes les provinces de la rive gauche du Mékong, y compris Luang Prabang. Rama V cherche l'appui des Anglais, qui se dérobent, et est contraint de céder à la France par un traité signé le 3 octobre 1893. Le Myanmar ayant été officiellement incorporé à l'Empire britannique des Indes le 1er janvier 1886, la France et la Grande-Bretagne décident d'éviter la confrontation, en signant un accord garantissant la non-colonisation du royaume siamois, le 16 janvier 1896. Par un autre traité (13 mars 1907), la France rattache les provinces de Battambang, Siem Reap et Sisophon au protectorat du Cambodge en échange de l'abandon du privilège de l'extra-territorialité pour les ressortissants français.

Enfin, par un traité du 15 juillet 1909, le royaume thaï abandonne sa suzeraineté sur les sultanats malais du Kelantan, du Terengganu et du Perlis. Par ailleurs, l'intervention française en Indochine met fin aux querelles entre le royaume de Siam et celui du Viêt Nam, qui, tous deux, convoitaient le Laos et le Cambodge. La France repoussera les Thaïs et les Vietnamiens chez eux pour contrôler elle-même ces deux régions. Mais, si le Viêt Nam n'est pas lésé sur ses frontières, la coupure entre les Thaïs de l'ouest du Mékong et ceux du Laos est tout à fait arbitraire. Les Anglais, quant à eux, occupent complètement le Myanmar, principal ennemi des Thaïs, et séparent les sultanats malais (musulmans) pour constituer leur colonie de Malaisie. Le royaume de Siam ne couvre désormais que des zones habitées principalement par des Thaïs.

LE RÉGIME MILITAIRE
« CONSTITUTIONNEL »

Règne de Rama VI

Le roi Rama VI (Vajiravudh), qui succède à son père le 24 octobre 1910, est loin de posséder les grandes qualités politiques de ses ancêtres. De caractère plus poétique, il aime à écrire des pièces de théâtre (il est ainsi le premier à avoir traduit en langue thaïe et même à jouer *Le Marchand de Venise* et *Roméo et Juliette*). Sur le plan extérieur, il se range du côté des Alliés par une déclaration de guerre le 22 juillet 1917 et l'envoi d'un corps expéditionnaire ferroviaire et aérien de 1 200 hommes (le roi a personnellement encouragé le développement d'une force aérienne dans le royaume). Cette force arrive en France en août, mais seul le train participe aux engagements, les pilotes suivant encore des stages d'entraînement quand l'armistice est signé. Le royaume y gagne d'être admis dans la Société des Nations et surtout d'entreprendre l'annulation des traités iniques imposés par les puissances coloniales. Sur le plan intérieur, Rama VI rend l'enseignement primaire obligatoire (1921) pour les garçons comme pour les filles. Afin d'améliorer le statut de la femme, il abolit la polygamie. Il développe un nouveau concept pour justifier la monarchie qui, selon lui, est essentielle au maintien de l'indépendance nationale car le roi est le symbole et le leader naturel de la nation. Rama VI est ainsi le premier théoricien du nationalisme thaï.

Entre révolution marxiste et dictature militaire

Cependant, la monarchie va être ébranlée par des étudiants revenant de France. La révolution est alors à la mode et d'ailleurs, Deng Xiaoping et Hô Chi Minh se trouvent en France à cette époque. Très influencés par la Révolution française et la révolution soviétique, ces étudiants estiment qu'il faut faire de même chez eux. Deux meneurs thaïlandais s'associent. L'un, Piboun Songkram, est officier (il a étudié à l'école d'artillerie de Fontainebleau) ; c'est le baroudeur. L'autre, Pridi Banomyong, est docteur en droit ; c'est le doctrinaire. Le 24 juin 1932, les deux hommes fondent le Parti du Peuple, alors que le roi Rama VII se trouve à Hua Hin. S'emparant du pouvoir, ils exigent l'établissement d'une monarchie constitutionnelle. Le 25 juin, le roi accepte ; le 10 décembre, la Constitution est adoptée.

A partir de cette date, les choses se compliquent ! Pridi veut un plan de nationalisation des terres et de création de coopératives, projet utopique et marxiste aussitôt rejeté, tandis que les militaires se lancent à grand train dans la corruption. Le roi quitte le pays pour l'Angleterre et abdique le 2 mars 1935, désignant pour successeur son neveu, le prince Mahidol de Songkhla, alors âgé de 10 ans. La Thaïlande entre dans une période d'agitation. En 1939, le Siam prend le nom de Thaïlande, avec l'ambition de réunir en un seul pays tous les Thaïs d'Asie. Suite à l'invasion du Japon, la Thaïlande est contrainte de faire alliance avec l'occupant et déclare la guerre aux Etats-Unis et à l'Angleterre. En 1945, ce revirement politique sera pardonné par les Alliés. Le roi Rama VIII quitte alors son semi-exil suisse. Le 9 juin 1946, il est retrouvé dans sa chambre tué d'une balle dans la tête. La rumeur attribue cet assassinat à Pridi, parti se réfugier en Chine où il est accueilli à bras ouverts par Mao Zedong. Le chaos provoqué par cette mort subite sert de prétexte à un coup d'Etat fomenté, le 9 novembre 1947, par les généraux Phin Chunhawan et Piboun Songkram. Ces derniers se trouvent bientôt en conflit avec un jeune général nommé Sarit Thanarat, assisté de deux acolytes : Prapat Charusathien et Thanom Kittikachorn. Le 5 mai 1950, le frère de Rama VIII est couronné sous le titre de Rama IX. Le 17 septembre 1957, le général Sarit l'emporte à son tour, mais il meurt en 1962, et Thanom est nommé Premier ministre. La dictature militaire devient insupportable. Les militaires doivent payer pour obtenir de l'avancement. Les postes de gouverneur de province sont vendus, ainsi que les licences d'importation et d'exportation et les autorisations d'ouvrir des usines. Le roi supporte mal la tutelle des dictateurs. Des hommes d'affaires et certains militaires, avec l'appui de la famille royale, conjuguent alors leurs efforts pour renverser le régime.

Tentatives de démocratie

En octobre 1973, les étudiants, soutenus par ces puissants alliés, manifestent et renversent le régime… mais la démocratie mise en place devient rapidement anarchique. Prétendant gouverner la Thaïlande, les étudiants orientent leurs actions contre la monarchie au profit du communisme. Ceux qui les ont auparavant soutenus s'allient avec les généraux Thanom et Prapat, lesquels rentrent d'exil… Le 6 octobre, lors de l'attaque de l'université de Thammasat, des dizaines de personnes sont massacrées, ce qui entraîne la fin du « pouvoir étudiant ». Un coup d'État sanctionne ce bain de sang et met en place un gouvernement civil qui se transforme vite en une dictature encore pire que celle des militaires. Les investisseurs étrangers s'enfuient, et le régime est universellement condamné. Les militaires y mettent fin par un nouveau coup d'État le 20 octobre 1977. La Thaïlande entre alors dans une période de « démocratie » sous la tutelle des forces armées. C'est précisément parce qu'il avait refusé cette tutelle que le Premier ministre Chatchai Chunhawan, fils de Phin Chunhawan qui organisa le coup d'État de 1947, est renversé par celui du 23 février 1991. Après une année de transition sous un gouvernement civil à tendances autoritaires, des élections se déroulent le 22 mars 1992. Un militaire, le général Suchinda Kraprayoun, est désigné comme nouveau Premier ministre : nouvelle tentative de démocratie sous contrôle militaire, qui échoue immédiatement. La nomination du général Suchinda est interprétée comme un retour au pouvoir des militaires, et la Thaïlande connaît presque la même situation qu'en octobre 1973. Les monarchistes, des hommes d'affaires, des hommes politiques, des universitaires, mais très peu d'étudiants (car ils ne s'intéressent plus à la politique), se liguent et manifestent. Ils sont plus de 100 000 en mai 1992, quand l'armée intervient brutalement. Le bilan officiel est de 52 tués et 600 blessés. Anand Panyarachun est nommé Premier ministre intérimaire et annonce de nouvelles élections pour septembre suivant. Pendant ce temps, les militaires affirment n'avoir fait que leur devoir.

L'INSTABILITÉ POLITIQUE, DE THAKSIN À NOS JOURS

Thaksin Shinawatra au pouvoir

Le 9 février 2001, Thaksin Shinawatra, ancien officier de police et homme d'affaires dynamique, devient le 23e Premier ministre de la monarchie constitutionnelle. Il est soutenu par le parti « Thai Rak Thai » (littéralement « Les Thaïs aiment les Thaïs »). Ses mandats sont marqués par un joyeux mélange des genres entre affaires publiques et privées (contrats prospères de son groupe avec l'État). Son personnage offre des points communs avec un certain Berlusconi, bien que son gouvernement soit à l'origine d'un système de salaire minimal et de sécurité sociale. L'attentat du 11 septembre 2001, augmentant l'insécurité des transports aériens et rendant imminente une réaction militaire américaine en Orient, se répercute par des conséquences néfastes sur le tourisme en Thaïlande. À cela s'ajoutent l'attentat de Bali (12 octobre 2002) et les choux gras de la presse sur l'activisme islamiste dans certaines provinces du sud de la Thaïlande. En 2003, Thaksin réagit en s'appuyant sur l'aide américaine. En août, les autorités thaï-landaises et la CIA arrêtent Hambali, qui serait l'un des responsables de l'attentat de Bali et qui préparait un nouvel attentat contre le sommet de coopération économique Asie-Pacifique à Bangkok.

Lutte anti-drogue et tsunami

2003 est également l'année de la lutte anti-drogue pour la Thaïlande. La campagne lancée par le gouvernement thaïlandais entraîne des dizaines de milliers d'arrestations et environ 2 000 exécutions sommaires ! La fin de l'année 2004 est marquée par la tragédie du 26 décembre : un tsunami provenant du large de l'Indonésie s'abat sur la côte sud-ouest de la Thaïlande. On dénombre 5 395 morts (dont 2 248 étrangers de 37 nationalités différentes), 673 disparus et 8 457 blessés. Thaksin est reconduit dans ses fonctions de Premier ministre le 11 mars 2005. Son intervention personnelle à la suite du tsunami et sa gestion énergique de la politique du pays ont naturellement influencé les électeurs. Une majorité de la population rurale le soutient.

Par ailleurs, les mesures radicales en réaction aux attentats séparatistes de la région Sud constituent un grave problème de politique intérieure que le gouvernement a du mal à maîtriser : l'année 2005 a connu des affrontements dans trois provinces à majorité musulmane, à proximité de la frontière de Malaisie. Les attentats et la répression policière sont à l'origine de la mort de plus de 1 000 personnes depuis janvier 2004.

La chute de Thaksin

En février-mars 2006 éclate un vaste mouvement de contestation contre les agissements commerciaux de Thaksin. À l'instigation des partis d'opposition, les manifestations populaires exigent la démission du Premier ministre pour cause de corruption et d'abus de pouvoir (notamment en ce qui concerne la liberté de la presse) suivies d'un boycott des élections législatives anticipées (prévues le 2 avril). Le 12 juin 2006, la Thaïlande célèbre les 60 ans de règne de son roi, Bhumibol Adulyadej, à ce jour doyen des monarques du monde entier, auquel tous viennent rendre hommage à Bangkok lors d'une cérémonie grandiose. Le 19 septembre 2006, le gouvernement de Thaksin est renversé (alors que ce dernier s'est rendu aux États-Unis pour l'Assemblée générale des Nations unies) par un coup d'État mené par le général Sonthi Boonya Ratglin. L'aide financière des États-Unis au programme militaire thaïlandais est provisoirement suspendue. Cependant, une junte prend effectivement le pouvoir, sans effusion de sang cette fois, afin de « restaurer la loi et l'ordre » et d'établir une nouvelle constitution devant aboutir à la mise en place d'un gouvernement démocratique. Ce coup d'État militaire prend le nom de « putsch du ruban jaune » en référence au soutien tacite de sa majesté le roi. Le général Surayud Chulanont, personnalité très respectée (ancien commandant en chef de l'armée et conseiller personnel du roi) est nommé Premier ministre par intérim après l'adoption d'une constitution provisoire.

Transition et tergiversations

En 2007, les élections démocratiques ont permis au « Parti du pouvoir populaire » (regroupant les anciens partisans de Thaksin), d'obtenir la majorité au Parlement. C'est donc Samak Sundarajev qui devient Premier ministre et, sous les conseils avisés de Thaksin dont il est l'allié, compose son gouvernement. En mai 2008, le PAD (Alliance du peuple pour la démocratie), ayant déjà manifesté contre Thaksin en 2006, manifeste de nouveau pour pousser Samak à la démission. En août les manifestations se durcissent. Le 2 septembre 2008, le Premier ministre décrète l'État d'urgence à Bangkok. Le 17 septembre, Somchai Wongsawat, beau-frère de Thaksin, devient Premier ministre. Le PAD continue ainsi de manifester. Grâce à la constitution de 2007, qui prévoit la dissolution de tout parti lorsqu'un de ses cadres vient à commettre une fraude, la cour constitutionnelle peut dissoudre le PPP. Somchai est exclu de la vie politique. C'est Abhisit Vejjajiva qui le remplace : élu après un vote spécial du Parlement, il devient ainsi le 27e Premier ministre de Thaïlande.

L'escalade de la violence

En 2009, l'inverse se produit, les partisans de Thaksin, vêtus de chemises rouges, leur signe de ralliement, manifestent d'abord à Bangkok puis à Pattaya. Ils veulent à leur tour la démission du Premier ministre. L'État d'urgence est encore décrété à Bangkok. La situation est finalement maîtrisée en quelques jours et Abhisit Vejjajiva reste au pouvoir. Début mars 2010, les Chemises rouges recommencent à manifester à Bangkok pour réclamer la tenue d'élections législatives anticipées. Les manifestants, principalement issus des zones rurales du nord-est du pays, s'estiment privés de leurs droits civiques par les élites urbaines de Bangkok et tenus à l'écart des progrès économiques que connaît la Thaïlande depuis une vingtaine d'années. Une nouvelle fois, aucune forme de compromis n'est trouvée avec le gouvernement. Dépitées, les Chemises rouges marchent donc sur Bangkok et finissent par ériger des barricades, provoquant une situation proche de la guerre civile. Les affrontements avec l'armée font 86 victimes et près de 1 900 blessés en deux mois, dont 20 morts et 800 blessés rien que dans la journée du « samedi noir » du 10 avril 2010. Le 19 mai, les leaders des Chemises rouges se rendent finalement aux forces de l'ordre, sans que la crise ne soit résolue.

Gouvernement de Yingluck Shinawatra : une stabilité politique encore fragile

Depuis son élection à la tête du pays en août 2011, Yingluck Shinawatra, la sœur de l'ancien Premier ministre Thaksin, a fait de son mot d'ordre la réconciliation nationale, en distribuant notamment des compensations financières à toutes les victimes de 2010. Mais ses détracteurs lui reprochent de n'être qu'une marionnette pour les ambitions de retour de Thaksin, encore en exil, alors que fin mai, le Parlement a examiné un projet de loi qui aurait permis le retour de Thaksin au pays, suscitant la colère des « Chemises jaunes » qui manifestèrent jusqu'au recul du gouvernement, sans que le climat de violences de 2010 soit toutefois atteint. Pour la justice, l'heure est au règlement de compte alors que le procès de 24 « Chemises rouges » a débuté mi-décembre 2012 et que l'ancien Premier ministre Abhisit Vejjajiva a été inculpé pour meurtre.

En matière de politique intérieure, Yingluck Shinawatra, la première femme au pouvoir en Thaïlande, a dû faire face, juste après son arrivée au pouvoir, aux inondations meurtrières de l'automne 2011 dont l'ampleur des dégâts ont causé beaucoup de mécontentement. De plus, elle poursuit la politique de son frère favorisant les masses rurales et les classes populaires avec, entre autres réformes, l'augmentation de 40 % du salaire minimum et l'augmentation des prix du riz pour augmenter les revenus des paysans. Par ailleurs, la santé déclinante du roi et la question de sa succession toujours en suspens, sans oublier les heurts séparatistes qui continuent d'empoisonner le Sud à majorité musulmane de la Thaïlande toujours sans véritables réformes du nouveau gouvernement pour apaiser les tensions, sont autant de points d'interrogation quant à la stabilité politique encore fragile du Pays du Sourire.

La proposition faite en novembre 2013 d'anticiper des élections législatives à janvier 2014 a mis le feu aux poudres dans les rues de la capitale. Yingluck Shinawatra, qui a dissous le Parlement pour tenter d'apaiser les manifestants a refusé de démissionner au profit d'un « conseil du peuple ». Les opposants au pouvoir actuel parmi les plus durs accusent la Première ministre de corruption est d'être toujours à la solde Thaksin Shinawatra, son frère. Par dizaines de milliers, ils sont descendus dans les rues de la capitale pour empêcher ce vote. Ces manifestations à l'heure où nous écrivons ces lignes ont déjà provoqué la mort d'une dizaine de personnes, dont un leader, chef de file de la Dhamma Army.

Coup d'Etat et loi martiale

Fin novembre 2013, la Thaïlande fait face a une énorme crise politique. Le projet d'amnistie de l'ancien Premier ministre Thaksin Shinawatra continue de mettre le feu aux poudres et provoque d'immenses manifestations. La Première ministre est accusée de vouloir blanchir son frère. Les grands axes du centre de Bangkok sont bloqués. Les Chemises jaunes (Parti démocrate de l'ancien Premier ministre Abhisit Vejjajiva) s'opposent aux Chemises rouges (favorables au gouvernement de Shinawatra) et on dénombre près de 30 morts et des centaines de blessés dans les deux camps. De très nombreux parlementaires

Bonze, Bangkok.

démissionnent. La Première ministre Yingluck Shinawatra quitte Bangkok et se réfugie dans la ville royale d'Hua Hin. Le siège du gouvernement est envahi le 3 décembre 2013 par des manifestants et le bâtiment du siège de l'armée est même occupé un court instant. Le 9 décembre, l'Assemblée nationale est dissoute et de nouvelles élections sont fixées pour l'année 2014. Le 7 mai 2014, Yingluck Shinawatra est démis de ses fonctions. Un gouvernement provisoire prend le relais, mais les manifestations se poursuivent. Le 20 mai, la loi martiale est décrétée par l'armée qui fomente un coup d'Etat, validé par le roi, deux jours plus tard. Le général Prayuth Chan-ocha, commandant en chef de l'Armée royale thaïlandaise, prend le pouvoir. Le couvre-feu est instauré et les rassemblements de plus de cinq personnes sont interdits. Les leaders des Chemises rouges sont emprisonnés ou en fuite. La junte militaire a déclaré que de nouvelles élections démocratiques auront lieux en 2015 ! Au moment ou nous écrivons ces lignes, novembre 2015, pas de traces d'une quelconque élection en vue.... Le général Prayut a appelé la communauté internationale à concevoir que la Thaïlande avait « besoin de temps pour changer les attitudes, les valeurs et améliorer la démocratie ». Le 21 août 2014, Prayuth Chan-ocha a été élu Premier ministre par l'Assemblée nationale, nomination approuvée par le roi Bhumibol 4 jours plus tard. Il est toujours en place à l'heure actuelle...

DÉCOUVERTE

POLITIQUE ET ÉCONOMIE

POLITIQUE

Structure étatique

La Thaïlande est une monarchie constitutionnelle. Mais depuis plusieurs années, la Thaïlande vit dans un climat politique tendu où les gouvernements en faveur et contre l'ancien Premier ministre Thaksin se succèdent, avec leurs lots de manifestations de plus ou moins grande ampleur. Au printemps de l'année 2010, les barricades dressées à Bangkok entre loyalistes du DAP et Chemises rouges pro-Takhsin ont marqué un pic dans l'escalade de la violence. En 2011, c'est Yingluck Shinawatra, sœur de l'ancien Premier ministre Thaksin qui est nommée à son tour aux plus hautes fonctions de l'Etat, suite aux élections legislatives de juillet gagnées par son parti. Majoritaire, le Puea Thaï et cinq autres petits partis forment une coalition.

Avec le coup d'Etat du 22 mai 2014, la 18e Constitution de la Thaïlande est aussi tombée aux oubliettes. Une « nouvelle Constitution provisoire » est proclamée par la junte. L'armée garde les pleins pouvoirs, notamment dans les domaines touchant à la sécurité du Royaume. Le gouvernement provisoire nommé par la junte devra se soumettre aux décisions de l'armée. Une Assemblée législative, composée essentiellement par des officiers, a été mise en place, afin de ne pas, comme en 2006, lors du dernier coup d'Etat, donner trop de pouvoir au parlement.

Le général Prayuth Chan-ocha, premier ministre et chef de la junte est toujours à la tête du pays, après avoir pourtant annoncé qu'il organiserait des élections démocratiques en 2015.

Partis

Plusieurs partis politiques présentent des candidats aux élections nationales, mais seuls cinq d'entre eux reçoivent la faveur des électeurs : le Parti Démocrate, le Parti des Aspirations Nouvelles, le Parti de la Nation Thaïe, le Parti du Développement National et le Parti Pheu Thai (« Pour les Thaïs »), créé par les anciens adhérents du Parti Thai Rak Thai (« les Thaïs aiment les Thaïs ») dissous suite à la crise de 2006. Le Parti Démocrate est le plus vieux parti politique du pays et s'est maintenu au pouvoir jusqu'en août 2011. Ils étaient 38 en lice mais seulement 9 ont pu faire élire au moins un député aux dernières élections législatives. Les démocrates et le Puea Thaï, détenaient ensemble 85 % des sièges de l'Assemblée. Les élections de 2011 ont montré une forte accentuation de la polarisation entre le Sud du pays, fidèle aux démocrates, et l'Est du pays acquis au Puea Thaï. Mais tout a basculé le 22 mai 2014 avec le coup d'Etat, le 18ème en 80 ans, et la suspension de la Constitution, deux jours après que l'armée instaure la loi martiale. Ce coup d'Etat a reçu l'aval du roi. A l'heure actuelle, le statu quo est toujours en vigueur et le général Prayuth Chan-ocha toujours en place.

Enjeux actuels

En 2013, les deux principales priorités du gouvernement Shinawatra, portaient sur des projets de réforme de la Constitution et sur le vote d'une loi de réconciliation nationale... Ces projets ont été désavoués et ont conduit à la chute du gouvernement après sept mois de manifestations, conclus le 22 mai 2014 par un coup d'Etat. Le Premier ministre, Niwattumrong Boonsongpaisan, qui avait succédé quelques jours à Yingluck Shinawatra, destituée le 7 mai 2014 par la Cour constitutionnelle de Thaïlande, a été démis de ses fonctions lui aussi au moment du coup d'Etat. L'armée, par l'intermédiaire de son chef le général Prayut Chan-O-Cha, a promis de diriger le pays « en douceur ». Les principaux dirigeants du mouvement des Chemises rouges, proche des Taksin ont été emprisonnés ou ont

Le Roi Bhumibol Adulyadej (Rama IX).

Le roi Bhumibol

Le roi de Thaïlande est un véritable dieu vivant pour la grande majorité du peuple thaï. Phra Bat Somdet Phra Chao Yu Hua Bhumibol Adulyadej, puisque telle est son appellation officielle, connaît un long règne : son sacre a eu lieu en 1950 ! Ses prises de position, rares et donc d'autant plus écoutées, ont une réelle influence sur la politique du pays, alors qu'officiellement, par la Constitution, ses pouvoirs effectifs sont plutôt restreints. Garant de l'unité nationale du pays, il a mis fin par un simple discours au coup d'État réussi de 1991, fomenté par quelques généraux, qui se sont retirés à la suite de la demande du roi. Plus près de nous, il a, pour la première fois depuis le début de son règne, critiqué un Premier ministre en exercice, parlant de « promesses non tenues », « d'arrogance exacerbée » et de politique économique menée « en dépit du bon sens ». L'humiliation a été terrible pour le chef du gouvernement d'alors, M.Thaksin. En dehors de ces coups d'éclat, le roi, tout en veillant à maintenir les traditions du pays, s'est employé à ouvrir son royaume au monde moderne. En effet, ses études aux États-Unis et ses nombreux voyages en Europe – c'est d'ailleurs à Paris qu'il fit la connaissance de la future reine Sirikit – lui ont fait comprendre que la Thaïlande ne devait pas rester fermée aux pays occidentaux. Le roi et son épouse ont toujours été très attentifs à la vie quotidienne du petit peuple et des gens modestes du royaume. Le souverain s'est ainsi beaucoup investi dans la défense des petits paysans et dans des projets de développement des richesses agricoles. La reine Sirikit est un défenseur reconnu de l'artisanat local, et sa compétence en ce domaine est très grande. Elle ne manque jamais au cours de voyages à l'étranger de vanter telle qualité de soie ou tel vêtement ouvragé. La question est taboue, mais beaucoup s'interrogent sur l'avenir du royaume si le roi Bhumibol venait à disparaître soudainement. Son aura est telle que de graves remous pourraient affecter le royaume. La succession monarchique est un enjeu politique primordiale pour la Thaïlande. Le prince héritier Wachiralongkorn, soutenu par les rouges, est loin d'avoir la même aura et la même popularité que son père auprès du peuple thaïlandais. L'armée et les jaunes préféreraient la fille du roi, la princesse Maha. La crise politique que subit actuellement la Thaïlande risque bien de s'éterniser.

fui la Thaïlande. Pour arrêter cette évasion et par peur d'une formation d'un gouvernement en exil, de nombreux ex-dirigeants politiques se sont vus l'interdiction de quitter le royaume. C'est par exemple le cas de l'ex-Première ministre qui ne rejoindra pas son frère en fuite depuis 2006. La junte militaire a promis de nouvelles élections pour « plus tard », certains pensent qu'elles interviendront au moment de la disparition du vieux roi. En misant sur le temps et en jouant l'apaisement, l'armée, proche des Chemises jaunes, espère influencer sur la succession royale. Depuis un an, les libertés publiques sont toujours limitées. Les réseaux sociaux ainsi que les médias sont strictement contrôlés et la censure n'a jamais été aussi forte. Le crime de lèse-majesté est désormais passible de la Cour martiale et les opposants politiques font l'objet de manœuvres d'intimidation sans précédent. Les partis politiques sont exclus du processus décisionnel. Les dernières déclarations du général Prayuth Chan-ocha laissent à penser que l'organisation d'élections démocratique est repoussée à plus tard, beaucoup plus tard...

En politique extérieure

En Asie du Sud-Est ainsi qu'au sein de l'Association des nations de l'Asie du Sud-Est, (ASEAN), on ne s'inquiète pas vraiment de ce coup d'État. La région est habituée à ces bouleversements avec 66 coups d'État depuis 1946. La Thaïlande détient le record avec 18 interventions de l'armée dans les affaires intérieures du pays, elle est suivie par la Cambodge qui en compte 12, les Philippines 11, le Vietnam 7, le Laos et le Myanmar 6, l'Indonésie 5 et la Malaisie 1. La Thaïlande (Etat observateur) a été provisoirement suspendue de l'Organisation internationale de la Francophonie lors de la 92e session du Conseil permanent de la Francophonie du 27 juin 2015, en application de l'article 5 de la Déclaration de Bamako. Le Conseil des Affaires étrangères de l'Union européenne a enfin décidé, le 23 juin 2015, la suspension des visites officielles avec la Thaïlande et le report de la signature de l'Accord de Coopération et de Partenariat (APC) entre la Thaïlande et l'UE.

ÉCONOMIE

Principales ressources

Agriculture

Le riz représente la première source de richesse du pays. Au cœur de la plus importante zone de plantation au monde, la Thaïlande produit régulièrement 22 millions de tonnes par an et est le premier exportateur mondial pour la céréale. Plus du quart de la production est exporté, alors que la consommation intérieure est de 150 kg par an et par personne. Cependant, les sévères inondations qui ont touché plusieurs provinces, particulièrement Bangkok, entre octobre et novembre 2011, ont détruit un quart des récoltes de riz, affaiblissant la position dominante de la Thaïlande sur le marché du riz. En effet, entre mars 2011 et mars 2012, les exportations de la céréale ont reculé de 63 %, mais la situation a été stabilisée grâce à des mesures gouvernementales d'envergure.

Le pays occupe le premier rang mondial pour la production et l'exportation de l'hévéa (caoutchouc) et du manioc, cette culture lui ayant permis de s'insérer dans les circuits préférentiels d'approvisionnement en tourteaux des grands élevages intensifs des pays développés. Bien placée pour d'autres oléoprotéagineux (soja, arachide), la Thaïlande est aussi le deuxième exportateur mondial de sucre. Commencée à la fin du XIXᵉ siècle, l'exploitation du bois s'est fortement accélérée depuis une trentaine d'années, au point que le territoire forestier a perdu près de 60 % de sa superficie. Enfin, la pêche est une source principale de revenus pour le pays : avec un total de prises dépassant régulièrement les 3,5 millions de tonnes par an et la modernisation des techniques de pêche, la Thaïlande s'est hissée parmi les 10 premiers producteurs mondiaux pour les produits de la mer. Conséquence : les eaux territoriales, devenues moins poissonneuses, ne suffisent plus à la flotte nationale, qui va donc pêcher chez les voisins. Ce problème a poussé le pays à développer l'aquaculture, actuellement en plein essor.

▶ **Chiffres :** terres arables : 33 % ; cultures permanentes : 7 % ; terres irriguées : 47 490 km². Agriculture : 12,3 % du PIB, elle emploie 39 % de la population.

Industrie

Les industries agroalimentaires, notamment grâce à la pêche, occupent le haut du pavé. Il existe deux grands groupes spécialisés dans ce secteur : le Groupe CP, leader mondial de l'alimentation pour crevettes ; et la Thai Union, n° 2 pour la conservation du thon. Les ressources minérales restent modestes, mais la Thaïlande est un grand producteur d'étain et de tungstène. En 2008, c'est le gypse qui a été le plus exporté. L'exploitation offshore du gaz naturel du golfe du Siam est également prometteuse. La Thaïlande est l'un des leaders en Asie du Sud-Est pour la pétrochimie et la construction automobile, mais reste très dépendante des investissements étrangers concernant d'autres secteurs du tertiaire (appareils et composants électriques, ordinateurs, circuits intégrés, fournitures, plastiques) concentrés dans les zones urbaines, c'est-à-dire surtout Bangkok, et dont l'exploitation se fait aux dépens du monde rural, qui concerne les deux tiers de la population totale.

La culture du riz représente une place très importante en Thaïlande.

Tourisme sexuel et pédophilie

L'activité lucrative de la prostitution concernerait entre 250 000 et 500 000 personnes : difficile d'avoir des chiffres exacts, la prostitution étant illégale en principe ! Si le nombre de mineurs thaïlandais impliqués dans ce commerce inavouable semble diminuer, la prostitution puise toujours ses ressources humaines dans l'afflux d'immigrants en provenance des pays frontaliers. Une des conséquences de cette forme d'esclavagisme est la progression du Sida, constante depuis plusieurs années. Le gouvernement thaïlandais a décidé de réagir contre la pédophilie par une campagne de prévention comprenant un ambitieux projet de protection de l'enfance avec révision totale du système de l'enseignement public (gratuit jusqu'à l'âge de 12 ans), la reconnaissance de l'éducation extrascolaire et de la formation permanente, le soutien de l'État aux écoles privées et alternatives, la création d'un seul ministère responsable, la décentralisation des responsabilités financières et administratives et la promotion des droits de l'homme.

Investissements étrangers

La Thaïlande, ancien « pays émergent » dont la croissance s'est faite sur le modèle des NPI (nouveaux pays industrialisés) comme la Malaisie ou Singapour, fut considérée comme l'un des fameux « tigres » asiatiques. Ouverte à l'économie de marché dès le début des années 1960, elle semble pouvoir faire face à la mondialisation avec une main-d'œuvre toujours aussi bon marché. Mais son économie reste fragile car étroitement liée à la conjoncture extérieure. En effet, le retour progressif des investissements étrangers en 2000 et 2001 a fait place à une récession due à une conjoncture internationale défavorable entraînant la baisse des exportations vers les États-Unis et le Japon, ses deux principaux partenaires commerciaux. Les problèmes politiques et la crise financière globale débutée en 2008 ont contribué à affaiblir la croissance économique du pays. La baisse de la demande internationale tant pour les marchandises que pour les services a même conduit à une récession en 2009. En 2010, la progression du tourisme est affectée par les affrontements de Bangkok en début d'année et par les inondations en fin d'année.
En 2011, le calme semble être revenu et la capitale bénéficie enfin de cette accalmie mais la croissance est toujours quasi nulle à 0,1 %. Les grands chefs d'État se rendent tout à tour à Bangkok pour y conforter leurs rapports. En tout premier lieu, le Japon, premier investisseur étranger dans le Royaume. Plus de 1 800 entreprises nipponnes sont présentes en Thaïlande. Le Premier ministre Shinzo Abe a d'ailleurs effectué une visite à Bangkok, les 17 et 18 janvier 2013 pour le rappeler. Le secteur touristique rebondit en 2012, tout comme l'économie du pays, qui enregistre cette fois une croissance du PIB de 3,5 % en 2014. La Thaïlande entretient de très bons rapports avec la Chine. En 2012, le Premier ministre chinois M. Wen Jiabao s'est rendu à Bangkok pour conforter les accords qu'il a conclu avec son partenaire économique. La Chine est le 2e fournisseur de la Thaïlande et son premier client. En 2014, après le coup d'État et la fuite de nombreux investisseurs, la junte au pouvoir s'efforce d'attirer à nouveau les étrangers, en se positionnant comme un acteur « pro-business », à la différence de ceux de 2006 qui avaient très mal géré le pays. Si, dans un premier temps, on a assisté à une substitution des investisseurs étrangers par des investisseurs nationaux, la tendance avenir est bel et bien au retour, notamment dans les secteurs manufacturiers, technologiques, le raffinement de matières premières et le tourisme. La Thaïlande est aussi la porte d'entrée du marché birman. Les principaux vols pour Rangoon passent par Bangkok. Un marché qui suscite la convoitise et qui bénéficiera forcément à la Thaïlande.

▶ **Chiffres :** industrie = 44 % du PIB, emploie 17 % de la population active ; services = 44 % PIB, 37 % de la population active.

Place du tourisme

Le tourisme est la première source de devises étrangères de Thaïlande. La majorité des visiteurs vient des autres pays asiatiques (55 %, au premier rang desquels la Malaisie, la Chine et le Japon), suivis par les Européens (25 %) et enfin par les Américains (7 %). Historiquement, le facteur politique déclenchant l'expansion du tourisme occidental fut essentiellement l'intervention militaire des États-Unis au Viêt Nam. La Thaïlande devint la principale base arrière des soldats américains engagés, et la couverture du conflit par les médias a indirectement participé à la révélation d'un potentiel touristique au « pays du sourire ». Quelques années plus tard, la construction de l'aéroport international de Bangkok joua également un rôle majeur dans l'essor de l'activité touristique.

Bangkok s'est rapidement imposée comme une plaque tournante du trafic aérien asiatique (56 millions de passagers en 2013), ainsi que la réouverture de l'aéroport de Don Mueang après les inondations de 2011. A l'heure actuelle, il fait partie des 15 plus grands aéroports au monde et compte parmi l'un des tout premiers d'Asie. Sur les dix dernières années, le nombre de visiteurs en Thaïlande a connu d'importantes fluctuations, en premier lieu lors de l'année 2005. Le gouvernement tablait alors sur 13 millions de visiteurs, mais c'était sans compter sur la tragédie du tsunami du 26 décembre 2004. Les 6 provinces touchées comptaient parmi les plus fréquentées : Phuket, Krabi, Phang Nga, Ranong, Satun et Trang. Aujourd'hui, la plupart des infrastructures ont été reconstruites et mieux, certaines stations comme Phuket et Krabi ont vu leur parc hôtelier rebâti à 90 %.

En 2009, la crise économique mondiale et la pandémie de grippe aviaire n'auront finalement eu que des répercussions limitées sur le tourisme en Thaïlande, avec des chiffres qui se maintenaient au niveau de ceux de 2008. 2010, qui aura vu les violences à Bangkok ainsi que d'importantes inondations à travers le pays, marqua un très bref coup d'arrêt puisqu'en 2011, le pays a enregistré 19,23 millions de visiteurs étrangers, une hausse spectaculaire de 20,67% par rapport à 2010. De plus, les inondations de 2011 n'ont eu que peu d'impact sur le tourisme. Au cours du mois de juin 2012, 1,6 millions de visiteurs étrangers se sont rendus en Thaïlande, soit 10,1% de plus qu'en juin 2011.

Le « produit » Thaïlande reste bel et bien vendeur. Plus orienté haut de gamme, moins anarchique, et clairement avantageux en termes de prix, bien que les prix des denrées alimentaire, de l'essence et de l'eau aient bondi en mars 2012 et que l'inflation soit en progression régulière depuis 2011. Le « pays du sourire » reste toujours bon marché, mais aussi incontournable pour qui veut découvrir l'Asie aisément et confortablement. Après 2011 et une augmentation de 30 % de ses recettes touristiques, la Thaïlande en 2012 a accueilli plus de 21 millions de touristes.

C'est 28 millions de touristes internationaux que la Thaïlande a vu défiler sur son territoire en 2014. Une année record, une hausse de 11 % par rapport à 2013 et des recettes dépassant les 45 mds de dollars. Le Royaume a intégré le top 10 des destinations touristiques mondiales et Bangkok est même notée régulièrement par le magazine Travel and Leisure, dans le top 10 des villes à visiter en Asie. Les troubles politiques de l'année 2014 et l'attentat de 2015 n'ont pas freiné cette progression ininterrompue depuis 2006.

Enjeux actuels

La politique économique menée par la junte militaire préconisait une déconnexion de la Thaïlande par rapport à l'économie mondiale et une politique qui visait à l'autosuffisance du pays. Ces mesures populistes ont dans un premier temps permis une augmentation du PIB de 3,5 % là où elle devrait être de 6 %. Grâce à des bases économiques solides, l'endettement public thaïlandais reste sous contrôle, l'inflation est toujours maîtrisée et les réserves de change restent confortables. Le Bath a même gagné de 10 % par rapport au Dollar depuis le coup d'Etat… Toutefois, ces premiers bons chiffres sont à prendre avec des pincettes. Les importations en 2014 et en 2015 ont baissé de près de 13 % et les exportations de plus de 7 %. Les recettes générées par le tourisme ont repris en 2015, plus de 11 % du PIB, quand l'indice de production manufacturière s'est lui effondré.

© Mickael David – Author's Image

BTS Skytrain à Bangkok.

POPULATION ET LANGUES

DÉCOUVERTE

Les Thaïs constituent la grande majorité des habitants du royaume, mais ils n'en sont pas les seuls habitants. On rencontre également en Thaïlande des Chinois un peu partout, des Malais musulmans dans le Sud, différents groupes ethniques dans les montagnes, des Laos sur les plateaux du Nord-Est, des Indiens, des Vietnamiens et des Occidentaux.

Les Thaïs

Ils sont venus peu à peu, sans doute de Chine, émigrant vers le sud depuis le VIe siècle, le flux s'accélérant au fur et à mesure que l'Empire chinois se structurait, notamment lorsque Kubilai Khan étend son empire vers le sud. Les Thaïs veulent en effet échapper à la sinisation et maintenir leur autonomie politique et culturelle. Convertis très tôt au bouddhisme, ils occupent les plaines dont ils ont repoussé les habitants vers les montagnes. Ils sont traditionnellement agriculteurs, mais l'urbanisation les a poussés vers les villes où ils sont largement métissés avec les Chinois.

Les Laos

C'est également un peuple d'origine thaïe qui, au cours de l'histoire, s'est établi dans le Nord-Est. Durant des siècles, le Siam a occupé une partie du territoire de l'ancien royaume lao du Lan Xan (du million d'Éléphants), ce qui fait qu'il y a aujourd'hui plus de Laos en Thaïlande qu'au Laos. Le lao est une langue très voisine du thaï. Les Laos sont généralement bouddhistes, mais les survivances de l'animisme sont très fortes dans le Nord-Est infertile où ils vivent.

Agriculteurs, vivant dans une région particulièrement aride, ils sont amenés à s'endetter et sont nombreux à émigrer, d'abord vers la capitale où ils constituent une main-d'œuvre bon marché, puis vers les pays du Golfe ou Singapour. Pour les mêmes raisons, ils constituent également un réservoir où puisent des entremetteurs avides.

Les Shans

Également d'origine thaïe, les Shans se sont installés à l'ouest. S'ils sont quelques dizaines de milliers à vivre aujourd'hui en Thaïlande, essentiellement au nord-ouest de Chiang Maï, ils sont plus de deux millions au Myanmar, où ils forment un des États de la Fédération myanmar. En rébellion contre les autorités de Rangoon, ils réclament l'indépendance.

Les Chinois

Les Chinois du sud de la Chine ont émigré dans toute l'Asie du Sud-Est. Ils forment des minorités importantes dans de nombreux pays comme le Viêt Nam ou l'Indonésie. Partout, ils sont commerçants. Ils sont souvent détestés et servent de boucs émissaires lorsque le gouvernement fait face à des difficultés intérieures. En Thaïlande, au contraire, nombreux sont ceux qui, depuis la fin du siècle dernier, se sont harmonieusement intégrés à la population. Beaucoup de Thaïlandais à Bangkok, dans l'administration, l'armée ou l'industrie privée, sont à moitié chinois et ne le cachent pas. Ils contrôlent une grande part du commerce méprisé autrefois par les élites thaïes. Ils ont monopolisé à l'origine le négoce du riz.

L'autre langage

Si la Thaïlande est le pays du sourire, il existe différents types de sourire exprimant diverses attitudes, et il est bon de savoir les décrypter. Il y a d'abord le sourire franc et naturel, celui qui illumine le visage d'un enfant ou de la réceptionniste de votre hôtel. Il est encore très présent, et c'est un vrai bonheur. Vient ensuite le sourire, voire le rire de dégagement. C'est une échappatoire à une question embarrassante ou à une attitude gênante. Par exemple, lors d'une chute en public, la personne se relèvera dans un grand éclat de rire. Les spectateurs de la scène lui feront écho, non par moquerie, mais par empathie avec la victime, comme pour dire que cela arrive à tout le monde. Enfin, il y a le sourire qui sert de masque à une forte émotion. Au cours d'une discussion vive et agitée, un Thaïlandais gardera le plus longtemps possible un sourire barrant son visage, puis soudain le sourire se fige et une colère d'une rare violence se déchaîne, où les coups peuvent pleuvoir et toutes sortes d'objets voler bas. L'équilibre est donc fragile entre plaisanterie et humiliation. Il convient de savoir mesurer vos propos, surtout dans un lieu public car un reproche ou un geste anodin peut changer un sourire en un véritable cataclysme.

Les Malais

Les Malais sont environ un million dans le Sud de la Thaïlande. Musulmans, ils constituent la plus importante minorité religieuse du pays. Ils se sentent brimés sur le plan économique – le produit de l'exportation de l'étain et du caoutchouc, richesses du Sud, est largement réinvesti dans le Nord – et sur le plan culturel. Ils constituaient, dans les années 1960, une des bases arrière du mouvement de guérilla du Parti communiste malais. Ils ne sont aujourd'hui pas tous insensibles aux sirènes de l'intégrisme musulman.

Les peuples montagnards

▶ **Les H'Mongs.** Péjorativement appelés « Méo » (sauvages) par les Thaïs, ils sont venus de Chine au XIXᵉ siècle. Ils habitent dans les montagnes, dans de petites maisons de bambou tressé. Ils pratiquent une agriculture vivrière itinérante sur brûlis qui a contribué à la déforestation des montagnes thaïlandaises. Traditionnellement, ils cultivent également le pavot, une culture qui demande beaucoup de soins ; presque de l'horticulture. Ils en extraient l'opium, qu'ils ne fument eux-mêmes qu'à un âge avancé. C'est un peu une « retraite » que s'offre ainsi le montagnard fatigué par une vie rude. Il allume sa pipe, autrefois richement ornée, effectuant les gestes rituels avec lenteur et application. Avec l'âge, l'habitude et les doses croissantes, le vieillard s'enfonce dans une douce torpeur et meurt sans douleur. Les H'Mongs forment des clans dont la structure est très unie. Leur langue est proche du chinois et ignore l'usage de l'écriture. Ils sont animistes. De nombreux H'Mongs venus du Laos – où les Américains les avaient utilisés pour lutter contre les communistes – se sont réfugiés en Thaïlande après 1975. Ils se sont adaptés, non sans chagrin mais avec efficacité, au mode de vie sédentaire.

▶ **Les Yaos.** Comme les H'Mongs, ils sont venus de Chine à la fin du siècle dernier. Ils connaissent l'écriture chinoise, mais l'origine de leur langue reste mystérieuse. Ils ne sont que quelques dizaines de milliers à vivre dans les montagnes du nord de la Thaïlande, mais plusieurs millions en Chine, au Laos et au Viêt Nam. Les femmes portent un costume magnifique : large turban, pantalon finement brodé et tunique ornée de laine rouge en boléro autour du col. Comme les H'Mongs, ils cultivent traditionnellement le riz de montagne sur brûlis et l'opium.

▶ **Les Karens.** Vivant dans les montagnes mais à moins de 1 000 m d'altitude, ils occupent principalement les zones frontières avec le Myanmar, au centre et au sud de la Thaïlande, où leur mouvement indépendantiste met en péril la stabilité du Myanmar.

▶ **Les Lahus.** On les trouve dans les provinces de Khampeng Phet, Mae Hong Son, Chiang Rai et Chiang Mai. Tribu qui excelle dans l'art du tissage, ils sont issus originaires du Tibet.

▶ **Les Akhas.** Originaires du Tibet eux aussi et de la province du Yunann en Chine, ils seraient 20 000 environ à vivre principalement près de la frontière Birmane dans les montagnes, dans de petits villages en altitude. Animistes, beaucoup se sont convertis au christianisme. Les femmes portent des minijupes brodées et des bandes molletières.

▶ **Autres tribus.** Les Lisus, originaires du Tibet seraient 30 000 à vivre dans le Nord de la Thaïlande, les Palongs qui viennent de Birmanie sont 60 000. Spécialisés dans la culture du *tanatep*, une grande feuille pour envelopper les cigares, ils cultivent aussi le riz, le maïs, les haricots noirs et la cacahuète.

© S. NICOLAS – ICONOTEC

Petites filles de la minorité Lisu.

MODE DE VIE

VIE SOCIALE

Education

Le système éducatif thaïlandais s'organise comme en France : maternelle, primaire, secondaire, réparties selon les mêmes classes d'âges). L'éducation est prise en charge par le ministère de l'Education du gouvernement thaïlandais, de la maternelle jusqu'au secondaire. La Constitution garantit un enseignement gratuit pour tous, pour une durée de douze ans et neuf années d'études sont obligatoires (de 6 à 15 ans). Les élèves doivent obligatoirement porter un uniforme, payé par la famille (tout comme les fournitures), et chantent, tous les matins et en chœur, l'hymne national.

Mariage

Même si le mariage arrangé n'existe plus, les parents ont encore leur mot à dire. Les parents des futurs mariés se rencontrent et discutent des détails du mariage et de certaines commodités. On se marie généralement vers 22-24 ans en ville, vers 18-20 ans dans les villages et à partir de 14 ans dans certaines tribus du nord. La cérémonie civile consiste en une déclaration. Il est demandé aux jeunes époux patience et bienveillance. Le mariage bouddhiste est béni par le bonze, ce qui est nécessaire pour que le mariage soit reconnu. Pour les autres religions, le couple fait selon sa confession. En cas de mariage mixte, l'un des deux adopte la religion de la famille.

Légalement, la polygamie n'existe pas. Mais tout Thaï qui le souhaite peut se rendre dans une autre ville et vivre avec une autre femme. Il suffit qu'il vive quelque temps avec elle pour qu'on la considère comme son épouse. Une seule épouse cependant sera l'épouse légale. Certains hommes ont ainsi une femme et des enfants dans plusieurs villes. Mais la polygamie n'est pratiquée que par les générations autour de 50 ans. Les jeunes préfèrent la monogamie.

▶ **Pour en savoir plus sur les coutumes et la culture thaïlandaises :** *Les liens qui unissent les Thaïs*, de Pornpimol Senawong traduit par Sodchuen Chaiprasathna, Editions GOPE, 2011.

Nationalisme

Il peut sembler étrange de parler de nationalisme dans un pays aussi accueillant que la Thaïlande. Pourtant, il faut se méfier des apparences : connaître les habitants du royaume, c'est connaître leur chauvinisme et leur fierté exacerbés. Dès leur plus jeune âge, les enfants apprennent qu'ils n'ont jamais perdu aucune grande guerre (ce qui n'est pas faux puisqu'ils n'en ont fait aucune). L'histoire a été savamment révisée pour donner le beau rôle à la Thaïlande dans tous les cas de figure. Tous les matins, dans toutes les écoles, les lycées, les universités du pays, on chante l'hymne national en même temps qu'il est diffusé à la radio, à la télévision et dans des haut-parleurs à travers le pays. Arrêtez-vous bien et regardez droit devant vous quand cela se produit ! L'ancien Premier ministre Thaksin avait été élu après une campagne on ne peut plus nationaliste, en expliquant que la crise d'alors était le fait des étrangers, et que lui élu, les Thaïs allaient retrouver leur prédominance et leur fierté. Son ancien parti, le Thai Rak Thai (« les Thaïs aiment les Thaïs ») avait alors largement remporté les élections. Rassurez-vous néanmoins, l'hospitalité est une tradition bien ancrée chez les Thaïlandais, et vous serez bien accueilli partout, et avec le sourire.

Pour éviter toutes déconvenues...

▶ **Ne jamais offenser le « triple gem »,** c'est à dire le pays, la monarchie, les moines.

▶ **Ne jamais pointer du pied** une image de Bouddha.

▶ **Ne pas entrer dans un temple courtement vêtu.**

▶ **Ne pas perdre son sang-froid quels que soient les événements.** Préférez le sourire !

Prénoms et surnoms

Savez-vous qu'un Thaï peut changer de prénom très facilement dans son pays. S'il souhaite donner une nouvelle direction à sa vie, un Thaï se rendra dans un temple pour y rencontrer un moine et lui demandera de choisir un nouveau prénom pour lui (ou elle). Généralement, le moine propose deux prénoms de meilleurs augures. Le candidat redemande alors à ses parents de choisir et l'affaire est dans le sac. Le certificat de changement de prénom (*bai plian chew*) sera délivré en quelques jours à peine par l'administration. Il faudra ensuite modifier tous les documents d'identités, mais cela se fait beaucoup plus lentement.

Les Thaïs ont aussi tous des surnoms, d'une syllabe pour la plupart. Parfois même, une personne peut-être connue par exemple sous le surnom de Riam dans son village et Oun à la Ville. Tous les surnoms n'ont pas forcément de signification, à la différence des prénoms qui eux obéissent à des règles. Les prénoms doivent être compatibles avec le jour de naissance, doivent contenir des lettres dont les caractéristiques s'accordent avec le sexe de l'enfant. Les surnoms sont choisis eux-aussi par les parents, parfois au hasard ou simplement parce que le son est joli. Les surnoms peuvent faire référence à un état physique, Da pour une personne dont la couleur de peau est foncée, Tia ou Lek s'il est petit, Yak ou Yao s'il est grand, Uan si c'est un gros bébé… D'autres possèdent des prénoms d'origines anglaises, Joy, Pinky, Love ou Max. Certains malheureusement héritent de surnoms loufoques, Porn, Nike, Frog, Pepsi, Ford…

Protection sociale

Les services de santé sont assurés par le secteur public à environ 70 %. Il existe de nombreux hôpitaux et centres médicaux dans tout le pays, même dans les régions les moins fréquentées. Plusieurs systèmes d'assurance maladie sont en place : un pour les plus défavorisés, un pour les fonctionnaires et un autre pour les salariés. Un programme de couverture universelle a été mis en place au début des années 2000 sous l'impulsion de Thaksin, afin de permettre à tous les Thaïlandais de bénéficier de traitements médicaux. De plus, depuis 2008, un régime garantit un revenu aux personnes âgées de plus de 60 ans, grâce à une taxe universelle de 500 bahts.

▬ MŒURS ET FAITS DE SOCIÉTÉ ▬

La communauté homosexuelle

Il n'existe pas de discrimination légale contre les homosexuels, et la société thaïe est relativement tolérante vis-à-vis des gays. Tout autant qu'elle l'est vis-à-vis des travestis, qui occupent des emplois courants à Bangkok et dans le reste du pays. L'essentiel est de ne pas être trop démonstratif et de ne pas choquer la pudeur générale, une pudeur qui concerne toutes les manifestations à caractère intime, quelles qu'elles soient et d'où qu'elles viennent. En Thaïlande, le monde de la nuit est partout pareillement organisé, avec les mêmes nuances, les mêmes facilités et les mêmes débordements, quelle que soit la nature des affinités sexuelles de chacun.

La prostitution

Officiellement considérée comme illégale, la prostitution est un secteur florissant en

Intouchable

La société thaïlandaise est très hiérarchisée, pas comme en Inde, même si elle présente quelques similitudes par certains aspects. Ainsi, suivant l'âge, la profession, la situation familiale, la fortune, le statut social ou le rang, la façon de s'adresser à une personne diffère du tout au tout. Une triste anecdote illustre de façon extrême les relations sociales de la société thaïlandaise. En 1880, la reine Sunandha Kumariratana se noya dans le fleuve Chao Phraya sans qu'aucun de ses serviteurs ne lui viennent en aide. Quiconque touchait une reine était condamné à mort.

Nazi-chic douteux made in Thaïlande

Les signes à la gloire du IIIe Reich et d'Adolf Hitler se multiplient un peu partout à Bangkok et dans les grandes villes thaïlandaises. Certaines boutiques ont même détourné des logos de marques mondialement connues comme KFC pour les substituer par des enseignes Hitler Fried Chicken. Des effigies du führer en costume rouge et jaune remplacent les bustes de Ronald McDonald et les tee-shirts avec croix gammées sont en vente en bonnes places dans les magasins ou sur les marchés. Ce marché s'adresse en priorité, non pas à des adeptes de la doctrine nazie, mais plutôt à des jeunes incultes, qui trouvent « Hitler drôle ». Cette mode pour le moins douteuse ne se cantonne pas seulement aux boutiques et accessoires ; de jeunes hommes mariés n'hésitent pas à s'habiller en SS pour célébrer leur mariage.

Thaïlande. Il faudrait tout de même tordre le cou à cette légende selon laquelle le tourisme aurait introduit la prostitution au pays du sourire. Pour information, le premier ambassadeur étranger arrivé au royaume de Siam, qui était français puisqu'envoyé par Louis XIV, fut très étonné que la première chose qu'on lui demandait était s'il désirait une femme pour lui tenir compagnie la nuit ! Certes, inévitablement, plus le nombre de touristes est important, plus le nombre de prostituées augmente. Mais, là aussi, il faut savoir que les institutions thaïlandaises estiment que trois prostituées sur quatre ne seront jamais en contact avec des étrangers au cours de leur carrière, qui dure, selon les statistiques, entre deux et dix ans. Le recours aux services d'une prostituée est donc monnaie courante parmi les Thaïlandais eux-mêmes. Divers établissements, comme des salons de massage, des karaokés, des bars sing song, parfois des clubs, servent de contexte à ces rencontres. La présence des troupes américaines dans certaines bases en Thaïlande a néanmoins « industrialisé » le phénomène et fait du tourisme sexuel une sorte de marché noir indispensable à la santé économique du pays, qui développe une offre adaptée à la demande des étrangers.

Droits de l'Homme

L'article 112 du code pénal portant sur le crime de lèse-majesté est l'un des plus sévères du monde, selon Reporters Sans Frontières. Il stipule que personne (Thaïlandais comme étrangers) n'a le droit de critiquer le roi, la reine ou le régent, sous peine d'être passible de trois à quinze ans de prison. Une peine sévère, remise en question au sein du pays et de la communauté internationale, alors que les médias et des sites Internet sont régulièrement censurés et des cas d'abus de pouvoir dénoncés comme pour le cas du Thaïlandais Amphon Tangnoppaku, condamné en 2012 à 20 ans de prison pour avoir envoyé quatre SMS jugés insultants pour la monarchie, bien que personne ne les ait jamais lus.

Pour en savoir plus sur la prostitution en Thaïlande

▶ *Amours au Pays du Sourire – La prostitution en Thaïlande*, d'Emmanuel Perve et Christopher Robinson, Editions Siam Book Planet. L'un des ouvrages les plus précis ayant été écrits sur le sujet. A base d'études et de témoignages, pour briser les tabous et les préjugés.

▶ *La Mondialisation des industries du sexe*, de Richard Poulin, Editions Imago (2005). Une étude plus globale, pour prendre de la hauteur.

▶ *Pattaya Beach*, de Franck Poupart, Editions Blanche (2004). Bien plus qu'un simple roman sur la prostitution, un véritable chef-d'œuvre. Destins croisés portés à l'écran dans le film *Lady Bar*, une version édulcorée.

▶ *A Woman of Bangkok*, de Jack Reynolds, Edition Monsoon Books. Acclamé dès de sa sortie en Grande-Bretagne et aux USA dans les années 1950 comme l'un des romans les plus importants sur le monde de la nuit de Bangkok, il a été réédité en 2011.

▶ *Hello my Big Big Honey*, de Dave Walker & Richard Ehrlich, Editions Asia Books. Une vaste collection de lettres « d'amour » envoyées à des prostituées de Bangkok par leurs « clients » rentrés au pays, le tout suivi par une interview de ces demoiselles. Edifiant !

RELIGION

94,6 % des Thaïlandais sont bouddhistes, 4,6 % sont musulmans, 0,7 % sont catholiques et 0,1 % sont animistes ou autres.

Bouddhisme

Le bouddhisme est en théorie une « école de vie » qui permet d'accéder au Nirvâna, c'est-à-dire, à l'extinction de tout désir (et donc de la douleur de ne pouvoir assouvir ses désirs). Quand on connaît les Thaïlandais et leur soif de jouissance immédiate, on peut se demander s'il n'y a pas un malentendu quelque part. En fait, la grande majorité des habitants du royaume est bouddhiste « par à-coups ». On fera une offrande pour demander de venir en aide au fils parti travailler à Bangkok, pour soigner une bête malade ou gagner à la loterie. Il faut dire que le bouddhisme thaïlandais s'y prête, car il n'y a ni liturgie ni messe, la ferveur religieuse n'est véritablement présente que lors des grandes fêtes bouddhiques. Dans les campagnes cependant, les visites au temple sont plus régulières, le moine bouddhiste y est très respecté. Il peut donner un enseignement gratuit à certains enfants et aider de ses conseils (particulièrement écoutés) ceux qui viennent le consulter. On est bonze à vie et, dans certaines familles, il est de bon ton qu'un jeune homme – à la fin de ses études – fasse une retraite dans un monastère. De même, tout homme d'affaires peut demander un congé pour effectuer sa retraite (un ou deux mois).

▶ **La vie de Bouddha.** Le Bouddha est né en 560 av. J.-C., du prince Siddharta Gautama, fils du roi Shuddhodana, et de la reine Maha Maya. Son père régnait sur la principauté de Kapilavastu, sur le versant indien de l'Himalaya. Le Bouddha n'est donc pas une figure légendaire mais un authentique personnage historique dont la vie est très bien connue. Sa mère mourut peu après sa naissance et son père reporta toute son affection sur cet enfant unique. Pour lui éviter de connaître la misère du monde, il lui interdit de s'éloigner des abords immédiats du palais. À 16 ans, le prince épouse une cousine princesse. À 28 ans, il sort du palais pour parcourir les environs. Il fera quatre rencontres qui changeront totalement sa vision du monde et de la vie. D'abord celle d'un vieillard décrépit qui lui montre que la jeunesse ne dure pas. Puis celle d'un malade de la peste noire qui lui fait découvrir ce qu'est la maladie. Ensuite, la vue d'un cadavre sur un bûcher lui apprend la réalité de la mort. Lors de sa quatrième sortie, il croise un ascète mendiant d'une grande sérénité au milieu de toutes ses souffrances. Lorsqu'il rentre chez lui, il apprend que sa femme vient de lui donner un fils, Rahula. « Rahula est né, s'écria-t-il, on vient de forger mes fers. » Plantant là femme et enfant, il s'enfuit dans la forêt. Il a alors 29 ans. Pour fuir la souffrance, il suit d'abord l'exemple de l'ascète mendiant. Pendant sept ans, il s'adonnera au yoga, ne mangeant parfois qu'un seul grain de riz par jour. Mais ces épreuves ne lui apportèrent rien. Elles lui apparurent comme une souffrance inutile, qui ne valait pas mieux que l'hédonisme de sa jeunesse. Il se plongea alors dans la méditation et ce fut enfin l'Illumination, l'Eveil à la vérité. Il revit toutes ses vies antérieures. Il devint le Bouddha, l'Illuminé, celui qui reçut la lumière de la Sagesse et trouva la voie du Salut. L'homme ordinaire doit donc éviter les deux extrêmes que sont l'ascétisme et l'hédonisme, aussi peu naturels et peu bénéfiques l'un que l'autre. Il lui faut suivre une voie entre les deux : la voie moyenne. Pour celui qui veut atteindre le Nirvâna, une très dure discipline s'impose. Mais qu'est-ce que le Nirvâna ? Le bouddhisme, comme l'hindouisme, croit en la réincarnation. La vie n'est qu'une suite de réincarnations, en plantes, animaux ou êtres humains… en tout ce qui est vivant. Celui qui parviendra à mettre fin au cycle des réincarnations cessera de souffrir… pour ce faire, il faut annihiler en soi tous les sentiments, les bons comme les mauvais. Il faut renoncer à tout et être indifférent à la mort de ses parents, à la sienne propre, à la maladie, à l'argent, à l'amour, à tous les plaisirs et malheurs terrestres. Celui qui atteint cet état de stoïcisme et de renoncement gagne le Nirvâna. Le Nirvâna, est alors la fin du cycle des réincarnations. Intraduisible en langue occidentale, c'est un concept purement bouddhique. Durant le reste de sa vie, Bouddha mena une vie de pèlerin pour mettre en pratique sa doctrine. Il ne la prêcha pas par les paroles, mais proposa sa vie comme modèle. Il répondait seulement quelquefois aux questions qu'on lui posait. Prêcher et vouloir convaincre, c'est déjà vouloir, c'est déjà s'intéresser aux choses de ce monde. Bouddha propose seulement son exemple de détachement total. Les écrits sur ses sermons sont donc très rares, et ce sont des réponses à des questions. À 80 ans, en 480 av. J.-C., il s'éteignit. Il s'allongea sur le côté droit et attendit d'entrer au Nirvâna.

▶ **Le bouddhisme thaïlandais.** Dès le XIIIe siècle, les Thaïs adoptèrent le bouddhisme Hînayâna comme religion officielle. D'où l'axiome : « Le bouddhisme est la religion des Thaïs, et être Thaï c'est être bouddhiste. » Aujourd'hui, on compte en Thaïlande plus de 30 000 temples qui sont habités et maintenus

© BRYAN BUSOVICKI – FOTOLIA

par quelque 300 000 bonzes et moines. Le bouddhisme cependant, comme toutes les autres religions, est maintenant confronté au problème de la modernité. La vie dans les villes et même à la campagne laisse peu de temps à consacrer à la religion. Ce n'est pas que les Thaïs croient moins – ils se proclament toujours bouddhistes – mais ils ne pratiquent plus guère. Le rôle du temple et des bonzes demeure pourtant important dans trois domaines : le mariage est toujours religieux, les morts sont incinérés au temple (tâche qui relève des autorités religieuses et non des autorités civiles), et chaque temple abrite une école gratuite pour les enfants pauvres.

▶ **Bouddhisme du « Grand Véhicule ».** Ayant pénétré en Chine au III[e]siècle, il se mêle au culte des ancêtres et au confucianisme. Il se caractérise surtout par la présence de saints élevés au rang de dieux, dont Kwan Yin, transformation d'un saint bouddhiste en déesse de la Merci, représentée sous les traits d'une très belle jeune femme au corps gracile et aux traits fins et adoptée par les Thaïs bouddhistes.

▶ **Lieux de culte.** Un monastère (*wat*) est un sanctuaire où les bonzes remplissent leurs fonctions religieuses. Il existe deux sortes de monastères : les monastères royaux, édifiés sur ordre du roi ou sous son patronage, et les monastères ordinaires fondés grâce aux dons de la population. Les monastères se divisent en deux sections : l'une appelée Bouddhawat (sanctuaire de Bouddha) et l'autre Sanghawat (sanctuaire des bonzes).

La chapelle (*bot* ou *ubosoth*) est le lieu le plus sacré du monastère. Tout le rituel monastique doit s'y dérouler, en particulier les cérémonies d'ordination. À l'intérieur se trouve la principale et la plus sacrée des statues de Bouddha. La statue peut être en bronze, en briques recouvertes de stuc ; certaines, très rares, appelées

tambaque, sont en or ou d'un alliage d'or et de cuivre très fin, ou encore en jaspe ou en jade. On y voit Bouddha dans l'attitude de la méditation, prise de la Terre à témoin. La statue, toujours placée sur un piédestal, est souvent entourée d'autres statues. Enfin, l'enceinte sacrée de la chapelle est marquée par des plaques de pierre (*sema*), habituellement érigées aux quatre coins ou sur les quatre côtés. La plaque est double pour un monastère royal et simple pour un monastère ordinaire.

Le *viharn*, la salle utilisée pour les sermons aux fidèles, contient aussi une ou plusieurs statues de Bouddha. Il convient de signaler que dans le Nord de la Thaïlande, les femmes n'ont pas le droit d'entrer dans la chapelle, et n'ont accès qu'au *viharn*. Dans la chapelle ou le *viharn*, se trouvent tous les objets nécessaires au déroulement des cérémonies : la chaise où le bonze peut s'asseoir pour prêcher, l'autel où seront placés les cierges, les bâtons d'encens et les fleurs pour les offrandes. Les murs sont souvent décorés de fresques retraçant la vie de Bouddha (Jataka) ou d'épisodes du Ramakien. Les panneaux des portes et des fenêtres sont décorés de laque ou d'incrustations de nacre. Sur les frontons, dans les monastères royaux, on peut voir Vishnu chevauchant sa monture, l'oiseau Garuda. La toiture est simple ou étagée et décorée à ses extrémités de Chofa. Le monastère est décoré de tours (*chedi*, *prang*, *that*) qui sont des symboles de Bouddha. Des cendres de Bouddha peuvent y être conservées. Il y a aussi une ou plusieurs salles d'enseignement si le *wat* a une école pour les enfants pauvres, un crématorium dans les plus grands temples, un beffroi et des bibliothèques sacrées. Dans les cours, pousse souvent un figuier, ou *bodhi*. Enfin, de nombreux animaux légendaires de l'hindouisme, censés posséder des pouvoirs surnaturels (Garuda, Naga, Yakça, Kinnara) sont représentés pour protéger le *wat*.

Islam

Les musulmans seraient autour de 4 millions ; et 80 % vivraient à l'extrême sud, vers la frontière malaise. Depuis 2004, après la répression sanglante menée par Taksin à l'encontre des musulmans, la région est en proie à une rébellion séparatiste violente. En septembre 2006, des bombes explosent à Hat Yai, faisant quatres morts et des dizaines de blessés. En mars 2012, un attentat se déroule dans un hôtel situé au cœur de cette même ville. Des touristes sont visés pour la première fois. De nos jours, les attaques armées et les attentats sont devenus quotidiens, particulièrement à Yala et Pattani. A ce jour, ce conflit très meurtrier a causé la mort de plus de 5 300 personnes. Des pourparlers avec les autorités sont en cours.

Christianisme

Les chrétiens sont seulement 300 000 en Thaïlande, et les lieux de culte sont relativement rares. Les chrétiens sont des Vietnamiens réfugiés depuis la colonisation, des Chinois arrivés déjà christianisés et des montagnards convertis. Il n'y a jamais eu de conversion au christianisme chez les Thaïs. Comme l'islam, le christianisme n'a que très peu d'influence.

Animisme

Depuis la fondation de la dynastie Chakri, les Thaïs affirment que si leur pays a toujours conservé son indépendance, c'est parce qu'il est protégé par un ange appelé Siam Thevatirate. Au moindre trouble dans le pays, les autorités vont très solennellement le prier de leur accorder son aide. Alors que se développait le bouddhisme, la religion traditionnelle des Thaïs qui est l'animisme a continué de manière parallèle après le XIIIᵉ siècle, et les Thaïs sont animistes tout autant que bouddhistes. Pour les Thaïs, le Pra Chao (prince du Ciel) est le créateur de l'univers et des hommes. Mais, lassé par leur manque de sérieux, il les abandonna au dur travail et à la transpiration de la culture des rizières (ça nous rappelle quelque chose, ça…). Les Thaïs se retrouvèrent seuls, confrontés aux multiples esprits malins qui sont des êtres humains tellement mauvais qu'ils sont condamnés à errer temporairement (purgatoire) ou pour toujours (enfer) dans l'au-delà. Il existe aussi un paradis, mais il est temporaire puisque l'homme doit ensuite se réincarner. Cette religion se transmettant oralement, elle est évidemment pleine de variantes selon les régions ou même les personnes, chacun faisant sa propre exégèse. Les esprits sont craints et, pour se les concilier, on leur érige une maison dans le jardin.

Lorsque, malgré les offrandes et les prières, les esprits continuent à se montrer néfastes, il n'y a plus qu'une solution : appeler les bonzes à la rescousse. Ils viennent alors exorciser ces satans miniatures en aspergeant votre lieu d'habitation à grands coups d'eau bénite et de prières. Dans les cas graves, le Thaï doit se purifier en prenant un bain d'eau lustrale. Si après cela rien ne s'arrange, c'est que les péchés de votre vie passée sont inouïs. Une seule solution : effectuer une retraite dans un temple. Et si le mauvais œil vous poursuit,

Temple taoïste de la communauté chinoise, Kanchanaburi.

Les droits et devoirs d'un bonze

Un bonze n'a que trois droits :

▶ **Se vêtir** pour cacher sa nudité d'un tissu qu'on lui aura donné (la robe safran) ;

▶ **Profiter d'un toit**, c'est-à-dire une cellule dans le temple ;

▶ **Se nourrir** chaque matin en utilisant un vase pour recevoir la nourriture qu'il collecte dans le voisinage.

Pour le reste, il doit se passer de tout et vivre à peu près comme un trappiste. Quand il est malade, il doit accepter de mourir dans l'indifférence si trouver des médicaments soulève trop de difficultés. En menant une vie de bonze ou en suivant la voie moyenne pour le laïc, on peut espérer une réincarnation meilleure. Les mauvais (assassins, voleurs) se réincarneront soit en animaux infâmes (vers de terre), soit en humains (mendiants, aveugles) et paieront leurs fautes par cet enfer sur terre.

y rester pour toujours. Le bonze doit ainsi satisfaire les croyances animistes des Thaïs. Et pourtant Bouddha a bien précisé que les esprits malins n'existent pas et qu'il est vain de croire aux superstitions. Mais le bonze est appelé pour résoudre les problèmes de la vie quotidienne et jouer le rôle d'astrologue. Il doit deviner le numéro gagnant des loteries clandestines ou officielles ; les sujets d'examen pour les étudiants ; le meilleur jour pour un mariage ou pour signer un contrat, partir en voyage, faire un coup d'Etat…

Cultes chinois

Ils sont des syncrétismes de plusieurs religions et philosophies.

▶ **Rites des ancêtres.** C'est la vraie religion traditionnelle des Chinois et une forme d'animisme. L'au-delà ressemble au monde terrestre, c'est là que vont les âmes après la mort. Mais la différence est que dans l'au-delà on ne peut gagner sa vie. Le bien-être dépend de vos descendants mâles qui vont vous envoyer là-haut tout ce dont vous avez besoin. Seuls les fils peuvent pratiquer ce culte. D'où l'obsession chez les Chinois d'avoir des fils et leur mépris envers les filles. Une des justifications aussi de la polygamie : plus on aura de femmes et plus on aura de fils. Le jour de la fête chinoise, la célébration de la nouvelle année, en février, des braseros sont installés devant les maisons sur les trottoirs, et l'on y brûle des imitations de tout ce dont les ancêtres ont besoin : faux billets de banque, maisons de papier, lettres pour les tenir au courant de la vie de leurs descendants sur terre… Tout cela part en fumée et s'évanouit dans l'au-delà. On expose aussi de la nourriture qui est transmise dans l'au-delà par son fumet, et qui est ensuite mangée par la famille sur terre comme un repas familial avec tous les ancêtres.

▶ **Confucianisme.** À ce culte des ancêtres est venue s'ajouter la philosophie de Confucius, qui vécut vraisemblablement de 551 à 479 av. J.-C. et fut donc un contemporain de Bouddha. Pour résumer simplement : selon Confucius, la société doit s'organiser sur la soumission totale des enfants envers le père, de la femme envers le mari et des citoyens envers l'empereur. En échange de cette massive démission, le père, le mari et l'empereur doivent exercer une autorité juste et généreuse.

Hindouisme

Si l'hindouisme a eu une grande influence au Cambodge, il en a eu une moindre en Thaïlande. Cependant, après la publication du Ramakien, version thaïe du Ramayana, la mythologie hindouiste a infiltré le bouddhisme. Les influences de l'animisme, de l'hindouisme et des cultes chinois se retrouvent dans l'art thaï et dans les temples. Dans ceux-ci, la décoration pourra être hindouiste (Ramakien) avec la présence des animaux de mythologie hindouiste (Naga, Kinnari…), chinoise avec la statue de Kwan Yin et animiste avec la présence de bonzes astrologiques.

▶ **Le Ramakien.** Le *Ramayana* est un poème épique écrit il y a 2 000 ans environ en Inde par le poète Valmïki. C'est l'*Illiade et l'Odyssée* de l'Inde, mais en plus long et plus compliqué. Le *Ramayana* fut transposé en thaï, sous le titre de Ramakien, en 1807, par le roi Rama Ier qui se piquait de poésie. Le Ramakien a eu une influence fondamentale sur la vie spirituelle et sociale thaïlandaise. L'influence de l'hindouisme, qui était déjà grande, a été accentuée. Le Ramakien fournit le thème des danses classiques thaïes, les Khons, que vous devrez voir une fois dans un dîner-spectacle. Enfin, il faut savoir que le nom du héros du Ramakien, Rama, est aussi le titre des rois de Thaïlande.

ARTS ET CULTURE

ARCHITECTURE

Il existe près de 30 000 temples bouddhiques (temple se dit *wat* en thaïlandais) à travers le pays, dont plus de 400 situés à Bangkok.

Les origines

L'architecture siamoise trouve son origine dans les styles môn, khmer et lao, qui se répartissent en différentes époques, successives ou confondues. La première période s'étend du VIe au XIe siècle de notre ère et concerne l'art Môn Dvaravati. Dvaravati était un État indépendant né de la chute de l'empire de Funan et semble avoir été situé au nord du golfe de la Thaïlande, dans la baie de Bangkok. Ses villes principales étaient Nakhon Pathom (dont certains historiens affirment qu'elle aurait été la première ville de Thaïlande et que c'est par ce port qu'aurait pénétré le bouddhisme), Lopburi et U Thong. Le mot désigne donc aussi l'art florissant encore présent dans la plus grande partie de la Thaïlande actuelle. Les ruines du Wat Mahathat sont l'un des derniers témoignages de cette lointaine époque et le plus grand temple du sud du pays. Son *chedi*, (coupole), haut de 77 m, est recouvert dans sa partie supérieure de 270 kg d'or. Un musée à Nakhon Si Thammarat présente également des objets religieux datant des périodes Dvaravati et Srivijaya (VIIIe-XIIIe siècle). À Nakhon Pathom, le Chedi Phra Pathom est le plus ancien et le plus grand temple de faïence dorée (115 m). Dans le même temps, les Khmers, arrivés vers le VIe siècle par la vallée du Mékong, développèrent leur art, plus connu sous le nom d'art Lopburi (XIe-XIIIe siècle), du nom de la ville du centre de la Thaïlande qui fut leur principal siège administratif. Cette appellation rappelle que les œuvres de cette époque n'étaient pas uniquement dues aux Khmers bâtisseurs d'Angkor, mais portaient aussi l'empreinte des artistes locaux. Le style khmer concerne essentiellement l'architecture et la sculpture. Les bâtiments en bois, matériau de construction utilisé pour les demeures des rois et des nobles de l'époque, ont disparu ; seuls restent les monuments en pierre, c'est-à-dire les temples. L'architecture khmère n'avait pas un but utilitaire mais symbolique. La pierre (brique d'abord, à partir du VIIe siècle, grès ensuite) rendait hommage aux dieux, alors que le bois était destiné aux grands du royaume. À Lopburi se trouvent les restes d'un monastère du XIIe siècle, le Wat Phra Sri Ratana Mahathat. Le prang, tour décorative carrée dont les quatre faces s'élèvent en gradins, est typique de l'architecture khmère. Le terme de Prasat désigne en Thaïlande le temple khmer.

Du XIe au XVIIIe siècle

L'art Chiengsaen apparaît au XIe siècle et se développe jusqu'au XVIIIe. Il est originaire d'un royaume connu sous le nom de Lan Na et s'étendant de Chiang Saeng jusqu'aux lointaines villes du Nord, en passant par Chiang Rai, Chiang Mai (capitale), Lamphun et Lampang. Bouddhiste, le royaume partageait également la culture môn de Haripunjaya dans la région de Lamphung. Le style Lan Na a subi d'autres influences venant d'Angkor, de Sukhothai, du Sri Lanka, d'Inde et de Birmanie. Le Wat Chiang Man est le plus vieux temple de Chiang Mai ; il était habité par le roi Men Raï pendant la construction de la cité, qui a débuté en 1296. Le Wat Phra Singh est considéré comme le temple le plus important de la ville : c'est un intéressant ensemble d'édifices, dont une bibliothèque superbement décorée. A l'extérieur des murs d'enceinte, le Wat Jet Yod possède un chedi carré à sept spires. Le Wat Phra That Doi Suthep est un lieu de pèlerinage situé au sommet d'une colline, à 11 km à l'ouest de Chiang Mai ; son chedi domine la région à plus de 1 000 m d'altitude. Le style U Thong (XIIe-XVe siècle) date d'avant la fondation du royaume d'Ayutthaya et emprunte son nom au roi U Thong qui bâtit cet empire en 1350, sur les terres du royaume Dvaravati, des Khmers et de Sukhothai. Les historiens classent généralement les œuvres U Thong en trois époques : XIIe-XIIIe siècle (catégorie A), XIIIe-XIVe siècle (catégorie B) et XIIIe-XVe siècle (catégorie C). Sukhothai (l'« Aube du Bonheur ») fut la capitale (1238) du royaume du même nom, un royaume qui dura un siècle (XIIIe-XIVe), après être parvenu à se débarrasser du joug khmer et avant d'être définitivement absorbé par la puissante Ayutthaya en 1438. Royaume éphémère donc, mais dont l'époque est considérée comme un âge d'or et l'un des fondements des traditions actuelles. L'hindouisme khmer et indien y laissa des traces, mais c'est le bouddhisme qui était majoritaire. Le Wat Mahatat date du XIIIe siècle, et s'étend sur un carré de 200 m de côté, autrefois entouré de douves.

À l'époque de Sukhothai s'opère une véritable renaissance artistique. Les architectes vont innover avec des constructions en brique, sur des fondations faites de piliers, et l'utilisation du stuc. Les édifices monumentaux sont réalisés toujours à l'aide des mêmes matériaux, mais agencés différemment. En maçonnerie est utilisée la brique liaisonnée en mortier de chaux ou en blocs de latérite. C'est à ce moment que se développe un engouement pour la décoration des Bouddhas. Le royaume d'Ayutthaya domina celui de Sukhothai à partir de 1350 et prospéra pendant plus de quatre siècles, jusqu'à son écrasement par les Birmans en 1767, l'arrivée au pouvoir du roi Thaksin, puis la fondation du royaume de Siam. Au temps de sa splendeur, la ville comptait plus d'un million d'habitants. Elle est à présent devenue un parc archéologique très bien entretenu, s'étendant sur 15 km². Les monuments d'Ayutthaya possédaient les mêmes caractéristiques que ceux de Sukhothai et d'U Thong. Le temple royal de Sri Samphet était le plus important de la ville, et le Viharn Phra Mongkol Bopitr abrite le plus grand Bouddha de Thaïlande. Le Wat Raj Burana est reconnaissable à son prang qui a échappé aux destructions. À visiter également : le Wat Na Phra Meru.

Parc historique de Sukhothai.

Du XVIIIe au XXe siècle

La dernière époque architecturale est celle de Bangkok. La plupart des temples thaïlandais datent d'ailleurs de la fin du XVIIIe, du XIXe et du XXe siècles. Le général Phya Chakri s'empara du pouvoir en 1782, prit le nom de Rama et devint le premier monarque d'une dynastie qui règne encore de nos jours.

Deux périodes artistiques se distinguent : la première s'étend du règne de Rama Ier à celui de Rama III (1782- 1851), et la seconde, de Rama IV jusqu'à nos jours. C'est le style Rattanakosin, du nom d'une île qui fut un temps le siège du pouvoir politique et culturel. Devenue la capitale du pays, Bangkok se dote de nouveaux monastères, qui accueillent notamment diverses œuvres rapportées des régions du Centre et du Nord dévastées par les guerres et qui sont les symboles d'une politique générale de centralisation. Le roi Chulalongkorn (Rama V, 1868- 1910) fit souffler un vent de modernité sur le pays et adopter un style architectural très « européanisé », consécutif à ses voyages en Europe. Ainsi, le Ratchadamnoen Khlang, une sorte d'avenue des Champs-Elysées bangkokienne, fut un prélude à l'apparition d'autres larges avenues dans une ville comprenant à présent dans les dix millions d'habitants et à la circulation malgré tout saturée. Les nouveaux palais sont majoritairement l'œuvre d'architectes italiens. Le Wat Benchamabophit (temple de Marbre) fut ainsi édifié, en 1899, sur les conseils d'Hercule Manfredi ; son bot (chapelle) et son cloître sont recouverts de marbre de Carrare.

De nos jours

De nos jours, l'architecture thaïlandaise ne connaît pas une dynamique extraordinaire, si ce n'est à Bangkok, véritable ville-champignon où les gratte-ciel les plus modernes poussent à perte de vue, telles la tour Bayoke ou celle de l'hôtel Centara, et cela au détriment des maisons traditionnelles en bois. Certains artistes thaïlandais se démarquent cependant sur le plan créatif, avec notamment l'œuvre de Chalermchai Kositpipat avec son Wat Rong Khun ou « Temple blanc », construit à la fin des années 1990 et situé au sud de Chiang Rai, qui se distingue par sa couleur blanche immaculée, agrémentée de quelques miroirs, respectivement pour symboliser la pureté du bouddhisme et la sagesse de Bouddha. Le temple est jalonné de statues étranges, certaines évoquant même les gargouilles de Notre-Dame de Paris. Il s'oppose magnifiquement avec la « Maison noire ou Baan Dam » de l'artiste Thaman Duchanee, située non loin du Temple blanc et construit à la même période, qui est entièrement noire, comme son nom l'indique, abritant des animaux empaillés et des os et des squelettes de bêtes sauvages.

Les antiquaires

N'oubliez pas que les statues ou les reproductions de Bouddha sont interdites à l'exportation. Assurez-vous donc, avant de payer, que l'antiquaire obtiendra les permissions nécessaires auprès des autorités. Vous trouverez notamment des céladons, des céramiques, des porcelaines chinoises (Ming et Qing), des statues laquées birmanes et des kalagas (draperies birmanes rebrodées de perles et de pierres sur fond de velours).

ARTISANAT

La Thaïlande est le pays de l'artisanat par excellence, prévoyez donc un sac supplémentaire pour les coups de cœur ! Les objets les plus courants sont des paniers à riz, des statues de bouddha (attention : il est illégal de sortir du territoire des sculptures de bouddha au corps entier, si vous êtes arrêté à la douane, l'objet vous sera donc confisqué), des porte-bougies, des lampes, sans compter les sacs à main et les bijoux fantaisie. La Thaïlande offre également de belles céramiques décorées, du mobilier en bambou et des objets en argent, bois et poterie. En plus du « pantalon de pêcheur » ou pantalon thaï typique, largement répandu dans le pays, il existe de nombreux tissus traditionnels colorés, avec des motifs et des découpes propres à chaque région, particulièrement remarquables chez les minorités ethniques du nord du pays. Et bien sûr, vous trouverez de nombreux foulards et autres confections en soie thaïlandaise, véritable industrie et patrimoine culturel du pays.

En ce qui concerne l'or et les pierres précieuses, le choix est plus grand à Bangkok mais méfiez-vous des arnaques : si un inconnu vous aborde en vous disant qu'acheter des bijoux en Thaïlande vous permettrait de les revendre à un meilleur prix en France et ainsi rembourser en grande partie votre voyage, c'est du pipeau ! Il tentera de vous amener dans une boutique « au hasard », alors qu'il est de mèche avec les vendeurs et touche une belle commission. Plusieurs touristes se font arnaquer de la sorte depuis une vingtaine d'années. Un classique de la capitale.

De nombreuses boutiques, généralement tenues par des Chinois, vendent de l'or (bagues, bracelets, colliers…). Pour un achat important, faites-vous accompagner par un ou une Thaï(e). Attention : l'or thaï titre généralement à 24 carats, bref c'est de l'or pur. Un peu mou et très fragile, mais à ne pas confondre avec le plomb plaqué or. Chiang Mai est l'autre grande place de l'artisanat, mais n'hésitez-pas à acheter ailleurs l'objet qui vous tente, parce que vous n'êtes jamais sûr de le retrouver, même dans sa région de production.

Que rapporter de son voyage ?

▶ **Un foulard en soie** de chez Jim Thompson.

▶ **Masques Khon :** ces masques sont issus des danses thaïlandaises classiques qui illustrent des épisodes du Ramakien, combat légendaire entre le bien et le mal d'inspiration bouddhiste.

▶ **Des lampes** en forme de bulles ou de fleurs, montées en guirlande.

▶ **Possibilité de faire des vêtements sur mesure** à des prix compétitifs.

▶ **Coussins en triangle thaïlandais**, pour ceux qui ont la place.

▶ **Statues artisanales.** Attention : il est interdit de sortir du territoire des représentations de Bouddha entier, ainsi que des antiquités.

▶ **Objets en laque :** le travail de la laque est l'une des techniques les plus anciennes de Thaïlande et du reste de l'Asie du Sud-Est.

▶ **Poupées :** elles font entièrement partie de la culture et de la tradition thaïlandaise, et on peut trouver de beaux modèles à Bangkok.

▶ **Des bijoux.** Attention : si l'on cherche à vous en vendre à des prix faibles, ils seront faux.

▶ **T-shirts :** ils sont en général de bonne qualité et les motifs sont souvent hilarants ! Eviter les contrefaçons.

CINÉMA

Le public thaïlandais aime tous les genres cinématographiques, action, comédie, science-fiction… avec une prédilection pour les films d'horreur. Les films projetés dans les grandes salles de Bangkok sont majoritairement des fictions américaines, un peu moins dans les villes de provinces. Le genre horreur est très apprécié des plus jeunes spectateurs. *13 game sayawng* (2006), film de Chookiat Sakveerakul, *Countdown* (2012), film de Nattapat Poonpiriya ou encore *Long Weekend* (2013), film de Taweewat Wantha. Les Thaïlandais raffolent également des films d'action, privilégiant les effets spéciaux spectaculaires, tels les fameux *Ong-Bak* ou *L'Honneur du dragon,* et des comédies mettant en scène des gays et des *kathoeys* (transgenre). L'un des films précurseurs qui a très bien marché au box-office thaïlandais en 2000, *The Iron Ladies*, était basé sur une histoire véridique d'une équipe qui a gagné le championnat de volley-ball de Thaïlande en 1996. Force est de reconnaître que les films français sont peu nombreux dans les salles, mis à part dans les cinémas diffusant des films d'auteurs, telle que la House RCA à Bangkok. Le choix actuel serait néanmoins en train d'évoluer en faveur des films européens, ou même asiatiques d'un genre nouveau : il semble que les élites thaïlandaises aient soif de culture différente. L'épopée historique connaît particulièrement un grand succès, notamment grâce aux films réalisés par Chatrichalerm Yukol : *La Légende de Suriyothai* (2003), et la trilogie *La Légende du roi Naresuan*.

La « Nouvelle Vague » thaïlandaise

Le cinéma thaïlandais est en pleine phase de développement, et de nombreux jeunes réalisateurs tentent leur chance, avec un certain succès d'ailleurs. Pour mémoire, *Oncle Boonmee (Celui qui se souvient de ses vies antérieures)* de Apichatpong Weerasethakul a remporté la Palme d'Or au Festival de Cannes de 2010. En 2012, il est à nouveau présent avec le film *Mekong Hotel*. Quelques années plus tôt, ce même réalisateur y avait déjà reçu le prix Un Certain Regard pour *Blissfully Yours* : inspiré d'un fait divers survenu en 1998 et décrivant la vie quotidienne en Thaïlande. Bien d'autres metteurs en scène sont apparus, comme Thanut Jitnukul – *Kun Pan, The Legend of the War Lord* – ou Bang Rajan – *Village Warrior* (évocation de la guerre du XVIIIe siècle contre les Birmans). Un cinéma riche et imaginatif qui n'a donc pas manqué d'attirer de célèbres réalisateurs occidentaux en quête d'idées nouvelles : Coppola a ainsi participé au montage d'un superbe film de Chatri Chalerm Yukoi, *Suriyothai*, traitant de l'épopée historique thaïlandaise.

Festival international du film de Bangkok

De 2003 à 2007, le Festival international du film de Bangkok représentait le rendez-vous majeur des passionnés du 7e art en Thaïlande et dans le monde. Cependant, un scandale a mis fin à l'événement. Un couple de riches producteurs hollywoodiens aurait versé des pots-de-vin d'un montant de près de 2 millions de dollars à l'un des représentants de la Tourism Authority of Thailand (TAT), organisateur du festival, pour la tenue de l'événement. Aujourd'hui, les producteurs sont en prison, et le représentant officiel dans de sales draps. Heureusement, tout n'est pas si sombre du côté des salles obscures. Un autre festival, relativement plus indépendant celui-ci, continue de faire vibrer chaque année, et depuis 2003, les Thaïlandais et les expatriés amoureux du cinéma. Le World Film Festival de Bangkok s'impose petit à petit comme un rendez-vous à part en Asie et une plaque tournante du cinéma indépendant. En 2015, il a fêté sa 13e édition.

▶ **Site Internet du World Film Festival de Bangkok :** www.worldfilmbkk.com

DANSE

La danse est une activité majeure et ancienne, en Thaïlande. Le Lam Wong par exemple, cette danse traditionnelle encore pratiquée dans les villages à l'occasion des fêtes de famille (également au Laos). Mais il faut admettre que la jeune génération ne s'y intéresse guère plus et lui préfère le défoulement des boîtes de nuit cacophoniques, essaimées à peu près dans tout le pays. La danse traditionnelle (Ram Thai ou Rabam) est néanmoins la principale forme d'art dramatique en Thaïlande. Comme la plupart des danses traditionnelles asiatiques, elle peut se répartir en deux catégories : danse classique et danse folklorique. La danse classique se déroule dans un contexte théâtral et comprend les formes suivantes : Khone, Lakhone et Fone Thai. La danse folklorique, elle, comprend le Likay, utilisée comme divertissement populaire, et un certain nombre de danses régionales ou Ram sont pratiquées à l'occasion des fêtes traditionnelles. D'autres danses sont spécifiquement rituelles comme le Ram Muay, le Wai Khrou ou le Wai.

Danseuse en costume traditionnel à Bangkok.

Danse classique

Toutes ces danses, caractéristiques de la culture siamoise, traduisent une grande souplesse et sont exécutées avec beaucoup de grâce dans les gestes. Chaque figure est ritualisée et correspond à une signification précise ou à l'expression d'un sentiment. Certaines danses font l'objet de représentations destinées aux touristes sous l'appellation de Khantoke, notamment à Chiang Mai où le contexte se prête aux activités artistiques. Le Khantoke se déroule généralement en début de soirée, après un dîner composé de spécialités traditionnelles.

▶ **Khone :** il s'agit d'une forme de danse particulièrement stylisée qui s'apparente au théâtre mimé. Elle est en effet interprétée par des danseurs muets tandis que l'histoire est chantée par un chœur installé à côté de la scène. La chorégraphie suit les modèles traditionnels et n'est guère sujette aux innovations. Le Khon retrace en fait les épisodes du « Ramakien », épopée fortement inspirée du Ramayana hindou. Les costumes correspondent aux caractéristiques traditionnelles et les démons portent des masques aux couleurs vives.

▶ **Lakhone :** spectacles couvrant une gamme d'histoires plus étendue que le Khon. Ils comprennent certains contes et les épisodes du Jataka (histoire complexe des réincarnations successives, ou avatars de Bouddha). Les danses sont habituellement interprétées par des femmes évoluant en groupe plutôt que par des rôles individuels.

▶ **Fone Thai :** ces danses d'origine folklorique se répartissent selon cinq thèmes : Fone Tian : danse des chandelles. Fone Ngiou : danse du foulard. Fone Leb : danse des ongles en éventail. Fone Mahn Goum Ber : danse du papillon. Fone Mahn Mong Kol : danse de la joie.

Danse folklorique

▶ **Likay :** cette forme de danse est beaucoup plus variée que le Lakhone ou le Khone. Les histoires peuvent être originales. Elles comprennent des chants, un jeu de comédie et certaines facéties. Les costumes peuvent être traditionnels, contemporains ou une combinaison des deux. La danse Likay est très souvent exécutée lors des fêtes de village.

▶ **Ram Muay :** il s'agit d'une danse rituelle exécutée en Asie avant chaque combat de boxe, comme dans le cas du Muay Thai.

▶ **Wai Khrou :** il s'agit d'un rituel pour rendre hommage au Khrou, c'est-à-dire au maître. Cette danse est exécutée par les combattants d'un match de boxe.

▶ **Wai :** c'est une cérémonie annuelle accomplie par les groupes de danse classique pour honorer leurs ancêtres et précurseurs artistiques. Le Wai désigne également le salut adressé en signe d'accueil bienveillant à un ami ou un hôte.

LITTÉRATURE

L'influence khmère et la civilisation môn, qui avait assimilé les textes religieux et juridiques de l'Inde, ont marqué fortement le pays. *La Stèle de Rama le Fort* (XIIIe siècle), chef-d'œuvre du thaï ancien, est considérée comme le premier texte important de la littérature thaïe, qui connaîtra plus tard, avec Ayutthaya, deux périodes fastes. En 1431, les Siamois prennent Angkor, ouvrant la voie à la pénétration au royaume de l'influence angkorienne dans les monastères, où les bonzes commentent les textes bouddhiques et les traduisent en siamois. Au XVIIe siècle, le théâtre royal connaît un essor remarquable sous le règne de Phra Narai, qui ouvre son pays sur l'Occident. Le XVIIIe siècle correspond au début de la modernité, avec l'apparition de la presse et la vogue des chroniques. La littérature devient un art majeur au XXe siècle, freiné cependant par le phénomène d'analphabétisme encore bien présent de nos jours, qui fait que l'oralité reste privilégiée. L'œuvre littéraire thaïlandaise la plus célèbre est sans aucun doute le poème composé par Sunthorn Phu au XVIIIᵉ siècle, long de 30 000 vers. Ce poème raconte l'histoire d'un prince en exil qui doit achever une odyssée faite de guerres et d'amours, avant de rentrer en vainqueur dans son royaume. Parmi les auteurs contemporains, citons Kukrit Pramoj, qui a écrit *Quatre Règnes*, ouvrage portant sur la vie à la cour royale, et le *Bambou Rouge*, qui traite le conflit entre le bouddhisme et la politique avec l'arrivée du communisme. Khamsin Srinawk est l'auteur très en vogue de nouvelles, alors que Suwani Sukonta a écrit notamment *Un Homme appelé*

Karn, ou l'histoire du combat d'un médecin contre la corruption. Saneh Sangsuk enfin, *Seule sous un ciel dément*, *L'Ombre blanche : Portrait de l'artiste en jeune vaurien*, *Venin*, ou encore *Une histoire vieille comme la pluie*, est sans doute l'écrivain thaïlandais contemporain le plus traduit en français.

La littérature pour enfants est encouragée par le gouvernement actuel, incluse dans un programme éducatif culturel ambitieux. La littérature française n'est pas oubliée en Thaïlande puisque certains classiques sont traduits dans la langue locale, comme *Les Misérables* de Victor Hugo, grâce à certaines maisons d'édition francophiles telles que Khao Fang.

En 2013, Bangkok a été désignée par l'Unesco capitale mondiale du livre.

MÉDIAS

Presse écrite

▶ **BK Magazine** : parution bimensuelle (www.bkmagazine.com – bkmagazine@asia-city.co.th). Shopping, restos et bars, bref les dernières tendances et c'est gratuit ! Très bon site Internet également.

▶ **Gavroche** : 80 B. Le mensuel francophone de l'Asie du Sud-Est (Thaïlande, Cambodge, Laos, Viêt Nam). Principalement lu par les expatriés francophones. C'est non seulement une source d'informations sur les événements artistiques, mais en plus il y a de bons articles de fond sur Bangkok et l'ensemble du pays. C'est un vrai magazine, avec une ligne éditoriale sérieuse et des collaborateurs dont certains sont d'éminents journalistes. Bref, lecture recommandable pour qui veut se familiariser avec la Thaïlande sans devoir lire les journaux en anglais.

▶ **Bangkok Post** (www.bangkokpost.com). Quotidien en langue anglaise, sérieux et très bien fait. L'impression est de meilleure qualité que chez son concurrent, *Nation*. Publié depuis 1946, ce journal donne de bonnes informations régionales.

▶ **Nation Bangkok** (www.nationmultimedia.com – customer@nationgroup.com). Journal anglophone plus orienté vers le sensationnel : certaines informations sont d'ailleurs contestées. L'impression est de qualité médiocre, il faut se laver les mains après manipulation. Bref, notre préférence irait plutôt vers la concurrence.

▶ **Où trouver la presse francophone ?** Dans les principales villes touristiques, la presse française est disponible avec 72 heures de décalage par rapport à la métropole : *Le Monde*, *Libération*, *Le Figaro*, l'édition internationale du *Point*, *L'Express*.

Télévision

Elle est partout et fonctionne tout le temps. Les Thaïs sont de véritables accros du petit écran, et la télévision reste, pour une grande majorité de la population, le média le plus important. Les chaînes publiques thaïlandaises sont toutes désignées par un numéro impair : 3, 5, 7, 9 et 11, plus la TPBS (Thai Public Broadcasting Service), anciennement iTV. Les programmes sont composés d'émissions de variétés, de telenovelas très populaires, de séries américaines, de sport, de jeux sponsorisés par de grandes marques commerciales et de reportages d'information (de vénération ?) sur la famille royale. L'accès à la TV câblée ou retransmission par satellite se généralise comme partout dans le monde.

Les telenovelas sont nombreuses et sont devenues des rendez-vous quotidiens qui réunissent toute la famille. Les histoires sont toujours basées sur le même principe, conflits entre familles, entre générations, luttes pour le pouvoir. Les héros répondent à des stéréotypes très marqués. Les hommes sont soit de jeunes apollons bagarreurs, soit des comiques efféminés.

Les actrices ne sont pas très futées, colériques, boudeuses, jalouses... Une bonne télénovela ne saurait se passer de bruitages et d'effets spéciaux loufoques.

Le choix habituel, disponible dans les établissements de petites et moyennes gammes, comprend les canaux suivants : CNN, BBC, RAI, plusieurs chaînes de sport et de cinéma (anglophones) et, parfois, TV5 Monde Asie. Les grands hôtels offrent habituellement un choix de plus de 50 chaînes satellite, comme en Occident.

Radio

Il existe en Thaïlande, comme dans tous les pays, une profusion de radios FM (modulation de fréquence) et AM (modulation d'amplitude) : plus de 400 au total. Un certain nombre de programmes anglophones, dont 97 FM, 107 FM et Radio Bangkok : 95,5 FM.

Presse en ligne

▶ **Asie Info** : média pure-player consacré à l'actualité de la région Asie du Sud-Est, récemment ouvert en ligne, et de grande qualité. Les informations sont souvent factuelles, concises et vérifiées, et parfois des reportages et des chroniques touchent à des sujets de fond.

▶ **Le petit journal** : journal pour expatriés francophones à travers le monde, qui possède une section sur la Thaïlande (www.lepetitjournal. com).

■ **ASSOCIATION FRANCE-THAÏLANDE**
http://sourirethailande.free.fr
france.thailande@gmail.com
Association loi 1901 avec notamment un blog pour retrouver des informations en français. Différentes activités sont proposées comme des cours de danse, de musique ou encore de langue.

■ **LA FEUILLE DE CHOU**
PATTAYA
www.pattaya-en-francais.com
Un site et un journal papier pour se renseigner sur l'une des destinations favorites des Français.

■ **FRANCO-THAI**
www.franco-thai.com
admin@franco-thai.com
Site très complet d'informations culturelles, de propositions d'itinéraires, de réservation en ligne. Egalement, revue de presse et forum très suivi.

■ **GAVROCHE**
Thanon Witthayu
27/20 Soi Nailert,
BANGKOK
✆ +66 22 54 95 73
www.gavroche-thailande.com
direction@gavroche-thailande.com
Le mensuel francophone de l'Asie du Sud-Est (Thaïlande, Cambodge, Laos, Viêt Nam). Évidemment lu par les expatriés francophones. C'est non seulement une source d'informations sur les événements artistiques, mais en plus il y a de bons articles de fond sur Bangkok et l'ensemble du pays. C'est un vrai magazine, avec une ligne éditoriale sérieuse et des collaborateurs dont certains sont d'éminents journalistes.

Bref, une lecture recommandable pour qui veut se familiariser avec la Thaïlande sans devoir lire les journaux en anglais.

■ **LE GUIDE DE RAWAI BEACH**
PHUKET – RAWAI
www.rawai.fr
rawai.fr@hotmail.fr
Un site Internet en français qui proclame fièrement « les meilleurs plans au sud de Phuket ».

■ **LES INFORMATIONS DE PATTAYA**
PATTAYA
www.pattayainformation.net
Site en français, mis à jour quotidiennement.. Pour tout savoir sur Pattaya !

■ **KOH SAMET INFORMATIONS**
KOH SAMET
www.kosamet.net
Pour vous renseigner en amont sur la destination, un site en anglais très bien renseigné.

■ **PHUKET FRANCOPHONE**
PHUKET – PHUKET TOWN
www.franco-media.com
info@franco-media.com
Un site en français présentant la vie quotidienne et les autres aspects de Phuket.

■ **RAWAI.FR**
PHUKET – RAWAI
www.rawai.fr
entem@hotmail.com
Le premier guide francophone du sud de Phuket. Pratique et ludique, ce site d'informations au graphisme soigné vous propose les meilleures adresses des bars et restaurants, un système de réservation en ligne de tous les hôtels de l'île, les plans balades aux alentours de Phuket. Des articles d'actualité et d'information sur la Thaïlande, ses coutumes, son histoire et des reportages photo et vidéo régulièrement mis à jour. Une cinquantaine de rubriques conçues afin de simplifier vos recherches et vous renseigner le plus largement possible pour un séjour à Phuket.

■ **SAMUI PASSION**
KOH SAMUI – CHAWENG
www.samui-passion.com
info@samui-passion.com
Charly a créé ce site en 2011. Il regroupe l'essentiel de l'actualité de l'île et donne de bons conseils aussi bien aux expatriés qu'aux touristes. De très nombreux hôtels, restaurants, bars, agences de voyages, de locations de villas, immobilières y sont référencés. Des points météo sont mis à jour régulièrement. Ce site est très pratique pour tout connaître sur Koh Samui !

■ **SAMUI ZOOM**
www.samuizoom.com
Samuizoom est un portail entièrement dédié à l'île de Koh Samui. Sur ce site vous trouverez les informations utiles pour votre séjour sur l'île et toutes les actualités en français de Koh Samui. Pour découvrir des photos de cette destination, connectez-vous sur www.jacquesherremans.com, le site de Jacques Herremans, jeune photographe professionnel franco thaï résidant sur l'île. Son travail couvre différents domaines de reportages photographiques, photos de sport,

mariage, publicité, architecture, portraits ou différents évènements.

■ **THAÏLANDE-FR**
www.thailande-fr.com
Le portail d'informations en français sur la Thaïlande. Incontournable.

■ **THAÏLANDE GUIDE**
www.thailande-guide.com
Une bonne adresse, bourrée d'informations pratiques et d'actualités régulièrement actualisées.

MUSIQUE

À l'image de l'histoire politique du pays, la musique thaïe a été influencée par celles de civilisations plus anciennes : Chine, Inde et empire khmer. Il existe naturellement des variantes d'une région à l'autre. Les premiers instruments utilisés furent cependant inventés par les Thaïs eux-mêmes, avant que ne s'exerce l'influence de l'Inde, dont ils reprendront et adapteront ensuite certaines techniques. Ces premiers instruments étaient assez rudimentaires, fabriqués à base de matériaux peu coûteux, comme le bois (bambou) et le cuir, alors que le métal était sans doute trop précieux et réservé à d'autres usages. La culture indienne, après avoir été assimilée par les civilisations môn et khmère, marqua de son influence le royaume de Siam, et de nouveaux instruments furent alors créés : *phin, sang, pi chanai* (le *pi* est une sorte de hautbois), *krachap pi, chakhe, thon,* notamment durant la période de Sukhothai. De nos jours, il existe en Thaïlande une cinquantaine d'instruments de musique, comprenant des percussions (*gongs, schoung schang, tapôn, crab, tong, clong, tlounpounpan*), des instruments à vent (flûtes, trompettes) ou des instruments à cordes (le *trô,* sorte de violon à trois cordes). Ces instruments sont utilisés à l'occasion de fêtes traditionnelles et religieuses

(mariages, enterrements, etc.), mais aussi pour accompagner certaines pièces de théâtre, un art très prisé en Thaïlande.

Musique traditionnelle

Actuellement, les chants traditionnels thaïs sont accompagnés de percussions ou d'instruments à vent parfois rudimentaires. Le chant se pratique à l'unisson : les tonalités graves sont quasiment inexistantes. Les tambours sont utilisés essentiellement pour accompagner la performance de danses. Les chants de l'époque Sukhothai sont encore pratiqués de nos jours, comme le Phlep Thep Thong. Mais les techniques vocales et les regroupements musicaux se sont véritablement développés pendant la période Ayutthaya. À la même époque, le Ramakien (épopée d'origine hindoue, le Ramayana, retraçant l'affrontement mythique entre le Bien et le Mal) servit naturellement de source d'inspiration aux poètes qui se lancèrent dans l'écriture des textes servant actuellement de référence. Les œuvres se traduisaient par une suite de chants désignée sous le terme de Phleng Rua. Suite à la fondation de la nouvelle capitale Bangkok, le théâtre chanté poursuivit un développement privilégié par la royauté.

Tawan Duchanee, la légende de l'art thaïlandais

Né le 27 septembre 1939 à Chiang Rai et mort le 3 septembre 2014 à l'âge de 74 ans, peintre et sculpteur, sa renommée est mondiale. Il avait réalisé des œuvres pour le compte de la famille royale thaïlandaise et fut considéré comme artiste officiel. Tawan a partagé sa vie de création entre la Thaïlande, l'Allemagne et la Californie. Sa propriété se trouve à côté de la localité de Ban Du, à une dizaine de kilomètres au nord de Chiang Rai, et l'endroit n'est fermé par aucune clôture. Chaque promeneur peut visiter (mais tout de même sous la conduite d'un assistant faisant office de guide) l'exposition installée dans un grand parc verdoyant : sculptures mais aussi véritables réalisations architecturales. Le chef-d'œuvre monumental est un temple construit entièrement en bois... L'œuvre de l'artiste semble d'inspiration traditionnelle, mais de réalisation moderne s'exprimant par des combinaisons originales et certaines formes stylisées.

Musique classique

La musique classique occidentale fut introduite dans le pays à partir du XIXe siècle, sous l'impulsion de la famille royale, qui l'appréciait grandement. De nos jours, dans un registre plus moderne, le roi Bhumibol Adulyadej possède un réel talent d'interprète et de compositeur de jazz. La princesse Maha Chakri Siridorn joue elle-même de plusieurs instruments traditionnels. Le musicien Phra Chen Duriyang, ayant appris le piano (et quelques autres instruments à cordes) grâce à son père allemand, contribua à faire connaître les grands compositeurs européens (Bach, Mozart, Beethoven entre autres) en Thaïlande. Il créa au début du XXe siècle le premier orchestre symphonique thaï, sous l'égide du Département royal du spectacle, et forma de nombreux musiciens. C'est lui qui composa l'hymne national thaïlandais. A partir des années 1930, bien d'autres orchestres virent le jour et, en novembre 1982, le Bangkok Symphony Orchestra donna son premier concert, cinq mois à peine après avoir été créé. De nos jours, cependant, la musique classique et le jazz semblent réservés à certains initiés de la bonne société nantie et restent quasiment méconnus des classes laborieuses.

Musique populaire

Vers le début des années 1950, la musique populaire occidentale a été plus facilement acceptée par un large public thaïlandais : on trouve aujourd'hui de nombreux groupes dont la musique mêle diverses influences pop rock avec des airs d'origine traditionnelle (ne voit-on pas sur certaines photos pieusement exposées, le couple royal devisant en compagnie d'un certain Elvis Presley ?). Cependant, la Thaïlande résiste plutôt bien à l'omniprésence mondiale des variétés anglaises et américaines contemporaines et lui préfère des productions purement locales : depuis la chanson à l'eau de rose sur accompagnement de synthétiseur, où deux styles s'affrontent : le Luk thung et le Mor lam. Le premier est un style qui vient du centre de la Thaïlande, et son représentant le plus populaire se nomme Pumpuang Duangjan. Le second vient de l'Isaan, se caractérise par un rythme très rapide, des cris et des onomatopées que le public reprend en chœur en s'agitant frénétiquement sur les scènes de danse. Le hard rock ou le heavy métal version siamoise, dans un registre provocateur très actuel, complètent cette production. Quant au karaoké, importé du Japon il y a déjà un certain nombre d'années, il a fait une entrée fracassante en Thaïlande, mais il faut tout de même reconnaître qu'il doit davantage son succès à la contribution qu'il apporte au tourisme sexuel asiatique qu'à la qualité de ses harmoniques.

Musique « string »

La pop thaïlandaise, aussi connue sous le nom de musique *string*, est la musique tendance du moment, diffusée sur la grande majorité des ondes radio et des chaînes télévisées du pays. Elle s'est popularisée dans les années 1990, au moment du carton des *boysbands* et en conserve toujours l'esprit très *teenage*, avec des sons et rythmes souvent recyclés, des paroles à l'eau de rose et des clips romancés dans lesquels chanteurs et musiciens se livrent à des chorégraphies parfaitement déterminées. L'une des figures les plus populaires de la musique string thaïlandaise est Tata Young, une jeune américano-thaïlandaise, à présent célèbre dans toute l'Asie du Sud-Est, qui a démarré très jeune dans la musique et, à cause de son côté sulfureux et provocateur, est souvent comparée à Madonna. Parmi les plus connus de nos jours : Bodyslam, Big Ass et Silly Fools. Ce genre de musique, facilement comparable à ce que l'on nomme en France de la musique commerciale, garde néanmoins une touche thaïlandaise avec un rythme générique assez *country*, et des sonorités plutôt aiguës.

PEINTURE ET ARTS GRAPHIQUES

▶ **Pendant de nombreux siècles**, la peinture thaïlandaise s'est développée par le biais de la religion bouddhiste, au sein des temples et des palais, dans l'idée qu'elle devait servir à embellir les objets religieux et royaux qui l'entouraient. Ces peintures représentent le plus souvent des contes religieux, la vie de Bouddha et des scènes populaires de la vie quotidienne. La plus célèbre est sans doute la représentation du conte Ramakien (fortement inspiré du Ramayana indien) qui raconte l'histoire d'une guerre entre des hommes et des géants, métaphoriquement de la victoire du Bien contre le Mal. Les peintres se servaient alors de cinq couleurs primaires (le rouge, le jaune, le bleu, le blanc et le noir). Puis, au XIXe siècle, la palette de couleur s'élargit et de nouvelles techniques furent utilisées, notamment l'usage de la feuille d'or.

▶ **La peinture contemporaine thaïlandaise** oscille encore entre tradition et modernité, alors que la plupart des galeries et boutiques proposent des œuvres liées à la religion.

Certains artistes se démarquent cependant, tels que Vasan Sitthiket, très engagé sur le plan politique et dont quelques œuvres sont exposées au musée d'Art moderne de la ville de New-York. L'activité créative se concentre principalement à Bangkok, avec ses musées, ses galeries et les événements de l'université Silpakorn, spécialisée dans les arts. Dans une moindre mesure, de nombreuses galeries d'art se trouvent également à Chiang Mai.

SCULPTURE

L'histoire de la sculpture thaïe se confond avec celle de son architecture, et toutes les œuvres ont été réalisées dans un but religieux, les représentations de Bouddha étant les plus nombreuses. La pierre fut le matériau le plus utilisé, mais rien n'était trop beau pour rendre hommage au Sage, et les minéraux et métaux les plus précieux servirent aussi pour son culte. Les premières sculptures étaient en pierre ou en bronze et représentaient les divinités bouddhiques et hindoues, les artistes étant contraints de respecter certaines règles édictées en Inde, berceau des deux religions. On ne sait pratiquement rien sur ces premiers sculpteurs puisque aucun nom n'a été laissé sur les œuvres. Les statues de Bouddha thaïes doivent forcément porter certains signes distinctifs. Comme il n'existait aucun portrait réel de Bouddha, les autorités bouddhistes inventèrent trente-deux motifs spécifiques à inclure dans toutes les représentations pour qu'il soit reconnaissable au premier coup d'œil. Tous ces signes particuliers ne pouvant évidemment pas figurer en même temps dans les sculptures, il suffisait d'en faire apparaître un seul pour que celles-ci soient réussies.

Par exemple, la coiffure de Bouddha, appelée ushnisa, est le symbole de la sagesse ; le drap qui recouvre son corps laisse apparaître ses muscles et ses côtes, pour montrer sa supériorité sur l'homme moyen, le vêtement simple pour signifier la parfaite pureté de son esprit. En Thaïlande, son corps est également asexué, symbole de la discipline spirituelle supérieure au désir physique. Ses yeux sont légèrement baissés et en forme de boutons de fleur et il arbore un léger sourire qui témoigne de sa paix intérieure.

Bouddha fut représenté de manière différente selon les époques (Dvaravati, Lopburi…) : les Môns, par exemple, le représentaient avec un grand visage aux yeux proéminents, au nez large, aux lèvres épaisses, ou encore debout, droit, les mains dans la position *mudra* (les mudra sont des gestes spécifiques de la main constituant un véritable langage) de méditation, les deux côtés du corps parfaitement identiques. Le premier style Lanna créait un personnage particulièrement robuste : épaules larges, poitrine gonflée et taille fine, visage rond et coloré, jambes croisées avec les chevilles bloquées dans la position du lotus, plantes des pieds tournées vers le haut ; le second style Lanna lui donnait un corps plus mince, au vêtement plus long, au visage ovale, à la tête surmontée d'une flamme Sukhothai au lieu du bouton de lotus. Les artistes du Lan Na créaient aussi des statuettes animales : éléphants, grenouilles, oiseaux à deux têtes… Le Bouddha de Sukhothai était encore différent : son asymétrie montrait que les sculpteurs ne fondaient pas leurs œuvres sur des critères esthétiques mais en fonction de l'interprétation littérale des textes religieux et des canons rédigés en *pali* qui indiquaient tous les signes distinctifs (*lakshana*) de Bouddha. Signes particuliers : nez aquilin en forme de bec de perroquet, coiffure en V à la racine des cheveux, trois plis sur le cou, lobes des oreilles très allongés (témoignage de son précédent statut de prince), bras longs et sinueux, comme il est stipulé dans les Saintes Ecritures.

▶ **Style Ayutthaya** : les statues sont représentées dans des attitudes beaucoup plus variées et une gestuelle plus riche qu'à toutes les autres périodes de l'art thaï : mains jointes à hauteur de la poitrine, tenant le bol à aumônes, main levée en signe d'apaisement, pouce et index en forme de cercle signifiant l'enseignement ou la prédication. Bouddha fut souvent sculpté dans une position allongée, et certaines de ces œuvres ont des dimensions monumentales.

▶ **Style Rattanakosin** : il se caractérise par le foisonnement de décorations majestueuses autour de Bouddha, ce qui rompt avec la simplicité et le raffinement des statues des époques précédentes. Sous le règne de Rama III, trente-quatre nouvelles attitudes tirées des événements les plus importants de la vie de Bouddha furent commandées, mais bientôt délaissées du fait de leur impopularité, et seules restent les six attitudes traditionnelles.

▶ **Style U Thong** : séparation étroite entre le front et les cheveux, doigts de longueur inégale, cheveux bouclés, visage carré (mélange d'influences môn et khmère). Le bronze, le stuc et le grès étaient les matériaux les plus utilisés. Les statues préfigurent celles de la période Ayutthaya.

DÉCOUVERTE

THÉÂTRE

Le théâtre thaï comporte six formes d'expression, allant du Khone, théâtre dramatique dansé avec usage de masques, au Nang, théâtre d'ombres chinoises de tradition séculaire.

Le théâtre dansé

Il existe trois formes de danse dans cette catégorie :

▶ **Le Khone** est une forme de théâtre classique issue d'anciens rituels accomplis dans les temples.

▶ **Le Lakhone** est une représentation populaire dérivée du Khone développant d'autres thèmes, en particulier le récit des vies antérieures du Bouddha : Jataka.

▶ **Le Likay** est une danse plus légère, entrecoupée d'intermèdes comiques, de plaisanteries osées et de chansons. Les troupes de Likay parcourent le pays et jouent parfois sur des scènes de fortune, en plein air.

Le théâtre d'ombres

Le Nang est apparu il y a environ cinq siècles en Asie du Sud-Est. Il trouve ses origines dans les rituels magiques invocatoires pratiqués en Inde, Indonésie et Chine, les trois foyers principaux de son apparition. Il met en scène des marionnettes de forme humaine, présentées de profil entre un écran et une source d'éclairage. Les « ombres chinoises » des personnages sont visibles par le public. Il y a en fait plusieurs manières de produire les silhouettes à contre-jour :

▶ **Les mains et les doigts** figurant directement des personnages.

▶ **Des silhouettes transparentes** en papier, parchemin ou cuir mince huilé.

▶ **Des marionnettes opaques** en bois, carton, cuir séché ou métal.

Ce sont ces dernières qui constituent le véritable théâtre d'ombres. Il existe différents modèles de marionnettes thaïlandaises : les « Hun Krabok », poupées sans bras ni jambes, avec une tête en bois et un long cou. Les « Hun Luang », grandes marionnettes de la cour royale, hautes d'un mètre. Les « Hun Wang », créées sous le règne de Rama V. Et enfin, les « Hun Lakon Lek », apparues sous le règne de Rama VI. Toutes ces poupées sont richement vêtues et bien décorées. Le *dalang*, celui qui manipule les marionnettes, est l'homme orchestre du spectacle : il est à la fois conteur, imitateur, chanteur et il dirige l'orchestre qui accompagne les scènes. Il doit tenir en haleine son auditoire pendant toute la durée de la pièce. Il a donc forcément le sens de l'humour et sait capter l'attention du public grâce à ses plaisanteries lancées aux moments opportuns.

Au cours d'une représentation, le dalang était considéré comme le lien entre les hommes et les dieux. En Thaïlande, certains dalangs sont de véritables célébrités locales et réussissent à vivre aisément de leur art : il en va ainsi pour Suchart Subsin, installé à Nakhon Si Thammarat. Aujourd'hui, malheureusement, les représentations ne sont données qu'en de rares occasions. Le Nang Yai (ou Nang Sbek, en khmer) signifie « grand cuir » : ce sont d'immenses marionnettes ajourées atteignant parfois 2 m de hauteur, évoluant également sur un accompagnement musical. Quant au Nang Talung (« petit cuir »), c'est une spécialité thaïlandaise qui s'inspire de la vie quotidienne mais aussi des vieilles légendes khmères (Ream khmer).

© MICKAEL DAVID – AUTHOR'S IMAGE

Théâtre national de Bangkok : représentation de théâtre Khon (L'enlèvement de Sita – Ramayana).

FESTIVITÉS

Janvier

■ CHILDREN'S DAY

Le jour des enfants est célébré le deuxième samedi du mois. Gratuité ou forte réduction dans les parcs d'attractions, zoos, musées pour tous les bambins.

■ NOUVEL AN

BANGKOK

Tous les ans, le 31 décembre et 1er janvier.
Les Thaïlandais ne fêtent pas moins de trois fois le nouvel an. Si le nouvel an thaïlandais est en avril, ils n'ont rien contre le fait de fêter également chaque année le nouvel an chinois et le nouvel an occidental.

Février

■ CÉLÉBRATION DU MAKHA BUCHA

Tous les ans, le 8 février
C'est un jour férié. Il commémore un événement miraculeux, lorsque 1 250 disciples de Bouddha se réunirent pour écouter les enseignements du Sage, qui leur tint un discours demeuré célèbre : le Makha Bucha. Les temples sont alors remplis, et le soir, procession aux chandelles.

■ NOUVEL AN CHINOIS

Les dragons et les lions de papiers défilent sur Yaowaraj road, la rue principale de Chinatown à Bangkok. Entre le 20 janvier et le 20 février.

Le calendrier bouddhiste

Si vous arrivez en Thaïlande depuis l'Europe, vous serez d'un coup plus vieux de quelque 543 ans ! Faites le calcul : en 2015, nous étions en l'an de grâce 2558. La nouvelle année bouddhiste, célébrée par Songkran, commence en avril.

Mars

■ BANGKOK DANCE FESTIVAL

BANGKOK

contact@bangkokfestivals.com
Tous les ans, au mois de mars.
On retrouve pendant ce festival divers spectacles de danses autant traditionnelles que contemporaines ou folkloriques. Les spectacles se déroulent dans les différents théâtres de la ville et sont normalement gratuits.

■ BANGKOK JAZZ FESTIVAL

BANGKOK

www.bangkokjazzfestival.com
Tous les ans, au mois de mars.
Depuis 2003, les amoureux de jazz peuvent se retrouver au Central World pour profiter de ce festival qui mêle jazzmen venus du monde entier.

Pour Songkran, sortez en tenue légère !

Et armé d'un pistolet à eau ! « Songkran » est une fête nationale très importante en Thaïlande. Plusieurs jours de liesse au milieu du mois d'avril : ferveur religieuse, processions en musique à travers la ville et l'occasion de laver les statues de Bouddha. En principe, les gens se versent mutuellement de l'eau sur l'épaule en signe de prospérité (attente de la saison des pluies après les grosses chaleurs). En théorie quelques gouttes devraient suffire, mais ce serait compter sans l'esprit ludique des hommes. Et dans la pratique, du matin au soir, tout le monde s'asperge à grand renfort de seaux entiers (avec glaçons, parfois !). Il est fortement déconseillé de rouler à vélo ou même à moto, pour éviter de se casser la figure ! ... Une fête très arrosée donc. Et dans tous les sens du terme malheureusement, puisque, durant ces quelques jours de folie à travers le pays, l'alcool aussi coule à flot. Tous les ans, lors de discours officiels, les autorités ont beau menacer de punir sévèrement les abus (mais il n'y a QUE des abus), rien n'y fait ! En tout cas, prudence : se protéger les yeux n'est pas inutile (l'eau est puisée dans n'importe quel bassin ou canal) et il vaut mieux laisser son téléphone portable et son passeport à l'hôtel même si vous trouverez facilement des pochettes en plastic que l'on se passe autour du cou. En principe, tout redevient calme à la tombée de la nuit.

■ FESTIVAL DU CERF VOLANT
PRACHUAP KHIRI KHAN
Tous les ans, le 3ᵉ week end de mars.
La petite ville de Prachuap Khiri Khan est en effervescence le 3ᵉ week-end de mars. En effet, le Festival international du cerf-volant s'y déroule (très populaire en Thaïlande). Parallèlement au concours, des spectacles folkloriques sont organisés, ainsi qu'une vente d'artisanat local. C'est l'occasion de faire une étape avant de poursuivre plus avant vers le sud.

■ NATIONAL THAI ELEPHANT DAY
L'éléphant, animal vénéré en Thaïlande mais aussi emblème du pays, est fêté le 13 mars avec diverses manifestations ludiques dans tous le pays.

Avril

■ PI MAY (SONGKRAN)
Partout en Thaïlande
À partir du 13 avril.
Le Pi May (Pi = année ; May = nouvelle) ou Songkran, est LA fête religieuse, marquant le passage à une nouvelle année. C'est l'occasion de s'asperger joyeusement durant les trois jours que durent les festivités (un jour pour la fin de l'année, un autre de transition, plus le premier jour de la nouvelle année). À l'origine, les Thaïlandais arrosaient uniquement les statues de Bouddha, mais aujourd'hui tout le monde y passe, ce qui est très agréable, car ce mois fait partie des mois les plus chauds de l'année.

Mai

■ ANNIVERSAIRE DU COURONNEMENT DE RAMA IX
Tous les ans, le 5 mai.
Chaque année est célébré le jour du couronnement du dernier roi de la dynastie Chakri, Bhumibol Adulyadej. Les hauts fonctionnaires vont présenter leurs hommages au roi dans la Chapelle royale du Grand Palais. La cérémonie marque également le début de la saison de la plantation du riz. Des grains de riz bénis sont semés, et les brahmanes prédisent les résultats de la future récolte. Des zébus blancs sont également promenés.

■ VISAKHA BUCHA
Chaque année en mai.
Le Visakha Bucha célèbre la naissance, l'illumination et la mort de Bouddha : le dieu avait choisi la simplicité et la ponctualité en prenant le même jour pour ces trois événements de sa vie. Et re-processions nocturnes aux flambeaux, les temples sont à nouveau envahis, et les fidèles en font traditionnellement trois fois le tour.

Juin

■ FESTIVAL DE JAZZ DE HUA HIN
HUA HIN
Il se déroule chaque année lors de la première semaine de juin. Un événement culturel digne d'intérêt (pour les passionnés, penser à réserver sa chambre à l'avance !).

■ PHI TA KHON
LOEÏ
Mélange de sacré et de profane, ce carnaval pour le moins étonnant a lieu principalement à Loeï, dans la région de l'Isan pour célébrer Bouddha. Plusieurs jours durant, les rues de la ville sont investies de processions et de parades, les hommes sont déguisés en fantômes pour les plus jeunes, en *ladyboys* pour les plus âgés.

Juillet

■ FÊTE D'ASANHA BUCHA
BANGKOK
En juillet.
Cette fête qui commémore le premier sermon de Bouddha donne lieu à travers tout le pays à une célébration qui prend la forme de prières et de processions aux bougies aux alentours et dans l'enceinte des temples bouddhistes. Les moines font la queue sur la place Sanam Luang pour recevoir les offrandes des fidèles.

■ KHAO PHANSAA
Ce carême dure trois mois, pendant lesquels les bonzes sont tenus de rester dans les temples et d'observer strictement leurs devoirs religieux. C'est aussi l'occasion pour de jeunes Thaïlandais de faire retraite et de procéder à une sorte de communion, pour laquelle ils organisent une fête avec leurs amis et échangent leur robe blanche de novices contre celle, jaune, des bonzes, au cours d'un adieu symbolique au monde. Car on n'entre pas dans les ordres définitivement en Thaïlande comme on le fait en Europe. Le carême correspond également au début de la saison des pluies, pendant laquelle très peu de festivités sont organisées.

Août

■ ANNIVERSAIRE DE LA REINE SIRIKIT
Le 12 août.
Le jour de l'anniversaire de Sa Majesté la reine Sirikit Kitiyakorn, qui en 2015 (pardon, en 2558) a fêté ses 83 ans. Des célébrations se tiennent à Bangkok surtout, au Sanam Luang, et marquent aussi la fête des Mères en Thaïlande. Tout le monde s'habille de bleu ciel, la couleur de la reine.

Septembre

■ COURSES INTERNATIONALES DE BATEAUX-CYGNES
BANGKOK
En septembre.
Cette manifestation regroupe plusieurs équipes venues du monde entier pour s'affronter sur des bateaux-cygnes sur la rivière Chao Phraya. Beau spectacle que de contempler ces bateaux étroits, à la proue finement sculptée en forme de tête de cygne glissant sur la rivière.

Octobre

■ BANGKOK BEER FESTIVAL
BANGKOK
Tous les ans, durant le mois d'octobre.
Les températures sont encore chaudes en cette saison, il est donc recommandé de beaucoup boire ! A voir si ce conseil est à pratiquer lors de ce festival de la bière aux couleurs thaïlandaises !

■ DIVALI
Cette fête hindoue réunit les pèlerins au temple indien du centre-ville de Bangkok situé à Silom Road. À Surin, le traditionnel rassemblement des éléphants se fait devant un public extrêmement nombreux : c'est là que des matchs de foot « éléphantesques » sont organisés.

■ ORK PHANSAA
Cette célébration marque la fin du Khao Phansaa, le carême bouddhiste débuté trois mois plus tôt. La population se rend dans les temples pour offrir aux bonzes divers présents et des robes.

Novembre

■ BANGKOK WORLD FILM FESTIVAL
BANGKOK
www.worldfilmbkk.com
Tous les ans, au mois de novembre.
Chaque année, Bangkok accueille une compétition officielle internationale de films présentés durant une semaine. Films internationaux, asiatiques, courts-métrages ou longs-métrages, ce sont près de 150 films qui sont en compétition.

■ LOI KRATHONG
Le soir de la pleine lune du 12e mois du calendrier lunaire thaï.
L'une des plus célèbres – et des plus photogéniques – fêtes thaïlandaises. Les *krathong* sont des petits bateaux en feuilles de bananier et en forme de lotus, dans lesquels sont placés bâtonnets d'encens, bougies et pièces de monnaie, bateaux que l'on dépose sur les fleuves et rivières afin d'honorer les esprits et d'éloigner les péchés. Un spectacle de lumière réellement féerique. À Bangkok, la foire de la Montagne d'Or donne lieu à une procession nocturne autour du Wat Sakhet, décoré pour l'occasion de centaines de bougies.

■ MARATHON DE BANGKOK
BANGKOK
www.bkkmarathon.com
info.clubculture@gmail.com
L'avant-dernier week-end de novembre.
Sportifs de toutes nationalités se retrouvent chaque année pour courir le marathon de Bangkok à travers toute la ville.

Décembre

■ ANNIVERSAIRE DU ROI RAMA IX
Le 5 décembre.
A cette occasion, tout le monde s'habille en jaune, couleur du roi pour rendre hommage au monarque Bhumibol Adulyadej. Il s'agit également de la fête des Pères en Thaïlande. L'alcool est interdit de vente ce jour-là.

■ FÊTE DE NOËL
Tous les ans, le 24 décembre.
La Thaïlande célèbre dignement cet événement festif. On retrouve donc des arbres enguirlandés, des décorations de Noël et surtout des boutiques à l'affût des clients et qui proposent quantité de slogans et d'offres « spécial Christmas ». L'animation est beaucoup concentrée à Bangkok sur Siam Square où la plupart des grands Malls sont concentrés. Bref, une période de l'année chargée pour le tourisme.

Songkran, fête marquant le passage à la nouvelle année.

CUISINE THAÏE

Délicieuse cuisine thaïe ! Elle est certes très épicée, mais les épices sont souvent servies à part, à vous de ne pas dépasser la dose. Essayez les plats courants dans les petites échoppes et sur les stands ambulants des trottoirs, dans les marchés, et, si votre budget le permet, laissez-vous tenter par la cuisine royale (recettes anciennes) que l'on propose dans les meilleurs restaurants.

PRODUITS CARACTÉRISTIQUES

Plats

▶ **Curry, soupes et salades.** Les différentes sortes de curry en Thaïlande (*kaeng*) sont à base de plusieurs préparations possibles : des mélanges d'herbes, d'épices, d'ail, d'échalote et de piments broyés entre pilon et mortier. L'usage de certaines épices, mais aussi de la crème de coco, fut importé d'Inde il y a déjà bien longtemps : un curry sans crème de coco dans sa composition sera naturellement moins doux et moins épais, à la consistance d'une soupe. Si certains types de curry affichent encore leurs influences lointaines, à l'image du *kaeng karii* (doux et jaune) ou du *kaeng matsaman* (curry musulman, avec pommes de terre, cacahuètes et souvent du bœuf), d'autres ont été adaptés à la cuisine thaïe, comme par exemple le *khaeng khiaw wan* (vert et sucré), le *kaeng phet* (rouge et relevé) et le *kaeng phanaeng* (épais et salé, avec des cacahuètes). Quant au *kaeng som*, il contient généralement du poisson et obtient sa saveur aigre grâce à l'ajout de tamarin ou, dans le Nord-Est, de feuilles d'okra. Plat traditionnel de la saison fraîche, le *kaeng liang* prend comme ingrédients des légumes plus fades, mais son arôme est amplifié de grains de poivre très relevés. Mangées simultanément avec d'autres plats, et non pas qu'en simple entrée, les soupes thaïes ont souvent le goût acidulé de la citronnelle, des feuilles de citron kaffir et du galanga, et sont parfois rendues très épicées par l'ajout de piments. Parmi les favorites, on trouve le *tom kha kai*, une soupe de poulet crémeuse à base de coco, et la fameuse *tom yam kung*, une soupe aux crevettes relevée et aigre, cette fois-ci sans lait de coco. Le *khao tom*, une soupe de riz amidonnée et généralement ingurgitée au petit déjeuner, fait rarement l'unanimité auprès des étrangers, sauf pour se remettre d'une sévère gueule de bois ! L'un des délices moins connus de la cuisine thaïe est le *yam*, c'est-à-dire la salade, qui regroupe les quatre saveurs fondamentales en une parfaite harmonie. Différentes combinaisons de *yam* sont possibles – avec des nouilles, de la viande, des fruits de mer ou des légumes – mais au cœur de chaque recette, un zest de jus de citron et une bonne dose de piments sont essentiels. Particulièrement recommandés sont le *yam som oh* (au pomelo), *yam hua plee* (à la fleur de banane) et le *yam plaa duk foo* (au poisson-chat frit).

▶ **Nouilles et riz.** Vendues sur tous les stands de marché, les nouilles peuvent être de différentes formes et variétés – à l'image des *kway tiaw* (plates et faites de farine de riz) ou des *ba mii* (nouilles aux œufs) – et cuites en soupe (*nam*), servies en sauce (*rat na*) ou encore sautées (*haeng*, pour sèches, ou *phat*, pour frites). Les plus connues de toutes sont les *phat thai* (nouilles sautées thaïes), une délicieuse combinaison de nouilles (généralement kway tiaw), d'œufs, de tofu et de ciboule, le tout saupoudré de cacahuètes écrasées et arrosé d'un peu de citron. Quelques crevettes ou du poulet, et c'est prêt : régalez-vous ! D'autres classiques des marchés incluent le riz frit (*khao phat*) et les repas à plat unique servis sur un lit de riz à la vapeur, comme le *khao kaeng* (au curry).

▶ **Plats régionaux.** Plusieurs spécialités du nord de la Thaïlande trouvent en fait leur origine dans l'ex-Birmanie, au Myanmar, à l'image du *khao soi*, qui regroupe à la fois des nouilles bouillies et frites en plus de poulet, de bœuf ou de porc dans une soupe de curry à base de lait de coco ; ou encore du *kaeng hang lay*, un curry au porc avec gingembre, curcuma et tamarin. Partez également à la recherche de sauces épicées telles que le *nam phrik ong*, composée de porc émincé, de tomates grillées et de citronnelle, servi avec des tranches de concombre bien croquantes. La culture la plus appropriée aux terres infertiles de l'Isaan est celle du riz gluant (*khao niaw*), qui remplace le grain standard dans le régime de base des Thaïlandais du Nord-Est. Servi dans un panier de rotin, on le mange habituellement avec les doigts, en le roulant en petites boules à tremper dans des sauces pimentées. Il accompagne idéalement des mets locaux relevés, tels que le *som tam*, une salade de papaye verte aux piments crus, haricots verts, tomates, cacahuètes et crevettes séchées (ou crabe frais). Bien que vous trouverez du poulet rôti et aromatisé en brochettes (*kai yaang*) partout en Thaïlande, son origine réelle est à situer dans l'Isaan, ce qui le rend d'autant plus délicieux dans sa région natale.

A la base d'un autre plat populaire de l'Isaan et du Nord de la Thaïlande, on trouve aussi du porc (ou du bœuf, ou du poulet) cru émincé : c'est le *laap*, une salade aux arômes subtils de menthe et de citron vert. Une salade similaire dans le Nord-Est est le *nam tok*, qui se compose de bœuf ou de porc rôtis et de poudre de riz grillée, et dont le nom (qui se traduit par « chute d'eau ») provient de la sensation rafraîchissante de ce mélange de saveurs complexes. En plus de mettre davantage l'accent sur les fruits de mer, la cuisine du Sud exhale des saveurs marquées par la proximité de la Malaisie musulmane, notamment avec le *khao mok kai*, une version locale du riz biryani : poulet et riz sont cuits avec du curcuma et d'autres épices indiennes, et servis avec une soupe au poulet. Les marchés du Sud de la Thaïlande servent bien souvent le *khao yam* au petit déjeuner ou au déjeuner : une délicieuse salade de riz cuit séché, de crevettes séchées et de chair de coco râpée, le tout présenté avec une sauce aigre-douce. Vous trouverez également plusieurs sortes de *roti*, une crêpe souvent vendue sur de simples stands de rue et roulée avec du lait condensé. D'autres versions de *roti* incluent le *salé mataba*, au poulet ou au bœuf émincé, et le *roti kaeng*, servi avec un curry en sauce au petit déjeuner. Une très grande variété de curry est aussi disponible dans le Sud, la plupart substituant la sauce de crevettes à la sauce de poisson fermenté. Deux des plus connus sont le *kaeng luang*, « curry jaune » à base de poisson, de curcuma, d'ananas, de courge, de haricots et de papaye verte ; et le *kaeng tai plaa*, une saisissante concoction d'estomac de poisson, pommes de terre, haricots, pousses de bambou et curcuma.

Desserts

Ils sont les parents trop souvent oubliés de la cuisine thaïlandaise. Mis à rude concurrence avec les fruits, nombreux et succulents, ils méritent eux aussi d'être expérimentés. En premier lieu, le *Khao Niew Mamuang*, le dessert le plus apprécié des Thaïlandais. Il est composé de riz gluant, de morceaux de mangues, le tout arrosé de lait de noix de coco. Le *Mo Kaeng*, est une sorte de pâte cuite faite avec des haricots en grain broyés, des œufs et du sucre. Les *Kanom Bueang*, sortes de petits tacos croustillants réalisés avec de la farine de riz, ils sont fourrés de crème de noix de coco et de garnitures sucrées ou salées. Le *Bamee Wan*, est un dessert à base de nouilles aux œufs, avec un assortiment de fruits au sirop, le tout surmonté de glace pillée. Le *Khao Mao Tod*, banane frite et riz grillé, le *Sangkaya Faktong*, un flan cuit dans une citrouille, le Sakoo Piak, des perles de tapioca au lait et les gelées de fruits pour n'en citer que quelques-uns.

Boissons

▶ **Boissons chaudes ou fraiches ?** Les Thaïs sont de grands amateurs de café, et il ne vous sera pas difficile de trouver de bons espresso ou capuccino au coin de la rue pour commencer votre journée... ou pour espérer la prolonger. Le thé, comme dans la grande majorité des pays asiatiques, est également une boisson de choix, à toutes les occasions pour se désaltérer. La bière coule évidemment à flots en Thaïlande, que ce soit chez les Thaïs ou les résidents et touristes étrangers. C'est qu'il fait souvent chaud sur la plage, malgré l'ombre des cocotiers... Citons, parmi les marques courantes : la Singha (sans doute la plus digeste) ; la Chang (meilleur marché et aussi plus alcoolisée) ; la Leo (pour les petits budgets) ou l'Amarit, moins répandue. À défaut d'alcool, il existe la panoplie classique des sodas d'origine américaine : Coca-Cola, Sprite et autres boissons gazeuses et sucrées du même acabit. Il y a bien sûr des jus de fruits, fraîchement pressés ou pasteurisés : citron, orange, ananas ou les fameux fruit shakes, composés de jus de fruits et de (beaucoup de) glace ; le tout préalablement passé au mixeur, et servi avec une paille. Il n'est pas déshonorant non plus de se contenter d'une eau locale : Singha (comme la bière) ou Polaris (au même prix qu'un Coca), la meilleure étant la Minéré (plus riche en minéraux). Parmi les eaux minérales françaises, on trouve de l'Evian, de la Volvic et du Perrier un peu partout. De l'eau filtrée est mise à disposition gratuitement (et sans bactéries, pour ceux qui se poseraient des questions !) dans toutes les gargotes dont la clientèle est majoritairement thaïe. Et l'on vous fournira également un verre rempli de glaçons pour la boire (glaçons faits à partir d'eau filtrée, également). Enfin, dans un restaurant de grand luxe, le vin s'impose. Les experts affirment que parmi les vins d'Alsace, le gewurztraminer atténue parfaitement les rudes épices de la cuisine thaïe, alors que le riesling relève adroitement le côté douceâtre de la cuisine chinoise ou japonaise... Mais il faut compter environ 1 000 bahts la bouteille !

HABITUDES ALIMENTAIRES

En Thaïlande, la cuisine chinoise a longtemps dominé la scène culinaire thaïlandaise, mais ces dernières années, elle s'est trouvée durement concurrencée non seulement par d'autres cuisines tout aussi exotiques, indienne, malaisienne, japonaise, coréenne, mais aussi par la cuisine occidentale et française.

La première à avoir détrôné l'hégémonie chinoise fut la cuisine royale thaïe, qui depuis toujours conservait ses secrets. Les cuisiniers, sous peine d'être découpés en rondelles ou empalés, devaient en effet en garder les recettes pour l'usage exclusif des monarques. Seuls des anges réincarnés en rois avaient droit à cette « nourriture céleste », comme on l'appelle en thaï. Puis un jour, des nobles, constatant les durs effets de l'inflation, décidèrent d'ouvrir des restaurants. Aussitôt, les cuisiniers vendirent leurs recettes à des concurrents. A quoi la noblesse répondit en publiant carrément des livres de recettes. La cuisine royale était lancée. Elle atteint aujourd'hui son apogée dans certains restaurants de Bangkok.

La cuisine traditionnelle populaire s'est, parallèlement, grandement améliorée et aussi largement répandue. Sans être aussi fine, elle peut cependant être délicieuse. Un repas typique est toujours accompagné de riz, cuit à la vapeur, frit ou cuit à l'eau. Des sauces, des épices, du sucre sont mis à disposition et en libre service pour accentuer la saveur des plats. Les soupes et les brochettes sont parmi les plats les plus courants que vous rencontrerez. A la même époque, une Vietnamienne avait ouvert un restaurant nommé le Dalat, au charme discret et à la cuisine raffinée. Ce fut un succès, et bientôt des concurrents surgirent d'un peu partout. Puis vint le Mandalay, magnifique restaurant birman. Le Japon intervint en force et lança sa cuisine sur le marché. L'un des meilleurs restaurants japonais de Bangkok se trouve à l'hôtel Okura. Les Coréens arrivèrent enfin avec leur cuisine que l'on pourrait qualifier de mélange sino-japonais.

La cuisine française était, jusqu'à ces dernières années, tout bonnement dédaignée en Asie, car considérée comme fade, ce qui n'est pas étonnant dans des pays où les mets épicés peuvent vous emporter la bouche. Mais le goût du luxe apporté par le développement économique a provoqué un assouplissement du palais : aujourd'hui, non seulement notre cuisine est reconnue comme grande et valeureuse, mais est aussi un symbole de réussite sociale. Il faut avoir en effet réussi socialement pour honorer les additions sans sourciller !

Des restaurants allemands, espagnols et surtout italiens ont également commencé à se faire connaître. Pour achever de donner une image mondiale de Bangkok, capitale culinaire de l'Asie du Sud-Est, des restaurants libanais et mexicains ont aussi pignon sur rue. Enfin, le snobisme dernier cri est la cuisine indienne, à laquelle le qualificatif de succulent convient tout à fait. Les grands hôtels se battent pour attirer les meilleurs chefs indiens, et le Tandoor de l'Holiday Inn ou le Bukhara du Royal Orchid Sheraton sont de pures merveilles.

Comment manger ? Les Thaïs utilisent depuis toujours cuillère et fourchette. Ils n'ont pas besoin de couteau, la nourriture étant déjà découpée en petits morceaux… ou si tendre qu'on la coupe avec un rien. La cuisine royale est censée être si bien cuisinée qu'on n'a même plus besoin de ses dents : elle doit littéralement fondre dans la bouche !

Arrangement de fruits, Pattaya.

FRUITS THAÏLANDAIS

Savoureux et fort nombreux, vous les trouvez sur les étalages des marchés, natures ou préparés, à des prix modiques. N'hésitez pas à goûter ceux que vous connaissez le moins, mais modérément à la veille d'un long voyage.

▶ **Ananas** (*saparot*) : l'un des fruits les moins chers des marchés. Le Sud de la Thaïlande est la région la plus productrice. Vous pouvez demander qu'on vous le prépare, la technique de coupe est très intéressante. Récolte entre avril et août et de décembre à janvier.

▶ **Aporn ou Santol** : ce fruit ressemble à une grosse figue de couleur jaune. Sa pulpe est aigrelette. Il est consommé comme un légume accompagné d'une sauce de poisson.

▶ **Dourian** (*turian*) : sa chair jaune et crémeuse a un goût difficilement définissable mais agréable. De la taille d'un ballon de football, recouvert de piquants, ce fruit repousse par son odeur presque nauséabonde, au point d'être interdit dans les transports publics où il y a la climatisation, ainsi que dans certains établissements (puni d'une amende).

▶ **Grenade** (*taptim*) : elle est consommée la plupart du temps en jus, servie dans une petite bouteille en plastique.

▶ **Jaquier** (*ka noon*) : de 30 à 80 cm de long, 25 à 50 cm de large. D'apparence similaire au dourian, il renferme des fruits blancs à l'intérieur d'alvéoles rangées le long d'un axe central. Se vend par keed (= 100 g). Récolte entre janvier et juin.

▶ **Keowmangkon** (*fruit du dragon*) : est le fruit d'un cactus épiphyte. Rouge à l'extérieur, sa chair blanche, rose ou jaune suivant la variété contient des petites graines noires comestibles. Le fruit du dragon aurait d'étonnantes vertus digestives et aiderait à réduire le taux d'acide urique dans le sang.

▶ **Longan** (*lamyaï*) : 2 à 3 cm de diamètre. Un fruit blanc sous une enveloppe brune, facilement séparable. Riche en vitamine C, savoureux et fondant, il est vendu au poids, à 25 B le kilo. Récolte entre août et novembre.

▶ **Mangue** (*hamuang*) : plusieurs dizaines de variétés, celle de couleur verte est mangée en légumes avec une sauce épicée. Récolte entre mars et juin.

▶ **Mangustan** (*mahng koot*) : un fruit violet rouge de 6 à 7 cm de diamètre. Son enveloppe épaisse renferme cinq tranches d'une chair blanche sucrée, fondante et savoureuse. Récolte entre avril et septembre.

▶ **Papaye** (*marlakor*) : de 7 à 50 cm de long, de couleur variée, de vert à orange jaune. Introduite par les Espagnols au XVIe siècle. Riche en vitamine A et en calcium, elle se mange en salade (sohm-tumm : verte épicée) ou avec un zeste de citron vert. Récolte toute l'année.

▶ **Pomelo** (*som oh*) : a le goût et l'apparence du pamplemousse mais sous une peau épaisse et verte. Il atteint parfois la taille d'un ballon de football ! Récolte entre août et novembre.

▶ **Pomme cannelle** (*noi naa*) : peau verte en forme d'écailles. Se mange à la petite cuillère. De nombreux grains, très sucrés, presque écœurants. Récolte entre juin et septembre.

▶ **Rambutan** (*ngoh*) : 5 cm de diamètre. Une petite boule rouge avec des piquants flexibles. La chair est blanche et savoureuse et rappelle le lychee de Chine. La bogue est facile à ouvrir. Le rambutan est souvent servi en dessert dans les restaurants. Son nom vient du malais *rambut* qui désigne les poils, et l'appellation thaïlandaise (ngoh) désigne les aborigènes noirs chevelus des jungles du Sud et de Bornéo. Récolte entre mars et septembre.

▶ **Carambole** (*ma feung*) : d'un jaune translucide, elle a la forme d'une étoile lorsqu'elle est découpée en tranches. Rafraîchissant.

▶ **Tamarin** (*makhan wan*) : a la forme d'un gros haricot. La peau et le fruit sont marron. L'arbre est d'origine indienne, le nom de *tamarin* signifie datte indienne en arabe. Utilisé pour parfumer les plats et les sauces. Se mange aussi nature pour ceux qui apprécient son goût acidulé et sucré, qui reste sur la langue. Récolte entre décembre et mars.

Fruits tropicaux plus classiques

▶ **Banane** (*gluay*) : trois variétés : Horm, Nam Wah, Khaï. Disponibles tout au long de l'année presque partout.

▶ **Goyave** (*farang*), pastèque (*taeng mu*) et noix de coco (*ma prao*) toute l'année.

▶ **Langsart :** ressemble au *longan*, peau brune. Attention à ne pas mordre dans le noyau, d'un goût très amer. Récolte de mai à juillet.

▶ **Litchi** (*lychee*) : très apprécié d'avril à juin.

▶ **Pomme rose** (*cham pool*) : en forme de cloche verte ou rose. Récolte entre avril et juin. Au nord, on trouve des fraises de décembre à mars. Les oranges et les mandarines (som khi, o van) sont le plus souvent appréciées pour leur jus.

Les Chinois et les Japonais utilisent les baguettes et, bien entendu, une cuillère pour la soupe. Vous pouvez demander une fourchette et un couteau si nécessaire. Inutile de chinoiser à tout prix et risquer d'attraper des crampes, de tacher votre belle cravate ou de baver dans les plats.

Pour bien profiter d'un repas, il faut être trois ou même quatre. En effet, chacun commandera une série de plats différents, qui seront placés en même temps sur la table. On pourra ainsi essayer les plats du voisin. C'est le repas-coopérative.

L'heure, c'est l'heure ! Les Asiatiques en général, et les Thaïlandais en particulier, mangent plus tôt que les Occidentaux : 6h ; 11h ; 18h (environ). Les Thaïlandais ont même la réputation de prendre jusqu'à cinq repas espacés dans la journée. La vérité, c'est qu'ils mangent un morceau dès qu'ils ont un moment de libre… Mais pour ce qui est de sortir pour aller « manger à l'extérieur », c'est encore autre chose, et on observe des compromis.

Les restaurants sont quelquefois ouverts de 9h (voire à partir de 7h pour certains petits restaurants thaïs) à 23h, mais en général les horaires sont plutôt de 11h à 14h et de 18h à 22h. Il est donc préférable d'arriver tôt pour déjeuner.

Le pourboire. Les Thaïs laissent rarement un pourboire. Cependant, si vous êtes satisfait du service, il convient de donner discrètement un pourboire qui ne dépassera pas un billet de 100 *Bahts* dans les établissements de grand luxe ; dans les restaurants convenables, un billet de 20 *Bahts* ou une pièce de 10 *Bahts* ; dans les gargotes, il suffit de laisser la menue monnaie en pièces de 1 *Baht* (comme référence de valeur, se rappeler qu'un repas simple, pris dans la rue, coûte entre 20 et 30 B).

Petit budget. Ceux qui ne veulent ou ne peuvent pas aller au moins une fois dans un restaurant renommé seront bien inspirés en fréquentant les petits restaurants de quartiers. C'est assez propre, les prix sont à peu près fixes. Nous déconseillons plutôt les innombrables échoppes sales où l'on vole les étrangers en leur servant des plats minables. Par contre, la nuit, presque partout sur les trottoirs, des étals vendent des soupes et des petits plats à des prix raisonnables (de 35 à 50 *Bahts*). La nourriture est bonne, car préparée pour les Thaïs qui travaillent de nuit. Ces étals sont habitués à servir les touristes et les résidents étrangers : ils ne trichent pratiquement pas.

Les buffets des grands hôtels. N'oubliez pas que le dimanche est souvent jour de fête dans les plus grands hôtels, et donc l'occasion d'un buffet (parfois le samedi soir aussi). Le prix est généralement assez raisonnable pour un choix non limité…

RECETTES

Voici la recette du Som tam plara, la salade de papaye rapée et pilée de l'Isaan :

Som tam plara

▶ **Ingrédients** (pour 3 personnes) : 1 papaye verte, 2 cuillères à soupe de cacahuètes grillées, 3 gousses d'ail, 2 cuillères à soupe de petites crevettes séchées, 1 cuillère à café de sucre, 10 tomates cerise, 2 piments oiseaux, 1 citron vert, 2 cuillères à soupe de sauce de poisson, 1 poignée d'haricots-kilomètre, 1 petit crabe cuit.

▶ **Préparation** (15 minutes) : dans un mortier, piller les cacahuètes et les crevettes séchées. Réserver. Râper la papaye en julienne à la mandoline. Reprendre le mortier, piller l'ail, le crabe, les piments. Ajouter la cuillère de sucre, la sauce de poisson, le jus d'un demi-citron vert. Incorporer la papaye en julienne, les haricots-kilomètre cuits à l'eau et coupés en tronçons de 2 cm et les tomates cerise tranchées en deux. Mélanger le tout et piller encore un peu. Server en rajoutant au dernier moment les cacahuètes et les crevettes pillés.

Œuf pisse de cheval

L'œuf centenaire est un must de la cuisine thaïe. Son aspect rebutant laisse pour le moins sceptique les Occidentaux que nous sommes, à l'heure où tout est parait-il hyper contrôlé dans les rayons de nos supermarchés. A la vision effrayante de ses œufs, s'ajoute une odeur âcre, qui rappelle celle de l'ammoniaque. Enfin, comme si ce n'était pas suffisant pour nos petits cœurs sensibles, la traduction thaïe « khai yio ma » est littéralement « œuf pisse de cheval ». Ces œufs sont cuits plusieurs jours dans un mélange d'argile, de cendres, de riz, de sel et de jus de citron. Ils se révèlent délicieux, se consomment principalement en salade, avec quelques tomates cerise coupées en deux, de la papaye verte râpée et des cacahuètes.

Les cours de cuisine sont particulièrement populaires en Thaïlande auprès des touristes. Voici donc quelques établissements réputés pour leur savoir-faire et leur qualité d'enseignement. Il y en a beaucoup d'autres, et chacun sait promouvoir au mieux la cuisine de sa propre région.

■ BLUE ELEPHANT COOKING SCHOOL
Thai Chine Building
233 South Sathorn Road
BANGKOK
✆ +66 26 739 353
www.blueelephant.com
BTS : arrêt Surasak
Cours tous les jours le matin de 8h30 à 12h30 ou l'après-midi de 13h à 17h. Tarif : 2 800 B par personne ou 5 000 pour 2 cours. Ecole de cuisine du célèbre restaurant du même nom. Elle jouit d'une bonne réputation. Les cours du matin (à privilégier) débutent par une visite du marché de Bang Rak à la découverte des produits. Puis le groupe se retrouve à l'école pour y suivre cours théoriques et pratiques. Chaque élève possède son plan de travail dans la spacieuse cuisine afin de préparer ses plats après une démonstration. Une très bonne idée.

■ CHIANG MAI THAI COOKERY SCHOOL
47/2 Thanon Moon Muang
CHIANG MAI
✆ +66 53 206 388
www.thaicookeryschool.com
booking@thaicookeryschool.com
Ouvert de 8h30 à 18h30 tous les jours. A partir de 1 450 B la séance de 6 heures et jusqu'à 6 700 B pour les cinq journées. CB acceptées. Propose des cours de cuisine thaïlandaise sur un programme de un à cinq jours, en compagnie du chef Sompon Nabnian, l'un des plus réputés de Thaïlande.

■ MOM TRI'S COOKING CLASS
Thanon Patak West
PHUKET – KATA
✆ +66 76 330 015
www.boathousephuket.com
info@boathousephuket.com
Chaque mercredi, samedi et dimanche, de 10h à 14h. Deux cours avec déjeuner inclus : 3 500 B. Avec une vue superbe sur la mer d'Andaman, vous apprendrez les bases de la cuisine thaïe en compagnie du chef de ce restaurant fort réputé.

■ SAMUI INSTITUTE OF THAI CULINARY ARTS
Soi Colibri
En retrait de la plage
KOH SAMUI – CHAWENG
✆ +66 77 413 172
www.sitca.net
Comptez 2 500 B pour 1 leçon (déjeuner ou dîner). Plusieurs programmes disponibles. Cette école réputée vous initiera à l'art de la gastronomie thaïlandaise, en une leçon ou avec un programme intensif sur 6 jours vous aurez tout le loisir de vous familiariser avec les recettes de ce pays. Un certificat vous est délivré au bout de trois leçons. Egalement, la possibilité de suivre des cours de décoration et de taille de fruits et légumes ! Intéressant.

© AUTHOR'S IMAGE

Gastronomie thaï fait de soupes épicées.

JEUX, LOISIRS ET SPORTS

DISCIPLINES NATIONALES

Muay Thai ou la boxe thaïlandaise

Le marquis de Queensbury, qui fixa les règles du noble art de la boxe, s'arracherait les cheveux par poignées s'il assistait à un combat de boxe thaïe. On se bat avec les coudes, les pieds, les genoux… Chaque round est entrecoupé d'une pause de deux minutes. Avant 1920, ces guerriers des rings avaient les poings entourés de bandelettes imbibées de résine sur lesquelles ils collaient du verre pilé. Les morts étaient nombreux, ce qui n'arrive pratiquement plus de nos jours avec des gants de boxe traditionnels. Le boxeur porte aussi un bandeau sacré autour de la tête, le *mongkon*, pour le protéger des mauvais coups et un autre bandeau contenant une amulette de Bouddha autour d'un bras, le *praciat* ou *kruang-rang*. De telles précautions ne sont pas inutiles. Ces combats de gladiateurs modernes commencent par tout un cérémonial immuable. Avant de combattre, le boxeur prie avec son entraîneur (*wai kru*). Il entame ensuite une « danse des esprits » qui dure plusieurs minutes (*Ram Muay*). Danse pleine de gestes cabalistiques destinés à faire peur aux esprits du lieu et à l'adversaire. Les mouvements du *Ram Muay* sont exécutés lentement et circulairement, ils servent aussi de préparation mentale. Le *Ram Muay* commence toujours à genoux et se termine debout. Un bon danseur, même s'il perd, sera respecté si son *Ram Muay* est bien exécuté. Le combat est accompagné d'une musique qui est l'accompagnement de la méditation jusqu'au rythme des assauts pendant le combat. L'orchestre est constitué de trois ou quatre musiciens, jouant de la flûte javanaise (*Pi Chawa*), des cymbales (*Ching*), et du tambour long (*Klawng Khaek*). Le rythme et le volume sonore vont suivre l'action du combat, ils ont un effet stimulant sur les boxeurs et le public. Sont organisés en général pas moins de 8 combats par soirée, le plus attendu est en général le 5e, lorsque le spectacle, commencé depuis 21h, atteint son paroxysme. Les boxeurs sont pieds nus (la corne est dure et fait mal) et il n'est pas rare d'assister à un K.O. sur coup de pied. Les coudes servent de marteau et cherchent à s'abattre sur le visage ; les genoux, servant de bélier, sont en principe réservés à l'estomac, au foie et au plexus solaire. Les prises de judo ne sont pas acceptées mais l'on peut projeter son adversaire au sol. Les jours de grands combats, la vie s'arrête dans les quartiers populaires. Les coups sont accompagnés de hurlements approbateurs ou réprobateurs. C'est LE sport national. C'est aussi un vrai tabou : ne jamais critiquer la boxe thaïe en Thaïlande !

▶ **Le prix d'entrée** varie selon la place, bien sûr, mais aussi selon la qualité des champions. Comptez entre 1 500 et 1 800 B pou une place près du ring.

Badminton

Il est en passe de détrôner les sports les plus populaires en Thaïlande. La notoriété de Ratchanok Intanon, plus jeune championne du monde de tous les temps à 17 ans, est telle qu'elle rivalise désormais avec celle des très grands boxeurs de Muy Thaï. Un programme hebdomadaire sur une chaîne câblée lui est même consacré. Le badminton est un jeu explosif, rapide, le volant peut atteindre des vitesses vertigineuses, au-delà dès 300 km/h. En Thaïlande, il se pratique partout, et il existe un fabuleux réservoir de joueurs de très hauts niveaux. Plusieurs champions, font partis du top 10 mondial, chez les filles comme chez les garçons.

Combat de cerfs-volants

Ils se déroulent traditionnellement de mars à mai, à la fin de la saison sèche quand les vents deviennent plus forts. « Mâles et femelles » se livrent à ces joutes sous les yeux impassibles d'un arbitre. Le jeu consiste à faire dégringoler l'adversaire dans son camp. La femelle, de forme ovale, plus petite que le mâle, est munie d'un anneau ; le mâle, en forme d'étoile, est pourvu de crochets en bambou.

Course de pirogues

Dans toutes les villes qui s'y prêtent. Le spectacle est animé et coloré et les bateaux pirogues parfois impressionnants, jusqu'à 100 rameurs.

Le football

On le sait peu, mais les Thaïlandais sont des fous de football. Tous les matchs de Premier League

© MAXIME DRAY

Combat de boxe Muay Thaï au Ratchadamnoen Stadium.

sont diffusés en Thaïlande et le championnat national attire de nombreux supporters. Cet engouement est si fort qu'il y a quelques années, l'ancien Premier ministre Thaksin Shinawatra est même devenu propriétaire du Manchester City Football Club, après avoir tenté au préalable de racheter le club de Liverpool. Autre exemple, la marque de bière Chang est le sponsor officiel du club d'Everton depuis de nombreuses années et la tournée des plus grands clubs du monde à Bangkok, comme Manchester United ou le FC Barcelone, est devenue un passage quasi-obligatoire. Le marché de la contrefaçon s'est bien entendu emparé de ce phénomène, comme vous pourrez le constater dans les marchés de nuit à travers tout le pays.

La pétanque

Deux millions de pratiquants, des milliers de professionels, des tournois de pétanque font partie intégrante des comentaires sportifs aux journaux télévisés. Et le résultat le voici : la Thaïlande est finaliste des championnats du monde séniors 2012 à Marseille, championne du monde chez les Jeunes en septembre 2012 et champione du monde chez les féminines en 2013 pour la 6ème fois. Les joueurs et les joueuses thailandais accumulent les bons résultats depuis ces dernières années. En 2015, les championnats du monde de pétanque juniors et féminines ont eu lieu à Bangkok !

Sepak Takraw ou le football thaïlandais

Le *takraw* (prononcer « sèpake takro ») se joue avec une balle d'osier ou de plastique rigide de 12 cm de diamètre. La règle de base est de garder la balle en l'air sans jamais utiliser les mains. Le jeu est en général plaisant, toujours spectaculaire. Il en existe plusieurs variantes. Le terrain peut être un cercle au diamètre calculé proportionnellement au nombre de joueurs de chaque équipe, avec ou sans panier, façon basket-ball. La version pratiquée le plus souvent, et qui est aussi celle des rencontres internationales en Asie du Sud-Est, se joue par équipe de trois avec un filet de volley-ball placé légèrement moins haut. Jeu de jambes, souplesse et détente sont indispensables à la victoire.

ACTIVITÉS À FAIRE SUR PLACE

Golf

Avec plus de 500 000 pratiquants, des milliers de visiteurs occasionnels et plus de 150 parcours, le golf thaïlandais se porte bien, très bien même. À l'instar de quelques autres pays d'Asie du Sud-Est, la Thaïlande est devenue une destination de qualité pour la pratique du golf. Les prix sont abordables. La plupart des parcours sont situés près de zones de grand tourisme. Si vous voyagez en famille, vous trouverez facilement un parcours près des plages ou des centres commerciaux. Il n'est pas utile de réserver en semaine, par contre le week-end, les parcours sont très fréquentés.

Karting

On en trouve dans la plupart des sites touristiques. Bruyant et pas vraiment typique, mais on se prend vite au jeu… pourquoi ne pas essayer ?

Pêche

À Pattaya et Phuket principalement. Pêche au gros ou pêche « tranquille », juste histoire de passer une journée agréable sur un bateau, entre amis. Location du bateau à la journée.

Plongée sous-marine

La Thaïlande présente, à l'ouest et à l'est de son territoire, deux espaces de plongée privilégiés. La mer d'Andaman qui descend, sur 870 km de côtes, de la frontière birmane et du fameux Burma Banks jusqu'aux rivages de Penang en Malaisie. Le golfe de Siam qui, de la frontière cambodgienne au sud de Narathiwat, déroule ses 1 800 km de côtes et quelques centaines d'îles et îlots (pas tous habités). Comme ces deux endroits connaissent des moussons différentes (sud-ouest pour la mer d'Andaman, nord-ouest pour le golfe de Siam), il est généralement possible de plonger dans de bonnes conditions toute l'année. Mais la meilleure saison pour la visibilité est la période qui s'étend entre décembre et mars, à Phuket, et entre mars et mai à Koh Samui. Avec une température moyenne supérieure à 26 °C et une clarté tropicale impressionnante, les eaux thaïlandaises offrent une faune et une flore marines très riches. Un spectacle et une variété de couleurs qui ne laissent jamais indifférents. La Thaïlande peut être aussi, pour le débutant, un superbe terrain d'apprentissage grâce à la qualité des infrastructures, la convivialité des moniteurs et la diversité des sites de plongée. Pour des cours d'initiation au perfectionnement (Advanced Diver), l'environnement est idéal. Les écoles délivrent l'un ou l'autre des diplômes américains : PADI (Profesionnal Association of Diving Instructor) ou NAUI (National Association of Underwater Instructors). Il vous est conseillé de faire votre choix en fonction de ce que seront vos destinations futures de plongée, même s'il n'existe pas forcément de sectorisation géographique très marquée. Au départ de Phuket, les plages les plus réputées sont Shark Point, Koh Racha, Koh Phi Phi et Koh Doh Mai. Les îles Similan vous permettront une visibilité supérieure à 35 m. Koh Surin et Burma Banks, plus éloignées, sont aussi connues pour le spectacle des raies mantas, des requins baleines et des repas de requins. Dans le golfe de Siam, Pattaya, par sa proximité avec Bangkok est une base réputée de plongée, ainsi que le point de départ d'excursions vers le parc national de Koh Chang. La région de Chumphon, plus au sud, dispose elle aussi de plusieurs sites renommés : Hin Lak Ngam, Koh Ngam Noi, Koh Ngam Yai et Hin Pae. De Koh Samui, on accède au parc national de Ang Thong et aux îles Pha Ngan et Tao.

Sports de plage

Surtout à Pattaya et à Phuket. La gamme des possibilités y est déclinée sur tous les tons : dériveur, jet-ski (soyez prudent envers les nageurs et pensez aussi aux récifs coralliens, que cette pratique affecte directement), parachute ascensionnel (soyez prudent), planche à voile, kayak de mer…

Trekking en forêt

Des promenades sympathiques, ne nécessitant absolument pas une condition physique exceptionnelle. Marches en forêt, visites de villages de montagnards (plus ou moins authentiques), descente de rivières sur un radeau de bambou, balades à dos d'éléphant…

Visites de parcs animaliers

Visiter une ferme de crocodiles à Bangkok, faire excursion safari à dos d'éléphants à Koh Lanta caresser des tigres à Chang Mai, admirer des raies manta et des tortues luth du côté de Khao Lak. Les possibilités sont diverses, nombreuses et parfois uniques en leur genre. Faites toujours attention à sélectionner les parcs les plus sérieux et les plus soucieux du respect de l'animal.

Course de bateau cygne.

© S.NICOLAS – DONOTEC

ENFANTS DU PAYS

Anand Panyarachun

Anand (les Thaïlandais utilisent le prénom de préférence au nom de famille) est le type même du haut fonctionnaire sérieux, entouré de onze frères et sœurs presque aussi talentueux que lui. Après des études à Cambridge, il a entamé une carrière diplomatique et a atteint le rang de secrétaire d'Etat. Là, en 1976, il s'est heurté aux militaires l'accusant de communisme. Il aurait fourni des documents sur la présence américaine en Thaïlande à certains journalistes. Il partit comme ambassadeur en Allemagne. Blanchi mais écœuré, il rentra en Thaïlande et se lança dans les affaires. Par un étrange retournement des choses, ce sont les militaires qui l'appelèrent pour occuper le poste de Premier ministre après le coup d'Etat de février 1991. Puis, lorsque ces mêmes militaires tombèrent après mai 1992, il fut rappelé brièvement… mais pour s'opposer à eux, ce qui est plutôt preuve de son impartialité. Après ces deux mandats, Anand fut nommé entre autres : président du comité de rédaction de la Constitution du Peuple (1997), président de la (malheureusement inutile) commission de réconciliation nationale pour faire face aux tensions dans le Sud du pays (2005), ambassadeur à l'Unicef et bien d'autres fonctions honorifiques. A aujourd'hui 82 ans, il reste l'une des grandes figures de la vie politique thaïlandaise.

Apichatpong Weerasethakul

L'Oncle Boonmee, c'est lui ! Vainqueur surprise de la Palme d'Or de l'édition 2010 du Festival de Cannes à 40 ans, Apichatpong, s'est déjà imposé comme une figure de proue de la scène expérimentale thaïlandaise. Après une série de courts-métrages et un détour par le documentaire expérimental, il réalise sa première fiction en 2002 avec Blissfully Yours. Présenté au Festival de Cannes, le film est considéré par de nombreux observateurs comme l'une des grandes révélations du Festival, et obtient le prix du Meilleur film dans la section Un Certain Regard. Faisant partie des rares cinéastes thaïlandais à travailler hors des studios de son pays, il est aussi connu pour avoir fait très souvent tourner des acteurs non professionnels, et recourant aux dialogues improvisés. C'est notamment le cas en 2004 avec Tropical Malady, centré sur la relation homosexuelle d'un soldat et son amant, et présenté en sélection officielle au Festival de Cannes : acclamé par la critique, le film se voit décerner le Grand Prix du Jury. En 2006, il revient au documentaire sous forme d'autoportrait avec Syndromes and a Century, centré sur ses souvenirs d'enfance auprès de ses parents médecins de campagne. Le film sera censuré et interdit de projection publique en Thaïlande. Le réalisateur partage en 2008 l'affiche du projet collectif O Estado do mundo, qui se donne pour but de porter un regard critique sur l'état et la marche du monde à travers un film divisé en six parties. Habitué du Festival de Cannes, il y revient en 2010 avec le mystique Oncle Boonmee, celui qui se souvient de ses vies antérieures et crée l'événement en remportant la Palme d'or. Il est de retour en 2012, avec deux projets expérimentaux, Mekong Hotel et Hashes.

Chatri Sophonpanich

Casanova du dimanche, l'un des plus riches banquiers d'Asie du Sud-Est – pas méchant et plutôt sympa – faisait la « une » des chroniques mondaines de Thaïlande pour ses frasques… et son poids qui frisait le quintal. Depuis, il a maigri. Il porte un veston croisé. Mais c'est dur d'avoir hérité d'un milliard de dollars et d'être le plus gros actionnaire de la Bangkok Bank, première banque d'Asie du Sud-Est. Son papa, fondateur de la banque, aurait pu y penser avant de lui léguer un si pesant destin. La sœur de « Khun » Chatri – Khunying Chitchoy Sophonpanich – se distingue par l'écologie et a lancé un programme « Magic Eye Project for Environment », qui purifie les viviers, enlève les détritus des plages et en appelle à la bonne conscience de nos amis thaïlandais qui, malheureusement, à l'instar des citoyens de la plupart des pays d'Asie du Sud-Est, n'ont pour l'instant qu'une culture écologique embryonnaire.

Khaosai Galaxy

L'idole des Thaïs, et ce n'est pas peu de le dire. Critiquer ce boxeur serait commettre un crime de « lèse-Thaïlande ». Ce « p'tit gars » (1,65 m) de Petchabun (centre-est du pays), où il est né en 1959, est issu d'une famille de paysans. Son vrai nom est Sura Saenkham… mais il sera baptisé « Galaxy », du même nom que le restaurant de Bangkok qui facilitera son entraînement. Sa carrière et sa vie sont des modèles : jamais il ne tricha, toujours il fut reconnaissant envers son entraîneur… et si finalement il s'est marié en 1992 avec une Japonaise, c'est parce que les parents thaïs de son premier amour s'étaient opposés au mariage de leur fille avec un boxeur.

Il a défendu 19 fois son titre mondial. Son dernier match s'est déroulé en 1991 contre un Mexicain qui aurait mieux fait de rester chez lui. Après sa retraite et son mariage, il s'est mis à chanter et à participer à des films et des séries télévisées. Il a aussi ouvert un restaurant, comme tout le monde !

Mechai Viravaidya

Diplômé en Australie, c'est sans doute la vue de la poche du kangourou qui lui a apporté la révélation de sa vocation pour les affaires : le préservatif. Rentré en Thaïlande, il se consacre au développement du planning familial. Troubadour de la famille peu nombreuse, il pratique les vasectomies en public et en plein air à Sanam Luang (Bangkok) et va même, à l'occasion, faire un tour dans le quartier « chaud » de Patpong pour faire souffler les « hôtesses » dans des capotes anglaises avec lesquelles elles jouent au volley-ball : c'est ce que l'on appelle de la communication ! Aujourd'hui, il poursuit toujours avec succès ses affaires dans le préservatif en s'affichant tout naturellement dans la lutte contre le Sida. Il est d'ailleurs le fondateur de la chaîne de restaurants Cabbages and Condoms, devenue très populaire en Thaïlande. Il a été ministre du Tourisme en 1991 et sénateur en 2004.

Depuis 2007, il est directeur de PDA, l'ONG la plus importante de Thaïlande qui œuvre pour le développement rural.

Prayuth Chan-ocha

Né le 21 mars 1954 dans la province de Nakhon Ratchasima, lieutenant-général thaïlandais, il est celui qui a instauré la loi martiale le 20 mai 2014 et l'investigateur du coup d'Etat en Thaïlande deux jours plus tard. Royaliste, issu d'un régiment de militaires attaché à la garde de la reine, adversaire déclaré des Chemises rouges et de Thaksin, le nouvel homme fort du royaume est nommé 37e Premier ministre par le roi Bhumibol le 25 août 2014. On le décrit comme un homme au tempérament vif, d'une raideur toute militaire et mauvais communicant.

Ratchanok Intanon

Nouvelle icône du sport thaïlandais, elle devient à 17 ans la plus jeune championne du monde de badminton. Née en Issan, elle accompagne ses parents à Bangkok, venus y chercher du travail. C'est dans une usine de gâteaux, qu'elle touche sa première raquette. Pour empêcher la petite fille âgée de 4 ans de s'approcher des grandes cuves brûlantes, la propriétaire de l'usine décide d'occuper la petite fille en l'initiant au badminton. Triple championne du monde

consécutive junior entre 14 ans et 17 ans, elle échoue en quart de finale des JO de Londres en 2012. Mais elle a depuis progressé et remporte le titre suprême en battant la Chinoise Li Xuerui, championne olympique en titre, sur ses terres à Guangzhou. Prochains objectifs déclarés : devenir n°1 mondial et gagner les JO de Rio en 2016.

Suk Soongswang

« Je ne sais ni lire ni écrire, mais j'ai les palmes académiques, je ne comprends pas » ... Mais si : on comprend, et ses palmes, contrairement aux autres décorations qui se ramassent à la pelle à Bangkok, sont justifiées. Le personnage est bizarre. Il a passé dix ou vingt ans en France, il ne sait plus très bien. Il était aidé par les Missions étrangères, mais lorsque la bourse se révélait insuffisante, il faisait les poubelles. Il rentre sans diplôme mais avec un goût prononcé pour le Châteauneuf-du-Pape. Il ouvre alors une librairie et vend des livres français, ce qui est une gageure à l'époque. Et cela réussit. La presse et le livre de poche trouvent leur place à Siam Square. En même temps, il promeut le vin français en emportant ses bouteilles de rouge sous le bras dans les restaurants chinois. Il est aussi éditeur, mais parvient rarement à vendre les livres qu'il imprime. Ça ne fait rien, il ouvre la chaîne de librairies D.K. Book House, connue désormais à travers toute la Thaïlande, de Chiang Mai à Pattaya.

Sunthorn Phu

Sunthorn Phu (1786-1855) est le poète thaïlandais le plus respecté d'entre tous. Ses longs vers lyriques, desquels émane souvent une morale à la manière de notre Jean de la Fontaine, firent de lui l'un des favoris auprès des rois Rama II et Rama III. L'épique Phra Aphaimani, son premier poème, fut en partie inspiré par les lieux charmants de Koh Samet (à l'époque connue sous le nom de Koh Kaew Pisadan), où il élit domicile. L'un des épisodes de ce poème – dont la rédaction s'étira sur plus de vingt ans – raconte comment le prince Phra Aphaimani fut exilé dans un royaume enfoui sous les eaux, sur lequel régnait une géante qui tomba amoureuse de notre prince. Avec l'aide d'une sirène, celui-ci parvint à s'enfuir vers Koh Samet. La géante le poursuivit, mais plongea dans un profond sommeil lorsque le prince joua de sa flûte magique. Pour son plus grand bonheur (et le nôtre), le prince épousa finalement une jolie princesse. Aujourd'hui, près d'Ao Hin Khok sur Koh Samet, il est possible d'admirer une statue représentant Phra Aphaimani accompagné d'une sirène. Tous les ans, la fête de Sunthorn Phu est célébrée à travers la Thaïlande le 26 juin.

BANGKOK
ET SES ENVIRONS

Wat Pho aussi appelé temple du Bouddha couché.

BANGKOK

★★★★

« Krung Thep Mahanakorn Amon Rattanakosin Mahithrayutthaya Mahadilokphop Noppharat Ratchathani Burirom Udom Ratchaniwet Mahasathan Amon Phiman Awatan Sathit Sakkathatiya Witsanukam Prasit ». Voici le nom officiel et complet de Bangkok en langue thaïe. Traduction ? « Cité des Anges, ville immortelle et magnifique, aux neuf gemmes, siège du roi et des palais magnifiques, demeure des dieux incarnés, érigée par Visvakarman selon la volonté d'Indra ». Pour faire simple, Krung Thep !

Prononcer le nom de la capitale du royaume, c'est déjà faire un voyage imaginaire, tant celle-ci évoque les rêves, fantasmes et mythes attachés à l'Asie. La Cité des Anges ne se laisse pas facilement apprivoiser. Beaucoup de voyageurs pressés ne retiendront que la pollution, les embouteillages, le tumulte… et pourtant, elle a tant de facettes à offrir au visiteur qui choisira de se laisser happer par le tourbillon.

Bangkok est une ville de contrastes. Les aspects modernes inévitables d'une grande capitale coexistent avec la tradition rurale siamoise. Chaque soir, les vendeurs ambulants gagnent laborieusement leur vie à l'ombre des gratte-ciel ; les 4x4 rutilants aux vitres teintées sillonnent les avenues tandis que les long tails vrombissants filent sur les klongs des quartiers populaires. Rattanakosin, la cité historique, avec ses temples riches d'histoire et ses maisons de teck d'une autre époque, vit au rythme des monastères non loin des centres commerciaux de Siam Square et des night-clubs de Sukhumvit.

Cependant, Bangkok ne correspond pas uniquement aux clichés sordides qui ternissent son image, pas plus qu'elle ne se résume à une étape dans le parcours asiatique d'un voyageur à petit budget.

Elle pourrait à elle seule valoir le déplacement tant elle reflète les multiples facettes de ce vaste pays. On peut choisir un séjour économique plein de charme aux abords de Banglampoo, avec ses cantines populaires et ses marchands de rue, ou s'offrir un circuit « hype » entre hôtel « new design », boutiques de luxe, restaurants chic et bars branchés. Bangkok peut fasciner, écœurer, choquer, mais elle laisse rarement le voyageur indifférent. Donnez-vous la chance de mieux la connaître afin de profiter des trésors qu'elle peut offrir.

Histoire

La naissance de Bangkok est due à sa proximité avec la rivière Chao Phraya qui est à l'origine de sa création et de son développement. Sa présence n'est pas attestée avant 1767 au moment où les Birmans détruisent la capitale Ayutthaya, forçant le général Taksin, devenu roi, à replier ses troupes en aval de la rivière et à fonder une nouvelle capitale sur les rives du fleuve. Rapidement considéré comme dément et assassiné, Taksin est remplacé par le général Chakri qui, sous le nom de Rama Ier, devint le premier roi de la nouvelle dynastie Chakri, qui règne encore aujourd'hui. En 1782, Rama Ier décide, pour mieux se défendre, de déplacer la capitale sur la rive gauche de la Chao Praya. C'est sur cette rive que commence la construction de fortifications qui n'est autre que le Grand Palais. C'est également Rama Ier qui fera restaurer le Wat Pho, l'un des temples les plus importants et sacrés du pays. 1782 est donc la date officielle qui est retenue comme fondation de la ville, connue alors sous le nom de Rattanakosin, aujourd'hui nom donné au quartier historique. Rattanakosin se développe petit à petit notamment pour des raisons commerciales. De nouvelles communautés viennent s'installer, grossissant le nombre d'habitants. Des Chinois s'établissent et se regroupent dans une zone délimitée créant ainsi Chinatown, tandis que des Indiens eux s'installent à Pahurat. La ville connaît sa plus grande expansion et son plus important changement sous le règne de Rama IV (1851-1868), notamment avec les relations qui se nouent avec les Occidentaux. De nombreux traités sont signés, et il évite à son pays la colonisation. C'est aussi lui qui permet à la ville de commencer à façonner sa physionomie moderne, notamment avec la mise en place des premières rues pavées ! Bangkok continue tranquillement à s'urbaniser sous le règne de son fils, Rama V. A cette époque, le réseau routier s'agrandit considérablement, une ligne de train est construite vers le nord et un projet de tram est mis sur pied. La ville commence à prendre une forme différente. Cela s'observe surtout dans la construction des rues, étroites et sinueuses dans le quartier historique, berceau de la ville et les nouvelles artères très larges qui commencent à s'étendre. Bangkok est déjà à cette époque l'une des villes les plus importantes d'Asie du Sud-Est.

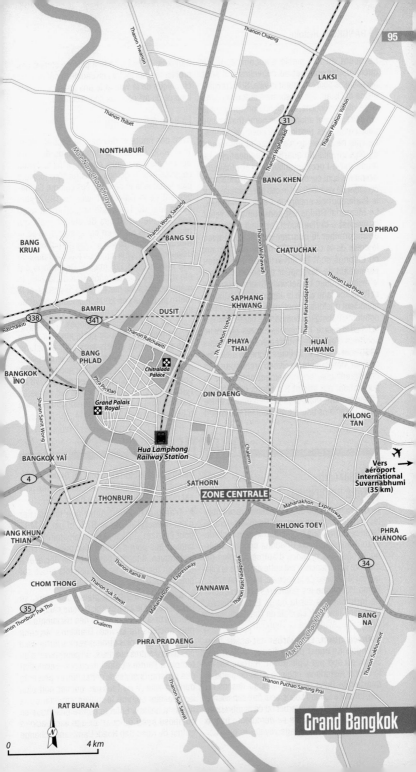

Le début du XXe siècle s'accompagne de quelques tensions, et de nouvelles lois sont nécessaires pour structurer la ville. Si le christianisme et l'islam sont désormais autorisés dans cette ville bouddhiste, les Chinois présents sur le territoire doivent adopter des noms thaïlandais pour calmer les tensions raciales existantes. La ville ne cesse de s'étendre et comprend de plus en plus de quartiers résidentiels. La mode est à l'occidentalisation, et plusieurs bâtiments sont construits avec une architecture occidentale visible. C'est le cas par exemple pour le Parlement ou encore le Palais Vimanmek. Le Mémorial Bridge est construit pour relier la rive est à la rive ouest, et ainsi permettre de rapprocher le quartier de Thonburi avec le cœur de la capitale. De nombreux canaux ou khlongs sont recouverts par des routes permettant de développer encore et toujours le réseau routier. La Seconde Guerre mondiale et l'alliance faite entre le Japon et la Thaïlande apportent quelques problèmes au pays qui voit notamment Bangkok bombardée par les alliés à la fin de la guerre. Les années d'après-guerre ne souffrent d'aucun ralentissement et les années 1960 sont encore et toujours signe de développement, notamment au niveau architectural et démographique, accroissement notable de la population, qui atteint 8 millions d'habitants officiellement, mais plus probablement entre 14 et 15 millions pour ce qui concerne le grand Bangkok. Ce qui n'en finit plus de causer des problèmes, surtout au niveau de la congestion chronique de la ville et le prix sans cesse à la hausse du m² pour les constructions.

La ville aujourd'hui

Avec des hauts et des bas, la capitale de la Thaïlande est lancée depuis plus de deux décennies dans une course effrénée aux constructions modernes. Constructions toujours plus luxueuses et démesurées comme l'achèvement de la Baiyoke Tower en 1997, plus haute tour de Thaïlande actuellement avec ses 328 mètres et ses 88 étages mais qui fera figure de naine en comparaison avec la Rama IX Super Tower en construction, qui deviendra la 3e plus haute du monde, haute de 615 mètres pour 125 étages. Des efforts ont été apportés à la décongestion de la ville, le métro aérien a été mis en place dès 1999, et le métro souterrain en 2004. Plusieurs nouvelles lignes et des dizaines de stations vont s'ouvrir dans les deux prochaines années. C'est plutôt récent pour une ville de cette ampleur, mais cela souligne les efforts faits pour structurer encore et toujours mieux cette ville tentaculaire. Bangkok est également le cœur économique et politique de la Thaïlande et, en ce sens, vit au rythme des crises qui ont jalonné ces dernières années, dont les dernières remontent au coup d'Etat militaire du 22 mai 2014.

QUARTIERS

Rattanakosin (centre historique)

Le centre historique ou Rattanakosin rassemble les monuments majeurs de Bangkok dont le fameux Grand Palais et le Wat Pho, qui abrite le tout aussi fameux Bouddha couché, mais également des dizaines d'autres temples de moindre importance. C'est cette partie de la ville qui est le berceau de la capitale, lorsqu'en 1782, Rama Ier entame les premières constructions de fortifications sur la berge Est du fleuve. Devenant ainsi la 4e capitale de Thaïlande après Sukhothai, Ayutthaya et Thonburi.

▶ **Orientation.** Le quartier est assez bien délimité, à l'ouest par le fleuve, à l'est par Siam, au sud par Chinatown. Rattanakosin, le centre historique, englobe dans ce guide le quartier de Dusit et se termine au-dessus du zoo. La place Sanam Luang peut être considérée comme le centre du quartier où de nombreuses cérémonies et festivals se déroulent chaque année. Associé à l'image royale, le quartier historique s'est formé autour du Grand Palais, lui même englobant l'un des temples les plus sacrés du pays, le Wat Phra Kaew.

▶ **Transport.** Il faut noter que le quartier n'est desservi ni par le BTS, ni par le MRT pour l'instant… Reste le bus (aléatoire), ou le bateau-bus pour s'arrêter tout près des sites historiques. Il faudra par contre se déplacer à pied, en tuk tuk ou en taxi une fois arrivé sur place pour passer d'un site à un autre.

▶ **Activités**. Véritable plaisir des yeux, se balader dans le quartier historique c'est avant tout partir à la découverte des bâtiments les plus anciens de la ville. D'ailleurs les rues également sont plus étroites et plus tortueuses que dans d'autres quartiers. On peut passer d'un temple à l'autre et ainsi découvrir l'évolution des différents styles architecturaux présents dans la ville. Il ne faut pas oublier non plus les musées comme le musée national ou la national gallery. Enfin le centre historique se compose aussi du quartier des backpackers autour de Khao San Road. L'ambiance change alors fortement et l'on est surtout en présence d'une forte concentration de bars, restaurants et guesthouses. Clientèle jeune venue du monde entier qui se retrouve ici pour profiter des prix pas chers. De quoi rester dans le quartier le soir, lorsque les lieux culturels et historiques ont fermé, pour faire la fête et s'amuser.

Chinatown et Little India

Chinatown est située au sud de Rattanakosin. La première communauté chinoise était essentiellement composée de marchands qui s'étaient installés sur le site où s'élève désormais le Grand Palais. Le roi Rama Ier lorsqu'il décida de la création de la cité, choisit ce lieu pour fonder les premières fortifications. Il demanda donc à la communauté chinoise de se déplacer là où Chinatown se tient aujourd'hui. S'agrandissant, les Chinois demandèrent alors au roi en 1902 la construction d'une artère plus importante, et Yaorawat vit le jour.

▶ **Orientation.** Chinatown s'articule aujourd'hui autour de cette artère. Le cœur de Chinatown s'organise autour de cette rue et de deux autres rues presque parallèles : Charoen Krung Road et Sampeng Lane (Soï Wanit 1). Entre ces trois rues, viennent s'imbriquer d'innombrables petites artères avec ou sans nom où il est à peine possible de se déplacer, un vrai labyrinthe ! Little India quant à lui est un tout petit quartier collé à Chinatown. Il s'articule autour des rues Pahurat et Chakrapet, perpendiculaires entre elles.

▶ **Transports.** Tout comme le quartier historique, Chinatown est très mal desservie par les transports en commun. Au sud on trouvera plusieurs quais reliés au service de navette fluviale qui circule sur la Chao Phraya. Les plus accessibles sont Rachawongse et Si Phraya. Il y a également l'arrêt Memorial Bridge, Rachini et Marine Department qui ne sont pas desservis par tous les bateaux. À l'ouest, on pourra rejoindre Chinatown depuis la station MRT Hua Lamphong. Pour le reste, il faudra se déplacer à pied, en taxi, en *tuk tuk* ou prendre des bus. Le plus utile sera le 25 qui part de Phahurat Road passe par Yaowarat jusqu'à Hua Lamphong et continue par Siam Square et Sukhumvit jusqu'à Ekamai.

▶ **Activités.** Se promener dans ce quartier revient à faire un plongeon dans un tourbillon de saveurs, de senteurs et de couleurs. Il y règne une agitation permanente. Les Chinois du quartier constituent le noyau dur de la communauté chinoise, mais il faut noter que plus de la moitié des 10 millions d'habitants de Bangkok ont des origines chinoises. Chinatown ne ressemble pas au reste de Bangkok, les

écriteaux chinois ont remplacé ceux écrits en thaï, les salons de massage ont déserté pour des boutiques notamment de bijoutiers ou des restaurants. Le rouge et l'or sont les couleurs dominantes et si certains temples thaïlandais sont encore présents, on trouve également des temples chinois à la décoration et à l'architecture bien différente. Côté shopping, on trouve ici les marchandises les plus ordinaires comme des produits rares et très chers, des vêtements aux bijoux en passant par toutes sortes de produits alimentaires des plus communs aux plus incongrus tels les très appréciés nids d'hirondelles ou les ailerons de requins. De la petite herboristerie très typique aux *gold shops* en passant par le vendeur de copies de montres de luxe, les échoppes et les étals vomissent leurs marchandises dans les petites allées à peine praticables. S'il vous reste des euros, des dollars ou des francs suisses, c'est encore à Chinatown que se trouvent les meilleurs taux de change. Et puis si vous aimez les balades à vélo, n'hésitez pas à contacter l'agence Co Van Kessel, qui propose des parcours insolites, de jour comme de nuit, dans les bas-fonds de Chinatown. Une expérience digne des aventures de Jack Burton dans les griffes du mandarin...

Juste à côté, à Little India, les Indiens sont ici plus nombreux que les Thaïs, on croise surtout des Sikhs enturbannés et des femmes en sari (tous sont descendants d'immigrés arrivés en Thaïlande au milieu du siècle dernier). C'est un endroit où acheter entre autres des vêtements bon marché et des tissus colorés. On conseille vivement de commencer la visite de cette partie de la ville tôt le matin pour éviter la foule, les embouteillages et la chaleur du milieu de journée qui deviennent difficilement supportables.

Silom Sathorn

Silom est le quartier des affaires de Bangkok comme en témoignent les gratte-ciel très modernes qui abritent les banques et cabinets de conseil. Mais comme partout dans Bangkok, les tours voisinent des temples et les étals de rue. Se pressent donc ici les employés en costume tout le jour avant qu'ils ne cèdent la place à une intense activité nocturne essentiellement concentrée dans la partie est de Silom. On trouve également sur Silom de nombreuses boutiques d'antiquités, de soies et des bijouteries. Sathorn est plus calme et ses abords plus résidentiels abritent le cœur de la communauté française. L'Alliance française y est installée, et l'on trouve d'élégants restaurants dans les *soï* perpendiculaires comme Sala Daeng et Convent.

▶ **Orientation.** Le quartier comprend l'avenue Silom qui est l'artère principale. Sathorn est une autre rue importante qui se trouve au sud de Silom tandis que Surawong s'étend au nord. Les rues rejoignent l'avenue Rama IV où le parc Lumphini s'étend à l'est tandis que la rivière Chao Phraya termine le quartier à l'ouest.

▶ **Transport.** Le quartier est bien desservi en transport en commun, autant par le métro aérien que souterrain. La station la plus centrale et la plus proche de la plupart des attractions du quartier est Sala Daeng. Du côté ouest l'arrêt Saphan Taksin permet de rejoindre le quai pour prendre une navette fluviale en direction d'Asiatique River Front, le plus grand centre commercial à ciel ouvert d'Asie du Sud-Est. Les stations Surasak et Chong Nonsi servent d'arrêts intermédiaires entre les deux extrémités du quartier. Du côté du métro souterrain, il faudra compter sur l'arrêt Silom le plus central et situé tout près de Sala Daeng pour une éventuelle correspondance puis Lumphini tout près du parc Lumphini et enfin Sam Yan. En bateau, seul l'accès depuis la Chao Phraya avec l'*Express boat* permet d'arriver dans le quartier. Il faudra ensuite compter sur d'autres transports pour rejoindre notamment Patpong et son marché de nuit. En bus, le n°15 part du quartier historique au niveau de Phra Athit Road passe par le Grand Palais, Siam Square, Ratchadamri Road et termine à Silom tandis que le n°4 part du quartier chinois et de Yaowarat pour passer par la rue Rama IV, Hua Lamphong et Silom.

▶ **Activités.** Le quartier est moins animé en journée que le soir car il possède de nombreux bureaux où s'affairent seulement les travailleurs thaïlandais. Le soir, Silom est bien entendu connu pour son fameux quartier « chaud », Patpong, essentiellement constitué de trois *soï* perpendiculaires à Silom, Patpong 1, Patpong 2, et Thaniya. Devenu également marché de nuit vendant notamment beaucoup de contrefaçons, Patpong concentre toujours un grand nombre de bars à filles. L'endroit, en dehors du marché où acheter quelques souvenirs, peut sembler assez glauque et vous n'éprouverez pas forcément le besoin de vous attarder ; il faut cependant souligner que Patpong reste une étape obligée d'un séjour à Bangkok pour de nombreux touristes ; à chaque voyageur de décider. A l'extrémité ouest de ces trois avenues se concentrent de très luxueux hôtels bordant le Chao Phraya. Malgré la présence de ces hôtels, le quartier est resté populaire et authentique, et il est assez agréable de se balader dans les petites rues secondaires ombragées en observant les façades en bois des vieux bâtiments. L'artère principale Charoen Krung concentre dans cette partie de la ville un grand nombre de vendeurs de pierres précieuses et d'antiquaires.

Siam

Quartier central de Bangkok intercalé entre le quartier historique et Chinatown à l'ouest et le quartier moderne et trendy de Sukhumvit à l'est, Siam est indéniablement l'épicentre du shopping. Sur une superficie somme toute assez petite, se concentre une quantité astronomique de centres commerciaux (malls) et de boutiques vendant des articles luxueux comme des babioles bon marché. Le meilleur exemple en sera Siam Square et son ensemble de petites rues dont certaines souterraines, qui vendent vêtements et accessoires de mode bon marché, face à Siam Paragon, Siam Center et Siam Discovery, des centres commerciaux au luxe ostentatoire.

▶ **Orientation.** Ce quartier de Bangkok est relativement récent et la plupart des bâtiments présents ici n'ont été construits qu'à partir des années 1970. Siam pourrait être quadrillé au sud par la rue Rama I qui se poursuit en Ploenchit Road et au nord s'étendrait jusqu'au Monument de la Victoire sachant que la plupart des malls restent situés au sud de Sri Ayutthaya Road.

▶ **Transports.** Seul le métro aérien couvre cette zone avec les stations National Stadium, Siam, Chitlom mais aussi Ratchadamri et Phaya Thaï au nord. Souvent il n'y a même pas à marcher dans la rue, des passerelles vous emmènent directement de la sortie du métro à l'intérieur des malls climatisés ! En bateau on peut rejoindre le quartier en prenant le Saen Saep Express Boat qui suit le Khlong Saen Saep. Les arrêts les plus près sont Witthayu (à l'angle de Wireless Road), Chit Lom près de Central Chidlom et Pratu Nam près de Central World et Panthip Plaza le terminus où l'on peut faire un changement pour continuer à l'est vers le centre historique avec un arrêt possible sur cette ligne à Hua Chang près de MBK. Les bateaux circulent entre 5h30 et 20h30, tarif entre 8 et 20 B selon la distance. En bus, la ligne 15 passe par l'intersection de Ratchaprasong devant le MBK en direction de la gare Hua Lamphong, Chinatown et Yaowarat Road jusqu'à Tha Chang Pier non loin du Grand Palais. La ligne 47 part de la rue Rama IV sur Silom, remonte jusqu'à Phaya Thaï Road et se termine non loin de Kao San Road à Na Phra Lan Road.

▶ **Activités.** On trouve de tout et à tous les prix. Le choix est immense entre les boutiques *so frenchy* comme Vuitton, Hermès, Yves Rocher ou L'Occitane en Provence dans les centres commerciaux huppés, les échoppes chaotiques du MBK pour choisir des chaussures parmi les milliers de paires à 100 B ou un accessoire rigolo pour son téléphone portable, en faisant une escale dans le labyrinthe de boutiques du flambant neuf Central World. De quoi faire tourner les têtes des *shopping addicts*. Thaïs et *farangs* s'y pressent sans discontinuer dès l'ouverture et jusqu'à la fermeture ! Une fois encore, on est marqué de voir cohabiter, à quelque menue distance cette frénésie de consommation et la ferveur religieuse.

Ainsi est-il étonnant de trouver à l'angle de Ratchadamri Road et Ploenchit Road, au beau milieu des malls, le Erawan Shrine, où un flot ininterrompu de Thaïs vient prier et faire des offrandes à toute heure. Ne manquez pas de faire un détour par ce petit autel en plein air, très important pour la population locale qui s'y rend régulièrement. Il y règne une ambiance surprenante entre recueillement et agitation. C'est également non loin des temples de la consommation, à côté de la station National Stadium, que l'on peut découvrir un témoignage particulièrement intéressant de l'architecture thaïe en se rendant à la magnifique maison de Jim Thompson, un incontournable de Bangkok. En allant un peu plus à l'est, dans les soï perpendiculaires de Ploenchit Road, comme Lang Suan et Ruam Rudee, on entre dans le Bangkok résidentiel huppé, un mélange de jolies maisons dont certaines ont conservé une architecture traditionnelle en bois et de tours de condominiums d'habitations ultramodernes. On y trouve également de très nombreux restaurants et bars à la mode et de superbes hôtels.

Sukhumvit ★★

Ce quartier est prisé des expatriés comme des Thaïs. Sukhumvit est un mélange de maisons et de condominiums d'architectures et d'époques variées. Les couches les plus huppées semblent s'être expatriées vers des quartiers plus tranquilles, Sukhumvit reste en effet très animée de jour comme de nuit avec une grande concentration d'hôtels, de Malls, d'échoppes, de restaurants et de bars en tout genre... C'est ici que s'exprime le plus la créativité artistique, gastronomique ou musicale.

▶ **Orientation.** Prolongement de la rue Rama I à partir de Siam Square, Sukhumvit est l'une des plus longues rues du monde. En effet elle ne s'arrête... qu'à la frontière cambodgienne ! La plupart des adresses citées dans ce guide sont regroupées entre les stations de BTS Ploenchit à l'ouest et Thong Lo à l'est. Sukhumvit est internationale et cela se retrouve notamment

dans le choix de ses restaurants mais aussi de la population qui y habite. Si Thong Lo et les environs du *soï* 55 abritent la communauté japonaise, devenus un endroit très à la mode, le soï 12 est plutôt un quartier indien, juste en face du coréen, et le soï 3 rassemble une vaste communauté arabo-musulmane.

▶ **Transport.** Plusieurs arrêts du métro aérien, Sky train (station Asok), desservent Sukhumvit, mais seul l'arrêt du métro souterrain MRT Sukhumvit s'y arrête. On n'y pense pas forcément mais il est possible d'arriver également en bateau en prenant le *Saen Saep Express Boat* qui suit le Khlong Saen Saep. Les deux arrêts les plus près seront alors Nana Nuea (Sukhumvit soï 3) et Saphan Asok non loin de la station Phetchaburi. Les bateaux circulent entre 5h30 et 20h30, tarif entre 8 et 20 B selon la distance. En bus, la ligne 25 part de la station Ekkamai et va jusqu'à Siam Square. Ce n'est pas la meilleure option car la rue est l'une des plus embouteillées de Bangkok.

▶ **Activités.** On trouve dans ce quartier des magasins à la pointe de la tendance dans les domaines de la déco, du design, de l'informatique et de la téléphonie. Des ensembles architecturaux ont même vu le jour, comme le « H1 », le « Playground » (tous deux soï 55), « le Terminal 21 » (près de la station Asoke). Dans ce quartier se concentrent bars, restaurants, magasins de mode. En face, au contraire, à l'entrée du *soï* 38, un marché populaire s'anime tous les soirs avec ses multitudes de stands et de restaurants ambulants. Il y en a pour tout les goûts : c'est bon et pas cher ! Sukhumvit est aussi célèbre pour ses quartiers Nana et soï Cow Boy, certainement les endroits les plus chauds (avec Patpong) de la ville. Vous trouverez une multitude de pubs, de go-go bars, de discothèques, de clubs de massage...

Rive Ouest ★

La rive ouest de Bangkok est plutôt méconnue. La plupart des touristes ne s'y rendent que pour visiter le célèbre Wat Arun qui se trouve sur la berge de la Chao Phraya et reviennent vite sur la rive est pour continuer leurs pérégrinations dans Bangkok. Thonburi fut brièvement la capitale de la Thaïlande pendant le règne de Taksin avant que le pouvoir change de place et s'installe de l'autre côté du fleuve.

▶ **Orientation.** Le quartier se trouve délimité par la rivière Chao Phraya et s'étend à l'ouest. Cette barrière fluviale existe aussi dans la morphologie du quartier, beaucoup moins développé que la rive est : Thonburi est beaucoup plus traditionnel et révèle un visage plus « thaïlandais » de Bangkok.

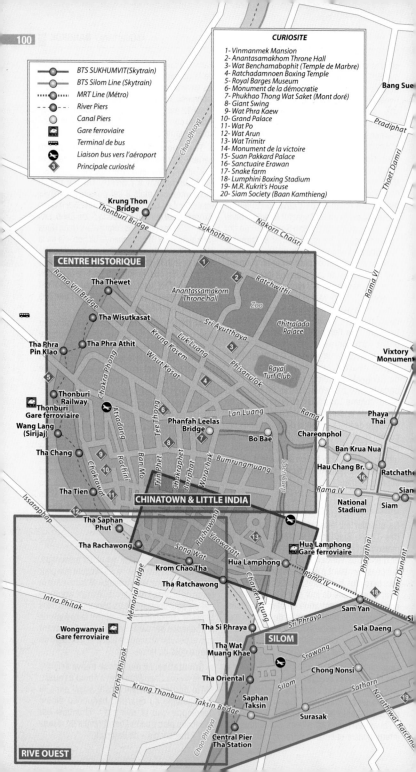

CURIOSITE

1- Vinmanmek Mansion
2- Anantasamakhom Throne Hall
3- Wat Benchamabophit (Temple de Marbre)
4- Ratchadamnoen Boxing Temple
5- Royal Barges Museum
6- Monument de la démocratie
7- Phukhao Thong Wat Saket (Mont doré)
8- Giant Swing
9- Wat Phra Kaew
10- Grand Palace
11- Wat Po
12- Wat Arun
13- Wat Trimitr
14- Monument de la victoire
15- Suan Pakkard Palace
16- Sanctuaire Erawan
17- Snake farm
18- Lumphini Boxing Stadium
19- M.R. Kukrit's House
20- Siam Society (Baan Kamthieng)

BTS SUKHUMVIT(Skytrain)
BTS Silom Line (Skytrain)
MRT Line (Métro)
River Piers
Canal Piers
Gare ferroviaire
Terminal de bus
Liaison bus vers l'aéroport
Principale curiosité

Bang Sue

Pradiphat

Thoet Damri

Rama VI

Krung Thon Bridge
Thonburi Bridge

Sukhothai

Nakorn Chaisri

CENTRE HISTORIQUE

Tha Thewet

Anantassamakorn Throne hall

Ratchwithi

Zoo

Chitralada Palace

Tha Wisutkasat

Sri Ayutthaya

Krung Kasem

Lak Luang

Vixtory Monument

Tha Phra Pin Klao

Tha Phra Athit

Chakra Phong

Wisut Kasat

Phisanulok

Royal Turf Club

Rama I

5

Thonburi Railway
Thonburi Gare ferroviaire

Atsadang

Tee Thong

Lan Luang

Chareonphol

Phaya Thai

Wang Lang (Sirijaj)

Phanfah Leelas Bridge

7

Bo Bae

Ban Krua Nua

Tha Chang

9

Ban Mo

Rachini

Trin Phet

Chakaphet

Bariphat

Worachak

Bumrungmuang

Hau Chang Br.

16

Ratchathe

10

Rama IV

Sian

Tha Tien

11

Chatrawat

National Stadium

Siam

12

Issataphap

CHINATOWN & LITTLE INDIA

Tha Saphan Phut

Yaowarat

13

Tha Rachawong

Song Wat

Rachawong

Hua Lamphong
Gare ferroviaire

Intra Phitak

Memorial Bridge

Krom Chao Tha

Hua Lamphong

Charoen Krung

Rama IV

18

Tha Ratchawong

Sam Yan

Si

Wongwanyai Gare ferroviaire

Pracha Rhipok

Tha Si Phraya

Sri Phraya

Sala Daeng

Henri Dunant

Phayathai

SILOM

Tha Wat Muang Khae

Srawong

Krung Thonburi

Intra Phitak

Tha Oriental

Silom

Chong Nonsi

Sathorn

Naraibiwat Ratchm

Taksin Bridge

Saphan Taksin

Surasak

19

Chao Phraya

Central Pier
Tha Station

RIVE OUEST

Les quartiers de Bangkok

Chatuchak Park

Chatuchak Park
Mo Chit

Kamphaeng Phet

Saphan Khwai

Lat Phrao

Lat Phrao

Ratchadapisek

Sutthisan

Sutthisan

Ari

Viphavadi Rangsit

Huai Khwang

Pracha Uthit

Sanam Pao

Thailand
Cultural Centre

Phra Ram 9

Rama IX

SIAM

SUKHUMVIT

Phetchaburi

New Petchaburi

Nana

athunam

International
Schoool

Asoke

Italthai

Wat Maichonglom

t Lom

Withayu
Bridge

Prasarnmitr

Klong San Sap

Chit Lom

Soi 3

Ratchadapisek

Bandon
Mosqué

Charn
Issara

Klongton
Bridge

Phloen Chit

Nana

Soi 11

Soi 13

Lang Suan

Ruam Rudi

Soi 6

Soi 2

Sukhumvit

Soi 39

arasin

mphini
Park

Asok

Soi 55 (Thong Lo)

Soi 63 (Ekkamai)

Phrom Phong

Benjasiri
Park

SUKHUMVIT

Suan Lum
Night Bazar

Witthayu

Queen Sirikit
National Convention
Center

Lumphini

Rama IV

Thong Lo

Soi 24

Soi 26

0   600 m

Khlong Toei

Terminal
de bus de l'est

Ekkamai

Soi 21

Rama IV

Pha Khanong

On Nut

▶ **Transport.** Le moyen le plus pratique pour se rendre dans ce quartier de Bangkok est le bateau. Le *Chao Phraya Express Boat* s'arrête plusieurs fois sur la rive ouest du fleuve avec des arrêts tels que Wang Lang ou Phra Pin Klao Bridge pour rejoindre le musée des Barges royales par exemple. L'accès le plus facile en transport en commun pour rejoindre le fleuve est la station Saphan Taksin qui rejoint Sathorn Pier. Pour visiter le Wat Arun, il faut s'arrêter sur la rive est à l'arrêt Tha Tien Pier et prendre un ferry qui fait juste la traversée du fleuve (3 B). Au niveau du train aérien, Thonburi possède 2 arrêts. Il s'agit de Wong Wian Yai et Krung Thonburi. Mais ces stations ne sont pas vraiment intéressantes pour le touriste, car proches d'aucune attraction. Partir à la découverte du quartier à pied peut s'avérer difficile, car la signalisation est bien moins bonne que sur l'autre rive et les rues sont très encombrées. Le mieux est une excursion en bateau qui vous emmène à travers les nombreux khlongs présents dans cette partie de la ville ou bien, de la parcourir à vélo, avec des agences spécialisées dans la découverte d'endroits insolites de la ville comme Co Van Kessel.

▶ **Activités.** On retrouve comme partout à Bangkok plusieurs temples dont le plus connu est le Wat Arun, quelques musées dont celui des Barges Royales, mais c'est surtout le quartier des khlongs et l'on vient ici surtout pour arpenter ces canaux et aller ainsi jusqu'aux premiers marchés flottants des environs de la ville (Klong Lad Mayom Floating Market, Taling Chan Floating Market ou encore le Wat Sai Floating Market).

▬▬ SE DÉPLACER ▬▬

L'arrivée

Avion

■ AÉROPORT DOMESTIQUE DON MUEANG

Thanon Phahonyothin
✆ +66 25 351 111
https://donmueangairportthai.com
Cet aéroport – localisé à 25 km au nord de Bangkok – était l'un des plus fréquentés d'Asie du Sud-Est, à l'instar de Singapour ou Hong-Kong, avant que Suvarnabhumi ne prenne le relais. Il a fortement subi les inondations de 2011 et n'a rouvert ses portes qu'en mars 2012. Actuellement il dessert entre autres les vols domestiques des compagnies Nok Air et Orient Thai, ainsi que celle d'Air Asia.

■ AÉROPORT INTERNATIONAL SUVARNABHUMI

99 Bangna-Trat Road
✆ +66 21 321 888
www.airportthai.co.th
aotpr@airportthai.co.th
Les vols domestiques et internationaux sont, depuis 2006, concentrés à Suvarnabhumi, situé à 35 km à l'est du centre-ville, dans la région de Samut Prakarn. Projet de l'Américain Helmet Jahn, l'architecture de cet ensemble gigantesque est résolument futuriste : infrastructures spacieuses et claires, exprimant une technologie résolument moderne. De plus, la protection contre les mauvais esprits (étrangers ?) est assurée par douze géants emblématiques de Thaïlande. Le nom se prononce en réalité Sou'vanapoum (pour les chauffeurs de taxi).

De l'aéroport au centre-ville :

▶ **En bus.** Plusieurs bus font la navette entre l'aéroport et différents quartiers de Bangkok, c'est le moyen le moins cher mais le plus long. Pour y accéder, il faut d'abord se rendre au « Transportation Center » à quelques kilomètres de l'aérogare (navette gratuite) puis choisir le bus en fonction de votre direction. Les bus opèrent de 5h à 21h tous les jours. Compter un trajet d'une heure et demie environ (sauf embouteillage !).

▶ **En navette.** Une compagnie privée « Airport Express » embarque les passagers directement au 2e étage du terminal aérien. C'était le meilleur rapport qualité-prix avant que le train relie le centre-ville. Désormais, ces lignes apparaissent beaucoup moins avantageuses. Les bus relient certains lieux « stratégiques » de Bangkok à l'aéroport Suvarnabhumi. Tarif : 150 B par personne. Il y a environ un départ par heure, toutes les demi-heures en haute saison. Des bus vont directement à Pattaya depuis l'aéroport. Bureaux à côté de ceux de l'Airport Express.

▶ **En train.** Ce moyen de transport est une solution intermédiaire entre le taxi et le bus. Confortable et rapide (en 15 minutes) si on prend le train express (dans l'autre sens, 1 train toutes les 30 minutes depuis la station Makkasan) ou en train city (dans l'autre sens, 1 train toutes les 15 minutes depuis la station Phaya Thai dans le quartier de Siam). Actuellement, le prix de la ligne express est de 100 B et celui de la city de 50 B. Il devrait dans un futur proche augmenter, quand il sera possible d'effectuer l'enregistrement de ses bagages depuis la station, ce qui peut-être pratique.

Glossaire des transports

▶ **Avion** : *Khruang bin*

▶ **Aéroport** : *Sanam bin*

▶ **Taxi** : *Thek'si* (tout simple !)

▶ **Train** : *Rot'fai*

▶ **Gare ferroviaire** : *Satha'ni rot'fai*

▶ **Bus** : *Rot'me*

▶ **BTS** : *Rot'fai fa*

▶ **Gare routière** : *Sa tha'ni rot'bat*

▶ **Moto** : *Mote dai*

▶ **Vélo** : *Djak kra yan*

▶ **Bateau** : *Rua*

▶ **Port** : *Tha rua*

▶ **Appontement** : *Tha*

Idéal pour les personnes qui voyagent seules. Plus de renseignements sur le site (www. bangkokairporttrain.com).

▶ **En taxi.** Le moyen le plus rapide, confortable et le plus avantageux lorsqu'on est plusieurs demeure le taxi, mais aussi le plus cher si l'on voyage seul. Compter entre 400 et 500 B en empruntant la voie express (les frais de péage s'élèvent à 65 B). Une taxe de 50 B est également ajoutée dans le sens aéroport – centre-ville. Il faut compter minimum 40 minutes voire plus selon les embouteillages. Les taxis sont disponibles depuis le hall d'arrivée. Pensez à réclamer le *taxi-meter* et refusez dans la mesure du possible une somme forfaitaire, toujours plus élevée que le tarif normal.

■ AIR ASIA

Don Muang International Airport
✆ +66 22 659 999
www.airasia.com
plfeedback@airasia.com
La compagnie malaisienne low cost aux tarifs se révèle très avantageuse si l'on réserve assez en avance. Elle relie Bangkok aux principales destinations locales, Chiang Maï, Phuket, Krabi… Mais aussi l'ensemble des pays de l'Asie du Sud-est ainsi que l'Inde, la Chine et l'Australie…

■ AIR FRANCE

Vorawat Building 20th Floor
849 Silom Road
✆ +66 25 352 112 / +66 25 352 113
www.airfrance.com
Vols directs depuis Paris. Pour la province, une escale est souvent de mise à Amsterdam, pour une poursuite avec la compagnie KLM.

■ BANGKOK AIRWAYS

99 Mu 14, Vibhavadirangsit Road
✆ +66 22 655 555
Voir page 23.

■ BRITISH AIRWAYS

Charn Issara Tower I, 942/160-163 Rama IV Road
21st Floor,
✆ +66 26 271 701 / +66 22 362 800
www.britishairways.com
Vols quotidiens avec escale à Londres.

■ KLM

20e étage, Vorawat Building,
849 Silom Road
✆ +66 26 100 800
www.klm.com
Vols au départ de départ de Paris et d'autres villes de province avec escale à Amsterdam.

■ LUFTHANSA

4e étage
Suvarnabhumi International Airport
Departure Hall,
✆ +66 21 321 888 – www.lufthansa.com
Vols de Paris et d'autres villes de province avec escale à Francfort ou à Munich.

■ NOK AIR

17e étage, South Sathorn Road
183 Rajanakarn Building,
✆ 1318 / +66 26 272 000
www.nokair.co.th
Cette compagnie low-cost propose différents vols intérieurs en Thaïlande. Les vols qui partent de Bangkok se font depuis l'aéroport Don Muang.

■ SINGAPORE AIRLINES

12e étage, Silom Center Building,
2 Silom Road
✆ +66 23 536 000
www.singaporeair.com
Vols depuis Paris avec escale à Singapour.

■ THAI AIRWAYS

485 Silom Road
✆ +66 22 887 000
www.thaiairways.com
rop@thaiairways.fr
La compagnie nationale thaïlandaise opère des vols directs depuis Paris jusqu'à Bangkok, mais également de fréquentes liaisons avec les principales villes du pays dont Chiang Mai, Phuket...

Train

Le train est un excellent moyen de rayonner dans toute la Thaïlande, il est confortable et très bon marché.

Au départ de la gare d'Hua Lomphong, les trains relient pratiquement tout le pays. Il existe une autre petite gare, Thonburi, pour se rendre à Kanchanaburi. Vos billets sont à prendre sur place mais vous avez aussi la possibilité de les réserver aux guichets de la SRT ou auprès d'agences de tourisme privées.

■ BANGKOK CENTRAL RAILWAY STATION : HUA LAMPHONG

Rama IV Road
✆ +66 22 237 461
www.railway.co.th
info@railway.co.th
MRT Hua Lamphong.
Cette gare dessert l'Est, le Nord (Chiang Mai en passant par Ayutthaya et Phitsanulok notamment), l'Est (Aranyaprathet), le Nord-Est (Nong Khai en passant par Surin et Ubon Ratchathani notamment) et le Sud (Kanchanaburi, Hua Hin, Surat Thani et même Butterworth en Malaisie). Un petit bureau d'information, destiné à aider le *farang* un peu perdu, est installé à l'entrée de la gare, le personnel est très compétent.

▶ **Les horaires de trains** sont renseignés au 1690.

Bus

■ GARE D'EKAMAI

Sukhumvit Road Soï 40
Eastern bus Terminal
✆ +66 23 916 846
BTS Ekamai.
Elle dessert la région de Pattaya ainsi que l'ensemble du sud-est de la Thaïlande (Chonburi, Rayong, Koh Samet, Trat, Koh Chang...) jusqu'à la frontière du Cambodge. La station BTS juste à côté vous permet de rejoindre facilement le centre-ville sinon des taxis sont situés devant (attention aux prix !).

■ GARE DE MO'CHIT

Route de Kamphaeng Phet
Northern, north eastern, eastern et central bus Terminal
✆ +66 29 362 852 / +66 29 362 866
BTS Mo'Chit.
C'est la plus grande gare routière de Thaïlande. Bien qu'elle soit axée en priorité vers les régions Nord et Nord-Est (Chiang Mai, Chiang Rai, Nong Khai, Ubon Ratchathani, Udon Thani, etc.), certains bus partent aussi en direction du Sud-Est (Chonburi, Pattaya, Rayong, Koh Samet, Trat, Koh Chang, etc.).
Ça grouille, il y a des centaines de petits comptoirs où tout est écrit en thaï, bref il semble au premier abord impossible de s'y retrouver. En réalité, il suffit de se rendre aux stands informations (chercher les gros « I ») et demander au personnel serviable et compétent vers quel comptoir se diriger pour la destination que l'on souhaite. La gare n'est pas toute proche du centre-ville, pour rejoindre la station BTS Mo'Chit, il faudra prendre un taxi de préférence.

■ GARE DE SAI TAI TALING CHAN

Phutthamonthon Soi 1
Southern bus Terminal
✆ +66 24 351 200
Au nord de Thonburi, la gare dessert tout le Sud-Ouest du pays jusqu'à la frontière avec la Malaisie (Phuket, Surat Thani, Hat Yai, Narathiwat...), ainsi que la zone ouest de Kanchanaburi. A cause de sa localisation et de l'absence de transports fiables pour s'y rendre, il faut prévoir une marge importante car cela peut prendre un temps considérable d'arriver jusqu'ici en taxi ou en bus à cause de la circulation (de 30 min à plus d'une heure depuis le centre). Depuis l'aéroport de Suvarnabhumi prendre le bus 556, du centre-ville deux options : soit le BTS jusqu'à Victory Monument et le bus 515, soit le MRT jusqu'à Bang Sue et un taxi.

En ville

La circulation problématique et la pollution, son corollaire, constituent l'inconvénient majeur de la capitale. Une éclaircie dans ce paysage enfumé, le développement du métro tant aérien (BTS ou Skytrain) que souterrain (MRT) : une véritable aubaine ! Il serait presque conseillé de choisir son hôtel en fonction de ces lignes de transport. Ce peut être une économie de temps certaine, mais aussi d'argent et de stress ! Cela dit, pour parcourir cette mégapole dont personne ne sait vraiment où elle commence ni où elle finit, les moyens de transport ne manquent pas.

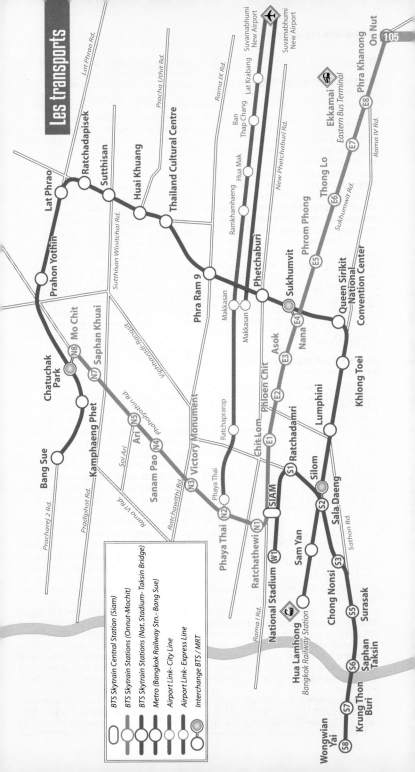

Métro

■ MÉTRO AÉRIEN : SKYTRAIN OU BTS

www.bts.co.th

Le trajet coûte de 17 à 42 B selon la distance.
Il existe un pass valable une journée (120 B).
On peut faire la monnaie aux guichets (qui ne
délivrent pas de ticket !) puis obtenir son titre de
transport aux machines automatiques.

Le métro aérien dont la création a été antérieure à celle du MRT a permis un premier vrai désengorgement de la ville. Il est pourtant dommage qu'au regard de l'immensité de la ville, son réseau soit relativement peu étendu. Une extension devrait permettre dans les deux années à venir de relier le centre à l'aéroport de Suvarnabhumi. L'une des deux lignes suit l'avenue Sukhumvit à partir du Soi 77 : station On Nut. Elle bifurque vers le nord à Siam Square jusqu'à la station Mo'Chit (gare routière principale). L'autre ligne débute au pont Saphan Taksin et se termine au National Stadium, sans atteindre le quartier de l'ancienne cité, Rattanakosin. Le seul changement de ligne possible se trouve à la station (centrale) de Siam Square.

■ MÉTRO SOUTERRAIN :
SUBWAY OU MRT

Le coût du jeton est très bas, entre 17 et 42 B
selon la distance. Il existe un pass journée
(120 B) et un pass 3 jours (230 B) avec un accès
illimité. Une carte d'abonnement personnalisée
sans limitation de temps correspond à 150 B
de crédit au premier achat. Les « recharges »
de crédit sont facturées 100, 200 ou 300 B
(validation aux guichets).

Une seule ligne souterraine dessert le centre de Bangkok pour le moment. Elle décrit une large demi-boucle qui relie la gare ferroviaire de Hua Lampong (centre stratégique) à la gare ferroviaire de Bang Sue (au nord, non loin de Chatuchak Park). Elle dessert 18 stations dont les quartiers de Silom, Sukhumvit et le marché réputé de Chatuchak (à 15 min en bus de la grande gare routière de Mo'Chit). Il opère de 6h à minuit tous les jours, toutes les 5 min aux heures de pointe et environ toutes les 10 minutes le reste du temps. Les correspondances avec le BTS sont possibles aux stations Silom/Sala Daeng, Sukhumvit/Asoke et Chatuchak Park/Mo Chit. Se renseigner auprès des agents préposés aux guichets et utiliser les petits plans fournis gratuitement. On achète un jeton magnétique au guichet. Il est interdit de fumer et de manger dans le métro. Attention aux amendes toujours possibles : les couloirs et les quais sont sous surveillance caméra !

La deuxième ligne, la pourpre est partiellement ouverte (8 stations sur 16). Elle permet de relier Phaya Thai à l'aéroport Suvarnabhumi. Les 8 prochaines stations devraient ouvrir courant 2016. Une troisième ligne (la rose) est en travaux. Sa mise en service est prévue pour 2017.

Bus

C'est de loin le moyen de transport le plus économique puisqu'il est possible de traverser la ville pour moins de 15 B. Il faut cependant déjà connaître un peu Bangkok pour espérer pouvoir s'en sortir, les destinations étant inscrites en thaï et les contrôleurs ne possédant pas le moindre rudiment d'anglais pour la plupart. Il est indispensable de se munir d'une carte détaillée de la ville, ou d'une application sur son smartphone, et de connaître un hôtel ou un centre commercial proche de sa destination pour pouvoir demander son chemin si nécessaire. Cette option est donc à réserver aux voyageurs qui ont du temps, qui aiment plonger au cœur de la vie locale et qui ne craignent pas de s'égarer.

Bateau bus

Les tarifs varient de 9 à 32 B selon la distance. La traversée de la rivière coûte 3 B. Les tickets s'achètent à bord. Les bateaux bus fonctionnent jusqu'à 18h environ. C'est un excellent moyen de visiter la ville en observant la vie le long du fleuve et des canaux. Pratique et bon marché pour découvrir la ville en évitant les embouteillages. Le fleuve Chao Phraya traverse Bangkok de part en part en décrivant de larges méandres. D'innombrables canaux, appelés klongs, forment un véritable réseau de voies navigables, depuis le cœur de la cité jusqu'aux faubourgs éloignés. Des vedettes « Express river boat » remontent ou descendent le fleuve de la station de Saphan Taksin à celle de Nonthaburi. Le parcours étant jalonné par 30 arrêts possibles. En certains points, de petits transbordeurs assurent la navette entre les berges. Toutes ces vedettes ne font pas de stop à tous les arrêts, il existe en effet 3 types de navettes portant des fanions de couleurs (orange, jaune et bleu) pour les différencier. A la station Saphan Taksin, il existe un tableau indiquant les différents arrêts effectués selon la couleur du fanion. Avant d'embarquer, on peut aussi se renseigner auprès de l'employé se

Suvarnabhumi en chiffres

▶ **76 vols** par heure.

▶ **Une capacité d'environ 50 millions** de passagers par an.

▶ **1,6 million de tonnes** de marchandises par an (deux fois plus que l'ancien aéroport de Don Muang).

▶ **Une tour de contrôle** haute de 132 m.

trouvant sur chaque ponton (chargé de faciliter la manœuvre d'accostage) en lui indiquant le nom du débarcadère de destination (vérification préalable sur le plan de la ville). Certaines vedettes fonctionnent comme nos bateaux-promenades parisiens avec une petite visite guidée (commentaires en anglais), leur tarif est à peine plus élevé. Les fameux *long tail boats*, embarcations traditionnelles en bois, légères et rapides sillonnent également la Chao Phraya. Les pilotes qui louent leurs services privés aux touristes peuvent parfois demander assez cher (il faut toujours essayer de négocier). D'autres bateaux en bois, plus grands, assurent le transport régulier pour les habitants des quartiers excentrés et remontent les klongs parfois très loin (Klong Bangkok Noï ou Klong Saen Sep). En principe, puisqu'ils sont à la disposition des habitants, leur tarif est modique. Mais restez prudent, les arnaques sont légions aux abords des klongs.

Taxi

Une course moyenne de quelques kilomètres dans le « centre » coûte entre 50 et 100 B. Un petit pourboire est toujours très apprécié (arrondir à la dizaine). Le taxi meter est une formule commode et économique pour se déplacer lorsque la destination souhaitée n'est pas proche d'une station de métro. Il est cependant recommandé d'éviter les heures de pointe (entre 8h et 10h, 16h et 20h). Toutes les voitures sont climatisées, et on paye à l'arrivée le prix inscrit au compteur. Le compteur démarre à 35 B, lorsque le passager monte dans le taxi. Les taxis sont pléthoriques, si le premier refuse de mettre son compteur, il suffit de sortir et d'en héler un autre. Il n'y a jamais aucun supplément spécial à payer, en dehors des péages si l'on prend la voie express et les 50 B de prise en charge au départ de l'aéroport. Il peut être utile de posséder une carte de visite du restaurant ou de l'hôtel où l'on souhaite se rendre avec l'adresse en thaï, certains chauffeurs de taxi comprennent mal l'anglais et ne le lisent pas. Pour éviter tout problème de compréhension, il est préférable de suivre un minimum le trajet sur

une carte pour ne pas s'en remettre totalement au chauffeur. Mais l'utilisation des taxis est globalement assez aisée.

Vélo

Pour parcourir la capitale d'une façon originale, la bicyclette est un moyen de transport adéquat, paradoxalement.

■ ABC AMAZING BANGKOK CYCLIST

10/5-7 Soï Aree Sukhumvit
Road Soï 26
✆ +66 26 656 364
www.realasia.net
info@realasia.net
1 800 B par personne pour une journée d'excursion de 10h à 15h du lundi au vendredi.
1 300 B par personne pour une demi-journée d'excursion de 13h à 17h du lundi au vendredi.
2 400 B par personne pour une journée d'excursion de 10h à 16h les samedi et dimanche avec visite d'un marché flottant.
On longe les petites habitations modestes en s'engageant dans de minuscules ruelles. La balade évite au maximum les grandes artères bien qu'il faille à différentes reprises traverser de grandes avenues ; comme il est incongru de se retrouver là à vélo ! La traversée du fleuve Chao Phraya est au programme : embarquement au Wat du Klong Toey, sur des bateaux *long tails*, avec les vélos, pour gagner la rive opposée où se déroule l'essentiel de la balade au milieu des espaces verts, en équilibre sur d'étroites passerelles, dans le calme et la sérénité… un autre visage de la mégapole. Une belle virée donc, qui permet de découvrir la ville sous un nouveau jour. Le tarif comprend la location du vélo, les boissons, le déjeuner et la traversée en *long tail boat*. La visite est également ponctuée d'anecdotes et de petits conseils en tout genre.

■ ABSOLUTE EXPLORER

Sukhumvit Soï 103
99/1 Udomsuk 43-45,
✆ +66 87 077 9696
www.absoluteexplorer.com
info@absoluteexplorer.com
Excursion tous les jours. De 1 200 à 1 400 B.

Cette agence propose des excursions en petit groupe (6 personnes) pour partir à la découverte des environs de la ville et de la campagne environnante. Façon agréable et originale de s'éloigner du cœur palpitant de cette mégalopole pour retrouver l'atmosphère paisible de petits villages. Déjeuner en cours de route lorsque l'excursion est sur la journée complète. Bon encadrement et visite agréable.

◼ **CO VAN KESSEL**
River City Shopping Center
23 Trok Rongnamkhaeng,
Si Phaya Pier Yota Road, Sampantawong
✆ +66 26 397 351
www.covankessel.com
contact@covankessel.com
À partir de 800 B.
Créé il y a une trentaine d'années, à l'initiative d'un Hollandais comme souvent quand il s'agit de bicyclette, Co Van Kessel a été pionnière des tours à vélo dans les rues de Bangkok. Avec une dizaine de balades proposées, de 2 à 9 heures pour les plus sportifs, de jour comme de nuit, vous sillonnerez les coins les plus insolites de la capitale. Encadrés par des guides locaux, très attentifs à votre coup de pédale, vous serez plongé en plein cœur du Bangkok réel, à la rencontre des locaux dans leurs vies de tous les jours. Deux types de vélos sont proposés, des VTT ou des vélos de villes, les préférés des touristes hollandais. Mention spéciale au tour de nuit, une véritable aventure dans les bas-fonds de Chinatown, inoubliable !

◼ **RECREATIONAL BANGKOK BIKING**
Rama III, Soï 71
✆ +66 22 853 955
www.bangkokbiking.com
info@bangkokbiking.com
Départ possible tous les jours à 8h ou 13h. 1 250 B.
Le parcours appelé « Couleurs de Bangkok » propose une incursion dans un Bangkok différent de ce que vous pourriez avoir déjà vu, un Bangkok sans voiture à 95 % ! Eh oui, la plupart des routes prises permettent de circuler librement, loin de tout véhicule motorisé, autant dire le rêve. Avec en prime une excursion en bateau et des arrêts judicieusement choisis, c'est une agréable façon de profiter de la ville. Maximum 8 personnes par groupe.

Moto / Scooter

▸ **Touk-touk**. Il faut toujours négocier le prix avant le départ, il existe un prix « farang ». Essayer de négocier jusqu'à 100 B de moins que proposé en premier prix. Le nouvel arrivant résiste rarement à la tentation de faire un petit tour avec l'un de ces engins typiques et colorés à trois roues. Il faut cependant bien avoir à l'esprit qu'entre chaleur et pollution, la balade n'est pas forcément agréable, mais ça reste amusant ! Il est préférable de tenter l'expérience le soir et pour un court trajet sans surprise. Les touk-touk ne sont pas plus rapides que les taxis, par contre, ils sont plus bruyants et un peu plus chers, à distance égale. Il est préférable de connaître la destination où l'on souhaite se rendre, les chauffeurs de touk-touk parlant peu anglais. Si le chauffeur propose un tarif inférieur à 20 B ou un tour gratuit, cela signifie probablement qu'il a l'intention d'emmener le touriste dans un magasin de souvenirs par exemple où il pourra toucher une commission.

▸ **Moto-taxi**. Les prix selon la distance varient de 20 à 200 B. Il faut négocier si le prix semble trop élevé. Pressé ou en manque d'adrénaline, la solution se nomme moto-taxi ! Aux heures d'embouteillages, c'est de loin la solution la plus rapide pour se déplacer. Les « pilotes » savent fort bien se faufiler parmi les véhicules à l'arrêt : ne pas oublier de serrer les genoux ! Mais il faut bien être conscient de la dangerosité de ce moyen de transport étant donné la densité du trafic à Bangkok et les pointes de vitesse des chauffeurs. Il est préférable de n'utiliser ce mode de transport que sur de courtes distances comme le font les Thaïs.

À pied

C'est une solution à ne surtout pas exclure. On doit évidemment se préparer à avoir chaud, à devoir lutter sur les trottoirs, batailler pour parvenir à traverser même sur un passage piéton, mais ce peut être agréable de se fondre dans le bouillonnement de la ville et d'arpenter les rues au coude à coude avec les Thaïlandais… et parfois de découvrir des lieux inattendus devant lesquels on passe sans s'en rendre compte en taxi ou en métro. Quelques conseils cependant ; il est préférable d'entreprendre ces promenades pendant les mois les plus frais, soit de novembre à février, pour moins souffrir de la chaleur et de la pollution bien plus incommodantes pendant les mois les plus chauds. Etre bien conscient qu'au moment du Festival de l'Eau durant le nouvel an bouddhiste, il est impossible de rester plus de 5 min sur un trottoir sans être trempé de la tête aux pieds… quel régal pour petits et même grands d'arroser un farang ! C'est la tradition pendant trois jours, tout le monde doit être arrosé. Bangkok à pied, muni d'une bonne carte, d'un couvre-chef et d'une paire de lunettes de soleil, l'expérience se tente, et l'on y prend plaisir d'autant que les occasions de se désaltérer et de grignoter d'appétissantes friandises sucrées ou salées se présentent régulièrement sur le parcours.

LA VERSION NUMÉRIQUE DE CE GUIDE OFFERTE

PNA7ZP5K85KD

Le code ne peut être utilisé qu'une seule fois.
Il faut respecter les caractères en majuscule du code.

1. Rendez-vous sur la boutique en ligne Petit Futé : http://boutique.petitfute.com/

2. Saisissez votre code de promotion à droite dans le carré
   « La version numérique de votre guide offerte »
   dans l'onglet Code de promotion et cliquez sur le bouton **OK**.

3. Cliquez sur **« Continuer le paiement »** avec un montant global à 0 €.

4. Si vous avez déjà un compte : connectez-vous avec le bouton **« S'identifier »**
   puis choisissez une adresse de facturation et cliquez sur **« Continuer »**.

5. Si vous n'avez pas de compte : cliquez sur le bouton **« S'inscrire »**,
   remplissez le formulaire d'inscription puis cliquez sur **« S'inscrire »**
   ensuite complétez votre adresse de facturation et cliquez sur **« Continuer »**.

6. Vérifier l'adresse de facturation.

7. Ensuite, cliquez sur « Continuer » puis **« Pas d'information de paiement nécessaire »**
   puis **« Passer la commande »**.

8. Cliquez directement sur le lien **« Mes produits téléchargeables »**
   ou cliquez tout en haut sur le lien **« Mon compte »**
   et cliquez plus bas sur le lien **« Mes produits téléchargeables »**
   dans la colonne gauche **« Mon compte »**,
   puis sélectionnez à droite votre format sous le titre.

Touk-touk, Bangkok.

PRATIQUE

Tourisme - Culture

Les agences autorisées sont toutes répertoriées sur le site Internet du Tourism Authority of Thailand : www.tat.or.th.

■ ASIAJET

CCT Building 9th Floor
Unit 4 109, Surawongse Road
10500
✆ +66 2 6307262
Voir page 20.

■ ASIA MARINE

62 Langsuan Road
2406 The Millenia Tower,
✆ +66 26 519 583
www.asia-marine.net
charter@asia-marine.net
Agence de courtage et location de bateaux à voile ou à moteur, Asia Marine (anciennement Thai Marine Leisure) peut proposer toute une gamme de séjours en mer, que ce soit pour une journée ou plusieurs jours, sur une jonque traditionnelle, avec ou sans *skipper*, comme à bord d'un yacht luxueux. C'est l'occasion de découvrir notamment le sud de la Thaïlande (la baie de Phang Nga, Krabi, Koh Phi Phi) de manière privilégiée et loin de la foule. On vous renseignera en français. Une expérience à ne pas manquer !

■ ASIAN OASIS

2/4 Wireless Road, 7ᵉ étage
Nai Lert Tower,
✆ +66 26 556 246
Voir page 20.

■ ASIAN TRAILS

9th SG Tower
161/1 Soi Mahadlek Luang 3, Rajdamri Road
Lumpini, Pathumwan
✆ +66 26 262 000
Voir page 20.

■ BUFFALO TOURS

Bâtiment Lertpanya, Suite 706-707,
7ᵉ étage
41 Soi Lertpanya, Thanon Sri-Ayuthaya
Rajathewee
✆ +66 22 456 392

■ IMAGE D'ASIE

Lardprao 41 – Thanon Wang Hin
11/440 Mou 10,
✆ +66 25 302 722 / +66 25 302 726
www.imagedasie.com
info@imagedasie.com
Cette agence de voyage dotée d'une expérience de 20 années et réputée auprès des expatriés de Thaïlande, met à votre disposition une équipe francophone pour toutes sortes de visites locales : balades historiques à Bangkok, location de van avec chauffeur et guide francophone pour un circuit culturel de plusieurs jours dans le pays.
Forte de sa longue expérience, l'agence peut vous proposer des hébergements à tarifs compétitifs dans l'ensemble du pays et billets d'avion pour vos correspondances dans les pays voisins. L'agence principale est située à Bangkok avec un réseau de bureaux régionaux associés à des partenaires en Thaïlande et en Indochine.

■ INDO SIAM

Town in Town, Soi Ladprao 94,
Wangthonglarng
1213/410 Muban Srivara,
✆ +66 25 593 410
www.indosiam.com
info@indosiam.com
Situé en centre-ville de Bangkok, Indo Siam propose une sélection d'hôtels et de complexes à des tarifs très compétitifs à travers la Thaïlande. Ils organisent tous les services reliés au voyage. L'entreprise dispose d'un parc de voitures bien entretenues avec des chauffeurs bilingues et un personnel très professionnel. A contacter pour tout service ou réservation à Bangkok et en Thaïlande.

■ JP TRAVEL

Soï 4 (quartier Sukumvit Nana)
6 Thanon Sukhumvit,
✆ +66 22 529 644
Voir page 21.

■ OFFICE DE TOURISME (TAT)

1600 New Phetburi Road
✆ +66 22 505 500
www.tourismthailand.org
center@tat.or.th
MRT Petchburi
Ouverture tous les jours de 8h30 à 16h30.
Délivrance gratuite de brochures et de plans fort utiles, très différents des informations fournies par les agences privées ! Il existe d'autres offices, d'autres points d'informations répartis un peu partout en ville, souvent proches des gares, des centres commerciaux, des musées et monuments importants, les informations sont de plus ou moins bonne qualité selon l'interlocuteur et on s'y rendra peut-être simplement pour se procurer un plan de la ville.

■ OFFICE DU TOURISME

17/1 Phra Athit Road
✆ +66 22 257 612 / +66 22 257 614
www.bangkoktourist.com
Phra Athit Pier.
Ouvert tous les jours. En semaine de 8h à 19h et le week-end de 9h à 17h.
C'est l'étape incontournable pour ceux qui veulent des informations officielles et pertinentes. Les prospectus sont différents de ceux que vous trouverez ailleurs et sont édités par l'office national de Thaïlande. Plans de la ville, brochures, et carte Smile Bangkok une carte de réduction pour de nombreuses adresses en ville sont à venir chercher ici gratuitement. Le site Internet est également une bonne source d'informations sur les visites possibles à Bangkok ; il répertorie notamment des lieux moins touristiques.

■ OMNIA VOYAGES

12e étage, Unit 12 C
163 Ocean Insurance Building
Surawongse road
✆ +66 22 670 550
stephan@omniavoyages.com
Agence de voyages installée à Bangkok et dirigée par une équipe française, qui organise des voyages en Thaïlande. Plusieurs options : circuits en individuel en voiture avec chauffeur, en petit groupe, ou en famille pour découvrir les régions du Nord à Chiang Mai et Chiang Rai, les plus beaux sites archéologiques tels que Sukhothaï, les plages de sable blanc de Phuket, de Koh Samui ou encore des îles de rêve thaïlandaises. En activité en Thaïlande depuis 15 ans, l'agence dispose d'une très grande sélection d'hôtels tout au long de votre parcours culturel et sur les plus belles plages. Tous les guides parlent français.

■ TRAVEL CORPORATE SERVICES

6th Flr, Maneeya Center North Building
518/3 Ploenchit Road, Lumpinee
Phatumwan
✆ +66 26 521 544
www.travelcorporateservices.com
Créée par une Française, cette agence est composée d'une équipe d'experts du voyage (plus de 20 ans d'expérience cumulée), dynamique et multi-culturelle. Travel Corporate Services offre des services aussi bien en français, anglais ou thaï, à une clientèle d'entreprises mais également individuelle, de la simple réservation de billets d'avion à la mise en place de packages sur mesure. Elle propose un service efficace, professionnel et discret à toutes les entreprises dans l'organisation de leurs voyages d'affaires les plus variés. De grands comptes internationaux ont fait le choix de Travel Corporate Services et profitent d'un service adapté à leurs besoins (avion / transfert / hôtel / activités découvertes / séminaires / circuits à la carte / optimisation des miles / facilité de paiement / staff multilingue...). Une équipe de spécialistes sélectionne et propose au meilleur tarif des packages grand public ou sur mesure, créatifs et originaux, pour découvrir les plus belles régions d'Asie (Thaïlande, Vietnam, Cambodge, Laos, Birmanie, Indonésie, Chine, Japon, Corée, Sri Lanka, Inde, Maldives...) mais aussi partout dans le monde.

▶ **Autre adresse :** En Europe : Lucile Lechelle
Tel : +32 88 207 326
llechelle@travelcorporateservices.com

■ TRAVEX TRAVEL

86 Soi Langsuan, Ploenchit Road
Lumpini, Pathumwan
✆ +66 26 522 556
Voir page 22.

■ VOYAGES THAILANDE.COM
869/165 soï Sukhumvit 101, Bangchark,
Phrakanong
✆ +66 2331 9443
Voir page 22.

Représentations – Présence française

■ ALLIANCE FRANÇAISE
179 Thanon Witthayu
✆ +66 26 704 200
bangkok@alliance-francaise.or.th
MRT Lumphini.
Ouvert du lundi au vendredi de 8h à 18h30 et le samedi de 8h30 à 13h30.
De nombreux livres en français (romans, théâtre, poésie, livres scolaires), des magazines, des BD, des dictionnaires et des DVD. On peut également y prendre des cours de langues (thaï, espagnol…), et des enseignements artistiques sont également proposés. L'Alliance française offre aussi une riche programmation culturelle et notamment la diffusion de films régulièrement le samedi.

■ AMBASSADE DE BELGIQUE
17e étage, Sathorn City Tower,
175 South Sathorn Road
✆ +66 26 795 454
www.diplomatie.be/bangkokfr
bangkok@diplobel.fed.be
BTS Chong Nonsi.
Permanence du lundi au vendredi de 8h à 12h et de 13h à 16h. Service visa : lundi à vendredi (sans rdv) : de 8h à 11h30, avec rdv du lundi au jeudi de 13h à 16h.

■ AMBASSADE DE FRANCE
35, Charoen Krung Soi 36
Tour CAT, 23e étage
✆ +66 26 57 51 00 – www.ambafrance-th.org
press@ambafrance-th.org
Oriental Pier ou BTS Saphan Taksin.
L'ambassade est ouverte du lundi au mercredi de 8h30 à 17h30, le jeudi de 8h30 à 17h et le vendredi de 8h30 à 16h30, uniquement sur rendez-vous l'après-midi.
Située juste à côté de l'Hôtel Oriental, à proximité immédiate du fleuve Chao Phraya. Attention le service des visas et celui de l'action culturelle se trouvent à l'Alliance française 29, South Thanon Road (BTS Chong Nonsi).

■ AMBASSADE DE SUISSE
35, Wireless Road
✆ +66 26 746 900 / +66 26 746 902
www.eda.admin.ch
BTS Ploen Chit.
Ouvert du lundi au vendredi de 9h à 11h30.

■ AMBASSADE DU CANADA
15e étage, 990 Rama IV Road
Abdulrahim Place,
✆ +66 26 360 540
www.canadainternational.gc.ca
bngkk@international.gc.ca
MRT Silom.
Ouvert du lundi au jeudi de 7h30 à 16h15, le vendredi du 7h30 à 13h.

■ SERVICE DE L'IMMIGRATION
Sathorn Road
507, Soï Suan Plu,
✆ +66 22 873 101
MRT Lumphini.
Ouvert du lundi au vendredi de 8h30 à 16h30 (service limité entre 12h et 13h). Fermé le week-end et les jours fériés.
Pour régler tous les problèmes liés aux visas.

Argent

Il est très facile de retirer et d'échanger de l'argent à Bangkok. On trouve des banques avec distributeurs automatiques un peu partout en ville. Chaque retrait en distributeur facture en plus des frais et commissions imputés à votre propre banque une somme de 180 B. Des bureaux de change sont également disséminés partout en ville. La plupart des établissements prennent également les cartes de crédit. En revanche, il faut prévoir de la petite monnaie dès qu'il s'agit de prendre un taxi, un touk-touk ou même d'aller au restaurant. Les tarifs étant bas, le mieux est d'avoir de petites coupures pour pouvoir faire le change, les billets de 20, 50 et 100 B étant les plus utilisés.

Moyens de communication

▶ **Poste.** On trouve des boîtes aux lettres un peu partout en ville. Elles sont de couleur rouge en fonte. Les bureaux de poste sont également nombreux, et on trouve certains guichets dans les grands Shopping Center du centre-ville.

▶ **Cabines téléphoniques.** Elles sont également nombreuses à Bangkok et il n'est pas difficile d'en trouver une pour passer un appel. Il y a différents types de cabines, et certaines sont destinées à des appels locaux et nationaux alors que d'autres permettent les appels internationaux. Ces dernières sont de couleur jaune alors que les autres sont bleues ou rouges.

■ POSTE BUREAU CENTRAL
40-42 Charoen Krung Road
Wat Muang Khae Pier ou BTS Saphan Taksin.
Ouvert de 8h à 20h en semaine et 8h à 13h le week-end. Appel internationaux possible 24h/24.

Santé – Urgences

▶ **Hôpitaux**. En cas de problème de santé
sérieux en Thaïlande ou dans un pays voisin,
le voyageur a tout intérêt à se faire rapatrier
à Bangkok. Les soins hospitaliers à Bangkok
jouissent d'une bonne réputation. Pour consulter
un médecin, on ne se rend pas dans le cabinet
d'un généraliste ou d'un spécialiste, ceux-ci
exercent dans les hôpitaux. Les touristes comme
les expatriés se rendent habituellement dans les
hôpitaux privés, créés en partie à l'attention de
ce public. Ils sont plus chers que les hôpitaux
publics, mais les tarifs pratiqués restent plus que
raisonnables au vu des standards étrangers. En
outre, le service y est incroyablement efficace,
inutile de prendre rendez-vous, le personnel
est pléthorique, et il est rare d'attendre très
longtemps. Les médicaments sont délivrés
par l'hôpital directement après la prescription
du médecin.

▶ **Pharmacies**. Les médicaments prescrits par
les médecins au sein des hôpitaux sont délivrés
immédiatement au patient, donc pas besoin
de se rendre à la pharmacie. En cas de petits
bobos et pour obtenir des médicaments qui ne
nécessitent pas d'ordonnance, on trouvera des
pharmacies un peu partout en ville.

■ **SAMITIVEJ HOSPITAL**
133 Sukhumvit Road Soï 49
✆ +66 27 118 000
www.samitivejhospitals.com
BTS Thong Lo.
*Superbe complexe hospitalier, site Internet et
traducteur en français.*

■ **WATSON**
Un peu partout en ville et dans les stations de
métro. Les magasins de cette chaîne peuvent
être comparés à des supérettes (produits de
parapharmacie et cosmétiques, snacks…)
vendant également des médicaments.

SE LOGER

Bangkok offre une diversité incomparable d'hébergements, du dortoir plus que spartiate à la chambre ultra-luxueuse, toutes les catégories d'hébergement sont largement représentées. On fera son choix en fonction de son budget et du quartier que l'on souhaite privilégier. Le quartier historique de Banglampoo et spécifiquement la zone de Khao San Road est le repaire des voyageurs à petit budget. Les hôtels parmi les plus luxueux bordent le Chao Phraya et sont idéaux pour ceux qui souhaitent se concentrer sur la visite des temples, mais ces établissements privilégiés restent assez mal desservis par les transports en commun rapides. Les amateurs de shopping ou en quête d'animation choisiront de séjourner autour de Siam et de Sukhumvit. Le quartier de Silom est aussi une bonne base pour rejoindre le Chao Phraya tout en restant proche de l'activité de Sukhumvit, l'hébergement y est de très bon standing.En outre, nous avons tenté de lister quelques boutiques-hôtels, petits hôtels design à la décoration personnalisée, qui se sont développés ces dernières années à Bangkok.

Dans cette course vers la modernité et une certaine branchitude, l'hébergement n'est pas épargné et c'est tant mieux ! Il n'est pas toujours possible d'indiquer les tarifs exacts des établissements de bon standing : les prix sont variables en fonction de l'afflux touristique (promotions modulables). Une même chambre peut valoir aujourd'hui le double de ce qu'elle coûtait hier, et 30 % plus cher que ce qu'elle coûtera demain !

Locations

Si l'on reste seulement quelques nuits à Bangkok, séjourner dans un *serviced apartment* peut être une bonne solution pour bénéficier du confort et de l'espace d'un appartement tout en profitant des services d'un hôtel. Les tarifs sont en général très élevés et communiqués au mois. Cependant, ces établissements étant rarement remplis, il arrive qu'ils fassent des promotions pour les courts séjours (consulter les journaux comme le Bangkok Post). Les prix en période de promotion peuvent être compétitifs compte tenu du standing et des prestations offertes. Reste que ce mode d'hébergement est surtout utilisé par les hommes d'affaires qui séjournent dans la capitale pour une mission de quelques jours à quelques mois.

■ **AGENCE IMMOBILIÈRE VAUBAN BANGKOK**
Company Vauban Co., LTD.
Soi Sukhumvit 13, Sukhumvit road.,
Klongtoey Noey, Wattana,
Trendy Office Building, unit10/36 (1st floor)
✆ +66 02 168 7047 / +66 8 5227 7175
bangkok@companyvauban.com
Leur équipe de professionnels multilingues vous accompagne dans vos achats/ventes/locations et gestion de propriétés à Bangkok. Spécialisée dans les quartiers centraux de Bangkok (Sukhumvit, Sathorn, Silom, la Rivière et Ari), Vauban Bangkok est l'agence immobilière de référence pour tout ce qui concerne l'immobilier à Bangkok. Leur large choix de propriétés, les conseils avisés et l'accompagnement sont reconnus depuis 2006.

Située à quelques pas de la station de métro aérien Nana (BTS), l'agence de Bangkok est aussi le lieu idéal pour rencontrer un conseiller immobilier qui sera à même de vous guider vers les principales destinations du pays en fonction de votre projet et style de vie.

■ **ASOKE RESIDENCE SUKHUMVIT**
235/20-25 Sukhumvit Soi 21 (Asoke)
Klongtoey Nua, Wattana
✆ +66 2259 0222
www.asokeresidence.com
info@asokeresidence.com
Chambres à partir de 3 400 B. Piscine et restaurant.
Un peu excentré de l'agitation d'Asoke mais aussi du MRT et du BTS, cet hôtel dispose de plusieurs très grandes chambres, voire d'appartements équipés que l'on peut louer pour de longs séjours, comme par exemple si vous avez à subir une intervention chirurgicale dans l'hôpital tout proche ou si vous venez en famille. Si l'ensemble mériterait un coup de jeune, à ce prix-là, difficile de trouver mieux dans les environs. Une bonne adresse néanmoins.

■ **CENTRE POINT**
✆ +66 26 784 488
www.centrepoint.com
reservations@centrepoint.com
Les établissements de la chaîne Centre Point sont les plus connus et parmi les plus prisés de la ville. Toujours très bien situés (Sukhumvit Soï 10, Langsuan, Wireless Road, Silom…), ils sont de standing élevé et offrent une large gamme de prestations. Idéal pour un voyage d'affaires prolongé ou un logement provisoire en attendant de trouver un logement définitif.

■ **REMBRANDT TOWERS SERVICED APARTMENTS****
22 Sukhumvit Soi 20, Sukhumvit Road Klong Toey
www.hotel-rn.com
A partir de 750 B.
L'hôtel propose 231 chambres confortables et climatisées. Elles sont équipées de lecteur CD, TV + DVD, cafetière, fer à repasser et d'un coffre-fort.

■ **ROYAL BENJA HOTEL**
39 Sukhumvit Road, Soï 5
✆ +66 26 552 920
www.royalbenja.th.com
info@royalbenja.th.com
Près de la station BTS Nana, un hôtel dans une grande tour offrant de belles vues sur Bangkok. Les chambres bénéficient d'un confort certes un peu désuet, mais plutôt agréable. Pour le prix, il peut être intéressant d'y passer quelques nuits.

■ **SALADAENG COLONNADE**
21 Soï Saladaeng
✆ +66 26 360 131
www.saladaengcolonnade-bangkok.com
hôtel d'inspiration coloniale, il possède de nombreux appartements élégants et confortables, fonctionnels et dits « haut de gamme ». Situé dans une ruelle résidentielle, au cœur du quartier central des affaires de Bangkok, les clients ont l'avantage d'être proches de nombreuses entreprises, ambassades, hôpitaux, et des meilleurs restaurants de la ville.

■ **SIRI SATHORN**
27 Saladaeng Soï 1
✆ +66 22 662 345 – www.sirisathorn.com
reservation@sirisathorn.com
A partir de 6 000 B.
Au cœur du centre d'affaires de Bangkok, 111 suites ultramodernes, très design, avec toutes les commodités d'une résidence privée et un service parfait.

■ **THE PRIVACY SUITES**
140 Sukhumvit Soï 20
✆ +66 26 636 226
www.theprivacysuites.com
info@theprivacysuites.com
BTS Asok ou MRT Sukhumvit.
Tarifs chambre double entre 2 100 et 5 500 B.
Ces appartements privatifs offrent également un service hôtelier journalier dans un petit immeuble tranquille au fond du soï. Les chambres sont rutilantes, l'immeuble récent. Ils sont équipés d'une cuisine pour préparer notamment son petit déjeuner (seuls café et thé sont fournis), belle salle de bains et chambre très confortable. Petit plus, une belle piscine sur le toit pour se délasser après une journée shopping dans les rues de Bangkok ! Une très bonne adresse bien située dans le quartier.

■ **URBANA SATHORN****
55 South Sathorn Road Tungmahamek
Sathorn, Bang Kholame
✆ +66 2309 5444
www.urbanahospitality.com
rsvn@urbanasathorn.com
A partir de 4 000 B.
Idéalement situé à proximité du quartier des affaires de Silom Road, dans le centre de Bangkok, Urbana Sathorn propose un hébergement luxueux et un service 5-étoiles à quelques minutes de la station BTS Sala Daeng.

■ **VIVA GARDEN SERVICED RESIDENCE BY BLISTON****
1988 Sukhumvit Rd, Bangchak, Phrakanong
✆ +66 2741 5888
www.viva-garden.com/
contact@viva-garden.com

A partir de 1 950 B.
111 appartement spacieux, avec vue panoramique sur le fleuve Chao Phraya. Idéalement situé au cœur d'un emplacement privilégié, des centres de congrès et d'une zone industrielle, sur la route de Sukhumvit, la station BTS Bangchak toute proche.

Centrales de réservation – Réseaux

■ SAWADEE
Mahatun Plaza Building, 12e étage
888/124 Ploenchit Rd.
Pathumwan
✆ +66 2 674 5555
www.sawadee.fr
res@bkkbox.com
Réservations d'hôtels en ligne.
Besoin d'un hôtel, d'une maison d'hôtes ou autre genre d'hébergement à Bangkok ? Ce site offre une superbe sélection d'hôtels en Thaïlande aux prix les plus bas possibles et ce sans aucun coût supplémentaire. Les offres et leur disponibilité sont mises à jour quotidiennement. Un service excellent pour un séjour mémorable, relaxant et économique. Les bureaux sont situés à Bangkok et Koh Samui. Réservez en ligne dès à présent !

Rattanakosin (centre historique)

Dans le quartier historique, la plupart des hébergements se concentrent autour de Khao San Road et sont très bon marché. Certains hébergements un peu en retrait, plus calmes et de meilleur standing ont cependant vu le jour. En outre, il existe quelques perles au bord du fleuve. Khao San est généralement fort animée de 18h jusque tard dans la nuit. Les hôtels et *guesthouses* sont disposés les uns à la suite des autres et côtoient nombre de cafés-restaurants, de bars, de vendeurs ambulants, de marchands de disques ou de vêtements, de tatoueurs et de chauffeurs de taxis. Le « Village » est plébiscité par les *backpackers* du monde entier. Bref, ambiance cosmopolite à forte majorité occidentale. Bain de foule garanti en fin de journée. Khao San Road, à proprement parler, manque terriblement d'authenticité, mais les voyageurs semblent rassurés de se retrouver tous au même endroit. On ne saurait trop conseiller, cependant, au visiteur de passage de s'éloigner de cette rue pour découvrir le vrai Bangkok. Il faut noter que le quartier n'est desservi ni par le BTS, ni par le MRT… reste le bus (aléatoire) ou le bateau-bus en journée pour rejoindre une station de BTS.

Dans de nombreuses guesthouses, il faut quitter ses chaussures à l'entrée, tout comme dans les maisons privées thaïes. Dans ce quartier, où défilent de très nombreux jeunes « sacs au dos » au budget serré, les gérants exigent le plus souvent que l'on paie au jour le jour ou en avance si cela est possible. Les réservations sont peu acceptées dans les hébergements les plus bas de gamme, c'est premier arrivé, premier servi. La rue Rambutri comme le soï du même nom et le soï Trok Mayom sont globalement plus calmes.

La rue Tanao, plus calme elle aussi, concentre beaucoup des hébergements les moins chers. Ces dernières années ont vu s'installer des hébergements de meilleur standing, certains remplaçant les ruines de guesthouses plus du tout entretenues.

Bien et pas cher

■ DD INN
68-70 Khao San Road
✆ +66 26 290 526
www.khaosanby.com
ddinn@khaosanby.com
Phra Athit Pier.
Chambres de 600 à 1 500 B. Petit déjeuner inclus.
Cet établissement, rénové en 2007, est le seul de la rue dans cette catégorie de prix à posséder une piscine… sur le toit ! Bien entendu, elle est strictement réservée aux clients. Idéal pour bronzer sans quitter Bangkok. On peut même, comble du luxe, s'offrir un petit cocktail au bar attenant. L'entrée, au fond d'une galerie, est signalée par une enseigne en lettres de néon. Les chambres sont banales mais propres et possèdent toutes la climatisation et une TV. L'accueil est correct et l'endroit très populaire auprès des *backpackers* qui ne cessent de défiler.

■ FOUR SONS HOUSE
au coin du Soï Chanasongkram
78-80 Phra Athit Road,
✆ +66 22 822 411
www.fs-hotel.com
fsh@fs-hotel.com
Phra Athit Pier.
Chambre simple à 450 B, double avec ventilateur à 500 B et climatisée à 800 B.
Ce petit établissement récent propose des chambres pas vraiment spacieuses et sans caractère mais propres et confortables avec TV câblée et salle de bains privée. L'ensemble est bien tenu et la situation appréciable. Attention les chambres simples ne possèdent pas de fenêtres ! Pour 50 B supplémentaire il vaut ainsi mieux prendre une chambre double.

■ LAMPHU HOUSE

75-77 Soï Rambutri
✆ +66 26 295 861
www.lamphuhouse.com
info@lamphuhouse.com
Phra Athit Pier.

Chambre double ventilée avec sdb commune à 440 B, sdb privée à 560 B, avec sdb et A/C de 670 B à 1 050 B.
Bien situé, en retrait du *soï*, dans une petite cour plantée d'arbres. Les chambres sont claires et simples mais joliment décorées de meubles en teck. Toutes ont l'eau chaude. Les deluxe avec balcon sont une bonne solution si l'on vient à 3 ou 4 personnes. A demeure : un agréable restaurant. Une bonne adresse, mais hélas, c'est souvent complet.

■ NEW SIAM GUESTHOUSE II

Phra Athit Road
50 Trok Rong Maï
✆ +66 22 822 795
www.newsiam.net
Phra Athit Pier.

Chambre double ventilée, salle de bains privée à 690 B en basse saison, 740 en haute saison. Avec air conditionné, respectivement 790 et 840 B.
Installée dans une rue discrète. L'accès à l'hébergement est au fond du restaurant, vivement éclairé. Les chambres sont spacieuses et bien équipées, avec salle de bains très propre. Elles sont plus agréables que dans de nombreux établissements voisins. Les portes sont à serrure magnétique ce qui est assez nouveau dans le quartier. Le personnel est sérieux et l'hôtel est propre. Une adresse tranquille bien tenue dont le petit plus est la piscine. La différence de prix avec la New Siam Guesthouse est largement justifiée. Une bonne adresse.

■ RAMBUTTRI VILLAGE INN

95 Soï Rambutri
✆ +66 22 829 162 / +66 22 829 163
www.khaosan-hotels.com
info@khaosan-hotels.com
Phra Athit Pier.

Chambre double à 780 B.
Cet établissement moderne offre un extérieur agréable avec ses fenêtres entourées de bois. Mais la déco des chambres n'est pas à la hauteur de l'aspect extérieur du bâtiment. Elles sont cependant très propres et confortables avec un bon matelas et une agréable salle de bains. On peut également profiter de la grande piscine sur le toit qui offre une belle vue sur le quartier. Le personnel est parfois un peu débordé devant l'afflux de voyageurs.
Une adresse à retenir avec un très bon rapport qualité-prix.

■ SHANTI LODGE

Soi 16
37 Sri Ayutthya Road
✆ +66 22 812 497 / +66 26 28 76 26
www.shantilodge.com
bangkok@shantilodge.com
Phra Athit Pier.

Dortoir à 300 B, chambres simple ou double à partir de 500 B, avec salle de bains privée à partir de 700 B, selon A/C ou ventilateur. Wi-fi gratuit.
Cet établissement est très bien situé, près du centre-ville historique, de l'embarcadère Thewet et de Khao San Road. Populaire chez les backpackers et les expatriés, l'endroit est bien tenu et les chambres basiques correctes compte tenu du prix. Le Shanti Lodge a du caractère, grâce à son restaurant de qualité et sa véranda chaleureuse, avec plantes et fontaines décoratives. Seul bémol, le personnel aussi a son caractère et la qualité du service laisse à désirer.

■ SUKSAWAD HOTEL

8/3 Soï 6 Samsen
✆ +66 22 817 622
suksawad_hotel@hotmail.com
Phra Athit Pier.

Chambre double ventilée à 550 B ; climatisée à 600 B.
Une bonne adresse à retenir, à 10 min à pied au nord de Khao San, non loin du Klong Banglamphu. Le rapport qualité-prix est correct. En outre, plusieurs lignes de bus empruntent l'avenue Samsen. Nombreux commerces et petits restaurants dans les parages. Il y a également une banque (avec distributeur à carte/ATM) sur le trottoir d'en face. Bon accueil qui dure depuis 1962 comme se plaisent à le dire les propriétaires.

■ TAEWEZ GUEST HOUSE

23/12 Sri Ayudhaya Road
✆ +66 22 808 856
www.taewez.com
taewez@gmail.com
Thewet Pier.

Chambre de 390 B à 820 B selon simple ou double, salle de bains, ventilateur ou air-conditionné. Wi-fi gratuit.
Située près de l'embarcadère Taewez, cette petite guesthouse est simple et sans prétention, propre et proposant des prix raisonnables. Les chambres basiques situées dans l'arrière-cour sont calmes et plutôt spacieuses. Restaurant à demeure avec petit déjeuner copieux. Personnel accueillant et en partie francophone.

■ TAVEE GUESTHOUSE

83 Sri Auyttaya Soi 14
✆ +66 22 801 447
Derrière Phitsanulok road

400 B pour une chambre double ventilée avec une salle de bain partagée. 650 B pour une chambre double climatisée et salle de bain privée.
Chambres belles et très propres. Le personnel n'est pas très aimable mais la localisation est loin de l'agitation et des marchés.

■ TUPTIM HOTEL
82 Rambutri Road
℡ +66 26 291 535
www.tuptimb-b.com
info@tuptimb-b.com
Phra Athit Pier.
Chambre avec air conditionné, simple 500 B ; double 700 B ; triple 1 000 B. Petit déjeuner inclus. Wi-fi gratuit.
Les chambres son basiques mais relativement agréables (à noter : le petit déjeuner inclus est plutôt frugal). Salle de bains commune au bout du couloir : propre. La terrasse, donnant sur la rue animée, est agréable. Un endroit sympathique dont on apprécie l'ambiance. Accueil correct.

Confort ou charme

■ BHIMAN INN
55 Phra Sumen Road
℡ +66 22 826 171
www.bhimaninn.com
info@bhimaninn.com
Phra Athit Pier.
Chambres simples entre 1 000 B et 1 200 B ; doubles entre 1 200 B et 1 500 B. Certaines avec petit déjeuner inclus.
Hôtel impeccable de 45 chambres, un peu plus haut de gamme que la moyenne du quartier. Toutes les chambres sont climatisées, avec douche chaude, TV câblée et minibar. Très coloré, carrelage noir et blanc associé aux murs roses, mais les chambres sont plutôt agréablement décorées. Egalement à disposition des clients, une petite piscine.

■ BUDDY LODGE
265 Khao San Road
℡ +66 26 294 477
℡ +66 26 294 499
www.buddylodge.com
rsvn@buddylodge.com
Phra Athit Pier.
Chambres doubles standards à partir de 2 000 B ; Deluxe à partir de 2 300 B. Wi-fi gratuit.
Bonne adresse sur Khao San. Les prix sont bien plus élevés que la moyenne, certes, mais les prestations le justifient. Les chambres sont immaculées et agréablement décorées de bois et mobilier thaïs. Une très belle piscine sur le toit.

■ NEW SIAM RIVERSIDE
21 Phra Athit Road
℡ +66 26 293 535
www.newsiam.net
Phra Athit Pier.
Chambre double standard 1 500 B, 2 900 B avec balcon. Petit déjeuner inclus. Wi-fi gratuit.
La plupart des chambres offrent une belle vue sur le Chao Phraya. Elles ont toutes un joli parquet en bois et une décoration faite d'artisanat local. L'hôtel met à la disposition des clients une piscine avec vue sur la rivière, à laquelle les non-clients peuvent également accéder pour une somme raisonnable.

■ THE ASADANG
94, 94/1 Asadang Rd.,
Wang Buraphaphirom,
Phra Nakorn
℡ +66 8 5180 7100
www.theasadang.com
info@theasadang.com
De 3 800 à 7 000 B.
Ce joli petit hôtel d'à peine 9 chambres, idéal pour couples avec enfants, est un endroit hors du temps. Réhabilité et restauré par un couple d'architectes, amoureux des belles bâtisses et d'objets d'époque à l'image de ces éventails en rotin posés délicatement sur votre lit à baldaquin, vous serez plongé dans le Bangkok de la première moitié du XXe siècle. Charme suranné, tranquillité absolue, service discret et efficace, à 5 minutes à pied du Wat Phra Kaew et du Wat Pho, The Asadang est vraiment une belle adresse.

■ THE BHUTHORN
96 – 98 Phraeng Bhuthorn Rd.,
San Chao Phor Seua,
Phra Nakhorn
℡ +66 8 5180 7100
www.thebhuthorn.com
info@thebhuthorn.com
3 chambres de 3 600 à 6 300 B.
Le Bhuthorn se trouve à quelques mètres de l'Asadang. Il appartient aux mêmes propriétaires, et en fait, il fut le premier des deux établissements à être restauré. Il a d'ailleurs reçu un prix, l'Award of architectural preservation en 2010. Trois chambres seulement, mais toutes absolument déroutantes, par leur style colonial et ses caractéristiques. Bien évidemment, les objets chinés, tableaux, meubles anciens, tapisseries qui servent à la décoration mais pas seulement, sont d'époque, et ici encore, c'est un vrai plongeon dans le passé qui vous est proposé. Le Bhuthorn est situé dans l'ancien quartier des affaires, en plein cœur du quartier historique. Proche des plus beaux monuments de la ville !

Luxe

■ ARUN RESIDENCE

Maharat Road,
36-38 Soi Pratoo Nok Yoong,
✆ +66 22 219 158 / +66 22 219 159
www.arunresidence.com
service@arunresidence.com
Tha Tian Pier.
Chambres doubles entre 4 000 et 4 200 B.
Suites à 5 800 B. Offres promotionnelles sur le
site Internet. Petit déjeuner inclus.
Une petite adresse pleine de charme à deux
pas du Wat Phra Kaew et du Wat Pho. Il s'agit
d'une maison traditionnelle en bois d'inspiration
sino-portugaise autour de laquelle la population locale vaque à ses occupations. Arun
Résidence propose des chambres climatisées
et confortables avec parquet en bois et une
décoration spécifique. Il est possible de voir le
fleuve depuis chaque chambre. La vue sur le
Wat Arun depuis le restaurant et le bar qui
surplombent est unique, surtout à la tombée du
jour. Le restaurant de l'hôtel, The Deck, jouit
d'une excellente réputation.

■ CHAKRABONGSE VILLAS

396 Maharaj Road
✆ +66 22 22 1290 – www.thaivillas.com
reservation@thaivillas.com
Tha Rachini Pier.
Villa de 8 000 à 23 000 B en basse saison et de
10 000 à 25 000 B en haute saison. Wi-fi gratuit.
Au bord de la Chao Phraya, se trouve cette
adresse qui fait revivre un temps pour le
voyageur les splendeurs du royaume de Siam.
Cette demeure porte le nom du prince qui la fit
construire au début du siècle, fils du roi Rama
V, et fut sa résidence secondaire. En 1996 la
descendante du prince entreprit la réhabilitation
de cette demeure qu'elle confia à un architecte
thaïlandais. Le voyageur peut choisir une des
trois villas disséminées dans un beau jardin pour
poser ses valises. Bois de teck, soies luxueuses,
mobilier ancien contribuent à la splendeur du
décor. Chaque villa possède un balcon avec vue
sur le jardin et le Chao Phraya… et de l'autre côté
de la rive, le Wat Arun (temple de l'Aurore). Pas
de service typique d'un hôtel ici, on ne trouve
pas de réceptionniste ou de restaurant mais un
service personnalisé et également une piscine.
On peut choisir de prendre son petit déjeuner
dans sa villa ou dans un petit pavillon. Un écrin
de luxe et de tranquillité au bord du fleuve.

■ OLD BANGKOK INN

607 Pra Sumen Road
✆ +66 26 291 787
www.oldbangkokinn.com
info@oldbangkokinn.com
Phra Athit Pier.

Chambre double à partir de 4 000 B en basse
saison et 5 000 B en haute saison, tarifs
promotionnels sur leur site Internet. Petit
déjeuner inclus. Wi-fi gratuit.
Voilà une adresse très éloignée des guesthouses bon marché de Khao San… à la lisière
du quartier de Bangamploo, près de Democracy
Monument, un « boutique-hôtel » confondant de
charme, comprenant 9 chambres personnali-
sées. Chambres simples, décorées avec style de
mobilier en teck et notamment de poteries peintes
par la maîtresse des lieux. Un délicieux petit
déjeuner est préparé et on est en outre sensibilisé
aux problèmes d'environnement : panneaux
solaires, bois recyclé. Une adresse originale et
très attachante. Pour ceux qui souhaitent se sentir
hôte d'une maison plus que client d'un hôtel.

Chinatown et Little India

Ce n'est pas le quartier à privilégier pour
se loger. Toutefois, les établissements sont
nombreux et proposent des chambres à prix
modestes ; mais certains sont peu recommandables. En voici quelques-uns où, pour
deux ou trois nuits, on peut loger à peu près
convenablement à petit prix. Le quartier est
en outre assez mal desservi en transport en
commun, sauf pour ceux qui resteront aux
environs de la station de MRT Hua Lamphong.

Bien et pas cher

■ COSY BANGKOK PLACE

Rama IV Road
41/146-148 Soî Sunthonpimol
✆ +66 26 119 178
www.cozybangkok.com
cosybangkok@hotmail.com
MRT Hua Lamphong.
Dortoir avec A/C 300 B, chambre simple 400 B,
double entre 750 B et 850 B. Salle de bains et
toilette en commun. Wi-fi gratuit.
Bien indiquée depuis Rama IV, cette guesthouse
au fond d'un tout petit soï offre 20 chambres
simples, petites, très propres et calmes à des
prix compétitifs. Cuisine pour se préparer son
petit déjeuner, prix encore plus bas avec ventilateur, déco zen et colorée ; bref, une excellente
adresse à deux pas de la gare.

■ @ HUA LAMPHONG HOSTEL

326/1 Rama IV Road
✆ +66 26 391 925
www.at-hualamphong.com
at.hua.lamphong@gmail.com
MRT Hua Lamphong.
Tarif dortoir 4 lits 400 B, chambre simple 700 B,
double 900 B. Pas de petit déjeuner. Wi-fi gratuit.
Idéalement situé à quelques mètres seulement
de la gare, parfait lorsque l'on arrive ou l'on

part de la gare située juste en face. L'adresse flambant neuve, déco pop, couleurs acidulées et blanc éclatant dès l'entrée est le bon plan du quartier pour les budgets serrés et possède tous les atouts recherchés par les backpackers : chambres propres, claires et calmes, salle de bains privée, air conditionné bref un luxe à petit prix bien agréable. Seuls les escaliers qui mènent aux chambres sont un peu raides mais c'est un bien moindre mal !

■ RIVER VIEW GUESTHOUSE
786 Soï Phanurangsi
✆ +66 22 345 429
www.riverviewbkk.com
mail@riverviewbangkok.com
à 10 min à pied de MRT Hua Lamphong.
Tarif spécial jeune voyageur à 400 B sinon chambre double ventilée de 500 à 800 B, avec air conditionné de 800 à 1 500 B.
Chambres basiques (ce sont les chambres sans climatisation qui bénéficient de la meilleure vue), mais c'est surtout pour la vue sur le Chao Phraya depuis la terrasse sur le toit que l'on apprécie cette adresse et pour l'ambiance ; on se trouve ici immergé dans la vie du quartier… on est bien loin de Khao San et c'est tant mieux. Pour les adeptes d'authenticité ! Il est possible de suivre un cours de cuisine lors d'un séjour minimum de 2 nuits.

Confort ou charme

■ KRUNG KASEM SRI KRUNG
1860 Krung Kasem Road
✆ +66 22 250 132
srikrung_htl@yahoo.com
MRT : Hua Lamphong
Chambres à deux lits : 600 B ; à trois lits : 800 B. Petit déjeuner inclus.
Idéalement situé en face de la gare de Hualamphong, mais de l'autre côté du Klong Krung Kasem (à proximité du pont), cet hôtel sans prétention mais bien tenu propose des chambres toutes climatisées, avec TV et douche chaude. Bon accueil. Sans doute le meilleur rapport qualité-prix du quartier dans sa catégorie. Pratique si l'on doit attraper un train le lendemain.

■ WHITE ORCHID HOTEL
409/421 Yaowarat Road
✆ +66 22 260 026
www.whiteorchidhotelbkk.com
MRT Hua Lamphong.
Chambres doubles de 2 400 B pour la chambre standard à 7 500 B pour la suite mais importantes promotions sur le site Internet.
Situé sur la très passante et très bruyante Yaowarat Road, l'hôtel offre, depuis le 12e étage, une vue imprenable (mais pas forcément très belle) sur la ville. Les chambres, sans charme,

sont assez conf...
« standards » n...
correct, et le p...

Luxe

■ GRAND CHI...
215 Yaowarat R...
✆ +66 22 249...
gcp@grandchina.com
MRT Hua Lamphong.
Chambres doubles à partir de 2 500 B. Restaurant.
Un établissement de bon standing mais dont l'heure de gloire est passée bien qu'il affiche souvent complet. Des chambres confortables, correctement aménagées, et une large gamme de services attirant les clients. Petite piscine sur le toit et fitness. Assez impersonnel.

■ SHANGHAI MANSION
479-481 Thanon Yaowarat
✆ +66 22 212 121
www.shanghaimansion.com
inquiry@shanghaimansion.com
MRT Hua Lamphong.
Chambre double à partir de 2 500 B, petit déjeuner inclus. Wi-fi gratuit.
Pour sortir des chaînes traditionnelles et être proche du vibrant Chinatown, expérimentez cet établissement de 55 chambres, situé au 4e étage d'un immeuble de Yaowarat. L'hôtel ouvrira prochainement de nouvelles chambres au 3e, qui partageront l'étage avec un centre Spa de qualité. Mobilier chinois, décoration très colorée, on est ici happé par cette déco spéciale et tellement chinoise. Service impeccable.

Silom Sathorn

Le quartier pourtant animé est plus calme que Sukhumvit. On y est plus tranquille, mais les possibilités de shopping sont nombreuses, les restaurants pléthoriques et variés. En outre, si l'on souhaite se divertir le soir, Patpong est toujours une solution et pas forcément pour ses *gogo bars,* mais aussi pour son marché de nuit. Les hébergements bon marché et souvent très bas de gamme se concentrent autour du soï Ngam Dupli au sud de Sathorn Road (proche de la station de MRT Lumphini). C'est ici que se concentraient, il y a quelques décennies, les *backpackers.* Aujourd'hui, la plupart des établissements ne sont pas très bien entretenus, et l'accueil laisse à désirer. Les autres catégories d'hébergement sont largement représentées autour des avenues Silom et Sathorn, et notamment les hôtels haut de gamme. La zone est bien desservie par les transports en commun avec les stations de BTS Sala Daeng, Chong Nonsi et Surasak, et les stations de MRT Lumphini et Silom.

BANGKOK - Se lo...
Bien et pas ch...
120
BANG...
123 S...
BANGKOK ET SES ENVIRONS

...OK CHRISTIAN GUESTHOUSE
...adaeng Soï 2
...+66 22 336 303 – www.bcgh.org
...eservations@bcgh.org
BTS Sala Daeng.
Chambre simple à 1 000 B, chambre double à 1 400 B, A/C, sdb privée et petit déjeuner inclus.
Cet établissement est fort bien tenu. L'ensemble est d'une propreté irréprochable et, bien que sans charme particulier, les chambres sont confortables et l'établissement bien situé. Il y a également des chambres familiales. Comme son nom l'indique l'établissement est catholique mais tout le monde est bienvenu quelles que soient ses croyances.

■ CHARLIE HOUSE
1034/36-37 Soï Saphan Khu
Entre Lumpini Tower et le Soï Ngam Dupli
✆ +66 26 798 330
www.charliehousethailand.com
MRT Lumphini.
Chambres climatisées simples à partir de 1 100 B et doubles à 1 400 B.
Ce petit hôtel de 19 chambres propose des chambres correctes bien qu'un peu vieillottes, l'accueil est sympathique et le rapport qualité-prix est intéressant. Les chambres possèdent une salle de bains privée avec eau chaude. Bien situé au cœur de la ville.

■ PENGUIN HOUSE
Yenakat Road
27/23 Soi Sri Bamphen,
✆ +66 26 799 991
https://penguin.makewebeasy.com
MRT Khlong Toei.
Chambre double climatisée à 850 B avec salle de bains privative. Location possible d'appartement au mois 18 000 B.
Un établissement de bon standing qui propose des chambres simples mais confortables avec un petit plus dans la décoration qui justifie un prix supérieur aux autres hébergements. L'établissement est très sécurisé avec un accès aux étages supérieurs réservés aux clients possédant une carte magnétique.

■ SALA THAÏ DAILY MANSION
(au bout du Soï Sri Bamphen)
15 Soï Saphan Khu 15
✆ +66 22 871 436
MRT Lumphini.
Chambre simple ventilée à 300 B et double climatisée à partir de 500 B.
Au fond d'un soï pour le moins tortueux. Une bonne adresse cependant, avec des chambres aérées et propres bien que basiques. Sanitaires communs. Le personnel est accueillant. C'est

déjà beaucoup pour le quartier, en outre l'endroit est calme et l'on peut profiter de l'agréable terrasse sur le toit.

■ THE CORNER GUESTHOUSE
27/39 Soï Sri Bamphen
Thung Maha Mek – Sathorn
✆ +66 81 620 2056 / +66 26 798 438
www.thecornerbkk.com
booking@thecornerbkk.com
Chambres à partir de 500/600 B.
Situé dans un quartier de plus en plus animé et fréquenté par la communauté française, cette guesthouse a été récemment rénovée. Cedric, jeune Français installé en Thaïlande depuis plusieurs années, et sa femme Panticha vous accueillent dans une ambiance chaleureuse et proposent des chambres propres et lumineuses. Bien que l'on doive partager les salles de bain sur le palier, celles-ci sont spacieuses et nettoyées régulièrement. Eau chaude, TV câblée (TV5 monde), wi-fi gratuit, et de succulents petits-déjeuners incluant baguette et croissant sont servis à partir de 7h, en terrasse ou en salle climatisée. Pensez à réserver à l'avance car l'établissement est souvent complet.

Confort ou charme

■ GLITZ
135/18-19 Surawong Road
✆ +66 26 340 001 – www.glitzbangkok.com
reservation@glitzbangkok.com
BTS Sala Daeng ou MRT Silom.
Chambre double à partir de 2 500 B. Promotions sur le site Internet.
Ce boutique-hôtel récent est une adresse agréable dans le quartier, idéalement situé et pourtant au calme bien que donnant sur l'une des artères les plus animées. Les chambres sont de belle taille et la décoration « strass et paillettes » est très sympa. Les couleurs sont un peu *flashy*, mais l'ensemble est bien pensé. Personnel accueillant et sympathique, idéal pour un petit séjour dans la capitale, notamment en amoureux.

■ LUXX
6/11 Decho Road
✆ +66 26 358 800 – www.staywithluxx.com
BTS Chong Nonsi.
Tarifs compris entre 1 800 et 3 300 B petit déjeuner inclus.
Décoration minimaliste et design, on a beaucoup aimé le style « traveler chic » de l'ensemble, mais des signes montrent une mauvaise tenue de l'ensemble, c'est dommage. Les chambres standard ne sont pas très spacieuses mais on s'y sent bien, et toutes ont une charmante baignoire en bois. Très peu de chambres ont une vue vraiment agréable ! Cela reste une adresse correcte pour ceux qui sont de passage.

■ PINNACLE LUMPINEE HOTEL & SPA

17 Soï Ngam Duphli
Rama IV Road,
✆ +66 22 870 111
www.pinnaclehotels.com
lumpinee@pinnaclehotels.com
MRT Lumphini.
Chambre économique simple à 850 B et double à 1 350 B ; standard simple à 1 800 B et double à 2 000 B. Petit déjeuner inclus.
Situé non loin du parc Lumphini, c'est un hôtel moderne de bon standing qui propose des chambres très confortables avec TV câblée, frigo et eau chaude. En outre, le personnel est très aimable. L'hôtel possède un centre de fitness, un Spa, piscine et bain bouillonnant.

■ SILOM SERENE

7 Soi Pipat (Silom 3)
Silom Road,
✆ +66 26 366 599 – www.silom-serene.com
sserene@loxinfo.co.th
BTS Sala Daeng.
Chambre deluxe à partir de 4 000 B. Petit déjeuner compris.
Idéalement situé dans la capitale, cet hôtel de caractère dispose de chambres de charme, confortables et silencieuses. Une petite terrasse intérieure bordant la piscine de l'hôtel offre un moment de relaxation loin de la trépidante Bangkok. L'établissement abrite également un petit centre de fitness et sauna, ainsi qu'une salle de détente avec location de DVD. Le restaurant de l'hôtel propose une carte plutôt simple mais soignée de plats traditionnels et internationaux. Accueil très agréable.

■ TARNTAWAN PLACE HOTEL

119/5-10 Surawong Road
✆ +66 22 382 620 – www.tarntawan.com
tarntawan@tarntawan.com
BTS Sala Daeng ou MRT Silom.
Tarifs compris entre 2 300 B et 8 500 B, petit déjeuner inclus.
Voici un hôtel bien situé qui propose des chambres d'un bon rapport qualité-prix pour le quartier. Rien d'exceptionnel mais des chambres confortables et un service efficace. Les chambres Surawong sont plus spacieuses et un peu plus modernes. L'hôtel est très calme, et est situé près du célèbre marché nocturne Patpong, et également à 5 minutes du métro aérien, proche de ses nombreuses activités nocturnes (bars et discothèques).

■ THE SWISS LODGE

3 Convent road, Silom
✆ +66 22 335 345
www.swisslodge.com
info@swisslodge.com
BTS Sala Daeng ou MRT Silom.

Chambre double à partir de 3 000 B, petit déjeuner inclus (3 500 B en haute saison). Des tarifs « package » avantageux sont proposés en fonction de la saison sur Internet.
Petit établissement de très bon standing aux chambres neutres mais impeccables au calme dans cette petite *soï*. L'accueil est excellent et la décoration moderne classique mais réussie. Restauration suisse, comme il se doit : Cafe Swiss (spécialités de fondues…). Petite piscine en terrasse.

Luxe

■ ANANTARA BANGKOK SATHORN*****

Ratchanakarin road
36 Narachiwat
Sathorn
✆ +66 22 109 063
www.anantara.com
bangkoksathorn@anantara.com
Chambres à partir de 3 700 B. Restaurants, Piscine, Spa, bars...
Hôtel 5-étoiles, situé à deux minutes en taxi de la station Chong Nonsi et 10 min de Lumpini park et Silom et ses nombreux bars et restaurants. Le groupe possède d'autres hôtels à Phuket ou koh Samui et celui-ci est le premier Anantara au sein d'une grande ville. Plusieurs catégories de chambres telles les Deluxes, les suites avec 2 chambres, ou les studios. L'hôtel possède aussi une piscine, salle de sport, wi-fi gratuit, salon de massage et Spa, un court de tennis avec professeur, plusieurs restaurants italien, thai et autre cuisine internationale et tous les services d'un hôtel de luxe surtout en ce qui concerne les excursions et spectacles à voir dans la ville. Enfin, du haut de son 37e étage, vous pourrez admirer la vue de la ville, qui la nuit, est forte agréable.

■ ORIENTAL RESIDENCE BANGKOK*****

110 Wireless Road, Lumpini, Pathumwan
✆ +66 2125 9000
www.oriental-residence.com
De 4 100 à 14 900 B. 145 chambres et suites. Deux restaurants, une piscine, une salle de sport.
Elégance et raffinement sont sans aucun doute les termes qui caractérisent le mieux ce superbe hôtel. Il règne en ces lieux une douceur de vivre, rarement retrouvée dans d'autres hôtels de même standing. Cela est peut-être dû aux choix des matériaux et couleurs utilisés dans les chambres et les salles de bains (marbre, bois), à la lumière aussi, qu'elle soit naturelle ou pas, à la bienveillance du personnel… Au petit déjeuner, rendez-vous au Café Claire, inspiré des bistrots parisiens, avec un service à la carte ou au buffet et le soir, pourquoi ne pas aller dîner au Mandopop, encore un des nombreux atouts de l'Oriental Residence.

■ **PULLMAN BANGKOK HOTEL G**

Entre Soï 12 et Decho Road
188 Silom Road
✆ +66 22 381 991
www.pullmanbangkokhotelg.com
BTS Chong Nonsi / Sala daeng
Chambres doubles standard à partir de 3 500 B.
Cet hôtel offre des chambres au confort remarquable avec de magnifiques salles de bains. Situé au centre du quartier des affaires, il est assez central pour pouvoir profiter des attractions touristiques. Les chambres des étages supérieurs ont une vue impressionnante.

■ **SOFITEL SO BANGKOK*****

2 North Sathorn Road, Bangrak
Bangrak
✆ +66 2 6240 000 / +66 2 6240 111
www.sofitel-so-bangkok.com
H6835@sofitel.com
238 chambres et suites allant de 38 à 138 m²
à partir de 5 000 B la nuit. Petit déjeuner non compris. Deux restaurants, une piscine en plein air, solarium, Spa, etc. Dans chaque chambre, un Apple Mac mini est à votre disposition.
Le Sofitel So se profile sous la silhouette élégante d'une tour de 30 étages, représentant un précieux livre relié, qui domine le Central Park thaï, l'immense Lumpini. Conçu autour des cinq éléments traditionnels chinois (eau, terre, bois, métal, feu), l'hôtel décline ses couleurs en thématiques, au choix pour chaque type de chambre. Les lits sont confortables à souhait, les baies vitrées s'ouvrent largement sur le park Lumpini et sur la Skyline de Bangkok et l'équipement en nouvelles technologies parfait pour les voyageurs d'affaires comme de tourisme. L'art de vie à la française y est magnifiée, les restaurants et les bars créatifs, la boutique de chocolat, la piscine à débordement, le solarium vous le démontreront. L'hôtel organise régulièrement des soirées à thème courues par toutes les célébrités et le beau monde de la capitale. Accueil remarquable, élégance à tous les étages, pour toutes ces raisons et pour bien d'autres encore, nous recommandons fortement le Sofitel So.

■ **THE BANYAN TREE**

21/100 South Sathorn Road
✆ +66 26 791 200
www.banyantree.com/bangkok
pr@banyantree.com
MRT Lumphini.
Chambre double à partir de 5 500 B jusqu'à 40 000 B pour une suite présidentielle.
Hôtel ultramoderne situé dans l'impressionnante tour Thai Wah Tower II. Les chambres sont très spacieuses et séparées entre espace de travail et de repos. La vue des étages élevés est impressionnante. Faites brûler l'encens que vous trouverez dans votre chambre en prenant un bain dans la très agréable salle de bains attenante à votre chambre… On y vient surtout en voyage d'affaires, mais rien n'empêche de profiter du luxe et de l'élégance du lieu ! Salle de remise en forme gigantesque sans parler du Spa. Bien située et possédant tous les standards du confort moderne, c'est une adresse idéale pour un business trip. Impossible de ne pas faire un tour sur le toit pour aller prendre un verre au Moon Bar… Et si le cœur vous en dit, un marathon vertical est organisé tous les ans dans l'hôtel. Il s'agit tout simplement de gravir le plus rapidement possible les 59 étages du building, par les escaliers bien entendu, soit 1 093 marches !

■ **TOWER CLUB AT LEBUA*****

1055/42 Silom Road
✆ +66 2624 9999
www.lebua.com
towerclubresvn@lebua.com
221 chambres à partir de 4 000 B. Restaurants, bars, piscine, salle de sport.
Il est assurément l'un des hôtels les plus symboliques de Bangkok, avec son dôme doré visible à des kilomètres à la ronde. Les suites sont immenses et superbement équipées, les salles de bains très fonctionnelles avec une gamme de produits de soins corporels de qualité. Les balcons, à partir du 51e étage surplombent la ville et le majestueux fleuve Chao Phraya. Les suites, les bars et les restaurants plusieurs fois primés, offrent tous des vues à couper le souffle. Et la barre a été mis vraiment haut, au propre comme au figuré, avec l'élégant Breeze (51e étage), l'emblématique Sky bar et le prestigieux Sirocco, plus haut restaurant à ciel ouvert du monde (63e), le bar à sushi Distil (64e), l'illustre restaurant Mezzaluna (65e). Des chefs internationaux de renoms sont aux fourneaux, comme le Français Clément Pellerin, les jumeaux allemands Sühring, le Singapourien James Ho, le Libanais Fouad Zaghoul, l'Indien Rahul Negi… Pour orchestrer l'ensemble, le chef et maître cuisinier français, Dominique Blais. Une dernière chose, le petit déjeuner proposé est tout simplement hallucinant !

Siam

Siam possède une offre plus restreinte, surtout en comparaison avec Silom ou Sukhumvit. C'est en effet une zone réservée plus au shopping et aux sorties qu'à l'hébergement. Pas vraiment de rue où les établissements se regroupent, mais quelques établissements de-ci de-là, à choisir selon son budget. L'avantage de résider à Siam est que l'on est vraiment au cœur de Bangkok et de ses activités, et le quartier est très bien desservi par les transports en commun.

Bien et pas cher

■ A-ONE INN

Rama I Road
25/13-15 Soï Kasem San 1,
☏ +66 22 153 029
www.aoneinn.com – manager@aoneinn.com
BTS Siam ou National Stadium.
*Chambre simple et double à 600 B et triple à
750 B.* Guesthouse très centrale qui propose
de petites chambres basiques climatisées avec
salle de bains (très petite) privative. Eviter celles
du rez-de-chaussée qui sont bruyantes. Il règne
une agréable atmosphère qui a rendu l'endroit
très populaire. Il est préférable de reconfirmer
sa réservation la veille et le jour même pour
éviter les mauvaises surprises. Le personnel
est très serviable, et les voyageurs ont à leur
disposition Internet, coffres et laverie.

■ BAAN WAREE

24 Paholyothin 8 Road
☏ +66 22 726 300
www.baanwaree.com
baanwaree@gmail.com
BTS Ari.
Tarif chambre double 1 300 B.
Le concept de cet hôtel pour le moins original
est de marier art, espace à vivre et matériaux
recyclés. L'hôtel est installé à 10 min à pied de
la station de BTS Ari (touk-touk gratuit pour
venir vous chercher), et assez proche du marché
de Chatuchak. On souhaitait mentionner cette
adresse qui fait parler d'elle. Chacune des
17 chambres est décorée par un artiste thaï
et possède un nom : « Wish you were here ! »,
« Medecine machine ». On y trouve également une
pièce consacrée à des expositions temporaires.
Le restaurant attenant est très prisé. Une adresse
arty et fantaisie qui séduira les non-conformistes.

■ GOLDEN PALACE HOTEL

15 Sukhumvit Soï 1
☏ +66 22 525 115 / +66 22 525 169
mkt@goldenpalacehotel.com
BTS Ploenchit.
Chambre simple 1 100 B, double 1 350 B.
Excellente situation pour ce petit hôtel à la
déco très années 1950. L'adresse, même si
elle n'a rien d'un palais propose des chambres
classiques et propres avec TV, climatisation et
une bonne literie. Les salles de bains sont acceptables. Rien d'exceptionnel mais un bon rapport
qualité-prix si l'on considère la localisation.

■ WENDY HOUSE

Rama I Road
36/2 Soï Kasem San 1,
☏ +66 22 141 149
www.wendyguesthouse.com
info@wendyguesthouse.com
BTS Ploenchit.
*Chambres doubles climatisées avec salle de
bains privative à 1 500 B, simple à 1 100 B.*
Cette petite guesthouse offre des chambres
basiques sans fioriture. Elle vaut surtout pour
sa situation et l'ensemble des services à disposition des voyageurs comme le café Internet,
la laverie ou les guides de voyage qui peuvent
être empruntés. En outre, le personnel est très
accueillant et toujours disponible pour renseigner
les visiteurs. Une très bonne adresse.

Confort ou charme

■ ARNOMA GRAND BANGKOK

99 Ratchadamri Road, Pathumwan
☏ +66 2655 5555
www.arnoma.com
arnoma@arnoma.com
*Chambres à partir de 2 200 B. Restaurants,
bars, piscine, salle de sport, salon de massage.
Wi-fi gratuit.*
L'hôtel 4 étoiles se situe à Pathuwam, en plein
cœur de la capitale thaïlandaise. Il comprend
près de 369 chambres et suite, spacieuses
et confortables. En fait, ses prestations sont
très proches d'un 5 étoiles, mais pour moitié
moins cher. Plusieurs restaurants et bars, une
piscine au 4ème étage, une salle de sport, un
service de massage, des excursions proposées
dans et en dehors de Bangkok. Tout autour,
plus de 400 boutiques dont le célèbre mall
Centralworld's. Une station BTS se trouve
tout proche, mais si vous n'avez pas envie de
marcher, un Tuk Tuk aux couleurs de l'hôtel
peut vous y déposer gratuitement. Service
24/24h. Le Gérant de l'hôtel est suisse et parle
français.

■ ASIA HOTEL

296 Phaya Thai Road
☏ +66 22 170 808
www.asiahotel.co.th
sale@asiahotel.co.th
BTS Ratchathewi.
À partir de 2 100 B.
Un hôtel qui vaut pour sa situation et la large
gamme de services proposés dont de nombreux
restaurants, une agence de voyage… On ne
peut pas parler de charme ici mais plutôt d'un
certain kitsch asiatique. Chambres confortables
et spacieuses.

■ PATHUMWAN PRINCESS

444 Phayathai Road
☏ +66 22 163 700
☏ +66 22 163 729
www.pprincess.com
ppmb@dusit.com
BTS Siam ou National Stadium.

© MICKAEL DAVID – AUTHOR'S IMAGE

Vue panoramique de Bangkok et ses buildings illuminés de nuit.

Chambre simple à partir de 4 000 B, double à 4 500 B et triple à 5 700 B. Promotion sur Internet.
Grand établissement dont la plupart des chambres ont été rénovées pour les moderniser, elles sont spacieuses et confortables. L'hôtel directement relié à la station de BTS National Stadium et à une courte distance à pied de Siam est bien situé. Le service est efficace, et l'hôtel bénéficie d'une clientèle fidèle. La piscine et un exceptionnel club de sport sont à la disposition gratuite des visiteurs. Certaines des chambres ont en outre une très belle vue.

Luxe

■ BAÏYOKE SKY HOTEL
222 Ratchaprarop Road
✆ +66 26 563 000
✆ +66 26 563 456
www.baiyokehotel.com
baiyokesky@baiyoke.co.th
BTS Phaya Thai et Suvarnabhumi Airport Rail.
Chambre double deluxe à partir de 4 000 B. Promotions sur Internet. Les chambres à partir du 64ᵉ étage sont plus chères.
Cet hôtel de 673 chambres est installé dans la plus haute tour de Thaïlande : 88 étages ! Les chambres sont modernes et confortables mais sans être renversantes, elles valent surtout pour la vue. Piscine et salle de remise en forme. Les restaurants occupent les derniers étages : vue grandiose sur la « Cité des Anges », depuis une plate-forme panoramique rotative au 84ᵉ étage (accès payant). Accueil prévenant et l'hôtel est désormais juste à côté du terminus du nouveau train aérien qui relie l'aéroport international.

■ GRAND HYATT ERAWAN
494 Ratchadamri Road
✆ +66 22 541 234
www.bangkok.grand.hyatt.com
bangkok.grand@hyatt.com
BTS Ploenchit.
Chambre double à partir de 8 000 B, réductions importantes sur Internet.
Hôtel de très grande classe internationale. Cet imposant établissement de 380 chambres, dont 44 suites, est situé non loin du Lumpini Park et à côté de la station de BTS Ratchadamri. Les chambres offrent le confort et les aménagements attendus d'un hôtel d'un très haut standing avec une décoration thaïe classique. L'hôtel est prisé des businessmen. Le service est irréprochable. Nombreux restaurants et une tea-room qui sert chaque jour le thé accompagné de délicieuses douceurs. Les installations sportives sont superbes, et le Spa bien que très onéreux vaut le détour.

■ NOVOTEL SIAM SQUARE
392/44 Siam Square Soï 6
✆ +66 22 556 888 – www.novotel.com
hotel@novotelbkk.com
BTS Siam.
Tarifs à partir de 3 500 B hors saison et 5 000 B en saison.
Idéalement situé dans le centre du quartier commercial de Siam Square et tout proche de la station de métro du même nom. Cet établissement, appartenant au groupe français Accor, comprend près de 400 chambres disposant de tout le confort moderne. Restaurants : Focazzia (italien), Lok Wa Hin (chinois), The Deli (salon de thé, pâtisserie). Piscine, sauna, centre de remise en forme. Très bon accueil. Discothèque au sous sol !

Siam Kempinski Hotel Bangkok
991/9, Rama I Road, Pathumwan,
Bangkok 10330, Thailand

T: +66 (0)2 162 9000 ⏐ F: +66 (0)2 162 9307
E: reservations.siambangkok@kempinski.com

www.kempinski.com/bangkok

■ PULLMAN BANGKOK KING POWER

8-2 Rangnam Road, Thanon Phayathai
Ratchathewi ✆ +66 2 680 9999
www.pullmanbangkokkingpower.com
Phaya Thai airport link
Supérior room à partir de 3 000 B, 3 600 B pour une Deluxe Room avec lit King-Size. Proche de la station BTS Victory Monument.
Le Pullman King Power est très bien situé, en plein cœur de Bangkok avec accès direct depuis l'aéroport international, proche de la station BTS Victory Monument que vous rejoindrez grâce aux Tuk Tuk privés et gratuits de l'hôtel. L'établissement dispose de 366 chambres Supérieures, Deluxe, Executives mais aussi de superbes suites. Restaurants branchés pour manger thaï, chinois, japonais, italien, français et bars avec musique live plusieurs fois par semaine. Une très belle piscine en hauteur, une salle fitness et un spa sont également à disposition de la clientèle, avec des prestations de qualité. Juxtaposé à l'hôtel, sous un dôme de verre et d'acier, l'immense Duty free King Power. Non loin, l'Aksra Theatre, le VR Museum, le Santiparb Park, le Four-Faces Buddha, le Jatujak Weekend Market, la Maison de Jim Thomson ou encore des centres commerciaux prestigieux tels que Siam Paragon, MBK ou Platinium pour ne citer qu'eux ! En 2016, l'établissement se refait une beauté. Les travaux commenceront à l'aile sud, puis ce sera au tour de l'aile nord. Mais vous ne vous aperceverez de rien. Très bon rapport qualité/prix.

■ SIAM KEMPINSKI HOTEL BANGKOK

Rama 1 Road 991/9, ✆ +66 2162 9000
www.kempinskibangkok.com
303 chambres à partir de 9 000 B. Restaurants, bars, piscines, spa, boutiques, accès direct à la station BTS Siam.
Il est régulièrement cité comme l'un des plus luxueux hôtels de Bangkok et dans le top 10 des préférés de ceux qui ont testé de nombreux établissements de la capitale, non sans raison. Situé en plein cœur de Siam, le Kempinski hôtel conjugue faste thaïlandais et savoir-faire européen. Service impeccable et si vous êtes en Exécutive room minimum, vous aurez droit à un afternoon tea au british dès 14h, ainsi qu'à un cocktail dinatoire, tous les soirs, inclus dans votre forfait. L'hôtel possède 303 chambres, dont 42 suites, certaines avec un accès direct à l'une des trois piscines. Véritable oasis de tranquillité avec ses nombreux jardins, le Siam Kempinski dispose également d'un accès direct à l'un des plus grand Mall de Bangkok, le Siam Paragon, et par extension à la station BTS Siam. Trois restaurants, dont le gastronomique Sra Bua by Kin Kin, plusieurs fois récompensé, 2 bars, un très grand et beau spa de classe mondiale, plusieurs boutiques, une salle de jeux pour les enfants... Petits déjeuners copieux et variés, on n'en attendait pas moins d'un établissement de ce standing. Personnel très réactif et hyper compétent.

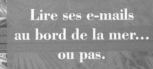

Lire ses e-mails
au bord de la mer…
ou pas.

Sukhumvit

Ce quartier résidentiel prisé tout autant par les étrangers que par les Thaïlandais concentre une multitude d'hôtels pour quasiment toutes les bourses. Vous trouverez aussi de très nombreux commerces, centres commerciaux, bars et restaurants. Vous n'aurez donc aucun mal à vous sustenter quel que soit votre budget. Les vendeurs de rues sont ici aussi fort nombreux.

Bien et pas cher

■ **ATLANTA HOTEL**
78 Sukhumvit, Soï 2
✆ +66 22 521 650
www.theatlantahotelbangkok.com
BTS Phloenchit.
De 950 à 1 950 B.
Cet établissement historique ouvert en 1952 n'est pas un palace mais continue de faire le plein sur sa réputation. Le lobby plein de charme et sa décoration des années 1950 est très prometteur, mais on déchante en découvrant les chambres qui mériteraient d'être rénovées, leur confort est spartiate et l'aspect général vraiment vieillot. Mais cela ne dissuade pas les voyageurs qui continuent d'affluer dans cette institution. L'établissement est très strict à l'encontre du tourisme sexuel et des enfants indisciplinés ! Situé à l'extrémité sud Soï Phasuk, sur la droite, juste avant l'église Baptiste. Un petit jardin se trouve derrière avec une assez grande piscine. Très bon accueil. Restaurant thaï sur place.

■ **PS GUEST HOUSE**
26/1 Sukhumvit Road Soï 8
✆ +66 22 552 309
psguesthouse@hotmail.com
BTS Nana.
Chambre double entre 1 000 et 1200 B.
Cette guesthouse bien située au calme car un peu en retrait de l'animation de l'entrée de ce soï agréable et animé. Les chambres de la nouvelle aile ont un parquet, sont assez spacieuses, et la plupart ont une vue agréable. Les chambres de l'ancienne aile ont une kitchenette pratique pour les voyageurs qui resteraient plus longtemps à Bangkok.

■ **STAR INN HOTEL**
131/40-41 Soï Sukhumwit 7/1
✆ +66 26 510 760
www.starinnhotelbkk.com
contact@starinnhotelbkk.com
Chambres à partir de 1 000 B.
Situé au cœur du quartier de Sukhumvit, cet hôtel est au centre des activités nocturnes et à quelques pas de la station Nana et du BTS Skytrain (métro aérien). L'équipe vous accueille 24h/24 dans l'une de ses 29 chambres au confort soigné : climatisation, télévision câblée, douche avec eau chaude dans toutes les chambres, room service, wi-fi...

■ **SUK 11 HOSTEL**
1/33 Sukhumvit Road Soï 11
✆ +66 22 535 927
www.suk11.com
suk11@truemail.co.th
BTS Nana.
Chambre A/C et douche et WC dans le couloir, à partir de 550 B (une, deux ou trois personnes) ; chambre avec salle de bains privée à partir de 700 B. Petit déjeuner inclus.
Caché dans l'angle d'un petit soï, cet établissement de standing modeste est un point de chute des backpackers dans le quartier, la clientèle est plutôt jeune, internationale et relax. Pour autant l'endroit est un havre de tranquillité. L'équipe de l'hôtel est aimable et très serviable. L'agencement du troisième étage est original : un passage (éclairage tamisé) traverse les murs percés de plusieurs immeubles, un peu comme dans un squat ! Toutes les chambres sont climatisées, mais seules certaines possèdent une salle de bains privative. Les meilleures se trouvent au dernier étage. La télévision est disponible en communauté. Le rapport qualité-prix est intéressant et le lieu bien situé.

Confort ou charme

■ **BE MY GUEST B&B**
212/4 Nathong1 Lane
✆ +66 26 924 037
www.bemyguestbnb.com
yourhost@bemyguestbnb.com
MRT Thailand Cultural Centre.
Chambre simple 900 B, double 1 400 B.
Certes un peu éloignée du centre-ville, mais tout de même facile d'accès avec le MRT, cette *guesthouse* de seulement 4 chambres permet d'avoir une vision plus traditionnelle de Bangkok dans ce quartier un peu décentré. Accueil charmant par le propriétaire, chambres joliment décorées avec tout le confort moderne. Le matin, petit déjeuner copieux. Une bonne adresse.

■ **DROP INN B&B**
392/28-31 Sukhumvit Soï 20
✆ +66 22 580 071
www.dropinnbangkok.com
reservation@dropinnbangkok.com
BTS Asok ou MRT Sukhumvit.
Chambre double de 1 700 à 2 500 B, petit déjeuner inclus.
Bien situé au début du *soï* 20 dans le quartier de Sukhumvit, à proximité des transports et des points d'intérêt du quartier, ce boutique-hôtel propose des chambres plutôt grandes, propres

avec salle de bains personnelle. Certaines possèdent un balcon. Restaurant et accès Internet dans les chambres.

■ LE FENIX SUKHUMVIT***

33-33 Sukhumvit Soi 11
Klongtoey Nua Wattana
✆ +66 2305 4000
reservation@lefenix-sukhumvit.com
Le Fenix se situe au cœur de Sukhumvit, proche du métro aérien. La zone environnante est bien connue pour ses marchés de rue très vivants, ses bars, ses restaurants et ses galeries marchandes ainsi que pour les consulats et les ambassades rendant cette destination populaire pour un séjour touristique ou un déplacement professionnel. L'hôtel comprend 147 chambres, chic et design, avec wi-fi, *lobby bar*, restaurant, espace fitness et piscine couverte.
Le Nest, bar lounge situé sur le toit de l'hôtel est idéal pour la dégustation de cocktails entre 23h et 2h du matin et dispose d'une vue à 360° sur le soï.

■ MAJESTIC SUITES

entre Soï 4 et 6
110-110/1 Sukhumvit Road,
✆ +66 26 568 220
www.majesticsuites.com
anand@majesticsuites.com
BTS Nana.
Chambre simple à partir de 1 350 B ; double à partir de 1 700 B. Petit déjeuner et wi-fi inclus.
Cet hôtel neutre situé directement sur la rue Sukhumvit propose des chambres tout à fait confortables bien que de taille modeste. Il est préférable d'éviter les chambres donnant sur la rue, un peu bruyantes. Clientèle cosmopolite. Le service est excellent et la prestation sans surprise ce qui permet à l'hôtel de s'être constitué une clientèle de fidèles.

■ SEVEN DESIGN HOTEL

3/15 Sukhumvit Soi 31
✆ +66 8 1616 2636
www.sleepatseven.com
info@sleepatseven.com
A partir de 5 800 B. Réduction sur site internet et selon la saison allant jusqu'à 35 %. Connexion wi-fi.
Le Seven est un petit boutique hôtel plein de charme situé dans une petite rue tranquille, à quelques mètres des stations BTS Phrom Phong et MRT Asoke. Comme son nom l'indique, cet établissement de charme ne possède que 7 chambres, toutes décorées de façon singulière, selon l'astrologie indienne, avec des noms de dieux et des couleurs correspondantes. Par exemple, la jaune s'appelle Phra Charn et concorde au dieu de la lune. Le confort des chambres est digne d'un hôtel de luxe, les lits sont

très confortables, télévision câblée, petit balcon, mais les salles de bains sont assez sommaires et toutes ne possèdent pas de baignoires. Le petit déjeuner se prend au rez-de-chaussée, autour d'une table commune. A tous ceux qui ont horreur de se retrouver dans un ensemble impersonnel, sans renoncer à un certain confort, le Seven est une excellente alternative.

Luxe

■ GRANDE CENTRE POINT HOTEL TERMINAL 21*****

2, 88 Sukhumvit Soi 19 (Wattana),
Sukhumvit Rd.,
Klongtoey Nua, Wattana
✆ +66 2 681 9000
www.grandecentrepointterminal21.com
terminal21@centrepoint.com
498 chambres à partir de 5 400 B. Piscine extérieure, practice de golf, courts de tennis, restaurant, sauna, Spa.
C'est déjà un très beau bâtiment de moins de deux ans, très hi-tech, qui allie modernité et harmonie dans la plus pure tradition thaïlandaise. Les chambres sont élégantes et spacieuses et offrent tout le confort souhaité avec en sus, de superbes vues, certaines sur le lac et le parc Benjakitti. Lit moelleux, mobilier contemporain, WC japonais, TV LED LCD, lecteur DVD, cuisine bien équipée, connexion Internet haut débit... De nombreuses activités sont proposées à l'intérieur de l'hôtel, sauna, Spa, salle de yoga et à l'extérieur, piscine, tennis, et même un practice d'entraînement de golf. Un très bon restaurant, le Blue Spice, qui vous régalera de ses spécialités occidentales et thaïlandaises, un excellent petit déjeuner, très varié, avec de nombreux plats occidentaux et chinois, un choix important de pâtisseries... L'hôtel est connecté à la station BTS et MTR Asoke, en plein cœur de Sukhumvit, au-dessus du Mall Terminal 21, où vous pourrez même faire vos courses.

■ JW MARRIOTT HOTEL

4 Sukhumvit Road Soï 2
✆ +66 26 567 700
www.marriott.com/bkkdt
BTS Nana.
Chambre double à partir de 5 500 B. Promotions sur le site Internet.
L'établissement propose des « packages » intéressants. Cet hôtel imposant abrite des chambres à la décoration thaïe contemporaine très réussie. La clientèle est surtout business, mais l'aménagement de l'hôtel peut faire également le bonheur des voyageurs loisirs (Spa et piscine à disposition). L'accueil est très soigné. Les restaurants sont nombreux dont le New York Steakhouse, et les très cotés restaurants japonais Tsu et Nama Teppanyaki.

■ HOTEL MUSE*****

55/555 Langsuan Road, Lumpini,
Pathumwan
© +66 2 630 4000
www.hotelmusebangkok.com
H7174-RE@accor.com

174 chambres à partir de 5 265 B, dont une spécialement conçue pour des personnes à mobilité réduite. Restaurants Babette's Steak House et Medici, bar The Speakeasy rooftop, piscine, salle de fitness. Wi-fi gratuit.

Nous apprécions véritablement cet hôtel Mgallery Collection du groupe Accor pour plusieurs raisons. Tout d'abord, parce qu'il est unique, de par sa conception et de par son aspect *vintage*, début du XXᵉ siècle, qui lui donne une élégance très particulière. Il est de taille moyenne, haut de 25 étages et possède 174 chambres et suites somptueuses, raffinées et confortables à souhait. Le bar à cocktails en *rooftop*, The Speakeasy, où vous siroterez des breuvages oubliés servis par un personnel habillé comme dans les années folles de Chicago, domine le quartier de Longsuan Road. On peut aussi y déguster une excellente cuisine occidentale mêlée de saveurs asiatiques. Les amateurs de plats italiens et de romantisme se rendront au Medici Kitchen & Bar pour un moment des plus inoubliables et si vous aimez la viande, nous vous conseillons le Babette's Steakhouse au 19ᵉ étage, où un choix conséquent de Wagyu japonais et australiens sont proposés à la carte. L'hôtel possède également une piscine en hauteur à ciel ouvert et une salle de fitness. Situé à quelques minutes des plus grands centres commerciaux de Bangkok, proche de la station BTS Ploenchit, l'Hôtel Muse est l'un de nos coups de cœur à Bangkok !

■ MADUZI HOTEL BANGKOK*****

9/1 The Corner of Soi Sukhumvit
16 Ratchadaphisek
Klongtoey,
© +66 2615 6400
www.maduzihotel.com
reservation@maduzihotel.com

40 chambres à partir de 6 500 B. Salle de bain avec Jacuzzi, restaurant et bar.

Nous adorons ce discret petit hôtel, caché derrière de grands murs, entre Ratchadaphisek road et le Soi 16. 40 chambres seulement, autant vous dire que le personnel est aux petits soins avec ses clients. Pas de chiffre dans l'ascenseur, les lettres du nom de l'hôtel, et vous voilà enfin dans votre chambre. Grande et chaleureuse, du bois partout, au sol mais aussi sur les murs. Le lit est immense, moelleux, plein de coussins. Elle est équipée d'une TV LCD, d'un lecteur DVD. Attenant à la chambre, un petit coin cuisine avec réfrigérateur et machine à café. Une notice en bande dessinée est là, posée sur le bureau pour vous accompagner dans la découverte de votre chambre. La salle de bain possède une baignoire à débordement avec bains à remous et l'eau jaillit du plafond ! Le petit déjeuner est à la carte, avec au choix un menu japonais, américain, anglais ou français. Enfin, pendant que vous y êtes, goûtez à la cuisine du jeune chef Yuya !

■ THE LANDMARK

(entre Soï 4 et 6)
138 Sukhumvit Road
© +66 22 540 404
www.landmarkbangkok.com
reserve@landmarkbangkok.com
BTS Nana.

Tarifs chambres doubles à partir de 7 000 B et simplement 4 000 sur réservation via le site Internet.

Un établissement moderne de grand confort international proposant des chambres à la décoration classique. L'accueil est excellent et la situation idéale sur Sukhumvit, proche la station de BTS Nana. Restaurants nombreux, et un petit centre commercial est attenant à l'hôtel.

■ THE OKURA PRESTIGE*****

Park Ventures Ecoplex
57 Wireless Road
© +66 2687 9000
www.okurabangkok.com
info@okurabangkok.com

De 7 000 à 17 000 B. Restaurants, bars, piscine, Spa.

The Okura Prestige combine l'excellence du style japonais et le charme de l'hospitalité thaïlandaise. Situé dans l'Ecoplex du Park Ventures qu'il partage, le gratte-ciel dont la forme est inspirée du Wai, le salut respectueux des Thaïlandais, a déjà ses *afficionados*. Toutes les chambres ont des vues incroyables et la piscine à débordement, accrochée à la façade au 26ᵉ étage, est une vraie attraction.

Rive Ouest

L'offre en matière d'hébergement sur la rive ouest de la ville se concentre essentiellement le long des berges de la Chao Phraya et concerne avant tout des établissements d'un certain standing. En effet, plus populaire et traditionnelle, la rive ouest est moins orientée vers le tourisme et possède naturellement moins d'adresses que la rive est. Les transports sont également beaucoup moins développés, et il sera donc toujours plus difficile de rejoindre son hôtel ; en échange, il y a bien entendu un calme et une tranquillité que l'on ne retrouve pas dans d'autres quartiers.

PASSIONATELY INDEPENDENT

■ IBRIK BY THE RIVER

Soït Wat Rakang
256 Arunamrin Road,
℡ +66 28 489 220
www.ibrikresort.com
info@ibrikresort.com
Wang Lang Pier.
Chambres à partir de 4 000 B, tarif sur Internet.
Encore une de ces petites adresses méconnues dont recèle Bangkok. Un « boutique-hôtel » comme il y en a de plus en plus dans la capitale. Chic, simple et design, un havre de paix pour qui souhaite échapper à la fureur de la ville après une épuisante journée de visite. Sûrement un des plus petits hôtels d'Asie avec seulement 3 chambres spacieuses, immaculées, à la déco moderne (on apprécie la salle de bains). On peut s'installer sur la terrasse qui surplombe le fleuve et observer de loin l'agitation. La difficulté est de trouver l'endroit... mieux vaut organiser le transport de l'aéroport avec l'hôtel. On est en outre à l'ouest du Chao Phraya, il faudra donc traverser la rivière pour rejoindre le centre de Bangkok (rien de bien difficile, quelques minutes de bateau et 3 B par trajet !). C'est une adresse en dehors du parcours classique, elle se mérite donc.

■ THE PENINSULA

333 Charoen Nakorn Road
℡ +66 28 612 888
www.peninsula.com/bangkok
pbk@peninsula.com
Tarifs à partir de 10 000 B.
Un magnifique hôtel sur la rive ouest du Chao Phraya. Elégantissime jusqu'à l'excès parfois. Les chambres bénéficient d'une vue impressionnante, elles sont spacieuses, et la décoration est chic et très classique. Le service est évidemment impeccable. Pour ceux qui apprécient tranquillité et le raffinement à l'ancienne. Une bonne alternative au Shangri-La pour ceux qui ne goûtent pas le luxe clinquant.

SE RESTAURER

Voici un pays où la nourriture, comme en France, revêt une extrême importance. Elle joue un rôle essentiel dans la socialisation, les Thaïs aiment se retrouver autour d'un bon repas et sont même prêts à traverser la ville pour déguster la meilleure soupe de nouilles ou le meilleur curry. Les amateurs de gastronomie et les autres devraient donc apprécier l'expérience de nouvelles saveurs dans cette ville où il ne suffirait pas d'une vie pour découvrir tous les restaurants. On peut non seulement découvrir la cuisine locale, mais toutes les nationalités sont représentées. On se régale d'une adresse luxueuse comme de petits stands de rue où l'on mange pourtant pour moins de 50 B ! Chacun peut trouver la gamme de prix et le style de restaurant qui lui convient. En Thaïlande il est possible de pouvoir faire un vrai voyage gastronomique et ce quel que soit son budget. On pourra ravir ses papilles dans les petites échoppes comme dans les grands restaurants. Ceux qui apprécient le cadre luxueux tout autant que la cuisine pourront s'orienter vers les restaurants des grands hôtels au standing élevé, bénéficiant souvent d'une vue exceptionnelle et d'un décor stylé entre bois de teck, belles céramiques et drapés de soie. Les prix sont eux aussi haut de gamme, mais une bonne idée peut être de s'y rendre pour le déjeuner car des menus de très bon rapport qualité-prix sont alors proposés.

En outre, Bangkok s'étant lancée dans la course aux adresses hype, les établissements branchés fleurissent dans les quartiers en vue, la cité des anges n'attire pas seulement les *backpackers* ; les amateurs de lieux branchés peuvent rejoindre le cortège de la jeunesse thaïe dorée qui se presse dans ces lieux en vogue, pour un temps seulement car peu d'adresses restent longtemps sur le haut de la vague, vite remplacées par d'autres toujours plus tendance. On ne saurait trop recommander de respecter la tradition thaïe, et asiatique plus généralement, qui consiste à commander différents plats pour tout le monde et les partager, idéal pour goûter à tout !

Rattanakosin (centre historique)

Le centre historique et notamment les alentours de Khao San Road offrent une infinie possibilité de se restaurer sur le pouce pour moins de 50 B dans les dizaines de gargotes qui se déploient dans le quartier. Resto-bars bon marché et stands de rue font le bonheur de la clientèle backpacker. Il est à noter que les restaurants des guesthouses sont souvent plus chers que les stands de rue pour une qualité similaire. De petits complexes sur plusieurs étages se sont développés sur Khao San (Sun Strip Plaza, Center Point Plaza, Buddy Lodge...) et abritent d'honnêtes restaurants. Il est cependant difficile de lister certains restaurants par rapport à d'autres dans Khao San tant il y a de changements et d'attrape-touristes, cependant nous en avons tout de même sélectionné quelques-uns. Des restaurants plus haut de gamme sont également présents dans le quartier pour des escales de charme en bord de rivière notamment.

Sur le pouce

■ KHAO THOM BOWON
Phrasumen road
Ouvert de 16h à 3h. Plats de 20 à 200 B.
Plusieurs bons plats cuisinés au choix, pour la plupart chinois, concoctés dans cette petite entreprise familiale. Propre, très fréquenté, avec possibilité de s'asseoir dans un endroit climatisé, l'endroit reste une valeur sûre depuis plusieurs années.

■ NAI SOI
100/2-3 T. Phra Arthit
De 18h30 à 1h. 40 à 50 B.
Venez goûter ici au délicieux et consistant bouillon de bœuf aux nouilles, avec boulettes de viande et légumes verts, parfumé au poivre, à la coriandre et avec en option de petits morceaux d'ail frits.

■ ROTI MATABA
136 Phra Athit Road
✆ +66 22 822 119
Phra Athit Pier.
Ouvert jusqu'à 15h ou 16h et fermé le lundi. 30 à 50 B.
Une petite échoppe indienne où l'on se régale de *roti canai* (entre le *nan* indien et la crêpe, très moelleux) qui devient *mataba* quand elle est farcie de viande ou de légumes. L'endroit est très populaire, la salle climatisée du haut est bien agréable pour échapper à la chaleur. Idéal pour faire passer sa faim en journée.

Pause gourmande

■ NOM JO
Prangputhorn road
Ouvert de 14h à 22h.
Les meilleurs thés glacés et cafés frappés du quartier.

■ SENG SIM EE
Suan Luang Market
Ouvert de 18h à minuit.
Des fruits, des glaces, des gelées, des vermicelles sucrés de toutes les couleurs… L'adresse futée de la zone pour tous les amateurs de douceurs.

Bien et pas cher

■ AROY DED
269 Khao San Road
✆ +66 26 290 320
Phra Athit Pier.

Soupes de 25 à 40 B. Ouvert tous les jours de 7h à 22h.
L'une des plus vieilles échoppes de nouilles au bœuf du quartier. Situé à l'angle de Khao San et de Tanao Road, ce vieux *noodle-shop* est un pôle d'attraction pour les touristes mais aussi pour les Thaïlandais du quartier. Avant même d'entrer, on salive. Le bouillon sent bon, et les gourmands s'y précipitent…

■ CAFE CORNER
106/13 Soï 2 Samsen Road
✆ +66 13 424 755
Très bon marché, plats autour de 50 B.
Petit restaurant thaï simple et sans prétention, juste après le klong Banglamphu, non loin de Khao San. Atmosphère détendue en plein cœur de Bangkok. Si on se trouve dans le quartier.

■ HIPPIE DE BAR
46 Khao San Road
✆ +66 81 82 02 762
Phra Athit Pier
Plats de 60 à 200 B, 130 B en moyenne.
Situé dans un petit soi de Khao San Road, le Hippie de Bar se présente comme un petit havre de paix dans le tumulte récréatif du quartier touristique. La déco intérieure est un véritable musée de la société de consommation des années 1960-1970, avec vieilles télés, radios et posters d'époque dénichés au Train Market de Bangok. Il est possible de se restaurer dans la cour extérieure, avec écran télévisé géant et auprès du seul arbre de Khao San. La clientèle est surtout locale et les plats proposés sont principalement thaïs.

■ JAY FAI
327 Mahachai road.
Ouvert de 15h à 2h. Plats 260 B.
Le Mozart de la friture selon le *Bangkok Post* ! Donc vous l'aurez compris, haro sur les nouilles frites en sauces, avec porc ou crevettes, qu'importe, tout est succulent.

■ ROT TIP
Baan Mor
Ouvert de 8h30 à 17h. Plats à partir de 30 B.
Ce petit resto ouvre très tôt et ferme en début de soirée ! La clientèle est composée essentiellement par des commerçants des alentours et le plat que nous vous recommandons est à base de porc caramélisé, avec une belle portion de riz.

■ S & P
Maharat Road
Maharat Pier,
✆ +66 22 227 026 – www.snpfood.com
webmaster@snpfood.com
Maharat Pier.
Ouvert tous les jours de 9h à 22h.

Simply delicious, la chaîne S & P a étendu son domaine d'un bout à l'autre de la ville. La maison mère a beau être du côté de la rue Soï Thonglor, le plus agréable est le satellite de l'embarcadère Tha Maharad. Une bonne adresse pour aller déjeuner et profiter d'une pause après une journée de visite du quartier historique !

■ THIP SAMAI NOODLE SHOP

313 Mahachai road.
Ouvert de 17h à 3h. A partir de 60 B.
Et elles sont où les meilleurs Pad Thai du quartier et peut-être même de Bangkok carrément ? Ici, bien évidemment ! Un régal, que vous aurez accompagné avec les autres plats proposés, comme les omelettes par exemple.

■ TOM YUM KUNG

petite artère qui part de Kao Sand Road
9 Trokmayom Jakapong Road,
✆ +66 26 292 772
www.tomyumkungkhaosan.com
Phra Athit Pier.
Ouvert tous les jours de 11h à 22h. Compter 60 B le plat.
Une petite adresse dans une vaste cour un peu à l'abri de l'agitation de Kao San Road et très appréciée de la population locale, ce qui est toujours un bon signe dans ce quartier. Honnête cuisine thaïe, pas chère et bien préparée.

Bonnes tables

■ KALOANG SEAFOOD

2 Sri Ayutthaya Road
✆ +66 22 819 228
Thewet Pier.
Ouvert tous les jours midi et soir.
Adossé à la rivière Chao Phraya sur une terrasse en bois, ce restaurant simple et qui ne paie pas de mine offre pourtant l'une des meilleures cuisines de poissons et de fruits de mer de la ville. Situé non loin de la librairie nationale, c'est une bonne adresse lorsque l'on visite le quartier de Dusit, peu fourni dans ce domaine.

■ KHAO SAN MARKET

Thanon Khao San
Des roulottes s'installent en fin d'après-midi et jusque vers 21h30, dans la rue du même nom, et il y a des échoppes un peu partout dans le quartier environnant : brochettes, soupes de nouilles, fruits. Il faut bien nourrir tous ces jeunes farangs qui errent de boutiques en terrasses de bar et finiraient par oublier de manger.

■ PHRA NAKORN BAR & GALLERY

Ratchadamnoen Road
58/2 Soï Damnoen Klang Tai,
✆ +66 26 220 282
Maharat Pier.

Ouvert tous les jours de 18h à 1h du matin.
Un établissement 3 en 1 qui offre un bar, un restaurant et une galerie d'art au visiteur arrivé jusqu'ici. Idéal pour commencer la soirée avec un verre avant d'aller jeter un coup d'œil à la petite galerie d'art et de terminer par un bon dîner thaï. Surtout que ce dernier se trouve sur le toit et offre une vue magnifique. L'adresse n'est pas évidente à trouver, il faut descendre Tanao Road et prendre à droite dans le Soï Damnoen Klang.

Chinatown et Little India

De Yaowarat à Pahurat, de Chinatown à Little India, vous trouverez parmi les meilleurs stands de rues de la ville. Les restaurants chinois sont de véritables spécialistes des fruits de mers, mais vous gouterez aussi les meilleurs *dim sum* de la ville ainsi que de délicieux canards laqués. La nuit, les enseignes lumineuses donnent un nouveau cachet au quartier et les petites rues de Chinatown sont littéralement envahies de clients affamés. Plus loin, à Little India, les senteurs épicées du *garam masala*, *pakoras* et *dosai* dominent les lieux.

Sur le pouce

■ JAY OUN RARD NA YOD PAK

Yaowarat Rd.
À partir de 30 B.
Cuisinées au wok, les nouilles frites au porc sont absolument délicieuses ! Si en plus, vous demandez à ce que l'on y ajoute un œuf, un peu de sauce soja, le tour est joué. Préparez-vous à en faire une de vos adresses préférées !

■ KANOM JEEB JIAO GOW

En face de Sam.
Song Wad road.
De 14h à minuit. 2,50 B. le dim sum.
Servis dans un cornet en carton, par 10 ou 20, accompagnés d'ail frit et de sauce au poisson, les vapeurs aux crevettes de ce stand sont excellents. Et à ce prix là, on en redemande !

■ KUAY JAB NAI HUAN

Au croisement de Yaowarat Road et Yaowa Phanit streets
À partir de 40 B.
Le service commence à 18h et c'est déjà la queue. Pourquoi ? Une soupe aussi bonne à 40 B, composée de nouilles de riz, de poitrine de porc croustillante et de petits morceaux d'intestins délicatement poivrée, ça ne se trouve pas à tous les coins de rues.

■ ODEAN CRAB NOODLE SOUP

Proche du Wat Traimit, Charoen Krung Road
De 50 à 300 B.
Assurément la meilleure soupe de crabe du quartier. Des nouilles aux œufs, quelques légumes,

Dîners croisières

Un dîner croisière sur le fleuve des Rois peut être une occasion d'appréhender Bangkok d'une manière différente. Bien que ces croisières soient très touristiques, elles offrent un magnifique panorama de la ville le long du Chao Phraya dont on profite autour d'un délicieux dîner thaï. La plupart des hôtels de luxe qui bordent le Chao Phraya offrent ce service et possèdent leur propre navire, qu'ils soient modernes et de large capacité (Shangri-La) ou plus traditionnels avec des barges reconverties et dont la capacité est bien moindre (Manohra, Loy Nava, Oriental).

■ **CHAO PHRAYA CRUISE**
River City Pier
BANGKOK
✆ +66 25 415 599 – www.chaophrayacruise.com
sales@chaophrayacruise.com
Dîner croisière de 19h à 21h avec spectacle de danse traditionnelle thaïe.
Grand bateau de 290 places où l'on mange, l'on écoute de la musique et on regarde un spectacle de danse. Et parfois, on jette un œil dehors pour regarder les bâtiments qui défilent le long du fleuve.

■ **LOY NAVA DINNER CRUISES**
Quai Si Phraya
Entre le Royal Orchid Sheraton et l'ambassade du Portugal
BANGKOK
✆ +66 24 374 932 – www.loynava.com
reservations@loynava.com
De 18h à 20h et de 20h à 22h. Adulte 1 500 B, réduction possible sur Internet.
Sur une ancienne et magnifique barge à riz tout en teck, il est possible de faire une balade le long du fleuve Chao Phraya, accompagnée d'un bon repas.

et une énorme pince de crabe. Et plus elle est grosse, plus votre bol de soupe sera cher. Mais, comme on le dit ici : « plus c'est gros, plus c'est bon » !

■ **SAM, LE FRANÇAIS**
Au croisement de Yaowarat et Song Sawat
Collé au 7 Eleven
De 11h à 15h. Plats de 50 à 70 B.
Sam n'est pas seulement une curiosité locale, c'est également un très bon cuisinier, pour preuve 80% de sa clientèle est thaïlandaise. Il est vrai que voir un *farang* tenir un stand de cuisine thaïe sur la plus grande rue de Chinatown, cela peut surprendre au premier abord, mais Sam vit en Thaïlande depuis près de vingt ans, parle la langue, blague même avec les passants, pour le plus grand bonheur de sa femme qui lui a laissé les commandes voilà quelques années, avec un succès fulgurant. Son *yum woonsen* est excellent, mais si vous n'êtes pas habitué au piquant de la cuisine thaïe, n'hésitez pas à le préciser.

■ **SEAFOOD LEK-RUT**
Intersection de Yaowarat et Thanon Phadung
200 à 300 B.
Ici on est même plus sur un trottoir, mais au beau milieu d'une route. Mais attention, ne vous y trompez pas, c'est l'une des meilleures adresses de Chinatown, pour preuves, les longues files qui patientent calmement assis sur un tabouret en plastique ou debout. Les fruits de mer sont à l'honneur, avec une mention spéciale pour leurs coquilles Saint-Jacques farcies de porc et leurs crabes noirs frits.

Pause gourmande

■ **CHUJIT**
Yaowarat Rd.
Face au magasin Lee Goldsmith.
De 15 à 30 B.
Rien ne vaut de tester ses gelées accompagnées de noix de ginkgo, il faudra vous arrêter à ce petit stand.

■ **RAAN LOOK KHING**
Au croisement de Yaowarat et Yaowa Phanit
Compter 80 B.
Comme indiqué plus haut, l'aspect inhabituel des desserts asiatiques laissent parfois les Occidentaux sceptiques. Pourtant, beaucoup de ces douceurs réservent bien des surprises. Aussi, nous ne saurons trop vous conseiller de vous laisser tenter par un *tao tung yen*, un *bua lot num khing* ou un *lod chong* que sert ce stand, l'un des plus réputés de Chinatown.

Bien et pas cher

■ HUA SENG HONG

371-373 Yaowarat Rd., Samphanthawong
✆ +66 2222 7053
www.huasenghong.co.th/
Ouvert tous les jours de 10 à 22h.
Ce restaurant chinois est un véritable coup de
cœur. La nouriture y est excellente et on ne
sait trop quoi vous conseiller, car tout y est
succulent. Les *dim sum* sont à tomber et que dire
du canard laqué, assurément l'un des meilleurs
de Chinatown. Le service est ultra-rapide et la
note pas du tout salée. On ne peut que vous
recommander cette adresse fortement.

■ ROYAL INDIA

392/1 Chakrapet Road
✆ +66 22 216 565
Memorial Bridge pier.
Ouvert tous les jours de 11h à 22h.
Un restaurant qui propose une cuisine du Nord
de l'Inde très simple mais copieuse et savoureuse et de ce fait sa salle ne désemplit jamais.
L'adresse est en plus très bon marché. Il existe
une autre adresse sur Khao San Road également.

■ SAMOSA

Soi India Emporium, Chakrapet road
Ouvert de 10h à 18h. 8 B le samosa.
Si vous n'êtes jamais allé en Inde, voici l'occasion
de tester le vrai samosa, comme on le mange
là-bas. Attention, la nourriture indienne est
également très épicée. Impossible de consommer
sur place, il n'y a ni tables, ni chaises.

Bonnes tables

■ T & K

A l'Intersection de Yaowarat Road et Thanon
Phadung Dao Street
400 à 500 B.
Toy et Kid sont les heureux propriétaires des
lieux. Ils servent dans leurs gargotes des soupes,
des gambas, d'énormes crabes, des coquillages
en tout genre, mais la grande spécialité reste le
poisson entier, servi avec différentes sauces.
Vous aurez le choix de manger, soit dehors,
le plus sympa, soit à l'intérieur, assis sur une
chaise en plastique. Mais attention, l'attente
peut-être longue, même par jour de pluie, la
réputation des deux frères ayant fait le tour
de Bangkok.

Silom Sathorn

Le quartier de Silom regorge de bars et restaurants et peut désormais commencer à rivaliser
avec Sukhumvit. Ils se concentrent notamment
autour de certains soï de Silom comme Sala
Daeng ou Convent.

Sur le pouce

■ HAI SOMTUM CONVENT

2/4-5 Convent road
*Ouvert de 10h à 21h, sauf samedi et dimanche,
fermeture à 17h. Plats à partir de 30 B.*
Excellent petit resto où l'on mange des spécialités de l'Isaan. A la carte, un excellent Somtum
et une salade de papaye verte à tomber.

■ KHAO MOK GAI ON COVENT

Convent road
✆ +66 8 6042 4645
*De 30 à 50 B.Ouvert du lundi au samedi de
11h à 17h.*
Ce stand décline plusieurs plats originaires de
la Thaïlande du sud musulmane. Les spécialités
sont accompagnées de riz jaune très épicé.
Pas de porc bien entendu, mais du poulet à
profusion.

Pause gourmande

■ CHEZ MIMILE

Cabin Mall 498/5
Soi Ramkhamhaeng 39
Wangthonglang
✆ +62 85 913 1435
www.chezmimile.com
chezmimile.bkk@gmail.com
A 50 m du Lycée français.
*Ouvert du lundi au vendredi de 8h à 19h et le
samedi de 12h à 19h.*
Confiserie-épicerie française à l'accueil fort
sympathique et à l'achalandage original, pour
qui aurait le mal du pays. On y trouve notamment
des fournitures scolaires françaises (dont les
introuvables agendas, cahiers Seyes et « petits
carreaux », etc.).

Bien et pas cher

■ BAAN KHANITHA

69 South Sathorn Road
✆ +66 26 754 200
www.baan-khanitha.com
info@baan-khanitha.com
BTS Sala Daeng ou MRT Silom.
*Ouvert tous les jours de 11h à 14h et de 18h
à 23h.*
Ce fameux restaurant a quitté il y a quelques
années le Soï Ruamrudee pour Sathorn. Dans
une belle maison thaïe reconvertie disposant
d'une grande terrasse, on vient ici se délecter
d'une savoureuse cuisine traditionnelle à
des prix très raisonnables. Le personnel est
très attentionné et le cadre magnifique. Des
peintures sont exposées dans le restaurant
d'artistes thaïlandais contemporains. Une
excellente adresse.

Restaurant de rue à Bangkok.

■ BAN CHIANG

14 Soï Sirivang
Surasak Road,
✆ +66 22 367 045
BTS Surasak.
Ouvert tous les jours de 11h30 à 22h30.
Cette adresse est à retenir pour sa bonne cuisine traditionnelle, tout autant que pour son cadre, une ancienne maison en bois du début du XXᵉ siècle décorée d'antiquités et de photos au milieu d'un agréable jardin ; on y déguste d'excellents plats thaïs.

■ LE LYS

148/11 Nang Linchi soi 6
✆ +66 22 871 898 / +66 81 615 9479
www.lelys.info
info@lelys.info
BTS Silom ou Lumphini mais assez éloigné de ces deux stations.
Ouvert tous les jours de 12h à 22h30, le bar ferme plus tard.
Ce restaurant est tenu par un Français qui propose une très bonne cuisine thaïe, à prix doux. Une bonne adresse pour une première découverte de la gastronomie du pays. C'est au niveau des boissons qu'on verra plus les origines françaises du chef avec une sélection de vins.

■ UNCLE JOHN

279/2 Soi Suanplu 8
✆ +66 8 1373 3865
uncle_johnz@hotmail.com

Ouvert de 6h30 à 11h. Plats aux environs de 250 B.
Qui pourrait croire, en voyant cette petite gargote, que l'on sert à l'intérieur des plats aussi sophistiqués. On se demande même en voyant la carte, si le chef ne serait pas légèrement présomptueux de proposer des recettes typiquement françaises que peu de cuisiniers en France oseraient mettre au menu. Eh bien, on peut maintenant affirmer qu'Uncle John s'en sort haut la main. En se penchant sur le pédigrée de notre chef, bien des choses s'éclaircissent. Il y a encore peu, John officiait dans les cuisines d'un hôtel 5*, le Sukhothai.

Bonnes tables

■ AOI

132/10-11 Silom Road Soï 6
✆ +66 22 352 321
www.aoi-bkk.com
gold_aoi@hotmail.com
BTS Sala Daeng ou MRT Silom.
Ouvert tous les jours de 11h30 à 2h du matin.
Une délicieuse cuisine japonaise servie dans un décor stylé. Idéal pour ceux qui aiment le poisson cru mais pas seulement car en plus des sushis et autres sashimis on peut découvrir des plats plus originaux, à choisir notamment dans des sets (Bento Box) qui comprennent plusieurs petits plats pour se familiariser avec des saveurs inconnues. Les plats sont délicieux, le service est excellent, il est parfois conseillé de réserver le soir pour être sûr d'avoir une place.

■ MANDOPOP

Oriental Residence
110 Wireless Road
✆ +66 2252 8001
www.mandopop-bangkok.com
Ouvert de 17h à minuit. 1 700 B.
Le Mandopop, est tout à la fois un restaurant chinois dont la décoration un rien décadente rappelle le Hong Kong des années 1930. Avent de vous attabler, vous dégusterez de délicieux cocktails tout en écoutant de la musique. Aux commandes de ce joli restaurant, le chef Adrian Chuaqui a exercé ses talents vingt ans durant, dans les cuisines des plus prestigieux hôtels d'Asie, de New Delhi à Singapour, avant de se retrouver aujourd'hui à Bangkok. Les amateurs de bonne cuisine se précipiteront sur la soupe aigre-douce de fruits de mer, les boulettes de crevettes et de pétoncles Ha Gao, le filet de bœuf en sauce, poivre noir, le foie gras poêlé de canard accompagné de sa peau croustillante. En dessert, la gelée de citron et crème d'avocat. Une petite merveille.

■ NAHM RESTAURANT

27 Sathorn Road
✆ +66 2625 3388
www.comohotels.com/metropolitanbangkok
met.bkk@comohotels.com
2 000 B pour un menu dégustation.
Considéré comme l'un des meilleurs cuisiniers de Thaïlande, l'Australien David Thompson officie dans les cuisines du Metropolitan. Comme dans toute bonne cuisine thaïe qui se respecte, les plats sont ici fortement épicés. La carte est abondamment fournie, elle balaye l'ensemble des régions du royaume. A vous de juger !

■ LE NORMANDIE

48 Oriental avenue
Oriental Hotel
✆ +66 26 599 000
www.mandarinoriental.com
Oriental Pier.
Ouvert de 12h à 14h30 et de 19h à 22h. Fermé dimanche midi. Un dîner peut facilement atteindre 10 000 B par personne hors boisson. Une astuce, choisir d'aller seulement y déjeuner, le prix est beaucoup plus raisonnable (autour de 2 000 B).
L'un des meilleurs restaurants français de la ville, situé dans le prestigieux et légendaire établissement hôtelier. Le jeune chef Arnaud Dunand Sauthier œuvre ici pour faire de votre passage une expérience inoubliable. Le restaurant possède probablement la meilleure cave du pays.

■ PARK SOCIETY, SOFITEL SO BANGKOK

2 North Sathorn Road, Bangrak
✆ +66 2624 0000
www.sofitel-so-bangkok.com
H6835@sofitel.com
Compter 3 500 B. 4 800 B pour un repas Signature (5 plats) avec verre de champagne. Ouvert de 18h à 22h30.
Si vous avez envie de vous faire plaisir, si pour une raison ou une autre, vous voulez impressionner votre partenaire, dans un cadre romantique, avec vue exceptionnelle, celle que l'on préfère d'ailleurs à Bangkok, tentez l'expérience. La cuisine est divine, les plats merveilleusement bien exécutés, les produits nobles (caviar de Russie, truffes et foie gras de France, saumon d'Ecosse, filet Wagyu d'Australie, St-Jacques du Japon, Jambon Pata Negra d'Espagne...) sont présents dans toutes les assiettes et sont sublimés par le Chef Angie. La carte des vins est très bien fournie, Chili, Argentine, Afrique du Sud, Italie et bien évidemment France, le plateau de fromages est remarquable, à faire pâlir de jalousie les meilleurs de nos restaurants hexagonaux et les desserts laisseront pantois les plus gourmands des gourmets. Une adresse d'exception !

■ SIROCCO

64e étage, Le Bua Tower,
1055 Silom Road
✆ +66 26 249 555
BTS Saphan Taksin.
Ouvert tous les jours de 18h30 à 1h, cuisine fermée à 23h30. 4 000 B. Cocktails 700 B.
Ebloui par la vue et le cadre, on pourrait en oublier de dîner. On y sert une cuisine internationale de très haut niveau. On aime également le cadre très romantique du lieu. Si votre budget est limité, venez tout de même profiter de la vue et boire un verre au bar. Les cocktails sont des plus surprenants. L'endroit étant très chic, il est conseillé de venir habillé en conséquence.

■ **VERTIGO AND MOON BAR**

Hôtel Banyan Tree, 61e étage,
21/100 South Sathorn Road
✆ +66 26 791 200 – www.banyantree.com
pr@banyantree.com
MRT Lumphini.
Ouvert tous les jours de 18h30 à 23h. Repas hors boisson autour de 3 000 B par personne.
Quoi de plus tentant qu'un dîner dans un des plus hauts restaurants d'Asie, et de surcroît en plein air, bercé par une douce musique entouré de petites bougies… On apprécie une bonne cuisine internationale, comme par exemple la salade d'asperges péruvienne, les Tataki de wagyu, la crème brulée façon thaïe. Tenue correcte exigée (pas de short ni de tongs).

■ **YAMAZATO**

Park Ventures Ecoplex,
57 Wireless Road
✆ +66 2687 9000
www.okurabangkok.com
Ouvert de 11h30 à 14h30 et de 18h à 22h30. 4 500 B.
Ouvert en 2012, il est déjà la référence des restaurants nippons de la capitale thaïlandaise. Situé au 24e étage de l'hôtel Okura Prestige, il est constamment rempli de Japonais qui ont trouvé ici l'équivalent de ce qui ce fait de mieux à Tokyo, c'est à dire pour les fins connaisseurs, l'art du *kaiseki ryori*. Plus incroyable encore, vous trouverez deux tables *teppanyaki* et un bar à sushi approvisionné de fruits de mer qui viennent directement en avion de Tsukiji, au Japon. Rien n'est laissé au hasard, des costumes traditionnels des serveuses aux baguettes, outrageusement belles, tout est millimétré. Les goûts, les textures, les couleurs, sont présents, éveillant tous nos sens. Yamazato vous emmène encore plus loin dans votre voyage.

Siam

Siam est le paradis des centres commerciaux, et vous aurez donc l'embarras du choix en termes de restauration, si tant est que l'ambiance climatisée et superficielle des temples du shopping ne vous rebute pas.

Sur le pouce

■ **MANGO TANGO**

Siam Square Soï 5
✆ +66 81 619 5504
www.mymangotango.com
hello@mymangotango.com
BTS Siam.
Ouvert tous les jours de 11h à 22h.
C'est une adresse un peu monomaniaque, mais les amoureux de mangue aimeront. Voici une adresse donc où vous pourrez déguster ce fruit

sous toutes ses formes et le découvrir cuisiné de nombreuses façons. Smoothie, accompagné de riz gluant, en sorbet, avec de la chantilly ou de tapioca, la sélection est vaste. Le concept est sympa et les résultats plutôt réussis.

■ **SIAM PARAGON FOOD HALL**

991/1 Rama 1 Road
www.siamparagon.co.th
contactus@simaparagon.co.th
BTS Siam.
Ouvert tous les jours de 10h à 22h.
Ce centre commercial possède un étage entier dédié à la nourriture, son *food hall*, au même titre que le reste du bâtiment est gigantesque (8 000 m²) où l'on trouvera de quoi se sustenter ou faire un vrai repas sans soucis. Nourriture asiatique, européenne, à emporter ou consommer sur place, idéal pour sa pause shopping dans le quartier. Seul hic, il est très fréquenté.

Bien et pas cher

■ **BAGEL BAKERY**

✆ +662 254 8157
Près du Maneeya Center, à la station Chitlom.
Ouvert du lundi au vendredi de 8h30 à 18h30 et le week-end de 8h30 à 15h30. Bagel à 35 B. Sandwich bagel à partir de 120 B.
Cet établissement modeste propose des *bagels* excellents, au même goût que ceux que l'on peut trouver à New York. La commande se fait à la caisse, à l'américaine. L'occasion de voyager un peu outre-Atlantique au cœur d'une capitale asiatique.

■ **BAN KHUN MAE**

458/7-9 Siam Square Soï 8
✆ +66 26 584 112
www.bankhunmae.com
contact@bankhunmae.com
BTS Siam.
Ouvert tous les jours de 11h à 23h. Musique live tous les soirs de 19h à 21h.
Ce restaurant de bois, au décor intérieur un peu chargé, sert une très bonne cuisine thaïe traditionnelle. Thaïs et farangs s'y donnent rendez-vous. C'est une bonne adresse pour faire une halte lors d'une journée shopping dans le tumultueux quartier de Siam.

■ **THE KROK @ SIAM**

Siam Square Soï 2
✆ +66 22 519 916
BTS Siam.
Ouvert tous les jours midi et soir.
Un vaste restaurant qui propose de la cuisine en provenance de l'Issan, région à l'est du pays. Les plats bien que savoureux sont réputés épicés, avis donc aux amateurs. Idéal pour accompagner l'autre spécialité de la région, le riz gluant !

Bonnes tables

■ CREPES & CO
59/4 Soi Langsuan, Langsuan soï 1, thanon Ploenchit
✆ +66 26 52 02 08
www.crepes.co.th
info@crepes.co.th
Entre les stations de BTS Nana et Asoke ou MRT Sukhumvit.
Ouvert tous les jours de 9h à minuit.
Ce restaurant propose une formule de brunch servie tous les jours et pas seulement le week-end qui connaît un grand succès, et va des petites faims aux plus gros appétits. En dehors du brunch on peut y déguster une sélection variée de crêpes salées ou sucrées. Il est impératif de réserver le week-end car l'adresse est prise d'assaut. D'autres adresses existent dans Bangkok.

■ GIANNI RISTORANTE
34/1 Soï Tonson Ploenchit Road
✆ +66 22 521 619
www.giannibkk.com
BTS Chidlom.
Ouvert tous les jours de 11h à 14h30 et de 18h à 22h30.
Un très bon restaurant italien à la cuisine moderne et pleine de saveur pour ceux qui veulent faire un break de riz et de nouilles thaïlandaises. Raffinées, les assiettes sont à la qualité, plus qu'à la quantité, concoctée personnellement par le chef italien : Gianni Favro. Le tout accompagné, comme il se doit, par une belle carte des vins. Une bonne adresse dans ce quartier en pleine reconstruction où l'offre est peu présente.

■ THANG LONG
82/5 Soi Lang Suan
✆ +66 22 513 504
BTS Chitlom.
Ouvert tous les jours de 11h à 14h et de 18h à minuit.
Un restaurant populaire auprès d'une clientèle locale et expatriée, ce restaurant offre un mix de cuisine vietnamienne et thaïe savoureux et bien préparé. Le décor est moderne, confortable et le service irréprochable. Une bonne adresse avec un appréciable rapport qualité-prix pour le quartier.

Sukhumvit

Un quartier très bien desservi où vous pourrez refaire le plein de cuisine occidentale si vous le souhaitez. On y recense une grande concentration d'adresses assez huppées et orientées cuisine du monde, très prisées des expatriés de Bangkok.

Sur le pouce

■ CUSTARD NAKAMURA
595/12 Sukhumvit Road, Soï 33
✆ +66 22 599 630
BTS Phrom Phong.
Ouvert tous les jours de 8h à 20h.
Si vous êtes dans le quartier de Sukhumvit et que vous voulez juste grignoter un morceau ou vous acheter une petite douceur pour le goûter, c'est l'adresse à recommander. On y trouve même de la baguette française mais surtout quantité de pâtisseries, petits gâteaux et des clubs sandwichs délicieux.

■ HOY TOD CHAOLAY
Thong Lor
De 9h à 21h.
Toutes sortes d'omelettes, aux crevettes, aux moules ou aux huitres, et un très bon *pad thai*, voilà ce que vous réserve cette adresse très fréquentée par la communauté japonaise.

■ JOK MOO
Sukhumvit Soi 38
De 16h à minuit. Entre 25 et 55 B, selon la portion.
Le porridge est la spécialité de ce petit établissement coincé au beau milieu d'une multitude d'autres stands. Accompagné de porc, de crevettes, d'œufs...

Pause gourmande

■ FARM DESIGN
2,88 Soi Sukhumvit 19, 4th Floor, Terminal 21, Sukhumvit Road
✆ +66 2108 0321
www.farmdesigns.com
110 B pour un cheesecake.
Sûrement les meilleurs cheesecakes de la ville avec une variété incroyable de parfums et déclinaisons. Et puis, le Lava est absolument divin. Pour accompagner vos gâteaux, des jus de fruits ou des milkshakes, des cafés et des chocolats chauds. Décor soigné pour cette enseigne originaire d'Hokkaido, ou même les petites boites à emporter sont superbes. Outre cette adresse, Farm design est présent dans tous les Malls de la ville. La pause idéale des petits et des grands gourmands après une séance de shooping !

■ MR. JONES ORPHANAGE
251/1 Thonglor Soi 13, G Floor,
Seen Space
Compter 300 B pour un gâteau et une boisson.
Le décor est absolument craquant ! Vous êtes dans une chambre d'enfant où les ours en peluche sont rois et les petits soldats se cachent derrière des dinettes. Des trains en

bois passent même au-dessus de votre tête. Les cartes proposent des gâteaux gourmands et moelleux, des tartes aux pommes à la manière de nos grand-mères et des boissons froides ou chaudes qui vous replongent dans vos plus jeunes années, servies dans des biberons ou des petits pots. Plusieurs de ces établissements se retrouvent dans des grands Malls comme à Siam Parangon ou encore au Terminal 21.

■ NAM KAENG SAI KHUN MUK
Sukhumvit Soi 38
De 18h à 2h.
Diabétiques, passez votre chemin. Ici, tout n'est que sucre ou baignant dans un sirop de sucre. Pour tous les autres, attention tout de même. On a vite fait de succomber à la tentation de ces desserts chinois.

Bien et pas cher

■ BELLA NAPOLI
3/3 Sukhumvit Soï 31
✆ +66 27 125 422
BTS Phrom Phong.
Ouvert tous les jours de 11h à 14h et 18h à minuit.
Un restaurant italien aux tarifs abordables, idéal pour faire une pause dans une journée de shopping sur Sukhumvit. On y sert de bonnes pizzas et le personnel est efficace. Une adresse très populaire ouverte en 2002 à l'époque l'un des premiers restaurants italiens du quartier rejoint depuis par bien d'autres. Le chef est également un spécialiste des glaces, donc ne ratez pas l'occasion de goûter quelques-uns des différents parfums proposés.

■ BOURBON STREET
29/4-6 Sukhumvit Soï 22
Washington Square,
✆ +66 22 590 328
www.bourbonstbkk.com
BTS Asok ou MRT Sukhumvit.
Ouvert de 7h à 1h du matin. Compter 150 à 700 B le plat.
Le seul restaurant cajun et créole de la ville. Le propriétaire, un Américain de la Nouvelle-Orléans, propose une cuisine authentique dans un décor simple. Goûtez au gumbo, une spécialité de poulet et d'andouille très bien préparée. Le mardi c'est soirée mexicaine avec buffet « all you can eat », ambiance sympa et décontractée, cela va sans dire !

■ HUA LAMPONG FOOD STATION
On Nut Soi 40
✆ +66 26 613 538
Aéré, ce restaurant rénové, tout en bois, à l'atmosphère agréable propose de la cuisine

des 4 principales régions thaïlandaises. Les plats sont savoureux et le prix très doux. Une bonne adresse.

■ LEMON GRASS
5/1 Soï 24
Sukhumvit Road,
✆ +66 22 588 637
BTS Phrom Phong.
Ouvert tous les jours de 11h à 14h et de 18h à 23h.
Un restaurant plébiscité par une clientèle d'expatriés et de touristes où l'on savoure une cuisine traditionnelle thaïlandaise dans le cadre élégant d'une belle maison joliment décorée sur fond de musique traditionnelle.

■ NOBU
414 Sukhumvit 55
✆ +66 23 925 297
https://nobuthai.com
BTS Thong Lo.
Ouvert tous les jours de 11h à 14h et de 18h à minuit.
Une quantité impressionnante de menus et de plats histoire de contenter tous les goûts. Une bonne adresse qui offre un très intéressant rapport qualité-prix. Une halte sympathique si vous vous baladez dans le quartier.

■ P. KITCHEN
11/3 Sukhumvit, Soï 18
✆ +66 26 634 950
BTS Asok ou MRT Sukhumvit.
Ouvert tous les jours sauf le dimanche de 10h à 22h30.
Sous une terrasse abritée, ce petit restaurant ne paie pas de mine, il propose pourtant une bonne cuisine thaïlandaise à des prix imbattables (plats entre 40 et 100 B pour la grande majorité).
Le choix est vaste, soupes, beignets, curry, *pad thaï...* une bonne adresse pour les petits budgets dans le quartier.

■ VIENTIANE KITCHEN
8 Sukhumvit Soi 36
✆ +66 22 586 171
https://vientianekitchen.com
BTS Thong Lor.
Ouvert tous les jours de midi à minuit.
Une atmosphère vraiment agréable pour ce restaurant simple qui sert une cuisine de l'Isaan et du Laos assez épicée. On peut s'installer autour des tables au centre du restaurant ou choisir de s'installer à même le sol sur des coussins. A la carte, des spécialités de tripes frites, des grenouilles sautées et des plats traditionnels qui satisferont les moins téméraires. Spectacles de musique et danse traditionnelles le soir.

Bonnes tables

ABOVE ELEVEN
33/F Fraser suites, 38/8 Sukhumvit soi 11
☎ +66 2207 9300
www.aboveeleven.com
Ouvert de 18h à minuit. 1 200 B.
Restaurant fusion, péruvien-japonais, il possède de nombreux atouts. L'emplacement avec une superbe vue panoramique du haut de sa terrasse et ensuite, le plus important, une cuisine délicieuse et surprenante mariant diverses influences. A tester le *ceviche* et les *arroz con mariscos* !

LE BANYAN – LA COLOMBE D'OR
59 Sukhumvit Soi 8
☎ +66 22 535 556
www.le-banyan.com
lebanyan@yahoo.com
BTS Nana.
Ouvert tous les jours sauf le dimanche de 18h30 à 21h30 pour les commandes, la salle ferme à minuit. 800 B.
Restaurant français tenu par deux compatriotes, qui offrent de la nouvelle cuisine (dans le bon sens du terme) dans une jolie maison thaïlandaise. La spécialité maison est le canard au sang, mais les raviolis au foie gras ne sont pas mal non plus ! Il est de bon ton de se vêtir correctement pour venir dîner ici. Le cadre est vraiment agréable, le rapport qualité-prix cependant n'est pas le meilleur atout de cette adresse assez onéreuse.

LE DALAT
57 Sukhumvit, Soï Prasarnmitr 23
☎ +66 22 599 593
www.ledalatbkk.com
ledalatbkk@yahoo.com
BTS Asok ou MRT Sukhumvit.
Ouvert tous les jours de 11h30 à 14h30 et de 17h30 à 22h30. 1 700 B.
Une imposante et belle bâtisse coloniale encadrée par un beau jardin verdoyant accueille ce restaurant qui sert l'une des meilleures cuisines vietnamiennes de la ville. Les serveurs en costumes d'apparat vous apporteront chaque plat avec beaucoup de cérémonial, dans un fort beau décor. La cuisine traditionnelle est très raffinée et délicieuse, beaucoup de poissons et fruits de mer. Les prix sont en conséquence mais restent en rapport avec ce qu'il y a dans l'assiette, le cadre et le service attentif.

DRINKING TEA EATING RICE
87 Wireless Road
Conrad Hotel,
☎ +66 26 909 233
www.conradhotels.com
BTS Ploen Chit.

Ouvert tous les jours de 11h30 à 14h et de 18h à 23h. Menu midi 1 000 B, à la carte compter entre 1 500 et 3 000 B.
Décor contemporain et atmosphère feutrée pour ce restaurant au nom rigolo mais qui reste pourtant très classe. Il offre une cuisine japonaise fine et authentique utilisant des produits de première fraîcheur ce que l'on ressent immédiatement en goûtant aux sashimis et aux sushis. Intéressant rapport qualité-prix pour les menus au déjeuner, plus cher à la carte.

FARM DESIGN
2,88 Soi Sukhumvit 19, 4th Floor, Terminal 21, Sukhumvit Road
☎ +66 2108 0321
Voir page 140.

INDUS
71 Sukhumvit Soï 26
☎ +66 22 584 900 – www.indusbangkok.com
indus@indusbangkok.com
BTS Phrom Pong.
Ouvert tous les jours de 11h30 à 14h30 et de 18h à 22h30. Compter 1 200 B le repas.
Ce restaurant occupe une maison dotée d'un très beau jardin. A l'entrée un café moderne, puis le restaurant indien occupe l'intérieur alors qu'un bar est installé dans le jardin, le tout décoré élégamment mêlant tradition et modernité. On sert une cuisine indienne du Nord délicieuse, plus légère qu'à l'habitude et quelques plats thaïs. Des samoussas vous sont amenés en début de repas. Les kebabs et les tikkas sont les plus demandés.

JP FRENCH RESTAURANT
59/1 Sukhumvit Rd Soi 31 (Soi Sawadee)
Wattana District, Klongtoey
☎ +66 2 258 4247
www.jpfrenchrestaurant.com/
info@jpfrenchrestaurant.com
Restaurant français. 1 400 B.
Il est considéré comme l'un des meilleurs restaurants, si ce n'est le meilleur restaurant français de Bangkok. Si vous voulez faire une pause et retrouver l'espace d'un moment une ambiance à la française avec une belle côte de bœuf, un carré d'agneau, un confit de canard dans votre assiette, accompagnés d'un gratin dauphinois comme on en fait plus, c'est l'adresse qu'il vous faut ! Le cuisinier est un magicien, qui arrive à vous faire une cuisson bleue et chaude en même temps. Enfin, Jean-Pierre, ancien rugbyman, est un type formidable et chaleureux, tout comme son équipe, ce qui ne gâche rien.

KUPPA
39 Sukhumvit Road, Soï 16
☎ +66 26 630 450 – kuppa@loxinfo.co.th
BTS Asok ou MRT Sukhumvit.

JP french restaurant
59/1 sukhumvit soi 31 (soi sawadee)
✆ 02 258 4247
www.jpfrenchrestaurant.com

Ouvert tous les jours de 10h à 23h30. Repas hors boisson autour de 900 B par personne.
Cuisine thaïlandaise et internationale au menu pour une clientèle chic. Une décoration moderne et classe qui n'efface pas cependant le côté un peu surfait de l'adresse, bien qu'il reste très agréable de venir se régaler de très bons desserts maison, notamment le *cheesecake* ou le *brownie*.

■ MAHANAGA
2 Sukhumvit Soï 29
✆ +66 26 623 060
www.mahanaga.com
contact@mahanaga.com
BTS Phrom Phong.
Ouvert tous les jours de 11h30 à 14h30 et 17h30 à 23h. 700 B.
On sert ici une cuisine « thaïe fusion » qui vous permettra de manger thaïlandais mais avec des plats cuisinés d'une manière différente des restaurants classiques, mêlant notamment des touches de cuisine occidentale. Le tout n'est pas trop épicé. Dans une splendide maison thaïe en bois au décor moderne et raffiné on s'installe à l'intérieur ou sur la splendide terrasse.

■ CHEZ PAPÉ FRENCH BISTROT
1/28-29 Sukhumvit Soi 11
soi chaiyos
✆ +66 22 55 24 92
www.chezpape.com
info@chezpape.com
station de train : BTS Nana.
Situé Sukhumvit Soi 11, à environ 150 m sur la gauche dans une toute petite rue piétonnière ; 3 min à pied de la station BTS Nana ; ouvert tous les jours à partir de 16h. 1 400 B.
Ancien second de cuisine du restaurant Mantel à Cannes, Cédric s'est installé dans ce petit soi, à l'écart de l'agitation. Le restaurant ressemble a un petit bistrot français avec son comptoir en zinc où l'on s'accoude facilement pour boire un canon. Il y a également une petite terrasse. Du cassoulet maison, de l'aïoli, une soupe à l'oignon, un gratin dauphinois... rien ne manque pour vous rappeler votre chère patrie (pour les Français) ! Les vins proposés sont d'excellents crus et l'addition n'a pas trop de mal à passer.

■ RED CHILI
15 Sukhumvit Soï 20
✆ +66 28 835 963
BTS Asok ou MRT Sukhumvit.
Ouvert tous les jours de 10h30 à 23h. Repas autour de 700 B.
Ce restaurant indien offre un cadre modeste pour une cuisine de qualité épicée et des plats inventifs. On trouve les plats traditionnels à la carte dans la plupart des restaurants indiens et des curiosités que l'on se plaît à découvrir. Les plats d'agneau sont particulièrement savoureux.

■ RIOJA
1025 Ploenchit Road
✆ +66 22 515 761 – www.riojath.com
riojath@riojath.com
BTS Chit Lom.
Ouvert tous les jours de 11h à 14h et de 17h30 à 23h. 700 B.
Dans un petit soï au calme de ce quartier en totale reconstruction et plutôt bruyant, entre l'Intercontinental et Central Chitlom se niche un des rares restaurants espagnols de la ville. Le chef mitonne quelques classiques de la cuisine espagnole et notamment de bons tapas. Bonne carte de vins en accompagnement.

■ SEAFOOD MARKET RESTAURANT
89 Sukhumvit, Soi 24
✆ +66 22 611 252
www.seafood.co.th
BTS Phrom Phong.
Ouvert tous les jours de 11h30 à 23h30. 1 000 B.
Un établissement gigantesque, le plus grand de Thaïlande, véritable temple du kitsch dont l'accroche est claire « if it swims, we have it » (« Si ça nage, nous l'avons »). On y choisit ses fruits de mer et poissons en faisant son marché avec un chariot ! Ensuite, on pèse le tout et l'on passe à la caisse avant de s'installer à table pour choisir les modes de préparation des aliments que l'on a sélectionnés. Le prix dépend des produits choisis mais attention à l'addition qui grimpe car il faut ajouter un tarif pour la cuisson et la préparation des plats à ajouter au prix des ingrédients commandés. Pour les amoureux des fruits de mer pour qui le cadre importe peu, c'est une expérience !

◼ **TAPAS CAFÉ**
1/25 Sukumvit soï 11
✆ +66 26 512 947
www.tapasiarestaurants.com
webmaster@thainic.net
BTS Nana.
Ouvert de 11h du matin à tard... Compter 700 B.
Une café restaurant qui propose une bonne musique, essentiellement latino, on s'en serait douté mais pas seulement, car flamenco et jazz sont aussi de la partie, bref il y en a pour tous les goûts. Une ambiance sympa et pas surfaite explique le succès de cette adresse un peu à l'abri, derrière la soï 11. Belle sélection de tapas pour accompagner son verre.

▶ **Autre adresse :** Silom Soi 4

◼ **THE CEDAR**
Sukhumvit Road Soï 49/9
✆ +66 23 914 482
www.thecedar.20m.com
BTS Thong Lo.
Ouvert 18h à 23h tous les jours et le midi le dimanche. 800 B.
Le plus ancien des restaurants libanais de Bangkok et qui a gardé son côté familial. Le décor semble sortir des *Mille et Une Nuits*. Derrière les lourds rideaux se trouve… une piscine. On y sert également de la cuisine grecque.

◼ **THE FACE**
29 Sukhumvit Soï 38
✆ +66 27 136 048
BTS Thong Lo.
Ouvert tous les jours de 11h à 14h30 et 18h30 à 23h. Repas environ 1 800 B hors boisson par personne.
Une adresse très tendance dans une très belle maison thaïe en teck, magnifiquement décorée d'objets artisanaux. On y trouve trois restaurants. Hazara, le restaurant indien sert une bonne cuisine qui n'est cependant pas la plus délicate de la ville, on vient ici tout autant pour le cadre que pour les plats. L'endroit étant prisé et donc souvent complet, le personnel semble parfois dépassé. Le second restaurant, Lan Na Thai sert une bonne cuisine thaïe avec une prédominance de la cuisine du Nord et des influences du Myanmar. Enfin, dernier venu, Misaki propose toutes les saveurs du pays du Soleil Levant depuis 2009. Service compétent.

◼ **TO DIE FOR BAR & RESTAURANT**
H1 Place Soi Thonglor. Sukhumvit 55
✆ +66 23 814 714
tdf1_s@yahoo.co.th
BTS Thong Lo.
Ouvert tous les jours de 11h30 à 2h du matin.
Un restaurant trendy qui sert une cuisine internationale moderne dans un cadre épuré et contemporain. Ouvert pour le déjeuner et le dîner mais également l'après-midi pour une pause goûter ou le soir tard pour un verre. On apprécie tout particulièrement la terrasse où l'on dîne confortablement installé sur des sofas/matelas. On ne sait pas si on mourrait de ne pas manger ici mais cela reste une bonne adresse dans le quartier.

Luxe

◼ **MA DU ZI (RESTAURANT BY YUYA)**
9/1 Corner of Shukhumvit Soi 16,
Ratchadaphisek,
Klongtoey
✆ +66 2615 6400
www.maduzihotel.com
Ouvert de 11h30 à 14h30 et de 18h30 à 22h30. Compter 2 000 B.
Le restaurant se trouve à l'intérieur de l'hôtel. Le jeune chef japonais Yuya, a parfait son art en France, chez les plus grands. Pas étonnant donc de retrouver sur la carte des plats tels que la Bouillabaisse, revisitée tout de même, ou le foie gras en terrine accompagné de sa compote de pomme. Les produits sont d'excellente qualité, comme par exemple ce rôti Miyazaki Wagyu, fondant à souhait ou mieux encore les coquilles Saint-Jacques d'Hokkaido, dressées « à la nage ». Tout est présenté avec beaucoup de raffinement, à la japonaise. Pour le dessert, laissez-vous tenter par le Martinique, un instant de plaisir !

◼ **KOI**
26 Sukhumvit Soï 20
✆ +66 22 581 590
www.koirestaurantbkk.com
BTS Asok ou MRT Sukhumvit.

Ouvert tous les jours de 18h à minuit sauf le lundi. Repas hors boisson autour de 2 000 B par personne.

Copie de sa version californienne, ce restaurant est le lieu de rassemblement des beautiful people. On y pénètre par un couloir en verre noir avant de fouler un parquet de bois noir alors que la lumière rouge tamisée réchauffe l'atmosphère.

On se régale ici d'une cuisine japonaise moderne agrémentée de touche californienne. Expérimentez les multiples curiosités de la carte avant d'aller prendre un dernier verre dans la partie lounge.

■ PHILIPPE RESTAURANT

20/15-17 Sukhumvit Road, Soï 39
✆ +66 22 594 577
✆ +66 22 594 578
www.philipperestaurant.com
info@philipperestaurant.com
BTS Phrom Phong.
Ouvert tous les jours de 11h30 à 14h et de 18h30 à 22h, sauf dimanche midi. 2 500 B.
Tenu par un cuisinier de grand talent, ce restaurant s'est fait une excellente réputation en très peu de temps. Une cuisine française raffinée mais classique avec bisque de homard, magret de canard aux figues, confit ou encore du boudin noir aux pommes… tout est savoureux et le cadre élégant ne manque vraiment pas de charme. Bonne carte de vins.

■ THE SEA FOOD BAR

somerset lakepoint
41/2 Sukhumvit Soi 16
✆ +66 2663 88 63
www.theseafoodbar.info
Ouvert de 18h à 23h. Compter 2 200 B.
Comme son nom l'indique, cet établissement sert de la nourriture venant de la mer, ou plutôt de toutes les mers puisque vous pourrez vous régaler de plateaux d'huitres d'Atlantique, de tourteaux géants d'Alaska, de gambas tigre du Pacifique Sud, de palourdes de Manille, et de caviar. Bel endroit, très moderne et classe.

■ LE VENDÔME

267/2 Sukhumvit Soï 31
✆ +66 26 620 530
www.levendomerestaurant.com
contact@levendomerestaurant.com
BTS Asok ou MRT Sukhumvit.
Ouvert de 11h30 à 14h et de 18h30 à 22h. Menus à 2 000 et 2 500 B, à la carte compter de 700 B pour des pâtes à 2 200 B pour du homard.
Un petit restaurant très élégant à la décoration épurée tenu par un cuisinier de grand talent. On y sert une cuisine française classique parfaitement maîtrisée qui en fait l'un des meilleurs

restaurants français de la ville et qui séduit les clients toujours plus nombreux. Service très attentionné.

Rive Ouest

L'offre en matière de restauration sur la rive ouest de la ville se concentre essentiellement le long des berges de la Chao Phraya et concerne avant tout des établissements d'un certain standing ou de stands de rue sans grand intérêt.

■ SALA RIM NAM

48 Oriental Avenue
Oriental Hotel,
✆ +66 24 376 211
www.mandarinoriental.com
mobkk-restaurants@mohg.com
Oriental Pier, traversée du fleuve depuis l'hôtel.
Dîner à 19h. Spectacle de 20h15 à 21h30.
Une bonne adresse, plutôt touristique, qui propose de savoureux plats thaïlandais à déguster soit en terrasse face à la rivière soit à l'intérieur d'un beau pavillon. L'établissement possède sa propre école de théâtre. Il y a donc des représentations qui sont données chaque soir. Cadre romantique, pour une très bonne soirée en perspective.

■ SUPATRA RIVER HOUSE

Arun Amarin Road
266 Soï Wat Rakhang,
✆ +66 24 110 305
www.supatrariverhouse.net
info2@supatrariverhouse.net
Ouvert tous les jours de 11h30 à 14h30 et de 17h30 à 23h.
On peut choisir de dîner au bord de la rivière avec vue sur le Grand Palais et le Wat Arun ou à l'intérieur d'une belle maison thaïe. Plats à base de fruits de mer et plats thaïs composent le menu. Les plats de poissons sont particulièrement savoureux, le loup de mer (sea bass) et le mérou plus précisément.

■ THE DECK

Maharat Road
36-38 Soï Pratoo Nok Yoong,
✆ +66 22 219 158 / +66 26 220 282
www.arunresidence.com
service@arunresidence.com
Ouvert tous les jours de 11h à 23h du vendredi au dimanche et de 11h à 22h le reste de la semaine.
Le restaurant de l'hôtel Arun offre une des plus belles vues sur la Chao Phraya avec en arrière-plan le Wat Arun. L'idéal est de venir prendre un verre au bar qui surplombe le restaurant pour le coucher du soleil avant de dîner. La cuisine est un mélange de plats thaïs et occidentaux de bonne facture. L'adresse vaut surtout pour son cadre exceptionnel.

SORTIR

Le Bangkok nocturne est très animé. Les bars, pubs et autres discothèques sont nombreux. A chacun de choisir son style. Ambiance feutrée et stylée des grands hôtels où l'on écoute du jazz, discothèques de Patpong où se mêlent clientèles thaïes, expatriés et les touristes, clubs sélects où se pressent les *beautiful people*, pubs avec musique live… Bangkok exige toujours plus d'originalité et de nouveauté. Les adresses *fashion* ont donc une durée de vie souvent brève et laissent vite la place à des concepts plus novateurs qui eux-mêmes ne connaîtront qu'un bref engouement. Reste que la réglementation sur la fermeture des bars et restaurants à des heures jugées par beaucoup trop raisonnables (entre 1h et 2h du matin selon l'évolution périodique de la législation) semble nuire à la vie nocturne d'une ville qui possède pourtant tous les atouts pour être une capitale de la fête. Ces derniers temps, plusieurs établissements bravent l'ouverture jusqu'à l'aube. Succès à la clé mais jusqu'à quand ?

■ ROUTE 66 CLUB (RCA)
MRT Phetchaburi
RCA, Block A
www.route66club.com
Entrée 300 B. Passeport obligatoire.
Plusieurs discothèques, des bars musicaux, et une ambiance délirante tout au long de l'avenue et ce jusqu'à 2h du matin. Les lieux sont fréquentés par la jeunesse dorée de Bangkok mais aussi par de nombreux fêtards étrangers. Lasers, DJs et décibels sont au rendez-vous tous les soirs de la semaine. Un taxi est nécessaire à la sortie du MRT Phetchaburi.

Cafés – Bars

Rattanakosin (centre historique)

■ BOH !
230 Maharat Road
✆ +66 26 22 3081
Tha Tien Pier.
Ouvert tous les jours de 18h à 2h du matin.
Même si la clientèle branchouille l'a un peu déserté, BOH reste un endroit où il est agréable de venir boire un verre pas cher. Après 23h, il semble improbable de trouver une place assise. Un lieu où l'on fait la queue pour entrer.

■ GULLIVER'S
2/2 Kao San Road
✆ +66 26 291 988
www.gulliverbangkok.com
Phra Athit Pier.

Ouvert tous les jours de 11h à 1h du matin.
Un grand pub au cœur de Kao San Road qui attire une clientèle jeune et hétéroclite venue ici autant boire un verre qu'écouter de la musique, danser et participer aux soirées à thème.

▶ **Autre adresse :** Sukhumvit Soï 5.

■ HELLO INTERNET CAFE
63/65 Khao San Road
✆ +66 26 291 280
Ouvert de 7h à minuit.
Une bonne adresse pour les backpackers. Tout en un : maison d'hôtes, adresse postale, coffres où laisser ses affaires le temps d'un séjour en province. En plus, cette guesthouse se met en quatre pour fournir tous les services dont un touriste peut avoir besoin. Connexion Internet à disposition, c'est 1 B la minute et 40 B de l'heure. En consommant un café, on bénéficie de 10 min de connexion gratuite. Happy Hour avec une connexion à 30 B de l'heure.

Silom Sathorn

■ BAMBOO BAR
27/100 South Sathorn Road
Mandarin Oriental Hotel,
✆ +66 26 599 000
www.mandarinoriental.com
Oriental Pier.
Ouvert tous les jours de 11h à 1h du matin, 2h le week-end.
Symbole d'un passé glorieux, ce bar de l'un des plus prestigieux hôtels de Bangkok est stylé, sophistiqué. Bien que très fréquenté, l'ambiance y demeure romantique et intime. On est bercé par les groupes de jazz qui sévissent ici depuis des années. Le service est légendaire et les cocktails sans faute. Un must. Prévoir une tenue correcte.

■ MAGGIE CHOO'S
Novotel Fenix Silom, Basement Floor
320 Silom Road, Suriyawong
✆ +66 91 772 2144
Compter 500 B.
Ambiance Macao des années 30, prohibition et opium suggérés. On entre et un escalier vous mène vers un lieu improbable, comme dans un film d'aventures. De jeunes et jolies tonkinoises se délassent sur des balançoires, des serveurs en tenues d'époque déambulent au milieu des canapés et vous proposent des cocktails d'un autre âge. Dans le fond, un quartet de jazz assure l'ambiance musicale. Une adresse que vous aurez plaisir à découvrir à quelques mètres et des années lumières du Lebua et de son Sky bar.

Où sortir ?

Il existe à Bangkok des zones animées où se concentrent bars et boîtes où il est sympa de venir prendre un verre ou s'étourdir en dansant quand vient la nuit. Chacun de ces quartiers offre des spécificités.

▶ **Sarasin Road**, au nord du parc Lumpini est le repère de la jeunesse thaïe branchée. L'ambiance est vraiment agréable et c'est l'occasion de faire la fête avec la population locale. Les petits bars qui bordent la partie ouest de Sarasin sont bondés toute la semaine. Le Brown Sugar est le plus populaire, mais The Room et le 70's Bar notamment sont agréables.

▶ **Dans le quartier de Silom**, on peut siroter des cocktails dans une ambiance feutrée ou se presser vers le trop fameux Patpong et ses tristes *go go bars* bien qu'on y trouve certains endroits plus sympas comme le plébiscité Tapas. La majorité de la scène gay, quant à elle, se concentre autour des Soï 2 et 4 de Silom et sur Surawong Road.

▶ **C'est sur Sukhumvit** que se concentrent de nombreux bars et clubs branchés où se pressent une clientèle internationale, comme sur le Soï 11 avec le Bed Supperclub et le Q Bar. Sukhumvit a également son lot de go go bars dans le Soï Nana (Soï 4) et le Soï Cowboy (entre les Soï 21 et 23).

▶ **Royal City Avenue** (RCA) au nord-est de Sukhumvit est une zone très animée où se retrouvent des hordes de jeunes Thaïs le week-end. On vient ici pour le son assourdissant (R&B, hip-hop et pop thaïe essentiellement), les vidéos sur grands écrans et les lumières aux néons. Les boissons sont très peu chères pour que la très jeune clientèle thaïe puisse consommer. Si l'on est regardant sur la musique et le cadre, ce n'est pas l'endroit à privilégier, c'est par contre l'occasion de partager une vraie tranche de vie de la jeunesse locale.

▶ **Banglampoo**, mecque des backpackers, est également très animée le soir. Les bars sont pléthoriques dans la zone de Khao San Road, à l'exemple du conglomérat d'établissements de Sunset street, on n'est pas follement séduit par l'ambiance. Pour une soirée plus relax, on préférera l'option Phra Athit Road avec ses petits bars et cafés trendy à l'atmosphère plus détendue.

■ MOON BAR

61e étage de l'hôtel Banyan Tree, 2
1/100 South Sathorn Road
℃ +66 26 791 200 – www.banyantree.com
corporate@banyantree.com
MRT Lumphini.
Ouvert tous les jours de 17h à 1h.
Situé en plein air, sur le toit du Banyan Tree, on se rapproche effectivement de la lune. Ce bar à ciel ouvert est le lieu idéal pour aller prendre un apéritif et s'étourdir de la vue panoramique sur Bangkok à plus de 200 m de hauteur. On sirote son cocktail bercé par une agréable musique dans une ambiance tamisée. Une adresse chic et charme. Tenue correcte exigée (ni short, ni tongs). Eviter par contre le restaurant cher et à la cuisine peu raffinée pour le prix.

■ SCARLETT WINE BAR

188 Silom Road
Pullman Bangkok Hotel
℃ +66 2238 1991
Ouvert de 18h à 1h.
Les amateurs de vins et de fromages français, viennent ici se régaler tout en profitant de la vue splendide qu'offre le Scarlett. Cosy et chaleureux, même s'il est très grand, il est situé au 37e étage de l'hôtel Pullman.

■ TELEPHONE PUB & RESTAURANT

Silom Soi 4,
℃ +66 84 001 2202
www.telephonepub.com/
Ouvert de 18h à 2h.
Probablement le plus célèbre bar gay de Bangkok et l'un des plus anciens. Téléphone Pub & Restaurant est ouvert depuis 1987. A l'origine, chaque table avait son propre téléphone à partir duquel les clients pouvaient appeler une autre table. Avec les nouvelles technologies, les méthodes de drague ont changé. Mais le lieu reste toujours très fréquenté, pour boire, manger, et s'amuser notamment avec le karaoké.

■ THE SPEAKEASY

55/555 Langsuan Road
℃ +66 2630 4000
Ouvert tous les soirs de 18h à 2h.
Que diriez-vous de voyager cette fois-ci non pas dans l'espace mais dans le temps. The Speakeasy, au 25e étage de l'hôtel Muse, nous renvoie 100 ans en arrière, à l'époque de la prohibition. Le décor, les serveurs, sont à la hauteur, mais ce qu'il est encore plus, ce sont les cocktails, de véritables recettes telles qu'elles étaient préparées au début du siècle dernier. Musique jazz pour l'ambiance.

■ **VERTIGO AND MOON BAR**

Hôtel Banyan Tree, 61e étage,
21/100 South Sathorn Road
✆ +66 26 791 200
www.banyantree.com
pr@banyantree.com
MRT Lumphini.

Si l'assiette de fruits de mer est un peu trop chère, et on le comprend, rien ne vous empêche de profiter de la vue de cet endroit exceptionnel pour y siroter un cocktail maison. Et pour les plus fortunés, sachez que le Moon bar possède l'une des caves à champagne les plus importantes de Bangkok.

■ **WONG'S PLACE**

27/3 Soï Sri Bumphen à l'angle de Soï Ngam Dupli
✆ +66 22 861 558
MRT Lumphini.
Ouvert du lundi au samedi (et selon l'humeur) de 22h à une heure indue.
Une véritable institution, l'excentrique patron, Sam Wong, s'applique à conserver l'âme du lieu. Ambiance détendue et bonne enfant ici, on se sert directement dans le réfrigérateur avant de payer en partant. La collection de disques de rock est ici impressionnante. On refait le monde en écoutant du rock des années 1960 à 1980.

Siam

■ **BROWN SUGAR**

231/20 Sarasin Road
✆ +66 22 500 103
BTS Ratchadamri.
Ouvert tous les jours de 11h à 1h du matin du lundi, dimanche à partir de 17h.
Le Brown Sugar est une institution, on s'y presse toute la semaine et plus encore le dimanche, notamment la clientèle thaïe pour écouter de la musique live souvent jazzy. L'établissement étant petit, il est souvent bondé, mieux vaut donc arriver avant 22h, mais l'ambiance est excellente.

■ **HARD ROCK CAFE**

Soï 11
424/3-6 Siam Square,
✆ +66 22 510 797
www.hardrock.com
customer_care@hardrock.com
BTS Siam.
Ouvert tous les jours de 11h à 1h du matin.
La fameuse chaîne de cafés/restaurants possède une succursale à Bangkok pour les aficionados du genre avec musique rock toute la journée, accompagnée d'images sur écran plasma et le soir concert live. Petite boutique pour les tee-shirts légendaires et de quoi prendre un verre

ou manger si l'on veut faire une pause dans sa journée shopping dans le quartier. Le soir, les néons rouges s'allument et le Hard Rock est alors visible à plusieurs mètres à la ronde !

■ **RED SKY**

Central World
Au Centara Grand
Ouvert de 17h à 1h.
Le dernier-né des bars en altitude, puisqu'il culmine au 55e étage du Central World. Après avoir fait votre shopping dans ce quartier réputé pour ses boutiques, allez vous détendre sur le toit de ce centre commercial, en vous désaltérant d'un verre de vin bien frais.

■ **SAXOPHONE**

3/8 Phayathai Road
✆ +66 22 465 772
www.saxophonepub.com
nhung007@hotmail.com
BTS Victory Monument.
Ouvert tous les jours de 18h à 2h du matin.
Un must à Bangkok pour écouter du jazz et du blues. La qualité des groupes qui s'y produisent est souvent remarquable. Déco sympa de pierres apparentes qui fait bonne place aux instruments de musique. Clientèle composée de vieux branchés, jeunes étudiantes, touristes et résidents de tous les âges. On peut également y dîner, la cuisine est acceptable.

■ **THE ROOFTOP BAR**

83e étage du Baiyoke Sky Hotel,
222 Rajaprarop Road
✆ +66 26 563 000
www.baiyokehotel.com
baiyokesky@baiyoke.co.th
BTS Phaya Thaï.
Ouvert tous les jours de 20h à 1h.
La tour Baiyoke est encore la plus haute de la ville en attendant la Super Tower. Elle s'élève au-dessus du quartier de Pratunam et domine l'ensemble de la Cité des Anges de ses 84 étages ! Stop au 77e pour changer d'ascenseur et atteindre le Rooftop Bar & Music installé au 83e étage, l'avant-dernier. La vue est vraiment renversante, mais le cadre ne rivalise pas avec celui du Moon Bar ou du Sky Bar.

■ **WINE PUB**

8-2 Rangnam Road
Thanon Phayathai Ratchathewi
Service de 18h à 22h, toute la semaine. Vins à partir de 175 B, tapas dès 99 B. Compter 1 300 B pour un repas avec 1 ou 2 verres de vins.
Le vin à Bangkok s'est en quelques années démocratisé. On trouve de tout, certains établissements qui surfent sur la vague et qui n'y connaissent rien, et d'autres très sérieux, qui vous proposeront de véritables bons crus.

En haute altitude

Le ciel de Bangkok est devenu en quelques années un lieu de bataille acharnée. Chaque nuit, une guerre sans merci fait rage entre les divers bars des toits des hôtels qui tentent tour à tour de devenir les rois de la capitale. C'est à celui qui attirera les meilleurs DJs, qui proposera les cocktails les plus surprenants, qui trouvera le meilleur concept, qui se situera le plus haut. A ce petit jeu, pas vraiment de gagnant. Le plus haut est tout simplement le Rooftop Bar, situé au 83e étage du Baiyoke Sky Hotel, mais contrairement au Skybar, qui lui se trouve au 63e étage du Tower Club at Lebua, il n'est pas à ciel ouvert. Le Cloud 47 possède la terrasse la plus large, mais le 360 Rooftop Bar au Millennium Hilton propose une vue à 360°. A vous de choisir maintenant, Bangkok est sans doute la ville dans le monde où les bars en altitude et en plein air sont les plus nombreux.

■ SKY BAR

63e étage, Lebua Tower,
1055 Silom Road
BANGKOK
✆ +66 26 249 555
BTS Saphan Taksin.
Ouvert tous les jours de 18h à 1h du matin. Compter minimum 500 B pour un cocktail.
Au 63e étage du Lebua Tower se trouve ce bar en plein air quasi au-dessus du vide. En bas s'étale Bangkok et le Chao Phraya. Au-dessus de vous s'élève un imposant dôme doré qui s'illumine le soir. On apprécie son verre, pourquoi pas un cocktail en écoutant un groupe de jazz live. L'endroit est vraiment impressionnant. Tenue correcte exigée. Prix très élevés. Seul hic, on se retrouve vite très nombreux ce qui gâche un peu l'ambiance. Alors essayez d'arriver tôt pour vous approprier un bout de balustrade avec la vue sur la ville. Et depuis qu'il a servi de décor au film *Very Bad Tip 2*, les places sont encore plus chères !

C'est le cas du Wine Pub, dirigé de main de maître par Remi Prim, qui présente en permanence une sélection de grands crus pour la plupart français, mais aussi chiliens, australiens, italiens, néozélandais. 48 au total dont voici quelques exemples : Cheval Noir 2010, Château de l'Estang 2009, Luis Felipe Edwards Sauvignon Blanc 2012, Catena Zapata Cabernet Sauvignon 2013, que vous dégusterez avec des tapas, chauds ou froids, ou lors d'un repas bistronomique plutôt méditerranéen. Testée, une bouillabaisse qui ferait pâlir de jalousie bien des établissements de la cité phocéenne, mais aussi des huîtres bretonnes, un foie gras du Périgord et des desserts dont un baba au rhum et des fruits exotiques à tomber. Tous les derniers lundis du mois, vous pourrez vous inscrire à un *Wine tasting*, encore une belle occasion de se faire plaisir dans un lieu superbe, unique à Bangkok !

Sukhumvit

■ AMBAR

Sukhumvit Soi 15
Sur le toit de l'hôtel Four Points by Sheraton
✆ +66 2309 3288
Ouvert de 16h à 2h.

Il se situe au 8e étage de l'hôtel, pas vraiment le Skybar, mais il est bien plus calme et possède l'une des plus belles cartes de cocktails de Bangkok. Et puis, il s'y passe toujours quelque chose d'intéressant.

■ L'APPART

Sofitel Sukhumvit Hotel
189 Sukhumvit Road Soi 13-15
✆ +66 2126 9999
Ouvert de 17h à 1h. C'est le plus français des bars de Bangkok. On est ici dans un appartement parisien du 16e, et dont la déco rappelle les belles demeures du XIXe siècle. On s'installe dans les diverses salles, le salon, la cuisine, la bibliothèque ou même la terrasse, perchée au 32e étage de l'hôtel Sofitel. Et si vous avez aimé le concept, vous apprécierez également la cuisine du chef Jeremy Biasiol.

■ THE BULL'S HEAD PUB

595/10 Sukhumvit Road Soï 33
✆ +66 22 594 444
BTS Phrom Phong.
Ouvert de 11h30 à 2h du matin.
Pub à l'anglaise avec cuisine de bistrot. Le soir, musique des années 1960 et 1970. Le dimanche, entre 17h et 19h, on commande une boisson et on la joue à pile ou face.

■ J. BOROSKI MIXOLOGY
Entre soi 5 et 7
Thonglor
✆ +66 2712 6025
Cocktails à partir de 350 B. Ouvert en soirée jusqu'à 2h.
Pas évident à trouver, le J. Boroski Mixology n'a pas d'adresse. Il se trouve au fond d'une impasse sans nom, une large porte en fer sur la droite où est inscrit en petit le nom de l'établissement marque l'entrée du bar à cocktails. Ce lieu sélect n'a pas de carte, ne fait pas de publicité mais il est toujours plein. Au comptoir Constantino, un Romain pur jus qui vous concoctera les plus extraordinaires des cocktails en vous demandant simplement ce que vous aimez. C'est après que la magie opère. Bonne musique, décor minimaliste, J. Boroski est idéal pour débuter sa soirée dans le quartier de Thonglor.

■ NEW WAVE BAR
Sukhumvit Soi 7
✆ +66 26 503 437
ppipart@hotmail.fr
station BTS Nana
Ce pub possède entre autres sept tables de billards, avec des compétitions organisées tous les mercredis. Ambiance garantie. Le cadre y est agréable et les consommations sont à des prix abordables. Enfin cet endroit possède une bonne réputation. Management sérieux.

■ OCTAVE ROOFTOP BAR AND LOUNGE
2 Sukhumvit Soi 57
Marriott Hotel Sukhumvit
✆ +66 2797 0000
De 17h à 1h. Bières 170 B. Cocktails commencent à 320 B.
Il se trouve sur le toit du Mariott Hotel, sur trois niveaux au 45e étage. Très chaleureux, avec des éléments de décor thaï, des vases, de la verdure, du bois et une quantité impressionnante de sièges et de canapés, pour s'installer confortablement quel que soit le moment de la soirée et profiter de la vue. Des DJ's viennent parfois mettre l'ambiance de manière plus conséquente.

■ THE IRON FAIRIES
394 Soi Thonglor, Sukhumvit 55 road
✆ +66 99 918 1600
Compter 500 B pour une boisson et un petit encas.
Si vous aimez les ambiances un peu fantastiques, dans le style Harry Potter, c'est un lieu que vous apprécierez assurément. Sur deux étages, des potions magiques, des rangées de livres, des alambics, des objets insolites et des gargouilles attirent les yeux et les toilettes ressemblent même à une sorte de cheminée... On y déguste d'excellents hamburgers, des plats mexicains et quelques spécialités thaïlandaises

qui accompagneront vos boissons. Entre les deux étages, un groupe de jazz prend place en fin de soirée. Une adresse sympa qui ne ressemble à rien d'autre à Bangkok.

Rive Ouest

■ 360 ROOFTOP BAR
123 Charoennakorn Road, Klongsan
✆ +66 2 442 2000
Tenue correcte exigée.
Il ressemble à une soucoupe volante et semble s'être posé le sur le toit du Hilton Millenium. Il propose une vue époustouflante à 360°, voilà déjà une bonne raison pour y aller et contrairement à ce que l'on pourrait penser, les tarifs des boissons sont similaires à ceux que vous pourriez payer au Skybar. Voilà encore une bonne raison de s'y rendre. Enfin, la carte des vins est tout à fait admirable.

Clubs et discothèques

Rattanakosin (centre historique)

■ CAFE DEMOC
Ratchadamnoen Road près de Democracy Monument
✆ +66 26 222 571
www.cafe-democ.com
Phra Athit Pier.
Ouvert tous les soirs de 17h à 2h.
En début de soirée c'est un bar classique qui se transforme au fur et à mesure que la soirée avance en boîte de nuit populaire qui passe de la musique électro dans une ambiance décontractée. Public thaï autant qu'étranger.

■ THE CLUB
123 Khao San Road
✆ +66 26 291 010
www.theclubkhaosan.com
info@theclubkhaosan.com
Phra Athit Pier.
Entrée gratuite.
Une boîte où se mêlent la jeunesse thaïe et les jeunes backpackers du quartier. L'intérieur donne l'impression de se retrouver dans un château. House assourdissante plutôt techno et électro pour les amateurs. Lady's night le jeudi avec percussions live.

■ LAVA GOLD CLUB
249 Khao San Road
✆ +66 22 816 565
Phra Athit Pier.
Ouvert tous les jours de 20h à 1h.
Un bar boîte de nuit populaire du quartier qui attire une clientèle jeune qui vient écouter de la house et du hip-hop. On descend au sous-sol pour

une ambiance souterraine extrême, décor rouge de lave en fusion. C'est partie pour une soirée rythmée avec DJ's venus mixer. Tarifs moins chers qu'à Sukhumvit mais plus chers qu'ailleurs !

Silom Sathorn

■ BALCONY

86-88 Silom, Soï 4
℡ +66 22 355 891
www.balconypub.com
info@balconypub.com
BTS Sala Daeng ou MRT Silom.
Ouvert tous les jours de 17h à 2h du matin.
Très populaire. Super-terrasse, ambiance « Marais », karaoké, coin Internet, jeux vidéo, bar-restaurant. Gays et non-gays y sont les bienvenus ! Happy hour.

■ SUPERFLY

Au coin de Rama IV Road
1/7 Sala Daeng Soï 1
℡ +66 82 663 9991
meat@superflybangkok.com
BTS Sala Daeng ou MRT Silom.
Ouvert de 20h à 1h du matin.
Une boîte totalement seventies avec boules à facettes, un miroir géant fait office de dance floor, des coussins argentés et des toilettes unisexes… le décor est planté, reste à se déhancher sur les tubes de l'époque.

Siam

■ CM2

Siam Square Soï 6
Novotel,
℡ +66 22 098 888 – www.cm2bkk.com
etmm@novotelbkk.com
BTS Siam.
Ouvert tous les jours de 21h à 2h.
Une vaste boîte de nuit installée au sous-sol du Novotel Siam qui fait danser toute la jeunesse du quartier. Lady Night le lundi avec entrée gratuite et un verre offert, soirée à thème, concert live ou DJ, cela change chaque soir. Le lieu sert aussi de karaoké et de salle de billard ; beaucoup de monde et beaucoup d'ambiance.

Sukhumvit

■ BASH NIGHTCLUB

37 Sukhumvit soi 11
300 B l'entrée + une boisson. De minuit à l'aube.
Le Bash a tout compris, il ouvre quand les autres ferment, et récupère tous les clubbers qui veulent continuer à faire la fête, au frais, en écoutant de la bonne musique house et techno, produite par des DJ's locaux. Trois étages, mais le dernier est plutôt réservé aux VIP. Lumières impressionnantes.

■ ESCOBAR

217/1-3 Sukhumvit Soi 63, Ekamai
La bouteille de whisky à 1 400 B.
Bar, discothèque, on ne sait plus vraiment, mais ce petit endroit en particulier le week-end se transforme en dancefloor pour les amateurs de hip-hop.

■ LEVELS CLUB & LOUNGE

6th Floor, No.35, Sukhumvit Soi 11
℡ +66 8 2308 3246
Gratuit généralement. Ce club a la réputation de posséder le meilleur son de la capitale. 3 en 1, bar, terrasse et discothèque, il offre la possibilité de souffler entre deux danses. Un endroit vraiment sympa que l'on recommande.

■ MIXX

973 Phloen Chit Road
Chitlom BTS Station
www.mixx-discotheque.com
Entrée 350 B avec une boisson au choix. Mercredi, entrée gratuite pour les filles avec 3 boissons gratuites.
Elue parmi les meilleures discothèques de Bangkok en 2013, cet établissement de nuit possède deux salles mitoyennes avec deux styles de musique différentes. Super DJ's, clientèle mixte, ambiance garantie.

■ NARZ

Sukhumvit Soi 23
℡ +66 2258 4085
Entrée gratuite. Ouvert de 21h à 2h.
Trois pistes de danses, pour les amateurs de hip hop, transe et house, huit bars, le Narz, connu il y a encore quelques années sous le nom de Narcissus, est installé dans une grande bâtisse qui accueille souvent des DJ's européens. Il est situé près de Soi Cowboy, mais la clientèle est constituée en majorité d'étudiants. Y aller après minuit, c'est à ce moment que l'ambiance devient *caliente.*

■ Q BAR

34 Sukhumvit Road Soï 11
℡ +66 22 523 274
www.qbarbangkok.com
reservations@qbarbangkok.com
BTS Nana.
Ouvert de 20h à 2h du matin. Entrée payante.
Cette boîte s'est fait une renommée parmi la jeunesse branchée de Bangkok et les expatriés grâce notamment à une programmation musicale pointue, en ce moment du funky, et la venue régulière de DJ's internationaux. Le deuxième étage est plus calme avec son bar lounge rénové. On peut même aller s'aérer sur la terrasse beaucoup plus tranquille. Ambiance pas vraiment décontractée, mais l'adresse a ses *aficionados.*

Théâtre National de Bangkok : représentation de théâtre Khon (L'enlèvement de Sita – Ramayana).

■ ROUTE 66 CLUB (RCA)
MRT Phetchaburi
RCA, Block A
Voir page 146.

■ THE TUNNEL
Sukhumvit, Soï 5
BTS Nana.
Du mardi au dimanche à partir de 1h du matin.
Un des très rares endroits où il est possible de danser toute la nuit. On se laisse entraîner ensuite dans ce décor de crypte par de l'électro et la house jusqu'au petit matin sur la grande piste de danse au centre de laquelle est installé le DJ. La clientèle est choisie et le tarif d'entrée est élevé.

Spectacles

Bangkok n'est pas connue pour sa scène artistique variée, mais il y a une programmation permanente et ponctuelle qui réserve de bonnes surprises. Pour les spectacles traditionnels, on est dépaysé en découvrant les danses traditionnelles Ram Thaï ou le théâtre Khon dansé. En outre, les instituts culturels étrangers comme le Goethe Institut ou l'Alliance française organisent des événements culturels tout au long de l'année. Enfin certains restaurants proposent tous les soirs ou le week-end des spectacles.

▶ **Renseignements** sur la programmation ponctuelle sur www.thaiticketmaster.com.

Rattanakosin (centre historique)

■ THÉÂTRE NATIONAL
Sanam Luang, 2 Rachini Road,
✆ +66 22 241 342
Phra Athit Pier.
Mitoyen du Musée national, le Théâtre national programme des danses traditionnelles et de la musique thaïe, des spectacles très dépaysants pour le visiteur occidental. La saison se déroule de novembre à mai, mais des représentations de musique et danse ont lieu les derniers vendredis et samedis de chaque mois.

Siam

■ CALYPSO CABARET
Asia Hotel,
296 Phayathai Road
✆ +66 22 168 937
www.calypsocabaret.com
BTS Ratchathewi.
Spectacle tous les jours à 20h15 et 21h45. Entrée 1 500 B (une boisson incluse).
Cabaret très connu en Thaïlande pour ses shows de travestis. Le spectacle est remarquable et flamboyant, un mélange de comique, de sexy et d'étrange. Les imitations et les sketches sont tous remarquables. Un très bon moment à partager avec toute la famille.

Sukhumvit

■ SIAM NIRAMIT
19 Tiam Ruammit Road
✆ +66 26 499 222
www.siamniramit.com
info@siamniramit.com   *760$ B*
MRT Rama IX.
Spectacle tous les jours à 20h. Tarif 1 500 B.
Le spectacle local le plus grandiose et impressionnant retrace sept siècles d'histoire du royaume de Siam. 150 artistes participent à cette fresque dont les costumes et les effets spéciaux sont étonnants. 2 000 personnes assistent tous les soirs à ce show à l'américaine.

■ THAILAND CULTURAL CENTER
Ratchadaphisek Road
✆ +66 22 470 028
www.thaiculturalcenter.com
MRT Rama IX.
Des représentations régulières y sont organisées. La programmation de ballets et d'opéras de qualité est de plus en plus fréquente, mais les tarifs restent assez élevés. Par contre, les spectacles pour la promotion de l'art local sont gratuits.

Rive Ouest

■ PATRAVADI THEATRE

69/1 Soï Wat Rakang Arun Amarin Road
℅ +66 24 127 287
www.patravaditheatre.com
Wang Lang Pier.
Fondé en 1992 par l'actrice Patravadi Mejudhon, voici une bonne adresse pour partir à la découverte de la danse thaïlandaise classique et moderne. Les spectacles de qualité et l'originalité du lieu, tout en conservant l'aspect traditionnel de la danse, intègrent un renouveau dans les mouvements et la construction du spectacle. Un agréable moment en perspective sur les rives de la Chao Phraya. Les spectacles changent régulièrement et la programmation est notamment indiquée sur leur site Internet. Restaurant sur place.

À VOIR – À FAIRE

On pourrait passer une année entière à visiter les nombreux temples que compte la ville de Bangkok. Prendre le temps de découvrir ces sanctuaires est un incontournable d'un séjour à Bangkok. Penser à se vêtir correctement pour ces visites surtout pour le Wat Phra Kaew et le Wat Pho, les épaules couvertes pour les femmes, pas de pantalons courts ni de jupes et pas de tongs. Il est aussi très plaisant de découvrir les palais et maisons en teck qui ont traversé les âges. Ce sont des témoignages de l'ancienne architecture de la ville, qui a depuis bien changé avec ses buildings toujours plus hauts et plus imposants. Pour ceux qui n'ont que peu de temps, on conseille de privilégier le Wat Pho, le Wat Phra Kaew et la maison de Jim Thompson.

Visites guidées

■ CANAL TOURS CO

℅ +66 22 212 297
Excursion en bateau d'une demi-journée (14h30-17h).

Départ de l'appontement Chang pour une promenade incluant le Wat Arun, les barges royales, la ferme des serpents, la ferme des orchidées. Un bon rapport qualité-prix.

■ CHAO PHRAYA EXPRESS BOAT

Pharanakom, Bangkok
78/24-29 Maharaj Road,
www.chaophrayaexpressboat.com
info@chaophrayaexpressboat.com
150 B pour une journée trajet illimité en bateau. Renseignements à Sathorn Pier ou Phra Arthit Pier ainsi que les stations BTS Siam, Nana et Taksin.
Un pass d'une journée donne la possibilité de prendre le bateau autant de fois que l'on veut, donc de choisir et s'arrêter où on le souhaite, de l'embarcadère de Sathorn (Central Pier) à l'embarcadère de Phra Athit. Il y a des départs tous les jours de la semaine et toutes les 30 min depuis l'embarcadère de Sathorn. On se voit remettre un petit guide sur le Chao Phraya. De l'eau à bord et un guide qui commente. Une solution pratique et économique.

BANGKOK ET SES ENVIRONS

Les 10 immanquables de Bangkok

▶ **Visiter** le Grand Palais et le Wat Phra Kaew, l'un des lieux les plus saints de Thaïlande avec son célèbre Bouddha d'émeraude.

▶ **Continuer** avec le Wat Pho pour admirer son Bouddha couché, une petite « grande » merveille.

▶ **Traverser** la Chao Phraya et aller voir de plus près le Wat Arun ou le contempler depuis l'autre rive, notamment lorsque le soleil se couche ou de nuit lorsqu'il est entièrement illuminé.

▶ **Remonter** le temps et découvrir les œuvres d'art raffinées de la maison de Jim Thompson.

▶ **S'intéresser** à l'art thaïlandais et se plonger dans son histoire au Musée national.

▶ **Siroter** une noix de coco bien fraîche au Floating Market de Damnoen Saduak, le pionnier des marchés flottants.

▶ **Se laisser** bercer par une balade le long de la rivière Chao Phraya et s'aventurer dans ses klongs.

▶ **Se perdre** dans Chinatown.

▶ **S'arrêter** le temps d'une visite au Wat Saket.

▶ **Faire** du shopping. Que ce soit dans les grands Mall ou sur les marchés, il y a toujours quelque chose à acheter à Bangkok.

■ **CO VAN KESSEL**

River City Shopping Center
23 Trok Rongnamkhaeng,
Si Phaya Pier Yota Road, Sampantawong
℡ +66 26 397 351
www.covankessel.com
contact@covankessel.com
Deux heures de balades à pied commentées en plein cœur de Chinatown. 750 B. 9 balades à vélos, de 3 à 9 heures, dont une de nuit. De 950 à 1 850 B.

À pied, en métro, à vélo, en bateau, Co Van Kessel vous propose de découvrir la ville comme vous ne l'auriez peut-être jamais imaginée. De jour comme de nuit, en plein cœur du Chinatown ou aux limites de la ville, à la découverte des marchés, des temples bouddhistes et des mosquées, de la culture sino-thaïe, le longs de canaux, dans des chemins de traverse insoupçonnés. Au programme également, des rencontres, des repas et des souvenirs inoubliables.

■ **KHLONG SAEN SAEP**

Quai à côté du Wat Saket
Tous les jours de 6h à 20h30.

Ce khlong est situé sur la rive est du fleuve et part du Wat Saket pour terminer au National Institute of Development Administration. Il y a un changement de bateau en cours de route au niveau de Pratunam qui se situe non loin du quartier de Siam. Ce khlong permet de rejoindre ainsi le quartier de Siam et Sukhumvit, et de poursuivre à l'est de Bangkok sur près de 18 kilomètres en tout.

■ **KLONG BANGKOK NOÏ**

Quai Phra Chan
De 6h à 23h.

Belle balade qui passe près du musée des Barges royales et du Wat Suwan Naram. Quelques vendeuses sur des barques proposent de la nourriture. À vous de faire halte quand bon vous semble, aux différents arrêts du bateau-taxi.

■ **KLONG BANG WAEK**

Quai Saphan Phut
Entre 6h et 17h, toutes les 15 min.

Des maisons traditionnelles en teck, des temples plus ou moins anciens et une ferme d'orchidées. Pour sillonner ces klongs, on peut donc choisir les ferries bateaux blanc et rouge qui vont de Mémorial Bridge à Nonthaburi, opèrent tous les jours de 6h à 18h40 et partent toutes les 20 min. On peut également utiliser les *shuttle boats*, grandes barques plates qui traversent le fleuve de rive en rive toutes les 5 min. Ou encore les bateaux « longue-queue » publics, très bruyants qui filent sur le fleuve et les klongs ; la meilleure solution pour se rendre à un endroit en particulier, car rapides et peu chers.

■ **SPICE ROADS**

Sukhumvit 39
14/1-B Soi Promsi 2,
℡ +66 27 125 305
www.spiceroads.com
info@spiceroads.com
Minimum 2 participants, 2 800 B.

Cette agence, qui propose plusieurs tours dans Bangkok et ses environs, organise également des tours de Koh Kret.

Rattanakosin (centre historique)

Lorsque Rama Ier fonda en 1782 la capitale du royaume qui deviendra la Thaïlande, le roi souhaitait qu'elle soit tout aussi magnifique qu'Ayutthaya. Erigée sur la rive est de la rivière Chao Phraya pour être mieux protégée des assauts guerriers fréquents à cette époque, l'île portera les noms de Rattanakosin, qui signifie « Joyau Suprême », et de Krungthep Maha Nakorn, qui signifie « Grande Ville, Capitale des Anges ». Rama Ier fera venir les architectes, les artisans et même les matériaux d'Ayutthaya.

Rattanakosin est adossée au fleuve et entourée de canaux, de fossés de défense et de remparts s'étendant sur 7 km. Les canaux sont le khlong Lote qui ceint l'enceinte sacrée ; le khlong Ong Ang et le khlong Bang Lamphu qui, eux, entourent la « banlieue ».

Rattanakosin se divise, en effet, en deux parties. L'enceinte sacrée abrite les palais du roi et du vice-roi ainsi que les temples royaux. Dans la banlieue, se trouvent d'autres temples et d'autres palais. Visiter ce quartier, c'est se plonger dans l'histoire du royaume de Siam.

■ **CORRECTIONS MUSEUM**

436, Maha Chai Road
℡ +66 22 261 706
Memorial Bridge Pier.
Ouvert en semaine de 9h30 à 16h, mais il faut appeler au moins un jour à l'avance pour réserver et prévenir de sa visite.

Ce musée des peines ou des corrections est installé dans une ancienne prison construite en 1890 sous le règne de Rama V, histoire de donner le ton. En effet, le musée présente l'histoire plutôt « macabre » de la vie en prison en Thaïlande. Si le premier étage montre des photos de l'ancienne prison lorsqu'elle était encore utilisée, le second étage présente des personnages en cire subissant les tortures et différentes punitions encourues jadis. Intéressant, mais pour les âmes sensibles, peut-être s'abstenir.

■ DEMOCRACY MONUMENT
Ratchadamnoen Road
Impossible de ne pas le voir en plein milieu de Ratchadamnoen Road. Cette œuvre imposante a été conçue par un sculpteur italien en 1939 pour symboliser la révolution qui marqua le passage d'une monarchie absolue à une monarchie constitutionnelle. Chacune des 4 ailes mesure 24 m de haut pour rappeler la date du 24 juin, et les 75 canons, l'année 2475 (1932 dans notre calendrier).

■ DUSIT ZOO
71 Rama 5 Road
℃ +66 22 812 000
www.dusitzoo.org
Ouvert tous les jours de 8h à 18h. Entrée adulte 100 B, enfant 50 B.
C'est surtout une visite qui conviendra aux enfants pour passer quelques heures en compagnie d'animaux tels que girafes, hippopotames, éléphants et tigres. Il y a également une section pour les reptiles, et il est possible de voir les animaux nourris durant certains moments de la journée. Les amoureux de nature et de grands espaces seront brimés, mais les autres apprécieront ! C'est le plus vieux zoo de Thaïlande, il y a au centre un petit lac où on peut louer des pédalos.

■ FORT PHRA SUMERU
À l'intersection entre Phra Athit Road et Phra Sumeru Road
Phra Athit Pier.
Construite sous le règne de Rama Ier, cette forteresse est le seul et dernier exemple des fortifications qui avaient été construites à Bangkok dont le total s'élevait à 14. La construction a nécessité près de 5 000 personnes. Entièrement rénové, le fort présente sa massive et imposante stature octogonale au cœur du centre historique, non loin de la rivière Chao Phraya. Le soir, le bâtiment est bien éclairé.

■ GRANDE BALANÇOIRE
Face au temple Wat Suthat
Phan Fa Khlong Pier.
Ce portique en teck peint en rouge élevé en 1784, appelé grande balançoire, servait autrefois lors de cérémonies organisées pour les récoltes. Des moines se balançaient jusqu'à 25 m de hauteur pour tenter d'attraper avec les dents un sac d'argent attaché à un pilier, en face, haut de 23 m. Compte tenu du nombre d'accidents mortels, ce jeu fut interdit en 1935.

■ LAK MUANG – CITY PILLAR SHRINE
À l'angle de Sanam Luang
Ouvert tous les jours. Entrée gratuite.
C'est le premier bâtiment érigé avant même la construction du Grand Palais sous l'ordre de Rama Ier, car il est de tradition lorsqu'une nouvelle ville est édifiée de commencer par la construction d'un pilier. Il servit donc de première pierre à la création de Bangkok. Les informations sont très précises puisque il fut posé le dimanche 21 avril 1782. Un deuxième pilier fut ajouté par Rama IV lorsqu'il entreprit la reconstruction de nombreuses parties de la ville. Le lieu fut ensuite transformé en temple destiné à abriter ces reliques. En 1982, il a été entièrement rénové pour la commémoration de la naissance de la ville. Pour les Thaïlandais, c'est un endroit qui porte chance et où les vœux sont censés se réaliser.

■ MAHATAT ROAD
Cette rue débute par l'université des Beaux-Arts de Silpakorn, qui occupe les locaux d'un ancien palais, et se termine par le Wat Mahatat également connu sous le nom de « Temple des Grandes Reliques », il n'a pas un intérêt particulier mais on peut visiter librement de 9h à 17h ; il est aussi possible d'y suivre des cours de méditation. Il abrite également la secte Mahanikaï. Il s'y tient un petit marché quotidien de plantes médicinales et un marché plus important le dimanche où l'on vend de tout, des amulettes aux antiquités. En face, dans les ruelles qui conduisent au fleuve ainsi que sur le trottoir du Wat Mahatat, un marché aux amulettes, aux Bouddhas et aux phallus de toutes tailles pour les hommes et les femmes stériles ! Ce marché se poursuit sur le trottoir côté temple, face à l'université Thammasat qui fut le théâtre d'émeutes en 1976.

■ MUSÉE DU SIAM (NATIONAL DISCOVERY MUSEUM INSTITUTE)
Office of the Permanent Secretary of Commerce,
Sanam Chai Road
www.museumofsiamproject.com
mail@picothai.com
Phra Athit Pier.
Ouvert du mardi au vendredi de 10h à 16h, jusqu'à 18h le week-end. Fermé le lundi. Entrée 300 B.
Ouvert en 2008, ce musée d'histoire retrace près de 3 000 ans de l'histoire du Siam et donc de la Thaïlande en effectuant un parcours à travers le développement du peuple thaïlandais et de sa culture. Parcours ludique et intuitif où le visiteur est amené à se poser des questions et à trouver des réponses dans les différentes salles du musée, notamment sur l'évocation des traditions et des origines des peuples de l'Asie du Sud-Est, les interactions entre les différentes régions et les différentes ethnies qui la composent. Instructif.

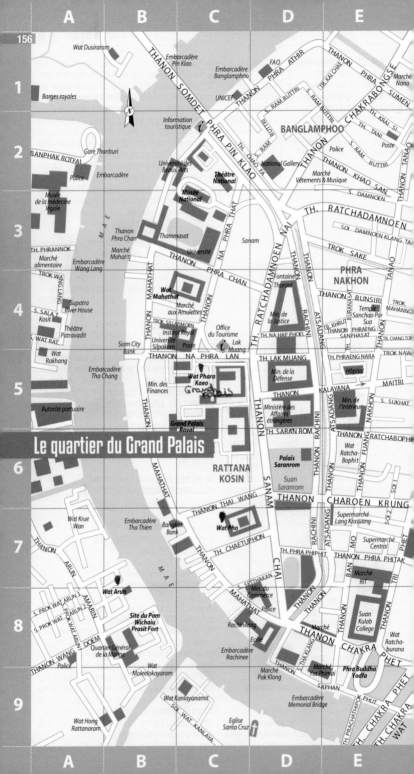

Le quartier du Grand Palais

A

Wat Dusiraram

Barges royales

BANPHAK ROTFAI

Police   Embarcadère

Musée
de la médecine
légale

TH. PHRANNOK

Marché
alimentaire

TROK WIGLANG

S. SALAT
Kosit

Supatra
River House

Théâtre
Patravadit

WAT RAT.

Wat
Rakhang

Autorité portuaire

Wat Krue
Wan

THANON

ARUN

AMARIN

S. PROK WAT ARUN 3

S. PROK WAT PRARUN
PROK WAT ARUN

Wat Arun

S. PROK WAT ARUN

Site du Pom
Wichaiu
Prasit Fort

DOEM

Quartier Général
de la Marine

THANON WANG

Police

Wat
Moleelokayaram

B

THANON SOMDET PHRA PIN KLAO

Embarcadère
Pin Klao

Gare Thonburi

Embarcadère

Université des
Beaux-Arts

Information
touristique   *i*

Thanon Phra Chan

Thammasat

Marché
Maharaj

Embarcadère
Wang Lang

Siam City
Bank

Embarcadère
Tha Chang

Min. des
Finances

MAHATHAT

Embarcadère
Tha Thien

Bangkok
Bank

M A E

Wat Kanlayanamit

SOI WAT KANLYA

Wat Hong
Rattanaram

C

Embarcadère
Banglamphoo

UNICEF

Université des
Beaux-Arts

Théâtre
National

**Musée
National**

THANON

Université

Sanam

TROK SILLAPAKORN

Institut Royal

Université Silpakorn

Poste

**Wat
Mahathat**

Marché
aux Amulettes

**Wat Phra
Kaeo**   Grand Palais

**Grand Palais
Royal**

RATTANA
KOSIN

THANON THAI WANG

Wat Pho

TH. CHAETUPHON

THANON

MAHATHAT

CHAI

SETTHAKAN

Min. du
Commerce

Police

Rachinilang

École

Embarcadère
Rachinee

Marché
Pak Klong

Eglise
Santa Cruz

D

FAO

PHRA ATHIT

S. RAM BUTTRI

S. RAM BUTTRI

BANGLAMPHOO

National Gallery

Marché
Vêtements & Musique

TH. RATCHADAMNOEN

SOI DAMNOEN KLANG TA

TROK SAKE

Fontaine du
Thoranl

Min. de
la Justice

TH. NA HAP PHOEL

TH. LAK MUANG

Lak
Muang

Min. de la
Défense

Ministère des
Affaires
étrangères

TH. SARAN ROM

**Palais
Saranrom**

Suan
Saranrom

THANON

THANON

Supermarché
Lang Krasuang

Supermarché
Central

TH. PHRA PHIPHIT

Marché
RIT

THANON

Marché

Rachinilang

THANON

Marché
Yot Phimai

SAPHAN

Embarcadère
Memorial Bridge

TH. PRACHATHIPOK

PHUT

E

Marché Nana

TH. KAI CHAE

TH. KRAI SI

TH. TANI

Police

Poste

THANON KHAO SAN

S. DAMNOEN

TH. RATCHADAMNOEN

PHRA
NAKHON

BUNSIRI

Temple
Sanchao Por
Sua

TH. KHRUA
PHRAENG
SANPHASAT

TH. PHRAENG NARA

TH. CHANG TON

TROK NAW

Hôpital

MAITRI

Min. de
l'Intérieur

S. SUKHAT

RATCHABOPHI

Wat
Ratcha-
Bophi t

CHAROEN KRUNG

THANON PHRA PHITAK

Suan
Kulab College

Wat
Ratcha-
burana

**Phra Buddha
Yodfa**

TH. CHAKRA PHET

WAT

THANON CHAKRA PHET

CHAKRABONGSE

SUMEN

TANAO

ATSADANG

RACHINI

SANAM

THANON PHRA NAKHON

FUANG

MO

BAN

PHET

Index des bâtiments

■ MUSÉE NATIONAL

5 Chao Fa Road
℃ +66 22 241 333
Phra Athit Pier.
Ouvert du mercredi au dimanche de 9h à 16h.
Entrée 200 B (on reçoit un opuscule en anglais,
en prime). Visite guidée en français le mercredi
et le jeudi à 9h30.
Un conseil pour profiter de ce musée dont on
dit qu'il possède une des plus riches collections d'Asie du Sud-Est, faire une visite guidée
(gratuite) qui sera bien plus instructive que
l'étiquetage lapidaire… On regrette en effet
le manque d'explications et l'impression d'une
accumulation d'objets peu étudiée. Le musée
a été fondé sur le site du palais du Second Roi
(Wang Na Palace) et se compose de 3 ailes,
une pour la saison chaude, une pour la saison
fraîche et une pour la saison des pluies.
Aujourd'hui le palais accueille les collections
de céramiques et de textiles, les collections
d'instruments de musique et d'objets de théâtre,
ainsi qu'une intéressante collection d'armes.
Le musée retrace l'histoire de la Thaïlande.
L'aile sud comprend essentiellement des représentations de Bouddha datant du VIIe au XIIIe
siècle. L'aile Nord accueille des représentations
de Bouddha de l'ère Lanna et de la période
Sukhothai jusqu'à nos jours, de même que la
collection de céramiques.
La « Maison Rouge » fut bâtie en teck pour
la sœur de roi Rama I, la princesse Sudarak.
A l'intérieur on peut observer la collection de
meubles qui appartint à la princesse et se faire
une idée de son mode de vie au XVIIIe siècle.
La galerie des chars funéraires est également
intéressante ; magnifiquement décorés et entretenus, ces chars et palanquins sont toujours
utilisés par la famille royale.
La chapelle Buddhaisawan fut quant à elle
construite au XVIIIe siècle pour le jeune frère
du roi. La représentation de Bouddha qui s'y
trouve (Phra Buddha Sihing) est la seconde plus
importante de tout le pays.

■ NATIONAL GALLERY

4 ChaoFa Road
℃ +66 22 822 224
Phra Athit Pier.
Ouvert du mercredi au dimanche de 9h à 16h.
Entrée 50 B.
Ouverte en 1974, la galerie nationale
expose des œuvres d'artistes thaïlandais et
étrangers à travers des expositions, permanente et temporaire. L'étage est consacré
aux périodes anciennes et aux œuvres allant
jusqu'à l'époque Ayutthaya. Le rez-de-chaussée
est lui dédié à l'art contemporain. Une bonne
façon de découvrir les spécificités de l'art
thaïlandais à travers les siècles et comparer
les différents styles. On y découvre même
des œuvres des rois Rama VI et Rama IX
(le roi actuel).

■ PALAIS VIMANMEK (VIMANMEK MANSION) ☆

face au Parlement
139/2 Ratchawithi Road,
℃ +66 26 286 300
www.vimanmek.com
pr@vimanmek.com
Thewet Pier.
Ouvert tous les jours de 9h30 à 16h30. Entrée
100 B (sinon l'entrée est incluse dans le ticket
que l'on achète pour le Grand Palais, sous réserve
de l'utiliser dans les 3 jours). Tenue décente (pas
de short ou de top sans manche).
La construction de Vimanmek Palace, qui signifie
« palais céleste » (aussi appelé Vimanmek
Mansion) a été ordonnée par le roi Rama V et
terminée en 1902, c'est en réalité un palais de
Koh Si Chang dont l'ensemble des pièces ont
été transportées à Bangkok. Ce palais lui servait
de résidence durant le mois d'avril, lorsque la
chaleur atteint les 40 °C à l'ombre. C'est le plus
grand palais de teck au monde, et du teck de
la meilleure qualité, dit « teck d'or », alors que
celui de la plus mauvaise qualité est appelé
« teck bouse de buffle ».
Tombé en désuétude après le coup d'Etat de
1932, le palais a été rénové et transformé en
musée Chulalongkorn en 1982. Il est construit
en forme de L, selon un style anglais victorien,
et comprend 81 pièces dont on peut seulement
visiter le tiers. On y voit, parmi les antiquités,
les cadeaux reçus par le roi de la part des
dignitaires étrangers et aussi la première
douche de Thaïlande ! Des serviteurs versaient
l'eau dans un réservoir et le roi pompait dur
pour qu'elle tombe. Ce palais fut aussi la
première résidence disposant de l'électricité.
Spectacle de danse traditionnelle à 10h30
et 14h.

■ PLACE SANAM LUANG

En face du Wat Phra Kaew et du Grand
Palais
Tha Tien Pier.

REPÉREZ LES MEILLEURES VISITES

★ INTÉRESSANT ★★ REMARQUABLE ★★★ IMMANQUABLE ★★★★ INOUBLIABLE

C'est la place où ont traditionnellement lieu la crémation des rois et la cérémonie qui ouvre la saison de plantation du riz. Ce lieu existe depuis l'époque de Rama I. A partir de 1932, s'y tint le marché du dimanche, véritables halles, transférées depuis à Chatuchak Park. C'est ici que se tiennent les concours de cerfs-volants de février à avril, le roi Chualalongkorn était amateur de ce loisir. On peut donc à la bonne saison venir y faire un tour pour observer leur ballet.

■ QUEEN GALLERY
101 Ratchadamnoen Klang Road
✆ +66 22 815 360
Phan Fa Khlong Pier.
Ouvert tous les jours sauf le mercredi de 10h à 19h. Entrée 20 B.
Créé à la demande de la reine qui lui a donné son nom, ce musée-galerie a ouvert en 2003 et présente des œuvres d'art, essentiellement des peintures et des sculptures, d'artistes thaïlandais de renom comme de jeunes talents. Les expositions changent chaque mois.

■ STATUE DE RAMA V
ET SALLE DU TRÔNE ANANDA SAMAKHOM
Uthongnai Road
Royal Plaza,
Thewet Pier.
Ouvert du mardi au dimanche de 10h à 17h. Entrée 200 B.
Cet imposant bâtiment de style italien inspiré par l'architecture de la Renaissance a été réalisé par l'architecte italien Mario Tamagno. Il tranche ainsi des autres temples et monuments de la ville par son aspect occidental. Le bâtiment fut construit au début du XXe siècle à la demande de Rama V pour recevoir des dignitaires étrangers. Il ne verra cependant pas la fin de la construction qui ne sera achevée qu'après sa mort, sous le règne de Rama VI en 1915. A l'intérieur, en plus de la salle du trône, se trouve un musée d'artisanat thaïlandais. Devant le palais, une imposante place impressionne par sa démesure et le vide qu'elle crée. Elle abrite en son centre une sculpture équestre de Rama V en bronze qui fut construite à Paris en 1907 par George Ernest Saulo, Rama V s'étant déplacé en France pour poser.

■ WAT BENCHAMA BOPHIT
(TEMPLE DE MARBRE)
69 Rama V Road
✆ +66 26 287 947
Thewet Pier.
Ouvert de 8h à 18h. Entrée 20 B.
Il fut construit sur ordre du roi Rama V et terminé en 1899. Il est très célèbre car sa chapelle (bot) est recouverte de marbre blanc de Carrare. L'entrée du bot est gardée par deux lions de style

khmer. A l'intérieur se trouve une réplique de bronze (2,5 tonnes) du Bouddha Phutta Chinarat du Wat Phra Sri Ratana Mahatat de Phitsanulok. Dans son socle sont conservées les cendres de Rama V. La visite vaut aussi par le cloître où sont disposées 51 magnifiques statues de Bouddha de divers styles. On remarquera en particulier deux très beaux Bouddhas marchant, de style Sukhothaï ; des Bouddhas birmans provenant de Pagan et Rangoon et, enfin, des copies de Bouddhas japonais. C'est un temple calme, reposant et ombragé.

■ WAT BOWONNIWET
240 Phra Sumen Road
✆ +66 22 812 831
Phra Athit Pier.
Ouvert tous les jours de 8h30 à 17h. Entrée gratuite.
Centre monastique important, ce temple abrite également l'université bouddhiste Makut. Ce temple a beaucoup d'importance pour la dynastie des monarques de la dynastie Chakri car Rama V, Rama VII et le roi actuel y ont fait leur retraite monacale.

■ WAT INTHARAWIHAN
114 Wisut Kasat Road
Thewet Pier.
Ouvert tous les jours de 9h à 18h. Entrée gratuite.
À l'écart des temples les plus visités du centre historique, un peu au nord de Khao San Road, ce petit temple vaut le détour surtout pour son Bouddha géant de près de 32 mètres de haut, entièrement recouvert de mosaïques scintillantes et de dorures. Il a fallu près de 50 ans pour venir à bout de cet assemblage, et le résultat est assez impressionnant. L'endroit, calme, est agréable à visiter.

■ WAT RATCHANADDA
À l'angle de Ratchadamnoen
2 Maha Chai Road,
Phan Fah Khlong Pier.
Ouvert tous les jours de 9h à 17h. Entrée gratuite.
Construit par Rama III en 1846, à l'origine il était seulement prévu de construire un chedi, mais ce temple devint rapidement un lieu de méditation pour les moines à qui l'on construisit des cellules. Haut de 36 m, il possède 37 flèches en métal représentant les 37 vertus de l'éclaircissement dans la religion bouddhiste. Cette architecture originale est inspirée d'un temple sri lankais lui même influencé par l'architecture indienne du IIIe siècle av. J-C. En 2005 le temple a posé sa candidature comme monument protégé par l'Unesco. C'est derrière le temple que se tient le plus fameux marché aux amulettes tous les jours de 8h à 20h.

WAT PHO ET BOUDDHA COUCHÉ ★★★★

À l'intersection de Chetuphon et Maharat Roads
2 Thanon Sanam Chai,
✆ +66 22 260 369
www.watpho.com
Tha Tien Pier.
Ouvert de 8h à 18h30. Entrée 100 B.
Temple de l'Illumination. On l'appelle quelquefois temple du Bouddha couché. C'est dans la Chetuphon Road que le général Chakri s'autoproclama roi sous le nom de Rama Ier et qu'en 1781 il fit agrandir l'ancien sanctuaire qui s'y trouvait déjà. Ce temple, le plus ancien de Bangkok, est coupé en deux par Chetuphon où se trouve l'entrée. D'un côté se dresse le temple proprement dit et, de l'autre, le quartier monastique. Le Wat Pho est principalement connu pour son Bouddha couché dans l'attente de la mort ; c'est la plus grande image de Bouddha dans cette attitude. La statue, érigée par Rama III en 1832, mesure 46 m de long et 15 m de haut. La plante des pieds, incrustée de nacre, porte les 108 marques de bon augure que Bouddha portait à sa naissance.
A côté du Viharn, la bibliothèque, décorée de mosaïques chinoises, conserve les manuscrits sacrés. Elle constitue l'un des plus grands bâtiments de l'ensemble. On peut voir encore quatre grands chedi qui représentent les quatre premiers règnes. Le chedi recouvert de mosaïques vertes mesure 41 m de haut contient une image de Bouddha provenant d'Ayutthaya, détériorée par les Birmans. Ce chedi fut édifié par Rama Ier. Le roi Rama III fit construire le chedi blanc en l'honneur de son père Rama II et le chedi jaune en son propre honneur. Le bleu fut érigé par Rama IV pour commémorer la reine Sri Suriyothaï d'Ayutthaya.
Le pavillon de médecine traditionnelle, au pied de ces chedi, expose des dessins du corps humain avec les points d'acupuncture ainsi que des recettes à base d'herbes médicinales. On pourra également voir des statues en pierre (ramenées de Chine au XIXe siècle) avec des barbes et des chapeaux, qui rappelleront aux visiteurs les faciès des Européens. Ce sont les « démons » qui gardent le temple. Rappelons que les Chinois appellent les Européens, les « démons rouges ».
Le bot principal abrite une représentation de Bouddha en bronze en méditation. Sur les murs sont peintes les biographies de 47 éminents disciples de Bouddha. Plus intéressants sont les bas-reliefs de la balustrade qui entourent la statue et représentent des scènes du Ramakien. Les quatre Viharns aux quatre points cardinaux qui entourent le bot principal comportent d'intéressantes images de Bouddha, le montrant assis sur un rocher et acceptant les offrandes d'un singe et d'un éléphant, ou protégé par le roi des Nagas. A côté du Viharn, la bibliothèque, décorée de mosaïques chinoises, conserve les manuscrits sacrés. Elle constitue l'un des plus grands bâtiments de l'ensemble.

▶ **Le Wat Pho est un temple à l'atmosphère détendue.** Outre des astrologues amusants, près du mur bordant Sanam Chaï Road (mur de l'Est), se trouve le Massage Institute, où, on peut se faire masser par les doigts d'acier d'étudiants qui s'initient là à cet art traditionnel. L'école la plus respectée de Bangkok est dirigée par le Wat Pho depuis les années 1960. Mais la renommée du massage au Wat Pho est quelque peu surfaite, la qualité des prestations restant tout à fait inégale. Comment pourrait-il en être autrement, avec les cadences imposées par les longues files d'attente, l'environnement public (les lits sont alignés dans deux chapiteaux) et le principe même du massage à la chaîne. On préfère souvent l'intimité – et la disponibilité – de certains salons de massage traditionnels.

WAT RATCHAPRADIT D6 ★★★★ ★
2 Thanon Saranrom
Rachini Pier.
Ouvert tous les jours de 9h30 à 18h. Entrée gratuite.
Un tout petit temple, qui ne rivalise pas avec ses voisins directs, mais qui reste bien agréable et invite à la méditation par le calme qui y règne. Construit par Rama IV, sa structure rappelle certaines parties architecturales présentes dans les temples d'Angkor au Cambodge avec une influence khmère notable.

WAT SAKET ★ ★★ (TEMPLE DU MONT D'OR) A5-13
Chakkraphatdiphong Road
✆ +66 22 334 561
Phan Fa Khlong Pier.
Entrée libre pour le wat, ouvert de 8h à 18h, mais 10 B pour monter.
Le temple est situé face au fort Mahakan, le dernier qui subsiste avec celui de Phra Sumen. Rama II avait planifié la construction d'un gigantesque chedi dont seule la colline reste le témoignage.
Rama V à sa suite fit donc construire un chedi plus modeste qui fut agrandi pour accueillir une relique de Bouddha donnée dit la légende par le gouverneur anglais de l'Inde au roi Rama V, en 1899. Le temple mérite la visite pour la grimpette de 318 marches qui offre une vue magnifique sur la ville.

*Le Wat Pho ou Temple de l'Illumination est le plus ancien
de Bangkok est coupé en deux par Chetuphon où se trouve l'entrée.*

*Structures appelées chedis
ou stupas ornées de céramique.*

*Le Wat Pho est le temple avec plus de statues
de Bouddha, on en dénombre plus de 1000.*

*La statue de Bouddha couché dans l'attente de la mort,
érigée en 1832 par Rama III fait 46 m de long et 15 m de haut.*

■ **WAT PHRA KAEW
ET GRAND PALAIS** ★★★★
Na Phra Lan Road
℃ +66 22 220 094
Tha Chang Pier.

*Ouvert tous les jours de 8h30 à 16h. Entrée
500 B (elle comprend le droit d'entrée au palais
Vimanmek durant les 3 jours qui suivent). Il ne
faut pas se laisser abuser par les nombreux
mal intentionnés qui prétendent que le temple
est fermé et cherchent à emmener le visiteur
sur un autre site.*

D'inspiration occidentale seule une partie du
palais se visite. Le roi résidant désormais au
nord de Bangkok au palais Chitralada, le Grand
Palais n'accueille plus que certaines cérémonies
royales. Ce qu'on appelle le Grand Palais est
le Chakri Maha Prasat construit sous le règne
du roi Chulalongkorn, de 1876 à 1882, par des
architectes anglais, ce qui explique son style
européen. On peut visiter la salle du trône Amari
Vinichai où le roi fait toujours son discours
d'anniversaire ainsi que le petit musée des
armes notamment. Juste à côté se trouve le
Wat Phra Kaew dont la construction fut terminée
en 1784 soit deux ans après que la capitale ait
été déplacée de Thonburi à Rattanakosin. Le
temple qui occupe le Nord-Est du Grand Palais
est probablement l'un des sanctuaires les plus
sacrés de Thaïlande.

▶ **Le Bouddha d'Emeraude**. C'est à lui que le
Wat Phra Kaew doit sa célébrité. La statue la
plus vénérée de Thaïlande, le célèbre Bouddha
d'Emeraude, a une origine difficile à retracer.
Il est admis qu'elle fut trouvée dans un temple
de Chiang Raï, vers 1431. Elle était alors
recouverte à la feuille d'or. Plus tard, le stuc
sous la feuille d'or s'effrita, et la pierre verte
apparut. On prétendit ensuite que c'était une
statue d'émeraude (en réalité de jaspe) et elle
fut aussitôt considérée comme sacrée.
Le gouverneur de Chiang Raï en parla au roi de
Chiang Mai, qui désira l'obtenir. Des éléphants
furent envoyés pour la rapporter, mais sur le
chemin du retour, ils se dirigèrent en direction
de Lampang et non vers Chiang Mai. Le roi
y vit un présage divin et permit à cette ville
de conserver la statue. En 1468, le nouveau
roi de Chiang Mai fit venir la statue dans sa
capitale. L'un de ses successeurs partit, en
1552, combattre les rebelles à Luang Prabang
et emporta le Bouddha d'Emeraude avec lui. Il
s'établit par la suite à Vientiane et le conserva
dans cette ville.
En 1778, le roi Rama Ier, alors général, prit
Vientiane et ramena le Bouddha d'Emeraude
à Thonburi. Après sa montée sur le trône, il
fit construire le Wat Pra Kaew, qui accueillit
la fameuse statue. Le Bouddha d'Emeraude

mesure 75 cm de haut et 45 cm de large.
Il repose sur un piédestal d'or au sommet
d'un autel doré de 11 m et sous un parasol
de 9 étages. Il change de vêtements selon
les saisons : en été, il porte une tunique d'or
émaillée, ornée de pierres précieuses ; pendant
la saison des pluies, une toge de bronze émaillée
de bleu ; en hiver, c'est une robe de mailles en
or qui le couvre de la tête aux pieds.

▶ **La visite**. Dans l'axe de la porte d'entrée,
une plate-forme de marbre sert de socle au
Panthéon royal. Les statues grandeur nature
des huit rois y sont gardées. Le panthéon n'est
ouvert qu'un jour par an, le 6 avril, jour de la
commémoration de la dynastie Chakri. Derrière,
se trouve la bibliothèque (mondop) où un très
beau cabinet de nacre contient les manuscrits
sacrés. Le plancher est recouvert de nattes
d'argent. A droite, on remarque une reproduction
miniature d'Angkor Wat. Enfin, aux quatre coins,
se tiennent quatre statues de Bouddha, de style
javanais, des XIVe et XVe siècles.
Derrière la bibliothèque s'élève la flèche dorée
du grand chedi Pra Si Ratana, qui fut édifiée par
le roi Rama IV. Des reliques de Bouddha sont
conservées à l'intérieur, d'où le respect dû à
ces lieux. Les fresques du cloître racontent le
Ramakien.
On remarquera que ce temple est très bien
gardé par des Yakças de 6 m de haut, armés
d'une épée, au visage de différentes couleurs.
Partout également, des Kinnaris et des Nagas.
Enfin, les huit prang alignés sur le côté oriental,
revêtus de faïence et de mosaïques, sont dédiés
à La Trinité bouddhiste : le Bouddha, la Loi et
la Communauté des bonzes, ainsi qu'à certains
disciples dont les cendres sont conservées là.
En 2013 un nouveau musée voit le jour, celui
des textiles de la reine Sirikit. Un voyage à
travers le temps grâce aux robes de la reine
des années 1960 à nos jours.

■ **WAT SUTHAT** F5-J5
146 Bamrung Muang Road
Phan Fa Khlong Pier.
*En face de la balançoire. Ouvert tous les jours
de 8h à 17h. Entrée 20 B.*

Ce très beau temple est un des centres
bouddhistes les plus importants du pays. Il se
compose de deux importants bâtiments. Le
Viharn, étonnant par la grâce de ses proportions
offre un très bel exemple de l'architecture du
style de Rattanakosin. La statue de Bouddha,
qui provient du Wat Mahathat de Sukhothaï
et fut rapportée par Rama Ier, date du XIVe
siècle. Le bot est surtout intéressant pour ses
fresques murales et notamment celles entre
les fenêtres qui représentent les épisodes de
la vie de Bouddha.

Le temple bouddhiste de Wat Phra Kaew renferme une des statues
les plus sacrées de Thaïlande, le Bouddha d'Émeraude (en jaspe, en réalité).

Géants mythologiques au
visage représentant le démon.

Statue féminine Kinnari en or, créature
mythologique mi-homme, mi-oiseau

Des Yakças de 6 m de haut, armés d'une épée et aux visages de différentes couleurs gardent l'entrée.

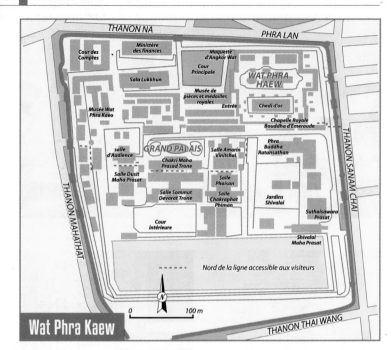

THANON NA PHRA LAN

Cour des Comptes

Ministère d'Angkor Wat des finances

Maquette d'Angkor Wat

Cour Principale

WAT PHRA HAEW

Sala Lukkhun

Musée de pièces et médailles royales

Entrée

Chedi d'or

Musée Wat Phra Kaeo

Chapelle Royale Bouddha d'Emeraude

salle d'Audience

GRAND PALAIS

Salle Amarin Vinitchai

Phra Buddha Ratansathan

Chakri Maha Prasad Trone

Salle Dusit Maha Prasat

Salle Phaisan

Salle Sommut Devarat Trone

Salle Chakraphat Phiman

Jardins Shivalai

Suthaisawara Prasat

Cour intérieure

Shivalai Maha Prasat

Nord de la ligne accessible aux visiteurs

0   100 m

THANON MAHATHAT

THANON SANAM CHAI

Wat Phra Kaew

THANON THAI WANG

▸ **Autour du temple et de la Grande Balançoire s'étire le marché des bonzes**. Ce ne sont pas les bonzes qui y font leurs achats puisqu'ils n'ont pas le droit de toucher à l'argent, mais les fidèles. Dans l'étroite rue Bamrungmuang, on trouve, dans de multiples magasins, tout ce qui est nécessaire à la vie du bonze et du temple : toges, encens, vases pour la nourriture, éventails.

Chinatown et Little India

■ THE OLD MARKET ⭐
Soï Yaowarat 6
Ce marché ancien vieux de 150 ans est plus une curiosité que l'on visite qu'une adresse où faire son shopping. En effet, en plein cœur du quartier chinois, vous verrez en parcourant les allées serrées du marché qu'il est difficile de savoir ce qui est vendu sur les étals. Delicatessen chinois et autres bizarreries sont au coude à coude pour la plus grande fascination des touristes peu au fait de la cuisine chinoise.

■ WAT TRAIMIT PHRA MAHA MONDOP
601 Charoen Krung road
www.wattraimitr-withayaram.com
BTS Hua Lamphong.
Ouvert tous les jours de 8h à 17h. Entrée 50 B + 100 B pour l'exposition ouverte tous les jours sauf le lundi.

C'est le Bouddha en or le plus imposant du monde avec ses 5 tonnes. Ce Bouddha a été découvert par hasard en 1953, alors qu'il était soulevé par une grue pour être transféré d'une salle de dépôt à la chapelle. Le Bouddha glissa, le stuc qui le recouvrait craqua, et on découvrit une magnifique statue d'or de l'époque de Sukhothai, que les rois d'Ayutthaya avaient ainsi dissimulée pour qu'elle échappe à la convoitise des Myanmars. Située dans Chinatown, cette statue est vénérée par les Chinois qui croient qu'elle leur apportera le succès dans les affaires.
Une exposition au 3e étage du palais retrace et explique cette histoire, l'origine du Bouddha, sa création, son transport...

Silom Sathorn

■ BANGKOKIAN MUSEUM
273 Charoen Krung, Soï 43
℃ +66 22 337 027
Oriental Pier.
Ouvert du mercredi au dimanche de 9h à 16h. Entrée gratuite.
Un petit musée qui expose le mode de vie thaïlandais bourgeois au milieu du XXe siècle, présenté dans la maison des parents de l'actuel propriétaire.

Légende

- Temple
- Banque
- Poste
- Marché et commerce
- Gare ferroviaire
- Embarcadère

Gare de Hua Lamphong (Hua Lamphong Station)

Wat Traimit

Krung Kasem Road

Maitri Chit Road

Luang Road

Maitri Chit Road

Song Sawat

Yaowarata 3

Yaowarata

Santiphap

Thanon Phlap Phla Chai

Charoen Krung Road

Phadung Dao

Yaowarat 9

Song Soem

Temple Leng Noi Yi

Plaeng Nam Road

Sampaeng Lane

Sua Pa Road

Song Wat Road

Yommarat Sukhum

la Poste

Charoen Krung Road

Tang To Kang Gold Shop

Mangkon

Ratchawong Road

Bangkok Bank

Chakrawat Road

Yaowarat Road

Mahachak Road

MAE NAM CHAO PHRAYA

Chakrawat Road

Chakraphet Road

Central Departement Store

Phahurat Road

Marché Pahurat

Wat Ratchapradit

Tri Phet Road

Chinatown

Embarcadère Saphan Phut

Thanon Fuang Nakhon

Ban Mo

0   100 m

■ BANGKOK SEASHELL MUSEUM

près de l'hôpital Leardsin
À l'angle de Silom 23,
✆ +66 22 340 291
BTS Surasak.
Ouvert tous les jours de 10h à 20h. Entrée 200 B.
Ce vaste bâtiment gris à la façade moderne
abrite un musée thématique entièrement dédié
aux coquillages. A la fois ludique et instructif, on
voit des coquillages de toutes les couleurs et de
toutes les formes dont certains ont été utilisés
à des fins artistiques. Sur 3 étages, ce sont
1 000 espèces différentes que l'on peut ainsi
admirer. A privilégier en compagnie d'enfants.

■ MR KUKRIT'S HOUSE

Sathorn Road
19 Soï Phra Pinit,
✆ +66 22 868 185
www.kukritshousefund.com
m.r.kukritshousefund@hotmail.com
BTS Chong Nonsi.
*Ouvert le week-end de 10h à 17h et normalement
pendant les vacances scolaires. En semaine
uniquement sur rdv. Entrée 50 B.*
Kukrit Pramoj fut un des hommes d'Etat thaïlandais les plus aimés du XXe siècle. Poète et
écrivain, il fut même Premier ministre dans les
années 1970. Sa demeure est un magnifique
exemple d'architecture thaïe et le jardin est
splendide. Grand amateur d'art on retrouve de
nombreux exemples de la culture thaïlandaise
et kmère. En dehors des circuits touristiques,
cette demeure mérite une visite au même titre
que la maison de Jim Thompson.

■ MUSÉE D'ERAWAN

99/9 Moo 1 Bangmuangmai
Sukhumvit Road, Samut Prakan
✆ + 66 2380 0305
www.erawan-museum.com
Entrée 300 B. On est d'abord frappé par
l'imposante statue de près de 40 mètres de
haut de cet éléphant à trois têtes sur un piédestal.
A l'intérieur, 3 salles, représentant l'enfer, la
terre, le paradis. Des centaines d'objets, des
meubles anciens, des porcelaines chinoises et
thaïes, des tableaux, des statues de bouddha...
Et à l'extérieur, un super jardin.

■ LE ROBOT BUILDING

191 South Sathorn Road
L'inspiration originale de ce bâtiment de 20 étages
est venue selon l'architecte qui l'a conçu, de
l'un des jouets de son fils. Siège de la Bank of
Asia Tower, ce gratte-ciel a été sélectionné par
le musée d'Art contemporain de Los Angeles
comme l'un des 50 bâtiments emblématiques
du XXe siècle. Pour accentuer le mimétisme,
des éléments tels que de gros boulons surdi-
mensionnés et des antennes ont été rajoutés.

■ SANCTUAIRE ERAWAN

Ratchadamri Road
✆ +66 22 528 754
BTS Chit Lom.
*Ouvert tous les jours de 6h30 à 22h30. Entrée
libre.*
Lors de la construction de l'Hôtel Erawan
(mitoyen du sanctuaire et devenu depuis le
Grand Hyatt Erawan) au début des années
1950, les accidents se succédaient sur le
chantier. Même le bateau apportant le marbre
d'Italie coula. L'affaire devenait sérieuse. Des
astrologues furent consulter, sans succès.
C'est alors qu'un brahmane déclara que les
esprits du lieu étaient mécontents du tapage
et qu'il fallait construire un autel à Brahma
(Thao Maha Phrom, en thaï), divinité à quatre
têtes, dieu hindou de la création. Aussitôt dit,
aussitôt fait. Et la construction put reprendre
dans la sérénité. La légende veut également que
dans les années 1960, la femme d'un général
de police pauvre promit à Thao Maha Phrom de
danser nue devant lui si elle gagnait à la loterie.
Elle gagna. On dressa des toiles blanches autour
de l'autel, et la gente dame s'exécuta... Tous
les jours, les fidèles déposent des guirlandes
de fleurs et des bâtons d'encens, et demandent
l'exécution de leurs vœux, souvent exaucés,
dit-on. Le soir, l'endroit est pittoresque et il est
intéressant de venir s'imprégner de l'atmosphère. Devant le succès de ce sanctuaire, de
nombreux grands hôtels comme des immeubles
de bureaux ont construit des autels brahma-
niques. Cependant ce sanctuaire a connu des
péripéties en mars 2006. Un homme, semble-
t-il mentalement défaillant, s'est défoulé sur
le sanctuaire vers minuit, le dégradant. Les
badauds et les travailleurs de la rue s'en sont
alors pris à lui, le rouant de coups, ce qui lui
coûta la vie. Deux mois plus tard, en mai, se
tenait une cérémonie présidée par le Premier
ministre Taksin en personne autour du sanctuaire rénové, alors que la statue de Thao Maha
Phrom était replacée au centre du sanctuaire.
1 000 personnes s'étaient rassemblées pour
l'occasion, de nombreux Thaïlandais étaient
venus rendre hommage à la divinité. Certains
notant les numéros de plaques d'immatricu-
lation des voitures pensant que cela pourrait
être les numéros gagnants de la prochaine
loterie, la superstition des Thaïs n'est pas
un mythe !

■ SNAKE FARM

Au croisement de Henri Dunant Road
1871 Rama IV,
✆ +66 22 520 161 / +66 22 520 164
MRT Lumphini.
*Ouvert du lundi au vendredi de 9h30 à 16h et
le week-end de 9h30 à 12h. Show à 11h et à
14h30, 11h le week-end. Entrée 200 B.*

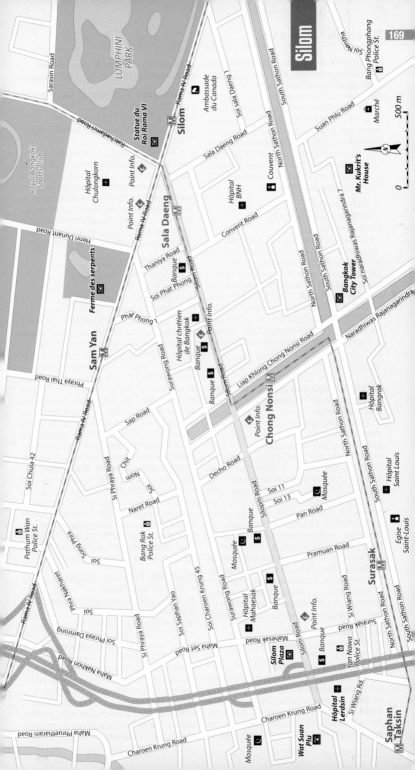

LUMPHINI PARK

Royal Bangkok Sports Club

Sarasin Road

Ratchadamri Road

Statue du Roi Rama VI

M Silom

Hôpital Chulongkorn

Point Info.

Point Info.

Rama IV Road

Henri Dunant Road

Ferme des serpents

Rama IV Road

M Sam Yan

Phaya Thai Road

Phat Phong 1

Sala Daeng

M Sala Daeng

Thaniya Road

Soi Phat Phong

Banque

Silom Road

Surawong Road

Point Info.

Hôpital chrétien de Bangkok

Banque

Banque

Sap Road

Si Phraya Road

Chit

Nom

Soi

Naret Road

Soi Chula 42

Pathum Wan Police St.

Song Phra

Soi

Bang Rak Police St.

Phra Nakharet

Soi

Si Phraya Road

Soi Saphan Yao

Soi Charoen Krung 45

Maha Set Road

Rama IV Road

Si Phraya Road

Soi Nakharet

Soi Phraya Damrong

Maha Nakhon Road

Maha Phruetaram Road

Ambassade du Canada

Soi sala Daeng 1

Sala Daeng Road

Hôpital BNH

Couvent

Convent Road

North Sathon Road

South Sathon Road

Suan Phlu Road

Soi N 169

Bang Phongphang Police St.

Santha

Marché

Mr. Kukrit's House

Soi naradhiwas Rajanagarindra 7

Bangkok City Tower

North Sathon Road

South Sathon Road

Narathiwas Rajanagarindra

Liap Khlong Chong Nonsi Road

M Chong Nonsi

Point Info.

Decho Road

Silom Road

Soi 11

Soi 13

Pan Road

Mosquée

North Sathon Road

Hôpital Bangrak

Hôpital Saint Louis

South Sathon Road

Pramuan Road

Egise Saint-Louis

M Surasak

Surasak Road

Si Wiang Road

Mosquée

Banque

Banque

Mosquée

Hôpital Maheesak

Banque

Maheesak Road

Point Info.

Banque

Silom Plaza

Silom Road

Yan Nawa Police St.

North Sathon Road

South Sathon Road

Si Wiang Road

Hôpital Lerdsin

Charoen Krung Road

Si Wiang Rd

Mosquée

Wat Suan Phlu

Charoen Krung Road

M Saphan Taksin

0   500 m

Créé en 1923, ce centre développe des antidotes aux venins de serpents. Il est ouvert au public, l'idée est d'éduquer les Thaïs à la dangerosité des serpents et la manière de réagir en cas de piqûre. Les shows montrent comment attraper un cobra à mains nues et lui faire cracher son venin dans le récipient adéquat. C'est impressionnant. Il y a environ 160 espèces de serpents, dont 46 à venin mortel. On peut voir aussi des cobras royaux de plus de 4 m de longueur. Certains n'apprécieront peut-être pas le côté très touristique de la visite.

■ WAT PARIWAT
(DAVID BECKHAM TEMPLE)
Rama 3, soi 30

Rien n'est trop beau pour attirer le fidèle. Les Thaïlandais qui sont depuis pas mal de temps convertis au football, vénèrent les joueurs du football anglais. Ainsi, dans un coin de ce petit temple bouddhiste, vous trouverez une statue du Spice Boy à l'époque de sa gloire, lorsqu'il évoluait à Manchester United, le sponsor sur son maillot faisant foi. Haut de seulement 30 centimètres, il a été posé ici en remplacement d'un Garuda, une créature ailée mythique du bouddhisme.

Siam

■ BANGKOK ART AND CULTURE CENTRE
A l'intersection de Pathumwan, entre le MBK et le Siam Center
✆ +66 22 146 630
www.bacc.or.th
BTS Siam ou National Stadium.
Ouvert tous les jours sauf le lundi de 10h à 21h.
Ce vaste projet initié par le gouverneur Bhichit Rattakul a commencé à voir le jour en 2000, mais a dû être interrompu à cause de problèmes de corruption. Repris en 2005, le projet fini par aboutir et le complexe ouvre ses portes en juillet 2008. Ce bâtiment blanc immaculé ultra-moderne, intercalé entre le MBK et le Siam Center, est une porte ouverte sur l'art contemporain tant au niveau de l'art que de la musique, du théâtre, du cinéma ou encore du design. Des expositions temporaires sont organisées ainsi que diverses manifestations tout au long de l'année. C'est l'adresse qui manquait, il y a peu à Bangkok, en matière d'art contemporain !

■ ELEPHANT BUILDING
3300 Phahonyothin, Chom Phon, Chatuchak
✆ +66 2 937 4858
Ne se visite pas de l'intérieur.
Dans le quartier Chatuchak, la Tour de l'Éléphant est l'un des bâtiments les plus insolites de Bangkok. Les trois tours constituent un pachyderme, animal emblématique de la Thaïlande. Sur le bord droit de l'immeuble, vous pouvez voir un œil et une défense. Cet ensemble de bâtiment est à la fois un condominium, un espace bureau, et abrite une école de langue.

■ JARDIN AUX PAPILLONS ET INSECTARIUM
Parc Chatuchak
MRT Chatuchak ou BTS Mo'Chit.
Ouvert du mardi au dimanche de 8h30 à 16h30. Entrée gratuite.
Une adresse intéressante surtout lorsque l'on visite le marché de Chatuchak ; on peut alors profiter d'un moment de calme entouré par la nature. Loin de l'agitation qui règne entre les stands, ce parc permet d'observer près de 500 papillons ainsi que divers insectes, le tout dans un cadre verdoyant et entouré de belles fleurs exotiques. Idéal pour les familles avec enfants ou pour les passionnés d' enthémologie !

■ JIM THOMPSON HOUSE ⭐
6 Soï Kasemsan 2, Rama I Road,
✆ +66 22 167 368
www.jimthompsonhouse.com
BTS National Stadium.
Ouvert du lundi au vendredi de 9h à 17h. Entrée 100 B avec visite en français comprise. Boutique.
Jim Thompson est-il une légende ou un mythe ? Arrivé en Thaïlande après la Seconde Guerre mondiale et n'ayant jamais participé à aucune action militaire, il s'établit comme architecte, puis comme vendeur de soie. On perd définitivement sa trace en mars 1967. De nombreuses légendes entourent la disparition du fameux Américain qui relança l'industrie de la soie en Thaïlande en fondant en 1948 la Thai Silk Company. Ce complexe est composé de 7 maisons thaïes traditionnelles en teck venues de tout le pays, le long du klong Sana Sap, et assemblées par Jim Thompson. Les visiteurs peuvent admirer toute la collection d'art asiatique (sculptures, mobilier, aisselles) réunie par l'Américain. Un véritable témoignage historique de la culture du Sud-Est asiatique. L'ensemble se trouve au milieu d'un petit jardin tropical. Il est nécessaire de se joindre à une visite guidée pour visiter cet établissement. A ne pas manquer.

■ MADAME TUSSAUDS BANGKOK
6e étage du Siam Discovery
www.madametussauds.com/bangkok
BTS Siam.
800 B, 600 pour les enfants.
Après Londres, New York, Berlin ou encore Amsterdam, voici que Bangkok accueille le dernier-né des Madame Tussauds. Une centaine de personnalités en cire sont présentes avec toujours le même savoir-faire et le même réalisme qui caractérise les personnages du musée. On compte quelques personnalités locales et, bien entendu, les personnalités internationales incontournables du moment. A vos appareils photo !

Siam

La maison de Jim Thompson

National Stadium

MBK (Mah Boon Krong)

Soi Kasem San. 1

Phatathai Road

Phatathai Road

Ratchathewi

Siam Discovery

Sam Square 1 · SIAM

Siam Center

Sam Square 2

Sam Square 3

Sam Square 4

Sam Square 5

Sam Square 6

Henry Dunant Road

Ratchadamri Road

Ratchadamri

Erawan Shrine

Chit Lom

Lang Suan Road

Soi Chitlom

Central Dept. Store

Soi Somkhit

Wireless (Witthayu) Road

Phloen Chit

Soi Ruam Ruedi

Soi Najloet

EXPRESSWAY

Sukhumwit 1

Sukhumwit 2

Sukhumwit 4

Sukhumwit (Nana Nua)

Nana Station

Rama I Road

Phetburi Road

Somprasong 1

Somprasong 2

Somprasong 3

Somprasong 4

Phetburi Road

Panthip Plaza

Ratchadamri Road

Ratchaprarop Road

Central World

Phetburi 32

Phetburi 31

Phetburi 33

Phetburi 35

Saen Saep Canal

New Phetburi Road

New Phetburi Road

Sukhumwit Rd.

✳	Curiosité
🏛	Musée et centre culturel
🏬	Centre commercial
⬗	BTS Skytrain (Onnut-Mochit)
⬗	BTS Skytrain (Nat. Stad- Taksin Bridge)
Ⓢ	BTS Skytrain Central Station

0   200 m

■ **PALAIS SUAN PAKKARD** ⭐

353 Sri Ayutthaya Road
✆ +66 22 454 934
www.suanpakkad.com
info@suanpakkad.com
BTS Phaya Thai.
Ouvert tous les jours de 9h à 16h. Entrée 100 B.
Le palais se compose de cinq demeures en bois de teck. Si l'on veut explorer l'ensemble en détail, il faut compter 1 à 2 heures : il s'agit en effet d'un véritable musée. Son nom signifie « le palais du jardin des choux », car l'ancienne propriétaire, la princesse de Nagor Svarga, aujourd'hui décédée, se piquait de jardinage. Dans les demeures sont exposées des antiquités : des statues de Bouddha de l'époque Dvaravati et d'Angkor, des épées, des céramiques ainsi que la plus grande collection de vases de Bang Chieng, site préhistorique du Nord-Est de la Thaïlande, découvert seulement au début des années 1970. Le pavillon le plus intéressant, le Pavillon de Laque, date de l'époque d'Ayutthaya. On peut y voir des panneaux de laque noire ornés de dessins à la feuille d'or décrivant la vie de Bouddha et aussi la vie à Ayutthaya avec l'arrivée des Français, dépeints avec beaucoup d'humour.

■ **PARC CHATUCHAK** ⭐⭐

Chatuchak, Bangkok 10900
MRT Chatuchak ou BTS Mo'Chit.
L'un des plus vieux parcs de Bangkok et des plus grands, ouvert en 1980. Il possède un lac, et plusieurs petits ponts permettent de rejoindre chaque rive. C'est l'endroit idéal pour un pique-nique, faire son jogging ou du vélo. Très fréquenté le week-end, notamment en raison de sa proximité avec le marché Chatuchak.

■ **SIAM OCEAN WORLD**

991 Rama I Road
Siam Paragon,
✆ +66 26 872 000
www.siamoceanworld.co.th
marketing@siamoceanworld.com
BTS Siam.
Ouvert tous les jours de 10h à 21h, dernière entrée à 20h entrée 1 000 B.
Lors d'une journée shopping à Siam, pourquoi ne pas faire une pause au gigantesque aquarium du centre commercial Siam Paragon. C'est le plus grand d'Asie du Sud-Est, et pour les amateurs, c'est un plaisir de déambuler entre requins, raies, crabes géants, et toute une variété de poissons tropicaux. En outre, pour les plus téméraires, possibilité de nager avec les requins. Une bonne idée pour le voyageur à qui le temps manque et qui ne pourrait explorer les fonds sous-marins du sud de la Thaïlande.

■ **VICTORY MONUMENT**

À l'intersection de Phahonyothin Road, Phaya Thai Road et Ratchawithi Road
BTS Victory Monument.
Ce monument n'a rien de bien exceptionnel, c'est un monument militaire construit en 1941 ; la petite anecdote est qu'il commémore une victoire des Thaïlandais sur les Français entre décembre 1940 et janvier 1941, victoire sur l'autorité coloniale pendant les conflits indochinois. La Thaïlande ayant réussi à annexer certaines régions du Cambodge et du Laos, territoires qui jadis avaient été cédés à la France et que les Thaïlandais considéraient comme étant à eux. En fait, il n'y a pas vraiment eu ni de gagnants ni de perdants, mais la Thaïlande obtenant plus que ce qu'elle n'espérait a célébré l'événement dignement ! Le monument est composé d'un obélisque et de statues de militaires. L'histoire ne s'arrête pas là et devient embarrassante à la fin de la Seconde Guerre mondiale lorsque la Thaïlande est obligée de rendre les territoires à la France. Le monument ne célèbre donc rien de très glorieux, mais il est toujours là !

Sukhumvit

■ **KAMTHIENG HOUSE**

Siam Society, 131 Sukhumvit Soï 21
✆ +66 26 616 471
www.siam-society.org
info@siam-society.org
BTS Asok ou MRT Sukhumvit.
Ouvert du mardi au samedi de 9h à 17h. Entrée 100 B.
Cette maison en teck sur pilotis dans le style du Nord, vieille de 160 ans, a été construite à Chiang Mai sans utiliser un seul clou. Elle a été cédée à la Siam Society et transférée à Bangkok. Elle comporte 5 salles d'exposition présentant des objets et informations sur les traditions de chant et musique Lanna, de même que le mode de vie du Nord. Très belle demeure pour les amoureux d'architecture traditionnelle thaïe.

■ **MUSÉE DES SCIENCES ET PLANÉTARIUM**

928 Sukhumvit Road
✆ +66 23 925 952
BTS Ekamai.
Ouvert en semaine de 9h à 16h. Entrée 50 B.
Un musée qui présente d'intéressantes informations sur l'astronomie. Le planétarium possède un dôme d'une hauteur de 13 mètres. Il organise tout au long de l'année plusieurs expositions temporaires, visionnage de films, lectures, autant d'activités à découvrir pour les passionnés de passage dans la capitale. La plupart des informations sont présentées sur de grands panneaux explicatifs.

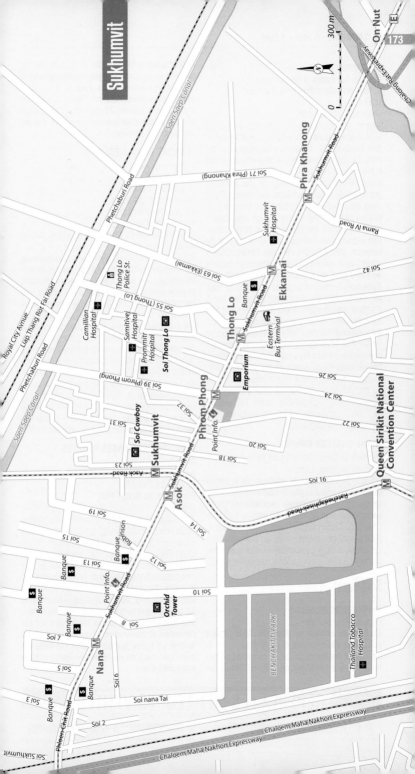

Sukhumvit

On Nut

173

E

300 m

0

N

Chalong Rat Expressway

Phra Khanong

Sukhumvit Road

Rama IV Road

Soi 71 (Phra Khanong)

Ekkamai

Soi 63 (Ekkamai)

Sukhumvit Hospital

Soi 42

Banque

Thong Lo

Sukhumvit Road

Eastern Bus Terminal

Soi 55 (Thong Lo)

Thong Lo Police St.

Soi 26

Camillian Hospital

Samitivej Hospital

Soi Thong Lo

Emporium

Soi 24

Prommitr Hospital

Soi 39 (Phrom Phong)

Phrom Phong

Soi 22

Phetchaburi Road

Soi 37

Point Info.

Soi 20

Soi 31

Soi Cowboy

Sukhumvit

Soi 18

Queen Sirikit National Convention Center

Royal City Avnue

Liap Thang Rot Fai Road

Phetchaburi Road

Saen Saep Canal

Soi 23

Asok Road

Sukhumvit

Sukhumvit Road

Asok

Soi 16

Ratchadaphisek Road

Soi 19

Robinson

Banque

Soi 14

M

Soi 15

Soi 12

BENCHAKITI PARK

Banque

Point Info.

Sukhumvit Road

Soi 13

Soi 10

Banque

Orchid Tower

Soi 8

Thailand Tobacco Hospital

Banque

Soi 7

Soi 6

Nana

Banque

Soi 5

Banque

Soi 3

Soi nana Tai

Phloen Chit Road

Banque

Soi 2

Soi Sukhumvit

Chaloem Maha Nakhon Expressway

Chaloem Maha Nakhon Expressway

■ LUMPINI PARK ⭐

Entrées sur Rama IV Road, Sarasin Road,
Witthayu Road et Ratchadamri Road
MRT Lumphini.
Ouvert de 4h30 à 20h.
Avec ses 58 hectares de verdure et de lacs, c'est
le plus grand parc de la ville et le plus apprécié
des Thaïlandais. Au centre se trouve un lac
artificiel. Des kilomètres d'allées arborées font
oublier la ville de Bangkok. Tôt le matin, on y
rencontre de nombreux joggers, des groupes
pratiquant le taï-chi ou faisant de l'aérobic (fous
rires garantis en regardant des groupes se
déhancher sur une musique bien trop forte).
Après l'exercice, quelques-uns se dirigent vers
des stands vendant du sang et de la bile de
serpent, afin de reprendre des forces. Divers
stands de boissons et d'alimentation proposent
également des mets plus communs. Le Bangkok
Symphony Orchestra se produit en plein air tous
les dimanches de décembre à janvier, mais
d'autres manifestations ont régulièrement lieu
dans le parc. Dans la partie nord du parc, en
franchissant l'un des petits ponts qui permet de
quitter l'île, vous apercevrez peut-être un varan
débonnaire d'assez belle taille (plus d'un mètre !)
qui se chauffe au soleil en fin d'après-midi.
Lumpini est une halte à ne pas rater pour sortir
du tumulte de la ville comme pour s'imprégner
du quotidien de la population locale. Tout proche
de l'entrée principale, les bus en partance pour
les casinos du Cambodge.

■ THE PHALLUS SHRINE

Derrière le Swissotel Nai Lert Park,
2 Wireless Road, Lumpini
Gratuit. Des dizaines de phallus, de la petite
sculpture en bois à la grande statue en pierre, qui
se dressent fièrement ornés de rubans ont fait de
ce sanctuaire un lieu tout à fait unique. Il honore
Chao Mae Tubtim, l'esprit de la fertilité féminine.
Pour y accéder, rendez-vous au Swissôtel Nai
Lert Park. Il faudra ensuite traverser le parking
souterrain et tourner au fond, sur votre droite.

Rive Ouest

■ FORENSIC MUSEUM

Près de Pranok Pier
*Du lundi au samedi, de 9h à 16h. 40 B. Gratuit
pour les enfants de moins de 12 ans.*
Le musée des horreurs, âmes sensibles s'abstenir. Situé à l'intérieur de l'hôpital Siriraj sur

la rive ouest du fleuve Chao Phraya, ce musée
sinistre et morbide attirera les voyageurs en
quête de sensations fortes. Pour résumer, vous
verrez principalement des fœtus d'enfants
malformés dans des bocaux. Et donc, même
si c'est gratuit pour les enfants, évitez tout de
même de les amener.

■ MUSÉE DE LA MÉDECINE

2 Phrannok Road
Siriraj Hospital,
✆ +66 24 197 000
www.si.mahidol.ac.th
siwww@mahidol.ac.th
Wang Lang Pier.
*Ouvert du lundi au samedi de 9h à 16h. Entrée
40 B.*
Pour les amateurs du genre, ce musée, situé
à l'intérieur même de l'hôpital, est un incontournable. Les objets et spécimens exposés
ont été collectés au fil des ans pour créer une
rétrospective sur l'histoire de la médecine en
Thaïlande. De nombreux outils notamment ont
été collectés par les équipes médicales, mais
aussi des fœtus et membres conservés dans
du formol ou moulés en cire. Différentes pièces
sont ainsi rassemblées formant une visite aussi
instructive qu'originale, certains diront macabre.
On retrouve également une exposition récente
sur le tsunami de 2004 et l'évocation de la
décomposition des corps, ou encore la vie de
Si Quey, sérial killer et véritable cauchemar des
familles thaïlandaises dans les années 1950.

■ MUSÉE DES BARGES ROYALES

Arun Amarin Road
80/1 Rim Klong Bangkok Noi
✆ +66 24 240 004
Phra Pin Klao Bridge Pier.
*Ouvert tous les jours de 9h à 17h. Entrée 100 B,
100 B supplémentaires pour prendre des photos.*
Cette collection de barges royales dont certaines
dépassent 50 m se trouvent de l'autre côté du
Chao Phraya, côté Thonburi, près du pont de
Pinklao. Il est surtout impressionnant de voir
ces barges durant les rares processions dans
le cadre de cérémonies. C'est un spectacle
très coloré avec des équipages pouvant aller
jusqu'à 64 personnes, avec des ombrelles,
des musiciens, etc. Toutes les barges ont été
rénovées et redécorées sous le règne du roi
actuel. La barge la plus récente est celle qui
a été commandée en 1996 par Rama IX pour
son jubilé d'or.

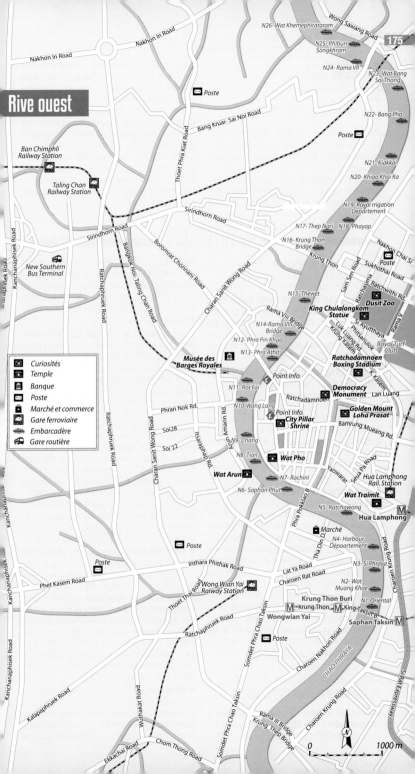

■ WAT ARUN
(TEMPLE DE L'AUBE) ★★★
34 Thanon Arun Amarin
www.watarun.net
Traversée de la rive depuis Tha Thien Pier (3B).
Ouvert tous les jours de 8h30 à 18h. Entrée 50 B.
Le Wat Arunratchawararam Ratchaworamahavihara, Wat Arun plus simplement, est appelé ainsi en l'honneur de la déesse hindouiste Aruna, déesse de l'Aube. Le roi Tasksin fit agrandir un petit temple qui occupait le site, et Rama II puis Rama III l'amplifièrent.

D'une hauteur d'environ 80 m, il est décoré de fragments de porcelaine et de cents statues de démons qui le protègent. C'est une représentation symbolique du mont Mehru, la maison des dieux dans la mythologie hindoue. Chacun des 4 petits pavillons contient des représentations de Bouddha durant des épisodes différents de sa vie. Mais plus que la visite elle-même, c'est le coucher du soleil sur ce temple qui mérite le coup d'œil. Pour cela on peut s'asseoir sur la rive opposée du Chao Phraya et attendre le coucher du soleil, le *prang* illuminé par le soleil couchant.

BALADES

Suggestion d'itinéraire dans le centre historique.

▶ **L'idéal pour découvrir cette partie de la ville est de prendre le bateau-bus** (prendre l'Express jusqu'à l'arrêt Tha Thien puis un des transbordeurs pour traverser le fleuve) pour se rendre au temple de l'Aube, le Wat Arun, de l'autre côté du Chao Phraya.

▶ **On retourne ensuite à Tha Thien pour aller visiter le Grand Palais** et le Wat Phra Kaew qui abrite le fameux Bouddha d'émeraude. A quelques pas au sud se trouve le Wat Po où admirer l'impressionnant Bouddha couché et profiter d'une pause pour se faire masser à la fameuse école au sein du temple. On peut choisir de faire une pause déjeuner en avalant quelques brochettes dans la rue ou en s'arrêtant dans un restaurant.

▶ **On remonte vers le nord en longeant le Wat Phra Kaew** (sur sa droite) et on prend la rue Mahathat pour passer par le marché aux amulettes avant d'atteindre le Musée national qu'on choisira ou non de visiter selon sa motivation. On peut aller faire un tour sur Sanam Luang voir si se tient une compétition de cerfs-volants avant de rejoindre la Phra Athit Road (siège de la FAO et de l'Unicef) et le quartier de Banglampoo. Ce quartier assez touristique est un des rares endroits où il convient de se méfier des gens qui peuvent accoster le visiteur pour lui dire par exemple qu'un des temples est fermé aujourd'hui pour les emmener ailleurs. Ne pas se laisser accompagner par des guides improvisés.

Suggestion d'itinéraire au cœur de Chinatown et de Little India

▶ **Prendre le bateau-bus et s'arrêter à l'embarcadère Tha Memorial Bridge** (n°6). Les amateurs de fleuve peuvent prendre la Chak

Phet Road sur la gauche, parallèle à la rivière pour admirer les milliers de fleurs coupées vendues sur les trottoirs. Ce marché nommé Pak Klong Talaat est aussi le marché aux légumes, un festival de couleurs dans les petites allées perpendiculaires sur la gauche au bord du fleuve.

▶ **On revient sur ses pas vers Memorial Bridge** (le monument trônant au milieu du rond-point est dédié à un moine célèbre, Phra Budha Yodfa). On tourne sur sa gauche avant le pont dans Triphet Road, on passe sur la gauche le temple Ratburana, avant d'atteindre l'intersection avec Pharuhat Road. Pour ceux qui auraient déjà faim ou soif, il est possible de se restaurer dans le petit centre commercial à l'allure de marché couvert « Old Siam » à l'angle sur la droite. On peut emprunter Pharuhat Road sur la droite et se rendre au Pharuhat Market sur notre droite, cœur de Little India. On y trouve des magasins de tissus et de vêtements. Et des magasins qui vendent des articles très typiques des mariages thaïs ; les invités reçoivent en effet un petit cadeau souvenir du mariage, très souvent des petites salières ou des petites cloches en céramique un peu kitsch. On trouve ces articles par milliers ici.

▶ **Pour découvrir plus encore Little India** on peut tourner à droite dans Chakrapet Road et s'engager sur la droite (juste avant IATD Department Store) dans une allée étroite qui conduit au temple sikh, Siri Guru Singh Sabba. C'est, paraît-il, le deuxième plus grand temple sikh au monde après celui de Londres. Marbres et riches tapis à tous les étages. On peut le visiter à l'heure indienne : c'est-à-dire quand il y a quelqu'un d'assez aimable pour consentir à l'effort d'ouvrir la porte au visiteur ! On ne peut visiter que le quatrième étage.

▶ **On revient sur Chakrapet,** on la traverse pour emprunter une des petites rues de l'autre côté et se retrouver au beau milieu de très modestes guesthouses destinées aux commerçants venus d'Inde. Derrière ces bâtiments, s'aligne le bidonville du klong Chakrapet (klong Ong Ang), parallèle à la rue du même nom.

▶ **En retournant sur ses pas à l'intersection de Pahurat et Chakrapet**, on continue cette fois en tournant à droite sur l'étroite Sampang Lane (Soï Wanit 1). La rue est encombrée de centaines d'échoppes qui vendent de tout et notamment des vêtements à bas prix et des articles domestiques. On peut s'aventurer dans les petites allées perpendiculaires en prenant soin de revenir sur ses pas à moins d'avoir un bon sens de l'orientation. On croise plusieurs artères jusqu'à un historique *gold shop*, Tang To Kang. A la prochaine intersection, prendre sur la gauche Istsanuraphap. En se rapprochant de l'intersection avec Yaowarat, se multiplient les étals de nourriture séchée et notamment des poissons très odorants. On arrive sur notre droite au niveau d'un petit marché vieux de 200 ans, Talaat Khao (ce qui signifie le marché du riz) où s'entassent de petites épiceries vendant toutes sortes de produits traditionnels chinois. On traverse Yaowarat pour poursuivre dans Istanuraphap et découvrir quantité de mets intrigants, têtes de poissons, nids d'hirondelles, holothuries, champignons séchés et tant d'autres. Une visite vraiment dépaysante.

▶ **Arrivé à l'intersection avec Charoen Krung**, prendre sur la gauche pour arriver au temple Leng Noi Yee sur la droite. Ce temple mérite vraiment une visite pour observer l'activité permanente qui y règne. Plus vieux temple bouddhiste chinois de Thaïlande, il est le centre des festivités lors du nouvel an chinois et du Festival végétarien. C'est un labyrinthe qui mène à différentes salles abritant des bouddhas et des divinités taoïstes. L'ensemble est toujours baigné par la fumée des bâtons d'encens. Continuer tout droit et prendre à gauche Mangkon Road, la rue des abattoirs, où sont abattus la nuit canards et cochons de lait par centaines, pour rejoindre Yaowarat. Tourner à gauche dans Yaowarat et la suivre jusqu'au China Gate Odeon Circle, une gigantesque porte qui marque l'entrée dans Chinatown. Tout le long du chemin, c'est une succession de *gold shops* ou d'herboristeries, on y trouve encens, papier à faire brûler pour les funérailles et tout un bric à brac indescriptible. Arrivé au rond-point, il est possible de visiter le Wat Traimit et son Bouddha doré haut de 3 m et vieux de 700 ans. De là, il est facile de rejoindre la gare de Hua Lampong pour prendre le MRT.

Une balade dans Silom et Sathorn

▶ **On peut commencer son itinéraire par la visite de la très belle demeure de PM Kukrit** (le week-end uniquement) pour se plonger dans le passé du royaume. A pied ou en taxi

pour les moins courageux, on se rend au parc Lumpini pour apprécier la quiétude et observer les groupes pratiquant le taï-chi ou le yoga en plein air. On sort du parc à l'angle de Silom et Rama IV Roads pour se rendre sur Surazong Road à la boutique de Jim Thompson afin de faire quelques achats de souvenirs en soie.

▶ **On peut ensuite retourner sur le soï Convent** afin de déjeuner à la Boulange pour les déjà nostalgiques de cuisine française ou sur Silom Soï 3 au Silver Palace pour se régaler de dim sum (beignets vapeurs chinois). En reprenant Silom Road vers l'ouest, on peut s'arrêter à Soï Lalai Sup pour acheter des babioles dans ce marché cahotique et continuer sur Silom jusqu'au Wat Mahamariamman (appelé aussi Wat Kaek), le temple hindou le plus célèbre de Bangkok où des rituels sont pratiqués tous les jours à midi.

▶ **On fait ensuite une halte en face du temple à Silom Village** pour acheter de l'artisanat par exemple ou découvrir de belles photos à la Kathmandu Gallery. On peut ensuite choisir de terminer sa journée par de la boxe thaïe au Lumpini Stadium ou se rendre au Night Bazaar pour du shopping et aller au Joe Louis Puppet Theater qui propose un excellent spectacle de marionnettes avant de dîner dans un des nombreux restaurants du marché. C'est l'heure de prendre un verre en haut du Banyan Tree pour avoir la ville à ses pieds. Les plus courageux finiront la soirée à Patpong pour acheter encore quelques DVD copiés...

Une journée à Siam

▶ **On démarre la journée en allant à l'Erawan Shrine** pour s'attirer les bonnes grâces du dieu hindou Brahma aux quatre visages. Dès le matin le temple est animé, et les Thaïs viennent faire leurs offrandes. On traverse Ploenchit Road pour prendre Ratchadamri Road et se rendre au marché de vêtements de Pratunam à l'intersection avec Phetchaburi Road. Après cette session shopping, pourquoi ne pas continuer sur Ratchprarop Road et monter au sommet de la Baiyoke Tower pour jouir d'une vue panoramique sur Bangkok et grignoter un snack.

▶ **On retourne sur ses pas pour reprendre Phetchaburi Road sur sa droite** et trouver 200 m après sur la gauche Panthip Plaza ou le paradis de l'informatique. On retourne ensuite à la jonction de Ratchadamri et Phetchburi Road pour prendre un bateau-taxi jusqu'à la maison de Jim Thompson. Cette maison est un endroit magnifique où s'imprégner de la culture du Sud-Est asiatique, un incontournable. Après la visite, on peut y prendre un café avant de se laisser engloutir par le centre commercial Siam Paragon.

Un moment à Sukhumvit

▶ **Pourquoi ne pas démarrer une balade** en se rendant Soï 21 pour visiter Baan Khamtieng, belle demeure, témoignage de l'héritage culturel thaï classique, qui héberge la Siam Society. A une station de BTS de là, à Phrom Phong, se trouve le très élégant centre commercial Emporium où faire quelques emplettes et découvrir au 6e étage le Thailand Creative and Design Center (TCDC) où se tiennent d'intéressantes expositions tout au long de l'année.

▶ **Faire une halte à l'étage au-dessus au food court** ou dans un des restaurants avant de continuer la balade. Pourquoi ne pas s'accorder un moment de relaxation dans un des nombreux instituts de massage de Sukhumvit au chic et cher Being Spa par exemple, et prolonger le plaisir en allant siroter un thé et des scones chez Agalico, un salon de thé charmant et un secret bien gardé. Ceux qui ont encore de l'énergie continueront leur session shopping dans le très pointu *Playground* où l'on trouve vêtements de designers, livres et bijoux. Un petit coup d'œil sur J-Avenue pour voir les beautiful people dans ce mini Tokyo. L'heure du dîner approchant, on se dirige vers « Japan Town » Soï 13 de Thonglo pour choisir un des restaurants japonais tel Uomasa.

▶ **On termine cette longue journée par un verre** au Shades of Retro Soï Tararom 2 de Thonglo.

SHOPPING

Bangkok offre une variété de produits incroyables, le paradis du shopping ! Des petits étals de marchés aux grands centres commerciaux, on trouve de tout et pour tout le monde. Des contrefaçons bas de gamme aux produits de luxe dans les centres commerciaux en passant par l'artisanat du Nord du pays, le visiteur a l'embarras du choix. Pour les souvenirs typiques, on peut repartir du pays du sourire avec une belle étole de soie, des t-shirts bon marché ou de l'artisanat local. En dehors des marchés et des malls, on peut passer un après-midi à se balader dans la zone de Siam Square pour trouver des vêtements *fashion* bon marché, autour de Yaowarat à Chinatown pour rapporter des babioles ou un bijou en or, ou encore à Thong Lo à faire le tour des boutiques design et à la pointe de la mode…

Rattanakosin (centre historique)

■ BANGKOK FLOWER MARKET
Chak Phet Road
Ouvert 24/24h. Au sud du Wat Pho, le marché aux fleurs de Bangkok, l'un des plus grands marchés d'Asie, se visite de jour comme de nuit. Nous avons une petite préférence pour la nocturne, entre 3 et 4 heures du matin, car il fait plus frais et en plus, il est plus animé.

■ PANTHIP PLAZA
Phetburi Road
www.pantippplaza.com – info@pantippplaza.com
BTS Ratchathewi puis 15 min de marche.
Ouvert tous les jours de 10h à 21h.
Le temple de l'électronique et de l'informatique, véritable paradis pour les Geeks ! Ici des CD aux DVD en passant par les logiciels Windows, petits accessoires et gadgets en tout genre… et des versions piratées à des prix dérisoires qui ne marchent que quelques jours. On peut également s'acheter un appareil photo ou un ordinateur.

Tout le matériel hi-fi, vidéo et informatique dont on peut rêver ! Attention toutefois au mythe du pas cher car la plupart du matériel informatique est vendu au même prix qu'en Europe.

■ BANGLAMPHU MARKET
Khao San Road
Tous les soirs à partir de 18h jusque vers minuit. Autrefois la clientèle y était pratiquement composée des seuls Thaïlandais, mais les nombreux voyageurs sacs à dos et le bouche à oreille en ont fait un marché très populaire parmi les touristes. Banglampu est très avantageux en ce qui concerne les bagages, les vêtements dont une quantité astronomique de tee-shirts et les chaussures.

Chinatown et Little India

■ PAK KHLONG TALAD
Chak Phet Road, Arrêt Memorial Bridge.
Tous les jours, activité quasi continue 24h/24. Ce marché coloré et parfumé est spécialisé dans les plantes et les fleurs. Nombreuses orchidées. Formé à l'origine de cinq marchés distincts, ce grand marché ne fait plus qu'un aujourd'hui. C'est donc le plus grand, et le mieux fourni en fleurs, plantes et fruits et légumes de la ville. C'est magnifique ! Il est préférable de venir en profiter assez tôt le matin.

Siam

Panier gourmand

■ SIAM SQUARE
À la fin de Rama I Road, de l'autre côté de la rue en face de Siam Discovery
www.siam-square.com – info@yenit.com
BTS Siam.

Les boutiques sont ouvertes tous les jours, en général entre 10h et 22h.
Entre les grands centres commerciaux tels que Siam Discovery, Siam Center ou MBK se trouve Siam Square, un vaste espace qui regroupe sur plusieurs *soï*, quantité de boutiques, petites échoppes qui proposent essentiellement des vêtements. On retrouve beaucoup de petits créateurs locaux et une grande variété de styles. Le quartier est très prisé par la jeunesse thaïlandaise pour ses prix bon marché. Entre les boutiques, quelques restaurants, salons de massage, coiffeurs, etc.

Sukhumvit

■ EMPORIUM
Sukhumvit, Soï 26
✆ +66 26 648 000
www.emporiumthailand.com
customerservice@emporiumthailand.com
BTS Phrom Phong.
Ouvert tous les jours de 10h à 22h.
Les marques les plus prestigieuses y sont représentées, à des prix forcément prohibitifs. Chic, beau et cher. L'immense galerie de 35 000 m², répartis sur 5 étages a été décorée par un architecte d'intérieur français. Faites un tour au Thailand Creative Design Center.

■ QUINTESSENCE
116/1 Sukhumvit Soï 23
✆ +66 26 623 577
www.mega-selection.com
info@mega-selection.com
BTS Asok ou MRT Sukhumvit.
Cette petite boutique propose une vaste sélection de fromages ainsi que de la charcuterie et du foie gras. Pour les Français en manque de saveurs de notre douce France... ou tout simplement pour tous ceux qui veulent déguster un morceau de camembert à la place d'un curry coco... Les prix sont plus chers qu'ailleurs mais restent raisonnables, et les produits sont de qualité.

■ TERMINAL 21
Sukhumvit Road Soi 19-21
BTS et MTR d'Asok
Ouvert de 10h à 22h. Court Food au 5e étage.
Centre commercial ultra-moderne, agrémenté de différents monuments célèbres de très grandes tailles. Le pont de San Francisco, une station de métro londonienne, les Champs-Elysées... Pour le reste, des centaines de boutiques sur plusieurs étages... Le Terminal 21 est connecté avec les stations BTS et MTR d'Asok.

■ THAI CRAFT FAIR
Jasmine City Building,
Sukhumvit Road,
Soï 23
www.thaicraft.org
info@thaicraft.org
BTS Asok ou MRT Sukhumvit.
Marché d'artisanat qui se tient généralement deux samedis par mois, les deuxième et dernier de chaque mois.
Les produits proviennent de villages, et l'association ThaiCraft, créée en 1992, s'occupe de l'organisation deux fois par mois à Bangkok de ces marchés qui proposent plus de 55 commerçants présentant leurs dernières créations. Basée sur un commerce équitable, l'association milite pour la valorisation de l'art thaïlandais avec des objets de qualité. Idéal, si les dates tombent pendant votre séjour à Bangkok.

■ SPORTS – DÉTENTE – LOISIRS ■

Sports – Loisirs

■ ICE PLANET
Siam Discovery Center, 6a-7 Floor,
Rama1 Rd.
✆ +66 26 580 075
www.iceplanet.co.th
250 B les 90 minutes. 500 B la journée.
Située au 7e étage du Siam Discovery Center, cette belle et récente patinoire permet de prendre un bon bol d'air frais et de s'échapper de la moiteur de la capitale. Les Thaïlandais ne sont pas des foudres de guerre du patin, donc aucune crainte si votre niveau n'est pas terrible non plus, vous passerez inaperçu. On peut également prendre un bon thé chaud dans le jardin anglais intérieur.

■ LUMPINEE BOXING STADIUM
à côté du Lumphini parc, Rama IV Road,
✆ +66 22 514 303
www.muaythailumpini.com
MuaythaiLumpinee@yahoo.com
MRT Lumphini.
De 500 à 2 000 B. Les matchs de Muay Thaï ont lieu le mardi et le vendredi de 18h30 et le samedi à 16h et 20h15. Le stade se trouve entre la station de métro souterrain Lumpini et le Soï Ngam Duphli (trottoir d'en face). Toujours s'adresser directement aux guichets.

■ **LUMPINI PARK YOUTH CENTER**
Rama IV Road
Lumpini Park,
Ouvert en semaine de 18h à 20h et le week-end de 10h à 18h.
Le centre possède une série d'équipements, notamment pour des sports collectifs (football, basketball, course, piscine...).

■ **NATIONAL STADIUM**
Rama IV Road
Le stade accueille différents événements sportifs dont les matchs de football des équipes européennes en tournées comme Manchester United ou le FC Barcelone en août 2013. Il a reçu notamment les différentes coupes d'Asie de ces dernières années.

■ **RATCHADAMNOEN STADIUM**
Ratchadmnoen Nok Avenue
✆ +66 22 814 205
Phra Athit Pier à quelques minutes de Kao San Road.
Les matchs ont lieu lundi et mercredi à 18h, le jeudi à 17h et 21h et le dimanche à 16h et 20h. Billets de 500 à 2 000 B.
L'autre temple du Muay Thaï, le Ratchadamnoen fut pourtant le premier stade à accueillir ce genre de manifestations dès 1941. Le niveau des combats va croissant à mesure que l'heure avance, il n'est donc pas forcément nécessaire d'arriver tôt.

Détente – Bien-être

■ **RUEN NUAD**
42 Convent Road
✆ +66 26 322 663
BTS Sala Daeng ou MRT Silom.
Ouvert de 10h à 21h.
Certainement l'un des meilleurs rapports qualité-prix de Bangkok (à partir de 350 B pour un massage des pieds, 750 B les 90 min de massage aux huiles). Cette petite adresse de taille modeste offre des massages de grande qualité dans des petites salles décorées simplement mais avec goût. L'endroit a su préserver l'ambiance particulière qui fait son charme, l'atmosphère reste intime malgré sa popularité. Prix bas.

■ **SO SPA, SOFITEL SO BANGKOK**
2 North Sathorn Road, Bangrak
✆ +66 2624 0000
www.sofitel-so-bangkok.com
H6835@sofitel.com
Ouvert de 10h à 22h. Soins à partir de 900 B.
Inspiré de la légendaire forêt d'Himmaphan et de l'arbre mythique Nariphon, souvent mentionné dans le folklore thaïlandais, la décoration des lieux vous emporte déjà dans un monde de quiétude et de félicité. Le So spa du Sofitel est parmi les établissements de relaxation les plus prisés de Bangkok. Il allie à la fois les savoir-faire thaï pour les massages et les produits cosmétiques naturels français associés à la ligne de soins Ytsara. Près de 600 m² sont dédiés au bien être de votre personne avec bains turcs, sauna, coins dédiés à la manucure et à la pédicure et salles de massage. Thaïlandais, balinais, marocains, suédois, il y en a de toutes sortes. Tous vos sens seront mis à contribution, l'ouïe par l'ambiance sonore que vous choisirez, l'odorat par les effluves que vous aurez définis, le goût avec un peu de miel déposé sur votre langue, la vue, on en a déjà parlé, le toucher enfin, pratiqué par des mains expertes. Une adresse unique à Bangkok, au pays du massage par excellence.

■ **SPA 1930**
42 Soï Tonson
✆ +66 22 548 606
www.spa1930.com
contact@spa1930.com
BTS Chit Lom.
Ouvert de 9h30 à 21h30. Massage thaï traditionnel : 1 300 B pour 1 heure.
Une adresse très prisée et c'est justifié. La qualité des messages est incontestable et les masseuses sont très expérimentées, parmi les meilleurs massages de Bangkok. L'ambiance ici est intime, on a l'impression d'être dans une résidence tant cette petite maison de bois est tranquille. La décoration est simple et chic. Une adresse sobre et élégante. Prix élevés.

■ **WAT PHO MEDICAL SCHOOL SUKHUMVIT**
1/54 Sukhumvit Soï 39
✆ +66 22 610 567
BTS Phrom Phong.
Ouvert tous les jours.
Annexe du célèbre centre de massage du Wat Pho basé au cœur de Sukhumvit. Vous serez massé par les élèves de l'école. 250 B/h pour un massage thaïlandais pratiqué dans les règles de l'art. Une bonne adresse souvent bondée.

Hobbies – Activités artistiques

■ **BENJARONG COOKING CLASS**
à l'angle des rues Silom et Rama IV
Dusit Thani,
✆ +66 22 009 000
www.dusit.com
booking@dusit.com
BTS Sala Daeng ou MRT Silom.
Le Dusit Thani Benjarong Royal Thai Cuisine est l'un des plus grands restaurants thaïs à

Bangkok. Son chef dirige des cours de cuisine chaque samedi de 9h30 à 12h. Sont enseignées les recettes des plats figurant au menu du restaurant. Les élèves reçoivent ensuite un diplôme.

BLUE ELEPHANT COOKING SCHOOL

Thai Chine Building
233 South Sathorn Road
✆ +66 26 739 353
Voir page 87.

BUDDHIST ASSOCIATION OF THAILAND

41 Thanon Phra Athid
✆ +66 22 819 563
Cette association n'est pas un temple (il n'y a pas de moines), mais elle organise de nombreuses cérémonies (comme le mariage à la thaïe) et possède une librairie avec de nombreux ouvrages en langue anglaise sur le bouddhisme.

INTERNATIONAL BOUDDHIST MEDITATION CENTRE

3 Maharat Road
Wat Mahatat,
✆ +66 22 226 011
✆ +66 26 223 551
C'est un cours traditionnel, loin des classes touristiques et commerciales, basé sur la méditation Vipanassa. Pour les bouddhistes, la méditation est essentielle pour laver l'esprit et parvenir à la paix intérieure. Classes quotidiennes en anglais de 13h à 16h, 18h à 20h et 19h à 22h. Ce sont des classes mixtes qui acceptent moines, locaux et touristes. Il faut apporter des fleurs, une bougie et 9 bâtons d'encens pour la cérémonie d'ouverture. Les participants peuvent loger dans une chambre où des repas gratuits leur sont servis. Des retraites de 3 jours ou plus sont possibles. Parfait pour une introduction à la méditation bouddhiste.

LANDMARK

138 Sukhumvit
✆ +66 22 540 404
www.landmarkbangkok.com
marketingsvcs@landmarkbangkok.com

Propose 2 heures de cours de cuisine pour 1 200 B ainsi que des cours de sculpture sur fruits.

THE THAI COOKING SCHOOL AT THE ORIENTAL

48, Oriental Avenue
Mandarin Oriental Hotel,
✆ +66 24 376 211
www.mandarinoriental.com
4 000 B pour 1 cours. Cours du lundi au samedi de 9h à 13h ou de 14h à 18h. Le cours est suivi de la dégustation des plats.
Chaque jour le menu change, on apprend à découvrir la cuisine thaïlandaise, du choix des ingrédients à leur préparation et leur cuisson. Le cours propose un repas complet, de l'entrée au dessert. Un must à effectuer en compagnie d'un chef de renommée.

WAT PHO THAI TRADITIONNAL MEDICAL SCHOOL

2 Sanamchai Road
✆ +66 26 223 551
www.watpomassage.com
info@watpomassage.com
Ouvert tous les jours de 8h à 18h30. Tarif : 9 000 B pour 30 heures de cours.
Tout bon apprenti masseur devrait avoir suivi des cours dans cette vénérable institution. On peut s'acquitter de ses 30 heures de cours en 5, 6 ou 10 jours. Les enseignements ont lieu dans une partie tranquille de l'enceinte du Wat Pho à l'écart des touristes. La salle n'a rien de renversant, mais les instructeurs sont expérimentés. La plupart des élèves sont thaïs et japonais mais l'on trouve aussi quelques Occidentaux.

WORLD FELLOWSHIP OF BUDDHISM

entre les soï 1 et 3
33, Sukhumvit,
✆ +66 22 511 188
https://wfbhq.org
webmaster@wfb-hq.org
Une séance d'introduction à la méditation bouddhiste (en anglais) a lieu tous les premiers dimanches du mois.

ENVIRONS DE BANGKOK

Une autre Thaïlande s'offre à vous, celle des marchés sur l'eau, des villages de pêcheurs, des temples anciens, si près et pourtant si loin de la frénésie de Bangkok. Echapper à la capitale le temps d'une journée ou d'un week-end est donc chose très faisable.

AU NORD DE BANGKOK

PATHUMTHANI

Cette province, située au nord de Bangkok, proche d'Ayutthaya et de Nonthaburi, fut d'abord occupée par des immigrants Môns venus de Birmanie dès le XVIIe siècle. Son nom fut d'abord Sam Khok, mais une visite du roi Rama II en 1815 la baptisa autrement. Les habitants lui offrirent une kyrielles de fleurs de lotus, et il décida alors de donner un nouveau nom à la ville, Pathum Thani, qui signifie « la cité de lotus ». Elle possède à présent de nombreux temples, des parcs et des musées. En plein sur le bassin de la rivière Chao Prayah, la province est traversée par de nombreux canaux, et offre aux regards de jolis champs d'orangers.

■ DREAM WORLD
62 Moo 1 Thanon Rangsir Ongkarak
✆ +66 25 33 11 52
www.dreamworld-th.com/english
info@dreamworld.co.th
Ouvert de 10h à 17h. Prix variables des attractions entre 40 et 180 B. Contacter au préalable ou choisir sur place. Les « farangs » doivent payer un tarif d'entrée plus élevé que les Thaïlandais, aux alentours de 800 B.
Ce parc d'attractions géant, très populaire en Thaïlande, fera le bonheur des petits et des grands. Manèges à sensations comme l'Hurricane, le Super Spash ou le Tornado, attractions de foire, spectacles et parades sensationnelles ! Et même un coin neige, bien en dessous de zéro degré, où vous pourrez une fois équipé, dévaler une piste glacée en bateau pneumatique. Des répliques de toutes les merveilles du monde sont présentées dans un des jardins et plusieurs coins photos amusants agrémenteront votre balade. Evitez tout de même de vous y rendre en week-end, les files d'attente sont beaucoup plus longues qu'en semaine. Les taxis qui vous attendent à la sortie, ne sont pas bon marché !

■ INGNATEE RESORT
62 Moo 7 Chiangrakyai Samkhok
✆ +66 29 75 09 52
www.ingnatee.com
writeus@ingnatee.com

Chambres à partir de 3 000 B. Petit déjeuner inclus. Wi-fi gratuit.
Tout y est ! Chambres spacieuses, confortables et à la déco moderne : A/C, thé et café à volonté, balcon privé,... La piscine offre une superbe vue sur la rivière Chao Prayah. Restaurant thaï à demeure ouvert de 9h à 18h.

■ O'CORNER RESTAURANT
68 soï Muang Ake Village
✆ +66 29 97 76 70
Plats entre 100 et 300 B. Ouvert de 8h à minuit.
Au menu : spécialités thaïlandaises bien sûr, mais plus particulièrement de la région de l'Isan (est du pays), avec son riz gluant et ses épices. Le repas peut être pris en salle ou dans un jardin bien aménagé. Service agréable.

NONTHABURI

Située à environ 20 km au nord-ouest de Bangkok, cette ville suburbaine fait partie de ce que l'on appelle le Grand Bangkok. C'est une destination agréable pour une excursion d'une journée et assez facile d'accès en bateau, car tous les ferries Chao Phraya Express Boat terminent là. Possédant un certain charme, la ville se visite facilement à pied.

Transports

▶ **En bateau**. On peut rejoindre Nonthaburi avec les bateaux Chao Phraya Express Boat depuis l'un des piers de Bangkok, les bateaux terminant tous là.

▶ **Plusieurs bus** vont également jusqu'à Nonthaburi, notamment le 69 depuis Victory Monument, le 32 depuis le Wat Pho, le 33 depuis Sanam Luang.

À voir - À faire

Depuis Nonthaburi, il est possible de rejoindre l'île de Koh Kret. Cette dernière n'est pas bien grande et il est tout à fait possible de faire le tour à pied en 2 heures environ, elle possède plusieurs temples et de nombreuses boutiques d'artisanat de poteries.

■ ANTHROPOLOGY MUSEUM

Derrière l'hôtel de ville.
Ouvert du mardi au samedi de 8h30 à 16h30.
Construit en 1961, ce musée unique en son genre en Thaïlande présente l'évolution des plantes, animaux et êtres humains. Il possède également des statues de Bouddha et quelques antiquités.

A noter qu'il existe aussi à Nonthaburi un musée de la médecine thaïlandaise tradition-nelle (Tiwanont Road), qui montre le rapport entre le bouddhisme, les plantes, les outils, etc., et qui ne se visite que sur rendez-vous pris à l'avance.

■ WAT AMPHAWAN

Bang Muang, Bang Yai
Ouvert tous les jours.
Wat Amphawan est un temple qui date de la fin de la période Ayutthaya. Une grande partie de son architecture et de sa décoration est en bois finement sculpté avec notamment de beaux exemples d'oiseaux et de fleurs au-dessus des portes.

■ WAT SAENG SIRITHAM FLOATING MARKET

Marker Road
Ouvert le week-end de 6h à 17h.
Moins connu et donc moins fréquenté que d'autres marchés flottants, c'est une agréable visite au cœur de la culture traditionnelle thaï-landaise à la rencontre des vendeurs locaux, qui proposent produits et artisanat des environs notamment en provenance de Koh Kret.

KOH KRET

L'île Koh Kret, située sur le fleuve Chao Phraya dans le district Pak Kret de la province de Nonthaburi, est essentiellement habitée par le groupe ethnique Môn, qui s'y installa au XVIIIe siècle lors de la prise de la Thaïlande par les Birmans. Elle est surnommée « l'île aux potiers » car les habitants, spécialisés dans cet artisanat, en font grand commerce (boutiques, ateliers et musée). Koh Kret se présente aussi comme un petit paradis pour les enfants et les grands gourmands, grâce au large éventail de desserts thaïs proposés par les commerçants de cette île artificielle.

Parmi les spécialités locales, le *foy thong* à base de jaunes d'œufs, les forts mais rafraîchissants *khao shar* et le *khao lham*, du riz gluant parfumé à la coco cuisiné dans des cannes de bambou.

Il est facile de faire le tour de l'île, interdite à la circulation, à pied en quelques heures ou pour une promenade à vélo. Attention, la plupart des commerces n'ouvrent que le week-end.

Transports

▶ **En bateau**. Depuis Nonthaburi, il est possible de négocier un taxi-boat, ou de prendre le bus 32, mais c'est difficile car il n'y a aucune signalisation en anglais. On peut aussi prendre un taxi en ville pour aller à l'embarcadère Wat Sanam Nuea à Pak Kret, d'où l'on traverse le canal dans un petit bateau (3 minutes de trajet à peine pour 2 *Baths* seulement). Pour se rendre directement à Koh Kret, une excursion part chaque dimanche à 9h depuis Saphan Taksin Pier avec la visite de quelques attractions en route. Sinon, mais c'est plus long, toujours depuis Saphan Taksin Pier, des bateaux Chao Phraya Express Boat « drapeau vert » partent toutes les 20 minutes entre 6h et 18h30. Il faut alors compter 1 heure 30 de trajet.

▶ **En bus**, le numéro 166 part de Victory Monument et se rend jusqu'à Koh Kret.

À voir – À faire

■ WAT PARAMAIYIKAWAS TEMPLE MUSEUM ☆

✆ +66 25 845 120
Ouvert en semaine de 13h à 16h et le week-end de 9h à 15h.
Un temple à l'architecture d'influence birmane, différent donc des temples thaïlandais classiques, construit au XVIIIe siècle. Le temple possède un petit musée où l'on peut voir une collection d'objets en terre cuite ainsi que des antiquités et des objets représentatifs de la tradition et de la culture du peuple Mon, minorité qui habite l'île.

Visites guidées

■ SPICE ROADS

Sukhumvit 39, 14/1-B Soi Promsi 2, BANGKOK
✆ +66 27 125 305
Voir page 154.

NAKHON NAYOK

Située à une centaine de kilomètres au nord-est de Bangkok, cette ville, du même nom que la province, permet aux amoureux de la nature de s'échapper de la bruyante Bangkok pour aller profiter du charme de ses parcs naturels et de ses chutes d'eau. La ville est ancienne, sûrement fondée au XIe siècle durant la période Dvâravatî ; c'est ce que les fouilles archéologiques effec-tuées sur le site Dong Lakhon tendent à montrer. Plusieurs temples intéressants à visiter, et à quelques kilomètres, une curiosité, le Wat Phu Thai Yan et son énorme Ganesh rose, ses statues de Shiva et Brahma, ses dragons...

Les environs de Bangkok

Muak Lek
Salaeng Pang
2
RATCHASIMA
Tha Sai
Pak Phli
Nakhon Nayok
NAKHON NAYOK
PARC NATIONAL DE KHAO YAI
Ban Sang
Phattana Nikhom
Kaeng Khoi
Khao Sam Lan
Ban Na
Ongkharak
305
1
Phra Phutthabat
Sao Hai
SARABURI
Saraburi
Wihan Daeng
33
Wang Noi
Nong Sua
Thanya Buri
Lam Luk Ka
305
Nong Sang
Phachi
1
9
PATHUM THANI
LOPBURI
Nong Do
Tha Reua
Phra Nakhon Si Ayutthaya
309
Lopburi
347
Bang Pahan
Bang Pa in
1
Koh Kret
Tha Wung
Ruines du site historique
Pathum Thani
32
309
347
ANG THONG
Pa Mok
AYUTHAYA
Lat Lum Kaeo
NONTHABURI
Bang Bua Thong
Singburi
Chao Phraya
Ang Thong
Bang Sai
SINGBURI
Saweng Ha
Wiset Chi Chan
Phak Hai
Sena
Bang Sai
340
346
9
Bang Rachan
Po Thong
Bang Len
Don Tum
350
Ban Pla Ma
Nam Tha Chin
NAKHON
Doembuang Nang Buat
Sam Chuk
Si Prachan
Suphan Buri
Song Phi Nong
Bang Len
Dan Chang
Huai Krasiaw
Sa Krachom
322
SUPHANBURI
Kamphaeng Saen
Thung Khok
346
333
321
Lao Khwan
U-Thong
Khao Phra
324
Talung
KANCHANBURI
Kanchanabuti
323
Tha Muang
Réservoir Krasiaw
333

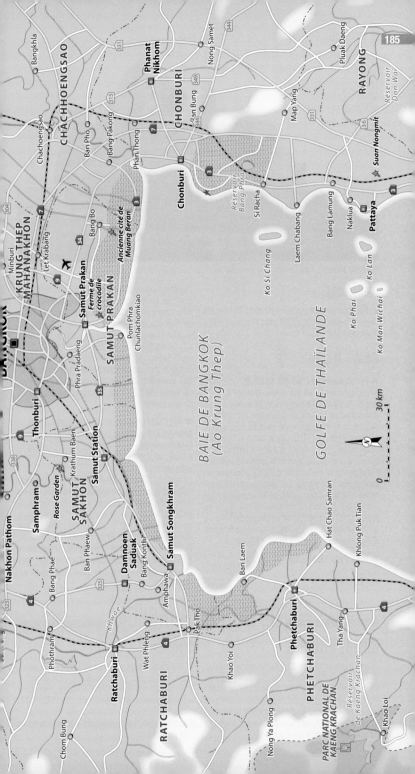

© Maxime DRAY

Wat Phu Thai Yan, Parc Ganesh à Nakhon Nayok.

Transports

▶ **Des bus** partent environ toutes les 30 minutes depuis la gare de Mo'Chit tous les jours entre 5h30 et 17h30.

À voir – À faire

■ PARC NATUREL WANG TAKRAI

Prendre la route 33 sur 6 km, tourner à droite, le parc se situe 11 km plus loin.
A la sortie de la ville, ce très beau parc naturel permet, si on le souhaite, de s'évader de Bangkok pour un week-end. Très verte, cette vallée offre de nombreuses activités comme la baignade, le canoë, le rafting, le vélo et bien sûr la marche. Il est possible de dormir dans des bungalows aménagés sur place. Le parc possède deux belles chutes d'eau, dont la fameuse Namtok Sarika qui possède 9 niveaux et est haute de plus de 200 m. Une grotte se trouve derrière où un moine aurait vécu pendant quelques années. L'endroit donne lieu à une belle balade.

■ WAT PHU THAI YAN

Ganesh Park
Entrée gratuite.

Ouvert récemment, ce parc au bord du fleuve Nakhon Nayok, à quelques kilomètres de la ville éponyme, possède la plus grande statue de Ganesh de toute la Thaïlande. Plusieurs autres dieux du panthéon hindouiste sont ici représentés ainsi que des dragons de la mythologie chinoise et thaïlandaise. Des moines bouddhistes accueilleront les visiteurs pour des bénédictions. Le parc recense également un restaurant flottant, et quelques magasins de souvenirs.

■ WAT SOTHON OU WAT SOTHON WARARAM WORAWIHAN

Chachoengsao, à 100 km à l'est de Bangkok
Entrée 30 B qui correspondent à la garde des chaussures.
Ce temple a été construit à la fin de la période d'Ayutthaya, étant à l'époque le plus grand temple du monde selon la population locale. A l'origine, il s'appelait le Wat Hong. Très populaire en Thaïlande, il est le deuxième temple le plus visité après le Wat Phra Kaew – Temple du Bouddha d'émeraude à Bangkok. Il renferme une image sacrée de Bouddha appelée Phra Phutthasothon, une des plus vénérées en Thaïlande.

▬▬ AU SUD DE BANGKOK ▬▬

SAMUT PRAKAN

Située à une trentaine de kilomètres au sud-est de Bangkok, cette ville est connue pour sa vieille ville : attraction inscrite au programme de toutes les agences touristiques de la capitale. On peut aisément faire ces excursions dans la journée et de manière indépendante si on le souhaite puisqu'il est simple de s'y rendre.

Transports

▶ **Plusieurs bus** vont jusqu'à Samut Prakan, mais la plupart n'ont pas de numéros ou d'informations écrites en anglais ; en voici quelques-uns qui s'y arrêtent : 25, 102, 142, 145, 507.
Des bus privés font également le trajet plusieurs fois par jour.

▶ **En métro aérien BTS.** Il est possible d'aller jusqu'à la station BTS On Nut et de prendre ensuite soit un bus soit un taxi. Dans les années à venir, Samut Prakan devrait être accessible puisque le métro aérien est en train d'être prolongé dans cette direction.

Se loger

■ KHUM BANG KAEW RESORT

33 soï Nam Daeng, Bangplee 58, thanon Bang Kaew
✆ +66 2 710 2540
www.khumbangkaew.com
Chambres de 2 000 à 5 000 B. Offres promotionnelles sur le site Internet. Petit déjeuner inclus. Wi-fi gratuit.
Situé près de l'aéroport, cet hôtel charmant de style thaïlandais propose des chambres tout confort et bien aménagées, dans un cadre agréable. A demeure : un Spa pour se détendre et un restaurant.

Se restaurer

■ KOH LANTA RESTAURANT

88/11 thanon King Kaew
✆ +66 27 38 48 11 12
Plats entre 80 et 400 B.
Excellent restaurant de fruits de mer cuisinés à la thaïlandaise, situé à proximité de l'aéroport. Le soir, un groupe de musique vient animer l'ambiance en terrasse. Le service est également sympathique. Une bonne adresse.

À voir – À faire

■ ANCIENT CITY ⭐

Sukhumvit Road, Bangpoo
✆ +66 27 091 644
Bus n°111
Ouvert de 8h à 17h. Entrée adulte 350 B, enfant 200 B. Un musée à ciel ouvert sur 80 ha, avec plus d'une centaine de répliques des plus célèbres monuments de Thaïlande. Egalement un jardin stylisé représentant des épisodes du Ramakien. Belle balade à faire pour s'évader de la fureur de Bangkok. L'idéal est de louer une bicyclette pour se promener entre les miniatures.

■ CROCODILES FARM

✆ +66 27 034 891
Bus n°7, 8 ou 511
Enfants et adultes 200 et 300 B. Ouvert de 7h à 18h.
Plus de 30 000 crocodiles dont paraît-il l'un d'eux est inscrit au Guiness Book avec ses 6 m de long et ses 100 kg. On peut assister à différents shows. C'est une halte très touristique, il faut donc s'attendre à être très nombreux.

SAMUT SONGKHRAM

Oasis de paix située à quelque 80 km au sud-ouest de Bangkok, à proximité de la côte du golfe de Thaïlande, cette ville de 35 000 habitants offre un dépaysement total et permet de plonger directement au cœur de la Thaïlande séculaire. Les principales attractions de cette province sont les marchés flottants ou ceux sur la voie de chemin de fer.

Transports

▶ **Des bus** partent tous les jours depuis la gare Southern Bus Terminal.

▶ **En train**, ce sera un peu plus compliqué, car il faudra faire un changement de gare en cours de route : s'arrêter à Samut Sakon Province pour prendre un bateau jusqu'à la gare Ban Laem et débarquer enfin à Samut Songkhram.

Se loger

■ THE THAI AGRICULTURAL HOUSEWIVES GROUP

34 Moo 9 Tambon Mung Maï, Amphawa
✆ +66 34 735 073
Tarifs : compter 350 B la nuit par personne, avec dîner et petit déjeuner compris.
En dehors de l'hébergement, il est parfois possible de s'arranger avec le propriétaire pour une visite des environs en bateau. Bien entendu, le prix est à débattre à l'avance (tarif de base à 200 B). Cette expérience laisse toujours un agréable souvenir.

À voir – À faire

■ FABRIQUE DE CÉRAMIQUES BAN BENJARONG

Ouvert tous les jours.
Il est possible d'y admirer le travail des artisans peignant à la main de magnifiques pièces. Tous les chauffeurs de motos-taxis ou de touk-touk connaissent, et ils se feront un plaisir de vous y emmener.

■ FERME D'ORCHIDÉES ⭐

Située au nord de la ville, elle mérite bien une visite. C'est un classique en Thaïlande.

■ MAISONS MUSÉE

Ouverture du mercredi au dimanche de 9h à 16h.
Plusieurs résidences traditionnelles ont été érigées en hommage au roi Rama II, originaire de cette province. Fait rare en Thaïlande, une bibliothèque de livres anciens est ouverte au public.
On y voit également quelques antiquités conservées là.

■ LES MARCHÉS DE SAMUT SONGKRAM

Mae Klong Muang Samut Songkham
Plus authentiques que le « Floating Market » de Damonden Saduak au programme de toutes les agences de Bangkok, les marchés flottants de Samut Songkram. Les plus intéressants sont sans doute le Talat Nam Tha Ka et l'Amphawa. Des balades de nuit sont organisées en fonction des saisons pour y admirer des milliers de lucioles venues se reproduire sur les rives du fleuve Mae Klong.

■ WAT SATTHATHAM

Vaste temple juste à la sortie de la ville, célèbre pour son bot (chapelle) dont le toit est entièrement fait de bois précieux. A l'intérieur, beau travail de sculpture, également avec des scènes de la vie de Bouddha, incrusté avec un matériau qui semble de la nacre.

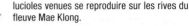

A L'OUEST DE BANGKOK

NAKHON PATHOM

A une cinquantaine de kilomètres à l'ouest de la capitale, cette ville de 50 000 hab. est l'une des plus anciennes du pays. Elle est bien connue des Thaïlandais pour son chedi monumental.

Se loger

■ MITSAMPANT HOTEL

2/11 Rachadamnern Road
✆ +66 3425 2010
A partir de 200 B.
Situé à quelques mètres du Phra Prathom Chedi et tout proche du marché de nuit et de la gare. Les chambres sont propres et agréables, le propriétaire se révèle affable et de bons conseils. Un lieu idéal pour petit budget.

■ THE ROYAL GEMS GOLF RESORT

170/148 Moo3 Salaya-Bangpasi Rd
✆ +66 2429 8151
www.royalgemsgolf.com
rsvn_hotel@royalgemsgolf.com
A partir de 3 000 B. Réduction sur le site internet.
Hôtel de luxe installé sur un parcours de golf, 18 trous. Les chambres sont spacieuses mais pas si luxueuses. Par contre, la vue sur les parcours est vraiment agréable. Vous pourrez manger à demeure, exercer vos talents de chanteur dans le salon karaoké et vous ébattre dans la piscine. Et pour les amateurs de golf, vous êtes sur l'un des plus beaux terrains de Thaïlande...

Sortir

■ AIRPORT PUB

Ban Om Yai
Ouvert tous les soirs. Bières à partir de 150 B. Bouteille de whisky 3 000 B.
Une discothèque très sympa, les serveurs sont habillés en stewart et les serveuses en hôtesse de l'air. Clientèle jeune et aisée, essentiellement thaïlandaise, très bon enfant et ravie de partager un moment avec un *farang*. Laser, show, concours en tout genre, musique à la fois électro et thaïe.

À voir – À faire

■ GIANT DRAGON TOWER AT WAT SAMPHRAN

Sur l'autoroute n°4
Ce pourrait être une attraction d'un parc à thèmes, il en est rien. Cette tour, qui est un temple bouddhiste, est occupée par des moines. Le bâtiment rouge comprend 17 étages, avec un dragon immense entortillé tout autour dont les entrailles font office de corridor grimpant. Tout à côté, de très beaux jardins et des sculptures géantes d'animaux, lapin, éléphant et une tortue souriante que l'on visite en entrant par la bouche...

■ PHRA PATHOM CHEDI

Phra Pathom Chedi
Ouvert tous les jours de 9h à 16h. Entrée payante.
D'une hauteur de 127 m, ce chedi est vénéré par les bouddhistes du monde entier, pour son ancienneté (des écrits le mentionnent en 675 mais les archéologues affirment qu'il serait même plus ancien et daterait du IVe siècle) et pour son architecture monumentale. Au XIe siecle, le temple est pris par les Kmers qui vont en changer sa configuration en rapport avec leur art. Laissé à l'abandon, il ne sera reconstruit qu'au XIXe siècle à la demande du roi Mongkut qui en décide sa construction sur les ruines de l'ancien temple. Les travaux durent 17 ans et aboutissent à l'édifice que l'on peut voir actuellement. Les Thaïlandais en sont très fiers, c'est un peu leur tour Eiffel, avec un sentiment religieux en plus. Un petit musée pas très intéressant est attenant au monument.

Sports – Détente – Loisirs

■ SAMPRAN REHABILITATION & TRAINING CENTER FOR BLIND WOMEN

42/126 Moo 5 Soi Srisatien, Petkasem Road, Sampran
Compter 120 B pour un massage d'une heure, 150 B dans une salle climatisée.

Le Sampran Rehabilitation est un institut de massage dont les masseuses sont toutes des personnes non voyantes. Comme la plupart ne parlent pas anglais, tout se fait par le toucher, et donne encore plus de sensations aux soins. Les masseuses ont été formées à la Bangkok School for the Blind, dont les moraux sont « l'éducation, l'indépendance, le service pour le bien de la communauté, le soutien aux principes moraux ».

■ SAMPRAN REHABILITATION & TRAINING CENTER FOR BLIND WOMEN

42/126 Moo 5 Soi Srisatien, Petkasem Road, Sampran

Compter 120 B pour un massage d'une heure, 150 B dans une salle climatisée.

Le Sampran Rehabilitation est un institut de massage dont les masseuses sont toutes des personnes non voyantes. Comme la plupart ne parlent pas anglais, tout se fait par le toucher, et donne encore plus de sensations aux soins. Les masseuses ont été formées à la Bangkok School for the Blind, dont les moraux sont « l'éducation, l'indépendance, le service pour le bien de la communauté, le soutien aux principes moraux ».

SAM PHRAN

Situé dans la province de Nakhon Pathom, Sam Phran est surtout l'occasion de visiter un centre d'éléphants, sorte de zoo avec spectacle à la thaïlandaise. On y trouve également des tigres, des crocodiles...

■ ROSE GARDEN

Km 32 Pet Kasem Road
✆ +66 34 322 544
www.rosegardenriverside.com
hotel@rosegardenriverside.com
Ouvert tous les jours de 8h30 à 18h.

Ce jardin de roses n'est pas seulement un jardin botanique, mais aussi une vaste structure qui propose toute une série d'attractions et d'activités. Le jardin est très beau avec une importante variété de plantes et fleurs dont certaines sont médicinales. C'est également ici qu'on a recréé un village thaïlandais traditionnel où l'on peut découvrir la façon de vivre des Thaïlandais, leur artisanat, etc. De 10h à 12h et de 14h à 16h, ont lieu des animations et démonstrations. Dressage d'éléphants, confection de recettes de cuisine ou pratique de la poterie, démonstration de danse, pièce de théâtre ou encore boxe thaïlandaise, les thèmes abordés sont variés. Ce lieu est souvent proposé en excursion depuis Bangkok avec le marché flottant de Damnoen Saduak le matin, mais il est tout à fait possible de s'y rendre par ses propres moyens et de rester à sa convenance. Plusieurs restaurants sont présents sur place, également un hôtel, un Spa, mais les prix sont un peu chers.

■ SAM PHRAN ELEPHANT GROUND AND ZOO

Km 30 Petkasem Road
www.elephantshow.com
samphran@gmail.com
Ouvert tous les jours de 8h30 à 17h30. Entrée 500 B.

Show à la thaïlandaise, dressage d'éléphants, spectacle avec crocodiles et séance photo avec les tigres, on aime ou on déteste ce rapport de domination avec l'animal sauvage et les conditions dans lesquelles les humains les manipulent. Hélas, l'adresse reste une excursion appréciée par les touristes qui veulent absolument voir des animaux sauvages ; des excursions sont organisées par des agences depuis Bangkok. A vous de voir et de faire votre choix ; nous, on serait plutôt pour boycotter ce genre d'endroit.

Sam Phran Elephant Ground & Zoo.

DAMNOEN SADUAK ⭐⭐⭐

Petite bourgade située à une centaine de kilomètres au sud-ouest de Bangkok, près de Ratchaburi, Damnoen Saduak est connue dans toute la Thaïlande pour son plus que fameux marché flottant. C'est en 1866 que le roi Rama IV ordonne la construction d'un canal long d'environ 32 km pour permettre de rejoindre deux rivières, la rivière Mae Klong et la rivière Tacheen. En raison du sol fertile aux environs de ce canal, c'est tout naturellement qu'un marché s'est mis en place, avec la vente des produits cultivés.

Ce marché flottant existe toujours, même s'il a beaucoup perdu en authenticité. En effet, des milliers de touristes, guidés par les voyagistes, viennent ici chaque jour pour profiter d'un cadre typique et admirer les vendeurs noblement installés dans des bateaux et se déplaçant sur les canaux.

Transports

Comment y accéder et en partir

La plupart des visites sont organisées depuis Bangkok et vous emmènent en bus privés ; il est cependant possible de s'y rendre par soi-même.

© AUTHOR'S IMAGE

Lac salé de Damnoen Saduak.

▶ **Des bus** quittent Bangkok tous les jours depuis la gare Southern Bus Terminal à partir de 6h. Demandez au chauffeur de vous arrêter à Thanarat Bridge à Damoen Saduak.

▶ **Taxis.** Si vous avez un budget un peu plus consistant, il est peut-être possible de prendre un taxi privé depuis Bangkok très tôt le matin et de lui demander d'attendre sur place 1 ou 2 heures pour repartir ensuite sur Bangkok lorsque le flot ininterrompu de touristes commence.

Se déplacer

Sur place, vous pouvez rester sur les berges et le bord des canaux ou négocier la location d'un bateau pour pouvoir vous aussi circuler sur l'eau. Pensez à bien fixer le tarif et la durée de la location avant de monter à bord pour éviter toute déconvenue à la fin.

À voir – À faire

Il est conseillé d'arriver très tôt le matin pour profiter du marché voire même d'arriver la veille pour être sur place le matin de bonne heure. Cependant il faut savoir que les offres d'hébergement et de restauration sont quasi inexistantes sur place ; à vous de voir ce que vous préférez donc faire.

■ MARCHÉ FLOTTANT ⭐⭐⭐⭐
Tous les jours de 6h à 12h.
Ce marché flottant est une attraction touristique depuis 1967. Déplacé en 1984 pour se situer à son emplacement actuel, c'est une excursion très prisée au départ de Bangkok. Il est recommandé d'arriver le plus tôt possible pour pouvoir profiter de la beauté du marché avant que le lieu soit envahi par les cars touristiques arrivés en masse et qui, forcément, vont parasiter les lieux et les photos ! Le marché est plutôt cher, car touristique, et ce n'est pas ici que vous ferez de bonnes affaires, mais on ne sait jamais !
Arrivé sur place, on pourra admirer le ballet des pirogues sur les canaux, essentiellement joué par des Thaïlandais en costume traditionnel. C'est un vrai défilé de couleurs et de senteurs, et un incontournable pour les amateurs de photographie. Les vendeurs sur leurs bateaux sont surchargés de produits locaux, surtout de l'alimentation : légumes, épices, fruits, produits de fabrication artisanale ; les pirogues vont et viennent ainsi sur les canaux, en s'allégeant au fur et à mesure des ventes. A la mi-journée, l'atmosphère change ; c'est le moment où les touristes arrivent en masse. Cela devient véritablement l'engorgement total autant sur les rives que sur l'eau ; ça se bouscule, c'est bruyant ; bref, c'est l'heure pour vous de fuir si possible.

MARCHÉ FLOTTANT - DAMNOEN SADUAK ★ ★ ★ ★

Le marché flottant de Damnoen Saduak, à 80 km de Bangkok
est devenu depuis 1984 une réelle attraction touristique.

Les vendeurs sur leurs bateaux
sont surchargés de produits locaux...

... surtout de l'alimentation, légumes,
épices, fruits, produits de fabrication artisanale.

... et on peut y manger de la
nourriture thaï de premier choix.

Wat Phra Si Sanphet à Ayutthaya.
© MAXIME DRAY

PLAINE CENTRALE ET
RÉGION OUEST

PLAINE CENTRALE

La plaine centrale comprend les plaines alluviales des rivières Nan, Ping et celles du fleuve Chao Phraya. Elle regroupe, au nord de Bangkok, les villes de Lopburi, Kamphaeng Phet et Phitsanulok. Cette dernière agglomération – véritable nœud de communications – se situe à proximité de la région Nord de Thaïlande. Les Siamois (originaire du sud de la Chine) sont restés maîtres de la région centrale suite à des affrontements historiques contre les Myanmars et les Khmers. Cette plaine fertile, devenue la terre d'élection du peuple thaï, est réputée pour les vestiges architecturaux que l'on peut visiter de nos jours. En plein cœur du pays, c'est une zone de transition entre les plages du Sud et les terres vallonnées du Nord. Mais également entre les montagnes de la frontière du Myanmar à l'ouest et le vaste plateau agricole de l'Issan s'étendant à l'est vers le Laos. Elle ouvre en fait la voie vers l'Asie profonde. Les « Vestiges de Siam » – Ayutthaya, Lopburi, Kamphaeng Phet et Sukhothaï – se trouvent au beau milieu de la Plaine centrale. D'autre part, il n'est pas possible de relier les secteurs nord et sud de la « région Ouest », de Mae Sot à Kanchanaburi, sans emprunter obligatoirement les routes qui s'étirent dans les larges vallées du centre. Cette région de Thaïlande, bien que regroupant des forêts montagneuses et des plaines à rizières fort dissemblables, présente donc une certaine unité géographique. Mais afin de conserver distincts les centres d'intérêts de ces deux parties – « Plaine centrale » et « région Ouest », elles ont été traitées successivement.

AYUTTHAYA ★★★★

À 76 kilomètres au nord de Bangkok, Ayutthaya fut la capitale du royaume du même nom pendant 417 ans, de 1350, date de sa fondation par le roi U-Thong (Ramathibodi Ier), à 1767, année où la capitale fut mise à sac par l'envahisseur birman. De ce passé glorieux, la cité a gardé un prestige qui lui vaut d'être une étape incontournable pour ceux qui s'intéressent aux vestiges historiques. Ces derniers sont d'ailleurs classés au patrimoine mondial de l'Unesco depuis 1991, faisant d'Ayutthaya une destination touristique privilégiée, mais soumise aux aléas de la météo en période de mousson.

Transports

Comment y accéder et en partir

▶ **Train.** La gare Phra Nakhon Si Ayutthaya est accessible pour les trains allant vers le nord et le nord-est. Depuis Bangkok (Hua Lamphong) plusieurs trains par jour, environ 1 heure 30 de trajet en train rapide, plus longtemps avec les trains de 3e classe.

▶ **Bus.** Il y a deux gares à Ayutthaya, la première se trouve dans la nouvelle ville en face du Grand Hotel, pour les longues distances, la seconde est sur Naresuan Road près du marché de Chao Phrom et regroupe les bus régionaux en direction de Saraburi, Suphanburi et Kanchanaburi. Depuis la gare routière de Bangkok (Moh Chit), des bus de 1re et 2e classe partent toutes les 20 min entre 4h30 et 19h15. Compter 1 heure 30 de trajet.
Depuis Victory Monument et la gare routière sud de Bangkok (Sai Tai Mai), des minibus partent vers Ayutthaya de 6h à 19h, dès qu'ils sont pleins, toutes les 20 à 30 min.

■ **GARE AYUTTHAYA**
Ho Rattanachai
✆ +66 35 241 521
Trains à destination et à l'arrivée des villes suivantes : Bangkok, Chiang Mai, Lampang, Lopburi, Phitsanulok, Si Saket, Ubon Ratchathani, Udon Thani.

Les immanquables

▶ **Musée de Lopburi** (ancienne résidence royale) et des ruines environnantes.

▶ **Parc historique d'Ayutthaya**, classé au patrimoine mondial de l'Humanité de l'Unesco.

▶ **Ruines de la vieille cité de Kamphaeng Phet.**

▶ **Sukhothaï, première capitale siamoise** et haut-lieu des recherches archéologiques locales.

▶ **Vestiges de Bang Pa-In**, le palais royal.

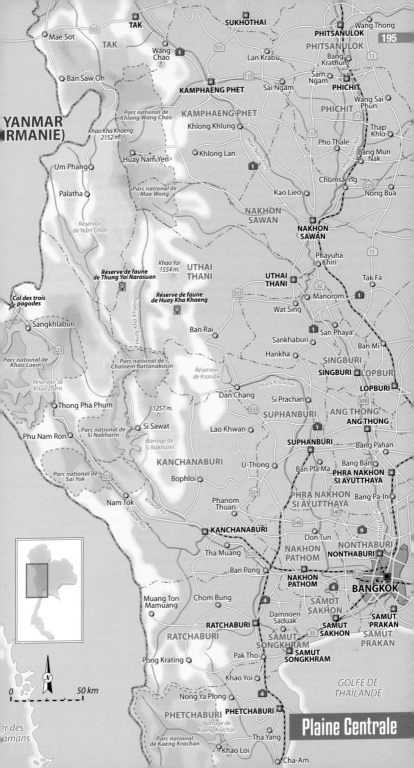

Plaine Centrale

Se déplacer

La ville est particulièrement étendue, et il est inévitable d'avoir recours aux moyens de transport locaux pour se rendre d'un site à l'autre. La marche pourrait être pénible en raison de la chaleur.

▶ **Bus.** Des bus circulent dans le centre-ville, la ligne 5 passe près de la station de bus principale.

▶ **Touk-touk et moto taxi.** Ils attendent à la descente des bus et devant la gare. Négociez le tarif et pensez peut-être à louer leurs services à l'heure pour visiter plusieurs temples rapidement. La circulation, peu dense, permet de ne pas appréhender les motos-taxis.

▶ **Motos/vélos.** S'adresser à votre guesthouse pour la location. Pour les cyclistes, ne pas oublier d'emporter de l'eau et un chapeau en raison des ardeurs du soleil : 30 °C en moyenne !

▶ **Bateau.** Plusieurs compagnies de luxe effectuent le trajet depuis Bangkok (très souvent seulement le dimanche, mais certaines sont quotidiennes), tandis que des navettes font le tour de l'île. C'est un moyen très agréable de voir les contours de la ville.

Pratique

Tourisme – Culture

■ **OFFICE DE TOURISME (TAT)**
108/22 Moo 4
✆ +66 35 246 076 / +66 35 246 077
tatyutya@tat.or.th
Ouverture de 8h30 à 16h30. En plein cœur du parc historique, dans l'enceinte de l'ancienne cité. Plan et documentations payants.

Moyens de communication

■ **POSTE**
Thanon U Thong
Ouverte de 8h30 à 16h30 du lundi au vendredi, de 8h à midi le week-end.

Orientation

Le centre de l'agglomération est entièrement ceinturé par trois cours d'eau : le fleuve Chao Phraya, à l'ouest et au sud ; la rivière Pa Sak sur le côté est ; et enfin, le klong Meuang qui relie les deux au nord. La ville moderne s'étend à l'est des ruines de la vieille cité et ne présente pas d'intérêt culturel, mais la plupart des hôtels et restaurants s'y trouvent ainsi que la gare routière (cars longue distance Bangkok-Chiang Mai) et la gare ferroviaire.

Se loger

Le rapport qualité-prix des petits hôtels d'Ayutthaya est moins avantageux qu'à Bangkok, surtout pour les chambres climatisées.

En ce qui concerne les hôtels haut de gamme, les tarifs semblent acceptables. La plupart des guesthouses sont localisées dans le secteur de la vieille ville : sur la route de ceinture Uthong (secteur est) ou aux abords de l'avenue Naresuan (secteur nord-est), non loin du marché Chao Prom.

Bien et pas cher

■ **AYUTTHAYA GUESTHOUSE**
12/34 Thanon Naresuan Soi 1
✆ +66 35 232 658 / +66 81 823 1283
blues_taxi@hotmail.co.th
De 250 à 500 B, de la chambre ventilée à la chambre climatisée. Wi-fi gratuit.
Cet établissement propose 30 chambres correctes pour différents budgets. Il est possible de manger sur place : cuisine familiale. Augmentation périodique d'octobre à février.

■ **BAAN LOTUS GUESTHOUSE**
20 Thanon Pa-Maphrao
✆ +66 35 251 988
9 chambres entre 500 et 700 B.
Le cadre verdoyant est particulièrement agréable. Une bonne adresse où accueil, propreté et petits prix font bon ménage.

■ **BAAN SUAN GUESTHOUSE**
23/1 Thanon Jakraprad
✆ +66 89 79 76 397
http://baansuanguesthouse.com
bemyguest@baansuanguesthouse.com
Chambre ventilée et salle de bains commune à partir de 200 B, bungalow 2 personnes et salle de bains privée à 600 B. Wi-fi.
Petits prix, bien tenu c'est l'adresse idéale pour un bref stop à Ayutthaya. Située à l'intérieur de la vieille ville, à côté de la station de bus locaux et non loin du marché de nuit cette guesthouse se trouve dans une petite rue calme et tranquille. Location de vélo. Petit jardin et restaurant attenant.

■ **P.U. GUESTHOUSE**
Soï Thaw Kaw Saw
20/1 Thanon Naresuan
✆ +66 35 251 213
www.puguesthouse.com
guestinfo@puguesthouse.com
Chambres ventilées simples, doubles ou triples, à partir de 200 B ; chambre double climatisée à 600 B, familiale à partir de 900 B. Wi-fi gratuit.
L'endroit est pratique et fort calme. Les chambres sont claires et bien entretenues. Restaurant agréable et frais au rez-de-chaussée. Bon accueil dans cette guesthouse en retrait dans un petit soï, entre Tony's Place et Ayutthaya Guesthouse. TV câblée. Location de motos et vélos sur place.

TEMPLES ET VESTIGES

C (Centre)- **W** (Ouest)- **N** (Nord)-
E (Est)- **S** (Sud)- **NW** (Nord-ouest)

C1- Musée Chao Sam Phraya
C2- Lak Muang "Pilier de la Ville"
C3- Wat Borom Phuttharam
C4- Wat Khun Wang Chai
C5- Wat Suwandararam
C6- Fort Pomphet
C7- Musée Chantara Kasem
C8- Wat Khun Saen
C9- Wat Ratchaburana
C10- Wat Mahathat
C11- Parc de Phra Ram
C12- Wat Phra Ram
C13- Viham Phra Mongkol Bopit
C14- Wat Sri Sanphet
C15- Wang Thammikarat
C16- Wang Luang (Grand Palais)
C17- Wat Worapho
C18- Wat Chetharam
C19- Wat Lokaya Sutha
C20- Phra Chedi si Suriyothai
W1- Wat Khasat Raram
W2- Wat Tham Maram
W3- Wat Chai Wattanaram
W4- Wat Prachet Tharam
NW1- Chedi Phu Khao Thong
NW2- Monument du Roi Naresuan
NW3- Mémorial de la Reine Suriyothai
NW4- Wat Tum
N1- Wat Na Phra Men
N2- Kraal des Eléphants
E1- Wat Samanakot-Wat Kudi Dao
E2- Wat Maheyong
E3- Wat Yai Chai Mongkhon
S1- Wat Phanang Cheng
S2- Wat Phut Thaisawan

Le Festival d'Ayutthaya

Le parc historique d'Ayutthaya est inscrit sur la liste du patrimoine mondial de l'Unesco depuis 1991. Chaque année à la mi-décembre, un festival est organisé en commémoration du passé historique. Processions, danses traditionnelles et spectacle son et lumière d'une grande qualité. A ne pas manquer si vous êtes dans la région à cette époque de l'année ! Il est recommandé alors de réserver sa chambre d'hôtel à l'avance.

Confort ou charme

■ AYUTTHAYA GRAND HOTEL

55/5 Thanon Rotchana
✆ +66 35 335 483
admin@ayutthayagrandhotel.com
Chambre supérieure à 1 400 B ; deluxe à 1 800 B. Réduction de 200 B sur réservation à l'avance. Chambres à 700 B situées dans un autre bâtiment de standing moindre (de l'autre côté de la rue).
Accueil toujours prévenant dans cet établissement de grand standing. L'hôtel, franchement excentré à l'est de la ville se trouve à 3 km environ du centre historique et est situé dans la même rue que la gare routière (celle qui dessert Chiang Maï), 100 m plus loin. Il comprend 197 chambres de confort moderne et une piscine magnifique. De plus, sauna, centre de remise en forme, karaoké. Buffet pantagruélique.

■ BANN KUN PRA

48/2 Moo 3 Thanon U-Thong
✆ +66 35 241 978
www.bannkunpra.com
welcome@bannkunpra.com
Chambres climatisées avec terrasse, petit déjeuner et salle de bains privée à 1 100 B ; chambres ventilées de 500 B à 700 B et dortoir à 300 B. Wi-fi gratuit.
L'une des guesthouses les plus typiques d'Ayutthaya (bâtiments montés sur pilotis). Formée par l'assemblage de plusieurs maisons en teck, cette guesthouse traditionnelle est située non loin de la gare (à vol d'oiseau), mais de l'autre côté de la rivière, non loin du pont à plusieurs voies. L'endroit a belle allure ! Le restaurant occupe le rez-de-chaussée et une jolie terrasse s'ouvre au bord de l'eau, au milieu d'un petit jardin tropical : charmant.

■ KANTARY HOTEL

Tambol Tanu, Aumphur U-Thai
168 Moo1, Rojana Road
✆ +66 35 337 177 / +66 35 229 955
www.kantarycollection.com
Studio à partir de 2 400 B, suites à partir de 3 000 B. Offres promotionnelles sur le site Internet.
L'hôtel fait partie des plus récents d'Ayutthaya, et de loin des plus confortables. Situation idéale,

piscine, salle de sport et restaurant-grill en font une destination prisée des gens d'affaire comme des touristes à la recherche d'un confort de standing international.

■ KRUNGSRI RIVER HOTEL

27/2 Moo 11, Thanon Rotchana
✆ +66 35 244 333
www.krungsririver.com
krungsririver@gmail.com
Chambre à partir de 1 800 B, luxe à 2 800 B. Offres promotionnelles sur le site Internet. Massage traditionnel.
Cet hôtel de neuf étages, installé au bord de la rivière Pasak, constitue une base princière pour explorer les ruines d'Ayutthaya. Espace remise en forme et bowling. Par ailleurs, il dispose de son propre bateau pour l'organisation de croisières dînatoires.

■ RIVER VIEW PLACE HOTEL

35/5 Thanon U-Thong
✆ +66 35 241 444
www.riverviewplace.com
riverview05@hotmail.com
Chambres à partir de 2 300 B. Tarifs revus à la hausse lors de Loy Krathong.
Belle piscine, restaurant réputé, accès Internet, salle de sport bien équipée : tout est disponible sur place, et même un karaoké ! Possibilité d'organiser une croisière dînatoire autour de l'île. Un hôtel de haut standing, aux chambres de facture classique mais agréables et bien entretenues.

Luxe

■ AYOTHAYA HOTEL

12 Moo 4, Naresuan (Tessabarn sai 2 road)
✆ +66 35 232 855
www.ayothayahotel.com
info@ayothayahotel.com
Chambre simple ou double à 1 500 B ; supérieure à 1 800 B ; suite pour 3 500 B.
Une centaine de chambres en tout, très confortables. L'accueil est aimable et le service impeccable. En plein centre-ville, non loin du marché Chao Prom, cet établissement est de bon standing, même s'il mériterait un léger rafraîchissement. De plus, l'hôtel est pourvu d'une piscine.

Se restaurer

Il n'y a aucun problème à trouver de nombreux restaurants dans cet endroit hyper touristique. Si vous voulez expérimenter une lieu authentique et peu onéreux, il faudra vous rendre sur les marchés. Plus typique encore, les très nombreux restaurants qui se situent en bordure de rivière. Le cadre est souvent très sympathique et il y a l'embarras du choix. Des repas peuvent même être pris à bord de bateaux pour une mini-croisière de 1 heure 30 tout autour de l'île.

Sur le pouce

■ **CHAO PROM MARKET**
Thanon Naresuan
Dans le secteur nord-est de l'île.
À partir de 35 B.
Les gargotes abondent au milieu des étals et peuvent vous servir des spécialités locales simples mais appétissantes et pas chères du tout.

■ **HUA RAW NIGHT MARKET**
Thanon U-Thong
À partir de 35 B.
Idéal pour se restaurer en soirée en bordure de rivière, ce marché regorge de stands de cuisines thaïe et laotienne.

Bien et pas cher

■ **MOON CAFE B80**
Soï Thaw Kaw Saw
✆ +66 35 232 250
Ouvert le soir, ce petit bar est situé non loin de Tony's Place, dans la même rue. On ressent ici une atmosphère particulière, comme dans tous ces bars qui ont vu défiler du monde. Accueil agréable. L'endroit existe depuis plus de nombreuses années, sous la direction de Chaï. Le Moon Café propose parfois de petits concerts. Passez donc y boire un verre après le dîner !

■ **TONY'S PLACE**
Thanon Naresuan
Ouvert de 7h à 11h et de 16h à 1h.
Boissons fraîches et cuisine thaïe servies sur le trottoir à l'ombre de parasols : la rue est large, mais la circulation n'est pas comme à Bangkok. Un bon endroit pour prendre un verre, le soir venu, ou calmer une petite faim avant d'enfourcher votre bolide : une location de motos se trouve juste à côté (négociation du tarif envisageable).

Bonnes tables

■ **SEOUL KOREAN BBQ**
51/391 Thanon Rotchana
✆ +66 35 229 631
De 150 à 400 B pour un plat ; de 80 à 130 B pour une boisson.
Restaurant de spécialités coréennes situé dans l'impasse juste en face de l'Ayutthaya Grand Hotel, c'est-à-dire à proximité de la gare routière. Le cadre est très agréable et la carte bien présentée. Accueil charmant comme de juste ! Attention, la cuisine coréenne est aussi épicée que la thaïlandaise.

Sortir

Pas grand-chose à faire en soirée sur Ayutthaya. On déambulera dans les ruines des temples ou aux abords de Thanon Naresuan pour trouver de quoi étancher sa soif et passer des moments agréables.

À voir – À faire

Ayutthaya fut la capitale du Siam à son apogée (1350 à 1767) : elle comptait alors 800 000 habitants contre seulement 60 000, aujourd'hui ! La cité connut les règnes de trente-trois rois qui furent tous de grands bâtisseurs. A l'époque historique, les étrangers étaient regroupés par quartier : Indiens, Chinois, Japonais... mais aussi Portugais, Hollandais et Français. Au temps de sa gloire, Ayutthaya ne comptait pas moins de 500 temples, trois palais, protégés par 12 km de remparts avec une centaine de portes et 17 fortins répartis aux emplacements stratégiques. Elle disposait en outre de 50 km de canaux, d'où son surnom de « Venise d'Orient » par les Européens de l'époque. L'ancienne cité d'Ayutthaya avait été bâtie sur une île encerclée par trois fleuves : Chao Phraya à l'ouest et au sud ; rivière Pa Sak à l'est ; rivière Lopburi (aussi nommée Klong Muang, dans la partie qui longe la ville) au nord. L'île mesure 2,5 km sur 4,4 km. Il serait trop long de la visiter entièrement à pied et il faut tenir compte de la chaleur ! La rue Uthong fait le tour complet de l'île centrale où l'on distingue actuellement deux parties, l'ancienne ville et le quartier moderne. Thanon Chi Kun et Thanon Klong Tho divisent à peu près l'île en trois tiers, répartis d'est en ouest. La partie qui correspond à la ville moderne, avec la plupart des hôtels et guesthouses, se trouve à l'est (proche de la gare ferroviaire, située à l'extérieur).

▶ **Il faut compter une bonne journée pour visiter l'ensemble du site**, voire deux en ajoutant les sites les plus excentrés. L'entrée au site historique est payante : un pass est valable pour 180 B. Il donne l'entrée à de nombreux sites dont le musée national, le Wat Phra Si Sanphet, le Wat Mahathat et le Wat Ratchaburana. Il est valable 30 jours, ce qui permet de ne pas essayer de tout faire dans la même journée. Pour certains sites non compris dans le pass, comptez entre 20 et 50 B pour l'entrée. Les sites et temples sont ouverts de 8h à 18h.

■ KRAAL DES ÉLÉPHANTS ⭐

Au nord de la ville, à 4 km de Phu Khao Thong.

Une visite dans ce parc désormais dédié au tourisme mais qui était auparavant destiné à dresser les éléphants dans l'armée. Le kraal est un vaste enclos en bois, le lieu de dressage des éléphants sauvages. De nos jours, ces énormes pieux sont toujours plantés dans le sol de l'arène : assez impressionnant. Le roi lui-même possédait plusieurs éléphants comme montures de guerre et s'intéressait personnellement au dressage des animaux. De nos jours, en dehors du kraal lui-même, on peut voir notamment la grande mare où les éléphants prennent leur bain après leur activité quotidienne en ville, les appentis en bois où sont entreposés les accessoires destinés à véhiculer les touristes, l'enclos servant d'infirmerie.

■ MUSÉE NATIONAL CHAO SAM PHRAYA

Thanon Rojana

Ouvert tous les jours sauf lundi et mardi de 9h à 16h. Entrée 30 B.

Le musée retrace l'histoire de cette région à travers son art, d'une incroyable richesse. Il est tout spécialement destiné aux passionnés de vieilles pierres : tout ce qui n'a pas été pillé à Ayutthaya par les bouddhistes de la ville se trouve bel et bien là et, en particulier, les restes des trésors des Wat Ratchaburana et Mahathat. Bouddhas, sculptures en pierre, objets précieux jalonnent le parcours. En sortant se trouve une maison thaïe traditionnelle qui peut se visiter.

■ VIHARN PHRA MONGKOL BOPIT

Sur la place Phra Mane avaient lieu les crémations royales, tout comme au Sanam Luang, à Bangkok. Au centre on y trouve une magnifique statue de Bouddha en bronze. Depuis le XVe siècle, la statue était exposée aux intempéries. C'est seulement en 1956, qu'un nouveau temple fut construit pour la protéger. Sur la place tout autour de nombreuses boutiques vendent des souvenirs.

■ WANG LUANG OU GRAND PALAIS ⭐⭐⭐⭐

Tha Wasukri Phra Nakhon

Le Wang Luang est le centre du pouvoir, et à ce titre porte le nom de palais royal. Ayutthaya se nommait du temps de sa splendeur Phra Nakhon Si Ayutthaya, est fut la capitale du royaume pendant 417 ans. Trois palais furent construits dans la ville, les deux autres sont désignés comme le Palais Chankasem ou Palais de Devant et le Wang Lang ou Palais de Derrière. Le Grand Palais quant à lui est appelé aujourd'hui le Vieux Palais. Des allées ont été tracées autour des vestiges de ce palais qui s'étend au nord de l'île. La partie la plus

ancienne date du roi Traïlok (1448-1488). Au fil des siècles, d'autres parties furent ajoutées. Actuellement, il ne reste que les soubassements des chedis.

Les principaux édifices encore debout sont :

▶ **Suriyat Amarin Hall** d'où l'on regardait la procession des bateaux royaux sur la rivière Lopburi, il se trouve proche de l'enceinte de la cité. Il est très reconnaissable grâce à ses briques à quadruple pignon.

▶ **Viharn Somdet.** Le lieu servait aux cérémonies royales, en particulier à celle du couronnement. Son toit était recouvert de feuilles d'or. Il est entouré par un cloître.

Sanpet Prasat. Il s'agissait des salles de réceptions pour les visiteurs de marque et tout spécialement pour les ambassadeurs étrangers. Il est bâti sur le même modèle que le Viharn Somdet.

▶ **Banyong Rattanat.** Ce bâtiment est situé sur une île au milieu d'un bassin et servait de lieu de repos et de méditation.

▶ **Trimuk.** Cet édifice qui possède un jardin majestueux, se trouve derrière le Sanphet Prasat. Il semble avoir servi de résidence aux épouses du roi.

▶ **Chakkrawat Phaichayon.** Localisé à l'intérieur de l'enceinte de la cité, face au Wat Luang, on l'utilisait pour observer les manœuvres militaires et les processions religieuses.

Phlapphla Chaturamuk, à l'origine une construction en bois, qui abrite aujourd'hui le Chankasem National Museum, assez pauvre en antiquités toutefois. Ouvert du mercredi au dimanche de 9h à 16h.

▶ **Wang Lang (palais de l'Arrière),** près du mur de l'Ouest, où se trouve la distillerie. A l'origine, ce fut un jardin réservé aux promenades du roi. Plus tard, des appartements y furent installés pour les membres de la famille royale. On peut y voir le chedi de la reine Sri Suriyothai qui mourut les armes à la main en combattant les Myanmars.

■ WAT MAHATHAT

Wat Phra Mahathat

En face du bâtiment précédent et tout aussi digne d'intérêt. Une tête de bouddha accueille les visiteurs à l'entrée. Centre spirituel très important, sa création remonte à Boromaraja Ier (1370-1388). Il fut un temps monastère royal. Dans ses fondations, on découvrit, en 1956, de nombreux objets de culte en or. Il reste quelques *prang* et *chedi*, dont un avec une statue de Bouddha qui lui est adossée, et de nombreuses statues de Bouddha amputées, des murs et quelques colonnes. Une curieuse tête de Bouddha est enserrée dans les racines d'un banian.

Ayutthaya, ancienne capitale du royaume pendant 417 ans se nommait Phra Nakhon Si Ayutthaya...

Une ligne de statues de Bouddha drapées des longues robes en soie des moines.

... et à ce titre, le Wang Luang, centre du pouvoir porte le nom de palais royal.

Comme de nombreux temples en Thaïlande, les arts de la méditation y sont enseignés dès le plus jeune âge.

L'AGENCEMENT
DES TEMPLES BOUDDHISTES

La beauté, la grandeur, la fréquentation diffèrent selon le lieu et le degré de sacralisation du wat considéré. En revanche, leur construction repose toujours sur le même principe. Ils comportent plusieurs bâtiments indispensables dont voici les principaux :

▶ **Chedi.** C'est en général le bâtiment le plus haut du temple. Sa structure se termine souvent par un dôme en forme de flèche. Nous pouvons l'apparenter aux clochers de nos églises. Plus le temple est sacré, plus le chedi sera orné de dorures et de belles peintures, voire recouvert d'or pur. Dans son enceinte sont exposées des reliques ayant appartenu à Bouddha lui-même ou à quelques moines très méritants.

▶ **Bot.** C'est la structure principale du wat, toujours de forme rectangulaire. C'est ici que se déroule le cérémonial bouddhique : prières, ordinations des prêtres. Il abrite la statue de Bouddha la plus vénérée du temple.

▶ **Sala.** C'est un pavillon largement ouvert sur l'extérieur, tant au niveau architectural qu'au niveau spirituel, puisque ce bâtiment, où les moines se réunissent pour lire et parler, accueille aussi des visiteurs qui peuvent délibérer avec les bonzes, demander un conseil, voire y passer quelques nuits.

▶ **Ho Main.** Une structure plus discrète que les autres, très souvent bâtie à l'arrière du wat. Il s'agit du crématorium, là où seront brûlés les corps de tous les moines astreints au service du wat. Si la vie du moine décédé a été particulièrement méritante, ses cendres seront recueillies et exposées dans le chedi.

▶ **Kuti.** C'est en général le bâtiment le plus modeste. Il est réservé à la vie quotidienne des moines qui s'y restaurent et y dorment.

▶ **Ho Trai.** Ce bâtiment est la bibliothèque du wat. Elle renferme des livres de prière, des livres sacrés ayant appartenu à des moines respectés ou d'innombrables documents sur la vie de Bouddha.

Enfin, sachez qu'il y aurait en Thaïlande plus de 32 000 temples recensés. Il vous faudrait donc prendre de très, très longues vacances si vous vouliez les connaître tous. Cela dit, quand vous en aurez visité quelques dizaines, de-ci de-là, au hasard de vos pérégrinations exotiques, vous aurez (sans aucun doute) saisi le fond et la forme de la chose. Les moines bouddhistes seraient au nombre de 450 000, dont quelques Occidentaux comme le bonze Hans, ce Suisse d'une soixantaine d'années qui officie au Wat Tam Krabok (à 130 km de Bangkok). Quant aux femmes, elles sont très minoritaires. En effet, les nonnes seraient moins de 10 000. Le machisme thaïlandais est présent également à l'intérieur des monastères puisqu'elles sont écartées des grandes cérémonies religieuses et que leur prestige auprès de la population est bien moindre que celui d'un moine. Si la tunique de ces derniers est orange, celle des nonnes est blanche.

Wat Phra Ram au crépuscule.

© YUKIKO YAMANOTE – ICONOTEC

■ WAT NA PHRA MEN ★★
Au nord de la ville.
Il comprend deux parties : la chapelle (bot) et le viharn. La chapelle est un édifice blanc à colonnes et à toits étagés, avec, à l'intérieur, un Bouddha caractéristique. C'est un bâtiment représentatif du classicisme de cette époque. Mais, sur la droite, c'est le nec plus ultra : un petit viharn abrite une extraordinaire statue en pierre noire de style Dvaravati, assise sur un trône, les mains posées sur les genoux. La pureté des proportions et la perfection de l'exécution de l'ouvrage, la sérénité (un peu moqueuse semble-t-il) de ce Bouddha à l'attitude royale, sont mises en valeur par l'espace étroit dans lequel il se trouve. S'il y a une statue à ne pas manquer à Ayuttaya, c'est bien celle-là !

■ WAT RATCHABURANA ★★
Il fut construit par le roi Boromaraja II (1424-1448). Ce dernier édifia d'abord deux chedi, encore visibles, pour conserver les cendres de ses deux frères aînés, les princes Aï et Yi, qui s'entretuèrent au cours d'un duel à dos d'éléphant. Ensuite fut construit le prang majestueux, encore en très bon état (quoique légèrement cimenté), dans la chambre duquel on retrouva plus d'une centaine de milliers de tablettes votives. Sur les murs demeurent des traces de peinture de l'époque.

■ WAT SRI SANPHET
Wat Phra Si Sanphet
C'est le plus grand temple et probablement le plus beau. C'est en fait l'ancienne chapelle royale qui était située dans l'enceinte du palais. Il se caractérise par ses trois grands chedi alignés côte à côte, érigés en l'honneur des trois premiers rois d'Ayutthaya. Il contenait aussi une statue du Bouddha, debout, haute de 16 m et recouverte de 263 kg d'or. Les Birmans s'emparèrent de l'or et laissèrent la statue endommagée. Rama Ier la récupéra et la fit sceller à l'intérieur du chedi à mosaïques vertes du Wat Pho de Bangkok, qui porte ainsi le nom de chedi Sri Sanphet.

Shopping

■ HUA RAW NIGHT MARKET
Thanon U-Thong
Près de la rivière, vous trouverez ici, en plus d'une excellente cuisine à prix doux, quelques petits stands d'artisanat local.

BANG PA IN
Distante d'une vingtaine de kilomètres d'Ayutthaya, cette ville est essentiellement connue pour son palais. L'étape est d'ailleurs au programme de bon nombre de tour-opérateurs de Bangkok.

Transports
Il est possible de rejoindre Bang Pa-In depuis Bangkok en navette fluviale, The Chaophraya River Express Boatex par exemple excursion le dimanche avec quelques arrêts sur le chemin. Vous pouvez également vous y rendre par train, depuis la gare Hualampong.

À voir - À faire

■ PAVILLON THAÏ ★
Ouvert tous les jours de 8h30 à 15h30. Entrée 50 B.
Très beau pavillon du XVIIe siècle dont les bâtiments sont de formes et de styles différents, il est photogénique puisque sa photo orne beaucoup de brochures touristiques thaïlandaises. Situé au milieu d'un lac, sa construction est due au roi Prasat Thong (1629-1656). Les autres bâtisses, elles, furent ajoutées au fil de ses successeurs. Les plus belles sont celles qui datent du XIXe siècle, dont il ne faut pas manquer le Phra Thinang Aisawan Thipha-at et le Phra Thinang Warophat Phiman.

■ WAT NIWET THAMAPRAWAT
Entrée 100 B. Ouvert de 8h30 à 17h, mais la vente des billets se termine à 15h.
Situé en face du palais, il ressemble plus à un bâtiment néo-gothique européen qu'à un temple bouddhique. Pourquoi ce « délire architectural » réalisé sous la direction du roi Rama V ? Mystère ! En tout cas cela a de quoi surprendre.

LOPBURI ★★★
Ancienne capitale khmère, Lopburi, à 150 km au nord de Bangkok, est depuis longtemps une ville de garnison, et ses ressources ne sont donc pas uniquement liées au tourisme, comme dans le cas d'Ayutthaya. Ses palais ont été réhabilités au cours des siècles par les différents rois successifs. Les vestiges proprement dits, de style « Lopburi » justement, traduisent l'expression la plus pure de l'art khmer ancien.
Le grand roi Narai, contemporain de Louis XIV, avait fait de la cité de Lopburi sa résidence d'été et il a laissé son empreinte en construisant un certain nombre de bâtiments qui révèlent l'influence de l'architecture française.

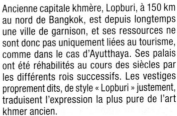

▶ **La ville est surtout connue pour abriter des singes en liberté**, lesquels ont élu domicile un peu partout : dès qu'on arrive, on trouve des singes pendus aux câbles électriques, devant les boutiques et bien entendu à l'intérieur des sites historiques. Ne pas s'approcher trop près car ils peuvent être agressifs et surtout, bien tout garder avec soi, car le singe est chapardeur. Les habitants sont habitués et certains sortent avec un lance-pierre pour éloigner un singe un peu trop collant !

Transports

Comment y accéder et en partir

▶ **Train.** La gare se trouve en face du Wat Phra Sri Rattanamahathat. Nombreux trains pour Bangkok vers le sud (environ 2 à 3 heures de route selon le type de train) et Ayutthaya ou Chiang Mai vers le nord avec possibilité entre autres de s'arrêter à Phitsanulok notamment pour rejoindre ensuite Sukhothai.

▶ **Bus.** Depuis la gare de Bangkok (Moh Chit), des bus de 1re et 2e classe partent toutes les 20 minutes, entre 5h30 et 20h30 ; compter un trajet d'environ 2 heures 30.

Se déplacer

Ce n'est pas une sinécure car la ville est très étendue si vous envisagez de vous aventurer en dehors du quartier historique, regroupé dans le secteur ouest.

▶ **Samlo, touk-touk et moto-taxi.** On les trouve aux endroits stratégiques du centre-ville.

▶ **Song teo.** Ils parcourent un circuit en suivant les rues principales de la ville. Sur ce circuit, le tarif est fixé à 10 B quelle que soit la distance parcourue. Les taxis collectifs qui assurent la navette le long de l'axe principal de la ville sont de couleur rouge foncé. Vérifier les tarifs.

▶ **Minibus.** Généralement de couleur bleue, ils assurent le transport entre la gare ferroviaire (Sathani Rotfai Night Market) et la gare routière (Suriyothai Circle)… et même bien au-delà, en suivant l'axe principal qui traverse la ville de part en part sur plus de 5 km.

Pratique

■ **OFFICE DE TOURISME (TAT)**
Thanon Rop Wat Phra That
✆ +66 36 422 768 / +66 36 422 769
tatlobri@tat.or.th
Ouvert de 8h30 à 16h30.
Office également responsable de Sing Buri et Saraburi.

■ **POSTE**
Thanon Phra Narai Maharat
Près de la gare routière.
Ouverte du lundi au vendredi de 8h30 à 16h30.

Orientation

La ville nouvelle qui s'étend assez loin vers l'est, ne présente pas d'intérêt particulier mais le centre-ville, installé autour des anciens sites historiques, n'est pas dénué de charme, là où les habitations et commerces se mélangent avec les ruines des temples.

Se loger

■ **ASIA**
1/7-8 Surasak road,
✆ +66 0 3642 7419
Chambres à partir de 350 B.
En plein centre, situé face au palais. Préférez les chambres qui ne donnent pas sur la rue. L'ensemble est propre, difficile de trouver mieux à ce prix.

■ **NETT HOTEL**
17/1-2 Thanon Ratchadamnoen
✆ +66 36 411 738
Chambres ventilées, avec cabinet de toilette à partir de 250 B ; climatisées à partir de 500 B. Situé à côté de l'office du tourisme thaïlandais (TAT) et non loin de la gare, ce petit hôtel constitue une bonne option. L'endroit est calme et les chambres sont modestes mais équipées d'un réfrigérateur et d'une douche (eau chaude). Pour le petit déjeuner, de nombreuses échoppes ou stands de rue sont disponibles dans la rue. Accueil correct et disponibilité.

■ **NOOM GUESTHOUSE**
15-17 Thanon Phayakamjad
✆ +66 36 427 693
✆ +66 89 10 41 811
www.noomguesthouse.com
info@noomguesthouse.com
Grande chambre à 150 B pour une personne, 200 B pour deux ; bungalow pour deux personnes 350 B. Wi-fi gratuit.
La guesthouse se trouve à 100 m de l'office du tourisme thaïlandais et à 5 min à pied de la gare ferroviaire. Les chambres sont à l'étage. Si vous n'êtes pas difficile question confort, voilà un hébergement typique. Construction en bois. Peu d'ameublement. Pas de climatisation mais des ventilateurs. Toilettes et WC communs (propres), au rez-de-chaussée. Véranda avec balcon ouvert sur le jardin intérieur verdoyant, fort agréable. Un petit bar au comptoir de bois est ouvert le long du trottoir en contrebas. On peut y commander à manger : cuisine locale ou steaks.

Se restaurer

La vieille ville possède un grand nombre de gargotes où se restaurer à bas prix. Chaque mercredi, un marché se tient également sur Thanon Phraya Kamjat.

Sur le pouce

■ MARCHÉ CENTRAL

Thanon Ratchadamnoen
De 40 à 50 B.
Dans la vieille ville, c'est l'endroit idéal pour goûter aux spécialités locales à des prix très bas. Plats à emporter ou à déguster sur place.

■ MARCHÉ DE NUIT

Thanon Na Phra Kan
À côté de la gare
Propose les mêmes choix de plats que le marché central, aux mêmes prix (20 à 30 B)… et dès la fin de l'après-midi.

Bien et pas cher

■ PLOY RESTAURANT

67/1 Thanon Sorasak
✆ +66 36 420 742
Compter de 30 à 130 B pour un plat. Ouvert de 10h à 21h30, environ. Restaurant situé dans la même rue que l'accès au palais du roi Naraï.
Spécialités chinoises, thaïlandaises… et même européennes ! Accueil agréable. La décoration traditionnelle en bois fait son effet. Prix corrects.

■ SAHAI CHAN

33-35 Thanon Rop Wat Phrathat
Compter de 30 à 80 B le plat local. Ouvert de 11h à 2h du matin.
Installé à l'angle du parc Ratcha Nusorn, c'est-à-dire, juste en face du White House Restaurant, d'une part, et du Come On Bar, d'autre part. Un endroit fort tranquille pour déjeuner à l'ombre et à tout petit prix. L'office du tourisme est à 100 m, de l'autre côté de l'esplanade.

Bonnes tables

■ WANG NAM THIP RESTAURANT

Thanon Phahon Yothin
✆ +66 36 615 476
Compter 200 B.
Restaurant chinois/thaï, préparant également des plats européens. Il se trouve dans la même rue que l'Hôtel Lopburi Inn Resort… si vous êtes hébergé quelques jours dans le secteur.

À voir – À faire

■ PHRA PRANG SAM YOT

Ouvert du mercredi au dimanche de 7h à 17h. Entrée 50 B.

Temple d'architecture typiquement khmère, de la fameuse période Bayon, avec des têtes sculptées sur les quatre faces. Ces trois *prang* honoraient les divinités hindoues : « Brahma le créateur, Vishnu la protectrice et Shiva le destructeur ». Le roi Naraï fit restaurer le temple en y faisant ajouter des symboles de caractère bouddhiste. Tout autour c'est le fief des singes qui guettent la moindre opportunité pour chaparder et chahuter le touriste en goguette.

■ PRANG KHAEK

Entrée libre. Dons appréciés.
Situé dans la vieille ville, ce petit temple indou dédié à Shiva et qui abrite, en son *prang* central, un *linga*, ou phallus stylisé, symbole sacré de puissance et de fécondité, bien entendu.

■ PRAT NARAI RATCHANIWET

Ouvert du mercredi au dimanche de 7h à 17h. Entrée 50 B.
Le palais du roi Naraï fut construit de 1665 à 1677 avec le concours d'un architecte français. Le résultat, plutôt inattendu, présente un mélange de styles khmer, siamois et occidental du meilleur effet. L'ensemble comprenait, outre les appartements royaux, des salles de banquets, une résidence pour les visiteurs étrangers de marque, et les écuries royales prévues pour les éléphants… Deux bâtiments font office de musée : l'ancienne résidence du roi Narai, et les appartements, beaucoup plus récents (XIXe siècle), du roi Mongkut (Rama IV). S'y trouvent exposés : des sculptures de style Lopburi (remarquables par la beauté des visages aux traits khmers) et de style siamois (plus épurés), des meubles précieux, des armes, des peintures, mais aussi le résultat de fouilles archéologiques régionales : squelettes, outils et poteries.

■ SAN PHRA KAN

Ouvert de 7h à 17h. Entrée libre.
Edifice khmer dont la pièce maîtresse est une statue d'un dieu hindou surmontée d'une tête de Bouddha. Les murailles partiellement disloquées, rongées par la végétation et usées par les intempéries, ont cet air mystérieux de cité perdue ressuscitée. Attention cependant, ici les singes sont maîtres des lieux et ils peuvent être très agressifs si vous les laissez prendre l'avantage. Surtout n'y allez pas avec des enfants : la vue de ces chers petits les met parfois en rage, et leurs morsures peuvent être graves.

■ WAT PHRA SI RATTANA MAHATHAT

Ouvert du mercredi au dimanche de 7h à 17h. Entrée 50 B.
Temple khmer datant du XIIe siècle. Certaines des parties sont à l'abandon, d'autres ont été restaurées. On peut y voir des linteaux splendides et de nombreuses sculptures.

Les courses de buffles

La région de Lopburi conserve une tradition ancestrale : les courses de buffles. Les paysans propriétaires de buffles choisissent dans chaque village un champion qui mènera l'attelage sélectionné. La course se déroule sur quelques centaines de mètres. Bien entendu, les spectateurs parient sur leur favori. Des accidents surviennent de temps en temps, parfois même très graves, suite à une roue brisée ou aux écarts incontrôlés d'un buffle : il y a déjà eu des morts. Cependant ce type de manifestation traditionnelle est toujours fort « couru ». Dès les préparatifs d'une course, un tout petit village peut voir sa population multipliée par dix en une journée. L'événement alimentera les conversations pendant des jours entiers...

KAMPHAENG PHET

Cette petite ville provinciale de 25 000 habitants s'étend le long de la rivière Ping, qui la borde sur son côté ouest.

Peu fréquentée par les touristes occidentaux, elle n'en demeure pas moins attractive pour celui qui s'intéresse de près à l'histoire ancienne de Thaïlande. Elle aurait été bâtie il y a plus de 700 ans. Son parc historique, classé au patrimoine mondial de l'Humanité de l'Unesco, mérite une visite.

Transports

Comment y accéder et en partir

▶ **Bus.** Depuis la gare routière de Bangkok (Moh Chit), la ville de Kamphaeng Phet est desservie par les bus qui se rendent à Sukhothai ou Phitsanulok. Si vous ne vous partez pas directement de Bangkok, il vous faudra vous rendre à Nakhon Sawan, ici les gares de bus et de train sont distantes de 10 km, en touktouk on vous demandera 100 B pour la liaison. Depuis Sukhothai, 90 km plus au nord, compter 1 à 2 heures de trajet.

Se déplacer

Il faut savoir que les habitants sont généralement serviables et qu'ils n'hésiteront pas à vous dépanner en vous déposant quelque part. Ne pas abuser, tout de même !

▶ **Song téo.** Des taxis collectifs ratissent la ville nouvelle et assurent la liaison avec la gare routière située de l'autre côté de la rivière Ping. Le tarif est fixé à 20 B par personne, 10 B pour aller au marché.

▶ **Vélo.** Se renseigner auprès de votre guesthouse... Compter 40 à 50 B pour la journée.

▶ **Moto.** Peu de loueurs. Certaines guesthouses peuvent éventuellement remédier à cette lacune.

Pratique

■ **ZOOM CYBER**
Thanon Thesa
Face au marché de nuit.
Cybercafé. Compter 15 à 20 B de l'heure.

Orientation

L'agglomération comprend, au nord, l'ancienne cité fortifiée datant de la même époque que Sukhothai, distante de 70 km, et les quartiers contemporains, au sud.

Se loger

Bien et pas cher

■ **KOR CHOKE CHAI HOTEL**
19-43 Thanon Charoen Suk
✆ +66 55 711 247 / +66 55 711 531
Chambre ventilée, avec cabinet de toilette et TV, à 300 B ; climatisée à 350 B.
Hôtel de catégorie moyenne sur deux étages, très bien entretenu et accueil agréable qui plus est. Parquet dans les couloirs et les escaliers. Les chambres propres sont toutes pourvues d'un cabinet de toilette. Un restaurant populaire, juste en face, et le marché n'est pas bien loin, en direction de la rivière. Très pratique à condition de disposer d'un véhicule pour la visite du parc historique.

■ **THREE J GUESTHOUSE**
79 Thanon Ratchavitee
✆ +66 55 713 129 / +66 55 720 384
✆ +66 81 88 74 189
www.threejguesthouse.com
threejguest@hotmail.com
Chambre double ventilée à 300 B, 400 B avec A/C et salle de bains à l'extérieur, 400 et 500 B avec A/C avec salle de bain privative.
Ce petit établissement se trouve non loin du Wat Ku Yang, à mi-chemin des ruines historiques par rapport au centre-ville. Les chambres,

simples mais confortables, sont réparties dans d'agréables bungalows de style rustique. Climatisées, elles disposent d'un cabinet de toilette privé, mais l'eau chaude est aussi disponible dans les douches communes. Terrasse ombragée pour le coin télévision. Restaurant local à demeure. Location à la journée de moto ou de vélo.

Confort ou charme

■ NAVARAT HERITAGE HOTEL
2 Thanon Thesa Soi 21
✆ +66 55 711 106 / +66 55 711 211
www.navaratheritage.com
info@navaratheritage.com
Chambres standard à 1 100 B ; chambres supérieures à 1 800 B ; chambres deluxe à 3 200 B ; Petit déjeuner inclus. Wi-fi gratuit.
Etablissement moderne de quatre étages et 78 chambres, bien situé dans un endroit relativement calme de la nouvelle ville. Accueil agréable. Les chambres, toutes climatisées et bien entretenues, sont spacieuses et meublées de façon classique. L'établissement possède un restaurant.

■ PHET HOTEL
189 Bumrungraj road
✆ +66 55 712 810
www.phethotel.com
rsvn@phethotel.com
Chambres standard à partir de 800 B. Suite à 5 000 B.
Hôtel confortable, avec une déco qui rappelle les vieux temples de la ville. Il possède en plus un restaurant, une piscine et une petite discothèque. Une bonne option pas très onéreuse.

Luxe

■ CHAKUNGRAO RIVERVIEW HOTEL
149 Thanon Tesa 1
✆ +66 55 714 900
www.chakungraoriverview.com
info@chakungraoriverview.com
Tarifs de 1 000 à 3 500 B. Restaurant, spa, location de vélos. Wi-fi gratuit.
Il se trouve en plein centre-ville et à 200 m de la rivière sur laquelle les étages supérieurs ont une vue plongeante. Les chambres tout confort de cet établissement ouvert il y a une dizaine d'années sont impeccables, avec air conditionné, minibar, TV écran plat, et l'accueil est fort aimable.

Se restaurer

Juste en face de l'hôtel Kor Choke Chai, on trouve un food park ouvert pour le repas de midi.

■ MARCHÉ DE NUIT
À partir de 35-40 B.

Le long de la rivière Ping, deux rues parallèles délimitent un terrain central sur lequel se trouve installé un marché alimentaire très actif en soirée, jusqu'à 22h30.

■ PHAYAO BAKERY
1 Thanon Tesa
✆ +66 55 712 650
Plats de 40 à 120 B.
Pâtisserie proposant un choix de cafés, en plus des gâteaux brittaniques. Il est également possible de commander des spécialités thaïes ou japonaises.

■ PIGGY
Thanon Ratchadamnoen
Compter 70-80 B environ.
Une bonne adresse, en angle de rue, où vous pourrez goûter à d'excellentes grillades de porc. Un buffet de légumes, de soupes et d'ingrédients variés est également à disposition.

Sortir

Si vous n'êtes pas branché par les karaokés, préférez les bars en bord de rivière : la bière y coule à flots et de bons groupes y font montre de leurs talents musicaux, surtout du rock et du hard.

■ EAGLE'S PUB
61 Thanon Bumrungrat
Bières à partir de 90 B.
Cabaret-pub où se produisent des groupes dynamiques. Fort animé en soirée, le week-end. Pour ceux qui n'ont rien contre les variétés à la mode thaïe, très courues en ville ou le rock version yaourt. Il faut bien se détendre un peu !

■ TIMBER FOOD & BEVERAGE
64-68 Thanon Bumrungrat
Bières entre 90 et 110 B.
Comme il est indiqué, on y trouve le boire et le manger, ainsi qu'une ambiance festive de bon aloi. Des célébrités locales (ou en passe de le devenir) assurent l'animation musicale. Plutôt sympa !

À voir – À faire

■ MUSÉE CHALOEM PRAKIAT
Ouvert tous les jours de 9h à 16h30. Tarif : 10 B.
Situé au beau milieu d'un petit parc verdoyant, avec d'autres petits musées aux alentours, il s'agit en fait de quatre maisons traditionnelles en teck regroupées entre elles par une jolie terrasse où il fait bon goûter un peu de calme. Des maquettes montrent la vie quotidienne de certaines ethnies régionales, et quelques objets d'artisanat utilisés pour des manifestations folkloriques ou religieuses.

■ MUSÉE NATIONAL DE KAMPHAENG PHET

Fermé les lundi et mardi. Ouverture de 9h à 16h. Tarif : 30 B.
Musée d'œuvres d'art et d'objets retrouvés grâce aux fouilles archéologiques. Œuvres de différentes périodes dont Dvaravati, Lop Bui et Rattanakosin. On peut également y admirer une belle sculpture de la déesse Shiva en bronze.

■ PARC HISTORIQUE

Aranyik Area
À 5 km du centre-ville. Ouvert de 8h à 17h. Entrée 100 B + 50 B supplémentaires pour les personnes en voiture.
La plupart des vestiges se trouve dans cette zone, mais quelques monuments sont également à 2 km du centre-ville dans une zone que l'on appelle Aranyik Area. Ce site est classé patrimoine historique par l'Unesco depuis 1991. Le parc s'étend dans une vaste zone boisée où l'on peut visiter les ruines de plusieurs temples dont il ne reste bien souvent que les terrasses en brique et plusieurs statues de Bouddha plus ou moins abîmées par les intempéries.
A ne pas rater, le Wat Phra Kaew, point d'orgue de toute visite à Kamphaeng Phet. Ses trois Bouddhas très bien conservés, deux assis et un couché, sont avec le Bouddha debout du Wat Phra Si Ariyabot les deux éléments les plus marquants du Parc historique. Des fouilles se poursuivent encore actuellement pour mettre au jour des pans de fortifications enfouis sous les talus délimitant la vieille cité.

■ WAT CHANG ROB

Nong Pling
Tarif d'accès : 50 B.
Littéralement : « Le temple où les éléphants sont disposés autour ». Situé bien plus au nord, à l'extérieur de l'enceinte de la vieille cité, dans une seconde zone protégée. Il est plus indiqué d'y aller à vélo si vous n'aimez que modérément la marche à pied. Chemin faisant, vous longerez les vestiges d'autres temples, dispersés dans le sous-bois.
Il reste du temple les terrasses carrées, en latérite, qui lui servaient de support. La terrasse principale semble « soutenue » par une rangée de soixante-huit éléphants (oui, nous les avons comptés !) répartis sur tout le périmètre. Malheureusement, ils n'ont plus de trompe, ça fait bizarre… Si vous voulez voir de belles statues d'éléphants – avec trompe – pour les photographier, il y en a deux reproduites dans le parc du Musée national, à côté de la maison des gardiens, sur la droite du bâtiment.

SUKHOTHAI

Localisée à 430 km au nord de Bangkok, la ville fut fondée en 1257. Sukhothai a été la première capitale officielle du Siam, 700 ans avant Bangkok et durant 120 ans. Sa prospérité d'alors rayonnait sur toute la région. Les historiens parlent de cette période de l'histoire comme étant le véritable âge d'or de la civilisation thaïlandaise. On dit que le roi Ramkhamhaeng dit Rama le Fort (1239-1317) est à l'origine de l'alphabet thaï. C'est à cette époque que le bouddhisme connu sa plus grande expansion en Thaïlande. Classés depuis 1991 au patrimoine mondial de l'Humanité par l'Unesco, les vestiges historiques font partie de l'actuel parc archéologique et constituent le principal intérêt de la ville. Ils justifient à eux seuls une étape de deux jours.

Transports

Comment y accéder et en partir

▶ **Avion.** Bangkok Airways (www.bangkokair. com, un bureau se trouve à l'aéroport de Sukhothai) dessert la ville. Deux vols quotidiens depuis Bangkok, départ à 7h et 15h45, depuis Sukhothai départ à 8h45 et 17h30. Environ 1 heure 15 de vol.

▶ **Bus.** La gare est assez grande, à 2 km du centre-ville. Possibilité de relier des villes comme Kamphaeng Phet ou Phitsanulok (1 heure de trajet) départ toutes les 30 min. Pour Tak, Ayutthaya et Bangkok (7h) bus toute les heures. Enfin bus vers Chiang Mai (5h30) et Chiang Rai (7h). Le centre historique lui est à plus de 10 km, des bus font la navette entre le centre-ville, la gare et le centre historique.

Se déplacer

En ville, les traditionnels *song-téo* sont aisément disponibles et ils vous aideront à rejoindre le parc historique de la ville, à 10 km de là. La location de vélos ou de motos est également possible.

Pratique

■ OFFICE DU TOURISME (TAT)

130 Thanon Charot Withi Thong
✆ +66 55 616 228 / +66 55 616 229
tatsukho@tat.or.th
Ouvert de 9h30 à 16h30. Egalement responsable pour le site de Kamphaeng Phet.

Se loger

Le parc hôtelier a pris de l'ampleur sous l'effet de la fréquentation touristique. Certaines guesthouses auraient même tendance à exagérer les tarifs sans se soucier du rapport qualité-prix... Mais globalement, chacun trouvera satisfaction dans le choix proposé en ville.

Bien et pas cher

■ COCOON GUESTHOUSE
86/1 Thanon Singhawat
✆ +66 55 612 081
suwatmaykin@yahoo.com
Chambres climatisées de 400/500 à 1500 B selon le type de logement et la saison.
Derrière le restaurant Dream Café, en retrait de la rue, au fond d'un beau jardin tropical. Au choix, quatre chambres impeccablement chics et joliment aménagées dans la maison, ou un vaste bungalow là encore très bien décoré. Une bonne adresse en plein centre-ville.

■ GARDEN HOUSE
11/1 Thanon Phavatha Korn
✆ +66 55 611 395
www.gardenhouse-sukhothai.com
info@gardenhouse-sukhothai.com
Chambres ventilées avec salle de bains commune (étage) à 250 B ; ventilées avec salle de bains privée (étage) à 350 B ; ventilées (bungalows) à 300 B ; climatisées (bungalows) à 450 B ; wi-fi gratuit.
Guesthouse bien tenue disposant d'une quinzaine de chambres (avec salle de bains privée) réparties en bungalows, dans un jardin tout en profondeur. Six autres avec salle de bains commune se trouvent à l'étage du bâtiment principal. Possibilité de location de moto à 150 B/jour ou de vélo à 60 B/jour.

■ J&J GUESTHOUSE
122/1 Soi Maeramphan
Établissement situé à environ 400 m de l'office de tourisme dans un soï qui part de la route principale.
✆ +66 55 620 095
Bungalow ventilé à 700 B, climatisé (TV, frigo, eau chaude) à 900 B.
Cette guesthouse, nichée entre le canal et les champs, propose des chambres confortables avec salle de bains privée (eau chaude). Très bon entretien général. Petit restaurant installé dans un cadre verdoyant agréable (demander à goûter le pain fait maison par Jacky). Compter 40 à 150 B pour un plat.

■ SABAIDEE GUESTHOUSE
81/7 Moo 13, Thanon Jarot Withithong
✆ +66 55 616 303 / +66 89 98 83 589
www.sabaidee-guesthouse.com
sabaideehouse@yahoo.com
Chambre ventilée avec salle de bains commune à 200 B, climatisée à 300 B. Bungalow ventilé avec salle de bains privée à 250 B, climatisé de 400 à 600 B.

Juste en dehors du centre de Sukhothai, non loin de la gare routière, voici une guesthouse fort paisible qui vous fera vous sentir comme chez vous. Les bungalows sont répartis dans un joli jardin très zen, et l'on se plaît à lézarder dans ce décor verdoyant très bien entretenu. Les chambres sont belles et confortables, l'accueil (en français) très amical.

■ SAWASDIPONG HOTEL
56/2-5 Thanon Singhawat
✆ +66 55 611 567 – www.sawasdipong.com
info@sawasdipong.com
Chambres doubles climatisées à partir de 500 B ; chambres triples à partir de 600 B. Petit déjeuner à 90 B.
Cet établissement de bon standing et occupant une position centrale est parfois complet. L'accueil est agréable. Toutes les chambres ont leur propre cabinet de toilette. L'entretien est très correct. Les repas sont servis aux deux restaurants (un thaï – excellent – et un chinois).

Confort ou charme

■ LE CHARME SUKHOTHAI RESORT
9/9 Napho-Khirimas Rd, Tambon Muangkao
✆ +66 55 633 333
www.lecharmesukhothai.com/
Chambres à partir de 1 500 B.
Le boutique hôtel se situe à moins d'un kilomètre des ruines de la vieille ville. Entouré d'étangs recouverts de lotus, vous apprécierez le calme et la sérénité des lieux. Les chambres sont bien équipées, avec air conditionné, minibar, salle de bain privée. Une belle adresse.

■ LOTUS VILLAGE
170 Thanon Ratchathani
✆ +66 55 621 484 – www.lotus-village.com
mail@lotus-village.com
Chambres doubles ventilées à 1 000 B, climatisées à partir de 1 500 B. Maison familiale à 3 000 B.
Les bungalows de construction traditionnelle sont répartis autour d'un jardin avec étang de lotus. Décoration soignée et entretien impeccable, d'où des prix légèrement supérieurs à la moyenne. Un choix d'excursions est proposé dans la région environnante.

■ ORCHID HIBISCUS GUEST HOUSE
✆ +66 5563 3193
www.orchidhibiscus-guesthouse.com
De 1 000 à 1 850 B. Bungalow à 2 000 B.
C'est une belle maison d'hôtes située à 800 mètres à peine du parc historique de Sukhothai. Plusieurs chambres et des bungalows, joliment décorées et bien meublés. Une piscine, un hamam, un jardin tropical, des chaises longues et des hamacs pour se relaxer. Le petit déjeuner peut se prendre à demeure.

■ SUKHOTHAI ORCHID PALACE
43 Thanon Singhawat
Juste en face du Sawaddipong.
✆ +66 55 611 193
*Chambres standard à 600 B ; suite à 1 200 B.
Wi-fi gratuit.*
Le personnel est disponible et accueillant. Toutes les chambres sont climatisées et avec cabinet de toilette (eau chaude). Salon de billard et piscine accessibles aux non-résidents.

Luxe

■ SUKHOTHAI HERITAGE RESORT – THE UNIQUE COLLECTION
999 Moo 2, Thanon Klongkrajong
A.Sawankaloke
✆ +66 55 647 567
www.sukhothaiheritage.com
info@sukhothaiheritage.com
Chambres supérieures à partir de 2 400 B, deluxe à partir de 3 400 B, suite à 6 400 B et suite royale à 12 000 B. Offres promotionnelles sur le site Internet. Petit déjeuner inclus. Wi-fi gratuit. Vélos à disposition. Navette gratuite de l'aéroport. Nombreuses activités proposées.
Le resort se trouve tout proche du petit aéroport desservi uniquement par Bangkok Airways deux fois par jour, à mi-chemin des deux parcs historiques de Sukhothai. Architecture traditionnelle du meilleur goût et décoration raffinée des chambres avec de très belles salles de bains et balcons : on est plongé quelques siècles en arrière, à l'époque des rois de l'ancienne capitale. Le resort possède également une ferme organique que vous pourrez visiter. L'une des meilleures options haut de gamme de Sukhothai. Deux piscines, un restaurant avec musiciens le soir, un bar, un salon de massage traditionnel, des bassins aves des fleurs de lotus et des fontaines et un service de standing international font de cet hôtel une adresse privilégiée des voyageurs exigeants. Attention, lors de la fête Loy Kratong, qui se déroule fin novembre, le resort est complet. Aucune location de chambre n'est possible, elles sont réservées plus d'un an à l'avance.

Se restaurer

■ DREAM CAFE
86/1 Thanon Singhawat
✆ +66 55 612 081
dreamcafe@asia.com
Compter 250 B pour une boisson chaude et un encas.
Bar restaurant très sélect, et néanmoins agréable, situé à 50 m du Sawaddipong Hôtel, sur le même trottoir. Musique d'ambiance. Cadre étudié. Collection d'antiquités et d'objets décora-

tifs dans le restaurant même. Cet établissement à l'atmosphère sophistiquée a fait partie du « top 10 » des restaurants thaïlandais !

■ KHUN TANODE RESTAURANT
Thanon Jarot Withithong
✆ +66 55 612 613
Ouvert de 10h à minuit. Compter 50 à 120 B par personne.
Etablissement discret, situé juste après le pont, sur la droite, quand on va du centre-ville en direction du parc historique, en face de la Thai Farmer Bank. Cadre simple mais charmant, très agréable en soirée pour dîner ou boire un verre. Spécialités à base de poulet délicieuses.

■ MARCHÉ DE NUIT
Près de la grande avenue Nikhorn Kasem, proche de la station de bus.
A partir de 35 B.
Comme tout marché de nuit en Thaïlande, les stands proposent de très bonnes préparations pas chères du tout.

■ POO RESTAURANT
24/3 Thanon Jarot Withithong
✆ +66 55 611 735
Plats de 25 à 100 B.
A première vue, ce restaurant ne vous interpellera pas, mais il est bel et bien l'une des meilleures tables de Sukhothai, voire de la région. La réputation des petits déjeuners n'est plus à faire, et le menu marie subtilement saveurs locales et influences occidentales. Il s'agit également d'une excellente source d'informations pour votre séjour dans l'ancienne capitale.

À voir – À faire

■ PARC HISTORIQUE DE SRI SATCHANALAI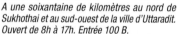
A une soixantaine de kilomètres au nord de Sukhothai et au sud-ouest de la ville d'Uttaradit. Ouvert de 8h à 17h. Entrée 100 B.
Mérite un détour pour les passionnés d'histoire siamoise. Le site comprend des vestiges similaires à ceux présents à Sukhothai, datant du XIIIe au XVe siècle. Le lieu fut la seconde cité du royaume et la résidence du prince héritier. Le bus part de la gare routière, se renseigner sur place pour les horaires. Hébergement possible sur place.

■ PHRA MAE YA SHRINE
Face de l'Hôtel de Ville
Ce sanctuaire est situé en face de l'Hôtel de Ville et est très respecté par les résidents de Sukhothai. Il abrite une idole de Phra Mae Ya, une figure de pierre avec un visage blanc et les cheveux longs et habillé comme une reine antique. L'idole est d'environ 1 mètre de haut

et censé avoir été construit pendant le règne du roi Ramkhamhaeng comme un hommage à sa défunte mère, Nang Suang.

■ RAMKHAMHAENG NATIONAL MUSEUM
Charotwithithong road
www.thailandmuseum.com
Ouvert de 9h à 16h. 30 B.
A l'intérieur, 3 parties regroupant une quantité impressionnante d'objets trouvés lors des différentes fouilles archéologiques.

■ SANGKHALOK MUSEUM
Pak Khwae, Muang Sukhothai
℗ +66 5561 4333
Ouvert de 8h à 17h. 100 B, 50 B pour les enfants.
Les amateurs avisés de céramiques anciennes seront comblés. Près de 2 000 pièces anciennes collectées sur les différents sites sont ici exposés.

PARC HISTORIQUE DE SUKHOTHAI

A 12 km, le parc historique de Sukhotai est la première capitale thaïlandaise fondée en 1257 au moment où le royaume s'affranchissait de la tutelle khmère. De nombreux vestiges sont toujours visibles de cette époque faste. On peut voir une partie de ces bâtiments (ou de ce qu'il en reste) mais il faut aussi savoir que dans les rizières environnantes de nombreux vestiges attendent encore d'être découverts. Un musée abrite les divers objets découverts lors des différentes fouilles effectuées.

Transports

Comment y accéder et en partir

■ WIN TOUR
Thanon Jarot Withithong
℗ +66 55 611 039
Aux abords de l'entrée du parc.
Compter 250 à 300 B pour bus de 1re classe.
Pour ceux qui logent près du parc, une petite agence pour obtenir vos billets de bus en direction de Bangkok ou de Chiang Mai, avec quelques arrêts en cours de route.

Se déplacer

▶ **Song teo.** Ils partent entre 6h30 et 18h de Thanon Jarot Withithong : le transit (12 km) entre le centre-ville et le parc historique prend environ 20 min pour l'aller simple, mais ne coûte que 20 B. Le parc historique est ouvert de 6h à 21h. Attention, certains jours notamment en basse saison, dernier départ à 17h. Passé ce délai, cela vous coûtera 150 B.

Sukhothai Heritage Resort

Contemporary and Ancient Sukhothai Designs Surrounded By Lotus Ponds and Organic Rice Paddies

by *The Classic Collection*

www.sukhothaiheritage.com
info@sukhothaiheritage.com
Tel: +66 (0) 55647 567
www.facebook.com/sukhothaiheritage

www.theuniquecollection.com
info@theuniquecollection.com
Tel +66 (0) 2 250 4527-9

▶ **Vélo.** C'est le meilleur moyen et le seul vraiment intéressant pour visiter le site. Des boutiques vous attendent à l'entrée du site et proposent un vélo en assez bon état pour 40-50 B la journée. Méfiez-vous des distances, le parc est très grand et à moins de vous cantonner à la partie centrale du site, il vous faudra louer un de ces engins pour espérer voir un maximum de choses.

Orientation

Pour vous orienter parmi les ruines, récupérez la carte fournie par le guichet à l'entrée du parc : elle est très bien faite et vous donne une idée de la répartition des différents sites aussi bien au cœur du parc, qu'aux portes nord, sud, est et ouest.

Se loger

Résider ici, à deux pas de l'entrée du parc historique, est une idée pratique surtout si vous ne comptez pas vous attarder en ville. A éviter seulement en période de festivité bouddhique. Le reste du temps c'est très calme, voire sans aucune activité passé 18h. A vous de voir !

■ OLD CITY GUESTHOUSE
28/7 Moo 3, Thanon Mungkao
✆ +66 55 697 515
Chambres ventilées à salle de bains commune à 150 B ; salle de bains privée de 200 à 300 B ; chambres climatisées à partir de 400 B.
Un choix multiple avec des chambres de toutes tailles, meublées avec soin et bien entretenues. La maison plus ancienne (escalier) au milieu de la cour, de style traditionnel, dégage un certain charme. Les autres chambres, réparties latéralement, disposent d'une véranda.

■ THAI THAI GUESTHOUSE
407/4 Moo 3, Thanon Muangkao-Napoh
✆ +66 84 932 1006 / +66 81 674 0505
www.thaithaisukhothai.com
info@thaithaisukhothai.com
Chambres double à partir 800 B en basse saison et 1 100 B en haute saison. Bungalow à partir de 1 200 B. Petit déjeuner inclus, connexion wi-fi gratuite et location de vélos.
Si l'accueil est plutôt discret, la qualité de l'hébergement est elle indéniable. Les bungalows en bois noble sont certes un peu sombres, mais très bien aménagés et des plus confortables. Tout est propre et très bien entretenu.

■ THARABURI RESORT
321/3 Moo 3, Thanon Muangkao-Napoh
✆ +66 55 697132 / +66 55 697 500
www.tharaburiresort.com
reservation@tharaburiresort.com
Chambres de 3 000 à 7 000 B. Petit déjeuner inclus. Wi-fi gratuit.

Le Tharaburi est une invitation au voyage et à la sérénité. Avec ses chambres à thème, toutes superbement meublées et aménagées. Belle piscine également, et restauration de qualité, quoique aux prix surfaits. Location de vélo pour le parc, qui est à 5 min en pédalant.

Se restaurer

Quelques gargotes et petits restaurants se trouvent également proches du parc, histoire de ne pas mourir de faim. Un 7/Eleven est également présent.

■ SINVANA
321/2 Thanon Muangkao-Napoh
✆ +66 55 697 521 – sinvana.cafe@gmail.com
Plats entre 60 et 180 B. Lorsque la nuit tombe et que tout s'endort près de votre guesthouse, allez donc au Sinvana pour dîner : vous y trouverez un cadre charmant et une cuisine thaïe d'excellente facture. Ce grand restaurant est habitué aux groupes de passage, mais il arrive qu'il soit tranquille.

À voir – À faire

Le parc de Sukhothai est divisé en cinq zones. Le prix d'entrée est de 100 B pour chacune d'elles et le prix d'entrée du musée n'est pas compris. Egalement payant l'accès vélo : 10 B ; accès moto : 20 B ; accès voiture ou van : 50 B. Le parc historique est ouvert de 6h à 21h.

■ WAT CHANA SONGKRAM
Mueang Kao
Son *chedi* est entouré par deux sanctuaires de style sri lankais.

■ WAT CHANG LOM
Si Satchanala
Très curieux. La base carrée du *chedi* est entourée de 24 avant-trains d'éléphants. Wat Pa Sak, Wat Tuk et Wat Si Ton, des ruines intéressantes mais sans éclat particulier.

■ WAT MAHATHAT
Mueang Kao
C'est par là que commence traditionnellement la visite du parc. Inscrit au patrimoine mondial de l'Unesco, le Wat Mahathat, le plus grand temple monastique de l'ancienne capitale, est le symbole de cette grande civilisation disparue. Le Wat Mahathat était le temple d'un palais dont il ne reste aujourd'hui plus rien. Le stupa principal, tout comme les quatre autres qui l'entourent, ont été bâtis en forme de Prasat. D'autres se situent au sud. Les chedis principaux sont ornés de boutons de lotus et sont caractéristique du style typique de l'art Sukhothai. C'est aussi sur le site de ce palais, au Wat Si Chum que l'on retrouva la pierre du roi Rama Khamhaeng, dont on dit qu'il créa l'alphabet thaï (44 consonnes, 32 voyelles et 5 tons).

Le Wat Mahathat, le plus grand temple monastique de l'ancienne capitale, est le symbole de la civilisation Sukhothai.

La très fameuse tête de Bouddha enchevêtrée dans les racines.

Les nombreux temples en forme de Prasat sont inscrits au patrimoine mondial de l'Unesco.

Le Wat Mahathat est caractérisé par de multiples chedi et un grand Bouddha assis de 9 mètres.

Les inscriptions de 1292 découvertes sur ce lieu fournissent des comptes rendus détaillés de l'économie, de la religion, de l'organisation sociale et de la gouvernance du royaume de Sukhothai. Le roi Rama khamhaeng, qui est considéré également comme le père fondateur de la nation thaïlandaise, régnait en père de famille, et son titre était d'ailleurs Po Khun (père Khun). En plus d'être la capitale d'un royaume innovant en matière d'écriture, d'architecture, d'art, de religion, de législation, Sukhothai est à l'époque aussi à la pointe de la technologie, notamment dans l'ingénierie hydraulique. La ville alors se transforme et se développe à toute vitesse, des réservoirs d'eau, des douves, des canaux, des barrages permettant un accroissement économique, l'essor des voies de communication et une augmentation de la population très conséquente. On appelle cette période l'aube du bonheur thaïlandais. Entre les XIIIᵉ et XIVᵉ siècles, Sukhothai devient la capitale du premier royaume de Siam. C'est à cette période qu'est bâti le Wat Mahathat. La construction du palais et des temples s'étendent sur près d'un siècle. Le Wat Mahathat est caractérisé par de multiples chedi et un grand Bouddha assis de 9 mètres. Il s'étend sur un carré de 200 m de côté, autrefois entouré de douves. On y trouvait, à cette période 185 chedi, 7 chapelles et 11 viharn. D'un point de vue politique, Sukhothai adopte un régime

extrêmement égalitaire, codifie des lois, aidée par les institutions politiques et religieuses de l'époque. Mais, par la suite, tout change et les rois d'Ayutthaya copieront plutôt le despotisme des rois khmers, et exigeront notamment de leurs sujets qu'ils se tiennent à plat ventre devant eux et qu'ils parlent d'eux-mêmes en termes méprisants comme par exemple : « Moi qui suis un grain de poussière sous votre auguste pied… » Pour découvrir le parc et ses nombreux trésors, dans une atmosphère atypique, Loy Krathong est la période idéale. On dit que c'est à Sukhothai que la ferveur est la plus grande. Il vous faudra prendre vos précautions et réserver un hôtel plusieurs mois à l'avance.

■ WAT PHRA PAI LUANG ☆
A 500 m au nord de la porte Sanluang.
Construit sous le règne de Jayavarman VII (1181-1201) et entouré de pièces d'eau, ce fut d'abord un temple hindouiste. Des trois *prang* originaux, il n'en reste qu'un seul. Au XIVᵉ siècle, il fut transformé en temple bouddhiste.

■ WAT SAN TA PHA DAENG ☆
C'est le plus ancien édifice de Sukhothai, avec un *prang* de latérite datant du XIIᵉ siècle.

■ WAT SA SI ☆
Mueang Kao
Situé à l'ouest du bassin, il se compose d'un *viharn*, érigé sur une plate-forme de brique avec un Bouddha assis. Derrière, deux *chedi*, l'un tout simple avec son corps en cloche, et l'autre ornementé de quatre niches.

■ WAT SI CHUM ☆
A 1,5 km au nord de Wat Mahathat.
Un remarquable Bouddha assis, de 15 m de haut sur 11 m dans sa plus grande largeur (genoux). Les murs de 3 m d'épaisseur abritent un passage jusqu'au sommet, avec des reproductions de scènes du Jataka en son plafond. Cependant, ce passage est aujourd'hui bloqué.

■ WAT SI SAWAI ☆
Plein sud-ouest, à 300 m du Wat Mahathat.
Il s'agit d'un temple khmer avec trois *prang* construits en latérite et datant du XIIᵉ siècle. Il était dédié à Shiva mais fut transformé par la suite.

■ WAT TRAPHANG NGOEN
Mueang Kao
Non loin du Wat Mahathat, à l'ouest, sur une petite île au centre de la grande pièce d'eau dite « le lac d'argent », le Wat Traphang Ngoen. Un *chedi* se détache de l'ensemble, se mirant dans l'eau. A la saison des pluies, on a la curieuse impression qu'il flotte à la surface.

© JÉRÔME BOUCHAUD

Vue du Wat Sa Si.

PHITSANULOK ⭐

On peut considérer Phitsanulok comme la dernière étape de la plaine centrale avant d'atteindre la région Nord ou l'Isaan... Elle se situe sur la Nan, un affluent de la Chao Phraya. Cette ancienne capitale du royaume du Siam – sinistrée par un gigantesque incendie au début des années 1960 (qui détruisit presque toutes ses maisons traditionnelles en bois) – demeure cependant une villégiature agréable, avec des points d'intérêt dans la ville et sur la rivière Nan (que l'on peut parcourir en bateau). Petite précision historique : Pra Ong Dam signifie « prince noir », et c'était le premier nom désignant celui qui allait devenir le roi Naresuan, né à Phitsanulok justement, en 1555, et qui allait se distinguer dans la guerre contre le royaume myanmar de l'époque, contribuant ainsi à la renaissance de la nation siamoise.

Transports

Comment y accéder et en partir

▶ **Avion.** Depuis l'aéroport Don Mueang de Bangkok, la compagnie Nok Air (www.nokair. com) assure trois vols quotidiens, à 6h30, 13h25 et 19h45 en direction de Phitsanulok. Dans le sens inverse, départ à 7h50, 14h40 et 21h05, comptez 1h10 de trajet. La liaison avec l'aéroport peut se faire en taxi collectif pour 150 B par personne ou en navette pour 50 B jusqu'à votre hôtel. Thai airways (www. thaiairways.com) propose aussi plusieurs vols.

▶ **Train.** La gare se trouve dans le centre-ville mais à 3 km de la gare routière. 12 départs réguliers par jour depuis Bangkok (Hua Lamphong) entre 7h et 22h et autant dans l'autre sens avec des départs dès minuit. Entre 5 et 7 heures de trajet selon le train. www. railway.co.th

▶ **Bus.** Depuis la gare de Bangkok (Moh Chit), des bus de 1re et 2e classe partent entre 8h30 et minuit. Compter 5h30 de trajet environ. Dans l'autre sens bus entre 6h30 et 22h, départ environ toutes les heures. Depuis Chiang Mai, bus climatisé ; 5h de trajet. Depuis Lom Sak, environ 2h de trajet. www.transport.co.th

■ GARE ROUTIÈRE PRINCIPALE

Son emplacement n'est pas spécialement commode pour les étrangers de passage : elle se trouve au beau milieu d'une avenue à environ 3 km du centre-ville. Les touk-touk exigent au minimum 60 B pour vous déposer au centre ; les motos-taxis demandent à peu près la même somme et pas moyen de discuter !

▶ Fort heureusement, les bus de ligne urbaine n° 1 (couleur grise) effectuent un trajet en boucle pour 12 B et ils peuvent vous déposer à côté de la gare ferroviaire, en plein centre-ville, en face de l'hôtel Asia. L'arrêt du bus n° 1 se trouve en face de la supérette 7/Eleven, dans la rue d'accès à la gare routière.

Se déplacer

▶ **Samlo (cyclo-pousse) et moto taxi.** Très présents en ville, leurs tarifs commencent à 60 B.

▶ **Bus.** Ils sillonnent également la ville : 8 B pour un bus ordinaire et 11 B pour un bus climatisé. Mais il n'est pas facile de se repérer.

Pratique

On trouve des consignes à bagages à la gare ferroviaire, ouverte 24h/24.

■ OFFICE DE TOURISME (TAT)

Surasi Trade Center
209/7-8 Thanon Boromtrailokanat
✆ +66 55 252 743
tatphlok@tat.or.th
Ouvert de 8h30 à 16h30.
Egalement responsable de Phetchabun.

■ POLICE TOURISTIQUE

Près du Wat Rattana Mahathat.
Les agents de police parlent anglais.

■ POSTE

Thanon Putcha Butcha
Poste principale. Ouverte du lundi au vendredi de 8h30 à 16h30, les samedis de 9h à midi.

Se loger

Bien et pas cher

■ ASIA HOTEL

176/1 Thanon Ekathosarot
✆ +66 55 258 378 / +66 55 219 401
affiliate_support@hotelclub.net
Chambres ventilées à 300 B ; chambres climatisées à partir de 400 B.
Petit établissement sans prétention mais assez bien tenu. Situé sur l'avenue, à 200 m sur la gauche quand on sort de la gare ferroviaire : au niveau de l'arrêt des bus de la ligne n° 1 (bus de couleur grise). Les chambres, avec cabinet de toilette, sont correctes mais un peu bruyantes.

■ LONDON HOTEL

21/22 Thanon Phutthca Bucha
✆ +66 55 225 145
Chambre sans fenêtre à 150 B ; chambre avec fenêtre à 200 B. A quelques blocs de la gare : 5 min à pied.

Petit hôtel vraiment rustique mais dont l'aspect n'est pas désagréable. La rue est calme. Les chambres (décoration en bois) sont toutes équipées d'un ventilateur. Cabinets de toilettes communs, sur le palier : c'est propre. Les boiseries sont repeintes régulièrement, ce qui donne un air assez gai. Pour le prix, ce n'est pas une mauvaise affaire.

Confort ou charme

■ AMARIN NAKORN HOTEL
3/1 Thanon Chaophraya
✆ +66 55 219 069
✆ +66 26 684 277
Chambres climatisées à partir de 650 B ; Deluxe à 900 B. Petit déjeuner inclus.
En plein centre, à quelques minutes à pied de la gare ferroviaire. Un établissement de classe : voilà un hôtel bien entretenu, malgré ses 35 ans d'âge ! Au total, 118 chambres avec climatisation, réfrigérateur et TV. Bon rapport qualité-prix. Restaurant sélect et coffee-shop.

■ LITHAI GUESTHOUSE
Lithai Building
73/1-5 Thanon Phaya Lithai
✆ +66 55 219 626
Chambre ventilée à 300 B ; chambre climatisée à 500 B. Wi-fi gratuit.
Etablissement situé non loin de la gare, se distinguant par une façade recouverte de panneaux de verre. 50 chambres simples et confortables. Bon accueil et très bon entretien général. Le restaurant est ouvert de 7h à 21h.

■ PAILYN PHITSANULOKE
38 Baromatrailokanart Rd,
✆ +66 5525 2411
65 chambres de 1 000 à 5 000 B. Wi-fi.
Situé dans le quartier des affaires de Phitsanulok, l'hôtel est proche des temples, du House Boat Museum et du bazar nocturne. Le Pailyn Hotel Phitsanulok possède 2 restaurants et une discothèque. Chambres propres et certaines avec vues sur la rivière Nan.

Luxe

■ AMARIN LAGOON HOTEL
52/299 Praongkhao Road
✆ +66 5522 0999
www.amarinlagoonhotel.com/
Petit hôtel avec centre de fitness, restaurant et grande piscine. Chambres de 1 000 à 7 800 B. Wi-fi gratuit.
Hôtel relativement récent et très bien équipé. L'atout majeur est son immense piscine et sont centre fitness ainsi que le Spa. Chambres spacieuses avec TV par câble et minibar.

■ TOPLAND HOTEL
68/33 Thanon Eka Thossarot
✆ +66 55 247 800
www.toplandhotel.com
phsoffice@toplandhotel.com
Tarifs des chambres à partir de 2 000 B pour une supérieure. Wi-fi.
Hôtel résolument moderne, massif, se détachant sur la ville : surfaces géométriques blanches et baies vitrées sombres. Un ensemble de 252 chambres à la décoration raffinée. Cet établissement fait partie d'un grand complexe regroupant un centre commercial (Topland Plaza), deux restaurants, plusieurs salons et cafés, salon de massage, piscine et Jacuzzi, salon de billard (snooker), karaoké et même un fast-food. L'hôtel vise une clientèle occidentale et japonaise. Le buffet du Café Royal (2e niveau) est accessible pour 300 B.

Se restaurer

Il n'y a pas pléthore de grands restaurants à Phitsanulok. Nous ne sommes pas ici dans un haut lieu touristique, mais plutôt sur une « plaque tournante » de voyage... Toutefois, ce ne sont pas les restaurants populaires qui font défaut !

▶ Sur la rivière Nan, des maisons flottantes font office de gargotes et proposent, dans un cadre souvent sympathique, une cuisine peu chère et qui se laisse digérer.

■ BAN KHUN POR
Thanon Chaophraya
Ouvert de 11h à 14h et de 18h à 23h. Compter entre 400 et 600 B.
Une honnête cuisine thaïlandaise avec une vaste carte, des salades aux nouilles en passant par de somptueux desserts. Il se trouve en face de l'Amarin Nakhon Hotel. Sur la carte, des plats japonais également.

■ MARCHÉ DE NUIT
A partir de 20, 30 B.
C'est un endroit agréable près de la rivière : cuisine locale, simple et nourrissante. Les stands commencent à s'animer vers 18h et restent ouverts jusque vers 21h30.

■ PHAE FA THAI
Sur la rive gauche de la rivière Nan, se trouve amarré ce restaurant flottant. A l'occasion de mini-croisières nocturnes, on y sert de fort bons dîners à des prix raisonnables. Le billet coûte 50 B et la promenade dure une 1 heure 30. Pour les navigateurs romantiques ?

■ STEAK COTTAGE
Thanon Phaya Lithai
Restaurant de Lithai Guesthouse

© S.NICOLAS – ICONOTEC

Bouddha Chinarat du Wat Phra Si Ratana Mahathat.

Ouvert le matin pour le petit déjeuner et aux heures des repas. Plats de 70 à 150 B.
Un endroit discret mais néanmoins agréable où l'on peut se restaurer dans une petite salle climatisée. Spécialités thaïes et occidentales (steak !), histoire de changer des restaurants de rue.

À voir – À faire

■ FOLK MUSEUM
Thanon Wisut Kasat
Ouvert du mardi au dimanche de 8h30 à 16h30. 50 B.
Œuvre d'un ancien médecin, le docteur Thawi, ce musée réunit toutes les collections de son fondateur. Installées dans des pavillons de bois, on peut ainsi admirer des instruments de musique, des vêtements traditionnels, armes, instruments agraires, ustensiles de cuisine. Contrairement à ce que l'on pourrait penser, l'ensemble n'a rien d'un bazar, et certaines pièces exposées sont désormais introuvables ailleurs en Thaïlande.

■ FONDERIE DE BOUDDHAS
Thanon Wisutkasat
Ouvert tous les jours sauf fêtes religieuses.
Situé non loin du musée folklorique, cette fabrique artisanale vous permet de voir comment on reproduit l'image de Bouddha. De l'énorme statue en plâtre, aux petites figurines en plastique dur, selon les commandes les travaux sont différents et les techniques

utilisées tout autant. On se faufile entre les artisans ouvriers sans les gêner et on admire leur habileté. L'entrée est gratuite mais il est agréable d'acheter un petit souvenir à la boutique pour aider au maintien de cette tradition artisanale. Attention toutefois, l'achat d'une représentation de Bouddha devient de plus en plus réglementé.

■ ROUTE VERTE
La route n°12 est appelée route verte car elle donne accès à différents parcs naturels et chutes d'eau, l'occasion d'une agréable excursion d'une ou deux journées aux alentours de la ville. Il est possible de se procurer une carte détaillée auprès de l'office du tourisme pour planifier son itinéraire.

■ WAT PHRA SI RATANA MAHATHAT
Thanon Putcha Butcha
Après le pont de la rue Singhawat.
Ouvert du mercredi au dimanche, de 9h à 16h. Entrée 40 B, tenue correcte exigée à l'intérieur.
Situé au nord de la ville, le temple date du milieu du XIVe siècle et il est l'un des seuls bâtiments rescapés de l'important incendie de 1957. Dans le *viharn* se trouve la statue de Bouddha Chinarat, une des statues les plus vénérées de Thaïlande, tout en bronze poli. De style Sukhothai, elle représente Bouddha en position assise. Sa principale particularité réside dans la coiffe, une sorte d'auréole qui prend la forme d'un serpent sacré. Absolument unique. Le temple est dominé par un *prang* de style khmer.

CONFINS OUEST ET LA FRONTIÈRE BIRMANE

Cette région montagneuse, couverte de forêts pour l'essentiel, s'étend depuis Kanchanaburi (ouest de Bangkok) et bien au-delà de Mae Sot (vers le nord). On peut considérer que les provinces du Nord commencent à partir de Mae Sarieng. La zone frontalière avec le Myanmar (ex-Birmanie) s'est peu à peu transformée au gré des événements politiques en une zone d'échanges commerciaux où se mélangent des ethnies minoritaires de cultures diverses : Karens, Hmongs, Kayas, Indo-Birmans et Sino-Thaïs. Le territoire englobe des parcs forestiers réputés où il est possible d'admirer une nature vraiment sauvage et où le tourisme de masse n'a pas encore complètement transfiguré les populations locales. La jungle d'Asie telle qu'on peut se l'imaginer avec ses chutes d'eau perdues au milieu d'une végétation luxuriante, ultime territoire (thaïlandais) des éléphants encore sauvages et les derniers tigres rescapés... notamment dans les environs d'Umphang, et au nord-ouest de Kanchanaburi.

KANCHANABURI

Cette agglomération de 55 000 habitants, avec son artère principale qui ressemble davantage à une voie express qu'à une avenue paisible, n'apparaît pas de prime abord comme un fleuron de la province thaïlandaise... Mais il s'agit du principal centre économique de la région, comme l'atteste l'animation nocturne de certains marchés au voisinage de la gare routière. Kanchanaburi, située à environ 2 heures de route de Bangkok, n'est pas seulement une destination touristique pour les étrangers mais un lieu de villégiature pour les Thaïlandais eux-mêmes. Le charme particulier de Kanchanaburi est dû à l'atmosphère bucolique qui se dégage au long des berges de la Mae Nam Kwai. Il est recommandé d'arriver par le train depuis Bangkok : ce moyen de transport, sorti tout droit d'une autre époque, conserve un indéniable cachet.

Transports

Comment y accéder et en partir

▶ **Train.** Depuis la gare de Bangkok Noi, Thonburi (rive droite de la Chao Phraya, en face de Banglamphu), il n'y a que deux départs quotidiens : 7h45 et 13h55. Arrivée vers 10h50 et 16h30, parfois plus tard. Bien que ces trains omnibus ne disposent que de la 3e classe (sièges en bois vernis), ce moyen de transport typique est conseillé, à titre d'expérience. Il serait dommage de ne pas profiter du rythme de la balade. Inutile de s'encombrer de nourriture (sauf des fruits, peut être) : des vendeuses, montant dans le train durant le trajet, vous fourniront ce qu'il faut pour tenir le coup ! A destination de Bangkok, également deux trains par jour : à 7h20 et 14h50. Arrivée vers 10h10 et 17h40 à la gare de Thonburi, Bangkok Noi.

▶ **Bus.** Depuis Bangkok, à la gare routière « Southern Bus Terminal » (communément appelée *sai dai mai*), des bus partent toutes les 15 min (2 à 3 heures de trajet). Des bus, moins fréquents, partent également depuis le Northern Bus Terminal (2 heures 30). Pour aller vers Lopburi ou, il faut changer à Suphanburi (bus 411) environ 2 heures de trajet, possibilité également de prendre un mini-van (2 heures 30) plus cher mais bien pratique. Pour Phetchaburi et Hua Hin il faut changer à Ratchanaburi.

Les immanquables de la région ouest

▶ **Randonner dans les superbes parcs naturels des environs de Kanchanaburi** : Erawan, Sai Yok, Khao Laem et Si Nakharin. Excursion jusqu'au « col des Trois Pagodes ».

▶ **Rencontrer des ethnies de la région Ouest de Thaïlande**, aux alentours de Tak et Mae Sot, sur la route du Myanmar.

▶ **S'imprégner de la beauté du sanctuaire naturel d'Um Phang** : rivières, chutes d'eau et jungle sauvage, l'une des dernières « forêts vierges » de Thaïlande.

▶ **Siffloter la musique du film du *Pont de la rivière Kwaï*,** immortalisé par le livre de Pierre Boulle et le cinéma occidental, en se rendant au fameux pont, le vrai, qui est un vrai lieu de recueillement.

Kanchanaburi

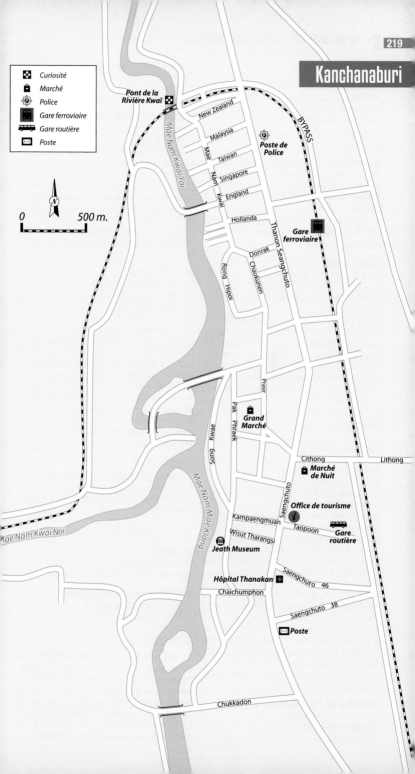

Légende:
- Curiosité
- Marché
- Police
- Gare ferroviaire
- Gare routière
- Poste

N

0 — 500 m.

Pont de la Rivière Kwaï

Mae Nam Kwaï Yai

New Zealand
Malaysia
Taiwan
Singapore
England
Hollanda

Mae Nam Kwaï

Poste de Police

BYPASS

Gare ferroviaire

Thanon Saengchuto

Donrak
Chaokumen

Rong Hipoi

Prasir

Pak Phraek

Grand Marché

Song Kway

Mae Nam Mae Klong

Mae Nam Kwaï Noi

Cithong
Lithong

Marché de Nuit

Saengchuto

Office de tourisme

Kampaengmuan
Taopoon
Gare routière

Wisut Tharangsi

Jeath Museum

Hôpital Thanakan

Chaichumphon

Saengchuto 46

Saengchuto 38

Poste

Chukkadon

Se déplacer

▶ **Song téo.** Ces taxis collectifs à « deux bancs » sont les plus économiques. Sur l'itinéraire qu'ils empruntent en ville, la course est de 10 B quelle que soit la distance parcourue.

▶ **Samlo.** C'est assez lent et plus cher que le premier.

▶ **Moto-taxi.** Pour se rendre au pont de la rivière Kwai, les tarifs sont plus chers car c'est excentré, demandez le prix avant et négociez. Possibilité de s'y rendre pour 40 à 50 B en journée.

▶ **Motos et vélos.** Location possible de 200 à 350 B par jour pour les motos et 50 B pour les vélos.

■ MEK & MEE
21/1 Thanon Mae Nam Kwai
✆ +66 34 514 086 / +66 81 757 1194
Location de vélos et motos. A partir de 150 B pour 24 heures.
La formule est classique : il faut laisser son passeport et payer d'avance. C'est simple, rapide, et l'emplacement est très pratique, en plein milieu du secteur touristique. A environ 200 m à pied du Soï Rong Heep Oil. Les motos et autres scooters sont généralement en bon état de marche, mais il faut toujours vérifier, par principe.

Pratique

Tourisme – Culture

■ GOOD TIMES TRAVEL
63/1 Thanon Mae Nam Kwai
✆ +66 34 624 441
www.good-times-travel.com
good_times_travel@hotmail.com
Une agence qui a un très bon contact et qui propose des excursions similaires aux autres agences mais avec un personnel compétent. Petit plus, le trek de deux jours et une nuit à la découverte d'un village Karen. Au programme, trek de 6 heures dans la jungle, promenade à dos d'éléphant, *bamboo rafting*, visite du Hell Fire Memorial et du pont de la rivière Kwai avec partie en train, nuit au village, repas traditionnel, chant, danse, bref complet. Cela ressemble à ce qui se fait dans le Nord, pour ceux qui n'auraient pas le temps d'aller jusqu'à Chiang Mai. Ne regardez pas les prix sur Internet, il faut directement voir sur place à l'agence : les prix y sont 3 fois moins cher.

■ OFFICE DE TOURISME (TAT)
14 Thanon Saengchuto
✆ +66 34 511 200
tatkan@tat.or.th

A environ 100 m du terminal de bus.
Ouvert de 8h30 à 16h30.
Attention, les points d'intérêt de la région sont assez dispersés et éloignés du centre-ville.

■ SAFARINE TOURS KANCHANABURI
120/5 Moo 4, Thanon Sayok
Tambon Nongbua
✆ +66 86 0491 662
www.safarine.com
info@safarine.com
Depuis de nombreuses années, Safarine organise avec brio et professionnalisme tours privés, treks et balades en canoë dans la région de Kanchanaburi. Arrangez sur mesure votre séjour idéal dans cette région magnifique. Possibilité également d'organiser vos transferts en véhicule privé depuis Kanchanaburi.

■ TOI'S TOURS
57 Thanon Mae Nam Kwai
✆ +66 34 514 209
✆ +66 81 856 5523
www.toistours.com
general@toistours.com
Cette agence est dirigée par un Français, Jean-Claude, installé depuis très longtemps dans la région. Il organise avec son épouse des circuits dans les environs et il sait de quoi il parle ! Il pourra répondre à vos questions sur les sujets les plus divers. Le bureau se trouve sur Thanon Ma Nam Kwai, secteur touristique. La « maison » de Jean-Claude, elle, se trouve au bord de la rivière (Soi Rong Heep), un peu plus loin que VN Guesthouse.

Argent

Plusieurs distributeurs automatiques sont dispersés et aisément repérables tout au long de Thanon Saengchuto et Thanon Mae Nam Kwai.

Adresses utiles

■ POSTE
Thanon Saengchuto
Ouvert de 8h30 à 16h30 en semaine.

■ SERVICE DE L'IMMIGRATION
100/22 Thanon Mae Khlong
✆ +66 34 564 265

Orientation

La ville est très étendue, on compte trois zones géographiques nettement différentes. La première tout au sud se situe autour de la gare routière et de l'office de tourisme. C'est en quelque sorte la ville moderne, avec le marché de jour et de nombreuses boutiques. Les lieux sont sans charme particulier. Environ 2 km plus loin, le quartier autour de la rue Mae Nam

La région de Kanchanaburi

Outre l'incontournable pont de la rivière Kwai, l'intérêt principal de la région de Kanchanaburi réside dans ses parcs naturels forestiers, où l'on peut encore côtoyer des éléphants et, paraît-il des tigres (devenus très rares et fort prudents : question de survie !). Plusieurs jours seront nécessaires pour découvrir l'ensemble des parcs nationaux d'Erawan, de Sai Yok, de Khao Laem et de Si Nakharin. Ces deux derniers parcs sont les plus sauvages et les plus éloignés.

Kwai, c'est là où se produit toute l'animation de la ville. Ici se succèdent bars, restaurants, agences et guesthouses, dont celles donnant sur la rivière Kwai. Le lieu de vie touristique par excellence. Juste à côté également, la gare ferroviaire et le marché de nuit autour. Enfin, il faut encore parcourir environ 2 Km pour se retrouver autour du pont, très touristique le jour, la nuit le quartier perd de son charme à l'exception des restaurants flottants qui n'ont d'intérêt que leur localisation mais pas ce qu'on y trouve dans l'assiette. Chaque distance peut se faire à pied mais plus généralement un taxi sera nécessaire.

Se loger

Peu d'adresses en ville. La quasi-totalité des guesthouses sont installées le long de la rive gauche de la rivière Kwai, qui présente deux avantages : elle est ombragée le matin et permet d'admirer les couchers de soleil sur les montagnes d'en face, le soir. La plupart des établissements proposent des chambres installées sur des pontons amarrés le long de la berge : c'est plus romantique. Mais le tarif est 30 % plus cher que celui d'une chambre à terre, ce qui n'est pas forcément justifié ! Les fenêtres sont garnies d'une fine toile contre les moustiques.
Enfin rassurez-vous, les bateaux à moteur qui ne cessent de sillonner la rivière le jour s'arrêtent la nuit et vous font apprécier le calme des lieux.

Bien et pas cher

■ BAAN MA FEUNG GUESTHOUSE
257/1 Thanon Saengchuto
A 300 m de la gare routière.
Chambres à partir de 250 B.
Non loin du Thai Railway Centre et des cimetières, cette guesthouse est particulièrement accueillante. Les chambres sont proprettes et bien agencées, quoique fort simples. Un petit jardin et un café font office d'espace de relaxation, et l'accueil est convivial. Si vous voulez éviter la rue Mae Nam Kwai et son alignement de bars et de guesthouses.

Confort ou charme

■ GOOD TIMES RESORT
5-7 Mae Num Kwai Road – Thamakham, Muang
℡ 0066901434925
www.good-times-resort.com
good_times_resort@hotmail.com
1 500 B. Piscine, massages. Location de bicyclettes.
Ce complexe récent à taille humaine au bord de la rivière Kwai, légèrement en retrait du bruit de la rue la plus animée et touristique de Kanchanaburi. Une vingtaine de chambres *cosy*, dont quelques-unes avec baignoire et quelques autres en cours de construction. Repas et petits déjeuners au bord de la rivière.

■ LUXURY HOTEL
284/1-5 Thanon Saengchuto
℡ +66 34 511 168
Chambres ventilées à 400/500 B, climatisées de 700 à 1 000 B.
L'établissement se trouve en plein centre-ville, ce qui est assez pratique à défaut de charme extérieur. Pas luxueux, mais assez moderne et de standing correct. Toutes les chambres sont assez semblables, plutôt grandes, claires, avec salle de bains (douche chaude) et TV. La différence de prix est liée à la présence d'un réfrigérateur.

■ THAI GARDEN INN
74/11 Moo 4 Tambon Thamakham
℡ +66 85 819 1686
www.thaigardeninn.com
info@thaigardeninn.com
Bungalows ventilés à 900 B, climatisés à 1 100 B. Wi-fi gratuit.
11 bungalows de charme avec terrasse, style thaï. Grand jardin, piscine, bar et restaurant.

Luxe

■ RIVER KWAI HOTEL
284/3-16 Thanon Saengchuto
℡ +66 34 513 348 / +66 34 513 349
Chambres de 1 800 à 7 000 B. Promotions de 20 à 30 % consenties périodiquement. Boîte de nuit.

Situé en plein centre-ville, cet établissement de grand standing vieillit mal et mériterait une bonne rénovation. De plus, l'accueil n'est pas à la hauteur de la classe affichée. Chambres défraîchies, mais restaurant correct et emplacement idéal. Une boite de nuit dont la clientèle se compose de touristes occidentaux, de Thaïlandais venus de Bangkok pour deux ou trois jours, d'hommes d'affaires asiatiques et de certaines beautés siamoises qui ne sont jamais là par hasard...

Se restaurer

Tous les mardis et jeudis, un marché de nuit se tient sur Thanon Saengchuto, aux abords du River Kwai Hotel. Vous y trouverez une grande sélection de snacks et de petits plats bien typiques, à des prix plus que raisonnables.

■ BANN RAO RESTAURANT
284/60 Thanon Saengchuto
℡ +66 34 514 230
Dans le centre-ville, à 100 m environ du River Kwai Hotel Compter entre 200 et 400 B.
Cuisine asiatique et occidentale. Salle climatisée, plantes vertes, un endroit calme et frais, en plein centre-ville pour ceux qui souhaitent s'écarter de la rivière. Accueil aimable.

■ PARIS KAN
232/4 Mae Nam Kwaie
℡ +66 82 29 48 405
www.paris-kanchanaburi-restaurant.com
patricegeorgelin@gmail.com
Du lundi au vendredi de 17h à minuit, de 11 à 14h et de 17h à minuit le dimanche. Jardin.
Tenu par un couple franco-thaïlandais, le restaurant Paris Kan de Kanchanaburi possède une terrasse et un jardin tropical coupant de la rumeur de la ville. A la carte, on trouve des spécialités thaïlandaises mais aussi tout un choix de plats français. Tout au long de l'année, le Paris Kan propose des soirées animées.

■ RIVER KWAI HOTEL
284/3-16 Thanon Saengchuto
℡ +66 34 513 348 / +66 34 513 349
Cuisine thaïe et occidentale. Plats à partir de 60 B.
Un restaurant très correct à prix raisonnables, compte tenu du cadre et de la qualité de la cuisine. C'est tout de même « touristique » !

■ SABAYJIT RESTAURANT
Thanon Saengchuto
℡ +66 34 511 931
Compter entre 30 et 80 B le plat.
En plein centre, c'est un petit restaurant populaire ouvert de 8h à 17h. Cuisine familiale bon marché.

À voir – À faire

■ CIMETIÈRES DE GUERRE ⭐
La ville compte bien entendu plusieurs cimetières de guerre en souvenir et en mémoire des soldats morts au combat ou durant la construction du pont. Ils sont situés dans de grands espaces de verdure.

■ HELL FIRE PASS ⭐
Kilomètre 66 de la route Saiyoke – Thong Pha Phum
Ouvert tous les jours de 9h à 16h.
Le lieu-dit «Hell fire pass» est un tronçon du fameux passage du Feu de l'Enfer que des prisonniers japonais ont creusé dans une énorme masse rocheuse, afin de permettre le passage de la voie ferrée. On estime que 100 000 prisonniers de guerre ont participé à ce terrible ouvrage dans des conditions épouvantables avec du matériel rudimentaire et que 16 000 hommes y ont laissé leur vie. La ligne devait relier la Thaïlande à la Birmanie. Chaque 25 avril, une cérémonie commémorative est organisée au Hell Fire Pass.

■ MONKEY VILLAGE
Ouvert de 9h à 17h. Entrée 200 B.
Proposé lors de certaines excursions notamment celles en bateau, le village est en fait un centre d'entraînement des singes où on leur apprend à détacher de l'arbre les noix de cocos et aider ainsi les fermiers à la récolte. Des petites cages où les singes sont enfermés et une petite piste en béton pour les voir, à l'arrivée des touristes, jouer au basket, faire du vélo ou encore nager, bref tristounet et sans grand intérêt.

■ THAILAND BURMA RAILWAY CENTRE
73 Thanon Jao Kannun
℡ +66 34 512 721
www.tbronline.com
admin@tbronline.com
Entrée : 100 B/adulte ; 50 B/enfant (au-dessous de 12 ans). Ouvert tous les jours de 9h à 17h.
Ce musée moderne a été créé à l'initiative d'un Australien rescapé des camps de travail japonais. Il retrace l'histoire de la construction de la voie ferrée Bangkok-Rangoon, devenue tristement célèbre à partir de 1943. Cet établissement fait le pendant au Jeath Museum. Ce musée, situé juste à côté du cimetière des prisonniers de guerre (POWs) en plein centre-ville, a pu être mis en place grâce à de longues et méthodiques recherches de documentation. Sa création était avant tout destinée aux survivants et à la mémoire des victimes. On y retrace, dans le souci du détail, l'histoire des opérations militaires déclenchées en Asie par les Japonais. On y apprend d'ailleurs que le gouvernement thaïlandais de l'époque

avait signé un traité de coopération – janvier 1942 – avec le Japon (tiens, tiens) et même déclaré la guerre à la Grande-Bretagne et aux Etats-Unis ! Bien entendu, la plus grande partie explique le sort cruel réservé à ces dizaines de milliers d'hommes (Australiens, Anglais, Hollandais et Américains, mais aussi Malais, Indiens, Thaïlandais et Chinois !) morts dans des conditions atroces durant les dix-sept mois (au lieu des trois ans initialement prévus !) que dura la construction de cette voie ferrée stratégique entre 1943 et 1944. Les maquettes exposées sont remarquables, et les textes explicatifs, très synthétiques, permettent de se faire une idée juste de la manière dont se déroulèrent les choses. Compter au minimum une bonne heure pour la visite. A voir absolument !

◼ WAT THAM MANGKON THONG
Thanon Chuk Kadon
Au sud de la ville.
Ce temple est installé dans une caverne et doit sa célébrité à une nonne bouddhiste qui, de temps à autre, s'y donne en représentation en prenant des poses diverses, dans un bassin, imitant ainsi les attitudes de Bouddha. Cela ressemble à une attraction foraine, mais les Thaïlandais apprécient le spectacle, et les offrandes laissées en témoignent. Toutefois, ces exhibitions sont de plus en plus espacées car la dame n'est plus toute jeune !

Shopping

◼ MARCHÉ DE JOUR
Situé entre Thanon Prasit et Thanon Pak Praek qui abrite un grand nombre de gargotes et cuisines roulantes : spécialités thaïes et chinoises à petits prix, là aussi (de 20 à 50 B environ).

◼ MARCHÉ DE NUIT
Sur Thanon Lak Meuang : comme souvent, c'est la meilleure adresse pour manger correctement à des prix imbattables.

RIVIÈRE KWAI

La rivière Kwai est bien sûr célèbre pour son pont ! En fait, il y avait deux ponts, comme l'attestent les photos d'époque (exposées dans le modeste mais néanmoins fort intéressant JEATH Museum). Le premier était en bois : il s'était écroulé trois fois, emporté par des crues de la rivière, et sans doute en raison de sabotages à la construction ! En toute logique, les autorités japonaises décidèrent d'en édifier un plus solide, avec des piles en béton, celui-là, et un tablier en acier. En 1945, les Alliés réussirent, à force de bombardements répétés (et au moyen des premiers engins guidés : bombes « AZON »), à couper le pont de fer en son milieu. Ce dernier, reconstruit dans sa partie centrale après la guerre, est bel et bien l'ouvrage que vous pouvez traverser de pied ferme actuellement. Bien entendu tout cela n'a rien à voir avec l'action commando héroïque (mais imaginaire) décrite dans le scénario du célèbre film de David Lean (remarquable interprétation d'Alec Guinness, entre autres !). D'ailleurs, la fin du livre de Pierre Boulle est toute autre. A noter que le film a été tourné… au Sri Lanka.

Se loger

Bien et pas cher

◼ BLUE STAR GUESTHOUSE
241 Thanon Mae Nam Kwai
✆ +66 34 512 161 / +66 81 639 1688
www.bluestar-guesthouse.com
welcome@bluestar-guesthouse.com
Chambre avec ventilateur 200 B, avec air conditionné 400 B. Bungalow avec ventilateur 300 B, avec air conditionné 600 B.
Les bungalows sont sympas, en bois, certains sont même construits dans les arbres, propreté et confort basiques mais prix plancher, on apprécie les alentours, les nénuphars, la végétation luxuriante et la proximité avec la rivière Kwai.

PLAINE CENTRALE ET RÉGION OUEST

Le Festival de la rivière Kwai

Fin novembre ou début décembre, a lieu chaque année le Festival de la rivière Kwai (pour les dates exactes, s'adresser à la TAT ou vérifier sur Internet). Cet événement folklorique comprend un carnaval et des danses. En point d'orgue, un spectacle son et lumière, organisé aux abords du pont, commémore les combats ayant eu lieu durant la Seconde Guerre mondiale. Le fameux pont de la voie ferrée stratégique Bangkok-Rangoon en fut l'enjeu. Ce pan de la guerre qui opposa les Occidentaux aux Japonais a d'abord été romancé par l'écrivain français Pierre Boulle, puis mis en scène dans le film de David Lean, sorti en 1957 et plusieurs fois oscarisé. Devenu un classique, le film a quelque peu travesti le scénario, et présente une version édulcorée et naïve des conditions atroces de détention des prisonniers de guerre dans les camps de travail japonais.

SAM'S RIVER RAFTHOUSE

48/1 Soï Rong Heeb Oil
℡ +66 34 624 231
www.samsguesthouse.com
sams_guesthouse@hotmail.com
Chambre ventilée à partir de 600 B ; chambre climatisée à partir de 700 B. Bungalow avec ventilateur à 300 B.
Vous remarquerez qu'il y a en ville d'autres établissements portant le même nom, ou presque : normal, c'est la même famille. L'accueil est tout aussi sympathique, du reste ! Les chambres installées sur l'eau sont intéressantes. L'endroit est tranquille. Un petit restaurant ombragé se trouve au bord de la route. Une bonne adresse !

VN GUESTHOUSE

44 Soï Rong Heeb Oil
℡ +66 34 514 082 – www.vnguesthouse.net
info@vnguesthouse.net
Chambres ventilées à 275/350 B selon le type de chambre ; climatisées à 425 B, installées sur le ponton.
Certaines chambres peuvent accueillir 3 personnes. Cet établissement sans prétention mais fort calme, au bord de l'eau, vous réservera un accueil discret et efficace. La gestion semble toujours aussi bien organisée et les chambres toujours aussi propres. Le restaurant terrasse surplombant la rivière est vraiment agréable pour le petit déjeuner ou un repas du soir. Romantique !

Confort ou charme

SAM'S HOUSE

14/2 Thanon Mae Nam Kwai, Thamakham
℡ +66 34 515 956
www.samsguesthouse.com
sams_guesthouse@hotmail.com
Chambres ventilées à partir de 550 B, climatisées à partir de 650 B, chambre double pour 4 personnes avec air conditionné 1 000 B.
Enfoui dans une végétation luxuriante, ce charmant endroit offre le choix entre de petites chambres ventilées, toutes simples mais correctes, donnant sur le jardin, ou d'autres, climatisées celles-là, groupées autour du restaurant. Les bungalows sur pilotis sont installés en contrebas, « les pieds dans l'eau » : ils sont vraiment bien aménagés, extérieur et intérieur, chacun avec une terrasse. Plantés au milieu des joncs, ils ne donnent pas directement sur l'eau courante : cela présente l'avantage d'être plus calme (les bateaux passent au loin !).

SUGAR CANE GUESTHOUSE N° 2

7 Soï Cambodia, Thanon Mae Nam Kwai
℡ +66 34 514 988
www.sugarcaneguesthouse.com
contact2@sugarcaneguesthouse.com

Douze chambres ventilées à 250 B, installées sur la terre ferme ; avec air conditionné 600 B.
Cet établissement est également installé au bord de l'eau, comme l'autre guesthouse du même nom, mais distante d'un bon kilomètre, en se rapprochant du fameux pont. Là, c'est l'épouse de M. Ott qui s'occupe de la gestion. Elle parle français.

Luxe

PUNG WAAN RESORT & SPA

72/1 Moo 2 Tambon Thamakan
℡ +66 34 625 270
www.pungwaanriverkwai.com
pungwaanresort@gmail.com
Il faut emprunter une petite route de campagne, à partir du pont de la rivière Kwai. Compter 2 à 3 km. Liaison par minibus possible.
De 3 000 à 6 000 B au tarif normal, réduction parfois possible sur le site Internet. Wi-fi gratuit.
Etablissement de grande classe au beau milieu d'un parc joliment aménagé, comme suspendu en dehors du temps, et de belles chambres spacieuses et claires. Un petit canal traverse le parc et débouche sur la rivière. Belle piscine. Il est conseillé de réserver à l'avance : en fonction de la période, possibilité d'obtenir jusqu'à 40 % de réduction ! (sauf pour les fêtes de fin d'année, bien entendu).

THE FLOAT HOUSE

55 Moo 5 Tambol Wangkrajae, Amphur Saiyoke Kanchanaburi
℡ +66 84 725 8686
www.TheFloatHouseRiverKwai.com
info@thefloathouseriverkwai.com
Villa à partir de 5 000 B la nuit. Restaurant.
C'est l'un des plus extraordinaires hôtels flottants du monde, installé en bordure d'un méandre montagneux de la rivière Kwai, couvert de jungle luxuriante. Construits avec des matériaux tels le bois de tek et le bambou, les toits de chaume étroitement tressés à la main ont été fabriqués par une communauté locale de l'ethnie Môn. L'ensemble s'intègre parfaitement à la nature environnante et comblera les voyageurs « éco conscient » les plus exigeants. Le confort est bien évidemment XXL et vous aurez aussi la possibilité de faire de nombreuses activités comme des balades à dos d'éléphant, du canoë kayak, la descente de la rivière Kwai en radeau, du VTT, la visite d'une ferme d'orchidées, des visites de chutes d'eau, etc.

Se restaurer

Tout au long de la rue Mae Nam Kwai, plusieurs petits restaurants s'offrent à vous, avec leur lot de spécialités thaïes et occidentales à prix très abordables. Sur la rivière, des restaurants flottants peuvent vous accueillir. Le cadre importe plus que la cuisine, qui n'est pas d'un très bon rapport qualité-prix, sans pour autant mettre vos finances en grand péril.

◼ SNOOKER BAR
Thanon Mae Nam Kwai
Plats à partir de 25 B.
A proximité de l'agence Toi's Travel, petit bar-restaurant agréable qui semble avoir la sympathie des jeunes touristes, entre deux excursions. Les tarifs sont très abordables, et c'est bon ! En tout cas, les motos-taxis connaissent bien.

◼ TAI THAI RESTAURANT
48 Thanon Mae Nam Kwai
Plats à partir de 40 B.
Juste en face de la Ploy Guesthouse, voici un restaurant pour ceux qui ne veulent pas prendre trop de risques ! Hamburgers, salades, sandwiches, mais aussi quelques plats thaïs classiques : on y fait un peu de tout et on le fait bien. Les *shakes* et les *lassis* sont de qualité, et la connexion wi-fi est gratuite. Accueil tout sourire, ambiance rock et écran géant les soirs de matchs.

Sortir

▶ **Sur la rivière**, quelques bars en bois, plus ou moins attractifs, accueillent une clientèle principalement thaïlandaise. Il y a quelques karaokés locaux, où les tubes en vogue sont à l'honneur : plutôt amusant, mais les tympans en prennent un sérieux coup ! D'autres établissements accueillent des groupes locaux jouant des chansons thaïlandaises ou anglo-saxonnes.

▶ **Dans la « rue de la rivière Kwai »**, qui s'étire parallèlement à Thanon Saengchuto (se situant entre cette dernière et la rivière), se multiplient un certain nombre de bars ou de restaurants en tout genre. Des petits bars, « version tropicale », où se regroupent les routards de tous poils pour discuter tranquillement autour d'une bière. Des restaurants terrasses, plus chic, où aiment à venir dîner les Thaïlandais en week-end et les touristes chinois. Egalement, quelques bars à entraîneuses. Bref, l'atmosphère de la rue est plutôt animée, mais on trouve aussi des endroits où l'on peut profiter du calme.

◼ RIVER KWAI HOTEL NIGHT CLUB
284/3 Thanon Saengchuto
Kanchanaburi
Si vous cherchez une ambiance plus dansante, la boîte de nuit du River Kwai Hotel peut convenir. En semaine, elle est quasi déserte, mais se remplit vers minuit,

le week-end. Et lors de l'affluence du Festival de la rivière Kwai, c'est, paraît-il, carrément Woodstock !

À voir – À faire

◼ JEATH MUSEUM
Thanon Wisuttharangsi
Juste à côté du pont. Ouvert de 8h30 à 16h30. Entrée 30 B.
« Japanese English Australian & American Thai Museum », cet établissement modeste a été créé par un moine thaïlandais à la mémoire des prisonniers de guerre (POWs pour Prisoners of War) qui travaillèrent à la construction de la voie ferrée japonaise Bangkok-Rangoon durant la dernière guerre mondiale. Plusieurs dizaines de milliers sont morts en raison de cadences de travail inhumaines, de conditions d'hygiène quasi inexistantes et des brutalités de leurs gardiens. Ce musée minuscule est installé dans une paillote semblable à celle qui abritait les travailleurs forcés dans les camps de jungle répartis tout au long de la voie ferrée. On peut y voir divers outils ou armes d'époque, des cartes, quelques peintures (de style naïf mais réaliste) et surtout d'intéressantes photos datant de la construction du fameux pont de la rivière Kwai. Une expo authentique et émouvante dans sa simplicité. Donc intéressant si l'on souhaite se faire une idée du calvaire enduré par les travailleurs forcés dont le plus grand nombre (des recherches sérieuses l'ont établi) étaient toutefois d'origine malaise, indienne et chinoise et non pas seulement occidentale.

◼ PONT DE LA RIVIÈRE KWAI ★★
Les touristes s'y pressent, s'y bousculent, pour prendre les inévitables photos souvenirs, mais souvenir de quoi au juste ? Le pont est célèbre principalement pour le film éponyme à succès de David Lean (1957) qui a été tourné au Sri Lanka et qui prenait de grandes libertés avec le roman de Pierre Boulle et plus encore avec les faits historiques. Certains font le voyage aller-retour, en seulement deux jours, pour cette simple raison, ignorant par ailleurs la beauté de la région. Toutes les agences du pays l'ont mis à leur programme, mais ce pont, devenu mythique, n'a rien de tellement spectaculaire. Il faut dire que de nombreuses infrastructures touristiques, plus ou moins adéquates, ont été installées aux abords immédiats et que ça gâche malheureusement le paysage ! Résultat : le souffle de l'épopée ne passe plus. Situé à 2 ou 3 km au nord du centre-ville, il est même accessible par le train (à partir de la gare centrale). On peut également s'y rendre à pied, en prenant son temps.

Navigation sur la rivière Kwai

Il est assez tentant de se balader sur la rivière. Les paysages sont pittoresques. Les « rafts » (en fait, des grands radeaux avec abri) peuvent se louer à la journée, parfois à la demi-journée. Le prix diminue si on loue pour plusieurs jours. A noter qu'il s'agit de la location du radeau entier et non pas le tarif par personne. En groupe, ce genre de balade devient bon marché. De nombreuses guesthouses et agences de voyage proposent ces prestations.

▶ **Info futée :** Pour vous assurer du sérieux de vos interlocuteurs avant de réserver, consulter la TAT qui tient à votre disposition une liste de radeaux agréés. Ceci pour éviter les mauvaises surprises.

PARC NATIONAL ERAWAN ★★

Au cœur de la vallée de la rivière Kwai, cette (trop) célèbre chute d'eau est impressionnante. Des centaines de milliers de visiteurs vont lui rendre hommage tous les ans ; la grotte de Phratat est un autre passage obligé.

Transports

Pour s'y rendre, des bus partent de Kanchanaburi toute les 50 min (65 km, 1 heure 30 de route) entre 8h et 17h20 et s'arrêtent au marché de Srinakarind. S'ensuit 1 km de marche jusqu'à l'entrée du parc. Le dernier bus est à 16h ; si vous le ratez, vous êtes obligé de passer la nuit sur place. Les agences qui proposent une excursion dans le parc vous emmènent directement en van jusqu'aux chutes.

À voir – À faire

■ **PARC NATIONAL ERAWAN** ★
A 65 Km de Kanchanaburi.
Entrée 200 B.
Prévoir au minimum 5 heures pour visiter le parc. Les cascades qui font la renommée de ce parc sont étagées sur sept niveaux et couvrent une distance de 2 km, environ. Un autre parcours s'étend sur 1 km, en passant par d'autres lieux du parc national. Quelques passerelles de bois enjambent la rivière. Soyez tranquille : ce n'est pas le parcours du combattant, même si certaines roches sont plutôt glissantes ! Pendant la montée, il est possible de se baigner dans des piscines naturelles formées par la roche calcaire. L'eau est fraîche et c'est un délice quand il fait chaud et qu'on a bien transpiré en grimpant tout au long du chemin. N'oubliez donc pas serviette et maillot de bain ! Aux abords du parc de stationnement, des buvettes restaurants au milieu des arbres, à des prix raisonnables.

PARC NATIONAL SAI YOK ★★

Ce parc abrite une quantité de grottes à explorer et également quelques belles cascades. La faune comprend notamment des éléphants et des singes. La chute d'eau la plus spectaculaire s'appelle Sai Yok Yai. Une autre cascade, Sai Yok Noi, ne vaut sans doute pas le détour à elle seule. Elle figure pourtant dans la plupart des circuits des tour-opérateurs locaux. Donc

Excursion depuis le parc de Nam Tok

En revenant vers Kanchanaburi, il est possible de parcourir le tronçon de voie ferrée qui emprunte le pont historique de la rivière Kwai : trajet pittoresque ! Mais cela coûtera également 100 B (décidément !). Toutefois, il est possible de continuer le trajet jusqu'à Bangkok Noi pour le même tarif (donc sans descendre à Kanchanaburi). C'est donc une formule intéressante à envisager pour le retour vers la capitale ! 3 trains par jour au départ de la station de Nam Tok : 05h25, 13h et 15h15. Arrivée à Kanchanaburi, respectivement à 7h20, 14h50 et 17h40. Seuls les deux premiers poursuivent jusqu'à Bangkok (compter 3 heures de plus). La liaison entre la gare ferroviaire et la gare routière est assurée à moindres frais par des taxis collectifs (song téo) de couleur orangée. Le tarif est de 8 B en suivant l'axe principal de Kanchanaburi. Pour se rendre à Nam Tok, on peut prendre le bus n° 8203 (couleur rouge) qui dessert les cascades de Sai Yok Noi (ne pas confondre avec Sai Yok Yai, situé plus loin !). Départ du bus au centre-ville, à hauteur du War Cemetery, non loin de la gare ferroviaire. Le trajet dure environ 1 heure. Une fois sur place, il faut parcourir à pied le trajet entre Sai Yok Noi et Nam Tok : environ 1 km.

méfiance. La version « trek en forêt » paraît tout de même plus alléchante, à condition de prendre son temps.

Transports

Des bus partent tous les jours de Kanchanaburi entre 6h et 18h30 toutes les 30 min (1 heure de trajet), dernier bus à 17h. Possibilité aussi de se rendre jusqu'aux chutes d'eau de Saï Yok Yai (2 heures de trajet), dernier bus à 16h30.

Se loger

■ **PUNG WAAN RESORT**
123/3 Moo 3 Thasao Amphur Saï Yok
✆ +66 34 634 295
www.pungwaanriverkwai.com
pungwaan@pungwaanriverkwai.com
Chambres à partir de 2 500 B et 3 300 B pour un bungalow.
Très bon hôtel, d'un calme absolu. Chambres avec climatisation, TV et tout le confort. Le restaurant propose une cuisine thaïe, chinoise et occidentale.

■ **RIVER KWAI VILLAGE**
74/12 Moo 4 Thasao Amphur Sai Yok
✆ +66 34 634 456
www.riverkwaivillagehotel.com
Chambres à partir de 3 400 B.
Au total, 191 belles chambres dont la décoration en bois est du meilleur effet. Toutes ont un balcon donnant sur la rivière ou sur la forêt. Plusieurs *raft houses* sont disponibles sur la rivière.

À voir - À faire

■ **HELL FIRE MEMORIAL** ⭐⭐
A proximité de la passe du « Feu de l'Enfer », la tranchée creusée à coup d'explosifs d'abord, puis au moyen de pics et de barres à mines, et déblayée avec de simples paniers (faute de pouvoir acheminer les machines appropriées sur le chantier). Tout cela par une chaleur caniculaire et avec des rations alimentaires insuffisantes. Sans parler des ravages occasionnels par le paludisme (malaria). Les brutalités infligées par les gardiens étaient courantes. Il était impératif pour le commandement de tenir les délais de construction ! Les soins médicaux étaient quasi inexistants. Au total, 60 000 prisonniers de guerre, essentiellement australiens, hollandais et anglais, et 250 000 travailleurs asiatiques (réquisitionnés de force) furent répartis à l'époque entre les différents chantiers à travers la jungle, sur les 415 km du tracé de la voie ferrée Bangkok-Rangoon. Environ 12 000 Occidentaux et plus de 70 000 travailleurs « indigènes » furent

ainsi tués à la tâche. Ainsi, la jonction des deux tronçons de voie ferrée – celui qui descendait de Birmanie et celui qui montait de Bampong, non loin de Bangkok, en Thaïlande – put se faire à Konkoïta le 16 octobre 1943, au profit des troupes japonaises d'occupation.

■ **PARC NATIONAL SAI YOK** ⭐
A une centaine de kilomètres de Kanchanaburi.
Entrée 200 B.
Si vous venez jusqu'ici, il est sans doute préférable de dormir dans les environs. Le parc abrite une quantité de grottes à explorer et également quelques belles cascades. La faune comprend notamment des éléphants et des singes. La chute d'eau la plus spectaculaire s'appelle Sai Yok Yai. Une autre cascade, Sai Yok Noi, ne vaut sans doute pas le détour à elle seule. Elle figure pourtant dans la plupart des circuits des tour-opérateurs locaux. Donc méfiance. La version « trek en forêt » paraît tout de même plus alléchante, à condition de prendre son temps.

TAK

Petite ville provinciale par excellence, située à mi-chemin sur la route entre Mae Sot et Sukhothai et non loin de Kamphaeng Phet. La ville s'étend au long de la rivière Ping. Cet affluent de la Chao Phraya, assez large à cet endroit (environ 600 m), est enjambé par trois ponts dont un fameux pont suspendu, construit en 1982 pour le bicentenaire de Bangkok (ouvrage d'art consciencieusement entretenu d'ailleurs). La ville moderne n'a pas un grand intérêt, on peut toutefois en profiter pour visiter le San Somdet Phra Chao Taksin Maharat.

Transports

Comment y accéder et en partir

▶ **Bus.** Depuis la gare routière de Bangkok (Moh Chit), des bus climatisés de 1re classe partent à 9h30 et 22h30 (6 heures 30 de trajet). Bus climatisés de 2e classe : départs à 8h, 19h15, 20h50, 22h et 22h20 ; comptez 7 heures de trajet. Les mêmes bus desservent Mae Sot et Tak, les deux villes étant assez proches. D'autre part, les liaisons sont régulières entre Tak et Sukhothai. Egalement entre Tak et Phitsanulok (de préférence le matin, autour de même).

▶ **Minibus ou van.** Des liaisons fréquentes existent entre Mae Sot et Tak de 6h et à 19h : à peu près toutes les demi-heures.

Se déplacer

▶ **Moto-taxi et samlo.** Ils attendent notamment à la gare routière, assez éloignée du centre.

Pratique

■ **OFFICE DE TOURISME (TAT)**
193 Thanon Taksin
✆ +66 55 514 341 – tattak@tat.or.th

■ **POLICE MUNICIPALE**
✆ +66 55 511 353

■ **POLICE TOURISTIQUE**
Kampangpetch
✆ +66 55 563 854

■ **POSTE**
Ouverte de 8h30 à 16h30 du lundi au vendredi.

Se loger

■ **LOU ' GARDEN GUEST HOUSE**
43 Phrapokklao road, Soi 3
✆ +66 08 61 06 25 67
lou-garden@hotmail.com
Chambres à partir de 150 B. Excursions. Location de véhicules. Wifi gratuit. Jardin. Balcon privé. Bar. Restaurant
Situé dans une rue calme de Chiang Mai et à quelques pas du centre-ville, cette guest-house reçoit ses clients dans une de ses chambres tout confort. Vous pourrez également vous restaurer et prendre un verre au bar de l'hôtel qui sert également des tapas. De nombreux services seront à votre disposition pour visiter le pays (excursions, locations de véhicules).

■ **MAE PING HOTEL**
Thanon Mahad Thai Bumrung
✆ +66 55 511 807
Chambres ventilées à 150/180 B ; chambres climatisées à 230 B.
Modeste hôtel de province de 37 chambres, en plein cœur du quartier commerçant, dans une petite cour en retrait de la rue, en face d'un marché couvert. Maison en bois au milieu de ladite cour. Les chambres sont réparties à l'étage des deux bâtiments attenants. Celles ventilées, avec plancher, ne sont pas reluisantes. Les autres, climatisées, ont meilleur aspect. Toutes les chambres, fort simples et d'un entretien minimum, sont néanmoins assez grandes et pourvues d'un cabinet de toilette (douche, W-C).

■ **VIANG TAK HOTEL 1**
25/3 Mahadthai Bumrung Road
✆ +66 55 511 950
Chambres doubles de 1 000 à 2 500 B. Petit déjeuner inclus.
Hôtel relativement moderne et bien entretenu. Toutes les chambres sont spacieuses et meublées de façon fonctionnelle, avec TV et cabinet de toilette. Accueil très aimable. Service plutôt stylé. Bon rapport qualité-prix. Le restaurant se trouve au rez-de-chaussée (fourchette de prix de 80 à 200 B par plat). Animation musicale en soirée. Une bonne adresse !

■ **VIANG TAK RIVERSIDE HOTEL**
236 Chompol Road
✆ +66 55 512 507 / +66 55 512 508
www.viangtakriverside.com
Tarifs échelonnés de 700 à 1 300 B, petit déjeuner inclus. Petite piscine.
Etablissement de style moderne installé tout à côté de la rivière Ping, dans le quartier sud de la ville. Chambres spacieuses, claires et d'un luxe classique. L'hôtel dispose de trois salles de restaurant, d'une piscine, d'un salon de massage traditionnel, d'une salle de billard, d'un karaoké.

MAE SOT

Mae Sot se trouve à environ 500 km de Bangkok. C'est-à-dire plein ouest, à partir de Phitsanulok ou de Sukhothai, dans la province de Tak. Elle peut offrir un séjour dépaysant. Nombre d'expatriés ou de voyageurs la connaissent bien : c'est l'un des points de sortie avec le Myanmar. Le pont de « l'amitié thaïe birmane » se trouve à 7 km de Mae Sot. La ville concentre des ethnies diverses. On y rencontre Thaïs, Karens, Birmans, Chinois... Il en est de même pour les religions : bouddhisme pour les Thaïs, islam pour les Birmans et christianisme (catholique) pour la plupart des Karens. Nombre de commerces utilisent d'ailleurs les trois langues pour leurs enseignes (thaï, chinois et birman).

Transports

Comment y accéder et en partir

▶ **Bus.** De la gare routière de Bangkok (Moh Chit), des bus climatisés 1ʳᵉ classe partent à 21h, 21h30 et 22h30 ; environ 8 heures de trajet, soit 520 km. Bus climatisés de 2ᵉ classe partent à 8h, 19h15, 20h50, 22h et 22h20 ; là aussi 8 heures de trajet. On peut également rejoindre Tak depuis Phitsanulok (8 bus quotidiens, 3 heures de trajet) puis prendre un bus jusqu'à Mae Sot (départ toutes les heures entre 7h et 15h, 5h de trajet).

▶ **Minibus ou « Van ».** Liaison entre Mae Sot et Tak : entre 6h et 19h environ. A peu près toutes les demi-heures. Le stationnement se trouve au nord de la ville, à côté du marché.

▶ **Taxi collectif.** Liaison entre Mae Sot et Mae Sariang : départ de Mae Sot entre 6h et 10h, à peu près toutes les heures. Un dernier départ vers midi. Le stationnement se trouve au marché nord de la ville, là où s'arrêtent également les bus de Chiang Mai. Carrosserie orangée.
Mae Sot – Um Phang : trois ou quatre départs de Mae Sot chaque jour, entre 6h et 13h30. Quartier au sud de Thanon Prasat Vithi : s'engager dans la rue qui passe devant la mosquée sur environ 300 m, puis demander son chemin avant de

La cité des Quatre Grands

Tak est ainsi dénommée car, au fil de l'histoire mouvementée du royaume de Siam, quatre grands rois affrontèrent victorieusement les armées ennemies dans la région – il s'agissait des Birmans, le plus souvent – sauvant ainsi la nation :

▶ **Le premier** fut le roi Ram Kamhaeng en 1175.

▶ **Le second** à l'époque de la grandeur d'Ayutthaya, fut le roi Naresuan qui vainquit l'héritier du trône birman en combat singulier : le duel eut lieu à dos d'éléphant, en 1592.

▶ **Le roi Narai**, lui, remporta une victoire en 1662 sur la rébellion de certains Etats du Nord.

▶ **En 1767**, les Birmans ayant finalement réussi à prendre leur revanche sur le royaume de Siam, la nouvelle capitale, Ayutthaya, fut mise à sac. Peu de temps après, le roi Taksin parvint à regrouper les forces siamoises dispersées, et réussit courageusement à chasser l'ennemi héréditaire hors du royaume !

Ces quatre grands rois sont donc effectivement de brillants généraux et d'illustres sauveurs de ce qui allait devenir la Thaïlande : les écoliers Thaïlandais n'ont point de doute à avoir sur la question !

tourner à droite. Carrosserie bleu roi. Mae Sot et Moei (marché/frontière birmane) : stationnement dans la rue Prasat Vithi, quartier Ouest, au-delà du Siam Hotel. Carrosserie bleu foncé.

Pratique

■ POLICE TOURISTIQUE
Thanon Prasatvithi
✆ +66 55 533 523 / 1155

■ POSTE
Thanon Intharakiri
Ouverte de 8h30 à 16h30 du lundi au vendredi.

Se loger

Mae Sot est une ville de passage, il est donc facile d'y trouver des hôtels de toutes catégories. En voici une petite sélection parmi les plus intéressants ou les mieux situés.

■ BAN THAI GUESTHOUSE
740/1 Thanon Intarakiri
✆ +66 55 535 204 / +66 55 534 798
banthai_mth@hotmail.com
11 chambres avec salle de bains commune à 300 B ; 6 chambres avec salle de bains privée à 400 B ; 1 bungalow de deux chambres climatisées à 500 B.
Située complètement à l'ouest du centre-ville, après la GH n°4. Petit jardin agréablement aménagé pour la lecture et le farniente. Toutes les chambres sont ventilées, avec ou sans salle de bains. Elles sont réparties sur plusieurs petites ailes. Tout est impeccable. Pour ceux qui privilégient la tranquillité à la climatisation !

■ D.K. HOTEL (DUANG KAMOL)
298/2 Thanon Intarakiri
✆ +66 55 531 699

Chambres ventilées à 300 B et climatisées à 450 B. Wi-fi gratuit.
L'accès se trouve au fond d'une allée cimentée assez large, occupée de jour par un marché : suivez les enseignes. Les chambres sont très grandes et claires, ce qui est toujours agréable même si l'établissement n'a pas grand charme. Toutes sont pourvues d'un cabinet de toilette (avec eau chaude) et d'une TV. C'est propre et tranquille.

■ SIAM HOTEL
185 Thanon Prasat Vithi
✆ +66 55 531 176
Chambres ventilées à 250 et 300 B ; chambres climatisées à 400/500 B.
Situé en plein centre-ville, la cour fait office de parking. Les couloirs sont étrangement larges. Les chambres, assez claires et plutôt grandes, sont simples et propres. Elles sont toutes pourvues d'un cabinet de toilette.

Se restaurer

Mae Sot est la ville provinciale thaïlandaise type. Pas de grands restaurants mais de nombreuses et modestes échoppes proposant une cuisine appétissante et pas chère du tout.

■ BAI FERN RESTAURANT
660 Thanon Intarakiri
Ouvert de 8h à 22h. De 80 à 220 B.
Petit restaurant convivial avec terrasse ouverte sur la rue. Plus un point de rencontre qu'un haut lieu de la gastronomie locale. Plats végétariens, quelques spécialités occidentales, mais pour la cuisine thaïe, il vaut mieux aller ailleurs : ce sera sans doute plus copieux. L'endroit est particulièrement fréquenté par les farangs des ONG du secteur, ce qui n'arrange pas le rapport qualité-prix.

Formalités au poste-frontière de Moei-Myawaddy

Le bureau se trouve à l'entrée du pont, avant de passer en République de l'Union du Myanmar. L'autorisation est bien évidemment liée aux rapports de bon voisinage avec l'ex-Birmanie ! Le personnel du poste-frontière thaï contrôle les passeports et indique la marche à suivre.

S'efforcer d'avoir une tenue neutre irréprochable. Et quoi qu'il advienne, toujours rester calme et courtois pour ne pas bloquer la situation. En bref, l'opération « tampons » se déroule en quatre temps :

▶ **Quitter le territoire thaïlandais (Moei)** : tampon de sortie et franchissement « aller » du pont.

▶ **Entrée au Myanmar (Myawaddy)** : payer les droits d'entrée à régler au bureau de la police birmane en échange d'un tampon d'entrée au Myanmar. En principe, le passeport est conservé dans ce bureau (donc pas question d'aller vagabonder au Myanmar, au gré de son inspiration), et une sorte de reçu est remis en échange.

▶ **Sortie du Myanmar** : récupération du passeport avec tampon de sortie en échange du « ticket » remis précédemment. Il n'y a pas de raison d'être inquiété si l'on n'a fait aucun achat suspect...

▶ **Retour en Thaïlande** : retraversée du pont. Rien à payer, mais remplir (avec le plus grand soin) un formulaire « classique ». Tampon d'entrée en Thaïlande.

■ THE PASSPORT RESTAURANT

507 Moo 10 Maepa Amphoe Mae Sot, Tak, Thailand 63110
✆ +66 80 118 2651 – hctcpr.sm@gmail.com
Ouvert toute l'année. Le mercredi, le vendredi et le samedi de 18h à 21h. Compter en 90 et 400 B le repas. CB non acceptée.
The Passport Restaurant est un restaurant d'application tenu par une association à but non lucratif offrant à de jeunes Thaïlandais issus de minorités ethniques de la zone frontière avec la Birmanie une formation technique de qualité. Un tremplin pour les jeunes défavorisés, une cuisine originale et de qualité pour les clients ! Possibilité d'hébergement également. 4 chambres à l'étage très bien entretenues.

À voir – À faire

■ WAT PHRA THAT DOI DIN KIU
A une dizaine de kilomètres de Mae Sot.
Très beau temple dissimulé dans la forêt. Perché au sommet d'une petite colline, le wat est parfois inaccessible, quand les relations diplomatiques avec le Myanmar deviennent « tendues », c'est-à-dire périodiquement...

■ WAT WATTANARAM
Tha Sai Luat,
Dans le village de Mae Tao, à 3 km de Mae Sot.
Un temple d'inspiration birmane abrite une collection d'instruments de musique traditionnels du pays.

Excursion au parc national d'Um Phang

Pour se rendre sur ce site classé au patrimoine mondial de l'humanité par l'Unesco, l'excursion part de Mae Sot. Elle commence par une descente en radeau de la rivière Klong. Les paysages sont magnifiques, la végétation luxuriante. En cours de journée, vous pouvez vous baigner au pied de la cascade Thi Lo Cho, avec ses stalactites et stalagmites enfouies sous les fougères, et, plus tard, dans une source d'eau chaude ponctuée de geysers. Ensuite, arrivée au célèbre site de Thi Lo Su : des chutes d'eau d'une largeur de 400 m, avec 98 cascades répertoriées. Après une nuit sous la tente, visite du village de Khota, qui, outre la culture du riz et le tissage, pratique le dressage des éléphants. Éléphants avec lesquels se poursuit le périple pendant deux jours, en faisant étape notamment au village karen de Pahlatha. Retour à Mae Sot, après un dîner au feu de bois et une dernière nuit passée dans les bungalows, au bord de la rivière.

LE NORD

Enfilade d'éléphants à l'Elephant Conservation Center de Lampang.
© JÉRÔME BOUCHAUD

LE NORD

Le Nord de la Thaïlande fut tout d'abord le royaume historique du Lanna, ce qui signifie : « million de rizières ». La disposition géographique de cette zone montagneuse, les diverses ethnies qui composent sa population et un climat particulier en font une contrée à part. Il y a une cinquantaine d'années, le trafic de l'opium a donné son nom mythique au fameux Triangle d'or, secteur localisé à l'extrême nord du pays, aux confins des frontières entre Thaïlande, Laos et Myanmar.

Le point culminant de cette région montagneuse – Doi Inthanon – s'élève à 2 595 m, et Chiang Mai, située au cœur de la vallée centrale, est à 300 m d'altitude : les températures régionales sont évidemment plus fraîches qu'à Bangkok en hiver. Chiang Mai est traversée par la rivière Ping irriguant la plaine centrale avant de rejoindre le fleuve Chao Phraya, plus au sud. Autrefois, le Nord du pays était recouvert de forêts denses. Elles sont à présent accessibles aux randonneurs venus côtoyer les montagnards. Ces paisibles autochtones sont de condition modeste, et il convient de respecter leurs coutumes et leur condition humble. En ce qui concerne les minorités ethniques – « Hill Tribes » – certains ethnologues estiment qu'il faut absolument préserver les traditions ancestrales des montagnards, même si cela revient à les maintenir dans une forme de précarité. Pourtant, l'accès de tous aux médicaments, la scolarité pour les enfants, la mise en place d'un réseau de distribution d'eau potable sont des entreprises louables... Faut-il rejeter le progrès pour maintenir le mode de vie traditionnel de ces ethnies, derniers vestiges du passé : vaste débat !

CHIANG MAI

A 700 km de Bangkok, celle qu'on surnomme la Rose du Nord est devenue une cité florissante grâce à son artisanat diversifié. Chiang Mai occupe de nos jours une place privilégiée dans le tourisme mondial. Malgré une évolution inévitable, elle conserve une dimension humaine qui lui donne son charme. Le vieux quartier historique permettra aux nostalgiques de découvrir les vestiges des temps anciens. Les voyageurs « sac à dos » pourront encore trouver refuge dans les guesthouses proches de la rue Moon Muang mais, au fil des ans, les prix plancher se font de plus en plus rares ! Une fois installé à Chiang Mai, il est commode de rayonner sur les villages et bourgades alentour, en bus ou à moto, et de rendre visite aux ethnies minoritaires des montagnes.

Histoire

Fondé en 1296 par le Roi Mengrai, Chiang Mai succède à Chiang Rai comme capitale du royaume de Lanna. Elle perd de son importance en même temps que l'empire Lanna décroît. Dans les siècles qui suivent, elle est tour à tour occupée par les Birmans et par les Thaïs. Mais la ville possède une longue histoire qui lui est propre, et qui dans une grande mesure, a contribué à la préservation de son identité culturelle. On le ressent toujours dans les coutumes, l'architecture des temples notamment, dans sa cuisine... Elle est officiellement rattachée au royaume du Siam en 1774 jusqu'à devenir aujourd'hui l'une des villes les plus importantes du pays et la capitale du Nord.

Quartiers

Chiang Mai, contrairement à Bangkok, est une ville où l'on se repère assez facilement. La vieille ville est située dans un carré de 1,5 km de côté en plein centre de l'agglomération, avec une architecture ancienne parfois intacte, incluant des maisons traditionnelles en bois, des temples et des jardins.

Vieille ville

Il est agréable de s'y déplacer à pied, en moto en ou touk-touk. On peut situer le centre approximatif entre la cité historique (enceinte carrée de 1,5 km de côté, environ) et la Mae Nam Ping, qui s'écoule du nord au sud.

▶ **La cité historique concentre une grande partie des temples les plus connus de la ville** ainsi que bon nombre de maisons traditionnelles en bois très anciennes.

▶ **La vieille ville rassemble un grand nombre d'établissements de toutes catégories,** et il est fort pratique d'y établir ses quartiers. La cité historique est constellée de guesthouses de premier prix. On est à proximité des principaux temples et, le dimanche venu, aux premières loges de la fameuse Sunday Walking Street.

Région nord

MYANMAR
(BIRMANIE)

LAOS

0   70 km

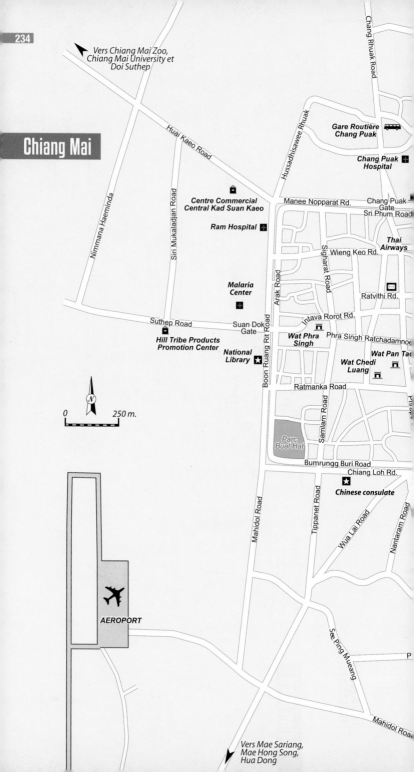

Vers Chiang Mai Zoo,
Chiang Mai University et
Doi Suthep

Chang Rhuak Road

Huai Kaeo Road

Chiang Mai

Hussadhisawee Rhuak

**Gare Routière
Chang Puak**

**Chang Puak
Hospital**

Nimmana Haeminda

Sin Mukalajian Road

**Centre Commercial
Central Kad Suan Kaeo**

Manee Nopparat Rd.

Chang Puak
Gate
Sri Phum Road

Ram Hospital

*Thai
Airways*

Wieng Keo Rd.

Sigharat Road

Ratvithi Rd.

*Malaria
Center*

Arak Road

Intava Rorot Rd.

Suthep Road

Suan Dok
Gate

**Wat Phra
Singh**

Phra Singh Ratchadamnoe

Wat Pan Tao

**Hill Tribe Products
Promotion Center**

Boon Ruang Rit Road

**Wat Chedi
Luang**

**National
Library**

Ratmanka Road

0   250 m.

Samlam Road

Parc
Buat Hat

Bumrungg Buri Road

Chiang Loh Rd.

Chinese consulate

Mahidol Road

Tippanet Road

Wua Lai Road

Nantaram Road

AEROPORT

See Ping Mueang

P

Vers Mae Sariang,
Mae Hong Song,
Hua Dong

Mahidol Roa

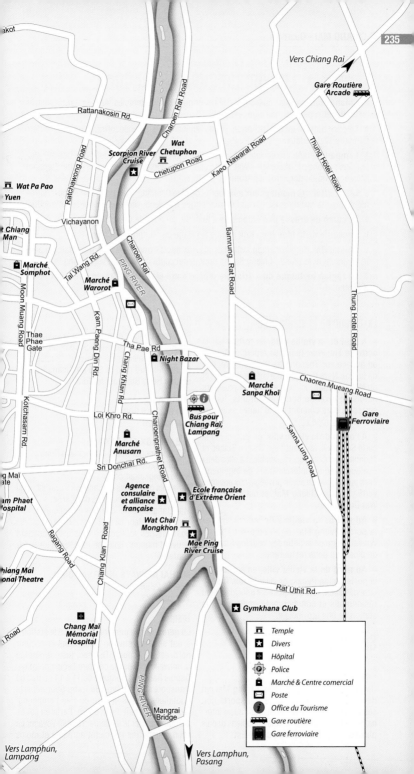

Vers Chiang Rai

Gare Routière Arcade

Rattanakosin Rd.

Charoen Rat Road

Thung Hotel Road

Kaeo Nawarat Road

Wat Chetuphon
Scorpion River Cruise

Chetupon Road

Wat Pa Pao Yuen

Ratchawong Road

Vichayanon

t Chiang Man

Charoen Rai

PING RIVER

Bamrung Rat Road

Marché Somphot

Tal Wang Rd.

Marché Warorot

Moon Muang Road

Thae Phae Gate

Kam Paeng Din Rd.

Tha Pae Rd.

Night Bazar

Chang Khlan Rd.

Chaoren Mueang Road

Marché Sanpa Khoï

Loi Khro Rd.

Charoenprathet Road

Bus pour Chiang Raï, Lampang

Gare Ferroviaire

Samna Lung Road

Kotchasarm Rd.

Marché Anusarn

Sri Donchaï Rd.

g Maï te

am Phaet ospital

Agence consulaire et alliance française

Ecole française d'Extrême Orient

Wat Chaï Mongkhon

Chang Klan Road

Ragang Road

Mae Ping River Cruise

hiang Maï onal Theatre

Rat Uthit Rd.

Gymkhana Club

Road

Chang Maï Mémorial Hospital

Mangrai Bridge

Vers Lamphun, Lampang

Vers Lamphun, Pasang

PING RIVER

Temple	
Divers	
Hôpital	
Police	
Marché & Centre comercial	
Poste	
Office du Tourisme	
Gare routière	
Gare ferroviaire	

Les immanquables du nord

▶ **Chiang Mai**, la « Rose du Nord », cité historique aux 300 temples. Artisanat régional très diversifié et écoles de massage réputées.

▶ **Le parc naturel de Doi Inthanon**, point culminant de Thaïlande, offrant une riche variété de fleurs et d'oiseaux.

▶ **Lampang**, étape provinciale sur la route de Chiang Mai réputée pour l'un des temples les plus anciens de Thaïlande – Wat That Luang – et l'hôpital des éléphants – Thai Elephant Conservation Center, situé à proximité.

▶ **Les contreforts montagneux** aux abords de Mae Saeriang, Mae Hong Son et Pai, contrée idéale pour le rafting et les circuits de randonnée à la découverte des minorités ethniques.

▶ **Le camp de dressage d'éléphants** à Mae Sa, au nord de Chiang Mai.

▶ **Descente de la Mae Nam Kok** depuis le village de Thaton vers Chiang Rai.

▶ **Chiang Rai**, dernière étape avant l'accès aux postes frontières du nord : Mae Sai pour le Myanmar et la Chine ; Chiang Khong pour la descente du Mékong vers Luang Prabang.

▶ **La région mythique du « Triangle d'or »**, entre Mae Sai et Chiang Saen, aux bords du Mékong.

Extérieur de la vieille ville

▶ **A l'est de la vieille ville**, en sortant par la porte de Tha Phae (point de repère pratique), on avance sur Thanon Tha Phae en direction de la Mae Nam Ping, du marché de Warorot et du Night Bazaar ; ici se concentrent plusieurs hôtels de luxe, de bons restaurants, toutes sortes de bars donnant sur le fleuve ainsi que le « quartier rose ».

▶ **A l'ouest de la vieille ville**, en sortant par la porte Suan Dok, on avance sur Thanon Suthep et Thanon Huay Kaew, qui rassemblent à elles deux quelques options intéressantes de logement. Elles permettent un accès privilégié aux environs verdoyants de Chiang Mai, et notamment au Wat Doi Suthep.

▶ **Au sud de la vieille ville**, en sortant par la porte Chiang Mai, on avance sur Thanon Wualai, siège de la Saturday Walking Street et de plusieurs bons restaurants.

▶ **Au nord de la vieille ville**, en sortant par la porte Chang Peuak, on avance sur Thanon Chang Pheuak, vers des quartiers principalement résidentiels et commerçants, mais aussi la station de bus provinciale.

Se déplacer

L'arrivée

De par son attrait touristique, Chiang Mai est devenu un véritable hub de transports non seulement au niveau national, mais aussi international, avec des vols directs quotidiens depuis plusieurs capitales d'Asie du Sud-Est.

Avion

Plusieurs compagnies assurent la liaison avec Chiang Mai. Depuis Bangkok compter 1 heure 20 de vol. Egalement des liaisons directes avec Samui, Phuket pour le Sud ou Chiang Rai, Pai et Mae Hong Son pour le Nord.

◼ AIR ASIA
✆ +66 2515 9999
Voir page 28.

◼ BANGKOK AIRWAYS
153 Sridonchai Road, Changklarn Road
✆ +66 2265 5678
www.bangkokair.com
Trois vols quotidiens de Bangkok Suvarnabhumi vers Chiang Mai, deux vols dans le sens Chiang Mai-Bangkok ainsi que des liaisons avec Koh Samui. L'avantage de cette compagnie est qu'elle possède des *lounges* où tous les passagers peuvent manger, boire se reposer et se servir d'internet.

◼ THAI AIRWAYS INTERNATIONAL
✆ +66 2356 1111
Voir page 23.

Train

La gare routière principale – « Arcade station » – est située à environ 2 km dans le secteur nord-est de la porte Ta Phae, juste à côté de la nouvelle rocade qui ceinture l'agglomération. Depuis Bangkok, compter de 11 à 14 heures de transport selon le type de train. Sept départs quotidiens depuis la gare de Hua Lamphong. Les trains partent de 8h à 22h. Partir en soirée permet d'arriver le lendemain matin. Voyager en train couchettes est plutôt agréable et moins fatigant que le bus. Mais, en période de fête surtout, il faut réserver sa couchette plusieurs jours, voire plusieurs semaines à l'avance.

▷ **Plus d'informations** au +66 0 2220 4444 et sur www.railway.co.th

Bus

Depuis la gare routière de Bangkok (Moh Chit), bus de 1re classe : départs toute la journée. Bus « VIP » (24 places) compter de 700 à 800 B pour un trajet de 10 heures, soit 713 km. On peut se rendre à Chiang Mai depuis toutes les autres villes du Nord. Quelques exemples :

▷ **Depuis Chiang Rai** : 3 heures de route.

▷ **Depuis Lampang** : 2 heures de route.

▷ **Depuis Mae Sot** : 6 heures de route.

▷ **Depuis Sukhothai** : 5 heures de route. Liaison Chiang Mai-Bangkok :

▷ **VIP Cherdchai Tour – Cars 32 places** : départ station Arcade (Tél +66 53 266 596). Compter 500 B pour un trajet de 10 heures (2 arrêts : Kamphaeng Phet et Nakhon Sawan).

▷ **VIP 999 Co – Cars 24 places** : départ station Arcade (Tél +66 53 241 449). Compter 750 B pour 10 heures de trajet (un arrêt).

▷ **VIP Porn Piriya Tour Co** : départ station Arcade (Tél +66 53 304 679). Cars 28 ou 32 places.

▷ **VIP Viriya Tour Co – Cars 32 places** : départ station Arcade (Tél +66 53 244 501). Compter 9 à 10 heures de trajet pour 481 B, avec un arrêt à Kamphaeng Phet.

Voiture

■ **MISTER MECHANIC**
4 Thanon Moon Meuang, Soï 5
☎ +66 53 214 708
www.mr-mechanic1994.com
mrm@yahoo.com

Agence de location sérieuse en plein centre-ville. Assurance honnête. Réduction envisageable à partir de trois jours de location.

■ **RIKA CARRENT**
170/36 Moo 7 Ping Doi lake Ville
T. Padaed Muang
☎ +66 81 2899 079
☎ +66 86 1931 738
www.rikacarrent.com
Locations de véhicules à partir de 890 B.
Choix très importants de véhicules neufs, de la citadine au van à des tarifs défiant toutes concurrences.

En ville

Bus

Différents réseaux de *song téo* (taxis collectifs) desservent Chiang Mai et ses abords (jusqu'à une vingtaine de km environ) :

▷ **Song téo rouges** dans le centre et les environs proches. Une course sur leur circuit habituel (en boucle) coûte 20 à 30 B, le soir cela peut monter vite et il faut alors négocier. Une exception, toutefois, pour la liaison entre la gare routière Arcade (relativement excentrée au nord-est) et le quartier central de la porte de Ta Phae (Moon Meuang), les prix flambent également (négocier car pour 60 ou 80 B il vaut mieux prendre un taxi meter, climatisé, et pouvoir mettre les bagages dans le coffre).

▷ **Song téo jaunes** en direction de Mae Rim (au nord de la ville).

▷ **Song téo verts** en direction de San Sai et Mae Jo (nord-est).

▷ **Song téo blancs** en direction des boutiques et ateliers d'artisanat de Bor Sang et le long de la route de San Kam Paeng (vers l'est).

À propos de météo...

Le climat est ici bien différent de celui de Bangkok ou de Koh Samui.

▷ **De fin octobre à février**, c'est la saison fraîche qui coïncide avec la marée touristique (surtout décembre et janvier). Les températures de jour varient entre 23 et 33 °C mais la nuit, en altitude, elles peuvent tomber à 0 °C, entraînant parfois des gelées !

▷ **De mars à mai**, il peut faire très chaud, avec des températures atteignant 40 °C : c'est la basse saison touristique. En principe, le mois d'avril est celui des plus fortes chaleurs, partout en Thaïlande. La visibilité est parfois limitée en raison des nuages de poussière.

▷ **De juin à mi-octobre**, c'est la « saison des pluies » : la mousson. Le temps devient très orageux, et il pleut généralement en fin de journée ou la nuit. C'est au mois de septembre que les averses sont les plus abondantes. Le trekking devient difficile en raison des pistes rendues boueuses et de la moiteur ambiante.

LE NORD

▶ **Song téo bleus** en direction du sud, jusqu'à Lamphoon, ce qui évite de louer une moto, mais il ne faudra pas louper le dernier pour le retour à Chiang Mai, en fin d'après-midi ! Bien entendu, ces taxis collectifs peuvent vous charger ou vous déposer n'importe où sur leur parcours (utiliser un plan de la ville pour se repérer).

Des bus de couleur blanche ont été mis en place pour assurer les transports périphériques rendus nécessaires par l'extension de l'agglomération. La ligne 2 longe la rivière Ping et remonte vers le nord pour rejoindre la route de Mae Rim. La ligne 6 suit principalement la rocade « Super Highway », en passant par l'aéroport (sud-ouest), l'université (ouest) et les centres commerciaux (nord-est).

Taxi

▶ **Taxi meter.** Pratique pour se rendre à une adresse quand on ne connaît pas le trajet. Il faut s'assurer que le compteur sera bien mis en fonction avant même de s'installer. En principe, moins d'embouteillages qu'à Bangkok : le trafic, déjà dense, est encore assez fluide à Chiang Mai. Compter 40 à 100 B. Le pourboire n'est pas obligatoire, mais on peut arrondir le prix.

▶ **Touk-touk.** Cela ne devrait pas être plus cher qu'en taxi particulier mais cela peut le devenir si on ne négocie pas. Il y a beaucoup de touristes à Chiang Mai et les prix ont tendance à être exagérés. Compter 30 à 50 B, pour une petite course.

▶ **Samlo.** Le tarif de ces cyclo-pousse varie de 30 à 50 B. Ce n'est pas rapide, soit, mais c'est une bonne action de donner du travail à quelqu'un qui n'a pas d'autre revenu ! Inutile de faire le tour de la ville pour autant !

Vélo

La location d'un vélo se situe autour de 50 à 70 B par jour. Recommandé pour les sportifs et les écolos, mais redoubler d'attention en ville.

Moto / Scooter

Compter 250 à 300 B de location par jour pour une mobylette de 125 cm^3. Moyen de transport pratique si on envisage des déplacements fréquents, surtout en soirée. Pour les circuits hors piste, mieux vaut être accompagné par un guide expérimenté et avoir de bonnes protections au niveau des genoux et des coudes, en plus du casque intégral.

■ **TONY'S BIG BIKES**
17 Thanon Ratchamankha
✆ +66 53 207 124
Un établissement très pro pour vos locations. Conseils d'entretien et de visites également disponibles sur place.

▶ **Autres adresses :** C&P service, 51 kotchasarn road • Dang hire Bike, 23 kotchasarn road • Goodwill Motorcycle Hire, 26/1 Soi 2 Chang Moi road.

Pratique

Tourisme – Culture

■ **ASIA HOLIDAYS**
Phoenix Voyages/Chiang Mai Vacation Ltd., 458/4 Mooban Chiangmailand Soi 1
Changklan Road
✆ +84 8 628 102 22 / +84 90 88 22 123
www.asiaholidays.info/fr
info@asiaholidays.com
Agence de voyage francophone fondée en 1998 par de réels passionnés, sérieuse et fiable pour organiser des circuits avant tout au Viêt Nam mais aussi au Myanmar, au Laos, au Cambodge, en Indonésie, en Mongolie, au Bhoutan et en Corée du Nord. Accent mis sur la personnalisation des services offerts. Une grande écoute est accordée aux clients afin de créer le voyage qu'ils attendent et qui leur correspond.

■ **IMPULSE TOURISM**
153/22 Ban Siriporn, Moo 8 Nongchom, Sansai
✆ +66 53 351 472
www.impulsetourism.com
armin.schoch@impulsetourism.com
Cette agence organise de véritables circuits sur mesure à travers l'ensemble de l'Asie du Sud-Est. Il ne s'agit pas de simples randonnées de 2 ou 3 jours. Les tarifs sont bien entendu à la hauteur des prestations. Le manager suisse, Armin, maîtrise parfaitement son affaire et vous pouvez lui faire confiance, car il connaît les pays traversés.

■ **OFFICE DE TOURISME (TAT)**
105/1 Chiang Mai – Lamphun Road
✆ +66 53 248 604
tatchmai@tat.or.th
Rive gauche rivière Ping, en face du « Pont de Fer ».
Ouvert tous les jours de 8h à 16h30.
Bureau également responsable de Lamphun et Lampang.

■ **SOMETHING DIFFERENT TOUR**
15 kotchasarn rd. soi.5, changklan muang
✆ +66 53 44 96 00
sdtchiangmai@hotmail.com
Agence spécialisée dans les visites des zones reculées, jungle et montagne, à pied ou en moto. Vous marcherez sur les traces de John Rambo, comme en témoigne la photo de Sylvester Stallone accrochée au mur de l'agence.

■ **THAÏLANDE AUTREMENT**
69/3 Muang, Tunghotel Rd
✆ +66 53 241 409
Voir page 21.

Représentations – Présence française

■ **AGENCE CONSULAIRE DE FRANCE**
138 Thanon Charoen Prathet
✆ +66 53 281 466
tbaude@laposte.net
Consultation de 10h à 12h, du lundi au vendredi.
Il s'agit d'un consulat honoraire avec des moyens d'action limités. Ne pas s'attendre à des miracles : la loi thaïlandaise prévaut (tout de même) en Thaïlande, et un consul n'a pas rôle d'avocat. Pour éviter les problèmes administratifs, « la meilleure des sécurités est d'anticiper le danger » et il est recommandé aux expatriés de s'inscrire auprès du consulat, à toutes fins utiles (évacuation en cas de crise politique grave, par exemple).

■ **ALLIANCE FRANÇAISE**
138 Thanon Charoen Prathet
✆ +66 53 275 277
www.afthailande.org/annexe-chiang-mai/
chiangmai@alliance-francaise.or.th
Du lundi au vendredi : 9h30 à 12h et de 14h à 18h30 ; samedi : 9h à 12h.
Journaux et magazines français à consulter sur place ; livres à emprunter ; diffusion de films en V. O.

■ **ÉCOLE FRANÇAISE D'EXTRÊME ORIENT**
131 Thanon Charoen Prathet
✆ +66 53 280 580
www.efeo.fr
direction@efeo.net
Située près de l'Alliance Française.
L'École française d'Extrême-Orient est un centre de recherche français dédié à l'étude des civilisations de l'Asie. Directeur du centre : Jacques Leider.

Moyens de communication

■ **POSTE**
114 Thanon Charoen Meuang
Ouvert de 8h30 à 16h30 en semaine.
C'est la poste principale.

Santé – Urgences

■ **MALARIA CENTRE**
18 Thanon Boonrevangrit
✆ +66 53 221 529

Ce centre propose des tests en cas de fièvre subite, détection du paludisme, etc.

Se loger

L'hébergement est développé à Chiang Mai, et les adresses pour petit budget ne manquent pas. La plupart des guesthouses sont installées dans la zone comprise entre les rues Moon Meuang, Thapae et Loï Kroh. La plupart des grands hôtels sont regroupés le long de la rivière Ping, à proximité du Night Bazaar et au sud de la ville. En haute saison (novembre à février), il est préférable de réserver : une remise est consentie le plus souvent. Naturellement, une salle de bains privée avec eau chaude, un réfrigérateur, une TV ou un balcon sont autant d'éléments de confort qui comptent, et qui font augmenter les tarifs.

Locations

■ **AGENCE IMMOBILIÈRE VAUBAN CHIANG MAI**
Pavilion Night Bazaar Unit B5
145 176/9 Loy Khro road, Chang Klan, Muang district
✆ +66 9 1770 5850 / +66 2168 7047
www.companyvauban.com
chiangmai@compagnyvauban.com
Ouvert du lundi au vendredi, de 9h à 18h.
Vauban Chiang Mai, vous propose une sélection de villas et d'appartements à la vente et à la location. Programmes immobiliers neufs sélectionnés, appartements et villas à fort potentiel locatif et idéal pour vivre à l'année dans la ville que l'on surnomme la «Perle du Nord». Disposant d'une offre de qualité, Vauban Chiang Mai vous propose du choix et un accompagnement sur mesure pour vos investissements et locations. Véritable havre de paix, la capitale du nord de la Thaïlande dispose de nombreux atouts et d'un aéroport international. Condominium au pied de la montagne ou tout proche de la vieille ville, villas avec piscine, vous n'aurez que l'embarras du choix. N'hésitez pas à les contacter.

Centrales de réservation – Réseaux

■ **SAWADEE**
✆ +66 2 674 5555
www.Sawadee.fr
res@bkkbox.com
Ce site offre une superbe sélection d'hôtels en Thaïlande aux prix les plus bas possibles et ce sans aucun coût supplémentaire. Les offres et leur disponibilité sont mises à jour quotidiennement. Un service excellent pour un séjour mémorable, relaxant et économique.

LE NORD

Porte historique de Tha Phae, Chiang Mai.

Vieille ville

La cité historique rassemble un grand nombre d'établissements de toutes catégories, et il est fort pratique d'y établir ses quartiers. Les abords de la Thanon Moon Muang sont constellés de guesthouses de premier prix. On est à proximité des principaux temples et, le dimanche venu, de la fameuse Sunday Walking Street.

Bien et pas cher

■ ALL IN 1 (ALL IN ONE)

31/1 Thanon Moon Muang, Soï 1-2
✆ +66 53 207 133 / +66 87 078 3435
www.allin1gh.com
zinegilou@hotmail.com
Chambre ventilée de 500 à 650 B ; climatisée de 600 à 750 B selon la saison et la longueur du séjour. Petit déjeuner inclus. Wi-fi gratuit.
Guesthouse francophone installée depuis 2006 dans ce quartier populaire. Gilles, le patron, surveille en personne la bonne gestion de son établissement. Les chambres, de taille moyenne, sont impeccables. Elles disposent toutes d'un cabinet de toilette (eau chaude) et d'une TV (satellite). Petit déjeuner sur place dans un petit bout de jardin tropical débouchant sur la rue.

■ CM BLUE HOUSE

30/1 Thanon Moon Muang, Soï 6
✆ +66 53 418 512
www.cmbluehouse.com
reservations@cmbluehouse.com
Chambres ventilées à 350 B ; climatisées à 500 B.
Située dans la vieille ville, au calme d'un petit soï à 5-10 min des attractions centrales, cette guesthouse tenue par Fred et David est une bonne adresse point de vue rapport qualité-prix. Chambres sympathiques et bien entretenues.

Un bar restaurant est attenant et il est possible d'organiser un trek sur 1, 2 ou 3 jours. Un zest de french touch donc avec cette bonne adresse, plébiscitée des voyageurs.

■ JULIE GUESTHOUSE

7/1 Thanon Phra Pokklao, Soï 5
✆ +66 53 274 355
www.julieguesthouse.com
julie_chiangmai@gmx.net
Lits en dortoir 5 lits à 80 B ; chambres ventilées de 100 à 250 B ; chambres « superior » à 300 ou 350 B.
Un endroit pour ceux qui voyagent de manière rustique. « Une oasis dans la ville » située dans un quartier tranquille, au fond d'un soï dont l'accès habituel se fait par la rue Ratchapakhinai (et non par Phra Pokklao). Certaines chambres sont aménagées dans une maison traditionnelle en teck. Des plus récentes, avec cabinet de toilette, donnent sur l'arrière-cour, fort agréable. Un petit restaurant terrasse occupe le rez-de-chaussée.

■ SAFE HOUSE COURT

178 Thanon Ratchapakhinai
✆ +66 53 418 955 / +66 53 418 956
info@safehousecourt.com
Chambres simples et doubles à 550 B ; suite à 1 200 B. Possibilité de louer au mois.
Petit immeuble de 30 chambres et 1 suite, toutes climatisées, dans une rue passante en plein cœur de la vieille cité. L'accueil est correct et les locaux bien entretenus. Très bon rapport qualité-prix. Un petit restaurant occupe le rez-de-chaussée. Une bonne adresse.

■ S.K. HOUSE 2

9 Thanon Phra Pokklao, Soï 13
✆ +66 53 418 838
Chambres ventilées à 400 B ; climatisées à 800 B.

Au détour d'un soï tranquille, à 5 minutes à pied de la Sunday Walking Street, cette guesthouse est un véritable havre de paix. Pour les adeptes du farniente, elle jouit en plus d'une belle piscine en extérieur avec de confortables transats, et d'un restaurant aux influences culinaires variées. Wifi en zone commune et transfert gratuit depuis l'aéroport. Très bon plan.

■ YOURHOUSE GUESTHOUSE
2 Thanon Ratwithi, Soï 8
✆ +66 53 217 492
www.yourhouseguesthouse.com
info@yourhouseguesthouse.com
Chambres de 200 à 850 B suivant le bâtiment.
Une jolie guesthouse ouverte il y a déjà plus de 20 ans et toujours tenue de main de maître par Sin, la propriétaire. L'établissement s'est agrandi au fil des ans, avec l'ajout de deux autres bâtiments à proximité du premier, sachant que la Yourhouse 3 est la plus moderne d'entre toutes, construit en 2008. On y est au calme, l'accueil est excellent et le restaurant est également très correct.

Confort ou charme

■ EURANA BOUTIQUE HOTEL
7/1 Thanon Moon Muang, Soï 7
✆ +66 53 219 402
www.euranaboutiquehotel.com
info@euranaboutiquehotel.com
Chambre double 1 400 à 2 000 B, deluxe de 1 800 à 2 800 B, suite de 3 400 à 3 800 B selon la saison. Petit déjeuner inclus. Wi-fi gratuit.
Chambres offrant tout le confort moderne. Petite piscine à disposition. Restaurant au rez-de-chaussée.
L'établissement se trouve dans l'enceinte de la vieille ville, juste à côté du marché Somphet, quartier populaire mais tranquille. Accueil courtois et stylé. Belle décoration intérieure assez classique. Un Spa également. Une bonne adresse dans sa catégorie.

■ PISSAMORN HOUSE
175/14 Ratchadumnern Road,
Prasingh
✆ +66 8 1950 3918
www.chiangmaigardenguesthouse.com
chiangmaigardenguesthouse@hotmail.fr
Chambres à partir de 1200 B.
Cette adresse centrale est située tout près des principales attractions touristiques, Wat Prasingh, Wat Jedi Luang et à 25 m du marché du dimanche soir. La maison dispose de 4 chambres (2 familiales et 2 doubles), qui ont toutes l'air conditionné, réfrigérateur, télévision par câble et salle de bains privative. Le petit déjeuner et le wi-fi sont gratuits. Pissamorn, la très sympathique responsable, parle français et

pourra vous guider dans la ville. Ses prestations sont de qualité car depuis plus de 20 ans, elle est affiliée à l'office du tourisme de Chiang Mai. Les tours sont légèrement plus chers qu'ailleurs mais plus confidentiels. Le service ici est vraiment convivial.

■ THE 3 SIS VACATION LODGE
1 Thanon Phra Pokklao, Soi 8
✆ +66 53 273 243
www.3sisbedandbreakfast.com
3sis.bnb@gmail.com
Chambres de 1 650 à 1 800 B, petit déjeuner inclus.
L'un des établissements les plus récents du quartier, avec notamment une nouvelle aile particulièrement paisible. Le lobby est spacieux et digne d'une cour d'hacienda. L'accueil est impeccable : tout est fait au niveau du service pour lier l'utile à l'agréable. Dans la nouvelle aile, en retrait de la rue, les chambres sont spacieuses et de facture classique. Celles de l'ancienne aile sont très bien isolées et la décoration plus typée Lanna. Dans les deux cas, la satisfaction est au rendez-vous.

Luxe

■ BODHI SERENE
101 Thanon Ratchaphakhinai
✆ +66 53 903 900
www.boutique-hotel-chiangmai.com
reservations@bodhiserene.com
Chambres de 5 500 à 7 000 B, suite de 9 000 à 18 000 B. Petit déjeuner inclus. Wi-fi gratuit.
Splendide hôtel au design créatif s'inspirant directement des traditions Lanna, dans une architecture mêlant harmonieusement art thaïlandais et chinois. *Bodhi* est une traduction partielle du mot *Bo-gaha* qui signifie, en langue sinhalese, l'arbre de la sagesse. Chaque chambre bénéficie d'un balcon privé donnant sur une sublime cour intérieure composée d'une large piscine et d'un jardin tropical. Spa à demeure. Endroit de charme.

■ RACHAMANKHA
6 Thanon Ratchamanka
✆ +66 53 904 111
www.rachamankha.com
reservations@rachamankha.com
Chambres de 7 000 à 21 000 B.
Etablissement de 25 chambres, somptueusement aménagé dans le style traditionnel thaïlandais, situé à côté de Wat Phra Singh. Excellent confort d'ensemble. Les deluxe sont plus grandes et d'un meilleur rapport qualité-prix. Restaurant, piscine, accès Internet et bibliothèque fournie à demeure. Une jolie piscine et un pavillon de massage en plein air. Hyper relaxant.

LE NORD

■ **DE NAGA HOTEL CHIANG MAI –
THE UNIQUE COLLECTION**
21 Thanon Ratchamanka, Soï 2
✆ +66 53 209 030
www.denagachiangmai.com
info@denagahotel.com
*55 Chambres deluxe à partir de 5 000 B et Suites.
Petit déjeuner inclus. Offres promotionnelles sur
le site Internet. Restaurant Naga et Tawa Bistro.
Spa et piscine. Wi-fi gratuit.*
La situation idéale de ce très bel établissement,
à l'entrée de la vieille ville tout en étant à moins
de 15 minutes à pied du *night market*, vous
permettra de découvrir les nombreuses facettes
de Chiang Mai, de jour comme de nuit. Au De
Naga, on se sent tout de suite chez soi, d'autant
que l'accueil est exceptionnel de gentillesse. A
l'abri d'un *soï* tranquille non loin de Thapae Gate,
ce boutique-hôtel offre de superbes chambres
à la déco traditionnelle et aux tons chauds et
boisés. Côté litterie que du très bon et les salles
de bains sont très grandes avec douches et
baignoires. Une jolie petite piscine, au centre
de l'établissement, équipée de jets relaxants
pour se remettre d'une longue journée de trek.
Et ne vous privez pas de réserver une séance de
massage au Naga Spa, seul ou en couple. Un
vrai bonheur ! Une adresse de charme, affiliée
à The Unique Collection à privilégier pour un
séjour inoubliable.

■ **TAMARIND VILLAGE**
50/1 Thanon Ratchadamnoen
✆ +66 53 418 896
www.tamarindvillage.com
*Chambres et suites de 6 000 et 18 000 B. Wi-fi
gratuit.*
L'un des premiers boutiques-hôtels de la vieille
ville de Chiang Mai, le Tamarind Village excelle
dans le domaine de la décoration de style Lanna
et le côté bohème chic de ses chambres et
installations. Fort bien situé, il repose en fait
sur un ancien verger de tamariniers, dont un
superbe spécimen de 200 ans se laisse toujours
admirer à l'intérieur... Très belle adresse au
charme rustique.

Extérieur de la vieille ville

A l'extérieur de la vieille ville les établissements
de charme ne manquent pas. Après tout, sur la
Thanon Tha Phae, vous êtes parfaitement situé
pour rejoindre le Night Bazaar et la Mae Nam
Ping, mais aussi visiter la vieille ville.

Bien et pas cher

■ **BAAN SAY-LA GUESTHOUSE**
4-4/1 Thanon Nimmanhaemin, Soï 5
✆ +66 53 894 229
www.baansaylaguesthouse.com
info@baansaylaguesthouse.com
*Chambre ventilée à 600 B, climatisée à 890 B.
Avec balcon à 990 et 1 450 B.*
Dans une maison d'époque à la façade blanche
très bien préservée, on a l'impression d'être chez
soi, avec ce salon chaleureux et ces balcons
joliment aménagés. Ambiance rétro et lits à
baldaquins pour cette charmante guesthouse
en dehors de la vieille ville. Idéal pour lézarder...
L'ensemble est lumineux et calme, et l'accueil
aux petits oignons. Cuisine disponible.

■ **C.C. TEAK HOUSE**
39 Thanon Bamrung Rat
✆ +66 53 260 970
ccteakhouse@hotmail.com
*Chambres ventilées de 200 B ; climatisées à
350 B. Wi-fi gratuit.*
Cette maison traditionnelle en teck est cachée
dans une rue perpendiculaire à Charoen Muang
(non loin du marché Sanpa Koi). Parfaitement
entretenu, l'endroit offre un cadre charmant
avec sa petite cour verdoyante. 17 chambres de
différentes tailles joliment aménagées : style thaïlandais ou japonais. Douches et WC en commun
(eau chaude). Bon rapport qualité-prix. Accueil
sympathique de la part de Simon, et son épouse,
Rung. Excursions organisées sur demande.

■ **THAPAE GARDEN GUESTHOUSE**
60 Thanon Thaphae, Soï 3
✆ +66 53 272 499
www.thaphaegardenguesthouse.com
thaphaegarden@gmail.com
*Chambres ventilées ou climatisées de 500 à
950 B.*
Installée dans un petit soï à l'abri de l'agitation du
quartier, cette guesthouse se trouve à quelques
centaines de mètres de la porte Thapae. Les
chambres sont agréables toutes pourvues d'un
cabinet de toilette. L'endroit a un certain charme.
Petit plus : on vient vous chercher gratuitement
le jour de votre arrivée à l'aéroport ou à la gare.

■ **TOP GARDEN BOUTIQUE GUESTHOUSE**
soi 1 sriphoom, 13 chaiyapoom road
✆ +66 821 835 98 / +62 53 232 538
www.topgarden-chiangmai.com
info@topgarden-chiangmai.com
*Prix basse saison, à partir de 390 B à 750 B
en haute saison*
Vous êtes ici tout près du Night bazaar, de la place
Tha pae Gate et son marché du dimanche, du
marché Warorot, ainsi que de nombreux temples
bouddhistes. Petit hôtel où l'accueil y est fort
sympathique ! Le directeur étant canadien, le
sourire est de mise. Vous serez les bienvenus sur
sa terrasse, où vous pourrez vous relaxer après
un long voyage ou une journée bien remplie.
L'avantage, en outre de cet établissement est qu'il
pratique des prix souvent plus intéressants que
les agences pour les activités et tours de la région.

DE NAGA
HOTEL
CHIANG MAI

CONTEMPORARY LANNA DESIGN, SACRED NAGA DECOR
JUST STEPS AWAY FROM THE OLD CITY

by *The Classic Collection*

Confort ou charme

▮ GALARE GUESTHOUSE

7 Thanon Charoen Prathet, Soï 2

℡ +66 53 818 887 – www.galare.com

info@galare.com

Basse saison : 990 B. Haute saison : 1 210 B (novembre à avril).

Très bel établissement de 35 chambres installé légèrement en retrait de la rivière Ping. Toutes les chambres sont climatisées. Jolies balustrades de bois. Pelouse avec quelques arbres. Restaurant terrasse au bord de l'eau. Beaucoup de charme.

▮ MAI SIAM RESORT

46 Moo 2, Ban Nong Hoi T. On Neua

℡ +66 53 037 079

www.maisiamresort.com

maisiamresort@hotmail.com

Chalets à 1 800 B en basse saison et 2 000 B en haute saison. Petit déjeuner inclus. Wi-fi gratuit.

Trois chalets vous accueillent, spacieux et meublés avec goût, très bien équipés et permettant un séjour confortable au calme. A 30 minutes de Chiang Mai, cet établissement familial et francophone, tenu par Eric et Pranee, est délicatement niché dans un superbe jardin manucuré, cerné de montagnes verdoyantes. Vos hôtes se feront un plaisir de vous conseiller pour votre découverte de la région, en toute simplicité.

▮ PEOPLE PLACE LODGING

9 Thanon Charoen Prathet, Soï 8

℡ +66 53 282 487

www.people-place.com

booking@people-place.com

Chambre standard à partir de 900 B, deluxe 1 000 B, deluxe plus 1 000 B. De 1 200 à 1 500 B dans le second bâtiment.

En face du luxueux Chiang Mai Plaza, petit immeuble bien entretenu de 40 chambres avec climatisation et TV. Restaurant au rez-de-chaussée pour le petit déjeuner uniquement (6h30 à 12h). L'emplacement est intéressant, non loin du Night Bazaar.

▮ YAANG COME VILLAGE

90/3 Thanon Sridonchai

℡ +66 53 237 222

www.yaangcome.com

info@yaangcome.com

Chambres à 5 000 B en basse saison et 8 000 B en haute saison.

Entre le Night Bazaar et la rivière Mae Ping, cet hôtel est une petite oasis de style Lanna, coupée de l'agitation de la ville. Les chambres sont spacieuses, bien équipées et décorées avec goût. Piscine, jardin, restaurant, salon de massage : tout est prévu pour profiter au maximum des lieux. On adore.

Luxe

▮ CHIANG MAI PLAZA

92 Thanon Sridonchai

℡ +66 53 903 161

www.cnxplaza.com

info@cnxplaza.com

De 2 200 et jusqu'à 40 000 B pour la suite présidentielle.

Cet hôtel imposant se trouve au sud-est de la ville (près de l'Alliance française). Il compte 443 chambres véritablement luxueuses : très belle décoration de style thaïlandais. Restaurant de grande classe et salons multiples. Piscine en terrasse, salle de sport et Spa pour vous relaxer. Les chambres supérieures sont d'un excellent rapport qualité-prix.

▮ DUSIT D2 CHIANG MAI★★★★

100 Chang Klan Road Amphur Muang

De 3 100 à 5 200 B. Bar, restaurant, Spa, piscine. Wi-fi gratuit.

Ce bel hôtel, très contemporain, situé près du Night Bazaar est très confortable. Il dispose de toutes les facilités souhaitées, comme un bar, une piscine, un Spa. Les petits studios ont un petit salon et sont équipés de TV LCD, lecteur DVD, etc.

▮ MO ROOMS

263/1-2 Thanon Tapae

℡ +66 53 280 789

www.morooms.com

reservations@morooms.com

Chambres entre 8 000 et 20 000 B, basse saison de 4 800 à 15 000 B.

Chaque chambre est ici décorée de manière unique par un artiste/designer, selon le goût et la sensibilité de chacun. Au total douze chambres qui portent toutes le nom d'un des signes chinois. Harmonie des formes, des couleurs et des matières pour une originalité peu égalée en matière d'hôtellerie. Du charme et du caractère.

▮ PURIPUNN BABY GRAND BOUTIQUE HOTEL★★★★★

104 1 Charoen Muang Soi 2

Charoen Muang Rd.

℡ +66 53 302 898

www.puripunn.com

info@puripunn.com

Chambres à partir de 5 500 B. Piscine, restaurant, bar. Un touk touk vous conduit le soir gratuitement où que vous alliez.

Juste après le pont, sur Charoen Muang road, un panneau discret annonce le boutique-hôtel. Situé au détour d'une petite rue, le Puripunn est un havre de paix, une sublime propriété de luxe de 30 chambres, construite dans un style contemporain, architectural et oriental de la période coloniale. Nous pourrions vous parler de la superbe déco des chambres et des salles de bain, de la petite piscine avec fontaine, de l'excellent restaurant aux spécialités du nord de la Thaïlande..., mais ce qui nous a le plus marqués, c'est l'extrême gentillesse du personnel, et principalement celle de monsieur Att Viravaidhya, l'heureux propriétaire de cet écrin, qui fera en sorte que vous vous sentiez ici comme chez vous. Une belle adresse que l'on recommande !

Se restaurer

A Chiang Mai, un peu à l'image de Bangkok, le populaire côtoie le princier. Des dizaines de petits restaurants proposent des spécialités simples et néanmoins appétissantes à des prix très raisonnables.

D'autres établissements, plus onéreux, sont spécialisés en cuisine thaïlandaise, chinoise, japonaise ou occidentale. Les hôtels de luxe disposent des meilleures tables gastronomiques de la ville.

Vieille ville

Un très grand nombre de restaurants se trouvent sur Ratchadamnoen road, la rue principale de la vieille ville. Vous y trouverez largement votre bonheur.

Sur le pouce

■ SUNDAY WALKING STREET (MARCHÉ DU DIMANCHE)
Tous les dimanches, à partir de 16h.
Le plus grand marché en plein air de Chiang Mai s'étend sur l'esplanade aménagée devant la porte de Thapae, mais également tout au long de la rue Ratchadamnoen et des rues adjacentes ! Les possibilités de manger sur place en différents endroits aménagés pour l'occasion, notamment dans les cours de certains temples, sont nombreuses et variées.

Bien et pas cher

■ HUEN PHEN
112 Thanon Ratchamanka
✆ +66 53 277 103
Plats de 20 à 80 B.
Une bonne adresse locale qui offre une large variété de plats traditionnels du nord à des prix quasi imbattables. A base de piment, curry, porc caramélisé.
En plus de l'incontournable *khao soi*, l'une des spécialités est le *khanom jeen nam ngua*, un ragoût de bœuf exquis et bien relevé. Situé sur deux étages, richement décoré d'objets antiques, ambiance décontractée.

■ JOK SOMPHET
51 Thanon Sriphum
✆ +66 53 210 649
Plats à partir de 20 B.
Ce petit restaurant populaire se trouve au niveau de l'enceinte nord de la vieille ville (coin de rue). Les Thaïlandais viennent y manger un morceau après une sortie de boîte de nuit. L'enseigne est en thaï, mais c'est l'un des rares endroits ouverts très tard, donc facile à repérer.

■ MIT MAI RESTAURANT
42/2 Thanon Ratchamanka
✆ +66 53 206 253
Ouvert de 9h à 22h. De 50 à 120 B par plat.
Restaurant chinois fort modeste installé au cœur du vieux quartier. Il ne paye pas de mine, certes, mais propose néanmoins une cuisine chinoise à des prix défiant toute concurrence.

■ SAILOMYOY
7 Thanon Ratchadamoen
✆ +66 53 209 017
De 30 à 100 B par plat.
Tout petit restaurant situé juste derrière la porte de Thapae, en face du Montri Hotel. Cuisine populaire thaïlandaise, sandwichs et petits déjeuners occidentaux. Bon accueil. Un endroit sympa pour les petits budgets.

Bonnes tables

■ AUM VEGETARIAN FOOD
66 Thanon Moon Muang
✆ +66 53 278 315
Ouvert de 8h à 18h. De 50 à 150 B par plat.
Un restaurant végétarien verdoyant, histoire d'être assorti avec la verdure qui se trouve dans l'assiette ! Large sélection de plats, de jus de fruits et de cafés de la région, à déguster confortablement installé sur des coussins. Une petite librairie est rattachée à l'établissement.

■ BAAN LANSA RESTAURANT
98/10 Thanon Ratchadamnoen
Ouvert de 10h à minuit, environ. Compter 40 à 100 B par plat.
Situé à deux pas du grand Wat Phra Sing, en plein cœur de la vieille cité, ce restaurant de spécialités locales est installé dans un cadre traditionnel très réussi. Parfait pour le dîner.

■ CHIANG MAI SALOON
Thanon Ratwithi
✆ +66 61 610 690
Plats de 80 à 300 B.
Dans un décor de ruée vers l'ouest, on vient ici se rassasier de viandes bien saignantes et de hamburgers bien juteux, le tout arrosé de bière bien fraîche. On ne fait pas donc pas dans la finesse, mais dans l'efficacité, surtout si vous comptez partir en trek ou que vous en revenez !

■ CÔTÉ JARDIN

Thanon Ratchamanka, Soï 2

✆ +66 86 273 8675

Dans la même rue que la Smile
Guesthouse.

Ouvert de 12h à 23h. Plats de 150 à 500 B.
L'établissement propose une cuisine française
de qualité et des recettes traditionnelles thaïlandaises. Le cadre est intimiste fort agréable. Le
bar est installé côté rue (tranquille). Les tables
sont disposées dans un petit jardin plein de
charme, situé en retrait : lanternes accrochées
dans les feuillages.

■ MAYFLOWER RESTAURANT

8 Thanon Loi Kroh

✆ +66 81 602 1285

*Ouvert de 11h à 23h environ. Compter environ
200 à 300 B par personne.*
Ce petit restaurant se trouve au tout début
de la rue Loi Kroh, sur la droite. Spécialités
françaises et thaïlandaises : magrets de canard,
steaks, poissons et fruits de mer, spécialités
thaïlandaises. Atmosphère conviviale. Les
produits sont toujours frais, approvisionnés
avec grand soin. Patrick assure habituellement
l'accueil en soirée, secondé par une équipe
diligente. Naturellement amical, Patrick répondra
à vos questions concernant Chiang Mai et ses
environs. L'établissement se trouve un « quartier
chaud », mais cela ne devrait pas vous effa-
roucher !

■ PUM PUI RESTAURANT

24 Thanon Moon Muang, Soï 2

✆ +66 53 278 209

Ouvert de midi à 23h. Plats de 70 à 190 B.
Ce petit restaurant sert une excellente cuisine
italienne à prix très raisonnables. Le cadre est
simple mais la terrasse agréable. Bon accueil
de la part de Roberto, secondé par son épouse
thaïlandaise. Les pizzas sont bonnes avec une
pâte très fine. Une adresse sympathique.

Luxe

■ RACHAMANKHA

6 Thanon Rachamankha

✆ +66 53 904 111

www.rachamankha.com

info@rachamankha.com

A l'hôtel Rachamankha.

Plats de 250 à 1 100 B.
A l'intérieur du superbe hôtel éponyme, à
l'arrière du Wat Phra Sing, il vous est donné
l'occasion de goûter à une cuisine thaïe raffinée
et aux accents parfois fusion, avec des touches
birmanes, chinoises mais aussi occidentales.
Faites-vous plaisir et découvrez à quel point le
vin se marie à merveille avec la gastronomie
locale.

Extérieur de la vieille ville

Sur le pouce

■ ANUSARN NIGHT MARKET

Thanon Charoen Prathet

Thanon Chang Khlan

Plats à partir de 200 B.
La spécialité des lieux : les fruits de mer, ce
qui explique les prix plutôt élevés. L'endroit
est très fréquenté, aussi serait-il préférable
de ne pas arriver trop tard si vous voulez vous
installer tranquillement ? Vraiment pratique pour
refaire le plein de calories après avoir couru les
boutiques et les stands.

■ SANPA KHOI MARKET

Thanon Charoen Muang

De l'autre côté du pont Nawarat par rapport
au Night Bazaar.

Plats à partir de 30 B.
Intéressant pour la couleur locale et les prix
« plancher ». Ce marché populaire n'est
fréquenté que par de rares Occidentaux.

■ SATURDAY WALKING STREET (MARCHÉ DU SAMEDI)

Thanon Wualai

A proximité de la porte sud.

Tous les samedis soir, à partir de 18h.
De nombreux stands proposent toutes sortes
de préparations régionales, délicieuses et à
tout petits prix (20 à 30 B). Les roulottes,
toujours bien achalandées, sont très « couleur
locale ». L'endroit reste fréquenté par les Thaïs
eux-mêmes. Tables en plein air, bonne nourriture
et tube digestif en sécurité : n'ayez crainte !

Bien et pas cher

■ BAAN DIN LITTLE RESTAURANT

16/2 Soi 13, Nimmanhaemin Road

✆ +66 8 6779 0500

Plats à partir de 10 B. Boissons de 70 à 120 B.
C'est une maison entièrement terre, la seule à
Chiang Mai, que les propriétaires ont construit
de leurs propres mains, avec une terrasse à
l'ombre, quelques sièges en terre aussi. On
y mange pour à peine 10 baths, une nourriture représentative du nord de la Thaïlande.
Ambiance vraiment sympa.

■ GALARE FOOD CENTER

Galare Night Bazaar

Thanon Chang Khlan

Ouvert de 10h à 2h du matin. Plats de 50 à 80 B.
Situé en face du Night Bazaar, c'est un ensemble
de stands proposant des cuisines thaïes du
Nord, de l'Isaan, chinoise, indienne, etc. La
cuisine y est plutôt bonne et les prix très abordables.

■ JUST KHAO SOY
108/2 Thanon Charoen Prathet
✆ +66 53 818 641
Compter environ 100 B. Libre à vous de composer la soupe *khao soy* de votre choix. Les ingrédients sont exposés et vous avez même le choix entre deux types de nouilles différentes : l'une de Chiang Mai, l'autre de Mae Salong. Pour les amateurs de cuisine thaïe, régalez-vous !

Bonnes tables

■ ANTIQUE HOUSE
71 Thanon Charoen Prathet
✆ +66 53 260 239
www.antiquehouserestaurant.com
info@antiquehouserestaurant.com
Ouvert de midi à minuit. Plats de 150 à 300 B.
Cette maison cossue, construite en 1877 et installée dans un jardin, appartenait autrefois à un notable de la ville. Elle est entièrement en bois de teck. Cadre romantique à souhait pour les soirées à deux. Excellent restaurant de cuisine thaïe avec ambiance musicale.

■ GALARE RESTAURANT
65 Thanon Suthep
✆ +66 53 278 655
Ouvert de 10h à 22h. Plats de 100 à 250 B.
L'endroit est paisible et vraiment charmant. Cet établissement est situé sur un contrefort du Doï Suthep, dans le prolongement de la rue du même nom. La côte est assez raide : elle aboutit à un petit lac. Les tables sont abritées sous des paillotes, dans un petit parc. Cuisine traditionnelle thaïlandaise simple mais très bonne.

■ CHEZ MARCO
15/7 Loy Kroh Road
✆ +66 53 207 032
Plats entre 250 et 400 B.
Tenu par Marco – un jeune Français dynamique – ce restaurant fait partie des plus sympathiques de la ville en raison de l'atmosphère qui y règne. Avec des spécialités quotidiennes, et un bon service, pas étonnant que les backpackers et les expatriés s'y pressent, mais pas que, puisque lors de notre passage, il était rempli par la haute société de Chiang Mai. Des assiettes bien remplies de bons et vrais plats de chez nous, comme le tournedos Rossini, et même un pain fait maison. Par ailleurs, Marco reste un très bon guide des environs.

■ NANG NUAL RESTAURANT
Thanon Nonghoi
✆ +66 53 281 955
Ouvert de 11h à 23h. Buffet à 95 B, de 11h à 13h30. Plats de 55 à 750 B.
Grande terrasse au bord de la rivière Ping, au sud de la ville, à côté du restaurant Coq d'Or.

Un endroit agréable à l'écart du centre-ville. Spécialisé dans les poissons et crustacés (vendus au poids).

■ LA TERRASSE
59/5 Thanon Loi Kroh
✆ +66 83 7626 065 – jjthine@yahoo.fr
Ouvert tous les jours de midi à tard le soir. Plat du jour et à la carte. A partir de 90 B et menu du jour à 300 B. Large choix de vins au verre ou à la bouteille.
Petite brasserie proposant une cuisine des terroirs français, goûteuse et généreuse. Dans un cadre de bistrot aux banquettes de moleskine et miroirs 1900. Pâtés et pains maison, bœuf bourguignon, pièce de bœuf charolais, fromages au lait cru… Le chef Jean vous proposera également ses mousses au chocolat, crèmes brulées et autres douceurs. Pour une agréable parenthèse entre trekking et riz sauté.

■ THA NAM RESTAURANT
43/3 Moo 2, Thanon Chang Khlan
✆ +66 53 275 125
Ouvert de 10h à 23h. Plats de 60 à 190 B.
Ce restaurant a pour cadre une grande bâtisse traditionnelle d'un étage, construite en bois, au bord de la rivière Ping : atmosphère romantique et service stylé. Spécialités thaïlandaises à la carte. Un dîner-spectacle (danses traditionnelles avec accompagnement musical) est prévu en soirée à côté du restaurant classique.

■ THE GALLERY
25/29 Thanon Charoen Rat
✆ +66 53 248 601
www.thegallery-restaurant.com
info@thegallery-restaurant.com
Ouvert de midi à minuit. Plats à partir de 100 B.
Un endroit très agréable non loin du pont Nawarat. On dîne sur la terrasse en surplomb de la rivière Ping ou dans la grande maison en bois de teck, aux sons d'un orchestre thaï (musique classique). Adjacente au restaurant, une galerie d'art expose des œuvres d'artistes locaux.

Luxe

■ LE COQ D'OR
11 Koh Klang Soi 2
✆ +66 5314 1555
www.lecoqdorchiangmai.com
Compter 3 000 B pour un souper.
Ce restaurant très classe avec musiciens, est installé depuis plus de 30 dans une ancienne maison de campagne anglaise. Sur la carte, des huîtres Fine de claire, du homard du Maine, de l'agneau australien, du bœuf de kobe… Bref, vous l'aurez compris, que des produits nobles, magistralement travaillés. Une belle adresse gastronomique, pionnière du genre à Chiang Mai.

LE NORD

■ **FARANG SES**
51-4 Sankampaeng Road, Moo 1
✆ +66 53 888 888
www.mandarinoriental.com
mocnx-reservations@mohg.com
A l'hôtel Mandarin Oriental.
Prix des menus entre 5 000 et 9 000 B ; vins à partir de 2 000 B.
Le nec plus ultra en matière de gastronomie. Ce restaurant français – Farang Ses – est un lieu hors du temps : reconstitution d'un pavillon royal : boiseries sculptées et ambiance musicale. Accueil et cuisine à la française, style « grand siècle ». A la carte et qui font forcément mouche, des recette françaises comme le foie gras de canard poêlé avec sa sauce à la mangue et poivre noir, la sole meunière ou encore le crabe royale sauce cocktail...

■ **FUJIAN**
51/4 Sankampaeng Road, Moo 1
✆ +66 53 888 888
www.mandarinoriental.com
A l'hôtel Mandarin Oriental.
Compter 1 500 B par personne.
Ce restaurant cantonais a su allier tradition et modernité. Dans un décor sino-portuguais, les *dim sum* sont divins et les rouleaux de printemps excellents. Mais vous ne manquerez pas de goûter au homard en croûte de sel épicé et coquilles Saint-Jacques, sauce XO. A tomber ! Très belle carte des vins.

Sortir

L'animation nocturne de la ville est concentrée aux abords des rues Moon Muang, Thapae, Loi Khro, Kamphaeng Din, Chang Khlan, Charoen Prathet (au centre), le long des deux berges de la rivière Ping (au nord du pont Nawarat) et sur Chiang Mai Land (au sud).

Cafés – Bars

Vieille ville

■ **LE BARFLY**
50100 Moon Muang road
✆ +66 89 632 7806 / +66 89 432 7578
chriscaron33@hotmail.com
Ouvert de 18h à 1h du matin. L'endroit est tenu par Christian, un Français affable qui adore parler avec ses clients. Un millier de livres (français), disponibles à la location ou à la vente, sont rangés sur des étagères au fond du bar : le choix est large. Cet endroit tranquille est idéal pour discuter en soirée avec des amis.

■ **JUICY 4U**
5 Thanon Ratchamankha
✆ +66 53 278 715

Jus de fruits à partir de 50 B. Plats de 90 à 200 B.
Un agréable petit café pour savourer de très bons jus de fruits, histoire de faire le plein de vitamines et de récupérer d'éventuelles soirées agitées. Sélection de plats et de sandwichs également disponibles, pour un casse-croûte sans prétention.

Extérieur de la vieille ville

■ **RHYTHM & BLUES BRASSERIE**
37 Thanon Charoen Rat
✆ +66 53 241 665
Ouvert de 17h à 2h du matin.
Toujours sur les berges de la rivière Ping, un établissement un peu plus intimiste. Le clou de la soirée : quand le maître des lieux se met à la guitare et reprend les grands tubes de Rock'n Roll. Les prix du restaurant sont assez élevés : mieux vaut se contenter de boire un verre au bar en profitant du spectacle.

■ **RIVERSIDE BAR**
9-11 Thanon Charoenrat
✆ +66 53 243 239
www.theriversidechiangmai.com
service@theriversidechiangmai.com
Ouvert à partir de 18h.
Sur les bords de la Mae Ping, l'un des bars à musique live les plus anciens et les plus populaires de Chiang Mai, avec une clientèle mixte entre Thaïs et farangs. L'ambiance y est principalement rock, avec des standards qui vous feront chantonner et reprendre en chœur. Bon temps garanti.

■ **THE GOOD VIEW**
13 Thanon Charoen Rat
✆ +66 53 241 866 – www.goodview.co.th
gvchnai@goodview.co.th
Ouvert de 17h à 1h30 du matin. Cet établissement est une copie conforme du Riverside. Animation musicale tous les soirs, à partir de 19h30. Les touristes préfèrent le Riverside, mais les groupes qui se produisent ici sont très bons.

Clubs et discothèques

La ville possède plusieurs petites discothèques ouvertes pratiquement tous les soirs. Pour la plupart, l'entrée est gratuite et les boissons ne sont pas plus chères que dans les bars.

Vieille ville

■ **SPICY**
Thanon Chaiyapoom
✆ +66 82 0398 049
Non loin de la porte de Taphae. Ouvert de 23h à 5h.
Cette boîte de nuit ne se remplit vraiment (mais rapidement) qu'à 1h du matin, quand tous les bars (à filles) ferment. Les demoiselles en

quête d'un « compagnon » s'y rendent ainsi que les farangs ou Thaïlandais, déjà passablement éméchés, désireux de s'encanailler. Côté positif, les consommations ne sont pas chères et la musique est forte. Resterez-vous jusqu'à 5h du matin ?

■ ZOE IN YELLOW

Boonyoo Market, Ratchavitti Road
✆ +66 8 4222 9388
www.zoeinyellowchiangmai.com
Ouvert tous les soirs jusqu'à 2h. Entrée gratuite.
On met l'accent sur le Zoe in Yellow qui est le plus connu des établissements, mais c'est en fait toute la zone, où plusieurs bars et discothèques se concentrent et se mélangent, comme la foule d'ailleurs, venue ici pour s'amuser dans l'un des endroits les plus festifs et les plus déjantés de Chiang Mai. Bonne ambiance assurée, musiques pour tous les goûts, en live ou avec DJs, boissons et kebabs vendus à des tarifs très raisonnables.

Extérieur de la vieille ville ★★

■ BUBBLE

Pornping Tower Hotel
46-48 Thanon Charoen Prathet
✆ +66 53 270 099
www.pornpinghotelchiangmai.com
Ouvert de 21h à 1h. Pendant longtemps l'endroit préféré de sortie nocturne du « Tout Chiang Mai ». Clientèle formée de touristes en goguette mélangés à la jeunesse locale. Rendez-vous de jolies filles, aussi, particulièrement intéressées par votre aptitude… à dépenser sans compter.

■ CRYSTAL CAVE

Empress Hotel
199 Thanon Chang Khlan
✆ +66 53 270 240
Une des adresses les plus prisées de la ville, qui attire beaucoup la jeunesse locale. Beaucoup de monde vient donc ici se trémousser et toujours autant de décibels dispensés.

■ HOT SHOT

Pornping Tower Hotel
46-48 Thanon Charoen Prathet
www.pornpinghotelchiangmai.com
A proximité immédiate du Bubble.
Ouvert de 22h à 1h.
Une ambiance musicale garantie à forts décibels. Groupes thaïlandais bondissant sur scène. Clientèle locale et farang mélangée. Les Thaïlandais (es) adorent l'endroit.

■ WARM-UP

Thanon Nimmanhaemin
✆ +66 53 400 676
A l'ouest de la vieille ville.
Entrée gratuite.

Boîte de nuit très branchée, pour ceux qui aiment mettre le feu au dancefloor. Clientèle mélangée : thaïlandaise et farang, hétéro et homo, dans une ambiance bon enfant. Bar immense, salle tout en longueur, spots multicolores… Les musiques rock, lounge et techno prédominent, avec parfois la venue de groupes connus à l'échelle nationale. La boîte à connaître.

À voir – À faire

Visites guidées

■ MAE PING RIVER CRUISE

Thanon Charoen Prathet
Wat Chaï Mongkhon
✆ +66 53 274 822
www.maepingrivercruise.com
maepingrivercruise@hotmail.com
Les embarcations peuvent transporter 10 à 20 personnes, environ.
Compter environ 2 heures de navigation avec une petite escale organisée à la « Farmer's House », au nord de la ville, où un repas léger est prévu (fruits, rafraîchissements). Plusieurs croisières fluviales chaque jour. L'embarquement a lieu au ponton (bureau d'information) se trouvant dans l'enceinte même du temple Chaï Mongkhon (Mongkol), entre 8h30 et 17h.

■ SCORPION TAILED RIVER CRUISE

381/1 Charoenrad Road
✆ +66 81 960 9398
www.scorpiontailed.com
booking@scorpiontailed.com
Heures de départ fixées à 9h, 11h, 13h, 15h et 17h, tous les jours.
Visite guidée au long de la rivière Ping, du nord au sud de Chiang Maï. Circuit de 1 heure 30, trajet aller-retour. Vieilles maisons datant de 150 ans. Commentaires sur la vie ancestrale au bord de la rivière : le trafic fluvial avec Bangkok existait encore il y a environ une cinquantaine d'années et le trajet durait cinq mois. Etape dans un village traditionnel reconstitué. Eau minérale et fruits frais sont inclus dans le tarif.

Vieille ville

■ PARC NONG BUAT HAT

Thanon Bam Rung Buri
Situé à l'extrême sud-ouest du carré intérieur de la ville, ce parc, très agréable par temps de grande chaleur, est agrémenté de diverses fontaines, d'allées arborées et de nombreux petits stands d'alimentation et de boissons. Pendant le festival des fleurs en février on peut voir défiler de spectaculaires chars fleuris.

LE NORD

■ SAN PHRA CHAO MENGRAI
Thanon Ratchadamnoen
Ce monument est dédié au premier personnage historique du pays, le roi Mengrai. Originaire d'une famille thaïlandaise du Yunnan, c'est lui qui donna un statut indépendant à Chiang Rai en 1263 et fonda quelques années plus tard la capitale Chiang Mai.
Il est mort foudroyé mais avait permis de donner naissance à un royaume qui allait durer 250 ans.

■ WAT CHEDI LUANG

Thanon Phra Pokklao
Ce temple que l'on nomme aussi Jedi Luang, ou temple du grand Stupa est particulièrement vénéré à Chiang Mai. A cet emplacement à l'origine, il y avait deux petits temples, le Wat Tham Ho et le Wat Sukmin qui servirent de base pour la construction du Wat Chedi Luang. Cette construction débuta à la fin du XIVe siècle, initiée par le roi Saeng Muang Ma afin d'abriter les cendres de son père. Le bâtiment fut agrandi par les rois suivants, pour atteindre sa forme définitive en 1475 sous le règne du roi Tilokarat. Son viharn abrite une statue de Bouddha debout, en position de mudra d'Abhaya (la dissipation de la peur d'un geste de la main, la paume face aux visiteurs) connu sous le nom de Phra Chao Attarot. Fabriqué en alliage d'airain et de mortier, ce Bouddha date de l'époque du fondateur du temple. L'intérieur du viharn est particulièrement intéressant avec ses colonnes de pierres rondes soutenant un plafond de couleur rouge. Derrière le temple, dans une grande cour, les ruines du Chedi Luang (chedi royal), qui a donné son nom à ce wat. Construit en 1391, le chedi mesurait à l'origine 86 mètres de haut (certains historiens affirment qu'il culminait à 90 mètres). Sa base est de 44 mètres de large, 144 pieds. Chaque face du chedi possède un autel avec un Bouddha assis, que l'on pouvait atteindre par de monumentaux escaliers. Ces niches sont gardées par des nagas de pierre (serpents mythologiques asiatiques) aux allures terrifiantes. De nos jours, il est interdit de gravir ces marches, des barrières en empêchent l'accès et des panneaux sont nombreux à le rappeler. Des éléphants impressionnants, tout autour du monument, montent la garde à mi-hauteur, jusqu'à la plate-forme.
En 1545, un tremblement de terre le détruisit partiellement le Chedi, la grande flèche fut détruite, et le rabaissa à une hauteur de 60 mètres. Il est tout de même resté pendant plusieurs siècles et jusqu'à la fin du XXe le plus haut édifice de la ville et l'est toujours à l'intérieur de l'enceinte de la vieille ville. Le

célèbre Bouddha d'Emeraude, la représentation religieuse la plus sainte de Thaïlande (qui est maintenant exposé au Wat Phra Kaew à Bangkok), a été conservée dans ce temple de 1458 à 1550, pratiquement un siècle, puis a déménagé pour Luang Prabang, ville se trouvant au Laos, avant de rejoindre au final l'actuelle capitale de la Thaïlande. Au début du siècle dernier, jusqu'en 1928, plusieurs vihams ont été construits à côté du temple et ont participé à faire de cet ensemble, l'un des lieux les plus sacrés du pays. De nombreux sanctuaires sont d'ailleurs toujours très fréquentés par des dizaines de moines. A côté d'un arbre de Bodhi, l'un des trois vénéré en tant que protecteurs de la ville proche de l'entrée principale, et dont les habitants de Chiang Mai disent que s'il meurt, la ville connaîtra une terrible catastrophe, est posée une pierre symbolisant la fondation de la ville (Lak Muang). Selon la légende, c'est à cet endroit que le roi Mengrai a échappé à la foudre lors d'un orage. Dans l'enceinte se trouve également le Wat Phan Tao, dont le virham de bois laisse découvrir de magnifiques sculptures, et un grand Bouddha couché de toute beauté.

■ WAT CHIANG MAN

Thanon Ratchaphakinai
Connu pour être le plus ancien. Construit en 1296-1297 par le roi Mengrai. Selon la légende, c'est là que Mengrai aurait d'abord résidé. Le sanctuaire est décoré d'un fronton de bois sculpté et, à l'entrée, une dalle de pierre, recouverte d'une écriture thaïe archaïque, marquerait l'endroit où le roi est mort. Les deux viharn sont sans grand intérêt mais abritent deux statues que l'on peut voir, à condition d'en obtenir l'autorisation. Phra Sila est une statue indienne en bas-relief de Bouddha déhanché (très rare), du VIIIe siècle. L'autre, Phra Setang Khamani, daterait du VIIe siècle et proviendrait de Lopburi. Sculptée dans le cristal de roche, elle est couronnée d'or et repose sur un socle d'or également. Les habitants de Chiang Mai affirment qu'elle fait pleuvoir et conjure les esprits.

■ WAT PAN TAO

Thanon Phra Pokklao
A quelques mètres du Wat Chedi Luang.
On y trouve deux *viharn* de bois, un peu délabrés, mais qui sont un bon exemple du travail de décoration du style de Lanna.

■ WAT PHRA CHA MENGRAI
Thanon Ratchamankha, Soï 6
Temple moderne en ciment de Portland, mais les stucs du portail ne laissent pas indifférent.

Deux petits temples, le Wat Tham Ho et le Wat Sukmin ont servi de base pour la construction du Wat Chedi Luang.

Chaque face du chedi possède un autel avec un Bouddha assis…

… et des niches gardées par des nagas de pierre (serpents mythologiques asiatiques.

Construit en 1391, la base du chedi est de 44 mètres de large pour 60 mètres de haut.

WAT PHRA SINGH ⭐

Thanon Ratchadamnoen
Tout au bout de la rue, au carrefour avec Thanon Singharat.

Ce temple bâti en 1345, est un bel exemple de l'architecture Lanna, mais le bâtiment que l'on voit maintenant date du XIXᵉ siècle. A droite, la bibliothèque, délicat édifice en bois refait en 1920 sur d'anciennes fondations. La chapelle (*bot*) possède des boiseries sculptées et de très belles portes. A l'intérieur, deux bouddhas assis, du style de Chieng Sen. La partie la plus belle et la plus sacrée est le *viharn* Laikam, petit bâtiment aux très belles proportions où repose le bouddha Phra Singh, qui donne son nom au temple. On ne sait trop quelle est son origine, mais la tête n'est visiblement pas d'époque (probablement volée, elle a dû être remplacée). Les murs sont recouverts de fresques qui évoquent la vie de tous les jours à Lanna il y a plus de cent ans : enfants qui jouent, amoureux dans les buissons, femmes papotant... Les vêtements, les tatouages et les objets usuels donnent une idée assez exacte de cette époque. Ce sont les plus belles de Chiang Mai. Ce temple très vénéré est un des principaux lieux de la fête de Songkran.

Extérieur de la vieille ville

CHIANG MAI AQUARIUM

100 HuayKaew Road, Sutep Sub-district, Muang City
✆ +66 53 893 111
www.chiangmaiaquarium.com
info@chiangmaiaquarium.com
390 B pour les enfants, 520 B pour les adultes. Ouvert les week-ends et les périodes de vacances.

250 espèces, 25 000 poissons, d'eau douce et de mer, 133 mètres de tunnel immergé, 6 zones avec requins, raies, pieuvres géantes, poissons tropicaux, 2 spectacles par jour de natation synchronisé avec costumes et musiques, des activités annexes comme le Water ball ou l'accro-branche... de quoi passer un superbe moment en famille !

CHIANG MAI ZOO

100 Thanon Huay Kaew
✆ +66 53 210 374
www.chiangmaizoo.com
cmzooinfocenter@yahoo.com
A 5 km au nord-ouest du centre-ville, en direction du Doi Suthep.
Ouvert de 8h à 18h. Fermeture de la caisse à 17h. Tarif entrée : 100 B par adulte ; 50 B par enfant. Supplément : 10 B par moto ; 50 B par voiture.
Très grand parc animalier où, fait rare en Thaïlande, les animaux semblent être à leur aise.

C'est une promenade agréable à faire, surtout en famille. Nombreuses allées ombragées, manèges pour enfants.

ELEPHANT NATURE PARK

Thanon Sridorn Chai
✆ +66 53 818 754
www.elephantnaturepark.org
go@elephantnaturefoundation.org
A 60 km au nord de Chiang Mai, après la localité de Mae Taeng.
Le bureau d'accueil est situé à l'angle des rues Moon Muang et Ratchamanka, non loin de la porte Thapae.
Ici, pas de numéros de cirque pour épater les touristes. Il s'agit d'un centre de réhabilitation pour les animaux abandonnés ou blessés. Des stages sont organisés pour apprendre à les soigner. Madame Sangduen « Lek » Chailert a été citée en exemple pour la ténacité de son entreprise de défense de la gente éléphantesque et son aide à la reforestation en Thaïlande (National Geographic). Une fondation a été créée.

FLIGHT OF THE GIBBON

Mae Kampong
✆ +66 89 9705 511
www.treetopasia.com
info@treetopasia.com
A 55 min de Chiang Mai.
Réservez directement en ligne ou dans l'une des nombreuses agences partenaires à Chiang Mai. Prix d'une journée à partir de 3 000 B (tarif en ligne).
Une expérience unique : plongez-vous dans une forêt tropicale de plus de 1 500 ans d'existence et marchez à la cime des arbres grâce à cet exceptionnel aménagement de plates-formes et de câbles, suspendus sous la canopée. Sur un parcours de 5 km, le plus long accrobranche d'Asie, vous aurez l'occasion d'observer de plus près les habitants de ce merveilleux écosystème, et notamment les nonchalants gibbons. Lors de votre excursion, vous traverserez également le village de Mae Kampong, aux exemples typiques d'habitations forestières, et vous approcherez les Kompong Falls, de superbes chutes d'eau à sept bassins. Une journée bien remplie, et des souvenirs à jamais.

MUSÉE NATIONAL DE CHIANG MAI

Près de la rocade au nord de la ville.
Ouvert de 9h à 16h du mercredi au dimanche. Entrée 20 B.
Ce musée mérite une visite. Situé non loin du Wat Chet Yot, il possède de très nombreuses statues de bouddhas, de divers styles, ayant marqué l'histoire de la Thaïlande. La grande statue de bronze est la plus imposante. On y verra également des reliques et des objets sacrés. A l'étage se trouvent les collections

Les 10 immanquables
à Chiang Mai et ses environs

▶ **La visite des temples** de la vieille cité en Segway.

▶ **Le sunday walking market**, l'un des plus incroyables marchés de nuit de Thaïlande. Un incontournable.

▶ **La descente en rafting** d'une de ces trois rivières Mae Tuen, Mae Kok ou Mae Chaem.

▶ **Une balade à dos d'éléphant** et une autre dans un charette tirée par un buffle.

▶ **Se rafraîchir** dans l'une des cascades des environs de Chiang Mai aux chutes de Huai Kaeo, Mae Klang ou Mae Sa.

▶ **Un treck** dans le parc national Doi Inthanon.

▶ **Pénétrer** dans la cage aux tigres au Tiger Kingdom.

▶ **Se perfectionner** dans l'art culinaire thaï au Old Chiang Mai Cultural center.

▶ **Déplacez-vous** tels des singes suspendus à des câbles sous la canopée dans une forêt tropicale avec le Flight of the Gibbon.

▶ **Admirer** les orchidées et les papillons au Bai Orchid and Butterfly Farm.

présentant des outils, des gravures en bois, des photographies et des exemples de textiles qui sont présentés.

■ MUSÉE TRIBAL
Thanon Chang Puak
✆ +66 53 210 872
Entrée libre. Ouvert de 9h à 16h.
Musée intéressant mais assez peu fréquenté, dédié aux 10 peuples tribaux du nord du pays : les H'mong, Karen, Mien, Akha, Lisu, Lahu, Lua, Thin, Khamu et Mla Bree. Sur trois étages sont exposés de nombreux costumes de cérémonie, des outils artisanaux, différents bijoux et ornements ainsi que des instruments de musique. Le tout est classé par appartenance aux diverses tribus de la Thaïlande.

■ PARC NATIONAL DOI INTHANON
A environ 70 km de Chiang Mai.
Près de Chiang Mai, ce parc abrite le sommet le plus haut du pays, 2 565 m – sachez qu'il n'y fait pas chaud, quand il n'y pleut pas. Des tribus de montagnards habitent ces régions (H'mong et Karen). Vous y croiserez trois types de végétation, sans compter les cultures de l'homme – qui a pas mal fait des siennes dans la région ! Cascades magnifiques.

■ WAT CHET YOD
A 4 km au nord de la vieille ville, près de la rocade qui ceinture la ville et du Musée national.
Construit en 1453, par le roi Tilokaraja, onzième de la dynastie, et destiné à recueillir ses propres cendres. Le principal édifice est un *chedi* à sept pointes. Il fut conçu par des architectes thaïs qui revenaient de pèlerinage, sur le modèle du monument de Buddhagaya (Bodgaya) où Bouddha atteignit l'Illumination.

■ WAT PHRA THAD DOI SUTHEP ☆
A 20 km de la ville.
Accès en song téo : ils partent du zoo pour Doi Suthep. Tarif 40 B mais un minimum de 10 personnes est requis par véhicule ! En basse saison, privilégier une location de moto. Ouvert de 8h à 19h. Entrée 30 B.
Il peut être vu de n'importe où en ville, c'est le temple gardien de la cité. C'est un des lieux bouddhistes les plus vénérés du Nord de la Thaïlande. La légende veut qu'une relique fut apportée à Chiang Mai en 1371. Pour la consacrer elle fut placée sur le dos d'un éléphant qui s'avança dans la montagne. Lorsqu'il s'arrêta, c'est là que la relique fut ensevelie. Un premier *chedi* fut construit à cet emplacement et depuis le lieu n'a cessé d'être agrandi et embelli. Il est possible de rejoindre le temple en tram ou de grimper les 200 marches ce qui est peu payé pour profiter d'une belle vue sur la ville et la rivière Ping. Une légende veut que les couples qui les gravissent ensemble restent unis pour la vie (forcément, après une telle épreuve !). Le temple actuel date du XVIe siècle, mais a été restauré et agrandi au cours des siècles suivants (la dernière restauration date de la fin de l'année 2009). Le *chedi* est magnifique, recouvert de plaques d'or superbement gravées. Il est entouré de quatre ombrelles dorées étincelant au soleil.

▊ WAT SUAN DOK ⭐

Thanon Suthep

A 1 km de la porte Suan Dok.

Au XIIIe siècle, un bonze rêva qu'un ange lui indiquait l'emplacement d'une relique, enterrée sous les ruines d'un temple. Il entreprit des recherches, mais c'est un rayon de soleil, sorti miraculeusement de terre, qui lui indiqua l'endroit. Il déterra une boîte de bronze qui contenait une boîte d'argent, puis une en corail. Dans la dernière boîte se trouvait une boule d'un centimètre de diamètre environ irradiant une vive lumière. Cette boule provoqua des conflits entre les rois qui voulaient tous se l'approprier. Un jour, elle s'éteignit et on la rendit au bonze. Plus tard, le roi Kuena de Chiang Mai invita le bonze dans sa ville. Ce dernier lui montra la relique et la plaça dans une coupe d'eau : la boule commença à tournoyer et la pluie se mit à tomber, en pleine saison sèche ! Le roi, ébloui, fit bâtir un *chedi* pour y abriter la boule, à l'emplacement Suan Dok. Mais quand il voulut la déposer, la boule se divisa en deux parties. L'une fut replacée dans ses boîtes et resta là, l'autre fut déposée au Doï Suthep (temple suivant). Le Wat Suan Dok fut donc construit en 1333 par le roi Ku Na dans le jardin de son palais, dit « jardin des fleurs », qui a donné son nom au temple. Entièrement reconstruit en 1932 par le destructeur, pardon, le restaurateur des monuments de Chiang Mai, un dénommé Khruba Srivijaya. Le *chedi* contenant la relique est à présent décoré à son sommet de carreaux de faïence qui en gâchent l'esthétique. Derrière, se trouvent les *chedi* où l'on conserve les cendres de la famille royale de Chiang Mai (il existe encore des princes de Chiang Mai vivant fort discrètement). Le *viham* principal ressemble, lui aussi, à un hall de gare !

▊ WAT UMONG

Thanon Suthep

A gauche après le Wat Suan Dok, à 1,5 km. Construit en 1296 par le roi Mengrai. De cette époque, il ne reste que quelques traces de briques d'un *chedi*. Tout à côté, des galeries souterraines (Umong signifie « souterrain ») avec des cryptes à bouddhas étaient destinées à des ermites pour qui les forêts n'offraient pas assez de solitude et qui voulaient s'enterrer pour mieux méditer. Depuis 20 ans, le temple a connu les inévitables restaurations, des étangs à lotus ont émergé, l'endroit est devenu à la mode. Des bonzes d'origine occidentale s'y sont installés et peuvent, sans doute, fournir certaines explications.

Shopping

Chiang Mai a la réputation d'être un véritable paradis du shopping ! On trouve partout des boutiques de luxe, des galeries marchandes ou des stands de rue : soies tissées, vêtements, meubles en bois sculpté, bijoux, pierres taillées, objets en bronze, en argent, en jade, reproductions de peintures, sculptures (authentiques ou non), ombrelles, lanternes, objets décoratifs sculptés en cire ou réalisés avec des ailes de papillons, bibelots les plus divers. Garder la tête froide, comparer la qualité et prendre son temps. Ne pas se laisser éblouir par de prétendues aubaines... Et bien entendu, savoir marchander : calmement et avec le sourire.

▶ **Les galeries marchandes** sont concentrées rue Chang Klan, parallèle à la rivière Ping. L'une des plus fameuses, en plein air, est le Night Bazaar : elle regroupe des antiquaires et des boutiques de vêtements. Il y a d'autres galeries dans la même rue : Galare Night Bazaar (au centre), Pantip Plaza (spécialisée dans l'électronique, au sud), etc. Le « Night Market » proprement dit s'organise en fin d'après-midi : le long des trottoirs de la rue Chang Khlan, s'alignent de nombreux vendeurs ambulants. On trouve de tout, mais surtout des copies. Attention à la qualité et à la solidité. Les arnaques sont monnaie courante, aussi ne pas hésiter à négocier en partant d'un prix très bas ! Suggestion : se rendre au Night Bazaar dès le début de la soirée (vers 18h30) : ce qui permet de repérer les lieux tandis que l'installation se termine. Il n'y a pas encore trop de monde. Les commerçants sont frais et vous aussi... Commencer à prospecter les boutiques et à comparer les prix, en prenant tout son temps. Se rendre ensuite à Anusarn Market pour dîner à l'écart de la rue (vers 20h30). Retourner enfin aux boutiques qui vous intéressent vraiment et négocier ferme, sans traîner cette fois. Vous pourrez ainsi retourner à votre hôtel à une heure raisonnable et poursuivre la soirée ailleurs. Le Night Bazaar ferme vers 23h.

▶ **Concernant les boutiques de luxe**, on en trouve en différents endroits de la ville, notamment dans le quartier ouest, aux abords de la rue Nimman Haemin, et quelques-unes à l'est, sur la rive gauche de la rivière Ping, rues Charoen Rat et Bamrung Rat. La plupart des ateliers d'artisanat se trouvent à la périphérie urbaine. Il est intéressant de suivre le processus de fabrication. Ouverture des magasins vers 9h et fermeture vers 17h. Se munir d'un plan détaillé de la ville ou se fier à un guide honnête (si possible).

▶ **Les fabriques** sont localisées sur deux zones, principalement. La plus ancienne s'étire au long de la route qui mène à San Kam Paeng (bourgade située à 13 km à l'est du centre-ville). L'intersection du village de Bor Sang se trouve à mi-parcours. Il est intéressant de se déplacer à moto, pour conserver son autonomie, mais il faut pouvoir se repérer tout seul. En journée, des transports en commun assurent la navette le long de cet axe commercial : song téo de couleur blanche.

▶ **Une zone commerciale** s'est développée autour du village de Hand Dong, à environ 16 km au sud de Chiang Mai, notamment au lieu-dit Baan Tawaï : des centaines de boutiques et de magasins... Un véritable « Rungis » de l'artisanat local ! (Pour s'y retrouver, il est indispensable de se procurer la carte de Baan Tawaï, gratuite).

Extérieur de la vieille ville

Artisanat – Déco – Maison

■ NIGHT BAZAAR
Thanon Chang Khlan
Tous les jours, de 19h à minuit.
L'une des attractions majeures de Chiang Mai est son fameux Night Bazaar, la version urbaine et moderne des anciennes caravanes marchandes des ethnies montagnardes du Triangle d'Or. Tout au long de Thanon Chang Khlan, mais aussi sur Thanon Thapae et Thanon Loi Kroh, une kyrielle de stands vendant habits, artisanat, nourritures diverses et variées s'alignent les uns derrière les autres, pour le plus grand bonheur des passants. Plusieurs galeries marchandes couvertes sont dispersées le long du trajet, à l'image du Chiang Mai Night Bazaar Building, rempli d'artisanat et d'antiquités, ou encore la Galare Food Centre, pour les gourmands. Attention pour vos achats, n'hésitez pas à négocier et veillez bien à distinguer le vrai de la copie.

■ SAA PAPER & UMBRELLA HANDICRAFT CENTER
99/16 Baan Nongkong, Sankampaeng Rd.
Ouvert du lundi au samedi toute l'année.
Voici un endroit vraiment sympa où vous pourrez découvrir comment l'on fabrique des ombrelles en papier. Un endroit plein de couleurs et l'occasion de rapporter un joli souvenir !

Bijouterie

■ ORIENTAL ARTIFACTS
120/35 moo 3 - Sankampeang road
T.Sanklang
✆ +66 53 339 199
orientalartifcats@hotmail.com
Ouvert de 8h à 18h.
On trouve de tout ici et il y en a pour toutes les bourses : du petit jouet en bois aux soies thaïlandaises en passant par les tapis venant du Cachemire (d'excellente qualité et certifiés)... Le lieu possède plusieurs salles et jouxte P. Collection. Beaucoup de sculpture et masques en bois et dans divers matériaux (buddhas, éléphants...), recouverts pour certains de feuille d'or, mais aussi des sets de thé en argent, des vases, des tableaux, des bijoux.... La partie vêtement est surtout matérialisée par des soies et cachemires de toute beauté car les motifs ne sont tous les mêmes contrairement aux magasins du centre ville. Une bonne adresse.

Centres commerciaux

■ CENTRAL PLAZA
Aéroport de Chiang Mai
2 Mahidol Rd, Haiya
✆ +66 53 999 199
www.centralplaza.co.th
Ouvert de 9h à 22 h.
Situé à côté de l'aéroport, Central Plaza est la plus grande galerie marchande du Nord de la Thaïlande. Il abrite de nombreux magasins, un complexe cinématographique, et une grande surface « Robinson ». Celle-ci a la particularité de proposer, en plus des principales marques internationales, ses propres créations à des prix intéressants. Un autre lieu de shopping à ne pas manquer : le Village du Nord, qui soutient les artisans locaux par la mise en vente de leurs produits.

Marchés

■ WAROROT MARKET
Thanon Chiang Moi
Au nord du Night Market, juste à côté de la rivière Ping.Entre les ponts Nawarat et Nakorn Ping.
Ouvert de 10h à 18h. C'est un marché, populaire, beaucoup moins tape-à-l'œil que le Night Market de la rue Chang Klan... et sans doute plus authentique. L'endroit est une véritable fourmilière du matin au soir. Les prix sont ici vraiment modiques et pour preuve : la clientèle est thaïlandaise ! Il est intéressant de comparer les tarifs pratiqués ici à ceux du Night Bazaar (non loin), à vocation touristique. Vêtements, chaussures, bagages, tissus, outillage, ustensiles de ménage mais aussi nourriture... Même si vous n'avez aucun besoin particulier, se balader dans les allées est instructif. On peut aussi manger sur place, bien entendu.

Sports – Détente – Loisirs

Sports – Loisirs

■ ACTIVE THAILAND
54/5 Moo 2, Soï 14, Tambol Tasala
✆ +66 53 850 160 / 08 50 30 5656
www.activethailand.com
info@activethailand.com

Agence de tourisme dirigée par Alex Brodard, expatrié suisse, secondé par son épouse thaïlandaise, Lynn. Organisation d'excursions sur l'ensemble de la région Nord de Thaïlande… En particulier, contact sur Chiang Mai pour les raftings ou trekkings réalisés dans la vallée de Pai.

■ **BAAN CHANG ELEPHANT PARK**
147/ 1 Rachadamnoen Road – Muang
℘ +66 5381-4174
www.baanchangelephantpark.com
info@baanchangelephantpark.com
De 1 à 3 jours et à partir de 2900 B/personne.
Les bureaux sont au centre de Chiang Mai et le site des stages à 50 km de la ville au cœur de la jungle. Les transferts au départ de Chiang Mai sont inclus dans les forfaits de stages. C'est un très bon moyen de découvrir les éléphants d'Asie, l'importance de leur préservation par l'alimentation, le repos, la baignade ainsi que les méthodes d'entrainement physique. Pendant ces stages, on vous apprendra à monter et contrôler l'animal, à lui faire prendre son bain et aussi à le monter à travers la jungle. Il est important de bien s'équiper avant de vivre cette expérence. Pantalon et sandales sont vivement recommandés ainsi qu'un spray anti-moustiques et une protection solaire.

■ **BAAN CHANG ELEPHANT'S DAY CARE**
147/1 Rachadamnoen RD., Muang
℘ +66 53 814 174
www.baanchangdaycare.com
info@baanchangelephantpark.com
A partir de 4 900 B la journée. 3 900 B pour les enfants de moins de 9 ans. Groupe maximum de 12 personnes.
Le Baan Chang Elephant's day care est un nouveau programme du Baan Chang Elephnat Park. Il s'adresse à tous ceux qui veulent s'occuper d'un éléphant l'espace d'une journée, sans vouloir monter dessus. La journée commence à 8h30, on vient vous chercher à votre hôtel, et se termine vers 17h. Au programme, rencontre avec votre éléphant. Préparation de son repas, puis après avoir vous

même déjeuné, vous partirez en balade avec votre gros animal dans la forêt. Baignade et lavage de votre nouvel ami. Vous lui préparerez encore une fois son repas et terminerez votre après-midi par un goûter. C'est le moment de prendre les dernières photos d'une expérience inoubliable.

■ **CHIANG MAI GARDEN TREKKING TOUR**
175/14 Thanon Ratchadamnoen
℘ +66 81 9503 918
www.chiangmaigardenguesthouse.com
Mme Pissamorn Senthong, qui gère l'entreprise avec autorité et discernement, parle anglais, allemand et français. Elle a autrefois travaillé aux Etats-Unis et comprend donc les exigences occidentales. Sa spécialité est l'organisation de trekkings (3 jours en moyenne) dans la région située entre Chiang Mai et Pai. Trois guides font partie du personnel permanent de l'agence. Une adresse sérieuse, donc. Matériel de camping fourni. L'équipement de randonnée est à l'appréciation de chacun (une liste indicative est toutefois proposée). Hébergement possible à la Pissamorn House pour de petits groupes.

■ **ÉLÉPHANT BLANC**
52 Moo 2, Ban Sahakhon 2
℘ +66 53 929 052 / +66 71 852 681
www.elephant-blanc.be
marcq_pascal@yahoo.fr
Joy et Pascal, fondateurs de la société d'export du même nom, proposent des excursions découvertes de 3 à 7 jours en juillet-août. Excursions en moto ou 4x4 en montagne ; traversée de rizières et de villages ; nuitées en guesthouse ou logement chez l'habitant (repas compris). Durée et organisation modulables en fonction des groupes (6 à 8 personnes maximum). Piste rouverte entre Hué Khéo (à 7 km de leur domicile ; 40 km de Chiang Maï) et parc national de Jaeson (Wang Nua-Lampang). Balade sur 2 ou 3 jours : chutes d'eau, grottes, jungle de montagne à 1 600 m. La plupart des rangers thaïs ne parlant pas anglais, la traduction est obligatoire.

La Sunday Walking Street, ou marché du dimanche

Chaque dimanche en fin d'après-midi, rendez-vous aux abords de la porte de Thapae, à l'est de la vieille ville pour profiter de la multitude de stands de nourriture et d'artisanat. Avec le marché de Thanon Wualai et le Night Bazaar sur Thanon Chang Khlan, il s'agit là du plus grand marché en plein air de Chiang Mai. Idéal pour faire ses emplettes, savourer quelques petits plats locaux et penser à ramener des souvenirs pour vos proches.

■ MOUNTAIN BIKING CHIANG MAI

1 Thanon Samlan
✆ +66 81 0247 046 / +66 87 1823 642
www.mountainbikingchiangmai.com
A 50 m au sud du Wat Phra Sing.
Organisation d'excursion en VTT dans les environs de Chiang Mai (un à trois jours), principalement sur les pentes du Doï Suthep. Les circuits sont classés selon trois niveaux de difficulté : débutant à très expérimenté. Le matériel fourni comprend les vélos et les protections. Les vélos sont transportés à pied d'œuvre par véhicule. L'encadrement est réalisé par des guides expérimentés pouvant communiquer en différentes langues.

■ SAFARI RAID ADVENTURE

1 Thanon Samlan
✆ +66 53 810 103 / +66 86 9155 319
www.safarithailand.com
safarithailande@gmail.com
Près du Wat Phra Sing, à l'agence de Mountain Biking Chiang Mai.
Organisation de circuits en 4x4 ou à moto, à la journée ou à la semaine. Thierry Pelletier sillonne les pistes de la région depuis une dizaine d'années, et il connaît bien son affaire : chaque piste a été reconnue et pratiquée à l'avance. Notre homme s'intéresse aux traditions Lanna et aux coutumes en usage dans les tribus montagnardes. Son domaine d'action dépasse les frontières avec le Laos, le Cambodge, le Viêt Nam et la Chine (en passant par le Myanmar). Un raid aventure peut durer jusqu'à 3 semaines.

■ THE PEAK ADVENTURE TOUR

302/4 Chiang Mai – Lamphun Road
✆ +66 53 800 567
www.thepeakadventure.com
info@thepeakadventure.com
Cette agence spécialisée dans les excursions sportives propose des programmes variés : escalade, spéléo, canyoning principalement... Recommandé aux gens qui ont une attirance pour la verticale. Un mur d'escalade de 15 m est prévu pour l'entraînement, juste à côté du Nigth Bazaar. Organisation également de trekking dans tout le Nord.

■ WATER RUNNER

238/6 Rachapakinai Rd, Sri Poom
✆ +66 5328 7658
www.waterrunnertours.com/
waterrunnertours@hotmail.com
Programme d'une journée à partir de 1 750 B.
Plusieurs programmes sont proposés par cette agence avec au menu, une descente en rafting, une balade à dos d'éléphant, une visite d'un village tribal, de l'accrobranche, etc. La journée débute à 8h du matin et s'achève à 18h. Un déjeuner style buffet est prévu ainsi que des boissons.

BAAN CHANG ELEPHANT PARK
Tél. 053 814 174
Port. 089 635 52 06
www.baanchangelephantpark.com

LE NORD

Trekkings et randonnées

Vous imaginiez une randonnée hors du commun, à travers la jungle profonde où l'on entendrait rugir quelque tigre féroce… et l'arrivée dans un village isolé où les autochtones, pris au dépourvu dans leurs travaux quotidiens, vous accueilleraient avec surprise et dévotion : cela risque d'être un peu différent… Dans la plupart des cas, les pistes sont peuplées de groupes d'Allemands en short, d'Italiens volubiles et d'Américains stupéfaits par l'absence de « fast-food » dans le coin. Les groupes en question se croisent et se recroisent, prennent des photos, râlent contre la chaleur ou la pluie. Quant aux tigres, ils ont déguerpi depuis belle lurette devant la folie des hommes ! Bref, le tourisme est devenu un bain de démocratie !

Il est tout de même agréable de se retrouver au cœur d'une nature tropicale exubérante pendant au moins une bonne journée, en ayant pris ses distances avec les autres groupes et en comptant sur le guide pour faire halte dans les bons coins avant les « concurrents ».

En matière d'excursion sur le terrain, quelques conseils nous semblent indispensables :

▶ **La saison.** De fin octobre à début mars, chaleur acceptable et averses occasionnelles ; en revanche, août et septembre sont très pluvieux en Thaïlande, surtout en montagne. Le temps est orageux et l'air très humide. Au programme : boue et nuages bas masquant parfois le panorama… D'avril à mai, le temps est clair mais la chaleur élevée, à moins de partir très tôt le matin (5h).

▶ **L'équipement.** De bonnes chaussures de marche (avec tige maintenant la cheville) et des chaussettes de laine (bien meilleures pour évacuer la transpiration) ; un pantalon long et des manches longues (protection contre les piqûres de moustiques et les broussailles).

Prévoir une fourrure polaire légère (nuits fraîches, par contraste).

Trousse de médicaments recommandée avec, entre autres, antidiarrhéique, pommade antibiotique, désinfectants divers, crème solaire et produit répulsif antimoustique efficace (nuit en sous-bois). Prévoir l'approvisionnement suffisant en eau : gare au « coup de chaleur » ! (sachets d'électrolytes contre la déshydratation).

▶ **Le respect.** Quand on visite un village, on n'est pas au cirque ou dans un jeu TV : respectez les habitants ! Ne prendre des photos qu'après avoir demandé l'autorisation et essayer de s'intéresser un tant soit peu à la vie des autochtones (sans trop les déranger !). Et vos photos seront meilleures.

Détente – Bien-être

Il existe à Chiang Mai de nombreux salons et officines où des spécialistes exercent leur art pour le bien-être du corps. La liste serait longue et le jugement affaire de spécialiste… Néanmoins, en voici quelques-uns.

■ BON MASSAGE

Thanon Moon Muang, Soï 3
4 Ratchamanka road
✆ +66 85 7083 946
https://bon-massage.e-monsite.com
Derrière l'hôtel De Naga.
Massage corporel et réflexologie à partir de 200 B par heure et jusqu'à 800 B.
Na, la manager, diplômée du célèbre Wat Po à Bangkok propose avec son équipe divers soins pour votre bien-être. Au sud de Thapae Gate, ce salon est situé dans une ruelle (soi) à l'abri des regards et du bruit de la cité. On y accède par la Ratchadamnoen road soi 2 ou la Ratchamanka road soi 4. Programmes de 1 à 2 heures : massage traditionnel thaï, thérapeutique, aux huiles essentielles plus doux. On vous conseille le « Pra kob Ball », fait à l'aide de pochoirs chauds garnis d'herbes médicinales et d'huiles essentielles ; ou encore le facial et divers « packages » panachant ceux-ci. Na vous accueillera avec la gentillesse des gens de ce pays. Bonne qualité de massages.

■ THAI MASSAGE CONSERVATION CLUB

9 Thanon Ratdamri
Changpuak
✆ +66 53 406 017
Ouverture tous les jours de 8h à 22h.
Centre de massage où les officiants sont aveugles, mais dûment formés et certifiés. Une expérience à tenter ! Les prix demandés défient toute concurrence. L'endroit se trouve à proximité d'un rond-point (poste de police) dans le quartier situé au nord des magasins d'informatique, à l'extérieur de la vieille ville (entre la porte de Chang Puak et le Ram Hospital).

Hobbies – Activités artistiques

■ BAAN THAI COOKERY SCHOOL

11 Thanon Ratchadamnoen, Soï 5
✆ +66 53 357 339
www.baanthaicookery.com
info@baanthaicookery.com
Deux cours par jour : en matinée (900 B) et en soirée (700 B).
Vous choisissez vous-même les plats que vous souhaitez cuisiner, et l'on vous emmène sur le marché pour en acheter les ingrédients ! Une adresse recommandée.

■ CHIANG MAI THAI COOKERY SCHOOL

47/2 Thanon Moon Muang
✆ +66 53 206 388
Voir page 87.

■ THAI FARM COOKING SCHOOL

38 Thanon Moon Muang
✆ +66 81 2885 989
www.thaifarmcooking.com
info@taifarmcooking.com
Cours à 1 000 B par personne pour une journée.
Des cours de cuisine dont l'originalité est de vous emmener dans une ferme organique pour y cuisiner thaï à la mode bio !

LES ENVIRONS DE CHIANG MAI

Pour circuler en dehors de la ville – hors d'un tour organisé par une agence –, il y a plusieurs solutions :

▶ **Faire confiance à votre hôtel** qui peut éventuellement fournir un minibus climatisé, à condition de prendre ses dispositions la veille. C'est la solution la plus coûteuse, valable pour de petits groupes (n'hésitez pas à négocier les prix).

▶ **Utiliser les taxis collectifs** qui desservent les principaux axes au départ du stationnement de Chang Puak, situé dans la rue du même nom (au nord de la vieille ville). Ces véhicules sont identifiables grâce à leurs couleurs distinctives. Compter environ 30 à 50 B pour une course privée.

▶ **Louer une moto à la journée** (250 à 300 B), option sans doute plus commode pour rester autonome dans la journée, une fois sur place, mais aussi le soir (sachant que vous disposez de 24 heures d'utilisation).

BOR SANG

Bor Sang est un faubourg auquel on accède par la route de Sankam Paeng, à 9 km environ de Chiang Mai (route 1006). C'est là que sont fabriquées les fameuses ombrelles en papier. Mais on peut aussi trouver de la céramique et des sculptures sur bois, statuettes de Bouddha, objets de porcelaine ou en jade, vases en céramique, papier traditionnel, bijoux d'argent et vêtements de soie... En fait, Bor Sang est principalement constituée de boutiques et d'ateliers d'artisanat. Les prix proposés sont souvent à la tête du client : donc marchander sans relâche, toujours et encore !

LE NORD

© S.NICOLAS – ICONOTEC

Femmes d'un village Lahu.

SAN KAM PAENG

A 13 km de Chiang Mai, Sam Kam Paeng, le « paradis des tissus » est en effet spécialisé dans la fabrication des vêtements en soie thaïe. On y trouve également d'autres formes d'artisanat, bien entendu. Bon nombre d'ateliers et de fabriques se trouvent le long de la route qui va de Chiang Mai à San Kam Paeng.

MAE RIM ⭐

Située à quelques kilomètres au nord-ouest de Chiang Mai (emprunter la route 107), cette localité regroupe un certain nombre d'activités, certes touristiques, mais tout à fait dignes d'intérêt.

Se loger

■ SUKANTARA CASCADE RESORT & SPA
12/2 M8 Maeram
✆ +66 81 881 1444 / +66 81881 6570
www.sukantara.com – rsvn@sukantara.com
Tarif basse saison de 6 000 à 15 000 B, en haute saison de 7 500 à 18 000 B.
Coupée de la ville, c'est une très bonne adresse pour se ressourcer en pleine nature tout en bénéficiant d'un confort moderne haut de gamme.En pleine forêt, situé à proximité des nombreuses acttractions que propose la région de Mae Rim, ce *resort* de luxe installé au cœur d'une nature luxuriante propose un instant inoubliable de détente et de confort. La piscine et la terrasse donnent sur des chutes d'eau, le bruit vous berce tout au long de la journée.

À voir – À faire

■ MAE RIM CROCODILE SHOW
442 M1 Maerim – Samueng road
Entrée 300 B. Le Maerim est à la fois une ferme aux crocodiles, et un lieu de spectacles. Les plus téméraires pourront pénétrer dans des enclos et se prendre en photo au milieu de ces énormes sauriens. C'est l'un des deux seuls lieux en Thaïlande où vous pourrez approcher ces animaux de si près.

■ MAE SA ELEPHANT CAMP ⭐⭐
✆ +66 53 297 060
www.maesaelephantcamp.com
Ouverture à partir de 8h. Entrée 80 B. Exhibitions à 9h, 10h30 et 13h.
De nos jours, les éléphants ne travaillent plus sur les chantiers d'exploitation de bois en Thaïlande puisque les forêts sont (en principe) protégées. La démonstration de dressage est devenue purement folklorique, mais l'habileté de ces pachydermes est vraiment fascinante. La visite de la nursery offre un spectacle touchant, si vous avez la chance d'y trouver un bébé de quelques semaines ! Nous recommandons particulièrement cette visite car le village de Mae Sa est vraiment bien organisé. Il est conseillé de s'y rendre le matin, il y a moins de monde... Par ailleurs, les balades à dos d'éléphant ont toujours autant de succès ! Et c'est une expérience que de partir en excursion 1 heure dans la jungle sur l'un de ces gros animaux fort adroits.

■ MAE SA ORCHID FARM (FERME DES ORCHIDÉES)
Tous les jours de 8h à 17h.
Dans les environs de Mae Sa, il existe plusieurs fermes à orchidées et papillons. On peut visiter la serre pour admirer ces belles fleurs exotiques produites tout au long de l'année. Parfois le lieu présente aussi un élevage de papillons, histoire d'admirer des spécimens exotiques. Intéressant.

■ MAE SA SNAKE FARM
✆ +66 81 472 1566
Ouvert de 9h à 16h. Entrée 200 B. Quelques reptiles sont exposés dans des vivariums et vous pouvez assister à des shows ayant lieu trois fois par jour à 11h30, 14h15 et 15h30. Un petit frisson ? Ça peut impressionner, comme ça... mais gardons notre sang-froid (justement !).

■ TIGER KINGDOM ⭐
51/7 moo 7 Rimtai,
www.tigerkingdom.com
chiangmai@tigerkingdom.com
De 420 à 620 B selon la formule. Ouvert de 10 à 18h. Restaurant et bar sur place. Magasin de souvenir.
Dans la série parc animalier spécialisé dans un animal, donnez-moi le tigre. Le Tiger kingdom ne propose pas de shows, mais une visite des différents enclos avec comme pour les crocodiles la possibilité d'entrer dans la cage aux fauves. Les plus intrépides iront se faire tirer le portrait avec un animal avoisinant les 300 kilos, les autres, câlineront les bébés tigres, âgés entre 2 et 4 mois, tels de gros chats encore inoffensifs. Le Tiger Kingdom est l'occasion de côtoyer de près l'un des plus beaux animaux de la planète.

CHIANG DAO

Chiang Dao se trouve au nord de Chiang Mai, à environ 60 km. C'est un bon point de départ pour des excursions vers les tribus montagnardes.

■ CHIANG DAO RAINBOW GUESTHOUSE & RESTAURANT
344 Ban Tunglakorn
✆ +66 86 180 6106
www.chiangdaorainbow.com
chiangdao2@yahoo.co.uk

Les tribus montagnardes

▶ **Karens** (se prononce « Kélien »). Au nombre de 320 000 environ, ils sont originaires du Myanmar. Ils vivent de la culture du riz et de légumes dans des villages généralement isolés au milieu de la forêt. C'est au groupe des Karens qu'appartiennent les Padongs qui se distinguent par leurs célèbres « femmes girafes » (au long cou distendu par un empilement d'anneaux de cuivre superposés au fur et à mesure de la croissance) – ces attributs les rendant plus gracieuses, selon leur coutume.

▶ **H'mongs** ou Méos. Environ 125 000, ils viennent de Chine du Sud et subsistent de la culture du maïs, du riz, mais aussi, historiquement, de l'opium. Les anciens pratiquaient la religion taoïste. Ils sont polygames et vivent pour la plupart dans la région de Chiang Mai.

▶ **Yaos** ou Miens. Un peu plus de 40 000, venant de Chine centrale. Animistes et de moins en moins taoïstes, ils pratiquent également le culte des ancêtres. Assez mal intégrés en Thaïlande, ils parlent et écrivent encore dans leur langue originelle. Les hommes sont souvent polygames. Eux aussi cultivaient intensivement le pavot avant les nouvelles réglementations.

▶ **Lahus** (se prononce « Lahou »). Environ 75 000 au dernier recensement, ils sont originaires du Tibet et cultivent, comme les H'mongs, le riz, le maïs et également le pavot, à une époque encore récente. Ils sont animistes mais, depuis peu, certains se sont convertis au christianisme.

▶ **Akhas**. Au nombre de 20 000. Egalement d'origine tibétaine, ils font pousser du maïs et du riz. Le pavot a été remplacé par d'autres cultures. Animistes, ils pratiquent le culte des ancêtres. Leurs coiffes sont facilement identifiables : une sorte de bonnet tibétain sur lequel sont accrochées des médailles d'argent.

▶ **Lisus** (se prononce « Lissous »). Environ 30 000. Ils viennent eux-aussi du Tibet, comme l'atteste leur physionomie, et sont encore assez loin de se sentir thaïlandais. Reconnaissables à leurs beaux costumes colorés, les femmes conduisent souvent les affaires du ménage. La culture traditionnelle du pavot a tendance à disparaître.

▶ **Palongs**. Ils viennent de Birmanie et sont 60 000. Spécialisés dans la culture du tanatep, une grande feuille pour envelopper les cigares ils cultivent aussi le riz, le maïs, les haricots noirs et la cacahuète.

Une chambre dans la maison principale coûte 380 B. les bungalows coûtent entre 750 et 850 B. Petit déjeuner entre 100 et 135 B, dîner entre 100 et 250 B.
Cette guesthouse bénéficie d'un cadre privilégié et mérite à elle seule une étape.

■ GROTTES DE CHIANG DAO
A l'intérieur de la grotte, des représentations de Bouddha éclairées à la bougie. Mystique.

MAE CHAEM

Cette petite ville constitue une étape pratique pour ceux qui se déplacent à moto ou en voiture, en décrivant une large boucle au départ de Chiang Mai, pour contourner le Doï Inthanon par le nord… puis revenir à Chiang Mai par le sud-ouest.

■ PARC NATIONAL DOI INTHANON
A environ 70 km de Chiang Mai. Prendre la route 108 vers le sud, puis la 1009 vers l'ouest. Entrée 200 B.
Ce parc national est connu pour abriter le sommet le plus haut de Thaïlande à 2 565 m.

Précisons tout de suite qu'il ne faut pas s'attendre à pouvoir randonner pour accéder au sommet mais qu'une large route bétonnée conduit au sommet, où d'ailleurs la vue est bouchée et où une station militaire a élu domicile. Un simple petit chemin fait une boucle pour voir la nature environnante. L'intérêt du parc est bien ailleurs, dans ses nombreuses chutes d'eau d'abord (Mae Ya et Mae Klang mais aussi Wachirathan et Sirithan, Pha Dok Sieo, autant de possibilités de randonner dans le parc).

Le lieu est également réputé pour l'observation des oiseaux qui sont nombreux dans les environs (380 espèces différentes). Enfin, le parc abrite de nombreux villages karens qui cultivent ici le riz (ce qui explique le déboisement de certaines zones). A la différence de l'Isaan qui se cultive sur de vastes plateaux, ici le riz est en étages, de beaux paysages en perspective. Il est possible de faire des excursions à la journée avec les agences de Chiang Mai ou de venir ici en moto ou voiture, ou encore de rester dormir quelques jours et s'immerger complètement.

■ **THE PINK HOUSE**
✆ +66 86 174 6744
www.thailandeautrement.com
info@thailandeautrement.com

En basse saison, à partir de 5 900 B/pers pour 3 jours/2 nuits en véhicule privé depuis Chiang Mai. Tarifs incluant balade à dos d'éléphant et raft de bambou, VTT sur place, pension complète en maison d'hôtes de charme, guides karens et francophones et une rémunération équitable de tous les prestataires locaux.

Thaïlande Autrement a été créée par un couple de Français pour proposer des voyages à la carte en Thaïlande. Ce grand gîte au cœur d'un village karen est le fruit de leur envie de faire découvrir cette culture méconnue tout en la préservant. C'est donc ici que vous viendrez pour profiter des randonnées et des différentes activités proposées (VTT). Le gîte est magnifique, donnant sur les champs de rizières. L'accueil est authentique, d'autant que, hors saison, vous serez peut-être les seuls touristes dans le village. Une occasion unique de partir à la rencontre des Karens, et une excellente idée de séjour, à réserver au moins une semaine à l'avance pour faciliter votre prise en charge.

LA RÉGION DE CHIANG MAI

Dans le prolongement de la chaîne himalayenne, la région de Chiang Mai a depuis longtemps constitué l'un des grands carrefours de l'Asie. S'y sont relayées un temps les caravanes transportant opium, soies et bois précieux à dos d'éléphants, avant que les avions et les bus remplis de touristes ne prennent leur suite. Les influences culturelles venues du Laos, de la Chine et du Myanmar voisins y sont encore palpables au quotidien, ne serait-ce que par l'abondance d'artisanat inspiré des traditions de ces pays et de leurs ethnies montagnardes. Chiang Mai, la fameuse Rose du Nord, est aujourd'hui le hub touristique du nord de la Thaïlande, et elle constitue une étape fascinante, conservant le charme et la qualité de vie d'un gros village. Quant aux environs de Chiang Mai, ils offrent de superbes espaces naturels boisés et largement irrigués, idéaux pour la randonnée, le vélo, le rafting et tout autre type d'activités de plein air.

PAI ★★★★

Il fut un temps où Pai n'était qu'un gros village paisible, entouré de montagnes, traversé par une rivière, à mi-chemin entre Mae Hong Son et Chiang Mai. Composée de Thaïe-Yao, vous croiserez encore une population originaire des tribus montagnardes comme les Lisu ou les Lahu, ainsi qu'une forte communauté musulmane d'origine chinoise. La fréquentation touristique a grimpé en flèche ces dernières années, et certains hôtels vont donc jusqu'à exiger des prix défiant toute raison. Pai a aujourd'hui pris un essor considérable se transformant en une petite ville de départ pour de nombreux treks. Depuis quelques temps, les vélos se font de plus en plus rares, laissant place aux motos, et les feux de circulation installés aux carrefours multiplient. Cela dit, l'ambiance générale reste assez « relax », voire même

« babacool » et « néo-hippie ». Ceux qui aiment la nature paisible peuvent toujours se réfugier dans les environs proches encore tranquilles. Les restaurants et les petits bars sont nombreux, très portés sur le bio !

Transports

Comment y accéder et en partir

▶ **Bus. Chiang Mai-Pai** : départs à la station « Arcade » (nord-est de la ville), environ 4 heures de trajet. Préférer un départ le matin. Les paysages valent le coup d'œil ! Depuis Mae Hong Son, compter 4 heures de route également. Les dénivelés sont très importants et les virages nombreux. Paysages également remarquables.

■ **KAN AIR**
✆ +66 25 516 111
www.kanairlines.com
center@kanairlines.com
Entre Chiang Mai et Pai, Kan Airlines réalise une liaison aller-retour par jour en avion Cessna.

Se déplacer

Possibilité de louer des VTT ou des motos dans certaines guesthouses. Tarifs à la journée : moto à 250 B ; vélo à 50 B. Attention, les deux ou trois stations à essence de la ville ferment à 19h !

■ **AYA SERVICE**
22/1 Moo 3, Thanon Chaisongkram
✆ +66 53 699 940
https://ayaservice.com
Agence installée à une centaine de mètres du stationnement des bus. Choix de matériel en bon état. Tarifs imbattables et personnel serviable ! L'agence s'occupe également de réservation de billets de transport pour de nombreuses destinations.

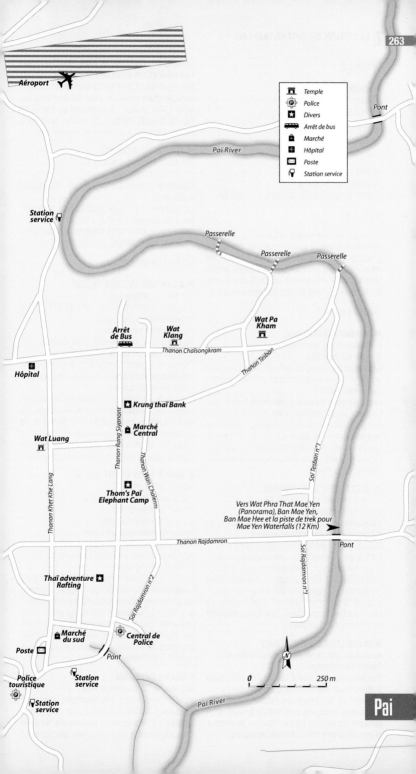

Aéroport

Légende

🏛	Temple
Ⓟ	Police
★	Divers
🚌	Arrêt de bus
🏪	Marché
✚	Hôpital
✉	Poste
⛽	Station service

Pont

Paï River

Station service

Passerelle

Passerelle

Passerelle

Arrêt
de Bus

Wat
Klang

Wat Pa
Kham

Thanon Chaïsongkram

Thanon Tesban

✚ Hôpital

★ Krung thaï Bank

🏪 Marché
Central

Wat Luang

Thanon Rang Siyanont

Thanon Wan Cholerm

Soi Tesban n°1

★ Thom's Paï
Elephant Camp

Thanon Khet Khe Lang

*Vers Wat Phra That Mae Yen
(Panorama), Ban Mae Yen,
Ban Mae Hee et la piste de trek pour
Mae Yen Waterfalls (12 Km)*

Pont

Thanon Rajdamron

★ Thaï adventure
Rafting

Soi Rajdamron n°2

Soi Rajdamron n°3

🏪 Marché
du sud

Ⓟ Central de
Police

✉ Poste

Pont

Police
touristique

Station
service

⛽ Station
service

Paï River

0   250 m

Pai

Pratique

■ **KRUNG THAI BANK**
Thanon Rang Siyanont
Ouvert de 8h30 à 16h30.

■ **POLICE TOURISTIQUE**
Thanon Rang Siyanont
Ouvert de 8h à 20h.

■ **POSTE**
Thanon Khet Ke Lang
Ouvert de 9h30 à 15h du lundi au vendredi.

Se loger

Il faut savoir que durant la basse saison entre mars et octobre, la grande majorité des hôtels pratiquent une remise de 30 à 50 %. Mais pas les guesthouses car elles proposent déjà un prix plancher de 200 B (c'est le cas de le dire, vu que les bungalows sont le plus souvent en bois !).

Bien et pas cher

■ **DUANG GUESTHOUSE**
5 Thanon Rang Siyaonon
✆ +66 53 699 101
Chambres doubles avec salle de bains commune à 200 B ; avec salle de bains privée à 300 B ; bungalow à 400 B.
Les chambres du Duang sont toutes ventilées. La guesthouse se trouve juste en face de l'arrêt des bus. L'établissement organise également des trekkings de deux à trois jours dans le secteur (avec descente de rivière en bamboo raft) et loue des vélos. Petit restaurant convivial au coin de la rue.

■ **MISTY VIEW GUESTHOUSE**
✆ +66 89 070 1031 / +66 86 187 7207
mistyjay@hotmail.com
Bungalow ventilé à 300 B. Ouvert seulement en haute saison à partir de novembre.
Etablissement installé à l'origine au bord de la rivière, puis déplacé sur une hauteur à la suite d'une inondation. Guesthouse sans prétention proposant des bungalows rudimentaires en bambou, regroupés sur un petit espace dégagé. Chambres ventilées avec matelas au sol. Douches communes. Les repas peuvent être servis sur demande.

■ **RIVER LODGE BUNGALOWS**
Au sud du centre-ville, juste après Baan Tawan Guesthouse
Bungalow sur la rivière à 180/250 B ; côté jardin à 150/200 B. Mêmes prix toute l'année !
Au bord de la rivière, une dizaine de petits bungalows rustiques, en bambou, sont répartis autour d'une pelouse bien entretenue. Ventilateur et moustiquaire dans chaque bungalow.

Certains ont quasiment les pieds dans l'eau : gare aux inondations en saison des pluies. Salle de bains commune pour tout le monde. Installation basique mais correcte, pour les routards, les vrais ! Une grande bicoque sert de bar et de lieu de détente, au fond du terrain, près de la rivière. L'endroit a du charme. Accueil sympa.

■ **TONSA GUESTHOUSE**
116 Moo 3, Thanon Wieng Tai
✆ +66 53 698 229
Chambres ventilées à 300 B ; ch. climatisées à 500 B.
Etablissement modeste situé au bout d'un petit soï, juste derrière l'arrêt des bus et à côté d'une petite église. Chambres simples mais tout à fait acceptables. Pratique.

Confort ou charme

■ **BAAN TAWAN GUESTHOUSE**
117 Moo 4, Wieng Tai
✆ +66 53 698 116 / +66 53 698 117
www.baantawan-pai.com
baantawan@yahoo.com
Au sud-est du centre-ville, juste avant le pont qui conduit au Bamboo Bar.
Chambres à partir de 600 B en basse saison ; bungalows entre 1 800 et 3 500 B. Petit déjeuner inclus en haute saison.
Au bord de la rivière, une grande maison en bois avec plusieurs chambres et quelques bungalows noyés dans un beau jardin ombragé. Pat, la propriétaire se montre serviable. Restauration à domicile sur demande : cuisine familiale. Un charme incontestable, très romantique, même !

■ **BROOK VIEW GUEST HOUSE AND HERBAL HOUSE**
132 Moo 1, Thanon Wieng Tai
✆ +66 53 699 366
www.paibrookview.com
paibrookview@hotmail.com
Tarifs basse saison : de 400 à 1 500 B selon le type de chambre, en haute saison entre 800 et 3 000 B. Wi-fi gratuit.
Le Brook View est situé à la limite nord de l'agglomération, non loin de l'hôpital. Certains bungalows sur pilotis surplombent directement la rivière Pai. Très belle vue sur la vallée environnante. Les chambres ventilées sont fort bien agencées, certaines avec terrasse. Celles disposant de la climatisation sont en retrait par rapport à la rivière.

■ **BUENG PAI FARM**
185 Moo 5, Tambon Mae Hee
www.paifarm.com — info@paifarm.com
Bungalows de 300 à 2 000 B selon la saison.
Installés à 3 kilomètres du centre-ville, en plein milieu d'une rizière, près d'un étang avec poissons

koi, les bungalows qui composent l'hôtel se disputent la vue sur les montagnes, le calme et la sérénité. Les chambres sont propres et bien équipées, avec wi-fi, le petit déjeuner est excellent et avant de partir en treck, vous pouvez faire un petit plongeon dans la piscine. Une belle adresse.

■ PAÏRADISE
98 Moo 1, Baan Mae Yen
✆ +66 89 431 3511 / + 66 53 698 065
www.pairadise.com/english
info@pairadise.com
Tarifs des bungalows de 600 à 1 200 B, chambres entre 500 et 1 400 B selon les saisons et A/C ou ventilateur.
L'établissement se trouve en haut d'une butte, en surplomb de la route. Depuis le centre-ville, franchir le pont comme pour aller au Bamboo Bar, et prendre la route à gauche à l'intersection. Les bungalows sont répartis autour d'un petit étang au centre duquel se trouve un pavillon. Grande pelouse. L'endroit est tranquille et agréable. Les bungalows de belle réalisation sont en bois, tous ventilés et avec salle de bains privée (eau chaude). Petit déjeuner possible dans la salle de réception.

■ SUAN DOÏ RESORT
84 Thanon Wiang Neau
Situé en surplomb de la route.
✆ +66 53 699 801 / +66 89 192 6766
Tarifs basse saison : petits bungalows, avec salle de bains commune, à 300 B ; bungalows, avec salle de bains privée à 400 B ; grands bungalows avec A/C de 500 à 800 B. Wi-fi gratuit.
Les petits bungalows, rustiques, sont groupés au milieu d'un bouquet d'arbres, charmant. Deux plus grands sont installés sur une pelouse (carrelage au sol). Toutes les chambres sont ventilées. Gentillesse de l'accueil. Excellent rapport qualité-prix. Le restaurant est ouvert en haute saison (octobre à mars).

Luxe

■ BELLE VILLA RESORT
113 Moo 6 Huaypoo, Thanon Wiang Nua
✆ +66 53 698 226
www.bellevillaresort.com
paireservation@bellevillaresort.com
De 3 300 B en basse saison à 12 000 B en haute saison.
Etablissement de grand standing excentré au nord-ouest de l'agglomération. Belle architecture pour ces bungalows en bois, de style rustique, disposés dans un grand parc en vue de la rivière. Un charme certain se dégage de l'ensemble. Les chambres, spacieuses et claires, sont équipées de façon moderne. Très belles salles de bains. Décoration simple et élégante. Accueil irréprochable.

■ PAI RIVER MOUNTAIN RESORT & SPA
15 Moo 10 Tungyoa
✆ +66 53 065 717
www.pairivermountain.com
pai@pairivermountain.com
Bungalow à 1 500 B en basse saison ; 2 500 B en haute saison.
Les bungalows en bois sont alignés le long de la rivière, comme il est dit. Ce bel établissement est installé à 8 km au sud de la ville. Les chambres sont très confortables. Restaurant à demeure. Le nombre de places est limité.

■ THE QUARTER HOTEL
245 Moo 1, Thanon Chaisongkram
✆ +66 53 699 947
www.thequarterhotel.com
info@thequarterhotel.com
Chambres à partir de 3 500 B en basse saison. Petit déjeuner inclus. Wi-fi gratuit.
The Quarter Hotel est un établissement de luxe de 36 chambres au style classique, toutes avec vues sur la jolie piscine centrale et un jardin manucuré. Spa, service discret et souriant, pour un séjour relaxant au possible. Boutique sur place, restaurant fusion et location gratuite de vélo.

Se restaurer

Pour manger sur le pouce, vous pouvez vous promener au long du marché qui se tient toutes les fins d'après-midi dans la grande rue : de nombreux vendeurs ambulants proposent des brochettes et autres bons petits plats à emporter, pour 20 ou 30 B. De plus, les terrasses de café sont juste à côté !

Bien et pas cher

■ BAAN BENJARONG
179 Moo 8, Thanon Wieng Tai
✆ +66 53 698 010
benjarong_pai@hotmail.com
Ouvert de 11h à 14h et de 18h à 22h.
Cet établissement familial est installé à Paï depuis un bon moment maintenant. « Cuisine thaïe authentique » … Sans doute l'un des meilleurs restaurants de la ville, par la finesse de sa nourriture avec des recettes pourtant apparemment simples.

■ CHARLIE AND LEK
Thanon Rangsi Yanon
✆ +66 81 733 9055
pailaguna@yahoo.com
Compter 25 à 90 B par plat. Ouverture en soirée.
Situé en face du Blue Lagoon, ce petit restaurant propose une cuisine de qualité à des prix très raisonnables. Des tables sont disposées en plein air, sous des ombrelles, dans une petite cour en retrait de la rue. Bon accueil.

LE NORD

Bonnes tables

■ ALL ABOUT COFFEE
100 Moo 1, Thanon Chaisongkram
℃ +66 53 699 429
Ouvert de 10h à 16h. Le meilleur coffee-shop
de la ville avec une large sélection de café
et de thés, de copieux petits déjeuners et
des pâtisseries pour une pause « 4 heures »
gourmande. Bref, de quoi sustenter toutes
les envies sucrées tout au long de la journée.

■ AMIDO'S PIZZA GARDEN
℃ +66 81 179 7283
Ouvert en soirée de 18h à 22h.
Cet établissement très couleur locale possède
une belle vue sur les montagnes. Au terme
d'une carrière active dans la restauration en
Belgique, Amido a décidé de venir s'installer
dans un coin tranquille. Notre homme est un
spécialiste des pizzas depuis plus de vingt ans
et il connaît son affaire. Il prépare aussi des
pâtes à l'Italienne. Et les fans de motos pourront
entamer de longues conversations avec lui :
c'est un passionné en la matière !

■ PAI CORNER RESTAURANT
3 Moo 4, Thanon Raddamrong
℃ +66 81 030 3195
C'est un Allemand qui tient ce lieu depuis plus de
20 ans et qui connaît la ville comme sa poche :
une mine d'informations intarrissable. Au menu,
des plats allemands mais aussi des spécialités
du Nord de la Thaïlande. Une adresse agréable.

Sortir

En ce lieu qui était encore, il n'y pas si longtemps,
un véritable « trou perdu », le choix s'est tout
de même élargi en raison d'une fréquentation
touristique régulière. Quelques bars proposent
des animations musicales.

■ BAMBOO BAR & RESTAURANT
Situé au sud-est de la ville
juste de l'autre côté d'un pont
100 B la bière en moyenne.
Etablissement (en bambou, donc) tenu par des
Thaïs très accueillants. On peut s'installer sur la
terrasse, assis sur des coussins, pour discuter
avec des copains de rencontre : ambiance bon
enfant ! On peut manger également… Le bar
se remplit certains soirs, après la fermeture
du Be Bop Café.

■ BE BOP CAFE
Localisé au sud de la ville, après Baan
Benjarong Restaurant (et après la station-
service PTT).
Ambiance musicale tous les soirs à partir de 22h
et jusque vers 1h, environ… Des groupes se
relaient en jouant plus ou moins sérieusement

des hits anglo-saxons des années 1960, 1970.
Grandes tables disposées autour de la petite
scène, lumière tamisée, bière fraîche, salle
climatisée. Un billard dans un coin. L'endroit est
assez fréquenté tous les soirs, mais surtout le
samedi avec l'affluence de Chiang Maï !

■ PHU PAI ART CAFÉ
Thanon Rangsi Yanon
www.phupai.com – info@phupai.com
Juste à côté du Blue Lagoon.
Jolie décoration pour cet agréable point de
rendez-vous nocturne. L'endroit est très fréquenté
le week-end par les jeunes Thaïlandais de Chiang
Maï… Ambiance des plus conviviales. Animation
musicale certains soirs, à partir de 20h.

■ THE BLUE LAGOON
227 Moo 4, Thanon Rang Siyanont
℃ +66 53 699 824
info@paibluelagoon.com
Juste à côté de Thai Adventure Rafting.
L'endroit est fréquenté par les jeunes et les
moins jeunes : ambiance très conviviale. Le bar
sert de la bière et du whisky. Le patron écossais,
Bobby, est un personnage tout à fait sympathique ! Animations musicales certains soirs.

À voir – À faire

Il y a 3 temples à voir en ville, dont deux se
trouvent sur Thanon Chaisongkhram : Wat Klang
et Wat Pa Kam. Le troisième se trouve sur Thanon
Khet Kelang : Wat Luang. A vrai dire, ils n'ont rien
de bien exceptionnel mais vous pouvez toujours
aller y jeter un coup d'œil pour vous en convaincre.

■ CHUTES DE MOH PAENG ⭐
A une dizaine de kilomètres de la ville, au nord.
Cette cascade n'a rien de vraiment extraordinaire, mais l'endroit est agréable après une
bonne balade et l'on découvre en bas une (petite)
« piscine naturelle ». Baignade possible. On
traverse plusieurs petits villages pour y accéder.
Balade intéressante à vélo (pour les sportifs)
ou à moto.

■ SOURCES D'EAU CHAUDE DE THA PAI
*A une dizaine de kilomètres environ, au sud de
l'agglomération de Pai.*
Baignez-vous là où vont les Thaïlandais. C'est-
à-dire dans la rivière, un peu en contrebas des
sources, à l'ombre sous les arbres.

■ THOM'S PAI ELEPHANT CAMP
5/3 M.4 Thanon Rang Siyanon
℃ +66 53 699 286 / +66 89 851 9066
www.thomelephant.com
thom@thomelephant.com
*Camp de base sur la route de Pai à Mae Hong
Son : prendre contact à l'agence avant d'y aller.
Ouverture de 8h à 20h30. Les balades à dos*

d'éléphant durent habituellement 1 à 2 heures (500/1 200 B).

Thom est une petite dame qui a été la première à établir un « camp d'éléphants » aux abords de Paï. Ces animaux majestueux sont dressés par des mahouts, spécialisés dans le métier. Essayer de prendre contact avec Thom en personne.

■ WAT PHRA THAT MAE YEN ☆

Pour le panorama depuis la terrasse de ce temple, au contrefort d'une montagne relativement peu éloignée du centre-ville. Remarquable !

Sports – Détente – Loisirs

Sports – Loisirs

■ PAI NATURE TREKS

✆ +66 61 149 293
highlandtrekking@yahoo.com
Pour 700 B par personne tout est compris, transport, nourriture et logement.
Cette petite société est dirigée par Noom, guide de randonnée agréé. Il dirige en personne des treks d'une à trois journées dans les environs de Soppong, localité proche de Paï.

■ THAI ADVENTURE RAFTING

Thanon Rang Siyanon
✆ +66 53 699 111 / +66 81 993 9674 / +66 53 699 900 – www.thairafting.com
rafting@activethailand.com
Activité rafting du 15 juin au 15 février. Le bureau d'accueil, à Paï, se trouve à côté du Blue Lagoon.
Créée par Guy Gorias en 1987, cette agence organise des descentes en raft sur la rivière Paï : 65 km vers Mae Hong Son, sur un ou deux jours, avec camping. Activité de juin à janvier. Pédagogie efficace (briefing en anglais et en français). Equipement fiable, encadrement par un personnel expérimenté de longue date. Bonnes conditions de sécurité.

Détente – Bien-être

Comme ailleurs, plusieurs établissements de massage ont pignon sur rue à Pai, dont voici deux des plus réputés.

■ MR JAN'S MASSAGE

18 Soï Wanchaloem
200 B de l'heure.
La technique de massage pratiquée ici est originaire du Myanmar. Elle est sensiblement différente de la thaïlandaise. Praticien expérimenté, Alit, connaît bien son affaire ! Son épouse se charge habituellement des massages à l'huile, plus relax. Une adresse locale vraiment sérieuse.

■ PAI TRADITIONAL THAI MASSAGE

68/3 Thanon Wiang Tai, Soï 1
✆ +66 53 699 121

A partir de 200 B de l'heure. Ouvert de 16h à 20h30 en semaine et de 8h30 à 20h30 le week-end.
Situé immédiatement sur la gauche de la grand'rue Ratchadomnoen, un salon que nous recommandons après un voyage en bus parfois quelque peu chaotique pour se remettre les vertèbres en place. Un sauna est attenant au salon de massage.

Hobbies – Activités artistiques

■ PAI COOKERY SCHOOL

Soï Wanchaloem
✆ +66 81 706 799
Cours de 750 à 1 000 B.
L'un des précurseurs des cours de cuisine sur Paï. Vous passerez au marché récupérer vos ingrédients, puis cuisinerez plusieurs plats au choix avant de déguster vos propres créations. Une bonne expérience.

MAE HONG SON

Petite ville de 7 000 habitants, Mae Hong Son « La ville des trois brumes », a conservé un certain charme. Entourée de montagnes et de forêts où le bois de teck abonde, la ville est restée très provinciale malgré ses liaisons aériennes quotidiennes avec Chiang Mai. La proximité de la frontière birmane, 50 km, en faisait une plaque tournante du trafic d'opium. La population est composée en majorité de Shans d'origine birmane mais à présent Thaïlandais : « Shan » est en fait la déformation birmane du mot « Siam ». Il y a aussi des Karen, Lisu, Lahu, Hmong, Padong... De juillet à octobre, de fortes pluies inondent la localité. Cela dit, les routes sont quasiment toutes goudronnées. Si vous voulez vous consacrer aux joies du trekking et que l'ambiance touristique de Pai vous dérange, vous êtes au bon endroit. La région compte plusieurs hautes montagnes et bénéficie d'un climat agréable et frais presque toute l'année.

Transports

Comment y accéder et en partir

▶ **Avion**. La piste d'aviation est située dans l'agglomération, du fait de l'étroitesse de la vallée. Une fois sorti de l'aéroport (à condition de ne pas être trop chargé) on peut gagner le centre-ville à pied en un quart d'heure : les premiers hôtels sont à moins d'un kilomètre. Mais, bien entendu, les touk-touk seront toujours au rendez-vous (il faudra négocier, pour la forme, en sachant que les trajets sont courts). Trois vols Chiang Mai-Mae Hong Son (et retour) par jour. Billet aller-retour 4 000 B. www.thaiairways.com

▶ **Bus**. La liaison depuis la gare de Bangkok, Moh Chit, est assurée par des bus partant à 9h, 14h et 20h30. Compter 14 heures de route, soit plus de 900 km. Un bus « VIP » part de Bangkok vers 20h40 ; 16 heures de route ! Il est préférable de faire étape à Chiang Maï ou de prendre l'avion.

Depuis Chiang Mai, la route qui mène à Mae Hong Son, dite « route des 4000 virages », (mais en vérité il n'y en a que 1 864), fait une grande boucle en passant soit par Mae Sarieng, au sud, soit en traversant les petites agglomérations de Pai et Soppong, au nord. Compter 9 heures. Le revêtement des routes de la région a été refait en majeure partie sinon en totalité, donc pas d'angoisse de ce côté-là... Toutefois ces routes sont (forcément) très sinueuses en raison des (petites) montagnes traversées. www.sombattour.com

▶ **Van/minibus** (en principe, climatisés). Depuis Chiang Mai, liaison rapide en 6-7 heures, via Pai (avec 3 ou 4 arrêts seulement). Rien à voir avec les taxis-brousses, soyez rassuré ! Les bus ordinaires mettent 1 à 2 heures de plus car ils s'arrêtent partout, mais ils sont moins chers. Il est possible de faire une étape à Pai, petite bourgade animée, en ayant soin d'éviter l'affluence du week-end. A partir de Chiang Maï, en passant par Mae Saeriang, compter 300 B. Il est intéressant de marquer l'étape dans cette petite bourgade paisible, c'est l'occasion ou jamais !

▶ **On peut également se rendre à Mae Hong Son** par la route qui vient de Mae Sot, en remontant le long de la frontière birmane, sans passer par Chiang Mai mais en traversant Mae Saeriang. Cette route a été rénovée. Ce trajet peu fréquenté n'est pas désagréable, et même intéressant. A noter cependant les contrôles de police visant les Birmans en situation irrégulière. En principe, les touristes occidentaux ne subissent pas de tracasseries ou de fouilles systématiques. Prudence, tout de même.

■ **KAN AIR**
✆ +66 25 516 111
www.kanairlines.com

De un à deux vols aller-retour par jour entre Chiang Mai et Mae Hong Son, sur de petits Cessna 12 places.

■ **NOK AIR**
✆ +66 29 009 955
www.nokair.com
Un départ par jour le lundi, mardi, mercredi et jeudi depuis Chiang Maï à 13h, arrivée à 14h, depuis Mae Hong Son départ à 14h15 arrivée à 14h55 à Chiang Maï.

Se déplacer

▶ **Moto-taxi et touk-touk**. Ils sillonnent la ville, on les retrouve vers la station de bus sur Thanon Khunlum Phraphat, dans le centre-ville. La ville n'étant pas très grande il est possible de faire beaucoup de choses à pied.

▶ **Moto/vélo**. Certaines guesthouses louent des vélos et des motos.

■ **HIGHWAY FOR RENT**
67/2 Thanon Khunlum Praphat
✆ +66 53 611 620 / +66 89 999 1899
Ce loueur est installé en plein centre-ville, juste en face de la Kasikorn Bank, à mi-chemin entre l'hôtel Panorama et le Baiyoke Chalet. Laisser son passeport en dépôt (c'est la règle dans 99 % des cas). Matériel correct. Réparation et entretien sur place.

Pratique

■ **OFFICE DE TOURISME (TAT)**
4 thanon Ratchathumpitak
✆ +66 53 612 982
www.travelmaehongson.org
tatmhs@tat.or.th
Ouvert du lundi au vendredi, de 8h30 à 16h30. Une très bonne source d'informations et de brochures.

■ **POSTE**
79 Thanon Khunlum Praphat
En face des bureaux de la TAT.
Ouverte du lundi au vendredi de 8h30 à 16h30.

Ordination des novices

Dans la ville de Mae Hong Son, début avril, on célèbre l'ordination des novices. Les enfants ayant opté pour la vie monacale (temporaire, car la décision définitive sera prise plus tard) défilent à travers la cité en tenue traditionnelle, à la grande fierté de leurs parents. Abrités sous des ombrelles de couleur or, ils sont juchés sur les épaules de volontaires, souvent un homme de la famille du jeune moine, ce qui évite à ce dernier d'être « souillé » par les impuretés matérielles, sinon spirituelles. Le point d'arrivée est le temple. La procession sera suivie de trois jours de fête ininterrompue.

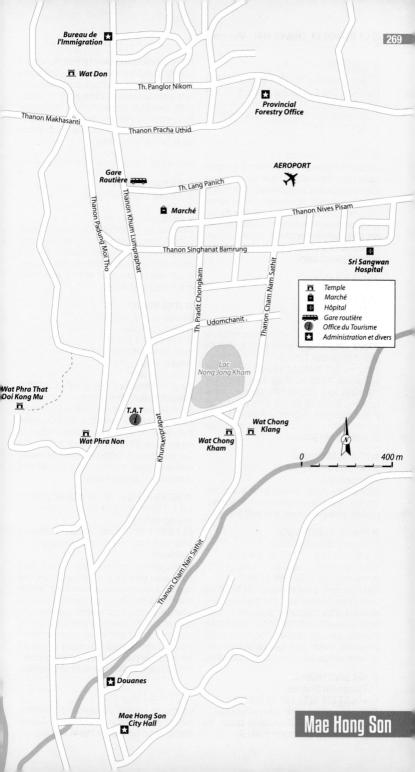

Bureau de l'Immigration ★

🏛 **Wat Don**

Th. Panglor Nikom

★ **Provincial Forestry Office**

Thanon Makhasanti

Thanon Pracha Uthid

Gare Routière 🚌

Th. Lang Panich

AEROPORT ✈

🏛 **Marché**

Thanon Nives Pisam

Thanon Padung Moi Tho

Thanon Khum Lumpraphat

Thanon Singhanat Bamrung

Th. Pradit Chongkam

Thanon Cham Nam Sathit

✚ **Sri Sangwan Hospital**

Udomchanit

🏛	Temple
🏛	Marché
✚	Hôpital
🚌	Gare routière
ⓘ	Office du Tourisme
★	Administration et divers

Lac Nong Jong Kham

Wat Phra That Doi Kong Mu 🏛

T.A.T ⓘ

🏛 **Wat Phra Non**

Khunumprapat

🏛 **Wat Chong Kham**

🏛 **Wat Chong Klang**

N

0   400 m

Thanon Cham Nan Sathit

★ **Douanes**

Mae Hong Son City Hall ★

Mae Hong Son

Orientation

La grande avenue Khunlum Prapat traverse Mae Hong Son d'un bout à l'autre et un petit lac – Nong Jong Kham – occupe le centre de l'agglomération : il est donc assez facile de s'orienter en ville.

Se loger

Dans cette région où l'activité touristique principale est la randonnée, la haute saison se situe entre novembre et mars, après la mousson et avant la saison (très) chaude. Ce qui donne prétexte à une augmentation abusive du prix des chambres pour certains établissements ordinairement bon marché ! Il est donc recommandé de négocier les prix si vous comptez rester plusieurs jours.

Bien et pas cher

■ FRIEND HOUSE
20 Thanon Pradit Chongkam
✆ +66 53 611 647
Chambre ventilée avec salle de bains commune à 150 B ; salle de bains privée à 250 B ; chambre pour 4 personnes à 350 B.
Etablissement modeste, en plein centre-ville, au nord du (petit) lac Nong Jong Kham. Les chambres sont simples mais propres, toutes ventilées. Celles de l'étage offrent la vue sur le lac. Possibilité de prendre le petit déjeuner sur place. Service de blanchisserie et location de motos à 150 B/jour.

■ PIYA GUESTHOUSE
1/1 Khunlumprapas, Soi 3,
Compter 600 B.
Situé en face du lac, près de la rue du marché. Grandes chambres-bungalows avec TV et climatisation. Personnel gentil. Bon petit déjeuner.

■ ROMTAI GUEST HOUSE
22 Thanon Cham Nan Sathit
✆ +66 53 612 437 / +66 86 919 2610
Chambre ventilée à 300 B ; climatisée à 450 B ; bungalow à 500 B. Au mois 4 000 B.
Etablissement situé en retrait du lac Nong Jong Kham (secteur est). Les chambres sont réparties entre l'habitation principale et différents logements installés dans un grand jardin tropical, derrière celle-ci. Chambres plutôt moyennes, toutes avec salle de bains privée. Un room service est prévu. Bonne impression.

■ YOK GUESTHOUSE
14 Thanon Siri Mongkol
✆ +66 53 611 523 / +66 53 611 518
Tarifs basse saison : chambre ventilée à 250 B ; ch. climatisée à 450 B. En haute saison, les chambres ventilées passent à 300 B.

Petite guesthouse calme et plaisante, située à côté du Wat Don Chedi, en contrebas d'un soï isolé. L'accueil est charmant, et les chambres, certes modestes, sont d'une propreté impeccable. Cabinet de toilette privé avec eau chaude. Bon rapport qualité-prix. Inconvénient relatif : excentré au nord du centre-ville, assez loin du lac et de ses restaurants.

Confort ou charme

■ BAIYOKE CHALET
90 Thanon Khunlum Praphat
✆ +66 53 613 132
www.baiyokehotel.com
Chambres entre 1 400 et 1 800 B selon la saison.
L'établissement compte 40 chambres toutes climatisées d'un très bon confort. Il y a un restaurant sur place, avec ambiance musicale le soir. Hôtel cossu, juste en face de la poste, et à 5 min à pied du lac.

■ FERN RESORT
64 Moo 10, Ban Hua Nam
Tambon Pha Bong
✆ +66 53 686 110
www.fernresort.info
info@fernresort.info
A 7 km au sud.
Bungalow deluxe à 2 500 B, suite à 3 500 B. Transfert gratuit. Wi-fi gratuit.
Cerné par les rizières et la forêt, le Fern Resort est une enclave de tranquillité. Avec ses trente bungalows de style Shan en pleine nature, il est parmi ce qui se fait de mieux à Mae Hong Son pour couper confortablement du monde extérieur. Plusieurs sentiers de randonnée sont accessibles depuis le resort.

■ ROOKS HOLIDAY HOTEL AND RESORT***
114 5-7 Khunlumprapas Road Jongkham,
Amphur-Muang
De 1 400 à 1 700 B. Piscine, massage traditionnel, salon de billard, salle de conférences, salle de spectacles.
Etablissement d'un très grand confort. Jolis bungalows de style thaï avec au milieu une piscine. Le salon d'accès est décoré dans un style colonial très chic. On a le choix entre le bâtiment principal abritant des chambres spacieuses ou de confortables bungalows installés dans le parc, autour d'un petit étang. Le personnel est recruté parmi la population locale et tout est mis en œuvre pour favoriser le développement d'un tourisme respectueux de l'environnement.

Se restaurer

Le marché regorge de nourritures diverses, bonnes et pas chères. Autre lieu, le Central Market, situé sur Thanon Phanit Wattana.

Pause gourmande

■ CENTRAL MARKET
Thanon Phanit Wattana
A partir de 30 B. Ouvert tous les jours.
Un marché haut en couleur, avec plusieurs stands de brochettes de viandes, de poissons frits, de douceurs très sucrées à se mettre sous la langue.

Bien et pas cher

■ BAI FERN RESTAURANT
87 Thanon Khunlum Praphat
✆ +66 53 611 374 – ferngroup@softhome.net
Ouvert de 10h30 à 22h. Plats de 60 à 150 B.
Etablissement réputé à juste titre, quelque peu excentré au sud de la ville, au-delà de l'hôtel Baïyoke Chalet. Décoration en bois du meilleur effet : bel espace devant le bar, avec plancher en teck. Grande salle occupant l'arrière du restaurant. La devanture et l'arrière-salle sont ouvertes sur l'extérieur et la lumière est tamisée par des rideaux de plantes vertes : atmosphère tropicale garantie. Cadre idéal pour le déjeuner. Diverses spécialités thaïes à la carte.

■ KHAI MUK
23 Thanon Khunlum Praphat
✆ +66 53 612 092
Ouvert de 10h à 14h et de 17h à 22h. Plats de 60 à 160 B.
Restaurant du centre-ville situé dans une petite rue transversale, entre le lac et l'avenue principale. Décoration intérieure en bambou. Un cadre agréable pour le soir. Cuisine thaïe pour l'essentiel.

■ LUCKY RESTAURANT
5 Thanon Singhanat
Juste en face du Crossroads. Compter 30 à 120 B par plat. Ouvert de 8h30 à 22h. Petits déjeuners à des prix imbattables : 50/60/70 B !
Restaurant sans prétention et tout à fait « couleur locale » où la clientèle est parfois assez nombreuse à tel point qu'il faut attendre son tour, certains soirs. Spécialités locales simples à petits prix. Des cartes détaillées sont affichées sur les murs, et vous pouvez prendre des renseignements (en anglais) en vue d'excursions dans les environs (villages ethniques).

Bonnes tables

■ KRUATHIP RESTAURANT
Thanon Pradit Chongkam
✆ +66 53 620 553
Ouvert de 9h à 21h. Établissement voisin du Lake Side.
Terrasse ouverte sur le lac, agréable pour y déjeuner tranquillement en amoureux.

■ SUNFLOWER CAFE
2/1 Thanon Khunlum Praphat
www.sunflowercafetour.com
sunflowercafetourmhs@yahoo.com
Plats à partir de 60 B. Très bons pains, gâteaux, jus de fruits, sandwichs maison et pizzas. Mais aussi, certains plats occidentaux et des vins australiens, entre autres. Pas mal d'habitués s'y retrouvent pour le petit déjeuner ou le dîner. Et on en redemande de ce fameux *cheesecake* !

Sortir

Le choix est assez restreint, car la ville de Mae Hong Son n'est pas réputée pour ses soirées endiablées ! Après une longue journée de marche, une bonne nuit de sommeil serait plus indiquée. Ceux qui débordent d'énergie pourront sans doute se rattraper une fois de retour à Chiang Mai ? Ce qui n'exclut pas une soirée en amoureux, bien entendu : le contexte s'y prête.

■ CROSSROADS
Au croisement de Khunlum Praphat et de Singhanat
Ce pub, avec son air de « café du coin » est bien sympathique. Et il fait bon viber une pinte au comptoir en écoutant du Rock'n roll. Table de billard à l'étage. Le maître des lieux a séjourné en Europe et parle plusieurs langues, ce qui peut aider si vous avez besoin d'informations sur les environs. En tout cas, l'endroit est « stratégique » avant d'aller dîner au Lucky Restaurant, à 20 m ! Petits déjeuners à partir de 8h30 le matin.

■ LAKE SIDE BAR
Thanon Pradit Chongkam
Des groupes locaux y jouent le soir. La terrasse, agréable, donne naturellement sur le lac. Ambiance bon enfant.

À voir – À faire

Le mélange d'architecture birmane et shan, avec ses temples aux couleurs chatoyantes et aux stupas blanches comme neige, vous donnera l'occasion de faire de belles photos.

■ WAT CHONG KHAM
Chong Kham
Situé au bord du lac, ce temple d'inspiration birmane construit en 1827 abrite une très grande statue de Bouddha.

■ WAT CHONG KLANG
A côté, cet autre temple, beaucoup plus intéressant, d'architecture Lanna. Très impressionnant à l'intérieur comme à l'extérieur, ce très beau wat abrite une collection de statues et de reliefs en bois, ainsi que des plaques de verre peintes retraçant les étapes importantes de la vie de Bouddha.

LE NORD

À propos des « femmes girafes »

C'est dans la région de Mae Hong Son que vivent ces tribus devenues célèbres en raison des femmes au long cou distendu par des anneaux superposés. Les « femmes girafes » appartiennent à la tribu Padong qui est apparentée à l'ethnie karen. Bien entendu, toutes les agences proposent des trek s pour aller les voir de près. Les villages padongs sont répartis autour de Mae Hong Son. Le plus visité est Nai Soi. Il faut savoir que la plupart de ces gens ont fui le Myanmar et sont, de ce fait, des réfugiés politiques. La présence de ces femmes contribuant au fonctionnement du tourisme, les minorités ethniques en question sont tolérées par les autorités thaïlandaises. En leur rendant visite, on est inévitablement tenté de prendre des photos… mais la moindre des choses est d'agir avec tact, en demandant l'autorisation. Et de tenter de s'intéresser à ces personnes et à leur culture. Lors de notre passage, trop de gens se comportaient comme s'ils avaient affaire à des animaux de foire. N'oubliez pas que dans l'appellation « femmes girafes », le mot le plus important est « femmes ». Et sachez qu'elles vivent parfois dans des conditions assez proches de l'esclavage : véritablement exhibées par leurs « protecteurs » dont le rôle est peu honorable !

■ WAT DOI KONG MU

Chong Kham

Situé en haut d'une colline dominant la ville, ce temple possède deux *chedi* de style birman. L'ensemble n'a rien d'exceptionnel dans son architecture, en revanche, la vue est magnifique. Venez-y à moto ou même à pied. Aucune performance athlétique à accomplir : une demi-heure de grimpée tranquille.

■ WAT PHRA NON

Sur la route du Wat Doi Kong Mu, avant d'attaquer la côte, se trouve ce temple dont le *bot* tout en teck abrite un Bouddha couché d'une dizaine de mètres.

Sports – Détente – Loisirs

Les abords de Mae Hong Son ou Pai sont sans doute plus indiqués pour le trekking que les environs de Chiang Rai. La région est plus montagneuse, les pistes moins fréquentées, les coins plus sauvages. Quant au rafting, les départs sont organisés à Pai. Mae Hong Son est l'endroit privilégié pour rendre visite aux ethnies montagnardes.

■ NATURE WALKS

✆ +66 53 110 040

www.trekkingthailand.com

Excursion à partir de 1 000 B. Randonnée de plusieurs jours : 2 500 B par jour et par personne. Si vous voulez tout savoir sur la nature aux environs de Mae Hong Son, alors vous avez frappé à la bonne porte ! Quoi que, cet opérateur n'a pas de bureau à proprement parler et n'est joignable que par email ou téléphone… Mr Chan, natif de Mae Hong Son, est incollable sur les espèces de la faune et de la flore de sa région et que ce soit après une excursion d'une journée ou un trek de plusieurs jours, vous reviendrez plus savant, c'est sûr !

MAE SARIANG

Peu développée touristiquement, cette petite bourgade constitue une intéressante base de départ pour les trekkings en forêt, à la découverte des ethnies locales, nombreuses dans la région. Il est également possible d'effectuer des parcours en radeaux sur les rivières ou même de se balader à dos d'éléphant.

Transports

Comment y accéder et en partir

▶ **Mae Sot (gare routière) – Mae Sariang** : départs toutes les heures de plusieurs *song téo* (carrosserie couleur orange) entre 6h et 10h, puis vers midi, 6 heures de trajet environ, moins de 200 B. Ils transitent par Tha Song Yang et Mae Sarit. La route est en bon état, mais très sinueuse, et les dénivelés sont importants (contreforts de la chaîne Dawana du Myanmar) : relief moins accidenté que vers Um Phang, cependant.

▶ **Chiang Mai (terminal Arcade) – Mae Sariang** : plusieurs départs par jour, entre 6h et 20h30, 4 heures de trajet, avec un arrêt-repas. La route est bonne, quoique sinueuse et avec de forts dénivelés.

Se déplacer

▶ **Moto-taxi.** Vous serez sollicité lors de l'arrivée à la gare routière. Un peu trop cher, vu les distances à parcourir : autant se balader à pied. Les hôtels intéressants sont concentrés le long de la rivière à 10 min de marche à peine.

▶ **Motos/vélos.** Idéal pour se balader dans la campagne environnante. Possibilité de négocier la location pour la demi-journée.

Pratique

Tourisme – Culture

A défaut d'informations fournies par la TAT ou la police touristique (toutes deux absentes de la localité), il faudra, sur place, s'adresser à chaque guesthouse, ou à l'hôtel, et discuter des prestations fournies, avec explications détaillées à l'appui.

Adresse utile

◼ BUREAU D'IMMIGRATION
Route 108
✆ +66 53 681 339
Pour une éventuelle extension de visa si le vôtre arrive à son terme.

Se loger

La ville n'étant pas très grande, il est aisé de se déplacer à pied et de visiter différentes options de logement, jusqu'à ce que vous trouviez chaussure à votre pied. Les adresses citées jouissent d'un bon rapport qualité-prix.

◼ NORTHWEST GUESTHOUSE
81 Mhu12 Bankad
✆ +66 86 670 4286 / +66 86 185 2066
patiat_1@hotmail.com

Basse saison : chambre ventilée de 150 à 200 B (1 ou 2 personnes), climatisées à 300 ou 450 B.
Maison entièrement en teck, sur pilotis, de style rustique. 8 chambres toutes équipées d'un ventilateur, possibilité A/C. Matelas posés à même le sol, à la japonaise. Trois salles de bains communes sont disponibles. Le tout est vraiment propre. Bonne adresse pour les petits budgets. Bar TV salle commune au rez-de-chaussée, ouvert sur la rue (paisible). Location moto possible, laverie, Internet, massage.

◼ RIVERHOUSE HOTEL
77 Thanon Lang Panich
✆ +66 53 621 201
www.riverhousehotels.com
riverhouse@hotmail.com
Chambres entre 1 200 et 2 200 B en basse saison, entre 1 500 et 2 800 B en haute saison. Petit déjeuner inclus. Wi-fi gratuit.
Conception moderne, décoration de style sobre, entièrement boisée. Très bien située, en surplomb de la rivière, cette grande maison en bois de teck est de belle apparence. Le restaurant ouvre sur une terrasse dominant la rivière. Les chambres installées à l'étage sur deux niveaux, sont claires et très agréables. Toutes possèdent un cabinet de toilette. L'endroit dégage un charme certain.

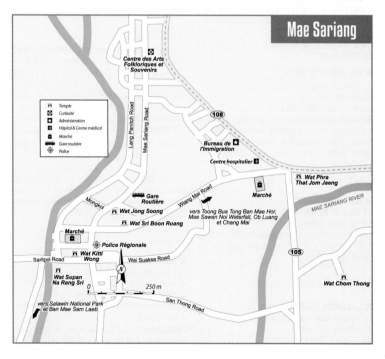

■ SALAWIN GUEST HOUSE

2 Thanon Lang Panich
✆ +66 53 681 490
Chambres ventilées à 400 B. Un établissement propret situé juste à côté du Riverhouse Hotel propose des chambres confortables. Le petit déjeuner est servi à demeure… sur demande. Bon accueil.

Se restaurer

Pour manger sur le pouce, sachez qu'aux abords de la gare routière, de petites échoppes installées sur la route (quand on marche vers le Mitaree Hotel) proposent des brochettes et autres grillades locales en fin d'après-midi.

■ CORNER CUISINE

Thanon Lang Panich
✆ +66 53 682 616
Ouvert de 17h à 23h. Compter 40 à 150 B selon le plat choisi. Cuisine locale.
Restaurant se trouvant naturellement au coin d'une rue transversale… La terrasse agrémentée de quelques parasols, est installée dans un petit jardin.

■ EARTH RESTAURANT

82 Thanon Lang Panich
Situé de l'autre côté de la rue par rapport à la Northwest House et en surplomb de la rivière. S'installer vers 18h si l'on veut profiter du panorama avant la tombée de la nuit. Spécialités de l'Issan à la carte puisque les jeunes dames qui s'occupent de la cuisine sont originaires de cette région.

■ RIVERHOUSE HOTEL

77 Thanon Lang Panich
✆ +66 53 621 201
www.riverhousehotels.com
Restaurant ouvert avec terrasse en bois surplombant la rivière (fort agréable par beau temps). Un endroit tranquille, bon chic bon genre, cadrant avec l'hôtel en question.

À voir - À faire

■ WAT JONG SUNG
ET WAT SI BUNRUANG

⭐

Sur la route principale.
Ces deux temples birmans datent de la fin du XVIIe siècle. Le Wat Jong Sung possède un Chedi de style Shan.

Sports - Détente - Loisirs

■ SALAWIN TOURS

Trinnachai Krahornrompram
✆ +66 89 700 9928
salawintour.blogspot.com

M. Gabriel Adull, guide professionnel, organise depuis plusieurs années des circuits d'un à cinq jours comprenant trekking en forêt, rafting sur radeaux de bambou et balade à dos d'éléphant.
A partir de 1 000 B par personne, le circuit « standard » étant de trois jours, comprenant : « trekking », « bamboo rafting » et naturellement « elephant riding ». Il est possible de réserver à l'avance. Mais attention, la période recommandée va de mi-décembre à mars. En avril, il fait vraiment très chaud (même pour les Thaïlandais !) et, de juin à octobre, c'est la saison des pluies !

LAMPHUN

Distante de Chiang Mai de seulement 25 km vers le sud-est, cette petite ville de 15 000 habitants, bordée par la rivière Kuang, est proposée par la plupart des tour-opérateurs de Chiang Mai. Mais on peut s'y rendre par ses propres moyens : en taxi collectif ou à moto. La gare ferroviaire est trop excentrée. Le principal point d'intérêt est le Wat Phra That Hari Phunchai. Il existe plusieurs autres temples richement décorés. La bourgade est paisible et l'on peut encore voir les vestiges des anciennes fortifications. Toutefois, ce n'est pas une destination incontournable surtout si votre temps est compté.

Transports

Si vous ne désirez pas être dépendant d'un tour-opérateur de Chiang Mai, prendre un bus au terminal de Chang Phuak : il n'y a que des bus ordinaires. Les taxis collectifs bleus transitant par la route Chiang Mai/Lamphun s'y rendent. Le trajet dure environ 25 min : attention à l'heure du dernier retour ! Ou louer une moto…

▶ **Bus.** De Bangkok, un bus climatisé part chaque jour de la gare des bus Mo Chit 2. Plus d'informations sur www.transport.co.th
Si vous voulez vous y rendre en train, sachez qu'un trajet dure 9 heures. Départ de la gare Hua Lamphong chaque jour. Renseignements sur le site www.railway.co.th

Se loger

■ SUPHAMIT COURT

107 Thanon Chama Thewi
✆ +66 53 534 865
En face du Wat Chama Thewi.
Chambres ventilées à 250/300 B, climatisées à 400/500 B.
L'établissement, d'aspect moderne mais sans prétention, est assez excentré au sud des

anciens remparts. Bon accueil bien qu'il ne soit pas évident de se faire comprendre en anglais (les clients étrangers doivent être peu fréquents). Les chambres sont spacieuses et claires, avec cabinet de toilette et TV. L'hôtel est tout à fait convenable et les prix sont raisonnables.

Se restaurer

Quelques restaurants très corrects de cuisine populaire s'enchaînent sur Thanon Inthayongyot, au sud du Wat Phra That.

■ DAO KANANG
Thanon Inthayongyot
✆ +66 53 511 552
Plats entre 80 et 350 B.
Au bord de la Mae Kuang, ce restaurant est réputé pour ses plats régionaux, ainsi que quelques bons fruits de mer. Une étape agréable avant de reprendre votre visite de la vieille cité.

■ KONG SALAWIN
Thanon Inthayongyot
✆ +66 53 561 338
Plats à partir de 30 B.
Un établissement modeste, avec quelques bons plats de nouilles et de riz typiques du coin.

À voir – À faire

■ WAT PHRA THAT HARI PHUNCHAI
Son édification remonte au XIIe siècle. Outre deux superbes *chedi*, il abrite un gong de bronze qui est soi-disant le plus grand du monde. L'endroit est très fréquenté par les Thaïlandais, jeunes ou plus âgés. Juste en face se trouve un petit musée.

LAMPANG

C'est une belle étape entre Chiang Mai et Phitsanulok. Le principal intérêt de cette cité historique se trouve à une vingtaine de kilomètres : Wat That Luang passe pour être l'un des temples les plus intéressants du royaume en matière d'architecture Lanna. D'autre part, à une trentaine de kilomètres de la ville, se trouve le « Thai Elephant Conservation Center », un centre de soins pour éléphants où il est possible de suivre des stages de formation.

Transports

Comment y accéder et en partir

▶ **Train.** La ligne de chemin de fer Bangkok-Chiang Mai dessert Lampang. Arrivée 2 heures plus tôt qu'à Chiang Mai.

▶ **Bus.** Depuis la gare routière de Bangkok (Moh Chit), un car « VIP » part à 21h30 (8h30). Soit 610 km. Bus de 1re classe : départs entre 8h et 9h15 (4 départs) et entre 20h30 et 21h30 (4 départs également), 8 heures 30 de route. Depuis Chiang Mai, des bus climatisés partent toutes les 30 min. Environ 2 heures de trajet. Depuis Chiang Rai, il y a trois départs par jour.

Se déplacer

▶ **Song téo et moto-taxi.** Disponibles en ville.

▶ **Moto.** Location aux alentours de 250 B. S'adresser éventuellement à la Riverside Guesthouse.

▶ **Calèche.** C'est l'originalité de Lampang, à notre connaissance la seule ville de Thaïlande à proposer ce mode de locomotion. Il vous en coûtera 150/200 B pour une demi-heure, environ. Mais il est avantageux de louer pour 1 ou 2 heures : le tarif est dégressif, donc pensez à négocier. Vous les trouverez aux abords des principaux sites touristiques : une bonne option pour aller d'un temple à l'autre.

Pratique

■ OFFICE DE TOURISME (TAT)
Thanon Thakhrao Noi
✆ +66 54 237 237
Près de la Tour de l'Horloge.
Ouvert du lundi au vendredi, de 8h à 16h30.
Dispense une très bonne carte de la ville et de ses attractions.

Orientation

La plupart des hébergements de charme et des restaurants se trouvent sur ou aux abords de Thanon Thip Chang. Celle-ci est à deux minutes de la Mae Wang et reste aisément accessible depuis la Tour de l'Horloge. Pour rejoindre certains *wats* et Bann Sao Nak, il vous faudra traverser la rivière.

Se loger

Bien et pas cher

■ KIM HOTEL
168/1 Thanon Bun Yawat
✆ +66 54 217 721
Chambres ventilées à 250 B ; chambres climatisées à 350 B. En plein centre-ville.
Les chambres sont grandes, claires, avec salle de bains (eau chaude) et fort bien entretenues. Rapport qualité-prix intéressant. Le restaurant se trouve au Pin Hotel, juste derrière.

Confort ou charme

■ ASIA LAMPANG HOTEL
229 Thanon Bun Yawat
✆ +66 54 227 844
✆ +66 54 227 847
www.asialampanghotel.com
asiahol@hotmail.com
De 490 à 700 B, toutes avec A/C. Wi-fi gratuit. Petit déjeuner inclus.
Il est situé presque en face du Kim Hotel. Les chambres, impeccables, se distinguent par une belle décoration. Très bon confort. Animation musicale nocturne au Sweety Music Room. Restaurant terrasse avec salle climatisée attenante.

■ PIN HOTEL
8 Thanon Suandok
✆ +66 54 221 509
pinhotel@loxinfo.co.th
Tarifs : 550 à 1 200 B. Le restaurant est ouvert de 6h30 à 13h et de 18h à 22h.
Un hôtel agréable, tranquille et bien situé, en plein centre-ville. Les 58 chambres de différentes tailles sont toutes climatisées. Les moins chères sont très correctes. Confort garanti.

■ THE RIVERSIDE GUESTHOUSE RESTAURANT
286 Thanon Talad Kao
✆ +66 54 227 005
www.theriverside-lampang.com
info@theriverside-lampang.com
Tarifs échelonnés de 400 à 800 B pour les chambres ventilées, de 800 et 2 000 B pour les climatisées. Wi-fi gratuit. Petit déjeuner non-inclus.
Au bord de la rivière Wang, ces bâtiments de style traditionnel qui ont beaucoup de charme, en bois de teck, abritent des chambres confortables et bien entretenues. Certaines sont équipées de la climatisation. Les plus chères ont vue sur la rivière (balcon). Le restaurant-terrasse, abrité, offre une vue dégagée au bord de l'eau. Petite bibliothèque dans la véranda.

Luxe

■ WIENGLAKOR HOTEL
138/38 Thanon Phahonyothin
✆ +66 54 224 470
✆ +66 54 224 471
www.wienglakor.com
info@wienglakor.com
Tarifs : 1 000 à 2 500 B.
Cet établissement est sans doute le plus bel hôtel de la ville. Il se trouve au nord, à proximité du Wienthong Hotel. Il compte une centaine de chambres au confort international garanti. Les parquets et la décoration en bois sont du plus bel effet. Le restaurant se trouve derrière, au beau milieu d'un jardin exotique, magnifiquement illuminé le soir. Véritable petit parc avec bassin et frondaisons verdoyantes. Eclairages nocturnes magnifiques !

Se restaurer

Dans les villes provinciales, il convient de chercher les petits stands. Ici ils ne manquent pas, par exemple autour du marché de nuit. On le trouve devant la gare ferroviaire, pour ceux qui ont pu louer une moto, car la gare est à une extrémité de la ville.

■ RIVERSIDE BAR & RESTAURANT
328 Thanon Tipchang
✆ +66 54 221 861
Compter 50 à 120 B par plat.
Restaurant dont la terrasse est installée au bord de la rivière Wang. Belle décoration entièrement en teck. La cuisine est bonne et les prix raisonnables. Pour l'ambiance, musique live orchestrée par des groupes thaïlandais, en soirée à partir de 20h ou 21h.

■ THE RIVERSIDE GUESTHOUSE RESTAURANT
286 Thanon Talad Kao
✆ +66 54 227 005
www.theriverside-lampang.com
info@theriverside-lampang.com
Etablissement fort bien situé, comme son nom l'indique, au bord de la rivière. Restaurant terrasse, abrité du soleil, offre une vue dégagée au bord de l'eau. Un endroit idéal pour le petit déjeuner !

Sortir

■ « DIZZY PUB » & « J. CLUB »
Sop Tui, Mueang Lampang
Dépendants du Tipchang Lampang Hotel, ils semblent indiqués pour passer des soirées d'une rare intensité ? Et les noctambules sont les bienvenus ! Des salons de massages sont là, tout proches… pour remettre en forme les clients fourbus.

■ LAMPANG WIENGTHONG HOTEL
138/109 Thanon Phahonyothin
✆ +66 54 225 801
Le coffee shop semble être, périodiquement, le point de rendez-vous idéal de certaines jeunes filles peu farouches (de toute évidence) qui guettent la rencontre avec certains clients désœuvrés (rencontre synonyme d'amour avec un grand B… comme Bath !). Ce qui ouvre bien entendu des perspectives sur un autre genre de distraction !

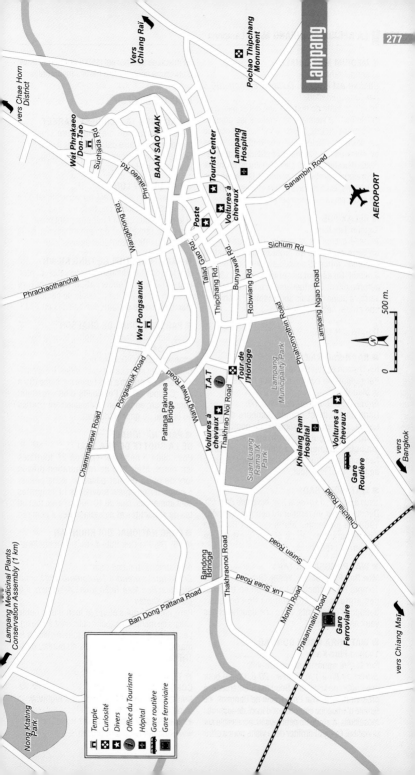

Lampang

Vers Chiang Raï

vers Chae Horn District

Pochao Thipchang Monument

Wat Phrakaeo Don Tao

Suchada Rd

BAAN SAO MAK

Phrakaeo Rd.

Tourist Center

Lampang Hospital

Wangkhong Rd.

Sanambin Road

AEROPORT

Poste

Voitures à chevaux

Sichum Rd.

Phrachaothanchai

Talad Gao Rd.

Thipchang Rd.

Bunyawat Rd.

Robwiang Rd.

Wat Pongsanuk

Lampang Ngao Road

500 m.

Pongsanuk Road

Phanonyothin Road

Pattana Paknuea Bridge

Wang Khwa Road

T.A.T

Tour de l'Horloge

Lampang Municipality Park

Chammathewi Road

Voitures à chevaux

Thakhrao Noi Road

Suan Luang Rama IX Park

Khelang Ram Hospital

Voitures à chevaux

Gare Routière

vers Bangkok

Bandong Bdridge

Ban Dong Pattana Road

Thakhraonoi Road

Lük Suea Road

Suren Road

Montri Road

Chaichat Road

Prasanmaitri Road

Gare Ferroviaire

vers Chiang Maï

Lampang Medicinal Plants Conservation Assembly (1 km)

Nong Ktating Park

Temple
Curiosité
Divers
Office du Tourisme
Hôpital
Gare routière
Gare ferroviaire

■ MEDIUM MUSIC HALL

Thanon Takhao Noï

L'entrée est gratuite. Compter environ 100 B par consommation.

En fait de boîte de nuit, il s'agit bel et bien d'un music hall où viennent se produire les groupes thaïlandais du cru. L'espace central est occupé par des tables où les clients boivent force bières et whiskies, en admirant la plastique avantageuse des starlettes locales. Histoire de maintenir la pression ambiante pendant la pause des musiciens, les hôtesses, court vêtues, grimpent sur le bar pour se trémousser de manière lascive…

■ RELAX PUB

Thanon Tipchang

Installé à côté de la rivière. On peut y boire un verre en soirée en profitant de l'animation musicale : groupe thaïlandais local jouant de 20h à minuit. Un essaim de serveuses court vêtues se précipitent habituellement pour remplir les verres à peine reposés sur la table… Ambiance bon enfant néanmoins.

À voir - À faire

■ BAAN SAO NAK

85 Thanon Ratwathana

Par rapport au centre-ville, sur l'autre rive de la Mae Wang.

Entrée à 50 B. Ouvert de 10h à 17h.

Dans une belle et grande demeure de style Lanna, tout en bois précieux, de nombreuses antiquités, meubles, bronzes, céramiques malheureusement peu mises en valeur… Néanmoins, la structure, soutenue par 116 pilotis en teck, vaut le détour.

■ WAT CHEDI SAO

Situé à environ 5 km de la ville, ouvert de 8h à 17h.

Découvert par un fermier au début des années 1980, ce joli temple abrite un petit Bouddha d'or mesurant moins de 50 cm. Il est décoré de pierres précieuses.

■ WAT PONGSANUK TAI

Moo Ban Pong Sanuk, Wiang Nua Sub-district

Temple d'architecture Lanna où se trouvent des statues caractéristiques de l'époque : bouddhas corpulents, avec une bouche et des yeux assez petits.

■ WAT PHRA KAEW DON TAO

Thanon Phra Kaew

Sur la rive opposée au centre-ville.

Ouvert de 8h à 19h. Entrée : 20 B. Connu pour avoir hébergé le célèbre Bouddha d'Emeraude, à présent dans le Wat Phra Kaew de Bangkok, ce temple d'influence birmane est décoré de superbes mosaïques. Il abrite un petit musée, accessible sur donation. On peut profiter de la visite pour s'offrir

un massage traditionnel (150 B de l'heure), suivi d'un sauna agrémenté d'herbes médicinales.

Dans les environs

■ KAD KONG TA – CHINESE MARKET

Belle construction d'architecture chinoise, birmane et anglaise datant de plus d'un siècle ! Située sur les berges de la rivière Wang, dans la localité de Hua Wiang.

■ LAC DE KIW LOM

A 38 km de la ville. C'est un lac artificiel où il est possible de louer des bateaux pour pêcher, si le cœur vous en dit ! Hébergement prévu sur place. Se renseigner également auprès de la TAT ou à la Riverside Guesthouse.

■ PARC FORESTIER DE TUNG KIEWN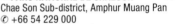

Non loin du Thai Elephant Conservation Center, lieu privilégié d'observation de la nature (oiseaux, cerfs). Il est possible de camper sur place, et même de faire des balades en VTT.

■ PARC NATIONAL DE CHAESON

Chae Son Sub-district, Amphur Muang Pan

℡ +66 54 229 000

chaeson_np13@hotmail.com

Cascades et sources d'eau chaudes. Il est envisageable de prendre des bains sur place (39 à 42 °C) pour 20 B. Possibilité d'hébergement dans le parc en prenant préalablement contact au bureau de gestion du parc.

■ PARC NATIONAL DE LA GROTTE DE PHA THAI

Possibilité d'héberger environ 25 touristes sur place. Mais pas de restauration prévue lors de notre dernier passage, donc penser à emporter quelques provisions ! Les grottes sont immenses, plus de 10 000 m² avec tout un tas de stalactites et de stalagmites à admirer.

■ PARC NATIONAL DOI KHUN TAN

Mu 8, Tha Pla Duk Sub-district, Amphur Mae Tha

doikhuntan@hotmail.com

En voiture : prendre l'autoroute n°11, puis direction Ban Mae Ta.En train : descendre à la gare de Khutan.

Parc national qui s'étend le long d'une petite chaîne de montagnes (point culminant à 900 m). Les paysages sont beaux. Se faire expliquer la manière de s'y rendre auprès du bureau de la TAT de Lampang.

■ THAI ELEPHANT CONSERVATION CENTER

Km. 28-29 Lampang-Chiang Mai Highway

Hang Chat

℡ +66 54 247 875

www.thailandelephant.org/en/

Entrée au camp 70 B, 1/2 heure à dos d'éléphant 400 B, une journée d'entraînement avec les éléphants à 3 500 B.

Certaines guesthouses organisent cette excursion (avec d'autres points d'intérêt dans la région). La présentation du travail des éléphants est devenue purement folklorique, car plus aucun de ces animaux ne travaille de nos jours à l'exploitation du bois en Thaïlande. L'intérêt principal des lieux est les deux hôpitaux où sont soignés les animaux blessés ou malades, en provenance de l'ensemble du pays. Il est d'ailleurs possible de suivre un « stage de soin » pour éléphants durant plusieurs jours ! Ouverts à partir de 8h30 et jusqu'en milieu d'après-midi.

▶ **Possibilité également de rester au camp** entre 1 et 10 jours pour participer à l'entraînement des éléphants et dormir sur place. Plus cher mais plus intéressant.

■ **WAT PHRATHAT LAMPANG LUANG**
Km. 28-29 Lampang-Chiang Mai Highway
Hang Chat
Situé à une vingtaine de kilomètres de Lampang, à côté du village de Ko Kha.
Ce temple bien conservé dans son ensemble vaut bien le déplacement. Il offre l'un des plus beaux témoignages d'architecture Lanna que l'on puisse voir. Les toitures caractéristiques datent de cette période. Perché sur une butte en pleine campagne (au milieu des rizières), ce temple à l'architecture remarquable comprend différents édifices.

▶ **Viharn Luang**. Bâtiment visible dès l'entrée, devant soi. Construit vers le milieu du XVe siècle, il se caractérise par une toiture à plusieurs pans emboîtés. La charpente en bois précieux, supportée par de gigantesques piliers de teck, est d'une beauté saisissante. Le temple abrite différentes représentations de Bouddha datant du XVIe siècle.

▶ **Viharn Ton Kheo** se trouve sur la droite. Edifié à la même époque que le précédent, son architecture est tout à fait identique ; seule la taille, beaucoup moins imposante, diffère.

▶ **Viharn Nam Taem** se trouve juste derrière. Datant du début du XVIe siècle, il abrite des vestiges datant de la construction du bâtiment.

▶ **Le chedi** est l'édifice sacré le plus important, situé au cœur du temple. Il a été reconstruit à la fin du XVe siècle, après avoir été presque complètement rasé par les Birmans. Il contient notamment des reliques très vénérées par les Thaïs et ayant appartenu à des dignitaires bouddhistes.

LE NORD

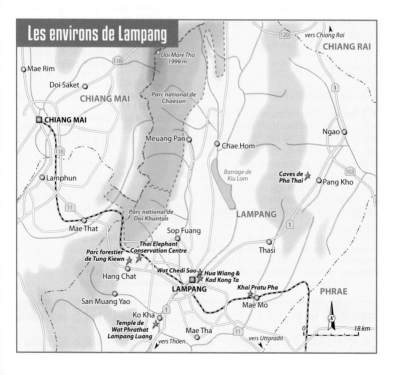

Les environs de Lampang

▶ **Viharn Phra Phut**, bâtiment le plus ancien selon les historiens, daterait du XIIIe siècle. Son architecture de style Chiang Sen (du XIe au XIIIe siècle) semble leur donner raison.

▶ **Le bâtiment nommé Heo Phra Phut Tabat** est le plus petit du temple. Il est strictement interdit aux femmes. Une interdiction qui ne doit pas être transgressée, sous peine de graves conséquences. A l'intérieur se trouve une réplique de l'empreinte d'un pied de Bouddha.

▶ **Les deux derniers édifices sont le Viharn Phra Jao Sila et le bot**. On peut aussi les visiter, mais ils n'ont rien de particulier. Le premier est une simple réplique des précédents, en moins majestueux. En ce qui concerne le *bot*, il a été reconstruit dans les années 1920, son intérêt est donc moindre. C'est ici que les prêtres sont ordonnés une fois par an.

PHRAE

Cette petite ville est une étape relais entre Lampang et Nan. Construite après que Chiang Maï n'eut été la capitale de la région, la région possède l'une des plus importantes forêts de teck du pays. Encore épargnée par le tourisme de masse, la ville est très plaisante par sa simplicité, c'est son intérêt principal. Le calendrier local comporte quelques fêtes intéressantes pour lesquelles il est conseillé de prendre ses renseignements auprès de la TAT de Chiang Maï, avant de se rendre à Phrae.

Transports

Comment y accéder et en partir

▶ **Avion**. Un aéroport se trouve au sud-est de la ville. Une ligne direct avec la compagnie Nok Air pour Bangkok une fois par jour. Renseignements sur www.aviation.go.th

▶ **Bus**. Liaisons quotidiennes depuis Chiang Maï. Compter environ 4 heures de trajet et 280 B. Seulement 2 heures depuis Lampang. Il faut partir le matin car les liaisons sont plus espacées, voire inexistantes, l'après-midi.

Se déplacer

▶ **Song téo**. Ils desservent les villages des environs depuis la gare routière. Toujours demander le prix de la course avant le départ, ce qui évite les malentendus.

▶ **Samlo (cyclo-pousse)**. Ils peuvent vous déposer à l'hôtel de votre choix, dans le centre-ville.

Pratique

■ **OFFICE DE TOURISME (TAT)**
A la gare routière du nord-est de la ville
Ouverture de 8h à 16h30.

Orientation

L'ancienne cité fortifiée offre quelques constructions anciennes à découvrir. Des temples sont dispersés dans les environs, mais trouver un moyen de transport individuel peut poser problème.

Se loger

Le choix d'hébergement est assez restreint sur Phrae, mais de bonnes adresses existent pour profiter tranquillement de son séjour sur place.

■ **NAKHON PHRAE HOTEL**
69 Thanon Ratsadamnoen
✆ +66 54 511 122
nkphrae@phrae.ksc.co.th
Proche de l'ancienne ville, à l'angle sud-est de l'enceinte.
Chambre ventilée à 300 B ; climatisée à 450 B.
Les chambres, de taille moyenne, sont plutôt agréables sans être d'un entretien irréprochable. Toutes ont un cabinet de toilette. La décoration possède un certain charme avec du parquet au sol. Les salles de bains sont carrelées.

■ **PARADORN HOTEL**
177 Thanon Yantarakit Kosol
✆ +66 54 511 177
A 500 m de la gare routière.
Chambres ventilées à partir de 300 B ; chambre climatisées à 450-550 B ; chambre « VIP » à 800 B.
Chambres assez petites dans l'ensemble (sauf les VIP). Toutes sont claires et confortables, avec cabinet de toilette (eau chaude). Le restaurant terrasse, agréable, est ouvert sur l'arrière du bâtiment : il y a un parking verdoyant et un petit bois à proximité.

■ **PHOOM THAI GARDEN HOTEL**
31 Thanon Sasiboot
✆ +66 54 627 359
www.phoomthaitravel.com
hotelphoomthai@yahoo.com

REPÉREZ LES MEILLEURES VISITES

⭐ INTÉRESSANT　⭐⭐ REMARQUABLE　⭐⭐⭐ IMMANQUABLE　⭐⭐⭐⭐ INOUBLIABLE

Chambres entre 1 000 et 1 500 B en basse saison et entre 1 100 et 1 700 B en haute saison. Petit déjeuner inclus.

Cet hôtel d'un style Lanna un peu désuet, n'en reste pas moins très confortable et très bien situé. Toutes les chambres sont climatisées et bénéficient de la télévision câblée. Massage et restaurant sur place.

Se restaurer

De très nombreux restaurants populaires sont installés dans la rue Rasdamnoern, à proximité des hôtels du centre de la nouvelle ville, à l'est de l'ancienne cité.

■ MARCHÉ DE NUIT
A partir de 20 B.
A l'emplacement de Pratu Chai, l'ancienne porte de la cité fortifiée, transformée en une sorte d'esplanade. De nombreux marchands ambulants s'y installent dès la fin de journée et l'on y mange correctement pour vraiment pas cher. Couleur locale garantie.

■ ROUTE & BEAT
Thanon Kham Saen
℡ +66 54 521 572
Ouvert de 11h à minuit. Tarifs échelonnés entre 30 et 160 B.
Situé dans l'enceinte de la vieille ville, à mi-chemin entre le Wat Luang et la poste centrale. Petit bar-restaurant aménagé dans un style moderne aux allures méditerranéennes : l'effet est original. Cuisine thaïlandaise. Animation musicale en soirée, occasionnellement.

Sortir

■ SHABOO
Music hall situé à proximité du Nakorn Phrae Rasdamnoern Hotel. Des vedettes locales, ou en passe de le devenir, se produisent sur scène.

À voir – À faire

■ BAN PRATU CHAI
Ouvert au public de 8h à 17h. Entrée à 40 B.
Cette grande villa traditionnelle se trouve au sud-ouest et à l'extérieur de la vieille cité. Egalement appelée Ban Sao Roï Ton – la « maison aux cent piliers » – la construction est entièrement réalisée en bois de teck massif, des soubassements à la toiture. Il est possible de compter les troncs entiers qui soutiennent l'édifice, au sous-sol : il y en a plus d'une centaine. Les arbres utilisés avaient, paraît-il, 300 ans ! D'autre part, l'ancienne demeure contient une multitude d'objets en bois sculpté :

un véritable musée. L'ensemble appartenait à un notable ayant reçu une distinction de la reine elle-même, comme l'attestent certaines photographies exposées. La collection de ces photos familiales constitue un témoignage intéressant sur le siècle passé.

■ VONGBURI HOUSE
Ouvert au public de 8h30 à 17h. Entrée à 30 B.
Il s'agit là également d'une maison centenaire, mais dont le style évoquerait plutôt l'ère coloniale (qui n'a pas eu lieu en Thaïlande). Le bâtiment principal et les dépendances ont été construits en bois sous les directives d'un architecte chinois. Le rangement est impeccable, et une petite musique accompagne la visite. L'ensemble restauré en 1994-1995 dégage un charme suranné au milieu d'un beau jardin. Certaines photos exposées témoignent de l'exploitation forestière qui sévissait au siècle dernier : les éléphants étaient alors mis à contribution.

■ WAT CHOM SAWAN
Thanon Yantarakit Koson
Temple à l'architecture de style birman se trouvant non loin de la gare routière, au nord, de l'autre côté d'un petit cours d'eau. L'édifice est situé dans un jardin verdoyant, et un charme certain se dégage de l'endroit. Probablement l'un des plus beaux temples de la région, avec ses dorures réalisées sur bois brut.

■ WAT LUANG
Situé dans l'ancienne enceinte fortifiée, il a été construit à l'époque de la création de la ville, ce qui méritait d'être signalé… Un petit musée se trouve juste à côté.

■ WAT PHRATHAT CHO HAE
A 9 km du centre en suivant la route 1022.
Lieu sacré le plus important pour les habitants de la ville. Un édifice de 33 m de hauteur se trouve installé sur une petite colline.

■ WAT PHRATHAT DOI LENG
Temple situé à trois kilomètre du Wat Phra That Cho Hae, au sommet d'une colline culminant sur les environs. Vue panoramique sur la campagne alentour.

■ WAT SRA BOKEHO
Thanon Nam Khoe
Autre temple de style birman situé à proximité des anciennes douves, à l'extérieur de l'enceinte fortifiée, côté est. Egalement en bois, il est moins ancien que le précédent. La bâtisse, également installée dans un agréable jardin, est mieux entretenue (les surfaces en bois ont été peintes), mais sa construction semble toutefois moins intéressante.

NAN

A l'écart des zones touristiques fréquentées, Nan est un point de passage obligé pour qui veut découvrir les parcs environnants. Petite ville d'environ 25 000 habitants, elle est habitée par une population d'origine laotienne ainsi que plusieurs minorités ethniques venues de Chine du Sud (Thai-Lü, Khamu), il y a environ 150 ans. Cela donne à la région un charme et un caractère à la fois original et cosmopolite, entretenu de nos jours par la proximité avec le Laos. Si elle ne possède pas de temples et de monuments extraordinaires, la nature qui l'entoure, vallons et forêts, est tout à fait splendide. Au XVe siècle, Nan était une importante cité du royaume Lao, appelée Chiang Klang, mais elle perdit de son aura après que les Birmans en eurent pris le contrôle. Elle devint ensuite une province autonome sous la domination de potentats locaux et il fallut attendre les années 1930 pour qu'elle fasse partie intégrante du royaume de Siam.

Transports

Comment y accéder et en partir

▶ **Avion.** Depuis Bangkok, seule la compagnie Nok Mini assure un vol par jour au départ de l'aéroport Don Mueang (www.nokair.com). Depuis Chiang Mai, la compagnie Kan Air (www. kanairlines) assure un vol aller-retour quotidien vers Nan.

▶ **Bus.** Bangkok – Nan : deux bus climatisés « VIP » (24 passagers) partent à 20h et 20h40 ; 9h30 de trajet, 677 km. Bus climatisés de 1re classe : départs à 8h30 et 4 départs de 20h à 21h15.
Chiang Mai (Arcade) – Nan : les bus climatisés font le trajet en 6h environ. Pour le trajet retour, les bus partent de Nan entre 7h30 et 15h. Un dernier bus part à 22h30. A destination de Chiang Mai, 8 bus partent quotidiennement, entre 7h30 et 15h. Et un petit dernier à 22h30. Soit 6 heures de route d'affilée si on ne fait pas étape à Phrae ou à Lampang. Depuis Lampang, 4 heures de route environ.
Nan – Chiang Rai : un départ par jour à 9h, 7 heures de route. Compter entre 150 et 350 B en fonction de la classe du bus.

Se déplacer

▶ **Song téo (taxi collectif).** Ceux qui circulent en ville sur les artères principales prennent environ 10 B suivant la distance parcourue. Ceux de couleur rouge vous transportent à l'intérieur de la ville.

▶ **Moto-taxi et samlo.** Tous sont présents en ville.

▶ **Moto/vélo.** Location à respectivement 200 et 50 B par jour. Il est possible d'avoir une réduction au-delà de 3 jours.

Pratique

■ OFFICE DE TOURISME (TAT)
Thanon Suriyaphong
Ouvert de 8h30 à 16h30.
Le poste de police se trouve dans cette même rue, près de la mairie.

■ POSTE
Au milieu de Thanon Mahavong
Ouverte de 8h30 à 16h30.

Se loger

Le parc hôtelier de Nan est encore peu développé, signe certain que le tourisme de masse ne s'est pas encore accaparé la région.

■ DHEVARAJ HOTEL
466 Thanon Sumon Thewaraj
✆ +66 54 75 15 77
www.dhevarajhotel.com
inq@dhevarajhotel.com
Tarifs de 1 200 à 4 000 B.
Situé en plein centre, cet établissement moderne est plus grand que ne le laisse supposer sa façade. Outre les chambres climatisées, fort bien aménagées, l'hôtel comprend un restaurant, une salle de banquet, un grand karaoké, un salon de massage traditionnel, un Spa et même une jolie petite piscine en terrasse. Propreté impeccable des chambres et service diligent.

■ DOI PUKHA GUESTHOUSE
94/5 Thanon Sumon Thewaraj, Soï 1
✆ +66 54 751 517
Chambres ventilées à 100 ou 150 B.
Cette guesthouse est installée dans un jardin ombragé agréable, à l'écart du centre-ville. L'installation est tout sauf luxueuse. Toilettes et douches communes pour tout le monde. Construction traditionnelle en bois. Les chambres, modestes, sont à l'étage, toutes ventilées. Petit déjeuner sur place à la demande. La cuisine est fermée en basse saison. L'endroit bien que rustique est fort sympathique.

■ NAN FAH HOTEL
438 Thanon Sumon Thevaraj
✆ +66 54 710 284
Chambres climatisées à 350 ou 500 B.
Situé en plein cœur de la ville, le Nan Fah Hotel est juste à côté du Dhevaraj Hotel. Il est presque entièrement construit en bois de teck, ce qui lui donne un cachet original. Les aménagements sont pourtant assez sommaires. Toutes les chambres sont climatisées, avec salle de bains

et TV câblée. Restaurant au rez-de-chaussée. Location de motos sur place.

■ NAN GUESTHOUSE
56/15-16 Thanon Mahaphom
℡ +66 54 771 849
www.nanguesthouse.net
nanguesthouse@hotmail.com
Chambres ventilées avec salle de bains commune à 250 B ; avec cabinet de toilette privé à 350 B ; climatisées à 480 B.
Etablissement simple situé dans une rue calme, non loin du centre-ville. Chambres assez spacieuses et vraiment propres. Petit restaurant-terrasse dans le jardin de la maison voisine. Excellent rapport qualité-prix. Il ne semble pas inutile de réserver quelques jours à l'avance si vous voulez assurer votre place.

Se restaurer

Les marchés de jour et de nuit se rassemblent aux abords de Thanon Khao Luang. Rien de bien original, mais des endroits populaires et pas chers du tout, forcément !

Sur le pouce

■ MARCHÉ DE JOUR
Entre Thanon Jettabhut et Khao Luang.
Tous les jours. A partir de 15 B.

■ MARCHÉ DE NUIT
Entre Thanon Khao Luang et Sumonthewarat.
A partir de 20-55 B. Tous les soirs.

Bien et pas cher

■ RUNG THIP SAWOEI
Thanon Sumonthewarat
℡ +66 54 774 711
Non loin de l'hôtel Nan Fah.
Ouvert de 6h à 16h30. Plats à partir de 20 B.
Petit restaurant populaire, grand ouvert sur la rue. Cuisine chinoise et thaïlandaise, simple et bon marché.

■ SUAN ISSAN
21/1 Thanon Sumonthewarat
℡ +66 54 710 761
Juste à côté du restaurant Rung Thip Sawoei.
Ouvert de 11h à 23h. Plats à partir de 30 B.
Attention, l'enseigne n'est pas écrite en anglais, et on peut passer devant le restaurant sans le voir. Ce restaurant modeste mais charmant est enfoui dans la végétation. La cuisine est ouverte à l'air libre, au niveau de l'entrée. La salle à manger est cachée derrière. Recettes typiques de la région Nord-Est de Thaïlande.

Bonnes tables

■ DA DARIO
Thanon Mahayot
℡ +66 87 1845 436
Plats entre 80 et 180 B. L'Italie a beau être à l'autre bout du monde, on n'en trouve pas moins d'excellentes pâtes et pizze à Nan. Qu'on se le dise, pour se refaire une petite santé avec des saveurs connues, et quelques autres plus locales, Dario a ce tout ce qu'il faut. Très bon service.

■ POOM SAM
Thanon Ananta Worari Thited
℡ +66 54 750 570
Ouvert de 11h à 3h du matin. Cuisine thaïe et chinoise au rez-de-chaussée. Situé en plein centre-ville. A partir de 60 B.
Si la cuisine européenne vous manque, rendez-vous au premier étage de cet établissement : on y sert des pâtes (les macaronis sont excellents) et même des steaks-frites à des prix raisonnables.

À voir – À faire

■ MUSÉE NATIONAL
Thanon Pha Kong
Ouvert de 9h à 16h. Entrée 30 B. Outre une inévitable collection de bouddhas de styles divers, ce musée expose des céramiques, des poteries et des armes anciennes de la province de Nan. Au rez-de-chaussée : une intéressante exposition d'artisanat, de costumes, d'outils et d'ustensiles, utilisés par les tribus de la région.

■ PARC NATIONAL DE DOI PHU KHA ☆
A 80 km au nord de Nan. Pour tous renseignements, contacter l'office du tourisme de Nan. Entrée libre.
Ce parc national héberge des villages d'ethnies nombreuses : les Mien, Thaï-Lu, Htin. La visite est intéressante. Le parc en lui-même comporte diverses grottes à explorer, des chutes d'eau et des forêts de teck. Son sommet, le Doï Phu Kha, culmine à près de 2 000 m. Egalement possibilité de descente de rivière en rafting. Location de bungalows basiques pour 300 B environ.

■ PARC NATIONAL DE MAE CHARIM ☆
℡ +66 54 769 050 / +66 54 710 036
Prendre contact à l'avance par téléphone.
Possibilité de camping et même de rafting sur la rivière Wa, en fonction de la saison (niveau d'eau).

■ PARC NATIONAL DE SRI NAN ☆
℡ +66 54 701 106
Ce parc, très étendu, mérite une visite si vous restez un peu dans la région. A voir notamment le site des falaises de Pha Chu qui dominent le paysage environnant.

LE NORD

■ **VESTIGES DES ANCIENNES FORTIFICATIONS** ⭐⭐

Construites par Chao Ananta Worarit Thidet en 1885, la muraille remplaça un mur-palissade détruit par une inondation en 1817.

■ **WAT NONG BUA**

Temple avec toits ouvragés et boiseries sculptées remarquables.

■ **WAT PHRA THAT CHAE HAENG**

Très beau temple datant du XVᵉ siècle. Son architecture est caractéristique du style Lanna, avec ses bois précieux très travaillés, ses dragons sculptés sur les portes et son immense *chedi*. Le temple étant situé un peu à l'extérieur de la ville (il faut franchir le pont qui enjambe la rivière Nan), il surplombe la vallée et la vue y est splendide.

■ **WAT PHRA THAT CHANG KHAM WORAVIHAR**

Thanon Pha Kong
à environ 250 m du Wat Phumin

Vaste temple dont le bâtiment principal héberge un grand Bouddha de la période Lanna. Construit au XIVᵉ siècle, son architecture monumentale intègre différents styles : Sukhothai, Lanna… On y verra de nombreuses fresques et statues d'une grande beauté.

■ **WAT PHUMIN**

Thanon Pha Kong

Temple de la fin du XVIᵉ siècle. Ses très belles décorations murales datent de sa restauration du XIXᵉ siècle.

■ **WAT SUAN TAN**

Thanon Suan Tan

Edifié au milieu du XVᵉ siècle, sa pièce maîtresse est le monumental *chedi* de plus de 40 m de hauteur, de style Sukhothai.

Sports – Détente – Loisirs

■ **FHU TRAVEL**

453/4 Thanon Sumon Thevaraj
✆ +66 54 710 636
www.fhutravel.com – info@fhutravel.com

Cette agence située en plein centre-ville, non loin du Dhevaraj Hotel, propose ses services pour vous faire découvrir la région environnante. Au programme, excursions diverses : cyclotourisme, randonnée, kayak, rafting, en fonction de la saison (niveau des rivières variable).

WIANG SA

La petite ville de Wiang Sa est localisée à 26 km au sud de Nan sur la route de Phrae. Cette agglomération constitue une étape intermédiaire pour découvrir les environs.

■ **WAT BUN YEUN** (
Main street

Curiosité locale, le Wat Bun Yeun, dont la construction remonte à la fin du XVIIIᵉ siècle. L'édifice est doté d'une toiture à quatre niveaux supportée par de grands piliers. Le bâtiment a été restauré en 1933.

BAN HUAY YUAK

Ce village se trouve à proximité de Wiang Sa. Les bois de la région alentour servent d'habitat à un groupe ethnique ayant émigré du Laos il y a environ une centaine d'années, les M'labris.

Dans les années 1980, ce peuple singulier comptait environ 300 individus dont les familles, dispersées dans la forêt, vivent dans des conditions très rustiques. Le gouvernement thaïlandais aurait essayé de les intégrer, mais leur alphabétisation pose problème. Les M'labris mènent une existence itinérante dans les bois où ils survivent traditionnellement grâce à la cueillette et à la chasse. Ils se déplacent au fur et à mesure de leurs besoins, et leurs campements sont donc provisoires. Cependant, ils travaillent parfois comme ouvriers agricoles pour le compte des paysans de la région bien qu'ils ne connaissent soi-disant pas la valeur de l'argent. Dans ces conditions, il est bien entendu préférable d'avoir recours aux services d'un guide accrédité parlant leur langue pour entrer en contact avec eux.

▬▬ CHIANG RAI ET LE TRIANGLE D'OR ▬▬

La région est localisée aux confins nord de la Thaïlande, délimitée à l'est par la frontière avec le Laos et le Mékong, au nord par celle avec le Myanmar et au sud par la montagne Chiang Dao. La province est une zone vallonnée, montagneuse, de nombreuses minorités ethniques comme les Yao, Akha, Lahu y résident. Si beaucoup fantasment encore sur les divers trafics qui se tramaient sur ces terres… eh

bien, ils existent toujours, principalement au Myanmar, mais ne vous attendez pas à voir passer une caravane d'opium au détour d'un chemin. Nous ne sommes plus dans les années 1960. Comme tous les trafics modernes, celui-ci est bien organisé, donc a priori non observable par de simples touristes en vadrouille, et cela vaut mieux pour vous ! En revanche, si vous aimez la nature, vous serez enchanté par les sites sauvages et les possibilités de virées dans la région. Et pourquoi pas continuer votre périple dans le nord Laos ! (visa de 30 jours, délivré à la frontière à Chiang Khong).

CHIANG RAI

La province de Chiang Rai est la plus septentrionale de Thaïlande. La ville est située sur la rivière Kok, un affluent du Mekong. Elle abrite une population de 80 000 personnes et fut la première capitale du royaume de Lanna. Fondée en 1262 par le roi Mengrai, dont on peut voir une statue dans le centre-ville, elle perd son statut au profit de Chiang Mai quelques années plus tard. La province s'appuie sur les deux pays voisins, le Myanmar à l'ouest et au nord, et le Laos, à l'est. D'où le surnom exotique de « Triangle d'or ». En fait d'or, il s'agit bien entendu d'opium. Le trafic existait encore il y a une trentaine d'années. De nos jours, officiellement, les autorités thaïlandaises mènent une répression active (surtout envers les étrangers qui croient encore que tout est permis !), car le Myanmar est toujours l'un des principaux producteurs d'opium au monde, avec l'Afghanistan et le Pakistan. La ville de Chiang Rai constitue une étape commode pour accéder au fameux Triangle et il est possible d'organiser de belles excursions dans la région. Attention tout de même, de décembre à février, il peut faire vraiment froid ; tellement froid qu'il est même arrivé que des paysans meurent, surpris par la nuit au fond d'une vallée. A 13 kilomètres au sud, se trouve le Wat Rong Khun, plus connu sous le nom de « White temple ».

Transports

Comment y accéder et en partir

▶ **Thai Airways** assure 3 vols par jour depuis Bangkok Suvarnabhumi. Compter 1 heure 20 de vol (www.thaiairways.fr).

▶ **Thai Air Asia** propose également 3 vols par jour. (www.airasia.com)

▶ **Orient Thai Airlines** assure 1 vol depuis Bangkok Don Mueang tous les jours (www.fly12go.com).

▶ **Kan Air** assure deux vols aller-retour par jour depuis Chiang Mai (www.kanairlines.com). Compter 35 minutes de vol sur de petits Cessna 12 places.

■ BUS
✆ +66 53 711 224

▶ **Depuis Bangkok,** des bus « VIP » de 24 places partent de la gare de Bangkok (Moh Chit) le soir aux environs de 20h ou le matin vers 7h30 ; 11 heures de route, soit 801 km. Bus climatisés de 1re classe : départs à 7h, 16h et 19h (13 heures de route).

▶ **Depuis Chiang Mai,** à partir de « Arcade Bus Terminal », des bus climatisés assurent 9 départs, entre 7h et 17h ; compter environ 4 heures de trajet. Dans le sens inverse, 7 départs de bus VIP entre 9h et 17h30 (3 heures de route). Bus de 1re classe (air conditionné) : 9 départs entre 8h25 et 19h (3 heures 15 de trajet). Bus de 2e classe (AC) : 1 départ à 7h45 (3 heures 15 également). Bus ordinaires (ventilés) : 6 départs entre 6h30 et 17h30 (3 heures 40 environ).

▶ **Pour se rendre à Mae Sai :** il s'agit des liaisons les plus fréquentes (pratiquement tous les quarts d'heure !), entre 6h et 18h. Compter 1 heure 30 de transport, en bus ordinaire. Bus VIP : départs à 11h et 17h50 (1 heure de trajet). Bus climatisés de 1re classe : départs à 12h55, 16h45 et 19h45 (1 heure également).

▶ **Pour se rendre à Chiang Khong :** des bus partent toutes les heures de la gare routière, entre 6h30 et 16h30. Compter 2 à 3 heures 30, selon que le trajet passe par Thoeng ou non, et le nombre d'arrêts en cours de route !

▶ **Pour aller à Chiang Saen (proche de Sob Ruak) :** liaison quotidienne directe entre 6h et 18h40. Départs toutes les 15 min environ. Environ 1 heure 30 de route. Attention au retour, les derniers bus quittent Chiang Saen vers 17h.

LE NORD

Petit tour en voiture dans le Triangle

Les lieux les plus intéressants du triangle d'or peuvent se visiter en trois jours, en voiture !

▶ **Chiang Rai,** la porte du Triangle d'or.

▶ **Mae Sai et le temple de Doi Tung,** proche de la frontière du Myanmar.

▶ **Chiang Saen,** la ville fortifiée, ancienne capitale du royaume thaï du Yonok.

▶ **Sob Ruak,** point d'intersection entre la Thaïlande, le Laos et le Myanmar.

▶ **Les bouddhas** de Thaton, sur la montagne.

Conseils aux risque-tout « en herbe »

A ceux qui voudraient profiter d'une escapade dans un village isolé pour goûter à des substances prohibées, nous disons : attention, danger ! La répression est devenue féroce et, en Thaïlande, tout consommateur de drogues – « douces » ou pas – risque très gros. De plus, sachez que la plupart des revendeurs peuvent vous dénoncer illico, une fois la transaction terminée, puisque tout dénonciateur touche une prime ! Le dealer double ainsi son bénéfice. Les prisons de Thaïlande regorgent d'Occidentaux qui, après les paradis artificiels, supportent à présent un véritable enfer. La détention carcérale en Thaïlande est l'une des pires choses qui puissent vous arriver et le Consulat de France ne pourra sans doute pas vous sortir de là, car c'est la loi thaïlandaise qui prévaut en Thaïlande (logique ?).

A titre d'information, voici quelques peines encourues en cas d'infraction à la loi. Et ne croyez pas que votre statut de touriste rendra le jugement plus clément. Il vous donnera simplement le droit d'échapper à la peine de mort… A bon entendeur !

▶ **Marijuana.** Consommation : un an de prison. Trafic présumé : cinq ans de détention.

▶ **Cocaïne.** Consommation : jusqu'à dix ans de prison.
Trafic présumé : risque de prison à perpétuité.

▶ **Opium – Héroïne.** Consommation : jusqu'à dix ans de prison, Occidental ou pas !
Trafic présumé : prison à vie ou peine de mort ! (la mise à mort étant généralement réservée aux autochtones, selon la décision des hautes instances gouvernementales : il faut faire des exemples !).

▶ **Pour se rendre à Phu Chi Fa.** De novembre à février : liaison directe, avec bus quotidien à 12h30 (4 heures de trajet environ). Deux minibus (van) partent à 7h15 et 13h15 (2 heures 30 de route). En basse saison : on trouve des bus quotidiens pour Thoeng, avec départs toutes les 30 min, entre 5h45 et 18h (2 heures environ).

▶ **Depuis Thoeng vers Phu Chi Fa :** compter 2 heures de trajet. Départ le matin seulement !

Se déplacer

▶ **Taxi.** Depuis l'aéroport, situé à quelques kilomètres de la ville, les taxis vous demanderont environ 200 B, voire beaucoup plus. Négocier… encore et toujours ou essayer de partager votre véhicule avec d'autres touristes.

▶ **Song téo.** Ces taxis collectifs de couleur bleu clair circulent dans le centre, en suivant les axes principaux.

▶ **Touk-touk.** Nombreux dans le centre-ville. Préférer le *song téo*, pour vous rendre à la gare routière par exemple.

▶ **Samlo.** Les conducteurs de cyclo-pousse sont plutôt sympathiques, et ont vraiment besoin d'argent pour se nourrir. Mais, souvent, ils ne comprennent pas l'anglais. Compter 20 à 40 B la petite course. Si possible, demandez à faire un essai en pédalant vous-même, histoire d'apprécier la difficulté.

▶ **Moto/vélo.** C'est parfois plus cher qu'à Chiang Mai, ou Mae Sai. Compter 250 à 1 000 B pour 24 heures de location. Pour les vélos, le prix varie entre 80 et 250 B.

■ **FAT FREE**
542/2 Thanon Banphaprakan
✆ +66 53 752 532
Agence ouverte tous les jours de 9h à 20h.
Grand choix de vélos de ville ou tout-terrain à prix accessibles.

■ **ST MOTORCYCLE**
1025/34 Thanon Jed Yod
✆ +66 53 713 652 / +66 84 009 7810
st_motorcycle@hotmail.com
Ouverture de 8h à 20h.
Agence de location de motos installée en plein centre-ville et pratiquant des tarifs raisonnables. Bien essayer le matériel avant de se lancer sur les routes.

Pratique

Tourisme – Culture

■ **ALLIANCE FRANÇAISE**
1077 Moo 1 Thanon Rajayotha Soi 1
✆ +66 53 600 810
chiangrai@alliance-francaise.or.th
Cette institution a pour vocation la propagation de la culture française dans le monde et l'apprentissage de la langue française aux autochtones. Ce n'est pas une agence de voyage et encore moins un « bureau des pleurs » ! Cependant, si vous lui demandez gentiment, et s'il n'a pas trop de travail, le personnel se fera un plaisir de vous fournir certaines informations d'ordre culturel sur la région.

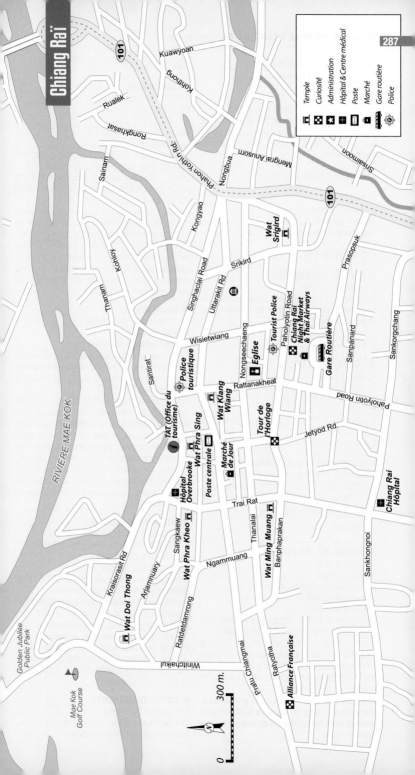

Chiang Raï

Légende :
- Temple
- Curiosité
- Administration
- Hôpital & Centre médical
- Poste
- Marché
- Gare routière
- Police

RIVIERE MAE KOK

Mae Kok Golf Course

Golden Jubilee Public Park

101

Kuawyoan

Kohthong

Rualek

Rongkhasat

Sainam

Thanam

Kohloy

Santirat

Singhaclai Road

Phahon Yothin Rd.

Kongyao

Nongbua

Mengrai Anusorn

Sansaimoon

101

Srikird

Uttarakit Rd

Wisietwiang

Nongseechaeng

Wat Srigird

Police touristique

TAT (Office du tourisme)

Rattanakheat

Paholyotin Road

Tourist Police

Prasopsuk

Sankorgchang

Sanpanard

Église

Wat Klang Wiang

Wat Phra Sing

Hôpital Overbrooke

Poste centrale

Marché de Jour

Tour de l'Horloge

Chiang Raï Night Market & Thai Airways

Gare Routière

Jetyod Rd.

Paholyotin Road

Sankongnoi

Trai Rat

Thanalai

Wat Ming Muang

Banphaprakan

Chiang Raï Hôpital

Kraisorasit Rd

Sangkaew

Arjamnuary

Ratdetdamrong

Ngammuang

Wat Phra Kheo

Wat Doï Thong

Wintchaikul

Prau Chiangmai

Ratyotha

Alliance Française

300 m.

0

■ OFFICE DE TOURISME (TAT)
448/16 Thanon Singhaklai
✆ +66 53 717 433
tatchrai@tat.or.th
Ouvert tous les jours de 8h30 à 16h30.
Une bonne carte de Chiang Rai et sa province
y est disponible, ainsi que quelques brochures
sur les logements et les activités alentour.
Anglais limité.

Moyens de communication

■ POSTE
7 Thanon Utarakit
Ouverte de 8h30 à 16h30.
Téléphone international au 1er étage.

Santé – Urgences

■ HÔPITAL OVERBROOKE
✆ +66 53 711 366
Il s'agit d'un hôpital privé situé au nord de
l'agglomération, à proximité de la rivière Kok
et du grand marché de jour.

Adresses utiles

■ POLICE TOURISTIQUE
Thanon Paholyothin
✆ +66 53 717 779
www.tourist.police.go.th
tourist@police.go.th
A proximité de l'hôtel Golden Triangle Inn.

Se loger

Les hôtels corrects sont relativement nombreux
dans cette ville de province, et les resorts de
caractère commencent à faire leur apparition.
On y trouve également plusieurs guesthouses
tout à fait sympathiques et bien situées !

Locations

■ BUNGALOW DES RIZIÈRES
15/11 Ban Mai
Village de Phan
bungalow-des-rizieres.jimdo.com
soleasie@hotmail.fr
A 40 km de Chiang Rai.
*Bungalow à 500 B. Location à la nuit, à la
semaine ou au mois possible. Wi-fi gratuit.*
Louez votre propre villa au milieu des champs
de paddy pour partir à la découverte du Triangle
d'Or et des autres trésors de la région de Chiang
Rai. Parfait pour qui souhaite être au calme et
voyager en indépendant.
Pour un maximum de quatre personnes,
2 adultes et 2 enfants, avec une belle terrasse
pour assister aux couchers de soleil un verre
dans la main.

Bien et pas cher

■ CHAT HOUSE
3/2 Thanon Traï Rat
Soï Sangkeo
✆ +66 53 711 481
www.chatguesthouse.com
chathouse32@hotmail.com
*Lits en dortoir à 100 B (4 places) ; chambre
ventilée avec salle de bains commune : 150 à
200 B ; chambre ventilée avec salle de bains
privée 250 à 300 B ; chambre climatisée à 350 à
400 B. Wi-fi gratuit.*
A l'écart, dans une petite rue tranquille, juste
à côté de l'hôpital Overbrooke et non loin du
marché de jour (lieu très animé de Chiang Raï).
Jardin verdoyant. Chambres propres. Cuisine
locale simple et appétissante. Location de
moto sur place. Il est recommandé de réserver
quelques jours à l'avance par téléphone ou
par e-mail.

■ CHIAN HOUSE
172 Thanon Sri Boon Rang
✆ +66 53 713 388
chianguesthouse@hotmail.com
*Chambres ventilées de 200 à 300 B ; chambres
climatisées de 300 à 600 B. Négocier les prix en
basse saison. Location de motos : 150 à 800 B.
Location de VTT : 100 B.*
Petit établissement installé dans un quartier
tranquille, au milieu de l'île se trouvant au
nord-est. Chambres ventilées de taille plus
ou moins grande, et trois bungalows en bois,
climatisés, un peu serrés les uns contre les
autres. Petite piscine idéale pour les enfants.
Taxi-service (payant) pour l'aéroport ou la gare
routière. Restaurant familial : la cuisine est
bonne et vraiment pas chère. Internet à demeure.
Une bonne adresse !

■ JITAREE GUESTHOUSE
246/3 Thanon Singhaklai, Soï 246/3
✆ +66 53 719 348 / +66 89 799 8116
jitaree.house.tripod.com
jitareegh@hotmail.com
*Chambres ventilées de 200 à 250 B. Petit
déjeuner ou dîner possible sur place.*
Guesthouse familiale, sans prétention mais
agréable, localisée au nord de la ville. Des
plantes décoratives sont accrochées aux
balcons. Chambres de taille moyenne et bien
entretenues, avec cabinet de toilette. Celles
qui sont situées à l'étage sont plus claires.
Très bon rapport qualité-prix, et organisation
de trekking envisageable.

■ KRUNG THONG HOTEL
412 Thanon Sanambin
✆ +66 53 711 033
krungthonghotel@hotmail.com

Chambres ventilées à 300 ou 350 B ; climatisées à 500 B.

Cet hôtel de 110 chambres est situé en plein centre-ville. Le vaste parking débouche sur l'avenue Sanambin, artère commerçante orientée nord-sud. Chambres de taille moyenne, plutôt confortables, sans luxe superflu. Bon entretien général.

■ **CHEZ NOUS**
Jedyod Soi 2
✆ +66 83 4723 534
cheznous.chiangrai@gmail.com
Chambre simple à 200 B, lits jumeaux ou lits doubles à 300 B. Une journée de cours de cuisine thaïe : 1 200 B.

Sur Chiang Rai une vraie découverte que cette jolie maison en retrait d'un soï tranquille, proche de tout. Les chambres, dotées d'un beau parquet, sont simples et confortables et vous vous sentirez vite comme à la maison. Votre hôtesse se fera un plaisir de vous initier à la culture et à la cuisine locale ou d'organiser votre transport.

Confort ou charme

■ **BAN KHUN YOM HOTEL**
155 Thanon Thanalaï
✆ +66 53 744 733 / +66 53 716 216
www.bankhunyomhotel.com
Tarifs basse saison : bungalows à 900 B ; chambres du bâtiment principal à 1 000 B, au 1er étage. Haute saison : respectivement 1 200 B/1 500 B.

Bel établissement fort calme, tout en teck massif. Des sculptures sur bois partout, très original ! Toutes les chambres sont climatisées, avec salle de bains privée. Les bungalows, alignés les uns contre les autres, manquent un peu d'espace, mais sont vraiment confortables. Un restaurant, indépendant de l'hôtel, est immédiatement voisin : le Teak Wood.

■ **GOLDEN TRIANGLE INN**
590 Thanon Phaholyothin
✆ +66 53 711 339
www.goldenchiangrai.com
Grandes chambres climatisées à 800 B, petit déjeuner inclus.

En plein centre-ville et pourtant fort calmes, ces chambres sont d'un excellent confort. Un cadre agréable, exotique même, avec quelques bâtiments d'un étage au milieu d'un petit parc. Bon entretien au fil des ans. Restaurant attenant. Une excellente adresse.

■ **LALUNA HOTEL & RESORT**
160 Sanambin Road, Muang,
✆ +66 0 5375 6570
www.lalunaresortchiangrai.com/
lalunahotelandresort@yahoo.com

Chambres de 2 000 à 3 500 B.

Le Laluna Hotel & Resort est situé au milieu d'un magnifique jardin. L'hôtel se compose de 79 maisonnettes de style thaï, décorées avec goût et pourvues d'équipements modernes. Bar et restaurant, coffee-shop, piscine extérieure, service de chambre, bain à remous, massage, transfert aéroport, accès Internet wi-fi, service de blanchisserie… L'hôtel propose aussi une grande variété de forfaits d'excursions. Le personnel, chaleureux et amicale, est disposé à satisfaire tous vos besoins pour faire de votre séjour une expérience inoubliable.

■ **NAGA HILL RESORT**
83 Moo 8, Baan Pha'oo, Bandu
✆ +66 53 702 120 / +66 81 818 9684
www.nagahill.com
reservation@nagahill.com
Bungalows de 800 à 1 800 B.

Construction traditionnelle et décoration soignée. Une belle piscine d'un bleu profond se trouve au milieu du jardin. Dirigé par Vincent et son épouse Pat, l'établissement comprend une dizaine de bungalows installés dans un jardin luxuriant dominant le lac tout proche. Charme remarquable ! Chaque bungalow dispose d'une salle de bains privée. Le restaurant, largement ouvert sur le jardin, permet de découvrir la cuisine traditionnelle siamoise tout en profitant de l'ambiance exotique. Un endroit de détente et de rêve !

Luxe

■ **DUSIT ISLAND RESORT**
1129 Thanon Kraï Sorasit
✆ +66 53 715 777
www.dusit.com
chiangrai@dusit.com
Tarifs haute saison à partir de 4 000 et jusqu'à 28 000 B. Basse saison réduction importante (voir site Internet).

Etablissement installé sur une grande île, au beau milieu de la rivière Kok, au nord de la ville ! Magnifique hôtel de 271 chambres. Rénovations annuelles. Grand parc paysager. Salons luxueux ; trois restaurants haut de gamme ; superbe piscine (vraiment) ; centre de culture physique ; sauna ; massage traditionnel. Superbe vue sur les alentours depuis les étages supérieurs.

■ **THE LEGEND CHIANG RAI RIVER RESORT & SPA**
124/15 Koh Loy
✆ +66 53 910 400
www.thelegend-chiangrai.com
info@thelegend-chiangrai.com
Studio de 3 300 à 4 900 B, villa de 7 500 à 11 500 B. Piscine, restaurants, Spa.

LE NORD

Construit dans le style Lanna, cet établissement récent est situé sur la plus grande des deux îles de la rivière Mae Kok, au nord du centre-ville. Plusieurs possibilités de se loger suivant vos moyens. Aussi, si on vous propose de vous surclasser, n'hésitez pas, la différence est réellement visible. Les 78 studios (46 m²) et les villas (120 m²) offrent un aménagement de grand standing. Les lits à baldaquin avec moustiquaire sont très confortables. Belle piscine au design étudié. Sauna et Spa tropical en plein air. Massage traditionnel. Deux restaurants installés au bord de la rivière, qui proposent pour l'un un buffet de plats thaïs et pour l'autre des spécialités italiennes. Le personnel est très serviable et disponible. Et puis, vous ne manquerez pas de vous adresser à la très souriante Lookheb de l'agence INTCO, juste en face de la réception, une véritable mine d'or pour toutes vos excursions dans la région.

■ WANGCOME HOTEL
869/90 Pemawibhata Rd
✆ +66 5371 1800
www.wangcome.com/
info@wangcome.com
2 200 à 8 000 B. Restaurant et bar.
Proche du Night Bazar, cet hôtel récent est idéalement situé, en plein cœur de la ville. Les chambres sont spacieuses et confortables, avec minibar, air conditionné réglable, wi-fi, TV câblée... La déco de la chambre n'a rien d'exceptionnelle, mais tout est propre. Un bon petit restaurant avec buffet international, un café ouvert jusqu'à minuit, un coin karaoké. Bon petit déjeuner.

■ WIANG INN HOTEL
893 Thanon Phaholyothin
✆ +66 53 711 533
www.wianginn.com
wianginn@ksc.th.com
Tarifs chambre de 2 500 à 3 500 B, suite royale à 10 000 B.
Localisé légèrement au sud du Night Bazaar, et donc à proximité de la gare routière, cet établissement est constitué de deux bâtiments modernes comprenant cinq et six étages : 255 chambres et 3 suites. Chambres spacieuses de confort classique. Salle de bains avec baignoire. TV câblée. L'établissement comprend également un restaurant, plusieurs salons et salles de conférence et un salon de massage traditionnel... sans oublier le Torino Club & Karaoké. Très bon accueil, et service impeccable.

Se restaurer

La sélection de mets est particulièrement large à Chiang Rai et vous aurez le choix entre les classiques de la cuisine thaïe, une cuisine du nord plus typée ou encore des incontournables de la gastronomie occidentale.

Sur le pouce

■ NIGHT BAZAAR
Thanon Phahonyothin
Entre 40 et 150 B.
Ne manquez pas le Night Market et ses stands de nourriture : on y mange très très bien et à petits prix. L'un des plus sympas de Thaïlande, une grande place recouverte de chaises et de tables où viennent se produire des artistes locaux. Les stands tout autour, proposent une multitude de plats divers et variés, la fondue thaïlandaise est un must !

Bien et pas cher

■ EASY HOUSE
869/163-4 Thanon Pemavipath/Jet Yod
✆ +66 53 600 963
bezne_2@hotmail.com
Au rez-de-chaussée de la guesthouse (voir ci-avant) se trouve un petit resto bien sympa : déco rustique, version années 1970. Une terrasse tranquille au coin de la rue, juste à côté de l'hôtel Wangcome. Bon accueil. Pratique pour dîner à prix modique.

■ HENG HENG
180/17-18 Thanon Sangkhong Noi
✆ +66 53 176 940
Compter 30 à 60 B par plat. Ouverture de 9h à 15h.
Restaurant populaire sans prétention, en plein centre-ville. Clientèle thaïlandaise et internationale. Prix modiques. Spécialités à base de canard.

■ NAKORN PATOM RESTAURANT
Thanon Phaholyothin
Compter 30 à 50 B la portion. Ouvert de 6h à 15h. Au début de la rue, après le Tee Pee Bar, sur la droite en allant vers le sud, et surtout non loin de la gare routière.
Le nom n'apparaît pas en anglais sur l'enseigne, mais sur le menu. Restaurant populaire ouvert en matinée et début d'après-midi seulement. Tout à fait correct et pas cher du tout. Le canard est très bon, quand il en reste !

■ TONG TUENG RESTAURANT
1/1 Thanon Sanambin
✆ +66 53 756 403
Ouvert de 9h à 22h.
A l'ouest du centre, ce restaurant propose une délicieuse cuisine thaïlandaise à des prix modestes. Quelquefois, en soirée, on peut assister à un spectacle de danse traditionnelle.

Bonnes tables

■ NICE KITCHEN

1008/3 Thanon Jed Yod
✆ +66 53 712 725
Ouvert de 7h30 à 21h. En face du temple qui a donné son nom à la rue. 100 à 200 B.
L'endroit idéal pour un petit déjeuner tranquille et au frais (côté de la rue à l'ombre !). L'établissement étant tenu par un couple thaïlandais n'ayant pas la folie des grandeurs, les prix sont raisonnables !

■ WIANG INN COFFEE SHOP

893 Thanon Phaholyothin
✆ +66 53 711 533 – www.wianginn.com
wianginn@samart.co.th
Ouvert de 11h à 14h et de 18h à minuit. Buffet quotidien de 11h à 14h : 150 B.
Le restaurant du Wiang Inn Hotel, propose une cuisine thaïe et chinoise vraiment savoureuse. Les prix y sont plus élevés qu'ailleurs, mais cela semble justifié.

Sortir

Plusieurs bars se trouvent sur Thanon Jet Yod, aux abords des guesthouses. De quoi passer des soirées agréables, en compagnie d'autres baroudeurs.

Cafés – Bars

■ CAT BAR

1013/1 Thanon Jed Yod
✆ +66 89 557 8011
Un endroit bien sympathique tenu par le même couple thaïlandais depuis une dizaine d'années : Sam et son épouse Pon. Contrairement aux autres bars de la rue, on n'y trouve pas d'entraîneuses (pour une fois !). Billard à disposition. Animation musicale à partir de 22h environ. Un bon point de chute pour retrouver des copains.

■ FUNNY HOUSE

885/1 Thanon Phaholyothin
✆ +66 53 752 900
funnyhouse_s04@gmx.net
Ce petit bar sympathique est tenu par Klaus et son épouse Kitiya. Lui a fait sa vie en Thaïlande où il est maintenant installé depuis une quinzaine d'années. Laissez-vous tenter par un verre au comptoir, en parlant des rapports (parfois compliqués) entre l'Europe et l'Asie. En basse saison, le bar est ouvert en soirée.

Clubs et discothèques

■ PAR CLUB

Inn Come Hotel, 176/2 Thanon Rat Bamrong
✆ +66 53 717 855
Au sud de la ville.

Très excentrée, cette discothèque est assez fréquentée par les touristes. Certaines jeunes filles ne demandent d'ailleurs qu'à faire connaissance. Le succès de l'entreprise est fonction de vos liasses de 100 B ! Dans le même hôtel, karaoké, salon de massage, et même un bar du nom de Sperm Pub ! Ça ne s'invente pas...

■ WHERE ELSE DIZKO BAR

Saenphu Place Hotel
389 Thanon Ban Phaprakhan
✆ +66 53 717 300
Ouvert de 21h à 2h.
La boîte du Saenphu Hôtel est – ô surprise ! – très fréquentée. Un très bon groupe fait danser l'assistance. Ne pas y aller avant minuit, jusque-là l'endroit est désert. En attendant l'heure stratégique, la jeunesse s'affaire au restaurant terrasse.

Spectacles

■ CENTRE POINT NIGHT BAZAAR

Thanon Phahonyothin
Gratuit.
Dans les allées du Night Bazaar, cette scène regroupe des spectacles de danses et de musiques traditionnelles du Nord de la Thaïlande, des concerts de rock et des shows de Ladyboys.

■ SABUN NGA G CLUB

Thanon San Khong Noï
✆ +66 53 712 290
www.sabun-nga.com
De 19h30 à 21h. Compter 180 B, sans les boissons.
Une salle réservée se trouve à l'étage. Spectacle de khantoke, c'est-à-dire de danses traditionnelles (accompagnement par un orchestre) se déroulant pendant le dîner, à base de préparations traditionnelles. Organisation modeste plutôt sympa. Comme la petite scène est au même niveau que la salle (comptant une soixantaine de places), il vaut mieux s'installer devant, si vous ne voulez pas être gêné par les autres convives, il faut donc arriver tôt, dès 19h !

À voir – À faire

■ CHIANG RAI FIRST CHURCH

Thanon Phaholyothin
Si vous pensez avoir trop péché (ce qui est facile en Thaïlande), vous pourrez toujours aller confesser vos fautes dans cette église ! On ne sait jamais : un accident est si vite arrivé ! Une authentique église catholique donc, située non loin de Golden Triangle Inn.

LE NORD

■ HILL TRIBES MUSEUM & EDUCATION CENTER

620/25 Thanon Tanalai
✆ +66 53 740 088
crpda@hotmail.com
Ouverture de 9h à 18h. Entrée 50 B.
Petit musée spécialisé sur le thème des tribus montagnardes : « Hill Tribes ». Une partie des recettes leur est d'ailleurs reversée. On y trouve des objets de la vie quotidienne, ustensiles de chasse ou de pêche, outils agricoles et vêtements traditionnels des différents clans. Des informations assez détaillées sont également données sur l'histoire de la production d'opium et ses répercussions au niveau mondial, durant les dernières décennies : intéressant complément de la Maison de l'Opium se trouvant à Sob Ruak. Une vidéo (traduite par l'Alliance française) est disponible sur demande, à visionner sur place. Des produits d'artisanat local sont vendus à la boutique.

■ RIVIÈRE MAE NAM KOK

Pour trouver un bateau afin de remonter la rivière, il faut d'abord se rendre à l'embarcadère situé au nord-ouest de la ville, de l'autre côté du pont. Trajet aller simple ou aller-retour à débattre. Navette régulière à partir de 10h30 du matin.
Il est tout à fait envisageable de remonter cette rivière depuis Chiang Rai, en direction de Thaton. Il est alors recommandé de faire étape à la Guesthouse My Dream pour le déjeuner ou même pour y passer la nuit. Le propriétaire, un guide agréé d'origine Karen, peut organiser pour vous un circuit de découverte dans la région environnante, au contact des ethnies locales dont il parle les différentes langues. Une belle balade en perspective, sans doute moins excitante qu'une descente en radeau mais plus confortable. Plusieurs étapes possibles en cours de route. Le « tarif agence » peut être avantageux et permet de profiter des services d'un guide compétent.

■ WAT DOI CHOM TONG

Mueang Chiang Rai District.
Situé au sommet de la colline qui domine la ville (la vue y est superbe), ce temple à l'architecture monumentale est le plus ancien de la région. Ses deux impressionnants *stûpa* dorés sont les plus hauts de toute la contrée. Placées sur le chemin menant au *Wat*, des centaines de petites cloches rouges sont censées vous aider à atteindre le Nirvâna… symboliquement.

■ WAT KLANG WIANG

A l'intersection des routes Uttarakit et Rattanakhet.
Ce temple vieux de 600 ans abrite le pilier sacré de la ville : « Lak Muang ». Dans les temps anciens, quand on fondait une nouvelle ville, on érigeait un monument avec, en son centre, ce pilier, symbole phallique représentant la puissance et la fertilité, donc la prospérité et qui devenait dès lors un lieu sacré, objet d'offrandes. Ce *wat* de style Lanna, avec ses décorations rouge et or, mérite une visite.

■ WAT PHRA KAEW

Thanon Trairat
A côté de l'hôpital Overbrooke.
Ce temple a abrité le fameux Bouddha d'Emeraude, qui est conservé depuis à Bangkok. Cette statuette précieuse fut découverte par hasard en 1434, dissimulée à l'intérieur du *stûpa*, à l'abri des regards, afin que les Birmans ne puissent s'en emparer. A présent, une reproduction fidèle de l'original se trouve en bonne place dans le temple. Il est possible de s'en approcher et de venir l'admirer de près, et même de le photographier, ce qui est impossible à Bangkok !

■ WAT PHRA SING

Sur la route Singharat. Entrée gratuite.
Erigé au XIVe siècle, ce temple a été détruit à plusieurs reprises, puis restauré, parfois à la va-vite. De fait, son aspect actuel en pâtit, malgré ses somptueux toits étagés.

Sports – Détente – Loisirs

Sports – Loisirs

La plupart des guesthouses locales organisent des randonnées dans la région. Mais les guides doivent obligatoirement être agréés par la TAT (Tourism Authority of Thaïland) : c'est une garantie de sérieux pour les prestations proposées. Pour chaque région, la liste des agences de voyages agréées (travel agencies), avec leur spécificité propre (trekking ou autre) peut être fournie sur demande par le bureau régional de la TAT (ouverture de 8h30 à 16h30).

■ CHIANG RAI CYCLING TOUR

197/50 Thanon Sintanee, Bandu
✆ +66 86 658 4804
www.chiangraicycling.com
chiangraicycling@hotmail.com
Excursions à vélo organisées dans les environs de Chiang Rai, en pleine nature. Programme varié sur demande. Combinaison possible de balade à dos d'éléphants et de transit en bateau. Prendre contact à l'avance pour s'assurer des conditions. Communication en anglais, hollandais et français.

■ GOLDEN TRIANGLE TOUR

✆ +66 53 711 339
www.goldenchiangrai.com
gotour@loxinfo.co.th
Cette agence, installée dans l'hôtel du même nom, a bâti depuis des années sa réputation sur la qualité et le sérieux de ses prestations très complètes (entre autres : treks en radeau sur la rivière Kok).

© MAXIME DRAY

L'entrée du White Temple.

■ **THAÏRANDO**

219/2 Ban Huaifai soi 6 T.Robwiang A.Muang

℃ +66 53 759 270 / +66 81 952 38 69

www.thai-rando.com

Gérard, Français d'origine, organise sur demande des excursions alors que son épouse thaïlandaise s'occupe de l'agence. Pour les randonneurs de tous niveaux, quelques programmes originaux et hors des sentiers battus, alliant le plaisir de la marche à la découverte, en compagnie de guides et accompagnateurs capables de bien adapter le parcours à votre capacité. Randonnées autour de Chiangrai, balade en forêt, descente en pirogue et accès aux villages à dos d'éléphants, marche à la rencontre de diverses ethnies : Karen, Akkha, Lahu et hébergement en habitat local, convivialité avec les habitants, cuisine et repas en commun.

Détente – Bien-être

■ **TEVARI SPA**

869/21-22 Thanon Phaholyothin

℃ +66 53 717 814

www.chiangrai-spa.com

contact@chiangrai-spa.com

Ouvert de 10h à 22h : tous les jours de novembre à avril et fermé le mercredi de mai à octobre.

Ce spa au centre de Chiang Raï, en plein dans le quartier commerçant, accueille ses clients dans un cadre contemporain et propose une grande variété de soins. Vous pourrez vous faire faire différentes sortes de massages (suédois, ayurvédiques), mais aussi aller au sauna, vous faire manucurer. Un salon de coiffure sera également à disposition.

Shopping

■ **MARCHÉ DE JOUR**

Se trouve dans le quartier situé derrière l'hôpital Overbrooke, au croisement des rues Suksathit et Utarakit (au nord de la ville). Ce marché donne l'occasion de flâner parmi les denrées alimentaires les plus diverses sans oublier les articles d'utilité courante (quincaillerie). C'est naturellement l'un des points de ralliement des touk-touk. Il s'agit en fait du vrai marché populaire de Chiang Rai, contrairement au Night Market destiné à une clientèle touristique.

■ **ATELIER DE SOMLUK PANTIBOON**

Doy Din Dang Pottery

Route de Mae Chan

℃ +66 53 705 291

doydindg@loxinfo.co.th

Il s'agit là de poterie artistique : vaisselle et objets décoratifs. La production est exposée à côté de l'atelier se trouvant sur une petite route perpendiculaire, à quelques kilomètres sur la droite de la route principale, en direction de Mae Sai... Non loin de l'exposition de Tawan Duchanee, à 3 ou 4 km plus au nord. Dans les années 1980-1990, l'artiste a étudié auprès de grands maîtres japonais. Il a également voyagé en Nouvelle-Zélande et aux Etats-Unis. Inspiration traditionnelle et moderne pour la création de pièces originales qui n'ont rien à envier aux équivalents occidentaux. De la belle ouvrage !

■ ATELIER DE TAWAN DUCHANEE

Route de Mae Chan/Ban Du

Tawan Duchanee est un peintre et sculpteur de renommée mondiale. Sa propriété se trouve après la localité de Ban Du, à environ une dizaine de kilomètres au nord de Chiang Rai. Elle est installée, à proximité de la route de Mae Sai (sur la gauche quand on se dirige vers le nord) et n'est fermée par aucune clôture. Tout un chacun peut visiter l'exposition d'objets et de constructions dispersés dans un grand parc, y compris en l'absence du maître (mais en demandant l'autorisation, tout de même, par politesse). L'un de ses assistants pourra même se proposer comme guide. Le chef-d'œuvre est une sorte de temple monumental construit entièrement en bois. L'œuvre de l'artiste apparaît basée sur une inspiration ancestrale, traditionnelle, et une réalisation moderne s'exprimant par des combinaisons originales et certaines formes stylisées.

■ NIGHT BAZAAR

Dès 18h, et jusque vers 22h-23h environ.

Les stands proposent vêtements, étoffes, chaussures, ceintures et des produits divers d'artisanat plus ou moins local. A voir, même si vous comptez faire vos achats à Chiang Mai ou à Bangkok, ne serait-ce que par curiosité ! Beaucoup moins étendu mais nettement plus reposant que celui de Chiang Mai. On y trouve aussi de nombreux stands de nourriture pour la satisfaction de tous les affamés impatients, Thaïs et farangs.

■ ORN'S BOOKSHOP

1051/61 Thanon Jet Yod, Soï 1

✆ +66 81 022 0818

Derrière le Wat Jet Yod.

Échange possible. Pas moins de 5 000 livres de seconde main, dont plusieurs en français, dans cette maison en retrait de Thanon Jet Yod. Peter, le propriétaire, est d'excellent conseil pour votre séjour à Chiang Rai.

Dans les environs

■ PHU CHI FA

La vue panoramique qui s'offre depuis le haut de ces falaises est remarquable. Mais l'endroit ne vaut le déplacement qu'à la belle saison, entre novembre et février : le matin, une mer de nuages couvre la vallée ; l'après-midi, un paysage magnifique se révèle en contrebas ! Depuis Chiang Rai, à la belle saison, il faut prendre le premier minibus pour arriver dans la matinée. Le trajet dure au minimum 2 heures 30 (compter 4 heures en bus ordinaire). L'excursion est possible en basse saison, mais le panorama sera probablement invisible.

■ WAT RONG KHUN OU WHITE TEMPLE

Pa O Don Chai Road

A 13 km du centre-ville.

Ce temple blanc est une œuvre architecturale contemporaine somptueuse réalisée par l'artiste thaïlandais Chaloemchai Khositphiphat. Démarré en 1998, il est composé de milliers de morceaux de miroir. Le temple étincelle au soleil et donne un aspect immaculé. A l'intérieur une peinture murale représentant la vie de Bouddha, où se mêlent des personnages hétéroclites comme Spiderman, Neytiri d'Avatar, Dark Vador, Kung fu Panda. A l'extérieur, une statue du personnage du Predator, une autre de Hellraiser... Assez dérangeant !

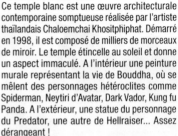

MAE SUAI

Mae Suai est une petite ville située à 50 km au sud-ouest de Chiang Rai, sur la RN 118 qui rejoint Chiang Mai. Les environs sont injustement oubliés des touristes, et pourtant les paysages y sont splendides.

De plus, des villages Lisu, Akha, Karen, Lahu (encore authentiques car peu visités) réservent au voyageur un accueil bien plus naturel que d'autres, trop fréquentés par les randonneurs occidentaux.

Transports

Depuis Mae Suai, dirigez-vous vers Thung Phrao (des pick-up jaunes font la liaison). Des villages Karen, Lahu et Akha sont éparpillés un peu partout dans les environs.

À voir – À faire

■ VALLÉE DE WAWI

Des temples perdus au milieu de la végétation attendent les curieux. Des plantations de thé et de café (dont vous pourrez apprécier les arômes subtils, dégustation possible). Bref, une expérience de quelques jours, à nulle autre pareille. Si vous aimez le contact direct avec une nature sauvage et la population locale, vous ne serez pas déçu.

THATON

Thaton est une petite ville tout à fait tranquille, traversée par la rivière Mae Kok, située au nord de la localité de Fang, non loin de la frontière du Myanmar.

Un grand Bouddha domine le pont, depuis le sommet d'une colline surplombant la rivière Kok, à côté d'un temple. Aux alentours, plusieurs villages de tribus des montagnes peuvent faire l'objet d'une visite.

FRONTIÈRE BIRMANE

▶ **Formalités de passage de frontière.** Le bureau de contrôle se trouve à l'entrée du pont. L'autorisation de se rendre au Myanmar est évidemment liée aux rapports de bon voisinage avec la Thaïlande. Des taxis collectifs rouges attendent à la gare routière pour transporter les intéressés jusqu'au pont de Takhileik (3 km environ) compter la modique somme de 10 B par personne. Le personnel du poste-frontière thaïlandais contrôle les passeports et indique la marche à suivre. Ces fonctionnaires sont habituellement très corrects et même serviables. Toutefois, ne pas se présenter en tenue débraillée, ils n'apprécient pas du tout : ce jour-là, faites un effort vestimentaire. Et quoi qu'il advienne, toujours rester courtois pour ne pas bloquer la situation. La frontière est ouverte au passage à 8h du matin et ferme à 17h, et le coût d'entrée sur le territoire birman est de 10 US$: votre passeport est conservé par les gardes jusqu'à votre retour côté thaïlandais. Les dernières infos de France – Diplomatie (nov 2014) sont alarmantes et indique que « *plusieurs incidents ont été récemment rapportés dans l'État Kayin/Karen (découverte d'engins explosifs près de la ville frontière de Myawaddy, attaque d'un bus à proximité de Hpa-An), ainsi que dans l'État Môn (escarmouches entre l'armée et un groupe ethnique armé dans la région de Kyaikmayaw), jusqu'alors calmes. Le passage du poste frontière de Mae Sot – Myawaddy entre la Thaïlande et la Birmanie a été brièvement fermé. La plus grande vigilance est donc recommandée à toutes les personnes se rendant dans les États Môn et Kayin (Karen), une partie de ce dernier étant pour mémoire classé en zone formellement déconseillée. Il est fortement recommandé de se renseigner auprès d'une agence de voyage avant de se rendre dans les zones non déconseillées de ces deux régions et de ne pas envisager de circuit touristique sans accompagnateur* ». D'autre part, une recrudescence de cas d'encéphalite japonaise est signalée depuis le mois de septembre 2014 en Birmanie, en particulier dans les états de l'Arakan et du Kachin.

SOP RUAK

Vous êtes à la croisée des chemins du fameux Triangle d'or. Alors attention les yeux, votre regard embrasse ici le Laos, le Myanmar et la Thaïlande, séparés par le confluent du Mékong et de la rivière Ruak. Evidemment, on ne peut s'empêcher d'évoquer les histoires, véridiques ou imaginaires, concernant le trafic d'opium organisé dans la région au siècle dernier ! Cela dit, vous ne serez sans doute pas le seul étranger sur les lieux : des bus entiers de Japonais, d'Américains, d'Européens se succèdent pour venir faire la même photo, et acheter les mêmes T-shirts « Golden Triangle » ou quelques pipes à opium… et tout ça « au pas de course » car il ne faut pas traîner en route : pire que la foire du Trône ! C'est en tout cas un business qui rapporte car les stands et autres paillotes sont pléthores : souvenirs divers, bières et brochettes à volonté. Naturellement, les prix sont gonflés !

Transports

Comment y accéder et en partir

▶ **Song téo (de couleur bleue).** Pour s'y rendre depuis Mae Sai, il y a 35 km qui peuvent être franchis en taxi collectif. Depuis Chiang Saen, taxi collectif faisant la navette avec Sob Ruak et une distance de 6 km environ.

▶ **Bateau.** Une autre solution, plus agréable mais nettement plus coûteuse : embarquez sur le bateau de la compagnie Mekong River Cruise, qui fait l'aller-retour depuis Chiang Saen. Tâcher de négocier le tarif au plus juste, en fonction du groupe ?

Se déplacer

▶ **Vélo/moto.** On peut louer une moto à Mae Sai ou à Chiang Saen environ 200 B.

▶ **Excursion en bateau.** 1 heure de virée en speed boat, avec un bref aller-retour au Laos. Pour ceux qui n'ont jamais eu l'occasion d'essayer ce genre de bateau rapide.

Pratique

Cette bourgade est purement artificielle : il s'agit plutôt d'une extension de Chiang Saen (à 6 km seulement). Il n'y a pas de bureau d'information à cet endroit, les touristes venant directement des villes voisines… Pour des informations objectives, il faut donc se renseigner à Chiang Rai ou éventuellement à Chiang Mai. Bien entendu, il est possible de s'adresser à la réception des quelques hôtels locaux, ou auprès du personnel de « House of Opium », fort serviable (non loin du grand Bouddha).

Se loger

En matière d'hébergement bon marché, les possibilités sont quasiment inexistantes. Il est donc préférable, pour ceux qui ne disposent que d'un budget modeste, de s'organiser à partir de Mae Sai (où le choix est plus varié) ou de Chiang Saen (relativement proche).

■ **ANANTARA GOLDEN TRIANGLE**
✆ +66 53 784 084
www.anantara.com
goldentriangle@anantara.com

Chambres de 10 900 à 15 200 B.
Le luxe de ce resort combine gracieusement architectures locale et occidentale, avec de superbes vues sur le Mékong en prime. Toutes les facilités attendues pour ce prix-là sont présentes, avec notamment un Spa, une bibliothèque, des courts de tennis et de squash... et un centre de dressage d'éléphants, duquel sont organisées des excursions.

■ GOLDEN HOME
41 Moo 1
✆ +66 53 784 205
www.goldenhome46.com
info@goldenhome46.com
Basse saison entre 600 B et 1 500 B. Haute saison de 700 à 1 800 B. Petit déjeuner inclus en haute saison.
Le Golden Home se trouve plus ou moins caché dans une petite rue perpendiculaire, en retrait de la rue principale qui longe le Mékong. Les chambres sont confortables et toutes climatisées, avec réfrigérateur et TV. Une adresse intéressante en basse saison, lorsque les prix sont raisonnables.

■ IMPERIAL GOLDEN TRIANGLE RESORT
222 Golden Triangle
✆ +66 53 784 001
www.imperialhotels.com
goldentriangle@imperialhotels.com
Haute saison : 3 000 à 16 500 B. Réductions importantes en basse saison.
Cet hôtel de style classique est idéalement situé, face au panorama du Triangle d'or. Il date d'une vingtaine d'années mais reste néanmoins bien entretenu. Grande toiture de style Lanna. Depuis les balcons des chambres, la vue embrasse tout le secteur du Mékong. Sous cet angle, le paysage est remarquable. La décoration est agréable. Salon de massage traditionnel installé au-dessous. Une piscine est située à l'écart du bâtiment principal.

À voir - À faire

■ BIG BOUDDHA
Un immense Bouddha doré assis et un monument aux éléphants domine la vue qui donne sur le Mékong. A voir si l'on est à Sob Ruak. Quelques petites échoppes se trouvent de l'autre côté de la rue.

■ HALL OF OPIUM
Moo 1, Ban Sob Ruak
✆ +66 53 784 444
Sur la route de Mae Sai, en face de l'hôtel Anantara.
Ouvert de 10h à 15h30. Entrée : 300 B.
Il s'agit d'un musée créé à l'initiative de la reine mère de Thaïlande, afin d'expliquer les origines et les méfaits catastrophiques (en Chine, notamment) du trafic d'opium en Asie. Un but pédagogique, donc. « Tout un programme », en effet... et véritablement instructif ! L'exposé historique remonte aux agissements de la Compagnie anglaise des Indes Orientales qui déclenchèrent les Guerres de l'opium contre l'empereur de Chine. Explications données en trois langues : thaï, chinois et anglais, évidemment. Toutefois, des feuillets explicatifs en français (synthèse) sont remis aux personnes qui le demandent, à l'accueil.

■ HOUSE OF OPIUM
✆ +66 53 784 060
www.houseofopium.com
Située au beau milieu de l'agglomération de Sob Ruak.
Ouvert de 7h à 20h. Entrée : 50 B.
Dans ce musée sont exposés divers ustensiles agricoles, couteaux, pipes, lampes, balances et poids, agrémentés de photos et de cartes de la région. En sortant, vous en saurez beaucoup plus sur la plante incriminée : Papaver Somniferum. A tel point que vous pourriez vous lancer vous-même dans cette activité agricole à haut rendement, mais également à haut risque ! L'exposé est fort intéressant. On y apprend que ce ne sont point les Chinois qui sont à l'origine du trafic, mais les Britanniques, à des fins bassement commerciales !

CHIANG SAEN

A 60 km de Chiang Rai et à 35 km de Mae Sai, cette bourgade est en marge du tourisme : les voyageurs n'ont guère besoin d'y séjourner, la plupart étant hébergés à Chiang Rai, Mae Sai ou Chiang Khong. Faisant office de poste-frontière avec le Laos, sur la rive opposée du Mékong, Chiang Saen a tout de même un statut d'ancienne capitale du royaume thaï du Yonok. Parmi les nombreuses barges venues de Chine, des ferries assurent d'ailleurs la navette pour le trafic de marchandises. Chiang Saen vous réserve quelques temples anciens dont le Wat Paa Sak, qui ont été restaurés ou sont en cours de restauration. La balade aux alentours est agréable et, pourquoi pas une « virée » en bateau sur le fleuve ?

Transports

Comment y accéder et en partir
Le stationnement des bus, à Chiang Saen, se trouve au niveau du marché central, sur Thanon Paholyothin. Le stationnement des *song téo* assurant la navette avec Mae Sai et Sob Ruak se trouve également à hauteur du marché central.

▶ **Depuis Chiang Rai**, seuls partent des bus ordinaires, c'est-à-dire ventilés. Environ 1 heure 30 de trajet (35 B).

▶ **Depuis Chiang Mai**, en bus ordinaire ou climatisé, compter 5 heures de trajet. Moins de 200 B.

▶ **Depuis Mae Sai**, plusieurs *song téo* (couleur bleue) assurent la liaison chaque matin. Minimum 6 passagers, en principe (20/50 B).

▶ **Depuis Chiang Khong**, un ou deux *song téo* (rouges) partent entre 7h et 9h30. La route longe le Mékong. Compter environ 2 heures 30. Minimum 6 passagers. Pour un seul passager au départ (si vous êtes pressé), les prix s'envolent : marchander tranquillement, compte tenu qu'il y aura probablement des gens qui monteront en cours de route. Le stationnement des *song téo* assurant la liaison avec Chiang Khong se trouve le long du Mékong, en plein centre-ville, non loin des soï 7 et 9. Attention : départs en matinée.

■ **MAEKHONG DELTA TRAVEL**
230/5-6 Thanon Phaholyothin
Mae Sai
✆ +66 53 642 517
www.maekhongtravel.com
maekhongtravel@hotmail.com
Compter 4 000 B pour un aller simple.
Pour rejoindre la Chine, et plus exactement Jinghong au sud de la province du Yunnan, il vous faudra passer par cette agence maritime qui affrète des bateaux à passagers depuis Chiang Saen trois fois par semaine : les lundis, mercredis et samedis à 5h du matin. Il vous faudra aussi impérativement disposer de votre visa pour la Chine, que vous pouvez obtenir soit à Bangkok soit à Chiang Mai en l'espace de deux-trois jours.
Le voyage prend en tout une quinzaine d'heures.

▶ **L'agence Chiang Saen Tour and Travel**, au 64 Thanon Rimkhong, permet d'acheter son ticket directement à Chiang Saen.

Se déplacer

▶ **Moto-taxi et touk-touk.** Disponibles en ville.

▶ **Vélo/moto.** Pour sillonner les environs.

Se loger

Le choix est assez limité et, d'une façon générale, le rapport qualité-prix n'est pas très bon. Pour un logement de standard supérieur, votre seule option sera de loger sur Sop Ruak, qui dispose de plusieurs hôtels de luxe.

■ **CHIANG SAEN RIVER HILL HOTEL**
714 Moo 3, Thanon Sai 2
✆ +66 53 650 826 / +66 53 650 830
www.chiangsaenriverhillhotel.com
contact@chingsaenriverhillhotel.com
Chambres climatisées de 900 à 1 800 B selon la saison.
De style moderne situé dans une rue tranquille à 1 km environ à l'écart du centre. Confort occidental. La décoration des chambres est simple mais de bon goût. Restaurant.

■ **JS GUESTHOUSE**
Thanon Saï 1
✆ +66 53 777 060
Chambre avec douche commune à 100/150 B ; avec salle de bains privée à 200 B.
Situé dans une rue perpendiculaire à l'avenue Paholyothin, non loin de l'arrêt des bus en provenance de Chiang Raï, cet établissement modeste propose quelques chambres ventilées installées dans une cour, derrière la maison principale. Deux seulement disposent d'une salle de bains privée. Les voyageurs européens semblent passer régulièrement dans cet établissement. Il est possible de louer des motos ou des vélos, à 300 m de là, sur l'avenue Paholyothin.

■ **SA NAE CHARN GUESTHOUSE**
641 Moo 2, Thanon Nong Mood
✆ +66 53 651 138
Dans un soï perpendiculaire à la route qui borde le Mékong, au nord du centre-ville.
Chambres ventilées de 250 à 400 B ; climatisées à 500 B.
Sans charme particulier mais bien entretenu. Choix de chambres spacieuses, propres et claires, toutes avec salle de bains. Pas de petit déjeuner sur place, mais café offert gracieusement.

■ **SUNSHINE KITCHEN**
Route 1129
✆ +66 53 650 605
Bungalows de 700 à 900 B.
En plus d'un bon restaurant, cet établissement en bord de fleuve propose également trois bungalows en bambou en apparence plutôt confortables. L'accueil est cordial et le propriétaire saura vous renseigner en anglais sur les environs.

Se restaurer

A Chiang Saen, la plupart des guesthouses ne font pas restaurant, ce qui oblige à aller voir ailleurs. Le marché central – non loin de la supérette 7/Eleven, au niveau de l'arrêt des bus de Chiang Saen – et quelques stands installés le long du Mékong proposent une cuisine familiale tout à fait appétissante, à prix modiques.

Sortir

Chiang Saen n'a jamais été un haut lieu de la vie nocturne thaïlandaise. Quelques bars à « filles » – comme partout ailleurs, un bar-karaoké... Bref, rien de bien original.

■ **CREAM BAR**
Thanon Rimkhong
Décoration lumineuse et ambiance tranquille d'un bar de province. Point de débauche : l'endroit tranquille où finir la soirée après une rude journée en ces terres lointaines !

■ **NAENG LEN BAR**
Thanon Rimkhong
Le nom signifie « relax », ce qui tombe bien ! On boit un verre en observant l'activité sur les berges du Mékong. Petites loupiotes clignotantes à l'extérieur pour donner un air festif et musique d'ambiance. Les jeunes trouveront ça ringard, mais les « vieux » apprécieront le charme de l'endroit.

À voir – À faire

■ **CHIANG SAEN NATIONAL MUSEUM**
702 Thanon Phaholyothin
✆ +66 53 777 102
Ouverture du musée de 8h30 à 16h, sauf lundi, mardi et jours fériés. Entrée 30 B.
Cet intéressant musée régional expose, certes, les inévitables statues de Bouddha mais aussi les outils d'artisanat et d'agriculture utilisés par les tribus ancestrales... des instruments de musique, des costumes traditionnels et quelques pièces archéologiques mises au jour par des fouilles archéologiques dans les environs et remontant jusqu'à 13 000 ans, pour les plus anciennes. Indépendamment de la collection permanente, une galerie de peinture occupe une aile du musée.

■ **WAT CHEDI LUANG** ⭐
Chiang Saen District
Un temple en ruine, datant du XIVᵉ siècle, dont il ne reste que les quatre murs principaux, et un *chedi* envahi par la végétation. Il résiste encore à l'usure du temps.

■ **WAT PAA SAK**
Wiang, Chiang Saen
Ouvert de 8h à 17h. Entrée 30 B.
Entouré de verdure, ce temple du XIVᵉ siècle, pratiquement en ruine, a gardé une certaine majesté. Il fait partie d'un ensemble de bâtiments disséminés dans une plantation de teck, ce qui lui donne un petit côté cité perdue, très séduisant.

■ **WAT PHRA BOROM THAAT**
Temple situé au sommet d'une colline, à plusieurs kilomètres au sud de la ville, sur la route en direction de Chiang Khong.

Le *chedi* est de dimensions monumentales : il est entièrement recouvert de mosaïques blanches et vu de loin, il semble immaculé sous l'effet de la lumière. Mais il n'offre qu'un intérêt secondaire au niveau architectural. Par contre, depuis sa terrasse, la vue embrasse un beau panorama sur la vallée du Mékong. On peut s'y rendre facilement en moto ou à vélo, pour les sportifs. A flanc de colline, d'autres temples sont installés et méritent une visite au passage : notamment un vieux *chedi* datant d'un millier d'années, ayant résisté jusque-là.

Visites guidées

■ **MEKONG RIVER CRUISE**
www.cruisemekong.com
team@cruisemekong.com
Cette compagnie, dont le bureau se trouve sur le quai bordant le Mékong, propose des balades fluviales ou des transits vers d'autres villes des environs. Vraiment enchanteur : les paysages sont de toute beauté. Les tarifs varient en fonction du prix du carburant et de l'affluence touristique locale, comme partout.

CHIANG KHONG

Au VIIIᵉ siècle de notre ère, Chiang Khong fut tout d'abord une cité indépendante. Ensuite, elle passa successivement sous la domination territoriale de Chiang Rai, puis de Chiang Saen et enfin de Nan. A une soixantaine de kilomètres de Chiang Saen, sa voisine la plus proche, c'est un centre d'échange commercial avec les tribus de la région environnante et surtout avec Houay Xai, au Laos, située de l'autre côté du Mékong. Il est commode de franchir la frontière à cet endroit (embarcations légères ou ferry) afin de poursuivre son voyage au Laos, soit en descendant au fil du Mékong jusqu'à Luang Prabang (étape intermédiaire à Pakbeng), soit en remontant la route en direction du nord-est, vers Luang Nam Tha. C'est également une étape agréable même si vous avez décidé de remonter le cours du Mékong en direction du Triangle d'or.

Transports

Comment y accéder et en partir

▶ **Bangkok (Moh Chit) – Chiang Khong :** départ des bus « VIP » : à 19h30 ; 13 heures de route, 875 km. L'arrêt est situé à hauteur du marché (sur le bord de la route principale).

▶ **Chiang Rai (gare routière) – Chiang Khong :** un bus part toutes les heures environ, 3 heures de trajet. A Chiang Khong, l'arrêt se trouve sur la place même du marché (masqué depuis la route derrière un pâté de maisons). L'embarcadaire pour le Laos se trouve à 1 500 mètres.

▶ **Chiang Saen – Chiang Khong :** en principe, une liaison quotidienne est assurée par taxi collectif. Départ en matinée avec 6 passagers minimum. Dans le sens inverse, 1 ou 2 départs, le matin seulement, entre 8h et 10h. Le point de départ se trouve non loin de la poste de Chiang Khong et le *song téo* doit traverser l'agglomération à petite vitesse pour récupérer quelques passagers supplémentaires, avant de prendre la route qui longe le Mékong sur une bonne moitié du trajet. Le spectacle en vaut la peine. Le transit se déroule en deux parties : Trajet Chiang Khong-Baan Haad Bai (song téo de couleur rouge) : 30 B environ, 1 heure de trajet. Trajet Baan Haad Bai-Chiang Saen (song téo de couleur verte) : 30 B minimum, 1 heure 30 de transport.

Se déplacer

▶ **Touk touk.** Le tarif pour aller de la « gare routière » jusqu'au nord du bourg est de 30 B (environ 1,5 km). C'est un forfait appliqué par tous. Vous pouvez aussi marcher tranquillement pour prendre le temps de visiter s'il ne fait pas trop chaud !

▶ **Moto.** La location est chose possible en se renseignant auprès des différentes guesthouses. Compter à partir de 200 B par jour. Ne pas hésiter à négocier.

Pratique

Il n'y a pas de bureau TAT, ou d'antenne de Police Touristique à Chiang Khong. Toutefois, pour obtenir des renseignements, vous pouvez vous adresser à votre guesthouse ou auprès des agences locales. Attention, peu de gens parlent anglais.

Argent

Plusieurs distributeurs automatiques de diverses banques sont disponibles en ville.

Se loger

En raison de la fréquentation du poste frontière, la ville compte de nombreuses guesthouses et même plusieurs hôtels. Il n'est pas difficile de localiser les différentes adresses : il suffit de suivre la route qui traverse le village du sud au nord, sur une distance d'un kilomètre environ. Les terrasses des guesthouses donnent sur le Mékong. Certaines ont beaucoup de charme.

■ **BAMBOO RIVERSIDE GUESTHOUSE & RESTAURANT**
71/1 Moo 1 Huaviang
✆ +66 53 791 621
saweepatts@hotmail.com

Bungalows avec salle de bains commune de 100 à 200 B ; bungalows doubles avec salle de bains privée à 300 B.
Tous ventilés, ces bungalows en bois sont répartis en profondeur dans un jardin verdoyant descendant vers le restaurant terrasse : panorama sur le Laos, au-delà du fleuve. Certaines chambres sont vraiment toutes petites, d'autres plus confortables avec vue sur le Mékong. L'ensemble a beaucoup de charme. Restaurant réputé pour ses spécialités mexicaines !

■ **CHIANG KHONG HOTEL**
68/1 Thanon Chiang Sean
✆ +66 53 791 182
Chambres ventilées à 200 B ; climatisées à 300 B.
Situé non loin du Bamboo Riverside, mais de l'autre côté de la route. Cet établissement correct aligne ses chambres de plain-pied dans une grande cour, en retrait. Toutes sont pourvues d'une salle de bains avec eau chaude. L'hôtel est bien tenu, et l'accueil est aimable. Une bonne affaire, même si le cadre est moins attirant que les abords du fleuve.

■ **CHIANG KHONG TEAK GARDEN**
Moo 8, T. Vieng
666 Sai Klang Rd
✆ +66 53 792 008
www.chiangkhongteakgarden.com
chinangkhong_teak_garden@hotmail.com
Chambres à partir de 700 B. Petit déjeuner inclus. Wi-fi gratuit.
Les chambres du Teak Garden sont boisées et fort charmantes et offrent de belles vues sur le Mékong. Elles disposent de tout le confort nécessaire pour un séjour agréable. Service fort efficace, en français qui plus est. Enfin, vous êtes à proximité du ferry pour votre départ vers le Laos ou la Chine. Très recommandable.

■ **TAM MILA GUESTHOUSE**
113 Moo 8, Thanon Sai Klang
✆ +66 53 791 234
baantammila@hotmail.com
Chambres ventilées à 400/500 B.
Plusieurs bungalows en bois, assez spacieux (avec salle de bains privée attenante), sont installés dans un jardin verdoyant. Le plus grand a une jolie terrasse face au Mékong. Six autres chambres sont regroupées dans un bâtiment en dur. Situé à mi-chemin entre l'arrêt des bus (au sud) et l'embarcadère pour passer au Laos (au nord), cet établissement se trouve en retrait de la route, au bout d'une petite impasse. Accueil aimable.
La terrasse du restaurant donne sur le fleuve (ouverture de 7h à 20h). L'ensemble de l'installation dégage un charme certain. La maison fait aussi agence de voyage.

Se restaurer

■ BAAN KRUA THIP GUESTHOUSE
✆ +66 53 792 010
kruathip@hotmail.com
Plats de 40 à 50 B.
Guesthouse modeste installée au nord de la localité, au-dessus du poste frontière et à côté du point d'embarquement pour traverser le fleuve. Accueil d'une réelle gentillesse de la part de Yawuda, qui a déjà eu l'occasion de venir en France et accompagne épisodiquement des excursions familiales au Laos (Luang Prabang). Son terrain a juste la place nécessaire pour un petit restaurant et cinq modestes bungalows (basiques). Petit déjeuner à demeure (avant de passer la frontière). Restaurant à la cuisine familiale appétissante.

■ SABAY DEE
Thanon Sai Klang
✆ +66 83 5940 676
Plats à 20-30 B.
Ouvert seulement entre 16h et 19h, c'est ici que les locaux se pressent pour acheter leur curry du soir. C'est dire la qualité de la cuisine de cet établissement qui ne paie pas de mine, mais qui dispose tout de même de quelques tables et chaises pour accommoder les touristes de passage. Des soupes exquises et de la viande de buffle sont au menu : laissez-vous tenter.

Sortir

Bien entendu, ce n'est pas l'agitation de Chiang Mai : c'est plus calme, c'est… différent !

■ EASY BAR & RESTAURANT
Main street
Restaurant-bar installé au milieu de la rue centrale. Le cadre est assez agréable, mais il n'y a pas foule… Bières et petits plats locaux servis jusqu'à 20h30. N'en n'attendez pas non plus monts et merveilles, même si le personnel est très serviable et saura vous aider à traverser la frontière en bateau.

■ TEE PEE BAR
542/4 Phaholyothin Rd
Cadre roots garanti puisqu'il s'agit d'une hutte en bois, au bord de la route. Un endroit que n'aurait pas désavoué Kerouac ! C'est donc là que les derniers noctambules s'installent pour vider quelques verres, avec force discussion (prévoir sa petite laine). Pour les irréductibles.

FRONTIÈRE LAOTIENNE

Passage de la frontière : traversée du Mékong en bateau

▶ **Ferry (camions) ou pirogue à moteur (piétons).** Le passage coûte 40 B par personne. Avant de quitter la Thaïlande, il faut se présenter au Service de l'immigration (tampon de sortie indispensable) juste à côté de l'embarcadère. Départ entre 8h et 18h. Il y a une ou deux rotations de ferry par jour, ordinairement le matin, en fonction du nombre de véhicules à faire passer entre le Laos et la Thaïlande. Il est possible d'obtenir son visa sur place pour 30 jours (30 US$ pour les Français, 35 US$ pour les Belges et les Suisses, 42 US$ pour les Canadiens). Si vous revenez en Thaïlande, il vous sera délivré un nouveau visa de 15 jours. Prévoir une photo d'identité.

Transit vers Luang Prabang... et la Chine

Les bateaux rapides à destination de Luang Prabang partent vers 10h30 (800 B). Les bateaux lents (800 B), eux, prennent le départ à 11h30. Si vous arrivez trop tard, il faudra passer la journée à Houay Xai, pour attendre les bateaux du lendemain matin ou prendre la route vers la région du Nord Laos (autre programme).

▶ **Descente du Mékong en bateau lent jusqu'à Luang Prabang** en deux étapes, avec une nuit à Pakbeng à mi-parcours… Escale pouvant s'avérer pittoresque pour ceux qui ne sont pas trop exigeants en matière de confort. Le voyage en bateau rapide ne dure qu'une journée mais présente des risques d'accident en raison des moteurs trop puissants et d'obstacles à fleur d'eau… A vous de juger.

▶ **Se rendre à Luang Prabang par bus**, c'est certes beaucoup moins romantique, mais tellement moins risqué et beaucoup plus confortable. Il vous en coûtera 800 B, départ 17h et 1 000 B en VIP, départ 13h30.

▶ **On peut aussi remonter vers le Nord-Est du Laos,** en prenant la route de Luang Nam Tha, et poursuivre jusqu'à Udom Xai. Ensuite, il est possible de se diriger vers Luang Prabang ou de partir vers la Chine (avec visa en poche au préalable), et plus précisément la ville-frontière de Mengla (8 heures de bus). De là, il vous faudra encore pousser pendant 5 heures jusqu'à Jinghong ou prendre un bus de nuit vers Kunming, capitale du Yunnan.

RÉGION NORD-EST – ISAAN

Bouddha blanc sur une colline à Surin.

Isaan

LAOS

Phrae

Réservoir
Sirikit

MEKONG

Vientia

Nong

Uttaradit

Chiang
Khan

Loeï

Udon Tha

203

Lam Nam Kwaei Noi

Parc national de
Nam Tok Chat Trakan

11

▲ 1571 m.

201

210

Nong Bu
Lamph

Lam Phaniang

12

Phrom Phiram

Si Bun Ruang

Parc national d
Phu-Kao-Phu-Phan

Phitsanulok

Parc national de
Thung Salaeng Luang

Lom Sak

12

Phu Kradung
▲ 1316 m.

Parc national de
Phu Pha Man

Parc national de
Phu Wiang

Rés
Ubo

Parc national de
Nam Nao

Chum Phae

12

Phichit

Phetchabun

Nam Phrom

Phu Khieo

Khon K

117

21

Mae Nam Pasak

Kaset Sombun

201

Nong Phai

Parc national de
Tat Ton

Ban Ph

Nakhon
Sawan

Bung
Boraphat

11

Wichianburi

Parc national de
Sai Thong

202

Chaiyaphum

Lam Nam Chi

205

Uthai Thani

32

Takhli

1

Dan Khun Thot

2

Chai Nat

Phimaï

22

Réservoir
Pasak Cholassit

21

Singburi

Lopburi

1

Réservoir
Lam Takhlong

Sikhiu

Nakhon Ratchasima

Pak Thong Chai

24

Ang Thong

Suphan Buri

Saraburi

2

Pak Chong

32

Ayutthaya

33

340

1

Nakhon Nayok

Parc national de
Khao Yai

▲ 1351 m.

304

Parc national de
Thap Lan

9

Thanyaburi

Prachinburi

Parc national de
Pang Sida

Nakhon
Pathom

BANGKOK

Kabinburi

33

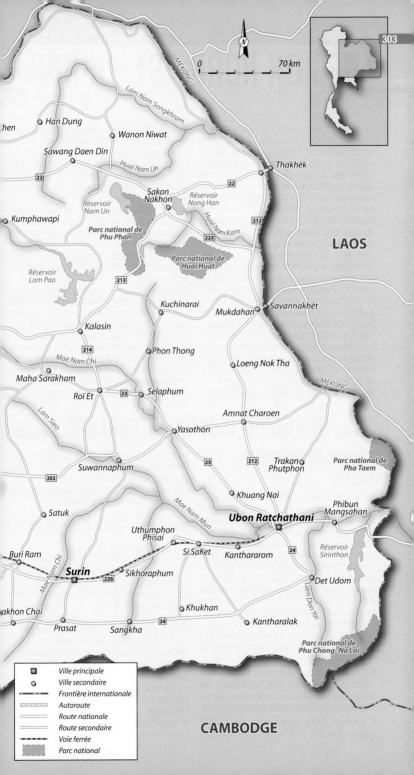

Cette région occupe tout le Nord-Est de la Thaïlande, soit plus d'un quart du pays. Nichée sur le plateau de Khorat, bordée au nord et à l'est par le fleuve Mékong et au sud par le Cambodge, la population de l'Isaan présente plus de similitudes avec celle du Laos voisin, notamment au niveau du langage. La région a été incorporée en 1935 dans l'État thaïlandais moderne. Rurale, c'est la contrée la plus pauvre du pays. Ses vastes étendues agricoles fournissent une large part de la production de riz du pays. Mais les sécheresses et les inondations périodiques engendrent des conditions de vie très précaires pour un grand nombre de ses habitants. Pour la plupart de condition modeste, ils constituent une main-d'œuvre bon marché pour l'industrie et les entreprises du bâtiment. Les jeunes filles issues de ces familles occuperont des emplois subalternes, et les plus jolies se retrouveront un jour dans les bars et autres karaokés des grandes villes, afin de pouvoir subvenir aux besoins de leur famille. Les natifs de la région Nord-Est sont généralement solidaires et ils sont souvent d'une amabilité réelle et touchante. Cependant, l'amélioration sensible des conditions de travail libère les enfants des tâches qui leur étaient auparavant dévolues, permettant une scolarisation plus longue. Et la mécanisation agricole, tout comme en Europe soixante ans plus tôt, permet une meilleure exploitation des ressources.

Il serait intéressant de démontrer que, sans les ressources humaines de l'Isaan, qui apporte au pays une indéniable fraîcheur d'esprit et une grande part de sa vitalité, la Thaïlande ne serait sans doute pas devenue ce qu'elle est sur le plan économique, n'en déplaise à certains technocrates.

À l'écart du tourisme de masse, l'Isaan possède des sites archéologiques remarquables remontant à la culture Dvaravati puis à celle de l'Empire khmer (préexistant au royaume de Siam) et de vastes parcs nationaux. Étant donné son étendue considérable, il nous a paru intéressant de regrouper les destinations autour des villes principales selon trois secteurs, en rapport avec les axes de pénétration (routiers ou ferroviaires) qui les traversent : sud, centre et nord, dans cet ordre.

DE KHORAT À UBON RATCHATHANI

NAKHON RATCHASIMA – KHORAT ★★

Cette agglomération de 145 000 habitants, capitale de la poterie en Thaïlande, et berceau du chat siamois, le Korat, peut être considérée géographiquement comme la porte d'accès à l'Isaan lorsqu'on arrive de Bangkok. Grosse ville de province au trafic automobile intense, cette ancienne base américaine (guerre du Viêt Nam) est devenue un centre d'échanges important qui a pris son véritable essor commercial au début des années 1980. Une étape à Nakhon Ratchasima est l'occasion de visiter Phimai et son Prasat Hin (datant de l'époque khmère) avant de s'enfoncer plus avant dans le pays : vers Ubon Ratchathani (à l'est) ou vers Nong Khai (au nord)… ces deux villes étant proches des frontières du Laos.

▶ **Précision utile** : vous verrez toujours écrit « Nakhon Ratchasima », dans les aéroports, les gares et sur les documents officiels mais les Thaïlandais utilisent encore l'ancien nom : Khorat.

▶ **Khorat vous servira** de base pour l'exploration des environs, et notamment du parc national de Khao Yai, le plus ancien de Thaïlande et classé au patrimoine mondial de l'Unesco. Ailleurs, la céramique de Dan Kwian et la soie de Pak Thon Chai, bien connue de Jim Thompson, valent aussi le détour.

Transports

Comment y accéder et en partir

▶ **Train.** Depuis la gare de Bangkok (Hua Lamphong), 10 départs quotidiens sont échelonnés entre 5h45 et 23h40. Il n'est pas indispensable de voyager de nuit, au risque d'arriver trop tôt ! Les trains suivants permettent de ne pas partir trop tôt sans arriver trop tard : rapides de Bangkok à 6h40, 10h05, 11h40 ou 15h20 et s'arrêtant à Khorat respectivement à 12h12, 14h27, 16h50 et 21h15. Pour les lève-tôt, l'express de 5h45 arrive à 10h15. Il y a également des bus de nuit où vous arrivez entre minuit et 5h du matin ce qui n'est pas très pratique une fois sur place. Un billet en 3e classe coûte aux environs de 50 B, compter 250 B pour une couchette avec air conditionné.

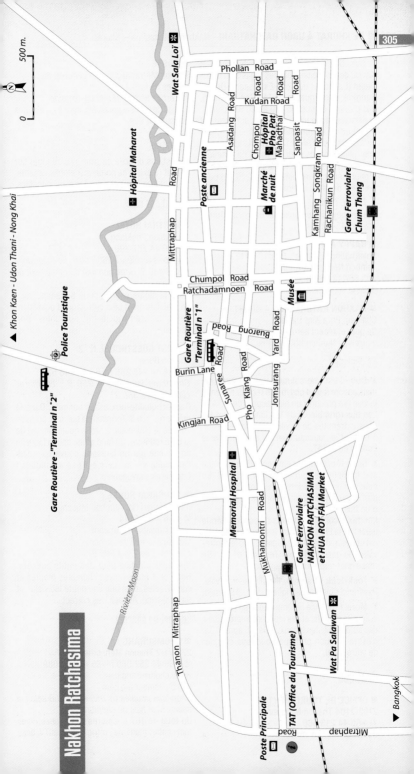

Nakhon Ratchasima

▲ Khon Kaen - Udon Thani - Nong Khai

0   500 m.

Police Touristique

Gare Routière "Terminal n°2"

✚ Hôpital Maharat

Rivière Moon

Thanon Mitraphap

Mukhamontri Road

✚ Memorial Hospital

Kingjan Road

Burin Lane

Gare Routière "Terminal n°1"

Sunaree Road

Pho Klang Road

Jomsurang Road

Yard Road

Buarong Road

Ratchadamnoen Road

Chumpol Road

Mittraphap Road

Poste ancienne

Marché de nuit

Musée 🏛

✿ Wat Sala Loï

Phollan Road

Asadang Road

Kudan Road

Chompol Road

Mahadthai Road

Sanpasit Road

Hôpital Pho Pat

Kamhang Songkram Road

Rachanikun Road

Gare Ferroviaire Chum Thang

Gare Ferroviaire NAKHON RATCHASIMA et HUA ROT FAI Market

✿ Wat Pa Salawan

Mitraphap Road

TAT (Office du Tourisme) ℹ

Poste Principale

▲ Bangkok

▶ **Bus.** Des liaisons routières convergent sur Khorat depuis l'ensemble des régions du Nord-Ouest (Lanna) et du Nord-Est (Isaan). Depuis Bangkok gare routière de Mo Chit Northern, des dizaines de bus (de 170 à 220 B) assurent la liaison chaque jour : c'est dire si Khorat est un nœud de communications. Départ toutes les 20 min, entre 9h et 13h, ensuite les départs sont plus espacés pour un trajet de 4 heures environ. Vous pouvez aussi partir de Victory Monument en mini-bus (180 à 220 B), pour un trajte de 3h30 environ.

▶ **Avion.** Plusieurs vols par semaine assurés avec Happy Air au départ de Bangkok. Durée, environ 45 minutes.

■ **HAPPY AIR**
Suvarnabhumi Airport, Room T1-112
Tambon Nongprue, Amper Bangplee
✆ +66 2134 8000 – www.happyair.co.th
C'est la seule compagnie qui dessert Korat.

■ **NAKHON RATCHASIMA AIRPORT**
Chaloem Phra Kiat District
Ce petit et récent aéroport se trouve à 40 kilomètres de Nakhon Ratchasima.

Se déplacer

▶ **Bus.** C'est une solution très bon marché, mais encore faut-il pouvoir se repérer à travers la ville (se procurer un plan auprès de la TAT). Les bus (gris bleus) de la Ligne 2 relient les deux extrémités de la ville : l'ancien quartier, à l'est, et le nouveau quartier où se trouve le bureau de la TAT.

▶ **Song téo.** Compter environ 10 B quelle que soit la distance parcourue sur le trajet. En dehors d'un circuit déterminé (ligne de bus) le tarif exigé pour une course privée devient celui d'un taxi classique.
Les taxis collectifs blancs (à bande latérale jaune) de la Ligne 1 relient les deux extrémités, est et ouest, de la ville. La ligne 7 relie le centre-ville à la gare routière « Terminal n° 2 ». Se renseigner auprès des usagers.

▶ **Touk-touk et samlo.** Ils sillonnent la ville. Pas franchement folklorique vu le cadre urbain.

▶ **Moto.** Prudence recommandée en raison de la densité du trafic et des réactions imprévisibles des automobilistes locaux. Cela dit, après 20h, c'est la solution pratique pour vous éloigner de votre hôtel.

Pratique

■ **OFFICE DE TOURISME (TAT)**
2102-2104 Thanon Mitraphap
✆ +66 44 213 666
Ouvert de 8h30 à 16h30.

■ **POSTE**
Thanon Mittraphap, à une centaine de mètres de la TAT
Ouvert de 8h30 à 16h30 en semaine.
Il s'agit de la poste principale, mais il y a d'autres bureaux en ville.

Se loger

Il n'est pas difficile de trouver à se loger sur Khorat : il existe de nombreux établissements, souvent bien tenus et à des tarifs raisonnables.

Bien et pas cher

■ **FARTHAI HOTEL**
35 Thanon Phoklang
✆ +66 44 267 390
Chambres ventilées à 260/360 B ; air conditionné à 390/430 B. Situé non loin du monument de Suranaree.
Dans le même esprit que le Sansabai, voici un établissement bien entretenu et possédant des chambres tout à fait agréables. Bon accueil.

■ **FIRST GUESTHOUSE N° 2**
Thanon Burin
✆ +66 44 246 356 / +66 44 246 528
Chambres ventilées à 250 B ; chambres climatisées à 360 B.
Rapport qualité-prix assez honnête. Dans la même rue que le Terminal de bus n° 1 presque en face (à 100 m sur la droite quand on sort de la gare routière), au fond d'une cour à laquelle on accède par un passage couvert… mais l'enseigne de la rue n'est pas en anglais ! Chambres convenables.

■ **SANSABAI HOUSE**
335 Suranari Rd. Amphoe Mueang
✆ +66 4425 5144
www.sansabai-korat.com
sansabaikorat@yahoo.com
Chambres de 270 à 600 B.
Une belle aubaine pour des petits budgets. Hôtel de 4 étages, avec chambres propres et confortables, et même une petite télévision et un mini-frigo. Accueil très correct.

Confort ou charme

■ **CHOMSURANG**
2701/1-2 Thanon Mahadthai
✆ +66 44 257 080 / +66 44 257 089
www.chomsurang.com
info@chomsurang.com
Chambres doubles de 850 à 2 000 B selon la saison et le type de chambre.
Un total de 167 chambres climatisées, avec tout confort moderne : réfrigérateur et TV, beau

Les immanquables de l'Isaan

▸ **Découvrir les anciens temples de Phanom Rung et Preah Vihear,** vestiges khmers aux abords de Buri Ram et Si Saket, à la frontière du Cambodge.

▸ **Festival des Eléphants à Surin**, début novembre.

▸ **Fêter les Chandelles d'Ubon Ratchathani,** début juillet.

▸ **Visiter Khong Giam,** au confluent du Mékong et de la rivière Mun.

▸ **Acheter de la soie « Mut Mee » première qualité,** produite à Khon Kaen.

▸ **Randonner dans les parcs nationaux** des régions de Khon Kaen et Loei.

▸ **Découvrir Ban Chiang,** site archéologique proche d'Udon Thani.

▸ **Sortir et s'amuser** à Udon Thani.

▸ **Se recueillir** au temple Ban Rai, à 60 kilomètres de Nakhon Ratchasima.

▸ **Se rendre à Nong Khai,** à la frontière du Laos, avant de se rendre à Vientiane.

▸ **Visiter Chiang Khan,** bourgade paisible au bord du Mékong.

mobilier, baignoire dans chaque salle de bains. Grand hôtel moderne et imposant, situé en plein centre-ville. Accueil courtois. Restaurant et piscine à disposition.

■ K.H. CHAO PHRAYA INN
62/1 Thanon Chom Surangyat
✆ +66 44 260 555
Chambre entre 500 et 1 000 B.
Etablissement de catégorie modeste, situé à proximité immédiate du centre commercial Klang Plaza n° 2. Au total, 120 chambres propres et confortables, climatisées avec salle de bains privée (eau chaude). Restaurant coffee-shop. Une bonne adresse.

■ RACHAPHRUK GRAND HOTEL
311 Thanon Mittraphap
✆ +66 44 261 222
admin@rachaphruk.com
Chambres doubles entre 1 200 et 1 500 B.
Etablissement moderne de 159 chambres au confort international, avec climatisation, réfrigérateur, TV. Restaurant, piscine. Le hall est décoré avec de nombreuses photos d'avions militaires.

■ SIMA THANI HOTEL
21122112//2 Mittraphab Road A. Muang
www.simathani.com
sales@simathani.com
Chambres de 1 700 à 3 000 B. Piscine, salle de sport, Spa, restaurants.
Très bel hôtel de 265 chambres, luxueux, avec un hall impressionnant et un très bon restaurant, The Emperor.

■ SRIPATANA HOTEL
346 Thanon Suranaree
✆ +66 44 251 652 / +66 44 251 654
www.sripatana.com

Tarifs : 650 à 1 200 B selon le type de chambre. Chambres tout à fait convenables même si les peintures manquent de fraîcheur. Beau mobilier, sobre. Toutes les salles de bains sont pourvues d'une baignoire. Le *beer garden* s'anime le soir, au bord de la piscine. Restaurant et pub. Une bonne adresse, vraiment. Accueil souriant.

Se restaurer

De nombreux restaurants populaires se trouvent dans le centre économique de la ville, non loin du monument de l'héroïne Suranaree et autour de l'ancien marché couvert, dans le quartier compris entre les avenues Suranaree et Phoklang, l'occasion de tester le *pat me korat*, la spécialité de la ville.

Sur le pouce

■ WAT BOON NIGHT BAZAAR
Chomphon
A partir de 15 B.
A partir de 17h30 jusqu'à 22 h, ce marché de nuit offre la possibilité de goûter à diverses spécialités de la région. Pratiquement personne ne parle anglais, donc inutile de demander ce que c'est...

Bien et pas cher

■ CH'DUANGJAÏ
Thanon Manat
Ouvert de 17h à 4h. Compter 70 B environ pour un plat et entre 50 et 70 B pour une grande bière.
A l'extrémité nord de la rue du Night Bazar, après le carrefour. Petit restaurant populaire avec terrasse largement ouverte sur la rue. Grand téléviseur pour suivre les matchs. Le patron sait se montrer sympa. Un point de chute pour les noctambules assoiffés.

Spécialités culinaires de l'Isaan

La cuisine de l'Isaan est proche de celle du Laos. Le riz qui accompagne les différents plats est servi généralement gluant ou collant, ce qui permet de former des petites boulettes que l'on trempe ensuite dans les différentes sauces. On retrouve souvent sur les tables le célèbre *som tam*, la salade de papaye épicée, la salade de larb au porc ou au bœuf, au goût aigre et pimenté, le poulet sous toutes ses formes, le poisson de rivière. D'autres recettes, beaucoup plus originales, vous surprendront, comme le tartare de bœuf arrosé de sang frais ou encore la soupe de grenouilles. Enfin, pour ceux qui veulent vivre de nouvelles expériences, sachez que les insectes, (vers à soie, grillons, sauterelles), les œufs de fourmis rouges ou le rat grillé font partie du patrimoine culinaire de cette région.

■ HUA ROT FAI MARKET
Thanon Mukka Montri
Entre 18h et 21h30, environ. Compter 50 B le plat.
Ce marché de nuit se trouve à proximité de la gare : Rot Fai veut dire « chemin de fer ». Les stands installés en fin d'après-midi, proposent des plats thaïs et chinois à des prix défiant toute concurrence ! La qualité de cette cuisine populaire est généralement bonne.

■ PARTY HOUSE
367-369 Thanon Suranaree
✆ +66 44 263 454 / +66 44 263 455
Compter de 150 à 250 B par personne.
Le genre d'établissements affectionnés par les Thaïs pour dîner en groupe. Grande salle avec tables rustiques et banquettes en bois. Bière à la demande. Spécialités de cuisine Isaan relativement épicées, entre autres. Télévision de rigueur lors des championnats internationaux. Personnel disponible et sympathique.

Bonnes tables

■ SEOW SEOW
77 Thanon Buarong
✆ +66 44 243 180 / +66 44 243 380
Ouvert de 10h à 22h. Les prix sont échelonnés entre 90 et 650 B ; compter 150 B par personne.
En plein centre-ville, cet établissement typiquement chinois est installé au premier étage (au-dessus d'un vaste parking). Les prix correspondent en fait à des plats prévus pour 2 à 8 personnes : pratiques pour les dîners en groupe.

Sortir

■ FUN WONDERFUL NIGHT CLUB
Thanon Chom Surangyat
Situé pile en face du magasin Klang Plaza n° 2.
On ne peut pas le manquer : des néons qui clignotent partout : on se croirait à Las Vegas. Il s'agit là de libations à grand renfort de bière (locale) et de whisky (écossais ?) dans une ambiance musicale moderne, version thaïe.

■ K STARS DISCO
191 Thanon Assadang
Environ 100 B la consommation.
Comme toujours dans ce genre d'endroits, de jolies filles aux beaux yeux noirs... L'ambiance est bonne. Cette discothèque de l'hôtel Korat connaît un grand succès. Touristes, résidents étrangers et habitants du cru (nantis) et chanteuses ou groupes assurant l'animation en direct. Que demande le peuple ?

■ U-BAR
Changphuak Road
Bières 100 B.
Entre Changphuak Road et Main road, sur la rue où vous trouverez les meilleurs établissements, ce bar est l'un des plus sympa du coin avec régulièrement des concerts en live. Très bonne ambiance, pratiquement que des locaux.

À voir – À faire

■ MÉMORIAL DE THAO SURANAREE OU KHUN YING MO
Thao Suranari Monument
Monument érigé en 1933 et dédié à l'héroïne locale Khun Ying Mo, qui s'est illustrée lors de l'invasion laotienne, sous le règne de Rama III. Au pied du mémorial, on remarque des centaines d'offrandes représentant des bus miniatures déposés par les chauffeurs de bus pour demander à la grande dame de les protéger sur la route. Les mystères de la foi sont impénétrables... Depuis 2006, d'importants travaux de restructuration ont été entrepris par la municipalité pour réaménager cette vaste esplanade, orientée nord-sud et dont le monument en question occupe le centre. Cette large avenue se situe à l'emplacement des anciens remparts de la cité, dont ne subsiste que des fortins. On peut d'ailleurs voir l'ancienne porte de la ville, datant du XVIIe siècle, dernier vestige des 4 portes qui existaient à l'époque du règne du grand roi Narai.

■ MUSÉE NATIONAL MAHA WEERWONG
Thanon Rachadamnoen
Ouvert du mercredi au dimanche de 9h à 16h. Entrée 30 B.
Situé en face de l'hôtel de ville, le musée expose des pièces de poterie et des petites statues datant de l'époque khmère. Pour les inconditionnels.

■ WAT BAN RAI ★★
Tambon Kut Phiman,
Amphoe Dan Khun Thot
✆ +66 4421 3030
A 60 kilomètres de Khorat. Entrée gratuite. Dons acceptés.
Le Ban Rai est l'un des temples les plus étonnants que vous verrez en Thaïlande. Récent, dédié au moine vénéré Luang Pho Khun Parisutto toujours en vie, il ressemble à un manège géant coiffé d'une énorme tête d'éléphant. Tout autour des statues, du panthéon hindouiste, très colorées, des dragons qui semblent garder les lieux, et en son intérieur un musée. Le temple se trouve à une soixantaine de kilomètres de Korat, à 11 kilomètres du village de Dan Khun Thot.

■ WAT PA SALAWAN
Nai Muang
Situé derrière la gare routière.
Le magnifique *viharn* en bois sculpté de ce temple abrite les reliques d'un certain Ajahn Man, moine particulièrement vénéré dans la région.

■ WAT SALA LOI
Nai Muang
Au nord-est de la ville.
Situé au nord-est de la ville, ce temple se trouve au beau milieu d'un bassin de rétention d'eau. Il date du milieu des années 1960 et n'est pas sans évoquer une jonque chinoise au milieu des flots (un peu d'imagination, que diable !). Il abrite une grande statue blanche de Bouddha.

Shopping

▶ **La production de soie est la grande spécialité de Khorat :** de nombreux magasins en vendent et à des prix plus avantageux qu'à Bangkok. Cependant, on peut aussi attendre d'être à Pak Thon Chai pour faire ses emplettes, profitant de la visite de ce village intéressant. La région est également réputée pour ses produits en terre cuite, notamment les poteries de Dan Kwian.

▶ **Marchés de nuit :** c'est toujours l'occasion d'une promenade intéressante. Ce sont des endroits indiqués pour faire ses achats (vêtements, chaussures, lunettes, sacs) à petits prix.

■ KLANG PLAZA N° 1 ET N° 2
Ces deux grands centres commerciaux « à l'occidentale » se trouvent respectivement avenues Assadang et Chom Surangyat. Boutiques de vêtements, chaussures, articles de sport, matériel hi-fi. C'est plus cher que sur les marchés, mais on peut choisir de vraies marques et profiter de la climatisation en prime !

DAN KWIAN

A 15 km de Khorat, ce village est réputé pour ses céramiques, des poteries fabriquées à partir d'argile provenant des berges du fleuve Mun. Vaut le déplacement si vous voulez acheter un petit souvenir. Egalement sur place divers outils agricoles et quelques vieilles charrettes.

PAK THON CHAI ★

A une trentaine de kilomètres de Khorat, voici un village réputé pour le tissage de la soie : filage, tissage, teinture… On peut assister à toutes les étapes de la fabrication, et c'est bien entendu l'occasion de faire quelques achats sans se ruiner pour autant. En dehors de cela, une excursion est recommandée.

■ PAK THON CHAI
A une trentaine de km de Khorat.
Voici un village réputé pour le tissage de la soie : filage, tissage, teinture... On peut assister à toutes ces étapes de fabrication, et c'est bien entendu l'occasion de faire quelques achats sans se ruiner.

Cheval mythologique du temple Ban Rai, repris dans un manège.

© MAXIME DRAY

PARC NATIONAL
DE KHAO YAI ⭐

Le parc est situé dans la province de Sara Buri, au sud-ouest de Khorat.

Se loger

Luxe

■ **THE PRIVATE POOL VILLAS AT CIVILAI HILL KHAO YAI – THE UNIQUE COLLECTION**
315 Moo 15 Tambon Moo-Si Amphor
Pak Chong Nakhon Ratchassima
✆ +66 92 259 5240
www.civilaihillkhaoyai.com
info@civilaihillkhaoyai.com
5 villas à partir de 10 000 B sur leur site internet. Piscine privée. Restaurant The Pavillion et bar. Sauna. Wi-fi gratuit. Petit déjeuner à la carte servi dans votre villa ou au restaurant. Attractions et visites proposées. Bicyclettes en prêt.
The Private Pool at Civilai, d'inspiration proven-çale, a ouvert en 2014. Uniquement cinq villas à ce jour, très grandes et magnifiquement agencées, avec cuisines equipées, salles de bains (douche et baignoire, soins l'Occitane), coin salon, canapé et TV 3D, lit hyper confor-table trônant au milieu de la pièce centrale... Les villas sont perchées sur une colline. Elles possèdent toutes bien évidement une jolie piscine avec jets massants, un petit sauna et un coin jardin. Tout autour de la propriété, les panoramas dont vous profiterez grâce aux grandes baies vitrées sont superbes. Des vallées verdoyantes, des vignobles, des fermes et des vaches, et des montagnes qui se dessinent au loin. La meilleure saison pour profiter de ces paysages correspond à notre hiver, de début décembre à fin février, lorsque les fleurs éclosent et affichent leurs plus beaux atouts. Chaque villa à son propre concierge, ainsi, pour toute demande spécifique vous aurez toujours à faire à la même personne. The Private Pool at Civilai est un lieu de villégiature parfait pour des couples à la recherche de romantisme ou des petites familles, qui veulent échapper l'espace de quelques jours à l'agitation de Bangkok, et découvrir le magnifique Parc National de Khao Yai, sa région et ses vins.

À voir – À faire

■ **CHOKCHAI FARM** ⭐
Thanon Mittraphap, Pak Chong, Pak Chong District, Nakhon Ratchasima 30320
✆ +66 44 328 485
www.farmchokchai.com

Entrée 100 B. Ouvert de 10h à 18h. Réserver son ticket impérativement sur le site pour une visite le week end en haute saison.
C'est assurément la ferme la plus célèbre de Thaïlande. Ces origines remontent à 1957, mais c'est seulement depuis quelques années qu'elle est s'est transformée en une sorte de parc animalier que l'on visite en famille. L'ensemble comprend une immense ferme, dont on fait le tour avec une sorte de petit train tracté par un... tracteur. Des vaches bien évidement, dont les plus téméraires s'essaieront à la traite, des chevaux et des chèvres et même des éléphants. A l'extérieur, plusieurs boutiques de souvenirs, essentiellement tournés vers les produits laitiers, glaces, bonbons, biscuits, des magasins pour dénicher votre chapeau de cowboy, mais aussi des restaurants steakhouse avec de succulents hamburgers. Les plus petits pourront monter des poneys, et les plus grands s'essayer au quad.

■ **PARC NATIONAL DE KHAO YAI** ⭐⭐⭐
Ce parc naturel, inscrit au patrimoine de l'Unesco, couvre une surface de 2 200 km². Les montagnes ne culminent qu'à 1 350 m environ, mais il s'agit de l'une des plus grandes forêts naturelles d'Asie du Sud-Est. Quelque 70 espèces de mammifères et 300 espèces d'oiseaux y vivent : éléphants (sauvages), tigres, ours, léopards, gibbons, macaques et des pythons. La plupart de ces animaux sont plus facilement observables durant la saison des pluies de juin à octobre. C'est également durant cette époque de l'année que les chutes d'eau sont les plus belles, évidemment. Mais pour voir des calaos, la meilleure période serait de janvier à mai.

▸ **Ouvert pendant la journée seulement**, après l'adoption, en 1992, d'une mesure destinée à endiguer une trop grande affluence... ce qui ménage les nombreuses espèces animales ayant élu domicile ici.

PHIMAI

Située à une soixantaine de kilomètres de Khorat, cette bourgade fort tranquille, posée au bord de la rivière Mun, abrite un site historique parmi les plus importants de l'art khmer. Autrefois la ville était reliée à Angkor par la route. Le sanctuaire central fut construit entre la fin du XIe siècle et le début du XIIe siècle. C'est à cette époque que l'empire khmer est à son apogée, s'étendant depuis Angkor sur toute la région comprenant l'actuel Laos et l'est de la Thaïlande (qui n'existait pas encore). Il n'est pas indispensable de passer la nuit à Phimai à condition de quitter Khorat le matin de bonne heure pour y retourner dormir le soir (compter environ 3 heures pour la visite des ruines et du musée voisin).

PRIVATE
POOL VILLAS
at Civilai Hill Khao Yai

Introducing Khao Yai's Newest Address for Luxury

by *The Charming Collection*

www.civilaihillkhaoyai.com   info@civilaihillkhaoyai.com   Tel. +66 (0)92 259 5240
www.theuniquecollection.com   info@theuniquecollection.com   Tel. +66 (0)2 250 4527-9

Transports

▶ **Bus.** Depuis le Terminal n° 2 de Khorat (nord de la ville), le bus n° 1305 (couleur orange) dessert le parc historique de Phimai. Départs échelonnés toutes les 30 min, à partir de 6h du matin. Environ 1 heure 15 de trajet. Dernier départ de Phimai pour Korat à 18h.

Se loger

■ **OLD PHIMAI GUESTHOUSE**
Thanon Chom Sudasadej
☎ +66 44 471 918
oldphimaigh@yahoo.com
Dortoirs (4 personnes) 100 B par personne ; chambre ventilée à 200 B, chambre climatisée à 450 B. Salle de bains commune.
Ambiance familiale pour cette charmante maison traditionnelle en bois, installée dans un petit soï, à 5 min de l'entrée du parc historique et à environ 400 m de l'arrêt des bus. Possibilité de prendre ses repas sur place (arrangement préalable). Point de chute de voyageurs venus du monde entier. Confort minimum.

■ **PHIMAI HOTEL**
305/1-2 Thanon Ananthajinda
☎ +66 44 471 940
☎ +66 44 417 306
phimaihotel@korat.in.th
Chambres de 350 à 800 B.
Chambres tout à fait convenables. L'option « avec petit déjeuner » est intéressante pour 2 personnes par chambre. Cet hôtel relativement moderne et bien entretenu est situé à 500 m de l'arrêt des bus. Accueil correct. Restaurant au rez-de-chaussée.

Se restaurer

■ **BAITEY RESTAURANT**
☎ +66 44 287 103
Ouvert de 9h à 22h. Plats entre 50 et 100 B.
Ce restaurant sympathique est excentré à environ 800 m au sud, au-delà de l'enceinte de l'ancienne cité fortifiée. On peut s'y rendre à pied ou en moto-taxi. Les tables sont disposées à l'ombre, en plein air, autour d'une estrade centrale. L'établissement propose aux clients de les déposer à leur hôtel, après le dîner.

À voir – À faire

■ **MUSÉE NATIONAL**
Ouvert de 9h à 16h. Entrée 30 B.
Ce musée recèle une collection d'objets variés, trouvés sur place : bijoux, céramiques, poteries, statuettes de bronze. De magnifiques linteaux sculptés provenant des ruines voisines sont également exposés. Une petite visite s'impose après avoir parcouru le site du Prasat Hin, en guise de complément.

■ **PRASAT HIN PHIMAI**
Ouverture de 6h à 18h. Entrée 100 B.
Ces vestiges ne sont pas sans évoquer ceux d'Angkor Wat, puisqu'ils datent de la même époque, celle de la toute puissance de l'empire khmer. Phimai ne saurait évidemment rivaliser avec la cité historique cambodgienne, qui comprend des dizaines de temples répartis sur un vaste périmètre. Cependant, le site archéologique de Phimai constitue un témoignage architectural d'une période historique de transition.
Il semble qu'une part des constructions ait été achevée par les Siamois après leur prise de contrôle sur la région, aux dépens de l'empire khmer décadent. La porte de la Victoire, à l'entrée du temple, est orientée vers Angkor. En effet, à l'apogée de l'empire khmer, Phimai aurait été directement reliée à l'ancienne cité d'Angkor par une route, enfouie depuis dans la jungle. Y aurait-il un rapport avec la fameuse « Voie royale » d'André Malraux ?

BURI RAM

Cette petite cité provinciale, par ailleurs tout à fait accueillante, se trouve entre Khorat et Ubon Ratchathani. Elle n'offre pas d'attrait particulier, mais étant située sur un axe de communication majeur entre le Centre et l'Est du pays, elle permet un accès facile pour découvrir les environs.

Transports

Comment y accéder et en partir

▶ **Avion.** Bangkok (Don Mueang) – Buri Ram (compagnie Nok Air) : 1 vol par jour dans les deux sens, 1 heure de trajet.

▶ **Train.** Depuis la gare de Bangkok (Hua Lampong), les mêmes trains qui desservent Khorat s'arrêtent à Buri Ram, 1 heure 30 plus tard environ. Soit 10 départs quotidiens. Pour les lève-tôt, l'express de 5h45 arrive à 11h43.

▶ **Bus.** Depuis Bangkok, les bus sont aussi les mêmes que ceux qui desservent Khorat et Ubon Ratchathani. Bus de 1re classe : départs assez rapprochés, entre 9h et 13h, ensuite les départs sont plus espacés. Possibilité également de rejoindre Buri Ram depuis Chiang Mai, Rayong ou encore Pattaya. Se renseigner en gare. Depuis Khorat, le bus régional n° 273 dessert Buri Ram au départ du Terminal n° 2. Compter 2 heures 30 de trajet environ.

Course de régates ancestrales

Chaque année, la ville de Phimai organise des régates pendant deux semaines, de fin novembre au début décembre. Des bateaux traditionnels s'affrontent sur la rivière Mun. Ces festivités, rythmées par des danses, sont très appréciées par les Thaïlandais. Divers marchés artisanaux proposent des objets à des prix vraiment intéressants.

Se déplacer

▶ **Touk-touk et samlo.** Ils sillonnent la ville.

▶ *Song téo.* Ils permettent d'éviter les touk-touk, mais sont plus lents !

▶ **Moto-taxi.** Disponibles aux abords de la gare ferroviaire et de la gare routière.

Pratique

■ BURI RAMA HOSPITAL
Situé au nord de la ville, non loin de la gare ferroviaire, mais de l'autre côté du passage à niveau par rapport au centre-ville. A proximité du Wat Tammatiraram.

■ CENTRE PROVINCIAL DE TOURISME ET DE SPORTS
Situé au nord de la ville, à quelques centaines de mètres à l'ouest de la gare ferroviaire.
Le bureau régional TAT compétent se trouve en fait à Khorat !

■ POLICE
℘ 1155
www.buriram.police.go.th
Il n'y a pas de police touristique à Buri Ram. Le commissariat se trouve au centre-ville, juste à côté du Wat Klang et du poste de santé publique.

■ POSTE
Ouvert de 8h30 à 16h30 en semaine.
Au croisement des rues Issan et Lak Meuang… non loin du commissariat de police (rue perpendiculaire).

Se loger

Il n'y a pas vraiment de raisons de rester à Buri Ram pour ne serait-ce qu'une nuit, mais si vous deviez y faire étape, voici quelques adresses utiles.

■ FHEAN FHA PALACE HOTEL
Thanon Wutti Kamone/Thanon Jira
℘ +66 44 617 112
℘ +66 44 621 265
Chambres climatisées à 500 B.
Chambres impeccables, tout confort. Décoration moderne de bon aloi. L'hôtel est situé en plein centre-ville, à quelques centaines de mètres d'un rond-point… repérable en raison du monument moderne se trouvant au milieu de l'avenue Jira. Bon rapport qualité-prix.

■ VONG THONG HOTEL
Thanon Hanchana & Bualam Duan
℘ +66 44 612 540
℘ +66 44 620 858
De 700 à 1 500 B.
Tout le confort moderne classique à prix très raisonnables. Etablissement remarquable à quelques centaines de mètres de la gare routière. Chambres de belle taille meublées avec goût, avec de (très) grands lits ! Restaurant, pub, salon de billard, karaoké et massage traditionnel sont à disposition… bref, tout ce qu'il faut « à domicile ».

Se restaurer

▶ **De nombreuses échoppes et roulottes** sont installées aux abords de la gare routière, comme souvent. Il suffit de se promener au long de l'avenue Bualam Duan.

▶ **Quelques restaurants sans prétention** se trouvent à proximité immédiate du Thai Hotel et le long de l'avenue, aux abords de la gare ferroviaire. Ces établissements ferment généralement assez tôt : vers 21h30, approximativement.

Sortir

Les couche-tard pourront aller boire quelques bières sur Rom Buri en écoutant de la musique « live » … jusqu'à saturation.

■ TAWANDANG
Situé à quelques centaines de mètres de la gare ferroviaire. On y accède à partir de la rue Rom Buri.
Un groupe de musiciens assurent l'ambiance avec ou sans le concours d'une charmante chanteuse. Il est possible de commander à manger aussi. Des hôtesses volubiles peuvent partager votre table ou vous laisser en paix, au choix. Bref, il y en a pour tous les goûts. Qui plus est, le gérant connaît son métier et se montre tout à fait sympathique, au besoin. Une bonne adresse !

Dans les environs

Dans la province de Buri Ram, situés non loin de la ville de Surin, on retrouve des vestiges de temples khmers. Deux sites valent vraiment le déplacement : le Phanom Rung et le Mueang Tam. Pour se rendre dans le secteur, prendre un bus depuis Buri Ram (possible également de Surin) pour la localité Nang Rong et poursuivre au besoin jusqu'au village de Ta Ko (Ban Ta Ko). De là, des motos-taxis vous conduiront au site de Phanom Rung pour 100 B (compter 150 B aller-retour). Mais le mieux si possible est de louer une moto et d'y aller par ses propres moyens. Les deux sites se trouvent à seulement 4 km de distance. En dehors de ces deux sites, les autres lieux intéresseront assurément les amateurs d'archéologie en général et les experts d'architecture khmère en particulier. A citer ainsi : Prasat Pluang et Prasat Khao Prabat.

◼ PARC HISTORIQUE DE PHANOM RUNG
Ouvert de 8h à 18h. Entrée 100 B, billet couplé avec le Prasat Hin Mueang Tam : 150 B.
Situé dans un beau parc boisé, au sommet d'un volcan éteint dont il ne subsiste qu'un petit lac à l'emplacement de l'ancien cratère. Le site du temple est édifié en hauteur, ce qui ajoute à sa majesté, et permet de bénéficier par endroits, d'un beau panorama sur les rizières alentour… Phanom signifie « montagne ». La restauration de l'ensemble a duré plus de 17 ans. A l'occasion de Songkran (mi-avril), des festivités régionales célèbrent la fin de la restauration et un spectacle son et lumière vient couronner une journée de liesse. Le temple a été bâti entre les Xe et XIIIe siècles de l'ère chrétienne. On y accède par une longue galerie qui débute à la salle de l'Eléphant Blanc. On franchit un premier pont, orné de Naga à cinq têtes, puis on accède par un escalier à deux bassins où l'on faisait ses ablutions avant de continuer vers le *prasat* lui-même. Ornée de divinités hindoues, l'entrée du sanctuaire mène vers le célèbre linteau Phra Narai (volé par les Américains au cours de la guerre du Viêt Nam et restitué après de longues palabres en mai 1988). On peut découvrir ici des dizaines de sculptures et de linteaux comptant parmi les plus beaux de Thaïlande : représentations de Shiva, Vishnu, Krishna, Brahma mais pas encore de Bouddha. Une visite incontournable.

◼ PRASAT HIN MUEANG TAM
Ouvert de 6h à 18h. Entrée 100 B, billet couplé avec le parc de Phanom Rung : 150 B.
Ce temple bâti à la fin du Xe siècle, était dédié au culte de Shiva. Il a été construit au pied d'une colline et est tout aussi spectaculaire que le Wat Phanom Rung, à 4 km de là, mais dans un style différent. Les quatre portes du sanctuaire sont orientées selon les points cardinaux. Trois d'entre elles possèdent encore leurs linteaux d'origine. La cour principale abrite des *prang* en latérite (pavillons en forme de tour). L'ensemble comprend également des bassins et des bibliothèques, selon les principes architecturaux de l'époque.

SURIN

Distante d'environ 450 km de la capitale, Surin est une ville jeune et animée de 42 000 habitants, qui brille sous les feux de la rampe deux semaines par an, en novembre lors du grand rassemblement du « Festival des Eléphants ». Ce rassemblement dure quinze jours avec 3 jours réellement importants au cours desquels ces animaux sont harnachés et exhibés en grande pompe pour le plaisir des petits et des grands ! Le prix des chambres augmente de manière significative, mais quand on aime, on ne compte pas ! Ce sera en tout cas l'occasion ou jamais de développer votre « elephant attitude » : ces compagnons à la force tranquille et à l'intelligence alerte le valent bien ! L'observation de ces animaux, certes dressés mais relativement autonomes dans leur comportement, est édifiante. Cela dit, tout comme Buri Ram ou Si Saket, Surin est aussi une étape logistique pour accéder à plusieurs sites archéologiques intéressants, dispersés aux alentours.

Transports

Comment y accéder et en partir

▶ **Train**. Depuis Bangkok, 10 trains par jour partent de la gare de Hua Lamphong : ceux du matin arrivent à destination dans l'après-midi.

▶ **Bus**. Depuis la gare de Bangkok, Moh Chit, un bus « VIP » part à 22h ; compter un trajet de 6 heures, soit 428 km. Bus de 1re classe : départs à 21h45 et 22h45.

▶ **En novembre, pour le Festival des Eléphants**, nombreux bus ajoutés, et les tour-opérateurs proposent des « packages » comprenant le voyage en bus et des nuits d'hôtel. A étudier.

Se déplacer

La ville n'est pas très grande et il est assez facile de se repérer.

▶ **Tuk tuk**. Une course coûte entre 30 et 40 B en moyenne.

▶ **Cyclopousse**. Une manière originale de se balader à un rythme de sénateur, mais cela coûte plus cher qu'en *tuk tuk*.

Pratique

■ EAST ASIAN ROAD
Ban Naa Cottages
176 Moo 7, Ban Samut
✆ +66 87 9030 820 / +66 89 2866 127
www.east-asian-road.com
Une agence francophone qui propose des
circuits aventure et découverte principalement
en Isaan. Plusieurs excursions à la carte dans la
région, et des circuits s'étendant à tout le pays.

■ TOURISM AUTHORITY OF THAILAND TAT
1 Thesaban
Ouvert de 8h30 à 16h.
Quelques brochures, des cartes, mais pas
facile de se faire comprendre malgré un accueil
souriant.

Se loger

Attention, pour assister au fameux Festival des
Eléphants, mieux vaut s'y prendre plusieurs
semaines à l'avance pour réserver une chambre
et essayer d'arriver la veille des festivités.
Les prix en question augmentent de 200 à
400 B (même les gourbis) et c'est à prendre
ou à laisser ! Précisons que les Thaïlandais –
qui se déplacent nombreux pour l'occasion –
logent facilement à quatre par chambre, voire
davantage !

■ BOONTIANG MANSION
Thanon Tessabarn 4
✆ +66 44 518 165 / +66 44 713 363

*Chambres ventilées à 300 B ; chambres
climatisées à 400 B.*
Hôtel relativement excentré mais offrant un lieu
d'hébergement supplémentaire au moment du
Festival des Eléphants (mi-novembre). De ce
point de vue, l'établissement est assez proche du
Sri Narong Stadium où se déroule une partie des
festivités à ne pas manquer. Confort moderne
moyen. Rapport qualité-prix honnête.

■ MAJESTIC HOTEL
99 Thanon Jitbumrung
✆ +66 44 713 980
sunrinmajestic_11@yahoo.com
*Chambres à partir de 900 B. Centre de remise
en forme, piscine.*
L'un des plus luxueux hôtels de la ville. Cet
établissement est situé en plein centre, juste à
côté de la gare et possède un très bon rapport
qualité-prix. Belle piscine, chambres claires
et spacieuses. Restaurant où l'on prend son
petit-déjeuner.

■ THONG TARIN
60 Thanon Sirirat
✆ +66 44 514 281
rsvn@thongtarinhotel.com
*Chambres à partir de 200 B, petit déjeuner
inclus. Wi-figratuit.*
L'immeuble tout en longueur est vaste,
233 chambres agréables avec belle salle de
bains et de grands lits. Etablissement offrant là
encore un bon rapport qualité-prix. Restaurant,
salle de billard, piscine, discothèque, massage,
tout est à disposition pour se faire chouchouter.

RÉGION NORD-EST – ISAAN

Le Festival des Éléphants, ou « Elephant Round Up »

Le festival se déroule en novembre sur une quinzaine de jours, dont 3 sont réellement
impressionnants. A cette occasion, près de 400 éléphants sont regroupés dans la ville de
Surin. Les festivités démarrent véritablement avec la grande parade du matin au cours
de laquelle les pachydermes débonnaires défilent tout d'abord dans les rues de la ville,
précédés par les musiciens en tenue d'apparat, les danseuses aux doigts souples, les
chars fleuris et tout le « tintouin » ! Le grand rassemblement a finalement lieu dans un
stade, sur Thanon Lak Muang. Diverses animations sont programmées au fil des jours :
concours de pièces montées en fruits sculptés et fleurs multicolores (magnifique) ; grand
buffet dressé pour les éléphants dans une rue entière, sur des tréteaux (original) : les
« convives » viennent s'aligner et sont nourris par les petits d'homme, ceux-ci leur tendant
des fruits et autres végétaux dont les animaux bienveillants se saisissent délicatement
avec la trompe ; divers tours d'adresse acrobatiques au hasard des rues ; quelques
démonstrations du travail de chantier forestier, en coordination ; simulation d'un match de
football éléphantesque et reconstitution d'une bataille du XVIe siècle contre les Birmans
(au cours de laquelle ces derniers furent mis en déroute, comme vous pensez bien !).
Et naturellement, petite balade en ville à dos d'éléphant... Bref, ne manquez pas cette
occasion, si vous êtes en Thaïlande à cette époque (c'est d'ailleurs la meilleure période
pour l'Isaan, car il ne fait pas trop chaud, la mousson étant terminée dans cette région).

Se restaurer

Divers endroits populaires permettent de se restaurer à peu de frais. Notamment, des cuisines roulantes et autres stands se mettent en place en fin d'après-midi et servent les clients jusque vers 22 heures, environ…

Sur le pouce

■ MARCHÉ DE NUIT
Thanon Krung Si Nai
Ouvert tous les soirs dès 17 h. De 30 à 80 B.
Le long de Thanon Krung Si Nai, plusieurs stands, et un choix interréssant de plats locaux.

■ MARCHÉ DU CHEMIN DE FER
Talad Rot Fai
50 B le plat en moyenne. Ouvert tous les jours.
Plus proche et moins étendu, situé en face du New Hotel, propose également une cuisine locale, simple et appétissante.

Bien et pas cher

■ NN RESTAURANT
3/74-5 Thanon Sirirat
✆ +66 81 662 4137
Compter 300 B le repas avec une bière.
Cet Allemand expatrié et sa femme ont ouvert ce restaurant depuis pas mal d'années maintenant. On y trouve des plats thaïs mais surtout de belles assiettes de charcuteries et de fromage allemand, des saucisses, bref de quoi se faire un repas à l'occidentale en plein cœur de l'Isaan si cela vous chante. Vaste sélection de vins et de bières.

■ PAIGUN RESTAURANT
Soi Potangko
De 35 à 50 B.
Restaurant proposant de bon plats thaïlandais dans une salle climatisée.

■ TANG LAK
Sirirat Road
Plats à 50 B.
Petit restaurant thaïlandais dans un décor agréable. Il propose de très bons plats thaïs.

Dans les environs

■ BOUDDHA BLANC
A 22 km de Surin.
Dans le parc de Phanom Sawai, en haut d'une colline, la seule qui domine le paysage plat des rizières environnantes, se dresse un immense bouddha blanc. Construit en 1979, ce lieu est sacré et de nombreux pélerins viennent réguliè-rement se recueillir ici. Vue magnifique sur les environs mais environ 600 marches à gravir !

■ CENTRE DES ÉLÉPHANTS BAN THA KLANG
Entrée gratuite, don souhaitable.

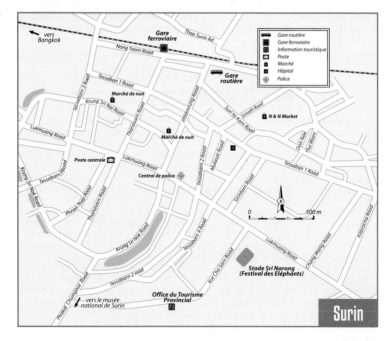

Dans les environs de ce village, distant d'environ 60 km de Surin, se trouve un camp d'entraînement d'éléphants. Représentation gratuite (dons bienvenus) tous les jours à 11h et 14h, parfois annulée en semaine s'il n'y a pas assez de monde mais maintenue le week-end. Le reste du temps, on peut voir les éléphants dans leur cadre naturel lors de leur baignade, soin, lavage... Accueil familial, plutôt prévu pour les Thaïlandais car les farangs ne sont pas légion dans les environs, ce qui permet de découvrir une ambiance plus traditionnelle et conviviale. Le show reste un peu à l'américaine avec spectateur volontaire, les Thaïs raffolent de cela.

■ PRASAT SIKHORAPHUM ☆
Entrée 50 B.
Ce temple khmer, situé à une trentaine de kilomètres de Surin, est composé de 5 *prang* (tours) dont le plus haut dépasse 30 m. Les sculptures de pierre à l'effigie de divinités indiennes rappellent immanquablement le site d'Angkor.

■ VILLAGE DE LA SOIE BAN THA SAWANG
A 10 km de Surin.
Ce village de la soie permet de voir le travail artisanal de ces femmes qui produisent chaque jour de 5 à 7 centimères de ces précieuses étoffes. Fournisseur de la famille royale, le travail est long et fastidieux. L'entrée est gratuite et on peut s'approcher des plans de travail pour voir ce travail d'orfèvre dans ses moindres détails, étape après étape, de la coloration des fils en utilisant des colorants naturels à la filature. Pensez à acheter un souvenir aux quelques boutiques présentes pour faire vivre le commerce local.

PRASAT

Cette ville proche de Surin est un endroit assez stratégique pour sillonner les environs à la découverte des différents temples khmers, mais aussi pour s'initier aux différentes activités locales.

■ BAN NAA COTTAGES
176 M. 7 Ban Samut
✆ +66 87 903 0820
www.east-asian-road.com
Bungalows pour une personne 700 B, 2 personnes 750 B. Petit déjeuner 120 B. Location de VTT, 130 B, moto, 250 B.
Alban et sa femme vous accueillent chaleureusement et seront de précieux guides pour sillonner les environs. En plein cœur d'un village à côté de Prasat, un vaste terrain qui accueille plusieurs petits bungalows tout neufs autour d'un bar-paillote, lieu de rendez-vous du petit déjeuner à l'apéro. Les bungalows avec l'A/C sont vastes et confortables. Tranquillité assurée et dépaysement total si vous partez à la découverte de l'Isaan. L'adresse devient courue, pensez à réserver pour pouvoir profiter de vos hôtes et de leur large savoir...

SI SAKET

Cette ville de 43 000 habitants se trouve entre Surin et Ubon Ratchathani. On peut y accéder facilement par la route ou par le chemin de fer. L'endroit ne semble pas avoir d'autre intérêt que de posséder certains vestiges archéologiques remontant à l'époque de la lointaine civilisation khmère, dont le fameux Khao Phra Viharn, situé sur la frontière cambodgienne. Pour le reste, c'est un lieu paisible où vous serez accueilli avec simplicité et gentillesse.

Transports

▶ **Bus.** Depuis Ubon Ratchathani, des bus climatisés de 1ʳᵉ et 2ᵉ classe relient Si Saket en 1h de route environ.

▶ **Train.** Départ de la gare d'Ubon à 7h05 ou 7h30, arrivée à 8h16 ou 8h47, ce qui laisse tout le temps de parcourir le site et de rentrer par le train quittant Si Saket à 17h08, et arrivant à Ubon à 18h20. Le prix est dérisoire et le paysage vaut le coup d'œil. En provenance de Bangkok, les trains sont les mêmes que ceux à destination d'Ubon Ratchathani. Ils s'arrêtent à Si Saket entre trois quarts d'heure et une heure plus tôt qu'à Ubon.

Se loger

■ BAN KAEW – RUEN KONE HOTEL
✆ +66 45 643 133 / +66 45 643 134
Chambre climatisée à 450 B. Restaurant.
Ce petit hôtel près de la gare routière propose des chambres spacieuses et très convenables. Décoration simple et moderne.

■ KANTHARALAK HOTEL
131/35 Thanon Sinpradit
✆ +66 45 661 085
Chambres de 350 à 700 B. Toutes les chambres sont pourvues d'un cabinet de toilette privé, mais seules les plus chères sont climatisées. Hôtel de confort moyen suffisant pour l'étape.

■ KESSIRI HOTEL
1102/05 Thanon Khukhan
✆ +66 45 614 006 / +66 45 612 578
Tarifs : 600 à 1 600 B.
Etablissement moderne de très bon confort. Les chambres sont spacieuses et toutes climatisées. Certaines sont pourvues d'une baignoire. Il est toutefois dommage que la moquette ait, par endroits, souffert de l'humidité, ce qui gâche l'aspect général. L'hôtel se trouve relativement proche de la gare routière.

■ **PHROM PHIMAN**
849/1 Thanon Lak Muang
✆ +66 45 612 677 / +66 45 612 696
Tarifs : 300 à 850 B.
Etablissement moderne de 190 chambres réparties sur 6 étages avec ascenseur. L'hôtel se trouve à quelques centaines de mètres de la gare ferroviaire, de l'autre côté d'un passage à niveau. Le confort est acceptable même si l'entretien n'est pas toujours irréprochable. Les chambres de style moderne sont assez spacieuses. Restaurant, salon de billard, karaoké et massage traditionnel sont à la disposition des clients.

À voir – À faire

■ **PRASAT SA KAMPHAENG YAI**
Ouvert de 6h à 18h, 50 B.
A 30 km de Si Saket, datant du XVIe siècle de l'ère bouddhique (XIe siècle de notre ère), ce temple khmer édifié pour honorer les divinités hindoues, est devenu, au fil des dynasties, un temple bouddhique. Quatre tours et deux bâtiments centraux constituent les structures distinctes à l'intérieur du temple, lequel est entouré d'une grande galerie selon le modèle classique de construction de l'époque. On peut voir de nombreuses statues de Shiva, Vishnu et autres divinités caractéristiques de l'hindouisme ; Bouddha lui-même ne semble apparaître qu'en second plan… ce qui traduit l'évolution historique.

FRONTIÈRE CAMBODGIENNE

▶ **Formalités douanières à Chong Sa-Ngam.**
La frontière khméro-thaïe est ouverte à Chong Sa-Ngam, à une soixantaine de kilomètres au sud de Si Saket, et des visas pour les deux pays peuvent y être délivrés. Il vous est donc possible d'entrer au Cambodge et de pousser plus avant en terre khmère, ou de revenir en Thaïlande avec un nouveau visa touristique de 15 jours. Pour rejoindre cette passe douanière, aucun mode de transport public n'est actuellement disponible.

UBON RATCHATHANI

Cette cité de 120 000 habitants est surnommée « la cité royale du lotus ». Elle a fortement subi l'influence des pays voisins – Laos et Cambodge – bien sûr, mais aussi celles du Viêt Nam et des Etats-Unis lors des guerres qui ont ravagé l'Asie du Sud-Est. A présent, les autorités locales essayent de promouvoir le « Triangle d'Emeraude » où trois pays se rejoignent : Laos, Cambodge et Thaïlande.

Mais le concept a encore du mal à s'imposer. Cependant la ville possède quelques beaux temples et organise chaque année un festival réputé : la « Fête des Chandelles », début juillet. De nombreux espaces sportifs ouverts à tout le monde, terrains de basket, de foot, cours d'aérobic, de tai chi chuan, sont accessibles à qui veut se dépenser en compagnie des autochtones ; D'autre part, le tourisme étant jusqu'à présent assez peu développé dans la région, les habitants conservent une certaine fraîcheur d'esprit vis-à-vis des étrangers occidentaux, s'essayant à l'anglais avec le sourire. Beaucoup de gentillesse, une attitude serviable et enjouée : la Thaïlande telle qu'on la souhaiterait dans certaines stations balnéaires !

Transports

Comment y accéder et en partir

▶ **Avion.** Thai Airways (www.thaiaiways.com) affrète 1 vol par jour depuis Bangkok. A Ubon Ratchathani, la compagnie met à disposition des navettes depuis l'aéroport jusqu'au centre-ville. Air Asia (www.airasia.com) et Nok Air (www.nokair.com) qui propose 3 vols par jour depuis Bangkok. Les prix sont nettement moins élevés que Thai Airways. Pour rejoindre l'aéroport d'Ubon en taxi, comptez 500 B.

▶ **Train.** 10 départs depuis Bangkok (Hua Lampong et Bang Sue). www.railway.co.th

▶ **Bus.** Des bus « VIP » quittent la gare de Bangkok (Moh Chit) à 8h15, 9h30 et de 19h30 à 21h30 (un départ toutes les 15 min environ) ; compter 10 heures de route, soit 672 km. Bus climatisés de 1re classe : 6 départs entre 19h45 et 22h et deux autres à 8h30 et 9h30. Ces bus s'arrêtent en cours de route pour la pause repas. Départ possible de Khon Khaen et Udon Thani. Le terminal des bus se trouve au nord de la ville, assez loin du centre. En taxi, comptez 250 B.

■ **CHOW WATANA**
269 Thanon Suriyat
✆ +66 45 242 202
✆ +66 45 241 906
Petite entreprise dont l'une des activités est la location de motos et de voitures. Prix raisonnables. Prévoir une photocopie de son passeport et le dépôt d'une caution de 500 B.

Se déplacer

▶ **Samlo (cyclo-pousse).** Le prix d'une course moyenne est de 30 B, mais les chauffeurs demandent toujours plus aux touristes. Marchander avant de monter.

Légende de la carte :
1- Wat Nong Bua
2- Hôpital Mémorial
3- Kaï Yang Wat Yoang
4- Tourist Police
5- Koh Hat Wat Taï
6- Ho Nok Houk Tatoh
7- Poste Principale
8- TAT (Office du Tourisme)
9- National Museum
10- Hôpital Rom Kao
11- Wat Supattanaram
12- Marché de nuit

Ubon Ratchathani

RÉGION NORD-EST – ISAN

▶ **Bus.** Très pratiques à Ubon Ratchathani, ils desservent les principales artères pour la modique somme de 5 B ! Chaque ligne se distingue par une couleur ou une forme de véhicule particulière, mais les trajets ne sont pas clairement définis sur le plan de la ville et le nom des rues n'est pas souvent indiqué… En fonction de votre emploi du temps, il est sans doute plus pratique de louer une moto !

▶ **La location de véhicule n'est pas répandue,** Ubon n'étant pas une ville touristique. Vu la circulation dans le centre-ville, il n'est pas conseillé de louer une voiture, sauf si vous avez prévu de partir en excursion dans les environs, bien entendu.

■ **THAÏ YON**
En face du Ratchathani Hôtel
✆ +66 45 243 547 / +66 45 243 548
Concessionnaire et atelier de réparation. Location de petites motos.

Pratique

■ **OFFICE DE TOURISME (TAT)**
264 Thanon Khuan Thani
✆ +66 45 243 771
Ouvert de 8h30 à 16h30.

Il faut bien l'avouer, pas grand-chose à se mettre sous la dent. De plus, trouver une personne qui parle anglais se révèle difficile.

■ **POSTE**
Thanon Luang
De 8h30 à 16h30 en semaine et de 9h à 12h le week-end.
C'est la poste principale. A côté, le centre téléphonique international est ouvert de 7h à 23h.

■ **POWER ON**
174 Thanon Phonphaen
✆ +66 45 263 220
A proximité de l'hôtel Laïthong. Environ 30 B de l'heure. Ce n'est pas la place qui manque… Accueil agréable.

■ **ROM KAO HOSPITAL**
Thanon Phronthep
Etablissement très performant.

Se loger

Malgré l'importance économique de la ville, Ubon n'est pas une destination touristique à la mode. Néanmoins, on peut trouver des hôtels de toutes catégories, la plupart étant regroupés dans le centre, à proximité de la rue Khuanthani, non loin de la rivière Mun.

Brouille frontalière autour de Preah Vihear

Depuis plus d'un siècle, le temple de Preah Vihear est au cœur d'un litige territorial. Son origine réside dans la délimitation de la frontière entre le Cambodge et la Thaïlande par les Français, lors de la conquête de l'Indochine en 1907, qui attribue géographiquement le temple aux Khmers. En 1953, lorsque les forces coloniales françaises se retirent du Cambodge, l'armée thaïlandaise revendique alors la propriété de Preah Vihear, investissant les lieux. Le Cambodge décide alors de porter l'affaire devant la Cour de Justice Internationale de La Haye, qui rend son jugement en 1962 : Preah Vihear, et le terrain adjacent, sont attribués au royaume khmer. Cinquante ans après, cette parcelle est toujours au cœur des litiges frontaliers, avec en filigrane les tensions politiques, et notamment la montée de l'ultranationalisme, tant à Bangkok qu'à Phnom Penh. Le conflit est ravivé en 2008, lorsque Phnom Penh réclame l'inscription de Preah Vihear au patrimoine mondial de l'Unesco, inscription finalement accordée. Perçue comme une provocation par les Thaïlandais, la demande déclenche les premiers affrontements armés, qui reprennent périodiquement suivant les humeurs des dirigeants des deux camps. En 2011, c'est l'ancienne Premier ministre qui s'est rendue au Cambodge à l'invitation son homologue cambodgien, Hun Sen. En 2014, chose impensable il y a encore quelques mois, c'est un militaire, le général Prayut Chan-O-Cha, qui s'est rendu à son tour eu Cambodge rencontrer le Premier ministre cambodgien à son tour. Les relations entre les deux pays sont revenues à la normale. Les deux parties ont admis que Preah Vihear présente une « valeur culturelle universelle remarquable » et elles accepteraient de l'exploiter en commun.

■ **PREAH VIHEAR**
SI SAKET
L'ouverture de ce site dépend de la situation politique entre le Cambodge et la Thaïlande.
Ce temple sacré entre tous remonte à la civilisation khmère, avant même la création du royaume de Siam. La construction se serait déroulée du Xe au XIIe siècle de notre ère. Situé sur le territoire cambodgien actuel, le temple est accessible depuis la frontière thaïlandaise, à partir du village de Pha Mo Daeng.
Dressé à 730 m d'altitude sur un éperon rocheux, Preah Vihear domine la plaine cambodgienne. Des *nâgas* géants, gardiens mythiques, dressent leurs sept têtes à plus de 2 m, surplombant la première volée d'un colossal escalier où de magnifiques frontons sont encore visibles. Une large chaussée inclinée formée de dalles de grès traverse une succession de *gopuras* (pavillons). En cheminant par cette voie sacrée pour se hausser au niveau des cieux, on embrasse finalement l'horizon immense ! Khao Phra Viharn se mérite donc après une ascension assez sportive (le dénivelé est important)…

Bien et pas cher

■ **SRI KAMOL HOTEL**
22/2 Thanon Ubon Sak
✆ +66 45 241 136 / +66 45 246 088
Tarifs : 450 à 600 B (petit déjeuner inclus).
Situé dans une rue calme, cet hôtel de 7 étages propose de grandes chambres climatisées avec réfrigérateur et TV. L'établissement comprend également un restaurant, juste à côté. Une bonne adresse, sans prétention.

■ **UBON HOTEL**
333 Thanon Khuan Thani
✆ +66 45 241 045
www.ubon-hotel.com
Chambre standard à 700 B, supérieure à 900 B. Petit déjeuner inclus. Wi-figratuit.

Immeuble d'une dizaine d'étages en retrait de la rue, calme. Au total 120 chambres très correctes. Certaines avec baignoire, réfrigérateur et décoration en boiseries. Etablissement d'aspect moderne, situé en plein centre-ville. Depuis le 6e étage, on a la vue sur le parc situé en face. Localisation pratique, à mi-chemin entre la gare routière et la gare ferroviaire (relativement éloignées l'une de l'autre).

Confort ou charme

■ **KRUNG THONG HOTEL**
152 Thanon Si Narong
✆ +66 45 254 200 / +66 45 260 200
Tarifs : 400 à 1 200 B.
Installé en plein centre, cet hôtel a subi certaines transformations : le standing s'est

donc amélioré…. mais pas dans toutes les chambres et les prix ont augmenté ! Mobilier moderne et sobre. Accueil aimable, même si la seule sachant parler anglais, c'est la masseuse…

■ SRI ISAN HOTEL
62 Thanon Ratchaboot
✆ +66 45 261 011 / +66 45 261 015
www.sriisanhotel.com
info@sriisanhotel.com
Tarifs : 570 à 1 140 B. Petit déjeuner inclus.
Toutes les chambres sont climatisées, plus ou moins récentes, mais très confortables et parfaitement entretenues. Petit restaurant occupant le rez-de-chaussée. Un hôtel plein de charme. Une fontaine, dans le fond du hall, donne un certain cachet.

■ THE RATCHATHANI HOTEL AND RESTAURANT
297 Khianthani Rd,
Chambres de 800 à 1 200 B. Pas de petit déjeuner. Restaurant.
Il est situé face au Night Bazaar, ce qui n'est pas sans intérêt si l'envie d'un petit encas pas cher vous prend. Les chambres sont propres, même si elles mériteraient un rafraîchissement. TV d'un autre âge, connexion wi-fi gratuite, minibar, climatisation, certaines salles de bain sont équipées d'une baignoire. Staff disponible 24/24.

Luxe

■ SUNEE GRAND HOTEL
Thanon Chayangkun
✆ +66 4535 2900
www.suneegrandhotel.com
Chambres de 1 800 B à 12 000B.
Excentré, près du centre commercial, c'est l'un des plus beaux hôtels de la ville. Confort de haut standing, pour les voyageurs les plus exigeants.

■ TOHSANG CITY HOTEL
251 Thanon Phalochai
✆ +66 45 245 531
www.tohsang.com
tohsang@tohsang.com
Tarifs de 2 200 à 6 500 B. Réduction consentie habituellement. Wi-figratuit.
De grandes chambres, confortables, en parfait état. Etablissement complètement excentré dans le quartier ouest de la ville, au-delà de l'hôtel Bodrin, mais il vaut le déplacement. Style résolument moderne. Beaucoup de charme.

Se restaurer

En ville, nombre de petits magasins proposent de la viennoiserie et de la pâtisserie. Les propriétaires étant souvent d'origine lao, ils n'ont pas oublié ces recettes importées par les Français en Indochine. Il y en a quelques-unes sur Thanon Phichit Rangsan, absolument délicieuses. Attention à l'indigestion !

Sur le pouce

■ MARCHÉS DE NUIT
Thanon Phrimthep
Tous les soirs.
Vers 17h, s'y installent une trentaine de stands préparant des cuisines de toutes les saveurs. Difficile de résister à toutes ces préparations, fort simples au demeurant, délicieuses et si bon marché ! L'un des meilleurs, n'est pas thaïlandais, mais vietnamien. Il propose des nems à se damner et des sandwichs dans une baguette qui s'écoulent comme des petits pains. De même près de la gare routière, sur Thanon Chayang Khun, où l'on retrouve la cuisine populaire pour 20 à 30 B la portion. A manger sur place ou à emporter.

Bien et pas cher

■ CHIOKEE RESTAURANT
307/317 Tahnon Khuanthani
✆ +66 45 254 017 / +66 45 256 242
Compter 30 à 100 B pour un plat. Ouvert de 6h à 19h.
Petit restaurant situé en plein centre, à proximité de l'hôtel Ubon. Quand les volets de bois sont ouverts, la salle donne directement sur le trottoir, et la vue est dégagée sur le parc en face. Grand choix de plats à la carte et à des prix abordables.

■ KAI YAANG WAT JAENG
98 Thanon Suriyat
Ouvert de 8h à 18h. Plats à partir de 40 B.
Petit restaurant de bonne réputation parmi les locaux qui viennent y déguster la spécialité *kai yaang* (poulet grillé façon laotienne). Ce plat est prévu pour deux, mais on peut commander pour une personne (demi-tarif). Les chauffeurs de *samlo* (cyclo-pousse) connaissent bien et si vous voulez vous faire un ami, invitez le vôtre à partager votre repas. Les prix autorisent ce genre de folie.

Bonnes tables

■ HO NOK HOUK TATOH
90/1 Thanon Burapha Nai (carrefour)
✆ +66 45 264 300
Ouvert de 17h à minuit. Littéralement « oiseau de nuit ». Compter 250 B le repas.
Pub restaurant situé juste à côté du Jumpa Hom Restaurant. Décoration rustique agréable. La salle est ouverte de tous côtés. Cuisine régionale à des prix abordables. Ambiance musicale. Un bon endroit pour passer la soirée.

RÉGION NORD-EST – ISAAN

■ JUMPA HOM RESTAURANT
49/3 Thanon Pichit Rungsan (carrefour)
✆ +66 45 260 398
Compter 300 B le repas.
Etablissement récent, de style moderne, situé dans le quartier est de la ville. Très bon accueil. Groupe de musiciens assurant l'ambiance.

■ KOH HAT WAT TAI
Entre 250 et 400 B. A la saison sèche, un îlot est accessible sur la rivière Mun. Des restaurants très modestes vous y accueillent et vous proposent des plats simples (*khao phat*, *tom yam*), un peu plus chers qu'ailleurs, mais le cadre est quand même particulier et très agréable.

Sortir

Quelques pubs sont disséminés en ville, en particulier du côté de la rivière Mun, dans la partie sud de la ville. Ce sont des établissements très simples (décoration en bois) accueillant des groupes thaïs qui jouent une musique des années 1970-1980, sans oublier quelques « tubes » locaux, bien entendu. Les consommations sont bon marché et l'ambiance aléatoire… on a vu plus excité !

■ NIGHT FEVER
50 Thanon Pitchit Rangsan
Boîte de nuit du Lai Thong Hotel : il y a parfois du monde le week-end. La jeunesse bourgeoise s'y agite à grand renfort de bière et de whisky local. Des touristes font partie de la clientèle, épisodiquement.

■ THE ROCK
434 Thanon Chayang Khun
Boîte de nuit du Nevada Grand Hotel. L'endroit à la mode si l'on veut sortir… Très fréquenté par une clientèle thaïlandaise nombreuse et variée : ça se bouscule à l'entrée, certains soirs. Des groupes réputés viennent y jouer.

■ U BAR
Thanon Phichit Rangsan,
Etablissement installé dans une ancienne villa cossue donnant sur la rue : ambiance BCBG… Bar branché évidemment fréquenté par la jeunesse aisée de la ville. Animation musicale en direct. A une vingtaine de mètres, sur le même trottoir, un petit restaurant qui propose une fondue jusque tard dans la nuit, excellente.

À voir – À faire

■ KAENG SAPHUE
Entre Ubon et Khong Ghiam.
Sur la route en revenant vers Ubon, on peut aller voir les rapides et même s'y baigner, en saison favorable (hors sécheresse). Un seul bémol : les sacs en plastique et autres détritus qui jonchent les berges.

■ MUSÉE NATIONAL
Thanon Khuan Thani
Entrée 30 B. Ouvert du mercredi au dimanche de 9h à 16h.
Le musée présente une collection très complète des richesses archéologiques, historiques et artistiques de l'Isaan en général et de la région d'Ubon Ratchathani en particulier. On y verra des costumes, des instruments agraires et divers outils typiques d'Ubon.

■ WAT NONG BUA
Mueang Ubon Ratchathani District
C'est une réplique presque à l'identique d'un temple hindou situé dans la région de Bodhgaya, en Inde. En face, un temple totalement typique celui-là, avec un décor flamboyant, est également orné de représentations illustrant la vie de Bouddha.

■ WAT PA NANACHAT
Bung Wai
A une vingtaine de kilomètres d'Ubon Ratchathani.
Ce Wat situé en pleine nature héberge de nombreux moines bouddhistes européens, japonais, coréens, etc. Ils vous recevront avec une grande amabilité, pourvu que vous respectiez le caractère sacré du lieu, bien entendu.

■ WAT SUPATTANARAM
Thanon Supat, Tambon Nai Mueang, Amphoe Mueang
Ce temple est connu pour abriter la plus grande cloche en bois de Thaïlande. Le *bot*, en revanche, est construit dans la pierre comme les temples khmers dont il est visiblement en partie inspiré.

Sports – Détente – Loisirs

Les lieux où vous dépenser ne manquent pas à Ubon. A partir de 17h, une grande partie de la ville se donne rendez-vous sur les différents stades du centre-ville. Et si vous savez manier le ballon, si vous avez le rythme dans la peau, si vous avez tout simplement envie de transpirer, il y aura toujours une petite place pour vous.

■ THAI MASSAGE CLINIC
369 Thanon Saphasit
Massage traditionnel bien entendu, dont les effets sont réellement bénéfiques.

Visites guidées

■ PHA TAEM
Huai Phai
A une vingtaine de kilomètres de Khong Ghiam.
C'est une jolie promenade. Ici se trouve une falaise où l'on peut voir des peintures rupestres datant de plus de 3 000 ans. Tortues, éléphants

Le Festival des Chandelles

Si vous êtes de passage en Isaan au mois de juillet, ne manquez pas ce festival remarquable. Il marque l'ouverture du carême bouddhique. Chaque communauté monastique fabrique de véritables sculptures de taille géante, en cire spéciale (plus résistante à la chaleur), ciselées de motifs très fouillés (comparables à la sculpture sur bois) vraiment extraordinaires. La plupart sont de véritables chefs-d'œuvre d'art plastique ! Elles représentent bien entendu Bouddha et diverses autres divinités asiatiques. Exposées sur des chars, elles traversent la ville en grande procession. Contactez l'office du tourisme de Thaïlande, à Paris ou sur place (TAT) pour connaître la date exacte du festival, celle-ci variant chaque année (en principe, première semaine de juillet, à titre indicatif).

■ **PARC THUNG SI MEUANG** ★★
Nai Muang V,
UBON RATCHATHANI
Un parc où, traditionnellement, les familles viennent flâner et parfois se rafraîchir à l'ombre des allées, en grignotant un *khao phat* à divers stands qui s'y sont installés. Au milieu trône une énorme imitation de bougie. C'est ici, en effet, le site principal de la plus grande fête de la ville, celle des Chandelles.

et quelques fresques plus énigmatiques ! Une fois arrivé tout en haut de la falaise, on est récompensé de sa peine par le paysage magnifique que l'on découvre.

Shopping

Les marchés sont les principaux lieux d'achat pour tout ce qui est textile, chaussures, lunettes, bagages... Bon nombre de marchandises proviennent du Laos et du Cambodge et les prix sont abordables à condition de savoir négocier, toujours avec le sourire.

CHONG MEK

Les environs d'Ubon, plutôt méconnus, regorgent de parcs nationaux aux attraits naturels qui ne manqueront pas d'intéresser les plus rustiques des voyageurs. Cette région frontalière entre la Thaïlande, le Laos et le Cambodge a été surnommée le Triangle d'Emeraude à des fins de marketing, un nom qui lui sied bien.
Pour se rendre à cette bourgade située sur la frontière laotienne, à 25 km de Khong Giam, il faut emprunter la route 217 (en très bon état). Au Laos, à quelques kilomètres de là, un pont quasiment tout neuf (construit par les Japonais !) franchit le Mékong permettant d'atteindre directement Pakse, principal nœud de communication du sud Laos (au niveau de Chong Mek, la frontière de Thaïlande ne se confond plus avec le fleuve Mékong, s'écoulant plus à l'est). Un marché populaire est installé à proximité du poste frontière flambant neuf. De nombreux produits laotiens, vietnamiens et cambodgiens circulent. Il n'est pas possible de faire renouveler son autorisation de séjour

en Thaïlande en effectuant un aller-retour au Laos dans la journée, comme cela se pratique en Malaisie. Ou alors il faut payer le prix d'un visa laotien (30 $ pour un mois de séjour).

KHONG GIAM

Cette petite ville adorable se trouve sur la frontière avec le Laos, à environ 70 km à l'est d'Ubon, exactement au confluent du Mékong et de la rivière Mun (qui traverse Ubon). Il y a des excursions intéressantes à faire dans le secteur, mais on peut aussi profiter d'une longue étape de farniente. Ne serait-ce point cela, le vrai luxe ? On peut louer des bateaux *long tails* (penser à marchander) et partir vagabonder ainsi sur le Mékong ou la rivière Mun. Un moment très agréable et très nature (malgré le bruit du moteur). Notez que vous louez l'embarcation seul ou à plusieurs pour le même tarif.

Se loger

■ **MONGKHON GUESTHOUSE**
565 Thanon Kleho Pradit
✆ +66 81 967 8578
Chambres de 200 à 800 B.
Etablissement très bien situé, juste à côté du marché où s'arrêtent les bus venant de Phibun. Cette entreprise familiale est plus importante qu'il n'y paraît, et de nouvelles constructions sont installées de l'autre côté de la route. L'endroit est néanmoins fort calme, le trafic étant peu intense. Bon entretien général et accueil aimable. Location de moto possible pour 200 B. La solution de facilité pour ceux qui ne veulent pas perdre de temps avant de partir en excursion. Un restaurant populaire juste à côté.

■ PAKMOOL GUESTHOUSE

Thanon Pukumchai
✆ +66 45 351 052 /
+66 45 351 074
Chambres climatisées à 500/600 B.
Cette guesthouse, dont M. Pra Muan est propriétaire, se trouve installée en surplomb de la rivière Mun, au plus près du confluent avec le Mékong : situation privilégiée (les prix s'en ressentent). Les chambres sont de taille moyenne et bien aménagées, mais seulement certaines ont une vue dégagée. D'autres sont sans fenêtres… Tout confort moderne. Le petit déjeuner peut être servi sur la terrasse.

■ TOHSANG KHONGJIAM RESORT & SPA

68 Moo 7, Baan Huay Mak Tai
✆ +66 45 351 174 / +66 45 351 176
www.tohsang.com
tohsang@tohsang.com
Tarifs échelonnés de 3 500 à 9 500 B (réduction possible).
Ce « resort », installé de l'autre côté de la rivière Mun par rapport à Khong Giam, se trouve au-dessous du confluent avec le Mékong. Pour s'y rendre, il faut donc franchir le grand pont et prendre en direction de Chong Mek et prendre la première petite route à gauche. Les bâtiments sont répartis au beau milieu d'un jardin tropical autour d'une piscine magnifique. Le restaurant est installé sur la terrasse surplombant le fleuve.

Décor de rêve. Chambres de grand confort et design de classe. Un très bel endroit.

Se restaurer

■ ARRAYA RESTAURANT

Compter 200 B.
Aménagé sur une barge amarrée au rivage, il est le complément de l'Arraya Resort se trouvant en ville. Sa situation privilégiée en fait un endroit agréable où déjeuner le midi, bien installé à l'ombre.

■ BANG RA JAN

Compter entre 100 et 200 B pour une repas.
Ce petit restaurant dirigé par une jeune dame pour le moins énergique, n'est pas installé au bord du Mékong, mais sur la route, juste avant le pont qui enjambe la rivière Mun (en direction de Chong Mek – frontière du Laos). Décoration rustique dans le genre « Western ». Le restaurant semble apprécié par les touristes thaïlandais. En tout cas, c'est un endroit agréable pour boire un verre.

LAC SITINTHON

A environ 5 km de Chong Mek et entouré de collines boisées, il s'étend sur plus de 40 km de longueur. Il est possible de s'y baigner comme le font de nombreux Thaïlandais. L'endroit est beaucoup moins fréquenté en semaine.

DE KHON KAEN À MUKDAHAN

KHON KAEN ★★

Cette grande ville de 150 000 habitants se trouve être l'un des pôles d'activité majeurs de l'Isaan. Elle est située sur la ligne de chemin de fer reliant Khorat, au sud, à Nong Khai, au nord. C'est à la fois un centre universitaire et financier important. Son dynamisme commercial assure la prospérité de toute la région. Vous trouverez ici une circulation dense, de grands hôtels avec leurs boîtes de nuit, et bien d'autres caractéristiques des grands centres urbains… à ceci près que la ville n'a jamais été une destination touristique notoire. Khon Kaen est aussi reconnue à travers tout le pays pour sa fabrication de soie d'une qualité exceptionnelle (mut mee), dont la reine elle-même favorise la promotion.

Transports

Comment y accéder et en partir

▶ **Avion.** La compagnie Thai Airways (www. thaiairways.fr) assure 3 vols par jour depuis Bangkok. Durée 55 min.

▶ **Train.** 5 trains au total partent de la gare de Hua Lampong, Bangkok. Mais deux seulement ont des horaires assez pratiques : l'express de 5h50 et le rapide de 8h20 ; arrivées respectives à 14h33 et 16h15.

▶ **Bus.** Depuis la gare routière de Bangkok, Moh Chit, une vingtaine de bus « VIP » partent entre 8h et 23h30 ; compter 6 heures 30 de trajet, soit 444 km. Egalement des bus climatisés de 1re classe. Mieux vaut éviter les bus « ordinaires » (non climatisés) qui, en théorie ne mettent que 30 min supplémentaires mais, en fait, beaucoup plus tant les arrêts à la demande sont nombreux.

■ GOLDLAI TOUR & TRAVEL

229/33 Thanon Srichan
✆ +66 43 332 933
goldlaitravel@yahoo.com
Ouvert de 6h à 19h.
Compter environ 200 B par 24 heures pour une moto de type « Honda Dream ». Une adresse où l'on peut négocier un prix intéressant pour les petits budgets.

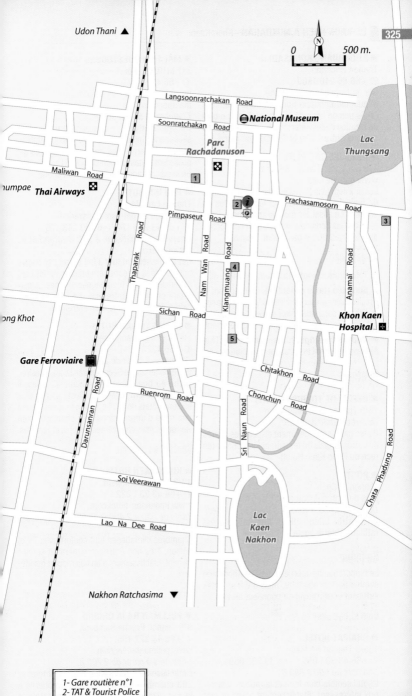

Udon Thani ▲

0   500 m.

Langsoonratchakan   Road

Soonratchakan   Road

National Museum

*Parc
Rachadanuson*

Lac
Thungsang

Maliwan   Road

numpae   **Thai Airways**

Prachasamosorn   Road

Pimpaseut   Road

[1]

[2] *i*

[3]

Thaparak   Road

Nam Wan   Road

Klangmuang   Road

Anamaï   Road

[4]

Sichan   Road

**Khon Kaen
Hospital**

[5]

ong Khot

Gare Ferroviaire

Chitakhon   Road

Chonchun   Road

Ruenrom   Road

Darunsanran   Road

Sri Naun Road

Chata Phadung   Road

Soi Veerawan

Lac
Kaen
Nakhon

Lao Na Dee Road

Nakhon Ratchasima ▼

*1- Gare routière n°1
2- TAT & Tourist Police
3- Marché de nuit
4- Gare routière n°2
5- Poste Principale*

Khon Kaen

■ BOONRUANG KONGSADEN

Thanon Srichan
✆ +66 86 240 1500
Sur un terre-plein du marché.
Minuscule échoppe non loin de la première (mais pas de ligne de téléphone fixe). Le tarif de location d'une voiture, pick-up ou non, serait compris entre 1 200 et 1 500 B par jour.

■ NARUJEE CAR RENT

178 Soï Kosa, Thanon Srichan
www.narujee.com
Les prix sont plus élevés qu'ailleurs car il y aurait de meilleures garanties sur les véhicules en location. Là aussi, les pick-up sont plus avantageux que les berlines. Les tarifs sont échelonnés de 1 200 à 2 800 B par jour de location.

Se déplacer

▶ **Touk-touk et moto-taxi** dans le centre-ville.

▶ **Song téo (taxis collectifs).** Ceux qui font le circuit du centre-ville prennent 10 B, quelle que soit la distance parcourue. Mais si vous devez quitter cet itinéraire, les prix augmentent singulièrement.

▶ **Depuis l'aéroport,** les navettes de Thai Airways déposent les passagers au centre-ville.

Pratique

■ OFFICE DE TOURISME (TAT)

15/5 Thanon Prachasamoson
Ouvert de 8h30 à 16h30.
Renseignements également disponibles auprès du patron anglais du restaurant First Choice (en face du Khon Kaen Hotel).

■ POSTE

Thanon Si Chan
près de l'intersection avec Klang Muang
Ouvert de 8h30 à 16h30 du lundi au vendredi.
Un central téléphonique international est rattaché à cette poste.

Se loger

Le rapport qualité-prix des hôtels de Khon Kaen semble parfois aléatoire, mais il y a un choix suffisant pour trouver son bonheur en ville.

Bien et pas cher

■ CHAIPAT HOTEL

106/3 Thanon Na Meuang
✆ +66 43 333 055 / +66 43 333 059
Chambre de 600 à 850 B.
L'hôtel semble bien tenu et le rapport qualité-prix intéressant. Etablissement assez discret mais néanmoins correct, situé dans une rue transversale à l'avenue Namuang. Restaurant au rez-de-chaussée.

■ MAI THAI GUESTHOUSE

211 M19 Ban Kok T
✆ +66 43 916 606
www.maithaiguesthouse.com
mai.thai@hotmail.co.uk
Chambres à 550 et 700 B.
Décoration stylée, le quartier est tranquille à seulement 5 minutes du centre-ville. Un établissement moderne avec de belles chambres qui possèdent toutes l'air conditionné et l'eau chaude. Belle piscine agréable quand il fait chaud.

■ PHU INN HOTEL

Thanon Lang Meuang
Situé dans un petit soï transversal
✆ +66 43 243 174 / +66 43 243 175
Chambres climatisées à 350 B (grand lit ou lits jumeaux).
Cet établissement tout à fait correct se trouve non loin de la gare routière utilisée par les cars climatisés « VIP » (compagnies privées), c'est-à-dire en plein centre-ville. La rue est assez calme. L'hôtel semble bien entretenu.

■ SAEN SAMRAN HOTEL

55-59 Klangmuang Road
✆ +66 4323 9611
Chambres à partir de 250 B.
Vu de l'extérieur, le Saen Samran laisse à désirer. Niché au beau milieu des blanchisseries, il est difficilement repérable. C'est l'un des plus anciens hôtels de la ville, et son propriétaire est une mine d'informations. Les chambres sont vieillottes, mais charmantes, propres et ventilées.

Confort ou charme

■ KHON KAEN HOTEL

43/2 Thanon Pimpasut
✆ +66 43 333 222
www.khonkaen-hotel.com
Tarifs de 650 à 2 400 B. Petit déjeuner inclus. Wi-figratuit.
Chambres climatisées tout confort avec TV et balcon. Très bon entretien général et service diligent. Etablissement d'un bon rapport qualité-prix.

Luxe

■ PULLMAN RAJA ORCHID

9/9 Thanon Pracha Samoson
✆ +66 43 322 155
www.pullmanhotels.com
Chambres à partir de 2 700 B.
L'établissement du groupe Accor qui totalise 293 chambres de style sobre et moderne à la fois. Grand confort international. Hôtel à l'architecture pyramidale auquel on accède par un hall aux proportions monumentales, donnant l'impression de pénétrer dans un

temple. Réception flamboyante. Cinq suites présidentielles accessibles par hélicoptère ! Quatre restaurants : chinois, français, vietnamien et international. Micro-brasserie (bières allemandes). Piscine et Spa, etc.

Se restaurer

Les petits restaurants simples avec quelques tables et des chaises en plastique sont fort courants. Bien souvent, ils n'ont même pas de nom anglais, il sera donc difficile de les désigner, mais il suffit de se promener au long des trottoirs.

Sur le pouce

■ MARCHÉ DE NUIT

Un endroit intéressant, comme dans toutes les villes asiatiques. De très nombreux stands proposent des cuisines thaïe, chinoise, Isaan à des prix forcément imbattables.

Bien et pas cher

■ BAN LUANG RESTAURANT

Au nord du lac Kaen Nakhon
✆ +66 43 222 504
Ouvert de 10h à 23h. Compter de 80 à 250 B pour un plat.
Ce restaurant, on ne peut plus touristique, est néanmoins bien situé en face de ce vaste plan d'eau ceinturé de sa couronne verdoyante. Les superstructures de plusieurs temples dépassent çà et là au-dessus des arbres. Un bon endroit pour déjeuner. Vu que le lac est excentré à plusieurs kilomètres au sud de la ville, le plus simple est de s'y rendre en taxi collectif (n° 10, couleur bleue). Arrêt au centre commercial Fairy Plaza et fin du trajet à pied, vers l'est.

■ FIRST CHOICE

18/8 Thanon Pimpasut
✆ +66 43 333 140 / +66 43 332 374
Compter de 50 à 200 B environ, selon le plat.
L'un des rares établissements, tenu par un Anglais déférent, qui propose un petit déjeuner à l'occidentale (en dehors des grands hôtels, bien entendu). Cuisine thaïlandaise et occidentale. Les prix sont raisonnables. L'endroit est sympathique et bien situé, juste en face du grand parking du Khon Kaen Hotel.

■ LOUIS CHA' FE

Thanon Klang Muang
Au carrefour avec Thanon Lang Meuang
Ouvert de 8h à 21h. Compter 20 à 45 B la consommation.
Cadre sympathique pour ce petit salon de thé, où la clientèle ne se bouscule pas encore. Cependant, un bon accueil de la part du jeune patron… Le nom est basé sur un jeu de mot, « cha » voulant dire « thé ».

■ THE BOAT

243/79 Mittraphap Road
✆ +66 43 239 943
Les tarifs sont échelonnés entre 40 et 180 B.
Au nord de la ville restaurant et club de jazz où l'ambiance est bonne et les assiettes sympas. La musique commence à 19h.

Bonnes tables

■ DIDINE RESTAURANT

19/21 Thanon Prachasamran
✆ +66 80 0110 180
www.didine.me
didinekk@hotmail.com
Ouvert tous les jours de 16h a 23h. Plats entre 50 et 300 B.
Un excellent restaurant d'inspiration occidentale, avec de bonnes viandes pour retaper le randonneur. L'accueil est agréable et l'endroit plutôt cosy. Pour le prix, on est vraiment bien servi et le choix de plats est conséquent, des salades bien de chez nous aux soupes thaïes bien relevées. Difficile de trouver plus complet sur Khon Kaen.

Sortir

Cafés – Bars

■ GIK CLUB

A l'hôtel Pullman.
Les abords abritent un véritable complexe de divertissement, comme il est de règle pour les établissements huppés : bars, salons de billard (snooker), pub avec musique live et jeunes femmes en tenue légère !

■ HI-TECH NIGHT GARDEN

Prachasamran Road
A l'entrée de l'hôtel Pullman
Endroit à la mode. Clientèle mélangée : touristes, hommes d'affaires asiatiques, ravissantes jeunes étudiantes.

■ RAD

Thanon Prachasumran
L'un des plus anciens et semble-t-il aussi l'un des préférés des autochtones de la ville. Karaoké et concerts se relaient. Possibilité de manger sur place.

■ SEVEN'S CORNER

Soi Yimsiri
www.sevenscornerbar.com
sevenscornerbar@yahoo.com
Ouvert de 19h à 1h. Situé entre l'hôtel Kaen Nakhon et la Bangkok Bank.
Etablissement avec animation musicale. Choix de bières locales ou whisky. Un endroit très apprécié par la clientèle thaïlandaise.

■ **TIMES SQUARE BEER GARDEN**
Thanon Theparak
Ce parc offre de multiples possibilités pour se restaurer dans un cadre agréable. Des gargotes à ciel ouvert y proposent une bonne cuisine thaïe à des prix ne dépassant pas 100 B. L'endroit est très fréquenté le week-end par les familles thaïlandaises, ce qui est bon signe… Différentes terrasses avec animation par des groupes musicaux.

Clubs et discothèques

■ **ZOLID DISCO**
Thanon Na Meuang
Il s'agit de la discothèque du Charoen Thani Princess Hotel.

À voir – À faire

■ **BAN KHOK SA NGA**
Dans ce petit village, des dizaines de cobras royaux sont visibles en vivarium. D'autres serpents se faufilent en liberté dans les maisons de certains habitants, mais ceux-ci ne sont pas venimeux (les serpents, pas les habitants !) contrairement au cobra royal dont la morsure peut effectivement être mortelle. Un spectacle sera offert en échange d'un don à votre convenance.

■ **LACS THUNG SANG ET KAEN NAKHON**
Le soir, les alentours sont très fréquentés par les amoureux (fort chastes) et les familles. Ils viennent y flâner et grignoter quelques plats que des vendeurs ambulants préparent en quelques minutes : soupes, poulet grillé, poisson séché…

■ **MUSÉE NATIONAL**
Thanon Lang Soon Ratchakan
Ouvert du mercredi au dimanche de 9h à 12h et de 13h à 17h. Entrée 30 B.
Un musée assez éclectique exposant des poteries, des bronzes de Ban Chiang, des costumes, des outils et des instruments de musique typiques de la région.

■ **PARC RACHADANUSON** ⭐
Les Thaïlandais adorent se promener en famille dans ce parc. Rien d'extraordinaire, mais la quiétude, les petits stands d'alimentation et de boissons, les enfants qui jouent, tout cela en fait un véritable havre de paix.

Shopping

▶ **Cela commence par le walking steet market**, au Thanon Na Soon Ratchakan. Comme dans toutes les grandes villes de Thaïlande, vous trouverez de quoi vous vêtir, des gadgets, de petits objets artisanaux à rapporter chez vous.

▶ **Situés sur Thanon Klang Muang, les divers marchés de la ville** proposent de nombreux articles, utiles ou moins utiles, provenant du Laos voisin ou produits par l'artisanat local. C'est, de toute façon, l'occasion d'une agréable promenade dans une atmosphère thaïlandaise.

■ **PHRATAMAKAN GOODS CENTER**
81 Thanon Reun Rom
Un excellent endroit pour acheter la fameuse soie mut mee y compris cette soie de qualité unique, tous les textiles et tissus de la région Isaan sont en vente à très bons prix. Petit musée attenant. Tous les chauffeurs de touk-touk connaissent l'adresse.

ROI ET

À 90 km de Khon Kaen, cette ville de province est surtout connue pour la fabrication des « khènes », instruments de musique typiques de l'Isaan (sorte de grande flûte de Pan dont le son caractéristique accompagne toujours les danses folkloriques locales). Une étape à Roi Et est l'occasion de se procurer des vêtements de coton ou de soie fabriqués dans la région, toujours de très bonne qualité et moins chers que dans d'autres grandes villes. Le centre-ville s'organise autour d'un lac artificiel (avec une île, à laquelle on accède par différents ponts). C'est la promenade coutumière des habitants.

Transports

▶ **Bus.** Depuis Bangkok, une quinzaine de bus climatisés partent entre 4h et 23h ; compter 7 heures 30 de route, soit 509 km. Depuis Khon Khaen, des bus climatisés assurent la liaison avec Roi Et en 1 heure 30 de route. Les bus « ordinaires », marquent beaucoup plus d'arrêts. Depuis Ubon Ratchathani : bus climatisé ordinaire (ventilateurs) ; compter 2 heures 30 environ. Traversée de la ville de Yasothon.

Se loger

De manière générale, les options d'hébergement ne manquent pas à Roi Et, et certaines sont même d'excellent standing.

■ **MAI THAI HOTEL**
99 Thanon Haisoke
✆ +66 43 511 136
Tarifs chambres 600 B.
Au nord de l'agglomération, il est facilement repérable, juste à côté des anciennes douves qui entourent le centre-ville. De bon standing, il devait autrefois faire référence, mais l'entretien

a du mal à suivre. Les chambres climatisées sont néanmoins très confortables. Restaurant, bar, billard, salon de beauté.

■ PETCHARAT GARDEN HOTEL
404 Kolchapalayuk Road
✆ +66 43 519 000
www.petchatgardenhotel.com
Tarifs de 650 à 2 000 B. Wi-figratuit. Deux restaurants, piscine...
Installé un peu à l'écart, au nord de la ville, à quelques centaines de mètres des anciennes douves. Les chambres proposées en premier prix sont une affaire intéressante. Les suites sont effectivement luxueuses. Tout confort moderne.

■ ROI ET CITY HOTEL
78 Thanon Phloenchit
✆ +66 43 520 387
www.roietcityhotel.com
roietcity@hotmail.com
Tarifs échelonnés de 1 700 à 13 000 B (discount proposé à 35 %).
Non loin du lac et du Roi Et Plaza, cet établissement de grande classe propose des chambres climatisées d'un excellent confort international. Entretien évidemment irréprochable. Restaurant et karaoké pour se divertir.

■ SAI THIP
133 Thanon Suriyadet Bamrung
✆ +66 43 511 742
Chambres à 400 B.
Le Sai Thip propose des chambres à des prix intéressants pour petits budgets. Confort rustique : un grand lit ou deux lits jumeaux ; une douche rudimentaire ; avec ou sans TV (chaînes thaïlandaises). De niveau modeste, il se trouve en plein centre-ville. Les sols sont propres et pour le reste, il ne faudra pas se montrer difficile.

Se restaurer

Outre les restaurants des différents hôtels, déjà énumérés, on trouve un certain nombre de restaurants populaires, notamment dans le quartier qui s'étend au nord et à l'est du lac central, au long des rues Haisoke et Dumrongrat Vithi. Quelques expats ont également élu domicile à Roi Et, à l'écart des sentiers battus.

■ KOREAN BBQ
Ouvert le soir de 18h à 22h, environ. A partir de 100 B.
Grande structure largement ouverte aux quatre vents se trouvant à quelques centaines de mètres des hôtels Saket Nakorn et Petcharat Garden. Buffet où diverses spécialités locales sont proposées en quantité pour un forfait de 100 B. Bière en supplément, à prix raisonnable.

■ LA NATURE RESTAURANT
Centre ville de Roï Et
✆ +66 86 307 9700
Prix à la carte : 50 à 200 B un plat français ; 50 à 90 B une spécialité thaïe. Ouvert de 12h à 23h.
L'établissement se trouve sur la rue qui ceinture le lac du centre-ville, à côté de l'aquarium. Il est tenu par Alain, secondé par son épouse thaïlandaise. Ce Français est venu s'installer en Asie du Sud-Est depuis quelques années, après une carrière bien remplie dans la restauration parisienne. Choix de spécialités françaises et cuisine thaïlandaise également.

À voir – À faire

■ PARC HISTORIQUE DE PHAWADE ☆
A environ 5 km au sud de la ville.
Ce parc original est accessible en empruntant la route nationale 214. Son intérêt réside en une succession de groupes de sculptures répartis selon un circuit ordonné. Chaque groupe évoque l'une des treize vies successives de celui qui allait être révélé au monde comme le Bouddha, « l'illuminé ». Une bonne occasion de se pencher sur la question.

■ WAT BURAPHA ☆
Nai Muang XII
Ouvert de 9h à 17h. Dons acceptés.
C'est ici que se trouve le plus grand Bouddha en posture de prière, surplombant la ville du haut de ses 67,8 mètres de haut. Connu sous le nom de Luang Pho Yai, ce Bouddha fut construit entre 1973 et 1979. En arrivant à proximité, on peut avoir une belle vue sur la ville et ses environs.

NAKHON PHANOM

Petite ville provinciale située complètement à l'est du pays, sur le Mékong qui délimite la frontière avec le Laos. Nakhon Phanom est une bourgade vraiment tranquille, très à l'écart de l'animation touristique... Sa seule attraction notoire est la « Fête des Bateaux illuminés » qui marque la fin du carême bouddhique (dernière pleine lune d'octobre). Ici, soyez rassuré, pas de risques d'embouteillage, et pas (ou si peu) d'Occidentaux. Cependant, la région plaira aux amoureux de la nature. La ville est en effet entourée de collines où de belles excursions sont tout à fait envisageables, aux abords du Mékong.

Transports

▶ **Avion.** La compagnie Nok Air assure un vol par jour au départ de l'aéroport de Don Mueang, à Bangkok. Compter 1 heure 40 de vol.

Bus. Bus « VIP » depuis la gare de Bangkok, Moh Chit, 4 bus « VIP » quotidiens. Compter 10 heures de route, soit 727 km. Bus climatisés de 1re classe : 6 départs entre 8h30 et 22h. Depuis Nong Khai, des bus climatisés partent entre 6h et 11h ; compter environ 6 heures de trajet.

Pratique

▮ OFFICE DE TOURISME (TAT)
184/1 Thanon Sunthon Wijit
✆ +66 42 513 490
Ouvert de 8h30 à 16h30.

▮ POSTE
Thanon Sunthon Wijit
A 50 m du poste de police. Ouvert de 8h30 à 16h30.
La poste dispose d'un point Internet. Le prix courant est de 20 à 30 B/heure.

Se loger

▮ LUCKY HOTEL
Soï Watthana Uthit
✆ +66 42 511 274 / +66 42 511 742
Chambres ventilées à 190, 220 ou 250 B ; climatisées à 350 B.
Etablissement fort discret situé dans le quartier du marché central, à l'écart des rues passantes. Bon accueil. Chambres propres et confortables.

Se restaurer

▶ **Les marchés situés sur Thanon Aphibane Bancha** possèdent des stands qui servent une appétissante cuisine locale pour des tarifs très attractifs.

▶ **Sur les bords du Mékong**, on trouvera plusieurs établissements très modestes, où il est cependant agréable de se régaler d'un poisson tout frais pêché dans le fleuve.

Dans les environs

▮ WAT PHRA THAT PHANOM
Situé à une cinquantaine de kilomètres de Nakhon Phanom en direction de Mukdahan.
Ce très beau temple mérite assurément une visite… L'édifice aurait plus de 1 500 ans ! La dernière restauration a été effectuée en 1978. De style laotien, il est particulièrement vénéré par les Thaïlandais de la région et, vers la mi-février, un festival annuel y attire des milliers de pèlerins. Le *chedi* du temple a une hauteur dépassant les 50 m, 110 kg d'or (pas moins !) ont été utilisés pour sa réalisation. Pour s'y rendre depuis Nakhon Phanom, prendre un des *song*

téo qui font la navette pour 30 B environ (régler à l'arrivée seulement). Compter environ 1 heure 30 de trajet (selon le nombre de passagers et d'arrêts en cours de route). Sonner quand le Wat sera visible, pour demander au chauffeur de s'arrêter.

MUKDAHAN

A quelque 170 km au nord d'Ubon Ratchathani, Mukdahan est une bourgade assez isolée mais très plaisante à visiter. Séparée du Laos par le fleuve Mékong, cette ville est un melting-pot des peuples thaï, lao, vietnamien et même chinois. C'est ce qui fait son originalité et son charme discret. Sur place il est possible de se rendre sur le marché indo-chinois. On y trouve des marchandises de tous les pays voisins, à des prix avantageux. Flâner le long de ses allées encombrées offre un dépaysement singulier.

▮ HUANUM HOTEL
36 Thanon Samut Sakdarak
✆ +66 42 611 137
Chambres ventilées à 120/200 B ; climatisées à 280/320 B.
Etablissement comprenant deux bâtiments : le plus ancien, situé sur la rue et le plus récent, en retrait. Chambres ventilées avec douche commune. Les chambres climatisées, avec salle de bains privée, sont confortables et bien entretenues. Bon accueil.

▮ MUKDAHAN GRAND HOTEL
78 Thanon Song Nang Sathit
✆ +66 42 612 020
www.mukdahangrandhotel.com
mukdahangrand@hotmail.com
Tarifs échelonnés de 1 000 à 3 000 B.
Etablissement de très bon standing proposant des chambres tout confort, comme il se doit.

▮ RIVERSIDE RESTAURANT
Thanon Samran Chakhong
✆ +66 42 611 705
Plats entre 45 et 150 B.
Situé dans le secteur sud de la ville, cet établissement possède une agréable terrasse avec vue sur le Laos, de l'autre côté du Mékong. Spécialisé dans les plats de poissons, vous pouvez néanmoins commander d'autres mets si le cœur vous en dit.

▮ TALAD INDOJIN (MARCHÉ INDOCHINOIS)
Sur les berges du fleuve.
Une combinaison intéressante de différentes nationalités. On y trouve des marchandises de tous les pays voisins, à des prix avantageux et de quoi se sustenter. Flâner le long de ses allées encombrées offre un dépaysement singulier.

D'UDON THANI À LOEI

UDON THANI

Udon Thani, 400 000 habitants, n'est pas ce que l'on peut appeler un centre de villégiature ! Son développement remonte en fait à l'époque où l'armée américaine y avait implanté une base aérienne pendant la guerre du Viêt Nam ! Certaines infrastructures sont restées inchangées. Etablie près d'un lac, la cité commerçante possède quelques marchés à découvrir. Mais le plus intéressant est le site archéologique de Ban Chiang (classé au patrimoine mondial de l'humanité par l'Unesco en 1992), éloigné à une cinquantaine de kilomètres du centre. Ce site de fouilles a acquis une réputation mondiale depuis la découverte de vestiges datant de 5 000 ans et plus !

Transports

Comment y accéder et en partir

▶ **Avion.** La compagnie Thai Airways propose 3 vols par jour depuis Bangkok : durée 1 heure 05. De même, la compagnie *low-cost* Nok Air (www.nokair.com) propose également 3 vols par jour, toujours au départ de Bangkok.

▶ **Train :** 3 express, à 8h20, 20h et 20h45, et 2 rapides, à 5h50 et 18h30, quittent la gare centrale de Bangkok, Hua Lampong, et arrivent respectivement à 17h55, 5h10 et 8h09 pour les express, et 16h42 et 6h28, pour les rapides.

▶ **Bus.** Depuis la gare routière de Bangkok, Moh Chit, un bus « VIP » part à 22h ; compter 9 heures de route, soit 561 km. Bus de 1re classe : plus de 20 départs entre 5h et 23h. Depuis Nong Khai, le service est assuré par des bus ordinaires ; compter environ 1 heure 30 de route (selon le nombre d'arrêts). A partir de Loei, des bus ordinaires ou climatisés assurent la liaison avec Udon Thani.

Se déplacer

▶ **Samlo.** Une petite course en ville coûte, selon la distance, entre 30 et 40 B. Ce n'est pas bien rapide, mais vous rendez service.

▶ **Song téo.** Véhicules de couleur différente selon la ligne desservie, comme partout. Le tarif est fixé à 8 B quelle que soit la distance parcourue. La ligne 15 circule depuis le sud-ouest de la ville (Napalai Hotel) vers l'est (NB Hotel) et retour, en passant par les avenues Pracha Raksa, Srisuk, le « Fountain Circle » et l'avenue Pho Si (moitié est). La ligne 9 dessert l'avenue Srisuk, puis remonte au nord, au-delà du centre commercial Robinson en passant par le « Fountain Circle » (rond-point) et la gare routière… et retour. La ligne 7 relie la gare routière (à l'est de la ville) à l'avenue Srisuk (dans sa partie ouest), en suivant les avenues Wattana Nuwong (au nord) et Mukka Montri et retour… elle passe devant le centre Robinson (à l'est) et le Banchiang Hotel (à l'ouest).

▶ **Touk-touk.** Le prix d'une course se situe entre 40 et 50 B, au maximum.

▶ **Moto.** Compter environ 250 à 300 B par jour de location.

L'Isaan, paradis des hommes occidentaux célibataires ?

Alors que l'Isaan n'est pas connue comme la plus touristique des régions thaïlandaises, on compte à l'heure actuelle près de 70 000 couples interculturels. Ce phénomène qui aurait débuté dans les années 1960, alors que plusieurs soldats américains étaient stationnés dans la région durant la guerre du Vietnam, continuerait à se développer. Plusieurs raisons à cela. Les jeunes femmes qui quittaient l'Isaan pour aller travailler dans les *gogo bars* de la capitale découvrent qu'elles peuvent trouver tout près de chez elle quelqu'un qui pourrait les aider, elles et leurs familles, à sortir de la misère. D'un autre côté, de nombreux hommes d'âges murs, en quête d'âme sœur, ont compris qu'il était plus aisé de se rendre directement à « la source ». Toutes ces unions, ne sont bien évidemment pas que des mariages de raisons, beaucoup le sont aussi d'amour. Malheureusement, bon nombre de ces histoires d'amour finissent mal, en général. Plusieurs raisons expliquent ces ruptures tragiques. Les écarts d'âges, les différences de cultures, et les lois thaïlandaises qui poussent les farangs à acheter une maison ou une entreprise au nom de leur femme… et se retrouvent le bec dans l'eau, quelques années plus tard. Un paradis qui aura vite fait de se transformer en enfer.

▶ *Taxi meter.* Ils circulent à travers toute la ville. En théorie, pas besoin de marchander, vous payez le prix indiqué au compteur, à condition que celui-ci fonctionne ! Donc, bien faire comprendre dès le départ que vous voulez payer le tarif compteur pour éviter tout « malentendu » désagréable à l'arrivée.

Pratique

■ HÔPITAL INTERNATIONAL AEK UDON
555/5 Thanon Pho Si
✆ +66 42 342 555
Le meilleur de la ville.

■ OFFICE DE TOURISME (TAT)
16 Thanon Mukka Montri
✆ +66 42 325 406
Ouvert de 8h30 à 16h30.
Bureau principal pour la région Isaan qui se trouve face au lac, sur la grande avenue. Accueil souriant, quelques brochures et cartes, mais principalement en langue thaïlandaise.

■ POSTE
Thanon Wattana
Ouverte de 8h30 à 16h30 en semaine ; de 9h à 12h, le samedi.
C'est la poste principale. Un centre téléphonique international se trouve juste à côté.

Se loger

Locations

■ GECKO VILLA
Um Chan
Prachak Sinlaphakhom
✆ +66 81 9180 500
www.geckovilla.com
info@geckovilla.com
A partir de 7 000 B la nuit.
Splendide villa située en campagne, parmi les rizières. Piscine privative, repas et transferts depuis et vers la ville de Udon Thani compris dans le prix. L'occasion de participer à la vie du village et de découvrir l'hospitalité d'une famille thaïlandaise s'offre à vous !

■ GREEN GECKO
Moo 13, Um Chan
Prachak Sinlaphakhom
✆ +66 81 9180 500
www.thaivillarent.com
greengecko@thaivillarent.com
A partir de 7 900 B par nuit pour 1 à 2 personnes. Transfert depuis et vers Udon Thani et tous les repas sont compris.
Avec cette villa traditionnelle au cœur de la campagne, Green Gecko invite tous ceux qui aiment voyager hors des sentiers battus à découvrir cette région insolite. Piscine privative et accueil chaleureux par une famille thaïlandaise d'un village avoisinant.

Bien et pas cher

■ CHAROENSRI PALACE
60 Thanon Pho Si
✆ +66 42 242 611 / +66 42 328 218
Chambres de 400 à 1 000 B.
Etablissement de style assez moderne. Chambres claires plutôt bien entretenues, en dépit de certaines « fausses notes » au niveau aménagement. Toutes les chambres sont climatisées, avec baignoire, s'il vous plaît !

■ CITY LODGE
88/14-15 Thanon Watthana Nuwong
✆ +66 42 224 439
www.udonmap.com/citylodge
art1941@hotmail.co.uk
Chambres de 500 à 1 000 B.
Situé en face du Paolo Hospital. Etablissement proposant des chambres modernes, claires et confortables, avec salle de bains et TV. Restauration possible sur place.

■ KING'S HOTEL
127 Thanon Pho Si
✆ +66 42 221 634 / +66 42 241 444
Chambre à partir de 300 B.
Un établissement sans charme particulier aux chambres d'un niveau modeste mais toutefois assez spacieuses, avec ventilateur ou climatiseur. Certaines ont même été repeintes ! Salle de bains et toilettes privées. Solution de dépannage pour petit budget. Accueil correct.

Confort ou charme

■ TOP MANSION
35/3 Thanon Sampha Thamit
✆ +66 42 345 015
www.udonmap.com/topmansion
topmansion@yahoo.com
Chambres à partir de 800 B. Wi-figratuit.
Etablissement assez récent, tout confort et très propre. Grands lits. Carrelage au sol. TV câblée, climatisation, petit balcon. A proximité du centre commercial Robinson, non loin de la gare routière, mais surtout, pratiquement collé au Soi Falang, lieu de perdition. Une bonne adresse.

■ UDON HOTEL
Thanon Mak Kaeng
✆ +66 42 248 160
Chambres standard à 460/480 B ; ch. supérieure à 480-500 B ; ch. deluxe à 520-570 B ; suite à 1 000 B. Petit déjeuner compris.

Bon confort et rapport qualité-prix très satisfaisant avec cet établissement de 191 chambres, toutes avec climatisation et TV. Accueil courtois.

■ UDON STAR

75/3 Thanon Watthana Nuwong
✆ +66 42 246 808
www.udonstar.biz
udonstar@hotmail.com
Wi-Fi gratuit.Restaurant, bar, salle de sport.
En plein centre d'Udon Thani, voici une très bonne adresse à la direction franco-thaïe. Des instruments de musique sont accrochés sur les murs de la réception. Les chambres sont spacieuses et confortables et le service impeccable. La décoration moderne est agréable et l'isolation phonique très au point, pour passer des nuits sans accroc. Service de navette gratuit depuis l'aéroport.

Luxe

■ BAN CHIANG HOTEL

5 Thanon Mukka Montri
✆ +66 42 327 911 / +66 42 327 929
www.banchianghotel.com
info@banchianghotel.com
Chambres et suites de 1 200 à 12 000 B.
Etablissement moderne totalisant 149 chambres de très bon confort, certaines ont éré refaites ces derniers temps. Belles salles de bains. Piscine et salle de culture physique à disposition… le tout en plein centre-ville, en face du vieux marché (ambiance locale garantie !).

Se restaurer

En tant que portail de la Thaïlande du Nord-Est, Udon Thani ne manque évidemment pas d'options pour se restaurer, et le nombre d'expatriés qui ont ouvert une petite affaire prouve que la ville devient de plus en plus cosmopolite.

Sur le pouce

■ MARCHÉ DE NUIT

Thanon Mukka Montri
Juste à côté de la prison.
Comme souvent dans les Night Market thaïlandais, les plats sont bons et pas chers. Mais celui-ci est particulièrement intéressant, avec une multitude de choix, et la possibilité de partager une table. Dirigez-vous là où les locaux sont les plus nombreux, c'est très bon signe…

Bien et pas cher

■ CHAROEN SRI COMPLEX

Thanon Prajak
Ouvert jusqu'à 22h. Plats à partir de 20 B.
Dans ce grand centre commercial, de nombreux petits restaurants proposent différentes cuisines asiatiques et occidentales (fast-food). D'autre part, on y trouve diverses pâtisseries : croissants, pains au chocolat, etc. Vous achetez une carte et vous y mettez la somme que vous voulez. Ensuite, vous vous baladez de stand en stand et vous choisissez ce que vous allez manger.

■ NOI KITCHEN

Thanon Suphakit Janya
Plats à partir de 30 B.
Près du lac, une petite gargote propose en toute modestie une délicieuse cuisine thaïlandaise avec des spécialités de l'Isaan. Une bonne adresse.

■ RUNG THONG

114 Thanon Udon Dutsadi
Plats à partir de 30 B.
Un restaurant très simple, mais d'excellente réputation. La cuisine y est en effet savoureuse et les prix sont assez bas. Un peu excentré au nord de la ville.

Bonnes tables

■ À L'ÉLÉPHANT BLANC

244/45 Thanon Udon Dutsadi
Soï Chansawang
✆ +66 42 326 834
www.elephantudon.4t.com
kruth9@hotmail.com
Compter 300 B.
Cet établissement, quelque peu excentré au nord de la ville, est tenu par un couple franco-thaï. La cuisine, mi-locale mi-occidentale, est vraiment bonne, le cadre agréable et les prix raisonnables.

■ BELLA ITALIA

70/4 Supakitchanya Road
Compter 350 à 500 B.
Ce restaurant italien, tenu par un transalpin, propose de bons plats et quelques bouteilles de vins pas inintéressants. Quelques spécialités venues d'autres contrées font taches sur le menu. L'établissement se trouve proche du lac Nong Prajak.

■ CHAMP NEUA YANG KAOLEE

Thanon Po Ka Nuson
✆ +66 42 242 632 / +66 87 233 5530
Compter 150 B pour 2 personnes.
Littéralement « Le champion du bœuf grillé à la coréenne » ! Restaurant populaire spécialisé dans la fondue asiatique, sorte de barbecue local très apprécié ! Etablissement sans prétention où la salle est largement ouverte sur le trottoir. Le plat d'aliments crus, où tout est mélangé, est assez peu alléchant. Mais une fois passé le cap, la fondue s'avère très bonne.

■ NOBI'S RESTAURANT
Soi Sampanthamid
✆ +66 42 344 012
Ouvert de 8h à minuit. Plat de 80 à 200 B.
Un couple germano-thaï qui propose du petit déjeuner au dîner des spécialités allemandes et des plats traditionnels thaïlandais. Les saucisses sont faites maison et les assiettes sont bien remplies, accompagné d'une bière. Les frites sont bonnes, et ce n'est pas si courant. Une bonne adresse.

Sortir

Il existe de nombreux endroits où sortir à Udon Thani. Des cafés avec musique live, quelques discothèques, des énormes centres commerciaux, avec à l'intérieur, bars, restaurants, salles de cinéma, bowling... Enfin, deux mots sur le Soi Falang, l'un des lieux les plus chauds de tout l'Isaan, une sorte de mini Soi Cowboy version provinciale.

■ BOSS PUB
78/2 Udondusadee
Bar avec concerts en live de Jazz, de Reggae, de pop thaïe... Consommation aux alentours de 120 B.

■ U-BAR
97/8-10 Pichit Rangsan Road
Bonne ambiance et pas d'harcèlement, si vous êtes un homme, de jeune femmes en quête d'aventures d'un soir. Musique live pratiquement tous les soirs.

■ YELLOW BIRD
Hôtel Charoen, Thanon Pho Si
Cette discothèque est l'une des meilleures adresses… De très bons groupes jouent les derniers tubes de la pop américaine mais aussi des standards thaïlandais, surtout le week-end.

À voir – À faire

■ SANJAO PU-YA TEMPLE
Nong Bua Park
A l'est de la ville, dans le parc Chaloem Phrakiat, face au lac, se dresse un joli temple chinois, richement décoré. A l'entrée du parc, deux lions majestueux, couleur or.

Sports – Détente – Loisirs

■ SEIBUKAN THAI
230 Moo 2, Ban Nan Tong
✆ +66 86 1914 663 / +66 42 123 016
sbtmartialart.free.fr
seibukanthai@hotmail.com
Située à 4 km du centre-ville (secteur sud), cette école d'arts martiaux a été créée par Yvon Autret, installé dans la région depuis quelques années. Cinquième dan de Karaté (ITKF), il organise périodiquement des stages dans le dojo qu'il a fait installer à côté de son domicile. Il propose également ses services comme guide sur des circuits à la fois sportifs et culturels pour ceux qui souhaitent découvrir la Thaïlande dans son ensemble. Yvon sera également de bon conseil pour vous familiariser avec sa région.

■ ÉCOLE DE MASSAGE BAAN SUAN
230 Moo 2, Ban Nan Tong
seibukanthai@hotmail.com
Ecole de massage dirigée par Mme Saa, professeur diplômée (parlant anglais). Les cours de massage traditionnel sont dispensés sur 3, 5 ou 10 jours. Cours de réflexologie (massage des pieds) sur 2 jours. Un must !

Shopping

Deux grands marchés se trouvent sur l'avenue Pho Si : une balade à travers ces lieux populaires traditionnels est une véritable immersion en Thaïlande profonde.

■ CENTRE COMMERCIAL CHAROEN SRI COMPLEX
Installé sur plusieurs niveaux, il abrite de nombreux magasins de vêtements, des cafés, des Mc Donald, des cinémas... Les prix sont relativement plus élevés qu'ailleurs car ce genre d'endroit correspond à une volonté de développement de la société de consommation thaïlandaise suivant le modèle occidental ou japonais. Autres centres commerciaux : Le Central Plaza et le UD Town.

■ NIGHT MARKET
Pho Si
A partir de 17h.
Il mérite aussi le détour, bien que moins important. On trouve de tout, des équipements pour votre smartphone, des vêtements, des jouets... C'est ici aussi que l'on peut manger le soir pour pas cher et bien.

■ THAI ISAAN MARKET
Pho Si
En journée.
Ce marché pratique des prix plus attractifs que le centre commercial Chaoren Sri Complex, pour des marchandises provenant de Chine, du Laos et du Viêt Nam (montres, chaussures, lunettes, T-shirts).

BAN CHIANG

Situé à une cinquantaine de kilomètres d'Udon Thani, ce village fut inscrit sur la liste du patrimoine mondial de l'humanité de l'Unesco en 1992, depuis qu'on y a découvert des vestiges d'une civilisation du bronze remontant à plus de 5 600 ans. En effet, en 1957 le site est découvert et les fouilles débutent une dizaine d'années plus tard. On y découvre une importante nécropole avec du mobilier funéraire et plusieurs squelettes.

■ MUSÉE BAN CHIANG
Ouvert de 9h à 16h30. Entrée 30 B.
Expose des collections de poteries, d'outils, de bijoux et d'armes remontant à la période de la civilisation du bronze. Une collection intéressante, avec mise en lumière (relative) du mode de vie et des coutumes de l'époque.

■ WAT PHI SI NAI
Ce site a été reconstitué et expose un certain nombre de squelettes, de poteries et de bijoux. La visite du musée, à côté du site, est bien entendu conseillée. Pour anecdote, en 2008 le site a fait parler de lui quand on a découvert des milliers d'objets appartenant aux lieux et retrouvés illégalement en Amérique. La Thaïlande demande la restitution des objets, ce qui devrait durer plusieurs années. Le musée présente certaines pièces mises au jour sur place.

BAN PU LU

Distant de 2 km de Ban Chiang, petit village où les habitants sont spécialisés dans la reproduction des poteries et céramiques du site archéologique de Ban Chiang. Eventuellement intéressant, si l'on veut rapporter un souvenir un peu plus original. Les maisons traditionnelles du village valent de toute manière le déplacement.

NONG KHAI ☆

Cette petite ville de près de 60 000 habitants est soudain sortie de sa torpeur en 1994, à la suite de la construction d'un pont reliant la Thaïlande au Laos : le fameux « Pont de l'Amitié ». Du coup, Nong Khai s'est dotée d'hôtels confortables, de centres commerciaux et d'immeubles de bureaux. Elle garde cependant un certain charme, avec ses anciens temples et vestiges du passé dispersés à travers la ville et la région environnante.

Transports

Comment y accéder et en partir

▶ **Bus.** Deux bus « VIP » quittent la gare de Bangkok, Moh Chit, à 9h et 20h30 ; 9 heures de trajet, 614 km. Bus de 1re classe : départs à 8h30, 20h30 et 21h.

▶ **Train.** Depuis la gare centrale de Bangkok, Hua Lampong, 4 départs au total, avec 2 rapides, à 5h50 et 18h30, et 2 express, à 20h et 20h45. Arrivées respectives à 17h30, 7h20, 6h et 8h55.

Se déplacer

▶ **Samlo, touk-touk et moto-taxi.** Tous sont présents. Négocier toujours le prix avant.

▶ **Moto.** Les motos de 100 à 125 cm^3 sont louées à 250 à 300 B par jour.

▶ Depuis Nong Khai, il est possible de rejoindre Chiang Khan mais il faudra faire étape à Sri Chiang Mai. Départ le matin, se renseigner à l'avance sur les horaires.

Pratique

■ HÔPITAL
Thanon Meechai
Plutôt bien équipé et avec un personnel qui semble très compétent !

■ OFFICE DE TOURISME (TAT)
✆ +66 42 467 844
Tout près du « Pont de l'Amitié ».

■ POSTE
Thanon Meechai
En face du Soi Praisani
Ouvert de 8h30 à 16h30.

■ SERVICE DE L'IMMIGRATION
Thanon Rimkong
Près de l'embarcadère.
Pour se rendre au Laos, un visa touristique de 15 jours maximum est délivré contre 30 $ (environ 1 500 B).

Se loger

La plupart des guesthouses se trouvent au long de la rue Rim Khong (tranquille), mais toutes n'ont pas pour autant une vue dégagée sur le Mékong. D'autre part, il semble que certains établissements affichent des tarifs injustifiés compte tenu de l'entretien ou du confort réel des chambres proposées : cela peut s'expliquer par une abondante clientèle occidentale en transit perpétuel entre le Laos et la Thaïlande.

Bien et pas cher

■ MEKONG RIVERSIDE
519 Thanon Rim Khong
✆ +66 42 460 431 / +66 42 460 689
Chambres de 300 à 900 B.
Distante d'environ 300 m du débarcadère, cette guesthouse propose des chambres propres et confortables dont les meilleures ont vue sur le fleuve. Toutefois, les prix semblent surévalués, Mékong oblige ! Le restaurant terrasse offre un panorama agréable : idéal pour le petit déjeuner. Internet café juste à côté. Accueil correct.

■ MUTMEE GUESTHOUSE

111/4 Thanon Kheo Worawut
✆ +66 42 460 717 – www.mutmee.com
mutmee@mutmee.com
Dortoirs de 3 lits à 100 B/personne ; chambres de 200 à 1 000 B.
L'endroit dégage un vrai charme grâce à son jardin au bord du fleuve. Une étape de relaxation après un long trekking au Laos. Il est recommandé de réserver à l'avance. Toutefois, seules les chambres les plus chères disposent d'une salle de bains privée. Restaurant en plein air installé sous une paillote avec vue dégagée sur le Mékong. Site Internet très complet proposant des activités parallèles intéressantes : à consulter !

■ RUAN THAI GUESTHOUSE

1126/2 Thanon Rim Khong
✆ +66 42 412 519
Chambres de 150 à 500 B.
Chambres simples mais confortables avec un agréable jardin donnant sur la rue tranquille. Accueil aimable. Une bonne adresse.

Confort ou charme

■ BAN THAI THA BO

452 Moo 2, Ban Don Kiao Yai
Tha Bo
✆ +66 87 2217 161 / +66 81 9758 845
www.banthai-thabo.com
info@banthai-thabo.com
En direction de Sri Chiang Mai.
Chambres à 600 et 700 B la nuit, avec vue sur jardin ou sur le Mékong.
A une demi-heure de route de Nong Khai, cet établissement traditionnel au cadre bucolique vous permet de découvrir l'Isaan loin des sentiers battus. Les chambres boisées sont charmantes et bien entretenues, certaines donnant sur le Mékong.

■ PANTAWEE HOTEL & RESTAURANT

1049 Thanon Haïsoke
✆ +66 42 411 568
http://thailand.pantawee.com
Tarifs échelonnés de 500 à 2 000 B.
86 chambres dont certaines assez spacieuses et de bon confort. Toutes sont à présent climatisées. S'adressant à une clientèle occidentale de passage (Laos), les prix semblent toutefois surfaits.

Luxe

■ NONG KHAI GRAND HOTEL

589 Moo 5
Tarifs : 1 500 à 4 500 B (négociables éventuellement en basse saison).
Il se touve au sud de la ville, sur la route nationale 212, face au Soï Wamutit. Hôtel de grand standing, avec une belle piscine. Deux restaurants, dont l'un se trouve en terrasse au sommet de l'édifice, d'où l'on peut voir le Mékong (à quelque distance, tout de même !) : raison pour laquelle il s'appelle « Bird Eye » (l'œil d'oiseau). Mobilier luxueux comme il se doit. Très classe, une affaire intéressante, dans cette catégorie de prix.

Se restaurer

Les restaurants avec vue sur le fleuve sont naturellement les plus agréables et les plus recherchés. Vous serez sans doute étonné de voir certains restaurants asiatiques proposer des plats français tels que le « steak frites ». Cela n'a finalement rien d'étonnant, l'influence du Laos se fait sentir dans la région. L'ancien territoire français a également exporté l'usage de la baguette !

▶ **Deux marchés de nuit** vous donnent l'occasion de goûter à la cuisine Isaan, au prix de 30 à 40 B la portion.

■ DAENG NAM NEUNG

1062/1-2 Thanon Ban Thoeng Jit
✆ +66 42 411 961 / +66 42 411 202
Entre 100 et 200 B.
Restaurant terrasse. Bonne cuisine vietnamienne, assez peu onéreuse… même si la carte n'est pas très fournie. La salle à manger a une vue dégagée sur le Mékong. Les sandwichs baguettes et les nems sont excellents.

■ DUKADA RESTAURANT

Thanon Meechai
✆ +66 42 411 380
Ouvert de 7h à 20h. Compter 25 à 50 B par plat.
Cet établissement discret se trouve en plein centre-ville, pratiquement en face de la poste. Cuisine locale bien entendu mais aussi du poulet rôti et même des steaks (de buffle), à des prix défiant toute concurrence !

■ MEKONG RESTAURANT

519 Thanon Rim Khong
✆ +66 42 460 689
Entre 150 et 200 B pour un repas. Un peu plus pour un poisson.
L'établissement dispose d'une belle terrasse en bois avec une vue dégagée sur le fleuve. Cuisine locale de rigueur, tout à fait appétissante. Plats de poissons pêchés dans le fleuve pour ceux qui veulent changer d'ordinaire.

■ THAI THAI RESTAURANT

1155 Thanon Phrajak
✆ +66 42 420 373
Ouvert de 11h30 à 3h. Compter 30 à 70 B par plat.
Installé en plein centre. Très prisé de la clientèle locale surtout lors des week-ends, cet établissement modeste sert une honnête cuisine thaïe

et quelques spécialités chinoises. C'est en tout cas l'un des restaurants les moins chers de la ville et l'un de ceux qui ferment le plus tard ! Avis aux voyageurs débarquant nuitamment dans le secteur.

Sortir

▶ **Pubs des bords du Mékong.** Établissements en bois, plutôt rustiques, installés sur la tortueuse rue Rim Khong. Ils accueillent des groupes, à l'occasion, et on peut alors y écouter quelques vieux tubes des années 70, les Eagles, Clapton ou Hendrix.

▮ NONG KHAI GRAND HOTEL
589 Moo 5
Pour danser sur de la musique plus contemporaine… et si vous ressentez le besoin de vous défouler sur le dancefloor, la discothèque de cet établissement semble être l'adresse indiquée.

À voir – À faire

Tous les jours, un bateau-restaurant quitte le débarcadère de Thanon Kaew Wowarut, tout proche du Wat Hai Sok. La promenade commence à 17h15 et dure 1 heure 30. Le dîner proposé comporte des spécialités de l'Issan, mais il n'est pas obligatoire de dîner pour faire la croisière. Recommandé pour les amoureux.

▮ WAT BANG PHUAN
Les alentours de Nong Khai sont riches en nombreux temples, comme celui-ci à une vingtaine de kilomètres de la ville. Il abrite aussi un petit musée.

▮ WAT KHAEK ☆
Mittraphap
Encore un temple pas comme les autres. Situé à 5 km de Nong Khai, c'est l'œuvre d'un mystique qui enseignait une philosophie existentialiste saupoudrée de bouddhisme et d'hindouisme. Au point de vue de l'architecture, l'amalgame de ces deux religions est détonnant. Certaines statues sont tout à fait surprenantes. La dépouille momifiée du fondateur du temple repose sous une cloche de verre.

▮ WAT NOEN PHRA NAO ☆
Thanon Kawnkan U-Thit
Ce temple a la particularité d'avoir reçu des Occidentaux en quête de spiritualité jusqu'à la fin des années 1970. Son architecture est particulièrement originale, d'un style assez débridé et baroque.

▮ WAT PHO CHAI ☆
Situé dans la rue du même nom, ce temple est célèbre pour son Bouddha de bronze, à la tête en or massif et la coiffe sertie de rubis.

▮ WAT PHRA THAT NONG ☆
Beaucoup plus proche et assez unique en son genre, ce temple a la particularité d'être au milieu du Mékong : son *chedi* est périodiquement recouvert par les eaux durant la saison des pluies ! Et il semble résister vaillamment à la violence des flots. Il faut dire qu'à la date de sa construction, en 1847, le lit du fleuve était beaucoup moins large à cet endroit, et que l'édifice se trouvait alors sur la rive !

Sports – Détente – Loisirs

▮ THAI LAOS RIVERSIDE HOTEL
✆ +66 42 460 263
Une bonne adresse de massage traditionnel. Après plusieurs heures de train ou de bus, on vous remettra les vertèbres en place, et les idées avec !

Shopping

Différents marchés, dont le New Market, se trouvent dans la partie est de Thanon Rim Khong et offrent un grand choix de produits divers : fruits et légumes, artisanat local, vêtements et bagages.

▮ VILLAGE WEAVER HANDICRAFTS
1151 Soï Jitta Panya
Ouvert de 8h à 17h.
À propos d'artisanat local : choix de vêtements véritablement confectionnés sur place… On peut d'ailleurs visiter les ateliers de fabrication. On vous proposera même de vous faire un vêtement sur mesure en deux jours !

Lancement annuel de fusées

À une dizaine de kilomètres de Nong Khai, chaque année à la fin avril, des milliers de personnes se réunissent pour assister au lancement de fusées géantes dont certaines dépassent les 10 m de hauteur. La tradition de ce concours est plutôt récente. Les fusées, de fabrication artisanale, sont constituées d'un réservoir de poudre fixé à une tige de bambou. Une fois arrimée à une rampe de lancement très sommaire, en bambou également, la mèche de la fusée est allumée. Attention aux oreilles ! La fusée qui restera le plus longtemps en l'air sera déclarée gagnante.

CHIANG KHAN

Chiang Khan est bâtie sur la rive droite (sud) du Mékong. Le fleuve marque la frontière avec le Laos. Distante de Loei d'une cinquantaine de kilomètres, cette petite ville est une étape recommandée pour ceux qui aiment les temples, dispersés dans la région. De plus, ses maisons en teck, datant du début du XXe siècle, donnent à la ville un aspect traditionnel, plein de charme, que l'on ne retrouve plus si souvent en Thaïlande. Cette petite bourgade mérite en effet une étape, aussi bien pour les amoureux des balades en plein terroir que pour les adeptes du farniente au bord de l'eau. On trouve d'ailleurs assez facilement des petites guesthouses avec vue sur le fleuve, histoire d'admirer le coucher de soleil, depuis sa terrasse.

Pratique

■ SOÏ 10 GAME
Thanon Chaikong, Soï 10
Ouvert de 12h à 22h, en semaine et à partir de 9h le samedi et le dimanche. 15 B de l'heure.
Une adresse intéressante et bon marché. C'est le rendez-vous des gamins du village, après l'école : les petits Thaïlandais sont devenus des inconditionnels des jeux vidéo, mais il y a parfois de la place pour les étrangers de passage qui voudraient utiliser un PC !

Se loger

■ CHIANG KHAN GUESTHOUSE
282 Thanon Chai Kong, Soï 19
✆ +66 42 821 691
www.thailandunplugged.com
Chambres ventilées à 200 et 250 B.
Les chambres sont à l'étage, simples, toutes ventilées, avec salle de bains commune. Elles sont propres et claires. Une petite terrasse surplombe le Mékong que l'on peut admirer à loisir. Le patron est un Hollandais sympathique qui travaille épisodiquement comme guide en Thaïlande pendant que son épouse tient la guesthouse. Une grande salle occupe le rez-de-chaussée servant pour le petit déjeuner et, occasionnellement, de restaurant lorsqu'il s'agit d'une commande ponctuelle pour un groupe. Location de moto à 200 B/jour.

■ LOOGMAI GUESTHOUSE
Thanon Chai Kong, Soï 5
✆ +66 42 822 334
loogmaiguest@thaimail.com
Chambre moyenne à 300 B ; grande chambre à 400 B. Prendre contact à l'avance, car l'établissement est parfois fermé durant quelques semaines par an.

Cette guesthouse de charme est installée dans une ancienne demeure de style colonial. Construction en maçonnerie, de belle apparence, en surplomb du Mékong. Terrasse du côté opposé à la rue, dans un petit jardin : elle offre une vue dégagée sur le fleuve, large et paisible à cet endroit : parfait pour le petit déjeuner. Les chambres sont spacieuses et claires, toutes ventilées (plafonds hauts évitant la chaleur) avec salle de bains commune. Une seule, au rez-de-chaussée, à côté de la terrasse donnant sur le fleuve, possède un cabinet de toilette privé. Bon entretien et accueil aimable. Un bel endroit !

■ RIMKONG GUESTHOUSE
294 Thanon Chai Khong
✆ +66 42 821 125
rimkhong.free.fr
rimkhongchk@hotmail.com
Chambres entre 250 et 500 B.
Autour d'un bassin, agrémenté d'une petite cascade, sont regroupés le restaurant central, le pavillon bar-terrasse et deux bungalows (tout confort) avec salle de bains, minibar et terrasse privée. Un endroit tranquille pour se relaxer et échafauder des excursions.

■ SOUK SOMBOUN HOTEL
243/3 Thanon Chai Kong
✆ +66 42 821 064
Chambres ventilées à 300/400 B ; climatisées à 500/700/1 000 B.
Etablissement assez grand proposant une quinzaine de chambres, simples mais propres, pouvant convenir à une réservation de groupe. Seules les chambres les plus chères disposent d'un cabinet de toilette privé. Le restaurant du rez-de-chaussée est ouvert le matin et l'après-midi. Bon accueil.

Se restaurer

■ LUK RESTAURANT
Thanon Chai Kong, Soï 9
✆ +66 42 821 251
Ouvert de 7h à 23h. Plats de 25 à 70 B.
Petit restaurant sans prétention où l'on sert des plats simples mais qui ont l'approbation de la population locale. A essayer, histoire de changer un peu des autres endroits.

■ RELAX CORNER TON KHONG GUESTHOUSE
Thanon Chai Kong, Soï 10
✆ +66 89 711 6493
Plats de 40 à 70 B. Poissons de 120 à 150 B.
Située au milieu de la rue Chai Kong, la terrasse de ce petit restaurant ouvert sur la rue est fort agréable. Cuisine locale.

■ **RIM NAM RESTAURANT**
Thanon Chaikong, Soï 9
A quelques maisons du Rimkong Pub.
Plats de 50 à 150 B.
L'établissement est régulièrement fréquenté par la population locale, et il a une excellente réputation auprès des expats. La salle, assez grande, offre une vue dégagée sur le fleuve. Accueil cordial. Une bonne adresse.

■ **URO GUESTHOUSE**
Thanon Chai Kong
Entre les Soï 5 et 6, en face de Loogmai Guesthouse.
Plats à partir de 60 B.
Bon accueil. Petit établissement fort bien tenu. La maîtresse de maison s'occupe des fourneaux et peut même vous servir un « vrai » steak (à condition d'en faire la demande un peu à l'avance).

À voir – À faire

Quelques temples sont à visiter, dans la bourgade et dans les environs. Présentant une architecture plutôt originale, ils se caractérisent dans la région par des colonnades et des frontons d'un style unique. Le plus ancien de ces temples est le Wat Tha Khaek, qui daterait du XVIe siècle. Le Bouddha dont la statue trône dans son bot est vénéré dans toute la province.

Sports – Détente – Loisirs

Vous pouvez également profiter d'une balade en pirogue sur le Mékong ou sur la rivière Huang lors d'une excursion fluviale. Plusieurs bateliers vous attendent le long du rivage. Les tarifs sont à négocier sur place. Les paysages qui défilent ensuite sont vraiment magnifiques.

SRI CHIANG MAI

Cette petite bourgade est caractérisée par de fortes communautés laotienne et vietnamienne dont certains membres ont fui le régime communiste. La plupart de ces gens sont catholiques, ce qui explique la petite église existant dans ce coin reculé. Les anciens colonisés ont apporté avec eux l'art de la boulange.
Les lieux sont pourtant réputés. En effet la plupart des habitants de Sri Chiang Mai travaillent à la confection des « rouleaux de printemps », et cette petite ville perdue au milieu de l'Isaan reste l'une des plus grandes exportatrices de ce mets au monde. Il est possible de faire des photos sympas des feuilles de rouleaux de printemps séchant au soleil. Profiter également des lieux pour faire une belle balade le long du Mékong. En face, le Laos tout proche ne permet toutefois pas de s'y rendre depuis le village.

■ **BAN SANG KHOM**
Petit bourg situé non loin de Sri Chiang Mai, et par lequel on peut atteindre les chutes d'eau de Than Tip et Than Thong. Cet itinéraire passe par la route nationale 211.

■ **MANEERAT RESORT**
74 Thanon Rim Khong
✆ +66 42 451 311
maneerimkhong@thaimail.com
Tarifs : 400 à 1 000 B.
L'établissement propose des chambres toutes climatisées, assez spacieuses, avec salle de bains privée, réfrigérateur et TV. Pour autant, le prix des plus chères ne semble pas justifié, bien qu'elles soient pourvues de deux grands lits ! Un bar-restaurant agréable occupe le rez-de-chaussée. Bon accueil.

■ **WAT HIN MAK PENG**
Ce temple est situé hors de la ville. Il est habité par des moines bouddhistes « purs et durs » : ils se nourrissent une seule fois par jour (à l'aube) et méditent ou prient durant toute la journée, comme le veut la tradition religieuse. On peut néanmoins visiter l'endroit, mais il faudra respecter les usages : pas de jambes ou de bras dénudés dans l'enceinte du temple…

LOEI

Loei est la capitale de la province du même nom. Cette petite localité de 34 000 habitants se trouve à environ 500 km de Bangkok, au nord-est de la Thaïlande. En soi, elle n'a que peu de choses à offrir. La production du coton est la grande spécialité de la région. On y fabrique aussi des vêtements de qualité, réputés dans tout le pays. Mais, c'est à partir de Loei, que vous pourrez rayonner dans les différents parcs nationaux qui entourent la ville, notamment celui de Phu Kradung, qui est sans conteste l'un des mieux préservés et l'un des plus beaux de Thaïlande.

Transports

Comment y accéder et en partir

▶ **Bus.** Depuis la gare de Bangkok, Moh Chit, un bus « VIP » part à 22h ; 9 heures de trajet, soit 560 km. Bus climatisés de 1re classe : départ à 21h30. Depuis Chiang Mai, compter 12 heures de trajet en bus climatisé. Depuis Chiang Khan (juste à 50 km au nord), il y a environ 1 heure 15 de route. Départ en matinée.

Se déplacer

▶ **En ville** présence des éternels touk-touk et *samlo*. N'oubliez pas de négocier.

Pratique

■ POLICE

Thanon Phipat Tanamongkon
www.loei.police.go.th
Ouvert du lundi au vendredi de 8h30 à 16h30.
C'est le bureau principal. Il n'y a pas de police
touristique ni de bureau TAT.

Se loger

Loei est relativement bien fournie en chambres
hôtelières, et certaines adresses méritent plus
particulièrement l'attention des touristes de
passage.

■ KING HOTEL

11/8-12 Thanon Chumsai
✆ +66 42 811 701 / +66 42 811 225
Tarifs de 500 B à 1 300 B.
En plein centre-ville cet hôtel de bon standing
dispose de chambres très correctes. Toutes
sont climatisées, avec TV et eau chaude. Les
plus chères sont équipées d'un réfrigérateur.
L'établissement dispose d'un salon de massage.
Le restaurant propose des spécialités thaïes,
chinoises, vietnamiennes, mais aussi occidentales (steak frites).

■ PHU LUANG HOTEL

55 Thanon Charoenrat
✆ +66 42 811 532
Non loin du Thai Udom Hotel et peu après le
marché de nuit.
Chambres de 400 à 1 000 B.
L'établissement compte 70 chambres climatisées. Certaines sont pourvues d'une baignoire.
Restaurant, coffee shop, salon de massage et
karaoké… de quoi passer des soirées inoubliables !

■ SUGAR GUESTHOUSE

Thanon Wissuttitep
✆ +66 42 812 982
www.sugarguesthouse.blog.com
sugarguesthouse@gmail.com
*Chambres ventilées à 200 et 300 B ; chambres
climatisées à 400 B. Wi-fi gratuit.*
Petit établissement sympathique situé au nord
de la ville, au-delà du marché et non loin de la
rivière. Les prix sont raisonnables. Il faut dire que
seules les chambres climatisées ont un cabinet
de toilette privé. Entretien impeccable. Petit
déjeuner possible sur place. Une adresse à retenir.

■ SUN PALACE HOTEL

14 Thanon Charoenrat
✆ +66 42 815 717 / +66 42 815 545
De 500 à 1 000 B (mais réduction systématique).
Installé à l'écart du centre-ville, juste à côté de
l'agence Thai Airways, cet établissement de

42 chambres est un endroit calme, où l'accueil
est détendu et souriant. Les chambres sont
correctement entretenues. Une bonne adresse.

Se restaurer

■ AHAN NOI

Thanon Ruam Chaï
Compter environ de 40 à 60 B.
Du côté nord de la rivière Loei, un petit restaurant de cuisine thaïlandaise, dans un cadre
vraiment modeste.

■ KRUA NIT

Thanon Charoenrat
Compter 30 à 50 B environ.
Petit restaurant local sur le même trottoir que
le Thai Udom Hotel, un bloc plus loin (en face
du Phu Luang Hotel). Cuisine simple, bonne
et bon marché.

■ MARCHÉ DE NUIT

A l'angle des rues Ruam Chai et Charoenrat
De 35 à 70 B. A partir de 18h jusque vers 21h30.
Il comporte de nombreuses gargotes servant
des plats appétissants à des prix modiques.

Sortir

La ville de Loei est plutôt calme le soir venu, et ce
n'est sans doute pas l'endroit idéal pour venir faire
la fête. Quelques bars, très simples, accueillent
parfois des groupes de musiciens qui mettent un
peu d'ambiance. La plupart se trouvent sur les
avenues Charoenrat et Chumsai. Cela dit, ce ne
sont pas les karaokés qui manquent !

À voir – À faire

■ PARC NATIONAL PHU KRADUNG ⭐

*Fermé de juillet à septembre inclus. Le parc
est ouvert de 7h à 15h. Tarifs : entrée adultes
200 B ; 100 B pour les enfants de moins de
14 ans. Gardez votre ticket sur vous, les gardes
forestiers peuvent vous le demander.*
Un des plus beaux parcs du pays, dont la faune
et la flore sont vraiment riches. Officiellement,
des tigres y vivraient encore mais c'est, hélas,
peu probable. En revanche, il est possible d'y
apercevoir des singes, très nombreux, des
éléphants, plus rares, des ours asiatiques,
du genre craintif. Le point culminant du parc
national est à plus de 1 300 m ; depuis le
sommet, un panorama assez unique s'offre
au regard. Le parc abonde en chutes d'eau, en
forêts de conifères ; la plupart des pistes sont
bien balisées et idéales pour les randonnées.
Si vous aimez la nature, c'est ici qu'il faut venir.
Des logements très sommaires se trouvent sur
place : ils permettent d'apprécier pleinement
la beauté naturelle environnante. Pour tout

renseignement, s'adresser à l'accueil. Non loin, des gargotes vendent de quoi manger et boire.

▶ **Comment y aller ?** Ce parc national se trouve à une centaine de kilomètres au sud de Loei. Des bus partent toutes les 30 min dès 6h du matin, 1 heure 15 de route, environ. Une fois au village de Phu Kradung, d'autres song téo vous conduiront au bureau d'accueil du parc. Pour le retour, des bus partent de Phu Kradung entre 7h et 18h.

■ PARC NATIONAL PHU REUA ☆
✆ +66 42 841 141
Ouvert de 8h30 à 16h30 (de même pour la permanence téléphonique)
De taille plus modeste, ce parc abrite cependant une faune relativement abondante et jalousement protégée. Les visites y sont très réglementées. Il faudra faire votre demande d'excursion auprès du service du parc national qui, selon la saison et le bon vouloir des gardes forestiers, pourra ou non vous en autoriser l'entrée. Si votre demande est acceptée, à vous les chutes d'eau, les forêts de pins et les pistes, là aussi, très bien balisées… Le parc abrite également une vignoble, qui s'est fait une petite réputation en Thaïlande : il s'agit du château de Loei, près du village de Phu Reua, sur la route nationale 203 (c'est très bien indiqué). Dégustation possible !

Shopping

■ MARCHÉ DE NUIT
À l'angle des rues Ruam Chai et Charoenrat
A partir de 18 h.
Très plaisant, on trouve sur ce marché beaucoup de vêtements, particulièrement en cotons, qui sont de très bonnes qualités à Loei.

■ PHU LUANG PLAZA
Thanon Ruam Chai
Ce petit centre commercial regroupe diverses boutiques d'alimentation, de vêtements et de chaussures.

LOMSAK

Petite ville provinciale où les habitants vous observent avec curiosité puis se montrent souriants et aimables à la moindre occasion. La communication en anglais n'est pourtant pas évidente : signe de l'authenticité des lieux. La région est agréable, et les environs sont noyés dans la verdure. On est loin du tumulte des grandes métropoles. Cette agglomération constitue une étape intermédiaire avant d'accéder aux différents parcs nationaux de la région : en particulier Nam Nao. En effet, l'intérêt pratique de Lomsak est d'être située sur l'axe est-ouest Khon Kaen-Phitsanulok,

d'une part, et sur l'axe nord-sud Loeï-Bangkok, d'autre part. C'est un point de passage quasi incontournable (la ville se trouve à environ 3 km au nord de l'intersection routière).

▶ **Pour passer la nuit**, les quelques établissements bas de gamme, trop vieux, manquent sérieusement d'entretien et ne sont guère recommandables. Le choix est encore assez limité dans cette agglomération de province.

■ NATTIRAT GRAND HOTEL
163/10 Thanon Kochsanee
✆ +66 56 745 022
Tarifs chambre double à partir de 800 B.
L'établissement dispose d'un restaurant (ouvert de 6h à minuit, et où le dîner est prévu avec un accompagnement musical), d'une petite piscine, d'un salon de massage traditionnel, d'une salle de billard et même d'un karaoké (modernité oblige !). Cossu, il n'est plus de première jeunesse mais propose des chambres climatisées confortables. Les chambres « superior » sont décorées dans un style assez classique. Les « suites » sont meublées de façon plus moderne et pourvues d'une baignoire. Accueil très correct.

■ SAWAH HOTEL
147/6 Thanon Watee
✆ +66 56 702 545 / +66 85 828 4551
Chambres ventilées à 350 ou 400 B (1 ou 2 personnes) ; climatisées à 450 ou 500 B.
Établissement situé en plein milieu du centre animé, à proximité de la rue où s'arrêtent les bus. L'hôtel est bien entretenu et les chambres, toutes pourvues d'une salle de bains privée (eau chaude), sont propres. Les chambres ventilées du troisième étage sont plus exposées aux bruits de la circulation. Les chambres climatisées semblent donc plus calmes. Toutefois, les matelas sont très fermes. Accueil aimable. Rapport qualité-prix honnête. Pas de service de restauration : pour manger, il faudra explorer les environs proches. Une bonne adresse.

PARC HISTORIQUE DE SRI THEP ★★★

Les vestiges de cette ancienne cité se trouvent dans la vallée de la rivière Pa Sak. La ville fortifiée, ceinturée de douves circulaires, atteignait un diamètre de 1,5 km. La ville extérieure occupait une surface rectangulaire, également entourée de murailles. Des recherches archéologiques ont mis au jour les restes de cinq squelettes humains. Les vestiges de plusieurs monuments se trouvent dans le secteur : Khao Klang Nai, Prang Song Phi Nong et Prang Sri Thep. Leur existence remonterait aux XIe et XIIe siècles de l'ère chrétienne. Tout cela mérite une excursion si vous avez un peu de temps.

RÉGION NORD-EST – ISAAN

Transports

En voiture, pour vous rendre au parc, prendre la route 21, de Saraburi à Lom Sak et bifurquer au km 102 pour la route 2211 et continuer sur 9 km pour Phetchabun.

▶ **En bus**, au départ de Bangkok gare Mo Chit 2, prendre celui qui se rend à Ban Klang, à Amphoe Si Thep Market. De là, prendre le véhicule du parc. 10 B

▶ **Entrée** 30 B. Ouvert de 8h30 à 16h30.

PARC NATIONAL DE NAM NAO

De la région de Petchabun, on peut accéder à ce parc immense de près de 1 000 km². Forêts denses ; plaines hérissées de bouquets de bambous et de pins ; nombreuses chutes d'eau ; cavernes… C'est un des parcs dont la faune et la flore sont les plus variées. Parmi les animaux susceptibles d'être aperçus, citons des ours d'Asie, des gibbons et des macaques (ces derniers en très grand nombre), quelques éléphants, des léopards et même des tigres, bien qu'il soit douteux que ces derniers se laissent surprendre, s'ils ont effectivement survécu. Ils ont probablement été exterminés, tout comme les rhinocéros dits « de Sumatra », dont les derniers spécimens observés remontent au début des années 1970 ! Cette situation peut s'expliquer par la grande pauvreté des habitants de la région, à qui tous les moyens sont bons pour survivre. En outre, les gardes forestiers ne sont guère nombreux, et leur salaire peu élevé les soumet à certaines tentations. Pourtant, depuis quelques années, sous la pression d'ONG internationales, des progrès ont été faits pour protéger réellement les animaux du parc national de Nam Nao. Les braconniers sont sanctionnés plus sévèrement qu'auparavant. Une salle d'exposition, ouverte au public, retrace la progression de cette lutte quotidienne et ses résultats. On peut y voir toute une collection d'armes et de pièges plus ou moins artisanaux confisqués aux contrevenants.

Transports

Pour s'y rendre, de Petchabun ou de Loei, prendre un bus pour Lomsak (environ 1 heure 30 de route). Le parc est ensuite à 55 km de Lomsak et 103 km de Khon Kaen. Pour pouvoir dormir dans le parc, des tentes sont louées ou des bungalows de 8 personnes (très basiques). Entrée : 200 B.

DAN SAI

Cette localité de 8 000 habitants se trouve à environ 160 km de Loei, plus à l'ouest. Elle est surtout célèbre pour son festival annuel qui attire une quantité incroyable de touristes.

Festival de Phi Ta Khon à Dan Sai

Il s'agit d'une manifestation religieuse, devenue folklorique, se déroulant à Dan Sai au début juillet. Le festival actuel résulte de la combinaison de deux fêtes antérieures : Boon Pra Wate (quatrième mois lunaire) et Boon Bang Fai (Festival des fusées de bambou : sixième mois lunaire). Les manifestations s'étendent sur trois jours mais ne durent en fait que 48 heures, à peu près, depuis le matin du premier jour à celui du troisième.

▶ **Boon Pra Wate** : grâce à une cérémonie où l'on assiste à la lecture de treize sermons bouddhistes, les auditeurs doivent s'acquérir des mérites leur assurant une prochaine vie meilleure et les rapprochant d'une étape vers la sainteté !

▶ **Boon Bang Fai** : cette manifestation d'adoration des esprits protecteurs de la ville a pour but de leur demander des pluies suffisantes pour permettre de bonnes récoltes. Le personnage principal, objet de cette adoration est le moine Pra Ub Pa Kun, qui aurait atteint la grâce suprême et, par conséquent, l'éternité. Ce saint homme aurait acquis le pouvoir de se matérialiser sous n'importe quelle forme. Il serait donc toujours présent parmi ses fidèles et omnipotent malgré son évidente disparition. La procession depuis le temple Phon Chai jusqu'à la rivière Man est organisée en son honneur.

La fête bat son plein le deuxième jour, lors d'un défilé de personnages costumés exhibant des masques créés spécialement pour l'occasion. Ils sont caractérisés par un long nez symbolisant la forme d'un pénis. Le matin, ces personnages effectuent des danses d'exorcisme autour de la localité. Des fusées de bambou sont finalement lancées symboliquement pour déclencher la pluie.

Une dernière lecture de sermons bouddhistes a lieu le matin du troisième jour.

GOLFE DE THAÏLANDE –
CÔTE EST

Plage de Pattaya.
© AUTHOR'S IMAGE

GOLFE DE THAÏLANDE – CÔTE EST

La proximité par rapport à Bangkok de cette région bordant le golfe de Thaïlande est sans doute à l'origine de son développement touristique. Zone de convergence – aussi bien pour les Thaïlandais en congé que pour les étrangers – où des stations balnéaires bien connues semblent susciter un nouvel intérêt après l'engouement médiatique qui avait focalisé l'attention sur Phuket et Koh Samui. Chonburi, Bang Saen ou Rayong sont fréquentées par la communauté thaïlandaise, essentiellement. Quant à Pattaya, privilégiée par les Occidentaux, une vie nocturne débridée lui a conféré de longue date une réputation sulfureuse en dépit d'une évolution vers un tourisme haut de gamme comme l'atteste la présence de grandes chaînes hôtelières. Koh Samet, non loin, apparaît toujours comme un havre de paix avec ses plages romantiques ombragées. Chanthaburi et Trat, non loin de la frontière cambodgienne, méritent une étape sur la route d'accès au parc maritime de Koh Chang, l'une des dernières grandes îles thaïlandaises ouvertes au tourisme, pour le meilleur ou pour le pire.

PATTAYA ★★

Pattaya est singulière pour son front de mer qui s'étire sur plusieurs kilomètres : parasols et chaises longues à perte de vue, hôtels en tout genre, galeries marchandes et, bien entendu, des centaines de « bars à filles » et cabarets – les fameux *go go bars*. La réputation sulfureuse de l'endroit remonte à la guerre du Viêt Nam, à l'époque où les soldats américains débarquaient en nombre dans la station pour leurs permissions. La prostitution est toujours d'actualité, mais il existe par ailleurs une volonté affirmée des autorités locales pour développer et entretenir des activités touristiques diversifiées, qu'elles soient sportives ou culturelles. Pattaya offre également un choix de restaurants d'excellente qualité. Enfin, le rapport qualité-prix en matière d'hôtellerie reste honnête en comparaison à d'autres stations balnéaires de Thaïlande.

Quartiers

La zone urbaine de Pattaya peut être divisée en quatre secteurs distincts : Naklua, au nord (quartier touristique assez tranquille) ; plage de Pattaya, au centre (activité nocturne) ; quartier de « Pattaya Hill » (zone résidentielle) et plage de Jomtien, au sud (plage la plus étendue). Toutes les plages sont orientées vers le couchant. Pour ce qui est des bars et autres lieux d'activité nocturne, la plupart sont répartis sur Pattaya centre, mais débordent aussi sur la zone sud de Naklua et la zone nord de Jomtien. Bien loin des villages de pêcheurs des années 1960, la zone urbanisée s'étend aujourd'hui bien en arrière du front de mer, au-delà de l'avenue Sukhumvit (route nationale qui relie les villes voisines de Chonburi et Rayong).

Les immanquables de la côte est du golfe de Thaïlande

▶ **Explorer Koh Chang** où la beauté naturelle de certaines plages est encore préservée malgré l'afflux de touristes.

▶ **Découvrir Chanthaburi,** réputée pour son marché de pierres précieuses.

▶ **Flâner sur les plages de Koh Samet,** île balnéaire de charme facilement accessible depuis Bangkok.

▶ **Faire étape à « Pattaya Plage »** qui, en dehors des bars de nuit qui ont fait sa réputation, est également connue pour ses parcours de golf de classe internationale et ses excellents restaurants.

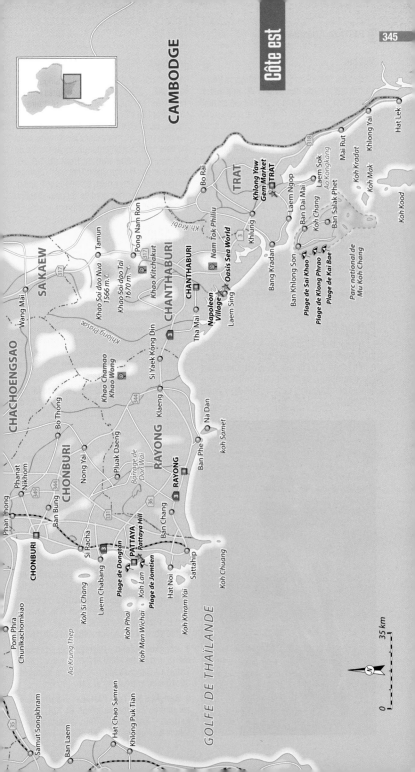

Côte est

CAMBODGE

SA KAEW

CHACHOENGSAO

CHONBURI

RAYONG

CHANTHABURI

TRAT

GOLFE DE THAÏLANDE

Pom Phra
Chunkachomkiao
Ban Laem
Samut Songkhram
Hat Chao Samran
Khlong Puk Tian
Ao Krung Thep
Phan Thong
Phanat Nikhom
Wang Mai
Bo Thong
Ban Bung
Nong Yai
Pluak Daeng
Barrage de Dok Wai
Khlong Prasae
CHONBURI
Si Racha
Laem Chabang
Koh Si Chang
Koh Phai
Koh Man Wichai
Koh Lan
Plage de Dongtan
PATTAYA
Pattaya Hill
Plage de Jomtien
Hat Noi
Koh Kram Yai
Sattahip
Koh Chuang
Ban Chang
RAYONG
Klaeng
Na Dan
Ban Phe
koh Samet
Si Yaek Kong Din
Khao Chamao
Khao Wong
Tha Mai
Laem Sing
Napoleon Village
Oasis Sea World
Nam Tok Philiu
CHANTHABURI
Khao Kitchakut
Khao Soi dao Tai 1670 m.
Khao Soi dao Nua 1566 m.
Tamun
Pong Nam Ron
Bo Rai
Kh. krabi
Khlung
Bang Kradan
Ban Khlong Son
Plage de Sai Khao
Plage de Klong Phrao
Plage de Kai Bae
Koh Chang
Parc national de Mu Koh Chang
Laem Ngop
Ban Dai Mai
Laem Sok
Ao Kongkang
Ban Salak Phet
TRAT
Khlong Yaw Gem Market
Mai Rut
Koh Kradat
Khlong Yai
Hat Lek
Koh Mak
Koh Kood

0   35 km

Naklua ★

Ce quartier étendu au nord de Pattaya se trouve en fait aux abords des plages Wong Amat et Wong Phra Chan. La plage de Naklua s'étend beaucoup plus au nord. Des bars et autres lieux d'animation nocturne y sont également présents mais limités à la zone sud (proche du rond-point des dauphins) et moins nombreux qu'au centre de Pattaya. La gare routière, sur « North Pattaya Road », se trouve à environ 1 km à l'intérieur des terres.

Centre ★

Le centre de Pattaya s'étire tout au long de Pattaya Beach et de la bien nommée Beach Road. Nombre d'hôtels, de bars et de restaurants sont situés sur ou dans les environs immédiats de cette grande avenue, mais aussi sur Walking Street, en partie piétonne et qui rassemble plusieurs restaurants et discothèques pour tous les goûts.

Pattaya Hill

La résidentielle « Pattaya Hill », large promontoire entre les plages de Pattaya et Jomtien, a fait l'objet d'un développement immobilier considérable : de nombreux hôtels, résidences et restaurants de bon standing s'y sont installés.

© AUTHOR'S IMAGE

Jomtien ★

C'est ici que la plage est la plus longue et la plus belle… elle s'est développée après Pattaya mais selon les mêmes principes : restaurants sur le front de mer et hôtels en retrait. On peut manger dans la rue, où l'ambiance est conviviale. Certains soïs sont très animés le soir venu, mais les bars sont moins nombreux qu'au centre de Pattaya. La moitié nord du front de mer est parcourue par Thanon Chom Tian Sai : « Jomtien Beach Road ». Deux rues, orientées est-ouest, desservent le quartier nord de Jomtien : Soï Bun Kanchana et Thanon Chayia Phruek.

Se déplacer

L'arrivée

Avion

L'aéroport est situé à environ 40 min de route du centre-ville de Pattaya.

▶ **Depuis l'aéroport U-Tapao**, situé à Sattahip mais aussi connu sous le nom de Pattaya airport, des vols s'opèrent avec Bangkok Airways vers : Phuket (13h, 1 heure 40 de trajet), Koh Samui (17h15, 1 heure 05 de trajet).

▶ **Et pour se rendre à U-Tapao Pattaya**, des vols partent de Phuket (15h10, 1 heure 35 de trajet) et Koh Samui (11h15, 1 heure 20 de trajet).

Train

Bangkok Hua Lamphong – Pattaya : départ à 6h55 et arrivée à 10h30 environ, 30 B. Il s'agit d'un train ordinaire – donc omnibus – composé uniquement de voitures 3e classe. Il est par conséquent assez lent. Dans l'autre sens, départ de Pattaya à 14h21, arrivée à Bangkok à 17h50. Retards fréquents.

Bus

Depuis ou vers Bangkok, le trajet dure entre 2 et 3 heures dans les deux sens selon les embouteillages.

▶ **Bangkok Ekkamaï – Pattaya :** départs toutes les 30 min, entre 5h et 23h, environ 160 B. Pattaya – Bangkok Ekkamai : départs toutes les 30/40 min, entre 4h30 et 23h, 160 B.

▶ **Bangkok Mochit – Pattaya :** départs toutes les 15 min, entre 4h30 et 22h, environ 120 B. Pattaya – Bangkok Mochit : départs toutes les 30/40 min, entre 4h30 et 21h, 130 B.6

▶ **Bangkok Sai Tai – Pattaya :** départs toutes les heures environ, entre 5h et 19h, 160 B. Pattaya – Bangkok Sai Tai : départs environ toutes les heures, entre 6h et 18h, 160 B.

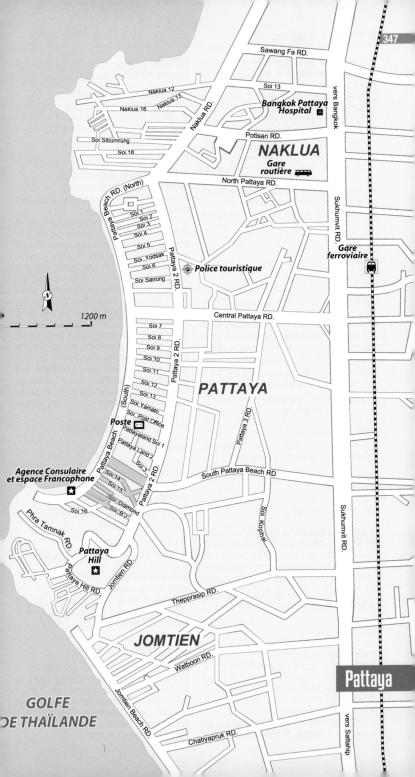

▶ **Depuis la gare routière** voisine de l'aéroport international de Bangkok, des bus font le transfert direct avec Pattaya, entre 1 et 2 heures de trajet, environ 100 B. La navette qui dessert cette gare routière depuis l'aérogare de Suvarnabhumi est gratuite. Se renseigner au guichet d'information de l'aéroport.

▶ **Certains bus en provenance de Rayong ou de Trat** s'arrêtent sur l'avenue Sukhumvit (extérieure au centre-ville de Pattaya) et non dans la gare routière elle-même. Au carrefour de North Pattaya Road avec la voie express, se trouve un stationnement de taxis collectifs. Ils assurent le transport jusqu'au front de mer (20 à 30 B par personne).

En ville

Taxi

▶ **Song téo.** Dans le centre, ces taxis collectifs suivent toujours plus ou moins le même circuit, le long du front de mer, et retour « en boucle » par l'intérieur, en suivant Pattaya Second Road. Une course en taxi collectif revient à 10 B quelle que soit la distance parcourue dans le centre.

▶ **Moto-taxi.** Une course dans le centre revient à 50 B environ. Pour se rendre à Naklua et Jomtien, la course coûte 80 B.

▶ **Taxi meter.** Demander l'utilisation systématique du compteur.

Moto / Scooter

La location de moto et de vélo est bien entendu possible, tout comme celle de voiture.

Pratique

Tourisme – Culture

▶ **Journaux gratuits en langue française ou en anglais :** *Mag'Asie*, *Bonjour Thaïlande*, *La Feuille de Chou* ou *Pattaya Info*. Ils contiennent beaucoup de publicité, mais proposent néanmoins des informations actualisées intéressantes.

■ **MÉDIATHÈQUE FRANÇAISE**
North Star Library
440 Sukhumvit Road
✆ +66 84 780 1412
www.mediatheque-pattaya.com
sectionfrancaisenorthstar@gmail.com
Entre Pattaya Klang et Pattaya Nua, à 200 m après l'église Saint-Nicolas.
Ouverture mercredi de 10h à 13h et samedi de 10h à 17h sans interruption.
Association à but non lucratif animée par des bénévoles. Location de plus 3 500 livres et 3 500 DVD en langue française. Les locaux se trouvent installés au sud de la baie.

■ **OFFICE DE TOURISME (TAT)**
609 Moo 10, Thanon Pratamnak
✆ +66 38 427 667 – tatchon@tat.or.th
Ouvert tous les jours de 8h30 à 16h30.

Argent

■ **AXIOM SMART PROPERTIES**
559/45-46 moo 10 Pratamnak rd
✆ +66 38711199 – www.axiomegroupe.com
contact@axiomegroupe.com
Axiom Smart Properties, votre assureur conseil et agent immobilier en Thaïlande. Finie la barrière de la langue, des interlocuteurs français sont là pour vous répondre. Touriste, expatrié, investisseur, ou retraité, des spécialistes vous aident à choisir les couvertures et protections nécessaires, adaptées à votre budget, parmi une large gamme de produits d'assurances. Santé, véhicule, incendie, dégât des eaux, responsabilité civile, etc… Si vous êtes à la recherche de votre appartement de vacances, votre logement de fonction, désirez acquérir la villa de vos rêves ou cherchez des opportunités d'investissement, l'équipe se tient à votre disposition pour vous aider à réaliser votre projet dans les meilleures conditions. Axiom Smart Properties est la référence française à Pattaya.

Moyens de communication

■ **POSTE**
Pattaya Beach Road
Ouverte de 8h30 à 16h30 du lundi au vendredi.

Santé – Urgences

Les hôpitaux de Pattaya sont bien équipés, et le personnel est qualifié.

■ **DR OLIVIER MEYER**
20/29 20/29 Moo 10, soï Hotel Day Night
✆ +66 38 723 600
www.dr-olivier-clinic.com
info@dr-olivier-clinic.com
Ouvert du lundi au vendredi de 9h à 16h. Le samedi de 9h à 13h. Docteur francophone. Numéro d'urgence : +66 86 827 69 22.

Se loger

L'offre d'hébergement est conséquente à Pattaya, et il y en a pour tous les types de budget. Aux abords des plages, telles Pattaya Hill et Naklua, se trouvent les hébergements les plus chic. Dans le centre, il existe aussi bien des hôtels de standing international que des hébergements bon marché.

Locations

■ AGENCE IMMOBILIÈRE VAUBAN PATTAYA

Pattaya – Agence immobilière
Chateau Dale, 306/71, Thappaya Road, Moo
12, Nongprue, Banglamung,
Pattaya 20150 Chonburi
✆ +66 8 0643 5541
pattaya@companyvauban.com
Ouvert du lundi au samedi. De 9h à 18h.
Une équipe de professionnels multilingues vous
accompagne dans vos achats/ventes/locations
et gestion de propriétés à Pattaya. Vauban
Pattaya est l'agence immobilière de référence
pour tout ce qui concerne l'immobilier à Pattaya.
Un large choix de propriétés, des conseils avisés
et un accompagnement reconnu. Leur offre
comprend notamment des appartements de
standing en bord de mer, des résidences dans
le centre ville et les quartiers résidentiels,
ainsi que des maisons et villas dans des résidences sécurisées. Profitez du dynamisme et du
renouveau de Pattaya ainsi que des rendements
locatifs et d'une appréciation du capital élevé.

■ BAAN SUAN LALANA

Soi Chyapruk
✆ +66 86 869 55 68
Depuis 25 ans, Vincent loue en Thaïlande de
superbes appartements avec piscine, situés à
quelques minutes de la mer. Il organise également
vos déplacements, tours et excursions en
Thaïlande et en Asie du Sud-Est. Sa générosité
et son professionnalisme ont permis à ce Français
de faire partie des personnes incontournables de
Pattaya. L'ambiance qu'il crée est familiale ; c'est
pour cela qu'il reste très disponible et ce à tout
moment du séjour. Il aide également les expatriés
pour toute remise à jour de visas et achats de bien
immobiliers. Une très bonne adresse !

■ VIMAN RESORT PATTAYA

423-424 Moo 10 Nahgprue Banglamung
✆ +66 800 90 29 32 / +66 870 73 13 12
www.locationthailande.com
*Tarifs basse saison : 900 à 1 900 B. Très haute
saison : 1 200 à 2 300 B. Soirées et animations
organisées sur place.*
Au centre-ville de Pattaya, le Viman Resort
propose des chambres ou des appartements à
la location construits et agencés dans le style
balinais. Vous pourrez bénéficier de la piscine,
du Jacuzzi et de la salle de fitness ainsi qu'un
Spa où sont pratiqués des massages relaxants.

Naklua

Des hôtels de très bon standing sont installés sur
Naklua, non loin de la mer, et des établissements
de catégorie intermédiaire proposent de belles
chambres à des prix relativement abordables.

■ PULLMAN PATTAYA HOTEL G

445/3 Wongamart Beach, Pattaya-Naklua
Rd., Soi 16
✆ +66 38 411 940
www.pullmanpattayahotelg.com
*Chambres à partir de 4 400 B. Restaurants et
bars. Piscine, salle de fitness, spa. Nombreux
services destinés aux enfants.*
Bénéficiant des meilleures conditions d'hébergements possibles et de nombreux avantages
comme plusieurs piscines, un spa, une salle
de fitness..., le Pullman G a vraiment de quoi
séduire. Les chambres au design contemporain
et d'inspiration thaïlandaise possèdent pour la
plupart des balcons privés ou un accès direct
à la piscine.

■ RIVIERA RESORT PATTAYA

157/1 Soï Naklua 16/1, Pattaya Naklua Road
✆ +66 38 225 230 / +66 84 136 4677
www.rivierapattaya.com
*Tarifs haute saison : 880 à 2 600 B. Réduction
de 25 % en basse saison. Wi-fi gratuit.*
Etablissement installé dans un parc tranquille
à quelques minutes à pied de la plage. Choix
de chambres climatisées bien entretenues.
Agréable petite piscine. Restaurant sur place.
Un point de chute intéressant pour les familles.

■ SUNSHINE GARDEN RESORT

240/3 Moo 5, North Pattaya Circle
✆ +66 38 421 300
www.sunshinegardenresort.com
info@sunshinegardenresort.com
*Tarifs haute saison : 2 000 à 6 000 B. Basse
saison : réduction de 20 %.* Cet hôtel se trouve
à proximité du rond-point de North Pattaya. Il
comprend 132 chambres de très bon standing
et de style moderne. Restaurant classe. Grande
piscine au milieu d'un parc tropical bien aménagé.
L'endroit est plaisant et l'accueil irréprochable.

■ WOODLANDS HOTEL & RESORT

164/1 Moo 5, Thanon Pattaya-Naklua
✆ +66 38 421 707
www.woodland-resort.com
res@woodland-resort.com
*Tarifs basse saison : 2 800 à 8 800 B. Haute
saison : 3 500 à 9 500 B. Offres promotionnelles
sur le site Internet. Wi-fi gratuit.*
Management français pour ce très bel hôtel situé
en retrait du rond-point, et donc assez calme.
Près de 80 chambres à la décoration soignée,
avec plancher ou carrelage. Grandes salles de
bains et tout confort moderne. Piscine située
dans un cadre tropical. Restaurant buffet de
cuisine thaïe et internationale. Son grand plus :
la direction prend soin de protéger au mieux
l'environnement : l'hôtel dispose d'un réservoir
d'eaux usées, pratique le compostage organique
et envoie ses déchets au recyclage, entre autres.

Centre

Dans le centre de Pattaya, on trouve aussi bien des hôtels de standing international que des hébergements bon marché. La concurrence étant importante, cela permet de maintenir des tarifs relativement raisonnables, pour toutes les catégories.

Bien et pas cher

■ **DOMINIQUE BAR & GUESTHOUSE**
Pattaya Sai Nung, Soï 13/1 « Yamato »
✆ +66 38 710 395
dominiquepat@yahoo.fr
8 chambres avec air conditionné et télévision. Compter 400 B la nuit. Bar ouvert 24/24. Service de taxi et sortie pêche.
Une dizaine de chambres modestes avec cabinet de toilette, à l'étage. Toutes climatisées (avec TV câblée). Certaines sans fenêtre. Bar-restaurant au rez-de-chaussée. La personne chargée de l'entretien est toujours aussi efficace ! Bref, un point de chute économique.

■ **THE SIAM GUESTHOUSE**
528/26 Moo 10, Soi 12, Pattaya 2nd Road
✆ +66 38 424 245
www.siamguesthouse-pattaya.com
reservation@siamgh.com

Chambres entre 650 et 750 B. Offres promotionnelles sur le site Internet. Wi-fi gratuit.
Guesthouse agréable, bien située au cœur de la ville, près de Pattaya Beah road et des centres commerciaux. Les chambres ont toutes l'air conditionné, des lits doubles et l'eau chaude. Un bon rapport qualité-prix. L'accueil est chaleureux.

Confort ou charme

■ **F&B HOTEL RESTAURANT**
75/3 Moo 9 Pattaya 2nd Road
Pattaya Sai Song
✆ +66 38 427 142
fb-hotel@hotmail.com
Basse saison 1 000 B. Haute saison 1 200 B. Wi-fi gratuit.
Hôtel situé dans un endroit tranquille et non loin de Beach Road. Les 14 chambres climatisées sont spacieuses, claires et confortables, toutes avec fenêtres à double vitrage. Un soin particulier a été apporté à l'aménagement. Restaurant terrasse à demeure avec à la carte des plats français et thaïlandais. L'ambiance y est conviviale : les gérants, Eric et son fils Jonathan, sont de bons conseils. Ils aident également à la réservation de taxis et à l'organisation d'excursions dans la région.

Orientation dans le centre de Pattaya

Les principaux axes de circulation forment un large quadrillage de plusieurs kilomètres comprenant… d'une part quatre avenues orientées nord-sud :

▶ **Thanon Pattaya Sai Nung** le long du front de mer : « Pattaya Beach Road » pour les anglophones.

▶ **Thanon Pattaya Sai Song**, parallèle à la première, 300 m à l'écart : « Pattaya Second Road » en anglais.

▶ **Thanon Chaloem Phra Kiat**, parallèle aux deux autres, située encore plus à l'intérieur des terres : « Pattaya Third Road » bien entendu.

▶ **Thanon Sukhumvit** – la voie express n° 3 – reliant Bangkok à Rayong.

Et d'autre part, trois rues principales orientées est-ouest et perpendiculaires aux précédentes :

▶ **Thanon Pattaya Neua**, marquant la limite nord avec Naklua : « Pattaya North Road ». L'un des repères du quartier est le magasin Tesco Lotus.

▶ **Thanon Pattaya Tai**, au sud du quartier de Pattaya proprement dit : « Pattaya South Road ». On y trouve le magasin « Big C ».

▶ **Thanon Pattaya Klang**, au milieu, à égale distance des deux précédentes : « Pattaya Central Road ».

▶ **Perpendiculairement au front de mer**, s'alignent les soï numérotés de 1 à 17 en plus de ceux identifiés par un nom propre, intercalés, correspondant souvent à un établissement connu de tous : Soï Nova, Soï Yamato, Soï Post Office, Soï Diamond, Soï Marine, etc.

▶ **A noter le Soï Bua Khao**, très allongé, orienté plus ou moins nord-sud, qui zigzague entre Pattaya Sai Song et Chaloem Phra Kiat.

280/1 Walking Street - ☎ **+66 38 428 385** - www.windyinn-pattaya.com

■ WINDY INN – CLAIR DE LUNE

280/1 Walking Street South Pattaya
☎ +66 38 428 385
www.windyinn-pattaya.com
*Chambres de 1 000 à 1 300 en basse saison.
Ajouter 300 B en haute saison. Promotions du
1er mai au 30 septembre. Promotions pour les
groupes. Petit déjeuner + repas du soir en sus.
Wi-fi gratuit. Piscine.*
Cet hôtel est situé dans le coin le moins bruyant
de Walking Street. Idéal pour ceux qui souhaitent
rester à proximité des bars et des clubs sans pour
autant être dérangé par le bruit. Les chambres
sont claires, de tout confort, avec huit minisuites
installées face à la baie. Restaurant terrasse sur
le front de mer, de l'autre côté de la rue, au bord
d'une jolie piscine. C'est d'ailleurs de ce côté
que se trouve Clair de Lune. Plus luxueux, ce
deuxième établissement possède 16 chambres.
Toutes ont vues sur la baie, certaines d'entre-elles
avec terrasse. La famille propriétaire des lieux
est française. Deux adresses très interrésantes.

■ PARROT'S INN HOTEL RESTAURANT

247/28 Moo 10, Pattaya Third Road
☎ +66 808 35 81 42 – www.parrots-inn.com
contact@parrots-inn.com
*Chambres deluxe à 900 B, chambres executive
à 1 300 B. Wi-fi gratuit.*
Etablissement très bien tenu au cœur de Pattaya.
Chambres spacieuses et propres, avec tout le
confort et les services nécessaires pour un
séjour de qualité, de courte ou longue durée.
Excellente restauration sur place, billard,
locations de moto et organisation d'excursions
dans la région.

■ PATTAYA SEA VIEW

195/8 north Pattaya beach road
☎ +66 3842 5025
www.pattayaseaviewhotel.com
reservation@pattayaseaviewhotel.com
*Chambres de 1 800 B à 2 850 B. Restaurant,
bar, piscine. Petit déjeuner inclus. wi-fi.*
Hôtel récent à taille humaine, à quelques mètres
de la plage. Pour une vue sur la mer, il faudra
réserver les chambres les plus hautes, mais
aussi les plus chères. Les chambres sont très
bien aménagées, propres et claires, possédant
douche et baignoire. Il y a une petite piscine à

l'arrière de l'hôtel, mais comme l'hôtel appartient
à un ensemble très important, vous pourrez
aussi en traversant la rue, profiter de l'autre
piscine, beaucoup plus grande, juste en face
des hôtels en forme de paquebot. Personnel
serviable et discret.

■ SABAÏ LODGE

380 Moo 9, Pattaya Soï 2
Beach road, Soï 2
☎ +66 38 361 836
www.sabailodge.com
sabailodge99@loxinfo.com
*Tarifs à partir de 1 400 B et jusqu'à 2 300 B en
haute saison. Entre 1 200 B et 1 500 B en basse
saison. Wi-fi gratuit.*
Situé en retrait du front de mer, dans un soï
perpendiculaire, cet établissement offre un
choix intéressant. Les chambres de standing
divers, toutes climatisées et de bon confort,
sont regroupées autour de trois jolies piscines.
Atmosphère conviviale. Restaurant Sala Thaï à
côté du parking. Accueil correct.

■ THE SEA VILLAGE

70/3 Moo 8, Najomtein Beach
Sattahip
☎ +66 27 385 896 – www.thesea-village.com
sirisant.pring@gmail.com
Au sud de Pattaya. Suivre Sukhumvit Road en
direction de Sattahip. Au bout de 20 km, passer devant l'entrée de « Nong Nooch Tropical
Garden » et continuer environ 700 m, tourner
à droite en direction de la plage (Soï 56) puis
la seconde petite route à droite (Soï 56/2) et
continuer 150 m avant de tourner à gauche.
*Location à la semaine : basse saison (de juin à
août) 500, autres : 700 B. Possibilité de louer
au mois ou à l'année.*
Un endroit calme et idéal pour des vacances en
famille. La propriété comprend une douzaine de
bungalows situés dans un parc verdoyant avec
piscine au bord de mer. Chacun d'eux possède
deux chambres, deux salles de bains, un séjour
avec coin repas et cuisine aménagée, ouverts sur
une grande terrasse couverte. Ils sont climatisés
avec literie et vaisselle. Différentes activités
pour la famille sont également proposées :
kayaking, plongée sous-marine, sortie en bateau
ou randonnées à bicyclette.

GOLFE DE THAÏLANDE – CÔTE EST

WHITE HOUSE CONDOTEL

596/2 Moo 10 Soi 13 Pattaya 2nd Road
✆ +66 38 710 289
www.whitehousecondotel.com
info@whitehousecondotel.com
Tarifs : 1 500 à 3 000 B. Réduction à débattre en fonction de la saison et de la longueur du séjour. Wi-fi gratuit.
Très bel établissement encore récent proposant des locations au mois : les chambres « deluxe » disposent d'une cuisine. Fonctionne aussi comme un hôtel classique. Chambres climatisées tout confort moderne (double vitrage). Restaurant Trumpeters sur place. Un endroit idéal pour les joueurs de golf ou les hommes d'affaires.

Luxe

DUSIT THANI PATTAYA

240/2 Pattaya Beach Road
✆ +66 38 425 611
www.dusit.com
pattaya@dusit.com
Haute saison : de 8 500 à 57 750 B. En basse saison, chambres à partir de 4 500 B. Offres promotionnelles sur le site Internet. Petit déjeuner inclus. Wi-fi gratuit.
Etablissement particulièrement bien situé au nord de Pattaya Saï, comprenant 500 chambres haut de gamme. Certaines ont une vue magnifique sur la perspective de la baie. Tout a été prévu : plusieurs restaurants et bars ; deux belles piscines ; un centre de remise en forme ; un sauna ; un salon de massage. L'hôtel organise au mois de février le tournoi WTA de Pattaya. Un très bel endroit.

WAVE

310/2 Moo 10, Beach Road,
Chonburi
✆ +66 3841 0577
www.wavepattaya.com
info@wavepattaya.com
A partir de 3 950 B. Piscine, bar et restaurant. Vous avez accès à toutes les facilités de l'hôtel Bayview, mitoyen. Petit déjeuner à la carte.
Wave est un boutique hôtel de luxe, style Art déco moderne décadent, de 21 chambres toutes avec balcons et vue sur la mer. Des affiches françaises agrémentent les murs des couloirs, des objets hétéroclites, comme cet antique projecteur ou un vieux gramophone décorent le hall d'entrée. Les propriétaires, également possesseurs du Siam et du Bayview, semblent avoir une affection toute particulière pour les gadgets Michelin. Idéalement situé sur la route de la plage menant au Walking Street, c'est un coin d'Amérique latine que l'on découvre ici ! Les belles et confortables chambres sont équipées d'une connexion wi-fi, d'une TV LED, d'un minibar, d'un coin bureau. L'accent a été également porté sur la décoration de la salle de bains. Très grande et joliment décorée de mosaïque noire et de marbre blanc, munie d'une douche à effet pluie et d'une baignoire spacieuse très design. Une belle adresse, très fun et vraiment sympa !

HILTON PATTAYA

333/101 Moo 9 Nong Prue
✆ +66 38 25 3000
www3.hilton.com
Basse saison : chambres de 3 900 à 5 900 B. Suites entre 6 150 et 18 900 B. Haute saison, respectivement de 5 700 à 9 700 B et de 8 160 à 35 700 B. Petit déjeuner inclus. Wi-fi gratuit.
Idéalement situé au centre du front de mer, cet hôtel de grand standing possède un charme esthétique impressionnant. Il possède un accès direct au centre commercial Central Festival, pratique pour se restaurer ou faire du shopping. Les chambres au décor minimaliste sont de tout confort. Ces dernières, le restaurant Edge et la piscine à débordement, offrent une vue imprenable sur le golfe du Siam. Sans compter le bar Horizon, idéal pour siroter un verre au coucher du soleil.

Pattaya Hill

Egalement connue sous le nom de Buddha Hill, Pattaya Hill regroupe principalement des établissements de charme et assez chic.

Confort ou charme

LE PRIVÉ

146/43 Moo 10, Thanon Thapraya, Soï 1
✆ +66 38 250 189
www.le-prive-pattaya.com
contact@le-prive-pattaya.com
Au niveau du Mister Mac Hotel, sur la gauche en montant la route vers Pattaya Hill.
Bungalows de 2 200 à 3 200 B. Wi-fi gratuit.
L'établissement, se situe au fond d'un petit soï, perpendiculaire à la route. La résidence comprend 6 bungalows – tout confort moderne – répartis dans un jardin tropical autour d'une jolie piscine, au milieu d'un petit jardin luxuriant. L'endroit est d'un calme absolu.

Luxe

ASIA PATTAYA HOTEL

325 Moo 12, Thanon Pratamnak, Soï 4
✆ +66 38 250 401
www.asiahotel.co.th
pattaya@asiahotel.co.th
Tarifs haute saison échelonnés de 2 800 à 11 000 B. Basse saison : réduction de 30 %. Offres promotionnelles sur le site Internet.

Cet hôtel de 320 chambres n'est plus très jeune mais offre un très bon confort. Bon entretien général. Certaines chambres ont vue sur la mer. Grande piscine sur la terrasse, au milieu du parc. Plusieurs restaurants. Golf et courts de tennis. Accès facile à la plage privée. Service de taxis pour se rendre au centre-ville.

■ CABBAGES AND CONDOMS

366/11 Thanon Pratamnak, Soï 4
✆ +66 38 250 556
www.cabbagesandcondoms.co.th
cabconpattaya@pda.or.th
Tarifs hôteliers haute saison : 2 500 à 12 000 B. Réduction de 20 à 35 % en basse saison. Petit déjeuner inclus.
Installé au cœur d'un grand jardin tropical, surplombant la mer, ce resort moderne propose de belles chambres confortables avec balcon. Les suites sont pourvues d'un Jacuzzi sur la terrasse. Sur place, deux jolies piscines. Une grande partie des profits de Birds & Bees et de son restaurant Cabbages & Condoms sont reversés à la Fondation Mechai Viravaidya et à l'école Mechai Pattana, œuvrant à faciliter l'éducation des enfants défavorisés dans le Nord-Est du pays. Le resort aide aussi au développement d'un village rural dans le besoin, Baan Nong Takhem, à travers un programme de partenariat.

■ RABBIT RESORT

Thanon Thapraya, Soï Dongtan
✆ +66 38 303 303
www.rabbitresort.com
sales@rabbitresort.com
Sur la plage de Dongtan, à côté de Jomtien et en contrebas de Pattaya Hill.
Haute saison : de 4 200 à 11 000 B. Basse saison : de 3 700 à 7 000 B. Petit déjeuner inclus.
Ces maisons de style traditionnel thaïlandais sont noyés dans un jardin tropical luxuriant, autour de deux piscines : une pour se relaxer et une pour s'amuser. Les chambres ont un charme certain dans cet établissement de luxe qui a su conserver l'esprit du Siam, à contre-pied des nombreux resorts de la ville. La plage est accessible à pied par le petit restaurant sur le front de mer. Quant au nom du resort, Rabbit, il fait référence à l'année de naissance du propriétaire d'origine chinoise, M. Paisan, qui reste tout autant attaché à faire découvrir la « thaïness » à ses clients. Une très bonne adresse.

■ ROYAL CLIFF BEACH RESORT

353 Pratamnak Road
✆ +66 38 250 421 / +66 22 801 737
www.royalcliff.com
info@royalcliff.com
De 6 600 B pour une « minisuite » au Royal Cliff Beach Hotel, à 77 000 B pour une « suite présidentielle » à 3 chambres au Royal Wing & Spa. Offres promotionnelles sur le site Internet.
Cet ensemble hôtelier gigantesque se compose de quatre structures distinctes installées dans un vaste parc surplombant la mer : Royal Cliff Beach Hotel, Royal Wing, Royal Cliff Terrace et Royal Cliff Grand, soit 921 suites réparties sur un promontoire surplombant la perspective de Pattaya, au nord, et des îles, au large. La vue depuis certaines chambres est effectivement superbe. 10 restaurants. 5 piscines. Centre de remise en forme. Courts de tennis. Terrain de golf. Accès direct par ascenseur au bar de la plage privée. Catamaran, histoire d'aller faire un tour en mer se changer les idées ! Prestations au niveau du grand luxe international. Entretien des installations effectué régulièrement. L'accueil est vraiment excellent, sans être obséquieux.

■ SUGAR HUT

39 1/18 Moo 10, Thanon Thappraya
✆ +66 38 364 186
www.sugar-hut.com
sugarhut@sugar-hut.com
Villa à 3 500 ou 7 000 B (une ou deux chambres). Wi-fi gratuit.
Cet établissement discret, avec ses 33 chambres enfouies dans un jardin tropical véritablement luxuriant, une havre de tranquillité. Les pavillons traditionnels sont entièrement construits en bois (style Ayutthaya) avec équipement moderne tout confort (climatisation, TV). Restaurant de classe ; bar (ambiance musicale) ; centre de remise en forme moderne noyé dans la verdure ; petit sauna « Suraya Spa » (énergie solaire) et pas moins de trois piscines ! Soyez attentif : des écureuils et des petits lapins se baladent dans le parc. Egalement restaurant de spécialités traditionnelles thaïes. Service impeccable et cuisine vraiment délicieuse (ouvert de 11h à 14h et de 18h à 22h30).

Jomtien

Bien et pas cher

■ SURF BEACH

75/1 Moo 12 thanon Jomtien Beach
Jomtien Beach Road
✆ +66 38 231 025
www.surfbeachhotel.net
info@surfbeachhotel.net
Haute saison : 900 et 1 000 B. Basse saison : 800 et 900 B. Petit déjeuner inclus. Wi-fi gratuit.
Cet hôtel comprend quatre bâtiments dont les façades donnent sur le front de mer. Toutes les chambres sont équipées du confort moderne : climatisation, réfrigérateur et TV. Vue sur la mer pour certaines.

■ JOMTIEN HOSTEL

279/347 Moo 12, Soi Sarita Hotel, thanon
Jomtien

✆ +66 38 23 34 16 – www.jomtienhostel.com
jh@jomtienhostel.com

*15 chambres standard de 450 à 1 000 B suivant
la saison, 15 chambres supérieur à 1 200 B.
52 lits en dortoir. Wi-fi gratuit. SdB, douche
et WC en parties communes pour les dortoirs.
Petit déjeuner 60 B. 100 B avec croissant, jus
d'orange et fruits de saison. Micro-ondes en libre
service. Accès sécurisé. Salle de TV commune.*
A 250 m du bord de mer, ce bâtiment de cinq
étages propose des chambres spacieuses et
claires. Elles ont des balcons avec vue sur les
environs et la mer au loin. Les dortoirs, agréables
et propres, seront idéaux pour les petits budgets
désireux de se faire rapidement des amis. Au
Jomtien Hostel, on n'a pas lésiné sur la literie
et les draps sont en coton. Les chambres sont
équipées d'un réfrigérateur, d'un téléphone,
d'une TV câblée et de la climatisation. Eau
chaude dans les salles de bains pour les plus
frileux. L'atmosphère y est détendue et très
frendly, des jeux de sociétés sont à disposition dans la grande salle commune. Personnel
souriant et compétent et John, copropriétaire
des lieux, parle français. Une adresse vraiment
sympa que l'on recommande !

Confort ou charme

■ MIRABEL CLUB RESORT

144/14 Moo 8, T. Nongprue
A. Banglamung

✆ +66 81 301 48 42 / +66 86 780 92 93
www.mirabelthai.com

Natacha et Rémy vous accueillent dans leur
resort très « Feng shui », unique à Pattaya.
L'atmosphère est relaxante : piscines entièrement biologiques, (sans chlore ni sel ni produit
chimique), chutes d'eau, jardins, terrains de
jeux, pas de clés (serrures digitales), sol
en pierre reconstituée. Le resort comprend
5 grandes suites de 2 à 5 personnes et un
appartement de 4 à 8 personnes, avec jardins
privés, terrasses, douches tropicales extérieures
et cuisinettes équipées. Mirabel est également
adapté pour les personnes en chaise roulante.
Possibilité de location longue durée. Des cours
gratuits d'initiation à la plongée sont offerts aux
résidents tous les samedis matin.

■ RS GUESTHOUSE

125/19 Moo 10, Jomtien Beach Road
✆ +66 38 231 867 – www.rs-seaside.com
rs-seaside@hotmail.com

*Chambres de 1 200 à 1 800 B. Petit déjeuner
inclus. Wi-fi gratuit.*
Un établissement de 30 chambres petites mais
accueillantes, se trouvant dans un soï perpen-

diculaire à la plage. L'emplacement est assez
commode. Des marchands ambulants installent
leurs popotes à proximité. Toutes les chambres
sont climatisées, avec salle de bains. Piscine.

Luxe

■ JOMTIEN PALM BEACH HOTEL

408 Moo 12, Thanon Jomtien Beach
✆ +66 38 231 350
www.jomtien-palmbeach.com

*De 2 500 à 9 000 B en basse saison ; 3 000 à
11 000 B en haute saison. Wi-fi gratuit.*
Grand hôtel – style moderne – d'une douzaine
d'étages surplombant le front de mer de Jomtien.
L'établissement regroupe 723 grandes chambres
et suites et les installations nécessaires à la
relaxation : 2 piscines, Spa, centre de remise
en forme, courts de tennis, bowling, billards,
plusieurs restaurants.

Se restaurer

Naklua

Voici quelques adresses dans le quartier de
Naklua, auxquelles s'ajoutent les restaurants
des hôtels listés plus haut.

■ LA BAGUETTE

164/1 Moo 5, Thanon Pattaya-Naklua
✆ +66 38 421 707

*Ouvert tous les jours de 8h à minuit. Croissant à
50 B.* Près du Woodlands Resort, un savoureux
salon de thé au grand choix de pâtisseries, mais
aussi de glaces, de crêpes et de sandwiches.
Pour les gourmands nostalgiques.

■ RIM TALAY SEAFOOD

Plage de Naklua
✆ +66 38 426 375
www.rimtalayseafood.com

Accès par Naklua Road Soi 18, puis
300 mètres en bas sur la plage.
*Ouvert tous les jours à partir de 10h. Plats à
partir de 159 B.*
Ce restaurant est spécialisé dans les fruits de
mer et crustacés, tous conservés dans des
viviers. Vous pouvez même pêcher vos propres
crevettes et le restaurant les cuisinera pour vous.
On y sert aussi des steaks (origine : Australie
et Etats Unis), de la nourriture thaïe et autres
plats asiatiques. Pour ceux qui aiment le sport,
certains événements sportifs y sont retransmis.

■ MARCHÉ AUX POISSONS

Naklua Pattaya Nord
En matinée toute la semaine.
D'une pierre, plusieurs coups. La visite de
ce marché couvert est déjà en elle tout un
programme. Choisissez ce dont vous avez envie

Jomtien Hostel
Tél. +(663) 823-3416
+(663) 823-3837
jh@jomtienhostel.com
www.jomtienhostel.com

et lâchez-vous. Le choix est vaste et à la portée de toutes les bourses. Tourteaux, gambas, poissons, langoustes, seiches... Vous pouvez ensuite faire cuire au barbecue vos achats dans des stands prévus à cet effet pour quelques baths seulement. Enfin, on vous prête si vous voulez pique-niquer sur la pelouse toute proche avec vue sur la mer, une bâche en plastique dépliante qui se transporte comme un cartable. On vous offre également des serviettes en papier et des couverts en plastique. Vos aliments sont déposés dans des boîtes à hamburger.

Centre

Bien et pas cher

■ LA BOULANGE

Thanon Chaloem Phra Kiat Pattaya, 3e Road
✆ +66 38 414 914
Ouvert tous les jours. Depuis plusieurs années déjà, Alain, boulanger-pâtissier français, et son équipe thaïlandaise produisent quotidiennement pain, viennoiserie et pâtisseries diverses pour alimenter les hôtels-restaurants de Pattaya. Il est possible de venir prendre son café croissant sur place, de bon matin.

■ LENG KEE RESTAURANT

341/3-6 moo 9, thanon Central Pattaya
Près de l'intersection avec Soï Bua Kao
✆ +66 38 426 291
Ouvert 24h/24. Attention, ce restaurant ne se trouve pas sur Soï Leng Kee. Plats entre 60 et 300 B.
Etablissement réputé sans être de grand standing. Cuisine thaïlandaise de qualité. Choix de plats divers et tarifs raisonnables. L'établissement est ouvert jour et nuit pour satisfaire la demande. Une bonne adresse qui ne paye pas de mine.

Bonnes tables

■ CASA PASCAL

485/4 Moo 10, Pattaya Second Road
✆ +66 38 723 660
www.restaurant-pattaya.com
Menu gourmet à 1 050 B ; spécialités locales entre 190 et 2 600 B (mais c'est pour le

homard !). Choix de vins parmi 160 crus différents. Buffet « brunch » du dimanche entre 10h et 15h : 899 B/adulte et 599 B/enfant.* Restaurant ouvert de 11h30 à 14h et de 18h à 23h. Situé dans la zone sud de Pattaya, en face du Marriott Hotel. Cuisine raffinée complétée par un service efficace et courtois.

■ FREELAX CAFÉ & RESTAURANT

Soï Bongkod 3 (buffalo bar), Pattaya 3rd road
✆ +66 89 75 29 656
Ouvert de 11h à 15h30 et de 18h30 à 22h30. Menu à partir 240 B. Plats entre 100 et 300 B.
Petit restaurant français tenu par Michel depuis plusieurs années, qui propose un excellent rapport qualité-prix avec ses menus entrée-plats-desserts ou café dont les prix défient toute concurrence. Et on y mange bien. Particulièrement sympa pour le déjeuner.

■ LA NOTTE

220/2 Walking Street
✆ +66 38 429 792
Compter 600 B. Un peu plus avec un verre de vin. Terrasse donnant sur la rue.
Décor net et propre, bonne ambiance et service rapide. La cuisine, de tradition française est de bonne facture, elle saura satisfaire les palais les plus exigeants. Au menu, Chateaubriand, feuilleté de saumon, canard au vin rouge, pâtes aux gambas ou langouste préparée avec une sauce crémée aux champignons. Une très bonne adresse semi-gastronomique avant de sortir dans la walking street.

■ LA PISCINE – THE SWIMMING POOL

Soi Wat Bonsampan
78 Chockchai garden Home
✆ +66 38 186 250
www.lapiscinepattaya.com
Cuisine française et thaie. Club house, bar et restaurant. Tous les dimanches à partir de 13h, BBQ et salades à volonté.
A La Piscine – comme son nom l'indique – on peut profiter d'une magnifique piscine et d'un cadre féérique pour se relaxer autour d'un BBQ ou d'un bon apéritif. A La Piscine, on vous aidera aussi à organiser vos soirées d'anniversaire et/ou vos grands évènements.

RESTAURANT BORDEAUX

Soï Day Night 2
Accès par South Pattaya Road
✆ +66 38 723 524
www.bordeaux-restaurant-pattaya.com
bmenard@hotmail.com
Ouvert tous les jours de 18h à 22h30 en basse saison et 23h30 en haute saison. Fermé le mercredi en basse saison. Plats entre 280 et 720 B.
Un endroit paisible pour déguster une cuisine française de qualité dont un excellent magret de canard. Les recettes, originales, sont accompagnées d'un bonne carte des vins. Service attentionné et accueil sympathique par l'équipe française : Bruno et Luc. Décoration intérieure classique et confortable.

THE KITCHEN

236/7-15 Moo 10 Nogprue
✆ +66 38 421 872
www.kitchen-thailand.com
contact@kitchen-thailand.com
de 9 h a 3 h du matin, a deux pas de la walking streetLes menus sont en français
Chaîne ouverte depuis 2007, Kitchen (aujourd'hui 5 restaurants) Phuket-Pattaya-Samui est l'une des adresses les plus connues de la ville. A deux pas de la Walking street, le restaurant donne sur la rue principale et c'est un lieu idéal pour se désaltérer et se restaurer entre deux cessions shopping. Ici on mange très bien mais difficile de choisir tant l'offre est vaste. Du thaï ou de l'international, vous ne serez pas déçu (tout le menu est consultable sur le site). Mention spéciale pour la brochette Chicken Panang XXL et la tarte fine aux pommes et sa glace maison au caramel beurre salé en dessert. En plus Alex est particulièrement accueillant. Est-ce parce qu'il vient du Nord qu'il sait être aux petit soins pour ses clients ? Testez et vous verrez !

▶ **Autre adresse :** Pattaya kitchen sur le second road, au coin de la *soï* 10, en face de la Tanachart banque (orange, ouvert jusqu'à 2 h du matin tous les jours.

Luxe

BENIHANA

Pattaya 2nd Road, Au Marriott Resort & Spa
✆ +66 38 412 120
Prix : 120 à 5 000 B pour chaque spécialité. Ouvert de 11h à 22h.
Restaurant japonais « Tepan Yaki » reconnu non seulement pour la qualité de ses produits mais aussi pour la dextérité de ses cuisiniers « jongleurs ». Ce n'est pas bon marché, mais c'est la grande classe *made in Japan.*

Pattaya Hill

AU BON COIN

Entre les soï 5 et 6 Pratamnak Hill
✆ +66 38 364 542
www.auboncoinpattaya.com
Compter 80 à 350 B un plat à la carte, menu à 230 B. Ouvert de 12h à 22h00. Fermé les mardi et mercredi.
Ce restaurant est installé au fond d'un jardin non visible depuis la route d'accès. Eclairages tamisés et ambiance conviviale. José, le maître des lieux, assure un accueil dynamique et souriant. Large choix de spécialités françaises. Réservation conseillée.

CABBAGES AND CONDOMS

366/11 Thanon Pratamnak, Soï 4
✆ +66 38 250 556
www.cabbagesandcondoms.co.th
Plats de 90 à 350 B. Menu entre 600 et 900 B.
Restaurant du resort Birds & Bees, dont une partie des profits sont reversés à une fondation aidant à la scolarisation et au bien-être d'enfants défavorisés dans le Nord-Est du pays. Belle terrasse romantique et abritée, offrant une vue dégagée sur la mer depuis un grand jardin tropical. Bonne sélection de plats thaïs traditionnels. Le lieu propose également un bar (le Skinny Dip Bar), pour ceux qui veulent juste faire un break.

Jomtien

■ LE MOMENTO

Cocco Resort
Thappraya Rd, Soi 15 (Soi Norway)
☏ +66 38 050261
www.coccoresort.com/restaurant
Entre 500 et 800 B pour une repas.
Voici un vrai restaurant-brasserie français
au décor moderne et sympa. Il est situé au
bord de la piscine du Cocco Resort. La cuisine
occidentale ou thaïe est généreuse, variée et
simplement bonne. Les portions sont gargan-
tuesques et le service est excellent ; on est entre
copains. Au choix, moules farcies, blanquette de
veau, etc. Réservation indispensable pendant
la haute saison.

■ PATTAYA PARK BEACH RESORT

345 Jomtien Beach Road
☏ +66 38 251 201
www.pattayapark.com
pattayapark_@hotmail.com
A partir de 800 B.
Cette tour de 170 m, d'aspect futuriste, domine
la baie de Jomtien de ses 56 étages. Les
3 restaurants – Panorama, Pinnacle et Meridian
Revolving – occupent les étages 52, 53 et 54,
d'où l'on a effectivement une vue saisissante sur
le panorama. Et même si la nourriture n'est pas
sublime, l'endroit vaut vraiment le déplacement.

Sortir

Cafés – Bars

Pattaya la sulfureuse est surtout connue pour
ses go-go bars et ses bars à filles. La ville a
en effet une activité nocturne très active, en
particulier sur Walking Street, qui pourrait
s'assimiler à une sorte de Pigalle décomplexée
ou à un « Khao San Road X ». En la traversant,
on y trouve de tout : filles en vitrine, filles de
bars aguicheuses, lady-boys... Dans la foule,
beaucoup d'hommes, mais aussi des familles
et des touristes curieux, appareils photo en
main. Et beaucoup de Russes.

■ CLAIR DE LUNE PAYOT'S LOUNGE BAR

220/8 Bali Hai
☏ +66 3 8429 330
www.windyinn-pattaya.com
*Compter 300 B. Ouvert de 18h à 2h, tous les
soirs. Soirées à thème.*
Si vous voulez débuter votre soirée de la plus
sympathique des manières, voilà une adresse
que l'on vous recommande. Ce lounge bar de
bord de mer, avec vue panoramique sur la baie
de Pattaya propose d'excellents cocktails, et
des apéritifs dinatoires très complets. Musique

lounge, avant d'attaquer la Walkin Street, très
bonne ambiance, autour du comptoir, ou sur les
banquettes avec les étoiles et la mer comme
décor. Une adresse futée !

■ ERAWAN BAR

Erawan Pattaya Hotel, Tappraya Road
☏ +66 38 429 703
Ouvert de 11h à 1h du matin.
Un pub dirigé de façon très dynamique, avec
table de billard et écran géant pour retrans-
missions sportives. Tous les mercredis, on
tire à pile ou face afin de savoir qui va payer
sa consommation ou pas !

■ MOON RIVER PUB

179/162 North Pattaya Road
☏ +66 38 426 009
www.moonriverpub.com
Ouvert de 18h à 2h.
De talentueux musiciens s'y produisent périodiquement. Bonne ambiance.

■ SHENANIGANS

399/9 Moo 10
Pattaya Second Road
☏ +66 38 723 939
www.shenanigansthailand.com
simon@shenanigansthailand.com
*Ouvert de 8h30 jusque tard le soir. Dans le
centre commercial The Avenue.*
Bonne ambiance de pub irlandais où, du mercredi
au samedi, des groupes jouent des airs de rock
connus. Une autre adresse sur Jomtien.

Clubs et discothèques

La liste ci-après n'est pas exhaustive et ne
saurait l'être ! Des changements surviennent
épisodiquement, comme vous pensez bien !

■ LUCIFER

234/5 « Walking Street »
Ouvert jusqu'à 2h du matin. Entrée gratuite.
Ambiance hip-hop. Musique live certains soirs.
Une adresse qui plaît.

■ NOIR PATTAYA

Pattaya 3rd road, Bang Lamung
Ouvert jusqu'au petit matin.
Un club qui se démarque : une clientèle principalement thaïlandaise. La déco est classe et
moderne. Le service est agréable, les consos
pas chères et l'ambiance sympa.

■ TONY'S

139/15 « Walking Street »
☏ +66 38 425 795
Ouvert de 19h à 2h du matin. Situé dans la zone
piétonne, le Tony's était il y a encore quelques
années la boîte à la mode de Pattaya. Il reste
une institution. Musique thaïe et hip-hop.

À voir – À faire

■ MINI SIAM
387 Thanon Sukhumvit, Naklua
✆ +66 38 421 628
Entrée adultes 250 B, enfants 120 B. Ouvert de 9h à 22h.
Reconnaissable depuis la route grâce aux grandes statues à l'entrée du parc. Les monuments les plus célèbres au monde y sont reproduits en miniature. Tour Eiffel, statue de la Liberté, opéra de Sydney, mont Rushmore, c'est un tour du monde complet et une alternative à la plage.

■ SANCTUARY OF TRUTH
206/2 Moo 5, Thanon Naklua
✆ +66 38 367 229
www.sanctuaryoftruth.com
Entrée : 500 B. Ouvert de 8h à 17h.
Ce chef-d'œuvre architectural (105 m de hauteur) tout en bois sculpté, construit dans un parc en bord de mer, se veut un hommage aux religions bouddhique et brahmanique en exprimant de façon artistique le lien de l'homme avec l'univers... On a droit en prime à un spectacle exécuté par des dauphins acrobates (11h30 et 15h30). Des balades à dos d'éléphant ou en voitures à chevaux sont également possibles.

Dans les environs

■ NONG NOOCH TROPICAL GARDEN
34/1 Moo 7
Sattahip, Chonburi 20150
✆ +66 22 52 17 86
www.nongnoochtropicalgarden.com
info@nongnoochtropicalgarden.com

Cet immense parc, à 17 km du centre de Pattaya, comprend un jardin tropical composé de plantes exotiques rares, un jardin à la française et un jardin d'orchidées avec une véritable collection de 670 essences répertoriées (centre de recherche spécialisé sur les hybrides). Un « show culturel » d'une heure a lieu quatre fois par jour (incluant des danses traditionnelles). Egalement une exhibition d'éléphants faisant participer le public et un mini-zoo… De quoi susciter l'intérêt !

■ PATTAYA ELEPHANT VILLAGE
48/120 Moo 7, Thanon Pompra Panimith
✆ +66 38 249 818
www.elephant-village-pattaya.com
info@elephant-village-pattaya.com
Le spectacle débute à 14h30. 650 B, combiné à un trek, rafting et randonnée dans la jungle 2 000 B.
En retrait de l'agglomération, non loin du temple Suttawas, ces numéros de dressage d'éléphants font appel à leur intelligence. Et pourquoi pas une petite heure de balade sur le dos d'un pachyderme ?

■ SRI RATCHA TIGER ZOO
341 Moo 3, Nongkham, Sriracha
Chonburi 20110
✆ +66 38 296 556 – www.tigerzoo.com
Situé à environ 25 km du centre de Pattaya.
Ouvert de 8h à 18h. Entrée adultes 450 B, enfants 250 B.
Près de 200 tigres vivent ici en quasi-liberté. Vous y verrez aussi s'ébattre des crocodiles, eux ne sont pas moins de 10 000 ! Ce qui est moins sympa ce sont les tours de cirque qu'on leur force à faire et qui relèvent plus d'une pitrerie mal organisée...

RAYONG

On ne peut pas dire que Rayong soit très fréquentée par les étrangers. La ville en elle-même n'offre pas grand intérêt, il s'agit surtout pour les voyageurs de gagner l'île de Koh Samet en transitant par l'embarcadère de Ban Phe. Les familles thaïlandaises viennent régulièrement à l'occasion des week-ends, profiter des plages environnantes. Si jamais vous devez tout de même dormir en ville, il est facile de trouver des établissements pour tous les budgets.

Transports

En bus :

▶ **Bangkok (Ekkamai) – Rayong** : Départs toutes les demi-heures environ entre 4h30 et 19h20, 3 heures de trajet, 140 B environ. Dans le sens inverse, départs entre 3h30 et 20h30.

▶ **Bangkok (Mo Chit 2) – Rayong** : départs toutes les heures et demie, de 4h30 à 21h, 3 heures 30 de trajet, 140 B.

▶ **Rayong - Ban Phe** : Départs toutes les heures, 30 min de trajet, 60 B environ.

Se loger

■ BEDROOM 77
140/8 thanon Rad Bumrung
✆ +66 38 80 92 81
bedroom77rayong@gmail.com
Chambres à 690 B.
Hôtel moderne style rétro à l'intérieur, situé sur la rue principale de la ville. Les chambres sont toutes propres et de tout confort (A/C, eau chaude, balcon privé). Bon accueil.

■ RAYONG PRESIDENT HOTEL
16/8 Thanon Pojanakorn
Rayong centre
✆ +66 38 611 307
www.rayongpresident.com
Chambres de 400 B ou 500 B. Wi-fi gratuit.
Etablissement situé dans une rue perpendiculaire à l'avenue Sukhumvit, non loin de la poste et à hauteur du magasin Tesco Lotus. L'hôtel propose des chambres claires et propres bien que le mobilier ait pris de l'âge et même si la peinture « grise » des couloirs n'inspire pas l'euphorie. Confort moderne de bon aloi : climatisation, douche avec eau chaude, TV, minibar. Restaurant à demeure. Bon accueil.

■ SOUAN SON BEACH
155/6 Moo 6, Krached, Klaeng
✆ +66 38 647 561
En demi-pension, 950 € par mois, 900 € par mois si vous restez 2 mois, 850 € par mois si vous restez 3 mois, 800 € par mois si vous restez 6 mois. En pension complète 1 150 €, 1 100 €, 1 050 €, 1 000 € et 820 € par mois si vous restez 1 an. Pour 2 personnes 1 400 € par mois en demi-pension, 1 800 € en pension complète.
Face à l'île de Koh Samet, à seulement quelques mètres de la mer, le Souan Son Beach vous accueille, blotti dans son parc arboré. Dans une ambiance familiale et amicale, tout est ici conçu pour la détente et le plein d'énergie. La trentaine de bungalows se répartit harmonieusement dans l'espace dépaysant à souhait. Spacieux avec salle de bains, toilette, lits doubles ou jumeaux, équipé de réfrigérateur, télévision par satellite, ventilateur ou climatisation, chacun possède sa terrasse privée. Vous choisirez peut-être la chambre thaïe ou l'appartement VIP (100 m²), vous profiterez du bar, de la piscine, jacuzzi, ping-pong, pétanque, matériel de pêche ou de plongée en apnée, vélos, matériel de musculation, jeux de société ou encore coin lecture, sorties en mer, massage et initiation au massage… Au restaurant, une cuisine française ou thaïe selon votre choix. Cours de cuisine. Pour les enfants, baby-sitting et aire de jeux, sans oublier la navette gratuite pour le petit port de Ban Phe. Ici, les clients sont autant bichonnés qu'ils séjournent une nuit ou plusieurs mois.

Sortir

■ THE BANGKOK & TABASCO WINE BAR
23/1 thanon Phochanakom
✆ +66 38 614 166
Ouvert tous les jours de 11h à minuit. Café glacé à 60 B.
Etablissement agréable pour aller boire un verre, déguster des pâtisseries ou se restaurer. Il dispose d'une salle intérieure où un groupe se produit tous les soirs (musique pop thaïlandaise), parfois remplacé par un DJ (ambiance house electro). En extérieur, une jolie et vaste terrasse donnant sur la rivière de Rayong. Un écran large permet de visionner des films, choisis à la demande des clients. Le service est de qualité.

À voir - À faire

■ PARC NATIONAL KHAO CHAMAO-KHAO WONG
A 71 kilomètres de ville de Rayong. Suivre Sukhumvit Road et tourner à droite à l'intersection Khao Din, kilomètre 274. Continuer sur 17 kilomètres pour atteindre le parc.
À 3 heures de Bangkok, deux étendues sauvages dans la province de Rayong. Vous êtes dans un véritable laboratoire à ciel ouvert pour les biologistes du monde entier. Le nombre de variétés de mammifères au kilomètre carré est ici incomparable. On peut y dormir – réserver de Bangkok –, mais vous risquez d'être la bestiole la moins adaptée à la forêt. Une expérience à ne pas manquer.

GOLFE DE THAÏLANDE – CÔTE EST

BAN PHE

Distante d'une vingtaine de kilomètres de Rayong, Ban Phe est un village situé en bord de mer, surtout connu pour être le point d'embarquement pour l'île de Samet. Soit dit en passant, l'endroit est réputé pour la qualité de son *nam plaa* (sauce de poisson fermentée) et de son *nam phrik kapi* (sauce de crevette), dont les Thaïlandais sont très friands. Dans le centre-ville se trouvent de nombreux marchés, de fruits de mer surtout, et des boutiques vendant des rideaux et autres objets en coquillages. Les plages environnantes méritent une balade en moto.

Transports
En bus :

▶ **Bangkok (Ekkamai) – Ban Phe** : départs toutes les heures entre 5h et 20h30, entre 3h30 et 4 heures de trajet, 100 B environ. Possibilité de se rendre à Rayong (les bus sont plus nombreux) et de là prendre un minibus ou un *song téo* jusqu'à Ban Phe (30 min, 20 B). Dans le sens inverse, départs entre 4h et 18h30.

▶ **Pattaya – Ban Phe :** départs fréquents de minibus depuis l'hôtel, entre 1h30 et 2 heures de trajet. Pareil en sens inverse, 150 B.

Pratique

■ TARUA PHE TOURIST INFORMATION CENTRE

☎ +66 38 896 155
Au niveau de la sortie de l'embarcadère.
Ouvert de 8h à 18h.
Petite agence de tourisme qui s'occupe essentiellement de la vente des billets de bateaux vers Koh Samet, et de réservation d'hébergement sur l'île. Fournit éventuellement des informations concernant le transit entre Ban Phe, Rayong et Chanthaburi.

Se loger

Les hôtels se situent principalement le long des différentes plages autour de Ban Phe. Aucun ne se trouve cependant en bord de mer pour des raisons légales. Les tarifs pratiqués sont bon marché, comparé à son accaparante voisine Koh Samet.

Bien et pas cher

■ CHRISTIE'S BAR & GUESTHOUSE

280/92 Soï 1
☎ +66 38 651 976
Chambres climatisées de 700 à 900 B. Chambres ventilées dans le bâtiment de la librairie à 400 B. Wi-fi gratuit.
L'établissement est tenu par Chantana, l'épouse thaïlandaise d'un Américain venu s'installer dans la région. Chambres climatisées situées à l'étage : aménagement correct et bon confort. Un point de chute pratique pour quelques nuitées, vu sa location près de l'embarcadère.

■ TAWAN INN

309/21-22 Moo 2 soi Tawan
☎ 66 38 65 16 35 – info@Tawan-Inn.com
Chambres ventilées à 500 et 750 B ; climatisées à 650 et 900 B. Suite à 2 000 B. Wi-fi gratuit.
Auberge sympathique, située en face du Municipality Pier, avec un agréable jardin pour se détendre, lire ou se restaurer. Les chambres sont propres, bien tenues, et étonnamment grandes pour les standards d'une guesthouse habituelle. Toutes ont une salle de bains en marbre (eau chaude), c'est classe. L'accueil est très chaleureux. Restaurant sur place (cuisine thaïlandaise et européenne).

Confort ou charme

■ MAC GARDEN RESORT

280/153 Moo 2
☎ +66 38 651 150
www.macgardenresort.com
info@macgardenresort.com
Chambre de 800 B à 1 300 B. Wi-fi gratuit.

Situé environ 50 m après le Diamond Hotel, cet établissement récent offre un peu plus de confort. Les bungalows en teck sont charmants et bien équipés, les chambres simples plus austères mais propres.

■ SOUAN SON BEACH RESORT

155/6 Moo 6, Klaeng
☎ +66 38 647 561 / +66 81 838 1781
souansonbeach@hotmail.com
Chambre et bungalow climatisés à 1 400 et 1 600 B. Bungalow «famille» climatisé (avec deux lits) à 2 000 B. Appartement V.I.P à 3 000 B. Petit déjeuner inclus. Wi-fi gratuit.
Situé à quelque 4 km de l'embarcadère pour Koh Samet et à environ 600 m de la mer, cet établissement est tenu par un Français sympathique, Eric et son épouse thaïlandaise, Sopa. Les bungalows sont répartis autour de la piscine dans un agréable jardin luxuriant. Sopa se charge de vous faire apprécier ses recettes thaïlandaises, tandis qu'Eric propose différents circuits dans la région qu'il connaît par cœur. Location de motos sur place. Les vélos sont prêtés gracieusement. Un grand Jacuzzi et le salon de massage sont à votre disposition, sans oublier la vidéothèque et la bibliothèque. Calme garanti.

Luxe

■ RAYONG RESORT BEACH & SPA

186 Moo 1
☎ +66 38 651 000 – www.rayongresort.com
rayong-resort@rayongresort.com
Chambres deluxe à partir de 4 00 B. Suite à partir de 11 000 B. Les tarifs augmentent de 500 B en haute saison. Petit déjeuner inclus. Wi-fi gratuit.
Cet établissement de luxe international se trouve à environ 4 km à l'ouest de l'embarcadère de Ban Phe, adossé à un promontoire rocheux. Vue imprenable sur la mer. Accès à deux petites plages en contrebas. Magnifique parc autour et terrasse avec grande piscine à trois bassins. Plusieurs restaurants à différents niveaux. Spa et hydrothérapie.

■ TAMNANPAR RESORT

167/6 Moo 7 thanon Sukhumvit, soï Watnairai
☎ +66 38 652 884
www.tamnanpar-rayong.com
tamnanpar_resort@hotmail.com
Situé dans un soï de la rue Sukhumvit entre Ban Phe et Rayong.
Chambres supérieure à partir de 2 500 B, VIP à partir de 7 000 B. Tarifs négociables en basse saison. Petit déjeuner inclus. Wi-fi gratuit.
Situé dans la campagne à 4 km de la mer, ce resort plonge ses visiteurs dans un étonnant décor naturel avec son jardin botanique, son Spa naturel, et des bâtisses au style western à l'esthétique proche de celle d'un parc d'attrac-

tion. Un lieu unique, au rapport qualité-prix compétitif. Les chambres sont propres, de tout confort et bien tenues. La salle de bains de la suite s'apparente à une caverne savamment aménagée : les murs sont des rochers sur lesquels coule une cascade. La piscine à toboggans se présente sous la forme d'un arbre géant. La plupart du personnel parle un anglais approximatif compensé par un accueil et un service irréprochables. À défaut d'y séjourner, le restaurant, réputé dans la région et ouvert à tous, propose une cuisine excellente dans un cadre exceptionnel.

Se restaurer

A Ban Phe, il existe plusieurs petits établissements servant de la cuisine thaïlandaise et/ou occidentale, ainsi que de nombreux marchés pour se restaurer sur le pouce (les lundis et jeudis, un grand marché se tient aux abords de la ville, côté ouest, notamment). Au Cap Mae Phim, situé à une dizaine de kilomètres de Ban Phe, se trouve une station balnéaire principalement fréquentée par les Thaïlandais : vous vous régalerez de poissons et fruits de mer, le long de la plage. Les prix sont intéressants.

■ PHETRA
En face de l'embarcadère Tharupae.
Phetra est une épicerie tenue par une Thaïlandaise au prénom éponyme, qui propose une variété de produits occidentaux (confitures, fromages, vins, olives, etc.). Elle est surtout réputée pour son pain et ses viennoiseries, faites maison tous les matins. Un régal pour le petit déjeuner.

■ TAKKATAN LOUIS
✆ +66 38 65 25 80
En face du commissariat de police, sur la rue principale.
Ouvert de 8h à minuit. Plats entre 50 et 300 B.
Restaurant à l'ambiance conviviale tenu par un Français, Jean-Louis, et son épouse, Takkatan. Au menu, une cuisine thaïlandaise et européenne, mais surtout des assiettes très bien garnies, avec une mention spéciale pour le steak de chevreuil. Possibilité de prendre un copieux petit déjeuner (continental, américain ou anglais), le tout à des prix très raisonnables. Sur place également, vente de charcuteries préparées par un expatrié de la ville.

Sortir

■ LUCKY FRIENDS
✆ +66 88 69 44 255
En bord de mer. Situé sur la route principale vers l'est en sortant de Ban Phe.
Ouvert à partir de 13h. Shisha à 180 B.

Bar à shisha situé en bord de mer. Possibilité de s'asseoir ou de s'allonger sur les tapis de sol et coussins en triangle thaïlandais de la terrasse en bambou. Ambiance agréable et décontractée.

■ MOKA
✆ +66 885 208 228
En bord de mer. Suivre la route principale vers l'est, peu après la sortie de Ban Phe.
Ouvert à partir de 14h. Pizza à 350 B.
Sans doute le plus beau bar-restaurant de Ban Phe, en bambou poli et avec de jolies tables en forme d'aquarium. Tout a été construit par le gérant français, Tanguy, et l'endroit est classe. Des transats font directement face à la mer, idéal pour siroter un verre et admirer la baie. La cuisine servie est occidentale, et les pizzas faites maison sont particulièrement bonnes. Quant à la décoration, elle reste dans l'esprit thaïlandais. Une bonne adresse.

À voir – À faire

■ GROTTES DE KHAO WONG
A 20 km après Klaeng, voici un réseau de près de 60 cavernes où l'on peut voir des chauves-souris, des singes et des oiseaux. Seulement une vingtaine sont accessibles aux visiteurs, certaines étant entre autres devenues l'habitat de moines bouddhistes. Tham Pet (grotte aux diamants) et Tham Lakhon (grotte du théâtre) sont les plus spectaculaires de ces formations karstiques. Pour y accéder, se renseigner auprès du QG du parc de Khao Chamao-Khao Wong.

■ KOH MAN NAI, KOH MAN KLANG, KOH MAN NOK
En face du cap Mae Phim, un groupe de trois îles : Koh Man Nai, Koh Man Klang et Koh Man Nok (ce qui, en thaï, signifie : île de l'intérieur, du milieu et de l'extérieur). Une réserve naturelle est installée sur Koh Man Nai : il y a là un parc et un musée consacrés aux tortues marines. Ces trois îles font aussi partie du parc national de Laem Ya-Mu Koh Samet. Il est envisageable de faire de la plongée au large de ces îles, même si les récifs coralliens sont progressivement érodés par la pratique abusive de sports nautiques motorisés.

■ TEMPLE DE KHAO SUKKHIM
Collections de jades, poteries, meubles. On peut y observer des statues de bonzes en cire tellement bien réalisées qu'on dirait de vrais hommes momifiés !

■ TEMPLE DE SOUK PAIWAN
Près de Ban Koloï. Une colonie de deux à trois cents singes.

■ **PARC NATIONAL DE KHAO CHAMAO – KHAO WONG**

www.tat-rayong.com

Situé à 80 km de Rayong.

Ouvert de 8h30 à 16h30. Entrée à 400 B. Une nuit sur le site : 50 B.

Parc national depuis 1975, avec de belles cascades (la plus haute : Chamao) et une soixantaine de grottes. Possibilité de partir en excursion de deux jours dans la jungle pour tenter d'observer des éléphants sauvages et bien d'autres animaux en liberté, dont la fameuse carpe *tor soro*. Le folklore local indique que le nom étrange de la montagne – *chamao* signifie « être soûl » – provient de la sensation enivrante issue de la consommation de cette carpe !

Sports – Détente – Loisirs

■ **RAYONG AQUARIUM**

Moo 2, Tambon Phe

☏ +66 38 653 741

Ouvert du lundi au vendredi de 10h à 16h et le week-end de 10h à 17h. Fermé les lundi et mardi en basse saison. Entrée : 30 B pour les adultes, 10 B pour les enfants. Gratuit pour les plus de 60 ans et les enfants de moins de 1,20 m.

Situé à 4 km du centre-ville, cet aquarium à vocation pédagogique est très bien fait. Les locaux sont propres, tant pour les visiteurs que pour les animaux. Un tunnel permet aux visiteurs d'admirer des requins, des raies et d'autres poissons aux couleurs vives. A l'entrée, ne manquez pas le bassin en bas à gauche dans lequel baignent des tortues géantes.

KOH SAMET

L'île fait partie du parc maritime national de Laem Ya-Mu Koh Samet. Le droit d'accès est fixé à 200 B pour les adultes, 100 B pour les enfants. Le « péage » se trouve sur la route bitumée qui relie le débarcadère à la plage de Sai Khao (White Sands). En vérité, les plages de sable clair sont vraiment belles, et il est dommage que la taxe, mentionnée plus haut, ne soit pas utilisée pour un nettoyage plus performant des abords ou un traitement systématique des eaux usées. La vie nocturne est concentrée sur la plage de Sai Khao, où se trouvent la plupart des restaurants et quelques bars tranquilles. Koh Samet est surtout une destination familiale.

Transports

Comment y accéder et en partir

▶ **Bus.** De Bangkok ou de Pattaya, il est possible de prendre un forfait bus (ou minibus) combiné avec le passage en bateau. De nombreuses agences s'en chargent. Nous recommandons cependant la prudence quant aux soi-disant bonnes affaires. La solution « classique » est de prendre le bus pour Rayong, puis de là, un taxi collectif pour Ban Phe et enfin un bateau pour Koh Samet.

▶ **Bateau.** Plusieurs bateaux circulent l'embarcadère Nuan Tip à Ban Phe et l'embarcadère Na Dan à Koh Samet. De manière générale, les prix et les horaires de départs varient en fonction du nombre de personnes prêtes à embarquer.

Ferry : service toutes les heures, entre 8h et 17h, 50 B le billet, 30 min de trajet. Note : on essaiera de vous vendre le billet plus cher pour

X raisons (vous êtes seul, le bateau s'arrête à la plage et vous évitera de payer la taxe du gouvernement, etc.), tenez le coup, c'est bien 50 B ! Le prix descend même à 30 B pour les locaux uniquement.

Speedboats : service toutes les heures, entre 8h et 18h, 200 B le billet, 12 min de trajet. La location d'un *speedboat* privé peut monter jusqu'à 1 200 B le trajet.

Se déplacer

▶ **Location de scooters :** les prix de location sont élevés par rapport au reste de la Thaïlande (300 à 350 B). Utile si vous souhaitez vous aventurer dans le sud de l'île. Les routes de terre y sont escarpées cependant, à éviter les jours de pluie. L'île peut se faire à pied également, le trajet depuis la plage de Saï Khao jusqu'à la baie de Kiu Na Nok représente environ 1 heure 30 de marche.

▶ **Des taxis collectifs** (pick-up de couleur verte) assurent le transport depuis l'embarcadère jusqu'à la plage de Wong Deuan pour 30 à 40 B par personne (10 passagers), 100 B si vous êtes seul dans le véhicule. Pour louer ce dernier à la journée, ça monte à 300 ou 400 B.

Pratique

■ **BUREAU D'INFORMATION**

Quand on vient du débarcadère, avant d'arriver à la plage de Sai Khao se trouve le bureau administratif du parc national (renseignements sur l'île, le parc marin). C'est là où l'on doit s'acquitter de la fameuse taxe de 200 B. Conservez le ticket en cas d'inspection potentielle.

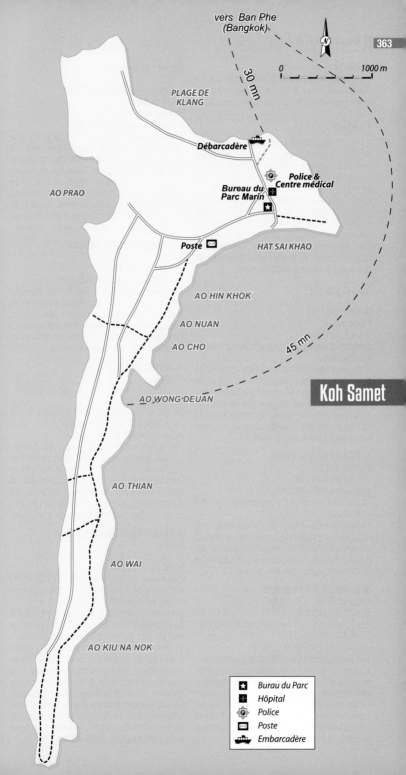

vers Ban Phe
(Bangkok)

N

0   1000 m

30 mn

PLAGE DE
KLANG

Débarcadère

P

Police &
Centre médical

Bureau du
Parc Marin

AO PRAO

Poste

HAT SAI KHAO

AO HIN KHOK

AO NUAN

AO CHO

45 mn

AO WONG-DEUAN

Koh Samet

AO THIAN

AO WAI

AO KIU NA NOK

★	Bureau du Parc
✚	Hôpital
Ⓟ	Police
✉	Poste
⛴	Embarcadère

■ POSTE

Agence postale au niveau du restaurant de Naga Guesthouse, plage de Hin Khok. Liaison Internet et bouquins d'occasion disponibles sur place.

Se loger

La notion de juste rapport qualité-prix est très aléatoire à Koh Samet, et les tarifs semblent souvent excessifs par rapport aux hébergements proposés ! Plutôt que d'augmenter les prix en haute saison touristique, les gérants ont trouvé astucieux de fixer des tarifs plus élevés durant les week-ends, où la clientèle est plus nombreuse (Koh Samet étant une villégiature thaïlandaise avant tout). La basse saison touristique (pluies les plus abondantes) s'étend de juin à début octobre. La plupart des établissements disposent d'un restaurant attenant.

Bien et pas cher

■ AO PHAÏ HUT

Plage de Paï
☎ +66 38 644 075
Bungalows ventilés à 600 B, avec A/C à 1 000 B. Wi-fi gratuit.
Bungalows rudimentaires de différents standings installés à flanc de colline parmi les arbres, en surplomb d'une petite avancée rocheuse dans la mer. L'endroit ne manque pas de charme, et la plage de sable est à une cinquantaine de mètres seulement. Les chambres climatisées sont confortables. Bon accueil.

■ BAAN PRA KAÏ KAEW

Baie de Noi Na
☎ +66 38 644 128
tonykosamet@yahoo.com
Chambres ventilées à partir de 300 B ; climatisées à partir de 900 B.
Cet établissement modeste installé au bord de l'eau, géré par Tony et sa femme Pon, comprend un petit restaurant et quelques chambres sur pilotis. L'aménagement est basique. L'endroit a néanmoins du charme. Bon accueil.

■ CANDLE LIGHT RESORT

Plage de Thian
☎ +66 87 149 6139
Tarifs basse saison : bungalow ventilé à 500 B ; bungalow climatisé à 700 B. Tarifs haute saison : respectivement 700 et 1 000 B.
Cet établissement, contrairement à beaucoup d'autres, se distingue par un bon rapport qualité-prix. Les constructions sont de style classique mais agréable. L'aménagement est sans défaut. Le bar faisant office de cuisine est installé sur un terrassement face à la mer. La localisation centrale est avantageuse. Une belle réalisation et une bonne affaire. Accueil correct.

Confort ou charme

■ PINEAPPLE BEACH RESORT

Plage de Sapparot
☎ +66 38 644 388
pineapple.rayong@gmail.com
Chambres de 1 500 à 2 500 B. La petite baie se trouve au nord de Koh Samet, entre le débarcadère de Na Dam et le cap Yaï (pointe nord-est de White Sands). Beaucoup de rochers et peu de sable mais un charme certain. Ici les bungalows en bois sont dispersés sous les arbres. Les chambres sont très correctes même si les tarifs semblent tout de même excessifs. Le terrain en pente descend vers le rivage. Bon accueil.

■ SAMED PAVILION RESORT

Ao Phaï
☎ +66 38 644 420
samedpavilionresort@gmail.com
Chambres à partir de 2 500 B. Petit déjeuner inclus. Wi-fi gratuit. Resort neuf situé près de la plage et non loin des quartiers plus animés. Les chambres sont belles et confortables. Le service est agréable. A demeure : restaurant, piscine et Spa. Une bonne adresse.

■ SAMED VILLA

Ao Phai
☎ +66 38 644 094 – www.samedvilla.com
info@samedvilla.com
Bungalow de 1 200 à 1 900 B en basse saison, de 1 700 à 2 700 B en haute saison. Petit déjeuner inclus. Wi-fi gratuit.
Cet établissement est tenu par un Suisse, Joseph, et son épouse thaïlandaise, Aporn. Les bungalows, en dur, sont modernes et bien conçus. Les chambres sont spacieuses, confortables et remarquablement aménagées. Toutefois, les constructions semblent peut-être un peu trop resserrées. Excursions en bateau et sorties pêche.

■ SAMET VILLE RESORT

Ao Wai
☎ +66 38 651 682 / +66 38 651 682
www.sametvilleresort.com
Chambres ventilées à partir de 1 500 B ; climatisées de 2 200 à 8 800 B. Petit déjeuner inclus. Wi-fi gratuit.
Cet établissement de charme occupe la totalité de l'espace disponible sur la plage, ce qui ne veut pas dire que les bâtiments soient entassés les uns sur les autres, au contraire. On y trouve toutes sortes de constructions plus ou moins anciennes et de différents styles : il y en a pour tous les goûts. De quoi satisfaire couples fortunés ou familles entières à petit budget. Certains aménagements intérieurs sont réellement luxueux. Les bungalows sont dispersés sous les arbres ou en bord de plage, et on pense avoir affaire à un véritable village.

■ SILVER SAND RESORT

Plage de Phaï
℡ +66 38 644 300 / +66 38 644 301
www.silversandsamed.com
Chambres de 1 500 à 4 500 B.

Aménagement des chambres impeccable, il est vrai, mais seuls les bungalows du « premier rang » ont une vue dégagée sur la plage ; les autres sont resserrés dans le parc, en arrière (la place perdue coûte cher !) ce qui gâche le paysage… Grand restaurant terrasse. Il s'agit clairement de « caser » un maximum de touristes. Le service laisse fortement à désirer.

■ VONG DUERN VILLA

Plage de Wong Deuan
℡ +66 38 644 260
www.vongduernvilla.com
info@vongduernvilla.com
Tarifs haute saison : 1 200 à 3 500 B. Basse saison : 1 000 à 2 000 B.

Etablissement de bon standing proposant des bungalows blancs, en bois ou en dur, répartis dans un assez grand jardin, fort agréable. Les premiers bungalows en bois, devant la plage (plus anciens), sont bien entretenus et possèdent un certain charme. D'une manière générale, les chambres sont bien aménagées. Restaurant terrasse proche de la plage, vraiment belle à cet endroit.

Luxe

■ AO PRAO RESORT

Ao Prao
℡ +66 38 644 100
www.samedresorts.com/aoprao
De 6 000 à 17 000 B. 35 % de réduction en basse saison. Offres promotionnelles ponctuelles sur le site Internet. Petit déjeuner inclus.

Cet établissement situé à l'extrémité nord de la plage appartient au même propriétaire que les superbes Vimarn Cottage (également sur Ao Prao) et Paradee (pointe sud de l'île). Construit dans les années 1990, il s'agit du précurseur des hôtels de luxe sur l'île. Les constructions sont de style traditionnel. Très belle terrasse et confort haut de gamme.

■ PARADEE RESORT & SPA

Baie de Kiu Na Nok
℡ +66 38 644 288 – www.samedresorts.com
Haute saison : chambres entre 13 000 et 72 000 B. Basse saison : de 11 000 à 60 000 B. Petit déjeuner inclus. Wi-fi gratuit.

Quasiment à l'extrémité sud de l'île, cet établissement de luxe international a investi toute la plage, à l'est, et une échappée entre les rochers, à l'ouest (de part et d'autre de la route d'accès). Les pavillons de style méditerranéen offrent le meilleur confort moderne sous un aspect extérieur assez sobre. L'aménagement luxueux des chambres correspond au standing annoncé, avec terrasse privée et Jacuzzi. Divers services proposés sur place : kayak, catamaran et plongée, entre autres. Accueil courtois de rigueur.

À voir – À faire

■ BAIE DE HIN KHOK

La baie de Hin Khok n'est pas d'un charme exceptionnel en journée, mais plusieurs bars-restaurants assurent l'animation le soir.

■ BAIE DE KIU NA NOK

La baie de Kiu Na Nok possède une jolie plage de sable fin encadrée par des langues rocheuses difficilement franchissables qui garantissent la discrétion de l'endroit.

■ BAIE DE NUAN

La baie de Nuan est un coin charmant : il s'agit d'une toute petite plage enserrée au milieu des rochers. L'endroit est effectivement très isolé et par conséquent fort calme. Pour ceux qui recherchent vraiment le repos.

■ BAIE DE PHAI

La baie de Phai est une belle et grande plage où seule la présence de trop nombreux bungalows serrés les uns sur les autres gâchent un peu le paysage.

■ BAIE DE PRAO

La baie de Prao se trouve à l'ouest de Koh Samet. C'est en fait la seule plage aménagée de l'île qui soit orientée vers le soleil couchant. Des resorts de luxe s'y sont installés et des transferts directs en *speedboats* depuis Ban Phe sont bien entendu possibles.

■ BAIE DE SAI KHAO

La baie de Sai Khao est la plus grande et l'une des plus belles plages, du moins c'était sans doute le cas avant cette recrudescence d'infrastructures hôtelières. Elle est en effet très accessible, et beaucoup de touristes ne vont pas chercher plus loin. Les restaurants installent leurs clients sur des nattes posées à même le sable. On y trouve une animation nocturne sans tapage.

■ BAIE DE WAI

La baie de Wai est une plage ombragée étirée en longueur. L'endroit reste encore peu fréquenté en semaine. Le terrain boisé en retrait de la mer est sans grand intérêt.

■ BAIE DE WONG DEUAN

La baie de Wong Deuan est une grande plage sur laquelle sont installés un certain nombre de bar-restaurants accolés les uns aux autres. Le sud de la plage est plus calme et a gardé son charme.

CHANTHABURI

Cette ville commerçante de 40 000 habitants se distingue par une importante communauté chrétienne, installée ici depuis le XIXe siècle. C'est d'ailleurs ici que vous découvrirez la plus grande église de Thaïlande. Connue pour ses pierres précieuses, il est agréable de parcourir le marché qui se tient là tous les week-ends. Entourée de moyennes montagnes et proche de belles plages tranquilles, Chanthaburi est un bon point de départ pour des excursions dans la région.

Notamment, la ville bénéficie de la proximité de deux parcs nationaux : Khao Khit Chakut et Khao Sabap, où l'on peut tenter d'apercevoir quelques animaux sauvages et profiter de belles cascades.

Transports

En bus

▶ **Bangkok (Ekkamaï) – Chanthaburi** : départs toutes les 30 min, entre 4h et minuit, 4 heures de trajet, 200 B. Dans le sens inverse, départs de 6h à 23h.

▶ **Rayong – Chanthaburi** : départs assurent la liaison en 2 heures environ, 80 B.

▶ **Trat – Chanthaburi** : départs toutes les 30 min, en matinée principalement, 1 heure de trajet, 55 à 74 B.

Pratique

■ **POLICE TOURISTIQUE**
Thanon Tha Luang
℡ +66 39 311 013
Ouvert de 8h30 à 16h30.

▶ **Autre adresse :** Un second poste de police à l'angle de Thanon Amphaan et Si Chan.

Se loger

■ **CHAI LEE HOTEL**
106 Thanon Kwang
℡ +66 39 313 767
Chambres ventilées à 250 B ; climatisées à 350 B. Wi-fi gratuit.
Etablissement se trouvant en plein centre du quartier commerçant. Le bureau d'accueil, à l'arrière d'une boutique donnant sur une petite cour intérieure. Les chambres sont tout à fait

correctes et sont bien entretenues, même si l'hôtel n'est plus de première jeunesse. Une adresse intéressante pour les routards.

■ **KP GRAND HOTEL**
35/200-201 Thanon Trirat
℡ +66 39 32 32 01 – kpgrand@yahoo.com
Chambre simple à partir de 2 000 B. Petit déjeuner inclus.
Un hôtel sérieux et réputé parmi la classe d'affaires régionale. Bien situé au sud de la ville, à proximité des marchés de pierres précieuses, il offre un hébergement de standing international, avec de belles chambres à la télévision cablée, piscine, salle de sport, sauna et massage.

■ **MUANG CHAN HOTEL**
257/259 Thanon Sri Chan
℡ +66 39 312 909
www.muangchan.com
Chambres ventilées de 300 à 500 B ; ch. climatisées de 500 à 700 B. Wi-fi gratuit.
Etablissement situé en plein centre-ville. Les chambres sont de taille moyenne et les installations sanitaires correctes. Certaines chambres sentent toutefois l'humidité et mériteraient quelques rénovations. La cour intérieure sert pour le stationnement des voitures. Une adresse pratique où les nuits sont plutôt calmes.

Se restaurer

■ **CHANTORN**
Thanon Si Chan
℡ +66 39 32 71 79
Ouvert de 9h à 22h environ. Plats entre 50 et 300 B.
Ce restaurant est situé à proximité de l'hôtel Kasemsarn. La cuisine y est excellente et les prix tout à fait raisonnables. Les clients thaïlandais y viennent nombreux. Spécialités à base de crabe à la noix de coco ou de crevettes. Le dessert sur glace pilée est très rafraîchissant.

■ **PUNJIM RESTAURANT**
88 Thanon Maharat
℡ +66 39 332 270
Ouvert de midi à 23h. Plats de 65 à 300 B.
Ce restaurant est situé juste à côté d'un pont qui enjambe la rivière Chanthaburi, non loin du centre commercial Robinson. Il propose une cuisine thaïe et Isan savoureuse à petits prix, et notamment de nombreux classiques du Nord-Est de la Thaïlande.

Retrouvez l'index général en fin de guide

Chanthaburi Fruit Festival

Il se déroule chaque année durant la dernière semaine de mai. C'est l'occasion d'un grand marché en ville. Défilé de chars et concours divers. Animations garanties dans toute la région.

■ MARCHÉ DE NUIT

Compter 25 à 40 B la portion.Ouvert tous les jours de 18h à 21h30 environ.
Ensemble de roulottes installées dans les rues aux abords de la place de la Fontaine, à côté du marché alimentaire. On y trouve de tout : soupes de nouilles, riz frit aux fruits de mer, brochettes, fruits découpés… C'est bon !

À voir - À faire

■ CATHÉDRALE NOTRE-DAME

Cette cathédrale est la plus grande église catholique de Thaïlande. Construite au XIXe siècle par des Français à l'époque où la région était sous occupation française. L'intérieur comporte de beaux vitraux et un intéressant plafond en teck.

■ KING TAKSIN PARK

Un vaste parc, au sud-ouest du centre-ville, fréquenté par les adolescents venant là pour conter fleurette. En période de grosse chaleur, les familles aiment se retrouver le week-end autour du lac artificiel. La statue équestre au centre du parc représente le général Taksin en pleine action héroïque, comme on peut le voir sur le billet de 20 B.

■ KING TAKSIN SHRINE

Thanon Tha Luang
Monument dédié à la mémoire du général militaire Taksin, sauveur de la patrie siamoise, et érigé selon la forme du casque de ce héros national. Avant de devenir roi, Taksin avait regroupé une armée dans la région de Chanthaburi et réussit à chasser les envahisseurs birmans occupant Ayutthaya.

■ MARCHÉ AUX PIERRES PRÉCIEUSES

Sur Gem's Road (rues Sri Chan et Trok Krajang, situées dans le centre commerçant de la ville) tous les week-ends, principalement le vendredi et le samedi matin. Boutiques ouvertes de 8h à 17h.
Chanthaburi est connue pour être un important rendez-vous des spécialistes en pierres précieuses (rubis venant du Myanmar, et saphirs de toutes colorations). Début juin, un festival réunit ici les gemmologistes du monde entier pour une grande vente de pierres de toutes provenances.

■ QUARTIER VIETNAMIEN

En ville, il est intéressant de se rendre dans le quartier vietnamien, de flâner le long des maisons en bois sur pilotis et d'admirer les petites échoppes qui proposent des articles d'artisanat local.

LAEM SING

A une trentaine de kilomètres au sud de la ville, ce cap possède une plage très agréable et d'ordinaire assez peu fréquentée en semaine.

■ OASIS SEA WORLD

Laem Sing
✆ +66 39 499 222
www.oasisseaworld.net
info@oasisseaworld.net

180 B l'entrée. 400 B pour nager avec les dauphins.
Situé à 25 km de Chanthaburi et à 6 km du cap Sing, ce centre marin héberge deux espèces différentes de dauphins. Des exhibitions de dauphins acrobates sont proposées tous les jours aux horaires suivants : 9h, 11h, 13h, 15h et 17h. Il est également possible de nager avec les dauphins.

TRAT

A 400 km de la capitale, Trat est une petite ville provinciale très charmante sur la route de la frontière cambodgienne. Elle sert d'étape pour le commerce entre les deux pays, et les touristes en route pour Koh Chang s'y arrêtent parfois. Des joueurs y font escale avant d'aller tenter leur chance au Cambodge où, contrairement en Thaïlande, les casinos ne sont pas interdits. Des marchés de pierres précieuses se tiennent périodiquement dans les environs, notamment à Khao Sa Ming. Mais ce domaine d'activité est plutôt réservé aux spécialistes.

Transports

Avion

▶ **Bangkok – Trat** : Bangkok Airways assure 2 vols par jour à 8h30 et 17h10 depuis l'aéroport de Suvarnabhumi en 1h de trajet. Dans le sens inverse, départs à 10h15 et 18h40.

▶ **Phuket – Koh Samui – Trat** : un nouveau service de Bankgkok Airways fait ce trajet quotidien. Départ à 12h55 de Phuket, arrivée à 14h20 à Koh Samui et à Trat à 15h40. Dans le sens inverse, départ à 15h15 de Trat, arrivée à 17h30 à Koh Samui et à Phuket à 19h10.

Bus

▶ **Bangkok (Ekkamai) – Trat** : départs entre 6h et 23h30 à peu près toutes les heures. Comptez entre 140 et 260 B, et 5 heures 30 de trajet environ. Dans le sens inverse, départs entre 7h et 23h30.

▶ **Bangkok (Mo Chit) – Trat** : départs à 8h30 et 17h30, 5 heures de trajet, environ 200 B. Dans le sens inverse, départs entre 7h30 et 17h30, surtout en matinée.

▶ **Chanthaburi – Trat** : départs toutes les 30 min entre 6h à 14h30, puis à 15h45, 16h30 et 17h30, 1 heure de trajet, 70 B environ.

Taxi

▶ **Trat – Koh Chang** : pour se rendre à l'un des embarcadères (Centrepoint ou Ao Thammachat) permettant d'aller à Koh Chang, des *song teo* attendent sur la rue Sukhumvit (ou alors vous pouvez en réserver un dans une guesthouse ou une agence). Le tarif normal est de 50 B le trajet. Si vous êtes seul, la prix de la course peut monter jusqu'à 200 B.
A Ao Thammachat, départs des ferries toutes les 45 min entre 6h30 et 19h pour 120 B par personne, 200 B par voiture.
A Centrepoint, départs des ferries toutes les heures entre 6h et 19h, 100 B par personne, 150 B par voiture.

Se déplacer

La gare routière se trouve à environ 2,5 km du centre-ville. Des taxis collectifs attendent pour vous amener jusqu'au centre pour 60 B. Le transit est éventuellement gratuit s'il s'agit du véhicule de la guesthouse où vous souhaitez loger.

▶ **Song téo (taxi collectif) et samlo** circulent en ville, les prendre pour de petits trajets. 10 B.

▶ **Location de vélo** pour 60 B ou de moto pour 200 B à la journée.

Se loger

Trat est une ville déjà bien accoutumée aux voyageurs occidentaux de passage. On est parfois attendu à la descente du bus pour se voir proposer une chambre dans des guesthouses parfois rudimentaires.
Ne pas se fier aux apparences : la gentillesse de l'accueil est souvent aussi grande que la qualité des infrastructures. La plupart des guesthouses sont des maisons chaleureuses de style traditionnel, réaménagées pour accueillir des visiteurs.

Bien et pas cher

■ **BAN JAIDEE GUESTHOUSE**
67-69 Thanon Chaimongkon
✆ +66 39 520 678
maneesita@hotmail.com
Chambres ventilées à 200 B. Wi-fi gratuit.
Dans une contre-allée tranquille longée de *shophouses* traditionnelles, cette maison en teck abrite une dizaine de chambres simples, confortables et propres. On se sent comme chez soi dans cette guesthouse qui fait aussi librairie. Elle est tenue par un couple franco-thaï, dont les œuvres d'art originales parsèment les lieux. Tous deux dispensent de précieux conseils (en plus d'excellents petits déjeuners !) pour vous faire aimer Trat.

■ **ORCHID GUESTHOUSE**
92 Thanon Lak Muang
✆ +66 39 530 474
orchidguesthouse@gmail.com
Chambre ventilée de 150 à 400 B ; climatisée de 480 à 650 B. Wi-fi gratuit.
Dans un grand pavillon installé au milieu d'un jardin tranquille, ces chambres de différentes tailles, sont bien aménagées, avec douche commune ou cabinet de toilette privé. L'endroit est plaisant et très bien tenu. Les prix sont raisonnables.

■ **POP GUESTHOUSE**
thanon Thana Charoen
✆ +66 39 512 392
www.trat-popguesthouse.com
popgoodguesthouse@hotmail.com
Chambres ventilées de 150 à 400 B ; climatisées de 450 à 600 B. Wi-fi gratuit.
Cet établissement propose des chambres de différentes générations, avec ou sans douche. Les plus récentes, dans l'établissement n° 2, sont agréables. Bon accueil de la part de la maîtresse de maison qui semble très organisée afin de gagner l'approbation de sa clientèle. Sur place : restaurant, location de moto, et possibilité de réserver des taxis pour se rendre sur les îles aux alentours.

Confort ou charme

■ RIMKLONG BOUTIQUE HOTEL
194 thanon Rakmuang
℘ +66 39 523 388
soirimklong@hotmail.co.th
Chambres à 800 et 900 B. Appartement à 1 200 B. Wi-fi gratuit.
Ouvert il y a quatre ans, ce boutique-hôtel est le plus charmant de la ville. Les 5 chambres ont toutes une décoration unique. Propres, spacieuses et confortables, elles possèdent toutes l'eau chaude et l'air climatisé. A la réception, un coin café pour se désaltérer. Très bon accueil.

Luxe

■ CENTARA CHAAN TALAY RESORT
4/2 Moo 9, Tambol Laem Krud
℘ +66 39 521 561
www.centralhotelsresorts.com
cct@chr.co.th
Suites de 9 000 à 12 000 B. Offres promotionnelles sur le site Internet. Petit déjeuner inclus. Wi-fi gratuit.
Dans une baie tranquille, légèrement à l'écart de Trat et offrant de belles vues sur l'île de Koh Chang, ce superbe resort propose des appartements et des villas décorés de façon luxueuse, dans un style fusionnant le moderne et le traditionnel. Certaines villas, en plus de donner un accès direct à la plage, disposent de leur propre Jacuzzi en terrasse. A demeure : restaurant de cuisine locale et internationale, bar à cocktails, piscine et Spa.

Se restaurer

■ MARCHÉ DE NUIT
Entre les rues Sukhumvit et Tatmaï.Compter 20 à 40 B.
Comme toujours dans les petites villes, le marché de nuit est un bon endroit où trouver des plats appétissants et pas chers du tout. Les fruits de mer sont frais (clientèle nombreuse et débit régulier) : profitons-en !

■ RESTAURANT PIER 112
℘ +66 65 577 839
Plats entre 60 et 250 B.
Etablissement modeste mais néanmoins attrayant, en soirée, situé juste en face de Residang Guesthouse. Juke box avec rock'n roll des années 1960 (mais aussi lecteur CD !). Accueil sympathique. Cuisine thaïlandaise simple et bonne. Une petite adresse paisible.

■ SANG FAH
157-159 Thanon Sukhumvit
℘ +66 39 512 222
Plats entre 50 à 200 B.
Si vous préférez le confort climatisé, ce restaurant situé dans la rue principale, juste en face de l'hôpital, propose une cuisine correcte à des prix relativement modestes. Très bon service.

À voir – À faire

■ KHLONG YAW GEM MARKET
Se tient le matin.
A 35 km de Trat, dans le district de Borai, voici l'un des derniers marchés aux pierres précieuses d'importance de la région. Le mode de transaction est ici inversé : les acheteurs sont assis, tandis que les vendeurs passent de stand en stand pour présenter leur marchandise.

■ LES PLAGES
A une quarantaine de kilomètres de la ville, des plages magnifiques et peu fréquentées par les touristes : sable blanc, palmiers et mer turquoise, une palette toute prête à l'emploi. Ces plages sont au nombre de trois : Sai Si Ngoen, Sai Ka et Thap Tim. Pour ne pas avoir de contrainte pour l'heure de retour, le mieux est de louer une moto à Trat (150 à 200 B par jour).

KOH CHANG

« L'île éléphant » est une grande île verdoyante au centre d'un parc maritime de moins en moins préservé. En 2002, l'ancien Premier ministre Thaksin avait autorisé l'implantation d'infrastructures de tourisme, laissant ainsi le champ libre aux promoteurs : du fait de son classement en parc protégé, l'île aurait dû échapper à ce genre d'avatar. La route du littoral a été presque entièrement goudronnée, et les établissements ont poussé comme des champignons. Si les plages de la côte ouest de l'île, pourvues de sable, sont les plus touchées par les infrastructures hôtelières, certaines ont néanmoins conservé leur charme, comme Klong Phrao, Kai Bae et Ta Nam. Plus au sud, Ao Bang Bao est même restée assez sauvage. La haute saison s'y étend de novembre à mai et la saison des pluies de juin à octobre, avec un mois de septembre particulièrement et torrentiellement pluvieux. Les établissements restent cependant ouverts toute l'année, les pluies restant assez courtes.

Koh Chang

Ao Thammachat
Monument de la bataille navale
Laem Ngop
Baie de Klong Son
Baie de Sap Pa Rod
Dam Dao
Ban Khlong Son
Parc national de Klong Son
Plage de Sai Khao
Nam Thok Khlong Plu
Koh Chang
Cap Chai Chet
Nam Thok Than Mayom
Plage de Klong Phrao
Plage de Kai Bae
Nam Thok Khiri Pet
Sa Lak Lok
Plage de Bai Lan
Nam Thok Khlong Nung
Baie de Bai Lan
Ban Salak Phet
Parc Aventure Tree Top
Ban Bang Bao
Baie de Bang Bao
Baie de Sa Lak Phet
Koh Lao Ya
Koh Mai Si
Koh Khlum
Koh Wai
Koh Bai Tang
vers Koh Rung
vers Koh Mak & Koh Kood
0   2,5 km

SAI KHAO

Sai Khao, également appelée White Sand Beach, est la première plage de la côte ouest au nord de l'île. La « plage de sable blanc », étendue sur trois kilomètres, est propre et assez belle : sable fin et épaulements rocheux boisés. La baignade possible mais le béton occupe largement le paysage, désormais, et la route centrale est dépourvue de charme, bien qu'on y trouve de tout : hébergements, restaurants, agences de voyage et salons de massage. C'est ici que la plupart des vacanciers viennent poser leurs valises, elle est donc moins calme et légèrement plus chère que d'autres plages de l'île.

Transports

◼ KOH CHANG SPEEDBOAT
10/8 Moo 4, Kai Bae Beach
℡ +66 84 524 4321
www.kohchangspeedboat.com
info@kohchangspeedboat.com
Depuis Koh Chang : 400 B pour Koh Wai, 600 B pour Koh Maak, 900 B pour Koh Kood.
Transfert en speedboat depuis Koh Chang vers le reste des îles du parc marin. Service rapide et en toute sécurité. Comptez 1 heure 30 pour rejoindre Koh Kood et 1 heure pour rallier Koh Maak. Retour également possible.

Pratique

◼ BANQUE
Retraits d'espèces. Il y a maintenant des bureaux de change et des distributeurs automatiques partout sur l'île mais le taux est moins avantageux. Il vaut donc mieux prévoir avant d'arriver sur l'île et notamment à Trat.

◼ POSTE
Ouvert de 8h30 à 16h30.
Un bureau de poste sur la côte ouest, en prenant la route Pearl Beach entre White Sand Beach et Klong Prao Beach. Des boîtes aux lettres aussi dans les différents villages.

Se loger

Sur la côte, les hébergements vont de la guesthouse basique au resort complexe. Certaines guesthouses possèdent des bungalows un peu tassés à l'étroit sur leur terrain, par souci trop évident de rentabilité, mais les prix sont compétitifs. Des petits hôtels longent également le côté gauche de la route principale, un peu plus éloignés de la mer donc mais à des tarifs intéressants. Quant aux établissements de standing, ils occupent souvent des emplacements de choix profitant d'espaces plus dégagés. Beaucoup de guesthouses ont leur propre restaurant, sans parler des grands hôtels : il y a donc le choix pour dîner.

■ BANPU KOH CHANG HOTEL
9/11 Moo 4, plage de Saï Khao
✆ +66 81 93 56 953 – www.banpuresort.com
kohchang@banpuresort.com
Basse saison : chambre supérieure à 2 000 B ; bungalow deluxe à 2 500 B ; chambre familiale à 5 000 B. Haute saison : respectivement 3 000, 4 500 et 6 500 B. Petit déjeuner inclus. Wi-fi gratuit.
L'établissement comprend des chambres installées dans un grand bâtiment en dur et des bungalows en bois avec toits de palmes,

répartis dans un jardin et autour de la petite piscine. Les bungalows ont un charme réel et se marient bien avec l'environnement.

■ KOH CHANG LAGOON RESORT
Plage de Saï Khao ✆ +66 39 551 201
www.kohchanglagoonresort.com
De 1 600 à 3 000 B en basse saison. De 2 200 à 4 000 B en haute saison. Petit déjeuner inclus.
Cet établissement comprend d'une part des bâtiments en dur, le long de la route avec balcon terrasse sur le jardin, et d'autre part de confortables bungalows *seaview* en bois, bien agencés et installés sur la plage. Les bungalows standard, eux, correspondent en fait à des pavillons d'un étage regroupant 4 chambres. Les chambres standard installées au premier étage du bâtiment principal sont intéressantes : certaines ont vue sur la piscine ou sur la mer à travers les arbres. Confort moderne garanti.

Arriver et se déplacer à Koh Chang

L'arrivée

▶ **Avion.** Il est possible de prendre l'avion de Bangkok à Trat (la ville la plus proche de Koh Chang) avec Bangkok Airways, et de prendre un taxi jusque l'embarcadère (50 B) et enfin un ferry (100 ou 120 B). Voir la rubrique « Transports » à Trat pour plus de détails.

▶ **Bus.** Depuis Bangkok (Ekkamai), trajet direct avec l'agence 99 Express. Départs à 6h30, 7h45 et 9h45. Dans le sens inverse, départs à 12h30, 14h et 16h. L'agence Tanakawee propose un départ direct également à 8h30. Le retour se fait de Koh Chang à Khao San Road, départ à 11h30. Les tarifs varient de 450 à 650 B selon la durée du trajet.

▶ *Song téos.* Depuis Trat, des taxis collectifs bleus attendent à côté du marché central. Comptez 30 à 40 min de trajet, 50 B si le taxi est plein, jusqu'à 200 B si vous êtes seul. Sur l'île, ils attendent aux différents embarcadères afin de déposer les touristes à la plage de leur choix. Tarif appliqué pour un minimum de 9 passagers : 40 B pour aller jusqu'à la première plage, Sai Khao. 50 B pour se rendre à la plage de Kai Bae ; 80 B pour gagner celle de Bang Bao, à l'extrême sud de Koh Chang. Si vous êtes seul, la course peut monter à 200 B.

▶ **Bateau.** Il existe deux embarcadères distants de 4 km : Ao Thammachat et Centrepoint. Les bateaux arrivent à des points différents de l'île (Tha Than Mayom ou Tha Dan Kao), comptez environ 30 minutes de traversée.

Ao Thammachat : départs entre 6h30 et 19h toutes les 45 min, 120 par personne 200 B par véhicule.

Centre Point : départs entre 6h et 19h toutes les heures, 100 B par personne, 150 B par véhicule.

Se déplacer

En haute saison touristique (octobre à avril) des bateaux assurent quotidiennement la liaison entre les différentes îles de l'archipel. En période de mousson, les transits deviennent aléatoires et les passagers sont moins nombreux : du coup les navettes sont moins fréquentes et les tarifs plus élevés.

▶ **Moto.** Le prix de location des mobylettes est compris entre 150 et 300 B par jour. Attention à l'état des véhicules.

▶ **Bateau.** Des excursions vers les îles avoisinantes sont proposées par différentes agences, principalement d'octobre à mars, en raison des conditions météo. Renseignez-vous bien sur le temps dont vous disposerez pour chaque halte sur place et les lieux où l'on vous emmène.

∎ ROCK SAND

102 Moo 4
℡ +66 847 810 550
www.rocksand-resort.com
info@rocksand-resort.com
Nord de la plage Sai Khao
Chambres de 350 à 1 200 B en basse saison ; de 600 à 2 000 B en haute saison. 10 % de réduction pour les voyageurs seuls. Petit déjeuner inclus. Wi-fi gratuit.
Etablissement convivial situé au nord de Sai Khao et accessible uniquement par la plage. Quasiment en bord de mer, on y entend constamment le flux et le reflux des vagues, ce qui peut plaire ou déplaire aux oreilles sensibles. Selon les prix, les chambres peuvent être d'un niveau très basique à un niveau de grande qualité. Toutes ont l'eau chaude, une décoration agréable et serviettes et savon sont à disposition. L'accueil est très cordial : un verre de bienvenue est offert à l'arrivée. Le restaurant est également de qualité.

Se restaurer

∎ FIFTEEN PALMS

Plage de Saï Khao
Plats de 90 à 300 B.
Restauration, billards et télévision font de ce lieu un endroit pour se divertir et se détendre. Les tables sont installées sur une terrasse ou directement sur la plage. Principe du buffet : choix de poissons à faire griller à la demande. Le prix des cocktails paraît excessif.

∎ FOOD CENTER

Village de Saï Khao
Sur le bord de la route, en face du Banpu Koh Chang Hôtel. On y trouve des produits frais pour pas cher, avec une ambiance animée.

∎ OODIE'S PLACE

7/20 Village de Saï Khao, route centrale
℡ +66 39 551 193
Ouvert de 17h à 1h du matin. Plats de 80 à 250 B.
Endroit réputé sur l'île pour se restaurer ou boire un verre. Au menu : de bonnes recettes de viande et de poisson, « à la française », des pizzas et autres plats de la région d'Asie du Sud-Est (comme le barbecue de Mongolie). Le chef a travaillé à l'étranger pendant une quinzaine d'années avant de s'installer à son compte, et son savoir-faire est réel. Animation musicale blues, rock et folk chaque soir, à partir de 22h.

∎ SEA BAR

Plage de Saï Khao
Plats de 50 à 120 B. Petit bar-restaurant à proximité de Koh Chang Kacha, où l'on peut déguster des fruits de mer préparés en barbecue et d'autres plats thaïs, les pieds dans le sable. Ouvert jusqu'en soirée selon la clientèle.

Sortir

∎ PADDY'S PALMS IRISH PUB

Au bord de la route côté gauche, vers le sud de la plage.
Plats entre 80 et 260 B.
Le seul pub de style Irlandais de l'île, avec de la Guiness, bien entendu. Ambiance garantie, on y sert également plusieurs plats occidentaux.

∎ SABAY BAR

7/10 Moo4 White Sand Beach
℡ +66 819 839 949 – www.sabaybar.com
Bières à partir de 80 B.
Le Sabay Bar jouit d'une excellente réputation sur l'île. Vous ne pourrez pas rater ce superbe endroit au cœur de White Sand Beach. C'est probablement l'un des lieux les plus célèbres de l'île pour la vie nocturne. Il propose principalement des groupes musicaux en live et de grands spectacles de feu. Le décor traditionnel vous fera voyager et découvrir les différents aspects de la Thaïlande. L'établissement est aménagé sur deux étages. Le rez-de-chaussée et sa grande scène centrale en plein air est réservé aux spectacles alors que le premier étage fait office de restaurant. Le service est de bonne qualité. L'accueil étant convivial et chaleureux, tout est mis en œuvre pour que les clients soient détendus et ravis à leur sortie.

À voir – À faire

L'île est réputée pour sa faune aquatique et terrestre. Au centre, près de 70% de la surface de l'île est encore recouverte de forêt vierge. Les habitants des différents villages vivent principalement de la pêche avec, au sud de l'île, des bassins d'élevages dédiés aux crevettes. Randonnées ou farniente sur les plages, il faut prévoir au moins 3 ou 4 jours pour commencer à bien connaître l'île.

∎ MU KO CHANG NATIONAL MARINE PARK

Klong Son Village
℡ +66 39 555 080 / +66 39 555 084
www.dnp.go.th – kochangnp@gmail.com
Ouverture de 8h30 à 17h. Billet d'entrée : 250 B / personne pour une durée variable.
Bureau à contacter (établi au nord de Koh Chang) pour obtenir des informations sur les excursions envisageables – notamment sur les plus petites îles du parc, de plus en plus accessibles – et les possibilités d'hébergement.

∎ NAM TOK THAN MAYOM

Moo 1, Bang Bao
Entrée : 200 B.
Située sur la côte est, ces cascades constituent un bon prétexte pour se balader à travers la jungle intérieure de l'île. En leur sommet, elles

offrent qui plus est un point de vue magnifique sur l'archipel. Il y a deux autres chutes dans le même secteur : Nam Thok Khlong Plu et Nam Thok Khiri Pet. Il est possible de se baigner dans différents bassins qui sont autant de piscines naturelles dans un décor végétal luxuriant.

Sports – Détente – Loisirs

Quelques sites superbes et une eau transparente – quand la météo s'y prête – sont des invitations à la plongée sous-marine. Les centres de plongée se sont multipliés en différents endroits de l'île et nombreuses sont les guesthouses qui louent masques et tubas à la journée, sans parler des canoës, car il est effectivement possible de visiter certaines îles parmi la cinquantaine dispersée entre Koh Chang et Koh Kood, plus au sud (certaines sont inhabitées). Le mieux est de s'adresser à un club de plongée ayant fait ses preuves. En principe, la période favorable pour l'exploration sous-marine à Koh Chang s'étend de décembre à avril.

■ **BB DIVERS WHITE SAND BEACH**
✆ +66 086 155 62 12
www.bbdivers.com

Centre de plongée PADI 5* IDC établi depuis plus de 10 ans a Koh Chang. Envie d'un baptême ou d'une journée de plongée, d'une excursion guidée en palmes-masque-tuba ? Vous découvrirez alors le monde aquatique en toute sécurité. L'équipe d'instructeurs et divemasters multilingues et professionnels, s'occupera de vous. Ils vous accueilleront à bord de leurs bateaux complètement équipés. Loin d'une ambiance usine, ils favorisent la convivialité et les petits groupes. Tous les cours PADI (débutants, confirmés, spécialités) sont disponibles. Le matériel est neuf. Spécial Epave : ils plongent sur la plus grande épave de Thaïlande (l=100m, prof max +/- 30m), le HTMS Chang !

■ **GULF CHARTERS THAILAND**
Ocean Marina Yacht Club, Sattahip
✆ +66 38 237 752
www.gulfchartersthailand.com
phil@gulfchartersthailand.com
Si l'organisation d'un circuit de navigation de plaisance dans le golfe de Thaïlande vous intéresse – et notamment dans le secteur maritime de Koh Chang – vous pouvez vous informer auprès d'un spécialiste : M. Phil Harper. Il est possible de prendre contact par l'intermédiaire de Island View Resort (baie de Salak Phet).

KLONG PRAO

Il s'agit de la seconde plage sur la côte ouest de Koh Chang, en partant du nord et probablement la plus belle de l'île. Elle est très étendue et offre une certaine diversité de paysages. C'est le meilleur rivage pour la baignade. Au bord du canal, on y trouve un village de pêcheur avec des maisons en bois sur pilotis, ce qui ajoute encore du pittoresque au paysage. Depuis la plage, un chemin s'enfonce à l'intérieur des terres en direction des chutes d'eau de Klong Phu. Attention il faut payer un droit d'entrée au début du sentier. Il y a environ 2 km de marche pour atteindre les chutes.

■ **AMARI EMERALD COVE RESORT**
88/8 Moo 4, plage de Klong Prao
✆ +66 39 552 000 – www.amari.com
emeraldcove@amari.com
Basse saison : 2 200 à 10 600 B. Haute saison : 3 015 à 10 575 B. Offres promotionnelles sur le site Internet. Petit déjeuner inclus. Wi-fi gratuit. Hôtel de standing international, situé au bord d'une belle plage frangée de cocotiers. Les 165 chambres sont réparties en bâtiments de deux étages, face à la mer. Une longue piscine (50 m) se trouve au centre de l'ensemble (statue originale). Restaurants : The Cove Terrace (cuisine internationale), Just Thai (spécialités locales), Sassi (cuisine italienne). Sans oublier

le Sivara Spa, un centre de remise en forme et un club de plongée.

■ **CHANG CHUTIMAN TOUR**
Camp d'éléphants
Moo 4, plage de Klong Prao
✆ +66 89 939 6676
Tarif 1 heure : 850 B/personne. Tarif 2 heures : 1500 B/pers. Quitter la route principale pour s'y rendre. Ouvert de 8h à 17h (dernier départ). « Eléphant Jungle trekking » : il s'agit d'excursion, dans la jungle et au milieu des hévéas, à dos de l'un des 10 d'éléphants présents sur le site. Le grand-père de Chutiman possédait déjà des éléphants. Voilà pourquoi vous avez affaire à un camp tenu, propre et nettoyé. A la sortie du trip de 2 heures, le *mahout* (la personne qui guide les éléphants) se fera un plaisir de vous prendre en photo au milieu du bassin d'eau claire dans lequel vous vous baignez avec les éléphants. Pour ceux qui ne souhaitent pas le faire, vous pouvez vous relaxer pendant ce temps sur les rochers qui meublent cet endroit. Steeve, jeune Français, vous accueillera en français et vous délivrera des informations sur la vie des éléphants, sur Koh Chang – l'île aux éléphants -, et sur les activités annexes. Il propose aussi des bijoux fantaisies que vous aurez le loisir de regarder après vous avoir offert le thé, et ce à tous les clients !

■ KP HUTS

51 Moo 4

✆ +66 84 077 5995 / +66 84 133 5995

kp_huts2599@hotmail.com

Basse saison : bungalows avec douches communes entre 300 et 500 B ; avec cabinet de toilette privé entre 500 et 800 B. Haute saison : respectivement entre 400 et 700 B, et entre 800 et 1 200 B. Wi-fi gratuit.

Un des pionniers de Koh Chang : l'établissement remonte à une vingtaine d'années. Les bungalows en bois, rustiques certes, sont plutôt bien entretenus, et l'installation électrique est correcte. Tous sont ventilés. Construits au bord de mer, certains disposent d'une terrasse en étage dont la vue surplombante est dégagée. Les autres sont dispersés dans une vaste cocoteraie. Les plus chers disposent d'un cabinet de toilette privé. Les douches communes sont propres. La cuisine est ouverte en journée et en début de soirée. Loin des commerces et de l'agitation, l'endroit est fait pour ceux qui veulent du calme et de la tranquilité.

■ KOH CHANG TROPICANA RESORT & SPA

26/3 Moo 4

✆ +66 39 55 7122

www.centarahotelsresorts.com

Basse saison : de 5 100 à 7 400 B. Haute saison : 6 200 à 10 200 B. Offres promotionnelles sur le site Internet. Wi-fi gratuit.

Cet établissement se compose d'un ensemble de pavillons luxueux répartis dans un grand parc tropical. L'aménagement des chambres est très soigné. Piscine et Spa sont à votre disposition en bord de plage. Service attentionné. Un bel endroit.

KAI BAE

Troisième plage de la côte ouest, immédiatement au sud de Klong Prao. Etendue sur un kilomètre environ, elle comprend plusieurs anses et dégage par endroits un charme certain. Resorts de luxe et bungalows bon marché s'y côtoient. On y trouve aussi d'agréables coins de baignade, et un village au nom éponyme à proximité.

Se loger

Bien et pas cher

■ KAI BAE BEACH GRAND VILLA

Plage de Kai Bae

✆ +66 81 940 9420

Basse saison : bungalows ventilés de 300 à 500 B ; climatisés de 1 300 à 1 800 B. Haute saison : respectivement 500 et 800 B, 1 800 et 2 500 B.

Etablissement installé en 2004 proposant un choix de bungalows plus ou moins spacieux, répartis dans un grand jardin en bord de plage qui, à cet endroit, est accessible à la baignade. Un bon rapport qualité-prix n'est pas au rendez-vous.

■ PORN'S BUNGALOWS

36 Moo 4

✆ +66 80 61 39 266

www.pornsbungalows-kohchang.com

Bungalows entre 400 et 700 B en basse saison ; 600 et 1 000 en haute saison.

Ensemble de bungalows regroupés au sud de la plage, à l'ombre des arbres, juste avant Sea View Resort. Tous les bungalows sont ventilés, les plus petits avec douche commune. Ceux de taille moyenne sont construits en dur. Les plus grands, en bois, ont un charme réel. Le bar-restaurant occupe une grande case en bois sur pilotis, ouverte de tous côtés, face à la mer.

Confort ou charme

■ KAI BAE BEACH RESORT

✆ +66 39 557 132

kaibaebeach@hotmail.com

Basse saison : bungalows ventilés à 900 B ; climatisés entre 1 200 et 1 500 B. Haute saison : respectivement 1 000 ; et entre 2 200 et 2 600 B. Petit déjeuner inclus pour les bungalows climatisés. Wi-fi gratuit.

Les bungalows sont répartis dans une cocoteraie en bord de plage. Ils sont tous propres, spacieux et confortables, avec eau chaude, coffre-fort et terrasse privée. Certains disposent même d'une terrasse sur le toit. Accès direct à la mer par une assez belle plage de sable (pas de corail à cet endroit). Sans doute la meilleure adresse du coin à ces tarifs.

Luxe

■ KOH CHANG CLIFF BEACH RESORT

✆ +66 3955 7034

www.kohchangcliffbeach.com

cliffbeach@hotmail.com

Basse saison : 3 000 à 6 0000 B. Haute saison : 4 500 à 9 000 B. Situé au nord de la plage de Kai Bae, cet établissement de charme est particulièrement bien intégré dans un remarquable site naturel. Les bâtiments en dur sont installés dans un parc luxuriant, autour de la piscine et à proximité de la plage. Les bungalows sont perchés à l'écart, en hauteur sur la colline. L'architecture des constructions et l'aménagement des chambres sont très soignés. Deux restaurants. Une deuxième piscine a été aménagée en haut de la colline, à côté du Spa. Des excursions en bateau sont programmées.

■ SEA VIEW RESORT & SPA
10/2 Moo 4, plage de Kai Bae
✆ +66 39 552 888
www.seaviewkohchang.com
En basse saison, chambre à partir de 4 200 B. En haute saison, chambre entre 5 000 B et 13 000 B. Petit déjeuner inclus. Fortes réductions sur internet allant jusqu'à 50%.
Les chambres de ce superbe complexe, situé dans un jardin luxuriant, sont toutes aménagées avec goût et raffinement, et disposent de tout le confort classique requis. Piscine, Spa, salle de sport, restaurant en terrasse et plusieurs bars près de la piscine ou de la mer viennent compléter ce tableau idyllique.

Se restaurer

Le village de Kai Bae s'étant rapidement développé ces dernières années, chacun trouvera à son goût des restaurants et autres gargotes servant de la cuisine thaïlandaise et/ou internationale.

■ CHEZ DAVID
31/19 Moo 4
✆ +66 957 070 063 – dve_be@hotmail.com
Entre le 7/11 et la banque de change orange.
Ouvert de 8h à 20h et fermé le mercredi.

Le petit-déjeuner servi varie selon la formule : il existe plusieurs plateaux : le continental, français, anglais, ou italien (avec de la coppa, gorgonzola..). On vient chez David d'abord car les produits que l'on trouve ici, on ne les trouve nulle part ailleurs sur l'île ! Une multitude de produits « délicatesses », d'origines et importés sont à consommer sur place ou à emporter. On vous sert tous les jambons fumés et secs (de Bayonne, Forêt noire, de Parme) mais aussi les meilleurs salamis italiens. Une trentaine de fromages AOC) pâte dure et molle : Brie de Meaux, crottin de chavignol, reblochon mais aussi vacherin, gorgonzola et parmesan. Pour accompagner le tout, les bières belges ont été finement sélectionnées et les amateurs de Duvel, Leffe, Chouffe ne s'y tromperont pas. Egalement une belle carte de vin et cidre bio. Enfin, les desserts sont tous fait maison avec une mention spéciale pour la tarte aux pommes, la mousse au chocolat belge ou encore le tiramisu ! Vous l'aurez compris, ce restaurant est une excellente alternative à la nourriture locale et le service est très bien rodé.

■ FRIEND SEA FOOD
✆ +66 81 428 3700
Plats entre 120 et 350 B. Ouvert tous les jours de 17h à 22h.
Au milieu du village de Kai Bae (côté gauche de la route quand on vient du Nord). Comme on peut le supposer, choix de poissons et de fruits de mer cuisinés par le chef. Produits de qualité à des prix raisonnables. Service attentionné.

═══ LONELY BEACH (HAT TA NAM) ═══

Lonely Beach, aussi appelée Hat Ta Nam, plus connue sous le nom de Lonely Beach, était à l'origine la partie favorite de l'île pour les *backpackers* et autres voyageurs en quête d'aventure. De nos jours, la « plage isolée » s'est développée en gardant à peu près cet esprit, bien qu'elle suive malgré tout le même modèle touristique de White Sand Beach, avec poussée de resorts et boutiques-hôtels. C'est après avoir quitté Kai Bae par le sud, qu'on y parvient en suivant une route côtière sinueuse au terme d'un dénivelé assez raide. La partie nord de cette baie offre un accès sablonneux à une petite plage de sable pour laisser place ensuite à un rivage de rochers et de mangrove, aux abords duquel se trouve la plupart des commerces.

Se loger

■ SUNSET HUT
Sud de Lonely Beach.
✆ +66 84 86 48 682

Bungalows entre 500 B et 500 B.
Sur un terrain en bord de mer, hébergement au milieu des arbres. Les bungalows sont installés face à la mer, mais celle-ci est rocailleuse et on ne peut s'y baigner.
L'endroit est cependant plaisant. A demeure : restaurant.

■ WARAPURA RESORT
4/3 Moo 1
✆ +66 39 558 123
www.warapuraresort.com
Villas de 1 300 à 2 500 B, selon la taille et la vue. Petit déjeuner inclus. Wi-fi gratuit.
Ambiance branchée et style moderne : plusieurs villas vitrées et en mur blanc sont réparties dans un jardin, avec piscine. Sans doute le plus bel hôtel de Lonely Beach.
Toutes les villas ont un balcon privé, l'eau chaude et l'air climatisé, avec vue sur mer. La plage est à 10 min à pied, mais les commerces sont à proximité. Bon accueil.

GOLFE DE THAÏLANDE – CÔTE EST

Sortir

■ Q

4/35 Moo 1
℅ +66 866 209 375
qkohchang@gmail.com
Sur la route principale.
Ouvert tous les jours de 9h à 2h du matin. Plats entre 60 et 200 B.
Bar-restaurant au style plutôt lounge installé au bord de la route principale. Au menu : de bons plats thaïs et occidentaux servis dans un coin aménagé. Sympa pour boire un verre ou se déhancher quand un DJ de l'île anime l'ambiance tous les lundi et mardi.

Sports – Détente – Loisirs

■ BB DIVERS

Lonely Beach 13/17
℅ +66 861 556 212
www.bbdivers.com
info@bbdivers.com
BB Divers est un centre PADI 5* IDC établi à Koh Chang depuis plus de 10 ans. Envie d'un baptême ou d'une journée de plongée, d'une excursion guidée en masque et tuba ? Vous découvrirez alors le monde aquatique en toute sécurité. L'équipe d'instructeurs et dive masters multilingues et professionnels, s'occupera de vous. Accueil à bord de l'un de leurs 2 bateaux complètement équipés (douche, WC,...). Le *speed boat* quant à lui vous emmènera en sortie exclusive. Loin d'une ambiance usine, BB Divers favorise la convivialité et les petits groupes. Tous les cours

PADI (débutants, confirmés, spécialités) sont disponibles. L'enseigne possède sa propre piscine pour les entrainements. De plus, le matériel est neuf et rigoureusement entretenu. Spécial Epave : excursion-plongée à la découverte de la plus grande épave de Thaïlande (l=100m, prof max +/- 30m), le HTMS Chang !

■ BB GYM

℅ +66 086 155 62 12
www.gymkohchang.com
Tous les jours de 8h à 22h (dernière entrée à 21h).
Pour le corps, l'esprit et l'âme : c'est ainsi que se définit le seul espace bien-être et remise en forme de Lonely Beach. Ce lieu insolite aux goûts du jour est tout sauf une salle de gym classique. Il vous permettra de garder la forme, même en vacances. BB Gym est entièrement ouvert et la partie arrière, surnommée « le jardin », vous plongera au cœur de la forêt tropicale.
Vous y retrouverez tout ce dont vous avez besoin pour poursuivre votre programme sous les cocotiers : tapis de course, poids et haltères, vélos, elliptiques, sac de frappe et bien d'autres instruments sont à votre disposition. Bref, c'est l'endroit rêvé pour tous ceux et celles qui désirent se faire du bien. De plus des cours de yoga sont dispensés tous les jours à 10h sauf le dimanche. Vous bénéficiez de réduction pour de réductions pour 3, 5 ou 10 cours. BB Gym vous donne aussi accès à une piscine, idéal pour se détendre après une session tonique.

BAI LAN

La majeure partie de la plage est désormais occupée par un vaste « resort » qui ne laisse guère d'espace pour la rêverie contemplative. Quelques coins restent encore quasiment sauvages cependant. Il existe encore peu de commerces à cet endroit de l'île.

Se loger

Bien et pas cher

■ SAINT TROPEZ GUESTHOUSE

Moo 4 ℅ +66 80 564 8100
Bungalows en basse saison (entre 500 et 700 B) et en haute (entre 700 et 1000 B). Bungalows familiaux de 1000 à 1600 B jusqu'à 4 personnes (5 si enfants en bas âge).

C'est Bruno, un Français, qui vous accueille dans son paisible établissement situé à 100 m de la plage et à seulement 2 min de Lonely Beach, à coté de nombreux restaurants et bars ! C'est un lieu paisible pour dormir, et la déco est soignée lorsque l'on arrive. La piscine au cœur du jardin tropical est entourée de 10 bungalows dont 3 familiaux. Vous pouvez jouer au billard, ping-pong, ou à la pétanque pour l'apéro ! Bref, une ambiance à la française. Le restaurant La Provence sert des plats traditionnels comme le tartare au couteau, le filet de bœuf, mais aussi de délicieux calamars à la provençale et des poissons au barbecue. En dessert, banane flambée au rhum et nems au chocolat. Pour ceux qui veulent faire des tours et excursions, des balades dans la jungle, des trekkings à dos d'éléphant, ou de la plongée, ils se feront un plaisir de vous renseigner. L'accueil et le service sont en français ! Location de scooters, réservation de tickets de bus et service blanchisserie.

Se restaurer

■ BAILAN BEACH RESORT
37 Moo 1
℡ +66 39 558 173
www.bailanbeach-kohchang.com
Bungalow entre 990 et 1 890 B. Petit déjeuner inclus. Wi-fi gratuit.
Un vaste resort avec des bungalows dispersés un peu partout entre jardin et mer, avec une belle piscine. A demeure : restaurant, massage et location de moto. Tout est fait pour profiter pleinement de son séjour sur l'île.

■ BAILAN INN
Ko Chang Tai ℡ +66 84 913 8353
bailan_inn@bailan-kohchang.com
Compter à partir de 300 B pour un repas.
Ce modeste café-restaurant installé sur le bord de la route est tenu par un Autrichien sympathique du nom de Wolf. Notre homme parle couramment français et se montre d'une grande courtoisie. En plus des spécialités thaïes et autrichiennes, l'établissement propose du vrai café italien et des vins français. Excellent endroit pour une pause déjeuner.

Saint-Tropez
*Guest*house
Bungalows - Restaurant
℡ +66 80 564 8100

BANG BAO

Cette baie est située à l'extrême sud de Koh Chang, côté ouest. Ces rivages dans leur ensemble n'offrent pas de belles plages. Il s'agit plutôt d'une mangrove clairsemée où les zones de sable sont rares et étroites. Mais l'intérêt du secteur est tout autre : Bang Bao est le fief des pêcheurs dont le village sur pilotis est installé à l'abri, au fond de la baie. Des pontons en bois ou en béton permettent de circuler. Il y a là des restaurants et quelques boutiques, où les prix sont parfois surfaits. La plupart des clubs de plongée de l'île ont un local d'accueil sur place pour leurs clients, avant l'embarquement vers Koh Kood ou les îlots environnants. Leurs bateaux sont amarrés au ponton. L'endroit ne correspond plus à l'image romantique que l'on se fait du « bout du monde », mais reste très agréable à découvrir.

Transports

Se déplacer

▶ **Route jusqu'à Bang Bao.** On peut se rendre à Bang Bao sans problème, à moto, en taxi collectif ou en minibus climatisé. Il suffit de suivre la route entièrement bitumée qui longe la côte ouest de Koh Chang.

▶ **Bateau de Bang Bao vers Koh Maak et Koh Kood.**
Bang Bao – Koh Wai – Koh Kham – Koh Mak – Koh Rayang – Koh Kood : départs tous les jours à 9h30, 10h 30 et 12h30. Arrivées respectives à Koh Mak : 10h20, 11h20 et 12h50. Et Koh Kood : 11h20, 12h20 et 13h50.

Pratique

On trouve au village même de Bang Bao des distributeurs bancaires et un supermarché pour les derniers achats avant une sortie en mer (penser aux coups de soleil et à la déshydratation).

Se loger

■ REMARK PU-ZI HUT
℡ +66 39 558 116
www.remarkpuzi.com
remarkpuzihut@yahoo.co.th
Bungalows face à la mer à 800/900 B selon la saison ; bungalows en dortoir 450/550 B. Wi-fi gratuit.

Etablissement composé d'un ensemble de bungalows rustiques, en bambou, alignés sur un terrain avec pelouse en bord de mer, juste derrière le village de pêcheurs. Chaque bungalow est pourvu d'un cabinet de toilette basique, de l'eau chaude, d'un ventilateur et d'une moustiquaire. Tarifs un peu surfaits compte tenu des installations sommaires, mais l'entretien est correct et l'endroit a son charme. Activités de pêche ou excursions en kayak proposées.

■ **BANG BAO PARADISE HOMESTAY**
41 Moo 1, Ponton du village de Bang Bao
✆ +66 88 83 80040
Bungalows à 500 B.
Petits bungalows de charme installés sur un ponton, au beau milieu du village sur pilotis. Les chambres sont mignonnes mais pas très bien isolées. Salle de bains commune. Cette adresse est intéressante pour obtenir des renseignements sur le transport en bateau pour accéder aux îles Koh Maak et Koh Kood.

■ **NIRVANA RESORT**
12/4-5 Moo 1, Bang Bao
✆ +66 39 558 061
www.nirvanakohchang.com
Basse saison de 2 000 à 7 000 B ; haute saison de 3 500 à 10 000 B. Offres promotionnelles sur le site Internet. Petit déjeuner inclus. Wi-fi gratuit.
Cet établissement de grand standing se trouve au fond de la baie, juste avant d'arriver au village de Bang Bao. Il comprend un ensemble de pavillons aux toits vernissés, dispersés dans un parc ombragé luxuriant. Les chambres sont spacieuses et impeccablement tenues. Décoration sobre et éclairages étudiés. L'une des deux piscines est située au milieu des arbres dans un endroit charmant. Le restaurant Tantra est installé sur un ponton au bord de mer, et bien qu'il n'y ait pas de grande plage de sable à cet endroit, la vue sur la baie de Bang Bao est magnifique.

Se restaurer

Plusieurs restaurants de fruits de mer sont installés sur les pontons du village de pêcheurs. En voici un, que nous apprécions tout particulièrement.

■ **RUAN THAI SEA FOOD**
19/2 Moo 1
✆ +66 87 000 1662
✆ +66 89 833 5117
Premier restaurant que l'on trouve sur le ponton d'accès au « village ».
Plats entre 120 et 350 B.
Ici, pas de doutes, vos fruits de mer seront frais ! Vue sur la baie et les bateaux au mouillage. Des explications intéressantes en différentes langues, et notamment en français, sont données dans le menu. Sans doute le meilleur rapport qualité-prix du coin, et le meilleur pour déguster des fruits de mer sur l'île.

Sports – Détente – Loisirs

Sports – Loisirs

■ **BB DIVERS**
Koh Chang
✆ +66 39558040
✆ +66 861292305
www.bbdivers.com
info@bbdivers.com
Les deux shops sont situés sur la droite. C'est ici que se trouve le bureau principal de cette compagnie très bien implantée sur l'île et sa région depuis de nombreuses années. C'est un centre PADI 5* IDC. Vous avez ici accès à tous les programmes PADI, du baptême au Divemaster. Le centre est composé de Divemasters et d'instructeurs internationaux et francophones. Vous trouverez tout dans votre langue : des livres aux cours. On sait vous recevoir comme il se doit, et la sécurité est le maître mot. Ce centre est ouvert tous les jours pour des excursions en plongée scaphandre ou palmes-masque-tuba afin de vous faire découvrir la beauté et la diversité des paysages sous-marins de Koh Chang, Koh Mak, Koh Kood, et Koh Rang, le parc maritime le plus grand de Thaïlande. Les sorties se font en bateau avec tout le confort nécessaire (douche, WC...). Ils optent aussi pour les petits groupes et l'ambiance famille et le matériel est vérifié très régulièrement pour le confort de tous. Une très bonne adresse.

SALAK PHET

Encore peu développée touristiquement – en raison de la mangrove omniprésente –, cette baie se trouve au sud est de Koh Chang où elle forme une profonde échancrure. Le panorama offre un charme certain et le contraste avec le littoral ouest de l'île est saisissant. Le village de Salak Phet est installé au fond de la baie. La route bitumée se poursuit le long du rivage ouest jusqu'à un autre village de pêcheur – Ruang Tan – où l'on trouve certaines infrastructures touristiques. Par ailleurs, une belle plage – « Long Beach » – se situe sur le rivage est : le chemin de terre de plusieurs kilomètres qui permettait d'y accéder est désormais remplacé par une route en béton qui serpente à travers les collines. Pour l'aspect historique, un mémorial se trouve à la pointe sud de Koh Chang.

ISLAND VIEW RESORT
Village de Ruang Tan ✆ +66 89 155 2669
www.islandviewresort-kohchang.com
islandviewresort@web.de
Chambre climatisée de 900 à 1 300 B.
Mini-marina – appontement pour voiliers de
plaisance – installée au milieu de cette magnifique baie située au sud-est de Koh Chang.
Des chambres climatisées, tout confort, et un
petit restaurant terrasse se trouvent également
aménagés sur le ponton même. Piscine à
demeure. Un endroit idéal pour amarrer
son voilier avant d'entreprendre la visite de
l'archipel de Koh Chang. Activités nautiques :
voile, hobie cat, kayak, excursions dans les îles
voisines.

KARANG BAY VIEW RESORT
Baie de Salak Phet, rivage est
✆ +66 2222 9999
info@kohchangkarang.com
A l'extrémité de la route bitumée, suivre un
chemin de terre sur 300 m environ.
Bungalows entre 600 et 2 500 B.
Des bungalows en bambou, de tailles diverses
sont installés dans un domaine privé, au bord
du rivage, au beau milieu d'une cocoteraie.
L'endroit est calme et vraiment charmant. Un
endroit discret pour « se mettre au vert » !

SALAK PHET SEAFOOD & RESORT
Village de Ruang Tan
www.kohchangsalakphet.com
kohchangsalakphet@yahoo.com
Chambres de 2 200 B à 5 200 B.
Cet établissement est situé à l'extrémité
sud-ouest de la route qui aboutit à la baie
de Salak Phet, à proximité immédiate du

parking. Location de chambres climatisées,
très confortables, intéressantes à condition d'y
loger 4 personnes. Le restaurant, agréablement
installé sur le vaste ponton ombragé, propose
des spécialités de poisson provenant des viviers
attenants, alimentés par la pêche locale.

KOH MAAK

Cette charmante petite île de 16 km² est située au
sud de Koh Chang, à environ une heure et demie
de Trat. Elle se trouve à peu près à mi-distance
entre Koh Chang et Koh Kood et jouit encore d'un
caractère discret et décontracté. Elle possède
quelques montagnes et s'y trouvent des plantations de noix de coco et de caoutchouc.

Transports
En bateau (ces trajets et horaires sont susceptibles de changer en basse saison, se renseigner
au préalable) :

▸ **Trat (embarcadère de Laem Ngop) – Koh
Maak en ferry** : départ tous les jours aux
alentours de 15h, arrivée vers 17h40. Dans le
sens inverse, départ de Koh Maak à 8h.

▸ **Trajet en ferry Koh Chang – Koh Wai – Koh
Kham – Koh Maak – Koh Kood** : départ à

9h, arrivée à Koh Maak à 10h50, à Koh Kood
à 12h.

▸ **Trajet similaire en *speedboat*** : départs
de Koh Chang à 9h30, 10h30 et 12h, arrivées
respectives à Koh Maak à 10h20, 11h20 et 12h50.

▸ **Trajet Koh Kood – Koh Rayang – Koh Maak –
Koh Wai – Koh Chang** : départs à 9h, 10h30 et
12h. Arrivée à Koh Maak à 10h, 11h30 et 13h.

BANG BAO BOAT
Ko Chang Tai ✆ +66 87 054 4300
*Koh Chang – Koh Wai 400 B. Koh Chang – Koh
Kham 550 B. Koh Chang – Koh Kood 900 B.
D'autres infos tarifs sur le site internet.*
La seule compagnie à assurer des liaisons
régulières entre Koh Chang et les îles voisines.
Dispose de ferries en bois ou de *speedboats*
plus modernes, tous fiables.

Se déplacer

L'île peut facilement s'explorer à pied ou en bicyclette. Des locations de motos sont également proposées à 400 B la journée.

Pratique

Le transport en basse saison peut s'avérer problématique, en raison des conditions météo (pluie et coups de vent) : les navettes sont donc moins fréquentes. Les touristes devenant rares, certains établissements ferment.

Se loger

La majorité des logements sont situés dans le nord-ouest et le sud-ouest de l'île, là où les plages sont les plus belles. La plupart des resorts concentrent l'activité touristique : ils organisent des excursions sur les îles alentour, possèdent des restaurants et disposent d'une connexion Internet.

■ BIG EASY

7/2 Moo 1, Tombol Koh Maak
✆ +66 86 903 9247
www.bigeasykohmak.com
bigeasykohmak@gmail.com
En haute saison, bungalow climatisé à partir de 2 500 B. 50 % de remise en basse saison. Petit déjeuner inclus. Wi-fi gratuit.
Sur l'une des plus belles plages de l'île, le Big Easy jouit d'une excellente réputation. Et il est aisé de comprendre pourquoi : les six bungalows de style traditionnel sont superbes et d'une propreté impeccable, le personnel est souriant et attentif, et le restaurant est sans doute ce qui se fait de mieux sur l'île. Une adresse accueillante et reposante, très recommandée.

■ KOH MAK COCOCAPE

1/8-1/9 Moo 2
Tombol Koh Maak ✆ +66 81 915 0323
www.kohmakcococape.com
cocobooking@yahoo.com
Haute saison : bungalows ventilés de 900 à 1 980 B ; climatisés de 2 250 à 9 000 B. 50 % de réduction en basse saison. Petit déjeuner inclus en haute saison. Wi-fi gratuit.
Parmi les adresses les plus luxueuses de l'île, cet endroit de charme se trouve non loin du débarcadère, au nord-ouest. Les bungalows de style rustique, avec toit de palme, sont dispersés au milieu des cocotiers à proximité du rivage. La terrasse du restaurant, sur pilotis, domine l'étendue de la plage. Activités proposées : planche à voile ; plongée avec palme-masque-tuba ; excursions à vélo ; tir à l'arc. Piscine à disposition. Massage à demeure.

■ MONKEY ISLAND RESORT

63/6 Ao Khao
Tombol Koh Maak ✆ +66 89 501 6030
www.monkeyislandkohmak.com
info@monkeyislandkohmak.com
Bungalows ventilés à 600 B sans petit déjeuner, 1 100 B avec. Bungalows climatisés à 1 500 B. En bord de plage à 1 800 B. Petit déjeuner inclus. Wi-fi gratuit.
Situé sur la baie de Tukata, au sud-ouest de Koh Maak. Les bungalows, construits à partir de matériaux naturels et décorés grâce à l'artisanat local, se fondent dans l'environnement : une belle plage de sable frangée de palmiers. Le restaurant Monkey Shack propose une cuisine aussi bien occidentale que thaïlandaise, avec un savoir-faire particulier pour les poissons et fruits de mer. Le bar, Orang Utan, offre un espace de détente avec musiques d'ambiance et boissons fraîches.

Sports – Détente – Loisirs

■ BB DIVERS KOH MAK

✆ +66 092 602 22 60
BB Divers Koh Mak est un centre de plongée PADI installé à Koh Mak depuis 2013. C'est une filiale de BB Divers, centre PADI 5* IDC, établi à Koh Chang depuis plus de 10 ans. Tous les programmes PADI, du baptême au Divemaster, sont donnés par une équipe composée de Divemasters locaux et d'instructeurs internationaux et multilingues. Ils vous recevront comme il se doit, en toute sécurité, tous les jours pour des excursions en plongée scaphandre ou palmes-masque-tuba afin de vous faire découvrir la beauté et la diversité des paysages sous-marins de Koh Mak, et parfois de Koh Rang, le parc maritime le plus grand de Thaïlande. Les sorties se font en *speedboat*. Tout le matériel est neuf et rigoureusement entretenu plusieurs fois par an. BB Divers Koh Mak privilégie les petits groupes et l'ambiance famille, loin de l'esprit usine que d'autres centres ont parfois.

KOH KOOD

Il s'agit de la seconde plus grande île de l'archipel, située plein sud par rapport à Koh Chang. Le développement touristique y est encore plutôt faible et certains endroits de l'île, faute de route, ne sont accessibles que par bateau. La meilleure période pour y séjourner s'étend de fin octobre à mars quand les pluies sont plus rares et les températures plus fraîches. Mais il ne pleut pas en permanence pendant la mousson et un séjour peut être envisagé à moindres frais. Une île très calme toute l'année, pour se détendre et se reposer.

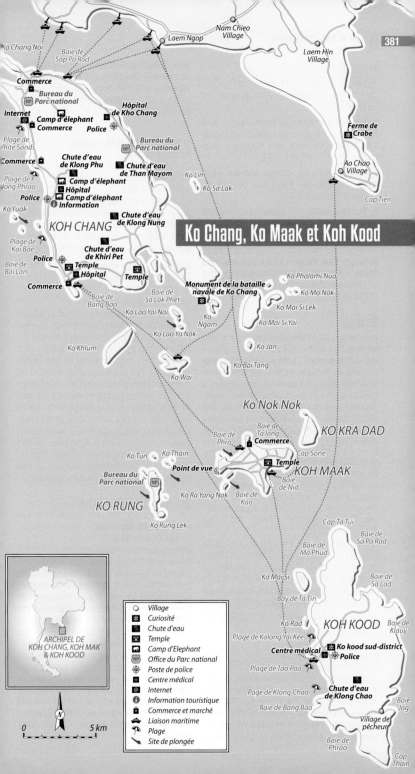

Ko Chang, Ko Maak et Koh Kood

KOH CHANG

Ko Chang Noi

Baie de Sap Pa Rod

Laem Ngop

Nam Chieo Village

Laem Hin Village

Commerce

Bureau du Parc national

Internet @

Camp d'éléphant

Commerce

Hôpital de Kho Chang

Police

Ferme de Crabe

Plage de White Sands

Commerce

Bureau du Parc national

Chute d'eau de Klong Phu

Chute d'eau de Than Mayom

Ko Lim

Ao Chao Village

Plage de Long Phrao

Camp d'éléphant

Hôpital

Ko Sa Lak

Cap Tien

Police

Camp d'éléphant

Information

Ko Yuak

KOH CHANG

Chute d'eau de Klong Nung

Plage de Kai Bae

Chute d'eau de Khiri Pet

Police

Temple

Ko Phalami Nua

Baie de Bai Lan

Hôpital

Temple

Monument de la bataille navale de Ko Chang

Ko Mo Nok

Commerce

Baie de Sa Lak Phet

Ko Mai Si Lek

Baie de Bang Bao

Ko Lao Yai Nai

Ko Ngam

Ko Mai Si Yai

Ko Lao Ya Nok

Ko Jan

Ko Khlum

Ko Bai Tang

Ko Wai

Ko Nok Nok

Baie de Ta long

KO KRA DAD

Baie de Phra

Commerce

Cap Sone

Ko Tun

Ko Thain

Point de vue

Temple

KOH MAAK

Bureau du Parc national

Ko Ra Yang Nok

Baie de Kao

Baie de Nid

KO RUNG

Ko Rung Lek

Cap Ta Tui

Baie de Sa Pa Rod

Baie de Ma Phud

Baie de Sa Lad

Ko Mai Si

Bay de Ta Tin

KOH KOOD

Baie de Klauy

Ko Rad

Plage de Kolong Yai Kee

Ko kood sud-district

Centre médical

Police

Plage de Tao Pao

Page de Klong Chao

Chute d'eau de Klong Chao

Baie de Bang Bao

Baie de Jag

Baie de Phrao

Village de pêcheur

Cap Thain

ARCHIPEL DE KOH CHANG, KOH MAK & KOH KOOD

Symbole	Légende
○	Village
✳	Curiosité
❊	Chute d'eau
⛩	Temple
🐘	Camp d'Eléphant
NP	Office du Parc national
◉	Poste de police
✚	Centre médical
@	Internet
ⓘ	Information touristique
🏠	Commerce et marché
⚓	Liaison maritime
⚑	Plage
↘	Site de plongée

0   5 km

N

Transports

En bateau (ces trajets et horaires sont susceptibles de changer en basse saison, se renseigner
au préalable) :

▶ **Trat (embarcadère de Laem Ngop) – Koh
Kood :** départ tous les jours aux alentours de
13h, 1 heure de trajet, 600 B. Dans le sens
inverse, départ de Koh Kood à 10h.

▶ **Trajet en ferry Koh Chang – Koh Wai – Koh
Kham – Koh Maak – Koh Kood** : départ à 9h,
arrivée à Koh Kood à 12h.

▶ **Trajet similaire en *speedboat*** : départs
de Koh Chang à 9h30, 10h30 et 12h, arrivées
respectives à Koh Kood à 11h20, 12h20 et
13h50.

▶ **Trajet Koh Kood – Koh Rayang – Koh
Maak – Koh Wai – Koh Chang** : départs à
9h, 10h30 et 12h. Arrivée à Koh Chang à 11h,
12h30 et 13h50.

Se loger

Cinq belles plages sont dispersées sur la côte
ouest de l'île. C'est là que se trouvent la plupart
des établissements, face au soleil couchant.
D'une façon générale, les prix de l'hébergement
sont très élevés à Koh Kood, les premiers à
s'installer sur l'île étaient en effet des resorts
destinés à la classe aisée thaïlandaise. Des
hébergements plus modestes ont cependant
récemment ouvert leurs portes aux touristes
de tous pays.

■ **KLONG JAO RESORT**
Ao Klong Chao
www.kokood.com/Klong_Jao_Resort
*Haute saison : Bungalows ventilés à 750 B ;
climatisés de 1 200 à 1500 B. Basse saison :
respectivement 600 B et de 100 à 1 200 B. Petit
déjeuner inclus.*
Ces bungalows sont installés sur la baie de
Klong Chao, secteur sud. D'aspect rustique,
ils se fondent très bien dans le paysage, au
bord de la mangrove. L'effet est charmant. La
plupart des chambres sont climatisées. Seuls
deux bungalows, en fait, sont ventilés.

■ **KOH KOOD RESORT**
45 Moo 5, Ao Bang Bao
✆ +66 87 026 5515
www.kohkoodresort.in.th
info@kohkoodresort.in.th
*Basse saison : bungalow entre 700 et
1 200 B, saison « verte » entre 1 00 et 1900 B,
haute saison entre 1 400 et 2 500 B. Offres
promotionnelles sur le site Internet. Wi-fi gratuit.*
Etablissement remarquable dont les bungalows
sont alignés au bord d'une longue plage de

sable frangée de cocotiers. Certains pavillons
de charme, avec terrasse ombragée, sont
dispersés au milieu des arbres dans un jardin
verdoyant. Les chambres sont pour la plupart
climatisées et confortables, aménagées avec
goût.

■ **MARK HOUSE BUNGALOWS**
Ao Klong Chao
✆ +66 86 133 0402
www.markhousebungalow.com
Tarifs : 400 à 600 B.
L'exception qui confirme la règle au niveau des
prix… Petits bungalows rustiques installés au
niveau de la baie de Klong Chao, à proximité
d'une mangrove. A ces tarifs-là, les bungalows
sont ventilés, bien entendu. L'endroit est sympa.

■ **SHANTAA KOH KOOD**
20/3 Moo 2, Ao Tapao
✆ +66 81 566 0607
info@shantakohkood.com
*Villa à 3 500 B en basse saison, et jusqu'à
6 000 B en très haute saison. Petit déjeuner
inclus. Accès gratuit mais limité à Internet.*
Superbe établissement familial, doté de villas
décorées avec raffinement et de jolis jardins
manucurés. Pas de piscine, mais on est ici les
pieds dans l'eau. *Shantaa* signifie « tranquillité »
en langue hindi, et vous aurez vraiment tout loisir
de décompresser et de recharger vos batteries
dans cette oasis de calme et de verdure. Les
villas sont par ailleurs équipées de tout le confort
moderne (hormis la télé !), et le restaurant sert
une délicieuse cuisine traditionnelle. Pour les
amoureux ou les voyageurs en quête de paix
intérieure et de communion avec la nature.

Sports – Détente – Loisirs

■ **BB DIVERS KOH KOOD**
✆ +66 08 222 06 002
www.bbdivers-koh-kood.com
Filiale de BB Divers, centre PADI 5* IDC, établi
à Koh Chang depuis plus de 10 ans. Tous les
programmes PADI, du baptême au Divemaster,
sont donnés par une équipe composée de
Divemasters et d'instructeurs internationaux.
Il vous reçoivent comme il se doit, en toute
sécurité, tous les jours pour des excursions
en plongée scaphandre ou palmes-masque-
tuba afin de vous faire découvrir la beauté
et la diversité des paysages sous-marins
de Koh Kood, et parfois de Koh Rang, le
parc maritime le plus grand de Thaïlande.
Les sorties se font en bateau avec tout le
confort nécessaire (douche, wc…). Ils optent
aussi pour les petits groupes et l'ambiance
famille.

GOLFE DE THAÏLANDE –
CÔTE OUEST

Langue de sable à Koh Tao.
© MAXIME DRAY

CÔTE NORD-OUEST

Cette région côtière s'étend au sud-ouest de Bangkok, de Phetchaburi en suivant le littoral du golfe de Thaïlande jusqu'à la frontière de Malaisie, à proximité de Narathiwat. Elle comprend des cités balnéaires assez proches de Bangkok, comme Cha Am, Hua Hin… et plusieurs îles bien connues : Koh Samui, Ko Pha Ngan et Koh Tao, accessibles en bateau à partir de Chumphon ou de Surat Thani. Le climat du golfe de Thaïlande est assez différent de celui de la côte d'Andaman. La mousson y est décalée de plusieurs mois. Dans les îles, les précipitations se produisent de fin septembre à début décembre et aussi en avril, à un niveau moindre.

Au sud de la Thaïlande, Hat Yai est une capitale économique très active. A l'extrême sud du pays, les provinces de Yala, Pattani et Narathiwat se rapprochent de la Malaisie voisine sur le plan culturel : elles formaient autrefois un royaume qui s'étendait des deux côtés de la frontière. On remarquera que les villes qui s'échelonnent du nord au sud le long de cette côte sont desservies par la ligne de chemin de fer qui relie Bangkok à Kuala Lumpur.

LE LONG DE LA CÔTE

PHETCHABURI

Phetchaburi est l'une des plus vieilles villes de Thaïlande. Cité royale datant du VIIIe siècle, ville de temples, Phetchaburi, la Bouddhiste, est une étape de choix pour ceux qui aiment les vieilles pierres et les découvertes historiques. A mi-chemin entre Bangkok et Hua Hin, Phetchaburi ne compte pas moins d'une vingtaine de *wat*, ou temples, éparpillés dans son agglomération assez méconnue des Occidentaux. Les locaux désignent aussi cette ville par son appellation abrégée : Phetbuni.

Transports

▶ **Train.** Le voyage est assez agréable, mais un peu plus long que le bus : à entreprendre donc, si vous n'êtes pas trop pressé… Depuis la gare de Bangkok (Hua Lamphong), 10 départs sont échelonnés de 8h05 à 22h50 (3 heures de trajet). Connexions pour Hua Hin et Surat Thani. Depuis la gare de Bangkok (Thonburi), seuls des trains de 3e classe partent.

▶ **Bus.** A partir de Bangkok (Thonburi), bus réguliers et 2 heures 30 de route. Depuis Hua Hin 66 km, également des départs réguliers pour 1 heure 30 de route.

Pratique

■ **OFFICE DE TOURISME (TAT)**
500/51 Thanon Phetkasem
✆ +66 34 471 005
tatphet@tat.or.th
Bureau également responsable de Ratchaburi.

Se loger

■ **CHOM KLAO HOTEL**
1 Thanon Te Wiat
✆ +66 32 425 398
Chambres de 200 à 300 B.
Cet petit hôtel chinois se trouve sur la rive droite de la rivière Phetchaburi, à côté du pont Chom Klao. Les 24 chambres sont ventilées, la plupart ont un cabinet de toilette. Les chambres sont acceptables et les plafonds étant assez hauts, il ne risque pas de faire trop chaud. Comme il n'y a pas de restaurant sur place, on peut se rendre à la guesthouse voisine, Rabieng Rim Nam.

■ **KHOW WANG HOTEL**
123 Thanon Ratwithi
✆ +66 32 425 167
Chambres ventilées à 200 B ; chambres climatisées à 350 B.
Situé près de la colline de Khao Wang, cet établissement reste modeste et sans grand charme. Les chambres climatisées sont néanmoins confortables. L'entrée de l'hôtel se trouve dans le couloir d'accès à la cour servant pour le stationnement. Petit restaurant à demeure, servant les petits déjeuners.

■ **ROYAL DIAMOND**
555 Moo 1, Thanon Phetkasem
✆ +66 32 411 061
www.royaldiamondhotel.com
servicemind@royaldiamondhotel.com
Chambres de 800 à 1 000 B. Offres promotionnelles sur le site Internet. Petit déjeuner inclus. Wi-fi gratuit.
Cet établissement excentré se trouve non loin de la voie express. L'hôtel compte une cinquan-

taine de chambres confortables, toutes avec air conditionné, eau chaude et poste de télévision, dont certaines ont vue sur le massif boisé de Khao Wang. Restaurant sur place. Un des rares hôtels de sa catégorie en ville.

Se restaurer

▌ **A noter** : Deux marchés de nuit en ville, endroits populaires et animés comme on en trouve en province. L'un se trouve en plein centre-ville, à côté de l'horloge. L'autre dans la rue qui conduit à la gare ferroviaire. Les petites échoppes aux odeurs envoûtantes s'ouvrent en fin d'après-midi.

■ RABIENG RIM NAM GUESTHOUSE
1 Thanon Chisa-In
✆ +66 32 425 707
Compter 40 à 120 B pour un plat à la carte.
Sur la rive gauche de la rivière Phetchaburi et juste à côté du pont Chom Klao, en plein centre-ville, ce restaurant traditionnel en bois, dégage un charme certain : les fenêtres ouvrent directement sur la rivière Phetchaburi, et la décoration donne l'impression de faire un bond en arrière de 40 ans : musique d'ambiance et photos de chanteurs célèbres. Spécialités thaïes à des prix défiant toute concurrence.

À voir – À faire

■ CENTRE VILLE
Le centre-ville de Petchaburi vaut la peine que l'on s'y attarde pour une petite promenade. Les traces historiques de l'occupation khmère y sont encore vivaces, avec la présence de nombreux temples. La rivière est également un point névralgique dans la ville : c'est là qu'on s'imprègne le mieux de son charme suranné, avec ses petites échoppes, ses restaurants aux couleurs bigarrées et aux étals remplis de marchandises éclectiques. L'occasion d'une pause shopping pour découvrir l'artisanat de la région.

▌ **Ne pas manquer le Prat Blanc** construit au XIVe siècle, avec son Bouddha qui trône fièrement dans la cour intérieure.

▌ **Le Wat Yai Suwannaram**, à 1 km à l'est de la ville, possède de belles peintures murales vieilles de 300 ans, ainsi que des portes en bois magnifiquement sculptées.

■ PARC NATIONAL DE KAEN KRACHAN
✆ +66 32 511 147 / +66 32 532 433
Ouvert de 8h30 à 16h30. Tarif d'accès touristes : 200 B.
Ce parc national est le plus grand du royaume. Il couvre près de 300 km². Faune et flore très diversifiées. S'étendant le long de la frontière birmane, ce territoire offre tous les types de relief : montagnes, vallées, forêts, chutes d'eau, grottes, lacs, rivières y forment un véritable sanctuaire sauvage. Outre les inévitables macaques, on peut y observer des éléphants, des gibbons, des écureuils volants, des tapirs, des ours d'Asie et, avec beaucoup de chance, des tigres, qui ont trouvé ici l'un de leurs ultimes refuges.
Une randonnée de 6h (A/R) permet de rejoindre les chutes Thor Thip, de beaux panoramas en perspective. Le parc offre d'ailleurs pour cela des paysages très variés. On passe des chutes d'eau aux grottes, des montagnes (le phanoeng thung culmine à 1 207 m) aux forêts et au lac. Des pluies abondantes arrosent le parc de juin à octobre (attention au paludisme), et un énorme réservoir a été aménagé pour irriguer, tout au long de l'année, une grande partie de la péninsule.

▌ **Pour loger dans le parc national,** on peut planter sa tente (moyennant un loyer modique) ou dormir dans un des bungalows basiques aménagés en dortoirs ou bien louer une chambre plus confortable au Kaen Krachan Riverside (informations au +66 31 461 244).

Les immanquables de la côte nord-ouest du golfe de Thaïlande

▌ **Visiter les temples de Phetchaburi,** porte d'accès au parc naturel de Kaen Krachan.

▌ **Farniente à Cha Am et Hua Hin,** stations balnéaires non loin de Bangkok.

▌ **Goûter le calme de Bang Saphan,** enserrée entre le golfe de Thaïlande et les contreforts birmans.

▌ **Découvrir les fonds sous-marins de Koh Tao,** petit paradis de la plongée, accessible directement depuis Chumphon.

▌ **Bronzer sur les plages** de Koh Samui ou Koh Pha Ngan.

▌ **Découvrir Hat Yai et Songkhla,** villes méridionales sous influence malaise.

■ PHRA NAKORN KHIRI

A 2 km du centre ville
Ouvert de 8h à 16h30. Entrée : 40 B. Funiculaire : adultes 70 B, enfants 30 B.
Le palais est construit sur une hauteur qui domine la ville à l'ouest : Khao Wang, ou la colline du Palais. Un temple se trouve à l'autre extrémité de cette colline boisée. C'est en 1858 que le roi Rama IV fait construire ce palais où il s'adonnait aux joies de l'astronomie, sa passion. Le bâtiment possède divers styles architecturaux : thaï, chinois et occidental. Le panorama vaut le détour. Des singes occupent le territoire : ils sont ici chez eux, et il vaut mieux faire attention à ses affaires.

■ WAT KUTI

Tambon Bang Khem, Amphoe Khao Yoi
Ouvert de 6h à 17h.
Le temple est situé à Bang Khem, au nord du district de Khao. Il abrite une salle d'ordination bouddhiste vieille de 150 ans entièrement réalisée en bois de teck sculpté. Les surfaces extérieures représentent des scènes de la vie de Bouddha.

Visites guidées

■ ECO FRIENDLY TRIPS RABIENG RIMNUM JUNGLE TOUR

1 Thanon Shesrain
✆ +66 32 425 707 – rabieng@gmail.com
En tant que guide expérimenté, « Tom » – Chamlong Vilailert – se charge de vous mener pendant quelques jours dans la réserve naturelle voisine de Kaen Krachan, l'un des derniers sanctuaires sauvages de Thaïlande. Emergence de l'écotourisme en Thaïlande ! Prendre contact à l'avance et éviter si possible la saison des pluies.

CHA'AM ⭐

Cette station balnéaire, située à une quarantaine de kilomètres au sud de Petchaburi, possède de belles plages bordées de filaos, où les habitants de la capitale viennent nombreux se détendre le week-end. D'où une certaine animation sur le littoral et ses abords. Les touristes occidentaux, concentrés sur Hua Hin, restent minoritaires à Cha'Am, même si de plus en plus de gogo bars ont ouvert ces dernières années. La petite ville, proche du parc de Kaen Krachan, mérite bien plus qu'une étape.

Transports

Bus

▶ **Depuis la gare routière de Bangkok** (Thonburi – Southern Bus Terminal), des bus de 1re classe partent à peu près toutes les heures et demie, entre 6h20 et 19h20 (3 heures de trajet). En sens inverse, les bus quittent Cha Am entre 6h30 et 18h30. Comptez environ 150 B dans les deux sens.

▶ **Depuis Hua Hin**, prendre un bus en direction de Petchaburi, en précisant l'arrêt à Cha Am. La station de bus se trouve sur Thanon Liap Thang Rot Fai (non loin de la gare ferroviaire). Le trajet dure à peu près 30 min et coûte environ 30 B.

Train

Plusieurs départs quotidiens de Bangkok. Les paysages sont assez agréables. Départ depuis la gare de Thonburi (rive droite Chao Phraya) ou de Hua Lampong. Vérifiez les horaires à l'avance.

Pratique

■ OFFICE DE TOURISME (TAT)

500/51 Thanon Phetkasem (voie express)
✆ +66 32 471 005
tatphet@tat.or.th
Ouvert de 8h30 à 16h30.

■ POSTE

Thanon Ruamchit
Sur le front de mer
Ouvert du lundi au vendredi de 8h à 18h.
C'est le bureau de poste principal. Le central de téléphone international attenant reste ouvert jusqu'à 20h.

Se loger

Bien et pas cher

■ CHA AM VILLA BEACH HOTEL

241/1 Thanon Ruamchit
✆ +66 32 471 595
www.chaamvillahotel.com
chaamvilla@hotmail.com
Chambres à partir de 500 B. Wi-fi gratuit. Piscine.
Plusieurs bâtiments pour cet hôtel, qui a déjà vu passer un grand nombre de touristes... Si la décoration n'est pas des plus jeunes, l'intérieur est tout de même propre et confortable. A deux pas de la mer.

■ MAGIC HOUSE

241/62 Thanon Ruamchit
✆ +66 32 433 093
Chambres entre 600 et 1 500 B, toutes avec A/C. Wi-fi gratuit.
Ce petit hôtel se trouve sur le front de mer, à gauche de l'hôtel Kaen Krachan. Les chambres sont assez spacieuses et plutôt confortables, celles sans vue sur la mer sont cependant à peine éclairées par la lumière du jour.

Côte ouest – Golfe de Thaïlande

MYANMAR
(BIRMANIE)

GOLFE DE
THAÏLANDE

MER
D'ANDAMAN

MALAISIE

Ban Laem
PHETCHABURI
Barrage de
Kaeng Krachan
PHETCHABURI
Khao Loi
Cha-am
Parc national de
Kaeng Krachan
Hua Hin
Pranburi
Kuiburi
Barrage de
Pram Buri
Parc national de
Khao Sam Roi
PRACHUAP KHIRI KHAN
PRACHUAP KHIRI KHAN

Thap Sakae
Bang Saphan Noi
Koh Wiang
CHUMPHON
Tha Sae
CHUMPHON
Kraburi
Koh Mattara
Sawi
Koh Kula
Koh Tao
RANONG
RANONG
Lang Suan
Parc national de
Mu Koh Ang Thong
Thong Sala
Koh Pha-Ngan
Kapoe
Parc national de
Kaeng Krung
Tha Chana
Nathon
Plage de Hat Rin
Plage de Chaweng
Khuraburi
Chaiya
Don Sak
Koh Samui
Lac de
chiaw Lam
Ao Ban Don
Koh Taen
akua Pa
Parc national
de Khao Sok
**SURAT
THANI**
Khanom
Phanom
SURAT
THANI
Parc national de
Tai Romyen
Sichon
NAKHON
SI THAMMARAT
HANG-NGA
Na Daem
Tha Sala
Ao
Nakhon
Parc national de
Khao Luang
PHANG-NGA
Chawang
**NAKHON SI
THAMMARAT**
Pak Phanang
KRABI
KRABI
Phra Phom
HUKET
Koh Yao Yai
Hua Sai
PHUKET
Khlong Thom
Parc national de
Khao Pu - Khao Ya
Wang Wiset
Thaleh
Luang
Koh Lanta
PHATTALUNG
Chedi Ngam
TRANG
TRANG
Sathing Phra
PHATTALUNG
Koh Talibong
Rattaphum
SONGKHLA
MER
D'ANDAMAN
SATUN
HAT YAI
PATTANI
Chana
Koh Tarutao
SATUN
Parc national de
Khao Nam Khang
PATTANI
Saiburi
YALA
NARATHIWAT
YALA
Parc national
de Budo Sangai Padi
Tak Bai
NARATHIWAT

0   80 km

Confort ou charme

■ CHA'AM PERFECT HOUSE
234/75-79 Thanon Narathip
℘ +66 32 433 918
Tarifs de 500 à 800 B.
Cet établissement est situé juste à côté du bureau de la compagnie de bus. Les chambres sont relativement confortables et bien équipées, avec douche et TV câblée. Le front de mer se trouvant à 200 m, il est néanmoins tentant d'aller voir ailleurs. Une bonne adresse toutefois.

■ NANA HOUSE
208/3 Thanon Ruamchit
℘ +66 32 433 632
www.nanahouse.net
Chambre standard à partir de 1 500 B. Mini-suite avec terrasse à partir de 1 800 B. Petit déjeuner inclus. Wi-fi gratuit.
L'ensemble est mignon et d'une propreté impeccable et si l'on choisit l'une des suites, la terrasse privative sur le toit offre un joli panorama sur la mer.

■ THE BEACH CHA AM GUESTHOUSE
234/29-33, Soi Sathani Khonsong (ex Soi Bus Station)
Cha-am, Cha-am District, Phetchaburi
℘ +66 32 898 276
A partir de 600 THB par nuit (chambre standard). Lounge bar & restaurant. Climatisation, TV écran plat et câblé, minibar. Wi-fi gratuit.
Entièrement rénovée en 2015, cette jolie petite guesthouse où l'on parle français, se trouve à moins de 100 mètres de la plage. Certaines chambres, 25 au total, posèdent un balcon avec vue sur mer. Il en existe de plusieurs types, double, triple ou familiale. Climatisation, laverie, salle de télévision, accueil 24/24h, café et thé à disposition en libre service, wi-fi... Petit déjeuner sur demande. Restaurants et bars aux alentours, mais les environs ne sont pas bruyants. Principalement fréquentés par des touristes thaïlandais, vous découvrirez à Cha'AM un lieu authentique, encore préservé du tourisme de masse. The Beach Cha-Am Guesthouse, est sans aucun doute la meilleure option qualité-prix de la ville !

Luxe

■ CHA AM METHAVALAI HOTEL
220 Thanon Ruamchit
℘ +66 32 47 10 28
www.methavalai.com
metha220@loxinfo.co.th
118 chambres. Haute saison, de 3 000 à 14 000 B. Basse saison, moins 20 à 30 %. TVA non incluse. Petit déjeuner inclus. Wi-fi gratuit.

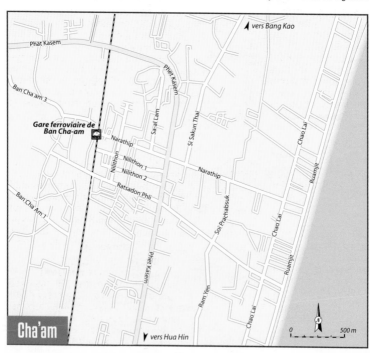

La meilleure option de la ville !

THE BEACH CHA-AM
Guest House

234/29-31 Soi Sathani Khonsong (ex Soi Bus Station) • 76120 CHA AM
✆ +66 32 898 276 • Website : www.thebeachchamaguesthouse.com
Facebook : https://th-th.facebook.com/TheBeachChaAm the_beach_cha_am_guest_house@outlook.com

Un hôtel de luxe parmi les plus anciens, situé au nord de la plage de Cha'Am. Chambres spacieuses au charme légèrement suranné mais au confort irréprochable, la plupart disposant d'une vue sur la mer. Belle piscine de forme originale. Quatre pavillons de style traditionnel sont alignés non loin du lobby d'accueil. Service de restauration réputé. Massage thaï à demeure. Transfert privé depuis Bangkok sur demande.

■ HOTEL DE LA PAIX
115 Moo 7, Tambol Bangkao
✆ +66 32 709 555
www.hoteldelapaixhh.com
Chambre à partir de 4 000 B. Villa avec piscine privative à 10 000 B. Offres promotionnelles sur le site Internet. Wi-fi gratuit.
Voici un établissement haut de gamme qui vaut le détour à Cha'am. Ici les formes sont géométriques : les piscines s'étirent en longueur et les chambres prennent la forme de blocs minimalistes, le tout cerné de jardins luxuriants et parfaitement manucurés. Deux restaurants sustenteront les palais les plus exigeants, et un Spa s'offre aux amateurs de relaxation. Intimité et exclusivité garanties.

Se restaurer

La plupart des établissements sont installés sur le front de mer. En matière de restaurants, on trouve à peu près de tout, pas forcément toujours très bon. Installez-vous là où les Thaïs ont leur préférence : ils se trompent rarement sur la qualité et savent où les produits sont les plus frais.

■ POOM RESTAURANT
274/1 Thanon Ruamchit
✆ +66 32 471 036
Plats de 50 à 400 B.

Restaurant terrasse installé sur le front de mer à environ 1 km de Thanon Narathip (arrêt de bus). Endroit agréable où l'on peut s'asseoir à l'extérieur pour profiter de la brise marine ou dans la salle ventilée, à l'ombre. Spécialités de crevettes, crabes ou poissons. L'endroit est devenu assez touristique mais reste fréquenté par les locaux.

■ RAYA RESTAURANT
264/2 Thanon Ruamchit
✆ +66 32 472 641
www.rayaresortchaam.com
Plats entre 120 et 280 B.
Cuisine européenne et thaïlandaise, avec une bonne carte de plats à base de fruits de mer. Situé près de la mer, le restaurant, au style architectural thaï, possède un cadre très agréable tant pour dîner que pour déjeuner, soit sur la terrasse ou dans une salle climatisée.

À voir – À faire

■ SAPHAN HIN
La jetée, ouverte récemment au public, offre tant une balade sympa qu'une belle vue sur la plage et la ville, surtout au coucher du soleil. La ville souhaite en faire son symbole. Certains locaux y viennent pour pêcher. Tout au bout, deux étranges sculptures blanches se fondent dans l'horizon. On vous laisse le soin de vous en approcher pour deviner ce que c'est.

■ STATUE DU ROI NARESUAN
Dans un petit parc au nord de la ville
Une statue du roi Naruesan (1590 -1605) a été érigée en commémoration du temps où il réunit son état-major à Cha Am pour préparer un plan d'attaque contre les Birmans. Tout autour, de nombreux et curieux coqs... En effet, le roi était un grand amateur de combat de coqs !

▪ STATUES DE PUEK TIAN

A 17 km au nord de Cha'am

A environ 17 km au nord de Cha'Am, vous trouverez une petite station balnéaire du nom de Puek Tian. En l'honneur du plus célèbre poète de Thaïlande du XIXᵉ siècle, Phu Sunthon, plusieurs statues, ont été placées sur la plage ou dans la mer. Sur la plage, la statue du poète, une sirène, un guerrier sur un cheval-dragon, et dans la mer, une tortue géante, une ogresse et son époux beaucoup plus petit qui se font face.

▪ PHRA RATCHANIVET MARUKHATHAYAWAN

✆ +66 32 472 482

Ouvert au public tous les jours de 8h30 à 16h30. Entrée : 30 B pour les adultes, 15 pour les enfants. Il arrive que le palais soit fermé quand il y a peu d'affluence : téléphoner au préalable. Ce palais d'été du roi Rama VI, construit en 1923, se trouve installé au bord de mer dans le Sirindorn Environmental Park, à 9 km au sud de Cha Am. Le teck a été utilisé comme principal matériau de construction. Le mobilier et les pièces dégagent un charme certain.

HUA HIN

Cette cité balnéaire prestigieuse, au sud-ouest de Bangkok, bénéficie d'un microclimat agréable. Elle fut tout d'abord un lieu de villégiature pour la famille royale au début du XXᵉ siècle. Plusieurs palais, une gare royale et le premier terrain de golf du royaume y furent construits. A 4 heures de route seulement de la capitale, elle attira ensuite les classes moyennes thaïlandaises, notamment pour les week-ends ou périodes de fête, jouant en quelque sorte le même rôle que la côte normande pour les Parisiens. Et depuis quelques années déjà, Hua Hin, à l'écart du tumulte de Bangkok, intéresse les Occidentaux en quête de résidence paisible. Scandinaves et Allemands pour la plupart, ils viennent goûter la tranquillité de l'endroit. Le marché de l'immobilier est ici florissant, avec de plus en plus d'établissements hôteliers haut de gamme et de quartiers résidentiels de grand standing.

Transports

Comment y accéder et en partir

▸ **Train.** Depuis la gare de Bangkok (Hua Lamphong) : 12 départs par jour, express ou rapides échelonnés entre 8h05 et 22h50 (4 heures de trajet). La gare de Hua Hin se trouve à 10 min à pied du front de mer. Comptez dans les 4 heures de trajets, retards fréquents.

▸ **Bus.** Depuis la gare routière de Bangkok (Thonburi), des bus de 1ʳᵉ ou 2ᵉ classe partent toutes les 30 min, entre 3h et 21h (4 heures de trajet, 140 à 165 B). Depuis Cha Am, comptez 30 min de trajet (45 B). Depuis Prachuap Khirikhan, 2 heures de trajet (de 60 à 80 B).

Se déplacer

▸ **Samlo.** Les tarifs sont établis en théorie. Mais, certains essaient de profiter de l'ignorance des nouveaux arrivants, à vous de savoir décerner l'arnaque. A titre d'exemple : de la gare ferroviaire à l'hôtel All Nations (quartier non loin de la plage), le prix est de 30/40 B. De la station de bus au Hua Hin Bazaar, le prix est de 40/50 B.

▸ **Song téo.** Entre 6h et 18h les tarifs, pour desservir les plages, sont fixés à 10 B par personne. En dehors de cette tranche horaire, les chauffeurs sont autonomes et fixent eux-mêmes leurs prix à la tête du client.

▸ **Moto-taxi.** Ce sont encore eux les plus honnêtes au niveau du respect des tarifs. Et en général, ils conduisent prudemment.

▸ **Location de moto ou vélo.** Les tarifs deviennent raisonnables à Hua Hin, avec la concurrence !

Pratique

▪ BUREAU D'IMMIGRATION

soï 10 Thanon Canal

✆ +66 32 526 556

Près de l'hôpital.

Ouvert du lundi au vendredi de 8h30 à 15h30. Fermé les jours fériés et le week-end. Le bureau permet notamment de prolonger son visa de 90 jours.

▪ OFFICE DE TOURISME (TAT)

114 Thanon Phetkasem

✆ +66 32 511 047

Ouvert de 8h30 à 16h30. Accueil avec le sourire. A l'intérieur des cartes, des prospectus sur les différentes activités que vous trouverez sur place.

▪ POSTE

72 Thanon Damnoen Kasem

Ouverte de 8h à 18h en semaine, de 9h à 12h le week-end et les jours fériés.

Se loger

Les tarifs hôteliers sont sujets à variations saisonnières. Ils augmentent notamment le week-end et les jours fériés dans certains établissements, Hua Hin étant l'escapade favorite de la plupart des Thaïlandais en congé.

La ville est devenue à la mode ces dernières années, et nombreux sont les Anglo-Saxons qui viennent y séjourner, en plus des Scandinaves déjà bien établis. Le pouvoir d'achat de cette clientèle privilégiée étant important, les prix s'élèvent.

Locations

■ AGENCE IMMOBILIÈRE VAUBAN HUA HIN
32/2 Naresdumri Road
✆ +66 3 253 0043
huahin@companyvauban.com
Située dans le centre de Hua Hin en bord de mer, en face du restaurant la brasserie de Paris, l'agence immobilière Vauban Hua Hin vous accueille dans ses bureaux du lundi au vendredi, et le week-end sur rendez-vous.
Vauban Hua Hin vous propose une sélection de résidences de qualité en bord de mer, près des golfs et dans l'arrière-pays de la célèbre station balnéaire thaïlandaise. Que vous recherchiez une villa avec piscine pour la retraite, un appartement vue sur la mer, une résidence secondaire au bord de la mer, l'équipe de Hua hin sera à même de vous proposer des biens de qualité sélectionnés et pour tout budget.

Bien et pas cher

■ BIRD GUESTHOUSE
31/2 Thanon Naretdamri
✆ +66 32 511 630
birdguesthousehuahin@hotmail.com
Chambres ventilées à partir de 450 B ; climatisées à partir de 700 B.
Cet établissement – une ancienne maison de pêcheur installée sur un ponton en bois – propose des chambres de dimension normale et d'un confort correct. Certaines ont été rénovées récemment, à choisir en priorité. Cabinet de toilette privé. La construction en bois et la vue relativement dégagée sur la baie environnante depuis la terrasse en bout de jetée, apportent un charme certain.

■ TONG MEE HOUSE
1 Soï Raumpown, thanon Naeb Kehardt
✆ +66 32 530 725
tongmeehousehuahin.com
tongmeehuahin@hotmail.com
Chambres standard climatisées à 600 B.
Dans une maison de quatre étages sur un soï tranquille et bien situé, se répartissent 9 chambres tenues par une charmante tenancière. La réception est joliment décorée et les chambres toutes confortables, certaines disposant même de petits balcons. Si l'arrivée d'eau chaude est aléatoire, on ne se plaindra pas tellement on se sent (presque) comme chez soi. C'est d'ailleurs une affaire de famille : Tong

Mee est le nom de la grand-mère des gérants, décédée, et première propriétaire du terrain, sans qui l'auberge n'aurait pu voir le jour.

Confort ou charme

■ BAAN SOMBOON
13/4 Soï Kasem Somboon
Thanon Damnoen Kasem
✆ +66 32 511 538
service@baansomboon.com
Chambres ventilées à 900 B ; avec A/C 1 000 B. Petit déjeuner compris. Prix moins chers en basse saison.
Résidence de charme installée dans une allée tranquille, suffisamment loin des bars de nuit. Construction en bois parfaitement entretenue. Les chambres, réparties sur deux villas voisines, sont très confortables quoique assez petites pour certaines… L'ensemble est fort agréable. Très bon accueil.

■ BLACK MOUNTAIN RESORT AND COUNTRY CLUB
565 Moo 7, Nong Hieng Road, Hin Lek Fai
✆ +66 32 618 666
www.bmghuahin.com
proshop@bmghuahin.com
Resort Pool Villa à partir de 3 750 B. Piscine.
Grand choix de luxeuses villas avec piscine privée, pour 4 à 5 personnes ou d'appartements tout équipé, situés à 10 kilomètres du centre d'Hua Hin. Pour l'amoureux de golf, l'emplacement est idéal puisque les logements se trouvent le long des parcours, pour les autres, le Water Park tout proche ou la plage, un peu plus loin.

■ CHA LE LARN
11 Thanon Chomsin
✆ +66 32 531 288
Chambres à partir de 1 300 B. Petit déjeuner inclus.
Un joli petit établissement, doté d'un personnel très accueillant et de chambres propres, spacieuses et bien équipées. Connexion Internet et TV câblée. Certaines disposent même d'un balcon avec vue sur la mer, et la terrasse sur le toit permet de se faire bronzer en toute tranquillité.

■ DOLPHIN BAY RESORT
227 Moo 4, Tambon Sam Roi Yot
✆ +66 32 559 333
www.dolphinbayresort.com
Bungalow à partir de 1 590 B. Petits déjeuners (300 B) offerts si vous restez plus de 5 jours.
A quelques minutes de l'entrée du parc de Sam Roi Yot, un bel endroit calme où se reposer ou au contraire pratiquer toutes sortes d'activités : volley-ball, badminton, kayak, pêche, baby-foot… A 5 km de la plage.

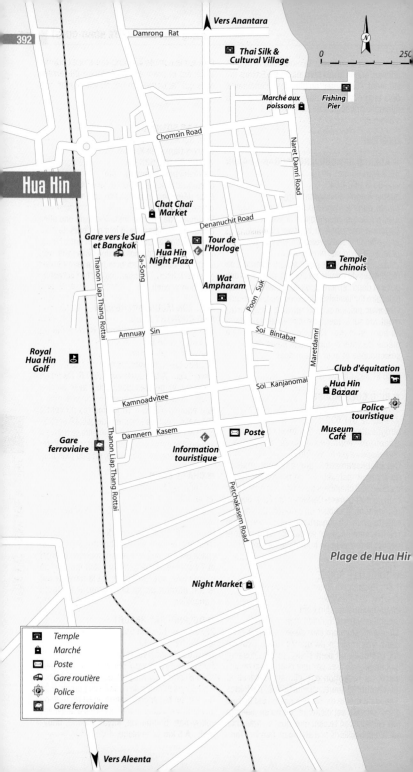

Hua Hin

Vers Anantara

Damrong Rat

Thai Silk &
Cultural Village

Marché aux
poissons

Fishing
Pier

0   250

Chomsin Road

Naret Damri Road

Chat Chaï
Market

Denanuchit Road

Gare vers le Sud
et Bangkok

Tour de
l'Horloge

Hua Hin
Night Plaza

Temple
chinois

Wat
Ampharam

Poon Suk

Thanon Liap Thang Rottai

Sa-Song

Amnuay Sin

Soi Bintabat

Maretdamri

Royal
Hua Hin
Golf

Club d'équitation

Hua Hin
Bazaar

Soi Kanjanomai

Kamnoadvitee

Police
touristique

Damnern Kasem

Poste

Museum
Café

Gare
ferroviaire

Information
touristique

Petchakasem Road

Plage de Hua Hin

Night Market

Temple

Marché

Poste

Gare routière

Police

Gare ferroviaire

Vers Aleenta

■ **VICTOR GUESTHOUSE – VICTOR RESIDENCE – PATTANA GUESTHOUSE**
60 Naresdamri Road
✆ +66 32 511 564
www.victorguesthouse.com
victorguesthouse@gmail.com
Plusieurs habitations à partir de 800 B, appartements dès 2 700 B. Bars, laverie, wi-fi gratuit, location de scooters, activités nautiques proposées et excursions...
On aime beaucoup cet endroit qui a quelque chose d'unique. A quelques mètres de la mer, à 100 mètres du quai de pêche d'Hua Hin, cette résidence qui n'en est pas vraiment une, comprend plusieurs habitations réhabilitées et rénovées. Ce sont d'anciennes maisons de pêcheurs dont certaines sont toujours occupées pas des thaïlandais. Il y en a pour tous les goûts et tous les budgets, avec confort à l'occidentale, TV câblée, climatisation, ou plus modeste mais avec beaucoup de charme, à la thaïlandaise. Certaines maisons sont de véritables petits trésors d'architecture, de type coloniale, comme on en fait plus dans cette partie de la Thaïlande. Vous aurez l'impression de vous trouver dans un petit village, avec ses dédales de petites ruelles, ses petites placettes, sa fontaine, son café et ses maisons colorées. Une piscine est prévue début 2016. Seul, en couple ou en famille, pour un court séjour ou pour une plus longue durée, c'est un lieu idéal pour passer de bonnes vacances au soleil, près de la mer. Enfin, sachez que les gérants sont français et très disponibles.

Luxe

■ **BAAN BAYAN BEACH HOTEL**
119 Thanon Petchakasem
✆ +66 32 533 540 / +66 32 533 544
www.beachfronthotelhuahin.com
sales@baanbayan.com
L'hôtel est situé sur l'artère principale de Hua Hin, côté plage. Il se trouve sur votre gauche en provenance du nord, juste avant le Market village Tesco.
Chambre à partir de 4 200 B. Suite à partir de 6 300 B. Petit déjeuner inclus.
Cet établissement est composé d'une splendide villa en teck, reconnue patrimoine royal par l'association d'Architecture siam. Au rez-de-chaussée, une large terrasse pour le petit déjeuner ouverte sur un jardin tropical et faisant face à la piscine et la plage. Différentes chambres se partagent le 1er étage. La décoration intérieure conserve le charme des anciennes maisons coloniales. Un petit bar-restaurant avec terrasse se situe entre la piscine et la mer, et propose une carte raffinée de mets locaux. C'est un endroit idéal pour un voyage en couple ou avec des enfants en bas âges.

■ **ANANTARA RESORT & SPA**
43/1 Thanon Phetkasem
✆ +66 32 520 250
www.anantara.com
huahin@anantara.com
Chambres à partir de 4 000 B (7 500 B en haute saison). Petit déjeuner inclus. Wi-fi gratuit.
Réparties sur 1 hectare et demi de parc tropical, le long du golfe de Thaïlande, ces chambres sont élégantes et spacieuses. Celles dites « Lagoon » s'inspirent des maisons thaïlandaises traditionnelles. Plusieurs bars et restaurants, et différentes activités possibles : location de vélos ou kayaks, yoga, golf, cours de cuisine, découvertes des marchés flottants et bien d'autres programmes.

■ **CENTARA GRAND BEACH RESORT & VILLAS**
1 Thanon Damnoen Kasem
✆ +66 32 512 021
www.centarahotelsresorts.com
chbr@chr.co.th
Basse saison : entre 4 700 et 6 500 B environ. Haute saison : entre 14 000 et 16 500 B environ. « Suites » de 8 000 à 28 000 B environ. Petit déjeuner inclus. Accès wi-fi.
Les premiers bâtiments de cet hôtel exceptionnel ont été construits en 1923, suite à l'installation de la voie ferrée. 208 chambres au décor de rêve et au charme incontestable. Ameublement classique : le raffinement à l'ancienne ! Dans le parc paysager, les arbustes ont été littéralement « sculptés » en forme d'animaux : un peu kitsch. La plage est juste là. Le buffet du midi est très avantageux, et à ne pas manquer : le buffet français du samedi de 19h à 22h30, réputé en ville.

■ **DUSIT THANI HUA HIN**
1349 Thanon Petchkasem
✆ +66 32 52 00 09 – www.dusit.com
Chambres à partir de 5 000 B. Offres promotionnelles sur le site Internet. Petit déjeuner inclus. Wi-fi gratuit.
Resort de grand standing, très « aristo », proposant des chambres de tout confort, sur plusieurs bâtiments. Une grande piscine fait face à la plage privée de l'hôtel. Situé à l'écart de la ville, des navettes font cependant l'aller-retour toutes les heures depuis l'accueil (10 min de trajet). Sur place, pas de quoi s'ennuyer : chevaux, terrain de tennis et centre de spa, entre autres. Le petit déjeuner est servi en salle ou en terrasse, à côté d'un superbe lac ornemental.

■ **PUTAHRACSA HUA HIN – THE UNIQUE COLLECTION**
22/65 Nahb Kaehat Road
✆ +62 32 531 470
booking@putahracsa.com
67 chambres double à partir de 5 000 B en basse saison. Petit déjeuner inclus. Wi-fi gratuit. Piscines, restaurants, spa, salle de fitness, boutiques de pâtisseries et d'habillements. Parking. Attractions proposées dans la ville et aux alentours. Service Tuk Tuk.
Ce boutique hôtel est particulièrement élégant. Le Putahracsa a la particularité d'être divisé en deux parties. La première moitié est composée de petits bâtiments, les logements du bas donnent directement sur les deux piscines et les jardins, ceux du haut ont des balcons. De l'autre côté de la rue, se trouvent des villas plus spacieuses et très chic avec piscine privée et bains à tourbillons, ainsi que le second restaurant, l'Oceanside Beach Club, et une piscine faisant face à la mer. Deux couleurs ont été principalement utilisées pour la déco des différents logements, à l'intérieur comme l'extérieur, le blanc principalement et le marron, celle du bois. Intérieur coquet, équipement haut de gamme, literie confortable, tout plaira aux plus exigeants des voyageurs. Les petits déjeuners sont copieux, et de qualité. Œufs cuits de plusieurs manières, jus de fruits frais, pâtisseries, plats asiatiques, européens, soupe japonaise… La qualité du service est particulièrement soignée. Parfait pour se relaxer, un spa et des cours de méditations Pranayama, de Tai-chi… sont aussi au rendez-vous. Le restaurant propose de délicieux cocktails et des plats fusions, mélangeant cuisine thaïe et occidentale. La réputation de la pâtisserie du Putahracsa n'est plus à faire. Le roi lui-même, se fait livrer, quand il est dans sa résidence à Hua Hin, ses croissants directement du Ob-Oon. Cet hôtel organise entre autres le voyage de noces de nombreux jeunes mariés.

Se restaurer

Au cœur de la basse ville, se trouvent une dizaine d'échoppes réparties le long de Thanon Poon Suk et adossées contre le mur d'enceinte du Wat Hua Hin. Elles offrent des plats simples à consommer, attablé dans la rue. Appétissant.

Bien et pas cher

■ **BAN ITSARA**
7 Thanon Naebkehardt
✆ +66 32 530 574
Prix à la carte : 80 à 450 B. Ouverture de 11h à 22h. Situé dans une rue parallèle au front de mer, à quelques centaines de mètres plus au nord que le Soï 51 (restaurant Coco 51).
Fait partie des restaurants de la ville les plus réputés pour ses fruits de mer. Typiquement thaïlandais dans un cadre agréable. Terrasse en bord de mer (au fond du parking gravillonné). Accueil aimable.

Experience a unique lifestyle with a personal touch of luxury

Putahracsa Hua Hin allows guests to combine the charms of small town leisure together with a beach hideaway. Situated in the residential section of Hua Hin, Thailand. Putahracsa is designed to feel like a beach residence. All rooms and villas reflect the owners' personal touch, incorporating Hua Hin's tradition and blending it with contemporary design.

Visit www.putahracsa.com, call +66 (0)32 531 470 or contact your travel professional.

PUTAHRACSA
HUA HIN

■ DEK PIA

51/6 Thanon Dechanuchit
De 40 à 80 B par plat. Ouverture de 6h30 à 21h.
A moins de savoir lire le thaï, ne cherchez pas, vous ne trouverez aucune pancarte à ce nom... Et pourtant, demandez à n'importe quel habitant du coin et il saura vous indiquer la route. Très fréquenté par les locaux à l'heure du petit déjeuner, l'établissement, situé à l'angle entre les rues Damnoen Kasem et Naeb Kehart, propose de tout : khao tom, poulet au riz, omelettes, et surtout le *moo joom*, une soupe claire aux légumes et au porc (ou crevettes, ou calamar). Une bonne adresse pour s'ancrer un peu dans les traditions culinaires du pays.

■ MARCHÉ DE NUIT

Thanon Dechanuchit
En début de soirée, une partie de la rue Dechanuchit se transforme en marché de nuit où se vendent vêtements, bijoux, objets artisanaux et autres souvenirs typiques. Il est également possible de s'y restaurer à la thaïe dans des *street food*. Le meilleur est sans conteste le Moo Sea Food, à l'angle entre la rue Dechanuchit et la rue Sa Song : belle présentation, produits frais et bien cuisinés... Un régal !

Bonnes tables

■ BRASSERIE DE PARIS

3 Thanon Naretdamri
✆ +66 32 530 637
Ouvert midi et soir. Plats de 250 à 600 B.
Situé « les pieds dans l'eau », ce restaurant offre un cadre agréable et romantique. Vue imprenable sur la baie en journée. La carte propose des plats traditionnels français de poissons et fruits de mer, ainsi que quelques bons vins.

■ HAGI

1 Thanon Damnoen Kasem
Plats à partir de 200 B.
Cuisine japonaise authentique, traditionnelle ou contemporaine, exécutée avec grande maîtrise et présentée de façon artistique. Un excellent grill, *tepannyaky*, pouvant accueillir une quinzaine de personnes, permet d'assister, comme au théâtre, à la concoction de votre dîner.

■ LA PAILLOTE

174/1 Naresdamri Road
juste à côté du Wannara Hotel et en face du Centara Resort Hotel (ex-Sofitel)
✆ +66 32 521 025 / +66 84 875 3872
www.paillote.net – reservation@paillote.net
Menus de 370 à 550 B. Ouvert de 7h à 23h.
A proximité de l'hôtel Sofitel, dans un soï tranquille à l'écart de l'animation du centre, ce restaurant propose des spécialités françaises et thaïlandaises. Longue salle à manger et terrasse agrémentée de plantes vertes. Accueil agréable.

■ LA VILLA

12/2 Soi Poonsuk
✆ +66 32 513 435 – lavilla13@hotmail.com
Plats de 250 à 490 B. Ouverture de 12h à 14h et 18h à 22h30.
Spécialités de pizzas au feu de bois. La carte de ce restaurant italien dirigé par Marco est, par ailleurs, assez fournie pour satisfaire tout le monde. Personnel attentif et accueil aimable.

Sortir

Au fil des ans, les bars à entraîneuses ont investi une bonne partie du centre-ville, autour du Hua Hin Bazaar et de Thanon Poonsuk. Mais des options plus classiques et moins onéreuses subsistent !

■ COOL BREEZE

62 Thanon Naretdamri
✆ +66 32 531 062
vaughan@coolbreezecafebar.com
Ouvert à partir de 11h.
Ambiance lounge et décontractée pour déguster quelques tapas et savourer des cocktails, ou tout simplement une bière pression. Accueil charmant, et une cuisine thaïe et espagnole savoureuse. Pourquoi ne pas aller s'y délecter ?

■ LOTUS SKYBAR

Dans l'hôtel Hilton
Du haut du 17e étage de l'hôtel Hilton, l'endroit offre une vue magnifique sur la ville et le golfe de Thaïlande. Il est particulièrement agréable d'y siroter un verre au coucher du soleil.

À voir – À faire

■ CENTRE-VILLE ★★

Le bord de mer n'a pas beaucoup d'intérêt, on y retrouve principalement boutiques, restaurants et agences de tourisme, sans compter la présence de béton un peu partout, le plus souvent pour des hôtels à l'architecture de plus ou moins bon goût. Il vaut mieux s'éloigner pour se rendre dans la vieille ville : son dédale des petites ruelles offre un peu plus de charme. Une heure est largement suffisant, le temps de voir quelques vieilles maisons de pêcheurs et quelques gargotes, peut-être même grignoter sur le pouce. Le quartier autour du marché de nuit est dans le même esprit.

■ GARE DE HUA HIN

Fierté de la population locale, cette gare, constuite sous le règne de Rama VI, est l'une des plus anciennes du pays. Son charme esthétique est tout à fait à la hauteur de son poids historique. La salle d'attente royale, alors établie pour accueillir le roi et ses proches, se trouve juste à côté du hall où patientent toujours des voyageurs.

HUA HIN VINTAGE ET CLASSIC CAR RALLY

Tous les ans, généralement en décembre, un défilé de voitures de collection débute depuis l'hôtel Centara à Bangkok et longe la côte jusqu'au Centara de Hua Hin, en souvenir des débuts aristocratiques de la cité balnéaire. Le défilé se poursuit dans la ville de Hua Hin le lendemain, suivi d'un dîner-gala de bienfaisance sur le thème des années 1920.

PANEE BUTTERFLY GARDEN

Plage Petchkasem
✆ +66 32 512 642
Ouvert tous les jours de 9h à 17h.
Ce grand parc accueille des milliers de papillons multicolores dans de gigantesques serres.

PHRA RATCHANIWET MARUKHATHAYAWAN

Cette ancienne résidence royale construite entièrement en bois, et parfaitement restaurée de nos jours, mérite bien une visite. Collection de photos d'époque de la famille royale. Le palais se trouve au bord de mer, à une dizaine de kilomètres au nord de Hua Hin, après l'aéroport.

Sports – Détente – Loisirs

Il existe de nombreuses options sportives dans une station balnéaire comme Hua Hin. Le golf est bien entendu l'activité phare de la ville, avec notamment le premier parcours de golf du pays, aménagé à Hua Hin il y a maintenant plus de 80 ans. Les sports nautiques sont également très prisés des vacanciers, et il est aisé de repérer les opérateurs de jet ski et autres planches à voile en se promenant sur le bord de mer, à pied ou à cheval ! Et si vous voulez simplement vous amuser, entre amis ou en famille, le Water Park est une superbe option.

Sports – Loisirs

BANYAN GOLF CLUB

101 Moo 9, Tambol Tab Tai, Amphur Hua Hin
✆ +66 32 616 200
www.banyanthailand.com
reservations@banyanthailand.com
A l'écart du centre-ville, ce club offre un cadre splendide et une vue imprenable. Le terrain très bien entretenu. Sans doute l'un des meilleurs de la ville.

BLACK MOUNTAIN GOLF

565 Moo 7, Thanon Nong Hien
✆ +66 32 618 666 – www.bmghuahin.com
info@bmghuahin.com

Dessiné par Phil Ryan et ouvert en avril 2007, il est reconnu comme l'un des meilleurs parcours de golf du pays. Depuis 2012, il compte parmi les 100 meilleurs terrains de golf au monde hors Etats-Unis du classement du magazine *Golf Digest US*.

KITEBOARDING ASIA

Khao Takiab, Soi 75/1
✆ +66 81 591 4592
www.kiteboardingasia.com
Au sud de la ville
Cours de kiteboard et location de matériel sont disponibles auprès de Kiteboarding Asia. Comptez 4 000 B pour une journée de formation.

ROYAL HUA HIN GOLF

Thanon Damnoen Kasem
✆ +66 32 512 473
www.golfhuahin.com/royalhuahin.htm
Il s'agit du plus ancien terrain de golf de Thaïlande : ouvert en 1924 ! Il a été aménagé après la construction de la voie ferrée.

WATER PARK

Black Mountain Waterpark,
✆ +66 9 0446 6129
Water Park : Adultes 600 B. Enfants 300 B. Wake Park : 2h 600 B, 4 heures 900 B, Journée 1 200 B. Navette à la tour de l'horloge à 9h30, 11h et 12h30.
Le Water Park, est un parc nautique où vous adonnerez aux joies de la glisse sur des toboggans géants, où vous vous essaierez à des jeux d'équilibres comme dans Total Wipeout, remonterez des rivières à contre courant…. Pour les plus doués d'entre vous, le Wake Park, un plan d'eau pour ski nautique. Une navette gratuite vient vous cherchez gratuitement depuis la tour de l'horloge.

Shopping

THE FAMILY TREE

7 Naresdamri Road
✆ +66 81 809 5083
www.familytree-huahin.com
Ouvert de 10h à 22h.
The family Tree est magasin où vous trouverez des objets artisanaux, des bijoux, des tissus, des produits cosmétiques fabriqués par des femmes appartenant à des minorités ethniques du Nord de la Thaïlande. La vente de ses objets permet d'améliorer considérablement les conditions de vie des villageois montagnards ainsi que de replanter des arbres. Mais même sans cela, vous trouverez des cadeaux uniques d'une grande originalité à rapporter chez vous.

GOLFE DE THAÏLANDE – CÔTE OUEST

PARC NATIONAL KHAO SAM ROI YOT ★★

Khao Sam Roi Yot fut reconnu en 1996 comme le premier parc national marin de Thaïlande. Il s'étend aujourd'hui sur près de 100 km², à une quarantaine de kilomètres au sud de Hua Hin.

■ CHUTES D'EAU DE PALA U

Dans le parc de Kaeng Krachan, à environ 60 km de Hua Hin
400 B par personne.
La forêt, vieille de près de 1 000 ans, et sa chute d'eau à 16 niveaux jouissent d'un charme incontestable. Passez-y une bonne journée, avec au programme : marche, baignade et pique-nique dans un environnement magnifique, peuplé de papillons (surtout en matinée). Attention à prendre de bonnes chaussures, vous êtes en pleine nature, et elle est sauvage ! Provisions à prévoir également.

■ GROTTE DE TAM PHRAYA NAKHON

Située à côté de Laem Sala, dans le parc national de Sam Roi Yot.
Là, se trouve une grotte à l'entrée de laquelle a été bâti en 1890 un petit pavillon de bois – Phra Thi Bang Khua Kharuhad – pour le roi Rama V. Avec le faisceau de lumière tombant d'une ouverture dans la grotte, la vision d'ensemble est très belle. Restauration et logement à proximité. Camping possible dans le périmètre du parc national.

■ PARC NATIONAL DE KHAO SAM ROI YOT ☆

✆ +66 3282 1568 – www.dnp.go.th
reserve@dnp.go.th
Parc ouvert de 10h à 16h. Entrée : 200 B.
Plaine côtière parcourue de canaux ; criques aux reliefs calcaires ; pains de sucre karstiques... Voilà un site préservé où les animaux peuvent encore trouver refuge : *serows* (chèvres asiatiques), loutres, singes et reptiles, mais aussi de nombreux oiseaux migrateurs... Il existe d'ailleurs plus de 300 espèces différentes d'oiseaux dans ce parc : pensez à amener vos jumelles ! A Khao Sam Roi Yot, les plages de sable blanc et les grottes perdues au milieu de la mangrove sont encore assez peu fréquentées par les touristes. Une particularité intéressante : la grotte Tham Phraya Nakhon abrite un petit pavillon de bois sculpté, construit en 1890 sous le règne de Rama V. La lumière tombant d'une ouverture dans sa voûte de la grotte éclaire cette architecture délicate.

▶ **A l'entrée du parc** se trouve le village de Bang Pu où il est possible de louer un bateau pour rejoindre certaines plages désertes des environs, dont Laem Sala. Elles sont également accessibles à pied, par un chemin pentu, si vous disposez d'un peu plus de temps... et d'énergie.

PRAN BURI FOREST PARK

Ce parc a été créé il y a une douzaine d'années à l'initiative de la reine Sirikit soucieuse de la sauvegarde de la mangrove. L'ancienne ferme aux crevettes, accolée au parc Klongkao- Klongkob, c'est transformé en un magnifique espace où l'on peut admirer faune et flore spécifique à cet écosystème. Deux sentiers de nature traversent cette mangrove de part en part. Au cœur de cet espace, la rivière Pranburi serpente jusqu'à un estuaire, où se trouve Pak Nam Pran, un petit village de pêcheurs avant de se jeter dans la mer.

■ MERMAID CRUISES

77/5 Moo 1, Paknampran
Pranburi
✆ +66 32 632 223
www.huahincruises.com
tan@huahincruises.com
A 25 km au sud de Hua Hin. 2 000 B par personne pour une croisière, transferts et déjeuner inclus.
La société Mermaid Cruises organise des croisières écologiques très instructives le long de la tranquille rivière Pranburi, qui fait partie d'un parc forestier protégé. A l'aide d'un bateau longtail électrique silencieux, il vous est donné l'occasion d'observer au plus près la faune et la flore de cet écosystème étrange et passionnant qu'est la mangrove. Reptiles, calaos, papillons, loutres, etc. défileront sous vos yeux ébahis. La croisière comprend aussi un passage vers le marché flottant Ampawah, qui a ouvert ses portes en 2012. Si vous vous sentez l'âme d'un aventurier, faites le même parcours en kayak, à louer dans le même établissement.

KHAO TAKIAB

Khao Takiab est un village de Hua Hin, situé à 6 km environ du centre-ville. C'est un endroit calme et isolé, même si les hôtels s'y font de plus en plus nombreux. Il possède l'une des plus belles plages de la région, quasiment vide de monde, avec un sable fin et blanc. Sur sa bordure, une petite colline est dominée par un impressionnant Bouddha de plus de 10 m de hauteur. Dans le petit temple, le Wat Takiab, la vue sur Hua Hin et les environs est vraiment splendide. Des singes y ont d'ailleurs élu domicile, et ils défendent bien leur territoire. Attention à vos lunettes de soleil !

Transports

Depuis le centre-ville, la course dure 10 min environ. Mêmes tarifs appliqués dans les deux sens.

▶ **Song téo** : départs toutes les 15 min environ, 10 B.

▶ **Touk-touk** : entre 200 et 250 B.

▶ **Taxi-moto** : 100 B.

Se loger

■ CHOM VIEW HOTEL
93 Soï Talay 12
Thanon Nong Kae
✆ +66 32 513 306 / +66 32 513 308
www.chomviewhotel.com
info@chomviewhotel.com
Chambre entre 2 000 B et 3 700 B selon les saisons.
Situé le long de la plage, cet hôtel rénové il y a deux ans est composé de 42 duplex, dont 5 résidences avec vue sur mer et 32 avec vue sur jardin. Tout est pensé pour le bien-être des couples mais aussi des familles (librairie et jeux pour les enfants). La grande piscine de 25 m de long (dont une partie est adaptée aux petits enfants) se situe face à la mer et les massages aux arômes aident à décompresser. Plusieurs restaurants et un room service de 10h à 22h sont aussi à disposition. Pour les golfeurs, des prix spéciaux comme d'autres activités sont disponibles dans cet hôtel.

■ LUNAR HUT RESORT
80/1 Village de Hua Don, rue Takiap
✆ +66 32 536 802
lunarhutresort.com
info@lunarhutresort.com
Chambre standard à partir de 1 200 B. Toutes les chambres ont l'air conditionné. Wi-fi gratuit.
Pour les familles comme voyageurs, plusieurs choix de chambres au style très thaï et sans trop de proximité pour la plupart permettent de profiter du calme environnant. Une jolie piscine permet de se détendre et faire bronzette. La plage n'est pas trop loin.

Se restaurer

■ SUPATRA BY THE SEA
112/63 Soï Moo ban Takiap
✆ +66 32 53 6561
supatra-bythesea.com
info@supatra-bythesea.com
Environ 200 B par plat. Ouvert tous les jours de 11h à 23h.
Spécialités thaïlandaises et fruits de mer sont servis dans un jardin bien aménagé, sur la terrasse ou dans une salle climatisée, au choix. La vue est magnifique : le restaurant donne directement sur une plage de sable blanc et fin, et une colline où se tient le temple de Khao Takiap et sa statue géante de Bouddha debout.

PRACHUAP KHIRI KHAN ★★

A 80 km au sud de Hua Hin, ce port de pêche – toujours en activité – se trouve dans la partie la plus étroite de la presqu'île de Thaïlande. Cette langue de terre, littéralement coincée entre le Myanmar à l'ouest et le golfe de Thaïlande à l'est, est large d'à peine 15 km : l'isthme de Kra. La localité est quasiment vierge de tourisme occidental. Du coup, il s'en dégage un charme paisible. La baie offre un panorama remarquable que l'on pourrait comparer à ceux de Phang Nga ou Krabi. On y observe les mêmes pitons rocheux semblant affronter l'océan.

Transports

Bus

▶ **Depuis de la gare routière de Bangkok (Tai Sai Mai)**, deux bus « VIP » partent à 2h50 et 5h ; 5 heures de route. Des bus de 1re classe partent toutes les 20 min entre 8h et 13h pour le même temps de trajet. Ensuite 6 départs entre 14h30 et 22h30. Les bus de 2e classe partent toutes les 20 min entre 4h et 20h. Comptez de 110 à 260 B.

▶ **Depuis Hua Hin**, départs toutes les 20 min, entre 7h et 16h ; compter 1 heure 40 de trajet et 45 B (en bus ventilé), 65 B (en bus climatisé).

Train

Le voyage est plus long qu'en bus, mais si vous n'êtes pas pressé... Depuis la gare de Bangkok (Hua Lampong), neuf départs sont échelonnés entre 8h05 et 22h50 ; arrivées entre 12h28 et 3h30 soit environ 5 heures de trajet (de 170 à 360 B). Depuis Hua Hin, des trains de 3e classe font la liaison pour un prix modique.

Pratique

■ BANGKOK BANK
Thanon Mai Tri Ngam
www.bangkokbank.com
Ouverte de 9h à 15h30.
La banque se trouve à une centaine de mètres de la poste.

■ OFFICE DE TOURISME (TAT)
Thanon Tchai Taleh
Ouvert de 8h30 à 16h30.

■ POSTE
Thanon Mai Tri Ngam
Ouverte de 8h30 à 16h30 du lundi au vendredi.

Se loger

L'offre est encore assez restreinte... mais la demande n'est pas si pressante !

GOLFE DE THAÏLANDE – CÔTE OUEST

Bien et pas cher

■ MAGGIE'S HOUSE
5 soï Tampramuk 4
✆ +66 32 60 42 16 / +66 875 97 97 20
maggiesprachuap.webs.com
maggies.homestay@gmail.com
Chambre simple 150 et 200 B, chambre double entre 300 et 500 B, toutes sont ventilées (pas d'A/C).
Chez Maggie règne une ambiance familiale et décontractée. Un joli jardin est aménagé pour les repas, le repos et la lecture. L'auberge, une maison de style thaï traditionnel, est bien située, près du marché de nuit et de la mer. Et si vous cherchez des renseignements sur la ville, n'hésitez pas, Maggie est votre femme !

Confort ou charme

■ HADTHONG HOTEL
21 Thanon Souseuk
✆ +66 32 601 050 – www.hadthong.com
info@hadthong.com
Tarifs échelonnés de 600 à 2 000 B. Augmentation de 200 B pour les grandes fêtes.
Etablissement de style moderne aux belles proportions. L'un des meilleurs hôtels de la ville, avec 142 chambres plutôt bien aménagées, évitez cependant celles du sous-sol. Vue remarquable sur la jolie baie de Prachuap Khirikhan. Restaurant. Piscine en terrasse surélevée par rapport au front de mer.

■ PRACHUAP BEACH HOTEL
Amphur Muang
123 Thanon Susek
✆ +66 32 60 1288
www.prachuap.com
info@prachuapbeach.com
Chambre entre 650 et 850 B selon la vue et les saisons. Wi-fi gratuit.
Géré par une famille, cet hôtel propose un très bon rapport qualité-prix vu la modernité et le confort des chambres. Situé en bord de mer et non loin du centre-ville, le cadre est très sympa et les restaurants de fruits de mer à proximité.

■ SUN BEACH GUESTHOUSE
160 Thanon Chai Thalay
✆ +66 32 604 770
www.sunbeach-guesthouse.com
sunbeachguesthouse@yahoo.com
Chambres de 800 à 1 100 B. Wi-fi gratuit.
Avec ses colonnes et ses sols carrelés, cette guesthouse très charmante ferait presque penser à une villa méditerranéenne. Les chambres bleu ciel sont toutes équipées de l'A/C et du confort moderne, et disposent même de petits balcons. Jolie petite piscine, et la mer à deux pas.

Luxe

■ NISHAVILLE RESORT & SPA – THE UNIQUE COLLECTION
579 M. 7, Baan Huay Yang, Tub Sakae
✆ +66 3261 6333
www.nishavilleresort.com
reservation@nishavilleresort.com
A partir de 3 000 B sur le site internet suivant la saison. Restaurants, bar, piscines, spa, boutique et salle de fitness.
Les moins jeunes d'entre nous se souviennent sûrement de cette série américaine des années 80, « L'Île fantastique », (*Fantasy island*), lieu où vous pouviez réaliser de nombreux fantasmes. Et bien, certains épisodes auraient put très bien être tournés à Nishaville tant l'endroit est paradisiaque. Sur la propriété, un millier de cocotiers, une plage de sable très longue, des buffles en semi liberté, un jardin potager bio. Nishaville est divisé en deux parties, d'un côté une grande résidence sur plusieurs étages avec vue sur la mer, et six maisons immenses qui se font face, et de l'autre, plusieurs petites villas, alignées le long d'allées pavées qui mènent à la plage. Toutes les habitations sont bâties sur même modèle et l'intérieur, comme l'extérieur, est superbe. Des petites terrasses avec chaise à bascule, des cuisines équipées, des salles de bains avec douches et baignoires pour les maisons et les villas. A Nishaville, vous aurez la possibilité de manger sur place, la carte réserve de nombreuses surprises et les prix sont très attractifs. Plusieurs attractions sont proposées, dont une sortie en mer pour attraper des seiches avec de vrais pêcheurs thaïlandais. Le personnel est très serviable, toujours souriant. Nishaville s'adresse à tous les publics, couples, amis mais est particulièrement recommandé pour des familles avec jeunes enfants. Nous on adore !

Se restaurer

Prachuap Khiri Khan est avant tout une ville de pêcheurs. Les restaurants de poissons et fruits de mer sont donc assez nombreux et, à coup sûr, les produits sont frais. Les prix sont honnêtes, notamment en comparaison des tarifs prohibitifs de Hua Hin.

■ PHLOEN SAMUT RESTAURANT
Thanon Chai Taleh
✆ +66 32 611 115
Ouvert de 10h à 22h. Plats de 50 à 120 B.
Bâtiment de plain-pied situé à proximité immédiate de l'hôtel Hadthong, au milieu d'une terrasse donnant sur le front de mer. L'endroit est agréable le soir. L'établissement propose des spécialités de fruits de mer et de poissons à des prix abordables.

À voir – À faire

■ AO MANAO

A environ 2 km du centre-ville. Une jolie plage mais aussi un site historique pour le pays. Le 8 décembre 1941, c'est à Ao Manao que les Japonais tentèrent d'envahir la ville et soumettre la cinquième Armée de l'Air thaïlandaise, basée dans son QG, le Wing 5. Cette dernière résista jusqu'à la signature d'un armistice entre les deux pays dès le lendemain. Le Wing 5 est d'ailleurs ouvert aux visiteurs : il possède musée et plusieurs sculptures commémoratives.

■ KHAO CHONG KACHOK

Cette colline, située au nord de la plage principale de Prachuap, domine les environs, et le panorama sur la baie – mais aussi sur la frontière avec le Myanmar, juste à une dizaine de kilomètres – vaut le coup d'œil. Pour y accéder, près de 400 marches à grimper en faisant attention à ne pas se faire taquiner par les innombrables singes qui ont envahi le lieu. Certains peuvent se montrer agressifs (les mâles dominants ou les mères accompagnées de petits), donc attention avec les enfants. Tout en haut, se trouve le temple Thammikaram, quasi mystique.

Shopping

■ MARCHÉ DE NUIT

Thanon Kong Kiat
Les roulottes se rassemblent en fin d'après-midi sur une esplanade, en plein centre-ville. Tout s'illumine à la nuit tombante. Brochettes, soupes et nouilles sautées aux prix habituels de la rue. Un autre marché se tient occasionnellement sur le front de mer le week-end ou certains jours de fête. Poissons grillés et fruits de mer, bien entendu.

Dans les environs

■ NAM TOK HUAI YANG

A une trentaine de kilomètres de Prachuap Khiri Khan. Ces magnifiques chutes d'eau s'étalent sur une centaine de mètres de largeur. Le spectacle vaut le coup d'œil. De plus, une grande retenue offre une piscine naturelle où l'on peut se baigner. Allez-y avec précaution, l'eau est vraiment froide.

BANG SAPHAN

Bang Saphan est situé entre Prachuap Khiri Khan, au nord, et Chumphon, au sud, à environ 400 km de Bangkok. L'étape est pour les voyageurs, attirés par les longues plages des environs, qui veulent éviter la cohue d'autres villes plus touristiques. Pour eux, et peut-être pour vous, s'offre une étendue de près de 30 km de long beaucoup moins peuplée qu'ailleurs...

WHERE CASUAL LUXURY
MEETS THE SEA...

by The Unique Residences

www.nishavilleresort.com
reservation@nishaville.com
Tel +66 (0) 32 616 333

www.theuniquecollection.com
info@theuniquecollection.com
Tel +66 (0)2 250 4527-9

Toutefois, l'endroit n'est point tout à fait désertique et il y aura du monde à pied d'œuvre pour vous accueillir et vous permettre de profiter des lieux !

Vous pouvez notamment vous attarder à Bang Saphan Yai. Une plage en arc de cercle bordée d'un cordon de filaos et de palmiers. Quelques rares hôtels et guesthouses, des cabanes de pêcheurs désertes, tel est le merveilleux décor naturel que vous offre Bang Saphan Yai. Vous aurez pour seule compagnie des vaches broutant l'herbe saline à quelques centimètres du sable, et parfois... un touriste égaré. Si vous louez une moto, vous pourrez visiter les plages environnantes du même acabit (Hat Sai Keho, Hat Bo Thong Lang, Hat Pha Deng). Autre solution : se rendre à Koh Thalu, un petit îlot situé à quelques kilomètres au sud de Bang Saphan Yai (20 min en bateau). Sa plage de sable blanc immaculé vaut le déplacement et consacrer une journée à sa découverte est une très bonne idée.

Transports

▸ **Depuis Bangkok :** des bus 1ʳᵉ classe partent tous les jours entre 7h30 et minuit (4 heures de route, 300 B environ). Depuis Sai Tai Mai, des trains Express partent à 8h05, 14h45 15h10, 17h05, 19h30 et 22h50 (dans les 6 heures de trajet, entre 300 et 600 B environ). Evitez les trains 3ᵉ classe, dont l'inconfort permet difficilement de tenir sur la longueur.

▸ **Des bus** font également régulièrement la liaison en 1 heure depuis Prachuap Khiri Khan.

Orientation

La localité de Bang Saphan se divise en différents endroits espacés entre eux de plusieurs kilomètres.

▸ **Bang Saphan Yai** – Ancienne ville (*Yai* signifie « grand » en thaï) – où se trouvent la gare ferroviaire et le marché de nuit.

▸ **Le cap de Mae Rampung** (ou Ramphueng), à environ 4 km à l'est du centre-ville.

▸ **La baie de Suan Luang**, à 6 km au sud du centre-ville.

▸ **Bang Saphan Noi** – petite ville (*Noi* signifie « petit » en thaï) – à 16 km au sud de Bang Saphan Yai.

Se loger

Bien et pas cher

▪ ADVENTURE RAID THAILAND RESORT N° 2
51 Moo 9 Tambon Pongpasats, Suan Lang
✆ +66 86 010 2580 / +66 86 797 0720

Bungalows climatisés à 1 200 B, ventilés entre 400 et 800 B. Possibilité de location longue durée. Ensemble de cottages construits en dur, installés sur un terrain en bord de plage. Toutes les chambres sont climatisées et disposent d'une salle de bains privée. Bon confort. Restaurant sur place. Piscine réservée à l'usage des clients.

▪ LOLA BUNGALOWS
Plage de Suan Luang Route de Bang Saphan Noï
✆ +66 32 691 963
Bungalows ventilés à partir de 300 B. Guesthouse sympa et bon marché, située dans une cocoteraie bordant la plage.

Quelques bungalows basiques mais pourvus chacun d'une douche privée... Un ou deux sont de taille plus grande, construits en dur. Très bon emplacement, à quelques centaines de mètres du Coral Hotel. L'endroit est tranquille, et vous serez bercé par le bruit des vagues. Location de motos. Petit restaurant familial et bar à cocktails à proximité. Accueil simple et amical. Une très bonne adresse... sur la plage !

Confort ou charme

▪ ADVENTURE JUNGLE RESORT
51 Moo 9 Tambon Pongpasats, Bang Saphan Yaï
Route de Suan Luang
✆ +66 86 797 0720 / +66 86 010 2580
nolimitadventure@yahoo.fr
Bungalows ventilés à 800 B ; climatisés à 1 200 B. Sept bungalows climatisés, construits en dur avec salle de bains privée, sont répartis sur un terrain verdoyant planté de cocotiers. Trois bungalows ventilés en bois sont également disponibles. Table d'hôte pour les clients participant aux activités de plein air. Accueil agréable.

▪ PALMS GARDEN RESORT
Suan Luang
✆ +66 84 44 13 633
www.bspalmgardens.com
rsvn@bspalmgardens.com
Chambre avec A/C et eau chaude à 1 200 B. Prix négociable si séjour prolongé. Wi-fi gratuit. A 100 m de la plage, cet ensemble de bungalows présente bien : modernité, confort et propreté. La jolie piscine propose une alternative agréable à la baignade en mer. Petit déjeuner proposé sur place, et servi en terrasse à la demande.

▪ VANVEENA HOTEL
163 Moo 5, Mae Rampung
Bang Saphan Yaï
✆ +66 32 691 251
vanveena_hotel@hotmail.com
Chambres ventilées à 350 B ; chambres climatisées de 600 à 800 B. Petit déjeuner inclus. Wi-fi gratuit.

Cet hôtel se trouve du côté de la route opposé au bord de mer. L'établissement semble très fréquenté par la clientèle thaïlandaise. Spa à disposition, billards, grandes chambres avec TV. Toutes disposent d'un cabinet de toilette. Bon entretien général. Le restaurant est installé au bord de l'eau et offre une vue dégagée. Spécialités de cuisine thaïe. Le matériel de sonorisation atteste de certaines soirées animées. Accueil aimable.

Luxe

■ CORAL HOTEL
171 Moo 9, Ban Suan Luang
Ban Saphan Yai
℡ +66 32 817 121 – www.coral-hotel.com
info@coral-hotel.com
De 1 900 à 3 100 B pour une chambre standard. De 3 200 à 4 500 B pour la chambre mezzanine ou le cottage familial. Wi-fi gratuit.
Installé à 7 km au sud du centre-ville, l'établissement bénéficie d'un cadre naturel privilégié, en bord de plage. Claude – le directeur français – et son équipe, entretiennent une ambiance conviviale. Trente quatre cottages sont installés dans le parc au milieu des cocotiers, face à la mer. Aménagement très soigné des chambres. Equipement moderne. Les « cottages » et « suites cottages » bénéficient d'une agréable terrasse sur le parc.
Le bar se trouve à proximité d'une belle piscine, avec Jacuzzi. Massage traditionnel à demeure. L'établissement possède également son propre tour-opérateur, Coral Discover, qui propose de nombreuses excursions à la journée dans les environs, ainsi que des activités de sports nautiques.

■ KOH TALU ISLAND RESORT
111/1 Moo 10, Tumbol Bangsaphan
Bang Saphan Noi
℡ +66 32 692 525 – www.taluisland.com
pow@taluisland.com
Chalet à partir de 6 000 B, villa à partir de 15 000 B. Offres promotionnelles sur le site Internet. Pension complète.
Pour ceux qui souhaitent s'isoler sur une île et profiter des activités offertes par l'hôtel : exploration sous-marine avec masque et tuba, kayak et trekking. Des services de massages et de pêches sont en plus proposés. L'île est aussi magnifique, jolies plages et farniente au programme.

Se restaurer

■ MARCHÉ DE NUIT
Rue principale de Bang Saphan Yaï
Non loin du passage à niveau.
Tous les mardis et les jeudis.

Faute de restaurant alléchant dans le centre-ville, le marché, lui, est digne d'intérêt. Les stands sont installés en fin d'après-midi et démontés vers 21h. Donc, ne pas trop tarder : à 22h, la place est déserte. Beaucoup d'habitants viennent y faire leurs courses ou manger sur place : grand choix de spécialités locales à des prix défiant toute concurrence. Entre autres tentations, le poulet au miel cuit au feu de bois dans une grande jarre en terre cuite. Bref, ce n'est pas cher et c'est bon.

À voir - À faire

■ HAT SAÏ KEHO, HAT BO THONG LANG ET HAT PHA DENG
Tout autour de Bang Saphan, d'autres belles plages et criques désertes ne manquent pas. Elles méritent le détour. L'idéal est de louer une moto et de vous balader à l'aventure au gré de vos envies (mais gare à la crevaison, tout de même !).

■ KOH TALU
Un petit îlot situé à quelques kilomètres au sud de Bang Saphan Yaï (20 minutes en bateau). Sa plage de sable blanc immaculé vaut le déplacement, pour une journée de baignade et d'exploration sous-marine.

■ WAT PHRA PHUT KHITI SRICHAI ☆
Le temple du Grand Bouddha, situé à 30 km environ de Bang Saphan, près du village de Ban Krut, ce temple bâti au sommet d'une colline est une petite merveille avec ses cinq *chedi* qui pointent fièrement leurs flèches dorées. Le panorama embrasse montagnes et palmeraies jusqu'à la mer, à perte de vue. Sur la droite, avant l'entrée, un petit bâtiment abrite un gong en forme de tonneau. Sur la gauche, une bâtisse identique supporte une cloche de bronze. Ces deux instruments servent à rythmer les cérémonies. Le premier suit le calendrier lunaire. La seconde rythme les journées. Des portes de couleur rouge sang encadrent le temple lui-même. Au rez-de-chaussée, quatre représentations de Bouddha figurent sur l'autel de marbre. A l'étage, un autre Bouddha, debout au milieu de la salle. Au plafond, également peint en rouge, des frises représentent les étoiles du nirvana. Les alcôves tout autour sont de vrais petits trésors architecturaux. Les vitraux raffinés représentent Bouddha aux épisodes décisifs de sa vie : une œuvre d'art unique ! A l'extérieur, un gigantesque bouddha de 19 m de hauteur a été édifié en hommage à la reine, le temple lui-même étant dédié au roi.

Sports - Détente - Loisirs
De nombreuses possibilités et quelques agences pour vous faire profiter au mieux des environs.

■ ADVENTURE RAID THAILAND
51 Moo 9 Tambon Pongpasats
Route de Suan Luang
℘ +66 86 797 0720
http://membres.lycos.fr/adventureraid
aventureworld@yahoo.fr
Sous la direction de Serge et Tiany, cette entreprise dynamique, installée à quelques kilomètres du centre de Bang Saphan, propose des activités sportives en contact avec la nature dans toute la région environnante : trekking, escalade, spéléo, canyoning, rafting, hydrospeed, canoë et même orpaillage (oui, comme un vrai chercheur d'or !) toute l'année, dans les contreforts de la chaîne montagneuse proche. Ambiance conviviale assurée.

■ BOXE THAÏE – MUAY THAÏ CAMP
51 Moo 9 Tambon Pongpasats
Route de Suan Luang
℘ +66 86 010 2580
℘ +66 86 797 0720
http://membres.lycos.fr/dekschlam
nolimitadventure@yahoo.fr
Heures d'entraînement : 5h à 7h30 et 16h30 à 20h30.
Centre école organisés par Serge, en coopération avec l'école de Muay Thaï de la police. Des stages de différentes durées sont prévus : prendre contact à l'avance pour réserver.

CHUMPHON ⭐

A environ 500 km de Bangkok, cette ville marque l'entrée officielle dans le Sud de la Thaïlande, car c'est ici que l'autoroute se divise en deux, d'un côté pour rejoindre la côte d'Andaman et, de l'autre, pour longer le golfe de Thaïlande. Chumphon représente aussi le point d'accès maritime le plus direct pour Koh Tao. Le transfert en bateau ne dure que 2 heures… Chumphon mérite une étape pour ceux qui ne sont pas trop pressés : il y a de belles plages à quelques kilomètres et des possibilités d'excursions dans l'intérieur des terres.

Transports

Comment y accéder et en partir

▶ **Avion.** Un vol assuré par la compagnie Sol Air. Départ à 10h arrivée à 11h15 pour environ 2 800 B. Dans le sens inverse, mêmes conditions et départ à 14h.

▶ **Train.** 16 trains partent depuis Bangkok, quotidiennement, entre 7h15 et 22h30 ; 11 depuis la gare Hua Lamphong, et 5 depuis la gare de Thonburi. Le trajet dure de 6 à 8 heures selon le type de train. Ce n'est pas forcément la meilleure option.

▶ **Bus.** Depuis la gare routière au sud de Bangkok, des bus de 1re classe partent à 14h, 21h30 et 22h, 7h de trajet. Un bus « VIP » assure la liaison directe entre Bangkok et l'embarcadère de Chumphon, sans passer par le centre-ville. Départ à 4h : 8h de route. Des bus de 2e classe partent à 5h, 6h et 21h. A noter que les différentes compagnies maritimes assurant le transit depuis Koh Tao utilisent des bus de 1re classe (et non pas « VIP ») pour transporter leurs passagers jusqu'à Bangkok (billet combiné). Dans le sens inverse également. Compter 45 min à 1h d'étape au débarcadère de Chumphon, ce qui permet de manger un morceau.
Pour se rendre à Bangkok, des bus partent à 7h, 10h, 14h et 22h, 7 à 8 heures de trajet, entre 295 et 443 B selon le type de bus.

▶ **Bateau.** Depuis Chumphon, des bateaux, plus ou moins rapides, assurent des liaisons régulières avec les grandes îles environnantes et en particulier Koh Tao, la plus proche.

■ KOH TAO CRUISER
1/ 51 Moo 2 Koh Tao
Pour les moins pressés, le « Cruiser » part à 7h de Chumphon et arrive à 9h30. Dans l'autre sens, le même bateau quitte Koh Tao à 10h30 et accoste à Chumphon à 13h.

■ LOMPRAYAH HIGH SPEED FERRIES
℘ +66 77 427 765 – www.lomprayah.com
info@lomprayah.com
Chumphon-Koh Tao : 1 000 B le trajet.
L'une des compagnies les plus rapides et les plus fiables. Les deux catamarans partent successivement de Chumphon à 7h et 13h (durée 1h45). Départs de Koh Tao à 10h15 et 14h45. Transferts également possibles vers Koh Samui, Koh Pha Ngan et Koh Nangyuan, avec des offres promotionnelles disponibles sur le site Internet.

■ SONGSERM EXPRESS
℘ +66 77 506 205
www.songserm-expressboat.com
songserm_express@hotmail.com
De Chumphon à Koh Tao : 500 B l'aller.
Départ de Chumphon à 7h pour arriver à Koh Tao à 9h30. Dans l'autre sens : départ de Koh Tao à 14h30 pour arriver à 17h à Chumphon. Transfert également possible vers Kho Pha Ngan.

Se déplacer

▶ ***Song téo.*** En ville, sur l'itinéraire qu'ils empruntent, la course est de 10 B quelle que soit la distance parcourue. Ils font aussi la navette avec le port d'embarquement, situé à tout de même à 10 km de la ville.

▶ **Moto-taxi.** Le prix de la course moyenne est de 20 à 40 B.

▶ **Location de moto**. Les motos sont louées environ 300 B par jour. Réduction possible en discutant.

Pratique

■ FAME TOURS & TRAVEL
188/20 Thanon Sala Daeng
✆ +66 77 571 077
www.chumphon-kohtao.com
akeychumphon@hotmail.com
Non loin du Sri Chumphon Hotel. L'établissement a l'habitude de s'occuper des farangs, ce qui ne veut pas dire que les tarifs proposés soient forcément au meilleur marché. D'ici, vous pourrez aussi organiser vos excursions trekking et rafting dans la jungle aux environs de Chumphon. Service Internet et chambres sommaires également disponibles.

■ OFFICE DE TOURISME (TAT)
111/11-12 Thanon Thavisinkha
✆ +66 77 501 831
tatchumphon@tat.or.th
Ouvert de 8h30 à 16h30.
Bureau également responsable de Ranong.

■ POSTE
Thanon Pharomin Mon Kha
Ouvert de 8h30 à 16h30, en semaine, et de 9h à 12h le week-end.

Se loger

La plupart des hôtels sont situés dans le quartier central, bien placés à mi-chemin entre les gares routière et ferroviaire, et non loin du grand marché. Le tourisme n'étant pas hyper développé à Chumphon, le rapport qualité-prix des logements est intéressant.

■ CHUMPHON GARDENS HOTEL
66/1 Thanon Tha Taphao
✆ +66 77 506 888
www.hotelchumphongarden.com
sale@hotelchumphongarden.com
Chambres climatisées à 600 B ; 2 suites à 2 100 B. Petit déjeuner inclus. Wi-fi gratuit.
Hôtel situé juste en face du Farang Bar, proposant 68 chambres climatisées standard à prix raisonnables. Grand restaurant climatisé : cuisine thaïe, chinoise et internationale.

■ MORAKOT HOTEL
102/112 Thanon Tavisinka
✆ +66 77 502 999
www.morakothotel.com
Chambres climatisées à partir de 500 B. Wi-fi gratuit.
Etablissement récemment rénové. Les couloirs et les locaux sont bien entretenus. Chambres claires, propres et spacieuses, avec de belles salles de bains et toutes ont l'A/C. Certaines sont pourvues d'une baignoire. Bon accueil. Une bonne adresse.

■ SUDA GUESTHOUSE
8 Soi Bangkok Bank
✆ +66 77 504 366
Chambres ventilées à 200 B ; climatisées à partir de 350 B. Wi-fi gratuit.
Bienvenue dans cette tranquille guesthouse joliment entretenue, située près de la gare ferroviaire. Ici on marche sur un doux parquet vernissé ; les chambres sont simples mais spacieuses, confortables et également meublées de boiseries. Salles de bains à partager, ou non selon les prix, d'une propreté impeccable. TV câblée en partie commune. Services de transports et de plongée dans la région.

■ THE FARANG BAR
69/36 thanon Thatapao
✆ +66 77 501 003
farangbar@yahoo.com
Chambres à 200 B. Wi-fi gratuit.
Cette auberge, tenue par un Britannique, porte bien son nom : un vrai repaire de « farangs », soit d'étrangers occidentaux, ici de type *bagpackers*, où l'ambiance est conviviale. Les chambres sont neuves et propres, à un prix défiant la concurrence. A demeure : un bar et un restaurant, massage et agence de voyage.

Se restaurer

■ MARCHÉ DE NUIT
Thanon Krom Luang Chumphon
A partir de 18h. Plats à partir de 30 B.
Comme souvent, de bons endroits pour manger sur le pouce des spécialités au prix local.

■ NORTHEAST FOOD CENTER
Thanon Sala Daeng
A partir de 30 B le plat.
A une centaine de mètres des hôtels cités plus haut, on y trouve de nombreux stands consacrés à la cuisine Isaan.

Sports – Détente – Loisirs

■ WET CATS CENTER
Thung Wua Laen Beach
4/2 moo 8
✆ +668 25 15 1 741
wetcatscenter.thailand@gmail.com
Faire du kayak dans des endroits superbes ou plonger dans des conditions idéales, voilà ce que vous propose cette agence. Au programme également, visite de temples, treks, etc… Faites confiance à Bertrand !

SURAT THANI

Cette ville, située à 650 km au sud de Bangkok, est surtout un point de convergence avant un transfert en bateau vers Koh Samui et Koh Phangan. Trains et bus de longue distance s'y arrêtent forcément. Les ressources de la ville sont liées à son port, véritable « gare de triage » en ce qui concerne le fret dans le golfe de Thaïlande. Dormir ici avant de partir pour Koh Samui n'est pas indispensable, mais tout dépend de l'heure d'arrivée. Les marchés de nuit, le long de la rivière et dans le centre, sont animés. Il y a aussi quelques temples dans les environs qui méritent que l'on s'y attarde.

Transports

Avion

Depuis Bangkok, la compagnie Thai Airways (www.thaiairways.fr) assure 2 vols par jour. La compagnie Air Asia (www.airasia.com) propose quatre vols aller-retour par jour. Et enfin Nok Air, deux vols par jour. Environ 1 heure 10 de trajet.

Train

Depuis Bangkok (Hua Lampong), 12 départs et 2 départs de celle de Thonburi (quartier ouest de Bangkok). Vu la durée du voyage depuis Bangkok, le mieux est de prendre un train de nuit, pour arriver relativement frais à la gare de Phun Phin, desservant Surath Thani (la gare se trouve à une quinzaine de kilomètres). Des bus locaux, ou des taxis collectifs attendent pour vous conduire au centre-ville.
Les trains qui partent à 19h30 et 22h50 arrivent respectivement à 7h06 et 8h05. Le train partant de Hua Lampong à 7h45 arrive à Phun Phin à 16h45.

Bus

Ils déposent généralement leurs passagers dans le centre-ville de Surat Thani, au niveau des marchés : Talat Kaset n° 1 ou n° 2.

▶ **Bangkok – Surat Thani** : départs de bus « VIP » à 7h, 19h30 et 20h20 (environ 12 heures de trajet), pour 738 km. Certains bus vous déposent à Bandon, (à environ 70 km à l'est du centre de Surat Thani) où l'on embarque directement sur le ferry pour Koh Samui. Tout est déjà inclus dans le prix (les agences de Bangkok vendent les tickets de bus-bateau ou train-bus-bateau ainsi groupés). Des bus de 1re classe partent le matin et le soir, 10 heures de trajet.

▶ **Phuket – Surat Thani** : bus climatisé, 5 heures de trajet ; en bus ordinaire : 6 heures de trajet.

▶ **Krabi – Surat Thani** : bus climatisé : 3 heures de trajet (150 B) ; en bus ordinaire : 4 heures de trajet (90 B).

Bateau

Seatran et Raja Ferry assurent la liaison Surat Thani – Koh Samui.

■ **RAJA FERRY**
25/1 Moo 8, Thanon Mitaparb
✆ +66 77 372 800
info@rajaferryport.com
Donsak – Koh Samui : départs entre 5h et 19h. Dans le sens inverse, départs entre 5h et 18h. Tarif un aller : 180 B par personne.
Ferries faisant le trajet Donsak – Koh Samui (et aussi Koh Phangan) tous les jours avec des départs de nuit. Attention, il faut surveiller ses bagages de près, car des vols ont été signalés.

■ **SEATRAN**
www.seatrandiscovery.com
info@seatrandiscovery.com
Trajet Surat Thani – Donsak – Koh Samui : départs entre 5h30 et 17h30. De Surat Thani : 1 heure 30 de trajet pour aller à Donsak, 3 heures pour Samui. Tarif : 220 B le trajet par personne.
Débarque ses passagers au port de Nathon (où il est possible de passer la nuit à l'hôtel). Des taxis et *song téo* attendent sur le quai, à l'arrivée des bateaux. Ils desservent les différentes localités (plages) de Koh Samui.

Pratique

■ **OFFICE DE TOURISME (TAT)**
5 Thanon Talat Mai
✆ +66 77 288 818 – tatsurat@tat.or.th
Ouvert de 8h30 à 16h30, en semaine.

■ **PANTIP TRAVEL**
293 Thanon Talat Mai
✆ +66 77 282 331
Agence spécialisée dans le transport entre Surat Thani, Koh Samui et Koh Pha Ngan en coopération avec les compagnies de transport maritime Raja Ferry et Seatran. Elle se trouve en plein centre-ville, non loin de l'hôtel Thairung Ruang.

■ **POSTE**
Thanon Talat Mai
✆ +66 77 270 013
En face du Wat Thammabucha.
Ouvert en semaine de 8h30 à 16h30 et de 9h à 12h le week-end.

Se loger

Bien que Surat Thani ne soit pas véritablement touristique, c'est tout de même un port commercial important et un lieu de passage

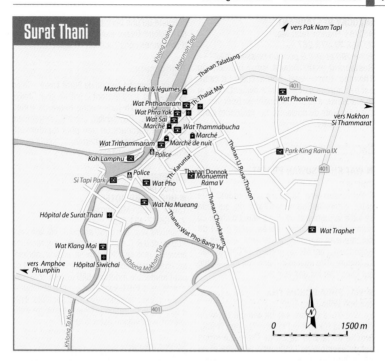

fréquenté, donc les établissements bon marché (150 à 200 B) servent aussi d'hôtels de passe. Les adresses suivantes ne devraient pas poser problème.

■ BANDON HOTEL
268 Thanon Namuang
✆ +66 77 272 167
Chambres ventilées à 250 ou 300 B ; climatisées à 350 ou 400 B.
Etablissement discret situé en plein centre-ville. Bon entretien général au fil des ans, contrairement à beaucoup d'établissements du quartier. Chambres assez petites, avec cabinet de toilette privé (eau chaude pour les chambres climatisées). Une adresse convenable dans sa catégorie, cependant les matelas sont assez durs. Petit restaurant populaire au rez-de-chaussée. Cuisine thaïlandaise bon marché.

■ THAIRUNG RUANG HOTEL
191/199 Thanon Mit Kasem
✆ +66 77 273 249
Chambres ventilées à 280 et 450 B ; climatisées à 400 ou 450 B (une ou deux personnes).
Etablissement de catégorie moyenne très proche des gares routières, au nord du centre-ville (Talad Kaset n° 1 et 2), et par rapport au marché de nuit. Les chambres sont assez spacieuses, avec cabinet de toilette privé. Celles qui ont

la climatisation disposent également de l'eau chaude. Une adresse correcte et localisée près des agences délivrant les billets de transport pour les îles.

■ WANGTAI HOTEL
1 Thanon Talad Mai
✆ +66 77 283 020
Chambres à partir de 850 B. Etablissement relativement excentré au sud-ouest de la ville (à droite, avant le pont). L'hôtel compte 230 chambres de confort moyen, réparties sur neuf étages et autour d'une piscine. Pratique pour un court passage en ville. Plusieurs restaurants, karaoké et petite salle de fitness.

Se restaurer

■ CIRCA 2510
Thanon Premchipratcha
✆ +66 81 555 6582 – circa2510@yahoo.co.th
Ouvert de 17h à minuit. Plats de 60 à 290 B.
Serveuses vêtues de longues robes chinoises naviguant entre les tables. Clientèle essentiellement thaïlandaise. En plein cœur de Surat Thani, situé dans une ancienne maison en bois réhabilitée, cet endroit est à la fois « tendance » et assez populaire. Prix raisonnables et ambiance détendue. Un endroit agréable pour dîner ou boire un verre.

■ LUCKY RESTAURANT

452/84 Thanon Talat Mai
✆ +66 77 273 267
Entre 250 et 300 B pour un poisson grillé.
Restaurant assez réputé, situé non loin du Thairung Ruang Hotel. Bon accueil. Le cadre est très agréable et le service diligent. Cuisine thaïlandaise à prix raisonnables. Spécialisés dans les plats de poissons. Le personnel parle un peu anglais.

Dans les environs

■ WAT KHAO SUWAN PRADIT

Don Sak
C'est la dernière demeure d'un moine très célèbre dans le Sud de la Thaïlande, qui voua sa vie à la restauration de ce lieu. Le chedi au sommet de la colline, après avoir gravi de nombreuses marches, abrite des reliques de Bouddha qui ont été rapportées de Chiang Mai. Le temple offre également une vue magnifique sur la baie et les îles voisines.

■ WAT PHRA BOROM THA

Tambon Wiang, CHAÏYA
Le Wat Phra Borom est un temple royal de l'ère Maha Nikai. Il est situé à Tambon Wiang, proche de la ville de Surat Thani. Le stûpa est un exemple de l'influence Srivijaya et de l'architecture religieuse typique du VIIIe siècle.

PARC NATIONAL KHAO SOK ★

Riche d'une faune et d'une flore très diversifiées, le parc national Khao Sok se trouve sur le district de Surat Thani mais il en est distant d'une bonne centaine de kilomètres. En fait, l'accès en est plus proche depuis Khao Lak ou Phang Nga. Et, couramment, les agences organisent des excursions à partir de Phuket.

■ KHAO SOK NATIONAL PARK ★

✆ +66 77 395 154
www.khaosok.com
Entrée : 200 B. Surnommé le Guilin de Thaïlande – en référence à la ville du sud-ouest de la Chine célèbre pour ses pics karstiques – et recouvrant une surface de 739 km², voici l'un des parcs nationaux les plus réputés du Royaume. Parc ou l'on peut suivant la saison, admirer la célèbre rafflésie, la plus grande fleur au monde.

CHAÏYA

La visite de cette localité de 13 000 habitants, à une soixantaine de kilomètres au nord-ouest de Surat Thani, est une option reposante, à condition de ne pas être pressé ! De ce site historique très ancien – Chaiya fut une cité du royaume Srivijaya jusqu'au Xe siècle, il ne subsiste qu'une bourgade paisible au charme nostalgique. De nos jours, la ville possède encore d'anciennes constructions en bois.

Transports

Depuis le marché central de Surat Thani – Talad Kaset – des *song téo* font la liaison avec Chaiya entre 7h et 17h (une bonne heure de trajet, environ 80 B). Des minibus climatisés effectuent le même parcours un peu plus rapidement. Attention, au retour, le dernier véhicule quitte Chaiya pour Surat Thani à 17h30 !

Se loger

■ UDOMLARP HOTEL

136/4 Thanon Mutapruke
✆ +66 77 431 123
Chambres ventilées à 150 et 250 B ; climatisées à 400 ou 450 B. Cet établissement comprend une ancienne maison traditionnelle, en bois, abritant les chambres ventilées les moins chères, et un petit immeuble moderne bâti juste à côté. Les chambres à 150 B sont avec douche commune. L'eau chaude n'est pas encore disponible. Il n'y a pas de restauration prévue à demeure mais le centre du village est à 200 m.

Se restaurer

On peut se restaurer à bon compte au marché local situé en plein centre.

À voir – À faire

■ MUSÉE NATIONAL

Proche du Wat Phra Borom That.
Ouvert du mercredi au dimanche. Entrée gratuite.
Des pièces datant de l'époque historique y sont exposées ainsi que des productions de l'artisanat local contemporain.

■ WAT PHRA BOROM THA

Tambon Wiang
Voir page 408.

■ WAT SUAN MOKKHAPHALARAM

Wat Suanmokkh
✆ +66 77 531 552
www.suanmokkh.org
A 7 km de Chaiya. Accessible en moto-taxi ou en song téo. Ce lieu de méditation – nommé « Jardin de la Délivrance » – était la résidence du moine Ajahn Buddhadasa, qui a marqué ses contemporains par le développement d'une doctrine cherchant les principes communs entre le bouddhisme, le taoïsme et le christianisme. Des cours de méditation pour les Occidentaux sont délivrés sur place, pendant les dix premiers jours de chaque mois. Une visite préalable du parc et des bâtiments n'est pas sans intérêt.

Les environs de Surat Thani

KOH TAO

La traduction littérale de Koh Tao est « l'île de la tortue », non pas à cause de sa forme – quoique depuis Koh Phangan, il soit possible de lui donner une forme de tortue, mais parce qu'elle fut fréquentée en abondance par ces reptiles il y a de nombreuses années. De nos jours, Koh Tao est devenue la mecque des plongeurs, grâce à la richesse des sites maritimes alentour. Petite de 19,2 km², l'île ne compte pourtant pas moins d'une cinquantaine de centres de plongée, répartis sur toute l'île L'île était d'abord une prison, située à Mae Had, qui ferma ses portes en 1944 pour laisser place à de nouveaux habitants, principalement des pêcheurs et des cultivateurs (plantations de coco, rizières et vergers).

Les premiers voyageurs arrivèrent à la fin des années 1970 et les premiers hébergements pour touristes apparurent à la fin des années 1980. A présent, Koh Tao est l'une des îles les plus touristiques du pays, avec une moyenne de 350 000 visiteurs par an et on le comprend aisément car cette île est un petit paradis sur terre. Koh Tao est accessible en bateau à partir des villes côtières, Chumphon (la plus proche) et Surat Thani, ou depuis ses voisines Koh Samui et Koh Phangan. Elle offre des plages pour la plupart magnifiques (surtout les plus difficiles d'accès), des cocoteraies et des récifs de coraux, très fréquentés par les clubs de plongée, où l'on peut admirer une grande variété de poissons tropicaux et quelques requins de loin en loin. La plage la plus facilement accessible et la plus fréquentée est Hat Sai Ri à l'ouest, mais toutes valent le déplacement. La saison des pluies s'étend de fin novembre à mi-décembre.

MAE HAAD

Mae Haad est le village principale de l'île, où se trouvent les embarcadères, le poste de police, La Poste, des écoles et un temple. La plage n'est pas toujours très propre, et il est difficile de s'y baigner étant donné la faible profondeur de l'eau. Muni d'un masque et d'un tuba, vous pourrez néanmoins observer une épave noyée sous les eaux depuis 1962, à l'extrémité sud de Mae Haad. Les rues du village sont un peu moins animées en soirée qu'à Sairee, mais la qualité des restaurants elle, est nettement supérieure qu'ailleurs.

Transports

■ **KOH TAO CRUISER**
Le « Cruiser » part à 7h de Chumphon, et arrive à 9h30 ; dans l'autre sens, le même bateau quitte Koh Tao à 10h30 et accoste à Chumphon à 13h.

▶ **Bateau : liaison entre Koh Tao et Koh Pha Ngan.**

■ **LOMPRAYAH CATAMARAN**
www.nangyuan.com
info@nangyuan.com
Tarif Bangkok Koh Samui : 1 000 B.
L'une des deux compagnies les plus rapides et les plus fiables (bateaux plus récents). Les deux catamarans partent successivement de Chumphon à 7h et 13h et arrivent respective-ment à 8h45 et 14h45. Départs de Koh Tao à 10h15 et 14h45 pour arriver à Chumphon à 11h45 et 16h30.

■ **SEATRAN**
www.seatrandiscovery.com
info@seatrandiscovery.com
Tarifs Bangkok Koh Tao : 850 B.
Concurrent de Lomprayah avec un avantage : baisse des tarifs pour gagner la clientèle.

Départ de Chumphon à 7h et arrivée à Koh Tao à 9h30. Départ de Koh Tao à 16h pour arriver à Chumphon à 17h30.

Pratique

■ **TIM TRAVEL**
8/12 Moo 2, Village de Mae Haad
✆ +66 77 456 229
timtravel111@hotmail.com
Installée dans la rue principale, celle qui remonte depuis le débarcadère. Juste au-dessus du restaurant Safari Grill (sur la droite en montant) et en face du Capuccino. Achat de billets de bateau. Réservation de billets d'avion.

Se loger

Mae Haad regorge d'options d'hébergement. Pour les plus huppés, c'est au sud du village, en longeant la côte, qu'il faut se diriger.

■ **CAFE DEL SOL GUESTHOUSE**
9/9 MOO 2
✆ +66 77 456 578
www.cafedelsol.ws
kohtaocafe@gmail.com
A deux pas du port de Mae Haad.

Transports sur l'île

Arriver sur place

▶ **Bangkok – Koh Tao :** à Khao San Road, possibilité d'acheter des tickets combinés bus-bateau chez Lomprayah Catamaran et Songserm. Départs à 6h, 19h et 21h, arrivées respectives à 14h45, 9h45 et 8h45.

▶ **Chumphon – Koh Tao :** départs à 7h, 13h, 23h et minuit. Arrivées respectives à 8h45 ou 9h45 selon compagnie, 14h45, 5h du matin et 6h du matin.

▶ **Surat Thani – Koh Tao :** départs de Surat Thani à 8h, 9h et 23h. Arrivées respectives à 14h, 14h15 et 7h du matin.

▶ **Koh Samui – Koh Tao :** départs à 8h, 11h, 11h15, 12h30, 13h30. Arrivées respectives à 9h45 ou 10h selon compagnie, 14h, 14h15, 14h45 et 15h30.

▶ **Koh Phangan – Koh Tao :** départs à 8h30, 12h30, 13h, et 14h. Arrivées respectives à 9h45 ou 10h selon compagnie, 14h15, 14h45 et 15h30.

Se déplacer

▶ ***Song téo*** (taxi collectif) : les tarifs varient en fonction du nombre de personnes dans le taxi (moins on est, plus c'est cher). Ils se trouvent princpalement à Mae Had, Sairee et Chalok Baan.

▶ **Location de moto :** 150 B par jour pour une manuelle, jusqu'à 200 B pour une automatique. Attention de bien vérifier l'état du véhicule avant location et de signaler la moindre éraflure. Egalement : possibilité de louer des quads, voitures et vélos.

▶ **Bateau-taxi.** Des bateaux font la navette entre les plages. Voici les tarifs en vigueur : Mae Had-Nang Yuan : 100 B. Mae Had-Chalok Ban Kao : 150 B. Mae Had-Ao Tanot : 300 B. Il est possible de louer les services d'un bateau à la journée et d'ensuite diviser le prix par le nombre de passagers.

A partir de 1 200 B.

En plein cœur de Koh Tao Town, cette guesthouse est idéale pour une famille avec ces deux lits superposés en plus du lit King size, le personnel est très sympathique et tout est fait pour y passer un très bon séjour. Les chambres sont grandes et neuves avec toutes les commodités (climatisation, ventilateur, télévision, wi-fi...) une grande terrasse couverte devant la chambre est à fréquenter à l'heure du petit-déjeuner ou pour bien profiter d'un apéritif. Le patron c'est aussi Robert du Café Del Sol, il est français et vous pouvez compter sur lui pour vous orienter pendant votre séjour.

■ CAPTAIN NEMO GUESTHOUSE

Centre du village
✆ +66 86 090 7996
www.captainnemo-kohtao.com
nemoguesthouse@gmail.com
Chambres de 650 à 1 800 B la nuit. Wi-fi gratuit.
L'établissement propose 7 chambres de tout confort : cabinet de toilette privé (eau chaude), réfrigérateur, TV satellite, lecteur DVD (vidéothèque à disposition). Philippe, le propriétaire français, veille à ce que le salon de billard du rez-de-chaussée soit calme, et les chambres aussi.

■ SENSI PARADISE

Village de Mae Haad, secteur sud
✆ +66 77 456 244
Villas et pavillons de bois : de 2 500 à 10 500 B. Offres promotionnelles sur le site Internet. Petit déjeuner inclus.
Etablissement de charme installé à l'extrême sud de la plage de Mae Haad. Les bungalows en bois, de style traditionnel, sont répartis dans un jardin tropical luxuriant, au milieu d'énormes blocs de granit, en surplomb du rivage. Tous les pavillons sont pourvus d'une grande salle de bains et d'une véranda spacieuse, mais pas de télévision. Restaurant au bord de la petite plage de sable blanc et piscine à demeure.

Se restaurer

Beaucoup d'établissements sont concentrés près de l'embarcadère, dont boulangeries, pizzeria et cuisine locale.

Bien et pas cher

■ CAPPUCCINO FRENCH BISTRO

Village de Mae Haad, centre
✆ +66 77 456 870 / +66 81 828 3920
www.cappuccino-frenchbistro.com
captain.pat.th@gmail.com
Route principale du port qui monte après le 7-Eleven
Ouvert de 7h à 18h. Très bon rapport qualité prix. Wi-fi gratuit.

Le vrai bistro français et la vraie boulangerie française. Incontournable pour le petit-déjeuner et le déjeuner. Authentiques petits-déjeuners français et différentes formules. Croissants et baguettes faits maison, jus d'orange pressé, jus de fruit frais, le meilleur choix de café de l'île – ne ratez pas le jus de carotte. Excellent déjeuner aussi. Préparations de sandwichs, paninis, bruschettas et croque-monsieur à la demande sans oublier le pain fait maison sans oublier la sélection de pâtes du chef aussi bonnes les unes que les autres. Surtout ne manquez pas le pâté fait maison servi avec cornichons (recette familiale) et le fallafel importé (le vrai). Ambiance musicale offrant une atmosphère chaleureuse et décontractée. Etablissement propre et service de qualité. Très bon rapport qualité/prix.

▶ **Autre adresse :** Chalok-Koh Tao, côté sud de l'île

■ LUCKY SEAFOOD

Village de Mae Haad – secteur sud
Plats entre 40 et 80 B.
Restaurant situé non loin du débarcadère à environ 200 m vers le sud. Accès par la rue ou par la plage. Grand choix de fruits de mer ou poissons frais à des prix raisonnables.

Bonnes tables

■ CAFE DEL SOL

9/9 MOO 2
✆ +66 77 456 578
www.cafedelsol.ws
kohtaocafe@gmail.com
a deux pas du port de Mae Haad
Plats de 60 à 540 B. Wi-fi gratuit.
Lorsque l'on arrive par le port de Mae Haad, un des premiers restaurants que l'on aperçoit, c'est le café Del Sol tenu depuis 15 ans par Robert. Venu de Nice, il y a presque 20 ans, il a tout fait ou presque et connaît l'île comme sa poche. Impossible de ne pas s'y arrêter au moins une fois durant un séjour à Mae Haad. Ça commence dès le matin avec des petits déjeuners délicieux : baguettes françaises, croissants au beurre, confitures maison, ça se poursuit avec des sandwichs variés et des salades d'une grande fraîcheur et bio – cultivées par sa femme. Et ça se conclut avec le carpaccio de bœuf charolais et les différentes viandes et poissons pour lesquels vous pouvez bien évidemment choisir la cuisson. Tout ou presque est fait maison ! Dernier détail non des moindres, la maman de Robert est italienne alors n'hésitez pas le faire jongler avec des pastas et des pizzas dont seule la mama a le secret. Le service et l'hygiène sont bien évidemment parfaits.

■ CHOCOLAT BOUTIQUE RESTAURANT

9/56 Moo 2
✆ +669 2817 6109
facebook.com/chocolatcaferestaurant
mmico_com@hotmail.co.uk
Situé à 100 m du café del sol en remontant la rue, face à la poste.
Imaginez-vous assis dans un petit café français des années 50/60, au milieu d'une île tropicale. Vous êtes bien au Chocolat ! Ici, on vous sert une cuisine maison. Le menu est constitué de plats bien sélectionnés, où chacun peut y trouver son bonheur, entre bagels au cheddar, confiture de framboise et oignons ou bien le carpaccio de saumon, en passant par la salade de chèvre chaud et pièce de bœuf français à la plancha. Pour accompagner le tout, Margaux et Mickael vous proposent une sélection de vins du monde et de bières belges. Le tout à des prix très raisonnables. Prenez surtout le temps de vous asseoir dans leurs coin salon rétro, parfait pour l'apéritif, en écoutant un de leurs vieux vinyles, installé confortablement dans un fauteuil années 70 « hippie chic ». Laissez-vous tenter par leur fameux cordon à la sauce champignon, les moules marinières ou bien encore le magret de canard rôtie au miel ! Pour terminer votre repas, leur cœur de chocolat blanc au coulis de fruits rouges est fortement recommandé... Un endroit de premier choix !

■ DOLCE VITA

5/35 MOO 2 Village de Mae Haad, centre
✆ +66 77 456 613
Entre bangkok bank et seatran pier
Prix à la carte : 80 à 750 B. Ouverture de 12h à 22h.
Ce restaurant est un petit bijou culinaire pour les amateurs de cuisine italienne et méditerranéenne. Le chef est italien ainsi que le directeur. Les deux parlent français et se feront un plaisir de vous parler de la Thaïlande qu'ils connaissent à merveille. La cuisine est raffinée, la présentation des plats est soignée, le service est impeccable et l'hygiène irréprochable. Mais le plus important, c'est la qualité de la cuisine. Rien n'est laissé au hasard. Les pâtes sont délicieuses, les pizzas sont magnifiques, sans parler des planchas de charcuterie et fromage, du poisson frais, et de la viande tendre. Tous les plats sont accompagnés d'une petite touche méditerranéenne. C'est un restaurant idéal pour une soirée romantique, un dîner entre amis qui aiment discuter tout en mangeant bien autour d'une bonne bouteille de vin – car la carte des vins est vraiment belle. Pour les desserts, nous vous laissons l'entière surprise, mais ce qui est certain, c'est que vous ne serez pas déçu...

■ SAFARI GRILL

Village de Mae Haad, centre
✆ +66 77 456 578
Plats de 150 à 750 B. Ce restaurant, tenu par des Français, propose des viandes grillées, des salades, des pâtes italiennes, des spécialités de poissons, suivies de desserts ou de glaces. Choix de cocktails au bar. Une bonne adresse d'un excellent rapport qualité-prix.

Sortir

■ CAPTAIN NEMO POOL BAR

Village de Mae Haad
✆ +66 86 090 7996
captainnemo@thai.com
Ouvert de 18h à minuit.
Salle de billard climatisée avec six tables de pool (billard américain) au standard professionnel (ardoise). Ambiance jazz. Un endroit tranquille pour boire un verre entre amis.

■ SAFETY STOP PUB

Plage de Mae Haad, centre
✆ +66 77 456 209
Bière à la pression, jeu de fléchettes, retransmission des événements sportifs : tous les éléments qui font l'atmosphère d'un vrai pub.

Sports – Détente – Loisirs

Si vous êtes un adepte de plongée ou que vous souhaitez vous y former, Koh Tao offre sans doute les meilleurs spots de Thaïlande. De nombreux centres offrent des formations de très bon niveau et étant donné la concurrence acharnée sur l'île, d'un prix relativement abordable. Comme toute bonne station balnéaire, d'autres activités sont également disponibles, la randonnée sur l'île aux cours de yoga, sans oublier de nombreux Spa.

■ ASIA DIVERS

18/1 Moo 1, Village de Mae Haad
✆ +66 77 456 055 – www.kohtao-idc.com
Ce centre de plongée PADI (niveau 5-étoiles) est placé sous la direction de Guy, responsable technique belge. L'accueil à Mae Haad est assuré tous les jours. Un lieu d'hébergement avec piscine se trouve au village de Sairee. Le centre école dispense des formations PADI, mais les équivalences de niveaux avec les autres fédérations sont bien sûr acceptées pour les excursions plongée. Le club utilise deux bateaux base spécialement équipés.

■ EASY DIVERS

Baie de Mae Haad
✆ +66 77 456 033
www.kohtaoeasydivers.com
info@kohtaoeasydivers.com

Pack hébergement + plongées à partir de 8 000 B.

Koh Tao PADI 5-étoiles. Un centre de plongée accueillant, et des moniteurs parlant plusieurs langues dont le français. Ambiance très détendue sur le bateau. L'hébergement est compris dans les cours, les bungalows sont propres et au calme.

■ ROYAL THAI MASSAGE

Centre du village de Mae Haad
✆ +66 77 456 472
Ouvert de 10h à 22h. 300 B pour une heure de massage thaïlandais.
Petite maison d'un étage, spécialement aménagée pour recevoir la clientèle (locaux climatisés), située en haut de la rue principale (en face du Dragon Bar) sur la droite en montant. L'établissement, tenu par Marc et son épouse thaïlandaise, Na, propose une gamme de massages traditionnels exécutés par un personnel qualifié.

AOW LEUK

Nichée dans une petite crique au sud-est de l'île, cette plage difficile d'accès est un petit paradis de tranquillité, sans magasin, sans bar, sans discothèque… encore épargnée par le tourisme de masse.

■ BAAN TALAY

Aow Leuk, Koh Tao
✆ +66 7745 7045
www.baantalaykohtao.com
contact@baantalaykohtao.com
2 500 B la chambre avec climatisation et 1 800 pour ceux qui plongent avec le centre et chambres avec ventilateur 1 200 B mais 800 B pour les plongeurs.
Eco Resort de charme avec une vue imprenable sur la baie d'Aow Leuk, qui possède d'ailleurs une vie sous-marine diverse et tropicale. Il est composé de 8 bungalows et est ouvert depuis 2012. Tout autour le calme règne et c'est dans un cadre luxuriant que vous pourrez exercer du yoga avec des professeurs confirmés. L'hôtel offre des remises pour les plongeurs du centre New Heaven. Précipitez-vous !

JANSOM

Cette baie se trouve à environ 800 m au sud du débarcadère de Mae Haad et un peu au nord du cap Hin Saam Kon. Une petite plage de charme, encadrées par les rochers, offre des eaux profondes parfaites pour nager et explorer avec masque et tuba la faune et la flore sous-marines particulièrement riches à cet endroit de l'île.

■ CHARM CHUREE VILLA & SPA

Moo 2,
30/1 Ao Jansom
✆ +66 77 456 393
www.charmchureevilla.com
reservation@charmchureevilla.com
A partir de 1 000 B et jusqu'à 50 000 B pour les suites les plus luxueuses. Accès wi-fi.
Un emplacement de choix, à flanc de colline, surplombant les blocs de granit du rivage. De très beaux bungalows en bois, spacieux, avec véranda, sont étagés au milieu des arbres et des rochers : la vue est magnifique. Un restaurant est installé sur une jolie plage de sable fin. L'ensemble a vraiment belle allure et grand charme.

■ JANSOM BUNGALOWS

✆ +66 77 456 883 / +66 89 031 5324
Bungalows de 600 à 800 B.
Installé dans la partie nord de la petite baie de Jansom, entre Sensi Paradise Resort et Charm Churee Villa. Ensemble de bungalows plutôt basiques répartis dans la colline et sur le bord d'une jolie plage, au milieu des rochers. Le restaurant n'est ouvert qu'en saison touristique. Un bon emplacement.

SAI NUAN

Cachée au milieu des arbres et des rochers, cette plage se trouve exactement au sud de la baie de Jansom (quelques centaines de mètres) et juste avant la baie de Chalok Ban Kao. Un véritable petit paradis.

Baie de Jansom.

■ SAI THONG RESORT

Plage de Sai Nuan
☎ +66 77 456 868
www.saithongresortkohtao.com
En basse saison : de 600 à 1 900 B. En haute saison : de 700 à 2 100 B.
Bungalows de catégories diverses répartis à proximité immédiate d'une très jolie plage. Un endroit parfait pour se relaxer à l'écart du monde. Certains bungalows ont beaucoup de charme. Il y a même un petit Spa ! Le bateau du resort assure la navette avec le débarcadère. Sinon, trajet à pied en suivant sur 800 m un petit chemin à peine tracé, à travers rochers et sous-bois, depuis Charm Churee Villa (prévoir une lampe pour un retour de nuit).

SAIREE

Cette plage, située sur la côte est et au nord du village de Mae Haad, est la plus longue de l'île, et aussi la plus développée sur le plan touristique. C'est là que se trouve la majorité des centres de plongée, des hébergements et des commerces. Le soir venu, place aux soirées animées sur la plage et dans les bars en bord de route, jusque tard dans la nuit. Idéal pour ceux qui souhaitent rester près de l'action ; quant aux oreilles sensibles, s'abstenir de loger dans les parages.

Se loger

Des hébergements se situent tout le long de la voie piétonne. Des bungalows pour la plupart, plutôt entassés les uns sur les autres. Du fait de la concentration d'activités, les nuits sont agitées et le rapport qualité-prix est plutôt mauvais dans le secteur.

Locations

■ NAROUA VILLAS

3/27-28 moo 1
Sairee
☎ +66 8 140 892 69 – www.naroua.com
info@naroua.com
A côté du point de vue des deux montagnes (two views)
Villa couple à partir de 6 500 B. Villa familiale à partir de 10 000 B.
De sublimes villas alliant authenticité et modernité dans les hauteurs de Sairee, à chaque pas du point de vue des deux montagnes (two views). Au cœur d'un jardin tropical et loin de l'agitation, vous êtes pourtant à 5 min du centre-ville et de la plage principale. Vous pouvez alterner entre le calme, la sérénité et l'intimité de votre villa et la vie animée du centre. Dès votre arrivée au port, vous êtes accueillis et conduits dans votre villa. Une fois sur place vous n'avez plus qu'à poser vos bagages, vous disposez de tout le nécessaire. Bien évidemment, le ménage est assuré quotidiennement. Les responsables sont toujours joignables en cas de besoin et ils sauront vous orienter sur l'île durant votre séjour. Mais la grande révélation, c'est le confort que vous offre cette villa. Le cadre est spacieux et lumineux. La terrasse avec piscine à débordement donne la sensation de se déverser dans la mer, et offre une vue panoramique époustouflante orientée sur l'île de Koh Nang Yuan. Coucher de soleil inoubliable !

Bien et pas cher

■ SUNSET BURI RESORT

Plage de Sairee
☎ +66 77 456 266
Chambres de 700 à 1 600 B.
Voisin de l'établissement Simple Life, ce resort tout en longueur se compose de plusieurs bungalows modernes en dur, à l'architecture soignée, la plupart avec A/C et pour certains dotés d'eau chaude. Le chemin central, agréablement ombragé, mène à une fort belle piscine en bord de plage.

Confort ou charme

■ BAN'S DIVING RESORT

Plage de Sairee
☎ +66 77 456 466
www.bansdivingresort.com
info@bansdivingresort.com
Chambres Deluxe gratuites pour les plongeurs, ajouter de 500 à 700 B pour la climatisation. Pour les non plongeurs à partir de 2 500 B pour une Deluxe et 3 500 B pour une suite jardin – prix spéciaux pour les «fun divers».
Certainement l'un des resorts les plus populaires de l'île et cela est dû en grande partie à son centre de plongée. C'est le resort au monde qui délivre le plus de diplômes padi ! A ses côtés, de nombreux restaurants, et boutiques en tout genre vous permettent de faire un peu de shopping. Vous pourrez également déjeuner au restaurant qui donne sur la plage. Au sein de l'hotel, vous trouverez un spa, un salon de coiffure, un mini mart ouvert 24/24, et 2 piscines. Et pour ceux qui veulent avoir des infos sur les tours, la location de kayaks, il n'y a qu'a s'adresser à la réception ! Pour plus d'information sur le centre de plongée, RDV dans la partie sport/loisir de Sairee.

■ IN TOUCH RESORT

Plage de Sairee
☎ +66 77 456 514 – intouchresort.com
bookings@intouchresort.com
Bungalows et chambres de 1 100 à 2 600 B. Restaurants, plats de 50 à 90 B.

Cet établissement comprend un bar restaurant, au bord de la plage, et des bungalows en bois, installés de l'autre côté de la route. Restaurant installé en bord de plage, cuisine thaïe essentiellement. L'endroit est très accueillant en soirée.

■ SEASHELL RESORT
9/1 plage de Sairee
✆ +66 77 456 299 – seashell-kohtao.com
seashell_kohtao@hotmail.com
Pour toute réservation de plus de 6 mois à l'avance – au choix : Cottage deluxe, Deluxe vue sur jardin, piscine ou mer et villas avec vue sur piscine ou sur mer. Le site offre des promotions spéciales et également des prix attractifs pour les plongeurs !
Superbe resort situé en bord de plage doté d'une belle piscine et d'un accès plage à quelques dizaines de mètres. Appartenant à une des toutes premières familles de l'île, le service est rodé et courtois. A l'accueil, de nombreuses informations vous sont fournies pour tous types d'excursions et activités sur et autour de l'île. Le restaurant donne sur la plage, d'où l'on peut profiter de superbes couchers de soleil. En famille ou entre amis, vous vous y sentirez au calme. A deux pas, des magasins, restaurants, bars et activités sont également présents.

Luxe

■ KOH TAO CABANA
16 Moo 1, Plage de Sairee
✆ +66 77 456 505
www.kohtaocabana.com
Chambre en basse saison à partir de 2 500 B, en haute saison à partir de 3 500 B.
Occupant l'extrémité nord de la plage de Sairee, ce très bel établissement se compose d'une trentaine de bungalows noyés dans la végétation luxuriante d'un grand parc à flanc de colline, proche de la plage, entre les blocs de granit et la cocoteraie. Deux types d'aménagements : *tree top cottages* rustiques au toit de chaume, sur pilotis, ou *white sand villas* de plain-pied, avec grande terrasse et pour certaines en bord de plage. Aménagement intérieur grand confort. Beaucoup de charme !

Se restaurer

Cuisine internationale, thaïe, pâtisseries à la française : on trouve de tout à Sairee !

■ FAST FRENCH FOOD
✆ +66 77 456 870 / +66 8 828 3920
www.cappuccino-frenchbistro.com
Captain.pat.th@gmail.com
Acces facile avec parking sur la route entre le port (Mae Haad) et Sairee. Au milieu du marché de nuit à côté du 7 eleven.

Ouvert de 11h à 15h et de 18h à 22h. Très bon rapport qualité / prix. Livraison à domicile
C'est le premier concept de restauration rapide de l'île. Tout est fait sur place dans une authentique cuisine française avec uniquement des produits frais. Un florilège de créations originales. Enfin de vraies pizzas, des burgers maison uniques mais aussi des paninis, des sandwiches, des pâtes et des salades appétissantes.

■ FIZZ
Plage de Sairee
Restaurant ouvert de 11h à 23h. Bar ouvert jusqu'à 2h du matin. Plats de 100 à 280 B.
Endroit à la mode tout à fait indiqué pour le dîner (excellents steaks de thon notamment). On peut s'installer sur la plage aménagée à cet effet, à la lumière des chandelles, ou s'asseoir à proximité du bar. Eclairage d'ambiance et musique « branchée » en arrière-fond.

■ LE PETIT PALACE
17/101 moo 1
✆ +66 97 190 4061
lepetitpalace@yahoo.com
A partir de 150 B. Ouvert tous les jours de 11h30 à 15h et de 18h30 à 23h.
Un air de France en Thaïlande. Mathias le Breton et Charlotte la Marseillaise sauront vous orienter durant vos vacances et vous accueillir dans une atmosphère chaleureuse du petit-déjeuner au dîner dans l'unique crêperie de l'île. Les plats aussi frais qu'esthétiques sont servis dans la convivialité. La seule difficulté viendra du choix que vous devrez faire. Les crêpes et les galettes bretonnes (spécialité de la maison), les burgers à composer soi-même, les pâtes, les salades, les différentes viandes à la plancha. Tout est bon ! Vous voulez revenir au local pas de problème Mathias est en cheville avec un pêcheur de l'île et vous propose chaque jour un poisson frais. Côté boissons, le choix et tout aussi compliqué, une ribambelle de bières belges, du cidre, une cave à vin, des spiritueux de renoms, de très bon cocktails et des digestifs pour les couche-tard. Enfin vous aurez peut-être la chance d'être servi par Lola, la petite fille de 3 ans des propriétaires.

Sortir

■ AC BAR
Hat Sairee
✆ +66 77 456 197
Ouvert de 20h à 1h du matin.
Des fêtes sont programmées les mardi, jeudi et dimanche. On y écoute plutôt de la House, de l'Acid Jazz ou de la Groove. Happy hour jusqu'à minuit.

GOLFE DE THAÏLANDE – CÔTE OUEST

■ LOTUS BAR

Hat Sairee

Cocktails entre 120 et 180 B.

Ambiance sympathique et débordante dans ce bar situé en bord de mer, avec animation de jonglage enflammé tous les soirs de 9h à minuit.

■ MAYA BEACH CLUB

Hat Sairee

Ouvert tous les jours à partir de 12h. Happy hour de 17h à 19h.

Bar et club situé en bord de mer, avec parfois des DJs invités pour faire danser la clientèle à même le sable, en plus des jonglages de feu exécutés non loin avec brio par des Thaïs du coin. Ambiance house principalement, avec nombreuses promotions et réductions sur les consommations.

Sports - Détente - Loisirs

Sports - Loisirs

■ BAN'S DIVING CDC CENTER

3/1 Moo 1

Plage de Sairee

✆ +66 7745 64 66

www.bansdivingresort.com

info@bansdivingresort.com

Ce centre de plongée propose des baptèmes, open water, advanced open water, jusqu'aux formations professionnelles telles instructeurs. Guillaume s'occupe de gerer le centre, qui comprend donc des instructeurs français. Comme beaucoup de centres sur l'île, la sécurité est de mise. Plonger est une activité qui doit se faire sans prendre de risque. Enfin des croisières sont aussi organisées vers les Philippines, l'Indonésie ou encore les îles Andaman ou Similan.

■ BIG BLUE DIVING

17/18 Moo 1

Sairee beach

✆ +66 77 456 050

www.bigbluediving.com

info@bigbluediving.com

Tous les cours PADI, SSI, BSAC, TDI et SDI de niveau débutant à celui de l'instructeur sont dispensés. L'hébergement peut etre pris en compte pour tous les budgets des dortoirs avec clim aux bungalows privés en bord de plage.

BBD propose des plongées sur les sites de Koh Tao, Ang Thong Marine Park, Parc Marine de Chumphon et Khao Sok. Le site internet est très bien fourni pour toutes informations complémentaires que vous souhaitez. Les instructeurs sont de toutes nationalités et certains sont francophones. Ce centre est aussi largement concerné par la conservation maritime et des actions sont menées tout au long de l'année.

Leur page facebook est elle aussi bien garnie en photos ce qui vous permettra de vous faire une idée de vos plongées et de la diversité des plongeurs qui découvrent les fonds thaïlandais avec eux. Un bon centre, sérieux et bien implanté sur Koh Tao.

■ BLUE IMMERSION

Sairee Beach

✆ +66 8 11 888 488

www.blue-immersion.com

info@blue-immersion.com

Cette école est dirigée par Florian, un jeune français qui fait partie des meilleurs mondiaux et détient la meilleure performance de Koh Tao : 7'41'' en apnée statique. Ici, tous les élèves commencent leur formation dans un cadre calme et reposant. Les cours sont menés d'une manière très détendue, en petits groupes. 3 salles de classe spacieuses pour la théorie et les exercices d'apnée, 2 Catamarans spécialement conçus pour l'apnée, 2 bureaux de réservation sur la plage de Sairee, une terrasse de plage pour le yoga et la méditation et un restaurant. Les formations se font sur plusieurs jours, en fonction de votre niveau. Le niveau 1 : entre 10 et 20 m. Le 2 : entre 20 et 30 m, et le 3 : au-delà de 30 m. Vous ressortirez grandi de cette expérience unique, en effet l'apnée est la façon la plus naturelle et sereine pour explorer les profondeurs des océans avec un impact minimal.

■ FRENCH KISS DIVERS

17/26 moo 1

Sairee village

✆ +66 80 891 7570

www.frenchkissdivers.com

Info@frenchkissdivers.com

Localisé au milieu du village de Sairee, French Kiss Divers est un club de plongée français à taille humaine. Il propose des formations allant du baptême de plongée au cours d'instructeur, les groupes sont de 4 plongeurs maximum pour un encadrant, et les formations privées sont également organisables. FKD fournit des formations SSI et PADI, et est le seul club de Koh Tao offrant des formations FFESSM (fédération française) du niveau 1 au niveau 3. L'équipe est 100 % francophone. Leur base de plongée est localisée sur Chalok Bay au sud de l'île, aussi ils ont une navette qui part de Sairee Beach vers le sud, matin, midi et soir, d'où un plus grand choix pour votre hébergement. Wilfried Hervé, propriétaire et directeur de formation, réside sur Koh Tao depuis 2006, et propose des formations d'instructeur et des passerelles vers CMAS et SSI pour les instructeurs d'autres organisations. Club familial, ambiance fun et décontractée, équipement de bonne qualité et professionnalisme sont au rendez-vous.

B & B TRAVEL AGENCY CO.,LTD.
HAAD SAI REE, KOH TAO, THAILAND
TEL.+66.7745.6466

ETABLI EN 1993,
BAN'S DIVING CDC CENTRE

CONFIRME AUJOURD'HUI SA POSITION DE
PREMIER CENTRE D'ASIE AVEC LES
DISTINCTIONS SUIVANTES :

- Meilleur centre de Thaïlande en 2009
- Meilleur centre d'Asie-Pacifque en 2010

Notre centre de plongée est un **PADI Career Deevelopment Centre** avec lequel vous pourrez suivre n'importe quelle formation du débutant à l'Instructeur et à la plongée Tec, avec une équipe d'Instructeurs à la parmi les plus expérimentés du monde. Le Ban's Diving Resort propose tous types de chambres dont certaines sont gratuites pour les élèves plongeurs.

www.bansdivingresort.com

■ PHOENIX DIVERS

Plage de Sairee

✆ +66 77 456 033

www.phoenix-divers.com

Affiliation Scuba Schools International & PADI 5-étoiles. Le centre de plongée a bonne réputation, et certains de ses moniteurs sont francophones. De plus l'accueil est bon et l'ambiance relax. Le club dispose d'un bateau spécialement équipé et gère aussi l'AC Resort, qui offre un hébergement sans fioritures.

■ SEASHELL DIVERS

9/1 plage de Sairee

✆ +66 894 720 785

www.seashelldiverskohtao.com

Une plongée découverte à 2 000 B. Open Water à 9 500 B avec 4 nuits comprises. Advanced à 8 500 B avec 2 nuits comprises.

Un des meilleurs clubs de plongée de l'île. Tous les cours se font avec 4 élèves maximum. L'équipement est fiable ; le matériel est renouvelé et révisé régulièrement aux normes de sécurité européennes. L'enseignement y est de grande qualité et le logement est compris dans la formation (bungalow ventilé). Dans ce centre à taille humaine Padi 5 étoiles, l'ambiance est très conviviale. Les cours sont dispensés en français, entre autres. C'est Jeff, qui avec plus de 15 ans d'expérience, gère ses instructeurs chevronnés. Le centre est sur la plage, à côté de la plupart des restaurants et magasins. Il est aussi possible de partir dès l'aube (6h du matin) pour être les premiers sur les spots de plongée !

Détente – Bien-être

■ GROUNDED – YOGA & WELLBEING

✆ +66 88 503 7055

Au centre-nord de Sairee, dans les terres. A droite de Suksamran Villa.

Séances de Yoga à 150 B de 10h à 11h30, de 13h à 14h30 et de 19h à 20h30 à 150 B.

Un centre professionnel pour s'exercer au yoga, au tai chi et à des cours d'auto-défense, à des prix très compétitifs. La pratique de ces disciplines se fait dans un hall agréable ouvert sur l'extérieur, donnant sur un joli jardin et les collines environnantes. L'enseignante de yoga, Johana, est francophone, patiente et qualifiée. Egalement : possibilité de se relaxer en sirotant un jus de fruit au bar et discuter avec l'équipe, très chaleureuse.

CHALOK BAN KAO

La localité se présente comme un petit village, avec plusieurs petits commerces et une atmosphère plus calme et familiale qu'à Sairee. L'accès à la mer se fait à travers les différents établissements qui occupent tout l'espace.

Se loger

■ FREEDOM BEACH & TAA TOH LAGOON RESORT

moo1

✆ +66 77 456 596

Bungalows de 800 à 2 200 B. Accès wi-fi.

Les bungalows sont installés sur les pentes d'un promontoire, et une jolie plage de sable se trouve en contrebas, isolée au milieu des rochers et invisible du reste de la baie de Chalok Ban Kao. Les chambres sont de tout confort et le cadre est agréable. On peut lézarder sur la plage ou plonger aux abords immédiats. Restaurant sur place, en haut des escaliers.

■ KOH TAO RESORT

Plage de Chalok Ban Kao

✆ +66 77 456 134

www.kotaoresort.com

info@kotaoresort.com

En basse saison : à partir de 1 900 B. En haute saison : de 2 100 B et 6 500 B.

Une cinquantaine de bungalows en bois sont disséminés sur la colline : très belle vue. Bâtiment principal avec restaurant et piscine au bord de la plage. Chambres de très bon confort. Le centre de plongée (comme la plupart des établissements à Koh Tao) propose des sorties en mer avec un bateau privé deux fois par jour. Voile et kayak également pratiqués.

■ KOH TAO TROPICANA RESORT

Plage de Chalok Ban Kao

✆ +66 77 456 167

www.koh-tao-tropicana-resort.com

bookings@koh-tao-tropicana-resort.com

En basse saison : chambres ou bungalows ventilés de 400 à 600 B ; climatisés à 1 300 B. En haute saison : ventilés de 450 à 650 B ; climatisés à 1 300 B.

Choix de bungalows installés dans un jardin paisible et verdoyant. Les chambres, elles, sont regroupées dans de petits bâtiments d'un étage, en brique. L'ensemble dégage un certain charme. Accès direct à la plage. Un restaurant est installé sur le front de mer. Le Café Tropicana, lui, est situé à l'extérieur.

Se restaurer

■ CHEF SASHA'S

A une centaine de mètres de French Kiss Divers.

Compter 120 B pour un repas. Le seul restaurant de l'île ouvert 24h/24.

Sasha et son équipe thaïlando-birmane vous concocte de superbes petits plats. Au choix : poissons frais, burgers, pizzas, salades ou viandes. Et le tout pour un prix très abordable.

Vous pouvez jouer aux fléchettes le tout sous une toile de parachutiste. Un endroit fort agréable si l'on prend également le temps de discuter avec le propriétaire !

Sortir

■ THREESOME BAR
A coté du centre de plongée French kiss
✆ +66808917570
Ouvert tous les jours de 16h à minuit.
Localisé à 100 mètres avant l'entrée du village de Chalok baie, le Threesome bar est un bar convivial où la bonne humeur et la bonne musique sont au rendez-vous. Gastropub servant des tapas français, assiettes de fromage et charcuterie, le Threesome bar organise des concerts de music live régulièrement, ainsi qu'un barbecue gratuit une fois par semaine. Le barman Patrick a de nombreuses années d'expérience dans des bars à cocktails, et vous servira aussi bien des cocktails délicieux, qu'un simple Ricard comme à la maison. Juste à côté du centre de plongée, French Kiss Divers, c'est aussi le rendez-vous des francophones de Chalok, qui viennent discuter de leurs dernières plongées, et autres aventures sur Koh Tao ou dans le reste de l'Asie du Sud-Est.

Sports – Détente – Loisirs

■ FRENCH KISS DIVERS CHALOK
✆ +668 0891 7570
www.frenchkissdivers.com
Localisé au milieu du village de Chalok, French Kiss Divers est un club de plongée français à taille humaine. Les formations vont du baptême de plongée au cours d'instructeur, et les groupes sont de 4 plongeurs maximum pour un encadrant. FKD fournit des formations SSI et PADI, et est le seul club de Koh Tao offrant des formations FFESSM (fédération française) du niveau 1 au niveau 3. L'équipe est 100% francophone. Ils ont une navette qui part vers Sairee Beach vers le nord, matin, midi et soir, d'où un plus grand choix pour votre hébergement. Wilfried Hervé, propriétaire et directeur de formation, réside sur Koh Tao depuis 2006. Il propose des formations d'instructeur et des passerelles vers CMAS et SSI pour les instructeurs d'autres organisations. Club familial, ambiance fun et décontractée, équipement de bonne qualité et professionnalisme sont au rendez-vous.

■ NEW HEAVEN DIVE SCHOOL
Plage de Chalok Ban Kao
✆ +66 77 456 587 / +66 81 958 7560
www.newheavendiveschool.com
info@newheavendiveschool.com
Sur la droite en venant du centre de Chalok, juste avant le Koppee café.

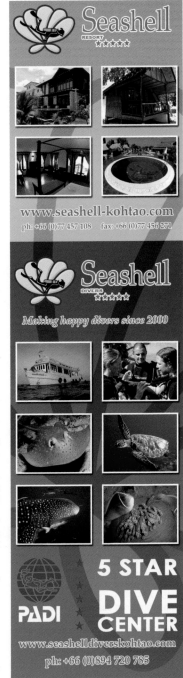

GOLFE DE THAÏLANDE – CÔTE OUEST

Club PADI créé en 1990, également affilié aux fédérations CMAS, SSI. Le centre école dispose de deux bateaux base spécialement équipés pour la plongée et emploie régulièrement des moniteurs francophones en saison. L'équipe en place semble faire face à une concurrence nombreuse et acharnée, ce qui est bon signe. L'entreprise dispose également de deux points d'hébergement, d'une boulangerie-pâtisserie (village de Sairee). Le centre est également très impliqué dans la protection maritime et des cours de 3 jours à 3 mois sont disponibles.

■ NEW HEAVEN YOGA

48 Moo 3 chalok ban kao
✆ +66 77 457 045
Le prix est de 300 B pour une durée d'1h30.
Sur la terrasse du centre de plongée New Heaven, des cours quotidiens y sont donnés. Le premier cours est à midi et le second le soir à partir de 17h30 et pour une durée d'1h30. D'autres cours sont organisés à 17h30 par Vedrim (qui pratique depuis plus de 15 ans) sur une terrasse en bois dans leur hôtel Baan Talay, surplombant la colline face à la mer.

THIAN OK

Une magnifique plage de sable blanc se trouve au sud est de Koh Tao (à l'est de Chalok Ban Kao). Accessible en 4x4 ou en moto par une méchante piste défoncée, ou alors à pied par une propriété privée, entre 6h et 22h, depuis Chalok Ban Kao.

■ JAMAHKIRI RESORT & SPA

✆ +66 77 456 400 – www.jamahkiri.com
contact@jamahkiri.com
En basse saison : chambre à 3 900 B et pavillon à partir de 5 900 B (6 900 B en haute saison). Offres promotionnelles sur le site Internet. Wi-fi gratuit.
L'établissement est installé en surplomb de la baie de Thian Ok, accroché au milieu des rochers. La vue est magnifique. L'endroit étant encore assez sauvage, un 4x4 assure régulière-

ment une navette gratuite (chaque heure, entre 9h et 21h) pour le transport des clients depuis le village de Mae Haad. Accès également possible par la mer en contrebas. Le resort comprend un Spa, un restaurant (avec vue plongeante depuis la terrasse), des bungalows de grand confort, enchâssés entre les rochers et noyés dans la végétation, des chambres et une suite royale. Le Spa – le plus luxueux de l'île – offre tous les types de massages traditionnels. Centre de plongée.

BAIE DE TANOTE

Cette petite plage, en retrait et sans doute moins fréquentée que les autres, bénéficie désormais en partie d'une route bitumée accessible en taxi ou à moto. L'endroit reste préservé par son isolement ce qui en fait un incontournable de l'île pour celles et ceux qui aiment partir à l'aventure.

■ CALYPSO DIVING

40/2 Moo 3
Tanote Bay
✆ +66 8484 15166 / +6677456745
www.diving-calypso.de
dennis@diving-calypso.de
Ce centre de plongée fait partie des plus sérieux de l'île. Il a tout pour plaire. En effet, basé sur la plage de la baie, loin de la fréquentation frénétique des autres plages, vous vous sentirez au bout du monde pendant vos quelques jours de vacances ! À quelques mètres du bord, vous êtes littéralement comme dans un aquarium. Pour les débutants, c'est le spot idéal, car il y a une multitude de poissons, et de coraux de toutes les couleurs. Pour ceux qui possèdent déjà une expérience avec une certification PADI ou CMAS, vous aurez à faire des personnes chevronnées et du matériel moderne. Ce centre est à taille humaine et c'est ce qui fait aussi sa force. 80 % des plongeurs qui viennent plonger une première fois finissent par y revenir. Demandez Dennis, c'est le responsable du centre, il saura vous accueillir de manière chaleureuse et conviviale !

KOH PHANGAN

Distante de Koh Samui d'une vingtaine de kilomètres au nord, Koh Phangan est une belle île, et la 5e plus grande du pays avec une superficie de 167 km². Plusieurs rois de Thaïlande sont tombés sous son charme, dont le roi Rama V qui s'y rendait très fréquemment, et le roi actuel, Bhumibol. Les premiers habitants qui la peuplèrent furent des moines de passage, il y a 600 ans environ, qui reconnurent en Koh Phangnan un endroit propice à la méditation, de par sa tranquillité et son côté spirituel. Depuis les

années 1980, elle connaît un essor touristique rapide, notamment de par les fameuses *Full Moon Parties*, qui attirent chaque année des milliers de fêtards du monde entier, ce qui a achevé de consacrer Koh Pha Ngan comme l'une des destinations « tendance » de Thaïlande. Les habitants proposaient naguère des bungalows assez rustiques, et la clientèle plutôt jeune s'en contentait. Depuis quelques années, de nouveaux resorts prennent la place des anciens bungalows et se multiplient sur toutes les plages de l'île.

On y accède encore souvent par des pistes à défaut de routes bitumées, ou grâce à des bateaux faisant spécialement la navette (tarifs prohibitifs). Assez grande, Koh Pha Ngan possède encore, par endroits, un certain charme sauvage. Les options d'hébergement ne manquent pas sur Hat Rin, mais elles se retrouvent bien vite prises d'assaut à l'approche des *Full Moon Parties*. Si vous comptez loger sur Hat Rin Nai ou Hat Rin Nok à ces périodes, il est conseillé d'arriver au moins un jour (encore mieux, plusieurs) à l'avance pour vous garantir un toit. Si vous souhaitez profiter de l'action sans pour autant négliger sommeil et quiétude, Leela Beach est à privilégier : à vingt minutes à pied au sud de Hat Rin, elle est accessible en suivant un chemin balisé et bien éclairé. Si vous n'avez que faire des *Full Moon Parties*, le nord et l'ouest de l'île sont recommandés.

THONG SALA

Thong Sala représente la capitale de l'île et sert de principal point de transports et de services de communication. S'y trouvent également des boutiques présentant des produits artisanaux (à un rapport qualité-prix plus intéressant que sur le reste de l'île), des hôtels, des restaurants, des bars, des supermarchés et six stadiums de Muay Thai.

Pratique

■ **MAP OF KOH PHANGAN AND KOH SAMUI**
45/1-2 Moo 1
www.phangannavigator.com
Carte distribuée sur le port de Thong Sala à Koh Phangan, à Bang Rak (Koh Samui) quand vous utilisez la compagnie de bateau Seatran, et dans certains hôtels, restaurants... de Koh Phangan et Koh Samui.
Il y a plusieurs cartes sur l'île mais notre préférée reste celle-ci ! Enfin un document ou l'information est sérieuse ! Cet imprimé possède l'avantage d'avoir deux cartes : celle de Koh Phangan au recto et celle de Samui au verso. Vous la verrez dans la plupart des hôtels, restaurants, et principaux lieux touristiques. La brochure possède des informations utiles telles que les horaires de bateaux, les numéros d'urgence et de nombreux hôtels pour vous aider à vous repérer plus facilement. Une application I-Tunes, et Android, vous permettent même de rester écoresponsable même pendant vos vacances.

« Full Moon Parties » et aléas

Les *Full Moon Parties* réunissent chaque soir de pleine lune, mais aussi de demi-lune ou d'absence de lune, des milliers de fêtards pour danser sur le son de plus d'une dizaine de soundsystems alignés sur la plage, dans les collines, diffusant du son allant de la Drum'N Bass à la pop électro. La première soirée de ce type a été organisée par une bande d'amis à la fin des années 80 pour un anniversaire, et le concept a tellement bien marché que l'événement est devenu un point de rendez-vous incontournable pour les backpackers des années 1990, avant de devenir un festival mensuel plutôt commercial de nos jours, allant de 500 B à 2 000 B l'entrée.

Koh Phangan n'est ainsi pas l'escapade tranquille rêvée pour la clientèle familiale. Tous les 15 jours, en basse saison, environ 8 000 fêtards partent à l'abordage de Koh Phangan pour aller danser sur Rin Nok ou ailleurs plusieurs nuits d'affilée, et en haute saison, jusqu'à 30 000 ! Cette ambiance déchaînée s'accompagne de beuveries organisées, et de « deals » de drogues. Le Futé vous déconseille fortement d'acheter de la drogue sur place, c'est illégal et sévèrement puni en Thaïlande, et la plupart des dealers de Full Moons sont en réalité des policiers déguisés en civil qui ne manqueront pas de vous donner une amende salée. Et si vous refusez de payer, c'est la garde à vue, voire la prison de Koh Samui, et ce ne sont pas des tendres.

Au petit matin, les lieux sont systématiquement souillés de canettes de bière, de vêtements abandonnés, de sacs plastique et de gaillards (ou gaillardes) allongés en piteux état, photogénique si l'on angle ses clichés en mode Zombieland.

Pendant la fête, attention aux vols d'argent, cartes bancaires ou passeports qui risquent de se perdre dans le feu de l'action. Le mieux est d'utiliser des pochettes en plastique à porter en bandoulière. Essayez aussi de rester au moins par deux, ou décider d'un point de rendez-vous en cas de dispersion. Egalement, éviter de rentrer à moto après avoir abusé de substances toxiques. Les routes sont sinueuses et pentues dans cette partie de l'île, et on ne compte plus les accidents, parfois très graves, sur les routes de l'île et impliquant des étrangers.

■ **POLICE TOURISTIQUE**
© +66 77 377 114
En cas de problème, il faut se rendre au poste de police à Thong Sala.

■ **SAFARI BOAT**
45/1-2 M.1 Thongsala
© +66 77238 232 / +66 81538 2939
www.safariboat.info
info@safariboat.info
Quand vous sortez du bateau au port de Thong Sala, tout droit, traversez la route, juste après les deux restaurants sur votre gauche. Dans leur bureau, vous avez désormais un accès au wi-fi et surtout à une mine d'informations sur la région. L'agence a créé une carte de l'île très détaillée « map of Koh Phangan and Koh Samui ». On vous propose une variété d'excursions d'une journée autour de l'île et de l'incroyable parc marin d'Ang Thong, mais aussi de Koh Tao. Vous bénéficiez d'une longue expérience de croisières en hors-bord privé autour de l'île. Qualité, flexibilité et services personnalisés sont les concepts clés de l'agence ! Elle organise aussi des départs pour les *full-moon party* depuis Koh Samui, des trecks à dos d'éléphant… sans oublier les réservations de chambres et billets d'avions. Une adresse très sérieuse et un service pro !

Transports à Koh Phangan

Arriver sur l'île

A partir de Surat Thani, des ferries, plutôt lents, partent dans la journée entre 6h30 et 16h30 et un la nuit à 23h, arrivée à 5h30, avec un arrêt à Koh Samui (Nathon), environ 600 bahts.
Départs de Don Sak entre 10h et 15h30, 450 bahts. Départ de Chumphon à 7h et 13h (1 heure 45 de trajet, 600 bahts). Départs de Hua Hin : 8h30 et 23h30, 1 300 bahts.

▶ **Depuis Bangkok :** Lomprayah et Seatran Discovery proposent des formules bus+bateau pour environ 1 000 bahts et 15 heures de trajet, données variables selon les horaires. Des bateaux partent aussi directement de Bangkok, entre 6h et 21h, pour 10 à 13 heures de trajet, 1 200 baths environ. Il est également possible de prendre un train de nuit, de la station de Hua Lamphong jusqu'à Chumphon, les billets varient de 100 à 500 bahts selon la classe choisie. La solution la plus rapide mais la plus chère reste de prendre l'avion jusqu'à Koh Samui (4 000 bahts environ) puis d'acheter à l'arrivée un ticket pour se rendre à Koh Pha Ngan en bateau.

▶ **Depuis Koh Tao :** plusieurs bateaux partent entre 9h30 et 17h30 (1 heure 30 environ de trajet, 450 bahts chez Lomprayah et 400 bahts chez Seatran). Des *speedboats* partent à 9h30 et 15h (1 heure de trajet).

▶ **Depuis Koh Samui :** des *express boats* quittent l'embarcadère de Nathon. Lomprayah part à 8h, 12h30 et 17h (environ 30 min de trajet, 300 bahts). Seatran Discovery a des départs à 8h et 13h30 (250 bahts). Le débarquement s'effectue au port de Thong Sala, la bourgade principale au sud-ouest de l'île. De plus, la compagnie Haad Rin Queen assure une liaison quotidienne vers le débarcadère d'Hat Rin, au sud-est de Koh Phangan entre 10h15 et 16h15.

Se déplacer

▶ **Song téo (taxi collectif).** Ils font la liaison vers les plages (quand la route est praticable). Les prix sont fixes et assez chers ; renseignez-vous avant le départ. De Hat Rin à Thong Sala. Tarif fixé à 100 B. De Thong Sala à Thong Nai Pan : compter 200 B par personne pour un minimum de six passagers. De Thong Sala à la plage de Ban Tai : compter 50 B.

▶ **Moto-taxi.** Ils prennent en général 10 à 20 B de plus qu'un *song téo*.

▶ **Location de moto.** Entre 150 et 350 B par jour selon le véhicule.

▶ **Bateau.** Le transit entre Hat Rin et Thong Nai Pan coûte environ 1 500 B pour une à quatre personnes et au-delà : 300 B/personne. L'aller-retour est fixé à 2 000 B. Il devrait être possible de négocier (calmement et avec le sourire) en augmentant le nombre de passagers pour le même tarif de base (1 500 B).
Précisons qu'il est avantageux, une fois arrivé à Thong Nai Pan, d'y passer la nuit. Et qu'il est possible de repartir ensuite en taxi collectif, le lendemain, en direction de Thong Sala.

Se loger

La basse saison touristique s'étend de début mai à mi-juillet et comprend aussi le mois de novembre (fortes pluies). La haute saison est comprise de la fin juillet à la fin avril, avec une période « de pointe » (prix maximum) de décembre à janvier. Certains hôtels augmentent leurs tarifs 3 jours avant et 2 jours après la pleine lune.

■ B 52 BEACH RESORT
voie 31/22 Moo 1
✆ +66 77 377 927
www.b52beachresort.com
A partir de 1 500 B pour un bungalow standard et 2 300 B pour un bungalow Deluxe.
Complexe récemment rénové qui offre un emplacement privilégié en bord de mer, avec vue panoramique sur Koh Samui. Ici vous vous sentez comme chez vous avec les palmiers en plus, situés en bord de plage. A quelques minutes du port de Thong Sala, endroit où arrivent les bateaux, et à quelques kilomètres de la fameuse plage de Haad Rin bien connue pour sa *full moon* ! Le resort offre un mélange de tranquillité et sérénité, et ce n'est pas la piscine à débordement en bord de mer qui le contredira ! Les bungalows possèdent tout le confort nécessaire sur cette île : climatisation, wi-fi, écran plat, coffre fort, mini bar… Pour ceux qui veulent des villas, au choix : la Villa Room, la Big Villa… Le complexe propose également vélo et jeep de location sur demande. Bon service !

■ BUA KAO INN
Village de Thong Sala
✆ +66 77 377 226
Chambres ventilée à 500 B avec A/C de 850 à 1 500 B. Restauration de 9h à 21h. Accès Internet wi-fi. Un petit restaurant occupe le rez-de-chaussée (fermeture le dimanche).
Cet établissement, situé en vis-à-vis de la Krung Thai Bank, est tenu par un expatrié américain, Michael, et son épouse thaïlandaise Somphong. Les chambres climatisées, avec cabinet de toilette privé (eau chaude) et TV câblée, sont parfaitement entretenues.

■ LIME N SODA RESORT
31/10 Moo 1 Thong Sala
✆ +66 77 238 936
http://limesodathailand.com
reservation@limesodathailand.com
En basse saison : de 700 à 1 600 B. En haute saison : de 900 à 2 100 B. Wi-fi gratuit.
Situé proche du port principal de Thong Sala, ce resort est bien situé, non loin des restaurants et des boutiques environnantes. Ambiance jeune et sympa pour se mettre en ambiance avant de plus grandes soirées. 50 bungalows sont répartis non loin de la plage et près d'une piscine. Restaurant sur place.

■ SEA MEW
71 Thong Sala Pier
Village de Thong Sala
✆ +66 77 377 795
Chambres ventilées à 400 B ; climatisées à 500 B.
Entreprise familiale installée dans un petit immeuble de trois étages se trouvant à une vingtaine de mètres à droite du Pha Ngan Hotel. Les chambres sont assez petites, mais claires et bien entretenues. Cabinet de toilette avec eau chaude. Par contre, les escaliers sont assez raides. Accueil correct.

Se restaurer

■ ANDO LOCO
Village de Thong Sala
✆ +66 83 391 7737
Ouvert tous les jours sauf le mardi de 13h à 20h30. Plats à partir de 120 B comme la Margarita.
Restaurant mexicain avec ambiance latino. Happy hour, cocktails, bière pour accompagner tous les nachos et plats que vous commanderez ici à petits prix.

■ BAMBOO BISTROT
Sortie de Thong Sala en direction de Bann Tai
✆ +66 8 0526 9077
Compter 200 B. Ouvert de 10h à 23h.
Le rendez-vous des francophones. Cuisine française et traditionnelle, entrecôte, gratins, tarte… L'établissement dispose aussi d'un bookshop et d'un bureau d'informations touristiques.

■ MEETING BAR & RESTAURANT
✆ +66 86 275 1929
A côté du Tesco Lotus.
Ouvert tous les jours de 11h à 23h, sauf les 1er et 15 de chaque mois. Plats entre 100 et 400 B.
Petit restaurant sans prétention à la cuisine pourtant excellente. La terrasse est très bien aménagée et décorée ; plutôt chic pour un restaurant de ce type. Belle présentation des plats, avec un service courtois et accueillant. Un rapport qualité-prix compétitif et définitivement une bonne adresse.

Sortir

■ 4 U BAR
Soi Krung Thai
✆ +66 7723 8313
Ouvert de 11h à très tard.
Bar-crêperie tenu par deux Français, on y sirote de très bons Mojitos et de superbes Margaritas. Une halte intéressante pour se chauffer avant de continuer dans une *full-moon party* !

GOLFE DE THAÏLANDE – CÔTE OUEST

À voir – À faire

■ CASCADES ⭐

De nombreuses chutes d'eau, dans l'arrière-pays, méritent une excursion. Il y en a sept en tout. Phaeng Nam Tok, très reculée à l'intérieur des terres, est la plus difficile à atteindre. Mais d'autres sont plus proches, comme Wang Sai, non loin de la plage de Mae Had, ou Wang Thong, sur Thong Nai Pan.

■ COLLINE DE LAEM

Cette hauteur domine Ao Nai Wok et offre un beau panorama. Laem signifie cap. On y accède par une piste en terre de quelques centaines de mètres. Evidemment, les logements qui s'y trouvent sont éloignés du bord de mer : compter 10 à 15 min à pied.

■ WALKING STREET

Tous les samedis de 16h à 22h environ.
La vieille rue de Thong Sala se transforme en un marché sympathique et animé fréquenté tant par les Thaïlandais, les expatriés et les touristes pour se restaurer, acheter des produits artisanaux ou boire un verre. L'ambiance y est très conviviale, en particulier dans ce coin de la vieille ville au charme certain.

AO NAI WOK

C'est la plage la plus proche de Thong Sala sur la côte ouest de Koh Phangan. Elle est assez tranquille et possède même un certain charme. Les soirées y sont agréables.

Se loger

Bien et pas cher

■ PHA NGAN BUNGALOWS

Plage de Nai Wok
✆ +66 77 377 191
Bungalows ventilés à 200, 400 et 500 B ; climatisés à 1 000 ou 1 300 B.
Les bungalows sur pilotis, rustiques, tout en bois avec salle de bains privée, sont répartis dans une cocoteraie au bord de la plage. Ceux climatisés sont nettement plus grands, mais les tarifs demandés pour ces derniers sont surfaits. Le restaurant est ouvert toute l'année. L'endroit est paisible. Bon accueil.

■ SIRIPUN BUNGALOW

Plage de Nai Wok
✆ +66 77 377 140
En basse saison : 500 à 1 300 B. En haute saison : 700 à 1 600 B.
Cet établissement de catégorie moyenne propose des bungalows en dur, ventilés ou climatisés, répartis dans un jardin agréable en bord de mer, sous les cocotiers. Les chambres sont grandes et très propres. Bel aménagement intérieur. La baie est attrayante, mais l'eau est généralement peu profonde à cet endroit. Résidence paisible donc.

Luxe

■ KUPU KUPU PHANGAN BEACH VILLA & SPA

69/13 Moo 4
Plage d'Ao Nai Wok
✆ +66 773 773 84
reservation@kupuphangan.com
En venant de Thong sala sur la gauche – navette gratuite du port de Thong sala. En basse saison : 4 800 B la Sea view, 6 300 B la Sunset pool villa, 8 900 B la Sea view pool villa, 12 600 B la Beach front pool villa et 15 100 B l'Infinity pool suite. 4 jours pour le prix de 3 et 6 jours pour le prix de 5.
En bord de plage, au milieu d'un jardin exotique, cet hôtel 5-étoiles n'est qu'à 5 minutes du port principal. Son design en fait un hôtel unique sur l'île, puisqu'il est de style balinais (meubles, matériaux et concept). La piscine de 64 mètres de long, donne aussi sur la plage. Tout autour, des poufs dans lesquels vous pouvez vous allonger à deux, sont également utilisés pour boire de bons cocktails. Les villas ont elles aussi chacune une piscine privée à débordement avec vue sur la mer. Le Spa by l'Occitane dispose d'une grande variété de massage (en intérieur ou extérieur face à la mer) avec des produits naturels de qualité. Le restaurant sert des plats français dressés avec intérêt : plats du jour avec pêche locale, calamars, carré d'agneau... Et en dessert : essayez le fameux rouleau de printemps au chocolat. Un bel hôtel qui privilégie le bien-être du client.

AO WOK TUM

Cette baie se trouve sur la côte ouest à environ 3 km au nord de Thong Sala.

■ THARATHIP RESORT

Plage de Wok Tum
✆ +66 77 377 861
www.tharathipresort.com
info@tharathipresort.com
Tarifs basse saison 1 400 B. Haute saison : respectivement 2 200 et Peak saison 3 200 B.
Cet établissement est installé au sud de la baie, dans un joli coin du bord de mer, au milieu des arbres et des rochers. Les chambres climatisées disposent de l'eau chaude et de la TV câblée. Le restaurant est ouvert toute l'année. Bon accueil. Toutefois, le prix des bungalows ventilés semble trop élevé.

Kupu Kupu Phangan
Beach Villas and Spa

www.kupuphangan.com - reservation@kupuphangan.com
69/13 Moo 4 Naiwok - Koh Phangan, 84280 - Thailand
Tel : +66 77 377 384 - Informations en France : 04 93 04 24 27

SRI THANU

Un village où vous trouverez animations diverses et petits commerces locaux.

■ BELGIUM BEER BAR

81/3 Moo 8 Chao Pao Beach
✆ +66 77 349 113
www.seetanu.com
Ouvert de 8h à 22 h. Compter 400 B.
Plats traditionnels thaïs, barbecues de produits frais pêchés le matin-même et cuisine internationale, dont le fameux « moules-frites » accompagné d'une des 41 bières belges que propose le restaurant.

■ SEETANU BUNGALOWS

81/3 Moo 8
✆ +66 77 349 113
www.seetanu.com
info@seetanu.com
Ouvert tous les jours de 8h à 22h.
La mer à perte de vue, de petits bungalows témoins de l'authenticité thaïlandaise, et un soleil radieux, pas de doute, vous êtes au Seetanu. Ce complexe hôtelier de 17 bungalows, où vous trouverez un service familial avec un staff francophone, est d'un excellent rapport qualité/prix. En termes de logement, il y en a pour tous les goûts et toutes les bourses, du petit bungalow traditionnel dans le jardin au bungalow familial sur la plage. Le Seetanu se trouve sur la plage de Ao Chao Phao, idéalement situé au cœur d'un magnifique jardin tropical, dans un cadre enchanteur propice à la détente et à la tranquillité. Il dispose d'un restaurant : le Belgian Beer Bar qui sert une cuisine thaïe simple et variée, mais également un large éventail de spécialites européennes et des plats du jour sélectionnés par le patron, selon les produits frais du marché.

HAAD YAO

Située sur la côte nord-ouest de Koh Pha Ngan, cette longue plage de sable fin est aujourd'hui bordée par quelques établissements. Certains sont même construits à l'écart de la plage, à flanc de colline. L'endroit devient de plus en plus populaire.

Se loger

Bien et pas cher

■ SHIRALEA

58/18 Moo 8, Plage de Yao
✆ +66 80 719 9256
www.shiralea.com
Bungalows à 500 B en basse saison, 600 B en haute saison et 800 B les semaines de Full Moon. Wi-fi gratuit.

A 5 minutes à pied de la plage, ce récent établissement propose des bungalows modernes et spacieux, avec de belles salles de bain dotées d'eau chaude. D'agréables jardins cernent les lieux et créent une atmosphère paisible et reposante. Piscine à disposition des clients et consommateurs du restaurant. Le bar peut occasionner un peu de nuisances sonores quelques soirs en semaine, mais jamais trop tard.

Confort ou charme

■ LONG BAY RESORT

58/5 Moo 8
plage de Haad Yao
✆ +66 77 349 057
www.longbay-resort.com
De Thong Sala, suivre la route vers le nord, le *resort* est à votre gauche – Prévenir avant si vous voulez que l'on vienne vous chercher au port.
4 catégories de chambres. A partir de 900 B en basse saison pour une chambre climatisée, eau chaude, TV, puis 1 100 B avec petit déjeuner...la VIP room pour 4/5 pers est à 6 000 B en basse et 9 000 B en haute saison – Pour 3 nuits réservées, une réduction est faite pour toutes les chambres.
Situé en bord de plage, ce très charmant resort familial possède toutes les activités et services dont vous avez besoin pour des vacances réussies ! On vous renseigne en français que ce soit sur l'île, la région ou le pays ! Vous pourrez siroter des cocktails de fruits frais tout au long de la journée autour de la piscine, jouxtant le bord de mer. "Les petits déjeuners" à la place de "petits dejs"... et le restaurant est ouvert... Le bar, lui sert de bons cocktails... à remplacer par sert toutes sortes de boissons... excursions dans les îles.... L'espace est aéré, et le jardin est composé de cocotiers, et autres arbres exotiques, le tout à une dizaine de km des plages de la *full moon*. Les petits dèj sont servis de 7h à 10h et le restaurant lui ouvert de 11h à 17h. Tous les soirs, un barbecue fruits de mer et poissons frais est organisé sur la plage. C'est donc les pieds dans le sable avec de la musique live en haute saison que vous poursuivrez votre soirée. Le bar, lui sert de bons cocktails, et juste à côté, un terrain de pétanque a été créé pour jouer de jour comme de nuit. Des activités sont à la demande : plongée, tours, excursions des îles ou du parc naturel d'Ang Thong.

■ HIGH LIFE BUNGALOW

Moo 8, plage de Yao
✆ +66 77 349 114 / +66 77 349 115
www.haadyaohighlife.com
Chambre vue sur jardin entre 1 200 et 1 800 bahts, vue sur mer entre 2 300 et 3 300 bahts, selon les saisons. Wi-fi gratuit.

LONG BAY
RESORT

Au bord de la plage d'Haad Yao…

Un très bon rapport qualité-prix pour ceux qui ont les moyens. Le resort possède une belle piscine à débordement. Les bungalows sont suffisamment espacés pour avoir de l'intimité (les grands marcheurs seront ravis) et certains disposent même d'une baignoire sur terrasse privée, avec vue sur la mer.

■ HAAD YAO BAY VIEW RESORT

57 Mu 8 Haad Yao Beach
✆ +66 7734 9193 / +66 7734 9141
haadyao-bayviewresort.com
haadyao-bayviewresort@hotmail.com
Chambre standard entre 1 000 et 2 000 bahts et bungalow entre 2 300 et 4 800 bahts, selon les saisons. Petit déjeuner inclus. Wi-fi gratuit.
Situé en bout de plage et à flanc de colline, ce resort possède des chambres à la vue imprenable mais au prix conséquent. Une jolie piscine avec cascade se situe près du restaurant et les clients peuvent également profiter de transats sur la plage. Un peu à l'écart de la route principale, boutiques et services sont néanmoins proposés dans le resort et aux alentours, tel un petit village-vacances. A noter, les massages du centre de l'hôtel, ouverts à tous, se font en extérieur avec vue sur la mer.

Luxe

■ SUNSET HILL RESORT

1/15 moo 8. Haadchaophao
✆ +66 89 973 3205
www.sunsethillresort.com
info@sunsethillresort.com
Chambres de 2 000 à 16 000 B sans petit déjeuner. Excursions proposées. Cours de yoga.
Cet hôtel perché sur une colline, bénéficie d'une vue spectaculaire d'où le nom de l'établissement qui n'est ici pas usurpé. Il se compose de plusieurs bâtiments, disséminés sur un vaste terrain arboré. Une piscine, pas très grande mais très agréable, un spa, un bar lounge avec vue panoramique. De par sa situation particulière, des voitures-navettes vous transporteront sur les plages et aux points de ralliement pour vos excursions en bateau. Des scooters sont aussi proposés à la location et vous permettre de vous déplacer sur l'île en toute autonomie. Les chambres sont grandes, propres, avec petit coin cuisine et balcon.

Sports – Détente – Loisirs

■ REEFERS DIVE RESORT

58/18 Moo 8
✆ +66 77 349 291 / +66 878 940 637
www.reefersdiving.com
reefersdiving@gmail.com

5 stars Padi Dive Resort. Deux plongées à Sail Rock pour 2 500 B. Open Water, 4 plongées à 11 500 B. Advanced à 10 000 B. Ouvert toute l'année, tous les jours de 9 h à 19 h. Le centre possède son propre bateau (capacité 30 personnes max.). 4 élèves par cours maximum. Chambres à 500 B.
Sans doute le meilleur centre de plongée de l'île. Les instructeurs sont tous professionnels, les équipements de qualité et l'ambiance y est conviviale. Recommandé pour les débutants comme les certifiés. Les trajets pour aller sur les sites de plongée sont certes plus longs qu'en partance de Koh Tao, mais l'avantage de ce centre est qu'il prend le temps de dispenser des cours pédagogiques et personnalisés, au rythme de chacun. Des plongées sont organisées la nuit. Vous pouvez dormir sur le bateau avec des formules qui comprennent la nourriture et les boissons.

HINKONG BEACH

Cette plage du nord-ouest de l'île qui s'étend sur deux kilomètres est encore préservée, sauvage et dépourvue d'équipements balnéaires mis à part quelques bungalows. A 300 mètres au large, une ceinture de coraux délimite l'espace de sécurité naturel de baignade.

■ L'ALCOVE BUNGALOW COTE JARDIN

Hinkong Beach, 15/1 Moo 6
✆ +66 9 457 937 69
alcovephangan@gmail.com
Située sur la baie de Hinkong, sur la côte ouest de Koh Phangan, l'Alcove propose 7 Bungalows, une villa familiale de style thaïlandais et une chambre vue sur mer. Idéalement placé aux croisements des principaux centres d'intérêts de l'île, vous pourrez rapidement et facilement vous rendre au centre-ville et sur les nombreuses plages de Koh Phangan. Toutes ces habitations se trouvent dans un écrin de verdure à 20 mètres de la plage.
Chaque bungalow offre un style moderne et thaïlandais avec un bel espace de vie ; un très grand lit, un téléviseur, un frigo, une climatisation, une salle de bain privative et spacieuse avec eau chaude, une connexion wi-fi de qualité et de grands espaces de rangements. Tout près, vous trouverez des petits commerces thaïlandais de proximité (épicerie, location de scooters, agence de voyage, excursions, laundry etc…). Et pour améliorer votre séjour, les propriétaires, Karine et Mel, deux françaises adorables, vous orienteront vers les coins à ne pas manquer, les petites perles gardées encore secrètes et vous proposeront la location de paddle surf, la réservation de taxi et booking de vos excursions…

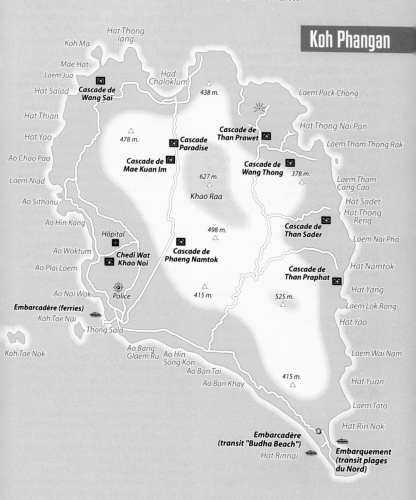

Golfe de Siam

Koh Phangan

Koh Ma

Hat Thong
lang

Mae Hat

Laem Jua

Hat Salad

Had
Chaloklum

**Cascade de
Wang Sai**

Hat Thian

△
438 m.

Laem Pack Chong

Hat Yao

△
478 m.

**Cascade
Paradise**

**Cascade de
Than Prawet**

Hat Thong Nai Pan

Laem Tham Thong Rak

Ao Chao Pao

**Cascade de
Mae Kuan Im**

**Cascade de
Wang Thong**

△
378 m.

Laem Niad

627 m.
△

Laem Tham
Cang Cao

Ao Sithanu

Khao Raa

Hat Sadet
Hat Thong
Reng

Ao Hin Kong

**Cascade de
Than Sader**

Hôpital

Ao Woktum

498 m.
△

Laem Nai Pho

**Chedi Wat
Khao Noi**

**Cascade de
Phaeng Namtok**

**Cascade de
Than Praphat**

Hat Namtok

Ao Plai Laem

Ao Nai Wok

Police

△
415 m.

525 m.
△

Hat Yang

Laem Lok Rong

Embarcadère (ferries)
Koh Tae Nai

Hat Yao

Thong Sala

Laem Wai Nam

Koh Tae Nok

Ao Bang
Glaem Ru

Ao Hin
Song Kon

Ao Ban Tai

Ao Ban Khay

415 m.
△

Hat Yuan

Laem Tato

Hat Rin Nok

**Embarcadère
(transit "Budha Beach")**

Hat Rinnai

**Embarquement
(transit plages
du Nord)**

0   4 km

■ L'ALCOVE RESTAURANT COTE MER

Hinkong Beach
15/1 Moo 6
℃ +66 9 457 937 69
alcovephangan@gmail.com
A partir de 150 B. Ouvert tous les jours.
Petit bijou ouvert sur la mer. L'Alcove Bistrot vous offre une vue panoramique sur la magnifique Baie de Hinkong. Les pieds dans l'eau, vous pourrez déguster des spécialités faites maison (pâté au cognac et poivre vert, magret séché au piment d'Espelette, confit de canard, escalope normande et bien d'autres encore…), siroter un cocktail ou un bon verre de vin français (rosé, rouge, blanc) tout en profitant du plus beau coucher de soleil de l'île. Le bistro propose également plusieurs ambiances (fauteuils, canapés, chaises longues et chill out sur la plage). La décoration est soignée et atypique, mais sans chichi. Les hôtes, Karine et Mel vous recevront comme à la maison dans un cadre idyllique, et convivial.

HAAD SALAD

Haad Salad, l'une des plus belles plages de l'île, se trouve au nord-ouest et reste accessible par une piste en terre depuis la route. En suivant la côte ouest, n'hésitez pas à vous engager dans les chemins de traverse (assez larges) qui s'écartent de la route de ceinture (celle-ci ne suit pas forcément le tracé de côte). Des panneaux plus ou moins lisibles indiquent les différents établissements.

Se loger

■ GREEN PAPAYA RESORT

64/8 Moo 8, Plage de Salad
℃ +66 77 374 230
www.greenpapayaresort.com
info@greenpapayaresort.com
En haute saison : 3 800 à 1 000 B. En basse saison : 2 900 à 6 900 B. Petit déjeuner inclus. wi-fi.
Cet établissement propose de beaux pavillons en bois, fort bien agencés, répartis dans un jardin tropical agréable, en bord de mer. Jolie petite piscine horizon, au milieu des cocotiers. L'endroit a beaucoup de charme, ce qui bien sûr a un prix.

■ SALAD BEACH RESORT

8 Haad Salad Rd
℃ +66 77 349 274
www.saladbeachphangan.com
En basse saison : 1 235 à 2 795 B. En haute saison : 2 000 à 3 920 B. Petit déjeuner inclus. 10 % de remise pour 3 nuits et chambres nettoyées tous les jours Wifi gratuit et locations
de scooters pour 200 B/jour ou de jeeps pour 1000 b/jour
Établissement moderne comprenant une trentaine de chambres réparties le long d'une double allée centrale, au milieu d'un jardin tropical menant à la piscine (composée de 2 bassins : un pour les enfants et un pour les adultes) et de 20 luxueux bungalows en bord de plage. Sur cette même plage on y retrouve des chaises longues ou s'articule également le service de boissons rafraîchissantes. Tout le confort moderne : douche avec eau chaude, climatisation, TV câblée, minibar. Un bain à remous est même aménagé au pied d'une petite cascade artificielle. Le restaurant, avec vue dégagée sur l'océan, est très agréable et vous propose tous les soirs des poissons frais, crevettes, calamars, ou des langoustes grillées au barbecue. Le buffet comprend aussi des kebabs de poulet, bœuf ou porc accompagnés de pommes de terre, de maïs et d'une salade garnie de multiples légumes. Voici donc tous les ingrédients pour un dîner romantique, au calme, les pieds dans l'eau. Des activités touristiques sont aussi proposées : tour de l'île en bateau et excursions diverses ou encore des massages, du kayak ou de la plongée. Bonnes vacances !

■ SALAD BURI RESORT AND SPA

60/2 Moo 8, Haad Salad
℃ +66 7734 9146 / +66 7734 9147
www.saladburi.com
info@saladburi.com
Chambre standard à partir de 2 100 B, private pool villa à partir de 4 500 B, la lagoon pool villa à partir de 6 800 B.10 % de remises à partir de 3 nuits réservées. Le petit déjeuner est inclus – location de scooters pour 200 B/jour
Certainement l'hôtel le plus luxueux de la baie, et qui se situe face à la mer. Sérénité et calme sont les deux mots-clés de ce resort. Il comprend une grande piscine et plusieurs types de chambres dont toutes sont très joliment décorées avec du bois noble et possèdent une vue sur la mer – cela est dû au fait qu'elles sont à flanc de colline. Pour les familles, certaines chambres ont plusieurs pièces pour offrir aux enfants leur espace. Il existe aussi une villa pour 4 personnes avec une piscine privée. Un Spa est mis à disposition pour ceux qui veulent se détendre. Le service est cordial, vous le ressentirez lors de votre dîner sur la plage. Ici, on mange aussi bien de la restauration thaïe qu'occidentale ! Les chaises longues avec parasols sont fournies aux clients, idéal pour siroter un cocktail dans ce bout du monde exotique ! Les services sont nombreux : tours de l'île et excursions, plongée en bouteille, masque et tuba ou encore des réservations de billets de bus, bateau et avion. Une belle adresse.

Se restaurer

■ PEPPERCORN

58/28 Moo 8, Haad Salad
℡ +66 87 896 4363
Ouvert de 16 h à 22 h. Fermé le dimanche.
Si vous avez envie d'un bon gros steak bien juteux, d'origine néo-zélandaise, et d'une salde bien garnie, c'est ici qu'il vous faudra vous rendre. Le restaurant sert aussi de très bons cocktails, accompagnés de *peppercorn* grillés.

Sports – Détente – Loisirs

■ PIRATE DIVERS

64/48, Moo 8
℡ +66 810 77 44 70
www.piratediversthailand.com
piratediversthailand@gmail.com
À partir de 1 650 B et 2 150 B pour une ou deux plongées sur la plage locale, Compter 12 500 Bahts pour l'open water (3 jours-4 plongées)
Centre tenu par Niclas depuis de nombreuses années pour le plus grand bonheur des plongeurs. Il a son propre bateau depuis 2008 ce qui le rend totalement indépendant. Son équipe, jeune et expérimentée, vous guidera parmi les plus beaux spots de la région. Sail Rock fait partie des plus connus : ce grand rocher en granite descend jusqu'à 47 mètres et vous permet d'approcher toutes sortes de faune. Par ailleurs, il vous est possible de descendre dans une cheminée entre 18 et 8 m de fond, accessible du débutant au confirmé. La fun dive est à 2 500 B et se compose de 2 plongées. On vient vous chercher à 7h le matin à votre hôtel et vous êtes de retour entre 14h et 17h selon les spots que vos choisissez de faire. Pour les plongeurs qui souhaitent faire leur *advanced open water*, même chose : 2 jours/3 plongées pour 10 000 B. Le dive master lui est 30 000 B et dure entre 4 et 6 semaines. Enfin, des logements sont mis à votre disposition en fonction de vos besoins et de vos attentes.

MAE HAAD

Cette plage se trouve au nord-ouest de Koh Phangan, juste à côté de Koh Ma, spot de plongée reconnu.

■ ISLAND VIEW CABANA RESORT

106 moo 9
℡ +66 77374 173
islandview.c@gmail.com
Chambres à partir de 400 bahts avec ventilateur et 1 000 B avec air conditionné – pick up pour 150 B de Thong Sala en prévenant à l'avance !

Ce resort est composé de 47 bungalows parfaitement situés sur la plage, parfaits pour le farniente. Par ailleurs il dispose d'un centre de plongée et de masques et tubas pour admirer les superbes poissons et fonds marins tout près du bord. Les chambres sont pour la plupart disposées en front de mer, tout comme le restaurant qui vous sert de la cuisine thaïe et européenne. L'hôtel dispose d'un service pour les billets de bus, bateau, et avion et loue des scooters pour 200 B/jour ou des jeeps pour 1 000 B/jour. Enfin le resort et c'est son grand avantage est situé juste en face de Koh Maa, une île vierge très connue sur laquelle vous pouvez vous rendre grâce à un petit chemin formé de sable fin et à seulement 4 minutes de marche. Le service est cordial et suivi. L'hôtel appartient à une famille dont l'une des filles parle français. Salon de massage, laundry, et wi-fi et surtout un superbe coucher de soleil !

■ WAKE UP ! WAKEBOARDING

71/3 Moo 7, Chaloklum
℡ +66 87 283 6755
www.wakeupwakeboarding.com
A partir de 1 300 B les 15 minutes.
Un centre pour faire du ski nautique, un bon moyen de s'amuser tout en étant encadré par une équipe de professionnels. Sensations fortes et montées d'adrénaline garanties.

■ WANG SAI RESORT

25/1 Moo 7, Mae Haad
℡ +66 77 374 238
L'établissement se trouve dans le secteur ouest de la baie. Il faut suivre un chemin de terre avant d'arriver au pied d'un promontoire rocheux escarpé, couvert de végétation. *Bungalows ventilés à 300 et 600 B ; climatisés à 1 300 B (réduction possible au-delà de 3 jours).*
Certains bungalows, les plus petits et les moins chers, sont accrochés à la pente et bénéficient de belles vues sur le couchant. Les autres, répartis en contrebas à côté de la plage ou du parking, disposent de l'A/C. Le restaurant propose des spécialités thaïes et des fruits de mer. La plage est belle et l'endroit tranquille et agréable.

CHALOKLUM

Tout au nord de l'île se trouve le paisible village de pêcheurs de Chaloklum au centre d'une belle et grande plage encaissée entre des promontoires rocheux. C'est de là que partent les bateaux de plongée pour se rendre au site Sail Rock. Dans le coin également : de nombreux petits restaurants de fruits de mer locaux, quelques bars et des écoles de plongée.

Transports

Pour ceux qui ne souhaitent pas louer de véhicule, il existe une liaison quotidienne avec Thong Sala par taxi collectif. Compter 150 B pour une demi-heure de transport maximum. Les horaires sont variables. La route directe est entièrement bitumée et les dénivelés sont faibles.

Se loger

■ WATTANA RESORT
Plage de Chalok Lam
✆ +66 77 374 022
wattanaresort@hotmail.com
En basse saison, 250 à 700 B. En haute saison, 300 à 800 B. Deluxe bungalow à 2 000 / 2 500 B.
Cet établissement sans prétention, installé à l'ouest de la baie, propose trois types de bungalows dispersés au milieu des cocotiers : les premiers sont petits, en bois avec une toiture de palme, et ventilés. Les seconds, construits en dur et équipés de la climatisation. Enfin, les plus récents sont pourvus d'une baignoire. Les bungalows en bois ont de l'allure ! Un bel exemple de ce qu'il serait souhaitable de trouver un peu partout dans tout le Sud de la Thaïlande.

Sports – Détente – Loisirs

■ LOTUS DIVING
57/6 moo7
✆ +668 9469 4719
www.lotusdiving.com
info@lotusdiving.com
Sail rock pour seulement 2 500 B – En basse saison : 600 B/jour et en haute saison 1 000 B/ jour. Pour les plongeurs : lits en dortoirs offerts et 50 % de remise sur les chambres – transport gratuit pour ceux qui dorment dans des établissements situés au sud et à l'ouest.
C'est le centre francophone de l'île ! Formation des débutants aux instructeurs. Centre existant depuis 16 ans sur l'île, il est dirigé par Chan, francophone et ayant plus de 25 ans d'expérience dans la plongée. C'est pour cela d'ailleurs qu'il a créé un programme qui permet de sensibiliser les enfants de l'île à la faune et la flore sous-marine afin d'en assurer la préservation. Ils organisent également des journées de nettoyage des plages lors de la journée de la Reine. Grâce à son bateau en bois (le plus rapide de l'île et avec une capacité de 50 bouteilles), Chan pourra vous emmener à Koh Maa, Koh Kong, Sail Rock et le parc national d'Ang Thong. Le service est vraiment personnalisé et adapté à tous les niveaux et la piscine permet également aux non plongeurs d'observer via une vitrine les plongeurs qui sont en formation. Chan, Yann et leur équipe seront heureux de vous accueillir et de vous faire partager leur passion en toute sécurité. En vue du service et de la qualité de leur prestation, il s'agit du meilleur rapport qualité/prix que vous trouverez sur l'île.

THONG NAI PAN YAI

Au nord-est de Koh Phangan, dans une baie idyllique, deux plages jumelles pour apprécier le calme et la beauté du panorama côtier. Un endroit idéal pour la baignade, la profondeur de l'eau y étant suffisante toute l'année. Thong Nai Pan Yai est celle des deux qui se situe le plus au sud.

Transports

▶ **Taxi collectif.** En principe, trois transports publics quotidiens sont assurés vers Thong Sala. Départ depuis Thong Nai Pan à 10h, 14h et 16h. Départ de Thong Sala entre 10h et 13h (confirmation des horaires la veille). Le trajet dure environ 40 min, en partie sur une piste de terre. Le tarif est fixé à 150 B par passager. En dehors de ces horaires, le transfert est possible mais il faut négocier le prix.

▶ **Bateau.** La liaison régulière vers Hat Rin est assurée une fois par jour. Départ à 9h du matin et retour vers 12h40. Compter 250 B par personne. D'autres bateaux sont disponibles le restant de la journée, mais les tarifs sont beaucoup plus élevés.

Se loger

En ce qui concerne les tarifs, la basse saison s'étend d'avril à juin et de septembre à novembre. Par conséquent, la haute saison dure de décembre à mars et couvre les mois de juillet et août.

■ BAAN PANBURI VILLAGE
Plage de Thong Nai Pan Noi
✆ +66 77 238 599
www.baanpanburivillage.com
reservation@baanpanburivillage.com
En basse saison, de 600 à 1 300 B. En haute saison, de 700 à 1600 B. Wi-fi gratuit.
Une trentaine de bungalows en bambou, avec toit de palme, alignés de part et d'autre d'un petit chemin, entourant une grande terrasse de restaurant, elle-même installée en bord de plage. Chacun possède une salle de bains et une petite terrasse. Les bungalows climatisés sont un peu plus grands. L'établissement a un charme certain et le restaurant est agréable en soirée.

■ CENTRAL COTTAGE

Plage de Thong Nai Pan Yai
☎ +66 77 445 128
www.centralcottage.net
En basse saison, de 700 à 2 200 B. En haute saison, de 800 à 2 700 B. Wi-fi gratuit.
Un ensemble de bungalows de différents types alignés perpendiculairement à la plage. Les chambres climatisées sont très confortables (grand lit et douche avec eau chaude), mais seuls les petits bungalows en bambou, encadrés de palmiers, ont un charme véritable. Bon restaurant, spécialisé dans les fruits de mer.

■ DOLPHIN

Plage de Thong Nai Pan Yai
☎ +66 77 238 968
kimgiet@hotmail.com
Hébergement : 700 à 1 600 B. Restauration : 50 à 250 B, à la carte.
Caché dans un jardin tropical luxuriant, à l'extrémité sud de la plage, juste à côté de Thai House. Les bungalows en bois ont beaucoup de charme, enfouis dans la végétation. Un véritable havre de paix, sans doute le meilleur endroit de la plage pour profiter de l'ambiance. Le petit bar-restaurant est vraiment très agréable, servant de copieux petits déjeuners et de bons petits plats à longueur de journée. Réservez à l'avance, l'endroit est prisé.

THONG NAI PAN NOI

Il s'agit de la seconde plage de la baie de Thong Nai Pan, la plus au nord des deux. C'est sans doute la plus animée en raison d'un petit village installé là. L'endroit a du charme.

Se loger

■ PANVIMAN RESORT

Plage de Thong Nai Pan Noi
☎ +66 77 445 101
www.panviman.com
reservations@panviman.com
En basse saison, de 8 500 à 28 000 B. En haute saison, de 10 500 à 30 000 B. Petit déjeuner inclus. Wi-fi gratuit.
De spacieux et confortables bungalows sont situés sur les pentes d'un promontoire, au milieu des arbres, à mi-parcours entre les deux plages de la baie. Chambres climatisées tout confort moderne : grandes salles de bains avec baignoire, TV satellite… Belle décoration en bois pour certaines. L'extérieur du resort ressemble quelque peu à un parc d'attraction d'aventure. Deux restaurants : l'un en hauteur, Pan Sea, avec vue dégagée sur le panorama ; l'autre en bord de plage, Stone Beach, adossé aux rochers. Très belle piscine en terrasse. Spa

de grande classe. Un établissement de très bon confort privilégié par la beauté du cadre naturel.

■ SANTHIYA RESORT & SPA

22/7 Moo 5, Plage de Thong Nai Pan Noi
☎ +66 77 238 333
www.santhiya.com
reservation@santhiya.com
Basse saison : 8 500 à 46 000 B. Haute saison : 12 000 à 39 000 B. « Peak season » : 16 000 à 50 000 B. Prix variables au cours de l'année, se référer au site Internet. Petit déjeuner inclus. Wi-fi gratuit.
Un resort de très grande classe, avec un hall d'accueil digne d'un palace. Les villas se fondent dans le paysage depuis le sommet de la colline jusqu'à une magnifique piscine en bord de mer. Toutes les chambres sont entièrement aménagées en bois de teck sans faute de goût : une merveille. Le bâtiment dans la colline, certes plus éloigné de la plage, offre néanmoins une vue éblouissante. A demeure : une très grande piscine et un Spa. L'accueil et le service sont excellents. La plage du resort est un peu petite, mais une plus grande est accessible à 2 min à pied.

■ THONGTAPAN RESORT

Plage de Thong Nai Pan Noi
☎ +66 77 445 067 – www.thongtapan.com
thongtapan@yahoo.com
Bungalows ventilés à 600 B en basse saison, 1 500 B en haute saison ; climatisés respectivement 800 et 1 800 B. Wi-fi gratuit.
L'établissement se trouve au milieu de la plage. Ensemble de bungalows récemment rénovés et dispersés dans un assez grand parc boisé, au milieu des rochers, en retrait de la plage. Construits en bois ou en dur, tous disposent d'une salle de bains privée. Restaurant installé sur la plage.

Se restaurer

■ LUNA BAR

Plats entre 100 et 500 B. Tout au bout du village, cet établissement moderne entièrement ouvert sur l'extérieur propose un cadre lounge très agréable. La cuisine est raffinée, les plats originaux, les produits frais. On peut également venir ici simplement pour boire un verre.

■ THE BEACH CLUB

Buri Rasa Village
☎ +66 7744 5211
300 à 500 B. Ouvert de 7h30 à 23 h.
Pour un barbecue thaïlandais sous les étoiles, The Beach Club est l'une des meilleures adresses du coin. Si vous optez pour un bon gros steak, là aussi votre souhait sera exaucé. Bonne sélection de vins.

Paradise Bungalows

Là où la full moon party est née !

FULL MOON PARTY
THE ORIGINAL
PARADISE BUNGALOWS

+ 66 77 375 244
paradisehaadrin@gmail.com
www.paradisehaadrin.com

HAAD RIN NOK

Côté soleil levant, Haad Rin Nok ou *Sunrise Beach* s'étend sur 800 m de long et 30 m de large. C'est certainement l'une des plus belles plages de l'île. Là, on peut nager sans problème. C'est le point névralgique des fameuses Full Moon Parties. En ces occasions, c'est la cohue durant trois à cinq jours d'affilée, Rin Nok est envahie par des milliers de danseurs et autres fêtards jusqu'au petit matin. Volume des sonos poussé à fond : pas question de dormir la nuit !

Se loger

En plus des fluctuations de prix suivant la haute et basse saison, beaucoup d'établissements majorent leurs tarifs pendant les *Full Moon Parties* (c'est-à-dire 3 jours avant et 2 jours après). Malgré cela, les places deviennent rares. Les endroits les plus tranquilles sont situés au nord de la plage de Rin Nok, et les plus bruyants, au sud. Si on veut pouvoir dormir, mieux vaut éviter la proximité de certains bars équipés de sono.

Confort ou charme

■ **PARADISE BUNGALOWS**
130/60 Moo 6 Haad Rin T. Baan Tai
Surat Thani
℡ +66 77 375 244
www.paradisehaadrin.com
paradisehaadrin@gmail.com
Chambres ventilées de 300 à 750 B (eau froide) ; climatisées de 800 à 1 500 B (eau chaude). Restaurant ouvert de 8h à 22h.
Cet établissement, à l'extrémité sud de Rin Nok, est l'un des plus anciens du secteur et pour cause c'est ici que la *full moon* a commencé il y a des dizaines d'années... En effet, la famille propriétaire des lieux avait pour habitude de s'y réunir bien avant le développement hôtelier de la plage. Option propre et conviviale néanmoins. Plusieurs choix : quelques chambres basiques, à côté du restaurant et proches de la plage et des bungalows répartis dans la colline, à l'écart, au milieu des arbres. Le restaurant terrasse est convivial et le bar très animé lors des full moon parties (3 jours par mois), mais le reste du temps c'est plutôt calme !

■ **PHANGAN BAYSHORE RESORT AND SPA**
141 Moo 6 Haad Rin, Bantai
℡ +66 77 375 224 / +66 77375 227
www.phanganbayshore.com
Face à la mer. en basse saison à partir de 1900 B pour un bungalow vue jardin et 3100 B pour une chambre avec vue piscine ou une villa deluxe. Les prix sont plutôt attractifs sur leur site. Transfert gratuit depuis l'embarcadère de haad rin ; wi fi gratuit, room service, baby sitter, bureau de change...

Resort situé sur la plage la plus animée, Haad Rin (Sunrise) où le célèbre *Full Moon Party* a lieu 3 jours par mois. Le reste du temps, la plage est très calme. Le complexe est entouré par un paysage tropical et compte une dizaine de types de chambres dont certaines avec vue sur mer – le front de mer mesure près de 80 mètres et possède son propre terrain de *beach volley*. Il est également facilement accessible depuis l'embarcadère, à côté des commerces, restaurants et des bars grande piscine ouverte de 8h à 20h. Le restaurant de l'hôtel sert des spécialités thaïes et internationales (de 7h à 1h du matin), le bar de la piscine est idéal pour boire de bons cocktails (de 9h à 19h). L'hôtel prend aussi soin des petits via une aire de jeu coloré avec toboggans.

■ **TOMMY RESORT**
Plage de Rin Nok
✆ +66 77 375 215
www.phangantommyresort.com
Chambres à partir de 1 800 B. Bungalow à partir de 2 200 B.
Voilà une adresse de gamme moyenne, qui contentera à la fois les routards en manque de confort et les voyageurs un peu plus exigeants mais au budget serré. Ses beaux bungalows en bois, dont certains sont en bord de mer, sont équipés du confort moderne : eau chaude, TV, air conditionné... Belle piscine, bonne adresse.

Luxe

■ **FAIRYLAND CLUB RESORT**
119/2 Moo 6, Plage de Rin Nok
✆ +66 77 375 076
www.haadrinfairyland.com
En basse saison : 4 500 à 7 200 B. En haute saison : 4 800 à 7 500 B. Petit déjeuner inclus. Wi-fi gratuit. Bien situé au nord de la plage, le resort est au calme et bénéficie d'un beau panorama. Les bungalows sont confortables, vastes et joliment décorés, bien qu'un peu trop près les uns des autres. L'endroit offre une paix relative en dehors des *Full Moon Parties*, beaucoup plus au sud de la plage.

HAAD RIN NAI

Le village de Haad Rin est localisé sur une langue de terre se terminant par le cap Hua, à l'extrémité sud-est de Koh Phangan. L'un des endroits les plus fréquentés de l'île : guesthouses, resorts, bar-restaurants et autres boutiques... On a presque du mal à circuler !

▶ **La plage de Rin Nai est orientée vers le couchant,** d'où son appellation anglophone répandue : *Sunset Beach*. Il est tentant de vouloir s'installer de ce côté pour être tranquille, mais la plage est ici quasi inexistante et la marée basse découvre un platier peu indiqué pour la baignade !

GOLFE DE THAÏLANDE – CÔTE OUEST

Pratique

■ BANDON INTERNATIONAL CLINIC
Village d'Haad Rin
℡ +66 77 375 471 / +66 77 375 472
A proximité de l'embarcadère, ce centre médical assure une permanence 24h/24 et s'occupe des premiers soins. En cas d'accident grave (moto notamment), l'évacuation est organisée sur Koh Samui.

Se loger

Bien souvent, les bungalows sont trop serrés et n'ont pas de vue sur la mer. Au cours de ces dernières années, ils ont été remplacés systématiquement par des structures en béton offrant davantage de logements au mètre carré, avec des aménagements plus modernes. Le charme s'efface devant le rendement.

Bien et pas cher

■ DANCING ELEPHANT
95/16 moo 6 ℡ +66 800 521 126
yourstay@hostel-dancing-elephant.com
Dortoirs avec lits simples ou doubles. Voici un établissement qui a le mérite de savoir accueillir une clientèle adepte de la fête – En effet, les dortoirs sont propres, et pour certains munis de lumières bleues, roses, vertes, avec une vraie ambiance. Il est situé à côté de restaurants et boutiques. Les soirs de *full moon*, la rue fait office de « warm-up » et permet de s'amuser, rencontrer et faire la fête avec tous ceux venus du monde entier pour célébrer l'évènement. Le propriétaire est français et vous donnera surement les bons tuyaux pour optimiser votre séjour ! Une bonne adresse.

■ SEASIDE BUNGALOW
Plage de Rin Nai ℡ +66 81 837 9738
Bungalows de 300 à 700 B. Sans doute l'option la moins chère de Sunset Beach, mais aussi l'une des plus conviviales. Logement rudimentaire compensé par une ambiance décontractée et un accueil des plus sympathiques.

Confort ou charme

■ BURI BEACH RESORT
120/1 Plage de Haad Rin Nai
℡ +66 77 375 330 – www.buribeach.com
A la droite de la route lorsque l'on arrive de l'embarcadère de Thong Sala et à la gauche de l'embarcadère de Haad Rin.
Chambres deluxe à partir de 2 800 B en basse saison. Offres promotionnelles suivant la saison, se référer au site Internet. Wi-fi gratuit, spa, service de blanchisserie.
Beau resort les pieds dans l'eau, aux jardins agréables et aux chambres et villas de tout confort (A/C, eau chaude, poste de télévision, entre autres). Un véritable havre de paix, bien au calme, doté d'un très bon Spa et de deux jolies piscines. Restauration thaïe et internationale et service discret, souriant et efficace.

LEELA

Cette jolie plage de sable fin, enfouie dans la végétation tropicale et également connue sous le nom de Seekantang Beach, se trouve complètement au sud de la presqu'île.
Cachée par le relief, elle est invisible depuis le débarcadère. Pour y accéder, il faut d'abord traverser le village d'Haad Rin et prendre ensuite la petite route qui franchit la colline (au sud) pour redescendre de l'autre côté. Compter 800 m : cela vaut le déplacement ! Toutefois, la baignade est impossible à marée basse. Beaux couchers de soleil et calme appréciable ! Elle est dominée par les hauteurs de Laem Hua.

Se loger

Bien et pas cher

■ LIGHTHOUSE BUNGALOWS
℡ +66 77 375 075
www.lighthousebungalows.com
En quittant la plage de Leela vers le sud, il faut suivre une passerelle en bois contournant les rochers.
Bungalows entre 700 et 1 500 B.
Cette guesthouse est fort bien cachée. Face à la mer, l'endroit est idéal pour s'isoler ou écrire un bouquin ! Les bungalows en bois sont accrochés à la pente. De plus récents, plus grands et construits en béton, sont installés au milieu des rochers (salle de bains privée avec eau froide). La salle de restaurant est très bien. TV satellite disponible au bar. Baignade est possible.

Confort ou charme

■ SARIKANTANG RESORT & SPA
129/3 Moo 6, Plage de Leela
℡ +66 77 375 055 – www.sarikantang.com
Situé sur la péninsule sud de l'île. En basse saison, de 1 500 à 4 700 B. En haute saison, de 2 000 à 5 500 B. Petit déjeuner inclus. Wi-fi gratuit. et Pick up du port de Haad Rin gratuit sur réservation.,
Voisin de Coco Hut, cet établissement paradisiaque comprend des bungalows de toutes tailles, ventilés ou climatisés. Ils sont répartis en profondeur sur un jardin et une colline verdoyante débouchant également sur la plage. L'hôtel se trouve à coté de nombreux bars, restaurants et shoppings, le tout dans un univers calme et tranquille. En effet, vous disposez de la mer toute l'année, grâce aux deux accès sur les plages est ou ouest.

BURI BEACH RESORT

KOH PHANGAN

+66 77 375 481 • +66 77 375 330
rsvn@buribeach.com • www.buribeach.com

L'atmosphère du resort est plus que charmante dans la mesure ou c'est vous qui décidez d'être vraiment en retrait sur la colline, ou directement sur la plage mais loin de la Full moon qui se trouve à plusieurs centaines de mètres de là. C'est pour cela qu'aussi bien des familles et des couples aiment s'y retrouver et revenir chaque année ! Très bon entretien. Le restaurant sert de la cuisine thaïe et propose des barbecues et dîners privés sur la plage chaque soir ! Les activités sont nombreuses et pour plus d'informations sur les tours, en kayak ou en bateau, le snorkeling avec masque et tuba, demandez à l'accueil ! Egalement une salle de sport et Spa à demeure vous combleront pour une détente maximale.

Luxe

█ COCO HUT BEACH RESORT AND SPA
130/20 Moo 6
Plage de Cocohut
✆ +66 77 375 368 / +66 77 375 369 / +66 77 375 232 – cocohut.com
booking@cocohut.com
8 catégories de chambres : pool villa, junior suite pool villa, suite avec vue sur mer...petit déjeuner inclu et wifi gratuit transport gratuit aller/retour de l'embarcadère de Haad Rin 5 fois par jour (de 9h30 à 19h30) et transport gratuit en ville pour tous les VIP. Promotions sur le site web.
Ce superbe hôtel est littéralement situé sur la plage et possède 200 mètres de front de mer. Du bout de son ponton, on peut même apercevoir le parc national maritime de Anthong. Il est à seulement 5 minutes de la plage où se déroule une full moon party, mais vous ne serez pas dérangé par le bruit car une montagne fait barrage aux sons. L'hôtel est parfait pour les jeunes fêtards, mais aussi très agréable pour les familles et les couples. Les plus romantiques d'entre vous apprécieront les superbes couchers de soleil et enchaîneront avec un dîner des plus délicieux sur la plage (que vous y séjourniez ou non). L'hôtel possède 2 piscines et un superbe spa, c'est suffisamment unique sur l'île pour le préciser. Une odeur de nature très agréable se dégage de ce lieu envoûtant. Pour les amateurs de sports, une salle de gym a été créée en décembre 2015. Le restaurant propose une cuisine thaïe et méditerranéenne de 8h à 22h mais le bar est ouvert non-stop 24/24. Tout le personnel se met en quatre pour vous offrir le meilleur des séjours possible. Des tours sur et autour de l'île sont organisés sur simple demande.

Sports - Détente - Loisirs

█ COCO HUT SPA
Au sein du Coco Hut Beach Resort
Ouvert jusqu'à 20h.

Certainement le spa le plus sympa de la plage. Il donne sur le sable et possède une superbe vue. La qualité des massages, due à une formation aiguisée des thérapeutes, vous donne entière satisfaction. Différents types de massages : des pieds, épaules, dos, thai, avec de l'huile ou à l'aloe vera. Si le massage vous a plu, il est conseillé de laisser un léger pourboire, mais encore une fois cela reste à votre guise.

HAAD BAN KAI

Plage située entre Ao Ban Tai et la presqu'île d'Haad Rin, assez proche de Thong Sala et facilement accessible depuis la route. On peut s'y rendre à vélo. De petits chemins de terre donnent accès aux différents bungalows installés sur le rivage. L'endroit a du charme, et on y observe de beaux couchers de soleil.

█ BLUE LOTUS RESORT
Plage de Ban Khai
✆ +66 77 238 489
www.bluelotusresort.com
bluelotusresort@yahoo.com
Bungalows de 400 à 800 B.
Une quinzaine de bungalows en bois sont alignés en profondeur, dans un agréable petit parc. Ils disposent tous d'une salle de bains privée et certains ont l'air conditionné et l'eau chaude. Le petit restaurant familial, Ban Kai Cafe, propose des plats thaïlandais et mexicains. Pratique du ski nautique possible.

█ PHANGAN RAINBOW BUNGALOWS
Plage de Ban Khai
✆ +66 77 238 236
www.rainbowbungalows.com
thefamily@rainbowbungalow.com
Bungalows ventilés à 1 200 B ; climatisés à 1 500 B. Cette entreprise familiale est dirigée par Martin, Australien, et son épouse Thaïlandaise, Noï. Des bungalows de différentes tailles sont répartis dans un agréable jardin donnant sur la plage. L'aménagement intérieur est vraiment soigné. L'atmosphère est conviviale. C'est le genre d'endroit paisible où l'on a une subite envie de s'installer ! Restaurant et point Internet. Très bon accueil.

AO BAN TAI

Cette plage se situe immédiatement à l'est de Thong Sala, sur la côte sud de Koh Phangan.

Se loger

En dehors des sentiers battus, tout en restant non loin de Hat Rin. La cocoteraie s'étend tout le long du rivage, mais la plage est irrégulière et les eaux peu profondes.

Cocohut
Beach Resort and Spa

" Vivre en harmonie avec la nature,danser toute la nuit "

Koh Phangan, Thaïlande

■ DEW SHORE RESORT

99/1 Moo 1

✆ +66 77 238 128 – www.dewshore.com

dewshore@gmail.com

En basse saison : 1 200 à 3 000 B. En haute saison : 1 600 à 4 000 B. Petit déjeuner inclus. Wi-fi gratuit.

Cet établissement de bon standing, installé en bord de plage, comprend des bungalows spacieux et bien construits. Il est clair que l'entretien est suivi correctement. Une jolie piscine environnée de cocotiers occupe la zone centrale du terrain, à proximité du bord de mer. Cependant, la plage est assez réduite à cet endroit. Restaurant ouvert tous les jours.

■ MILKY BAY RESORT

103/4 Moo 1

✆ +66 77 238 566

www.milkybaythailand.com

En basse saison : de 1 400 à 5 000 B. En haute saison : de 1 600 à 6 000 B. Offres promotionnelles sur le site Internet. Wi-fi gratuit.

Un établissement avec du charme et du caractère, un personnel attentionné, des bungalows confortables et décorés avec goût, le tout proche de la plage. Egalement un restaurant, une piscine, un centre de massage, une salle de sport et un terrain de volley sur la plage. Idéal pour des vacances en famille.

■ PAPILLON MANAO RESORT

13/2 Moo 4

www.manao-phangan.com

A partir de 1200 B la nuit.

Le Papillon Manao resort est placé sur la plage ce qui en fait un lieu de détente parfait. C'est un bon endroit pour les familles, les couples ou des amis. Les chambres sont neuves, les salles de bains sont spacieuses. Tout est réuni pour passer de belles vacances au calme au bord de la mer.

■ TIU RESORT

✆ +66 77 2383 19

Bungalows à partir de 400 B. Quelques bungalows sont alignés le long d'une allée verdoyante, à proximité immédiate du rivage. L'ensemble a du charme, mais le terme de « resort » est tout de même excessif. Cet hébergement, très excentré entre la sortie est de Thong Sala et la plage de Ban Tai, est assurément tranquille.

Se restaurer

■ BLUE PARROT

Sur la plage

✆ +66 7723 8777

Ouvert du lundi au samedi de 8h à minuit. Compter 300 B. On y vient pour y déguster des pizzas mais l'établissement sert également une excellente cuisine thaïlandaise épicée.

■ FISH AT THIPS

Ban Tai Road

✆ +66 8 7893 3804

Ouvert de 13h à 23 h. Compter entre 300 et 500 B. Tout aussi glamour que Fisherman's, surtout lorsque le soleil se couche sur l'horizon, tout aussi bon mais avec un accueil bien plus chaleureux. La spécialité du restaurant, les plats de poissons bien entendu, accompagnés d'un verre de rosé ! Musique d'ambiance sous la tonnelle, des vieux standards américains des années 70.

■ FISHERMAN'S

62/1 Moo 1

✆ +66 844 547 240

Plats entre 150 et 500 B.

Excellente cuisine de poissons et de fruits de mer, l'une des meilleures de l'île dans sa catégorie. Les produits locaux sont frais ; la préparation et la cuisson des plats sont parfaites. La salle est propre bien aménagée, et donne directement sur la plage, et il est même possible de se restaurer dans une petite pirogue installée en contrebas à condition d'avoir réservé.

Sports – Détente – Loisirs

■ LEK MASSAGE

✆ +66 78 888 663

En face de Wat Pho

Massage thaïlandais : 200 B.

Monsieur Lek est un masseur diplômé très réputé sur l'île et apprécié tant par les Thaïlandais que les expatriés qui le consultent souvent en cas de douleur musculaire. Son établissement, tout comme lui, est modeste, vous êtes en fait chez lui ! Ici, vous n'aurez pas d'air climatisé et l'espace est réduit, mais les massages sont authentiques et de grande qualité.

■ SAUNA AUX HERBES – WAT PHO

Ouvert tous les jours de 14h à 17h, sauf le dimanche. 50 B par personne.

Au Wat Pho, un petit temple thaïlandais tranquille, les visiteurs peuvent profiter d'un sauna aux herbes naturelles (tamarin, citronnelle, etc.) chauffées dans un chaudron au feu de bois. Il existe une salle pour hommes et une autre pour les femmes. Un petit jardin permet de se relaxer également après une séance.

KOH NANG YUAN

Il s'agit d'une petite île située au nord-ouest de Koh Tao. Un magnifique banc de sable immaculé formé par les courants relie trois îlots entre eux et facilite la baignade alentour. La faune et la flore sous-marines y sont très riches, ce qui en fait un endroit d'exploration subaquatique particulièrement privilégié. Il est posssible de s'y rendre pour une journée ou de loger sur place.

TRANSPORTS À KOH SAMUI

Arriver sur l'île

▶ **Avion.** L'aéroport international de Koh Samui appartient à la compagnie Bangkok Airways. On arrive dans un accueillant aéroport provincial formé de plusieurs pavillons en bois. L'ensemble est très exotique !

L'avantage de cette compagnie est qu'elle possède des lounges dans lesquels tous les passagers peuvent manger, boire, se reposer et se servir d'Internet. Les fréquences de vols changeant régulièrement en fonction de l'évolution du tourisme, il est donc recommandé de se référer au site Internet.
Bangkok – Koh Samui : 21 vols directs par jour, entre 6h et 21h, entre 1 et 1 heure 30 de vol. Chiang Mai – Koh Samui : 1 vol direct par jour, 1 heure 45 de vol. Krabi – Koh Samui : 1 vol par jour, 50 min de trajet. Pattaya – Koh Samui : 2 vols directs par jour, 1 heure 10 de trajet. Phuket – Koh Samui : 5 vols directs par jours, 55 min de trajet.

▶ **Bus gouvernementaux.** Bangkok – Koh Samui : départs entre 7h30 et 20h30, 12 heures de trajet, entre 500 et 900 B.

▶ **Bateau.** Au départ de Surat Thani, il existe différents points d'embarquement. Les bateaux express partent du quai en plein centre-ville, car ils peuvent naviguer sur la rivière. Les ferries (moins rapides) embarquent leurs passagers à Don Sak, à une bonne heure de route : des bus assurent spécialement la navette jusqu'à l'embarcadère.
Donsak – Koh Samui : départs toutes les heures entre 6h et 19h, 1 heure 30 de trajet. Dans le sens inverse, départs toutes les heures entre 5h et 18h, 1 heure 30 de trajet, 220 B environ. Suratthani – Koh Samui : départs toutes les heures entre 5h30 et 17h30, 3 heures de trajet.

Dans le sens inverse, départs toutes les heures entre 5h et 18h, 3 heures de trajet, 250 B environ.

▶ **Train.** Bangkok – Suratthani : départs à 13h30, 14h45, 15h15, 15h50, 17h05, 18h30, 19h20, 19h45, 21h55 et 22h35, environ 7 heures de trajet, entre 250 et 700 B environ selon horaires et confort. Dans le sens inverse, départs entre 17h et minuit.

Se déplacer

▶ **Song téo.** Ils font la liaison entre les différentes plages durant toute la journée, jusqu'à 17h, environ. C'est le moyen le plus économique. En principe, le tarif est fixe d'une plage à l'autre – 50 B –, mais les chauffeurs essaient parfois de tromper les touristes. Après 18h, les prix deviennent libres : « sauve qui peut » !

▶ **Moto-taxi.** Une petite course de 1 à 2 km maximum, au niveau d'une plage, coûte 50 B mais il faut penser à négocier sinon c'est facilement 70 ou 80 B.

▶ **Taxi meter.** De nombreux taxis, jaune et brun, circulent au niveau des différentes plages et font la navette avec Nathon ou l'aéroport. Ils refusent souvent de mettre le compteur, il faut insister ou s'en assurer avant de monter dans le véhicule. De Chaweng à Nathon par exemple, on peut demander jusqu'à 400 ou 500 B, alors que le prix « acceptable » à Koh Samui serait peut-être de 150 à 200 B.

▶ **Location de moto/voiture.** Les petites motos se louent entre 250 et 300 B selon l'état de l'engin. Compter 1 000 B par jour pour une jeep Suzuki. Les véhicules d'un standing supérieur se louent à partir de 1 500 B par jour.

© MAXIME DRAY

Embarquement pour l'île de Koh Samui.

■ KOH NANGYUAN DIVE RESORT

Koh Nang Yuan

✆ +66 77 456 091 – www.nangyuan.com

Chambres ventilées à 1 500 B ; climatisées de 2 000 à 14 000 B en haute saison. En basse saison, respectivement : 1 200 B, et de 1 600 à 11 200 B. Petit déjeuner inclus.

Les bungalows ont été répartis un peu partout où il y avait de la place, sur les trois îlots. Les tarifs pratiqués sont assez excessifs, étant donné le monopole du resort sur l'île. Une « taxe » pour profiter d'une nuit dans cet endroit isolé, surtout en soirée une fois les touristes de passage partis. Restaurant à demeure. Trois navettes par jour assurent la liaison avec la grande île : départs de Mae Haad à 10h30, 15h et 18h.

KOH TAN

Ce petit îlot se trouve au sud-ouest de Koh Samui. Si les plages de Koh Samui ne vous suffisent plus... comptez 20 min de bateau, environ. La population est réduite à une centaine d'habitants. Une fois pied-à-terre, pas de route, pas de voitures ni de motos... mais vous êtes encore tributaires d'un bateau pour retourner vers la « civilisation ».

■ KOH TAN VILLAGE BUNGALOWS

✆ +66 81 968 4131

6 bungalows ventilés à partir de 500 B ; 4 autres, plus petits, à partir de 350 B.

Ce modeste établissement comprend une dizaine de bungalows ventilés. Le confort est rustique, mais c'est le seul choix possible. Le maître des lieux (également gouverneur de l'île) vous enverra chercher en bateau, sur demande : il suffit de se mettre d'accord sur le prix du transit et de l'hébergement. Cette île faisant partie du circuit proposé par Samuï Evasion, profitez-en pour aller y jeter un coup d'œil avant de vous installer.

━━ KOH SAMUI ━━

L'île de Samui est un petit joyaux touristique. Cette île tropicale est bordée de cocotiers et de plages de sable blanc. En l'espace de deux décennies, Koh Samui est devenue une destination de choix en Asie et s'est créé une solide réputation de petit paradis tropical auprès de ses visiteurs. Il y en a pour tous les goûts et en fonction du district que vous choisirez vos vacances seront différentes. Mais une chose est sure c'est que l'on se doit d'aller découvrir cette île aux saveurs paradisiaques

■ INTERNATIONAL TOURISM OFFICE

126 / 13 Moo 1, Bophut

✆ +66 77 427 400 / +66 77 423 503

Ouvert tous les jours de 9h à 18h.l'office de tourisme est situé à 100 mètres avant le feu tricolore de Fisherman's Village lorsque vous arrivez de Chaweng.

S'il ne faut retenir qu'une adresse à Samui, c'est celle-ci : vous y trouverez une mine d'informations ! Cet office de tourisme privé vous conseille lors de votre séjour sur l'île et propose une palette de services personnalisés : excursions privées d'un jour ou plus, croisières sur des catamarans de luxe, organisation d'événements particuliers (tels que mariages ou anniversaires), locations et vente de villas. L'agence organise également des séjours sur mesure (logements, transports, restaurant) ou à thème (pêche, plongée, détox...) : tout est fait pour rendre vote voyage inoubliable ! Il est possible d'y louer des voitures, scooters ou encore de faire appel à des baby-sitters et chauffeurs pour faciliter votre séjour. Cerise sur le gâteau : la carte croc.koh.deal ! Il s'agit d'une carte discount distribuée exclusivement par l'office du tourisme et qui vous permet de bénéficier de dizaine de réductions dans des restaurants, spa et activités à Samui (réduction allant de 10 à 50 %).

■ SAWADEE

KOH SAMUI – LAMAI

✆ +66 2 674 5555

www.sawadee.fr

res@bkkbox.com

Réservation d'hôtels en ligne.

Besoin d'un hôtel, une maison d'hôtes ou d'autre genre d'accommodation à Samui ? Ce site offre

une sélection d'hôtels en Thaïlande aux prix les plus bas possibles et ce sans aucun coût supplémentaire. Les offres et leur disponibilité sont mises à jour quotidiennement. Sawadee offre un service excellent pour un séjour mémorable, relaxant et économique. Le site est en français. un bureau est situé sur l'île.

■ SEA WALKING SAMUI
Thong Krut and Taling Ngam
Koh Samui
✆ +66 901 65 04 11
www.sea-walking.com
seawalkingsamui@gmail.com

Seawalking Samui vous propose une expérience unique : la marche sous marine ! Cette activité est une excellente alternative pour ceux qui ne savent pas nager ou qui appréhendent la plongée sous-marine. Grâce à un casque de scaphandrier simplement posé sur vos épaules, vous pouvez descendre jusqu'à 5 mètres et profitez en toute sécurité de la beauté des fond marins de Samui. Vous monterez à bord d'un longtail boat jusqu'à la splendide île de Koh Mat Sum (au sud de l'île de Samui). Une fois sur place, votre guide vous orientera et vous accompagnera sous l'eau. L'équipe est très professionnelle et sympathique. Nous vous conseillons vivement cette activité originale, idéale pour les sorties en famille !

CHAWENG

C'est à Chaweng que les hôtels, les restaurants, les commerces, les bars et toutes les autres activités fourmillent le plus sur l'île. La journée comme la nuit la vie est là, 24 heures sur 24 ! La plage de Chaweng s'étend sur plus de 7 km et reste parmi les plus belles de l'île. Le charme de Chaweng reste intact pour ceux qui recherchent des vacances vivantes et il est toujours possible de passer des vacances au calme en s'isolant dans un bel hôtel en bord de mer avec piscine....

Transports

■ JJ RENTAL CAR & SCOOTER
14/92 Moo.2, Chaweng Road
Ouvert tous les jours de 8h à 21h SC rental est une entreprise de location de voitures et scooters automatiques implantée à Koh Samui depuis 2003. Avec un parc moto de 94 scooters allant de 110 cc à 500 cc, vous êtes assuré de pouvoir toujours louer un scooter bien entretenu et de pouvoir louer les derniers modèles de Honda Click-i et nouveaux PCX 125 cc. L'ensemble de leurs véhicules sont assurés et bien entretenus. Leurs années d'expérience sur l'île permettent de garantir les meilleurs services. Soyez assuré de rouler tranquille. L'établissement est tenu par un Français, James Hayoun, alors ne vous souciez pas de la barrière de la langue !

Pratique

Tourisme – Culture

■ BTC CENTRE TOURISTIQUE DE KOH SAMUI
chaweng centre
✆ +66 864 017 753 / +33 1 82 88 42 77
btcsamui@gmail.com

BTC centre touristique de Koh Samui est une adresse importante pour toutes les personnes présentes sur place ou désirant avoir plus de renseignements avant leur départ. Dirigé par Annaël, ce centre est capable de tout vous organiser afin de faciliter votre séjour (croisière, jet-ski, quad, location de scooter, hôtels, restaurants..). Si vous n'êtes pas encore parti, n'hésitez pas à les contacter pour avoir plus d'informations sur l'île, on vous renseignera avec précision. Le lieu est agréable car l'on vous accueille dans un beau restaurant où l'on peut boire un verre ou bien manger un morceau. A BTC centre touristique de Koh Samui, on parle français donc pas de problème pour communiquer. Adresse indispensable lorsque l'on part en voyage à l'étranger.

Représentations – Présence française

■ CONSUL HONORAIRE
141/3 Moo 6 Bophut, Bureau AFT
☏ +66 870 864 372 / +66 77 961 711
agenceconsulairesuratthani@yahoo.fr
Horaire d'ouverture : sur rendez-vous ou les mardi et jeudi de 13h à 15h.
Un numéro utile à contacter en cas de problèmes.

Santé – Urgences

■ BANGKOK HOSPITAL SAMUI
57 Moo 3, Thanon Thaweerat Phakdee
☏ +66 77 429 500 – www.samuihospital.com
L'hôpital le plus moderne et le plus réputé de l'île.

■ MORYA PHARMACY
38/213 Moo 3
☏ +66 77 413 298
Ouvert de 8-9h à 22h Sur la route principale, face à la station-service PTT, sur la droite en allant vers Lamai avant le Bangkok hospital.
Vous la rencontrerez dans tous les points stratégiques ! Cette entreprise familiale jouit d'une excellente réputation. Elle rayonne sur toutes les localités de l'île avec plus de 25 boutiques. Vous y trouverez de nombreux médicaments identiques à ceux que l'on connait en France. Près du Bangkok hospital de Chaweng, au siège social, une très large gamme de produits (plus de 4 000 références) adaptée à tous vos petits bobos (accidents de scooter, chutes…) et maux diverses (têtes, dos..). De plus les prix pratiqués sont souvent plus avantageux que dans d'autres centres et le service est de très bonne qualité. Si vous avez besoin de vitamines, compléments alimentaires, produits de beauté, conseils médicaux, l'équipe est formée pour vous apporter des réponses précises avec des médicaments adaptés. Enfin, une gamme de produits bio est aussi vendue pour vos souvenirs ou votre bien-être : bougies aromatiques, huile de coco ou massage, aloe vera, nettoyants visage, gels douche… Une très bonne adresse !

▶ **Autres adresses :** à côté de l'hôtel The library dans le centre de Chaweng ● Au Tesco Lotus de Chaweng ● En face de Samui Arena à Chaweng

■ SAMUI INTERNATIONAL HOSPITAL
Chaweng nord
☏ +66 77 230 781
Probablement le meilleur hôpital de l'île. Le service dentaire est ouvert de 9h à 17h.

Adresses utiles

■ PAPILLON REAL ESTATE
1 & 2 Thanon Chaweng Beach, T.Bophut
☏ +66 77 231 169
real-estate.papillonkohsamui.com

De nombreuses constructions à leur actif. Cette équipe francophone est à votre écoute pour toute demande et conseils immobiliers. L'équipe conseille et aide pour toute création de société, suivi de chantier, et propose des packages immobiliers, clef en main, à des tarifs compétitifs.

■ SAMUI PASSION
Voir page 74.

■ SAMUÏ VISION
☏ +66 81 272 6253 – samuivis@samart.co.th
Reportages vidéo, photo, cartes postales.
Entreprise créée à Koh Samuï par deux Français, Laurent et Laurent.
Pour sa part, Laurent Alamagny, photographe de métier, se déplace à votre demande et propose vidéo reportages personnalisés, prises de vues en excursion, « couverture » de mariages et montages photos. Remise rapide des tirages. Très bon contact humain. Tarifs adaptés.

Se loger

Depuis plusieurs années, on observe à Koh Samui une disparition progressive des établissements bon marché et leur transformation radicale pour passer au standing supérieur. Le backpacker étant une espèce peu rentable, ça ne dérange pas grand monde. Toutefois, la prolifération du béton atteint un seuil critique. Quel dommage !

Locations

■ CHAWENG MODERN VILLAS
3/3 Moo.6 Bophut
☏ + 66 77 410 691
staywithus@chawengmodernvilla.com
De 4000 à 12 000 B en basse saison et de 4500 à 14 000 B en haute saison. A partir de 7 000 B à Noël, pour une villa de 2 à 5 chambres.
Doté d'un management français, les villas se situent dans une résidence calme, haut de gamme, à flanc de montagne avec vue sur la mer. Certaines de ces villas possèdent même un bain à remous et une piscine privée. Le chemin menant au domaine vous fera traverser une cocoteraie ou des combats de buffles sont parfois organisés. Pour y accéder vous découvrirez en fait la vraie Thaïlande. A deux minutes en voiture se trouvent des grands centres commerciaux et à 5 minutes la plage. Ce mélange de calme et de proximité vous permettront d'optimiser votre séjour à tous points de vue. Les villas sont modernes et toutes équipées d'une cuisine, clim, wi-fi gratuit, cable, home cinéma… La plupart des chambres disposent d'une salle de bain privée, et un service de nettoyage est mis en place au quotidien afin d'assurer la propreté perpétuelle de votre villa. Excellent accueil et services de qualité. Management français.

La meilleure des pharmacies de l'île

20 centres et 4000 références

Centre de produits naturels et de soin à Samui

Oriental Nature

Natural Spa at Home

En harmonie avec votre santé, beauté et relaxation

Bien et pas cher

■ **MATLANG RESORT**
154/1 Moo 2, Chaweng nord
℮ +66 77 230 468
www.tourismmart.com/matlangresort
Basse saison : bungalows ventilés à 500 B, climatisés à 1 500 B. Haute saison : respectivement 800 et 2 000 B. Wi-fi gratuit.
Non loin de Papillon, pour les petits budgets, voici un établissement de 49 bungalows répartis dans un jardin tropical aboutissant à la plage. L'endroit possède un charme indéniable, avec de belles vues sur Koh Matlang, bien que les prix augmentent un peu chaque année, et que les tarifs soient beaucoup plus intéressants en basse saison. Demandez une réduction au cas où.

Confort ou charme

■ **CHAWENG COVE BEACH RESORT**
17/4 Moo 3
Chaweng Beach
℮ +66 7742 2509
www.chawengcove.com
info@chawengcove.com
A partir de 2470 B pour une chambre supérieure. Comme la plupart des hôtels du groupe, de nombreuses offres sont présentes sur leur site web.
L'hôtel se situe en bord de mer et possède 101 chambres et bungalows répartis dans un jardin tropical. Au total 8 catégories de chambres dont la plus prisée : la villa vue mer. Toutefois il existe un type de chambre pour les familles ayant un ou deux enfants. Comme tout resort qui se doit, vous pourrez vous faire masser, siroter un cocktail ou admirer la plage en surfant sur internet via un réseau gratuit. Le restaurant est tout près de la piscine et de ses chaises longues, et sert une cuisine thaïe et internationale entre 7h et 22h. Pour les personnes souhaitant se marier sur l'île, des programmes sont adaptés à chaque type de bourse et de culture.

■ **PAPILLON RESORT**
159/3 Moo 2, Chaweng nord
℮ +66 77 231 169
www.papillonsamui.com
resort@papillonkohsamui.com
En basse saison, Bungalow standard à partir de 1 790 B, bungalow large à partir de 2 190 B et suites familiales à partir de 4 290 B. En haute saison, Bungalow standard à partir de 2 190 B, bungalow large à partir de 2 790 B et suites familiales à partir de 4 790 B. Wi-fi gratuit.
Un des premiers hôtels francophones de l'île, géré par Stéphane. A l'extrémité nord de la plage, en face de Koh Matlang, une vingtaine de bungalows de différents standings sont répartis dans un beau jardin verdoyant. Le manager est français et séjourne depuis plus de vingt ans en Thaïlande. Belles chambres climatisées tout confort, dans le style « Lanna Thaï ». Piscine, bains à remous et restaurant sur front de mer. Atmosphère très conviviale : arrivé comme client, vous repartirez en ami !

■ **SAMUI VERTICOLOR**
Chaweng Beach
℮ +66 77 914 000
www.samuiverticolor.com
Des prix spéciaux, toute l'année sur le site www.resotelgroup.com
Un hôtel lui aussi bien placé dans le centre de Chaweng faisant face à la mer et avec des prix plutot attractifs en vue de sa situation géographique. Les chambres sont propres et lumineuses et donnent pour la plupart sur une superbe piscine !

■ **SAMUI RESOTEL BEACH RESORT****
17 Moo 3 Chaweng Beach
Remises de 10 % et plus selon les dates de réservations pour toutes les chambres : standard, supérieures avec vue sur mer, deluxe accès piscine, villas avec jardin et/ou piscine, et villas vue sur mer. Wifi gratuit et petit déjeuner inclus.
Cet hôtel, qui bénéficie d'une superbe situation sur l'île, en impose grâce à ses 200 mètres de plage. De style moderne, il possède 79 chambres aménagées, mais aussi des villas avec piscine offrant une vue spectaculaire sur la mer. De très bons conseils vous seront délivrés pour des excursions sur les îles toutes proches. Trois restaurants et le bar de la piscine proposent plusieurs atmosphères : en effet, Le capriccio sert une cuisine italienne et thaïe, c'est aussi là que sont servis les petits-déjeuners, face à la mer. Le Lobster bar et le Roof (situé sur une terrasse), quant à eux, proposent des snacks, des salades et de délicieux cocktails ! Enfin, un espace est dédié à la remise en forme. Leur site internet est plutôt bien fait et vous fournit de bien plus amples informations.

Luxe

■ **NORA BURI RESORT AND SPA**
111M006 Chaweng Beach
℮ +66 77 913 555
www.noraburiresort.com
reservation@noraburiresort.com
A partir de 5 000 B. Ce resort se compose de 144 chambres et villas avec piscines au milieu d'un petit paradis tropical qui offre une véritable atmosphère de détente. En face, la mer, une plage de sable blanc, une eau turquoise et des récifs coralliens. Ambiance décontractée et service impeccable ! Le confort est moderne (TV LCD, Internet haut débit et un lecteur DVD) et les excursions proposées y sont nombreuses.

RESOTEL GROUP
INTERNATIONAL

Un Groupe à taille humaine dont les hôtels et resorts sont de style contemporain, situés sur les belles plages de Chaweng et Maenam.

■ AKYRA CHURA SAMUI
99/9 Moo 2 Chawen Beach
© +66 077 915 100 / +66077 915 111
www.theakyra.com
rm.akks@theakyra.com
10 min à pied du centre.
A partir de 4000 B.
Akyra Chura Samui est un hôtel situé à l'extrémité nord de la plage de Chaweng, à seulement 10 minutes de l'aéroport international de Koh Samui. L'hôtel est a 500 mètres à pied, par la plage, ou par la route, du centre animé de Chaweng. Cet hôtel est un fin mélange de luxe discret et harmonieux qui associe le modernisme à l'intérieur et la nature flamboyante de l'Asie à l'extérieur. Il est composé de 65 suites élégantes avec un design moderne et contemporain. Les chambres ont des lits exceptionnellement confortables et des douches à jets. Il n y a qu'un pas à faire entre la piscine qui donne sur la plage privatisée de l'hôtel et la mer. Le soir, il est possible de profiter du bar & restaurant lounge de l'hôtel en face de la mer et autour de la piscine. L'ambiance est décontractée et la sélection de musique est parfaite pour confirmer une belle et douce journée de vacances. C'est un hôtel parfait pour les lunes de miel, mais aussi pour les couples souhaitant s'offrir un séjour romantique. Les enfants moins de 12 ans ne sont pas autorisés à séjourner à l'Akyra Chura Samui.

■ CHAWENG SEA VIEW VILLA
141/53 Moo 6 Chaweng
bophut district
© +66 81 270 5376
www.samui-villa.info
chawengseaviewvilla@hotmail.com
Basse saison : 9 500 B la nuit, 61 500 B la semaine, 146 250 B le mois. Haute saison : 11 550 B la nuit, 73 500 B la semaine, 176 250 B le mois. Électricité non comprise. Petit déjeuner inclus. Wi-fi gratuit.
Propriété privée, unissant tranquillité, beauté et confort, sans être éloigné des principales plages de l'île, des centres commerciaux et activités nocturnes. Sur 1700 m² elle est située sur les hauteurs de Chaweng et possède une vue panoramique sur la baie de Chaweng. Destinée aux familles ou groupe d'amis et pouvant accueillir un maximum de 10 adultes et 3 enfants (6 chambres), elle possède 5 bâtisses autour d'une grande piscine privée à débordement, d'une petite piscine pour enfants et d'une terrasse de 282 m² avec ses *sun deck*.

■ THE LIBRARY
14/1 Moo 2, Chaweng Beach Road
© +66 77 422 767 – www.thelibrary.co.th
rsvn@thelibrary.co.th
Studio à partir de 12 600 B, suites à partir de 14 400 B. Wi-fi gratuit.

Voici sans doute l'un des hôtels les plus design qu'il vous sera donner de visiter. Plusieurs stars y ont leurs habitudes, mais ce n'est pas pour autant que l'on vous regarde de haut. Le service est discret et efficace, car l'ambiance se doit de rester zen et propice à la... lecture, comme le nom l'indique. Chic minimaliste des chambres, grand confort d'ensemble et restaurant tendance : The Page. Si vous venez sans livres (ou films), vous trouverez ce qu'il faut sur place.

Se restaurer
A Chaweng, différentes cuisines de tous horizons sont représentées. On a le choix entre des plats locaux à 60 B ou des spécialités étrangères aux prix plus élevés. De bons rapports qualité-prix ne sont pas toujours au rendez-vous. On peut se consoler en considérant que « très cher » équivaut ici aux tarifs d'un restaurant de gamme moyenne en France.

Sur le pouce

■ LAEM DIN MARKET
Soï 3, Chaweng centre
A partir de 16h. Plats à partir de 30 B.
En retrait de la plage, ce marché vous permettra de faire le plein de fruits en fin d'après-midi. En soirée, des petits stands y servent une cuisine thaïe authentique et pas chère.

Pause gourmande

■ URBAN CAFE
Allée centrale du Central Festival
juste derrière le restaurant Kitchen.
Ouvert tous les jours.
Laissez-vous tenter par la spécialité thaïlandaise : le ice cream roll, base de yaourt sur laquelle on ajoute des fruits frais et autres ingrédients ajoutées par dessus, sur une plaque réfrigérée qui se transforme en glace. Show assuré !

Bonnes tables

■ AU CAFÉ DES ARTS
Chaweng nord
© +66 77 231 169
Plats de 120 B à 500 B. Ouvert tous les jours de 6h30 à 21h30. Rattaché au Papillon Resort, ce restaurant français propose outre une cuisine française de qualité, quelques plats de fruits de mer, de la cuisine internationale et quelques plats thaïs. Bel endroit, calme et romantique pour un bon dîner face à l'océan. Des tapas sont offertes lorsque vous vous installez à table. De ce charmant début au dessert, tout est de qualité.

Koh Samui

0 — 5 km

Plage de Choeng Mon

Plai Laem

Wat Nuan Naram

Plage de Thong Rang

Pharmacie Morya

Aéroport de Samui

Grand Bouddha

Plage de Bang Rak

Wat Bo Phut

Hôpital Inter. Samui

Koh Matlang

Plage de Chaweng

Plage de Bophut

Fisherman Village

Koh Samui

Hôpital Inter. Bandon

Pharmacie Morya

Wat Chaweng

Plage de Lamaï

Laem Nan

Plage de Maenam

Koh Som

Pha Ngam

Ban Chaweng

Chutes de Ta Nim

Ban Lai Maï Culture Center

Pharmacie Morya

Laem Lamaï

Wat Si La Ngu

Rochers Hin Ta Hin Yaï

Plage de Hua Thanon

Plage de Bang Po

Ban Maenam

Pharmacie Morya

Wat Phu Khao Thong

Chutes de Tan Rua

630 m.

635 m.

Chutes de Namuang 2

Wat Ku Na Ram

Wat Samret

Ban Hua Thanon

Jardin des papillons

Laem Set

Wat Sisuwana Ram

464 m.

Pharmacie Morya

Village de Nathon

Wat Kong Ka Ram

Wat Hin Lat

Chutes de Hin Lat

Police touristique

Chutes de Lat Wanon

Thang Soi

Chutes de Namuang 1

Ban Thurian

Wat Phro Daem

Baan Kwai Thai

Ban Bangkao

Maison de 150 ans

Aquarium & Tiger Zoo

Plage de Bang Kao

Baie de Nathon

Laem Yaï

Embarcadère

Hôpital de Nathon

Bureau d'Immigration

Plage de Tong Yang

Wat Kiri Wongkaram

Wat Santi Karam

Snake Farm

Ban Thong Krut

Laem Hin Khom

Plage de Thong Krut

Laem So

vers Koh Pha Ngam

Laem Chong Khram

Baie de Taling Ngam

Plage de Phang Ka

Ban Bangkao

Laem Chong Khram

Bateau express vers Surat Thani

■ THE KITCHEN

209/1-2 Moo 2
Central Festival de Chaweng
✆ +66 77 963 809
www.kitchen-thailand.com
contact@kitchen-thailand.com
ouvert de 9 h a 2 h du matin. Les menus sont en français

Chaine de restaurants ouverte depuis 2007, Kitchen (aujourd'hui 5 restaurants) Phuket-Pattaya-Samui est l'une des adresses les plus connues de Chaweng. En plein cœur de la ville, le restaurant donne sur la rue principale et c'est un lieu idéal pour se désaltérer et se restaurer entre deux cessions shopping. Ici on mange très bien mais difficile de choisir tellement l'offre y est vaste. Du thaï ou de l'international, vous ne serez pas déçu (le menu est consultable sur le site). Mention spéciale pour la brochette Chicken Panang XXL et la tarte fine aux pommes et sa glace maison au caramel beurre salé en dessert. En plus David et Caro forment un duo de choc pour vous accueillir et vous donner tous les bons plans de l'île !

▶ **Autre adresse :** dans le centre de Lamai

■ LA FORTUNE

17/51 MOO 3 chaweng beach road
✆ + 66 946 499 943
restolafortune@yahoo.fr
Ouvert tous les jours du petit déjeuner jusqu'au diner. A partir de 150 B. Un restaurant qui a pour mots d'ordre fraîcheur et qualité. Cet établissement est tenu par deux Français qui ont mis un point d'honneur à proposer une nourriture de qualité. Le petit déjeuner propose du pain et des viennoiseries françaises. La carte pour le déjeuner et le dîner est bien garnie tant pour la cuisine thaïlandaise que la cuisine européenne. Les viandes sont tendres, les fruits de mer sont frais, les pâtes sont bonnes et l'on peut aussi manger de vraies pizzas. Un petit creux dans l'après-midi ou une envie de se rafraîchir, pas de problème ! N'hésitez pas à commander une crêpe française préparée sous vos yeux

ou une glace artisanale qui remettrait à leur place quelques grands glaciers parisiens... Et puisqu'en vacances au soleil, on ne doit pas négliger l'apéritif, commandez des cocktails préparés par le spécialiste (dont on taira le nom) qui possède quelques créations de cocktails incontournables à son actif...

■ RED SNAPPER

Chaweng Beach Road
✆ +66 77 38 990
Cuisine ouverte de 17h à 23h. Plats entre 220 et 690 B. Pour une cuisine méditerranéenne agréable, des fruits de mer bien préparés, une liste de vins intéressante et un cadre plutôt « lounge », passez donc au Red Snapper. Le chef Sébastien Meunier saura vous régaler de ses expériences culinaires, mêlant habilement saveurs du Sud-Est asiatique et réminiscences gustatives bien de chez nous. Chaque soir, animation musicale entre 21h30 et minuit, sauf le dimanche.

Luxe

■ BAAN THAI FOOD GARDEN

Chaweng centre
✆ +66 77 231 123
Ouvert de 7h à 10h30 et de 11h à 23h.
Le restaurant du Chaweng Villa Beach Resort offre, dans un cadre grandiose, une cuisine thaïe authentique. Les prix sont forcément élevés, mais la qualité est là.

■ THE BARGE

111 Moo 5, Chaweng Beach Road
✆ +66 77 913 999 – dfb@noraburiresort.com
Au Noraburi Resort.
Ouvert de 6h à minuit. Plats entre 200 et 750 B.
Pour un dîner en tête-à-tête, à déguster une cuisine fusion des plus savoureuses, rendez-vous à cette très bonne table de Chaweng. La terrasse en bord de plage offre un cadre romantique à souhait, et pour ce qui est de votre assiette, elle est également bien garnie : fruits de mer somptueux, viandes bien préparées, desserts divins... Bon appétit, bien sûr !

Sortir

Cafés – Bars

■ THE ISLANDER

166/79 Chaweng centre
✆ +66 77 230 836
www.theislandsamui.com
islandersamui@loxinfo.co.th
Plats entre 80 à 200 B. Ouvert de 8h à 2h du matin. Pub-restaurant style « british » ouvert depuis 1995 et tenu par Damien. Un des principaux rendez-vous nocturnes de Chaweng. A la carte : une douzaine de bières différentes et des plats anglais. Possibilité d'y regarder des matchs de foot ou autre.

■ TROPICAL MURPHY'S

Chaweng centre
✆ +66 77 413 614
www.tropicalmurphys.com
Ouvert de 10h à 2h du matin.
Un lieu désormais « classique ». Le patron Paul est un Irlandais pur jus. La Guinness et la Kilkenny sont au rendez-vous. Le week-end, à l'étage, des groupes jouent de la musique des années 1970-1990. Bonne ambiance.

Clubs et discothèques

■ GREEN MANGO

Chaweng centre
www.thegreenmangoclub.com
info@thegreenmangoclub.com
Dans le « quartier chaud » de Chaweng, voilà une ambiance « à tout casser ». Pour ceux qui n'ont pas les tympans fragiles. Volume sonore élevé, stroboscopes hypnotiques et un prix un peu élevé pour les boissons.

■ REGGAE PUB

Chaweng centre
reggaegroup@hotmail.com
Une boîte mythique à Koh Samui, même si elle n'est plus la seule à attirer les noctambules. La musique Reggae est souvent noyée sous des flots de Techno, ce qui n'empêche pas les nombreux jeunes gens de se déhancher en rythme sur la grande piste de danse.

Spectacles

■ PARIS FOLIES

Chaweng Beach Road
✆ +66 82 8154 843
Dans un soï près de Burger King.
Entrée gratuite avec conso. Boissons entre 290 et 390 B.
Trois shows par soir dans ce cabaret : 20h, 21h30 et 23h, sachant que le premier est adapté à un public de tous âges et les deux suivants un peu plus olé-olé. Extravagance des costumes et des danses, pour un moment unique et des plus agréables. Vous connaissez le refrain : « Voulez-vous... ce soir ? »

Sports – Détente – Loisirs

Sports – Loisirs

■ CALYPSO DIVING

27/5 Moo 3
Chaweng Beach
✆ +66 77 422 437
www.calypso-diving.com
info@calypso-diving.com
Compter 3 700 et 4 300 B pour deux et trois plongées. Remise de 400 B avec votre équipement complet. Retour sur Samui à 15h30 et 17h pour la sortie trois plongées. Cours PADI et certification Discover Scuba avec demi-journée en piscine 10 900 B ou programme à la journée 4 900 B. Open Water 13 950 B, Advanced, Emergency First Response, Rescue, etc.
Direction allemande, sortie sur un catamaran assez récent, rapide et confortable spécialement conçu pour la plongée. Jusqu'à trois plongées par jour et plus d'une vingtaine de sites au programme parmi Sail Rock, Southwest Pinnacle, Chumporn Pinnacle et Koh Tao (possibilité de partir deux jours pour plonger près de Koh Tao).

■ MINIGOLF

166/4 Chaweng
✆ +66 77 413 267
Ouvert de 10h à minuit.
Appelé, Treasure-Island, un petit parcours sympathique pour vous changer un peu de la baignade.

■ PLANET SCUBA & SAMUI INTERNATIONAL DIVING SCHOOL

Bophut Showroom
Près de Seatran Pier
Chaweng
✆ +66 77 413 050
www.planet-scuba.net
sam@planetscuba.net
En face de Coyote Bar.
Les excursions d'une journée comprennent les transferts depuis l'hôtel et en bateau sur le site, déjeuner et rafraîchissements, la location d'équipement complet et un service Dive Master. En général départ vers 8h de Bangrak, première plongée vers 11h, déjeuner et détente avant la seconde immersion prévue vers 13h30, retour à 17h sur le quai. Compter à partir de 4 900 B la plongée et l'Oen Water à partir de 9 800 B.

Premier centre de plongée sous-marine en Thaïlande à proposer le prestigieux PADI Career Development Centre Note (CDC). Le centre est également présent sur Koh Tao et à Bangkok. Cours PADI en petits groupes, rarement plus de 4 élèves par instructeur. Les sorties plongée autour de Koh Samui et Koh Tao sont diversifiées et les sites sont nombreux, ce qui permet de proposer des immersions pour tous les niveaux : la fameuse cheminée de Sail Rock, le parc national marin d'Angthong. Les bateaux sont entièrement équipés avec oxygène, matériel de secours, radio marine, la navigation se fait par satellite et sondeur.

Détente – Bien-être

■ ERANDA HERBAL SPA
9/37 Moo 2, Chaweng nord
✆ +66 77 422 666 – www.erandaspa.com
info@erandaspa.com
Ouvert de 9h à 21h. Massage thaïlandais à 120 min pour 1 900 B.
C'est un Spa incontournable dans l'île. Vincent et Panchana ont créé ce centre de soins dans un jardin tropical de 8 000 m² surplombant la mer. Vous serez bercé par le bruissement des cascades et le chant des oiseaux. Des thérapistes diplômées vous accueillent dans de magnifiques villas privées avec hammam et Jacuzzi. Nous recommandons le soin nommé Eranda Signature, massage étudié et composé de différentes techniques.

■ MORYA PHARMACY
38/213 Moo 3
✆ +66 77 413 298
Voir page 444.

Shopping

■ COLONIAL LEGEND
Chaweng
✆ +66 77 413 723
Sur la route extérieure menant à Chaweng Beach, face à la Bangkok Airways.
Une collection de meubles assez unique qui en fera rêver plus d'un.

LAMAI

Lamai est un district dit « plus familial «. C'est aussi le quartier le plus représenté (avec fisherman's village) par les résidents francophones. Ils sont nombreux à posséder des hôtels et des restaurants sur cette partie de l'île. Il est donc plus facile de rencontrer des personnes parlant français. Les plages sont magnifiques et l'on peut, en cherchant bien, se trouver une plage encore très peu fréquentée....

LAEM SET

Toute la côte sud-ouest est encore peu développée touristiquement, et les cocoteraies sont indemnes. Les promoteurs ont, pour le moment, délaissé ce secteur où l'accès à la mer est malaisé et la baignade impossible. La nature et les plantations ayant été préservées de la destruction immobilière, les paysages sont assez beaux.

Se loger

Locations

■ MOVENPICK
57 Moo 5 Angthong Koh Samui
KOH SAMUI – LAEM SET
✆ +66 77 421 721
Inauguré en décembre 2014, cette troisième adresse de Mövenpick en Thaïlande est située dans l'île de Koh Samui. Posé les pieds dans l'eau, à quelques 30minutes de l'aéroport, le Möverick Resort Laem Yai beach Samui compte 50 villas de style thaï, avec terrasse et jardin privatifs. Toutes ces villas offrent une vue imprenable sur les îles du parc marin national d'Angthong.

Confort ou charme

■ BAN KAO TROPICAL
69/6 Moo 4, T. Namuang
✆ +66 77 92 00 81
www.bankaotropical.com
Chambres à partir de 1 500 B en basse saison et de 2 000 B en haute saison. Wi-fi gratuit.
Ensemble de pavillons résidentiels très confortables, avec piscine commune, Spa (Jacuzzi et 3 salles de massage) et salle de fitness à disposition. Restaurant à demeure. Etablissement organisé sous la gestion de Jean-Pierre, résident francophone depuis 20 ans en Thaïlande. Le restaurant de l'hôtel est délicieux et la cuisine proposée fine.

■ SAMUI LE RÊVE
75/3 Moo 3, T. Namuang
✆ +66 95 637 2104 / +66 62 21 05 263
samui-lereve.com
resort.samuilereve@gmail.com
La semaine est entre 14 000 B et 16 000 B selon le bungalows et le mois entre 50 000 et 54 000 B. Le prix des petites maisons va de 2 000 à 2 300 B toute l'année. Offres promotionnelles sur le site Internet : samui-lereve.com/fr/. Petits déjeuners inclus. Wi-fi gratuit.
Géré par un couple de français, cet hôtel de charme est installé près d'une plantation de noix de coco et d'hévéas. Il est composé de 4 maisonnettes spacieuses, chacune disposant de sa terrasse privée menant à la piscine. Les

chambres sont décorées avec goût et sont confortables (très grands lits). Situé à l'écart des zones bruyantes de l'île, le resort est un endroit paisible et idéal pour les familles et couples en quête de tranquillité. Nous vous recommandons de louer un scooter ou une voiture pour rejoindre rapidement les plages splendides et préservées du Sud. Les commerces et restaurants sont situés à 5 minutes de l'hôtel, dans le charmant village de Thong Krut. Cependant, une restauration légère est proposée sur l'heure du déjeuner (quiches, salades, sandwichs). L'accueil est très chaleureux et de nombreux services sont proposés pour rendre votre séjour agréable : coach sportif à la demande, massage à domicile et blanchisserie. Nous vous conseillons de réserver directement sur le site sécurisé de l'hôtel afin que les propriétaires organisent au mieux votre arrivée. Bref, une bonne adresse et un service sur mesure pour faire de vos vacances un véritable moment de détente !

Se restaurer

■ LA JAVA RESTAURANT & BAR

112 Moo 5, Tong Krut
✆ +66 87 271 5533
lajava.samui@hotmail.com
Ouverture de 11h à 21h. Plats de 85 à 400 B.
Ce restaurant franco-thaï, tenu par Philippe et son épouse Nic, se trouve sur la plage de Tong Krut. Beau panorama et décoration agréable. Choix de plats à des prix abordables et sélection de vins importés de France.

À voir – À faire

■ MOINE MOMIFIÉ

Wat Khunaram
Entrée gratuite. C'est l'une des attractions de l'île, un moine appelé Loung Por Ruam à la vie exemplaire. C'est après sa mort que ses élèves découvrirent avec stupéfaction que son corps ne s'était pas décomposé mais qu'il était resté momifié et ainsi remarquablement bien conservé. On peut le voir derrière une cage en verre porter des lunettes de soleil, en position de méditation. Les traits sont tendus et on peut même distinguer de rares cheveux ! Pour les aficionados !

■ RHUM KS

44/5 Moo 3, T.Namuang
✆ +66 862 826 230 / +66 77 419 023
www.rhumdistillerie.com
agm-rhum@cathinet.com
Entreprise dirigée par Ludo et Alex, un jeune couple fort sympathique. C'est simple, il s'agit d'un incontournable de l'île, aussi bien pour la dégustation que pour une idée de cadeau à ramener lors de son voyage. Le village de Ban Thale se trouve à l'ouest de Lamai. La distillerie utilise la canne à sucre locale pour produire un rhum agricole de qualité selon la tradition antillaise (et conformément à la législation thaïlandaise). Choix de rhums, nature ou parfumé avec différents fruits, présentés dans deux formats de bouteille : 33 ou 70 cl. Au choix : noix de coco, citron vert, orange, ananas, accompagnés pour ceux qui le souhaitent d'un sirop fait maison. Dans le parc, de grands et nombreux cocotiers, un petit étang, et un jardin tropical arboré. Enfin, vous pouvez dîner dans le bar/restaurant dont l'un des deux chefs vous prépare des plats dignes d'un restaurant gastronomique à des prix très raisonnables !

■ SAMUI AQUARIUM & TIGER ZOO

33/2 Moo 2, Plage de Baan Harn
✆ +66 77 424 017
www.samuiaquariumandtigerzoo.com
Ouvert de 9h à 17h. Entrée adulte : 750 B, enfant : 450 B. Spectacle «Sea Lion Show» à 13h30 et «Birds and Bengal Tiger Show» à 14h30.
Poissons en aquarium ou des tigres en cages à observer. Numéro de cirque avec les tigres, et un autre avec des phoques, pour une vingtaine de minutes. Honnêtement, cela n'en vaut pas trop la peine. Les animaux n'ont pas l'air bien traités et l'entretien des équipements laisse à désirer.

■ SNAKE FARM ☆

88/2 Moo 4, Taling Ngam
Au sud de l'île
✆ +66 77 423 247
www.samuisnakefarm.com
Entrée 300 B. Différentes espèces de serpents sont observables en vivarium. Des shows « à sensation » mettant en scène des reptiles supposés dangereux (ou vraiment !) sont organisés à 11h et 14h.

NATHON

C'est la capitale administrative de l'île, où se situent le Bureau de l'immigration et la Poste centrale. A priori, cette localité ne présente guère d'intérêt si vous êtes venu à Koh Samui pour profiter des plages. Cependant, le cœur de cette petite ville a un certain charme, avec plein de boutiques originales et un grand marché. On peut admirer les couchers de soleil depuis les gargotes du front de mer, et il est agréable de se promener dans Thanon Anthong, où l'on trouve encore de vieilles maisons traditionnelles en bois. C'est ici que se trouvent un port important où les visiteurs peuvent embarquer pour Koh Phangan et Koh Tao.

Pratique

Tourisme - Culture

■ OFFICE DU TOURISME (TAT)
Thanon Thavi Ratcha Pakdi
✆ +66 77 420 504
Ouvert de 8h30 à 16h30.

■ SAMUI INFO
www.samui-info.com – info@samui-info.com
A consulter avant votre départ en voyage.

Santé - Urgences

■ CLINIQUE MÉDICALE DE SAMUI
Thanon Thavi Ratcha Phakdi
✆ +66 77 421 230

Adresses utiles

■ BUREAU D'IMMIGRATION
Thanon Thaweeratphakdee
✆ +66 77 42 10 69
Ouvert du lundi au vendredi de 8h30 à 16h30 (pause déjeuner de 12h à 13h). Fermé les week-ends et jours fériés.
Adresse utile si besoin d'une extension de visa.

■ POLICE MARITIME
✆ 1196

■ POLICE TOURISTIQUE
Thanon Thavi Ratcha Phakdi
✆ +66 77 421 095 / 1155
En face du Wat Chang.

■ POSTE
Thanon Chon Vithi
Ouvert de 8h30 à 16h30 en semaine.
Située face à la mer.

Se loger

■ BAN SABAI SUNSET RESORT
126/9 Moo 3, Taling Ngam
✆ +66 77 428 200
www.thesunsetbeachresort.com

Chambres à partir de 1 500 B. Ban Sabai Spa & Resort est un endroit où vous ne ferez rien d'autre que vous relaxer. Chaque villa et chaque chambre possèdent le confort nécessaire pour passer de merveilleuses vacances : minibar, télévision satellite, et bien sûr vue sur la mer. Certaines des chambres ont un Jacuzzi privé, d'autres un jardin privé. Bref, un petit coin de paradis pour les couple.

■ JINTA HOTEL
310 Moo 3, Angthong
✆ +66 77 236 369
tour@jintasamui.com
Chambre de 700 B à 11 000 B toute l'année. Wi-fi gratuit.
Etablissement paisible situé sur le front de mer comprenant plusieurs catégories chambres réparties dans des bâtiments en dur. Ces derniers sont disposés autour de la pelouse ombragée d'un assez grand jardin, où se trouve également une charmante petite piscine. Toutes disposent d'un cabinet de toilette, de l'eau chaude et de l'air conditionné. L'ensemble est propre et relativement bien entretenu.

Se restaurer

■ BIG JOHN SEA FOOD
95/4 Moo 2, Plage de Lipa Noi
✆ +66 77 423 025
Ouvert toute la journée. Plats de 100 à 500 B.
Cet établissement est situé à plusieurs kilomètres au sud de Nathon, au sein du Lipa Lovely Resort. Il vaut le déplacement (moto ou taxi). Très bon accueil. Il s'agit d'un grand restaurant, de par ses dimensions mais aussi par la qualité de ses produits ! Il est installé en bord de mer : idéal pour un dîner au coucher du soleil. Une animation spectacle est prévue tous les soirs. Grand choix de fruits de mer ou cuisine thaïe.

■ FIVE ISLANDS
348 Moo 3, Taling Ngam
✆ +66 77 415 359
www.thefiveislands.com
samui@thefiveislands.com
Plats de 160 à 580 B.
Pour une expérience vraiment unique, loin du tourisme de masse de la côte est de Samui, le restaurant Five Islands est parmi ce qui se fait de mieux sur l'île. Sous un pavillon ouvert, de style thaï-balinais et dominant la plage, l'endroit est idéal pour un dîner des plus romantiques. L'ensemble du menu est exécuté avec grande maîtrise et vous mettra l'eau à la bouche. Une croisière en bateau *long tail* est également possible avant le dîner pour découvrir

les cinq mystérieuses îles qui donnent leur nom au restaurant. Assurez-vous de réserver à l'avance.

■ CHEZ FLORA
150/11 Moo 3
T. Taling-Ngam
℃ +66 77 914 550
www.asiaspiritlodge.com
chef@asiaspiritlodge.com
Ouvert 7j/7 et de 7h30 à 22h30.
Dans les hauteurs de Samui, avec une vue sur la mer et les îles de Koh Tan, entre autres. Très lumineux et avec une décoration sobre et soignée, le chef vous propose des menus et des plats à la carte abordables pour un restaurant de ce standing.

■ SUNSET SEAFOOD RESTAURANT
175/3 Moo 3,
Thanon Chon Vithi
℃ +66 77 421 244
De 80 à 250 B pour un plat thaïlandais ; 150 à 480 B pour plat occidental.
Etablissement accueillant situé à l'extrémité sud du front de mer de Nathon. Des tables sont installées sur une terrasse, à l'ombre des cocotiers, et dans la grande salle à manger, où règne une fraîcheur relative. Certes, les tarifs sont « touristiques », mais le cadre est agréable, au bord d'un « golfe clair ».

À voir - À faire

■ SEA SHELLS MUSEUM
157/1 Ban Bang Makhan
℃ +66 77 421 524
Entrée libre. Fermé le dimanche.
Ce musée du coquillage se trouve à 2 km au sud de Nathon (en direction de Chaweng). Cet endroit fort intéressant a été créé par un Belge, William. Selon l'avis de chercheurs, certains crabes exposés étaient encore inconnus auparavant. On peut acheter coquillages ou crabes comme souvenir.

MAE NAM

Cette belle plage, étendue sur 4 km, est un endroit au calme. Le développement des infrastructures hôtelières se fait ici intelligemment. cet un endroit de choix pour qui veut passer 15 jours dans un beau resort avec une plage privatisée loin de l'activité débordante de Samui. Le village de Mae Nam occupe le centre de la baie et est tranquille le soir venu. Tous les jeudis, un marché de nuit s'organise dans le village qui devient pour l'occasion une rue piétonne

Se loger

Bien et pas cher

■ BEACH WAY FOOD AND LODGING
172/1 Moo 1, Plage de Maenam
℃ +669 8065 6078 – info@beach-way.com
Situé à 100 mètres de la plage.
Compter entre 200 B en dortoir et jusqu'à 2 000 B pour la chambres supérieure.
Ce petit cottage, ouvert depuis décembre 2014 par Isabelle et Pierre, est à la portée de toutes les bourses : dortoir pour les petits groupes d'amis, chambres standards et chambre supérieure. La décoration est de style bord de mer dans une déclinaison de tons pastel avec des bases « plage » et « mer », couleur sable et bleu turquoise pour des lignes très épurées. Les matériaux utilisés sont le bois vieilli et du béton ciré au sol et au mur. Le restaurant possède un haut plafond, c'est ici que vous y prendrez vos petit-déjeuner et déjeuner. Le matin est servi un café digne de ce nom, le seul de la rue ! Le service est convivial, vous vous sentirez comme chez vous. Les plats thaïs sont simples, bons et peu onéreux. Enfin, une maison de la plage se trouve à deux pas, très confortable et les pieds dans l'eau, pour ceux qui souhaitent posséder un coin cuisine et s'offrir un autre cadre, lui aussi très charmant.

■ MAENAM VILLAGE BUNGALOW
129/2 Moo 1, Village de Mae Nam
℃ +66 77 425 151
Chambres ventilées de 400 à 800 B ; chambres climatisées de 800 à 1 500 B.
L'établissement propose des chambres ventilées réparties dans une allée à proximité de la plage de Mae Nam et plusieurs chambres climatisées, en retrait. Des bungalows climatisés, plus récents, proches de la plage.

Confort ou charme

■ BURI BEACH RESORT★★★★
26/24 Moo 4, Mae Nam Beach
℃ +66 77 447 275 – www.samuiburi.com
En venant de Chaweng, passer le fisherman's village et le golf Santiburi, puis à 800 m tourner à droite
Hôtel avec un kids club permettant aux familles de mettre leur enfant dans un club spécialement dédié à ces chères têtes blondes. Superbe piscine avec un bar ouvert de 11h à 20h et salle de gym pour se maintenir en forme. Un tennis est aussi à disposition ! Les chambres ou villas sont bien tenues et calmes – leur principal atout. Certaines ont même une piscine privée. Le soir, vous pouvez dîner sur la plage de manière romantique ou simplement déguster un délicieux cocktail. Le service est plus que professionnel, voici pourquoi on y côtoie une clientèle d'habitués !

MAE NAM RESORT

1/3 Moo 4, Plage de Mae Nam
℡ +66 77 247 286
www.maenamresort.com
En basse saison, de 1 600 à 2 000 B. Haute saison, de 1 800 à 3 200 B. Wi-fi gratuit.
Les bungalows, tous climatisés et avec eau chaude, sont installés côte à côte dans un parc planté de cocotiers à proximité de la plage, vraiment belle à cet endroit. L'agencement des chambres est particulièrement soigné. Le restaurant propose des spécialités thaïlandaises, chinoises ou internationales. La clientèle russe a commencé à prendre ses habitudes en ces lieux comme l'attestent certaines pancartes en alphabet cyrillique.

SOUAN TALAY RESIDENCE

230/10 Moo 1
℡ +66 89 64 90 419 – www.souantalay.com
info@souantalay.com
Chambres de 900 à 1 600 B en basse saison ; de 1 200 à 1 900 B en haute saison. Wi-fi gratuit.
Situé dans un soï de la route principale et à deux pas du bord de mer, cet établissement, tenu par un Français, Daniel, propose plusieurs chambres de différents standing, toutes de tout confort avec air conditionné et eau chaude. Les suites avec bain à remous en terrasse et vue sur mer proposent un rapport qualité-prix particulièrement compétitif. A demeure : un hammam, une jolie piscine, petit jardin et coin cuisine sont à disposition de la clientèle.

WAZZAH RESORT

26/7 moo 1 Maenam
℡ +66 77430173 – www.wazzahresort.com
Réception ouverte tous les jours de 8h à 20h
Situé dans la cocoteraie, le Wazzah Resort Bungalows est établi dans un merveilleux jardin tropical, à quelques pas de la paisible plage de Mae Nam. Luxuriant, charmant et arborant une vue imprenable entre mer et jungle, le lieu invite au voyage, dévoilant en son centre une agréable piscine extérieure, entourée de six bungalows couleur terracotta.
Les prix des chambres varient de 700 THB à 2 800 THB selon la saison et la catégorie. Les bungalows, tous climatisés, avec terrasse ou balcon, disposent d'une salle de bains privative avec douche (eau chaude). Selon les chambres, une cuisine, la télévision par câble, un minibar, un coffre ou encore un dressing complètent la panoplie. Véritable coup de cœur pour les chambres Deluxe vue sur mer, alliant confort moderne, décoration thaïe soignée le tout dans un style épuré. L'hôtel possède un espace restauration où sont servis petit-déjeuner et autres rafraîchissements. L'établissement propose la location de scooters et organise les excursions souhaitées. Sur les hauteurs de

Mae Nam, quiétude, intimité et décontraction raisonnent dans cette atmosphère chaleureuse et singulière. Envoûtant…

Luxe

NAPASAI

65/10 Ban Tai, Plage de Mae Nam
℡ +66 77 429 200 – www.napasai.com
info@napasai.com
Entre 9 000 à 14 500 B pour les chambres de premiers prix, plus élevés ensuite. Offres promotionnelles sur le site Internet. Petit déjeuner inclus. Wi-fi gratuit.
Le domaine, situé sur la côte nord, est protégé par une colline verdoyante, à côté d'un verger tropical. Un petit canal borde la mangrove proche, 70 cottages et villas sont dispersés dans le parc, le long d'une plage bordée de cocotiers. L'aménagement des chambres est luxueux, privilégiant le bois et les matériaux nobles : confort moderne avec grande salle de bains. Piscine, tennis, golf et deux restaurants (dont l'un sert des glaces caramel/fleur de sel macadamia qui sont excellentes).

PARADISE BEACH RESORT – THE UNIQUE COLLECTION

18/8 Maenam Beach,
℡ +66 7724 7228
www.samuiparadisebeach.com
info@samuiparadisebeach.com
95 chambres et villas à partir de 2 500 B. 2 piscines, restaurant, bar, spa, wi-fi gratuit. Activités et service de transport gratuit sur le district.
On aime tout particulièrement cet hôtel 4 étoiles, de style thaïlandais, situé sur la belle et longue plage de Maenam. Niché dans un magnifique décor tropical avec piscines et jardins, face à la mer, tout est fait pour passer de merveilleux moments, en couple, en famille ou entre amis. 5 niveaux de prestations vous seront proposés, mais à chaque fois avec un maximum de confort, TV écran plat, minibar… La déco a été particulièrement soignée. Et pour vous détendre, un spa, le Bua Luang Spa & Wellness Center, avec traitement incluant massage traditionnel thaïlandais, suédois ou à base de pierres chaudes que l'on vous pose sur le corps, vous accueille toute la journée. Si vous êtes plutôt sportif, vous pourrez pratiquer le kayaking, emprunter une bicyclette ou passer de longs moments de rigolade autour de la table de ping pong. A juste 15 minutes de votre lieu de villégiature, les golfeurs pourront frapper quelques balles au Santiburi Samui Country Club. Le Terrace Restaurant sur la plage propose des plats thaïlandais et européens ainsi qu'un buffet bien garni. Le Beach Bar, vous accueillera jusqu'à tard dans la nuit pour un cocktail des plus rafraichissants.

PARADISE BEACH RESORT
Samui-Thailand

YOUR OWN PRIVATE PARADISE IN KOH SAMUI

VARIETY HOTELS

■ **SANTIBURI GOLF RESORT & SPA**
12/12 Moo 1, Plage de Mae Nam
✆ +66 77 425 031
www.santiburi.com
En haute saison, 11 000 à 39 000 B. Supplément
en « peak season ». Réduction de 40 % prévue
en basse saison. Wi-fi gratuit.
Hôtel de très grand standing, dont les villas
sont réparties dans un magnifique parc tropical
parfaitement entretenu. Très belle piscine. Spa
et golf à disposition. Bar restaurant installé au
bord de la plage.

■ **SAREE SAMUI RESORT –**
THE UNIQUE COLLECTION
135 Moo 4, Tumbol
✆ +66 77 247 666
www.sareesamui.com
reservation@sareesamui.com
Chambres à partir de 7 600 B en basse saison
pour la Tropical Villa à 27 200 en haute saison
pour la Seaview Deluxe Pool. Piscine, bar,
restaurants, spa et cours de cuisine. Nombreuses
autres activités. Wi-fi gratuit.
Saree Samui est un oasis de tranquillité et
de relaxation entouré de nature. L'ensemble
comprend 53 villas privées, dont 8 avec piscine
privée avec vue sur la mer et sur l'île de Koh
Phagan. Deux piscines et des jardins arborés,
de nombreuses fleurs et plantes exotiques et des
dizaines d'oiseaux et de papillons qui viennent
s'y réfugier. Toutes les villas font au minimum
92 m². Elles allient à la fois le style architectural
traditionnel thaïlandais, avec bois et matériaux
naturels, et le confort et les facilités des logements
modernes à l'occidental. Elles sont en plus bâties
pour être les plus écologiques possibles. Le
restaurant Surya Chandra, sur la plage, sert aussi
bien des spécialités thaïlandaises, du poisson frais
tout juste pêché, que des plats internationaux.
Pour vous relaxer dans une atmosphère ultra zen,
le Sareerarom Tropical spa propose plusieurs
sortes de traitements apaisants. Vous pourrez
également profiter de votre séjour pour vous
adonner à des sports nautiques, kayaking ou
snorkling. Pour les gastronomes en herbe, des
cours de cuisine thaïe sont proposés sur demande.
Pour tous, une jolie plage de sable blanc où se
prélasser toute la journée.

Se restaurer

Bien et pas cher

■ **HARRY'S**
26/9-5 Wat Napralarn, Plage de Mae Nam
✆ +66 77 425 447
Plats de 90 à 280 B. Restaurant grill aménagé
dans un superbe ensemble de constructions en
bois de style traditionnel. Un endroit typique pour

le dîner… à condition d'avoir repéré l'endroit
de jour (ou d'avoir un chauffeur qui connaît les
lieux). Cuisine thaïe traditionnelle. Il y a aussi des
bungalows installés dans le terrain alentour, mais
pas d'accès direct à la plage. Accueil aimable.

■ **TWIN'S RESTAURANT**
237 Moo 1, Village de Mae Nam
✆ +66 77 247 037
Ouvert de 18h à 22h. Plats de 50 à 250 B.
Restaurant couleur locale largement ouvert sur le
bord de la route. Cadre agréable dans le style guin-
guette et large choix de recettes thaïlandaises.

Bonnes tables

■ **LA BONNE FRANQUETTE**
205/1 Moo 1
Village de Mae Nam
✆ +66 84 18 25 819
Ouvert tous les jours à partir de 17h sauf le
vendredi. Plats entre 300 et 480 B.
Petit bar-restaurant tenu par un Français
sympathique, Georges, qui s'occupe également
d'importation de vins. Il prépare des sandwichs
et de délicieux plats « à la bonne franquette ».
Une bonne adresse pour les amoureux de la
charcuterie et du vin, avec mention spéciale
pour la langouste cuisinée en sauce armoricaine.

■ **THE BOUDOIR**
Village de Mae Nam
✆ +66 85 783 1031
Ouvert à partir de 19h. Plats de 150 à 450 B.
Ce restaurant français se trouve entre le soï 1 et
le bureau de poste. L'établissement arbore une
enseigne « bar snack ». Lumière tamisée dans
les tons rouges et décoration intimiste. Bon
accueil de la part de la maîtresse de maison.

■ **JOHN'S GARDEN**
26/22 Moo 4, Plage de Mae Nam
✆ 077 247 694 / 089 972 93 69
www.johnsgardensamui.com
contact@johnsgardensamui.com
De 13h à 23h (dernière commande à 22h).
Fermé le dimanche.
Ce bar-restaurant est tenu par un expatrié
suisse. L'établissement, recommandé par la
communauté francophone, se trouve juste à
côté du Wat Na Pra Larn, en retrait de la plage.
Il est facilement identifiable grâce à la toiture
de forme traditionnelle. Un bon endroit pour
passer la soirée et déguster un ultime gâteau
au chocolat suisse ! Réservation conseillée.

■ **MATHIS CAFE**
Soi 4
✆ +668 7693 1284
Prendre à droite au feu, en venant de Chaweng. Il
est situé au cœur du quartier chinois à Maenam,

sur la rue principale, à 50 m de la plage. Ouvert en basse saison du mardi au dimanche de 15h à minuit.

Le Mathis Café vous propose une cuisine fine internationale, avec un éventail de produits « premium » en majorité faits maison, comme ses hamburgers au réputé bœuf Wagyu Kobé, ses gambas royales jumbo à la sauce ail et beurre ou encore son filet de barracuda aux cinq saveurs, servi avec des galettes de pommes de terre « roesti ». Vous trouverez également un large choix de salades bio, de grillades et de fruits de mer, le tout à la « Mathis café touch », et une remarquable cuisine royale thaïe ! Pour ceux qui désirent passer un moment convivial entre amis autour du bar ou du billard, le Mathis Café vous propose un set apéritif se composant de gambas royales, d'ailes de poulet, de nems frits et de brochettes de poulet saté, ainsi que de nombreux cocktails de fruits frais et des alcools premium. Les gourmands et les enfants ne sont pas oubliés avec une carte de glaces et de desserts toujours maison.

BOPHUT

Le village est calme et familial. Les petites ruelles de fisherman's village constituent l'une des attractions les plus pittoresques de Bophut. Situé en plein cœur de la baie vous trouverez également de nombreux restaurants. La plage est petite et jolie (surtout vers l'ouest), avec vue directe sur Koh Phangan. Tous les vendredis soir, le village est bloqué à la circulation car un marché local se tient : c'est un bon moyen pour découvrir la culture locale, déguster les spécialités culinaires et faire quelque emplettes.

Pratique

■ **SAMUI LUXURY PROPERTIES**
126/13 Moo 1
✆ +66 77 423 503
Agence ouverte toute l'année
Cette agence francophone vous renseigne principalement sur vous achats, location et vente de biens. Avec une expérience solide, elle permet à chacun en fonction de ses goûts et de son budget d'investir à Samui en toute sérénité. Après avoir investi, si vous le souhaitez, leur équipe suit avec le même sérieux la gestion locative ou prend en charge la maintenance votre bien. Si vous souhaitez construire à Samui, il vous faudra obtenir un permis de construire et respecter un certain nombre de règles pour être en adéquation avec la législation en vigueur. L'agence peut donc vous mettre en relation directe avec des architectes sérieux, compétents et indépendants. La règle est qu'un étranger ne peut posséder en son nom propre la terre thaïe.

A Harmonious Blend of a Traditional Thai Village and Contemporary villas

by *The Classic Collection*

www.sareesamui.com
reservation@sareesamui.com
Tel. +66 (0) 77 247 666

www.theuniquecollection.com
info@theuniquecollection.com
Tel.+66 (0)2 250 4527-9

Vous ne possédez que la structure posée sur le sol. La loi thaïe permet d'envisager tout de même plusieurs possibilités : la création d'une société thaïe : "Company", Le "Condominium" (appelé aussi "Condo"), ou le bail à long terme (équivalence du bail emphytéotique en Europe). Le site est bien fait et regorge d'informations utiles.

■ **SAMUI LUXURY PROPERTIES**
126/13 Moo 1
✆ +66 77 423 503
Agence ouverte toute l'année
Cette agence francophone vous renseigne principalement sur vous achats, location et vente de biens. Avec une expérience solide, elle permet à chacun en fonction de ses goûts et de son budget d'investir à Samui en toute sérénité. Après avoir investi, si vous le souhaitez, leur équipe suit avec le même sérieux la gestion locative ou prend en charge la maintenance votre bien. Si vous souhaitez construire à Samui, il vous faudra obtenir un permis de construire et respecter un certain nombre de règles pour être en adéquation avec la législation en vigueur. L'agence peut donc vous mettre en relation directe avec des architectes sérieux, compétents et indépendants. La règle est qu'un étranger ne peut posséder en son nom propre la terre thaïe. Vous ne possédez que la structure posée sur le sol. La loi thaïe permet d'envisager tout de même plusieurs possibilités : la création d'une société thaïe : "Company", Le "Condominium" (appelé aussi "Condo"), ou le bail à long terme (équivalence du bail emphytéotique en Europe). Le site est bien fait et regorge d'informations utiles.

■ **SAMUI PROPERTY CENTRE**
124/27 Moo2
✆ + 66 779 605 60
www.samuipropertycentre.com
vincent@samuipropertycentre.com
Agence ouverte du lundi au vendredi de 9h30-18h.
Samui Property Centre est une agence immobilière qui possède une expérience de plus de 12 ans dans le marché de l'immobilier à Koh Samui. Cette agence est dirigée par un Français qui saura vous guider pendant tout le processus d'achat d'un terrain, d'une villa ou d'un commerce sur l'île. Que vous soyez à la recherche d'un investissement, d'une résidence secondaire ou d'un endroit pour passer vos vacances, cette agence immobilière fera en sorte de vous fournir le meilleur service afin que vous puissiez profiter au mieux de votre nouvelle vie. Samui property Centre propose aussi des locations pour les vacanciers ou les futurs résidents. C'est vraiment une entreprise professionnelle qui sait orienter ses clients selon leur demande en toute simplicité. Idéal pour les futurs expatriés ou pour ceux qui souhaitent passer un séjour idyllique dans une belle villa à Koh-Samui. La qualité du conseil, du service et des biens immobiliers est assurée.

■ **OVERSEAS PROPERTY PORTFOLIO**
119/20 Samui Town Center, Moo 1
✆ +66 980166 887
www.overseaspropertyportfolio.com
info@overseaspropertyportfolio.com
Avec plus de 6 années d'expérience, cette agence immobilière indépendante connait parfaitement les rouages du métier. C'est pour cela qu'elle est très réputée sur l'île. Emma et Justine vous accompagnent dans votre achat ou location de villas. Leurs forces ? Le professionnalisme, la confiance, le contact et le sérieux. Emma a accumulé 13 années d'expérience sur le marché européen et asiatique et Justine a cédé son cabinet de gestion immobilière à Paris après 7 années pour s'établir à Samui. Toutes les maisons et villas ont été visitées, inspectées et elles ne proposent que de bons produits. Pour ceux qui possèdent déjà une villa sur l'île, elles s'occupent aussi de vous la louer. Elles seront attentives à vos attentes et vous accueilleront en français, qui plus est.

Se loger

A Bophut, la « haute saison » s'étend du 1er juillet au 30 août et du 1er décembre au 30 avril ; la « basse saison » : du 1er mai au 30 juin et du 1er septembre au 30 novembre.

Bien et pas cher

■ **BLUE DIAMOND LODGE**
11/19 Moo 4
✆ +66 81 892 670 / +66 77 484 520
blazincicpierre@yahoo.fr
En venant du ponton de Seatran à quelques centaines de mètres sur votre gauche
11 chambres avec grand lit ; entre 400 et 700 B en basse saison et entre 600 et 1 000 B en haute saison. Tarifs pratiqués au mois. Wi-fi gratuit.
Accueil cordial et francophone, Pierre vous propose même des tours de l'île pour seulement 500 baths. Vous pourrez aussi faire des randonnées en montagne qu'il connaît très bien. Nourriture thaie faite par sa femme mais aussi internationale. Le transfert de l'aéroport est gratuit. A seulement 200 m de la plage et 5 min en scooter du village des pêcheurs.

■ **ENJOY BEACH HOTEL**
49 Moo 1, fisherman's village
✆ +668 1485 7112
www.enjoybeach-hotel-samui.com
enjoybeachsamui@gmail.com

Prendre l'entrée principale du fisherman's village et tourner a gauche, c'est le premier hôtel sur votre droite.

Chambres avec balcon vue sur mer en basse saison à partir de 1 000 B et en haute saison 1 500 B. Compter entre 170 et 280 B pour le petit déjeuner.

Cet hôtel familial repris et rénové en 2014 dispose d'une vue imprenable sur Koh Phangan ! Les six chambres, spacieuses, propres et calmes, possèdent toutes l'air conditionné, et le wi-ifi gratuit. Au petit-déjeuner, de bonnes viennoiseries à la française sont servies et des journaux mis à disposition ! L'accueil en français est sympathique notamment grâce aux précieux conseils délivrés sur les tours et balades à faire dans la région. On vous aide également à louer des scooters. Pensez tout de même à reserver avant de venir, l'hôtel est très prisé.

Confort ou charme

■ BAYWATER RESORT KOH SAMUI – THE UNIQUE COLLECTION
88/18, Moo 5
℠ +66 77 243 888
www.baywaterresort.com
info@baywaterresort.com

100 chambres à partir de 4 000 B sur leur site internet. Piscines, Open spa, restaurant, bar, possibilité de réserver ses excursions sur place, cours de cuisine. Wi-fi gratuit. Transfert vers l'aéroport.

Il est situé près de Bophut, à 150 mètres de la plage de Choeng Mon et à moins de 5 kilomètres de l'aéroport international de Koh Samui. Parfait pour des familles, des couples ou entre amis, le Baywater Resort propose plusieurs types de logements. 100 au total, dont certains avec accès direct à la piscine, mais aussi des plus luxueuses et plus grandes, quelques jolies villas avec piscines privées. Idéal pour se détendre, la mer du nord de l'île, toute proche est protégée par la baie. Elle est considérée comme la plus calme de Koh Samui et les enfants l'adorent. A marée basse, vous pourrez même vous rendre à pied sur la petite île de Fan Noi. Les chambres sont très bien agencées et bien équipées, avec un petit balcon pour celles qui sont aux étages. Diverses animations sont proposées. Cela va de la visite de l'île et de ses nombreuses curiosités, Big Buddha, autres plages, temples, marchés, cascades..., en passant par des cours de cuisine apréciés de tous. Plus sportives, des activités nautiques, *snorkeling*, kayaking... Un spa à la japonaise fait également partie des atouts du resort, ainsi qu'une salle de sport. Restaurant, bar, rien ne manque pour passer de très belles vacances en toute quiétude.

EXPERIENCE CALM AND TRANQUILLITY ON ONE OF THAILAND'S BEST ISLANDS

by *The Classic Collection*

GOLFE DE THAÏLANDE – CÔTE OUEST

■ EDEN BUNGALOWS

Fisherman's Village, 91/1 Bophut
✆ +66 77 427 645
www.edenbungalows.com
Plusieurs catégories de bungalows allant de 1 000 à 1 500 B en basse saison et de 1 500 à 1 900 B en haute saison. Wi-fi gratuit.
Si vous recherchez le calme loin de la foule, vous aimerez le village des pêcheurs, ses plages tranquilles et bons restaurants. Tenu par Lydia et Gérald, ce sympathique couple français vous accueille pour vous faire partager leur dix ans d'expérience. 10 bungalows ou chambres ; et un appartement de 100 m² est à disposition sur demande. A demeure : une jolie piscine et un restaurant servant des plats thaïs et européens. Depuis le 1er juillet 2013 vous pourrez réserver vos vacances à Eden Beach Resort sur la plage de Bophut à 200 m d'Eden Bungalows. 20 bungalows tout confort vous attendent pour passer de merveilleuses vacances. Pour tout renseignement complémentaire, contactez les propriétaires, ils sont, en plus d'être sympathiques, très disponibles.

■ ELYSIA

3/28 Moo 1 Fisherman Village
✆ +66 7724 5900 – www.elysiasamui.com
elysiaboutiqueresort@gmail.com
De 2000 à 2600 B en fonction de la saison. Bar, Piscine, wi-fi gratuit. Petit déjeuner continental compris.
Tout au bout du Fisherman Village, Pat, néozélandais, vous accueille avec son sourire charmeur dans son joli boutique resort, éco responsable. Les chambres se trouvent face à la piscine ou dominant un jardin de légumes et de plantes aromatiques arrosés par un système de récupération des eaux de pluies. L'atmosphère très zen de l'Elysia contraste avec l'agitation de la zone, ce qui après une journée bien chargée est idéal pour récupérer. Les chambres sont confortables, équipées d'un petit réfrigérateur, d'une télévision câblée et de la climatisation. A quelques mètres de la plage, des boutiques et des restaurants du Fisherman Village, vous pourrez également louer des scooters dans le magasin adjacent à la propriété. L'Elysia est une très belle option pour une découverte de l'île dans de très bonnes conditions.

■ L'HACIENDA

98 Moo 1
✆ +66 77 245 943
www.samui-hacienda.com
hacienda@samui-hacienda.com
De 1 400 à 1 800 B en basse saison, de 1 800 à 2 400 B en haute saison et de 2 500 à 3 900 B en peak saison (fêtes de fin d'année) et de 1 800 à 3 500 en haute saison. Ajouter 10% de remise à partir de 6 nuits. Wi-fi gratuit.

Cet hôtel propose 8 chambres modernes à la déco thaïe, avec air conditionné et eau chaude. Deux d'entre elles possèdent un Jacuzzi en terrasse avec accès direct à la mer. Situé à quelques mètres de la plage et au cœur du village de pêcheurs, vous aurez le loisir d'admirer la mer et les îles de certaines des chambres, mais aussi depuis la piscine sur le toit, sans compter le solarium.

Luxe

■ ANANTARA RESORT & SPA

99/9 Plage de Bophut
✆ +66 77 428 300 / +66 77 428 309
www.anantara.com
bophutsamui@anantara.com
En basse saison, à partir de 5 500 B, en haute saison : à partir de 7 000 B. Offres promotionnelles sur le site Internet. Wi-fi gratuit.
L'hôtel est composé de chambres deluxe, suites et suites royales. Il abrite également plusieurs bars et restaurants et de nombreuses activités vous sont proposées pour animer vos journées. Vous y retrouverez également une large piscine horizon, un terrain de tennis et un Spa. Un club enfants avec différentes animations est aussi disponible si vous voyagez en famille.

■ BAYWATER RESORT KOH SAMUI – THE UNIQUE COLLECTION

88/18, Moo 5
✆ +66 77 243 888
Voir page 461.

■ SAMUI PALM BEACH RESORT

175/3 Thanon Thaveerat Pakdee
Plage de Bophut
✆ +66 77 425 494
www.samuipalmbeach.com
rsvn@samuipalmbeach.com
A la « peak season » (fêtes chrétiennes de fin d'année) : de 3 300 à 24 000 B. Moins 25 % en haute saison et 40 % en basse saison. Se référer au site Internet. Wi-fi gratuit.
Originellement créé par la compagnie aérienne Bangkok Airways pour héberger ses clients et ses équipages, cet établissement est parfaitement entretenu. La décoration des chambres est classique, avec tout le confort souhaitable. Les pavillons et les suites sont installés sur le front de mer. Les villas sont réparties dans un vaste parc paysager. L'excellent restaurant *Trade Winds* se trouve face à la plage, non loin de la piscine principale. L'architecture des bâtiments anciens et plus récents se marie sans faute de goût, et l'ensemble dégage un charme réel.

■ ZAZEN BOUTIQUE RESORT & SPA

177 Moo 1, Plage de Bophut
✆ +66 77 425 085 – www.samuizazen.com
info@samuizazen.com

Un paisible cocon à deux pas du cœur de Fisherman's Village et de la plage

ELYSIA

Elysia Boutique Resort | Koh Samui | www.elysiasamui.com

De 5 000 B en basse saison, et jusqu'à 12 800 B en haute saison. Offres promotionnelles sur le site Internet. Petit déjeuner inclus. Wi-fi gratuit. Situé à l'extrémité d'une paisible baie, ce resort bénéficie d'une situation idéale et calme, avec une vue imprenable sur la mer. Les chambres offrent un confort moderne allié aux charmes de la décoration orientale. Vous pourrez profiter de deux piscines, d'un Spa et de sports aquatiques. Beaucoup de plantes, de pièces d'eau et de fleurs magnifiques partout.

Se restaurer

En dehors de son appontement pour bateaux (cabotage local et excursions en mer), la restauration touristique est devenue la principale activité du Fisherman's Village.

Bien et pas cher

■ KARMA SUTRA
25 Moo 1, Plage de Bophut
✆ +66 77 425 198 – www.karmasutra.org
Plats de 200 à 450 B. Ouvert de 7h30 à 1h du matin environ. Deux belles maisons en bois largement ouvertes sur l'extérieur, de part et d'autre de l'entrée du fisherman's village, des couleurs acidulées au mur, un vaste bar et une belle salle où sont disposés pêle-mêle tables, chaises et gros fauteuils, c'est dans ce décor hétéroclite que l'on vient manger quelques spécialités thaïes et internationales raffinées ou tout simplement boire un verre. Les shakes et les jus sont tout particulièrement bons.

Bonnes tables

■ BARRACUDA
62/9 Moo 1
The wharf – fisherman village
✆ +66 7743 0003
www.barracuda-restaurant.com
info@barracuda-restaurant.com
Face à la mer dans le nouveau centre commercial The Wharf. Ouvert de 18h à 23h.
Ils réouvrent leurs portes, cette fois-ci au Fisherman's village après avoir opéré durant des années à Mae Nam. Le spot est superbe et possède une vue mer imprenable sur Koh Phangan ! Posé au milieu de magasins, vous

entrez via une porte en bois vieille de 100 ans importée d'Inde. L'esprit du restaurant est toujours le même : atmosphère chaleureuse, cuisine ouverte et quelques tables en extérieur. Les produits issus de la pêche locale sont goûteux et bien dressés. Les voyageurs et expatriés aiment y revenir car la carte change régulièrement. Les spécialités de la maison sont les différents poissons frais cuits de diverses façons. De bonnes viandes sont également proposées. On vous recommande de réserver à l'avance car le restaurant est très couru !

■ GOURMAND SAMUI
17/7 Moo 1 bophut
✆ +668 9872 1493
pic-nic-gourmand@hotmail.fr
Sur la route principale, entre Peace resort et Lawana resort, en face des boutiques Mayssa's Party et Island girl.
Ouvert du lundi au jeudi de 18h à 22h, le samedi et dimanche de 12h à 15h et de 18h à 22h.
Envie de retrouver l'ambiance d'un bistrot parisien ? Venez rendre visite à Emilie et Romain, au restaurant « Gourmand », ouvert depuis avril 2013. Le Chef vous fera découvrir les saveurs françaises travaillées dans la pure tradition du fait-maison autour d'un verre de vin : rillettes, terrine, foie gras à la vanille de Madagascar et au rhum de Samui, magret de canard à la framboise, le burger spécial Gourmand avec du gruyère AOC, salades copieuses et savoureuses, tartines et bien sûr l'incontournable café Gourmand... Vous pourrez prendre un verre au comptoir, déjeuner, dîner ou simplement déguster un plaisir glacé en terrasse ou en salle (climatisée). Pour un meilleur service, nous vous recommandons de réserver votre table. Ce petit restaurant est bien situé et à l'écart de la foule.

■ THE SEASIDE
54/2 Moo1 bophut
✆ +66 7731 0742
contact@theseasidesteakhouse.com
Ouvert tous les jours de 12h à 23h. En plein cœur de Fisherman village, face à la mer, un véritable *steack house* pour déguster des viandes de toute sorte au BBQ, mais aussi des fruits de mer ou de la cuisine thaïe. Un dîner les pieds dans le sable dans un décor naturel somptueux, pour des moments doux en famille ou en amoureux.

■ ORGASMIC-SAMUI

147/24 MOO 1
✆ +66 9 87 234 1703
www.orgasmic-samui.com
info@orgasmic-samui.com
Ouvert tous les jours de 15h à 23h.
À l'écart du tumulte et à deux pas de Fisherman village, ce restaurant offre une vue superbe sur la mer. La plage à cet endroit est peu fréquentée, ce qui permet une pause romantique au calme. Vous pouvez déguster des cocktails en fin de journée pour profiter du magnifique coucher de soleil et enchaîner avec un dîner de grande qualité. Les plats sont excellents, raffinés, bien servis et le service est attentif, prévenant et impeccable. N'oubliez pas de profiter de la belle carte des vins. L'Orgasmic fait partie de ces restaurants où la beauté du lieu, la qualité du service et des plats proposés vous permettent de passer une magnifique soirée. Un restaurant à ne pas rater.

Luxe

■ ZAZEN RESTAURANT & BAR

177 Moo 1, Plage de Bophut
✆ +66 77 425 085 – www.samuizazen.com
info@samuizazen.com
Ouvert tous les jours, midi et soir jusque 22h30. Plats entre 550 et 850 B. Réservation conseillée.
Ambiance tamisée, romantique et chaleureuse au Zazen. L'aménagement est spacieux et confortable et le personnel toujours souriant. Une sélection de plats traditionnels thaïlandais et de cuisine internationale est offerte afin de satisfaire les fins gourmets. Des cocktails rafraîchissants, des menus Découverte, une carte de vins des plus variés et des spectacles de danse thaïlandaise tous les jeudis et dimanches soir.

Sortir

■ FROG & GECKO PUB

91/2 Moo 1, Plage de Bophut
✆ +66 77 425 248
Placé au bout du village, côté mer, un pub anglo-saxon où des groupes jouent de la musique des années 1970-80. Le cadre est très agréable.

Sports – Détente – Loisirs

Sports – Loisirs

■ CATCHASAM

Petcherat Marina
✆ +66 83 692 5786
catchasam2012@gmail.com
Prix à la journée : 3 290 B/adulte, 2 150 B/ enfant (de 4 à -12 ans). Apéritif couché de soleil : 1 500 B. Dîner coucher de soleil : 2 200 B/adulte. Les contacter directement pour une location privée

du bateau à la journée ou soirée.Transfert hôtel inclus – Taxe Marine Park non incluse (200 B).
Nouveau à Samui, cette découverte des îles par la mer et à la voile sur un maxi-Catamaran de 23 m vous assure des sensations garanties ! Luc, capitaine aguerri (40 ans d'expérience), et son équipage accueillant, vous feront découvrir la beauté des plages de l'archipel, le « National Marine Park » Koh Angthong, et Koh Phangan, l'île voisine. Baignades, découverte des fonds marins avec palmes, masque et tuba ; déjeuner typique et boissons non alcoolisées à volonté. Ils vous feront également découvrir la beauté des couchers de soleil sur le golfe de Thaïlande autour d'un dîner découverte thaïlandais précédé d'un cocktail maison ! Soirées à thème sur demande.

■ THE LIFE AQUATIC

The Wharf Bophut
Fisherman village
✆ +66 6 1230 6234
www.thelifeaquatic.asia
Ouvert tous les jours de 11h à 22h. Comptez 4 600 B pour une sortie de 2 plongées et 2 700 B pour une excursion snorkeling (transfert hôtel, équipement, boissons et déjeuner inclus).
Situé au Wharf tout au bout du Fisherman's Village de Bophut, le centre de plongée The Life Aquatic est un des derniers nés sur Samui mais c'est aussi une des écoles les plus en vogue sur l'île grâce à son ambiance sympathique et sa qualité élevée. Certifiés SSI et PADI, ses instructeurs internationaux expérimentés lui donnent une véritable personnalité. Les groupes sont petits et l'accueil des plus chaleureux. Outre les programmes de certification habituels, The Life Aquatic propose des sorties plongée ou snorkeling à la journée ainsi que des baptêmes de plongée. Comptez 4 600 THB pour une sortie de 2 plongées et 2 700 THB pour une excursion snorkeling (transfert hotel, équipement, boissons et déjeuner inclus). Demandez Léo (le propriétaire) pour un accueil en français.

Détente – Bien-être

■ PEACE TROPICAL SPA

17 Moo 1
✆ +66 77 43 01 99
www.peacetropicalspa.com
En face du resort Peace.
1 300 B le massage thaïlandais, 1 400 B le massage à l'huile. Ouvert de 10h à 22h.
Spa proposant des massages typiques du pays ainsi que des traitements Spa (Jaccuzzi et hammam, soins du visage et du corps). Chaque massage se fait dans des petites maisons individuelles, situées tout autour d'un jardin tropical fort agréable. Le service est très professionnel et de grande qualité. Sans doute le meilleur rapport qualité-prix de l'île.

■ SAKURA SPA

Fisherman village
en rentrant à gauche
A partir de 400 B. Ouvert de 11h à 22h.
Le Sakura spa est un havre de détente au sein du village des pêcheurs. Tout y est fait pour que vous soyez choyé via des thérapeutes expérimentés. Différents massages proposés : le thaïlandais, à huile, aux pierres chaudes ou le traditionnel « foot massage », bien agréable après une journée de marche. On vous conseille également les autres soins tels que le traitement de la peau ou la manucure/pédicure. Le plus de ce salon en dehors de la vue imprenable qu'il offre sur la mer, est sans aucun doute la qualité des cosmétiques 100 % naturels utilisés.

Shopping

■ FRENCH BUTCHERY

123/153 Moo 1
✆ +66 84 900 26 47
www.samuibutchery.com
frenchbutchery@hotmail.com
Issu d'une famille de bouchers professionnels, Yann a toujours aimé transmettre, à travers ses créations et ses produits, les valeurs de notre patrimoine culinaire. Il réside sur l'île depuis 2006 et propose des spécialités françaises dans les domaines de la boucherie traditionnelle, la charcuterie, la boulangerie et la pâtisserie. On y trouve aussi des fromages français. Que vous soyez résident ou en visite dans l'île, l'accueil est toujours convivial.

■ SIDDHARTA

Fisherman's Village
✆ +66 77 245 014
Ouvert de 10h à 22h.
Trop à l'étroit dans vos vêtements ? Venez donc vous mettre à la mode insulaire dans cette boutique fournie en produits textiles de qualité. Des incontournables *fisherman's pants* aux t-shirts 100% coton, vous y trouverez immanquablement ce qu'il vous faut.

■ THE WHARF

Dans le fisherman's village
Pour tous les budgets.
Nouveau centre commercial ouvert depuis la fin de l'année 2014 dont le nom Wharf signifie « quai » en anglais. Adossé à la plage de Bophut dans le fisherman's village, il englobe 168 magasins avec un espace de vente total de 5 600 m². L'architecture est de style rétro et l'on y trouve aussi bien de bons restaurants que des magasins en tout genre, le tout avec une vue sur Koh Phangan ! Que rêver de plus pour faire son shopping ?

BANG RAK – BIG BUDDHA

Séparée de Choeng Mon par une presqu'île, cette plage assez étroite s'étend sur environ 3 km. Il est parfois possible d'y apercevoir des bateaux de pêche au mouillage. D'ici, vous pourrez admirer la statue dorée du Big Buddha, un incontournable de la région, située sur Big Buddha Beach, à mi-chemin en allant vers Plai Leam.

Pratique

■ DJ PARADISE

69/6 Moo 4 T.Namuang
Koh Samui, Suratthani
✆ +66 77 920 035
Voir page 20.

Voir page 20.

Se loger

L'aéroport n'est pas loin et une petite vingtaine d'avions survolent ce coin de l'île par jour, pouvant gêner ou non les oreilles sensibles. En contre-partie, les hébergements appliquent des tarifs peu élevés et le rapport qualité-prix est très intéressant, particulièrement en basse saison. De plus, certains bungalows proches de la route peuvent s'avérer bruyants, à cause de la circulation. Mais d'une manière générale, la plage est agréable, car relativement peu fréquentée.

■ NARA GARDEN BEACH RESORT

81 Moo 4, Plage de « Big Buddha »
☎ +66 77 425 364
rsvn@naragarden.com
*De 1 200 à 2 400 B en haute saison, de 800 à
2 300 en basse saison. Compter 15 % de plus
durant la « peak season ». Petit déjeuner inclus
en haute saison. Wi-fi gratuit.*
Situé dans la partie nord-est de la plage, non loin
du fameux « Big Buddha » justement, cet établissement comprend 43 chambres confortables,
et aménagées de manière agréable et originale
en bambou tressé. Toutes ont la climatisation,
un minibar et un poste de télévision. Certaines
chambres peuvent être un peu trop proches les
unes des autres, mais toutes sont proches de
la mer et de la piscine. L'accueil et les services
sont très corrects.

■ PAPILLON RESIDENCE

Big Buddha Beach – Plai Laem
☎ +66 77 231 169 / +66 77 417 290
residence@papillonkohsamui.com
*De 2 000 à 4 500 B en basse saison. De 2 500 à
5 500 B en haute saison. De 3 000 à 6 00 B
en saison de pointe. Tarifs à la semaine et
au mois.*
La Résidence, gérée par une Française, Valérie,
comprend 12 appartements de haut standing à
proximité de la plage, avec piscine, bar (accessible aux petits budgets) et tout le confort
nécessaire. Situé sur la plage de Plai Laem,
à 5 minutes du Big Buddha et 15 minutes du
centre de Chaweng, la Résidence offre calme et
sérénité à proximité de tous les centres d'intérêt.
Farniente et relaxation sont au rendez-vous,
au bord de la piscine-bain à remous ou sur la
terrasse privée de votre appartement.

■ SAMUI MERMAID

34/1 Moo 4
Plage de « Big Buddha »
☎ +66 77 427 547
www.samui-mermaid.info
reservation@samui-mermaid.info
*Basse saison : chambres de 800 à 2 000 B.
Haute saison : de 1 200 à 2 500 B. Transfert
depuis l'aéroport offert. Offres promotionnelles
sur le site Internet. Wi-fi gratuit.*
Une adresse sympathique avec des chambres
de décoration classique thaïlandaise. Toutes
sont vraiment bien tenue, propres et de tout
confort (A/C, eau chaude, poste de télévision et
de quoi se faire du thé et du café). A demeure :
deux belles piscines, deux restaurants et la
plage à deux pas. L'accueil est très cordial et
sympathique.

■ THE SCENT HOTEL

58/1 Moo 4, Bang Rak Beach
gold@smithhotels.com
*Suites à partir de 19 000 B. Offres promotionnelles
sur le site Internet. Wi-fi gratuit.*
Affiliée au réseau Mr & Mrs Smith, cette adresse
de caractère propose une quinzaine de suites
déclinée selon deux thèmes différents : la suite
européenne et la suite chinoise. Trois suites
sont en bord de mer, les douze autres bénéficiant uniquement d'une vue sur la mer. Toutes
sont superbement agencées et décorées, notre
préférence allant pour la chinoise, avec ses
laques et son mobilier d'époque. Restaurant
chic et Spa à demeure.

Se restaurer

■ BLUE BANANA

☎ +66 77 245 080
Plats à partir de 60 B.
Situé au bord de la route, un établissement
modeste mais très accueillant et proposant une
cuisine tout à fait appétissante. Initiation à la
cuisine thaïlandaise. Les cours sont prodigués
de manière très professionnelle.

Sortir

■ SUNSET SONG

Plage de « Big Buddha »
☎ +66 77 425 155
Installé sur la plage derrière Joy's Pharmacy,
voilà un bar local fort accueillant, à l'ambiance
tropicale agréable.

À voir – À faire

■ BIG BUDDHA ☆

Route 4171 Ko Fan
La statue monumentale a donné son nom à
la plage, et repose dans le temple Phra Yai,
établi dans les années 1920 et situé sur un
îlot accessible par une digue. Impossible de
ne pas repérer la statue du Bouddha, elle fut
construite sur trois ans dans les années 1970,
en position assise regardant vers l'est, avec ses
15 mètres de hauteur. A ses pieds se trouvent
des habitations pour les moines, ainsi que des
boutiques et des restaurants pour les visiteurs.

Sports – Détente – Loisirs

■ PETCHERAT MARINA

82/1 Moo 4
Plage de Bang Rak, Bophut
☎ +66 77 425 262
www.samuispeedboat.com
info@samuispeedboat.com
En se rendant sur la jetée on trouvera un restaurant qui sert petits déjeuners et lunchs. Cette

entreprise multi-carte propose des tours en *speed boat* pour les destinations suivantes : le tour de Koh Samui, Koh Phangan (également les Full moon parties), Koh Tao, Angthong Marina Park, etc. Des prix spéciaux sont effectués sur leur site Internet pour les chambres louées au sein de Marina Résidence. L'accueil est cordial et les prestations de très bonne qualité.

■ **SAMUI'S**
À côté du Big Buddha
✆ +66 7723 0068
www.kohsamuis.com
À partir de 100 B.
Le Samui's jouit d'une excellente réputation sur l'île. Cette superbe boutique est située juste à côté du Big Buddha. Vous trouverez essentiellement des produits fabriqués à base d'ingrédients naturels. L'établissement met à l'honneur une très grande variété de thés provenant de toute l'Asie. Egalement, jus de fruits locaux, ainsi qu'une belle gamme de produits à base de miel, gelée royale... Large choix de produits à base de noix de coco (crème, shampooing, savon, huile avec feuilles d'or...). Cela reste bon marché et d'excellente qualité. L'enseigne a pour but d'améliorer la santé de ses clients avec des produits sains. L'accueil est convivial et les vendeurs sauront bien vous conseiller.

CHOENG MON

Au nord-est de l'île, ce coin tranquille de l'île conviendra aux amoureux de la nature et des nuits calmes, aux familles, et aux amoureux tout court. Il n'y a pas de bars bruyants à proximité et que très peu de boutiques. La plage n'est pas grande, sans être exiguë, mais on peut s'y baigner sans problème. Vous pourrez profiter des nombreux hébergements situés aux abords la plage. Et si vous souhaitez un soir profiter de l'énergie nocturne de Chaweng, ce n'est qu'à 10 minutes en taxi....

Se loger

Choeng Mon tend à devenir l'apanage des voyageurs exigeants, avec le développement croissant de resorts haut de gamme sur cette petite plage.

■ **IMPERIAL BOAT HOUSE RESORT & SPA**
83 Moo 5, Plage de Choeng Mon
✆ +66 77 425 041
www.imperialhotels.com
boathouse@imperialhotels.com
Chambres et suites à partir de 1 935 B. Tarifs variables en haute saison, se référer au site Internet. Petit déjeuner inclus. Wi-fi gratuit.

Un véritable hôtel d'exception, disposant de 210 chambres de confort haut de gamme. Les suites, vraiment originales, sont aménagées de manière sobre et luxueuse dans des barges en teck, au milieu d'un parc paysager fabuleux. Deux piscines dont la plus grande, en forme de bateau, occupe le centre du parc. A demeure également : Spa et plusieurs restaurants.

■ **P.S. VILLA**
24/2 Moo 5, Plage de Choeng Mon
✆ +66 77 425 160
www.psthanaresort.com
a-samsuwana@hotmail.com
Chambres de 1 200 à 1 500 B en basse saison, de 1 500 à 2 000 en haute saison.
Etablissement sympathique offrant une vingtaine de bungalows climatisés, propres et confortables, installés dans un grand jardin avec accès direct à la plage. L'endroit est calme et l'accueil est de qualité. Petit restaurant sans prétention mais agréable : cuisine thaïe et chinoise.

■ **TONGSAI BAY**
84 Moo 5, Bo Phut
✆ +66 77 245 480
www.tongsaibay.co.th
reservation@tongsaibay.co.th
De 12 000 B et jusqu'à 41 000 B. Petit déjeuner inclus. Wi-fi gratuit.
Un endroit splendide, situé dans un jardin quasiment sauvage, qui donne l'impression de résider à même la jungle. Il est d'ailleurs reconnu par plusieurs organismes internationaux pour sa gestion exemplaire de l'environnement. C'est également l'œuvre de toute une vie, d'un Thaïlandais amoureux de sa terre, Khun Akorn. Les chambres d'un grand confort et d'une décoration raffinée offrent pour certaines un accès à la piscine depuis leur propre terrasse (avec baignoire sur terrasse pour certaines). Plusieurs bars et restaurants de grande cuisine, et partout une vue imprenable sur cette magnifique baie de Tongsai. Différentes activités proposées pour animer vos journées, dont un excellent Spa.

PARC MARITIME D'ANG THONG

Non loin de Koh Samui, ce très beau parc maritime. Tous les jours partent des bateaux de Samui et Pha Ngan pour une excursion d'une journée à travers le parc. Sur place, possibilité de faire du kayak, du snorkeling et s'en mettre plein les yeux entre eaux turquoises et plages de sable fin. Les lieux comportent aussi de nombreuses criques désertes et des grottes à explorer.

An intimate resort with a stunning sunset,
located on Ban Taling Ngam Beach, Koh Samui

by
The Charming Collection

www.thesunsetbeachresort.com   www.theuniquecollection.com
reservation@thesunsetbeachresort.com   info@theuniquecollection.com
Tel. +66 (0) 77 428 200   Tel +66 (0)2 250 4527-9

Une dernière petite baignade et il sera temps de rentrer en fin de journée, des images plein la tête.

▶ **Entrée du parc 200 B**, vérifier que cela soit inclus dans le prix de l'excursion.

TALING NGAM

Taling Ngam est située au sud de la côte ouest de l'île. Cette partie de l'île est encore préservée, du moins en comparaison des côtes du nord de Koh Samui ou de celles de l'est. Son surnom est d'ailleurs la Virgin Coast, terme légèrement galvaudé, mais pas complètement si l'on se réfère uniquement à la partie sud de Taling Ngam. La partie nord possède déjà quelques hôtels et restaurants, le relief y est beaucoup moins accidenté.

Se loger

Luxe

■ **THE SUNSET BEACH RESORT AND SPA – THE UNIQUE COLLECTION**
126/9 Moo 3
✆ +66 7742 8200
www.thesunsetbeachresort.com
reservation@thesunsetbeachresort.com
21 chambres et villas à partir de 5 950 B. Promotions sur le site internet. Restaurant, bar, piscine et spa. Wi-fi gratuit. Nombreuses activités proposées, notamment en mer avec un speedboat. Kayaks également.
Que vous veniez en couple, en famille ou en groupe, le Sunset Beach Resort and Spa saura vous proposer le logement idéal, dans un cadre idyllique. Le *resort* est situé dans le golf de Thaïlande, au sud-ouest de Koh Samui. Un endroit parfait pour s'émerveiller tous les soirs d'un magnifique coucher de soleil, le meilleur endroit de l'île assurément, orientation oblige, tout en sirotant un cocktail sur la plage, face aux *Five islands*. Les 21 chambres et villas sont toutes superbement décorées avec des matériaux nobles et le bois est celui qui a été le mieux utilisé. Certains logements possèdent des bains tourbillon ou un jardin, 6 d'entre eux ont les deux. Le restaurant L'Ananas propose à la carte des spécialités thaïlandaises et internationales succulentes. Vous pouvez également, pour un repas en tête à tête plus romantique, demander à ce que l'on vous prépare une table sur la plage, avec chandelles et champagne ! Enfin, les plus sportifs s'adonneront aux nombreuses activités : *snorkeling*, sortie en mer en kayak, randonnée en VTT dans les collines toutes proches... Après tant d'efforts, pensez à réserver une séance de massage au spa. Un must !

CÔTE SUD-OUEST

Prolonger jusqu'au sud de la côte ouest du Golfe de Thaïlande, c'est découvrir une zone quelque peu laissée de côté par le tourisme de masse. C'est également s'ouvrir les portes d'une Thaïlande un peu moins bouddhiste, un peu plus musulmane, notamment une fois passée la ville de Songkhla. Hat Yai la commerçante ne présente que peu d'intérêt pour le voyageur, mais les villes de la côte, telles que Yala, Narathiwat et Pattani, ont du charme à revendre, ainsi qu'un certain goût de mystère. C'est ici que vous aurez peut-être la chance d'assister à un spectacle de danse traditionnelle « Menora », ou « Nora », qui reprend des légendes thaïlandaises et le recueil bouddhiste des Jatakas. Attention néanmoins lors de vos pérégrinations, de violents attentats secouent régulièrement ces terres pourtant si hospitalières, mais minées par le fanatisme religieux.

NAKHON SI THAMMARAT

Cette ville peut s'enorgueillir d'un passé prestigieux puisqu'elle aurait été, vers le VIIIe siècle, la capitale du royaume de Srivijaya, dont le temple Mahathat subsiste comme seul témoignage. De nos jours, cette agglomération importante n'est pas considérée comme touristique, mais il s'agit d'un point de passage incontournable entre Surat Thani et Hat Yai. Historiquement, c'est aussi un carrefour de religions : bouddhisme et islam, sans oublier l'hindouisme et le christianisme, qui ont marqué l'histoire locale.

Transports

Comment y accéder et en partir

▶ **Avion**. Les vols depuis Bangkok sont assurés par les compagnies Nok Air (4 vols par jour) et Air Asia (2 vols par jour) comptez 1 heure 10 de vol environ.

▶ **Train**. Depuis la gare centrale de Hua Lampong à Bangkok. Départs à 17h35 et 19h30 ; arrivée à Nakhon Si Thammarat à 9h55 et 10h55 (de 590 à 890 B).

▶ **Bus**. 3 bus « VIP » partent de la gare de Sai Tai (Bangkok) à 11h, 12h et 13h ; comptez environ 900 B et 12 heures de route pour 805 km. Plusieurs bus de 1re classe partent entre 17h30 et 23h. Depuis Phuket, en bus climatisé, comptez 5 heures de route. De Krabi, compter 3 heures de trajet. Egalement possible de rejoindre la ville depuis Samui (avec le ferry inclus), Ranong, Trang, Surat Thani et Hat Yai.

Se déplacer

▶ **Song téo**. Ils parcourent régulièrement les principales rues de la ville. Sur le circuit habituel, en ville, le prix est de quelques Bahts !

▶ **Moto-taxi**. Le prix varie selon la destination ; une course moyenne revient à 40 B.

Pratique

■ **OFFICE DE TOURISME (TAT)**
Sanamnamueang, Thanon Ratchadamnoen
✆ +66 75 346 515 – tatnksri@tat.or.th
Ouvert de 8h30 à 16h30.
L'office de tourisme peut vous aider à organiser vos visites au parc national de Khao Luang.

■ **POSTE**
Thanon Ratchadamnoen
100 m avant le croisement de Thanon Phanian
Ouvert de 8h30 à 16h30 en semaine.
C'est le bureau de poste principal. Le service de téléphone international attenant est ouvert tous les jours de 8h à 23h.

Se loger

■ **GRAND PARK HOTEL**
1204/79 Thanon Phaknakorn
✆ +66 75 317 666
www.grandparknakhon.com
Tarifs : 700 à 1 200 B, suite à 1 700 B.
Etablissement de standing installé en plein centre-ville, non loin du Thai Hotel. Le bâtiment est situé en retrait de l'artère principale et est assez tranquille. Les chambres sont claires, spacieuses et confortables. Toutes disposent d'une baignoire. Restaurant très correct. Un luxe suranné à prix modique.

■ **THAI HOTEL**
1375 Thanon Ratchadamnoen
✆ +66 75 341 509
www.thaihotel-nakorn.com
thai_hotel@yahoo.com
Chambres ventilées à 350 B, A/C à partir de 430 B. Wi-fi gratuit.
Situé en plein centre-ville, de façon pratique, non loin de la gare ferroviaire et pas trop éloigné de la gare routière principale. Ce grand hôtel, qui a certainement connu des jours meilleurs, comprend deux bâtiments. Dans le plus récent (en retrait de l'avenue), de grandes chambres bien entretenues, climatisées ou ventilées, avec cabinet de toilette et TV.

Les immanquables de la côte sud-ouest

▶ **Visiter le Wat Mahathat**, l'un des plus anciens temples de Thaïlande.

▶ **Sillonner les galeries** du superbe Musée national de Songkhla, riches en artefacts anciens.

▶ **Déambuler dans les allées marchandes** de Hat Yai et goûter à la cuisine musulmane.

▶ **Admirer les multiples sanctuaires religieux** des villes de Yala, Narathiwat et Pattani.

■ TWIN LOTUS HOTEL

97/8 Thanon Pattanakarn – Kukwang
℡ +66 2398 6588 – www.twinlotushotel.net
info@twinlotushotel.net
Chambre supérieur à 2 800 B, deluxe à 3 200 B et suite à partir de 7 000 B.
L'hôtel, qui a pris de l'âge, ne paie pas de mine de l'extérieur mais l'accueil, le restaurant et les chambres sont très bien tenus. Plusieurs services sont à disposition : Spa, massage, Jacuzzi et sauna. Les clients ont accès gratuitement à la piscine et au centre de fitness. Excellent accueil. L'hôtel est cependant assez loin du centre-ville, des mini-vans de l'hôtel sont à disposition (200 B) et les taxis-motos à 50 B environ.

Se restaurer

Dans le quartier populaire proche de la gare ferroviaire, on trouve un certain nombre de gargotes et de petits restaurants bon marché.

■ MARCHÉ DE JOUR

Sur Thanon Yomarat (parallèle à Thanon Ratchadamnoen), et derrière le Thai Hotel par rapport à l'artère principale, on trouve nombre de petits stands proposant une cuisine locale à des prix défiant toute concurrence.

À voir – À faire

■ MUSÉE NATIONAL

Thanon Ratchadamnoen, extrémité sud
℡ +66 7534 1075
Entrée 150 B. Ouvert de 9h à 16h du mercredi au dimanche.
Ce musée abrite de nombreuses statues de Bouddha mais aussi de divinités indiennes, de style Srivijaya ou Ayutthaya. Une partie du musée est consacrée à la région, avec une exposition des instruments, outils et autres objets typiques de Nakhon Si Thammarat, dont les célèbres marionnettes. Une partie du musée est consacrée à l'histoire des habitants de la ville : mode de vie, gastronomie, coutumes et traditions.

■ TEMPLES HINDOUS

Thanon Ratchadamnoen
Deux temples hindous presque face à face, 200 m environ après le Kong Nameuang, côté sud. L'un est dédié à Vishnu, l'autre à Shiva.

■ THÉÂTRE D'OMBRES

La ville a une spécialité, autrefois très répandue à travers tout le pays, mais qui a maintenant pratiquement disparu : le théâtre d'ombres. Nakhon Si Thammarat perpétue cette tradition en lui consacrant un festival à la mi-octobre. Diverses représentations de ce théâtre de marionnettes ont alors lieu le soir, et la foule s'y presse, nombreuse. C'est un festival tout à fait original et authentique : une excellente occasion d'aller y faire un tour si vous êtes dans la région à ce moment-là.

■ WAT PHRA MAHATHAT

Nai Muang Xxi
Ce serait l'un des plus anciens temples de Thaïlande. Edifié il y a environ 1 000 ans par la reine Hem Chala de l'empire Srivijaya et le prince Thanakuman (dont on peut voir les statues), il fut ensuite reconstruit à partir de ses décombres au milieu du XIIIᵉ siècle. Son *chedi*, d'une hauteur de plus de 70 m, est recouvert de près de 3 quintaux d'or. Un musée installé dans ses murs abrite des linteaux de bois sculptés, des statues de bouddhas du VIIIᵉ siècle et divers objets de culte. Il continue dans un bâtiment séparé à la gauche du temple, et expose des céramiques de la région, chinoises surtout, ainsi que des verreries et des armes d'époque.

PARC NATIONAL DE KHAO LUANG

Le nom du parc provient du mont Luang, qui culmine à 1 835 m. Comptant de nombreuses plantations fruitières, le parc est aussi un véritable sanctuaire animalier. Il est fréquenté par des animaux divers : macaques, tapirs, éléphants, mais aussi – moins communs – léopards et tigres. En effet, ces félins rôderaient encore dans les parages, protégés du braconnage par les gardes forestiers. On trouve par ailleurs de nombreuses espèces d'oiseaux : de quoi ravir les ornithologues en herbe. Certaines cascades font l'objet d'excursions : les pistes sont bien balisées, et des aires de repos sont aménagées. La meilleure période pour visiter le parc se situe de janvier à juin.

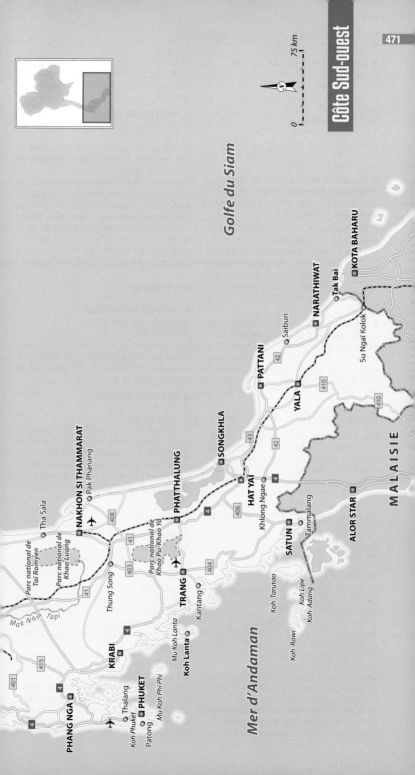

Golfe du Siam

Mer d'Andaman

MALAISIE

0   75 km

KOTA BAHARU

Tak Bai

NARATHIWAT

Saiburi

42

PATTANI

Su Ngai Kolok

YALA

410

410

43

SONGKHLA

42

PHATTHALUNG

HAT YAÏ

4

Khlong Ngae

406

Tammalang

SATUN

ALOR STAR

404

Koh Tarutao

Koh Lipe

Koh Adang

Koh Rawi

Pak Phanang

NAKHON SI THAMMARAT

Tha Sala

Parc national de Tai Romyen

Parc national de Khao Luang

408

41

Parc national de Khao Pu-Khao Ya

TRANG

Thung Song

403

41

Kantang

Mae Nam Tapi

KRABI

415

4

Mu Koh Lanta

Koh Lanta

4

PHANG NGA

401

4

Thalang

Koh Phuket

PHUKET

Patong

Mu Koh Phi Phi

■ **PARC NATIONAL DE KHAO LUANG**
Bureau du parc, Route 4015
Moo 4 Ban Ron
✆ +66 75 30 04 94
www.dnp.go.th
reserve@dnp.go.th
A 33 km de Nakhon Si Thammarat
Tarifs : 200 B pour les adultes, 100 B pour les enfants. Accès de 10h à 18h. Des plans sont disponibles à l'entrée principale.

▶ **Transport vers le parc.** De Nakhon Si Thammarat, des *song téo* font la liaison en 30 min avec le village de Khiri Wong, à l'entrée du parc, pour environ 30 B.

▶ **Hébergement.** Des bungalows peuvent accueillir de 6 à 12 visiteurs : 600 à 1 000 B la nuit (prix à diviser par le nombre d'occupants). Le confort est rustique, mais ce parc national a un charme particulier et il mérite bien que l'on s'y arrête pour se « ressourcer ». Possibilité aussi de camper en bord de chemin.

▶ **Visite.** Le parc national est encore habité par des paysans. Certains peuvent servir de guides. Ils connaissent parfaitement les alentours, et leur aide est précieuse pour observer les animaux sauvages. Adressez-vous au Club Ecotourisme – Village de Khiri Wong (Tél : +66 75 309 010).

PHATTHALUNG

Phatthalung est une ville typique située à mi-chemin entre Nakhon Si Thammarat et Songkhla. Les touristes ne sont pas nombreux dans cette région de Thaïlande, à l'écart des stations balnéaires à la mode. C'est pourtant dans de tels endroits que l'on peut observer la vie thaïlandaise sous un jour plus authentique. Ici, il faudra faire des efforts pour se faire comprendre.

Se loger

■ **LAMPAM RESORT HOTEL**
88 Moo 6, Thanon Apaiborilak
✆ +66 74 604 525
www.lampamresort.com
lampamresort@hotmail.com
Bungalows de 600 à 1 300 B selon l'emplacement et la taille. Ceux à 1 300 B ont le petit déjeuner inclus. Grands bungalows à 6 lits et 4 toilettes pour 2 000 B.
De confortables bungalows sont installés dans un assez grand parc à proximité de la lagune. Les plus spacieux, en façade, sont au bord de la rivière Lam Pam. Des bungalows plus petits, côté jardin, sont alignés autour d'un grand bassin. Tous disposent d'un cabinet

de toilette avec eau chaude. Des excursions (Thale Noi notamment) sont envisageables dans les environs : location de vélo ou moto sur place.

■ **PHATTALUNG THAI HOTEL**
14/1-5 Thanon Disara Sakarin
✆ +66 74 611 636
Chambres ventilées à 250 B ; climatisées à 350, 400, 500 et 550 B. Compter 60 B pour un repas. Wi-fi gratuit.
Situé à environ 400 m de la gare ferroviaire et à proximité de la Bangkok Bank, cet établissement a bon aspect. Il propose 56 chambres avec douche privée (eau froide) et TV locale, en plus d'un restaurant thaï ouvert de 18h à minuit juste à côté du hall d'entrée. L'endroit est tranquille, l'entretien est très correct et le personnel parle anglais. Une bonne adresse.

Se restaurer

■ **LAM PAM RESTAURANT**
Au sein du Lam Pam Resort
Plats entre 45 et 200 B.
Pour un dîner relaxant au bord de la lagune, éclairé à la bougie le soir venu sur la terrasse. Ce restaurant offre une carte de plats thaïs de la région, fruits de mer compris.

■ **WAN CHAD VEGETARIAN**
Thanon Charoon Tam
✆ +66 74 615 858
Ouvert de 6h à 16h. Compter 35 B par personne.
Ce petit restaurant végétarien se trouve juste à côté du Wat Kuha Sawan. Il fonctionne comme un self-service, et on peut se servir copieusement sans payer plus cher. Accueil d'une grande gentillesse.

À voir – À faire

■ **GROTTE SUMANO**
Proche de Trang
L'endroit abrite plusieurs temples que l'on peut visiter.

■ **LAM PAM**
Transport jusqu'à la lagune de Lam Pam pour profiter du « bord de mer », particulièrement pour une promenade au coucher du soleil (8 km : aller-retour pour 100 B en moto-taxi et 120 B en mini-van).

■ **THALE NOI**
Entrée : 100 B.
Excursion à moto jusqu'à la réserve de sauvagines, une des plus grandes du pays, Thale Noi. De jolis nénuphars et de beaux oiseaux à observer. La meilleure période : d'octobre à mars.

SONGKHLA

La ville est installée entre la grande lagune de Thale Sap à l'ouest, et le golfe de Thaïlande à l'est, où s'étire la plage de Samila. Cernée par les eaux, son activité est orientée vers la pêche et le transport maritime. Le port, très actif, est en liaison avec Singapour et la Malaisie toute proche.

Songkhla est remarquable par son passé historique, aussi ancien que celui de Nakhon Si Thammarat. Elle a conservé, tout comme Phuket, de vieilles maisons sino-portugaises, témoignages de la grandeur commerciale passée. A signaler : une charmante petite île située au milieu de la lagune, Koh Yo, qui mérite à elle seule une visite.

Située dans une zone sensible, la ville a été touchée par des attentats en 2005 et 2007, qui ont fait plusieurs blessés.

Transports

▶ **Bus**. Depuis Bangkok, un bus « VIP » part à 18h ; 13 heures de route pour 1 130 B environ. Trois bus de 1re classe partent à 8h, 15h et 19h ; 14 heures de route pour 560 B environ.

▶ **Du centre-ville d'Hat Yai,** des bus ou taxis collectifs partent toutes les heures pour rallier Songkhla ; compter environ 30 min de route. Et sachant que Hat Yai est elle-même desservie par de nombreux trains et avions (principalement en provenance de Bangkok), vous pouvez ensuite aisément, depuis cette ville, prendre un bus pour Songkhla.

Se loger

■ RAJAMANGALA PAVILION BEACH RESORT
17 Thanon Platha
✆ +66 74 44 18 50
www.pavilionhotels.com
songkhla@pavilionhotels.com
Chambres avec A/C à 1 500 B. Offres promotionnelles sur le site Internet.
Pratique pour quelques nuits, cet hôtel de 179 chambres à la décoration assez sobre prend de l'âge. Sur place, un restaurant sert des spécialités thaïes et occidentales, et barbecue pour les poissons et fruits de mer. Une option qui, sans être exceptionnelle, reste agréable et confortable sur le front de mer de Samila Beach.

■ SUK SOMBOON HOTEL N° 2
14 Thanon Saiburi
✆ +66 74 323 809
Chambres ventilées à 300 B ; climatisées à 400 ou 450 B.

Situé en plein centre-ville, cet établissement propose des chambres claires et confortables, avec salle de bains. Certaines chambres privilégiées ont une fenêtre donnant sur le parc du musée voisin. Une bonne adresse.

Se restaurer

La ville, peu fréquentée par les touristes occidentaux, offre l'un des meilleurs rapports qualité-prix en ce qui concerne les restaurants de fruits de mer. Profitons-en ! Nombreux établissements installés en bord de route, tout au long de la plage de Samila. Le cadre est agréable, et les prix abordables.

■ CROWN BAKERY
38/1 Thanon Saingam
✆ +66 74 441 305
Plats à partir de 50 B. Cafés et pâtisseries à partir de 30 B. Accès wi-fi gratuit.
Non loin du centre-ville, dans un décor contemporain, cet agréable café fait un peu office de Starbucks local... mais en mieux ! On y savoure non seulement de très bons cafés, mais on y mange en plus d'excellents plats thaïs et occidentaux, ainsi que d'exquises douceurs faites maison.

À voir – À faire

■ MUSÉE NATIONAL
Thanon Vichianchom
Situé près du grand marché, entre Thanon Jana et Thanon Rong Muang.
Entrée 150 B. Ouvert du mercredi au dimanche de 9h à 16h. Fermé pendant les jours fériés.
Un incontournable pour les passionnés d'Histoire. Le musée présentent des statues religieuses, des poteries et des céramiques diverses, ainsi que des artefacts remontant à la période de l'empire de Srivijaya (VII-XIVe siècles de notre ère) découverts dans la région, et une exquise série de meubles et de décorations de style chinois ayant appartenu à la dynastie locale des Na Songkhla. C'est par ailleurs l'occasion de pénétrer dans l'enceinte de cette belle maison sino-portugaise construite en 1878.

KOH YO

Petite île située au milieu de la lagune – Thale Sap Songkhla – à une quinzaine de kilomètres du centre-ville. Elle est reliée au continent par deux ponts de construction moderne. De nombreuses installations de pêche occupent ses abords. De modestes restaurants de fruits de mer sont installés sur des pontons. Un petit temple ancien (construction en bois) installé dans l'île, au pied d'une colline offrant un point de vue dégagé. Le cadre est vraiment charmant.

L'artisanat local est spécialisé dans le tissage du coton. Un marché regroupe ces produits réputés pour leur qualité. L'île possède également un musée qui expose outils artisanaux, instruments de musique, vêtements, poteries et objets religieux typiques de la région Sud. En particulier une très belle collection de poignards malais (*kris*) et armes anciennes diverses. Une tour se trouvant à proximité permet d'admirer le magnifique panorama.

HAT YAI

La plus importante agglomération du sud de la Thaïlande, 157 000 habitants, est un exemple typique d'une cité asiatique moderne, grouillante de vie avec ses boutiques et ses nombreux marchés, lieu d'échange économique avec Singapour et la Malaisie. Devenue prospère grâce au commerce du caoutchouc, en particulier, Hat Yai apparaît de nos jours comme un lieu privilégié de divertissements en tout genre. Elle est en effet assez fréquentée par les Malaisiens et les Singapouriens, qui font le déplacement pour profiter des divers cabarets, pubs, karaokés et autres salons de massage. La jeunesse thaïlandaise locale ne reste pas les bras croisés et les soirées étudiantes sont très souvent animées ! Hat Yai n'est pas réputée pour son charme en matière d'architecture. Les quelques vieilles maisons de style sino-portugais encore préservées ont récemment été mises à mal par les terribles inondations de fin 2010. La ville a aussi subi des attaques à la bombe en 2006, 2007 et 2012. En mars 2012, un attentat a eu lieu dans l'un des hôtels les plus fréquentés par les touristes, le Lee Gardens Plaza, situé en plein centre-ville. Un coup majeur porté à l'industrie, qui se ressent dans la plupart des hôtels et restaurants, mis à mal sur le plan financier pour la plupart. Non revendiqués, ces attentats ont été attribués à des séparatistes par les autorités. C'est à partir de Hat Yai et jusqu'à la frontière malaisienne que la région est considérée comme potentiellement dangereuse et qu'il est nécessaire de bien se renseigner avant d'y séjourner.

Transports

Comment y accéder et en partir

▶ **Avion**. Depuis Bangkok, Thai Airways assure 4 vols par jour. Compter 1 heure 30 de vol.

▶ **Train**. Départ depuis Bangkok entre 13h et 22h50. La meilleure option est celui de 15h10. On peut profiter du paysage pendant quelques heures, puis dormir tranquillement. L'arrivée à 7h20 laisse le temps de choisir un hôtel le matin (de 149 à 825 bahts).

▶ **Bus**. Depuis Bangkok, des bus « VIP » partent entre 17h et 20h (12 heures de trajet, entre 802 et 1 126 bahts). Un bus de seconde classe part à 19h30 (12 heures de trajet, 688 B) Depuis Phuket, en bus de 1re et 2e classe, départ de 7h30 à 21h45 (6 à 8 heures de trajet ; 370 B). Depuis Surat Thani, des bus avec A/C partent de 6h à 17h (6 heures de trajet ; 200 B)

Se déplacer

▶ **En ville,** possibilité de prendre des taxis collectifs (song téo) dont le prix varie de 15 à 20 B ou alors des taxis-motos (50 B pour une distance de 4 km environ).

▶ **Bus :** celui de couleur verte fait le transit de la gare routière à Songkhla, celui de couleur rouge se dirige vers Padang Bessar (Malaisie).

▶ **Depuis l'aéroport,** la Thai Airways affrète des minibus pour Hat Yai. Sinon, il y a des taxis.

Pratique

■ OFFICE DE TOURISME (TAT)
1/1 Soï 2, Thanon Niphat Uthit n° 3
✆ +66 74 231 055
http://songkhlatourism.org
tatsgkhl@tat.or.th
Ouvert de 8h30 à 16h30. Au sud du centre-ville.
Bureau également responsable de Songkhla et Phatthalung.

Se loger

Bien et pas cher

■ DUSIT HOTEL
25/3 Thanon Pracharom
✆ +66 74 232 141
Chambres ventilées à 200 et 250 B ; climatisées à 350 et 400 B.
Ce petit hôtel ne paye pas de mine, installé dans une rue tranquille, à l'écart du centre bruyant, mais non loin du Corazon Pub. Pourtant l'entretien est correct et l'ascenseur fonctionne. Les chambres sont tout à fait acceptables. Celles qui sont climatisées disposent de l'eau chaude.

■ LAEM THONG HOTEL
46 Thanon Thama Noon Vithi
✆ +66 74 352 301
laemthonghotel@hotmail.com
Chambres ventilées à 300 B ; climatisées à 450 B.
Immeuble de six étages dominant l'avenue Thama Noon Vithi, à environ 400 m de la gare ferroviaire. Les chambres sont assez grandes et plutôt correctes, avec salle de bains (eau chaude) et TV câblée. Accueil aimable.

■ LOUISE GUESTHOUSE

21/23 Thanon Thammanunwithi
☎ +66 74 220 966
Chambres ventilées à 300 B ; climatisées à 400 B. L'établissement se trouve à environ 200 m de la gare. L'entrée se fait par le côté gauche de l'accès au centre commercial Robinson.
Chambres assez confortables, de différentes tailles (en visiter plusieurs) avec cabinet de toilette (eau chaude pour le premier étage seulement).
Certaines, dont la fenêtre donne sur la rue, peuvent être bruyantes le matin. Une bonne adresse pour les voyageurs à petits budgets ou les autres.

Confort ou charme

■ ASIAN HOTEL

55 Thanon Niphat Uthit n° 3
☎ +66 74 353 400
www.asianhotel-hatyai.com
ashtl@asianhotel-hatyai.com
Chambre deluxe à partir de 1 450 B, suites familiale et junior à 2 000 B. Petit déjeuner inclus. Wi-fi gratuit.
Etablissement à la décoration intérieure certes un peu kitsch dont les chambres auraient besoin d'un bon coup de nettoyage. Restaurant correct et bon accueil. Lui aussi n'est pas très loin de l'hôtel ayant été touché par l'attentat de mars 2012.

Luxe

■ CENTARA HOTEL HAT YAI

3 Thanon Sanehanusorn
☎ +66 74 352 222
www.centralhotelsresorts.com
chy@chr.co.th
Tarifs échelonnés de 3 000 à 5 000 B. Promotions sur Internet.
Les 237 chambres, claires et moquettées de rouge, offrent un bon confort. Restauration thaïe, chinoise et internationale ; spécialités japonaises au Hagi. Le Centara Spa propose des traitements élaborés pour le bien-être du corps et de l'esprit. Piscine extérieure et centre de remise en forme. Comme beaucoup d'hôtels de la ville, l'entretien laisse cependant à désirer. Une conséquence de la baisse du tourisme ces dernières années. En plein centre-ville, il reste bien situé.

Se restaurer

■ BOAT BAKERY

200/8-11 Thanon Niphat Utit n° 2
☎ +66 74 246 603
www.boatbakeryhatyai.com

Prix à la carte : 30 à 45 B. Ouvert de 8h à 21h.
Un espace tranquille et très agréable pour prendre un petit déjeuner ou manger des pâtisseries provenant de la boutique voisine. Prépare également pâtes, sandwichs, salades et glaces.

■ DAO THIAM

79/3 Thanon Thamanoonvithi
☎ +66 74 243 268
Ouvert de 7h à 21h. Plats de 45 à 150 B.
Petit restaurant fort tranquille où l'on peut prendre son petit déjeuner à l'occidentale, mais aussi commander les habituels plats thaïlandais.
Spécialités végétariennes également. Les murs sont décorés par une impressionnante collection d'anciens billets de banque. Musique d'ambiance, à l'occasion. Etablissement ouvert en 1959. Bref, une autre époque.

■ MARCHÉ DE NUIT

Thanon Montri n° 1
Cette rue propose une flopée de petites gargotes cuisinant des fruits de mer très frais. Les prix y sont vraiment bas.

■ THE SWAN

129/131 Thanon Thamanoonvithi
☎ +66 74 354 310
Prix à la carte : 50 à 150 B le plat. Ouvert de 8h à 1h du matin.
Face au Brown Sugar Cafe, restaurant de bonne réputation proposant des spécialités thaïes et occidentales. Fruits de mer également. Un endroit convivial où l'on peut dîner tard dans une ambiance assez tranquille, ce qui n'est pas si fréquent.

Sortir

■ CO – ART

Thanon Pratcharom
☎ +66 74 246 784
Ouvert de 18h à 2h. Installé à l'autre bout de la rue où se trouve le Corazon Pub.
« Music live » à partir de 21h. Un établissement modeste mais agréable. L'établissement n'attire pas encore les foules, mais ça pourrait venir.

■ CORAZON LATIN PUB & RESTAURANT

41 Thanon Pratcharom
☎ +66 74 350 360
Ouvert de 18h à 1h du matin. Situé non loin du Dusit Hotel.
Petit cabaret de nuit. Animation musicale à partir de 21h30 : orchestre tout à fait sympathique. De plus les serveuses savent se montrer charmantes… Attention, bien relire l'addition avant de payer, par précaution. Cela dit, les prix sont tout de même assez raisonnables. Une adresse à la mode.

■ POST LASER DISC
82/83 Thanon Thamanoonvithi
✆ +66 74 232 027 – postlaserdic@yahoo.com
Ouvert tous les jours de 9h à 2h du matin.
Ambiance à l'anglaise dans ce pub où l'on peut boire un verre et se restaurer (cuisine thaï et occidentale).Tous les soirs à partir de 21h, un concert rock reprend des grands classiques du genre américain principalement jusqu'à la fermeture.

■ THE PUBB
Thanon Thamanoonvithi
✆ +66 74 231 029
Bar restaurant à la mode avec animation musicale en soirée par un orchestre « Pop Rock ». Reprise des meilleurs tubes américains. Vous pouvez même demander qu'un morceau de votre choix soit interprété, en espérant qu'il soit dans leur répertoire plutôt classique. Le groupe casse la baraque tous les soirs à partir de 21h comme les prix des consommations cassent la concurrence.

À voir - À faire

■ NAM TOK TON NGA CHANG
Thung Tam Sao
Pour s'y rendre, prendre un song téo. Compter 50 B pour 30 min de route, environ.
Ces chutes d'eau, situées à une vingtaine de kilomètres à l'ouest de la ville, s'échelonnent sur sept niveaux et sont vraiment impressionnantes. On peut atteindre le sommet par un chemin escarpé ou s'arrêter en cours de route pour se rafraîchir dans l'un des bassins naturels.

YALA

Cité fortement islamisée – comme toute la province – Yala s'enorgueillit du titre de « ville la plus propre du royaume », réputation qu'elle pourrait partager avec Narathiwat ou Pattani, en vérité. Effectivement, les rues sont nettoyées en permanence, ce qui n'est pas systématique ailleurs. Une étape à Yala, sur le trajet entre Narathiwat et Hat Yai, serait l'occasion de se promener à travers ses parcs et de goûter aux spécialités régionales dans les gargotes du centre, mais en ce moment nous vous le déconseillons fortement. Des attentats ont régulièrement lieu dans cette ville depuis l'insurrection séparatiste démarrée en 2004. Ces attentats visent principalement la police et l'armée, mais en mars 2012, c'est dans une zone commerciale de la ville qu'une série de bombes a explosé, faisant 11 morts et plus d'une centaine de blessés. La violence a encore augmenté en 2014 après la suspension de discussions de paix entre les rebelles et les autorités thaïlandaises.

Plusieurs morts et des dizaines de blessés cette année, 6 000 morts dans cette zone, annexée par la Thaïlande depuis un siècle.

Transports

▶ **Train**. Pour se rendre de Hat Yai à Yala, le plus simple et le plus plaisant est de prendre un train ordinaire : compter 2 heures 30 de trajet. Plusieurs trains partent de Bangkok Hua Lamphong entre 13h et 22h50. Ils arrivent à Yala respectivement à 8h46 et 14h (le lendemain, bien entendu) soit dans les 18h de trajet en moyenne (de 500 à 1 600 B). Dans ces conditions, mieux vaut faire une ou deux étapes intermédiaires ou prendre l'avion jusqu'à Hat Yaï.

▶ **Bus**. De nombreux mini-vans font le trajet de Hat Yai à Yala, et inversement. Compter 2 heures 30 de trajet et environ 130 B.

Se loger

On trouve des hôtels de diverses catégories, comme partout, bien que beaucoup d'établissements soient actuellement en difficulté financière à cause de la situation politique instable de la région. Certains nous semblent plus pratiques, car accessibles à pied depuis la gare ferroviaire. Quelques bons restaurants de fruits de mer se trouvent aussi dans les environs proches.

À voir - À faire

■ MOSQUÉE RAWDATUL YANNAH
Amphoe Mueang
La plus grande mosquée de Thaïlande mérite le détour en raison de sa conception architecturale moderne. Cet édifice de trois étages de hauteur, achevé en 1983, se caractérise par un dôme en forme de lotus entrouvert laissant pénétrer la lumière à l'intérieur : symbole exprimant un sentiment louable.

■ PARC KWANMUANG ☆
Ce grand parc public au sud-ouest de la ville (à environ 3 km de la gare ferroviaire) est le théâtre d'un spectaculaire concours de chants de colombes ayant lieu chaque année en mars, à l'occasion du festival des colombes ASEAN. Des centaines d'oiseaux en cage, symbole de pureté et de paix mais aussi porteurs de chance pour leur propriétaire, sont mis en compétition pour la qualité de leur chant : les experts attribuent une notation pour chaque animal. On retrouve ce type de concours en Malaisie et en Indonésie.

■ SANCTUAIRE LAK MUANG
Ce « pilier fondateur » de la cité, présent ici comme dans toutes les villes importantes de Thaïlande, est un symbole issu de l'influence lointaine de la tradition religieuse hindouiste :

une pierre sacrée en forme de phallus stylisé, symbole de croissance et de prospérité. Le monument se trouve au centre d'un vaste rond-point formé de deux anneaux de circulation concentriques, au sud de la ville (apparaissant sur les photos vues d'avion). Accessoirement, il marque le point kilométrique zéro du district.

■ TEMPLE KUHA PI MUK
Route 409, 8 km l'ouest du centre-ville.
Ce temple, considéré par les croyants comme l'un des plus sacrés du Sud du pays, comporte une grotte abritant un bouddha couché construit en 757 pendant la période Sri Vichaya. La statue d'un géant à l'entrée de la grotte fait figure de protection du temple.

Dans les environs
Lorsque les troubles politiques se seront apaisés et que la région sera de nouveau plus tranquillement accessible au tourisme, une visite à Betong s'imposera. Cette localité, située à quelque 140 km au sud de Yala, à proximité de la frontière avec la Malaisie, regorge de curiosités naturelles, et notamment des chutes d'eaux, des sources d'eaux chaudes et des grottes.
D'autres sites d'intérêt se trouvent sur le trajet entre les deux villes, comme des villages de tribus indigènes. Consultez la documentation en anglais fournie par l'office national de tourisme – TAT.

À propos d'autonomie régionale : Pattani, Yala et Narathiwat

Message de l'ambassade aux voyageurs français sur leur site Internet : « Les violences se poursuivent dans les provinces de l'extrême sud du pays, où les attentats et les incidents, désormais quotidiens, ont causé la mort de près de 5 000 personnes depuis 2004. Les voyages sont formellement déconseillés dans ces régions où l'état d'urgence a été décrété : provinces de Narathiwat, Pattani, Yala, Songkhla ».

Il faut informer les voyageurs en quête d'authenticité aux confins de la Thaïlande que les affrontements violents qui se sont produits ces dernières années entre des groupes revendiquant l'autonomie des provinces de Pattani, Yala et Narathiwat, d'une part, et les forces armées gouvernementales, d'autre part, continuent et que la situation n'est pas stabilisée. Les militants d'aujourd'hui ne font pas de différences entre combattants et civils et les extrémistes pensent que les musulmans de culture malaise et les bouddhistes thaïs ne peuvent coexister dans les provinces du Sud et qu'il faut donc débarrasser cette région des Thaïs bouddhistes !

L'escalade de la violence se poursuit depuis l'insurrection déclarée par les séparatistes en 2004, non sans lien avec la politique particulièrement répressive menée par le gouvernement de Thaksin Shinawatra envers la communauté musulmane de 2001 à 2006. Ces attentats et attaques visent le plus souvent des soldats et policiers, mais aussi instituteurs, moines, imams et citoyens (bouddhistes ou musulmans). Mais depuis 2012, les endroits touristiques sont également devenus des cibles. Il s'agit le plus souvent d'attentats à la bombe, de fusillades, etc.

Selon le quotidien Bangkok Post, au moins 13 attaques ont eu lieu dans la province de Pattani à peu près au même moment, dans une opération manifestement coordonnée, et visaient des objectifs comme l'Autorité Provinciale de l'Électricité (PEA) et une station service dans le district de Muang en début d'année 2014. Il arrive que les moyens de transport (route, chemin de fer) soient occasionnellement attaqués, même si les voyageurs étrangers n'ont pas été ouvertement pris pour cible jusqu'à présent.

Donc, en raison de ces événements, il est recommandé de ne pas s'aventurer à l'extérieur des villes (contrôlées par l'armée et la police), ce qui pourrait être interprété comme une provocation, avec les conséquences que l'on peut imaginer ! Jusqu'à l'apaisement officiel de la situation, il est fortement déconseillé de se déplacer d'une ville à l'autre après la nuit tombée, ou même en fin de journée, voire même de rester dans ces zones sensibles, encore moins de sortir des grandes villes pour sillonner la campagne. Informez-vous bien de la situation au moment de votre voyage. Par contre, un séjour dans les villes de Krabi, Trang ou Satun, non concernées par l'insurrection (zone sud-ouest / Côte d'Andaman), ne pose pas problème.

PATTANI

Distante d'une cinquantaine de kilomètres au nord-est de Yala, la ville de Pattani est traversée par la rivière du même nom. Il s'agit d'une bourgade modeste, mais parsemée de vieilles maisons sino-portugaises, vestiges du passé, qui donnent un certain cachet à la ville. On y trouve aussi l'un des temples taoïstes les plus réputés du pays : le sanctuaire de Leng Chu Klang, dédié à la jeune Lim Ko Niao. Chaque année, de fin février à début mars, un festival haut en couleur s'y tient pour clôturer les festivités du nouvel an chinois.

Toute proche du golfe de Thaïlande, Pattani permet d'accéder alentour à de longues plages de sable quasiment désertes. Pattani étant avant tout une cité musulmane, il est logique d'y trouver des mosquées, et ces constructions méritent bien une visite. Leur architecture est souvent intéressante, la ville abritant notamment la deuxième plus grande mosquée du pays (la mosquée centrale), ainsi que l'une des plus anciennes : la mosquée Krue Se, datant du XVIᵉ siècle. Concernant la sécurité, les attentats et les attaques armées sont devenus quasiment quotidiens à Pattani. Si vous décidez de vous y rendre malgré tout, la prudence est donc plus que de rigueur.

■ MOSQUÉE KREU SE

Située à 7 km de la ville.
Sa construction a été entreprise par le roi Naresuan et un immigrant chinois, Lim To Khiam, au XVIᵉ siècle. Suite à une histoire tragique entrée dans la légende, elle ne fut jamais achevée. Elle fut le siège d'affrontements armés entre l'armée et des musulmans thaïs en 2004, et en porte encore quelques séquelles.

■ MOSQUÉE MASTSAYIT KLANG

Thanon Naklua Yarang
Située juste à côté centre-ville, cette mosquée élégante, construite en 1960, vaut le coup d'œil. C'est l'une des plus grandes et des plus importantes du pays pour la communauté musulmane.

NARATHIWAT

Cette ville provinciale se trouve à l'extrême sud-est de la Thaïlande, à 60 km seulement de Sungai Kolok et de la frontière malaisienne. Elle demeure presque totalement oubliée du tourisme occidental en raison du climat parfois difficile qui y règne. Les attaques armées et les attentats y sont fréquents et le niveau de sécurité reste donc encore précaire. L'état d'urgence est maintenu et il est impératif de bien se renseigner avant de s'y rendre. Cette situation est d'autant plus dommageable que Narathiwat est une ville pleine de charme.

On y trouve encore des maisons centenaires, construites en bois, dans la rue qui borde la rivière Bang Nara. Aux environs de l'estuaire, la côte offre de belles plages baignées par les eaux du golfe de Thaïlande.

▶ **Si vous décidez de résider dans les environs,** certains établissements sont remarquables pour leur charme aux abords de la rivière Bang Nara. Les prix sont peu élevés en raison d'un tourisme très réduit.

▶ **Si vous passez dans la région,** attardez-vous sur la plage de Narathat, accessible par un pont qui enjambe la rivière Bang Nara. C'est une belle plage de sable doré qui s'étend sur 5 km. Peu fréquentée en semaine, elle est plus fréquentée le week-end par les locaux venus se prélasser. Plusieurs gargotes proposent de quoi se restaurer sur le pouce, notamment avec du poisson frit et des langoustes grillées.

■ OFFICE DE TOURISME (TAT)

102/3 Moo 2, Thanon Narathiwat Takbai
✆ +66 73 522 411
tatnara@tat.or.th
Ouvert de 8h30 à 16h30.
Bureau également responsable de Yala et Pattani.

SUNGAI KOLOK

Cette petite ville se trouve à l'extrême sud-est de la Thaïlande. La frontière avec la Malaisie suit le mince serpent du « fleuve » Kolok, large d'une cinquantaine de mètres. Ce cours d'eau constitue la seule attraction de cette ville frontière, à 60 km au sud de Narathiwat, autrement plus charmante.

La principale activité visible de Sungai Kolok est le va-et-vient continuel entre les deux pays. Deux ponts permettent le passage : l'un, réservé à la circulation automobile, l'autre au passage du train. Les échanges commerciaux entre Thaïlandais et Malaisiens sont quotidiens. Les voyageurs occidentaux, quant à eux, se dirigent vers Padang Besar ou remontent vers Bangkok. A noter que, comme dans bon nombre de villes-frontières, la prostitution fait rage ici. Des Malaisiens profitent de leur venue à Sungai Kolok pour fréquenter les établissements « de nuit » où les prostituées thaïlandaises attendent la clientèle de passage. Ce commerce lucratif est plus que jamais d'actualité : romantiques s'abstenir !

▶ **Si vous décidez de séjourner en ville,** sachez qu'il n'y a pas de guesthouse. Les hôtels de catégorie moyenne sont bon marché et d'un entretien correct. Les occidentaux sont rares et le tourisme peu développé.

CÔTE DE LA MER
D'ANDAMAN

Ao Maya, plage de Koh Phi Phi Le.
© ERIC MARTIN – ICONOTEC

PROVINCE DE RANONG

La région de Ranong est intéressante pour deux raisons : c'est l'un des points d'accès à la frontière du Myanmar (renouvellement d'autorisation de séjour en Thaïlande) et elle sert de zone de départ pour atteindre l'archipel des îles Similan (plongée sous-marine).

RANONG

Ranong est située sur la côte ouest de la Thaïlande au niveau de la frontière avec le Myanmar, où Thaïs et Birmans cohabitent. Cette capitale provinciale de 25 000 habitants est séparée de son pays voisin par l'estuaire de la rivière Chan : le *Pak Chan*. Le lieu géographique s'appelle « Isthme de Kra » : seuls 44 km séparent ce même estuaire du golfe de Thaïlande, ce qui en fait la langue de terre la plus étroite de Thaïlande. Ranong constitue par ailleurs une étape sur la route des îles proches : parc maritime de l'archipel Surin, Koh Chang et Koh Phayam.

Transports

Comment y accéder et en partir

▶ **Avion** : un vol par jour avec la compagnie Happy Air de Bangkok vers Ranong à 13h20, arrivée à 14h50, de Ranong vers Bangkok à 15h10, arrivée à 16h40, pour 2 500 B.

▶ **Bus**. Bangkok – Ranong : un bus « VIP » (24 places) part à 20h ; comptez 700 B et 10 heures de route, soit 583 km, pour rejoindre le terminal de bus de Ranong, sur Thanon Phetkasem, au sud de la ville. Liaison régulière également en bus de 1re ou 2e classe ; là encore compter 10 heures de trajet (à partir de 220 B). Ranong – Bangkok : bus VIP à 8h et à 20h (8 heures de trajet, 666 B), bus 1re classe à 20h, 10 heures de trajet 428 B.

Lignes régulières dans les deux sens, départs toutes les heures environ :
Chumphon : 3 heures de trajet, de 120 à 150 B. Surat Thani : 4 heures 30 de trajet, entre 100 et 200 B. Khao Lak : 3 heures de trajet, 180 B. Phuket : 5 heures 30 de trajet, entre 180 et 250 B. Krabi : 6 heures de trajet, environ 200 B.

Se déplacer

▶ **Song téo (taxis collectifs)**. Ceux de couleur bleue desservent le centre-ville et font la navette jusqu'au port. Les taxis de couleur rouge font un circuit en ville moins étendu.

▶ **Moto-taxi**. Une course moyenne coûte environ 20 ou 30 B.

▶ **Location de motos**. Les motos 80/100 cm³ sont louées entre 250 et 300 B par jour.

Pratique

■ PON'S PLACE
129 Thanon Ruangrat
✆ +66 77 823 344 / +66 81 597 4549
www.ponplace-ranong.com
ponplace@hotmail.com
Agence ouverte de 7h30 à 21h.
Agence de voyage locale où l'on obtient des informations très utiles pour explorer les environs. Achat de billet de bus, de train ou d'avion. Réservation de logement sur Koh Chang et Koh Payam. Forfait aller-retour à la frontière du Myanmar (taxi + bateau) pour prolongation de visa (*visa run*). Restaurant sur place, bon accueil.

■ TOURIST SERVICE CENTER MU KOH PAYAM NATIONAL PARK
✆ +66 77 813 840
Depuis Ranong, une source utile d'informations pour la découverte du parc marin.

Se loger

Différentes options d'hébergement à Ranong : resorts en dehors du centre-ville, hôtels et guesthouses sur la rue principale. De quoi passer un séjour tranquille en prévision de votre renouvellement de visa ou de vos excursions dans les îles.

■ LUANG POJ BOUTIQUE HOSTEL
225 Thanon Ruangrat
✆ +66 77 833 377 – luangpoj@gmail.com
Chambres ventilées et climatisées à partir de 500 B. Wi-fi gratuit.
Auberge de jeunesse très sympathique située en plein centre-ville. Chaque chambre possède une décoration unique. Elles sont toutes confortables, bien que sans fenêtres. Douches et toilettes communes propres, avec eau chaude. Sur place : location de vélos et agence de voyage (visa, transports). La maison de style sino-portugaise, aux meubles années 1960, est en travaux (pas bruyant) : un dortoir au rez-de-chaussée, plus de chambres à l'étage et un musée dans le jardin. L'ouverture d'un musée local est un vieux rêve du grand-père, un des pionniers de Ranong, et on lui souhaite de réussir.

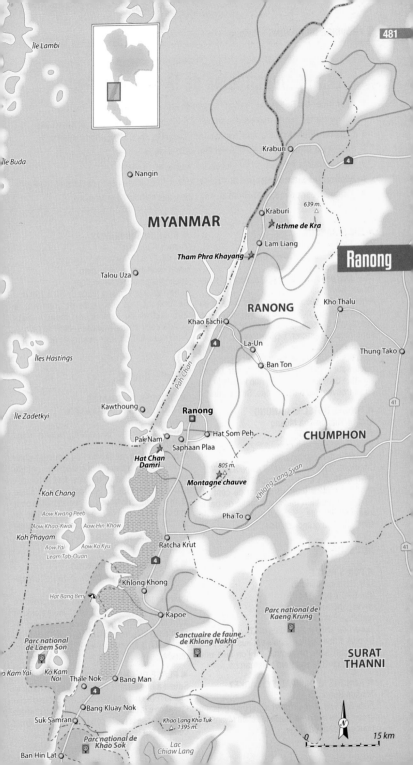

Île Lambi

Île Buda

Kraburi

MYANMAR

Nangin

Kraburi

639 m.

Isthme de Kra

Lam Liang

Tham Phra Khayang

Talou Uza

RANONG

Kho Thalu

Ranong

Khao Fachi

4

La-Un

Îles Hastings

Ban Ton

Thung Tako

41

Île Zadetkyi

Kawthoung

Ranong

Hat Som Peh

CHUMPHON

Pak Nam

Saphaan Plaa

Hat Chan Damri

805 m.

Montagne chauve

Khlong Lang Syan

Koh Chang

Aow Kwang Peeb

Aow Khao Kwai

Aow Hin-Khow

Koh Phayam

Aow Yai

Aow Ko Kyu

Leam Tab-Ouan

Pha To

41

Ratcha Krut

4

Khlong Khong

Hat Bang Ben

Kapoe

Sanctuaire de faune de Khlong Nakha

Parc national de Kaeng Krung

SURAT THANNI

Parc national de Laem Son

o Kam Yai

Ko Kam Noi

Thale Nok

Bang Man

4

Bang Kluay Nok

Suk Samran

Khao Lang Kha Tuk △ 1395 m.

Parc national de Khao Sok

Lac Chiaw Lang

Ban Hin Lat

0   15 km

N

Les immanquables de la mer d'Andaman

▶ **Aller jouer les Robinson** sur Koh Phayam ou Koh Chang, au large de Ranong.

▶ **Découvrir les fonds marins** des archipels Surin ou Similan, au large de Khao Lak.

▶ **Explorer Phuket :** ses plages réputées mais aussi le vieux quartier de Phuket Ville.

▶ **Passer un séjour de rêve** à Koh Phi Phi, « l'île papillon ».

▶ **Rechercher** la paix des criques isolées au sud de Koh Lanta.

▶ **Admirer les pitons calcaires** de Krabi et les superbes plages de Phra Nang et Ton Sai.

▶ **S'embarquer pour Koh Tarutao** ou Koh Lipeh, aux confins de la Malaisie.

■ THE B RANONG

295/ 1-2 thanon Ruangrat
✆ +66 77 82 3111 – www.thebranong.com
info@thebranong.com
Chambres entre 1 100 et 1 800 B. Petit déjeuner inclus. Wi-fi gratuit.
Ambiance Art déco dans cet hôtel original au design moderne, qui diffuse dans ses enceintes des chants d'oiseaux toute la journée. Oreilles sensibles s'abstenir ! Chambres propres, spacieuses et confortables. A demeure, un restaurant, une salle be billard et une jolie piscine sur le toit pour se décontracter. L'hôtel est situé dans le centre-ville, non loin de la rue où se trouvent les bars animés. Bon accueil.

■ TINIDEE HOTEL @ RANONG

41/144 Thanon Tha Muang
✆ +66 77 835 240
www.tinidee-ranong.com
hotel@tinidee-ranong.com
Chambres à partir de 1 700 B jusqu'à 7 000 B. Wi-fi gratuit. Ce très bel hôtel déjà ancien continue d'offrir toujours autant de confort. 38 chambres bien meublées, salle de bains luxueuse. Piscine ; Jacuzzi ; Spa et salle de sport. Bref, la grande classe !

Se restaurer

■ PON'S PLACE

129 Thanon Ruangrat
✆ +66 77 823 344
www.ponplace-ranong.com
ponplace@hotmail.com
Ouvert de 7h30 à 21h. Plats de 35 à 50 B.
En plus d'une agence, Pon's est aussi un petit restaurant sans prétention où l'on sert une cuisine familiale vraiment bon marché.

■ RANONG MUNICIPALITY MARKET

Thanon Ruangrat
Plats de 25 ou 30 B. Un bon endroit pour goûter à la cuisine du sud de la Thaïlande et du Myanmar, pour vraiment pas cher.

■ SOPHON'S HIDEAWAY

Thanon Ruangrat
✆ +66 77 832 730
www.sophonshideaway.com
sophonhideaway@yahoo.com
Ouvert de 10h à minuit. Plats de 50 à 150 B.
Restaurant très fréquenté et convivial, à 200 mètres du cinéma. Au menu : plats occidentaux et thaïlandais. Tables de billard. Aménagement de style rustique. Accès wi-fi gratuit.

À voir – À faire

■ SOURCES THERMALES ET ARBORÉTUM RAKSAWARIN

Khao Niwe
Ouvert de 8h à 17h. Entrée gratuite, mais traitements payants.
A environ 2 km de la ville, se trouvent dans ce parc des sources d'eau chaude qui ont été aménagées dans trois bassins dont la température avoisine les 65 °C. Tout autour s'étend la forêt où des pavillons sont à disposition pour une petite halte. Il est également possible de profiter des sources d'eau chaude au temple de Tapo Tharam non loin de là ; entrée gratuite mais don souhaitable.

■ PALAIS NAI KHAI RANONG

Ouvert tous les jours de 9h à 16h30. Accès gratuit.
L'ancien palais du gouverneur de la province à l'époque du roi Rama V, un chinois Hokkien du nom de Khaw Soo Cheang, se trouve au nord de la ville, non loin de la route Dapkhadi. Une partie a été conservée et transformée en musée.

■ PLAGE DE CHAN DAMRI

Située à une dizaine de kilomètres de Ranong (par la route nationale 4004), elle est une belle invitation à la baignade. Profitez-en pour grimper au sommet de la petite colline, il y a un panorama complet sur les îles environnantes.

Sports – Détente – Loisirs

■ THE SMILING SEAHORSE
170 Ruangrat Street
✆ +66 860 110 614 / +66 844 524 413
www.thesmilingseahorse.com
info@thesmilingseahorse.com
Situé à Ranong, à 300 km au nord de Phuket, à la frontière avec la Birmanie.
Croisières à partir de 130 € par jour et par personne, 95 € pour les non-plongeurs. Carte de crédit acceptée paiement en ligne (PayPal). Maximum 12 personnes par croisière. Équipe francophone. Les prix comprennent tous les repas, boissons non alcoolisées, snacks, bouteilles et ceintures de plombs, guide professionnel PADI, serviettes et gel douche. En supplément : accès aux parcs autour de 35 € en Thaïlande, assurance personnelle, location de matériel et Nitrox aprox 5 €. Cours adapté à tous les niveaux (du baptême au Dive Master en passant par l'Open water). Réservation exclusive du bateau pour un itinéraire personnalisé entre amis ou en famille. Pour un long séjour sur place (plus de 10 nuits), voir avec eux pour les formules 2 croisières + nuits d'hôtel.
The Smiling Seahorse vous offre la possibilité d'explorer cette région frontalière à la beauté sauvage, encore méconnue du tourisme de masse. Au menu un programme complet, qui permet de voyager de novembre à mai à la découverte des fonds marins de la Mer d'Andaman (4 jours – 3 nuits vers les îles Surin, Koh Bon, Koh Tachai et Richelieu Rock) et au Sud de la Birmanie (de 5, 6 et 8 jours dans l'Archipel Mergui, au milieu de 800 îles et de nombreux pinacles). The Smiling Seahorse vous offre une expérience complète de plongée. Au cœur d'une biodiversité exceptionnelle idéale pour la photo en macro et les grands angles. On y trouve des bancs de *platax* (poissons poule d'eau), raies mantas, hippocampes, nudibranches et même des requins léopards qui jouent les modèles. Le cratère d'un volcan et les tunnels sous-marins font partie du décor…

Ne pas rater les plongées nocturnes (lampes fournies). De retour à la surface le paysage est tout aussi incroyable, vous croiserez peut-être des nomades de la mer et visiterez des îles inhabitées couvertes de forêt tropicale et bordées de sable blanc. Camille, Franck et toute l'équipe de The Smiling Seahorse sont là pour faire de votre séjour une expérience de rêve : hamac, kayak, BBQ, noix de coco fraîche… les ingrédients pour des vacances plongées réussies.

KOH CHANG

« L'île de l'éléphant » … Ne pas confondre avec la grande île du même nom située au large de Trat (golfe de Thaïlande), non loin du Cambodge. Koh Chang se situe à une vingtaine de kilomètres de Ranong. Elle est très boisée et entourée de mangroves. Elle offre encore de nos jours des promenades très bucoliques. Environ 80 familles sont installées là et tirent leurs ressources de la pêche, de l'agriculture, mais aussi du tourisme, à la belle saison.

Transports

Trois départs quotidiens en haute saison (9h, 12h et 14h, à peu près, en fonction des marées) ou un seul départ en basse saison (vers 14h). Entre mai et octobre, les liaisons deviennent aléatoires (selon les besoins des habitants) et ne fonctionnent qu'un jour sur deux.
Transits retour normalement prévus vers 8h et 14h. Il faut environ 1 heure de bateau pour se rendre à Koh Chang, sur la plage de Ao Yai. Compter 150 B par personne.

▶ **Attention :** il arrive qu'un même bateau desserve Koh Chang et Koh Phayam, mais il faut s'en assurer avant ! Les embarcadères se trouvent au port de Saphan Pla, à cinq kilomètres du centre-ville : prendre un taxi collectif (song téo) au niveau du marché, sur Thanon Ruangrat. Compter environ 15 B et 20 minutes de trajet ; au minimum 40 B en moto-taxi, si on est pressé.

Excursions sur l'archipel Mergui

Les excursions sur l'archipel Mergui sont autorisées par le Myanmar depuis 1997, avec notamment des départs depuis Ranong et Phuket. En plus des frais de visa pour entrer au Myanmar (environ 120$), une licence d'accès pour chaque plongeur étranger est aussi requise, à des prix parfois exorbitants !

Information à confirmer avant réservation car les tarifs et les conditions d'accès au Myanmar changent régulièrement.

▶ **Divers renseignements sur le site :** www.mergui.org.

Pratique

■ CENTRE TOURISTIQUE DU PARC NATIONAL DE MU KOH RANONG

✆ +66 77 813 840
www.dnp.go.th
webmaster@dnp.go.th
Ce service est normalement prévu pour informer les gens sur l'organisation du parc maritime, qui regroupe une quinzaine d'îles dont Koh Chang et Koh Phayam.

Se loger

Les bungalows sont disponibles pour l'hébergement d'octobre à avril (en dehors de la mousson). Assez rudimentaires dans l'ensemble, leur entretien reste très correct et l'accueil y est toujours sympathique.

■ MAMA'S BUNGALOWS

Ao Daddaeng
✆ +66 77 820 180
mamasbungalows@yahoo.com
De 200 à 300 B par bungalow.
Une dizaine de bungalows en bois avec salle de bains construite en dur (eau froide). Terrain en pente raviné au milieu des arbres surplombant les rochers d'une petite crique, au sud de Ao Yai. Restaurant terrasse au sol de sable. Mobilier rustique en bois. Ambiance familiale en compagnie de Soï et Pok, très souriants. Sorties pêche ou excursions en bateau.

■ SAWASDEE RESORT

Ao Yai
✆ +66 81 803 0946
www.sawasdee.com
sawasdeekohchang@yahoo.com
De 300 à 400 B par bungalow.
L'établissement le plus huppé de l'île, si l'on puis dire. Les bungalows sont charmants, les chambres restent basiques, mais ce sont surtout les belles salles de bain qui font la différence. Bon restaurant également.

■ SUNSET BUNGALOWS

www.kohchangbungalows.com
Bungalow entre 150 et 400 B.
Sur la côte ouest, un point de chute bien connu. 15 bungalows avec salle de bains privées. Il y a également un restaurant.

KOH PHAYAM

Plus éloignée de Ranong de 4 km, cette île est néanmoins plus fréquentée que Koh Chang grâce à son relief moins accidenté. Autrefois, elle était uniquement habitée par des gitans de la mer, les Chao Ley. A présent, plusieurs *farangs* s'y sont installés, et les productions de noix de cajou et de latex se sont développées. De belles plages de sable se trouvent sur la côte ouest, et le terrain est déjà « investi » depuis quelques années : les bungalows ont poussé sous les cocotiers. Cependant, le charme de l'endroit est toujours présent et on ne peut vraiment pas parler ici d' « industrie » du tourisme. En saison des pluies (entre mai et septembre), il y a moins de volontaires pour séjourner sur les plages, alors très ventées et balayées par des averses régulières. Koh Phayam reste toutefois plus accessible que Koh Chang à cette période.

Transports

Le trajet dure environ 2 heures de bateau (150 B), ou 40 min de *speedboat* (350 B). Bien entendu, toujours vérifier les horaires des transits, selon la saison. Le départ des bateaux se fait toujours au petit port de pêche de Saphan Pla, à 5 km au sud de Ranong.

▶ **Entre Koh Chang et Koh Phayam**, il est possible de prendre le bateau mis à disposition quotidiennement par le Koh Chang Resort (www.kohchangandaman.com).

Côte de la mer d'Andaman

Au sud-ouest du pays, la côte thaïlandaise est baignée par la mer d'Andaman. Le littoral ouest de la péninsule s'étire sur 650 km, depuis Ranong (frontière birmane) jusqu'à Satun, à l'extrême sud-ouest (frontière malaisienne). Le long de cette bande côtière les pluies surviennent en mai et s'arrêtent début octobre. Au niveau touristique, cette région est principalement fréquentée aux abords de Phuket et de Krabi. Les infrastructures hôtelières se sont développées de façon spectaculaire. Mais la côte d'Andaman, très découpée et bordée de nombreux archipels, offre encore bien des possibilités d'évasion en dehors des sentiers déjà balisés. L'aventure n'est donc pas terminée ! D'autres secteurs ont acquis depuis quelques années une réputation flatteuse auprès des voyageurs en quête de nouveaux espaces : notamment les archipels aux abords de Ranong ou de Satun.

Orientation

Avec ses 3 km de long, la plage d'Ao Yai est la plus grande et se trouve orientée vers le couchant. Au nord-ouest, Ao Kao Kwai regroupe un nombre grandissant d'options de logement. Quant à la petite Ao Hin Kao, au nord-est, elle reste encore paisible et intéressante pour le snorkeling.

Se loger

■ AOW YAI BUNGALOWS

Ao Yai
✆ +66 83 389 8688
www.aowyai.com
gilles_patchara@hotmail.com
Bungalows de 400 à 800 B. Ouvert toute l'année.
Belle installation de bungalows surélevés, plus ou moins grands, basiques ou confortables. Sa compagne, Patchara, s'occupe du restaurant, ouvert tous les jours. Alimentation électrique au moyen de panneaux solaires. Internet disponible et vente de tickets de bus. L'un des meilleurs choix de la plage au niveau confort.

■ PHAYAM COCONUT BEACH RESORT

Ao Yai
✆ +66 89 920 8145
www.koh-phayam.com
coconut@koh-phayam.com
Bungalows entre 400 et 1 000 B selon le type. Ouvert toute l'année. Cet établissement familial et agréable propose des bungalows surélevés, principalement en bois, simples mais corrects. Les plus chers sont en béton. La cuisine fonctionne en permanence pour les clients. Alimentation électrique de 18h à 23h.

■ PP LAND

Ao Hin Kao
✆ +66 81 678 4310
www.payampplandbeach.com
pplandpayam@gmail.com
Bungalows à partir de 500 B. Maison familiale à 1 600 B. Ouvert toute l'année.
Sur une plage tranquille, de beaux bungalows en dur avec toits de chaume. Chambres ventilées confortables. Tout le resort est conçu selon les principes du respect de l'environnement. Connexion Internet, restaurant organique et piscine. Organisation de parties de pêche ou snorkeling.

Se restaurer

Non loin du débarcadère sur la côte est de l'île, sont installés quelques petits bars-restaurants où il est possible d'obtenir des renseignements forts utiles, dès l'arrivée ou avant de repartir pour Koh Chang, par exemple.

■ OSCAR'S

Village de Mae Mai
Ouvert toute l'année. Plats à partir de 50 B.
Etablissement tenu par Richard, un Anglais sympathique et fort serviable. Point de chute très pratique pour boire un verre et s'informer sur la vie locale.

■ SAMRIT RESTAURANT

Village de Mae Mai
Ouvert tous les jours. Compter 300 B.
Petit restaurant thaïlandais installé juste en face d'un marchand de fruits et légumes. Bon marché et service rapide. Petit déjeuner occidental possible avant le départ du bateau (8h20).

PARC MARITIME DE KOH SURIN

Composé de cinq îles isolées à l'ouest de la côte thaïlandaise, cet archipel encore relativement préservé offrent de merveilleux spots de plongée. La meilleure solution est la formule « croisière plongée », avec des bateaux spécialement équipés et un encadrement de professionnels expérimentés. Ces programmes sont organisés à partir de Ranong ou de Phuket. Pour les inconditionnels désirant s'y rendre par leurs propres moyens, il faut d'abord gagner la localité de Khuraburi, à une centaine de kilomètres au sud de Ranong. Des bus font la liaison en 1 heure 30 et l'embarcadère de Ngan Yong se trouve à 6 km du centre-ville. Attention, le parc est ouvert de mi-novembre à mi-mai uniquement et l'entrée est régulée : il faut donc contacter le parc national quelques jours avant votre arrivée pour les prévenir.

■ BUREAU DU PARC NATIONAL

✆ +66 76 472 145 – www.dnp.go.th
Ouvert entre 10h et 16h.

BANG NIANG

Cette localité se trouve sur la côte d'Andaman au sud de Ranong et au nord de Phuket. L'organisation touristique est adaptée à une clientèle allemande ou scandinave, et les tarifs sont globalement plus élevés qu'ailleurs (à prestation égale).

Transports

▶ **Avion**. L'aéroport de Phuket se trouve à 1 heure 30 de route de Bang Niang. Les hôtels de grand standing assurent normalement le transfert par route, en fonction des réservations.

▶ **Bus**. Les bus assurant la liaison entre Ranong et Phuket via Takuapa, s'arrêtent à Bang Niang et Khao Lak. Compter environ 3 heures de route depuis Ranong jusqu'à Khao Lak.

Pratique

■ KHAO LAK LAH OWN TOUR

Plage de Khao Lak
℃ +66 81 367 3851
www.khaolak.net
niramon_ga2@hotmail.com
Ouvert de 8h à 21h.
Cette agence de voyage, dirigée par une dame thaïlandaise prénommée Ga, fournit des informations sur les transports régionaux et loue des mobylettes (200 B par jour).

Se loger

■ AMSTERDAM BUNGALOWS

Soi 3, Plage de Bang Niang
℃ +66 81 857 5881
Bungalows entre 500 et 1 000 B.
Situé à 200 m de la plage, c'est une adresse pour les petits budgets assez populaire. Les premiers prix sont de tout petits bungalows mais les autres sont plus grands et ont l'air conditionné. Tous avec salle de bains privée. Poste Internet et possibilité de louer des motos et des vélos.

■ NANG THONG BAY RESORT

13/5 Moo 7, Plage de Nang Thong
℃ +66 76 485 088 / +66 76 485 089
www.nangthong.com
nangthong1@hotmail.com
Basse saison : de 1 000 à 1 500 B. Haute saison : de 2 000 à 3 000 B.
Des prix abordables pour une situation imbattable, sur la plage : voilà l'atout de ce beau resort, pas récent mais toujours aussi accueillant et apprécié des voyageurs. Tout confort, les chambres ont vue sur la mer et les bungalows sont bien espacés dans un jardin manucuré. Une belle piscine servira de décor à vos soirées autour de délicieux cocktails.

À voir – À faire

Le long de la côte d'Andaman, les archipels Surin et Similan offrent des sites de plongée magnifiques. Ils sont accessibles en bateau grâce à des excursions de plusieurs jours organisées depuis Khao Lak, Ranong ou même depuis Phuket, plus au sud. La saison favorable à la navigation s'étend d'octobre à avril.

KHAO LAK

Située sur la côte d'Andaman au sud de Ranong et au nord de Phuket, Khao Lak est une destination populaire comme point d'attache pour se rendre sur les îles Similan (attention : ces dernières ne sont ouvertes au public qu'en haute saison de novembre à mai). Elle reste relativement préservée du tourisme, bien qu'elle se développe rapidement dans cette direction. L'endroit est paisible et les plages sont belles. La plus proche du centre-ville possède un joli phare photogénique près de la côte.

Après avoir été fortement touchée par le tsunami de 2004, Khao Lak s'est relevée à un tel point qu'à présent, les tarifs sont assez élevés pour se restaurer et effectuer de petits achats, et les resorts y poussent comme des champignons.

Transports

▶ **Bus**. Les bus assurant la liaison entre Ranong et Phuket via Takuapa, s'arrêtent à Khao Lak.
Phuket – Khao Lak : 2 heures de trajet environ, 100 B.
Ranong – Khao Lak : 3 heures de trajet environ, 180 B.
Bangkok – Khao Lak : 11 heures de trajet environ, de 600 B à 1 000 B selon la catégorie de bus.

Se loger

Bien et pas cher

■ POSEIDON BUNGALOWS

1/6 Khao Lak
Plage de Khao Lak
℃ +66 76 443 258
www.similantour.com
info@similantour.com
Bungalow pour 2 personnes 950 B, pour 4 personnes à 1 650 B. Wi-fi gratuit.
À 7 km de Nang Thong et un peu à l'écart de la plage, ces bungalows tenus par un Suédois sont un peu isolés du reste des habitations. Idéal pour être au calme et se concentrer sur la plongée : l'agence Poseidon propose formations et excursions pour découvrir les différentes îles des environs. Restaurant sur place.

■ SEAWEED HOSTEL

26/34 thanon Petchkasem
℃ +66 81 956 5654
seaweedkhaolak.com
seaweedkhaolak@gmail.com
Dortoir : 250 B. Chambres ventilées entre 300 et 600 B. Chambres climatisées entre 750 et 800 B. Wi-fi gratuit.
Auberge de caractère qui ravira les petits budgets pour son bon raport qualité-prix. Au choix : chambres situées dans une allée ou bungalows dans un jardin plus bas. Tous sont propres et bien tenus, avec une déco « surf » à l'air marin. En plein centre-ville, la

plage est aussi à 5 min à pied. L'établissement fait agence de tourisme et dispose d'un petit café.

Confort ou charme

■ NANG THONG BAY RESORT
13/5 Moo 7, Thanon Khuk Khak
Plage de Khao Lak
℡ +66 76 48 50 88
www.nangthong.com
nangthong1@hotmail.com
Basse saison : de 800 à 1 500 B. Haute saison : de 1 800 à 3 000 B. Wi-fi gratuit.
Resort agréable situé en bord de mer, avec une belle piscine. Au choix : chambres ou bungalows tout confort : eau chaude, télévision et coffre-fort. L'entreprise est familiale et l'accueil très correct.

Luxe

■ KHAOLAK WANABUREE RESORT – THE UNIQUE COLLECTION
26 / 11 Moo 7, Khuk Khak, Takuapa
℡ +66 76 485 333
http://wanaburee.com
khaolakwanaburee@hotmail.com
Chambres en basse saison à partir de 2 800 B. A partir de 4 000 B en haute saison. Piscine, spa, restaurant, bar. Wi-fi gratuit. Nombreuses activités à faire sur place.
Le Khaolak Wanaburee Resort est implanté à la lisière d'une forêt tropicale, sur une plage déserte et vierge, avec la mer d'Andaman comme terrain de jeu. Les 34 logements du resort sont entourés d'une végétation luxu-riante, avec vue sur le lagon. La faune et la flore locale sont très présentes dans les environs, et quel que soit l'endroit où vous vous trouverez, vous serez toujours bercés par les sons paisibles de la nature environnante. Chaque habitation, de style traditionnel, est parfaitement intégrée à cet environnement. Et à l'intérieur, vous trouverez des installations luxueuses, modernes, nécessaires à un confort maximum et en plus, très joliment décorées. Le restaurant Wana Dalah sert en continu toute la journée, une cuisine spécialisée dans les produits de la mer. Vous pourrez demander également un repas romantique sur la plage, vous baigner dans les piscines de la propriété et bien évidemment profiter d'un excellent massage sur demande. Et si tout ça ne suffit pas, vous pourrez pratiquer du snorkeling, faire des excursions dans le parc de Khao Lak, vous rendre en bateau sur l'île de Phi Phi, expérimenter une balade en éléphant dans les environs… Entre amis, en couple ou en famille, ce petit coin de paradis est une promesse à un séjour inoubliable.

ESCAPE TO A LOST PARADISE

VARIETY HOTELS

■ LE MÉRIDIEN KHAO LAK
9/9 Moo 1, Plage de Bang Sak
℡ +66 76 427 500
Basse saison, à partir de 3 500 B. Haute saison, à partir de 5 000 B. Petit déjeuner inclus. Wi-fi gratuit.
Majestueux établissement installé à proximité du cap Pakarang (sud de Takua Pa). Rien n'a été laissé au hasard : piscines, courts de tennis, centre de remise en forme, Spa, trois restaurants. Lieu de détente idéal pour couples ou comités d'entreprise. Les villas (accès direct à la mer, piscine privée et Jacuzzi) laissent rêveur.

Se restaurer

■ TEN STAR
9 Moo 7, Thanon Khuk Khak
℡ +66 81 37 02 107
sitthichok.maa@hotmail.com
Ouvert de 9h30 à 22h30. Plats entre 50 et 200 B.
Cuisine thaïlandaise et européenne servie dans ce restaurant situé dans le centre-ville en bord de route. L'un des seuls ouverts assez tôt pour le petit déjeuner. Service correct.

Sports – Détente – Loisirs

■ KHAO LAK SCUBA ADVENTURES
13/47 Moo 7, thanon Khuk Khak
℡ +66 76 485 602
www.khaolakscubaadventures.com
info@khaolakscubaadventures.com
Centre de plongée PADI 5 étoiles IDC de qualité, proposant des plongées vers les îles Similan, Richelieu Rock, Koh Bon et les îles Surin en haute saison, et dans la région de Phuket en basse saison, le parc maritime étant fermé à cette période. Possibilité de partir en croisière sur leurs bateaux Manta Queen (restauration, cabines et même cinéma en plein air). Moniteurs francophones. Quatre personnes par cours maximum.
A noter : le directeur, Stéphane, travaille avec l'Association internationale pour plongeurs handicapés depuis plusieurs années et peut dispenser des cours de plongée aux handicapés physiques et mentaux. Le centre dispose d'ailleurs d'un équipement adapté : gants palmés, flotteurs, masques pour aveugles, entre autres. Une perle !

© MUZHIK - SHUTTERSTOCK.COM

Plage de Khao Lak.

PROVINCE DE PHANG NGA

PHANG NGA

La petite ville de Phang Nga est réputée pour sa magnifique baie où une multitude de pitons calcaires se découpent sur le ciel, lui donnant un air de ressemblance avec la célèbre baie d'Along, au Viêt Nam. A la base de ces falaises, couronnées de végétation tropicale, s'ouvrent des grottes naturelles aux reliefs tourmentés. L'ensemble est du plus bel effet.

Transports

Bus

▶ **Depuis Bangkok**. Un bus « VIP » part à 18h30. Un bus de 1re classe part à 19h, et des bus de 2e classe partent à 6h30 et 19h. Comptez de 380 à 740 B et 12 heures de trajet environ.

▶ **Depuis Phuket**. Des bus ordinaires partent entre 6h et 20h : un départ à peu près chaque heure. Comptez 50 B (ventilé) ou 80 B (climatisé) pour environ 2 heures de trajet (90 km). Mêmes horaires, mêmes tarifs pour le trajet inverse.

▶ **Vers Satun** : Ils s'arrêtent à Phang Nga aux horaires suivants : 9h45, 11h45, 13h45, 21h15.

▶ **Vers Krabi** : Ils circulent tous les jours entre 6h30 et 20h, 80 B, 1 heure de trajet environ.

▶ **Vers Ranong** : Tous les jours de 8h30 à 20h30, 160 B, 3 heures de trajet environ.

▶ **Note** : les billets de bus s'achètent dans le bus même, pendant le trajet. Et pas d'inquiétude, pour les petites destinations de cette région, ils sont rarement pleins. Les agences qui essaieront de vous en vendre prennent forcément une commission.

Se déplacer

▶ **Taxi collectif (*song téo*)**. Ils circulent régulièrement le long de l'avenue principale qui traverse la ville de part en part.

▶ **Taxi-moto** : il y en a un peu partout dans la ville. Comptez 20 à 30 B pour une petite course.

Se loger

Loger à Phang Nga donne l'occasion de visiter la baie et les îles environnantes. Il est envisageable de passer une nuit au petit village musulman dont les habitations sur pilotis sont installées au milieu des îles. En ville, les hôtels sont répartis au long de la rue centrale, très étirée.

Bien et pas cher

■ **PHANG NGA GUESTHOUSE**
99/1 Taichang Muang
✆ +66 76 411 358
Chambres ventilées à 350 B, climatisées à 480 B. Wi-fi gratuit.
Guesthouse à la déco sympa située à 200 mètres de la gare routière. Un large choix de chambres relativement bien entretenues pour le prix, avec salle de bains privée. Donc si l'une ne vous convient pas, n'hésitez pas à demander à changer. Accueil correct.

■ **PHANG NGA INN**
2/2 Soi Lohakit, thanon Petkasaem
✆ +66 76 411 963 / +66 81 89 21 507
phang-ngainn55@hotmail.com
Chambres (toutes climatisées) de 650 à 1 500 B. Wi-fi gratuit.
Situé non loin de la gare routière, cette maison traditionnelle originale propose un choix de chambres bien entretenues. Elles ont toutes un certain charme, quoique la plupart n'aient pas de véritable fenêtre. Les plus chères disposent de l'eau chaude. Location de scooters sur place.

© ERIC MARTIN – ICONOTEC

CÔTE DE LA MER D'ANDAMAN

Baie de Phang Nga, île de Ko Tapu.

Confort ou charme

■ GOLDEN BUDDHA BEACH RESORT

131 Moo 2 Koh Phra Thong, Phang Nga
82150
✆ +66 81 895 2242
www.goldenbuddharesort.com
myles@goldenbuddharesort.com
De 5 600 à 12 000 B par couple suivant les bungalows.
Si vous recherchez un coin bien tranquille, loin de toute agitation nocturne, une plage déserte, un environnement naturel, des animaux sauvages, c'est ici que vous devez vous poser. L'endroit possède pourtant un club-house et un bar, ainsi qu'un petit restaurant qui propose une nourriture fraîche et locale, les produits de la mer sont achetés aux pêcheurs du coin, le pain est fait sur place. Un personnel charmant, dont la grande majorité est native de l'île, sera aux petits soins jour et nuit.

Luxe

■ ALEENTA

33 Moo 5, Tambol Khok Kloy
Takua Tung
✆ +66 76 580 333 – www.aleenta.com
reservation@aleenta.com
Chambre à partir de 6 500 B jusqu'à 26 000 B. Petit déjeuner inclus. Wi-fi gratuit.
Dans le district de Phang Nga, à une vingtaine de kilomètres de l'aéroport de Koh Phuket, Aleenta privilégie une plage déserte, loin de toutes attractions touristiques. Vous êtes ici pour vous détendre au bord de la plage ou de la piscine accessible depuis votre terrasse et face à la mer. Un service irréprochable et attentif, des programmes quotidiens pour animer vos journées. Une cuisine fine dont un chef français a su mêler les goûts et saveurs pour satisfaire nos palais.

Se restaurer

■ BAAN PHANGNA

100/2 Thanon Petcha kaseam
✆ +66 76 41 32 76 / +66 89 78 81 453
baanphangnabandb@gmail.com
Plats entre 60 et 100 B. Chambres (toutes avec A/C, eau chaude et fenêtre) à 650 B en basse saison, 850 B en haute saison. Petit déjeuner inclus en haute saison. Wi-fi gratuit.
Joli petit restaurant, servant des plats thaïs et européens et où l'on peut aussi déguster des gâteaux et autres desserts. L'établissement fait également guesthouse, l'atmosphère y est très sympa et les chambres sont bien tenues. Une des meilleures adresses de la ville dans les deux cas.

■ MARCHÉ DE NUIT

C'est plutôt un marché du soir, qui prend place tous les jours de 16h à 20h, le long de l'avenue principale et près du New Luk Hotel. Un autre marché de nuit ouvre juste en face tous les lundis. Pour se restaurer à peu de frais, comme partout en Thaïlande.

Visites guidées

■ MT TOUR – MUANG THONG HOTEL

128 Thanon Phetkasem
✆ +66 76 412 132 / +66 89 289 2566
Ouvert de 8h à 20h. Excursions entre 500 et 1 100 B environ. Transfert hôtel gratuit.
M. Hassim propose les services de sa famille pour vous accompagner sur un circuit en bateau à travers la mangrove et la baie de Phang Na. Discutez les tarifs en fonction des conditions et des horaires, comme toujours. L'opération se présente sous un aspect assez convivial. Il faut prendre contact à la réception de l'hôtel, à 200 m de la gare routière.

▬ ARCHIPEL DE KOH YAO ▬

D'une superficie totale de 137 km², ces îles sont plus étendues que Koh Phi Phi mais moins réputées. Administrativement rattaché à la localité de Phang Nga ainsi qu'au parc national marin d'Ao Phang Nga, l'archipel est néanmoins plus facilement accessible depuis Phuket et comprend deux îles principales. La plus grande, Koh Yao Yai, se trouve au sud. Koh Yao Noi, au nord, est sans doute la plus fréquentée. Depuis les plages de l'est, on bénéficie d'un magnifique panorama sur la baie de Phang Nga. La population à majorité musulmane mène une vie simple et paisible ; sourires et tenues colorées (mais conservatrices) sont de mise.

KOH YAO YAI

La paisible Koh Yao Yai est plus isolée et moins « équipée » que sa voisine sur le plan touristique, mais les amateurs de charme bucolique seront comblés.

Se loger

En matière d'hébergement, le nombre d'endroits est relativement limité en comparaison avec Yao Noi.
Chacune des adresses ci-après assurent normalement un service de restauration.

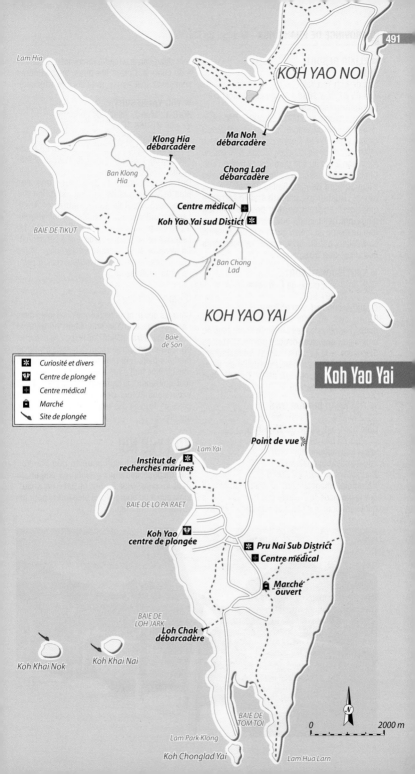

Lam Hia

KOH YAO NOI

Klong Hia débarcadère

Ma Noh débarcadère

Ban Klong Hia

Chong Lad débarcadère

Centre médical
Koh Yao Yai sud Distict

BAIE DE TIKUT

Ban Chong Lad

KOH YAO YAI

Baie de Son

✳	Curiosité et divers
⚑	Centre de plongée
✛	Centre médical
⌂	Marché
⬈	Site de plongée

Koh Yao Yai

Point de vue

Lam Yai

Institut de recherches marines

BAIE DE LO PA RAET

Koh Yao centre de plongée

✳ *Pru Nai Sub District*
✛ *Centre médical*

⌂ *Marché ouvert*

BAIE DE LOH JARK

Loh Chak débarcadère

Koh Khai Nok

Koh Khai Nai

BAIE DE TOM TOI

0   2000 m

N

Lam Park Klong

Koh Chonglad Yai

Lam Hua Larn

■ ELIXIR RESORT

99 Moo 3, Prunai
Sud de Koh Yao Yai
✆ +66 87 808 3838 – www.elixirresort.com
info@elixirresort.com

En haute saison, de 6 000 à 25 000 B. Réduction de 50 % en basse saison. Transfert assuré depuis l'aéroport de Phuket. Liaison de 30 min en bateau rapide à partir de Boat Lagoon Marina. Wi-fi gratuit.
A environ 2 km au sud du débarcadère de Loh Chak, cet établissement aligne ses luxueuses villas au bord de mer. Salles de bains à ciel ouvert. Restaurant climatisé avec terrasse extérieure en front de mer pour le soir. La plage est belle, mais une piscine se trouve tout de même au milieu du parc et des bassins particuliers ont été prévus pour les occupants des villas. Spa à demeure.

■ SANTISOOK RESORT

Côte nord-est, plage de Ban Takao
✆ +66 76 597 587
Chambres entre 1 500 et 2 500 B.
Bungalows en bois répartis autour de la maison principale. Les chambres sont plus ou moins grandes, avec douche privée. Certaines disposent de la TV (plus chères). Le restaurant est ouvert toute l'année. Possibilité de louer jeep, motos ou canoë sur place. Organisation d'excursions en bateau.

■ THA KHAO BUNGALOWS

23/2 Moo 4
Côte nord-est, plage de Tha Khao
✆ +66 76 597 564
www.kohyaobungalow.com
info@kohyaobungalow.com
Bungalows de 800 à 2 200 B.
Bel emplacement au bord du rivage ; dommage que la baignade soit rendue trop tranquille par la faible profondeur d'eau. Les bungalows en bois

sont alignés dans un cadre verdoyant. L'ensemble a du charme. Certes basiques, les chambres sont assez spacieuses, avec douche attenante.

■ YAO YAI RESORT

80/8-12 Moo 7, Village de Lopareh
✆ +66 81 968 4641
www.yaoyairesort.com
En basse saison, de 1 200 à 2 200 B. En haute saison, de 1 600 à 3 200 B. Petit déjeuner inclus. Wi-fi gratuit.
Cet établissement installé sur l'une des plus belles plages de Yao Yai est dirigé par deux associés Hollandais, Hamza et Andy. Les bungalows, confortables, sont alignés à proximité immédiate du front de mer. La baignade ne pose aucun problème à cet endroit. La terrasse du restaurant est agréable, et les spécialités thaïes sont savoureuses. Un point de chute intéressant.

À voir – À faire

Ceux qui décident de rester quelques jours dans l'archipel de Koh Yao souhaitent en général profiter de la tranquillité des lieux. Les activités principales en journée sont la balade à vélo ou même à pied, à la rencontre de la population musulmane tout à fait paisible et amicale. Des tour-opérateurs organisent depuis Phuket des excursions autour des îles en canoë. Il est possible de louer des embarcations à la journée sur place.

KOH YAO NOI

Kho Yao Noi est plus peuplée que Yao Yai. Elle dispose des deux meilleures plages du petit archipel (Hat Pa Sai et Hat Tha Khao), ainsi que d'un bourg plutôt bien fourni pour les voyageurs : Ta Khai.

Long Tail Boat.

Koh Yao Yai et Koh Yao Noi

ARCHIPEL DE
KOH YAO YAI
& KOH YAO NOI

MER D'ANDAMAN

0   4 km

KRABI

■ Ao Nang

Thalane Débarcadère

Tha Khao Débarcadère

Pa Koh

Koh Hong

KOH YAO NOI

Sa Pan Yao Débarcadère

Ma Noh Débarcadère

Koh Nok

Chon Lad Débarcadère

Tha Ton Do Débarcadère

Sukha Débarcadère

Klong Hia Débarcadère

Lam Hia

Baie de Tikut

Baie de Son

KOH YAO YAI

Lam Lai

Baie de
Lo Pa Raet

Loh Jark Débarcadère

Koh Khai Nai

Baie de
Lo Jark

Lam Park Klong

Koh Chonglad Yai

Lam Hua Larn

Koh Khai Nok

PHANG NGA

Ao Por Débarcadère

Aéroport International
de Phuket ✈

Bang Rong Débarcadère

ÎLE DE
PHUKET

Chianwanich Débarcadère

Arriver et se déplacer sur place

Bateau

Pour se rendre dans l'archipel de Koh Yao depuis la ville de Phang Nga, il faut compter 2 heure 30 contre 1 heure environ depuis Krabi, mais le transfert en bateau à partir de ces deux points n'est possible qu'en dehors de la mousson, lorsque la mer est calme, c'est-à-dire d'octobre à avril. Koh Phuket constitue une base de départ privilégiée : les transferts sont possibles toute l'année.

▶ **Pour aller à Koh Yao Yai** (au sud de l'archipel) : depuis l'embarcadère de « Jien Vanich » : à 10h30 et 14h, 1 heure de trajet, arrivée au débarcadère de « Lo Chak » – ou « Lo Jark » – au sud de Yao Yai. Les retours sont programmés à 8h et 15h. Depuis l'embarcadère de Ban Rong : départs entre 9h30 et 17h.

▶ **Pour se rendre à Koh Yao Noi** (la plus petite des deux îles, au nord de l'archipel) : depuis l'embarcadère de Bang Rong : départs entre 7h30 et 15h, 50 min de trajet. Retours prévus entre 9h et 16h (à confirmer). Attention : le dernier bateau assurant la correspondance avec un bus local à Bang Rong (30 B) quitte l'embarcadère de Manok à 13h30. Ensuite, il faudra se débrouiller avec les taxis pour se rendre à Phuket Ville, et ce n'est plus même tarif. Depuis Jien Vanich : départs à 8h et 15h.

Se déplacer

▶ **Liaison par bateau** possible entre le nord de Yao Yai et le sud de Yao Noi, et 15 min en barque de pêche *longtail* pour relier les jetées de Chong Lad (Yao Yai) et de Manok (Yao Noi). Il est possible de faire passer une petite moto (mais acrobatique toutefois). On peut donc débarquer sur Yao Yai, puis traverser cette île du sud au nord et repartir depuis Yao Noi (où les hébergements sont plus nombreux).

▶ **Les routes carrossables** en dur existent depuis quelques années déjà, mais on trouve encore certaines pistes de terre. Le vélo ou la moto semblent les moyens les plus appropriés surtout à Yao Yai, dont la longueur avoisine les 40 km. Il n'y a pas encore de liaisons régulières mais si vous avez pris contact à l'avance pour passer la nuit quelque part, il est probable que l'on vienne vous chercher au débarcadère, les guesthouses étant généralement éloignées de plusieurs kilomètres. Il est aussi envisageable de faire appel à la bonne volonté des habitants, naturellement motorisés, pour se faire déposer : le tarif est à négocier à l'avance en fonction de la distance. Mais il arrive que ce service soit proposé gratuitement pour de petits trajets, l'afflux touristique étant encore assez réduit. Enfin, une fois installé à demeure, il est souvent possible de louer une mobylette à la journée.

Se loger

Des établissements de toute catégorie parsèment l'île. Demandez à votre hôtel ou guesthouse de venir vous chercher à l'embarcadère, car les distances sont difficilement parcourables à pied.

■ **HOLIDAY RESORT**
25/25 Moo 5
Côte est, au centre
✆ +66 76 597 543
Chambres de 700 à 1 500 B.
De beaux bungalows en bois sont alignés face au magnifique panorama de la baie de Phang Nga. Les chambres sont spacieuses et, quoique la construction remonte à une dizaine d'années, elles ne manquent pas de cachet. Baignoires en bois dans certaines salles de bains, original !

■ **KO YAO ISLAND RESORT**
24/2 Moo 5, Koh Yao Noi
✆ +66 76 597 474
www.koyao.com
info@koyao.com
En basse saison, de 4 000 à 13 000 B. En haute saison, de 7 000 à 14 500 B. Petit déjeuner inclus. Wi-fi gratuit.
Ensemble vraiment esthétique : une quinzaine de villas luxueusement aménagées, dispersées au milieu des cocotiers, dans un agréable parc en bord de plage. Vue dégagée sur la baie de Phang Nga. Si le décor tropical est typiquement thaïlandais, le confort est occidental et de haut niveau. Ce concept est l'œuvre d'un Français, Georges Cortez, qui a dessiné les plans de chacune de ces villas. Une belle réussite.

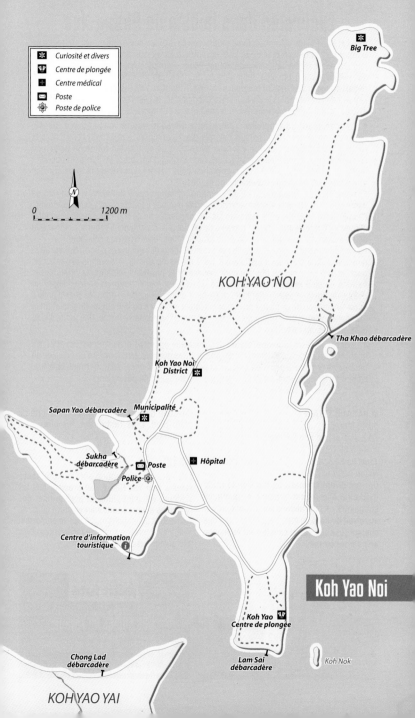

Légende

✳	Curiosité et divers
🤿	Centre de plongée
➕	Centre médical
✉	Poste
👮	Poste de police

0 — 1200 m

N

Big Tree ✳

KOH YAO NOI

Tha Khao débarcadère

Koh Yao Noi District ✳

Sapan Yao débarcadère

Municipalité ✳

Sukha débarcadère

Poste ✉

Hôpital ➕

Police 👮

Centre d'information touristique ℹ

Koh Yao Noi

Koh Yao Centre de plongée 🤿

Koh Nok

Chong Lad débarcadère

Lam Sai débarcadère

KOH YAO YAI

Excursion dans la baie de Phang Nga

Krabi et Koh Phi Phi offrent également de beaux paysages, mais cette étape intermédiaire permet d'effectuer le tour de la baie en bateau. Excursion à la demi-journée ou à la journée. En matinée, la luminosité est meilleure. Hébergement éventuel dans le village sur pilotis installé par une communauté de pêcheurs musulmans. Le plus souvent, départ en excursion à 8h30 et retour vers 16h. Attention, l'évolution de la marée joue sur l'intérêt de la visite : plus le niveau de l'eau est bas et plus les chenaux de circulation sont étroits, ce qui écourte l'excursion et la rend moins intéressante.

▶ **La promenade suit toujours à peu près le même itinéraire :** on traverse d'abord la mangrove en longeant des chenaux naturels avant d'atteindre la zone des pitons calcaires (environ 100 m de hauteur). Il y a deux traversées de grottes (en forme de tunnel) où l'on voit voleter des hirondelles et un passage le long d'une paroi où l'on peut observer quelques peintures rupestres d'assez grande taille : Tham Hong. C'est là aussi que l'on devrait trouver des singes mangeurs de crabes.

Ensuite, arrêt programmé à l'île de Ping Kan, célèbre depuis le tournage d'un film de James Bond : *L'Homme au pistolet d'or*. Tous les bateaux y font halte systématiquement : c'est le défilé ! Là, quelques marchandes de coquillages ou de bijoux essaient de vendre, coûte que coûte, le fruit de leur travail à des étrangers fraîchement débarqués et un peu déboussolés, ne sachant trop que photographier : les falaises ou les échoppes.

La balade continue ensuite au milieu des falaises colorées de gris et d'ocre. Nouvel arrêt dans un village sur pilotis installé par les « gitans de la mer » (devenus sédentaires, pour le cas) où d'autres boutiques de souvenirs et plusieurs restaurants attendent le touriste de pied ferme (si l'on peut dire). Mais il y a toujours moyen de s'échapper au détour de quelque passerelle, histoire de faire un cliché insolite, dans les jeux d'ombre et de lumière, ou de grignoter en douce quelques sucreries ou une cuisse de poulet (midi approche) avant d'embarquer pour le dernier transit vers la terre ferme. Une petite sieste bien méritée, après tout ça ?

▶ **S'adresser à un tour-opérateur** fait économiser du temps et de l'argent : en effet, les agences locales négocient des prix de groupes. Ces derniers sont formés d'une dizaine de personnes pour l'excursion en barque de pêche locale : *longtail boat*. Certains bateaux, venant de loin, peuvent embarquer jusqu'à une trentaine de passagers !

■ **PASAI COTTAGES**
50/2, Moo 5
Côte sud-est de Koh Yao Noi
✆ +66 89 592 2390
Tarifs basse saison : bungalow à partir de 800 B. Haute saison : 1 000 B.
Un restaurant-terrasse au bord de la route qui longe elle-même la plage, et quelques bungalows en bois alignés sur un petit terrain en retrait du bord de mer. L'aménagement des chambres ventilées est satisfaisant et dégage un charme certain.

Chacune dispose d'un cabinet de toilette de plain-pied. Côté restaurant, les plats sont savoureux.

Sortir

Les lieux de distraction sont encore assez rares à Koh Yao Noi. Il faut préciser que les visiteurs viennent plutôt ici pour profiter des paysages et passer des soirées entre amis, au calme. Des animations musicales se produisent néanmoins certains soirs : se renseigner auprès des guesthouses locales.

PROVINCE DE PHUKET

Bien avant l'expansion rapide du tourisme de ces vingt dernières années, Phuket était déjà un centre économique prospère. A l'époque de la ruée vers l'étain au XIXe siècle, puis de l'essor des plantations au XXe siècle, nombreux furent les immigrés chinois à venir chercher fortune à Phuket. De cette période, il reste de belles bâtisses de style sino-portugais, mi-occidentales et mi-chinoises, dont beaucoup ont depuis été remises au goût du jour. Aujourd'hui, c'est le tourisme qui a pris le relais, et le choix d'activités disponibles dans l'île justifie l'engouement international pour cette station balnéaire de premier plan.

PHUKET TOWN

Cette agglomération de moyenne importance est le lieu d'arrivée dans l'île pour les voyageurs à petit budget – la gare routière s'y trouve – et elle constitue le centre de vie et le point de rencontre privilégié de nombre d'expatriés. « Phuket Town », chef-lieu de l'île, est incontournable pour se rendre à Koh Phi Phi, Koh Yao Yai ou Koh Yao Noi. L'office de tourisme est ouvert tous les jours et fournit gratuitement plans et brochures sur l'ensemble de la région ; les agences locales vous attendent également de pied ferme. D'autre part, les bâtiments du quartier historique – de style sino-portugais – ont un charme qu'on ne retrouve pas en des lieux récemment développés. Les voyageurs restent parfois plus longtemps que prévu à Phuket Town. En effet, la vie y est moins chère et l'endroit est plus intéressant pour ceux qui souhaitent connaître le mode de vie d'une petite cité thaïlandaise du Sud et se rapprocher ainsi de la population locale. Tous les dimanches à Thalang Road, se tient un marché de 17h a 22h où des stands triés sur le volet proposent de l'artisanat local.

Transports

■ ANDAMAN WAVE
23/4 Thanon Luang Poh Wat Chalong
℃ +66 76 232 561 / +66 75 222 570
www.andamanwavemaster.com
info@andamanwavemaster.com
Cette compagnie est la plus rapide. Elle utilise un *speedboat* qui effectue le transit avec Koh Phi Phi en 40 min seulement. Autres bureaux sur Koh Phi Phi et Krabi.

■ PURE CAR RENT
75 Thanon Ratsada
℃ +66 76 211 002
info@purecarrent.com
Ouvert de 8h à 17h30. Par jour, 1 600 B pour une voiture ou 200 B pour un scooter.
Location de motos et de voitures en plein centre de la vieille ville. Bon accueil.

Maisons colorées de la vieille ville de Phuket.

Pratique

Tourisme – Culture

■ ASIA SENSATIONS TRAVEL
7/3 Moo 2 Soi Parlai
Muang District
✆ +66 7628 6340
Voir page 20.

■ OFFICE DE TOURISME (TAT)
191 Thanon Thalang
✆ +66 76 211 036
tatphket@tat.or.th
Ouvert de 8h30 à 16h30.

■ LE PARIS PHUKET
www.leparisphuket.com
LE magazine de la rencontre des cultures franco-
thaï. Créé en décembre 2011, ce mensuel s'est
peu à peu imposé dans le paysage éditorial
siamois. Destiné au départ à la communauté
francophone et à ses conjoints thaïlandais,
ce magazine de 80 pages, en couleur et en
français, avec un zeste de thaï, est gratuit et
largement distribué dans plus de 300 points à
Phuket, Pattaya et Bangkok (hôtels, restaurants,
magasins, galeries marchandes, aéroports...).
Les voyageurs comme les expatriés y trouveront chaque mois des articles de fond, des
dossiers thématiques et des rubriques culturelles
(cinéma, musique, livres, high tech, cuisine,
agenda, news...) ainsi que des portraits et des
bons plans, comme les endroits méconnus et
à ne pas rater lors d'un séjour au pays des
hommes libres.

Représentations – Présence française

■ AGENCE CONSULAIRE
Marina Boat Lagoon
39/4-5 Kow Keaw Plaza, Moo 2
Thepkasattri road T.K Keaw, A.Muang
✆ +66 76 273 511
www.ambafrance-th.org
agenceconsulairephuket@yahoo.com

■ ALLIANCE FRANÇAISE
3 Soi 1 Thanon Pattana
✆ +66 76 222 988
phuket@alliance-francaise.or.th
Cette institution a pour vocation la propagation de la culture française dans le monde et
l'apprentissage de la langue française. Ce n'est
donc pas une agence de voyage ou un bureau
d'assistance sociale, encore moins un « bureau
des pleurs » ! Cependant, M. Denis Rochel, le
directeur, sera heureux de vous accueillir si vous
souhaitez lui rendre une visite de courtoisie.
Nous précisons que le consulat honoraire ne
se trouve plus à cette adresse.

Argent

■ ASSURANCE PHUKET
80/189 soi 4, Moo 5
T.Vichit – A.Muang
✆ +66 8 4190 4001 / +66 76 393 964
www.insurance-phuket.com
*Ouvert tous les jours de 9h à 18h, sauf le
dimanche et les jours de fête nationale.*
Vous êtes touriste, futur expatrié ou retraité et
vous avez besoin d'une assurance sur place ?
Faites appel à Laurent, jeune Français parlant
thaïlandais couramment. Il vous conseille et vous
assiste dans toutes vos démarches et propose des
assurances santé (maladie, accident), véhicule
(voiture, moto, bateau), responsabilité civile, ou
simplement votre habitation. Agence sérieuse.

Moyens de communication

■ GOO NET
40 Thanon Phuket
✆ +66 76 225 443 – goo.net@hotmail.com
Ouvert de 10h à minuit. Une douzaine de postes.
Matériel neuf. Accueil correct.

■ POSTE
Thanon Montri
*Ouverte de 8h30 à 16h du lundi au vendredi, et
de 9h à midi les samedis et jours fériés.*
C'est la poste principale de l'île, mais toutes
les localités secondaires disposent de bureaux.

Santé – Urgences

■ BANGKOK PHUKET HOSPITAL
Thanon Yongyok Uthit
www.phukethospital.com
info@phukethospital.com
Une permanence francophone est assurée en
semaine par le docteur Pierret, du lundi au
vendredi, de 8h à 17h (Tél : +66 76 254 421, ext.
1088). La plupart des hôpitaux sont suréquipés,
à rendre jaloux nos hôpitaux de province.

■ PHUKET INTERNATIONAL HOSPITAL
44 Moo 5 Chaloemprakiat Ror 9, T. Vichit
✆ +66 76 249 400 / +66 76 361 888
www.phuketinternationalhospital.com

Se loger

On trouve à Phuket Ville les adresses les moins
chères et les plus pittoresques de l'île. Le vieux
centre est en train de connaître une certaine
renaissance, avec de nombreux hôtels boutiques
qui s'ouvrent dans d'anciennes *shophouses*
rénovées. Les réductions peuvent être très
intéressantes en dehors de la haute saison
touristique. Qui plus est, passer la nuit en ville
est commode pour se rendre dans les îles
voisines, en partant de bon matin.

Locations

■ NC-RESIDENCE

11/3 Thanon Manisi
✆ +66 76 292 596 – www.nc-residence.com
nc.residence@gmail.com
A partir de 650 B en basse saison, 1 000 B en
haute saison. Tarif au mois. Wi-fi gratuit.
Au calme, proche de la plage et du centre, jolie
résidence hôtel située sur les hauteurs de Patong
Beach. Hôtel clean et de qualité, des chambres
spacieuses et appartements confortables, tout
cela avec des prix raisonnables, et en plus une
clientèle sympatique.

■ SAWADEE

✆ +66 2 674 5555 – www.sawadee.fr
res@bkkbox.com
Réservation d'hôtels en ligne.
Besoin d'un hôtel, une maison d'hôtes ou autre
genre d'accommodation à Phuket ? Ce site offre
une sélection d'hôtels en Thaïlande aux prix les
plus bas possibles et ce sans aucun coût supplémentaire. Les offres et leur disponibilité sont
mises à jour quotidiennement. Sawadee offre
un service excellent pour un séjour mémorable,
relaxant et économique. Le site est en français.

Bien et pas cher

■ ON ON HOTEL

19 Thanon Phang Nga
✆ +66 76 211 154
Chambres ventilées avec douche commune à
250 B ; avec cabinet de toilette à 300, 350 et
400 B ; climatisées à 450 B.
Hôtel de catégorie modeste situé en plein
centre-ville. L'établissement se distingue par
son architecture sino-portugaise d'époque.
Adresse incontournable pour les jeunes routards
depuis des décennies. Les chambres à l'étage,
construites en bois, sont ventilées. Au rez-de-
chaussée, chambres climatisées sans fenêtre,
mais avec douche privée, dans un état aléatoire :
en visiter plusieurs. A quelques mètres sur
le même trottoir, restaurant ouvert toute la
journée : prix défiant toute concurrence.

■ PHUKET BACKPACKER

167 Thanon Ranong, Au niveau du marché
✆ +66 76 256 680
www.phuketbackpacker.com
Dortoir à 350 B (ventilé) ou 500 B (climatisé) ;
chambre à 700 B (ventilée) ou 900 B (climatisée).
Les lits sont groupés par quatre dans de petits
dortoirs, ventilés ou climatisés, tout propres.
Douches et toilettes communes. Quelques
chambres à l'écart, ventilées ou climatisées.
Accès Internet et DVD disponibles. Entrée fermée
par une grille : ouverture à digicode. Compte tenu
de la promiscuité, les tarifs sont assez élevés.

CÔTE DE LA MER D'ANDAMAN

Confort ou charme

■ IBIS STYLE NAIHARN PHUKET***
14 53 Moo 1 Naiharn Beach Muan
Chambres à partir de 1 500 B.
Ce concept "Style" ne manque pas d'atouts pour
la famille lancée sur la route des vacances. On
y trouve des prestations bon marché pour une
nuitée dans une chaîne dont le charme n'est
pas forcément l'atout premier. Premier bon
point : une literie excellente. Deuxième : les
enfants sont les bienvenus (suites familiales
pour 4 personnes, petit-déjeuner adapté, kid's
corner pour jouer...). Enfin, la décoration, épurée
mais colorée, certes pas très personnalisée a
pourtant le mérite d'être agréable à l'œil. Les
chambres comptent toutes une salle de bains
privative, un téléviseur et le wi-fi gratuit. On
notera aussi la présence de rangements dans
les chambres et l'engagement louable d'Ibis
en faveur de la protection de l'environnement.

■ LUB SBUY GUESTHOUSE
183/79-80 Thanon Phang Nga
✆ +66 76 232 210 – www.lubsbuy.com
*Haute saison : dortoir à 300 B, chambre
double avec A/C à 1 200 B. Basse saison,
respectivement 250 et 1 000 B.*
Situé en plein centre-ville, cet établissement
récent mène le bal parmi les *shophouses*
rénovées du vieux Phuket. Les 19 chambres
aux formes épurées sont colorées, propres et
confortables. Le nom signifie « dormir bien et
relax » en thaï : bon concept. Accès Internet wi-fi.

■ ROME PLACE HOTEL
23/8 Soi Hub-Ek, Thanon Phuket
✆ +66 76 223 560 – www.romeplace.com
*Haute saison : chambre double à partir de 900 B.
Basse saison : 700 B. Petit déjeuner inclus.
Wi-fi gratuit.*
Grand immeuble sans charme particulier,
en retrait au fond d'un soï du centre-ville.
Néanmoins, les chambres toutes climatisées
sont confortables et bien tenues. Cabinet de
toilette privé avec eau chaude. TV câblée. Une
adresse bon marché et bien située.

■ SINO HOUSE
1 Thanon Montri
✆ +66 76 221 398
www.sinohousephuket.com
*Basse saison : à partir de 1 600 B. Haute saison :
à partir de 2 000 B. Petit déjeuner inclus. Wi-fi
gratuit.*
Etablissement bien situé qui se prête à un
séjour d'agréable détente. Après avoir passé
le hall d'accueil de style traditionnel chinois,
vous découvrirez de grandes chambres au
design contemporain plutôt réussi. Préférez les
chambres donnant sur l'intérieur, plus calmes.

Petit déjeuner en terrasse, avec vue sur la ville.
Restaurant-bar et Spa installés à demeure.
Transfert prévu depuis l'aéroport.

Luxe

■ ROYAL PHUKET CITY HOTEL
154 Thanon Phang Nga
✆ +66 76 233 333
www.royalphuketcity.com
reservation@royalphuketcity.com
*Basse saison, 2 000 à 10 000 B. Haute saison,
2 500 à 10 000 B. Wi-fi gratuit.*
L'un des meilleurs établissements de la ville.
Chambres aménagées selon les principes du
luxe moderne. Belles salles de bains. Deux
restaurants de spécialités chinoises et internationales. Café glacier attenant le hall d'accueil.
Piscine en terrasse au 3e étage. Fitness center
remarquablement équipé. Spa et massage
traditionnel à demeure.

Se restaurer

Plusieurs bons restaurants sont situés au
cœur du quartier central de Phuket Ville et
aux environs.

Pause gourmande

■ SIAM BAKERY
13 Thanon Yaowarat
✆ +66 76 355 947
*Ouvert de 8h à 18h tous les jours sauf le
dimanche.* Située à l'intersection de la rue
Phang Nga, à 200 m du On On Hotel. Croissants,
pains au chocolat, gâteaux d'anniversaire,
sandwichs... le tout à prix raisonnables. Et
bien entendu, un percolateur pour faire du vrai
café ! Accueil aimable.

Bien et pas cher

■ RED SUN
30 Thanon Yaowarat
✆ +66 76 258 481 – lionel-ix@hotmail.fr
*En haute saison, ouvert à partir de 11h30, en
basse saison, à partir de 18h30, jusque tard
dans la nuit. Plats à partir de 60 B.*
Très bonne cuisine française, thaïlandaise et
internationale. De plus, le propriétaire des lieux
connaît parfaitement l'île et pourra vous en
dévoiler quelques secrets.

■ THE COOK
Thanon Phang Nga
✆ +66 89 972 5911
*Ouvert du mardi au dimanche de 8h à 21h30.
Comptez environ 45 B.* Tout petit resto à proximité
du On On Hôtel. Ce modeste établissement tenu
par Mme Porn, propose une cuisine familiale
sans surprise et bon marché. Bon accueil.

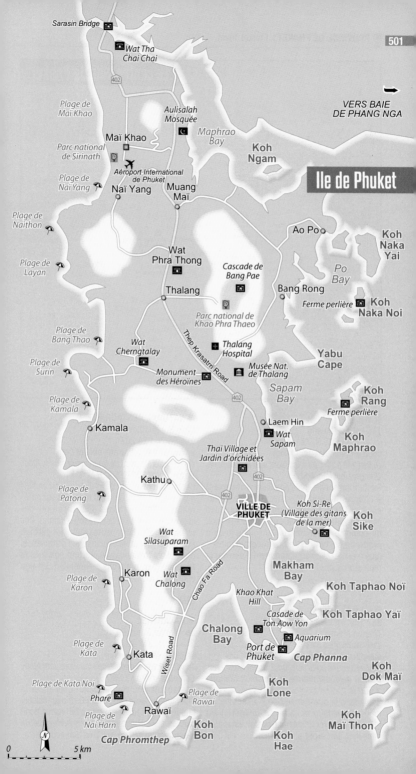

Sarasin Bridge

Wat Tha
Chai Chai

402

Plage de
Maï Khao

Aulisalah
Mosquée

Maphrao
Bay

Koh
Ngam

*VERS BAIE
DE PHANG NGA*

Maï Khao

Parc national
de Sirinath

Aéroport International
de Phuket

Plage de
Naï Yang

Naï Yang

Muang
Maï

Ile de Phuket

Plage de
Naithon

Ao Po

Koh
Naka
Yai

Plage de
Layan

Wat
Phra Thong

Cascade de
Bang Pae

Po
Bay

Bang Rong

Ferme perlière

Koh
Naka Noi

Thalang

Parc national de
Khao Phra Thaeo

Plage de
Bang Thao

Wat
Cherngtalay

Thep Krasatri Road

Thalang
Hospital

Yabu
Cape

Plage de
Surin

Monument
des Héroïnes

Musée Nat.
de Thalang

402

Sapam
Bay

Koh
Rang

Plage de
Kamala

Ferme perlière

Kamala

Laem Hin

Wat
Sapam

Koh
Maphrao

Thaï Village et
Jardin d'orchidées

Plage de
Patong

Kathu

402

Koh Si-Re
(Village des gitans
de la mer)

**VILLE DE
PHUKET**

Koh
Sike

Wat
Silasuparam

Makham
Bay

Plage de
Karon

Karon

Wat
Chalong

Chao Fa Road

Khao Khat
Hill

Koh Taphao Noï

Koh Taphao Yaï

Casade de
Ton Aow Yon

Plage de
Kata

Kata

Wiset Road

Chalong
Bay

Aquarium

Port de
Phuket

Cap Phanna

Koh
Dok Maï

Plage de Kata Noi

Phare

Plage de
Rawai

Koh
Lone

Plage de
Naï Harn

Rawaï

Koh
Bon

Koh
Hae

Koh
Maï Thon

Cap Phromthep

N

0   5 km

Le centre ville de Phuket

▪ WILAI

14 Thanon Thalang
☎ +66 83 606 9776
kopitiamphuket@gmail.com
Ouvert 11h à 22h, tous les jours sauf le dimanche.
Comptez environ 40 B.
Restaurant simple mais populaire, notamment
à l'heure du petit déjeuner. Cuisine thaïe-
chinoise, avec de bons currys ainsi que des
plats d'inspiration nyonya, cette culture hybride
mi-chinoise, mi-malaise. L'enseigne juste à
droite en sortant est aussi recommandée :
plus récente, elle sert notamment d'excellents
rouleaux de printemps.

Bonnes tables

▪ LA GAETANA

352 Thanon Phuket
Thanon Montri
☎ +66 76 250 523
giannifer@hotmail.com
Ouvert tous les soirs et le lundi, mardi et vendredi
pour le déjeuner. Fermé le mercredi. Compter
1 000 B.
Situé dans le quartier sud de Phuket Ville, ce
tout petit restaurant italien (30 couverts) est
tenu par Gianni et Conchita. L'endroit est réputé
dans le milieu expat phuketois.

▪ NATURAL RESTAURANT

62/5 Soi Phuthon
☎ +66 76 224 287
www.naturalrestaurant-phuket.com
Ouvert tous les jours de 9h à minuit sauf le lundi.
Repas entre 300 et 500 B.
Restaurant convivial dans une maison en bois
d'un étage. Les tables sont réparties sur différentes petites terrasses ainsi qu'au rez-de-
chaussée, ouvert sur la rue (assez calme). Des
plantes vertes et des petites fontaines partout.
Décoration agréable et éclairages d'ambiance.
Spécialités thaïlandaises, surtout poissons et
fruits de mer, mais pas uniquement. Un bon
endroit pour dîner.

Luxe

▪ KA JOK SEE

26 Thanon Takua Pa
☎ +66 76 217 903
kajoksee@hotmail.com
Ouvert de 18h à minuit tous les jours sauf lundi.
Comptez environ 1 200 B.
Restaurant très chic et plutôt cher (pour la
Thaïlande). Choix de spécialités thaïlandaises.
Lumière tamisée. Décor tout à fait romantique
dans le style traditionnel. Il est préférable de
réserver ou d'arriver tôt. Très bon accueil.

Vente - Location - Investissement

CHALONG

RAWAI BEACH

Nous parlons français

NAI HARN

28/58 Moo 1, Nai Harn - Rawai, Phuket 83130

95/88-89 Moo 7, Sai Yuan - Rawai, Phuket 83130

contact@thailand-realstate.net

Tél. : +66 (0)76 388 444 - GSM : +66 (0)85 70000 28

thailand-realestate.net
harvest-property.com
phuket-renthouse.com

Arriver

▶ **Avion.** Depuis Bangkok, Bangkok Airways (www.bangkokair.com – Phuket, 158/2-3 Thanon Yaowarat) assure sept vols quotidiens depuis Bangkok, mais également trois vols par jour à partir de Koh Samui et un vol depuis Pattaya.

La compagnie nationale Thai Airways (www.thaiairways.fr – Phuket, 78 Thanon Ranong) assure dix vols par jour depuis Bangkok Suvarnabhumi. Environ 1 heure 20 de vol.

La compagnie à bas prix Air Asia (www.airasia.com) assure quant à elle jusqu'à sept vols par jour depuis Bangkok Suvarnabhumi.

Enfin, Orient Thai (www.flyorientthai.com) et Nok Air (www.nokair.com) proposent également trois vols par jour en provenance de Bangkok, mais depuis leur hub de l'aéroport de Don Mueang.

▶ **Bateau.** Phuket Town est reliée à Ko Phi Phi par trois liaisons quotidiennes en ferry. Les horaires depuis Ko Phi Phi sont 8h30, 13h30 et 14h30. Comptez 350-400 B.

▶ **Bus.** Depuis Bangkok, des bus « VIP » partent en soirée du « Southern Bus Terminal » de Thonburi ; 970 B pour environ, 13 heures de route (867 km). Bus climatisés de 1re classe : départs prévus à 7h, 9h30, 14h, 16h, 17h, 20h et 22h ; 630 B, 13 heures de route, environ. Phuket est bien entendu aisément accessible depuis toutes les villes du sud de la Thaïlande. Depuis Krabi, des bus climatisés partent toute la journée pour Phuket ; 3 heures 30 de route, 200 B. Depuis Chumphon sur la côte est, 6 heures 30 de trajet, 350-400 B, et 8 heures et 600 B si vous prenez le bateau depuis Koh Samui. Depuis Hat Yai, 7 heures de trajet, 370 B.

▶ **Des mini-vans** climatisés font également le trajet entre Phuket et Ranong, Chumphon, Krabi et Trang, à un tarif légèrement supérieur à celui pratiqué par les bus.

Se déplacer

▶ **Bus et song téo.** Ils circulent dans Phuket Town et font la navette avec presque toutes les plages. En ville, s'adresser aux song téo stationnés sur Thanon Ranong, au niveau du marché central. Les prix sont fixés pour chaque destination, entre 7h et 17h, ensuite ils augmentent.

▶ **Touk-touk.** Toujours marchander pour éviter de se faire arnaquer, surtout de nuit ! A éviter si possible. Les taxis sont toujours préférables (confort et sécurité).

▶ **Moto-taxi.** Sur les plages, le moindre déplacement coûte 50 B. Il vous faut marchander.

▶ **Location de moto.** Les prix varient en fonction de la saison. Entre 250 et 350 B la journée. Par ailleurs, attention aux contrôles de police systématiques, port du casque obligatoire (même si certains Thaïlandais ne s'en soucient pas !) ; port du permis de conduire obligatoire (« driving licence »). Les amendes pleuvent sur tout le monde, sans distinction, et la tentative de corruption de fonctionnaires est plutôt risquée quand on ne parle pas la langue !

Plage de Yanoi.

Wakeboarder à Phuket.

▶ **Location de voiture.** Les jeeps Suzuki sont louées 1 000 B par jour, environ. Les prix baissent au-delà d'une semaine de location. Pour des véhicules standard, mieux vaut s'adresser aux agences francophones plus chères mais nettement plus sûres.

■ **NEXT DESTINATION**
23/476 Moo 2, Thepanusorn road
Muang District
PHUKET – PHUKET TOWN
✆ +66 866 907 906 / +66 858 803 788
www.nextdestinationthailand.com
nextdestinationthailand@gmail.com
Location de voitures adaptées à vos besoins. Tourisme ou affaires, cette jeune entreprise vous propose une gamme de véhicules aux tarifs très compétitifs. Les véhicules sont neufs et assurés tous risques. Ils assurent un confort, une qualité de conduite optimale ainsi qu'une utilisation éco-responsable. L'équipe motivée et dynamique est composée de francophones et est à votre écoute 24h/24 pour répondre à vos demandes. Des accessoires complémentaires sont aussi disponibles : GPS, siège bébé, carte de Phuket...

■ **NINA'S CARS**
40/19 Moo 9, soi chao fa
39 Chao Fa east road, Chalong
PHUKET – CHALONG
✆ +66 89 648 0499
www.ninas-car.com
ninascar@gmail.com

Accueil francophone et sympatique, avec un service 24h/24 ce qui est unique à Phuket. Location de motos et voitures selon votre choix à la journée, à la semaine, au mois. Les prix sont attractifs et étudiés selon les besoins de chacun. Tous les véhicules sont assurés en cas de casse pour les motos, bien entretenus, suivis et adaptés à l'environnement. Compter 700 B/jour pour un pick-up 3 places et de 800 à 1 200 B pour une berline. 150 B/jour une mobylette et 200 B un scooter. Les tarifs restent plutôt avantageux.

■ **PS RENTAL**
Moo 5 chaofa Road
9/127 Chaofa thanee village
T.Chalong – Amphur Muang
PHUKET – CHALONG
✆ +668 1893 0278
www.ps-rental.com
psrental@hotmail.com
Cette agence francophone de location de voitures est installée sur l'île depuis 1990. Il est préférable de réserver son véhicule en ligne. Des remises pour les locations longue durée sont également faites. Tous les véhicules sont assurés tous risques. Vous pouvez aussi louer des villas avec ou sans piscine à la semaine ou au mois. Elles se situent à mi-chemin entre Chalong et Phuket ville, et tout près du Wat Chalong (temple de Chalong). Des remises sont faites pour des séjours de plusieurs mois. Service de tours sur l'île de Phi Phi, de James Bond, trek d'éléphants…

■ BLUE ELEPHANT (MAISON DU GOUVERNEUR)
96 Thanon Krabi
✆ +66 76 354 355 – www.blueelephant.com
phuket@blueelephant.com
Ouvert tous les jours, de 11h30 à 14h30 et de 18h30 à 22h. Plats à partir de 300 B.
Ce groupe existe depuis plus de 30 ans, et dispose de restaurants à Paris, Lyon, Bruxelles... On y sert une cuisine royale thaïe, riche en plats raffinés comme le canard à la sauce de tamarin ou encore les crevettes d'Andaman au curry rouge et au basilic. Le décor vaut à lui seul le déplacement : cette superbe bâtisse de style sino-portugais n'est autre que l'ancienne résidence du gouverneur de Phuket, un magnat de l'étain du nom de Phra Phitak Chinpracha (1883-1949). Le barman, très inspiré, fait de merveilleux cocktails : laissez-vous tenter par le Thai Slipper. Menu végétarien et cours de cuisine thaïe disponibles.

Sortir

On peut découvrir ici une ambiance thaïlandaise qui n'a rien de commun avec celle des bars de nuit de la plage de Patong.

■ ROCKING ANGELS – JAMMIN CAFE
54 Thanon Yaowarat
✆ +66 76 210 828
Ouvert tous les jours de 17h à 1h.
Un tout petit café dont la fréquentation est aléatoire mais où l'ambiance rock'n roll est tout à fait sympathique quand le patron se met à jouer de la guitare. Les amateurs peuvent même participer !

■ TIMBER HUT
118/1 Thanon Yaowarat
✆ +66 76 211 839

Du lundi au dimanche de 22h à 2h.
Pub restaurant ouvert il y a quelques années déjà par un Français. Un groupe de musiciens thaïs crée une chaude ambiance sans que cela dégénère en cacophonie. Clientèle mélangée thaïe et farang expat. Un endroit convivial où passer des soirées animées.

À voir – À faire

■ KHAO RANG ⭐
Wichit
Au nord-ouest de la ville, au sommet de cette colline, un jardin public et un parcours de santé ont été aménagés. Le tout est accessible en voiture ou à moto par la route, et à vélo pour les mieux entraînés. En effet, la côte est vraiment très raide !
L'intérêt du site réside surtout en un vaste panorama, avec les reliefs de la côte sud de l'île comme horizon. A noter la ressemblance entre *phuket* et *bukit*, qui en malais signifie justement « colline ». Y aurait-il un lien ? Un bar-restaurant se trouve dans le parc, au sommet : le Tunk-Ka Café.

■ PHUKET THAI HUA MUSEUM
28 Thanon Krabi
✆ +66 76 211 224
www.thaihuamuseum.com
Tous les jours de 9h à 17h. Entrée : 200 B + 200 B pour prendre des photos.
Sis dans une superbe bâtisse de style sino-portugais, ce musée fort intéressant relate l'implantation de la communauté chinoise de Phuket du temps des mines d'étain, au XIXe siècle. Plusieurs salles à la gloire de la culture chinoise retracent cette véritable aventure et aident à mieux comprendre le mélange des cultures de l'actuelle Phuket.

Attention, gibbons en danger !

Il y a mille et une façons de rapporter un souvenir sympa de son voyage en Thaïlande. Se faire photographier en compagnie d'un gibbon n'en est pas une du tout ! Exploitée, maltraitée par des propriétaires peu scrupuleux qui n'hésitent pas à massacrer la mère pour récupérer son petit, l'espèce est aujourd'hui menacée de disparaitre. Depuis 1992, une loi interdit pourtant la vente, l'achat et la possession d'animaux sauvage notamment comme attraction touristique dans le but d'en faire profit. Cette interdiction n'est que rarement respectée... Pour aider les autorités locales dans leur travail, le Gibbon Rehabiliation Project (GRP), associé au Wild Animal Rescue Fondation of Thailand (WARF) intervient pour la sauvegarde et la réintroduction du gibbon dans son environnement naturel. Ce qui vaut pour le gibbon l'est également pour d'autres espèces comme les iguanes ou les *slow loris* par exemple. N'encouragez donc plus ces braconniers en vous faisant photographier avec ses animaux. Pour connaître plus précisément l'action de cette association et l'encourager dans sa dure mission, rendez-vous sur le site (www.gibbonproject.org/) ou si vous êtes sur place, au nord-est de l'île de Phuket, au cœur du parc national de Khao Pra Theaw.

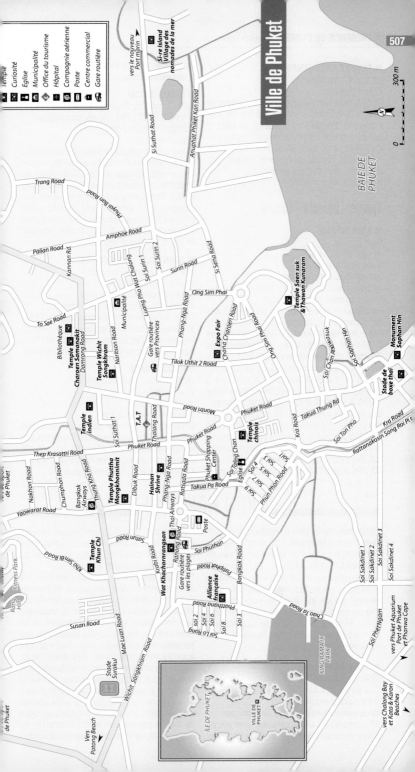

▪ TEMPLE SAENGTHAM ★

Thanon Phang Nga
Entrée gratuite.
Ce temple chinois, aussi connu sous le nom de Temple de la Lumière Sereine, est l'un des plus anciens de Phuket Ville. Construit en 1891, il est doté d'une architecture caractéristique du Fujian, d'où sont issus bon nombre de Thaïlandais chinois de l'actuelle Phuket. Une porte dérobée à l'arrière permet de rejoindre le restaurant Wilai, sur Thanon Thalang...

Sports – Détente – Loisirs

▪ ASIA MARINE

Boat Lagoon
✆ +66 81 827 6075
www.asia-marine.net
vincent@asia-marine.net
En plein cœur de la Marina, Boat lagoon se trouve au nord de Phuket town
Asia Marine propose depuis plus de 20 ans des bateaux à la location pour découvrir les îles autour de Phuket mais également en Asie du Sud-Est : Bali, Malaisie,... Les bateaux sans équipage sont des voiliers de 10 à 15 mètres en affrètement, monocoques ou catamarans. Ils ont de 2 à 5 cabines pour accueillir 4 à 12 personnes. Comptez un prix moyen entre 4 000 B et 6 000 B par 24h et par personne. Les bateaux avec équipage sont à voile ou à moteur, de 12 à 40 mètres. Au choix : service d'un skipper seul ou bien en équipage complet avec un service 5 étoiles tout compris, comme sur les yachts de luxe. Les prix débutent à 32 000 B par 24h. Ces bateaux sont aussi disponibles pour des excursions à la journée et des évènements.

▪ ASIAQUA.COM

39/1 Choafa Rd, Chalong, 83130
✆ +66 8 9222 0761 – www.asiaqua.com
contact@asiaqua.com
Skype : Asiaqua.
Olivier est un instructeur français PADI installé depuis 7 années à Phuket. Passionné de plongée, il vous fera partager ses meilleurs spots en Thaïlande, mais aussi en Indonésie, en Malaisie et aux Philippines. Du simple baptême aux plongées pour experts, à la journée ou en croisière pour tous les budgets, Asiaqua couvre tous les niveaux et toutes les requêtes. Matériel de pro et personnel très qualifié.

▪ JOHN GRAY'S SEA CANOE

124 Soi 1, Thanon Yaowarat
✆ +66 76 254 505
www.johngray-seacanoe.com
info.web@johngray-seacanoe.com
Cette entreprise fonctionne depuis 1983. Matériel de qualité et guides expérimentés. Organisation d'excursions dans la baie de Phang Nga, mais aussi au Viêt Nam et aux Philippines.

▪ PADDLE ASIA

18/58 Thanon Rasdanusorn
✆ +66 76 24 15 19
paddleasia.com
paddler@paddleasia.com
Cette agence sérieuse est organisée par un Américain et basée à Phuket en Thaïlande. Elle est spécialiste en kayak et en raft. Au Laos, elle propose des descentes en eaux vives : le relief s'y prête, en effet ! Une référence.

▬▬▬ KOH NAKA YAI ▬▬▬

L'île de Naka Yai se situe au nord-est de Phuket, dans la mer d'Andaman, à 10 minutes à peine en bateau hors bord de la côte et du port de plaisance Ao Por Grand Marina. Elle est peuplée de quelques dizaines de pêcheurs musulmans et de leurs familles qui vivent regroupés dans un petit village sur la partie ouest de l'île. L'île possède de magnifiques plages de sable blanc, de spots de plongées remarquables et d'un complexe hôtelier grand luxe en parfaite harmonie avec la nature.

▪ THE NAKA ISLAND

32 Moo 5, Tambol Paklok, Amphur Thalang,
✆ + 66 76 371 400
www.nakaislandphuket.com
naka.reservations@luxurycollection.com
67 chambres en villas, certaines avec piscine privée. Deux restaurants, le My Grill et le Tonsai.

Plusieurs bars, dont le Z, ouvert jusqu'à très tard. Piscines, salle de sport, spa, vélos à disposition pour circuler dans l'île, boutiques, terrains de pétanque, équipements sportifs, etc.
The Naka Island, A Luxury Collection Resort & Spa est l'endroit idéal pour passer de merveilleuses vacances en couple ou en famille sur une île paradisiaque de la mer d'Andaman. Que vous soyez amateur de farniente ou de sports de mer, vous trouverez en ces lieux des équipements qui feront votre bonheur. Les activités sont nombreuses, du tour de l'île en canoë aux cours de cuisine, en passant par le spa, presque unique en son genre, puisque la relaxation proposée ici ne se rencontre qu'en un seul autre endroit en Thaïlande. Les villas climatisées équipées de tout le confort rêvé sont disséminées un peu partout sur l'île, suffisamment éloignées

les unes des autres pour un maximum d'intimité. Salle de bains en plein air avec douche et baignoire, petit pavillon extérieur pour prendre son petit déjeuner, piscine privée et hammam pour certaines d'entre-elles.

BOAT LAGOON MARINA

Cette marina porte bien son nom, des voiliers, des bateaux de luxe et yachts à perte de vue dans ce petit port caché entre les buildings.

■ HELITHAI

23/78 moo 2, thepkasttri road, koh kaew,
✆ + 66 81 926 2102
www.helithaiandassociates.com
info@helithaiandassociates.com
Cette compagnie a été créée en 2005, par Nigel Watson, instructeur ayant plus de 10 000 heures de vol. Aujourd'hui c'est Frédérique, une Française fort sympathique, qui a repris les commandes. Vous pourrez voler dans des hélicoptères de style sur l'île de Phuket et ses environs. Une expérience incroyable, tant les paysages sont à couper le souffle. Des transferts privés vers Koh Phi Phi, Krabi et la baie de Phan Nga sont aussi possibles. Helithai ouvre ses portes à tous ceux qui souhaitent apprendre à voler via des partenariats avec les écoles de Phuket. Les pilotes sont très expérimentés et possèdent plus de 1 000 heures de vol en moyenne. L'entretien des appareils est quotidien et contrôlé par le gouvernement. L'équipe et le personnel sont chaleureux et amicaux, bref tout est réuni pour une expérience de vol inoubliable.

■ SENZANOME

20/9-10 Moo 2 Thepkasattri road
✆ +667 623 8943
info@senzanome.restaurant
Compter entre 300 et 800 B pour un repas.
Restaurant italien emmené par un chef étoilé belge venant du restaurant du même nom à Bruxelles. Le célèbre restaurant de la famille a ouvert ses portes dans les années 1970 après que la famille Bruno a déménagé de Sicile. Le cadre est superbe : vous êtes en plein milieu de la marina avec de beaux voiliers devant vous. La totalité des produits servis sont à 100 % biologiques.
En intégrant des produits saisonniers et donc à leur apogée dans leurs menus, ils créent des plats réussis. Les produits sont donc locaux et les autres sont soigneusement sélectionnés en Italie. Au menu : Saint-Jacques à la purée de framboise, aubergine tortino avec du parmesan et basilic, carré d'agneau, bœuf wagyu au poivre noir, pâtes arrabiata, ou à la truffe noire, ou du saumon au miel et au paprika. Bref, vous l'aurez compris, on y mange très bien, et c'est

la différence et le raffinement des plats servis qui comblent aussi bien les locaux que les vacanciers. Note spéciale pour le service qui est, lui aussi, raffiné !

CHALONG

Chalong se situe au sud de Phuket, dans la baie éponyme, face à l'île de Ko Lon. Grâce à son embarcadère, elle est un point de départ important vers les fameuses îles Phi Phi et de très nombreux spots de plongées importants.

▶ **La marina de Chalong** est le centre névralgique des voyageurs qui vont faire des excursions à la pêche au gros ou de la plongée (une vingtaine de centre au total se partagent le marché sur place). C'est donc le centre nautique de l'île : tous les bateaux qui arrivent en Thaïlande par la mer d'Andaman doivent s'enregistrer au bureau de la marina.

Transports

■ NINA'S CARS

40/19 Moo 9, soi chao fa
39 Chao Fa east road, Chalong
✆ +66 89 648 0499
Voir page 505.

■ PS RENTAL

Moo 5 chaofa Road
9/127 Chaofa thanee village
T.Chalong – Amphur Muang
✆ +668 1893 0278
Voir page 505.

Se loger

■ SUPER GREEN

42/14-15 Soi Ao Chalong Pier
✆ +66 76 383 439
supergreenhotel.com
contact@supergreenhotel.com
À partir de 500 B avec ventilateur et 600 B avec air conditionné.
Située tout près du port de Chalong, cette charmante guesthouse de 8 chambres, avec balcons sur deux étages, a été récemment rénovée. Charlotte, Jean-Marc et toute leur équipe se feront une joie de vous accueillir dans ce cadre de verdure. Du copieux petit-déjeuner aux cocktails le soir, vous y savourerez des plats frais cuisinés avec générosité, tout ceci sur un fond musical. Plusieurs fois par semaine à partir de 19h, une soirée spéciale est organisée autour d'un thème, orchestrée par les maîtres du lieu. C'est un endroit stratégique pour découvrir le sud de l'île. On aime s'y retrouver pour partager les anecdotes de la journée.

■ CHALONG MANSION

4/2 Moo 2, Soi Parlai
Muang
☎ + 66 76 282 906
chalong-mansion.com
info@thailande-receptif.com
Résidence d'appartements au calme, gérée par une équipe française et située en plein cœur de Chalong, près de Phuket Zoo et à juste 5 minutes de la plage de Chalong. Chalong Mansion comporte 3 chambres studio et 4 studios-appartements avec air conditionné, salle de bains moderne et balcon. Tous les appartements sont équipés de l'essentiel du confort : Internet, TV satellite, coffre-fort, micro-ondes, réfrigérateur, bouilloire et grille-pain. Possibilité de réserver des tours et excursions sur l'île et dans toute l'Asie. Chalong Mansion a installé le toit un jardin exotique et une piscine de 7 x 4 m avec un petit centre de fitness, d'où l'on pourra apprécier la vue de Chalong et du Big Buddha. C'est l'endroit idéal pour une atmosphère paisible et relaxante.

Se restaurer

■ LA BOUCHERIE CHALONG

19/107-110 Moo 8, Rue Chao Fa Est
☎ +668 7629 4434
www.laboucherie-asia.com
Ouvert de 11h à 22h - wi-fi gratuit. A 1 km sur votre gauche à partir du rond-point de Chalong en direction de Phuket Town.
Ce steak house est en fait un restaurant français dans lequel on y vient aussi bien pour les déjeuners que les dîners. Vous disposez au choix d'une terrasse ombragée, au milieu de laquelle trône une fontaine, ou bien une salle climatisée d'environ 40 couverts. Parmi les entrées, on y trouve la salade niçoise, la salade de chèvre-chaud ou le carpaccio de bœuf. Comme plats, vous dégusterez côtes de bœuf, côtes d'agneaux, ainsi qu'une large gamme de hamburgers et « grillades de la mer ». En dessert, plateau de fromage, crème brûlée ou un délicieux fondant au chocolat avec sa glace vanille.
Vous serez accueillis par Yann, en charge de la salle, tandis que Philippe, ancien restaurateur de Saint-Tropez est aux fourneaux. Le service est comme toujours impeccable et le tout à des tarifs raisonnables.

■ WINE CONNECTION

Fisherman's Way Business Center
Chao Fa Road East
Très bonne chaîne de restaurants avec un très large choix de vins. La cuisine est bonne, pas chère et pour tous les goûts.

À voir – À faire

■ BIG BOUDDHA

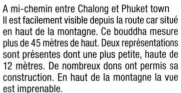

A mi-chemin entre Chalong et Phuket town
Il est facilement visible depuis la route car situé en haut de la montagne. Ce bouddha mesure plus de 45 mètres de haut. Deux représentations sont présentes dont une plus petite, haute de 12 mètres. De nombreux dons ont permis sa construction. En haut de la montagne la vue est imprenable.

■ ZOO DE PHUKET

Soi Palai, Thanon Chao Fah
☎ +66 76 37 44 24 – www.phuketzoo.com
Ouvert tous les jours de 8h30 à 18h. Entrée : adulte à 500 B ; enfant à 300 B. Situé sur la route reliant Phuket Ville à la baie de Chalong.
Ce n'est pas tout à fait un zoo comme en Europe. Des attractions sont organisées avec certains animaux – éléphants, crocodiles, singes – et l'on peut se faire photographier avec les bébés tigres ! C'est un show animalier en quelque sorte, un peu comme au cirque ! On aime ou pas. Il y a aussi un jardin d'orchidées, plus calme.

Sports – Détente – Loisirs

Un choix diversifié d'activité de plein air – ou de « pleine eau » – est accessible dans le secteur de Phuket : planche à voile, ski nautique, jet ski, escalade, équitation, canoë-kayak, pêche sportive, sans oublier la plongée sous-marine ! D'autre part, la réserve naturelle de Khao Phra Thaew – forêt protégée au nord-ouest de l'île – abrite encore des espèces animales intéressantes et des essences végétales assez rares.

▶ **Plongée :** Phuket est effectivement un endroit idéal pour s'initier à la plongée. Les fonds marins et les petites îles autour s'y prêtent à merveille. Les clubs de plongée sont assez nombreux, et il est difficile de fixer son choix. Tous organisent des sorties sur les sites environnant Phuket, parfois assez éloignés, à proximité d'îles ou d'épaves (excursions à la journée). Certains sont établis depuis plusieurs années et reconnus pour leur sérieux, mais il serait illusoire de vouloir en dresser une liste exhaustive. Sachez que les centres de plongée basés à Koh Phi Phi sont aussi particulièrement indiqués en raison de leur contexte privilégié et des effets (parfois bénéfiques) de la mise en concurrence.

Sports – Loisirs

■ ALL 4 DIVING

169/14 Soi Sansabai
PHUKET – PATONG
☎ +66 76 344 611 – www.all4diving.com
info@all4diving.com

Le centre de plongée « All 4 Diving » est le plus grand centre PADI CDC 5***** francophone de la côte ouest thaïlandaise. Bien qu'elle soit située en plein cœur de Patong Beach, l'école possède son propre équipement de gonflage Air et Nitrox ainsi qu'une piscine spécifiquement conçue pour l'enseignement de la plongée sous-marine. L'équipe d'instructeurs chevronnés et polyglotte vous attend afin de vous faire découvrir les frissons de la plongée ; du baptême pour débutant à la formation complète, voir jusqu'au niveau professionnel ! All 4 Diving vous fera aussi profiter des sites fantastiques de la Mer d'Andaman grâce à leur bateau de sorties à la journée, le M/V Mermaid. Leur centre organise également en Thaïlande, en Birmanie et en Indonésie des croisières de plongée sous-marine sur des navires tout confort pouvant accueillir jusqu'à 20 personnes maximum. Depuis maintenant un an, All 4 diving est aussi un centre de plongée PADI TecRec pour satisfaire les désirs de plongée technique. Centre Aqua Lung est à votre écoute pour tout achat d'équipements de plongée, toutes marques confondues.

■ **BLUE WORLD SAFARIS**
43/80 Moo 5 T.Rawai
✆ +66 854 750 447
www.blueworldsafaris.com
blueworldsafaris@gmail.com
Compter 4 200 B par personne. Pick up à 8h à votre hôtel.
Cette journée restera un superbe souvenir pour tous ceux qui essaieront ce tour. Le départ se fait de la Marina de Chalong où il est possible de voir des dauphins s'ils sont là. A 11h, arrivée à Monkey Beach à Phi Phi Don pour faire du snorkeling (masque et tuba) du kayak, du toboggan géant accroché à l'étage du bateau et allant directement dans l'eau. Ensuite le déjeuner se fait sur le bateau puis direction vers les grottes de Viking. On continue la balade et on arrive à Koh Bida Nok pour la qualité de ses eaux transparentes et son décor de rêve. Là encore on peut profiter de toutes les activités présentes à bord. Une heure plus tard la croisière continue vers le passage rocheux de Loh Sama pour gentiment arriver à Maya Bay, ou le film *La Plage* (avec Leonardo Di Caprio) a été tourné. Une fois encore, on peut aller se baigner et par chance croiser peut-être de tout petits requins ou des tortues qui viennent s'y reposer. C'est déjà le moment de repartir 2 heures plus tard, mais quelle journée riche en émotion. Le nombre de passagers peut aller d'une vingtaine à un peu plus car le bateau est spacieux. Retour à 17h à Chalong et aux environs de 18h à l'hôtel. Le service est vraiment de qualité et les membres d'équipage s'occupent de tout !

CÔTE DE LA MER D'ANDAMAN

■ SEAFARER DIVERS PHUKET

Soi Ao Chalong Pier
1/10-11 Moo 5, Rawai, Amphur Muang
✆ +66 81 979 4911 / +66 76 280 644
www.seafarer-divers.com
infos@seafarer-divers.com
Au rond-point de Chalong, prendre la direction du quai, faites 20 m, sur votre droite. A deux pas de la marina de Chalong.
Tout proche du port, ce centre de plongée franco-thaïlandais propose de la location, de la vente et de la maintenance de matériel de plongée et de kayak. Vous pourrez vous inscrire également pour des baptêmes de plongées à 4 600 B et open water à 12 600 B.
Les divemasters CMAS, PADI et/ou NAUI attendent les plongeurs avec les meilleurs équipements et bateaux pour leur faire découvrir les fonds sous-marins. Les services sont adaptés pour les plongeurs expérimentés ou non, les individuels, les groupes ou les clubs. Les randonnées en kayak se font dans les mangroves, forêts tropicales et récifs coralliens. Des rencontres avec les populations locales sont possibles dans le petit village de Moken. Charlie, propriétaire de son bateau vous emmène également en excursion dans tous les parcs nationaux de la mer d'Andaman. Possibilité de plonger plusieurs jours en dormant sur les bateaux.

■ WORANARI FISHING

Baie de Chalong
✆ +66 76 388 590
plabail@yahoo.fr
Organisation de sorties en mer. Pêche au gros ou à la palangrotte. Pêche de nuit. Prendre contact pour informations.

■ SONGTHAI

Baie de Chalong
✆ +66 82 272 8468
songthai-inthat@hotmail.fr
Cette compagnie propose des croisières sur la mer d'Andaman, vers la Malaisie et l'Indonésie, à bord d'un magnifique bateau, le Songthai. C'est un traditionnel voilier à 2 mâts, d'une longueur de 29 m, construit en bois, teck et fer. Quelques exemples de croisières proposées : sortie de 2 jours dans l'archipel de Phuket avec différents arrêts dans les îles alentour, ou vers l'île Phi Phi pour une nuit splendide dans une baie déserte proche du village de pêcheurs de Ton Sai. Pour un plus long séjour, contactez Georges directement pour préparer votre voyage, en français.

■ XTREM AVENTURES

54/17 Moo 6 Chao-Fah Road
✆ +66 76 383 689
www.xtremadventuresphuket.com
info@xtremadventuresphuket.com
Pour aller au parc Xtrem Aventure, direction Chalong sur la route de Chao-fah, prendre à droite avant le temple de Chalong, c'est au bout de la route.
La sécurité 100% au parc Xtrem Aventure ! Le parc a ouvert ses portes en 2011 et déjà, beaucoup d'enfants et d'adultes ont pu s'adonner aux joies de l'aventure dans les arbres : à partir de 5 ans, les enfants sont suivis et accompagnés tout au long du parcours dans les arbres : escalades, sauts, glissades, marches avec les cordes, tyroliennes... Plusieurs niveaux de parcours du plus facile au plus difficile.

Détente – Bien-être

■ SUKKO SPA

5/10 Chaofa Road
Tumbon Vichit, Amphur Muang
✆ +66 76 263222
www.sukkospa.com
sukko@sukkospa.com
De 2 600 B à 4 800 B.
La culture du Spa prend tout son sens dans cet établissement situé à 10 minutes du rond-point de Chalong. Tout est fait pour que vous puissiez vous ressourcer. En plus des vêtements traditionnels que porte le personnel, vous aurez affaire avec de vrais thérapistes diplomés possédant chacun un minimum 800 heures de massage à leur actif. Ayant remporté de nombreux prix en Asie, il fait donc partie d'un incontournable des amoureux de la culture du Spa.
Le massage conseillé dure 3 heures, s'appelle l'*After sun*, l'après soleil donc, et est parfait pour celles et ceux qui sont restés un peu trop longtemps sous le projecteur.

LAEM KHA

Laem Kha est le cap situé entre la baie de Chalong, plus au nord, et la plage de Rawai.

RAWAI

Les plages sont assez étroites et plutôt envasées mais on s'y sent bien et on peut y prendre les fameux *taxi boats* qui vous emmeneront sur les îles qui se trouvent juste en face ! Le site est fort calme, et les Thaïlandais viennent s'y promener en fin de journée et y dîner. Les hôtels y sont peu nombreux.

Pratique

■ HARVEST PROPERTY
95/88-89 Moo 7 Sai Yuan
✆ +66 76 388 444
www.harvest-property.com
Cette agence immobilière fait partie des toutes meilleures agences de l'île. Elle est présidée par un Français et propose des locations pour les vacanciers désirant séjourner sur l'île. Pour celles et ceux qui souhaitent investir à Phuket, et obtenir un bon retour sur investissement, il vous suffit de vous renseigner auprès de Patrice qui se fera un plaisir de vous présenter les différents types de biens à acquérir tels que les condominiums, les appartements et villas. Que vous cherchiez à acheter, louer ou vendre un terrain, faites appel à un de leurs conseillers qui connaissent parfaitement l'île et les meilleurs emplacements. Il est relativement simple d'investir en Thaïlande surtout grâce à un interlocuteur d'expérience qui parle la même langue que vous. Chaque demande est étudiée avec le plus grand des sérieux afin que vos exigences soient respectées et ainsi faire de vous un propriétaire heureux et pleinement satisfait. De nombreuses villas, pour tous les types de budget, sont à votre disposition sur son site internet. N'hésitez pas à prendre RDV avec cette agence avant votre arrivée, vous serez très bien reçus !

▶ **Autres adresses :** 28/58 Moo1 - Nai Harn Beach • 43/1 Moo 1, Cherngtalay – Bann Don road

■ RAWAI.FR
Voir page 74.

Se loger

■ PALM OASIS BOUTIQUE HOTEL
26/65 Moo 1
Réduction de 10 % du 1ᵉʳ novembre au 15 avril et de 15% du 16 avril au 31 octobre (selon disponibilité) en réservant sur le site palmoasisphuket.com. Il vous suffira de le mentionner dans la case

« Demande Spéciale ». La chambre deluxe est à partir de 2 300 B et la suite familiale de 2 chambres avec toit terrasse équipé d'un bain à remous à partir de 5 600 B. Wi-fi gratuit et petits déjeuners inclus.
Cet hôtel est un écrin de verdure et de sérénité, à flanc de colline au cœur du village de Rawai. Il se compose de 32 chambres et villas à moins de 2 km de la célèbre plage de Nai Harn. C'est donc idéal pour les familles ou les couples souhaitant profiter pleinement de ce paradis qu'est l'île de Phuket. Sept catégories de chambres pouvant accueillir pour certaines des familles avec plusieurs enfants. Vous profitez également d'un bar-restaurant ouvert 24/24 et d'une navette gratuite pour la plage de Nai Harn de 9h à 18h. Anne-Lise, expatriée française, vous accueille et vous assiste dans l'organisation de vos excursions et vous conseillera sur les plus beaux lieux à visiter. Idéal pour un séjour au calme. Notre coup de cœur à Rawai !

■ RAWAI BEACH RESORT
42 Moo 6
✆ +66 7661 3727
www.rawaibeachresort.com
En basse saison, chambres à partir de 1 150 B. Haute saison, 1 300 B. «Peak season», 1 800 B. Wi-fi gratuit.
Hôtel de charme situé à quelques mètres de la plage. Les chambres sont relativement bien tenues, mais de tout confort (A/C, salle de bains privée, réfrigérateur), donnant ou non sur la petite piscine à disposition pour les clients. S'y dégage une atmosphère chaleureuse, on s'y sent vite chez soi. Très bon accueil.

■ THALASSA RAWAI
37/23 Moo 1
✆ +66 81 081 3847
www.phuket-hotel-thalassa.com
Studios 3/4 personnes : de 850 B en basse saison, 1 200 B en haute saison et 1 500 en peak saison. Deux maisons avec piscine privée : 1 800 B en basse saison, 2 500 B en haute saison, 3 200 B en haute saison.
A 500 m de la plage, les studios sont identiques à ceux de Nai Harn. La piscine principale fait 12 m de long. Le service y est francophone. Petite astuce : il est possible de réserver le taxi depuis l'aéroport en appelant Jacques le propriétaire.

▶ **Autre adresse :** Thalassa nai harn

Se restaurer

De nombreuses gargotes sont installées au bord de la route pour accueillir la clientèle thaïlandaise qui vient en balade dans le coin. Les prix sont raisonnables, et la qualité est correcte. Au menu : poissons et fruits de mer, principalement. Mais aussi, de très bonnes adresses pour se restaurer « made in France ».

Bonnes tables

■ LA CABANE

61/50 Moo 4, Viset Road
✆ +66 89 290 0484
bouddha63@yahoo.fr
Plats de 150 B à 550 B. Ouvert à partir de 19h. A 1 km du rond-point de Chalong. Direction Rawai.
Restaurant tenu par Philippe, un Français surnommé « Bouddha » (en personne !), installé depuis environ dix ans en Thaïlande. Cuisine thaïe et méditerranéenne. Une bonne table pour dîner. Accueil cordial et ambiance détendue.

■ CAFÉ JAVA

39 /18 Moo 1 soï Sai Yuan
✆ +66 87 266 8664 / +66 85 10 05 283
cafejava35@hotmail.com
Plats entre 120 et 800 B. Ouvert de 10h30 à 23h.
Le Café Java a quitté Patong pour s'installer au cœur de Rawai, et propose toujours des plats délicieux, servis sur une belle terrasse fleurie. La cuisine fine française et thaie (avec une mention spéciale pour le dessert nommé Délice au chocolat) du chef Alan en ravira plus d'un.

■ LE CELTIQUE

80/90 Soi Samakae 4
✆ +66 76 613 098
celtiquethai@hotmail.com
Ouvert à partir de 16h30. Plats de 90 à 490 B. Chambre à louer.
Ce restaurant tenu par Bertrand et Lek Plumer propose des spécialités thaïlandaises, françaises et italiennes. Accueil sympathique. Depuis maintenant une douzaine d'années en Thaïlande, Bertrand s'active toujours avec bonne humeur. La salle à manger dégage une atmosphère conviviale.

■ LE NESS

15/47 moo 1 viset road
✆ +66 854 730 321
nini6334@homail.fr
Ouvert tous les soirs à partir de 19h.
Le Ness est un jeune restaurant situé à quelques mètres de la boulangerie « Chez Nous ». Et devinez qui est le propriétaire ? Jean-Pierre alias « Nini », le même que celui de la boulangerie « chez nous ». C'est un gage de qualité ! Car ce qu'il aime, c'est la bonne cuisine et les produits frais. Les salades, les 13 burgers maison et les pizzas sont délicieuses. Alors, n'hésitez pas à y aller, car vous êtes sûrs de bien manger et d'être merveilleusement bien accueillis !

■ NIKITA'S

44/1 viset road
✆ +66 76 288 703
www.nikitas-phuket.com
info@nikitas-phuket.com
Plats entre 140 et 510 B. Ouvert de 10h à minuit.
A quelques mètres de la mer, et face aux îles Koh Bon, Koh Ratcha et Coral Island. Au menu, pizzas au feu de bois, plats thaïs et internationaux, ainsi que produits de la mer qui font le succès de ce restaurant. Carte de vin variée et cocktail de fruits frais à déguster en se relaxant sous un grand tamarin et face à une eau turquoise, dépaysement garanti ! Les prix sont très raisonnables et le service est plutôt professionnel. Le long de la plage, vous avez aussi accès aux *long tail boat*, bateau de pêcheurs qui vous emmènent pour environ 1 000 bahts la journée sur les îles.

■ CHEZ NOUS

17/45 MOO 1 viset road
✆ +66 854 730 321
cheznous.naiharn@hotmail.fr
Ouvert tous les jours de 7h à 20h
Oh ! du bon pain comme chez nous ! Un petit déjeuner comme à la maison avec des croissants, des pains au chocolat, du café « du vrai » à prendre sur place ou à emporter... Cette boulangerie est tenue par un Français, Jean-Pierre, surtout connu sous le nom de « Nini » qui sera capable de vous orienter pendant vos vacances, si vous le souhaitez... Cette boulangerie se change en restaurant simple et de très bonne qualité, le midi. Avec une carte de 13 burgers maison, des sandwichs parisiens, mais aussi du steak haché maison, des pâtes, des pains bagnats qui nous rappellent le bord de mer de la Côte d'Azur, des tartes aux pommes... De toute façon, n'hésitez pas à prendre ce que vous voulez, tout est bon !

Luxe

■ O PARIS LOUNGE BAR RESTAURANT

57/45 moo 7 T.Rawai
damon.jean@wanadoo.fr
Ouvert tous les jours.
Ce bar lounge restaurant est un petit bijou. Situé en face de la plage principale de Rawai, ce restaurant bar lounge de luxe est un endroit rare en Thaïlande. L'intérieur est superbe ! Une piscine intérieure et un bar, éclairés avec goût, une magnifique statue de boudha et une salle pour les VIP. Le service est exceptionnel car tout a été réglé par Thierry, le propriétaire, et Jean, le général manager, pour que ce soit parfait. Et que dire de la carte sans avoir à utiliser trop de superlatifs ! Elle est tout simplement unique sur Phuket ! On peut déguster des grands vins français et aussi découvrir quelques vins étrangers (des petites pépites). L'établissement possède une large sélection de bières pression françaises. Vous pouvez manger des huîtres et toute une sélection de plats tous aussi bon les uns que les autres. C'est superbe sans

être prétentieux, on se sent bien. On déguste que des belles et bonnes choses. On bavarde avec un bon verre de vin, on savoure quelques huîtres dans un cadre élégant. Surtout ne vous privez pas d'une soirée aux 'O PARIS' durant votre séjour qui est déjà un lieu incontournable pour les francophones et toutes les autres nationalités à Rawai.

Sortir

■ PLAY BOY
178/15 Moo 2 Viset road
Laguna Plaza 2
✆ + 66 909 230 461
rawaiplay@hotmail.com
Ouvert tous les jours jusqu'à 3h du matin.
Le play boy est tenu par deux francophones, Steph et Val, qui vous accueilleront chaleureusement. Il est situé au milieu d'autres bars, près d'une discothèque. En plus de l'ambiance festive de ce bar, vous pourrez déguster les meilleurs cocktails du Plaza Laguna. L'accueil est très professionnel, et si vous souhaitez vous amuser, Steph et Val sauront vous guider dans une belle et heureuse soirée de fête.

À voir – À faire

■ CAP PHROMTHEP
Rawai
Du haut de ce promontoire escarpé, une belle vue s'étend sur tout le panorama en contrebas. Pendant le week-end, les Thaïlandais aiment s'y faire photographier au coucher du soleil. De cet endroit, Phuket semble un lieu enchanteur, en effet.

■ VILLAGE DES « GITANS DE LA MER »
Devenu une attraction touristique, ce village de pêcheurs essaie tant bien que mal de conserver intactes ses traditions ancestrales. Allez-y tôt le matin, pour saisir l'ambiance des lieux, avant que les groupes de touristes n'arrivent. Soyez respectueux et n'oubliez pas de demander l'autorisation aux gens si vous souhaitez les prendre en photo.

Sports – Détente – Loisirs

■ AMAZING PHUKET ADVENTURES
35/18 Moo1
✆ +66 763 880 70
www.amazing-phuket-adventures.com
info@amazing-phuket-adventures.com
Ce centre à l'atmosphère familiale propose de découvrir ou d'apprendre la plongée sous-marine pour des sorties à la journée, croisières Plongée dans les îles Similan, Koh Ha et la Birmanie.

Johann qui est français a sept ans d'expérience sur Phuket ; il connaît très bien les sites et vous transmettra sa passion. La prestation est personnalisée donc flexible selon le niveau de chacun. Egalement tours et activités à la journée : Sorties vélo, sorties en mer, canoë, éléphants, rafting… afin d'admirer les plus beaux endroits de l'île. Il distribue aussi Aqua Lung en matériel de plongée, de snorkeling, et de natation.

■ KINNAREE ELEPHANT TREKKING
✆ +66 76 384 600
joong77@hotmail.com
Ce centre si situe non loin de la montagne de Rawai. Découvrez tout le dynamisme d'une promenade aventureuse dans la jungle. Depuis plusieurs années des treks sont organisés à travers les plantations de caoutchouc, et au sein de zones encore vierges. Vous pourrez toucher et nourrir des éléphants qui restent toutefois apprivoisés. Aventure garantie !

■ ULYSSE YACHTING
18/23 Moo 4, soï Pattana
✆ +66 872 717 621
www.ulysse-yachting.com
info@ulysse-yachting.com
Karol propose aux francophones des vacances en mer « à la carte » et croisières à bord de voiliers dans la région de Phuket, pour des vacances différentes, le tout en fonction de vos attentes et de votre budget. Voilier traditionnel ou moderne, monocoque ou catamaran, vedettes ou yachts de luxe, location tout compris avec capitaine et cuisinière ou bien sans équipage. Laissez voguer votre imagination, partagez vos émotions et le plaisir de la découverte des paysages de rêve des îles de la mer Andaman, dégustez les produits frais de la cuisine thaïe, profitez des plages et des fonds marins loin de la foule et des côtes de Phuket, ou explorez la nature tropicale entre Thaïlande, Birmanie, Malaisie et Indonésie.

NAI HARN

Sans doute l'une des plus belles plages de l'île, avec un joli temple, épargnée du bétonnage et des constructions à tout-va. Ici, les jet-skis non plus ne sont pas tolérés ! Un parcours de santé se trouve à deux pas de là et lors de certaines fêtes thaïlandaises, des animations sont organisées sur l'île au milieu du lac.

Transports
Le transport est assuré en journée – de 7h à 17h – par des taxis collectifs, depuis Phuket Ville. En dehors de ces horaires, le tarif de taxi privé est appliqué : 400 B.

Si vous avez toujours rêvé d'être le propriétaire
d'une villa de rêve à Phuket…
NZO fait de votre rêve une réalité !
A seulement 300 m de la plage.

Des maisons intelligentes
et écologiques.

www.nzovillas.com   +66 (0)857 000 028

Pratique

■ HARVEST PROPERTY NAI HARN

28/58 Moo 1
✆ +66 76 388 444
www.harvest-property.com
contact@harvest-property.com
Agence immobilière présidée par un Français.
Si vous souhaitez louer un appartement pour
vos vacances, acheter un terrain, une maison
ou un appartement, votre demande sera traitée
dans les plus brefs délais et de manière sérieuse.
De nombreuses villas, pour tous les types de
budget, sont à votre disposition sur leur site
internet. N'hésitez pas à prendre rendez-vous
avec cette agence avant votre arrivée, vous
serez très bien reçus !

■ NAI HARN CONDOMINIUM

Soi Suanwat
Rawai sub-district
✆ +669 000 444 54
www.nbcphuket.com
contact@nbcphuket.com
Bureau ouvert tous les jours de 9h à 18h.
Si vous adorez Phuket, et que vous souhaitez y
acquérir un pied-à-terre ou y investir pour un
excellent rapport locatif, ce projet de copropriété
vous propose de charmants appartements,
du simple studio au penthouse. Ce projet est
idéalement situé à quelques minutes de la
plage et décoré par Greg, designer français
à la renommée internationale. Cette société
possède une solide réputation sur l'île et vous
propose donc l'acquisition d'appartement en
pleine propriété. Frédéric, le directeur des ventes
vous reçoit pour une visite de leur showroom
et vous expose plus en détails les avantages
de ce type d'investissement.

Se loger

Plusieurs hôtels de luxe occupent la plage.
D'autres établissements plus modestes sont
installés dans les terres.

Confort ou charme

■ BAAN KRATING***

11/3 Moo 1, Wiset Road
Ao Sane Beach
✆ +66 76 288 264
www.baankrating.com
*A partir de 1 799 B en basse saison, 4 000 B
en haute saison. Petit déjeuner inclus. Offres
promotionnelles sur le site Internet.*
Situé à proximité du Royal Phuket Yacht Club, cet
établissement se trouve dans un coin tranquille
et isolé, et possède une petite crique privée. Le
complexe dispose de 65 villas individuelles et
jumelées, toutes situées en haut d'une colline.
Sur place : piscine avec bassin pour enfants,
club-house avec café Internet et vue panoramique sur la mer.

■ THALASSA NAI HARN

37/23 Moo 1, Plage de Nai Harn
Rawai
✆ +66 81 081 3847
www.phuket-hotel-thalassa.com
info@phuket-hotel-thalassa.com
*Basse saison, chambre à 850 B. Haute saison,
1 200 B. et 1600 B. en très haute saison le tout
petit déjeuner inclu, wi-fi gratuit.*
A 800 mètres de la charmante plage de Nai
Harn, ce petit hôtel offre un hébergement
simple mais confortable, à mille lieux des
resorts de luxe préfabriqués. Chambres tout
confort, avec petite cuisine intégrée, TV cablée,
air conditionnée, et ménage quotidien. Celles
du rez-de-chaussée ont même un accès de
plain-pied à la piscine. Trois sites sont à disposition : appartements de 3 à 4 personnes et
villas avec piscines privées. Là encore, wifi,
air conditionné, cuisine, TV câblée et ménage
quotidien. Commandez votre taxi à l'hôtel qui
vous amènera directement dans votre chambre
à toute heure.

▶ **Autres adresses :** Thalassa Résidence ●
Thalassa village

Luxe

■ ROYAL PHUKET YACHT CLUB

Plage de Nai Harn
✆ +66 76 380 200
Basse saison : de 3 600 à 10 500 B. « Peak season » : 16 500 à 67 000 B. Petit déjeuner inclus. Wi-fi gratuit.
Au sud de la petite baie de Nai Harn, cet hôtel prestigieux comprend une centaine de chambres et de suites noyées dans un parc tropical, à flanc de colline. Chaque chambre dispose de son balcon terrasse privé. Design intérieur sobre et raffiné ; boiseries exotiques ; planchers en teck ; tentures majestueuses. Trois restaurants proposent respectivement des spécialités asiatiques, françaises et italiennes. Magnifique piscine. Spa, activités sportives et boutiques. Confort et luxe de grande classe sont en rapport avec un « budget élyséen » !

Se restaurer

Bien et pas cher

■ CREPES VILLAGE

28/31 Moo 1 - Soi Sayuan
✆ +66 85 6557 329
contact@crepesvillage.com
Plats entre 110 et 380 B. Ouvert tous les jours de 8h30 à 23h.

Pêcheur de l'île de Naka Yai, Phuket.

Dans un jardin tropical et au centre de Naiharn, vous pourrez goûter des crêpes sucrées, de la simple au sucre à la crêpe Suzette, des crêpes salées comme celle au saumon mais aussi au curry par exemple. Cidre, sangria, vins de soleil fruités et vins de qualité. Jane, charmante Thaïlandaise qui parle français, saura vous conseiller dans votre choix. Ouvert depuis décembre 2008, le « Crêpes Village » propose quelques menus thais. Le wi-fi est gratuit. Livraison à domicile possible.

■ DA VINCI RESTAURANT

Bzenter Mall
Centre de Nai Harn
✆ +66 76 289 574 – www.davinciphuket.com
mark@davinciphuket.com
Ouvert de 17h30 à 23h. Plats de 200 à 900 B.
Un autre endroit prisé par les farangs et les touristes de passage est sans nul doute Da Vinci. Dans une ambiance lounge, on y déguste une cuisine italienne de très bonne qualité. La spécialité : les pizzas au four bien sûr, simplement délicieuses. Des plats plus sophistiqués également, et une longue carte de vins importés. Un espace jeux pour enfants très bien équipé afin que les parents puissent passer un excellent moment.

Bonnes tables

■ L'ORFEO

95/13 Moo 7 Sai yuan road
✆ +66 76 288 935
Ouvert à partir de 18h. Compter au minimum 2 000 B.
Dans un cadre confortable et relaxant, vous dégustez de la cuisine française travaillée. De délicieux Mojitos et autres cocktails sont servis. L'endroit est magnifiquement conçu, avec énormément de petites décorations ainsi que des pièces d'art sur les murs. Ici le service est chaleureux et discret. Les propriétaires sont toujours dans les parages et prêts à vous conseiller.

■ M&M'S PIZZERIA

Moo 1, Viset Road, Soi Saiyuan
Certainement le restaurant italien de Rawai dans lequel vous ne serez pas déçu. Les pizzas et les pâtes y sont excellentes. Le cadre y est très sympathique et aéré.

■ SHAKERS

✆ +66 81 891 4381
www.patongshakers.com
patongshakers@hotmail.com
Lundi et jeudi : BBQ à volonté pour 325 B ; mardi, samedi : demi-poulet rôti, frites et salade pour 225 B ; mercredi et vendredi et dimanche : petits os ou travers de porc à 295 B.

Très bon restaurant tenu par Olivier, un Belge francophone, accompagné de son équipe très sympathique. L'établissement est reconnu pour ces excellentes grillades et pizzas. Vous retrouverez également au menu des plats typiques de Belgique et fondue bourguignonne, ainsi que de nombreux petits plats (salades, hamburgers, sandwichs, paninis et cuisine thaïlandaise). Produits de qualité et petits prix assurés.

Sports – Détente – Loisirs

■ CENTRE ÉQUESTRE
17 Moo 2, Plage de Nai Harn
Ce centre d'équitation est situé à 2 km du Royal Phuket Yacht Club. Il permet de faire des balades tôt le matin en bord de mer.

■ THAI COOKING ROOM
Bzenter
28/46 Moo1
✆ +66 80 890 4181
cookingschool@crepesvillage.com
1 800 B pour 3 heures de cours (adulte) et 900 B (enfants).
L'école de cuisine « Thai Cooking Room » est ouverte depuis mai 2011. Jane, Thaïlandaise qui parle français, donne des cours de cuisine tous les jours de 10h à 13h. Elle propose 3 menus différents entièrement thais et vous apprendrez à cuisiner le menu de votre choix qui comprend 4 plats. Les enfants sont aussi les bienvenus, ils sont ravis d'apprendre des plats avec leurs parents. Sur demande, menu végétarien. Pas plus de 5/6 élèves par jour, ce qui permet de bien retenir les plats composés.

KATA

Séparée de Karon par l'avancée rocheuse du cap Sai – Laem Sai –, la plage de Kata se divise en deux parties distinctes : Kata Yai, la plus importante, avec le Club Med installé au beau milieu, et Kata Noi, la plus petite. Cette belle plage a vu se développer, au nord et au sud, de nouvelles installations touristiques : restaurants, bars, boutiques et salons de massage.

Se loger

A priori, il n'y a plus d'hôtels bon marché dans le secteur : ils ont été rachetés, transformés et réaménagés, et les prix ont augmenté de manière significative.

■ KATA THANI
Plage de Kata Noi
✆ +66 76 330 124 – www.katathani.com
reservation@katathani.com
Basse saison : 4 950 à 17 100 B. Haute saison : 9 750 à 30 000 B. Wi-fi gratuit.

Ce grand complexe de 530 chambres occupe la quasi-totalité de la plage de Kata Noi, au sud de la baie de Kata. L'établissement ne comprend que des suites très grand standing. Endroit réservé aux privilégiés, donc. Les bâtiments d'un étage, tout en longueur sont disposés face à la mer. Dans les chambres, le bois est utilisé comme principal matériau de décoration : effet très réussi. Piscines magnifiques en bord de mer. Le Spa est également installé dans le parc. Service irréprochable.

■ MOM TRI'S BOATHOUSE
Plage de Kata
✆ +66 76 330 015
www.boathousephuket.com
Info@boathousephuket.com
Basse saison, 6 300 à 21 500 B. Haute saison, 10 050 à 36 000 B.
L'établissement hôtelier Mom Tri's est installé sur l'un des plus beaux sites de la côte sud-ouest de Phuket. Il comprend deux implantations distinctes mais voisines. Celui-ci, « Boathouse » (la péniche), située sur la très belle plage de Kata, compte 36 chambres et suites. Hospitalité originale et discrète sophistication. Un hôtel vraiment à part, ne comptant pas moins de trois restaurants gastronomiques.

Se restaurer

Vous avez toujours le choix entre divers stands à ciel ouvert, dès la fin de l'après-midi à la nuit tombée, proposant des plats thaïs à petits prix, ou les buffets des grands hôtels, en principe le midi.

■ MOM TRI'S KITCHEN – VILLA ROYALE
Plage de Kata Noï
✆ +66 76 335 569
www.villaroyalephuket.com
info@villaroyalephuket.com
Ouvert de 6h30 à 23h30. Plat à la carte : 180 à 880 B. Menu à 1 800 B (3 600 avec les vins).
Une atmosphère intime et sensuelle se dégage de cet endroit privilégié dominant la baie de Kata. La carte propose une fusion créative entre les saveurs de la cuisine européenne et celles des spécialités orientales. La cave détient nombre de bouteilles des meilleurs crus internationaux.

■ SMALL VIEW POINT
Moo 4, Thanon Koktanot
✆ +66 89 729 7780
Ouvert de 9h à minuit. Plats de 60 à 890 B.
Ce bar restaurant se trouve sur la route en corniche partant de la plage de Kata Yai pour rejoindre la plage de Nai Harn. La terrasse en bois domine la côte ouest. Ce petit restaurant du genre « paillote » est spécialisé dans les fruits de mer et la cuisine thaïe. Décoration roots rasta. Bon accueil et vue magnifique.

■ TWO CHEFS BAR AND GRILL
5/6 Moo 2, Patak Road
Plage de Kata, A. Muang
✆ +66 76 284 155
www.twochefs-phuket.com
Compter 800 B en moyenne pour un repas sans vin, et au-dessus du restaurant, 9 bungalows avec vue sur la mer à 700 B en saison basse et 1 600 B en haute saison.
Juste en face du Boat House. Cuisine européenne et thaïe moderne. Ici, vous trouverez toutes vos grillades préférées. Une viande d'une qualité inégalée. Laissez-vous guider par Henrik qui saura vous conseiller. Two Chefs compte trois établissements : Kata Noi, Kata Centre et Karon. Un excellent compromis service-qualité dans un cadre calme et agréable.

▶ **Autres adresses :** 256-7 Patak Road à Karon • 32 Karon Road Karon sub-district.

Sports – Détente – Loisirs

■ SSS PHUKET
Kata beach
122/1 Patal road, Mueang Kata Karon
✆ +66 7628 4070 – www.sssphuket.com
info@sssphuket.com
Les prix affichés sont « tout inclus » et commencent à 2 500 bahts.
Ce centre francophone propose tous les cours PADI et CMAS, du baptême au niveau instructeur professionnel. Sont possibles également les excursions à la journée autour de l'île de Phuket, en plongée et en *snorkeling* comprenant les célèbres parcs nationaux de Koh Phi Phi et des îles Similan. Très populaire à Phuket, la croisière de plongée est une occasion fantastique pour visiter les eaux protégées des parcs maritimes de Thaïlande. Une formule sur mesure vous permettra l'accès aux meilleurs des sites de Thaïlande ainsi que ceux des pays environnant de l'Asie du Sud-Est. Des cours de surf et de *paddle board* sont proposés pour les passionnés. Depuis octobre 2011, des formations de plongée en apnée en suivant les standards des organismes AIDA et APNEA ACADEMY sont organisées !

KARON

Karon est accessible par la route du sud depuis Patong, après avoir traversé une zone de collines. Cette longue plage de 3 km est moins abritée les vents du large que celle de Patong. La baignade peut s'y avérer dangereuse en période de mousson, à cause des courants ; Des hôtels de toutes catégories, de nombreux restaurants, agences et boutiques en tout genre sont installés dans les secteurs nord et sud de Karon. La partie centrale est occupée seulement par de grands hôtels.

Se loger

Tous les hôtels sont installés en retrait de la plage, c'est-à-dire de l'autre côté de la route côtière. Il faudra donc traverser cette route passante pour aller sur la plage. Certains resorts ont prévus de belles piscines, mais pas tous.

Bien et pas cher

■ SEA BREEZE INN
526/23 Thanon Patak
✆ +66 87 885 8708
www.seabreezephuket.com
seabreeze_98@hotmail.com
Basse saison, chambres de 500 à 800 B. Haute saison, de 1 200 à 1 500 B. Wi-fi gratuit.
Cet établissement propose des chambres climatisées bien équipées et très correctes. Négocier au mieux pour les prix, surtout en basse saison. Bon accueil.

Confort ou charme

■ KARON BEACH HOTEL
224/12 Plage de Karon
✆ +66 76 396 318
Basse saison : 600 B. Haute saison : de 1 400 à 1 900 B. Petit déjeuner compris en haute saison.
Petit hôtel installé dans un soï perpendiculaire au front de mer, à côté du restaurant Vitaporn. Grande sculpture de style khmer derrière la réception. Seize chambres climatisées confortables et agréables. L'endroit paraît tranquille. Bon accueil.

■ PRATUMWAN RESORT
10 Soi Patak 16
✆ +66 76 398 421 – philippe.dupont@yahoo.fr
Chambre doubles de 1 200 à 2 500 B. Sur Thanon Karon vers la plage de Patong, à 700 m du temple Karon.
Constitué sur 2 étages, voilà un hôtel charmant. En bas, le lobby bar, de larges sofas sur une terrasse ouverte et le restaurant. Au premier, la piscine avec vue sur la mer. Les chambres sont élégantes et spacieuses, le mobilier en bois. Elles sont toutes équipées notamment de l'A/C et possèdent un balcon avec vue sur la forêt et la piscine. Endroit très calme et ambiance conviviale.

Luxe

■ CENTARA GRAND BEACH RESORT PHUKET
683 Patak road, Tambol Karon
✆ +66 76 201 234
www.centararesorts.com/cpbr
Chambres à partir de 4 500 B. Petit déjeuner inclus. Wi-fi gratuit.
Hôtel 5 étoiles situé dans la zone la plus calme de Karon Beach à Phuket, conçu autour de

5 piscines, d'une rivière paisible et d'un parc aquatique. Les 262 chambres, suites et villas font toutes face à la baie et disposent d'un balcon ou d'une terrasse. Il propose une gamme complète d'installations de loisirs et d'activités nautiques, et le célèbre SPA Cenvaree. Sur place, 7 restaurants et bars. Entre autres, le Beachfront Cove sert une cuisine internationale et asiatique ; le Mare permet de déguster des plats italiens, et Ripples propose des cocktails et des en-cas légers. Accès direct à la plage et collines verdoyantes derrière la propriété.

■ MARINA PHUKET RESORT

47 Route de Karon

☏ +66 76 330 625 – www.marinaphuket.com
info@marinaphuket.com

Chambres et villas de 6 000 B à 25 000 B. Petit déjeuner inclus. Wi-fi gratuit.

Ce resort de grand standing est installé sur un promontoire à l'extrémité sud de la plage de Karon. Les bâtiments aux toitures de style traditionnel sont dispersés dans un parc tropical luxuriant. Les bungalows installés en surplomb de la baie bénéficient d'une vue magnifique. Les chambres sont aménagées avec tout le confort moderne et la décoration est vraiment soignée.

Se restaurer

■ BAAN MAMA NOI

Thanon Patak

Ouvert de 9h à 22h. Repas de 80 à 120 B environ.
Petit restaurant populaire situé juste à côté de la Pine Apple Guesthouse, sur la route parallèle à 500 m du front de mer. L'endroit idéal pour rencontrer des personnes du monde entier !

■ MARE

683 Patak road, Tambol Karon

☏ +66 76 201 234

Ouvert de 11h30 à 00h30. Cuisine italienne classique. Juste en dessous du Luna, dans le Centara Grang Beach Resort et face à la mer. La cuisine est gérée par Sandro, qui sait parfaitement mettre les petits plats dans les grands. Ambiance lumineuse ou tamisée, et également une musique relaxante asiatique jouée par une musicienne locale accompagne votre dîner.

■ OLD SIAM RESTAURANT

311 Thanon Patak
Au Thavorn Palm Beach Resort

☏ +66 76 396 090
www.thavornpalmbeach.com

Ouvert de 11h à 14h et de 18h à 22h30. Plats de 380 à 520 B.
Restaurant traditionnel thaïlandais de grand standing. Accessible par l'hôtel, depuis la route de Patak ou directement par le front de mer (taxi). Le restaurant est installé dans un grand pavillon de bois avec terrasse surélevée ouverte sur le large. Cuisine raffinée. Pour les grandes occasions.

Sortir

■ LUNA BAR AND LOUNGE

683 Patak road, Tambol Karon
Centara Grand Beach resort, Karon Beach

☏ +66 76 201 234

Ouvert de 17h à 1h du matin. Le Centara Grand Beach Resort propose le bar le plus agréable de cette côte. Ouvert sur l'extérieur, vous pourrez admirer de somptueux couchers de soleil et déguster des cocktails d'une intense originalité. Allongé en terrasse face à la mer, ou installé confortablement sur les sièges et sofas, vous apprécierez le calme de ce lounge. D'autant qu'un groupe de jazz, composé de 2 musiciens et d'une chanteuse à la voix de soie, crée une atmosphère romantique, idéal pour les couples. Le décor est très soigné et l'avantage est que toute personne non résidente au resort y est la bienvenue.

Sports – Détente – Loisirs

■ SSS PHUKET

Kata beach
122/1 Patal road, Mueang Kata Karon
PHUKET – KATA

☏ +66 7628 4070

Voir page 520.

PATONG

C'est la localité la plus « animée » de l'île, mais cela n'a plus rien à voir avec la Thaïlande telle qu'on se l'imagine. Patong est surtout fameuse pour sa vie nocturne. Si la prostitution est officiellement interdite en Thaïlande, on y trouve de nombreux bars à filles et salons de massages, en particulier sur la rue Bangla. Un spectacle hérité du quotidien des anciennes bases militaires américaines basées en Thaïlande pendant la guerre du Vietnam (1964-1975) et des semaines « Rest and Relaxation » accordées aux G.I. Patong n'était pas une ancienne base, mais cet épisode donna un violent coup de pouce à l'industrie du tourisme sexuel en Thaïlande, qui s'est particulièrement développée à Bangkok et à Pattaya. Dans certains quartiers de Patong, l'atmosphère est ainsi relativement bonne, si on décide de fermer les yeux. La plage publique de Patong est aussi animée : vendeurs ambulants, jet-skis, services de massages et restaurants à proximité. Côté logement, on peut trouver ici des établissements bon marché, et ce même en haute saison. Mais aucun problème de change, de téléphone international ou de connexion Internet. Pour trouver des hôtels de grand standing ou des restaurants à la mode, vous êtes au bon endroit.

Transports

Comment y accéder et en partir

▶ **Song téo**. Le taxi collectif, ou le bus, est encore le moyen le plus économique pour se rendre occasionnellement d'une plage à une autre. Egalement pour se rendre à Phuket Ville, où se trouve la gare routière longue distance, lorsqu'il s'agit de quitter la région.

▶ **Mini-van** : depuis Phuket Town, environ 150 B la course.

Se déplacer

▶ **Moto-taxi**. Disponibles un peu partout pour se déplacer en ville. Compter 20 B pour une petite course et environ 50 B pour une course moyenne. Toujours négocier (avec le sourire) avant la course !

▶ **Location de moto** : 250 à 300 B par 24 heures. Prudence en matière de conduite : les accidents sont plus fréquents qu'on ne pense. Le port du casque est devenu obligatoire. Et le permis de conduire, s'il n'est pas exigé par le loueur, est fréquemment contrôlé par la police.

Pratique

■ ETHIK TOUR
✆ +66 896 186 894
www.ethiktour.com
info@ethiktour.com
Cette « agence de voyage itinérante », répond à des demandes directes et offre ses services en se déplaçant directement à votre hôtel. Ces services sont : programmation de tours, excursions, transferts, réservation d'hôtel... Le tout à Phuket, à Bangkok et dans le Nord grâce à leurs agences partenaires. Philippe, Français, et son associée Mam, Thaïlandaise, se sont forgé une réputation sur l'île grâce à leurs sérieux, leur professionnalisme et leur honnêteté. Pour ceux qui veulent visiter la baie de Phang Nga et l'île de James Bond, ils organisent eux-mêmes avec leur bateau une journée avec visite de grottes et lagunes de palétuviers en canoë. Fortement conseillé. Petits groupes, confort et propreté assurée. Satisfaction garantie !

■ SOUTH TOURS
194 rat-u-thit, 200 Pee road
PHUKET – PATONG
✆ +66 76 294 127 / +66 76 294 129
www.southtours.net
info@southtours.net
Ouvert tous les jours.
Située au centre de Patong Beach dans une des rues les plus passantes, cette agence de voyage francophone est spécialisée dans les voyages à la carte. Il vous est ainsi possible d'organiser sur place un séjour mémorable dans la région de Phuket, dans d'autres sites exotiques de la Thaïlande et même dans les pays voisins. Sont notamment disponibles : excursions, billets d'avions, hôtels, taxis, minibus et divers services de voyage. Blogs, forums et une clientèle fidèle sont unanimes à reconnaître la qualité du service et des bons conseils de South Tours.

■ TLO TOUR
1/14 Chalermphrakiat Road., Patong
✆ +668 1892 5060 / +6676 345 292
Cette agence propose des circuits privés sur mesure et adaptés à vos désirs dans les pays suivants : Thailande, Cambodge, Laos, Birmanie et Viêt-Nam. Pascal d'origine suisse et résidant à Phuket depuis 1994 met sa compétence à votre disposition à travers : la durée de votre séjour, les types d'hôtels et transports qui vous conviennent. Le site Internet est plutôt complet et vous donne des informations pratiques sur chacun des pays desservis.

Se loger

Comme le reste de la côte d'Andaman, le calendrier suivant s'applique pour la province de Phuket en matière de tarification hôtelière : basse saison durant la mousson de début mai à fin octobre ; haute saison comprise entre début novembre et fin avril ; « peak season » – période de plus haute fréquentation au milieu de la haute saison touristique ! – centrée sur les fêtes de fin d'année, du 20 décembre à fin février. A cette période, les prix peuvent doubler, voire tripler selon les établissements.

Locations

■ AGENCE IMMOBILIÈRE VAUBAN À PHUKET
Mam Terrace 1st Floor unit 4B-5B
4 Thanon Hatpatong Patong Beach – Kathu
✆ +66 7629 6039
phuket@companyvauban.com
Située à Patong, dans le centre Mam Terrace, à proximité de l'hôtel Holiday Inn Express, l'agence immobilière Vauban Phuket vous accueille du lundi au vendredi et le week-end sur rendez-vous.
Vauban Phuket vous propose une sélection de villas et d'appartements à la vente et à la location sur l'ensemble de l'île de Phuket. Programmes immobiliers neufs sélectionnés, appartements et villas à fort potentiel locatif et idéal pour vivre toute ou une partie de l'année. Disposant d'une offre de qualité, Vauban Phuket vous propose du choix et un accompagnement sur mesure pour vos investissements et locations. Si vous êtes intéressés, sachez qu'ils peuvent aussi vous rendre visite directement à votre hôtel. N'hésitez pas à les appeler si vous envisagez de vous installer à Phuket ou dans les environs.

■ HOTELS-PATONG.COM

✆ +66 76 388 444 – hotels-patong.com
contact@thailand-realestate.net
Vous avez envie de vous loger dans des appartements, condominiums ou villas, pour 2, 3, 4, 5 personnes ou plus, rendez-vous sur ce site ou sur l'un des nombreux autres sites que cette société possède : hotelspatong.net, hotelskaron.com, hotelkaron.com, phuket-renthouse.com, thailandluxuryproperty.com. Faisant partie des leaders de réservations de l'île depuis quelques années, vous trouverez une multitude de logements sur les localités suivantes : Kata, Karon, Rawai, Nai Harn, Phuket Town et bien sur Patong. Ce site vous permet également d'organiser vos vacances dans toute la Thaïlande, avec en prime des réductions de dernière minute. Les sites sont fiables et vous permettent d'organiser vos vacances en seulement quelques clics.

■ PRINCE EDOUARD RESORT

Soi prabarami Sam, n° 32
Kathu
✆ +66 76 296 888 – www.prince-edouard.com
contact@prince-edouard.com
Chambres à partir de 2 900 B en basse saison, de 4 200 B en haute saison, et de 5 500 B en «peak season». Petit déjeuner inclus. Wi-fi gratuit.
Resort d'appartements situé sur la colline, surplombant la baie et la ville balnéaire, qui offre une vue panoramique. A 5 min en moto du centre-ville. 24 appartements luxueux de 81 à 240 m², et une villa thailandaise, meublés de style moderne et ancien birman, chinois et français. Tous possèdent une cuisine équipée, une grande terrasse et parfois un Jacuzzi. Sur place : grande piscine, centre Spa avec fitness, sauna, massage et un restaurant. Vacances de Golf « à la carte », offrant les *fee* de golf à des prix très intéressants.

Bien et pas cher

Dans les secteurs « Paradise Complex », Soï Jintana et Soï Andaman Square se trouvent les guesthouses les moins chères. Les prix sont dégressifs si l'on séjourne assez longtemps. A débattre dès l'arrivée : qui ne demande rien, n'a rien !

■ GOLDEN HOUSE HOTEL

34/2 Thanon Prachanukhro
✆ +66 76 293 063
www.goldenhousehotel.com
goldenhousehotelpatpong@gmail.com
Chambres à partir de 600 B en basse saison, 1 500 B en haute saison. Wi-fi gratuit.
Hôtel (35 chambres et 1 appartement) ouvert toute l'année. Claude, la nouvelle propriétaire, se fera une joie de vous accueillir dans un hôtel idéalement situé à Patong dans un quartier calme, proche de la plage, de la zone commerciale et des restaurants. Les chambres sont chaleureuses, confortables, équipées de climatisation, d'un coffre-fort, d'un minibar et de la TV cablée. Possibilité de louer des scooters sur place et agence de voyage à demeure.

■ HOTEL PHILIPPE

Complex Likit Plaza
188/29-30 Patong Sai 3 Road
✆ +66 81 089 1159
www.hotel-philippe-patong.com
hotel.philippe@hotmail.fr
Basse saison, chambre de 650 à 850 B. Haute saison, 1 250 à 1 450 B. Wi-fi gratuit.
Un établissement à direction française, comme son nom l'indique ! Chez Philippe (Ponpon pour les intimes), l'accueil est chaleureux et les chambres impeccables et de tout confort. Déco moderne, sans chichis, et le personnel est toujours disponible au cas où. Restaurant de cuisine thaïe et occidentale. Bonne adresse.

■ RENDEZ-VOUS HOTEL

Paradise Complex
143/14-15 Thanon Rat Uthit
✆ +66 76 342 433
www.boontarika.com
info@boontarika.com
Basse saison : chambres de 600 B à 1 100 B. Haute saison : de 900 à 1 700 B. Suite de 1 700 à 2 500 B selon la saison. Wi-fi gratuit.
Situé en plein cœur du quartier gay, cet hôtel gay friendly propose des prix abordables pour des chambres bien tenues qui ont toutes l'air conditionné et l'eau chaude. Possibilité d'y louer une voiture ou de laisser les gérants vous organiser des excursions dans la région.

Confort ou charme

■ **ANCHALEE INN***
269 Rat-U-THit 200 Pee Road Patong
℡ +66 76 366 308
www.anchaleeinn.com
info@anchaleeinn.com
Chambres à partir de 800 B et à 3000 B pour
4 personnes.A 300 m de la plage de Patong
A quelques mètres seulement de la Plage de
Patong, près du stade de boxe de Bangla et du
marché de Banzaan. Les 30 chambres climatisées de l'établissement vous invitent à la
détente et comprennent un réfrigérateur, un
minibar, des chaînes par satellite, un lecteur
de DVD, un sèche-cheveux, une bouilloire, et
l'accès wi-fi gratuit. La chambre est nettoyée
tous les jours. Les infrastructures de loisirs
offertes par l'établissement comprennent une
piscine extérieure, un sauna et un bain de
vapeur. Le restaurant de l'hôtel couvre le petit
déjeuner, le déjeuner et le dîner (de 7h à minuit).
Il propose une cuisine thaïe et italienne exquise !
L'établissement propose également un café et
un service en chambre jusqu'à minuit. Dans
une ambiance chaleureuse, cet établissement
vous permettra de rester près du centre tout
en gardant de l'intimité. Enfin, le propriétaire
parle français et donne de bons conseils sur les
plages, îles et excursions à faire !

■ **LE JARDIN BUNGALOWS**
172/18 Thanon Nanai
℡ +66 76 340 391
info@lejardin-phuket.net
Pour les tarifs, les contacter directement.
Restauration en haute saison : plats de 80 à
180 B.
Cet établissement dispose de 24 appartements
répartis en bungalows noyés dans la végétation, à flanc de colline. Chacun, plus ou moins
spacieux, dispose d'une ou deux chambres,
d'un petit salon et d'un coin cuisine. On s'y sent
d'emblée comme à la maison. Sauna et Jacuzzi à
disposition des clients, et ouverts aux personnes
extérieures. L'accueil des gérants, Nadine et
Stéfan, est par ailleurs très chaleureux.

■ **OCEAN VIEW PHUKET HOTEL**
5 Sirirat Road
℡ +66 76 512 329
www.oceanviewphukethotel.com
oceanviewphuket@gmail.com
Basse saison : de 750 à 1400 B. Haute saison :
de 1 600 à 2500 B. Wi-fi gratuit.
Hôtel de charme style thaï rénové en 2010 ;
les 15 chambres sont modernes, spacieuses
et lumineuses. Elles ont toutes une vue sur la
mer et possèdent une terrasse. Certaines ont
une cuisine. Proche de tout et loin du bruit,
l'accueil y est francophone. Idéal aussi pour

couples ; dans la sérénité du parc tropical, une
piscine et un bar extérieurs permettent une
détente maximale sur les premières hauteurs
de Patong. Location de scooter et coffre-fort.
Vu le succès de l'hôtel, il est préférable de
réserver directement sur le site.

■ **STEP 23***
23, 50 Pee Road
℡ +66 83 59 39 278 – step-23.com
info@step-23.com
Idéalement situé dans les hauteurs de Patong
Basse saison : à partir de 1 000 B. Haute saison :
1 200 à 3 000 B. Wi-fi gratuit.
Avec l'une des plus belles vues de Patong Beach,
cet établissement offre plusieurs choix d'appartements. A 5 minutes en scooter du centre,
vous profiterez d'une sérénité et tranquillité peu
habituelles et cela en toute saison. La piscine
et la terrasse ont vue sur la mer, tout comme
une grande partie des chambres. L'accueil plus
que convivial est francophone. Les prix sont très
abordables et ce toute l'année.

Luxe

■ **AMARI PHUKET**
Plage de Patong
℡ +66 76 340 106 – www.amari.com
coralbeach@amari.com
Basse saison : à partir de 3 600 B. Haute saison :
à partir de 7 000 B. Petit déjeuner inclus.
Installé à flanc de colline, tout au sud de la plage
de Patong, ce très bel établissement offre un
espace de détente agréable et un panorama
magnifique. Les chambres sont modernes et
claires. Plusieurs restaurants : The Jetty, La
Gritta, Rim Talay, deux piscines, Spa, centre
fitness, salons luxueux et club de plongée dans
l'hôtel.

■ **KALIMA RESORT AND SPA**
338/1 Prabaramee Rd. Patong Beach, Kathu
℡ +66 76 358 999 – www.kalimaresort.com
info@kalimaresort.com
De 10 000 à 70 000 B. Très forte réduction sur
le site internet.
Situé à la sortie de la ville, tout en restant à
5 minutes du centre, ce resort contemporain
et luxurieux possède une magnifique vue sur
la baie de Patong. Jonché entre la jungle et la
mer, il dispose de 8 types de chambres différentes, de la « Deluxe » au duplex avec piscine
privée, en passant par les suites spécialement
prévues pour les jeunes mariés. Superbe piscine,
mini-golf et plage de sable artificiel composent
ce resort. Le Busaba Spa vous offre une bonne
alternative afin de réhydrater votre corps exposé
au soleil. Essayez la terrasse du Malika ou le
Lima Rock le soir pour un cocktail ou tout
simplement un plat thaï en journée. Bon service.

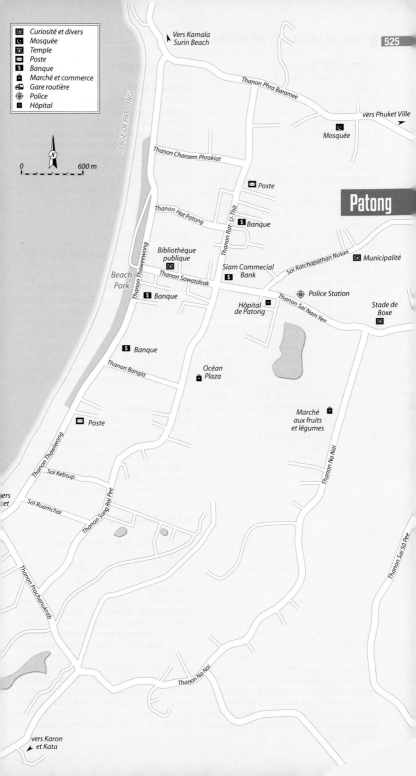

Patong

Légende :
- Curiosité et divers
- Mosquée
- Temple
- Poste
- Banque
- Marché et commerce
- Gare routière
- Police
- Hôpital

0 — 600 m

PLAGE DE PATONG

Vers Kamala
Surin Beach

vers Phuket Ville

Thanon Phra Baramee

Mosquée

Thanon Charoem Phrakiat

Poste

Thanon Hat Patong

Thanon Rat. U-Thit

Banque

Bibliothèque
publique

Siam Commecial
Bank

Soi Ratchapathan Nusan

Municipalité

Thanon Sawatdirak

Beach
Park

Thanon Thaweewong

Banque

Police Station

Thanon Sai Nam Yen

Hôpital
de Patong

Stade de
Boxe

Banque

Thanon Bangla

Océan
Plaza

Marché
aux fruits
et légumes

Poste

Thanon Thaviwong

Thanon Na Nai

Soi Kebsup

vers
...cet

Soi Ruamchai

Thanon Song hoi Pee

Thanon Sai So Pee

Thanon Prachanukrab

Thanon Na Nai

vers Karon
et Kata

■ L'ORCHIDÉE RÉSIDENCES

13/29 Soi Prabaramee 4, Prabaramee road, patong beach
✆ +66 81 569 9998
www.lorchidee-residences.com
manager@endless-villas.com
A la sortie de Patong, en direction de Kamala, dans les collines surplombant la baie
Villas privées à louer de 2 à 5 chambres.
L'Orchidée Résidences et ses 27 villas de luxe de 4 catégories, se situent à la sortie de Patong, près de Jung ceylon. Très calmes et sur les hauteurs, toutes ont une piscine et vue sur la mer, et peuvent accueillir jusqu'à 10 personnes. Le management est français. Vous pouvez vous faire livrer vos courses ou votre repas à domicile, ou profiter d'un service cuisinier, si vous désirez profiter de la vue imprenable de la baie lors des couchers de soleil. Possibilité d'avoir une femme de ménage à plein temps, location de scooters, tours, excursions, tarifs membres pour le golf de Blue Canyon, transfert aéroport, baby-sitting avec lits pour les bébés, stérilisateurs, minimart sur place.
Toutes les villas sont équipées d'un home cinéma 110 cm avec chaîne satellite. Le complexe comprend dans ses parties communes 2 piscines, 2 saunas, une salle de gym et un club house avec terrain de pétanque, billard, bar et cuisine extérieure où des soirées peuvent être organisées.

■ PRINCE EDOUARD RESORT

Soi prabarami Sam, n° 32
Kathu
✆ +66 76 296 888
Voir page 523.

Se restaurer

Sur le pouce

■ BITE IN

Jungceylon shopping complex, Unit 2107/2
195 Rat-U-Thit Road
✆ +66 76 366 226
ornholland@hotmail.com
Bit'in est l'endroit idéal pour déguster une belle salade, un sandwich créatif, un panini, et bien sûr des spécialités thaïlandaises. Les prix sont très attractifs et les plats sont copieux servis avec les produits frais du march. Ne manquez pas le petit dejeuner américain XXL, les fajitas, la salade géante méditerranéenne, bacon et chili, le fameux kebab poulet marine, le sandwich Caesar wrap, le panini pesto poulet, et tellement plus encore ! Les cocktails tropicaux sont créatifs et savoureux également… à essayer ! Management ncophone.

Pause gourmande

■ URBAN CAFE

Centre commercial de Jungceylon au RDC
Ouvert tous les jours.
Ouvert depuis 2015, c'est le parfait endroit pour la petite pause d'après-midi. Au menu, du vrai café italien, des glaces maison, des gaufres, et des crêpes comme chez nous. Laissez-vous tenter par la spécialité thaïlandaise : le *ice cream roll*, base de yaourt sur laquelle on ajoute des fruits frais et autres ingrédients dessus, sur une plaque réfrigérée qui se transforme en glace. Show assuré !

Bien et pas cher

■ CHEZ BERNARD – RESTAURANT N° 6

Plage de Patong
✆ +66 81 677 0711
Ouvert de 9h à 23h. Plats de 50 à 250 B.
L'établissement est situé en plein centre du front de mer de Phuket. Noyé au milieu de plusieurs autres bars-restaurants, il est plus facilement repérable depuis la plage. Mais une fois installé, le décor rustique et l'ambiance tranquille en font un coin bien à part. Le patron, Bernard, est français, et il a pas mal roulé sa bosse en Asie. L'un des restaurants « expats » les moins chers de Phuket.

■ NIGHT MARKET

Thanon Rat Uthit, secteur nord
De 17h à 22h environ. Plats à partir de 30 B.
A proximité de Viking Residence, important regroupement de roulottes en fin d'après-midi. Cuisine thaïlandaise populaire bon marché : si vous avez un budget vraiment serré ou si vous voulez simplement manger dans la rue, sans vous compliquer la vie.

■ SUN BEACH CAFE

Patong beach
Première route après l'hôtel Impiana.
✆ +66 76 390 676
mathias.birembaux@hotmail.com
Ouvert du petit déjeuner jusqu'au dîner sans interruption.
Situé en bord de plage, le Sun Beach Café vous propose de la cuisine thaïe parfumée (Pen, la femme du patron et Mathias sont en cuisine), des pizzas au feu de bois, des poissons (essayez la dorade en croûte de sel), des salades géné-reuses, des super sandwichs et des plats du jour à prix raisonnables. Il y a aussi un large choix de fruits exotiques, de cocktails, de glaces, de crêpes, de galettes et de gaufres pour les gourmands…. De la vraie bonne cuisine au bord de la mer avec les pieds dans le sable. Happy hour de 17h à 19h. L'apéritif est servi avec des olives et des pizzas !

Des bons moments entre amis ! · +66 76 340 906 · www.kitchen-thailand.com

■ THE WOK
Rue Rat U Tit
www.thewok.com
Ouvert tous les jours. Cet établissement familial, couleur locale possède tout pour vous faire passer un bon moment. Il propose une cuisine thaïe de qualité à des prix très raisonnables, et avec un concept unique de cuisine au wok. Le *Pad thai* y est succulent et reconnu pour être l'un des meilleurs de la ville… Laissez-vous tenter par le *yellow crab curry*, le fameux curry de la baie de Phuket, il est excellent.

■ URBAN FOOD JUNGCELYLON
Centre commercial de Jungceylon au RDC
www.urbanfood.co.th
Ouvert de 11h a 23h tous les jours.
Ce restaurant possède une formule « salad bar » de légumes et salades à volonté. Urban food est devenu une adresse très populaire pour ses brochettes géantes de plus de 300 grammes avec plusieurs variantes (poulet, bœuf, poissons, mix grill) servies dans un cadre moderne et chaleureux grâce à sa large terrasse couverte. Un choix large A la carte avec les incontournables plats thaïs, pâtes, des pizzas des burgers… De quoi ravir tous les gourmands.

Bonnes tables

■ LA BOUCHERIE
18 7/9 Soi Sansabai
℃ +66 76 344 581
www.laboucherie-asia.com
sales@laboucherie-asia.com
Dans la rue qui prolonge la fameuse Bangla Road.
Ouvert tous les jours de 11h à minuit. Plats de 200 à 900 B.
Direction française, type de plats : entrecôtes, salades niçoises, côtes de bœuf, café gourmand. La réputation du restaurant n'est plus à faire sur Phuket. Pour tous les amoureux de la viande, rendez-vous à La Boucherie ! Salle climatisée et terrasse pour les fumeurs.

■ PARADISE BEACH RESTAURANT
109 Muean-ngern Rd. T.Patong
℃ +66 076 609 609
http://paradisebeachphuket.com
info@paradisebeachphuket.com
Ouverture de 9h30 à 18h30. Comptez environ 90 B.
Cet établissement est installé au beau milieu de cette petite plage. L'endroit idéal pour déjeuner si l'on a décidé de passer la journée à cet endroit. Cuisine thaïlandaise.

■ THE KITCHEN
167 Rat-U-Thit-Road
℃ +66 76 340 906
www.kitchen-thailand.com
Ouvert 24/24 et 7 jours sur 7.
Chaîne de restaurants ouverte depuis 2007, Kitchen (aujourd'hui 5 restaurants) Phuket-Pattaya-Samui est l'une des adresses les plus connues de Patong. En plein cœur de l'action, à l'entrée de la rue de Bangla, c'est le rendez-vous de début de soirée pour un dîner entre amis ou en *after* le restaurant étant ouvert 24h/24 et 7 jours/7. Ici on mange très bien mais difficile de choisir tellement l'offre y est vaste. Du thaï ou de l'international, vous ne serez pas déçu (le menu est consultable sur le site). Mention spéciale pour la brochette Chicken Panang XXL et la tarte fine aux pommes et sa glace maison au caramel beurre salé en dessert. En plus, Lolo et Seb forment un duo de choc pour vous accueillir et vous faire sentir comme à la maison !

■ WHITE BOX BEACHFRONT RESTAURANT AND BAR
245/7 Thanon Prabaramee
℃ +66 76 346 271
www.whiteboxphuket.com
info@whiteboxrestaurant.com
Viandes et fruits de mer de 350 à 1 000 B. Desserts à 250 B. Dans un décor enchanteur juste au bord de l'eau, vous goûterez à une cuisine exotique. Le cadre est fort agréable et le service correct. Une fois le repas terminé, vous pourrez monter déguster des cocktails dignes de ce nom.

CÔTE DE LA MER D'ANDAMAN

Luxe

■ ACQUA RESTAURANT

324/15 Prabaramee road
✆ +66 76 618 127
www.acquarestaurantphuket.com
reservations@acquarestaurantphuket.com
Ouvert tous les jours de 16h à 23h.
Situé à la sortie de Patong, direction Kamala.
Alessandro, italien et ancien chef Du Sheraton
Laguna propose une multitude de plats que
l'on ne trouve nulle part ailleurs sur l'île.
Récompensé pour sa fine cuisine par des
magazines prestigieux, il possède également
une très large gamme de vins pour accompagner
viandes, poissons, et crustacés. L'accueil y est
courtois et le service coordonné. Vous pouvez y
aller aussi en couple pour une soirée romantique.

■ THE 9TH FLOOR

47 Rat-U-Thid Road 200, Sky Inn Condotel
✆ +66 89871 5775
www.the9thfloor.com
contact@the9thfloor.com
*Ouvert de 16h à minuit. Compter 800 B par
personne pour un repas.*
Endroit de charme avec vue sur la baie de
Patong. L'un des meilleurs restaurants de la ville.
Il y a pour tous les goûts et la nourriture servie
est excellente. Les produits sont frais (bœuf en
provenance d'Australie) et accompagnés de plus
de 300 vins différents. La présentation des plats
vaie selon les saisons, plus spécialement entre
mai et octobre. Le large choix de poissons et
fruits de mer fait le bonheur des expatriés et
des touristes qui s'y côtoient. Le service est
impeccable et la décoration plutôt originale ;
on ne retrouve pas cela ailleurs à Patong. il
est recommandé d'appeler avant de dîner car
l'endroit est assez prisé, surtout par les couples.
Une bonne adresse.

Sortir

Cafés – Bars

■ COYOTE BAR

Soï Sea Dragon, à gauche et au fond
✆ +66 7634 4366 – www.coyotephuket.com
info@coyotephuket.com
Un bar parmi d'autres. Non, celui-là n'est pas
commun : tous les soirs, jusqu'à la fermeture,
un petit groupe thaï joue de la musique...
mexicaine ! Plats latinos et margharitas à la
carte. Bon accueil.

■ DOLPHIN BAR AND RESTAURANT

Sunset Plaza
1 Prachanukhor road
✆ +66 87 985 5850

Bar situé au mileu d'autres bars pour une
ambiance garantie. A votre disposition, billard,
Internet et un service irréprochable et amical.
Géré par un Français qui connaît bien le pays,
et vous accueillera à bras ouvert. En promotion :
cinq consommations achetées, une offerte. La
nourriture thaïe et internationale servie est bon
marché et d'excellente qualité.

■ LE JAGUAR

ocean plaza – bangla road
Un endroit à découvrir au moins le temps d'un
shooter dans l'*ice bar* dédié uniquement à la
vodka et ce par – 25 degrés. Par ailleurs, ce
bar est idéalement situé car en plein centre de
la rue la plus animée de la ville.

■ LE PORT

Thanon Thawiwong
Front de mer
Ouvert tous les jours de 17h à 2h.
Il s'agit d'un bar restaurant terrasse en plein
air situé sur le front de mer, devant le Banthai
Beach Resort, entre le restaurant Zen et le
glacier Häagen-Dazs. Un spectacle musical est
prévu tous les soirs. Musique latino-philippine.
Très bonne ambiance.

■ RASTA PUB

Soï Sea Dragon
Tout au fond, sur la gauche.
Musique Reggae, bien entendu, et ambiance
relax dans ce bar rustique. Accueil vraiment
sympathique et pas d'hôtesses aux aguets.

■ SETH GUEKO BAR

Bangla Road
✆ +66 60 000 0000
sethguekobarpatong@gmail.com
Quand la mer est derrière vous, le bar se
trouve sur la Bangla Road sur la gauche.
*Ouvert tous les jours de 19h à 4h – cocktails à
partir de 140 B.*
Enfin un bar où la programmation est plus que
pointue, et cela fait beaucoup de bien dans la
mesure où la musique dans les bars alentour
est toujours plus ou moins la même. Ici, en plus
d'être bien reçu par Seth, rappeur de renom et
propriétaire du bar, on y boit de bons cocktails,
bières et autres softs en tout genre. L'ambiance
est chaleureuse et c'est un DJ qui s'occupe
de vous faire vibrer tous les soirs jusque tard
dans la nuit.

Clubs et discothèques

■ SEDUCTION

39/1 Bangla road
✆ +66 76 340 215
seductiondisco.com
info@seductiondisco.com
Ouvert de 22h à 4h du matin.

Incontournable de Patong, c'est la seule et unique discothèque correcte ! Installée dans un ancien théâtre entièrement réaménagé, son éclairage a été réalisé par le technicien des concerts stars comme ceux de Madonna... C'est le seul pour le moment en Asie. Ce club refait entièrement à neuf fait partie de la nouvelle génération de clubs sur l'île. C'est en effet l'un des seuls endroits de l'île où les plus grands DJ's de la planète viennent mixer. Différents styles de musique, R'n'B, hip hop, et house music. En haut, le Blow est un club privé (il faut être membre pour y entrer) : ambiance garantie !

Sports - Détente - Loisirs

Sports - Loisirs

■ ALL 4 DIVING
169/14 Soi Sansabai
✆ +66 76 344 611
Voir page 510.

■ NUDIDIVE
80 Thanon Phisit Karani
✆ +66 84 852 9066
www.nudidive.com
info@nudidive.com
Journée découverte avec 2 plongées à 4 000 bahts) ; Open water – à savoir le premier niveau en 3 ou 4 jours selon votre timing – à 13 500 bahts et Advanced open water à 11 000 bahts. A noter : les prix n'augmentent pas en haute saison.
Fort de plusieurs années d'expérience en tant qu'instructeur de plongée, David vous propose plusieurs sites de plongée avec une plus grande flexibilité de forfaits. Vous pourrez également plonger sur épave, en eaux profondes et nitrox. Des demi-journées sont aussi disponibles. Idéal pour ceux qui souhaitent profiter pleinement de leur séjour.
La fidélité et la convivialité sont les atouts de ce centre. Le centre organise également des croisières-plongées sur les îles Similan, Racha Yai et Racha Noi.

■ SEA WORLD DIVE TEAM
171/23 Soi Sansabai
✆ +66 76 341 595
www.seaworld-phuket.com
info@seaworld-phuket.com
Ouvert 7j/7, de 9h à 20h. Baptême de plongée à 4 000 B, open water à partir de 13 000 B et advance open water à 12 000 B ; La demi-journée est à 2 000 B/pers avec 1 plongée.
Le centre de plongée est un centre PADI 5 étoiles francophone.

Bien qu'elle soit en plein cœur de Patong Beach l'école possède son propre équipement de gonflage Air et Nitrox et une piscine spécifique conçue autant pour des baptêmes que pour permettre aux instructeurs chevronnés et polyglottes de travailler avec efficacité dans un espace adapté.

Détente - Bien-être

■ 5-STAR MASSAGE
200, Pee Road
225 Thanon Rat-U-Thit
✆ +66 89 535 4637
www.5-star-massage.com
info@5-star-massage.com
Ouvert de 10h à minuit. Massages à partir de 250 B et jusqu'à 2 000 B pour 2 personnes dans la VIP room.
Ce centre jouit d'une excellente réputation et d'un très bon accueil, francophone qui plus est. Les prix sont très raisonnables et Isabelle ne vous propose avec son équipe thaïlandaise que des massages authentiques. Les masseuses sont d'ailleurs toutes diplômées. Vous pourrez choisir entre les massages à l'aloe vera, idéal après les coups de soleil ou encore, l'aromathérapie. Essentiellement à base d'huiles essentielles, sa pureté pénètre jusque dans les articulations et les couches profondes de la peau. Vous pouvez disposer de massage de pied, bons pour la circulation surtout dans les pays chauds. Pédicures, manucures, et autres soins du visage. Dans cet établissement sérieux, le silence est apprécié.

Shopping

■ JUNGCEYLON
SHOPPING DESTINATION
181 Rat-u-thit 200 Pee Road
✆ +66 76 600 111
www.jungceylon.com
info@jungceylon.com
Ouvert tous les jours de 11h à 22h.
Situé en plein centre de Patong, ce centre commercial offre de nombreuses possiblités d'achat. Plusieurs quartiers le composent : le Boulevard Silang, le Port, le Sino Phuket et Phuket Square. Très pratique pour le shopping : nombreux supermarchés et magasins de vêtements, librairies, matériel informatique, souvenirs... On y trouve également des restaurants proposant diverses spécialités : chinoises, japonaises, françaises et bien sûr thaïlandaises. Cet endroit est enfin connu pour son cinéma au dernier étage, ainsi que son bowling. Endroit fort prisé et très facile d'accès.

KATHU

■ SEA SUN SAND RESORT & SPA – THE UNIQUE COLLECTION
254 Prabaramee Road
✆ +66 76 343 231
http://seasunsandresort.com
Chambres à partir de 2 000 B sur leur site internet en basse saison, 5 000 B en haute saison pour une chambre de deux personnes. Spa, piscine, 2 restaurants, bar, salle de fitness. Possibilité de réserver sur place ces excursions.
Les options de logements sont nombreuses à Phuket, et pour faire face à cette concurrence les hôtels rivalisent pour vous proposer la meilleure offre possible. Le Sea Sun and Sand Resort & Spa possède de nombreux atouts. 240 logements, répartis en 5 catégories. Des chambres spacieuses à la déco soignée, jouissant de tout le confort moderne. Chambres avec lit king size ou lits double avec vue sur la plage de Patong, particulièrement impressionnante lors du coucher de soleil, salles de bains modernes, équipées d'une douche à effet pluie et d'une baignoire séparée.
Deux restaurants, le Sea-view et le Sunset bar, servant des plats asiatiques et occidentaux, plusieurs piscines, dont une spécialement pour les enfants, un spa, le Sarocha qui est vraiment réputé dans cette partie de Phuket, une salle de sport… Un lieu dédié pour pratiquer le yoga, avec un professeur spécialisé, est offert aussi bien aux adeptes et qu'aux néophytes. Plusieurs activités annexes sont proposées tout au long de la journée, dont des cours de cuisine très ludiques.
Si vous voulez faire une excursion, on se charge de tout. Le transfert pour l'aéroport est assuré par le resort. Regardez sur leur site internet, des réductions très avantageuses sont souvent proposées.

KAMALA

Kamala, auparavant petit village de pêcheurs, est devenue une petite ville active et vivante. De nombreux hôtels et guesthouses ont ouvert leurs portes, mais tous ont gardé un excellent rapport qualité-prix et service, typique de la Thaïlande.
La baie de Kamala s'étend sur 3 km avec ses eaux turquoise et son sable blanc. De nombreux petits restaurants de plage ainsi que des transats avec parasols sont disponibles tout le long. Juste après, au nord de Kamala, la jolie petite plage de Laem Singh Beach surplombée de rochers où l'on se rend à pied, parking en ·d de route.

Se loger

■ BAAN CHABA
95/3 Moo3 Kamala Beach
Kathu
✆ +667 6279 158 – www.baanchaba.com
baanchaba@hotmail.com
Prix entre 1 500 et 2 300 B.
Le Baan Chaba est tenu par une Thaïlandaise qui parle français couramment. Les bungalows se trouvent au calme en bord de plage de Kamala, tous autour d'un magnifique jardin tropical très bien entretenu. Bungalows spacieux tous équipés d'un mini-bar, wifi, air conditionné. Sur la plage, vous trouverez toutes les commodités (restaurants, bars...)

■ KAMALA DREAMS
74/1 Moo3
✆ +66 81 893 2652
www.kamaladreams.net
dreams@kamalabeach.net
Chambres à partir de 1 500 B en basse saison, 2 000 B en haute saison. Wi-fi gratuit.
Hôtel de charme idéalement situé au cœur des animations et du shopping. Il donne directement sur la plage, pas la plus belle partie, mais il suffit de marcher une ou deux minutes pour se prélasser au soleil. Jan, Hollandais expatrié depuis de nombreuses années à Phuket, parle couramment français. Tous les studios donnent sur la piscine. Le restaurant au rez-de-chaussée, Charoen Seafood, comme son nom l'indique, jouit d'une solide réputation pour ses fruits de mers grillés. Vous pouvez même commander des langoustes !

Se restaurer

■ OHLALA
97/5, Moo 3, Soi 8
✆ +66 75 385 537 – lefeuaulac@yahoo.fr
Ouvert tous les jours à partir de 12h. Plats entre 60 et 320 B.
C'est d'abord de la cuisine thaie dont des plats que l'on ne trouve que chez Ohlala, mais aussi de savoureux mets européens et d'excellentes pizzas. Ne pas oublier de déguster leur création : les TAM-TAM. Les prix « résidents » sont raisonnables. Le décor genre brocante est chaleureux, ambiance décontractée et service amical. L'établissement est situé sur la grand-route qui va de Patong à Surin, on ne peut pas le manquer.Tout est fait maison y compris le pain.

■ CHEZ RATATOUILLE
78/8 Moo 3
✆ +86 76 385 190 – godestjf@gmail.com
Ouvert de 7h30 à 23h sauf le mercredi. Plats de 80 à 150 B.

Ce petit restaurant, tenu par une charmante Thaïlandaise surnommée « Ratatouille » et son compagnon Français Jeff, est placé sur la route principale au centre de Kamala face au Tesco Lotus. Petits prix pour une cuisine thaïe et des encas européens. Spécialité de la maison : le curry thai aux fruits de mer cuit à la vapeur « homock ». Ambiance francophone, puisque même le serveur parle un peu français ! !

Sortir

■ PHUKET FANTASEA

Thanon Thepkassatri, Kamala
℗ +66 76 385 111
www.phuket-fantasea.com
info@phuket-fantasea.com
Accès ouvert à 17h30, le spectacle lui-même débute à 19h30 et se termine vers 23h30. Installations localisées à côté de la plage de Kamala.
Il s'agit d'un spectacle du genre « féerie à l'américaine » sur le thème siamois bien entendu, avec des moyens mis en œuvre assez considérables (acrobates, pyrotechnie, éléphants sur scène).

Sports – Détente – Loisirs

■ MERLIN DIVERS

74/3 Moo 3 Rim, Had road, Kamala Beach
℗ +66 76 385 518 / +66 89 591 8105
phuket-diving-thailand.net
Départ le matin 9h, retour 13h30 avec 2 plongées. Comptez 30 minutes de bateau pour aller à Koh Weo, Laem Son, Tai Pau ou Had Yeak.
Situé sur la route qui mène à la plage, ce centre francophone, propose entre autres des trips d'une demi-journée, idéal pour profiter du reste de la journée. Vous pourrez admirer les fonds marins sur les îles se situant en face du centre. Pour la journée, le centre propose des destinations de plongée telles que les îles Similan, Phi Phi, et le parc national de Shark point. Il est aussi possible de rester pour des séjours plus longs sur le bateau ainsi que de passer votre PADI, open water et des cours sont donnés pour les plus expérimentés.

BANG TAO

En forme de croissant et d'un sable blanc étincelant, Bangtao est une des plages les plus calmes de la côte ouest de Phuket. Elle s'étend sur 8 km. En effet, peu de vagues ainsi qu'une eau claire et douce, en font une plage prisée des familles. Les Thaïlandais aiment s'y retrouver le soir après l'école. La douce brise constante a rendu la baie de Bangtao très populaire auprès des *windsurfers*. Elle accueille plusieurs compétitions internationales chaque année.

SEA SUN SAND
RESORT & SPA

ENJOY A BREATHTAKING PATONG SUNSET
WHILE SIPPING YOUR FAVORITE DRINK

VARIETY HOTELS

■ BANGTAO TROPICAL RESIDENCE RESORT AND SPA

Penthouse 406
110/111 Moo 3 Srisoonthorn Rd
✆ +85251070245
www.phuketpenthouse.hk
skyper330@gmail.com
De 3 900 à 8 000 B. Wi-fi gratuit.
Penthouse de 177m² avec piscine et vue sur mer, à 3 minutes des superbes plages de Surin et Bangtao. Composé de 2 grandes chambres avec SDB et lit king size, baignoire à remous dans la salle de bain parentale. Cuisine toute équipée avec cave à vin électrique. Piscine privée sur la terrasse, et grande piscine dans la résidence. Accès à la salle de gym offert par le propriétaire. Deux nettoyages par semaine sont offerts avec changement des draps et serviettes ou service quotidien disponible avec supplément. Lave-linge et sèche-linge, room service et pressing à la charge du client.

■ BLUE GARDEN RESORT AND SPA

82/32 Moo 3
✆ +66 80 780 4696
www.bluegarden-phuket.com
De 1 000 à 2 300 B en basse et haute saison ; et de 2 500 à 4 200 B en peak season. Wi-fi gratuit.
A une minute à pied de la magnifique plage de Bangtao, le Blue Garden Resort & Spa propose 9 chambres avec air conditionné, TV câblée, coffre-fort, toutes de plain-pied au bord de la piscine ainsi que 2 chambres au premier étage. L'hôtel organise également des excursions : snorkeling sur l'île de Koh Weo (à 20 minutes en bateau), découverte de la baie de Phang Nga ou l'île de Koh Phi Phi en catamaran à voile ou en bateau moteur, ainsi que vos locations de motos ou de voitures.

■ SIMILAN GUESTHOUSE

Bang Tao Beach
62/4 Moo 3
Cherngtalay – Thalang
✆ +66 80 718 29 28 / +66 84 889 28 31
www.similanguesthouse.com
similanhotel@gmail.com
Ouvert toute l'année, chambres de 700 à 1600 B (2 personnes). Restaurant tous les soirs en haute saison.
Sept chambres décorées avec soin et placées tout près des plages de Surin beach et Bang Tao Beach. Câble TV, wi-fi gratuit, frigo bar et climatisation. Marianne et Jacinte sauront vous mettre à l'aise dès votre arrivée en raison de l'ambiance familiale. Le bar aussi est très convivial, vous pourrez y goûter les cocktails maison. Petit déjeuner continental copieux avec viennoiseries françaises, expresso ou ̄méricain. Les plats français sont cuisinés par ͺͺte qui se régale à choisir elle-même ses

produits frais au marché. Transfert aéroport/ hôtel possible. Les animaux domestiques sont acceptés sous conditions.

CHERNGTALAY

Petite ville aux nombreux achalandages et commerces en tout genre, Cherngtalay compte aussi deux marchés par semaine, le lundi et le jeudi. Musulmans et bouddhistes se côtoient ici tous les jours, et l'on recense l'une des plus belles mosquées de la région. Chaque année en octobre, un temple chinois y accueille certaines célébrations du Festival végétarien, particulièrement haut en couleur.

Se loger

■ LAGUNA PHUKET

390/1 Moo1, Srisoonthorn Road
✆ +66 76 362 300 – www.lagunaphuket.com
Chambres et villas de 3 000 à 50 000 B.
Un complexe immobilier pharaonique regroupant pas moins de sept hôtels, pour la plupart de grand luxe. Le tout est complètement artificiel et dénué du moindre cachet, mais on y passera tout de même de bons moments... à condition d'en avoir les moyens. Restaurants, Spas, parcours de golfs, galeries marchandes : pour les amateurs de tourisme anesthésiant. Le portail Internet permet la réservation pour chacun des hôtels.

■ SURIN PARK

128 Surin Beach Road
Cherngtalay, Thalang
✆ +66 76 621 721 – www.surinpark.com
Entre 2 500 B en basse saison pour un appartement une chambre et 13 000 B en haute saison pour un penthouse avec deux chambres supérieures.
L'établissement possède 24 appartements ayant, pour la plupart, vue sur la mer, dans un endroit tranquille situé à 400 m des plages de Bang Tao et Surin. Spacieux, vous vous sentirez chez vous. A disposition, le chauffeur viendra vous chercher à l'aéroport. Piscine, Jacuzzi, salle de sport, et tours tels que le Surin Parc Magical Kingdom à Phang Nga avec canoës, cochons sauvages, gibbons, et dîner préparé par les locaux.

Se restaurer

■ BLACK CAT BAR-RESTAURANT

104 Bandon-Chenrgtalay road
✆ +66 76 271 180 / +66 81 787 9701
www.blackcatphuket.com
blackcat@phuket.ksc.co.th
Ce restaurant très apprécié des locaux comme des expatriés, vous ravira tant par sa simplicité que par sa convivialité. Philippe, et sa femme

Meow vous invite à partager leurs spécialités thaïlandaises ou internationales. Il n'est pas rare de croiser des sportifs et des chefs d'hôtels haut de gamme venir dîner ici. Les prix sont très abordables et on ferme quand il n'y a plus personne. Comptez entre 150 et 450 B pour un repas. Baby-foot, billard, ou chaînes sportives. Livraison à domicile.

■ DEDOS
8 Lagoon road, Tinlay place
✆ +66 76 325 182
www.dedos-restaurant.com
info@dedos-restaurant.com
Les prix vont de 190 à 890 B ce qui est très abordable pour la prestation.
Le chef Pablo a longtemps travaillé dans les plus prestigieux restaurants étoilés, et a fait l'école Bocuse. Il est Suisse-Bolivien et sert une cuisine gastronomique française avec une touche asiatique. Au choix : duo de tartare de thon et saumon, ou escargot, foie gras et son chuttney aux figues séchées. On s'offrira ici un filet de bœuf avec sa sauce aux cèpes ou le *dedos tuna*, un filet de thon enrobé aux noix de cajoux et accompagné de taboulé asiatique. En dessert, moelleux au chocolat ou crème brûlée au gingembre. Une bonne adresse !

■ LOTUS
31/13 Moo 4, Srisuntorn Rd
Cherngtalay, Thalang
✆ +66 76 362 625 / +66 76 362 626
www.lotusphuket.com
info@lotusphuket.com
Ouvert de 11h à 23h30. Plats de 150 à 300 B.
Restaurant réputé depuis une vingtaine d'années et spécialisé dans les produits de la mer, crevettes, poissons et même homard. Egalement quelques belles salades thaïes et des plats européens. Belle terrasse et vue sur la baie de Bang Tao.

À voir – À faire

■ PHUKET COOKING ACADEMY
9/9 MOO 5, T SRISOONTHORN
THALANG
✆ +66 81 821 40 64
www.phuket-cooking-academy.com
lio@phuket-cooking.academy.com
Cours de pâtisserie et de cuisine thaïe traditionnelle en français ou en thaï. Cours ouverts aux apprentis dès 12 ans.

Shopping

■ WINE & TASTE
68 Lagoon Road
✆ +66 76 270 852 – www.wineandtaste.com
rob@wineandtaste.com

Ouvert tous les jours, de 9h à 20h.
Ouvert depuis une dizaine d'années, Wine & Taste est idéalement placé aux portes de Laguna. Robert, Hollandais de souche qui parle un français parfait saura vous conseiller dans l'achat de vins, spiritueux ou champagnes. Excellent rapport qualité-prix, Robert va plusieurs fois en France dans l'année et choisit ses vins lui-même. Wine & Taste a aussi les meilleures sélections des vignobles les plus célèbres du monde.

THALANG

Plusieurs points d'intérêt aux alentours de Thalang, dont les fameuses chutes d'eau de Ton Sai.

Se loger

■ PULLMAN PHUKET ARCADIA NAITHON BEACH
22/2 Moo Tambon Saku, Amphur Talang
✆ +66 7630 3299
www.pullmanhotels.com
H7488-RE@accor.com
A partir de 4 320 B. Wi-fi gratuit.
Situé sur la plage de Naithon, une des plus belles étendues de la côte ouest de Phuket, l'hôtel Pullman dispose de 277 chambres et de 7 suites très confortables et spacieuses, qui offrent toute une vue saisissante sur la mer d'Andaman. Deux restaurants, Elements, cuisine thaïe et Vero, cuisine italienne, plusieurs bars, un Spa, une piscine et un accès direct sur la plage.

À voir – À faire

■ CHUTES D'EAU DE TON SAI
Elles sont à voir en période de mousson (de mai à octobre). Il en est de même pour celles de Bang Pae. C'est près de ces dernières que se trouve le célèbre centre de réadaptation des gibbons.

■ PARC NATIONAL DE KHAO PHRA THAEW
www.khaophrathaew.org
Accès : 200 B.
Cette réserve animalière et forestière, très protégée, est placée sous le patronage du roi en personne. Des arbres séculaires d'une hauteur impressionnante donnent une idée de ce que pouvaient être les forêts du pays. Seule une partie des essences existantes en Thaïlande sont visibles dans ce parc forestier. Les animaux sont présents. Des singes, avec le centre de réhabilitation de gibbons, mais aussi des cochons sauvages, et des écureuils volants, que vous aurez peut-être l'occasion de voir planer entre deux arbres, avec un peu de chance.

■ MONUMENT DES HÉROÏNES

Situé à 6 km au sud de Thaland, sur un rond-point, le monument se compose de deux statues de femmes tenant chacune une épée. Il symbolise la victoire des Thaïlandais face à une invasion des Birmans en 1785. Les deux femmes, les sœurs Chan et Mook, furent celles qui menèrent l'armée à Phuket dans ce mouvement de résistance.

■ PHUKET GIBBONS CENTRE

✆ +66 76 381 065 – www.gibbonproject.org
grp@gibbonproject.org
Ouvert de 9h à 16h30. Entrée libre.
À l'intérieur du parc, c'est une visite très intéressante que propose ce centre de réhabilitation de gibbons, naguère en captivité et que l'on réintroduit dans leur milieu naturel.

Sports – Détente – Loisirs

■ PHUKET COOKING ACADEMY

9/9 MOO 5, T SRISOONTHORN
✆ +66 81 821 40 64
Voir page 533.

SURIN

A 1 km au nord de Laem Singh Beach se trouve la magnifique plage de Surin avec de nombreux restaurants et bars de plage. Cette plage au sable fin et blanc, eaux turquoise et surveillée par des sauveteurs même en basse saison est restée une baie paisible et tranquille, bordée de majestueux pins Casuarina. C'est une plage appréciée par les Thailandais qui viennent en famille le soir se restaurer ou simplement se baigner.

Se loger

■ TWIN PALMS

106/46 Moo 3, Surin Beach Road
✆ +66 76 316 500
www.twinpalms-phuket.com
book@twinpalms-phuket.com
Chambres à partir de 6 500 B en basse saison, 10 000 B en haute saison. Offres promotionnelles sur le site Internet. Petit déjeuner inclus. Wi-fi gratuit.
Un complexe hôtelier de grand luxe, avec l'accent mis sur la relaxation et la remise en forme. De la chambre deluxe jusqu'au penthouse gigantesque, vous serez ici bichonné dans un cadre moderne et design. Une superbe piscine, qui pour certains privilégiés, est directement accessible de sa chambre. Pas d'accès direct à la plage, qui se situe à environ 200 m du resort. Spa exceptionnel à demeure, bars et restaurants de qualité avec animation musicale certains ᵒoirs. Si vous souhaitez découvrir la presqu'île ᵃˢ nombreux trésors, un bureau dédié à

cet effet saura vous proposer de nombreuses excursions. Une belle adresse que l'on recommande particulièrement.

■ BAAN CHAYNA

87/5 Moo 3, Soi Surin Beach
✆ +66 80 148 9233 / +66 76 325 354
www.baanchayna.com
fredgregoire@live.com
Chambres à partir de 1 500 B en basse saison, 2 500 B en haute saison. Wi-fi gratuit.
Cet établissement de charme, tenue par Frédérique une Française accueillante, mérite le détour. Niché autour de cocotiers et de palmiers, le Baan Chayna est un petit hôtel romantique de 11 chambres très joliment décoré. Les petits déjeuners sont pris autour de la piscine, et le soir vous pourrez siroter un cocktail au bar tamisé de lumières douces et de musiques relaxantes. Les plages de Bangtao et de Surin sont à peine à 5 minutes.

Sortir

■ CATCH BEACH CLUB

Surin Beach Road
✆ +66 76 316 567
www.catchbeachclub.com
Ouvert tous les jours de 9h à 1h du matin.
Un superbe club de plage, avec son lot de demoiselles en goguette et d'apprentis bourreaux des cœur. Location possible de transats sur la plage à partir de 9h du matin. D'excellents moments en perspective, avec une possibilité de se restaurer sur place.

Sports – Détente – Loisirs

■ PALM SPA

106/46 Moo 3, Surin Beach Road
✆ +66 76 316 500
www.twinpalms-phuket.com
book@twinpalms-phuket.com
Un Spa de rêve dans un hôtel de grand luxe. Si vous voulez (et pouvez) vous faire une petite folie, n'hésitez pas !

Visites guidées

■ ANDAMAN CRUISES

106/46 Moo 3, Surin Beach Road
✆ +66 76 316 500
www.andaman-cruises.com
thibault@andaman-cruises.com
Au Twin Palms Resort.
Plusieurs yachts de luxe à disposition chez cet organisateur de croisière en mer Andaman, qui vous proposera des locations à la journée et à la nuit, voire plus en fonction des destinations que vous souhaitez visiter. Contactez Thibault pour des informations en français dans le texte.

PROVINCE DE KRABI

Krabi est une des plus belles régions de Thaïlande. Elle se distingue notamment par ses reliefs karstiques verdoyants, qui semblent surgir de terre comme de mer. Son nom signifie en français « ancien sabre », une arme qui, selon une légende aux versions multiples, aurait été découverte dans la région. Normalement, les pluies sont fréquentes de juin à septembre en raison de la mousson. La basse saison s'étend de mai à octobre. Charmante et chargée d'histoire, Krabi reste un lieu à privilégier sur le long terme, pour profiter du calme de la ville, de la plage de Noppharat Thara et de ses voisines, plus au sud, ainsi que les quelque 130 îles alentour, notamment Koh Phi Phi et Koh Lanta. Aussi, de nombreuses grottes à visiter et la rivière bordée de mangroves à explorer.

KRABI

★★★★

Krabi est une ville côtière du sud du pays. Elle tire son nom d'une épée (*krabi* en langue thaïe), qui selon la légende, aurait été trouvée dans la région. Plusieurs vestiges préhistoriques ont été également découverts dans le coin, ce qui prouve qu'elle fut habitée par des hommes près de 30 000 ans av. J.-C. Sur certains feux de signalisation de la ville, vous apercevrez des statues d'hommes et d'animaux préhistoriques, en petit clin d'œil au passé. A présent, la ville compte environ une population de 60 000 habitants composée essentiellement de Thaïs, de Chinois, d'Indiens mais aussi de Chao Ley, les gitans de la mer.

Transports

Comment y accéder et en partir

▶ **Avion**. Depuis Bangkok, des vols réguliers sont assurés Air Asia, Bangkok Airways et Thai Airways Comptez 1 heure 20 de vol, dans les 2 500 B.

▶ **Bateau**. Krabi est accessible en ferry depuis Koh Phi Phi (1 heure 30, environ 450 B), Koh Lanta (2 heures, 450 B). Pour rejoindre la plage d'Ao Nang, un bateau part de Koh Lanta à 13h30 (2 heures, 600 B) et de Koh Phi Phi à 15h30 (2 heures, 500 B). Il est possible d'arranger vos transferts vers ces deux îles depuis Krabi grâce aux nombreuses agences de voyage que vous trouverez sur place, et qui vous fourniront en plus le transfert depuis votre hôtel jusqu'à l'embarcadère.

▶ **Bus**. Depuis Bangkok, un bus « VIP » part à 19h et 19h30 (900 B), ainsi que des bus de 2ⁿᵈᵉ classe à 18h, 18h30 et 20h (600 B environ) pour environ 12 heures de trajet. Les minibus des agences privées assurent également le transit. Depuis Surat Thani, des bus climatisés de 2ᵉ classe partent entre 7h30 et 17h30 (environ 4 heures de trajet, 150 B). Depuis Hat Yai, départs entre 7h et 23h (environ 4 heures de trajet, 230 B). Depuis Phuket, départs entre 6h et 17h (environ 3 heures de trajet, 155 B).

■ BANGKOK AIRWAYS

www.bangkokair.com
reservation@bangkokair.com
Entre 2 000 et 2 500 B selon les horaires.
Bangkok Airways assure 4 vols quotidiens depuis Bangkok vers Phuket. Ensuite des bus partent toutes les heures entre 7h et 18h ; en 2ᵉ classe, compter 3 heures 30 de trajet.

■ KANOKWAN TOUR

43 Moo 3
✆ +66 75 684 419
kanokwantour@yahoo.com
Le transit de Krabi à Koh Lanta est assuré quotidiennement, entre 8h à 16h30.
Il est préférable de se présenter de bonne heure ou même de réserver la veille. Attention : le tarif proposé aux clients qui partent directement depuis la plage d'Ao Nang, à l'extérieur de Krabi, est toujours un peu plus élevé. D'autre part, l'agence va probablement essayer de vous faire réserver un hébergement sur Koh Lanta : ce n'est pas une obligation d'accepter, et il vaut mieux faire son choix sur place, ce qui évite les surprises.

Se déplacer

▶ **Song téo (taxi collectif)**. Ils permettent d'accéder aux plages environnantes depuis le centre-ville. Mais ils tentent de faire le plein de passagers avant le départ, ce qui demande parfois un peu de temps.

▶ **Moto-taxi**. La course moyenne en ville est de 30 B.

▶ **Bateau-taxi**. Ils assurent la liaison avec les plages à partir du quai Saphan Chao Fah, sur Thanon Khong Kha.

▶ **Location de moto ou voiture**. Les motos 80 cm³ se louent de 250 à 300 B la journée ; les jeeps entre 800 et 1 200 B.

CHAO KOH GROUP

94/6-7 Thanon Maharaj
☎ +66 75 631 665
http://chaokohgroup.com
info@chaokohgroup.com
Compagnie gérée par les habitants de l'île, ils connaissent leur affaire et peuvent vous indiquer d'éventuels contacts, une fois arrivé. Autres bureaux sur Ao Nang et Phuket.

LANTA DUSIT TOUR

243 Moo 3 Saladan Koh Lanta Krabi
☎ +66 75 684 596 / +66 84 625 4539
Cette petite agence de Koh Lanta assure les transits quotidiens en minibus entre Krabi et Koh Lanta (comptez 2 à 3 heures). Trajet possible jusqu'à Surat Thani et Hat Yai. Un bureau d'accueil se trouve à Koh Lanta, village de Phra Ae.

Pratique

KRABI HOSPITAL

Thanon Utarakit
☎ +66 75 611 212
Au nord de Krabi, l'hôpital de province est relativement efficace. En tout cas, aucun problème pour les soins ordinaires.

KRABI MAGAZINE

131/12 Moo 4
en libre service et gratuit
Un magazine de qualité en couleur, en papier semi-glacé et en anglais. La distribution de cette revue est plutôt bien répartie et on le trouve facilement dans la région de Krabi. On y trouve de précieux conseils et on y recommande de nombreuses activités à faire à Krabi et sur l'île de Koh Lanta, qui ne se trouve qu'à 2 heures en bateau de la plage d'Ao Nang. Pour les gourmands, il y a également une belle liste d'adresses soigneusement sélectionnées par leurs journalistes. Ce mensuel est donc une mine d'informations pratiques. Enfin les photos et visuels sont également de bonne qualité ce qui renforce le contenu notamment pour les articles de fond.

POSTE

Thanon Utarakit
Ouverte de 8h30 à 16h30 en semaine et de 9h à 12h le week-end.

Se loger

CHANCHALAY

55 Thanon Uttarakit
☎ +66 75 620 952
⌐nchalay-krabi.com
⌐lay_krabi@hotmail.com

Chambres ventilées à 200 B, avec A/C à 300 B, salle de bains partagée. Avec salle de bains privée, chambres ventilées à 400 B, avec A/C à 650 B. Ajouter 50 B pour les chambres ventilées en haute saison. Wi-fi gratuit.
Dans cette maison typique de bord de mer, on se sent très vite chez soi. Coquette, elle possède en plus un superbe jardin tropical dans la cour intérieure, un petit havre de sérénité. La maison possède 23 chambres à la déco personnalisée et chaleureuse, bien que les lits soient un peu durs. L'accueil est lui aussi charmant, et le personnel vous renseignera volontier sur la ville et les lieux à visiter.

CITY HOTEL

15/2-4 Soi 10, Thanon Maharat
☎ +66 75 621 280
www.citykrabi.com
info@citykrabi.com
Basse saison, 550 à 1 600 B. Haute saison, compter 20 % de plus.
Etablissement situé en plein centre-ville, en face d'un marché de nuit. Cet hôtel de bon standing n'est pas récent. Il comprend deux bâtiments dont les étages communiquent : l'ancien et le nouveau. Toutes les chambres du nouveau bâtiment sont climatisées, claires, spacieuses et bien meublées. TV Câblée. Coffrets de sécurité à la réception. Une adresse intéressante. Accueil aimable.

KRABI RIVER HOTEL

73/1 Thanon Khong Kha
☎ +66 75 612 321
krabiriver@hotmail.com
Chambres de 800 à 1 100 B en basse saison et de 900 à 1 300 B en haute saison. Wi-fi gratuit.
Situé un peu à l'écart du centre-ville, cet hôtel se trouve juste à côté de la rivière de Krabi, l'atmosphère y est donc très relaxante. Certaines chambres possèdent un balcon offrant ainsi une très belle vue sur la rivière. Elle sont toutes claires et confortables : douche privée (eau chaude), climatisation, TV câblée. Décoration agréable.

A MANSION

12/6 Thanon ChaoFa
☎ +66 75 630 511
reserv.a-mansion@hotmail.com
Chambre ventilées à 450 B, avec A/C à partir de 590 B en haute saison. En basse saison respectivement, 380 et 500 B. Wi-fi gratuit.
Hôtel moderne et bien entretenu. Les chambres sont claires et spacieuses, et chacune possède une déco dans le style thaï, personnalisée. Bien situé, il se trouve près de l'embarcadère de Chao Fah et du marché de nuit. Très bon accueil.

LAISSEZ NOUS VOUS AIDER A PLANIFIER DE MEMORABLES VACANCES A KRABI

Organiser de parfaites vacances peut s'avérer être plus ompliqué qu'on ne le pense, nous vous proposons donc de vous y aider.

Notre équipe, qui est installée à Krabi depuis plus de 10 ans, est en partie francophone et peut vous recommander l'hébergement idéal, de nombreuses activités ainsi que les meilleurs restaurants de la place.

Pour plus d'informations contactez nous:
www.krabi-magazine.com
Email: abovekrabi@gmail.com
Tel : +66-98-698-5690

Se restaurer

■ CAFE EUROPA
1/9 Soi Ruam Chit
✆ +66 75 620 407
www.cafeeuropa-krabi.com
Plats à partir de 80 B.
Ce petit bar-restaurant, tenu par un Danois et son épouse thaïlandaise depuis maintenant vingt ans, propose des plats européens (scandinaves), mais aussi des spécialités thaïes. Cinq chambres disponibles par ailleurs, et organisation d'excursions dans la mangrove de Bor Thor. Services de taxi également.

■ MARCHÉ DE NUIT
Thanon Sukhon
Le long de la mangrove, près de l'embarcadère.
Plats de 30 à 50 B.
Dès la fin de l'après-midi, ce marché propose une variété de bons petits plats thaïs à bon marché. Ambiance agréable en sus d'une belle invitation à la découverte culinaire traditionnelle du pays.

▶ **Autre adresse :** Un autre marché similaire se trouve sur Thanon Khong Kha.

■ PIZZERIA FIRENZE DA FRANCO
10 Thanon Khong Kha
✆ +66 75 621 453
Ouvert de 9 h à 21h30. Plats de 60 à 220 B.
A proximité de l'embarcadère, Franco et son épouse thaïlandaise sont installés là depuis plus de vingt ans, et toujours bien réputés en ville pour ses produits maison : spécialités de pâtes fraîches et pizzas. Prix raisonnables et bon accueil.

■ RUEN MAI
117 krabi-koathong Rd
✆ +66 75 631 797 – ruenmaithai@gmail.com
Ouvert de 10h30 à 15h et de 17h à 22h. Plats à partir de 100 B.
Véritable institution à Krabi, voici sans doute l'une des meilleures adresses pour déguster une cuisine thaïe traditionnelle du sud de la Thaïlande. Les ingrédients sont frais et les saveurs exquises. Le dîner est servi dans un jardin splendide, sillonné d'un petit étang artificiel, et éclairé de grandes lanternes en bois.

À voir – À faire

■ PARC NATIONAL HAT NOPPARAT THARA-KOH PHI PHI ★★
Presque 400 km² d'eau salée limpide, limpide… près de Krabi et des îles Phi Phi. Un véritable sanctuaire sous-marin qu'un tourisme exacerbé anéantirait. Sous l'eau vous attend, à la bonne saison, tout ce que vous avez toujours voulu voir autrement que par les caméras d'une certaine Calypso.

■ PLAGE DE KLONG MUANG ★
A l'ouest d'Ao Nang
Cette plage quasi déserte offre une vue panoramique imprenable sur la mer d'Andaman et les côtes alentour. Pour ceux qui en tomberaient amoureux, quelques guesthouses rudimentaires se trouvent à proximité. Encore préservée du tourisme de masse, elle reste difficile à trouver. Pour cela il vous suffit de suivre la route menant vers le Sofitel, de bien regarder les panneaux ou alors de demander votre chemin.

■ SU SAN HOI
Ouvert de 9 h à 16h30. Entrée à 50 B. A une vingtaine de kilomètres de Krabi, au cap Pho.
Il s'agit d'un cimetière des coquillages. L'endroit est très vanté des Thaïlandais. Cependant, si vous n'êtes pas un fanatique de coquillages vides, l'intérêt d'un tel déplacement est secondaire.

■ THAM PHRA NANG
Ao Nang, Muang Krabi
Une visite intéressante que ces grottes – *tham* en thaï – auxquelles on accède à partir de la presqu'île de Rai Leh. Trois cavernes distinctes abritent des concrétions calcaires spectaculaires. La « cascade de pierres » en est la pièce maîtresse : une sculpture naturelle du plus bel effet qui illumine l'intérieur de la caverne.

Parc national de Khao Phanom Bencha

A seulement 20 km au nord de Krabi, ce parc est un vrai bonheur pour les amoureux de la nature. Très peu visité par les touristes qui sont généralement plus attirés par les plages, il offre à voir de belles cascades, dont la majestueuse Nam Tok Huay To, non loin des bureaux du parc. Depuis le sommet de Khao Phanom Bencha – le point culminant des lieux et de la province à 1 350 m –, un océan de verdure s'offre au regard : réelle sensation de paix. Le parc ne dispose d'aucune structure d'hébergement, mais le camping est autorisé (bon marché). On peut avoir la chance d'apercevoir quelques-uns des animaux de cette réserve paraît-il très peuplée, en particulier des singes, de petits ours asiatiques et de félins (léopards, panthères et même tigres). L'accès est de 400 B ; bien conserver son ticket ...trée tout le temps de la visite : les gardes forestiers font la chasse aux resquilleurs.

Police touristique

Sanong Road

T.A.T Office du tourisme

7

5

3

Soi 10

Thanon Ma Ha Rat

Thanon Utarakit

Pak Nam Park

Marché municipal

Soi 8

Soi 6

Soi 4

Soi 2

Police

Chao Fa Park

Douanes

Embarcadère Chao Fa

Thanon Kongkha

Wat aeogrowaram

Thanon Chao Fa

Thanon Utarakit

Librairie

Poste

Ruam Chia Road

Ruam Chai Road

Stade Chaloem Rattanakosin

Municipalité

Bureau d'Immigration

Thanon Utarakit

Central des Télécoms

Thanon Krabi

Thanon Chao Fa

Police régionale

Soi Kha Luang

s le Port

Rajayat Road

Thanon Rattanadok

Thanon Ghamalanonson

Thanon Khongkha

Résidence du Gouverneur

Thara Park

N

0   250 m

Krabi

RIVIERE KRABI

■ WAT THAM SEUA

Situé à une dizaine de kilomètres au nord-est de la ville.

Ce temple situé au milieu d'une forêt, apparaît comme un ensemble atypique, aménagé dans plusieurs grottes. La représentation exacte du moine bouddhiste Achan Chamnien est si criante de vérité qu'il est précisé qu'il s'agit bien d'une statue. Plus loin, différents autels sont logés dans les recoins de plusieurs grottes. Pour les courageux, l'escalade de quelque 1 200 marches mène jusqu'au promontoire. Une empreinte de pied du Bouddha y est vénérée, et on peut également profiter d'une vue exceptionnelle sur les environs.

Sports – Détente – Loisirs

■ PALM BEACH DIVERS

47 Moo 3, Saladan – Koh Lanta
✆ +66 8 78 06 43 14
www.palmbeachdivers.com
office@palmbeachdivers.com
Palm Beach Divers a été racheté en 2012 par Dominique. C'est désormais le seul centre de plongée francais sur l'île de Koh Lanta. Centre PADI 5*. Il est situé sur la plage de Long Beach (Phrae Ae) à 50 m de celle-ci. Trois salles de cours dont une dédiée au IDC, il est aussi l'unique centre à avoir sa propre piscine : très confortable pour les baptêmes et les préparations aux cours Open Water Diver.

■ SEA KAYAK KRABI

40 Maharat soi 2
✆ +66 75 630 270
seakayak-krabi.blogspot.fr
marketing@seakayak-krabi.com
Agence spécialiste dans le kayaking, propose différentes excursions. Le tarif inclut transfert, guide, déjeuner, fruits et boissons.

AO THA LANE

Situé à trente minutes de la plage d'Ao nNng, le village de Tha Lane surplombe une baie splendide et encore très preservé du tourisme de masse. L'endroit est idyllique pour les amoureux de la nature : à pied, en kayak, ou en bateau, cette mini « Baie d'Halong » offre des paysages à couper le souffle.

Se loger

Confort ou charme

■ LE PASSE-TEMPS

73 Moo 3
Village de Tha Lane – Khao Thong
✆ +66 846 559 457
www.lepassetemps-krabi.com
lepassetempskrabi@gmail.com
8 chambres pour une capacité maximale de 20 personnes, petit déjeuner inclus, Wifi gratuit.

Ces deux charmants Français vous accueillent dans leur maison d'hôtes, nichée au cœur de la baie d'Ao Phang Na. La plage privée et le jardin offrent une superbe vue sur les pitons rocheux et les îles environnantes. Autour de la piscine, la maison s'organise en 8 bungalows chacun nominatifs : les chambres, joliment décorées, témoignent des souvenirs de voyage des propriétaires. Ce havre de paix est une invitation au repos et à la détente : des massages et cours de Muay thai sont proposés sur place. Le restaurant sert une savoureuse cuisine thaïe et les dessert sont tous fait maison. L'accueil est très convivial ; les propriétaires sont attentifs à leurs hôtes et vous proposent un service sur mesure. Enfin des excursions à la carte sont proposées et nous vous conseillons le tour en bateau de la baie ou vous rencontrerez entre autres des pêcheurs locaux ! Puis c'est autour d'un apéritif face au coucher de soleil que les journées se finissent au Passe-Temps. Tout est fait pour rendre votre séjour inoubliable avec une mention spéciale pour l'attention porté à chacun des vacanciers.

Coucher de soleil sur Ao Nang, province de Krabi.

© NETFALLS – REMY MUSSER – SHUTTERSTOCK.COM

NAM MAO

C'est la plage la plus proche du centre-ville de Krabi. Mais elle est très plate, et il faut marcher assez loin pour pouvoir nager !

Transports

Au centre-ville de Krabi, les taxis collectifs – song téo – partent de Thanon Pattana, ou Maharat Soï 6, entre 7h et 18h ; compter 30 min de trajet.

▶ **Attention**, certains taxis, dont la ressemblance est trompeuse, sont très chers : 200 B ! Donc, bien préciser la destination et toujours demander avant le prix de la course.

Sports – Détente – Loisirs

■ **KRABI NATURE HORSE RIDING**
Baie de Nam Mao
☏ +66 75 662 305
krabidir.com/krabinaturehorseriding
yayakrabi@hotmail.com
A partir de 800 B pour une heure.
Excursions à cheval de 1 à 2 heures ou à la demi-journée, à travers la campagne environnante et sur la plage. Cours d'équitation pour débutants.

AO NANG

Autrefois appelée Ao Phra Nang (comme l'atteste encore la signalisation routière), cette baie située à une vingtaine de kilomètres à l'ouest de Krabi est désormais connue sous le nom d'Ao Nang. La côte est parsemée de plus de 80 îlots. L'endroit manque un peu d'âme cependant. On y trouve de nombreuses boutiques à souvenirs typiques que l'on peut trouver à peu près n'importe où dans le pays, des restaurants assez chers, des masseuses et des employés de restaurants qui vous enquiquinent dans la rue... Ce n'est pas ce qui se fait de plus authentique. La plupart des hôtels sont bâtis bien en retrait du bord de mer, ou aux deux extrémités de la plage, et il est possible de manger des fruits de mer sur les restaurants alignés en bord de mer côté ouest.

Transports

Au centre-ville de Krabi, les taxis collectifs (song téo) de couleur blanche partent de Thanon Pattana, ou Maharat Soï 6, à peu près toutes les 20 min, entre 7h et 18h, 30 à 40 min de trajet. Attention, certains taxis, dont la ressemblance est trompeuse, sont très chers : 200 B ! Donc, toujours s'assurer du prix de la course avant. Des taxis privés peuvent vous emmener à Ao Nang pour 500 B (20 min de trajet). Sinon possibilité de prendre un touk-touk ou une moto-taxi, en négociant le prix. Depuis Noppharat Thara, des touk-touk vous amènent à Ao Nang pour 30 B par personne.

■ **AO NANG LONGTAIL BOAT SERVICE CLUB**
A l'est de la plage d'Ao Nang.
☏ +66 75 695 473
Ouvert de 8h à 18h.
Cette agence propose des service de transfert par bateau longue queue à prix fixes vers les îles environnantes, telles que Poda ou Chicken Island. Le temps d'attente est variable puisqu'il faut être un minimum de six passagers pour embarquer. Plusieurs postes de ce type se trouvent dans le secteur. Celui-là est le plus populaire et le plus fréquenté, ce qui évite les attentes trop longues.

Se loger

Ao Nang est une destination chère, à tel point que même Phuket et Koh Phi Phi paraissent plus avantageux ! La politique des prix est instable : certains établissements divisent carrément le prix des chambres par deux en basse saison. Si la concurrence est déloyale, certains méritent tout de même le détour.

Handwritten note at top of page:
Thu Pha Resort ★★★
Ao Nang
15 min. plage, piscine, restau.

■ ANAWIN BUNGALOWS

Moo 2, Soi 6, Ao Nang

✆ +66 75 637 664 / +66 81 677 9632

ilahrizi@yahoo.com

Basse saison, 450 à 750 B. Haute saison, 650 à 1 150 B. Tarif spécial pour un séjour de deux semaines. Petit déjeuner inclus. Wi-fi gratuit.

Situé dans un soï voisin du restaurant The Roof, derrière Amorn Mansion, à 100 m du Mc Donald's. Cet établissement propose des bungalows au carrelage marocain, de tout confort et bien aménagés. Le gérant, Ismaïl, est francophone et pourra vous donner de bons conseils sur la région. L'auberge organise aussi des excursions et des services de transports à des prix honnêtes.

■ AO NANG VILLA RESORT

113 Moo 2, Ao Nang

✆ +66 75 637 270 – www.aonangvilla.com

info@aonangvilla.com

Chambre supérieure entre 4 500 et 5 500 B, deluxe entre 6 500 et 7 000 B selon la vue. Remise de 40 % en basse saison. Petit déjeuner inclus. Wi-fi gratuit.

Ce resort est immense et ressemble à un petit village, on s'y perd facilement ! Les chambres se répartissent ainsi dans plusieurs bâtiments. Aménagement irréprochable. Très bon confort général et service attentionné. Grand restaurant terrasse en bord de mer. Deux belles piscines, dont une particulièrement grande. Plusieurs services sont proposés : Spa, massage et centre de remise en forme.

■ THE L RESORT

31 Moo 2, Ao Nang

✆ +66 75 637 484 – www.thelresort.com

living@thelresort.com

Chambre standard entre 2 500 B et 3 800 B selon la saison, suite entre 8 600 et 10 200 B selon la saison. Petit déjeuner inclus. Wi-fi gratuit.

Situé sur la partie centrale du front de mer, The L Resort est sans doute l'établissement le plus moderne d'Ao Nang Beach, dans le style et l'esthétique. Les bungalows en dur sont répartis dans l'arrière-cour tout autour d'une piscine à chute d'eau moderne en forme de « L », enjambée d'un pont, sans parler du Jaccuzzi. Les suites, au design dominé par le blanc et le violet, sont dans le bâtiment de l'accueil. Stephan, le manager suisse, veille au bon entretien général. Les chambres sont spacieuses, très claires et impeccables. Le restaurant, qui donne sur le front de mer, a été aménagé en grotte artificielle, en hommage à Krabi.

Se restaurer

Le quartier d'Ao Nang est l'un des plus touristiques de la région de Krabi, et les restaurants y poussent comme des champignons. Pour faire le meilleur choix, éviter ceux où un employé est posté à l'entrée pour vous persuader avec insistance d'aller dans son établissement. La cuisine n'y est pas authentique, c'est le parfait « attrape-touristes ».

■ BANLAY THAI RESTAURANT

32/10 Moo 2, Ao Nang

✆ +66 75 637 838

Ouvert de 8h à 22h. Plats de 200 à 500 B environ.

Etablissement situé dans le SeaFood Walking Street d'Ao Nang, sur le front de mer. Dégustation de fruits de mer cuisinés à la thaï, les yeux dans le bleu de la mer d'Andaman. Accueil très agréable.

■ LA LUNA

183 Moo 2, Ao Nang

✆ +66 75 695 308 – silvan52@hotmail.com

Plats entre 150 et 600 B. Ouvert de midi à 23h.

Cet établissement, situé dans le secteur ouest d'Ao Nang, est tenu par Silvano depuis près de 30 ans. Spécialités de pâtes et de pizzas, dans un cadre très italien, et surtout du très bon pain. Réputé chez les locaux, il ravit également la communauté occidentale en villégiature dans le secteur.

Sports – Détente – Loisirs

■ KRABI CAVEMAN KAYAKER

32/15 Moo 2, Ao Nang

✆ +66 75 621 401

melcaveman@yahoo.co.th

Organisation de circuits à la journée à travers la mangrove de Ao Thalane, aux abords des falaises (de 8h30 à 16h30). Visite de grottes dans les formations calcaires. Repas inclus.

Sports – Loisirs

■ SAWASDEE DIVERS KRABI

259 Moo 4, Krabi

✆ +66 90 071 5117 – sawasdee-divers.com

info@sawasdee-divers.com

Ce centre de plongée, chaleureux et familial, est situé à 5 minutes de la plage de Ao Nang. Il propose des baptêmes de plongée (maximum de 2 personnes par instructeur), des formations PADI (maximum de 4 personnes par instructeur) et des tours en bateau à la journée dans les îles environnantes. Vous serez accueilli en français par Yann et son équipe : ces professionnels de la plongée sont très expérimentés et bénéficient d'une expérience de plus de 20 ans (Yann forme lui même des instructeurs). Le matériel y est neuf, ce qui vous garantit une plongée en toute sécurité. Le bateau mis à disposition a une capacité d'accueil de 14 personnes, ce qui permet de conserver un esprit convivial.

En effet, vous serez conquis par l'ambiance chaleureuse et familiale de ce centre. Yann, un amoureux de la région, n'hésitera d'ailleurs pas à vous guider dans l'eau et de retour sur terre. Nous vous conseillons de prendre contact avec le centre avant votre départ afin d'organiser au mieux vos plongées. N'hésitez pas à faire un tour sur le site : il regorge d'informations utiles !

NOPPHARAT THARA

Noppharat Thara est une localité d'Ao Nang, située à quelques kilomètres à l'ouest de cette dernière. La plage, qui s'étend sur près de trois kilomètres, est tranquille : aucun transat ou vendeur ambulant, avec une vue imprenable sur les îles voisines. C'est la grande favorite des habitants du coin, pour pique-niquer le week-end ou se promener sur l'allée pavée qui borde la côte. Depuis Ao Nang, il est possible d'y parvenir en touk-touk (50 B environ) ou à pied (20 minutes de marche).

■ DA CARLA
79/3 Moo 3
✆ +66 75 637791
Ouvert tous les jours de 7h 30 à 14h, et de 17h30 à 21h30. Plats entre 60 et 500 B.
Le restaurant du Sabai Resort propose des spécialités italiennes faites maison : pâtes fraîches, lasagnes et pizzas, ainsi que des plats européens et thaïlandais. Une très bonne carte des vins, personnalisée. Atmosphère conviviale, et si les gérants sont dans le coin, c'est ambiance garantie !

■ NAT ASSOCIATION
Sabai residence, Noppharat Thara
✆ +66 84 846 7144 – nat-asso.org
contact@nat-asso.org

Elizabeth a fondé cette association de Loi 1901, à la suite de la perte de sa fille lors du tsunami de 2004. Elle a voulu aider tous les orphelins de cette catastrophe à travers leur scolarisation. A présent, l'association aide également les enfants défavorisés et handicapés de la province de Krabi, et organise des expositions, des spectacles et des conférences. Une fois par mois, un clown vient spécialement de Bangkok pour divertir les enfants malades de l'hôpital de la ville, et des jouets leurs sont distribués. Grâce à vous et vos dons, vous pouvez parrainer, comme une grande partie des expatriés de Thaïlande, des enfants et ainsi participer à leur éducation. Chaque mois, vous recevrez leur bulletin scolaire et pourrez les suivre dans leur reconstruction.

■ SABAI RESORT
Muai 79/2 M3
Noppharat Thara road
Noppharat Thara
✆ +66 75 637 791
www.sabairesort.com
sabairesort@hotmail.com
Basse saison : bungalow ventilé à partir de 950 B, A/C à partir de 1 200 B. Haute saison : bungalow ventilé à partir de 1 300 B et A/C à partir de 1 600 B. Petit déjeuner inclus. Wi-fi gratuit.
Accueil familial et francophone (ou italien) grâce à Mauricio et sa femme. Le calme de ce lieu laisse présager des vacances sereines. Les 17 bungalows sont aménagés pour les couples et les familles, avec des chambres qui peuvent accueillir 2, 3 et 4 personnes. Ils sont tous situés à proximité de la piscine et à 2 minutes de la plage. Salle de jeux, location de scooters, massage et agence de voyage pour ceux qui veulent découvrir les environs.

PRESQU'ÎLE DE RAI LEH

La presqu'île de Rai Leh se termine par un promontoire rocheux bordé de falaises escarpées : Tham Phra Nang, ou la Grotte de la Princesse. Quatre plages se trouvent de part et d'autre : Phra Nang au sud, Rai Leh Ouest, Rai Leh Ouest et Tonsai au nord-ouest. La plage de Tham Phra Nang, d'une grande beauté, mériterait à elle seule le déplacement : sable fin et panorama encadré de pitons rocheux tourmentés. L'accès se fait en suivant un petit chemin au pied des falaises à partir de Rai Leh Est.

Rai Leh Est n'est pas propice à la baignade : mangrove clairsemée bordée d'un platier de corail découvrant à marée basse (le sol est formé de sable grossier mélangé de vase, avec par endroits, des affleurements de roche usée plus ou moins coupante). C'est de ce côté que sont installés les groupes électrogènes des hôtels environnants : le bruit occasionné ici est moins gênant pour les occupants de la belle plage ! C'est aussi un endroit privilégié pour les grimpeurs qui trouvent ici un accès direct à de magnifiques falaises de calcaire. C'est le rivage le plus abrité de la presqu'île et des embarcations peuvent assurer la navette par cet endroit durant toute l'année, depuis Krabi. A l'ouest, la plage de Tonsai possède de nombreux rochers, et il faudra marcher longtemps avant de pouvoir se baigner à marée basse (prévoir des chaussures d'eau). Entourée de falaises calcaires, avec très peu de resorts sur ses bords, sa beauté reste relativement sauvage. L'ambiance est conviviale et paisible. Rai Leh Ouest est la plus développée sur le plan touristique, avec de nombreux hôtels et restaurants. Le sable est fin et on s'y baigne facilement. La presqu'île est surtout célèbre comme site d'escalade, les amateurs comme les professionnels y trouveront leur bonheur.

Transports

Depuis Ao Nang, plusieurs bateaux à longue queue se rendent sur la presqu'île, à horaires variables (attente de 6 passagers maximum pour départ, 100 B, 20 min de trajet), possibilité de partir en bateau privé à l'heure choisie, mais les prix sont multipliés par 4 ou 5. Le débarquement se fait sur la plage de Raileh Est. Si les rafales de vent sont trop fortes, les passagers sont embarqués au port qui se trouve au début de la plage de Nopparat Thara, immédiatement à l'ouest. Une liaison par bateau est également possible vers Rai Leh Est depuis la baie de Nam Mao, plus proche de ce côté de la presqu'île, mais seulement quand les conditions météo le permettent (se renseigner au préalable). Pour se rendre à Nam Mao, prendre un song téo depuis le centre-ville, comme pour Ao Phra Nang.

Se loger

■ **RAILAY CABANA**
Presqu'île de Railay, vallée nord-est
✆ +66 75 621 733
Basse saison : 100, 200 et 300 B. Haute saison : 300, 500 et 700 B. Installé dans la petite vallée qui se trouve au-dessus du Diamond Cave Resort.
Bungalows en bois dispersés sous les cocotiers, au milieu d'une vallée verdoyante. Les chambres rustiques, toutes ventilées, sont plus ou moins grandes (un ou deux lits) avec cabinet de toilette privé (eau froide) et moustiquaire. Les grands bungalows peuvent loger 4 personnes. Un endroit (encore) paisible et très bon marché. Pour ceux qui peuvent se passer de la plage quelques heures, le temps de dormir ! D'ailleurs, le coin intéresse plutôt les grimpeurs : les falaises sont juste à côté !

■ **RAYAVADEE**
214 Moo 2
✆ +66 75 620 740 – www.rayavadee.com
Pavillon deluxe à partir de 2 000 B. Villa à partir de 65 000 B, saison spécifique à l'hôtel. Petit déjeuner inclus.
Aux confins du parc national marin de Krabi, reclus dans un superbe écrin naturel, ce resort cinq-étoiles offre un confort irréprochable ainsi qu'une plage privée. L'accès se fait uniquement par la mer, en contournant les pitons karstiques le tenant à l'abri des regards. Exclusivité et classe internationale garanties.

■ **SUNRISE TROPICAL RESORT**
31 Moo 2, Plage de Railay Est
✆ +66 75 819 418 – www.sunrisetropical.com
Basse saison : 2 000 à 4 000 B. Haute saison : 2 700 à 6 000 B. Petit déjeuner inclus. Wi-fi gratuit.
De beaux bungalows aux toitures de forme traditionnelle sont dispersés dans un parc luxuriant. Les chambres « Plus », avec plancher en bois de teck et grande salle de bains, sont superbes. Restaurant de charme ; piscine au milieu des cocotiers (rendue nécessaire, vu la mangrove à proximité).

■ **TON SAI BAY RESORT**
18 Moo 2, Plage de Ton Sai
✆ +66 75 637 234 – info@tonsaibay.co.th
Basse saison, de 1 200 à 1 500 B. Haute saison, de 2 500 à 3 000 B. Petit déjeuner inclus.
Premier établissement au sud de la plage, au pied des falaises où débouche le passage venant de Rai Leh Ouest. Petites chambres en dur ou villa deluxe, proches de la plage et installés dans une zone résidentielle hors de vue de la plage, au milieu des arbres. Massage traditionnel, service Internet et club d'escalade et de plongée à demeure. Magnifique panorama depuis la terrasse du restaurant.

Se restaurer

■ ROCK RESTAURANT
Presqu'île de Railay, vallée nord-est
✆ +66 81 536 0468
Ouvert de 8h à 22h. Plats de 80 à 200 B.
Accès en suivant un petit chemin contournant le Diamond Cave Resort.
Le restaurant est installé au premier étage d'un grand bâtiment en bois, bien construit, se trouvant dans une jolie vallée tropicale. Panorama sur la mer, au loin, encadrée par les falaises environnantes. Un endroit idéal pour déjeuner au calme.

Sortir

■ ROCK BAR
Se trouve dans la petite vallée située derrière le Diamond Cave Resort, au pied des falaises. Suivre le petit chemin tout d'abord cimenté, puis en terre. C'est bien indiqué !

■ SKUNK BAR
Toujours un peu plus loin (mais pas trop), en suivant le même chemin, dans la même petite vallée (décidément, elle est décadente cette vallée !). Soirées programmées avec animations musicales.

■ THE LAST BAR
Moo 2, East Railay Beach
✆ +66 75 81 83 07
Ouvert de 11h à 23h.
Un des bars les plus animés de la presqu'île et on y sert de tout, avec Happy Hour entre 21h30 et 23h. Animation DJ « Fire Show » (jonglerie avec des torches) certains soirs, et montreurs de serpents, « King Cobra », à l'occasion ! Clientèle mélangée, plutôt jeune.

Sports – Détente – Loisirs

Rai Leh n'est pas le coin idéal pour la plongée. Par contre, les excursions en kayak peuvent être intéressantes si le vent n'est pas trop fort… Et, bien entendu, c'est LE paradis de l'escalade.

■ CLIFFS MAN
Railay View Point Resort
✆ +66 75 695 288 / +66 86 691 0105
cliffsmanz@gmail.com
Pour une initiation à l'escalade ou pour obtenir des infos sur les différents sites de la région, prendre contact avec Mr Cheer ou Mrs Julia. Certains grimpeurs de l'équipe des guides ont plus de dix ans d'expérience sur le secteur et comptent parmi les meilleurs au niveau des compétitions nationales. Des spécialistes qui font référence. L'équipement et l'eau sont fournis. Les deux points d'accueil sont installés à Rai Leh Est, au View Point Resort, et à Ton Sai, au Freedom Bar.

■ WEE'S CLIMBING SCHOOL
Kasbah Bungalows
✆ +66 81 149 9745
www.basecamptonsai.com
elke@basecamptonsai.com
Basse saison : bungalows ventilés à 400 B.
Haute saison : de 600 à 900 B.
Installation rustique mais non sans charme, au milieu des arbres. Bar restaurant sur place, ouvert en période touristique. Le coin bien pénard où l'on ne ressent qu'une envie : détente complète… avant de s'attaquer énergiquement aux falaises environnantes !

═══ KOH PHI PHI DON ═══

L'archipel de Koh Phi Phi (prononcez Pi Pi) regroupe six îles, dont les plus importantes sont Phi Phi Don et Phi Phi Leh, très proches et situées à mi-chemin entre Phuket et Krabi. Koh Phi Phi Don ressemble à un papillon ou un « H » majuscule, puisqu'elle se compose de deux bouts de terre reliés par un isthme de sable blanc qui sépare superbement une baie turquoise, Tonsai, d'une baie émeraude, Loh Dalam. L'île offre une succession de plages et de baies frangées de cocotiers et de promontoires boisés.
La flore y est luxuriante et les fonds sous-marins y sont remarquables. Elle fut en premier lieu habitée par des pêcheurs de confession musulmane à partir des années 1940, qui construisirent une mosquée à Ton Sai. Il existe également un cimetière musulman à l'est du village. A présent, les villages de pêcheurs rapetissent sous les effets de la prolifération d'hôtels et autres resorts. En effet, la beauté naturelle de l'île en a fait un joyau de l'industrie du tourisme en Thaïlande. Mais dans cette course effrénée d'Icare vénal, l'île souffre de pollution publicitaire et de constructions en béton anarchiques qui lui font perdre de sa splendeur, et la précipite vers un désastre écologique quasi certain.
Koh Phi Phi Leh est quant à elle inhabitée, mais reste néanmoins très fréquentée. C'est sur cette île qu'a été tourné le film *La Plage*, inspiré du roman éponyme d'Alex Garland. Beaucoup de touristes se rendent donc à la baie de Maya pour prendre des photos, mais aussi pour y faire du snorkeling et de la plongée.

CÔTE DE LA MER D'ANDAMAN

Il y a 12 ans...

Koh Phi Phi Don a été sévèrement touchée par le tsunami qui a frappé la région le 26 décembre 2004. Les pertes ont été terribles : des milliers de morts et disparus, des centaines de blessés, et la quasi-totalité des infrastructures détruites. Depuis, la vie a repris son cours et tout a été rebâti, en plus d'un mémorial pour les victimes au village de Ton Sai. Les autorités ont mis en place un système d'alerte en cas de nouvelle catastrophe : installation de panneaux indiquant des itinéraires d'évacuation, formation des locaux et aménagement de structures dans les hauteurs de l'île, entre autres. Une ONG a par ailleurs construit un « village tsunami » pour reloger les plus démunis de l'île. Les bâtiments en dur ne sont cependant pas occupés, et pour cause : ils ne possèdent ni arrivée d'eau, ni électricité. Le tourisme a certes un peu reculé après l'événement, mais il s'est intensifié à présent : des milliers d'entre eux se rendent sur l'île chaque jour, bien plus qu'avant ce lendemain de Noël effroyable. Il semble que la beauté naturelle de l'île ait pris le pas sur le spectre de cette tragédie.

Transports

La grande majorité des bateaux de transport accostent au débarcadère du village de Ton Sai. Des navettes privées débarquent également les passagers sur les plages de certains hôtels, notamment sur à Laem Thong et Lo Bakao.

Comment y accéder et en partir

Koh Phi Phi Don, de par sa position centrale dans la région, est accessible par bateaux depuis plusieurs villes et îles alentour. Une taxe-environnement de quelques dizaines de Bahts vous sera demandée à votre arrivée.

▶ **Depuis Phuket :** Départs à 8h30, 13h30 et 14h30, 300 B, 1 heure 30 de trajet. Retour à 9h et 14h30, même durée, même tarif.

▶ **Depuis la ville de Krabi :** Départs à 9h, 10h, 13h30 et 15h, 300 B, 1 heure 30 de trajet. De Phi Phi à la ville de Krabi : départs à 9h, 10h30, 14h et 15h30.

▶ **Depuis Koh Lanta :** départs à 8h et 13h, 400 B, 1 heure 30 de trajet. Pour se rendre à Koh Lanta : départs à 11h30 et 15h en haute saison, 11h30 seulement en basse saison, 400 B, 1 heure 30 de trajet.

▶ **Un bateau fait le trajet Ao Nang -Rai Leh – Phi Phi** à 9h, 400 B, 2 heures de trajet. Dans le sens inverse, départ à 15h30 de Phi Phi. En haute saison, un départ de plus à 10h30.

▶ **En haute saison, il est également possible de rejoindre Koh Samui** (départ à 11h30, arrivée à 17h30, 600 B) ; Koh Phangan (départ à 11h30, arrivée à 16h30, 600 B).

Se déplacer

Koh Phi Phi Leh est une petite île, on s'y déplace facilement à pied ou à vélo. Certaines plages sont plus difficiles d'accès que d'autres : Laem Tong, Lao Bakao et Ranti vous demanderont au moins une heure de randonnée dans la jungle. Prévoir de bonnes chaussures, le sentier naturel peut-être très pentu, et être accompagné d'un guide pour se rendre à Laem Tong. Vous pourrez aussi vous y rendre en bateau *longtail* : 150 B pour aller à Ranti et 500 B pour Laem Tong et Lao Bakao. Monkey Beach n'est accessible que par bateau.

▶ **A savoir :** étant donné le véritable petit monopole réalisé grâce à la solidarité des patrons d'embarcations des bateaux *longtail* et malgré des tarifs en principe établis, les abus sont fréquents. C'est donc au client de discuter pour s'efforcer de les faire appliquer (en gardant son calme et le sourire, si possible).

▶ **Il est possible de louer un bateau à la journée** pour faire un tour des différentes plages de Koh Phi Phi Leh (environ 3 heures, avec quelques arrêts baignade) et/ou Koh Phi Phi Don.

TON SAI

Le village de pêcheurs qu'était Tonsai à l'origine est plutôt devenu un village à touristes. Multiplication des stands de malbouffe, des salons de massage et des boutiques d'objets et de vêtements que l'on peut trouver à peu près partout en Thaïlande, mais à des prix élevés. Le centre de Tonsai s'est rapidement improvisé en « Khao San road » de la côte d'Andaman. Les constructions d'hôtels n'en finissent pas et envahissent les contreforts des falaises environnantes, dans une végétation tropicale désormais amoindrie. Quelques bonnes adresses subsistent cependant, ainsi que des lieux de vie traditionnels à la Thaïlande, comme le quartier du marché.

En soirée, l'ambiance est souvent animée sur les plages de Ton Sai, de Hin Khom (à l'est du débarcadère) et du nord-est de Loh Dalum. La jeunesse internationale adepte de la « biture express » s'y sent tout à fait à l'aise. Et pour ceux qui préfèrent le grand calme sous les cocotiers, les plages de l'île plus excentrées feront parfaitement l'affaire. Il y en a donc pour tous les goûts !

Pratique

Tourisme - Culture

■ OFFICE DE TOURISME (TAT)
Il n'y a pas de bureau d'information à Koh Phi Phi. Il est toujours possible de s'informer auprès des agences locales ou des expatriés installés sur l'île.

■ POLICE TOURISTIQUE
Le bureau se trouve à l'est du débarcadère de Ton Sai, sur la route principale. En cas d'incident sérieux avec les autochtones, ne pas hésiter à faire appel à leur médiation. Ils sont là pour ça.

Argent

▶ **Retrait bancaire** : il existe plusieurs distributeurs automatiques à Koh Phi Phi. Il n'est donc pas nécessaire de prévoir du liquide.

Se loger

A Koh Phi Phi, la basse saison s'étend du mois d'avril (début de la saison chaude) à septembre (fin de la mousson). Par opposition, la haute saison correspond donc à la saison la moins pluvieuse et la plus fraîche, d'octobre à fin mars. Quant à la *peak season* – de mi-décembre à fin janvier – elle correspond à l'afflux touristique du nouvel an chrétien. Il est quasiment indispensable de réserver un logement avant votre arrivée en haute saison, quand les touristes abondent sur l'île. Les moins prévoyants risquent fort de dormir à la belle étoile.

Bien et pas cher

De nombreuses guesthouses du centre du village proposent des chambres ventilées à environ 500 B et climatisées à 1 000 B. Proches des bars, il est difficile d'y dormir la nuit si on a le sommeil léger, à moins de prévoir de bonnes boules Quiès.

■ PAK KLONG SEA SIDE
Village de Ton Sai, secteur nord-est
✆ +66 75 60 12 76
Chambres ventilées à 600 B et avec A/C à 1 200 B en basse saison. En haute saison, respectivement, 1 200 et 1 500 B. Wi-fi gratuit. Thé et café offerts à volonté.
Petit hôtel de charme à l'esthétique agréable. Attention, malgré son nom, il n'est en aucun cas

près de la mer. Les chambres couleur pastel sont propres et bien aménagées, avec télévision et eau chaude. Evitez les chambres ventilées de l'aile gauche, qui prennent le soleil l'après-midi et chauffent rapidement. La rue peut être animée le soir. Accueil correct.

■ UP HILL COTTAGE
Village de Ton Sai, secteur nord-est.
✆ +66 75 60 11 24
www.krabidir.com/uphillcottage
uphillcottage@yahoo.com
Basse saison : chambre ventilée à 600 B ; climatisée à partir de 850 B. Haute saison : respectivement 700 et 950 B. Wi-fi gratuit.
L'établissement comprend deux groupes de bâtiments installés à flanc de colline, à proximité d'un grand réservoir d'eau. Les chambres sont grandes et assez belles. Ceux avec air conditionné sont préférables. Style simple : plancher en bois, murs blancs. Demander à visiter celles qui se trouvent en hauteur sur la colline.

Confort ou charme

■ ANDAMAN BEACH RESORT
65 Moo 7
Tout à fait à l'est de l'embarcadère de Tonsai.
✆ +66 75 60 10 77
www.andamanbeachresort.com/
ppandamanbeach@yahoo.com
Bungalows ventilés à 1 150 B en basse saison, 1750 B en haute saison. Avec A/C, respectivement à partir de 1 550 et 2 350 B. Petit déjeuner inclus.
Situé à l'extrémité est du village de Tonsai, ce resort a l'avantage d'être plutôt isolé et calme le soir venu. Il possède une jolie piscine offrant une vue directe sur la baie de Tonsai et l'île Phi Phi Leh. Les bungalows couleur vert pâle sont correctement tenus, quoiqu'un peu trop alignés et proches les uns des autres. Ils possèdent tous l'eau chaude et un petit balcon.

■ PP INSULA
194 Moo 7
Centre nord de Tonsai
✆ +66 75 601 205
www.ppinsula.com
ppinsula@hotmail.com
Chambres à 1 250 en basse saison et 1 800 B en haute saison. Wi-fi gratuit.
Cet hôtel est situé dans le quartier le plus authentique de la ville, près du marché. L'endroit est donc animé. Vous pourrez goûter un peu à la vie traditionnelle thaïlandaise et facilement acheter des produits locaux pour pas cher. Les chambres sont joliment aménagées et bien tenues. Toutes avec air conditionné et eau chaude.

■ JJ RESIDENCE

Village de Ton Saï, près du marché
✆ +66 75 60 10 92
Chambre à 1 300 B en basse saison, 1 800 B en haute saison. Hôtel situé dans le quartier thaï de Tonsaï, non loin du marché. Les chambres sont agréables, très propres et bien entretenues. L'atmosphère y est à la fois classe et chaleureuse, et on pourrait facilement y séjourner plusieurs semaines. Une petite piscine permet de se rafraîchir. L'accueil est correct, même si le staff ne parle pas vraiment anglais.

■ MAMA BEACH RÉSIDENCE***

199 Moo 7
À l'ouest de Tonsai Bay
✆ +66 884 431 363
www.mama-beach.com
info@mama-beach.com
A gauche en sortant de l'embarcadère. Chambres avec vue sur mer, à partir de 3 000 B en basse saison et 5 600 B en haute saison. Petit déjeuner inclus. Wi-fi gratuit.
Sans doute le plus beau resort de Tonsaï. Ouvert il y a trois ans et géré par un Français, Angelo, entouré d'une équipe fort sympathique, il se situe à l'extrémité ouest, au calme, et possède sa propre plage privée, car les baignades sont protégées. Des transats et des matelas disposés sur une jolie terrasse solarium permettent de se prélasser au soleil. Les chambres modernes sont de tout confort, avec de quoi se faire du thé et du café à volonté. Possibilité de manger au restaurant du resort, Mama Resto. Le menu propose même une assiette de bons fromages, pour ceux qui auraient le mal du pays. Il est préférable de réserver à l'avance.

Luxe

■ PHI PHI ISLAND CABANA HOTEL

58 Moo 7
Village de Ton Saï
✆ +66 75 601 170
www.phiphi-cabana.com
info@phiphi-cabana.com
Chambres de 7 000 à 17 000 B en haute saison. Petit déjeuner inclus.
Cet établissement imposant se trouve à mi-chemin entre les plages de Loh Dalam et de Ton Saï, au beau milieu de ce qui fut une cocoteraie. Touché de plein fouet par le tsunami de 2004, la structure principale, solidement bâtie, n'a pas été détruite. L'hôtel a d'ailleurs servi de refuge à un grand nombre de gens qui ont eu le temps de gagner le second étage (le rez-de-chaussée avait été dévasté). Aménagements très confortables, décoration moderne et sobre. Les deux piscines sont magnifiques. Salon de massage, sauna, centre de remise en forme et tables de billard sur place.

Se restaurer

■ LE GRAND BLEU

Village de Tonsai
✆ +66 81 979 9739
Ouvert de 18h30 à 23h. Plats entre 160 et 500 B environ.
Certainement le seul véritable restaurant de l'île, avec un service et une cuisine de grande qualité. Mobilier tout en bois avec fontaine intérieure et de jolies plantes. Installé à deux pas du débarcadère de Ton Saï, le restaurant est tenu par Kanchana, épouse d'Henri, un journaliste français installé dans l'île depuis une vingtaine d'années. Spécialités françaises et thaïlandaises, et une très bonne carte des vins.

■ ITALIANO

92 Moo 7 Thanon Muang
✆ +66 87 71 45 683
angelorasami@yahoo.com
Plats de 100 à 500 B. Ouvert de 10h30 à 22h30.
Ce restaurant, situé à proximité du débarcadère et du Natacha Hotel, est tenu par un Italien, Denis. Musique d'ambiance et éclairages tamisés. L'endroit est convivial. Qualité de la cuisine relative.

■ PATCHAREE BAKERY

Village de Ton Saï, secteur centre-est.
✆ +66 75 60 12 29
Ouvert de 7h à 16h30. Cafés entre 50 et 95 B. Viennoiserie à partir de 30 B. Plats entre 60 et 200 B.
Etablissement sympathique dont les tables ressemblent davantage à un café français qu'à un snack. Sans doute l'un des meilleurs coins pour prendre son « p'tit déj' ».

Sortir

■ CARLITO'S

Ouvert de 11h à 1h du matin.
Situé en bord de plage, ce bar offre une superbe vue sur la baie de Tonsai. Les tables en bois et leurs coussins blancs sont situés sous un toit de paille, ambiance mi-lounge, mi-*roots*. A partir de 21h30, un spectacle de jonglage et de bolas enflammés réchauffe l'atmosphère jusqu'à 23h. On y sert de tous : soft, cocktails, bière et vin.

■ REGGAE BAR

A partir de 16h.
Incontournable car en plein cœur touristique du village, la construction en béton se fait sur plusieurs niveaux dont l'esthétique est contestable, avec plusieurs bars et une boîte de nuit. Son originalité tient à la présence au rez-de-chaussée d'un ring pour pratiquer le *Muay Thai*, la boxe thaï. Pour les plus audacieux, gare au coup de trop, dans le nez ou ailleurs !

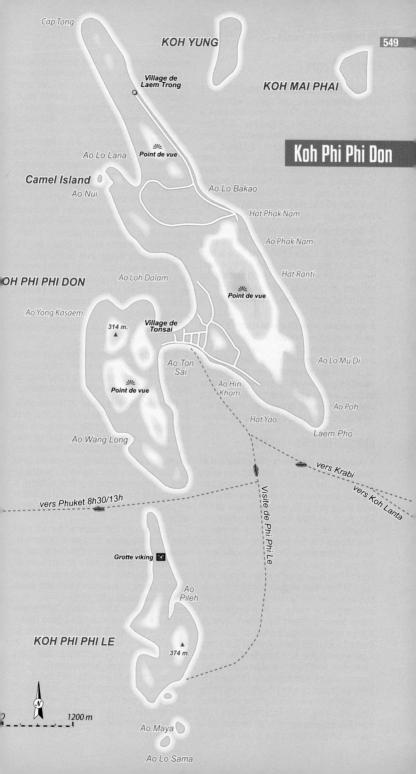

Koh Phi Phi Don

KOH YUNG

KOH MAI PHAI

Cap Tong

Village de
Laem Trong

Ao Lo Lana

Point de vue

Camel Island

Ao Nui

Ao Lo Bakao

Hat Phak Nam

Ao Phak Nam

Hat Ranti

OH PHI PHI DON

Ao Loh Dalam

Point de vue

Ao Yong Kasaem

314 m.

Village de
Tonsai

Point de vue

Ao Ton
Sai

Ao Lo Mu Di

Ao Hin
Khom

Ao Poh

Hat Yao

Ao Wang Long

Laem Pho

vers Krabi

Visite de Phi Phi Le

vers Koh Lanta

vers Phuket 8h30/13h

Grotte viking

Ao
Pileh

KOH PHI PHI LE

374 m.

N

1200 m

Ao Maya

Ao Lo Sama

À voir – À faire

■ **PANORAMA DEPUIS LE SOMMET DE L'ÎLE**
Un panorama exceptionnel s'offre à vous depuis les hauteurs de l'île. La montée se fait depuis le village de Ton Saï, du côté plage de Loh Dalam. Le sentier (l'escalier, en fait) démarre non loin du nouveau bureau d'accueil de Maya Tour (l'itinéraire est fléché), avec 25 min de montée « intensive ». Le premier point de vue se trouve au sommet, au niveau d'une longue maison basse occupée par une famille thaïlandaise (boutique où l'on peut acheter des boissons). Prévoir de bonnes chaussures et de l'eau.

▶ **Depuis les rochers en surplomb,** vue dégagée sur les plages de Loh Dalam et de Ton Saï, et les falaises plongeant dans la mer, en face. La beauté du site semble irréelle. Il est préférable de monter vers 16h30 plutôt qu'au moment du couchant (18h) quand les parois rocheuses multicolores reçoivent encore la lumière du soleil.

▶ **Un second point de vue se trouve à 500 m de là,** au nord, en suivant un petit sentier qui s'enfonce à travers les arbres, descendant tout d'abord puis remontant vers la crête principale. Là, installé tout au sommet, une guesthouse a été aménagée : longue maison avec sa terrasse en bois. On peut y passer la nuit. Au bord de la pente, une minuscule terrasse offre un panorama différent, par une trouée au milieu des arbres.

Sports – Détente – Loisirs

▶ **Randonnée à travers l'île (zone est et nord).** Pas besoin de guide. Entre les deux points culminants de l'île (mentionnés ci-avant) trois sentiers bien distincts descendent (direction nord est, à peu près) vers les plages de Toh Koh, Ranti, et Phak Nam (petits panneaux). Compter environ une demi-heure de marche dans chaque cas. Des bungalows sont installés sur les différentes plages, et il est possible d'y manger. On peut continuer à marcher vers le nord de l'île, en longeant le rivage. A partir de la plage de Phak Nam, on devra cheminer en sous-bois en suivant des sentiers (à peine marqués) surplombant le rivage ou bien progresser à marée basse à travers les rochers (avec de bonnes sandales) jusqu'à la baie de Loh Bakao (doucement, sur les pierres rendues glissantes). A marée montante, la marche peut se faire en pataugeant dans l'eau (attention aux oursins). Ensuite, il faut longer la plage de Loh Bakao ou traverser le parc du resort Phi Phi Island Village (occupant le terrain sur une grande profondeur) jusqu'à la rivière. Franchir cette dernière à gué n'est pas toujours possible, en fonction de la marée. Un petit pont situé en arrière de la réception, dans la mangrove, permet de passer à pied sec. Ensuite, une route pavée longe sur plusieurs kilomètres la baie de Loh Lana avant de déboucher sur la dernière grande plage, Laem Tong, où la baignade est possible à marée haute. Pour repartir sur Ton Saï, différentes solutions… Refaire le même chemin en sens inverse (2 heures, environ : il faut franchir les bois avant le coucher du soleil, à moins d'avoir une bonne lampe). Ou prendre un raccourci entre Loh Bakao et Loh Dalam, en coupant sans passer par le sommet de l'île. Ce chemin de traverse débouche au niveau de l'hôtel View Point (à mi-distance, demander son chemin aux habitants de Loh Bakao). Une alternative pour le retour : louer les services d'un batelier n'attendant que cette aubaine (600 à 800 B le trajet) au Gypsy Village. Avec de la chance, on peut profiter de la navette de l'un des resorts de Laem Tong pour rejoindre le débarcadère de Ton Saï (deux rotations par jour). Le trajet peut être payant ou offert gracieusement (on ne sait jamais !).

▶ **Escalade.** Quelques belles montées sont en effet possibles.

▶ **Kayak de mer.** Très pratique pour profiter de ces paysages superbes avec une approche écologique. Il est ainsi possible d'aller jusqu'au pied des falaises, inaccessibles autrement…

▶ **Plongée sous-marine.** Plusieurs clubs de plongée sont installés à Koh Phi Phi, dans le village même de Ton Saï, sans parler des services proposés par certains hôtels de luxe. La différence se fait au niveau de la qualité des prestations et de l'encadrement, car les tarifs de tous les clubs sont alignés. La prestation comprend normalement le prêt du matériel, le transport en bateau, l'encadrement technique en plongée (garantie de sécurité) et le repas de midi.
Le détail des forfaits apparaît sur les sites Internet. Les bureaux d'accueil sont habituellement ouverts de 7h30 à 22h. Les sorties en mer débutent à 8h du matin et s'achèvent en début d'après-midi. La meilleure période pour plonger s'étend de novembre à avril, hors saison des grandes pluies (eau claire).
Les spots se situent dans un large rayon autour de Koh Phi Phi : « Anemone Reef & Shark Point », les îlots « Bida Nai & Bida Nok », l'épave du « King Cruiser », « Koh Haa » (à 47 km), « Hin Daeng & Hin Muang » (à 60 km au sud). Sans parler des épaves toujours intéressantes. Un âge minimum de 10 ans est exigé pour pouvoir plonger. En cas d'accident de décompression, il faut savoir que l'évacuation (sous oxygène) aura lieu vers l'un des points suivants où se trouvent les caissons hyperbares : Krabi, Phuket, Bangkok (et Koh Tao).

■ **ADVENTURE CLUB**
125 Moo 7
Village de Ton Sai
✆ +66 81 895 1334
www.phi-phi-adventures.com
info@phi-phi-adventures.com
Agence réputée sur Koh Phi Phi, proposant des excursions de plongée et de snorkeling éducatives et encadrées par des moniteurs certifiés, dont certains francophones. Vous en apprendrez beaucoup sur la faune et la flore sous-marines de la région tout en respectant l'environnement, avec 6 personnes maximum dans le bateau. Andrew, le directeur, a d'ailleurs construit une pépinière de coraux près de l'île afin de lutter contre la disparition des récifs coralliens. Il s'en occupe régulièrement avec d'autres professionnels de plongée volontaires.

■ **PHI PHI DIVING**
✆ +66 867 415 794
www.phiphidiving.fr
birgitcham@hotmail.com
A droite de l'embarcadère, marcher 50 m puis tourner à gauche à Scuba diving, ensuite à 15 m à droite.
Baptême de plongée à 3600 B avec deux plongées sur une matinée pour découvrir la vie sous-marine de Koh Phi Phi.
Le club existe depuis 2012 (équipement neuf !) mais a été créé par deux passionnés ayant plus de 18 ans d'expérience dans la plongée à Phi Phi ! Venez découvrir avec Bill et Brigitte les plus beaux fonds sous-marins des environs dans le 1er club francophone de l'île. Tous les niveaux sont acceptés, du plongeur débutant à confirmé. Formation PADI, du baptême au Divemaster. C'est un petit club à dimension humaine. On y fait des plongées plus longues que dans les autres centres, avec un encadrement personnalisé, professionnel et convivial. Bateau maximum 15 personnes, avec toilettes, douche, café, thé, eau et lunch. On y parle le francais principalement, mais aussi l'anglais et l'espagnol.

HIN KHOM

Plage relativement excentrée à l'est de l'embarcadère (15 minutes à pied). Elle présente l'avantage (ou l'inconvénient, selon les goûts) d'être encore assez proche du centre du village de Ton Sai.

Se loger

Un jolie plage, tranquille et aisément accessible depuis Ton Sai. Certains établissements pourraient éventuellement avoir davantage de charme s'ils n'occupaient à ce point tout l'espace

disponible. On a l'impression de se retrouver dans une zone pavillonnaire : dommage !

■ **P.P. RIMLAY RESORT**
1 Moo 7
✆ +66 75 601 104 / +66 81 728 6887
pprimlay_thailand@hotmail.com
Chambres de 800 à 1 700 B.
Cette petite structure regroupe une douzaine de chambres autour d'une pelouse centrale, à proximité immédiate du front de mer. Le charme de l'endroit n'est pas irrésistible, mais l'emplacement est bon, face à la baie. Les prix sont un peu plus raisonnables que ceux des établissements voisins.

■ **VIKING NATURE RESORT**
10 Moo 7
✆ +66 75 819 339
www.vikingnaturesresort.com
info@vikingnaturesresort.com
Bungalows de 1 500 à 12 000 B en basse saison, et de 1 200 à 2 200 B en haute saison. Petit déjeuner inclus pour les chambres à partir de 2 000 B.
Une grande variété de bungalows et de huttes, tous très mignons et décorés avec goût, sur un bout de plage idyllique offrant de belles vues sur Phi Phi Leh. Une bonne adresse, qui en plus permet de rejoindre Long Beach à pied en une vingtaine de minutes.

HAT YAO

Egalement appelée *Long beach*. C'est en effet la plus longue plage au sud de l'île. Cet endroit à l'écart du village de Ton Sai dégage un charme tranquille. On peut y accéder à pied en longeant la plage de Maprao Ton Deao – plage du « premier cocotier » – ou en bateau depuis la plage de Ton Sai.

■ **PHI PHI PARADISE PEARL RESORT**
✆ +66 75 622 100 / +66 75 618 050
www.paradiseresort.co.th
Basse saison, 1 300 à 2 500 B. Haute saison, 2 500 à 4 000 B. Petit déjeuner inclus en haute saison. Wi-fi gratuit.
Les bungalows climatisés sont confortables, spacieux et très bien aménagés avec terrasse extérieure. Les bungalows ventilés, plus petits, ont néanmoins un certain charme. Les bungalows en bambou sont des cases rustiques sur pilotis.

AO POH

Cette petite crique se trouve isolée au sud-est de Koh Phi Phi et on y accède par un sentier forestier tortueux à partir de Hat Yao. Elle est invisible depuis le promontoire boisé qui la domine. L'endroit a du charme.

■ AO POH RESORT

✆ +66 81 089 1235 / +66 86 690 5086
Basse saison à partir de 500 B. D'habitude fermé
en basse saison, les contacter au préalable.
Une demi-douzaine de bungalows en bois sont
bâtis à flanc de colline, sous les ombrages.
Chacun dispose d'une petite terrasse avec vue
sur la mer. Le bar-restaurant est en contrebas,
installé au bord du rivage. Bon accueil de la part
de Philippe qui sait se montrer serviable. Les
chambres sont rustiques, mais l'endroit a du
charme. Calme garanti.

RANTI

Ranti est accessible à pied à partir du village
de Ton Sai, en suivant le chemin qui conduit
au sommet de l'île (escalier vers point de vue
n° 1) et redescend ensuite à travers bois sur
la côte Est de Koh Phi Phi (assez escarpée :
prévoir de bonnes chaussures et à éviter de
nuit). Il est également possible de s'y rendre
en bateau, pour environ 150 B, 20 minutes de
trajet.

■ RANTEE BAY RESORT

✆ +66 82 424 9169
Bungalows ventilés à 600 B en basse saison et
à 1 500 B en haute saison.
Bungalows rudimentaires installés dans un jardin
verdoyant proche de la plage, quasiment perdu
dans la jungle. Le cadre rêvé pour les allergiques

© ÉRIC MARTIN – ICONOTEC

Plage de Lo Bakao.

à la pollution sonore. Le restaurant, ouvert
toute l'année, propose des plats thaïlandais. Le
chemin qui monte en direction du View Point
débouche juste à côté.

LO BAKAO

Cette longue plage à l'est de Koh Phi Phi borde
une cocoteraie occupée par un vaste resort.
Une petite rivière traverse la mangrove à son
extrémité nord. L'endroit est paisible mais la
baignade n'est guère commode.

■ PHI PHI ISLAND VILLAGE

Plage de Lo Bakao
✆ +66 76 22 27 84
www.ppisland.com
sales@ppisland.com
Basse saison : 4 400 à 12 000 B. « Peak
season » : 7 500 à 27 000 B.
Ce complexe luxueux occupant toute la
baie comprend une centaine de bungalows
alignés dans un vaste parc, au milieu des
cocotiers. L'endroit est on ne peut plus
tranquille. Pour ne pas s'ennuyer, on compte
trois restaurants, un café Internet, trois bars,
un salon de massage et Spa, un Jacuzzi, des
courts de tennis, et une magnifique piscine.
Un centre de plongée PADI a également été
prévu. Des transferts en bateau sont organisés
pour la clientèle. Point négatif : la baignade est
impossible à marée basse.

LAEM TONG

Grande plage située à proximité du « Cap Tong »,
au nord de l'île, où sont installés quelques-uns
des plus beaux resorts de Koh Phi Phi. Tout un
chacun peut profiter de cet espace dégagé, à
condition de couvrir les quelques kilomètres
qui le séparent du village de Ton Sai : balade
envisageable sur la journée.

■ PHI PHI NATURAL RESORT

53 Moo 8
✆ +66 75 819 030
www.phiphinatural.com
rsvn@phiphinatural.com
Basse saison, 2 650 à 20 000 B. Haute saison,
3 600 à 25 000 B. Petit déjeuner inclus. Offres
promotionnelles sur le site Internet.
Cet établissement de luxe bénéficie d'une
situation privilégiée à l'extrémité nord de
la plage. Les 70 bungalows sont répartis
de manière espacée dans un grand parc
occupant un promontoire boisé. Les bungalows
« deluxe », surplombent le rivage, tout proche.
Les chambres, bien aménagées, sont toutes
climatisées avec une déco en bois. Belle vue
sur la mer depuis les terrasses. Navette rapide
pour se rendre au village de Ton Sai.

■ ZEAVOLA RESORT

11 Moo 8
✆ +66 75 627 000 – www.zeavola.com
Basse saison, 8 000 à 19 000 B. Haute saison, de 8 300 à 19 300 B. Petit déjeuner inclus. Wi-fi gratuit.
Zeavola désigne un arbre à fleurs dont le nom signifie « qui aime la mer ». Cet établissement ne comprend, en fait de chambres, que des suites. Les grands bungalows sont entièrement construits en bois, avec une couverture traditionnelle en chaume. Cette simplicité extérieure cache un design intérieur moderne tout à fait remarquable. Les pavillons sont installés dans un jardin en retrait de la plage. Deux restaurants, un Spa et un centre de plongée.

KOH PHI PHI LEH

Située au sud de Koh Phi Phi Don, cette île, plus petite, est d'une beauté majestueuse. Elle reste inhabitée mais reçoit la visite quotidienne de multiples clubs de plongée et de bateaux transportant des touristes. Ces derniers viennent surtout voir la baie de Maya, rendue célèbre par le film *La Plage* de Danny Boyle, et visiter une grotte réputée : Viking Cave (en haute saison uniquement). C'est dans cette grotte que des Thaïlandais, juchés sur des échelles et des échafaudages en bambou, prélèvent les nids d'hirondelle qui seront ensuite revendus à prix d'or par les négociants chinois. S'y trouvent également des peintures rupestres.

KOH LANTA

Le nom de Koh Lanta résonne dans les oreilles françaises pour désigner le jeu télévisé au titre éponyme diffusé depuis 2001 sur une chaîne privée dont on taira le nom. Or, ce n'est pas à Koh Lanta, mais à Koh Rok, une petite île située au sud-ouest de cette dernière, que l'émission a été tournée. Koh Lanta n'en est pourtant pas moins belle, avec ses belles plages de sable blanc, ces eaux turquoise, et sa vie sous-marine abondante et diversifiée.

Mais aller à Koh Lanta, c'est en réalité se rendre à Koh Lanta Yai, la plus grande île du district Koh Lanta, appartenant à la région de Krabi. Elle fait aussi partie du parc national maritime Mu Koh Lanta, qui regroupe une cinquantaine d'îles, dont les plus grandes sont Koh Lanta Noi et Koh Lanta Yai.

Cette dernière s'étend sur une trentaine de kilomètres de longueur et environ quatre de largeur. L'ouest de l'île possède de très belles plages de sable blanc. C'est sur cette côte que se concentrent les hôtels et les restaurants qui prolifèrent rapidement depuis les années 1980. L'est de l'île est lui très montagneux. Au sud, un clan de Chao Ley, les fameux gitans de la mer, y a établi un village. La majorité de la population, originaire de Malaisie, est de confession musulmane.

Dans les années 1990, l'extension vers le sud d'une route bétonnée et l'installation d'un réseau d'alimentation électrique a accéléré le développement économique de cette île devenue très touristique, quoique Koh Lanta Yai reste un endroit calme, où la plupart des touristes viennent chercher du repos et non des soirées endiablées. Toutefois, une chose en amenant une autre, les prix des logements y augmentent de manière considérable en haute saison (d'octobre à mars), alors que la plupart des établissements ferment leur porte en basse saison.

Tout au long de l'année cependant, l'île offre de belles possibilités de *farniente* et de visites agréables : cascades, grottes et mangroves, sans compter les nombreuses galeries d'art, la vieille ville et le village de Chao Ley. De plus, il y aura toujours à Koh Lanta Yai de quoi trouver de bonnes adresses pour se restaurer. Les locaux et les expatriés de longue date y sont pour quelque chose.

Transports

En minibus

Depuis Krabi, les minibus (climatisés) de certaines agences locales de tourisme (au niveau de Thanon Sukhon) assurent la liaison vers Koh Lanta tout au long de l'année. Départs des navettes à 9h, 11h, 13h, 16h et 18h. Navettes de retour à entre 8h et 15h30. Le trajet global dure environ 2 heures (300 B).

En bus public

La liaison depuis Krabi peut se faire en bus classique, mais l'arrêt se trouve à Ban Hua Hin (non loin de l'embarcadère du bac pour Koh Lanta Noi) et non pas à Ban Saladan (au nord de Koh Lanta Yai). Il faudra donc trouver un moyen pour se rendre sur Koh Lanta Yai à partir de Ban Hua Hin. Les bacs assurent les traversées quotidiennement de 7h à 20h (20 B pour une moto / 70 B en voiture). Dans l'autre sens, en l'absence de gare routière à Koh Lanta Yai, il faut s'adresser à des agences de transport privées. Les tarifs des minibus sont équivalents à ceux de Krabi.

Bateau express

Dans tous les cas, les arrivées et les départs se font à l'embarcadère de Ban Saladan

▶ **Depuis Krabi**, des bateaux circulent mais principalement en dehors de la mousson (vents de sud ouest établis de juin à octobre). Comptez 1 heure 30 de trajet et environ 450 B.

▶ **Depuis Koh Phi Phi**, des bateaux partent quotidiennement de la plage de Hin Khom à la belle saison, à 8h et à 13h ; compter environ 1 heure 40 de trajet (450 B). En basse saison, les bateaux se font aussi peu nombreux que les touristes.

Enfin, des *speedboats* relient Koh Lanta à Koh Lipe (environ 7 heures, 1 800 B), avec quelques arrêts intermédiaires dans les îles Trang. Le quotidien en haute saison, leur service devient très aléatoire en basse saison.

Se déplacer

▶ **Location de scooter**. Sans doute le meilleur moyen pour se déplacer sur l'île. Les routes sont loin d'être encombrées et il est facile de circuler. Amateurs ne pas s'abstenir ! Les locations s'élèvent à environ 200 B la journée. Prudence tout de même et attention aux nombreux nids-de-poule. Le sud de l'île est particulièrement escarpé, à éviter la nuit.

SALADAN

Saladan est un village de pêcheurs, situé tout au nord, où se trouve également l'unique embarcadère de l'île. L'endroit est animé de jour comme de nuit, avec ses restaurants de fruits de mer principalement, ses bars et ses hôtels, ainsi que de nombreuses boutiques, des salons de massage, des agences de voyage et des centres de plongée.

Pratique

■ **P&P LANTA TRAVEL**
11 Moo 1, Village de Saladan
✆ +66 75 668 271
PP_lanta@hotmail.com
Ouvert toute l'année de 7h30 à 21h30 en journée.
Cette agence propose des services de transports dans la région : bateaux, bus et avion. Elle a l'avantage d'être ouverte toute l'année et les prix de vente sont honnêtes.

Se loger

Bien et pas cher

■ SINCERE GUESTHOUSE *Bien*
150 Moo 1, Village de Saladan
✆ +66 81 828 51 63
www.sincereguesthouse.com
Chambres ventilées de 500 à 800 B et avec A/C de 800 à 1 400 B, selon la vue et la saison. Petit déjeuner inclus. Wi-fi gratuit.
Pour les petits budgets qui souhaitent rester près de l'embarcadère de Saladan, cette guesthouse toute mignonne en bord de mer fait largement l'affaire. Les chambres de style chinois sont bien aménagées et possèdent toutes une salle de bains et des toilettes. Restaurant sur place et coin repos. Accueil chaleureux, comme à la maison.

Confort ou charme

■ **HARMONY HOUSE**
3 Moo 1
✆ +66 75 665 168
lantaguesthouse.com
lantaharmonyhouse@gmail.com
Chambres à partir de 1 000 B.
Petit hôtel situé à deux pas de l'embarcadère et mis à la disposition en partie pour les plongeurs du centre Blue Planet divers. Quatre catégories de chambres dont certaines avec vue sur mer ! Les chambres sont propres et possèdent la clim, un coffre-fort... Le petit déjeuner n'est qu'à 100 bahts et tout est à volonté, une vraie bonne option pour ceux qui ont un budget limité.

■ **SALATAN RESORT**
166 Moo 1
Village de Saladan
✆ +66 75 684 111
info@salatanresort.com
*Basse saison : 800 à 2 100 B. « Peak season » :
1 900 à 4 500 B.*
Etablissement familial installé à l'écart du centre-ville, sur une petite plage orientée vers le nord de l'île. Les bungalows clairs et bien entretenus sont répartis dans un jardin en bord de mer. Toutes les chambres disposent d'un cabinet de toilette avec eau chaude. Les chambres climatisées ont la TV. Jolie petite piscine.

Luxe

■ **TWIN LOTUS KOH LANTA –
THE UNIQUE COLLECTION**
199 Moo 1, Klong Dao Beach,
✆ +66 75 607 000
www.twinlotusresort.com
reservation@twinlotusresort.com
*Chambres en basse saison à partir de 5 850 B.
2 restaurants, un bar, une piscine, une salle
de sport et un spa. Wi-fi gratuit. Nombreuses
activités à faire sur place.*
Sur la plus belle plage Koh Lanta, se trouve le Twin Lotus, un ensemble de 81 chambres et villas de toute beauté. Totalement rénové en 2012, le résultat est superbe avec des tons chauds et colorés et des grandes ouvertures sur l'extérieur pour profiter au maximum des paysages. Les chambres sont spacieuses, très bien équipées et les salles de bains très agréables. Deux jolies piscines, un restaurant, The Bua Fah, pour des barbecues mémorables, un bar pour déguster de merveilleux smoothies, le Bua Luang Spa & Wellness Center pour un massage thérapeutique et de relaxation absolument sublime. Des activités extérieures sont proposées, comme une balade en éléphant, la visite d'une ferme de serpents… Mais, vous pourrez également emprunter des bicyclettes pour découvrir les alentours et les marchés locaux par vous même ou vous relaxer avec une séance de yoga. Certains font Koh Lanta dans des conditions abominables, petite référence au jeu télévisé, nous pouvons certifier qu'au Twin Lotus Resort, ce ne sera pas le cas. Bien au contraire !

■ **CROWN LANTA RESORT & SPA**
315 Moo 1
✆ +66 7562 6999
www.crownlanta.com
rsvn@crownlanta.com
*83 chambres. A partir de 7 000 B. Navette
pour l'aéroport de Krabi et pour le centre-ville
de Saladan. Wi-fi gratuit. Vélos et petit matériel
de plongée à disposition.*

Twin Lotus, Koh Lanta
"Where Serenity Meets Luxury"

by The Classic Collection

www.twinlotusresort.com   www.theuniquecollection.com
reservation@twinlotusresort.com   info@theuniquecollection.com
Tel. +66 (0) 75 607 000   Tel. +66 (0)2 250 4527-9

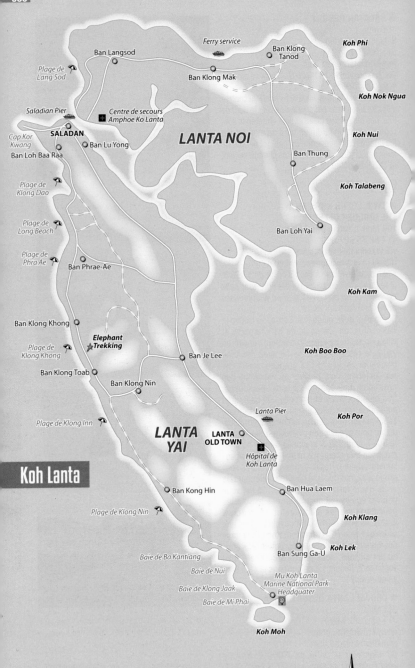

Koh Phi

Ban Langsod

Ferry service

Ban Klong Tanod

Plage de Lang Sod

Koh Nok Ngua

Ban Klong Mak

Saladian Pier

Centre de secours Amphoe Ko Lanta

Koh Nui

LANTA NOI

Cap Kor Kwang

SALADAN

Ban Lu Yong

Ban Thung

Ban Loh Baa Raa

Plage de Klong Dao

Koh Talabeng

Plage de Long Beach

Ban Loh Yai

Plage de Phra Ae

Ban Phrae-Ae

Koh Kam

Ban Klong Khong

Plage de Klong Khong

Elephant Trekking

Koh Boo Boo

Ban Je Lee

Ban Klong Toab

Ban Klong Nin

Plage de Klong Inn

Lanta Pier

Koh Por

LANTA YAI

LANTA OLD TOWN

Hôpital de Koh Lanta

Koh Lanta

Ban Kong Hin

Ban Hua Laem

Plage de Klong Nin

Koh Klang

Baie de Ba Kantiang

Ban Sung Ga-U

Koh Lek

Baie de Nui

Mu Koh Lanta Marine National Park Headquater

Baie de Klong Jaak

Baie de Mi Phai

Koh Moh

0   2 km

N

Cet immense complexe de style thaïlandais de 22 ha est situé sur une presqu'île. Il est donc quasiment entouré par la mer, mis à part une petite route qui vous mène jusqu'à lui. De sérieux atouts, parmi lesquels plusieurs piscines, des bars, des restaurants, deux plages privées, un centre de fitness, un spa avec bains à remous et sauna, font ce resort une retraite parfaite pour passer de très bonnes vacances. Les logements sont de plusieurs sortes, certains ont un accès direct à la piscine de la chambre. L'hôtel propose plusieurs excursions sur l'île, à la rencontre des éléphants, des balades en mer, des cours de yoga. La bonne adresse du nord de l'île de Koh Lanta.

Se restaurer

■ SALADAN SEAFOOD
Village de Saladan
✆ +66 75 684 466
Prix à la carte : 70 à 240 B environ. Ouverture de 10h à 22h. L'un des meilleurs, si ce n'est le meilleur restaurant de fruits de mer de Koh Lanta. Les cuisinières sont issues du peuple Chao Ley, et elles sauront vous mettre en ébullition : les produits sont frais et la cuisson parfaite. Le restaurant possède entre autres son propre élevage de langoustes, que vous pourrez choisir avant le repas, servi dans grande salle ou sur la terrasse installée sur un ponton, face à Lanta Noï.

■ COFFEE MY HOUSE
173 Moo 1
A côté de Blue Planet Divers.
Croissant à 45 B. Ouvert à partir de 7h.
Ce petit café sympathique sert parmi les meilleures viennoiseries de l'île, faites maison par le gérant thaïlandais, ce qui est plutôt rare. Les cafés aussi y sont délicieux. Une bonne adresse pour le petit déjeuner.

Sports – Détente – Loisirs

La plongée sous-marine est particulièrement soumise aux aléas du temps dans cette région. La visibilité est en général plus faible en basse saison, mais le mieux est de se renseigner un peu avant votre départ auprès des centre de plongée. Une vingtaine de sites de plongée

sont accessibles depuis Koh Lanta (dont Koh Phi Phi et ses abords), et offrent une grande diversité de faune et de flore sous-marines. Une douzaine de clubs sont installés au village de Saladan et sur la côte ouest de l'île. En cas d'accident de décompression : évacuation prévue en bateau rapide et en ambulance au Bangkok Phuket Hospital.

Sports – Loisirs

■ BLUE PLANET DIVERS
3 Moo 1
Ban Saladan KOH LANTA
✆ +66 75 668 165 / +66 85 472 3450
www.blueplanetdivers.net
blueplanetdivers@gmail.com
Ouvert toute l'année mais sujet aux aléas des saisons, les contacter au préalable. Ouverture de 8h à 20h30. Centre de plongée PADI 5-étoiles IDC, affilié aux associations CMAS et SSI. Transfert aller-retour gratuit avec le lieu d'hébergement. Location de matériel sur place. Ce centre de plongée connaît une grande renommée sur l'île de Koh Lanta grâce à son grand professionnalisme (PADI 5*) et son ambiance chaleureuse. Le centre propose des plongées pour tous niveaux : baptême, formations PADI, formation instructeur. Il est également possible de plonger toute l'année en apnée (demandez Sophie en haute saison pour un cours dispensé en français). Le centre dispose de son propre bateau d'une capacité d'embarcation de 35 passagers, avec un maximum de 20 plongeurs pour un confort optimal. Le centre possède également un speed boat et un catamaran de 20 mètres, idéals pour se rendre rapidement sur les sites de plongée. La sécurité est au rendez-vous niveau équipement ; les cours se font à 3 ou 4 élèves maximum par instructeur. Demandez Ben pour les cours dispensés en français. D'autres activités sont proposées, dont le *snorkeling* et des tours en long-tail sur la mangrove. Côté environnement, ça ne chôme pas non plus : le centre a reçu le statut ECO opérateur par la fondation Project AWARE. Il travaille également en partenariat avec Greenfins, un projet environnemental des Nations unies, pour nettoyer la plage de Klong Dao. Bravo !

Détente – Bien-être

■ SERENITY MASSAGE & SPA

A peu près en face de Sincere Guesthouse.
✆ +66 81 56 99 852
www.kohlantamassage.com
Ouvert de 10h à 22h. 400 B pour un massage thaïlandais traditionnel.
Très bon rapport qualité-prix par rapport au reste de la Thaïlande. Les massages thaïlandais sont de grande qualité (et fort, comme le veut la tradition, mais vous pouvez aussi demander à la masseuse d'y aller doucement). Possibilité de faire d'autres massages (à l'huile, aux herbes, etc.), mais aussi soins du visage, manicure, pédicure et épilation. Le service est complet : casier, douche, tenue de massage et enfin thé pour parfaire la relaxation.

KLONG DAO

Cette grande baie est la première au nord-ouest de Koh Lanta Yai. Elle débute au niveau du village de Saladan et s'étend vers le sud sur une distance de trois bons kilomètres. les eaux y sont calmes et la plage de sable fin.

■ ANDAMAN LANTA RESORT

Plage de Klong Dao
✆ +66 75 684 200 / +66 75 684 201 /
+66 75 684 202 – www.andamanlanta.com
rsvn@andamanlaanta.com
En basse saison : 1 000 à 3 000 B. « Peak season » : 2 200 à 6 500 B. Petit déjeuner inclus. Wi-fi gratuit.
Etablissement de bon standing se distinguant par des toitures bleues. Bungalows disposés autour de la piscine, sans doute un peu trop serrés les uns aux autres. Chambres claires grâce à de grandes baies vitrées. Aménagement confortable : terrasse, baignoire, coffre de sécurité, TV5. Restaurant ouvert toute l'année. Les tarifs sont singulièrement élevés en haute saison. Vraie gentillesse de l'accueil, néanmoins.

■ CHA-BA BUNGALOWS AND ART GALLERY

20 Moo 3
✆ +66 75 68 41 18
toi_chaba_gallery@yahoo.com
En haute saison, bungalow ventilé à 900 B, A/C à partir de 1 500 B. En basse saison, respectivement, 500 et 700 B. Petit déjeuner inclus pour les chambres avec A/C. Wi-fi gratuit.
En plus d'être une petite auberge à prix raisonnable, Cha-Ba est à elle seule une véritable galerie d'art. Chaque chambre possède une décoration « arty » qui lui est propre, et le jardin lui-même semble être envahi par des animaux marins géants. L'endroit peut se présenter comme une source d'inspiration pour les artistes en herbe ou confirmés, qui pourront d'ailleurs travailler dans le studio de l'auberge. Une galerie au sens propre se situe dans le jardin. Des cours de yoga et de méditation sont offerts quotidiennement afin d'encourager la créativité. Restaurant le Picasso à demeure, avec plats thaïs, européens et mexicains à la carte.

■ ROYAL LANTA RESORT & SPA

22 Moo 3
✆ +66 75 684 361 – www.royallanta.com
info@royallanta.com
Chambre supérieure de 2 500 à 5 500 ; villa Deluxe de 3 200 à 6 500 B, selon la saison. Petit déjeuner inclus. Wi-fi gratuit.
Ce bel établissement de classe internationale propose des pavillons aux toitures de forme traditionnelle, bien espacés dans un jardin tropical. Décoration des chambres sobre et classique. Le restaurant est installé dans un grand bâtiment ouvert sur le front de mer. Petite piscine à chute d'eau au milieu du parc et très belle piscine, non loin de la réception, côté « vue sur la montagne ». Spa à demeure. Une très bonne adresse.

■ TIME FOR LIME

72/2 Moo 3
Au sud de la plage de Klong Dao
✆ +66 75 68 45 90 – www.timeforlime.net
lanta@timeforlime.net
Entre 500 et 690 B la nuit.
Cette école de cuisine bio propose des cours à la journée ou plus, pour préparer au choix une vingtaine de plats thaïlandais. La cuisine se situe quasiment en bord de mer, près du bar de l'établissement qui propose aussi des chambres propres et très bien arrangées. La gérante norvégienne, Junie, a plus de 25 ans d'expérience en cuisine et a également publié un livre de recettes. De plus, elle a créé un centre de protection des animaux sur l'île, Lanta Animal Welfare, situé à Long Beach, pour venir en aide aux animaux errants (nombreux) sur l'île.

PHRA AE ★★

Aussi connue sous le nom de Long Beach, cette baie se trouve immédiatement au sud de Klong Dao. Au niveau de la route côtière (ouest) de l'île, la limite entre les deux plages est marquée par un regroupement de quelques commerces, habitations, bars et restaurants, formant la petite localité de Phra Ae. Un certain nombre de resorts, de cafés et de restaurants sont accessibles depuis la route, sur plusieurs kilomètres. Attention, il est préférable de repérer d'abord les lieux avant la tombée de la nuit. La plage s'étend sur 4 km. En haute saison, la partie sud est l'une des plus animées de l'île grâce aux nombreux bars de plage qui proposent également soirées à thème à l'occasion.

Se loger

Bien et pas cher

■ SANCTUARY
Plage de Phra Ae
☎ +66 81 891 3055
sanctuary_93@yahoo.com
Bungalows de 400 à 500 B. Souvent fermé en basse saison, les contacter au préalable.
Ensemble de bungalows en bois en bord de mer. L'installation remonte à une quinzaine d'années. Chambres ventilées avec douche privée (eau froide). Les grands bungalows sont à proximité immédiate de la plage. Le restaurant est ouvert en haute saison et lorsqu'il y a suffisamment de clients.

Confort ou charme

■ LONG BEACH CHALET
472 Moo 3
☎ +66 87 70 76 076 / +66 80 91 01 527
www.longbeachchalet.com
Bungalow standard de 1 000 à 2 200 B, supérieur de 1 400 à 2 700 B, selon la saison. Offres promotionnelles si séjour de plus de 3 nuits. Petit déjeuner inclus. Wi-fi gratuit.
Bungalows de charme sur pilotis, répartis dans un joli jardin tropical aux allées bordées de cocotiers. La chambre et la salle de bains sont séparées en deux maisonnettes différentes à l'étage. En bas, un coin repos avec hamac et coussins triangulaires thaïlandais sur canapé en bois. Piscine avec fontaine au centre de l'établissement. C'est au restaurant Three Mums, sur place, qu'est servi le petit déjeuner. La plage se trouve à 150 mètres.

■ RELAX BAY RESORT
Plage de Phra Ae
☎ +66 75 684 194 – www.relaxbay.com
relaxbay@hotmail.com
En basse saison, bungalows ventilés à 1 050 à 1 350 B. En haute saison de 1 550 B à 2 450 B. Chambre avec A/C : 1 550 B en basse saison, de 2 450 à 2 650 B en haute saison. Petit déjeuner inclus. Wi-fi gratuit.
Installés sur la pente d'un promontoire, on trouve une quarantaine de bungalows de très bon confort, bien espacés en bois et tous ventilés. La terrasse du bar-restaurant est sur la plage même. L'endroit, ombragé, est vraiment charmant. Pour tout dire : l'un des plus chouettes coins de l'île. Piscine. Initiation au yoga sur place.

■ SAYANG BEACH RESORT
Plage de Phra Ae
☎ +66 75 684 156
www.sayangbeachresort.com
sayangbeach@hotmail.com
Basse saison, 600 à 2 250 B. Haute saison, 950 à 4 600 B.
Ensemble de bungalows répartis dans une agréable cocoteraie en bord de plage. Chambres simples mais confortables avec petite terrasse donnant sur le parc. Les plus chères dégagent un vrai charme : jolie salle de bains et lit à baldaquin. Très bon restaurant, avec notamment un buffet pour le petit déjeuner. Idéal pour les familles et les couples. *Sayang*, ça veut bien dire « amour » après tout (en malais) !

Luxe

■ LANTA SAND RESORT & SPA
279 Moo 3, Plage de Phra Ae
☎ +66 75 684 633
www.lantasand.com
lanta@lantasand.com
Basse saison de 4 000 à 8 500 B. Haute saison de 8 000 à 21 000 B. Petit déjeuner inclus. Wi-fi gratuit.
Les bungalows d'aménagement moderne – confort irréprochable – sont répartis dans un agréable jardin tropical ponctué de statues évoquant les divinités hindous et bouddhistes, tout comme la jolie piscine. Un agréable lac artificiel se situe à l'entrée. Le restaurant est en bord de plage. N'oublions pas le fameux Spa intégré dans l'ensemble. Accueil très courtois.

Se restaurer

■ FAIM DE LOUP CAFÉ FRANÇAIS
255 Moo 2
Village de Phra Ae
☎ +66 75 684 525
sergeyves@hotmail.com
Plats entre 85 et 200 B. Ouvert de 7h30 à 15h.
Viennoiseries, quiches et sandwichs de qualité et faits maison pour le petit déjeuner ou un petit creux. Le café servi vaut aussi le détour. Ouvert depuis une dizaine d'années sur l'île, Faim de Loup a changé de propriétaire en septembre 2014. Fermeture un ou deux mois par an, durant la mousson.

■ RED SNAPPER
En bord de route, côté mer.
☎ +66 78 85 69 65
www.redsnapper-lanta.com
info@redsnapper-lanta.com
Ouvert tous les jours sauf les mardi et mercredi, à partir de 17h. Plats entre 70 et 500 B. Fermé au mois de juin.
L'une des meilleures tables de l'île, qui propose des plats créatifs aux couleurs de la mer : filet de saumon et de vivaneau, entre autres, sur des assiettes joliment arrangées. Egalement au menu ; assiettes de tapas ou de fromages. Une très bonne carte des vins.

CÔTE DE LA MER D'ANDAMAN

■ RETRO RESTAURANT

305 Moo 2
Baie de Klong Dao
✆ +66 75 684 838
retrolanta@hotmail.com
Ouvert de 10h à 22h. Plats de 60 à 350 B.
Cuisine thaïe et occidentale. Une décoration
étudiée, des éclairages tamisés et une petite
musique d'ambiance au volume soigneusement réglé donnent une atmosphère tout à fait
romantique. De plus, la nourriture est bonne et
les prix raisonnables.

Sortir

■ IRISH EMBASSY

Pub irlandais sympathique installé en bord de
la route, populaire chez les touristes comme les
expatriés, qui sert des bières pression. Parfois,
buffets organisés ouverts à tous.

■ OPIUM

Village de Phra Ae
Bar billard ouvert toute l'année mais fréquenté
principalement durant la période touristique de
novembre à mars. Hors saison, l'ambiance n'est
pas trépidante.

Sports – Détente – Loisirs

■ DIVE & RELAX

223 Moo 2, Village de Phra Ae
✆ +66 84 842 2191
✆ +66 89 050 3009
www.diveandrelax.com
info@diveandrelax.com
Ouverture de début octobre à mai.
Club de plongée PADI fonctionnant en coopération avec Andaman Sunflower Resort, sur la
baie de Phra Ae. Bureau d'accueil au village de
Phra Ae. Moniteurs francophones. Excursions
aux alentours, notamment sur les spots de Hin
Daeng et Koh Haa, ou l'épave du King Cruiser,
aux abords de Koh Phi Phi.

KLONG KHONG

Il s'agit de la troisième plage de l'île en longeant
la côte ouest vers le sud, depuis le village de
Saladan. Et c'est sans doute l'une des plus
belles. Son long ruban de sable doré se déroule

au pied des cocotiers, face au couchant. La
plupart des établissements présents le long de
cette plage proposent des prix attractifs, cette
partie de la côte étant la moins développée sur
le plan touristique.

■ LANTA DREAM AND PARADISE

129 Moo 2
✆ +66 890 999 423
✆ +66 861 114 054
www.lantalongtailboat.sitew.org
lantadreamandparadise@gmail.com
Ouvert toute l'année.
Si vous souhaitez que vos vacances se déroulent
parfaitement et que vous êtes adeptes d'un
service clef en main et personnalisé, alors vous
frappez à la bonne porte. Cette agence francophone opère depuis de nombreuses années sur
l'île et propose un service de tours en bateau
de qualité. En effet, on vous emmène découvrir
les eaux turquoise et les superbes plages des
parcs nationaux en long tail boat, ces bateaux
typiques thaïlandais.
Les excursions sont à la journée et chacune
d'entre elles est différente. Vous pourrez donc
revenir plusieurs jours de suite en faisant un
nouveau circuit à chaque fois. Pour admirer les
plus beaux sites de la région, il est impératif de
prendre la mer car Koh Lanta offre de moins
jolis spots que ses voisines. Il est préférable de
prendre contact en amont pour réserver même
si vous pouvez le faire également sur place.
Leur site regorge d'informations pratiques et
de superbes photos. La qualité est le maître
mot de cette agence où ne travaillent que des
passionnés !

■ LANTA NEW BEACH BUNGALOWS

122 Moo 2
✆ +66 75 667 073
www.lantanewbeach.com
info@lantanewbeach.com
*Basse saison, de 400 B à 1 100 B. Haute saison,
de 800 à 2 000 B. «Peak Season» de 1 000 à
2 500.*
Situé non loin d'une école, cet établissement
ouvert toute l'année se distingue par un bon
aspect général. Bar-restaurant dominant la
plage, installé auprès d'une belle petite piscine.
Les bungalows en dur sont alignés dans un jardin
parfaitement entretenu. Agence de voyage et
location de motos sur place.

■ WHERE ELSE ?
149 Moo 2
✆ +66 81 536 4870
www.lanta-where-else.com
where-else-lanta@hotmail.com
Basse saison, 300 à 500 B. Haute saison, 600 à 1 500 B. Wi-fi gratuit.
Un ensemble de bungalows de différentes tailles, rustiques, répartis sur un terrain en bord de mer. Ambiance décontractée, couleur « rasta ». Bar-restaurant devant la plage. Tous les bungalows sont ventilés, et chacun dispose de sa douche. Bon accueil de la part de la maîtresse des lieux.

KLONG NIN

Située à 15 km au sud de la côte ouest de Koh Lanta Yai, la plage de Klong Nin s'étend sur 1,5 km et offre de quoi nager en son centre et quelques rochers sur ses côtés. Un village du même nom se situe à proximité, où un marché alimentaire ouvre tous les vendredis. A Klong Nin, de la paillote au resort de luxe, il y en a pour tous les goûts côté logement. Plusieurs bars et restaurants animent le lieu.

■ CLEAN BEACH RESORT
16/1 Moo 6, Plage de Klong Nin
✆ +66 75 662 652
✆ +66 87 270 0590
www.cleanbeachresort.com
info@cleanbeachresort.com
Basse saison, 1 400 à 2 300 B. « Peak season », 3 200 à 3 500 B. Petit-déjeuner inclus.
Cet établissement de charme est installé dans une petite anse, en contrebas de la route, à proximité immédiate de la plage. Une demi-douzaine de bungalows en dur sont alignés au milieu d'un agréable jardin. Les chambres, aménagées avec soin, disposent du confort moderne : climatisation, salle de bains avec eau chaude… Massage à demeure. Pour les romantiques, le restaurant, à l'étage de la villa, offre sa terrasse d'où l'on peut contempler la mer toute proche.

■ NARIMA
98 Moo 5, Plage de Klong Nin
✆ +66 75 662 668
www.narima-lanta.com
contact@narima.net
Basse saison, 800 à 2 100 B. « Peak season », 3 300 à 5 000 B. Petit déjeuner inclus. Wi-fi gratuit.
Cet établissement de bon standing propose de confortables bungalows de style traditionnel dispersés sous les arbres, juste à côté d'une jolie petite plage. La décoration des chambres est vraiment soignée. Grand bâtiment convivial abritant la réception et le bar-restaurant. Jardin tropical luxuriant. Atmosphère tranquille et agréable : une réussite dans le genre.

■ ROI THAI
75/1 Moo 6
✆ +66 75 66 25 49
www.myroithai.com
info@myroithai.com
Plats à partir de 80 B.
Roi Thai existe déjà à Chiang Mai et Bangkok, depuis plus de 30 ans. Celui de Koh Lanta obéit à la même formule : cuisine bio et plats traditionnels thaïs au menu. Il propose aussi des cours de cuisine pour les petits curieux. Le repas se prend en terrasse en bord de mer, la vue est imprenable.

■ SRI LANTA
11 Moo 6
✆ +66 75 66 26 88
www.srilanta.com
srilanta@thesrihotels.com
De 6 200 à 24 000 B en haute saison. Contactez le resort en basse saison. Wi-fi gratuit.
Ce resort se compose d'un bungalow sur la plage et de 49 villas situées dans un espace resté quasiment à l'état naturel, moitié-jardin, moitié-jungle, afin de rester en harmonie avec l'environnement. Elles sont un peu sur les hauteurs et offrent ainsi une belle vue sur la plage d'en face.
Le charme est indiscutable. La réception, le Spa, la piscine et le restaurant sont quant à eux à proximité de la plage. Présence d'un joli jardin avec pelouse pour faire du volley ou autres jeux. Très bon accueil.

NUI

A ne pas confondre avec la baie de Nui, la plage du même nom se trouve juste au sud de celle de Klong Nin, cachée par les arbres et accessible par un chemin de terre situé sur une colline (niveau du parking). Ne cherchez pas, elle ne figure sur aucune carte, mais vaut le détour pour les Robinsons en herbe à la recherche de nature vierge.

KAN TIANG

Large baie d'environ 1 km encadrée de contreforts escarpés et verdoyants, Kan Tiang se situe dans la partie la plus escarpée, mais aussi la plus calme de l'île, tout au sud. Dans les environs se dégage une atmosphère communautaire, où il est possible d'observer et de participer à la vie locale de la population. Les établissements de la côte, situés le plus souvent sur les falaises, offrent une vue à couper le souffle.

Handwritten: BAMBOO BAY / Baan Phu Lae Bangalow ★★★★ / • Maisonettes et restaurant

Se loger

Bien et pas cher

■ KANTIANG BAY VIEW RESORT

9 Moo 5
✆ +66 75 665 049 – www.kantiangbay.net
kantiangbay@hotmail.com
Bungalows ventilées 1 500 à 2 200 B. Avec A/C de 1 600 à 2 500 B en haute saison et de 700 à 1 200 B en basse saison. Chambres en bâtiment de 1 300 à 1 700 B en haute saison et de 550 à 750 B en basse saison. Petit déjeuner inclus en haute saison. Wi-fi gratuit.
Cet établissement de standing assez modeste est perché en haut d'un promontoire situé entre les plages de Khlong Hin et Kan Tiang. Il offre un très beau point de vue sur le couchant. Quelques bungalows ventilés, en dur, avec salle de bains, sont installés sous les arbres. Restaurant et possibilité d'activités.

Confort ou charme

■ PHRA NANG LANTA

139 Moo 5
✆ +66 75 665 025
www.vacationvillage.co.th
info@vacationvillage.co.th
En basse saison, 4 000 B. En haute saison, de 5 400 à 6 800 B. Petit déjeuner inclus. Wi-fi gratuit.
Chaque chambre est unique, et porte un nom correspondant à la thématique de sa décoration. Le bâtiment d'allure mexicaine, a lui aussi du caractère, avec une jolie piscine en son centre. Accueil très aimable. La plage de sable n'est pas située juste en face, mais un peu plus loin. Possibilité de faire du kayaking.

Luxe

■ PIMALAI RESORT & SPA

99 Moo 5
Ba Kan Tiang Beach
✆ +66 75 607 999 – www.pimalai.com
reservation@pimalai.com
En basse saison à partir de 6 650 B, en haute saison à partir de 11 500 B, à partir de 19 800 B, en peak season. Transfert inclus. Petit déjeuner inclus. Wi-fi gratuit.
Ce resort est le seul 5-étoiles de l'île et assurément le plus beau de toute l'île de Koh Lanta. Le Pimalai est divisé en deux parties. La première se trouve en bord de plage (qui appartient d'ailleurs à l'établissement) et l'autre, sur les pentes boisées, tout en hauteur. En surplomb, la vue d'ensemble y est magnifique et les couchers de soleil splendides. Villas et pavillons sont dispersés dans un parc luxuriant, deux immenses piscines, des terrains de tennis, de pétanques...

Chambres spacieuses à la déco thaïe et contemporaine, avec pour les villas en collines une piscine privée. Sur place, 3 restaurants : le Seven seas pour une cuisine européanisée, le rak talay sur la plage qui sert lui une cuisine autour de la mer, et le Space And Rice qui offre une cuisine thaïe, sans oublier le Primâlai spa...et un centre de yoga ouvert toute l'année. Organisation d'excursions dans les environs, dans la jungle ou en mer. Club de plongee PADI et activités nautiques : kayak, *paddle*, voile...

■ THE HOUBEN

272 Moo 5
✆ +66 75 665144
www.thehouben.com
reservations@thehouben.com
De 8 500 B à 25 000 B.
Le Houben Hôtel est un petit établissement de charme tenu par une famille belge. Il possède 15 chambres avec vue sur mer, gracieusement perché sur une falaise. L'hôtel se situe dans le sud de Koh Lanta, et possède une vue panoramique saisissante sur la mer d'Andaman, à seulement quelques pas de la baie Kantieng, la plus belle plage de sable de l'île de Lanta. Les chambres sont modernes, décorées avec goût, très bien équipées. Petite piscine à remous, bar et restaurant, ainsi qu'un spa, ce qui est assez unique pour un si petit établissement.

Se restaurer

■ SAME SAME BUT DIFFERENT

Sur la plage de Kan Tiang
✆ +66 81 787 8670
samesamebutdifferentlanta@gmail.com
Ouvert de 10h à 22h. Plats de 60 à 180 B environ.
Petit bar-restaurant très agréable installé sur un coin de plage, à l'ambiance très sympathique. La décoration rustique a beaucoup de charme. Spécialités thaïlandaises servies les pieds dans le sable et les yeux dans l'eau.

KLONG JAAK

La route carrossable formée de dalles de béton s'arrête à la fin de la plage de Kan Tiang, juste au niveau du restaurant Same Same. Au-delà, il faut continuer sur l'ancienne piste de terre, creusée de profondes ornières et rendue dangereuse par les rochers coupants et les cailloux glissants : un vrai régal pour les pneus ! De plus les dénivellations sont importantes, c'est le moins qu'on puisse dire. Donc, rouler très prudemment.

■ ANDA LANTA RESORT

Plage de Klong Jaak
✆ +66 75 607 555
info@andalanta.com

SANCTUAIRE SECRET
Trouvez le havre de paix
le plus secret de Koh Lanta

PIMALAI RESORT & SPA · KOH LANTA · KRABI · THAILAND   www.pimalai.com

Basse saison, 2 200 à 5 500 B. Haute saison, 3 200 à 9 900 B. Petit déjeuner inclus. Wi-fi gratuit. Resort populaire auprès des familles. Accueil sympathique de la part du propriétaire. Dispersés dans un jardin luxuriant, les bungalows disposent de chambres spacieuses et de cabinets de toilette bien aménagés. Restaurant en bord de plage. Jolie piscine.

MAI PHAI

Cette plage est l'avant-dernière, en comptant celle qui se trouve à l'extrémité sud de l'île, au niveau du parc national de Moo Kho.

PARC NATIONAL DE MOO KHO

Après un cheminement franchement difficile sur une piste défoncée de plusieurs kilomètres (pentes raides, ornières et cailloux glissants), on arrive au parc qui se situe à l'extrémité sud de Koh Lanta Yai, au niveau du cap Ta Noad. Possibilité de laisser sa moto au niveau de la barrière et circuler à pied alentour. Une jolie plage facilement accessible s'étend le long d'une grande pelouse plantée d'arbres. Un peu plus loin, se trouve la tourelle blanche d'un petit phare, surplombant les rochers déchiquetés par l'érosion marine (on se croirait presque en Bretagne !).

Pratique

Tarif d'accès du parc national fixé à 200 B. Le coupon délivré permet l'accès à différents parcs nationaux du district de Krabi pour la durée d'une semaine.

À voir – À faire

■ PARC NATIONAL DE MOO KHO

Tarif d'accès du parc national fixé à 200 B. Le coupon délivré permet l'accès à différents parcs nationaux du district de Krabi pour la durée d'une semaine.

Après un cheminement franchement difficile sur une piste défoncée de plusieurs kilomètres (pentes raides, ornières et cailloux glissants), on arrive au parc qui se situe à l'extrémité sud de Koh Lanta Yai, au niveau du cap Ta Noad. On peut laisser sa moto au niveau de la barrière et circuler à pied alentour. Une jolie plage facilement accessible s'étend le long d'une grande pelouse plantée d'arbres. Un peu plus loin, se trouve la tourelle blanche d'un petit phare, surplombant les rochers déchiquetés par l'érosion marine (on se croirait presque en Bretagne !).

KOH JUM ★★

Il s'agit d'une île située au nord de Koh Lanta et au sud-est de Krabi. Même s'il n'est plus un secret pour personne, l'endroit reste encore préservé du tourisme intensif. Le charme à l'état quasi naturel : pratiquement seuls les autochtones vivent sur l'île.

■ KOH JUM LODGE

✆ +66 75 618 275
www.kohjumlodge.com
jean-michel@kohjumlodge.com
Basse saison : 3 000 à 4 000 B. « Peak season » : 6 000 à 7 500 B. Fermeture du 1er juin au 30 septembre. Transfert possible depuis l'aéroport de Krabi.
Dirigé par Jean-Michel, secondé de son épouse thaïlandaise, cet écolodge est l'aboutissement réussi d'un rêve d'exotisme et d'une vraie démarche écologique : une quinzaine de grands bungalows sont répartis sous les cocotiers, au bord d'une longue plage. Les chambres, aménagées avec goût, sont simplement ventilées. L'ensemble a été pensé pour une consommation d'énergie minimum, car il n'y a pas d'alimentation électrique publique à Koh Jum. Aménager un espace de vie en contact avec la nature, en polluant le moins possible fut le pari de ce couple. Petite piscine au milieu du parc. Restauration : cuisine méditerranéenne et thaïlandaise.

TRANG

Cette ville de province constitue un nœud de communication à proximité de Koh Lanta et de Koh Tarutao. Les bus transitent de Krabi vers Hat Yai ou Satun. On y trouve aussi un aéroport et une gare de chemin de fer. La ville de Phatthalung, de l'autre côté de la péninsule, n'est qu'à 50 km. Trang ne possède pas un charme inoubliable, mais la vie des habitants est restée authentique. Il est intéressant de se promener dans le quartier commerçant, aux abords de l'artère centrale Phra Rama 6, non loin de la gare.

Transports

Comment y accéder et en partir

▶ **Avion**. Nok Air opère deux vols quotidiens entre Bangkok et Trang, dans les deux sens. Généralement une le matin et un l'après-midi. L'aéroport de Trang se trouve à 3 km du centre-ville.

▶ **Train**. Depuis Bangkok, 2 trains de nuit partent de la gare centrale de Hua Lampong à 17h05 et 18h30 et arrivent respectivement à 8h05 et 10h36 le lendemain. Dans le sens inverse, départs à 13h29 et 17h25, arrivées respectives à 5h35 et 8h35. Tarifs entre 400 et 1 300 B selon le confort.

▶ **Bus :** Le terminal de bus se trouve sur Thanon Huay Yot, au nord du centre-ville.
Bangkok – Trang : 12 à 14 heures de trajet, 600 à 700 B en 1re ou 2e classe, 1 050 B en bus VIP.
Krabi – Trang : environ 2 heures de trajet, 140 B.
Satun -Trang : environ 2 heures, 130 B.
Phuket – Trang : 4 heures, 250 B.
Hat Yai – Trang : 3 heures, environ 120 B.

■ **K.K. TRAVEL & TOUR**
40 Thanon Sathani
En face de la gare ferroviaire
✆ +66 75 211 198
www.kktravelandtour.com
kktourtrang@hotmail.com
Ouverture de 7h30 à 17h.
Petite agence locale assurant la liaison quotidienne en minibus climatisé depuis Trang vers Krabi ou directement vers Koh Lanta. Départs entre 9h30 et 16h30. Egalement, liaison directe

avec l'embarcadère de Pak Bara pour se rendre à Koh Tarutao, Koh Lipe ou Langkawi. Départ à 10h30.

Se déplacer

▶ **Touk-touk**. On en trouve aux endroits stratégiques.

▶ **Moto-taxi.** Présents à la gare routière. Toujours négocier un peu (avec le sourire) si le tarif proposé vous semble trop élevé.

Pratique

■ **OFFICE DE TOURISME (TAT)**
199/2 Thanon Wisetkul
✆ +66 75 215 867 – tattrang@tat.or.th
Bureau également responsable de Satun.

Se loger

Bien et pas cher

■ **SRI TRANG HOTEL**
22 Thanon Sathani
✆ +66 75 218 122
www.sritranghotel.com
whatoutthere@hotmail.com
Chambres ventilées de 450 B à 500 B, climatisée à 550 B. Wi-fi gratuit.
Une bonne adresse, à deux pas de la gare et du marché. Dans cette belle bâtisse de style *shophouse*, avec un puits de lumière en son centre, on trouve des chambres certes sommaires mais spacieuses et claires.

Confort ou charme

■ **THUMRIN HOTEL**
99 Thanon Sathanee
A l'angle de Thanon Sathani
✆ +66 75 211 011 – www.thumrin.com
reservation_t1@thumrin.com
Chambres de 850 à 3 800 B.
Situé à 100 m de la gare ferroviaire, cet établissement moderne a belle apparence. Les chambres, toutes climatisées sont claires et agréablement décorées. Moquette en bon état. Salle de bains (eau chaude) avec baignoire. Un restaurant et un *coffee-shop* se trouvent au rez-de-chaussée.

Retrouvez le sommaire en début de guide

Secours Catholique
Caritas France

DON en CONFIANCE
comitecharte.org

FAMILLES FRAGILISÉES, PERSONNES ISOLÉES, TRAVAILLEURS PAUVRES, ENFANTS DEFAVORISÉS, VICTIMES DE CATASTROPHES...

DONNER C'EST DÉJÀ AGIR

secours-catholique.org
BP455 - 75007 PARIS

Luxe

■ SEVENSEAS RESORT KOH KRADAN – THE UNIQUE COLLECTION
221 Moo 2 Koh Kradan,
Tambon Koh Libong, Amphur Kantang, Trang
℘ +66 75 203 389 / +66 75 203 390
www.sevenseasresorts.com
info@sevenseasresorts.com
39 chambres et villas à partir de 15 000 B.
Piscine, restaurant, bar, massage, wi-fi.
The Sevenseas Resort est un sanctuaire de béatitude sur l'une des dernières îles vierges de la Thaïlande. Sable blanc étincelant, eaux cristallines, une flore et une faune exception-nelle, c'est le parfait fantasme de l'île tropicale telle que nous la rêvons. Si proche et tellement loin en même temps de Trang et du continent, vous découvrirez à The Sevenseas une autre manière d'aborder vos vacances. Uniquement 39 chambres et villas, de style Asiatique moderne, avec de grandes baies vitrées, elles sont d'ailleurs ouvertes sur l'extérieur et non pas de vis-à-vis. Quelques chambres ont vue sur la mer et d'autres sur les jardins. Les salles de bains aussi sont en plein air pour une sensation de liberté encore plus forte. Une jolie piscine, un service de massage avec traitement aroma-tiques, un restaurant spécialisé dans les produits de la mer, un bar, le Barnacles, pour prendre un cocktail exotique tout en vous délectant de la vue sur l'océan. La transparence de l'eau et la richesse des fonds marins incite à la pratique du snorkling. The Sevenseas Resort fait partie du groupement The Unique Collection. Il est en effet un endroit rare que nous apprécions tout particulièrement.

Se restaurer

■ SIN O CHA BAKERY
25/25-26 Thanon Sathani
Ouvert de 7h à 19h. Plats à partir de 30 B. Gâteau traditionnel de Trang à 60 B.
Juste à droite en sortant de la gare, cette enseigne vous fera goûter au gâteau traditionnel de Trang, une sorte de génoise qui fond dans la bouche. On y sert également tout un assortiment de plats, principalement d'inspiration chinoise.

■ WANG BOA RESTAURANT
℘ +66 75 230 940
Ouvert de 7h à 22h. Plats de 40 à 100 B.

Là aussi, juste à droite en sortant de la gare, ce petit restaurant clair et agréable sert une bonne cuisine locale à petits prix. Service efficace.

À voir - À faire

La plupart des îles accessibles depuis Trang appartiennent au parc national de Hat Chao Mai. Leurs plages et paysages méritent le détour. Toutes ces îles et archipels paradisiaques sont accessibles depuis les embarcadères situés à Hat Parkmeng (plage), Hat Jawmai (plage), Kwun Lcungkoo (port) et Laem Tahsae (cap).

▶ **Méritent également une escapade** : la grotte de Khao Kop abritant de nombreuses stalactites et stalagmites, que l'on peut parcourir en embarcation pneumatique à rame, et celle de Chao Mai, accessible après une petite traversée aventureuse de la mangrove, en bateau.

■ KOH KRADAN
www.kohkradan.com
Koh Kradan, sans doute la plus belle, est occupée par des plantations de cocotiers et d'hévéas. Elle possède restaurants et héber-gements pour recevoir les touristes.

■ KOH LIBONG
Ko Libong, Kantang
Koh Libong, la plus grande de toutes, abrite de nombreuses variétés d'oiseaux endémiques ou migrateurs. Ces derniers se regroupent en hiver, principalement.

■ KOH MUK
Ko Libong, Kantang
www.kohmook.info
Koh Muk, la troisième plus importante aux abords de Trang, est remarquable par ses grandes falaises calcaires orientées vers l'ouest. A visiter : la grotte de Morakot accessible en bateau, à marée basse. Une colonie d'hirondelles de mer y a élu domicile. Ces oiseaux nichent dans les anfractuosités des falaises. Un village de pêcheurs se trouve sur la côte est.

■ PARC MARITIME DE MOO KOH PETRA
Le parc maritime de Moo Koh Petra comprend, entre autres, les îles jumelles de Koh Laoliang séparées par une belle plage de sable de 300 m de large. Koh Petra et Koh Sukon sont également remarquables pour leurs plages de sable fin et leurs eaux transparentes.

★ **REPÉREZ LES MEILLEURES VISITES**

⭐ INTÉRESSANT ⭐⭐ REMARQUABLE ⭐⭐⭐ IMMANQUABLE ⭐⭐⭐⭐ INOUBLIABLE

SATUN

Toute proche de la mer d'Andaman, cette ville se trouve à quelques kilomètres seulement de la frontière de Malaisie, à l'extrême sud-ouest de Thaïlande. Comme à Pattani (côte sud-est), on y trouve encore d'anciennes maisons sino-portugaises, mieux conservées et en plus grand nombre. Une balade tout au long de l'artère centrale, Burivanith, en donne quelques aperçus. Certaines constructions datent du XIXe siècle. Ne pas oublier la visite du Musée national pour qui s'intéresse à la culture diversifiée de la région.

D'un point de vue plus pratique, cette localité est la dernière étape avant la frontière de Malaisie, pour ceux qui ont besoin de faire renouveler leur autorisation de séjour en Thaïlande. Dans le centre-ville, divers restaurants modestes proposent une bonne cuisine thaïlandaise, chinoise ou malaise.

Transports

Satun est distante d'environ 70 km de la ville de Hat Yai, cette dernière étant très bien desservie depuis Bangkok par avion, bus et train.

Bus

Liaison « VIP » depuis Bangkok : départ à 18h ; 13 heures de route, 1 030 B. Autant prendre le train jusqu'à Hat Yai, si l'on veut vraiment dormir. Un bus climatisé standard effectue le même trajet : départ à 18h30, 820 B.

▶ **Depuis Hat Yai**, des bus climatisés assurent la liaison avec Satun entre 5h30 et 17h30, 1 heure de trajet environ, 80 B. Le même trajet en mini van est plus rapide, 150 B.

▶ **Depuis Phuket**, des bus partent à destination de Satun aux horaires suivants : 8h15, 10h15, 12h12 et 20h15, 5 heures de trajet, 400 B.

▶ **Depuis Trang** (située à 150 km au nord de Satun), des bus relient Satun entre 5h30 et 18h, 1 heure 30 de trajet, 100 B.

■ SOUTHERN FERRY SERVICES & TOUR

Port de Tammalang
℅ +66 74 725 294
Cette compagnie assure une liaison depuis Tammalang vers Koh Lipe à 12h30 (9h30 depuis Koh Lipe), uniquement pendant la belle saison.

▶ **Autre adresse :** Bureau de Koh Lipe : +66 89 655 8090.

Se loger

■ PINNACLE WANGMAI HOTEL

43 Thanon Satun Thanee
℅ +66 74 711 607
www.pinnaclehotels.com
satun@pinnaclehotels.com
Chambres de 700 à 1 500 B. Petit déjeuner inclus. Hôtel de bon standing situé au nord de l'artère principale. Toutes les chambres sont climatisées et assez spacieuses. Salle de bains avec baignoire pour les plus chères. L'établissement possède un restaurant coffee-shop (avec TV satellite), un salon de massage traditionnel et une boîte de nuit karaoké.

■ RIAN THONG HOTEL

4 Thanon Saman Pradit
℅ +66 74 711 036
De 150 à 200 B. Ce petit établissement bas de gamme propose néanmoins des chambres dans un état acceptable. Toutes sont ventilées et pourvues d'un cabinet de toilette. Certaines ont vue sur le canal voisin. Une adresse typiquement « routard ». Information sur les transports locaux.

■ UDOMSUK HOTEL

201 Thanon Had Thakam Suksa
℅ +66 74 711 006
Chambres ventilées de 160 à 250 B ; climatisées à 300 B. Petit établissement situé à l'angle de Thanon Phuminat et Had Thakam Suksa. Prendre la rue face à la mosquée : première intersection à gauche, à 200 m. Apparence extérieure engageante et bon entretien général. Les chambres sont basiques mais acceptables, toutes avec petit cabinet de toilette (eau froide). Accueil correct bien que la communication en anglais se révèle problématique. Une adresse honnête pour petit budget.

Se restaurer

■ MARCHÉ DE NUIT

Thanon Satun Thanee
A partir de 17h, entre la mosquée et la station Shell. Plats à partir de 25 B.
Au sud du marché de nuit, des stands de crêpes – *roti* salés ou sucrés – attirent inévitablement le chaland. Le thé chaud y est gratuit, le thé glacé payant. A consommer sans modération. Partout ailleurs sur le marché, la nourriture – chinoise, thaïe, musulmane – reste excellente et les prix tout petits.

■ PRICK THAI STEAK RESTAURANT

Thanon Satun Thanee

✆ +66 74 723 777

Ouvert de 10h30 à 22h. Plats de 40 à 150 B.

Cuisine thaïe, bien entendu, mais aussi quelques spécialités occidentales. Egalement à proximité du Wangmai Hotel. La salle est climatisée et l'endroit est agréable. Accueil souriant.

■ SOMPAI RESTAURANT

Thanon Buriwanith

✆ +66 87 399 3279

Ouvert de 18h à minuit environ. Plats de 45 à 150 B.

Etablissement sans prétention se trouvant au sud du marché de nuit et au nord de la mosquée. Il n'y a pas d'enseigne en anglais. L'endroit est noyé dans le feuillage des bosquets de bambou. Quelques lanternes signalent l'endroit, la nuit tombée. Les quelques tables et sièges en bambou sont disposés en plein air dans un petit jardin. Accueil engageant.

À voir – À faire

■ MUSÉE NATIONAL

Soi 5, Thanon Satun Thani

Ouvert de 9h à 16h. Musée fermé lundi et mardi. Don à l'entrée.

La visite de cette belle bâtisse de style sino-portugais – la Kuden Mansion, construite par des artisans de Penang – ne manque pas d'intérêt pour qui veut s'imprégner du folklore local et des traditions sociales et religieuses (et donc musulmanes). N'oublions pas que nous sommes ici dans une zone frontière avec la Malaisie.

■ PORT DE JEPILANG

Chantier naval de Satun que les navigateurs anglo-saxons ou français habitués du secteur connaissent bien. Il s'agit là d'un bon endroit pour faire caréner ou réparer son voilier.

■ THALE BAN NATIONAL PARK

✆ +66 83 533 1710

www.dnp.go.th

thalebansatun@hotmail.com

A 32 km du centre-ville. Accès : 200 B.

Parc national accessible depuis Satun. C'est une zone forestière et de mangrove qui relie la Thaïlande à la Malaisie. Fondé en 1980, le parc comporte plusieurs grottes, son point culminant atteint 756 m. On peut y observer de nombreuses variétés d'oiseaux mais les gros mammifères sont rares.

■ WANG PRACHAN

Khuan Don

Ce tout petit village est situé sur la frontière malaisienne, à une cinquantaine de kilomètres de Satun. Le poste est ouvert de 5h à 18h. Un séjour de trois mois en Malaisie est autorisé sans visa pour les détenteurs d'un passeport français, belge, suisse et canadien. Compter 50 B pour le transport aller simple en taxi collectif (song téo) de Satun à Wang Prachan.

FRONTIÈRE MALAISIENNE

▶ **Possibilité de se rendre au village de Wang Prachan,** situé sur la frontière malaisienne, à une cinquantaine de kilomètres de Satun. Le poste est ouvert de 5h à 18h. Il est permis de valider une nouvelle autorisation de séjour en Thaïlande de 15 jours par un simple va-et-vient entre les deux postes frontières. Côté malaisien, un séjour de 3 mois est autorisé sans visa pour les détenteurs d'un passeport français, suisse, belge ou canadien. Comptez 100 B pour le transport aller-retour en taxi collectif (song téo) de Satun à Wang Prachan.

▶ **La deuxième option consiste à prendre un bateau de la compagnie Southern Ferry** Services à partir du port de Tammalang, à quelques kilomètres au sud de Satun, pour se rendre sur l'île de Langkawi, en Malaisie (1h30 de traversée, 250 B). Ce n'est pas la solution la plus rapide, mais c'est intéressant si l'on compte passer quelques jours en Malaisie ou simplement y faire des achats. Départ des bateaux de Tammalang pour Langkawi à partir de 9h30. Retour des bateaux de Langkawi vers Tammalang à 8h30, 12h30 et 16h. A reconfirmer, car les départs depuis le port de Tammalang, de plus en plus délaissés pour l'autre embarcadère de Pak Bara, sont parfois aléatoires.

PAK BARA

Il s'agit d'une petite localité côtière dont l'intérêt principal est évidemment la présence de l'embarcadère permettant d'accéder à l'archipel de Koh Tarutao-Koh Lipe. Quelques hébergements permettent d'y passer la nuit, en attendant le départ du bateau du lendemain.

Transports

▶ **Bus.** Depuis Hat Yai, des bus desservent Pak Bara environ toutes les 2h, le matin et en début d'après-midi, environ 3 heures de trajet.

▶ **Des minibus** assurent fréquemment le transit entre Hat Yai et Pak Bara. Ils partent lorsqu'ils sont pleins (8 à 11 passagers), 2 heures de trajet, 130 B.

▶ **Depuis Satun,** des taxis collectifs assurent le transport entre 7h et 17h. Un arrêt de bus se trouve dans le centre-ville, en face de la supérette 7 Eleven (à côté de l'emplacement du marché de nuit).

Pratique

■ ADANG SEA ADVENTURE TOUR

827 Moo 2, Pak Bara
A 20 m du quai
✆ +66 74 783 368
Ouvert de 8h à 20h.
Cette agence propose des billets de *speedboats* ou de ferries vers Koh Tarutao, Koh Lipe et Koh Bulon. Egalement possibilité de trouver des hébergements de différentes catégories de ces îles, en vue de son séjour.

Se loger

■ DIAMOND BEACH BUNGALOWS

832 Moo 2, Pak Bara
✆ +66 74 783 138
Haute saison : bungalow ventilé à 450 B ; climatisé à 500 B. Basse saison : respectivement 300 et 400 B.
Etablissement sans prétention installé en bord de mer, à environ 600 m de l'embarcadère. Les bungalows, basiques, ventilés ou climatisés, disposent tous d'un cabinet de toilette privé. Les chambres sans être confortables sont acceptables. Bon accueil.

Se restaurer

Quelques établissements simples, mais accueillants, sont installés sur le bord de la route de l'embarcadère et méritent le déplacement. Donc, inutile (et dommage) de rester dîner sur votre lieu d'hébergement. Il suffit de marcher quelques centaines de mètres pour manger en général moins cher.

PARC MARITIME DE KOH TARUTAO ⭐

L'archipel est situé au large de Satun. En 1936, le gouvernement thaïlandais décida que l'île de Tarutao deviendrait un pénitencier, l'île étant isolée du continent, soumise à des vents forts et entourée de crocodiles et de requins. C'est en 1938 que les premiers prisonniers arrivèrent sur l'île. Lors de la Seconde Guerre mondiale, la disette entraîna une alliance entre les prisonniers et les gardiens, oubliés de la guerre, à la recherche de vivres. Ils se mirent à attaquer les navires marchands qui passaient par là et se firent ainsi pirates. Une intervention de l'armée britannique mit fin à l'aventure en 1946. L'archipel est devenu un parc maritime national en 1974, la zone protégée englobe 51 îles au total, dont la grande majorité reste inhabitée. Le parc se distingue par la préservation de sa nature sauvage (même si les crocodiles ont disparu) et seules une poignée d'autochtones et des équipes

de rangers chargées de la surveillance sont cantonnées sur place. Des logements ont été aménagés pour les visiteurs de passage. Des panneaux solaires produisent l'électricité et les déchets sont évacués sur le continent. L'intérêt du parc réside évidemment dans sa faune et sa flore sauvages. Les macaques mangeurs de crabes en sont les vedettes, auxquelles viennent s'ajouter, entre autres, une centaine d'espèces d'oiseaux et d'innombrables espèces de papillons. La randonnée à travers l'île est recommandée, à condition de suivre certains sentiers. Attention à la baignade, en raison de courants pouvant être dangereux. Le tarif d'accès des parcs nationaux est fixé à 200 B et le parc est fermé en basse saison de mi-novembre à mi-mai.

Transports

▶ **Depuis la capitale provinciale de Hat Yai**, la liaison est assurée en mini van (2 heures et environ 150 B) directement jusqu'à l'embarcadère de Pak Bara. Si vous vous arrêtez à Satun, un taxi vous en coûtera alors 400 B minimum jusqu'à Pak Bara. Pour rejoindre Tammalang, à une dizaine de kilomètres au sud de Satun, comptez entre 120 et 150 B.

▶ **Depuis Pak Bara**. Pendant la belle saison, des ferries, lents ou rapides, desservent Koh Tarutao plusieurs fois par jour. Les services sont principalement assurés par les compagnies Adang Sea Ferry et Lipeh Speedboat Co. Depuis fin 2008, une liaison quotidienne est maintenue entre mai et novembre, mais reste limitée à un aller-retour par compagnie. La traversée lente dure environ 1 heure jusqu'à Tarutao ; comptez 350 B pour l'aller, 600 B pour l'aller-retour. En *speedboat*, comptez 30 min et 350 B dans les deux sens. Départs de ferries vers Tarutao à 11h, 11h30 et 13h30.

▶ **Depuis Tarutao vers Pak Bara**. Le service lent part en principe à 12h et 16h. En speedboat, départs de Tarutao à 10h et 12h30. A reconfirmer sur place !

▶ **Depuis Tammalang**. Pendant la belle saison, une liaison quotidienne vers Koh Lipe est assurée par Southern Ferry Services, avec une escale intermédiaire à Koh Tarutao. Depuis Tammalang, départ à 12h30, arrivée à 14h30 à Koh Lipe. Depuis Lipe, départ à 9h30, arrivée à 11h30 à Satun.

Pratique

Tourisme – Culture

A Pak Bara, plusieurs agences de tourisme peuvent fournir les transferts vers Koh Tarutao et des informations sur les différents hébergements installés dans les îles, avec réservation possible.

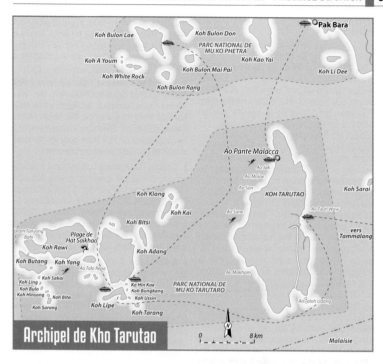

Archipel de Kho Tarutao

Se loger

Pour passer la nuit dans le parc national de Koh Tarutao, il est possible de réserver son hébergement à la Maison du Parc, située à Pak Bara. L'alternative (si place disponible, bien entendu) étant de s'occuper de l'hébergement une fois arrivé sur l'île, au débarcadère d'Ao Pante (vérifier les chambres au préalable).

■ HÉBERGEMENT DU PARC – AO PANTE
Bungalows de 2 personnes à 600 B ; de 4 personnes à 1 000 B ; tente à louer pour 225 B ; 50 B pour un emplacement de tente ou dormir à la belle étoile.
Il s'agit de la zone habitable bordée par une plage de sable, dans la partie nord de l'île. Un certain nombre de bungalows et de baraquements ont été installés à proximité du débarcadère.
Il y a plusieurs formules possibles selon que l'on est en couple ou en groupe. Des bungalows de différentes tailles ou un bâtiment allongé – *longhouse* – comprenant plusieurs dortoirs de 4 personnes chacun (500 B, matelas posés à même le sol) avec douches et toilettes extérieures.

❱ **Il est par ailleurs permis de camper** sous les filaos d'Ao Pante Malacca, Ao Molae et

Ao Taloh Waw, voire même sur les plages d'Ao Son, Ao Makham et Ao Taloh Udang. Possibilité d'utiliser sa tente personnelle en payant l'emplacement.

Se restaurer

Pour ce qui est de manger, on peut apporter ses provisions, mais il est possible de prendre ses repas à l'un des deux restaurant de l'île : le premier à proximité du débarcadère de Ao Taloh Waw, l'autre à Ao Pante Malacca. Comptez de 40 à 120 B par plat.

À voir – À faire

■ PARC MARITIME DE KOH TARUTAO
℡ +66 74 783 485
www.dnp.go.th
tarutaosatun.go@hotmail.com
Tarif d'accès : 200 B pour un adulte ; 100 B pour un enfant.
Les structures d'accueil du parc sont relativement modestes. Le personnel du parc fournit un plan succinct et quelques indications permettant de visiter l'île à pied. Ne pas oublier d'emporter de l'eau, un chapeau et d'utiliser une crème écran solaire : un coup de chaleur est vite arrivé.

CÔTE DE LA MER D'ANDAMAN

KOH LIPE

Koh Lipe et les îlots environnants font partie de ces rares îles de Thaïlande à découvrir au plus tôt avant qu'ils ne se transforment en énièmes repaires à touristes. Si Koh Lipe en a déjà clairement pris le chemin, elle reste, de par son éloignement, encore relativement épargnée des hordes de voyageurs que l'on peut voir sur Koh Phi Phi ou Kho Pha Ngan. Les options d'hébergement dans la zone se sont multipliées ces dernières années, la plupart étant regroupés sur Koh Lipe, au relief peu escarpé et qui a l'avantage de posséder de jolies plages de sable fin et une eau bleue turquoise magnifique. Des activités de plongée s'organisent tout autour de l'archipel.

En basse saison, de début mai à mi-octobre, les plages ne sont pas très bien nettoyées. La plupart des hôtels et des restaurants ferment et entament des travaux de construction et/ou de rénovation, ce qui pourrait gêner la tranquillité de certains. En haute saison, tout est très animé, en particulier la plage de Pattaya appréciée des noctambules pour ses nombreux bars.

Koh Lipe signifie « l'île papier », de par son aspect plat comparé aux îles environnantes montagneuses. Par ailleurs, cette île est depuis près de 100 ans habitée par les Chao Ley, les « gitans de la mer » parlant leur propre dialecte et dont la principale activité sur l'île est la pêche et l'organisation d'excursions en bateau. Vous pourrez vous promener dans leur village, en étant toutefois respectueux de leur intimité.

Transports

▶ **A la belle saison** (de novembre à mai) : Koh Lipe est desservie quotidiennement depuis l'embarcadère de Pak Bara, à une trentaine de kilomètres au nord de Satun. Plusieurs départs entre 11h30 et 14h30 (environ 2 heures de trajet, 550 B aller simple en ferry, et 650 B en *speed-boat*, 1 000 B aller-retour en ferry, 1 200 B en *speed-boat*). Les autres îles de l'archipel, Adang et Rawi, sont ensuite accessibles à partir de Koh Lipe.

▶ **Durant la mousson :** des agences à Pak Bara proposent des trajets vers Koh Lipe, mais ils sont moins nombreux, à raison d'un ou deux par jour selon la demande. Renseignez-vous auprès d'elles par téléphone ou directement à l'embarcadère de Pak Bara pour les horaires exacts et les éventuelles annulations.

▶ **Depuis Tammalang :** uniquement en haute saison, une liaison quotidienne vers Koh Lipe est assurée par Southern Ferry Services depuis l'embarcadère de Tammalang, à une dizaine de kilomètres au sud de Satun. Départ à 12h30, arrivée à 14h30 à Koh Lipe. Depuis Lipe, départ à 9h, arrivée à 11h à Satun. Escale intermédiaire à Koh Tarutao dans les deux sens.

▶ **A Koh Lipe**, il n'y a pas d'embarcadère, les bateaux débarquent leurs passagers à Pattaya Beach en haute saison et Sunrise Beach en basse saison. En fait, on a le choix entre la marche à pied (l'île se traverse facilement en suivant des petits sentiers ; compter moins d'une demi-heure) ou se faire déposer directement d'une plage à l'autre en « bateau taxi ».

▶ **Depuis Koh Lipe**, il est possible de rejoindre un nombre croissant d'îles de la mer d'Andaman pendant la belle saison. Des ferries assurent ainsi des liaisons d'île en île jusqu'à Koh Phi Phi, en passant par les escales suivantes : Koh Bulon, Koh Tradang, Koh Muk, Koh Ngai et Koh Lanta. Le départ se fait généralement à partir de 10h depuis Koh Lipe (8h30 depuis Koh Phi Phi) et le transfert global dure approximativement 6h. Quant à Langkawi, la grande île malaisienne au sud-est de Koh Lipe, elle est accessible à 10h30 ou 16h30 selon la saison (2 heures de trajet, 1 200 B), avec un passage de douanes

---

Speedboats et mal de mer

Le voyage en *speedboat* pour aller à Koh Lipe peut s'avérer particulièrement éprouvant pour les plus petits et ceux qui sont susceptibles au mal de mer. Il est assez long (2 à 3 heures) et rude, en particulier si la mer est agitée. De plus, les équipages surchargent souvent les bateaux quand il y a du monde, et les voyageurs se retrouvent souvent mal assis et à l'étroit. Habitués, ils disposent cependant de sacs plastiques pour les nauséeux, qu'ils distribuent assurément à chaque voyage. Déconseillé donc également aux « vomiphobes ». Prévoir des médicaments pour le mal de mer, ou une petite astuce : boire du thé au gingembre un peu avant le départ. C'est très efficace contre les haut-le-cœur. Il y a aussi beaucoup de chance de se retrouver trempé : veillez à bien emballer les affaires précieuses que vous garderez sur vous dans des sacs étanches. Sinon, une autre option : le ferry tout simplement.

prévu au Bundhaya Resort sur Pattaya Beach. Il est question de maintenir cette liaison très populaire (*visa run*) pendant la période de mousson.

Pratique

Il n'y a ni distributeur automatique, ni de bureaux de change sur l'île, il faudra donc prévoir du liquide. Certains établissements acceptent cependant la carte de crédit.

Se loger

Les hébergements les moins chers sont installés sur la plage orientée vers le soleil levant : *Sunrise Beach*. Une autre plage, dominée par un promontoire et faisant face à Koh Adang, se trouve au nord-ouest de Koh Lipe. Orientée vers le couchant et donc appelée *Sunset Beach*, elle regroupe encore un choix assez limité d'hébergements.

Quant au grand croissant de sable de *Pattaya Beach*, la plage au sud-ouest de l'île, il reste la partie la plus populaire de Koh Lipe, avec des hébergements de tous types et plusieurs bars. La traversée à pied d'une plage à l'autre ne prend qu'une vingtaine de minutes.

Bien et pas cher

■ VIEWPOINT RESORT
Sunrise Beach
✆ +66 81 678 8925
Bungalows ventilés à 500 B, deluxe à 2 500 B en basse saison, respectivement 700 et 3 800 B en haute saison. Petit déjeuner inclus. Wi-fi gratuit.
Cet établissement d'un charme rustique se trouve à l'extrémité sud de la plage, au milieu d'un bosquet. Le petit restaurant est installé à l'ombre des arbres, au bord du sentier. Les bungalows sont de taille moyenne. Les plus chers sont construits en hauteur, sur un contrefort rocheux, en surplomb de la baie. Chacun dispose d'un cabinet de toilette privé. L'endroit vaut le détour.

Confort ou charme

■ GREEN VIEW BEACH RESORT
Pattaya Beach
✆ +66 8 28 30 38 43
www.greenviewkohlipe.com
info@greenviewkohlipe.com
Bungalows entre 600 et 900 B en basse saison ; entre 1 500 à 2 500 B en haute saison. Wi-fi gratuit.
Bungalows construits en bambou avec moustiquaire, pour les Robinsons ! Des prix intéressants en basse saison quand la plage de Pattaya est au calme le soir.

■ LIPE RESORT
Pattaya Beach
✆ +66 74 750 291
gm.liperesort@gmail.com
Bungalow entre 1 600 et 5 000 B, selon l'emplacement. Petit déjeuner inclus. Wi-fi gratuit.
Ce resort est le plus ancien de l'île, et le propriétaire n'est autre que le maire de Koh Lipe. Les bungalows les plus anciens ont pris un peu d'âge, mais restent corrects. Le restaurant propose des barbecues de fruits de mer le soir venu. Bon accueil.

Luxe

■ CASTAWAY RESORT
Sunrise Beach
✆ +66 83 138 7472
www.castaway-resorts.com
En basse saison, bungalow entre 1 000 et 2 500 B. En haute saison, de 3 500 à 5 550 B. Wi-fi gratuit.
Sans doute parmi ce qui se fait de mieux sur l'île, et pourtant les bungalows restent ventilés avec eau froide uniquement, pour des raisons écologiques. Sur deux étages, de bois dur et spacieux, ils constituent des nids bien charmants pour un séjour romantique, en toute sérénité. Bungalows sur pilotis, centre de plongée, agréable restaurant-bar, Spa à demeure et cours de yoga : l'escapade idyllique dont vous rêviez ?

■ Z-TOUCH RESORT
141 Moo 7, Pattaya Beach
✆ +66 74 750 299
ztouchresort.com
z-touch2011@hotmail.com
Bungalow deluxe entre 3 800 et 7 500 B ; Bungalow avec vue sur mer entre 4 900 et 8 500 B, tous selon la saison. Petit déjeuner inclus. Wi-fi gratuit.
L'établissement propose 24 bungalows de charme, modernes et bien équipés. Certains sont mieux placés que d'autres, et le prix varie en fonction. Une jolie piscine se trouve à proximité de la plage et offre une superbe vue. Restaurant sur place. Bon accueil.

Se restaurer

A l'image des hébergements, le nombre de restaurants sur Koh Lipe s'est lui aussi sensiblement accru, bien que la plupart d'entre eux soient fermés en basse saison. Des gargotes, restaurants et boulangeries sont installés le long du sentier qui traverse l'île depuis Pattaya Beach, au sud-ouest, vers Sunrise Beach. On en trouve aussi beaucoup le long des plages.

■ **MAROONED**

Walking Street, côté Sunrise Beach

✆ +66 85 790 1088 / +66 900 744 408

tarvintage2012@hotmail.com

Plats à 100 B environ. Ouvert de 8h à minuit.

Cuisine typique du pays (nouilles et riz sautés) et barbecue de fruits de mer tous les soirs à partir de 18h, avec pommes de terre et épis de maïs possibles en accompagnement. Marooned connaît un grand succès auprès des expats et des locaux, et les touristes sont rarement déçus. La cuisine est en effet savoureuse, les produits sont frais, le mélange des épices est parfait et la cuisson impeccable.

■ **ZANOM SUNRISE**

A côté de Castaway Resort

Sunrise Beach

✆ +66 87 381 3494

Zanom_sunrise@hotmail.com

Plats entre 80 et 250 B. Ouvert de 7h à 22h toute l'année (20h en basse saison).

Sans doute le meilleur restaurant de l'île pour manger du poisson bien frais, cuisiné à la sauce citron, prune ou curry au choix. Tous les soirs à partir de 18h30, un barbecue de fruits de mer est proposé, avec possibilité de dîner en terrasse, les pieds dans l'eau. Un régal.

Sortir

En dehors de la plongée proprement dite ou des journées « farniente » au soleil, il est possible de passer des soirées conviviales en compagnie des habitants de l'île qui se regroupent habituellement sur la plage de Pattaya. C'est d'ailleurs là que les pêcheurs débarquent leur poisson frais. Plusieurs petits bars de plage saisonniers sont installés sur Pattaya Beach, face au soleil couchant.

■ **ELEPHANT BAR**

Lipe Beach Resort

Sunrise beach

✆ +66 86 895 1508

elephantkohlipe.com

erawan@elephantkohlipe.com

Situé directement sur la plage, ce bar est l'un des plus sympas de l'île et propose sodas, jus, bière, vins et cocktails. Côté détente, il est possible de s'allonger sur des coussins triangles thaïlandais et des *lounge beds* en terrasse, tout en admirant le coucher du soleil.

■ **JACK'S JUNGLE BAR**

info@jacksjunglebar.com

Fermé en basse saison.

Le Jack's Jungle Bar se trouve – comme son nom l'indique – en retrait dans la jungle, à l'intérieur de l'île, le long de sentiers de traverse. Une bonne solution pour « s'échapper » un peu de la plage.

■ **THE BOX**

144 Moo 7

En plein milieu de Walking Street.

✆ +66 86 9572 2480 – theboxliperesort.com

jabiersanz@gmail.com

Cocktails entre 100 et 180 B.

Architecture originale et écologique, le bar et l'hôtel du même nom ont été construits avec des containers maritimes abandonnés, d'où son nom The Box. Et le résultat est là : on n'y voit que du feu et la déco est moderne et stylée. Sympa pour boire un verre le soir venu et rencontrer du monde. Un endroit d'ailleurs réputé sur l'île pour ses cocktails. Le gérant, Jabier, vous fera vous sentir chez vous.

Sports – Détente – Loisirs

Koh Lipe est devenue en quelques années un spot de plongée sous-marine de plus en plus prisé.

▶ **Plongée avec bouteille** : il est recommandé de s'adresser à des spécialistes, car on ne rigole pas avec la sécurité ! Les centres agréés proposent des forfaits plongée avec encadrement par des moniteurs certifiés (bouteille d'air comprimé et tout le matériel nécessaire fourni). On pourra vous demander vos références en matière de plongée ou vous proposer une formation de base.

■ **FORRA DIVING**

Sunrise Beach, secteur centre

✆ +66 805 455 012 / +66 844 075 691

www.forradiving.com

antoinepantelic@forradiving.com

Ce club de plongée fonctionne du 1er novembre au 15 mai, les conditions météo n'étant pas favorables le reste de l'année. Des tours de plongée sont organisés tout le long de la côte d'Andaman. Pour les clients, bungalows disponibles toute l'année sur Sunrise Beach et encadrement par des moniteurs français, dont Antoine, le fondateur. Autre bureau sur Pattaya Beach.

Tête de Bouddha lovée dans un arbre du Wat Mahathat.
© FRANCK NOELE – ICONOTEC

PENSE FUTÉ

ARGENT

Monnaie

La monnaie nationale thaïlandaise est le baht, subdivisé en 100 satangs (code ISO : THB). Les billets de 1 000 bahts sont de couleur grise. Ceux de 500 B sont violets ; ceux de 100 B, orangés ; ceux de 50 B, bleus ; ceux de 20 B, vert pâle. Seuls les billets de 100, 50 et 20 B sont d'un usage quotidien courant dans la rue. Habituellement, les billets de 1 000 ou 500 B sont réservés pour payer les notes d'hôtel ou les billets de transport. Les pièces usuelles sont de 10, 5, 2 et 1 bath(s). La dernière pièce se présente en trois versions différentes. On peut éventuellement trouver des pièces de 50 ou 25 satangs, en cuivre jaune, devenues quasiment obsolètes de nos jours (un ticket de bus coûte entre 5 et 15 B et l'on peut manger dans la rue pour moins de 50 B).

▶ **Conseils futés :** n'acceptez jamais de billets abîmés ou déchirés, les commerçants peuvent les refuser. Idem pour les dollars et les euros : il est préférable de partir avec des billets quasiment neufs.

Taux de change

▶ **En novembre 2015 :** 1 € = 38 B • 1 US$ = 36 B. Le cours du baht est indexé sur celui du dollar. L'euro est accepté sans difficulté dans les banques. Les bureaux de change – « Exchange » –, assez nombreux dans les quartiers touristiques, sont ouverts jusqu'à 19h et parfois beaucoup plus tard dans les grandes villes. La commission va de 2 à 9 %.

Coût de la vie

▶ **Budget minimum d'un voyageur à budget restreint :** 10 000 B par semaine.

▶ **Une chambre d'hôtel bas de gamme :** 150 à 600 B.

▶ **Une chambre d'hôtel de gamme moyenne :** 700 à 1 500 B.

▶ **Loyer d'une chambre meublée (pour un Thaïlandais) :** 3 000 B par mois.

▶ **Salaire minimum d'un fonctionnaire thaïlandais :** 6 000 B par mois.

▶ **Un repas dans un restaurant populaire thaïlandais :** 60 à 200 B.

▶ **Dîner dans la rue (marché de nuit) :** 30 à 50 B.

▶ **Une bouteille d'eau minérale :** 15 B minimum.

▶ **Une grande bière à l'épicerie du coin :** 45 B.

▶ **Une minute de téléphone pour l'Europe :** 8 B.

▶ **Une course moyenne en moto-taxi :** 50 à 80 B.

▶ **Une course moyenne en *taxi meter* à Bangkok :** 50 à 100 B.

▶ **Un litre d'essence à la pompe :** 27 à 33 B.

▶ **Un ticket de métro à Bangkok :** 15 à 42 B.

▶ **Location de voiture à la journée :** 1 000 à 1 800 B.

▶ **Une chemise de confection locale :** 250 B.

▶ **Un T-shirt :** 200 à 300 B selon la qualité.

▶ **Une heure de massage traditionnel :** 150 à 450 B.

Budget

C'est l'un des gros avantages de la Thaïlande, le niveau de vie est nettement inférieur à celui de la France, 60 % en moyenne. On peut facilement manger pour moins de 1 € dans la rue et entre 4 et 8 € dans les restaurants. Dormir dans des guesthouses reviendra en dehors de Bangkok et des grandes villes touristiques du Sud à 4-6 € la nuit et dans un hôtel à partir de 12 €. Les activités sont également moins chères : location de vélo pour 1 ou 2 € la journée, trek sur 1 journée pour 15 € (transport, nourriture, guide et visites compris), etc. De manière générale le Sud est plus cher que le Nord, qui est plus cher que l'Isaan, et ce sont les îles et Bangkok qui détiennent le monopole des prix les plus élevés. On peut alors vite se retrouver dans certains cas avec des excursions à près de 50 € la journée et des bungalows rustiques au bord de la plage pour 40 €.

Banques et change

Les banques sont ouvertes du lundi au vendredi de 8h30 à 15h30. On peut ouvrir un compte en devises dans n'importe quelle banque commerciale thaïlandaise. Quelques banques françaises sont implantées en Thaïlande, mais

Visa Premier, la carte à privilégier pour vos voyages !

▶ **La carte Visa Premier est indispensable pour vos séjours à l'étranger** puisqu'à de nombreuses occasions elle facilitera votre voyage et vous permettra de faire des économies.

▶ **Lors de la planification de votre séjour par exemple,** payer vos billets avec une carte Visa Premier vous permet de bénéficier automatiquement d'une garantie modification/annulation de voyage. De même, pour votre location de voiture, inutile de prendre l'assurance vol et dommages proposée par le loueur. Si vous avez utilisé une carte Visa Premier, vous êtes couverts.

▶ **Sur place, c'est la carte qui vous rendra service.** En cas de perte ou de vol par exemple le Service Premier vous permettra de disposer d'une carte de secours ou d'argent de dépannage en moins de 48h à l'étranger. Pour cela, pensez à noter avant de partir le numéro de téléphone qui se trouve au dos de la carte. Pour vos dépenses sur place, vous bénéficierez de plafonds de paiement plus élevés qu'avec une carte Visa Classic.

▶ **Enfin, en cas de problème de santé,** votre carte pourra prendre en charge vos frais médicaux jusqu'à 155 000 €, en plus du service de rapatriement proposé par toutes les cartes Visa pour vous et votre famille.

Toutes les conditions ainsi que l'intégralité des services proposés sont bien sûr disponibles dans les notices assurances-assistance qui vous sont remises avec votre carte Visa ou disponibles dans votre agence bancaire.

ces établissements n'ouvrent pas de comptes pour les particuliers. Les agents de change restent ouverts jusqu'à 19h et souvent plus tard. Notez cependant que les frais de change peuvent être multipliés par cinq d'un bureau de change à un autre (ces frais sont souvent déjà inclus dans le taux de change affiché). On constate la même pratique en France.

Vous pouvez aussi opter pour la carte bancaire. Pour les paiements comme les retraits par carte, le taux de change utilisé pour les opérations s'avère généralement plus intéressant que les taux pratiqués dans les bureaux de change. A ce taux s'ajoutent des frais bancaires.

Carte bancaire

Si vous disposez d'une carte bancaire (Visa, MasterCard, etc.), inutile d'emporter des sommes importantes en espèces. Dans les cas où la carte n'est pas acceptée par le commerçant, rendez vous simplement à un distributeur automatique de billets.

En cas de perte ou de vol de votre carte à l'étranger, votre banque vous proposera des solutions adéquates pour que vous poursuiviez votre séjour en toute quiétude. Pour cela, pensez à noter avant de partir le numéro d'assistance indiqué au dos de votre carte bancaire ou disponible sur internet. Ce service est accessible 7j/7 et 24h/24. En cas d'opposition, celle-ci est immédiate et confirmée dès lors que vous pouvez fournir votre numéro de carte bancaire. Sinon, l'opposition est enregistrée mais vous

devez confirmer l'annulation à votre banque par fax ou lettre recommandée.

▶ **Conseils avant départ.** Pensez à prévenir votre conseiller bancaire de votre voyage. Il pourra vérifier avec vous la limitation de votre plafond de paiement et de retrait. Si besoin, demandez une autorisation exceptionnelle de relèvement de ce plafond.

Retrait

Pour les cas où le paiement par carte bancaire n'est pas accepté et qu'il vous faut payer en petites coupures, pensez à retirer des espèces. Les coupures de 1 000 et 500 B sont plus facilement utilisables pour les hôtels et les transports (notamment le train). Pour les restaurants, les magasins et les petits trajets prévoyez de la monnaie, sachant que le billet de 20 B est le plus utilisé.

▶ **Trouver un distributeur.** Les distributeurs automatiques de billets Visa ou Mastercard sont accessibles partout, 24h/24 et 7j/7. Des centaines sont à votre disposition dans la seule ville de Bangkok. Pas de problème de retrait dans toutes les autres villes de Thaïlande. De plus, la plupart des îles fréquentées par les touristes sont désormais équipées de distributeurs. Pour connaître le plus proche, des outils de géolocalisation de distributeurs sont à votre disposition. Rendez-vous sur visa.fr/services-en-ligne/trouver-un-distributeur ou sur mastercard.com/fr/particuliers/trouver-distributeur-banque.html.

▶ **Utilisation d'un distributeur anglophone.**
De manière générale, le mode d'utilisation des
distributeurs automatiques de billets (« ATM »
en anglais) est identique à la France. Si la langue
française n'est pas disponible, sélectionnez
l'anglais. « Retrait » se dit alors « withdrawal ».
Si l'on vous demande de choisir entre retirer
d'un « checking account » (compte courant),
d'un « credit account » (compte crédit) ou d'un
« saving account » (compte épargne), optez pour
« checking account ». Entre une opération de
débit ou de crédit, sélectionnez « débit ». (Si
toutefois vous vous trompez dans ces différentes
options, pas d'inquiétude, le seul risque est que
la transaction soit refusée). Indiquez le montant
(« amount ») souhaité et validez (« enter »). A la
question « Would you like a receipt ? », répondez
« Yes » et conservez soigneusement votre reçu.

▶ **Frais de retrait.** L'euro n'étant pas la monnaie
du pays, une commission est retenue à chaque
retrait. Les frais de retrait varient selon les
banques et se composent en général d'un frais
fixe d'en moyenne 3 euros et d'une commission
entre 2 et 3% du montant retiré. Certaines
banques ont des partenariats avec des banques
étrangères ou vous font bénéficier de leur réseau
et vous proposent des frais avantageux ou même
la gratuité des retraits. Renseignez-vous auprès
de votre conseiller bancaire. Notez également
que certains distributeurs peuvent appliquer
une commission, dans quel cas celle-ci sera
mentionnée lors du retrait.

▶ *Cash advance.* Si vous avez atteint votre
plafond de retrait ou que votre carte connaît
un disfonctionnement, vous pouvez bénéficier
d'un *cash advance.* Proposé dans la plupart des
grandes banques, ce service permet de retirer
du liquide sur simple présentation de votre carte
au guichet d'un établissement bancaire, que
ce soit le vôtre ou non. On vous demandera
souvent une pièce d'identité. En général, le
plafond du *cash advance* est identique à celui
des retraits, et les deux se cumulent (si votre
plafond est fixé à 500 €, vous pouvez retirer
1 000 € : 500 € au distributeur, 500 € en
cash advance). Quant au coût de l'opération,
c'est celui d'un retrait à l'étranger.

Paiement par carte

De façon générale, évitez d'avoir trop d'espèces
sur vous. Celles-ci pourraient être perdues ou
volées sans recours possible. Préférez payer
avec votre carte bancaire quand cela est
possible. Les frais sont moindres que pour un
retrait à un distributeur et la limite des dépenses
permises est souvent plus élevée.

▶ **Acceptation de la carte bancaire.** La carte
bancaire (Visa, MasterCard, etc.) est acceptée
dans la plupart des hôtels et restaurants d'un
certain standing. Les petits commerçants

ou restaurants peuvent la refuser mais vous
trouverez alors des distributeurs à proximité.

▶ **Frais de paiement par carte.** Hors zone Euro,
les paiements par carte bancaire sont soumis à
des frais bancaires. En fonction des banques,
s'appliquent par transaction : un frais fixe entre
0 et 1,2€ par paiement, auquel s'ajoutent de 2 à
3% du montant payé par carte bancaire. Le coût
de l'opération est donc globalement moins élevé
que les retraits à l'étranger. Renseignez-vous
auprès de votre conseiller bancaire.

Transfert d'argent

Avec ce système, on peut envoyer et recevoir
de l'argent de n'importe où dans le monde en
quelques minutes. Le principe est simple : un de
vos proches se rend dans un point MoneyGram®
ou Western Union® (poste, banque, station-
service, épicerie…), il donne votre nom et verse
une somme à son interlocuteur. De votre côté,
vous vous rendez dans un point de la même
filiale. Sur simple présentation d'une pièce
d'identité avec photo et de la référence du
transfert, on vous remettra aussitôt l'argent.

Pourboires, marchandage et taxes

▶ **Pourboire.** Rien n'oblige à laisser un
pourboire : ce n'est pas encore l'usage en
Thaïlande. A votre discrétion donc… et
probablement à éviter de manière systématique.
Attention cependant, les hôtels et restaurants
haut de gamme incluent des frais de service.
S'ils sont absent de l'addition, arrondissez en
laissant 20 B supplémentaires ou un pourboire
de 10 %.Dans les bars et boîtes de nuit, un pot
est prévu… pour laisser vos pourboires.

▶ **Marchandage.** Les vendeurs ne laissant pas
apparaître un prix affiché sur leurs produits
appliquent souvent les mêmes tarifs pour les
Thaïlandais que pour les « farangs ». En négociant,
le prix peut être baissé à 50 B, mais rarement
plus. Si vous êtes trop insistant pour descendre
le prix et feignez de partir, une technique qui
marche par exemple au Vietnam ou au Cambodge,
le vendeur thaïlandais ne vous rattrapera pas
pour vous convaincre, « Mai Pen Rai » comme
on se dit souvent dans ce pays. Ce sont des
chauffeurs de touk-touk et de taxis dont il faut se
méfier. Eux proposent souvent aux Occidentaux
le double des prix usuellement pratiqués.

▶ **Taxes.** Tous les objets courants sont soumis à
une taxe de 5 à 9 % (normalement à 7 % depuis
janvier 1992). Les objets de luxe, les cigarettes
et les alcools sont très fortement taxés, surtout
les importations (voitures, télévisions)… parfois
jusqu'à 100 %. Les guesthouses ne payent
pas de taxes alors que les hôtels (d'un certain
standing), oui ! Les hôtels, en plus du service
(8 à 10 %), ajoutent 7 à 11 % de taxe au prix

des chambres. Faites-vous préciser le prix net à la réception. Le plus souvent, la différence entre une guesthouse et un hôtel bas de gamme est parfois vraiment minime, à l'exception des communications téléphoniques (PABX : central téléphonique) qui peuvent être taxées jusqu'à 100 %.

Duty Free

Puisque votre destination finale est hors de l'Union européenne, vous pouvez bénéficier du Duty Free (achats exonérés de taxes). Attention, si vous faites escale au sein de l'Union européenne, vous en profiterez dans tous les aéroports à l'aller, mais pas au retour. Par exemple, pour un vol aller avec une escale,

L'assurance futée !

Leader en matière d'assurance voyage, Mondial Assistance vous propose une offre complète pour vous assurer et vous assister partout dans le monde pendant vos vacances, vos déplacements professionnels et vos loisirs. Son objectif est de faire que chacun puisse bouger l'esprit tranquille.

vous pourrez faire du shopping en Duty Free dans les trois aéroports, mais seulement dans celui de votre lieu de séjour au retour.

BAGAGES

Que mettre dans ses bagages ?

▶ **Un conseil :** dans la mesure du possible voyagez léger, il y a de quoi s'équiper sur place ! Mais attention, évitez les imitations de marques connues, vous risquez une amende pour trafic et usage de contrefaçon lors de votre retour en France… sans parler des poursuites en justice. En cas de suspicion, la franchise avec les douaniers est de rigueur.

▶ **Équipement pour le Nord :** une petite laine pour les soirées qui parfois sont fraîches et un sac à viande pour les bivouacs en forêt, normalement suffisant et plus léger qu'un sac de couchage. De bonnes chaussures montantes qui vous protègent le pied et la cheville. Des sandales pour patauger dans les rivières ou se déchausser facilement avant de visiter un temple. Des vêtements de toile pas trop fragiles feront l'affaire. Un coupe-vent assez étanche ou

une cape de pluie seront toujours utiles en cas d'averse. Une écharpe de coton peut s'avérer utile en toutes circonstances (protection de la nuque en cas de fraîcheur subite ou de soleil torride, serviette occasionnelle, bandage de fortune, couvre-chef improvisé).

▶ **Équipement pour le Sud :** préférez des vêtements légers : shorts, chemises ou robes de coton. Pour le soir, un sweat-shirt ou une chemise épaisse fera l'affaire, sans oublier un pantalon de toile léger pour se protéger des moustiques. Un chapeau ou une casquette contre les ardeurs du soleil. Des sandales pour se protéger les pieds des coupures sur le corail. Un maillot de bain en prévision des journées à la plage et autres plongées dans les eaux turquoise ! Un T-shirt permet d'éviter les coups de soleil sur le dos quand on s'adonne au snorkeling. Et, bien sûr, des lunettes de soleil !

DÉCALAGE HORAIRE

Par rapport à la France, compter + 5 heures en été et + 6 heures en hiver (en fait + 7 heures GMT). La nuit tombe assez tôt – vers 18h30 –, mais l'animation des rues se poursuit beaucoup plus tard : la température étant évidemment plus agréable que durant

la journée. Le soleil se lève très tôt : 5h30 ou 6h. C'est l'occasion d'en profiter pour se promener dans les rues et observer l'activité matinale. L'après-midi est propice aux visites de musées ou de temples, où l'on est à l'abri du soleil

ÉLECTRICITÉ, POIDS ET MESURES

▶ **Électricité.** La tension standard est 220 volts. Les prises femelles sont à deux ou trois fiches et elles sont en principe compatibles avec les prises mâles européennes. Certains hôtels ont encore des prises à l'américaine (2 fiches plates), mais on peut trouver des adaptateurs sur place.

▶ **Poids et mesures.** En théorie, le système décimal a été adopté : mètre et kilogramme.

Mais pour évaluer des superficies de terrain, les Thaïs utilisent encore la mesure appelée *rai* qui équivaut à 1 600 m². Dans le Nord, l'opium était autrefois une monnaie d'échange, et il existait des séries de poids à opium en bronze (en forme de petits dragons ou d'animaux), que l'on peut trouver chez les antiquaires ou certains marchés de Chiang Maï et Chiang Raï.

FORMALITÉS, VISA ET DOUANES

▶ **Passeport.** Il doit être valide six mois au minimum, à compter de la date d'entrée dans le pays, comme partout.

▶ **Autorisation de séjour.** Pas besoin de payer un visa si vous restez moins de 30 jours en Thaïlande. Et un aller-retour rapide à une frontière voisine (par exemple : Myanmar ou Laos qui eux sont payants) suffit pour faire renouveler cette autorisation de séjour, bien que depuis peu le délai ait été raccourci à 15 jours au lieu d'un mois, renouvelable seulement 4 fois, après il faut prendre un avion supplémentaire à chaque « sortie ».

▶ **Choix du visa.** Il est nécessaire pour une période supérieure à 30 jours et utilisable dans un délai de trois mois à partir de sa date de délivrance. Prévoir deux photos d'identité (non scannées) et remplir un formulaire. La demande ne peut pas se faire par correspondance, et il faut se déplacer en personne au consulat. En France, les consulats de Thaïlande se trouvent à Paris, Lyon et Marseille.

Obtention du passeport

Les passeports délivrés en France sont désormais biométriques. Ils comportent votre photo, vos empreintes digitales et une puce sécurisée. Pour l'obtenir, rendez-vous en mairie muni d'un timbre fiscal, d'un justificatif de domicile, d'une pièce d'identité et de deux photos d'identité. Le passeport est délivré sous trois semaines environ. Il est valable dix ans. Les enfants doivent disposer d'un passeport personnel (valable cinq ans).

▶ **Conseil futé.** Avant de partir, pensez à photocopier tous les documents que vous emportez avec vous. Vous emporterez un exemplaire de chaque document et laisserez l'autre à quelqu'un en France. En cas de perte ou de vol, les démarches de renouvellement seront ainsi beaucoup plus simples auprès des autorités consulaires. Vous pouvez également conserver des copies sur le site Internet officiel

mon.service-public.fr – Il vous suffit de créer un compte et de scanner toutes vos pièces d'identité et autres documents importants dans l'espace confidentiel.

Formalités et visa

■ ACTION-VISAS
10-12, rue du Moulin des Prés (13e)
Paris
✆ 01 45 88 56 70 – www.action-visas.com
Une agence qui s'occupe de tous vos visas. Le site Internet présente une fiche explicative par pays. Très utile.

■ RAPIDEVISA
20, rue Godot de Mauroy (9e)
Paris
✆ 01 82 88 48 98 – www.rapidevisa.fr
Heures d'accueil : du lundi au vendredi de 9h30 à 12h30 et de 14h00 à 17h45.
Si vous projetez de voyager en Chine, Inde, Russie, Thaïlande, Vietnam, Cameroun ou d'autres pays, vous aurez besoin d'un visa pour entrer dans ces pays. RapideVisa est une société qui accomplit à distance les formalités de visas dans les ambassades étrangères situées à Paris, pour le compte de particuliers et professionnels. Il est ainsi possible d'obtenir un visa sans se déplacer en ambassade en commandant sur le site internet.

■ VISA CHRONO
3, rue Richard Lenoir (11e)
Paris
✆ 01 40 09 00 04 – www.visachrono.fr
Du lundi au vendredi de 9h30 à 19h.
Visa Chrono s'occupe de l'intégralité de vos démarches pour l'obtention de vos visas d'affaires ou touristiques, dans des délais parfois très courts. En outre, l'organisme effectue les démarches relatives à l'exportation temporaire ou définitive (carnet ATA et CO), ainsi que les légalisations de tout autre document (certificat de mariage, naissance, adoption...).

■ VISA PLUS

53, rue Boissière (16ᵉ)
Paris
✆ 01 45 69 52 49 – www.visa-plus.fr
Visa Plus est un organisme qui vous aidera à obtenir votre visa plus rapidement. Le site internet fournit des renseignements précis et la demande de document, pays par pays. En outre, l'organisme propose de vous faire gagner temps et énergie en proposant les services d'un coursier qui fera la queue à votre place dans les files d'attente, tél 06 73 79 23 62.

■ VISAS EXPRESS

37-39, rue Boissière (16ᵉ)
Paris
✆ 0 825 08 10 20 – www.visas-express.fr
info@visas-express.fr
Ouvert du lundi au vendredi de 9h à 18h.
Vous êtes accaparé par votre travail, récalcitrant aux démarches administratives ou tout simplement vous n'avez pas envie de vous préoccuper de l'intendance de votre voyage ; le recours aux services de Visas Express vous apporte une garantie supplémentaire dans la réussite de votre périple. Depuis 1985, Visas Express accompagne les hommes d'affaires, les voyagistes et le grand public dans leurs démarches auprès des ambassades et des consulats pour l'obtention de visas.

■ VSI

19-21, avenue Joffre
Epinay-sur-Seine
✆ 0 826 46 79 19
www.vsi-visa.com
contact@vsi-visa.com

Spécialiste des visas d'affaires, touristiques et de groupe, VSI se charge des vos formalités à votre place, y compris dans l'urgence. VSI facilite ainsi le voyage de chacun et garantit de partir dans le pays indiqué.

Douanes

Autorisés

▶ **Alcool.** 4 litres de vin, plus 1 litre d'alcool de plus de 22°, ou 2 litres de moins de 22° (le voyageur doit être âgé de 17 ans au moins). 2 litres de rhum autorisés. Ne dépassez pas la limite car les contrôles des douaniers français sont fréquents à l'arrivée...

▶ **Tabac.** 200 cigarettes ou 50 cigares ou 250 g de tabac à rouler.

▶ **Marchandises dans bagages personnels**. Le montant total ne doit pas dépasser 430 US$ (aérien et maritime), 300 € (autres moyens de transports). Pour les moins de 15 ans : 150 €.

▶ **Nourriture.** Tout aliment industriellement sous vide est autorisé (donc les boîtes de conserves industrielles).

▶ **Gels et aréosols.** Depuis le 26 septembre 2006, les liquides, gels et aérosols sont de nouveau autorisés dans les bagages cabine. Ces articles doivent être rangés dans un sac plastique transparent refermable, sans dépasser pour chacun 100ml. Le volume total du sac ne devra pas dépasser 1 litre. Les articles achetés en duty free sont, eux, autorisés quelle que soit leur contenance.

© MICKAEL DAVID – AUTHOR'S IMAGE

Gare ferroviaire de Hualamphong.

Interdits

▶ **Certaines denrées alimentaires** (viandes, fruits et légumes frais, fromages autres qu'à pâte dure).

▶ **Les articles dangereux** (couteaux, limes, ciseaux, objets tranchants, allumettes...) sont interdits dans les bagages à main mais autorisés dans les bagages en soute. Depuis 2005, les briquets sont interdits en cabine et en soute.

▶ **Certains produits pharmaceutiques** sans une ordonnance traduite en anglais.

Chiens et chats

▶ **Le certificat sanitaire** et le certificat de vaccination à jour sont nécessaires.

▶ **La vaccination antirabique** doit remonter à plus d'un mois et à moins d'un an.

▶ **Identification.** L'animal doit être muni d'une marque d'identification claire. Cette identification doit être inscrite dans les certificats. Il n'y a pas de quarantaine (sauf pour les îles).

■ **INFO DOUANE SERVICE**
✆ 01 72 40 78 50
www.douane.gouv.fr
Le service de renseignement des douanes françaises à la disposition des particuliers est ouvert du lundi au vendredi de 8h30 à 18h. Les téléconseillers sont des douaniers qui répondent aux questions générales, qu'il s'agisse des formalités à accomplir à l'occasion d'un voyage, des marchandises que vous pouvez ramener dans vos bagages ou des informations utiles pour monter votre société d'import-export. A noter qu'une application mobile est également disponible sur le site de la douane.

HORAIRES D'OUVERTURE

▶ **Grands magasins, « department stores » et autres « plaza »** : de 10h à 19h, habituellement.

▶ **Administrations** : de 8h30 à 12h et de 13h à 16h30.

▶ **Secteur privé** : de 8h à 17h.

▶ **Banques** : de 9h à 15h30, le plus souvent.

▶ **Boutiques** : de 8h à 19h, généralement.

---

3 astuces pour réaliser de belles photos avec son smartphone.

PHOTOCITE
by cewe

1. Horizon droit. L'arbre est penché ? Le clapot de la mer est orienté vers la droite ? Et hop, le smartphone est penché aussi ! Même des photographes expérimentés font cette erreur. Prenez votre temps et vérifiez avant de déclencher l'appareil si l'horizon est bien droit. Astuce : vous pouvez afficher des lignes d'aide sur la plupart des smartphones.

2. Immobilité parfaite. Au crépuscule ou au coucher du soleil, les paysages sont les plus beaux. Mais avec peu de lumière, les fonctions automatiques de l'appareil photo rencontrent des difficultés et les temps d'exposition s'allongent tellement que la main peut se mettre à trembler.
Dans ce cas, veillez à maintenir le smartphone immobile. L'idéal est de le poser sur un élément quelconque. Il existe aussi des adaptateurs de trépieds avec des clips spéciaux pour les smartphones.

3. Zoom interdit ! Vous souhaitez photographier cette magnifique branche dans une dimension un peu plus grande ? Il est alors fort tentant de zoomer tout simplement. Surtout pas ! La plupart des smartphones sont équipés uniquement d'un zoom numérique qui ne produit qu'une qualité d'image vraiment médiocre. Il vaut mieux vous rapprocher de quelques pas jusqu'à ce que le cadre convienne.

▶ Maintenant que vous êtes un pro, tirez le meilleur parti de vos photos. Téléchargez dès maintenant l'application gratuite cewe photo pour créer des produits photo uniques directement depuis votre smartphone !

INTERNET

Le Royaume possède un bon réseau et Internet est un service pratique que l'on trouve presque partout. Les jeunes Thaïlandais sont de gros consommateurs de jeux en réseaux et il sera plus difficile de se procurer un siège libre que de trouver un cybercafé ! Dans les villes peu touristiques, les tarifs oscillent entre 10 et 20 B de l'heure allant jusqu'à 1 à 2 B la minute dans les endroits très touristiques, notamment les îles. Le wi-fi se démocratise également dans de nombreux hôtels et de guesthouses. La plupart du temps il est gratuit.

JOURS FÉRIÉS

▶ **1er Janvier :** jour de l'an.

▶ **En février :** Makha Bucha (lors de la pleine lune)

▶ **6 avril :** Chakri Day (Jour de substitution) commémore la fondation de l'actuelle dynastie, Rama I.

▶ **13/14/15 avril :** Songkran Festival. Songkran est traditionnellement le nouvel an thaïlandais, généralement célébré comme un festival de l'eau.

▶ **1er mai :** journée nationale du Travail. Ce jour est célébré comme une fête nationale, même s'il n'y a pas beaucoup de bruit à ce sujet.

▶ **5 mai :** fête du Couronnement. Célèbre le jour, en 1949, où le roi fut couronné.

▶ **Mai :** Wisakha Bucha (à la pleine lune). Célèbre la naissance, l'éveil et l'entrée dans le nirvana de Bouddha.

▶ **1er juillet :** fin du premier semestre.

▶ **Juillet :** Asalaha Bucha.

▶ **12 août :** anniversaire de Sa Majesté la Reine, on fête également ce jour-là la fête des Mères.

▶ **23 octobre :** fête de Chulalongkorn. Célèbre l'anniversaire de la mort du Roi Chulalongkorn.

▶ **5 décembre :** anniversaire de Sa Majesté le Roi, et jour de la fête des Pères.

▶ **10 décembre :** jour de la Constitution. C'est en 1932 que le pays a obtenu sa première constitution.

▶ **31 décembre :** Saint-Sylvestre.

LANGUES PARLÉES

L'anglais est largement pratiqué par la population, de façon basique mais suffisante pour la compréhension. Les touristes allemands, hollandais, scandinaves et même chinois ou japonais s'expriment couramment en langue anglo-saxonne. Même les expatriés français sont obligés de se débrouiller en anglais, à défaut de maîtriser le thaï. Les familles de souche chinoise étant nombreuses en Thaïlande, la langue chinoise est également répandue.

▶ **Apprendre la langue :** Il existe différents moyens d'apprendre quelques bases de la langue et l'offre pour l'auto-apprentissage peut se faire sur différents supports : CD, DVD, cahiers d'exercices ou même directement sur Internet.

POSTE

La poste est généralement ouverte de 8h30 à 16h30, du lundi au vendredi, et le samedi de 9h à 12h.

Dans les villes importantes les postes centrales sont également ouvertes le dimanche de 9h à 12h. Les services postaux sont efficaces, et l'expédition de colis ne devrait pas poser de problème, à condition de suivre les précautions habituelles.

▶ **À destination de l'Europe,** un timbre de 17 B suffit pour une lettre de dix grammes ; 15 B pour une carte postale. Pour les colis, le prix est de 990 B le premier kilo, et de 400 B les suivants.

L'acheminement pour l'Europe prend entre 3 et 5 jours pour les lettres, 3 jours (avion) ou 3 mois (bateau) pour les colis. Par avion, 510 B par kilo, 6 300 B les 20 kg. Par mer (comptez deux à trois mois) : 260 B le kilo, 910 B les 20 kg.

▶ **Poste restante.** Un service disponible dans la plupart des postes et pour un coût très modique : 1 B par lettre et 2 B par colis. Grande affluence à la haute saison touristique. Veillez à ce que votre nom soit parfaitement lisible.

Les cartes postales futées !

Pour les amoureux de carte postale, en envoyer peut être parfois compliqué voire mission impossible. Trouver la bonne carte, un timbre, mais aussi une boite aux lettres pour éviter de traverser tout l'aéroport en fin de séjour, relève parfois de la gageure. L'astuce c'est d'utiliser l'Application OKIWI depuis votre smartphone. Vous sélectionnez l'une de vos photos sur votre téléphone, vous écrivez votre message puis l'adresse de votre destinataire, seule une connexion wifi est nécessaire. L'avantage, OKIWI imprime votre carte et s'occupe de l'envoyer directement par la Poste à votre correspondant. Voilà au moins vous êtes sur d'envoyer une photo qui vous plaît, et puis surtout qu'elle n'arrive pas deux mois après votre retour. Sur internet www.okiwi-app.com et disponible sur *Appstore* et *Android Market*.

QUAND PARTIR ?

Climat

▶ **De décembre à mars :** c'est la saison « sèche » (en principe). Décembre et janvier sont les mois les plus frais, surtout dans le Nord du pays : c'est la période propice à la randonnée en montagne. Les panoramas s'offrent à la vue. Les températures sont idéales en bord de mer, et il ne pleut quasiment pas… sauf parfois du côté de Koh Samui où la mousson se termine début décembre.

▶ **De juin à septembre :** c'est aussi la période de la mousson, mais elle ne bat son plein qu'en août-septembre.

▶ **D'octobre à novembre :** il s'agit de la saison la plus agréable. Juste après la mousson, la nature est verdoyante et les rivières sont gonflées à bloc. Koh Samui et la majeure partie du golfe de Thaïlande sont sous la pluie. Il fait généralement très beau à Chiang Mai, et dans le Nord et c'est aussi le moment idéal pour découvrir les bords du Mékong, aux frontières du Laos.

■ **MÉTÉO CONSULT**
www.meteoconsult.fr
Sur ce site français, vous trouverez les prévisions météorologiques pour le monde entier.

Haute et basse saisons touristiques

▶ **De décembre à mars :** la saison sèche est l'occasion de visiter l'Isaan (nord-est du pays) où la vie est moins chère. On rencontre à cette période de nombreux nordiques fuyant l'hiver européen mais aussi quantité d'Asiatiques. Dans une proportion moindre, des Américains, des Anglais (habitués des lieux) et des Australiens (venus en voisins). Tous les hôtels affichent alors leurs prix maximums.

▶ **De juin à septembre :** c'est la période des grandes vacances européennes. Les prix sont au plus bas. Juin et juillet sont recommandés aux Français qui ne peuvent prendre leurs grandes vacances qu'en été. Il est préférable d'éviter Phuket ou Koh Lanta en août-septembre… Koh Samui est saturé de touristes mais Koh Pha Ngan, Koh Tao et Koh Chang offrent des alternatives. On rencontre à cette période beaucoup d'Italiens (surtout à Phuket) et de Français (surtout à Chiang Mai et Koh Samui), en plus des Anglo-Saxons habituels.

▶ **D'octobre à novembre :** il n'y a jamais grand monde, et pourtant c'est la saison la plus agréable. Phuket, Koh Phi Phi, Krabi et l'ensemble de la côte d'Andaman sont alors particulièrement accueillants, à moindre coût. Les tarifs hôteliers ne commencent à grimper vraiment qu'à partir de mi-novembre. La meilleure période en Asie du Sud-Est, pour qui a la chance d'être disponible.

PENSE FUTÉ

Koh Ping Kan, l'île de James Bond.

SANTÉ

▶ **Coupures ou blessures légères.** Les coupures provoquées par des coraux, les brûlures dues aux méduses, les piqûres d'oursins ou, plus graves, les lacérations provoquées par des poissons-pierres sont souvent difficiles à cicatriser (particulièrement vrai pour le corail). Il faut désinfecter immédiatement, retirer (s'il en reste) les filaments de méduse en y appliquant du vinaigre, dissoudre les épines d'oursins en employant... de l'urine. Dans le cas des poissons-pierres, il est recommandé d'immerger le pied blessé dans un bain d'eau très chaude, en attendant l'arrivée d'un médecin. Sous les tropiques, en raison de la chaleur et de l'humidité ambiante, le risque d'infection des plaies est plus grand qu'en région tempérée.

▶ **Morsures de serpent, piqûres de scorpion ou d'araignée.** Dormez tranquilles, les « attaques » de ces bestioles sont rares : nous ne sommes pas en Amazonie ni dans le désert australien ! Il est théoriquement recommandé de capturer l'animal coupable pour identification (facile à dire !) ou au minimum de pouvoir le décrire avec précision, et de contacter ensuite l'hôpital le plus proche qui dispose en principe de l'antisérum correspondant (produit par la Snake Farm : Sawapha Institute à Bangkok). Avant de partir en randonnée, sachez qu'il existe des kits de sérum disponibles à la vente, mais qu'ils sont spécifiques à chaque poison (trop compliqué et trop cher) et nécessitent des injections intraveineuses (trop technique). Outre la pose d'un garrot (toujours risquée), il est conseillé de ne rien faire qui accélère le rythme cardiaque et par conséquent la diffusion du venin. Rassurez-vous, la plupart des scorpions thaïlandais ne sont pas mortels, mais inspectez tout de même vos chaussures avant de les enfiler le matin : ça ne coûte rien d'être prudent. Par ailleurs, il faut admettre que les chaussures montantes (du type randonnée) constituent une meilleure protection que les habituelles sandales de vacances contre les bestioles qui n'auraient pas eu le temps de fuir à votre approche car, coup de chance, les « nuisibles » en question ont peur de l'homme et se sauvent (ventre à terre) à notre approche ! Il est également bon de se rappeler que les serpents (à sang froid) adorent se chauffer au soleil sur les vieilles pierres... Faire un peu de bruit en marchant à travers les ruines et utiliser un bâton sur les mauvaises pistes à travers bois ne sont donc pas inutiles.

Conseils

Des pharmacies, hôpitaux et cliniques privées sont présents dans toutes les grandes villes traversées.

▶ **En cas de maladie,** vous pouvez consulter le site du consulat français afin d'accéder à la liste des médecins francophones. Le consulat se chargera de vous aider et de vous accompagner lors de problèmes graves.

▶ **Avant de partir,** pensez à la souscription d'une assurance Monde, après avoir vérifié qu'aucune n'était comprise avec votre cotisation de carte bancaire, voire certains de vos contrats d'assurance.

■ **GLOBE-DOCTEUR**
www.globe-docteur.com
Globe-Docteur est un service qui permet d'entrer en contact avec un médecin, afin d'obtenir des conseils et avis dans le domaine de la santé. En se connectant au site, chacun pourra lancer une conversation par messagerie avec un docteur afin de lui poser les questions de son choix. Les membres pourront également prendre rendez-vous avec le médecin de leur choix. Le RDV se déroule soit par téléphone, soit par visio-conférence sécurisée. Globe-Docteur permet ainsi d'obtenir rapidement des réponses précises issues de professionnels de la santé, qui ont tous une expérience de plusieurs dizaines d'années.

Maladies et vaccins

Dengue

Cette fièvre assez courante dans les pays tropicaux est transmise par les moustiques. La dengue se traduit par un syndrome grippal (fièvre, maux de tête, douleurs articulaires et musculaires). Il n'existe pas de traitement préventif ou de vaccin. Ne prenez jamais d'aspirine. Cette maladie pouvant être mortelle, il est fortement recommandé de consulter un médecin en cas de fièvre.

Encéphalite japonaise

L'encéphalite japonaise est transmise par un moustique à activité nocturne (pics au crépuscule et à l'aube), principalement en milieu rural. Selon les régions, la transmission est pérenne, ou limitée à la saison des pluies ou à la saison chaude. La maladie, initialement limitée à l'Asie de l'Est, du Sud-Est et au sous-continent indien, s'étend maintenant à la Papouasie-Nouvelle-Guinée et à l'extrême nord de l'Australie. La plupart des formes de la maladie sont sans symptômes, mais elle peut aussi entraîner des séquelles neurologiques, et même la mort. Le Haut Conseil de la Santé Publique (HCSP) ne préconise pas de se faire vacciner systématiquement mais, depuis septembre 2013, le recommande vivement pour les personnes âgées de 2 mois et plus en cas d'expatriation ou de séjour avec exposition en milieu extérieur en zones rurales (ex : camping, randonnée, cyclisme, rizières et zones d'irrigation par inondation, travail en extérieur).

Le vaccin est disponible en France, dans les centres de vaccination sous le nom de Ixiaro® (2 injections à 28 jours d'intervalle avec rappel 12 à 24 mois après la première injection). Cette vaccination s'effectue uniquement sur rendez-vous. Contactez le centre médical de l'Institut Pasteur au © 01 45 68 80 88.

Grippe aviaire

La grippe aviaire touche habituellement les volatiles. Toutefois, le virus peut se transmettre occasionnellement à l'homme. Cette transmission ne concerne en principe que des personnes en contact direct avec les animaux atteints, mais certains cas ont pu suggérer une exceptionnelle transmission de personne à personne. Il est recommandé d'éviter tout contact avec les volailles, les oiseaux et leurs déjections (ne pas se rendre dans les élevages ou sur les marchés aux volailles), d'éviter aussi de consommer des produits alimentaires crus ou peu cuits, en particulier les viandes ou les œufs, et, enfin, de se laver régulièrement les mains. Info' Grippe Aviaire au © 0 825 302 302 (0,15 € la minute).

Hépatite A

Pour l'hépatite A, l'existence d'une immunité antérieure rend la vaccination inutile. Elle est fréquente lorsque vous avez des antécédents de jaunisse, de séjour prolongé à l'étranger ou êtes âgé de plus de 45 ans. L'hépatite A est le plus souvent bénigne mais elle peut se révéler grave, notamment au-delà de 45 ans et en cas de maladie hépatique préexistante. Elle s'attrape par l'eau ou les aliments mal lavés. Si vous êtes porteur d'une maladie du foie, la vaccination contre l'hépatite A est hautement recommandée avant tout type de voyage où l'hygiène est précaire. Elle doit être effectuée en deux fois mais la première injection, un mois avant le départ, suffit à assurer une protection pour un voyage de courte durée. La deuxième (six mois à un an plus tard) renforce la durée de l'immunité pour des dizaines d'années.

Hépatite B

L'hépatite B est plus grave que l'hépatite A. Elle se contracte lors de rapports sexuels ou par le sang. Le vaccin contre l'hépatite B est à faire en deux fois à un mois d'intervalle (mais il existe des vaccinations accélérées en un mois pour les voyageurs pressés), puis un rappel six mois plus tard pour renforcer la durée de la protection.

Paludisme

Le pays est une zone de transmission du paludisme (qui n'est cependant présent que dans certaines régions isolées très peu touristiques). Consultez votre médecin pour connaître le traitement préventif adapté : il diffère selon la région, la période du voyage et la personne concernée. Eviter le traitement est possible si votre séjour est inférieur à sept jours dans une zone infectée (et sous réserve de pouvoir consulter un médecin en cas de fièvre dans le mois qui suit le retour.) En plus des cachets, réduisez les risques de contraction du paludisme en évitant les piqûres de moustiques (répulsif et vêtements couvrants). Entre le coucher et le lever du soleil, près des points d'eau stagnante et des espaces ombragés, les risques de se faire piquer sont les plus élevés.

Rage

La rage est encore présente dans le pays. Il faut donc éviter tout contact avec les chiens, les chats et autres mammifères pouvant être porteurs du virus. L'apparition des premiers symptômes (phobie de l'air et de l'eau) varie entre 30 et 45 jours après la morsure. Une fois ces symptômes constatés, le décès intervient en quelques jours, dans 100 % des cas. En cas de doute, suite à une morsure, il faut donc absolument consulter un médecin, qui vous administrera un vaccin antirabique associé à un traitement adapté. Le vaccin préventif ne dispense pas du traitement curatif en cas de morsure.

Typhoïde

La fièvre typhoïde est une infection bactérienne qui se traduit par de fortes fièvres, une diarrhée fébrile et des troubles de la conscience. Les formes les plus graves peuvent engendrer des complications digestives, neurologiques ou cardiaques.

La période d'incubation de la maladie varie entre dix et quinze jours. La contamination se fait par les selles ou la salive, de manière directe (contact avec une personne malade ou un porteur sain) ou indirecte (ingestion d'aliments contaminés : crudités, fruits de mer, eau et glaçons). Le vaccin, actif au bout de deux à trois semaines, vous protège pour trois ans. En cas de contamination et de non-vaccination préventive, un traitement par les fluoroquinolones sera préconisé.

Centres de vaccination

Pour plus d'informations, vous pouvez consulter le site Internet du ministère de la Santé (www.sante.gouv.fr) pour connaître les centres de vaccination proches de chez vous.

■ **CENTRE DE VACCINATION AIR FRANCE**
148, rue de l'Université (7ᵉ)
Paris
✆ 01 43 17 22 00 / 0 892 68 63 64 /
01 48 64 98 03
*Ouvert du lundi au vendredi de 8h45 à 18h.
Nocturne le jeudi jusqu'à 20h. Le samedi de
8h45 à 16h. Fermeture les dimanches et jours
fériés uniquement. Rendez-vous possible en
semaine entre 9h et 17h.*

▶ **Autre adresse :** 3, place Londres Bâtiment
Uranus 95703 Roissy Charles de Gaulle.

■ **INSTITUT PASTEUR**
209, rue de Vaugirard (15ᵉ)
Paris
✆ 0 890 710 811 / 03 20 87 78 00
www.pasteur.fr
*Sur le site Internet, vous pouvez consulter
la liste des vaccins obligatoires pays par
pays.*
L'Institut Pasteur, créé en 1888 par Louis
Pasteur, est une fondation privée à but non
lucratif dont la mission est de contribuer à la
prévention et au traitement des maladies, en
priorité infectieuses, par la recherche, l'enseignement, et des actions de santé publique. Tout
en restant fidèle à l'esprit humaniste de son
fondateur Louis Pasteur, le centre de recherche
biomédicale s'est toujours situé à l'avant-garde
de la science, et a été à la source de plusieurs
disciplines majeures : berceau de la microbio-
logie, il a aussi contribué à poser les bases de
l'immunologie et de la biologie moléculaire.
Le réseau des Instituts Pasteur, situé sur les
5 continents et fort de 8 500 collaborateurs,
fait de cette institution une structure unique
au monde.

▶ **Autre adresse :** 1, rue du Professeur
Calmette 59019 Lille.

En cas de maladie

Un réflexe : contacter le consulat de France.
Il se chargera de vous aider, de vous accompagner et vous fournira la liste des médecins
francophones. C'est aussi lui qui prévient la famille et qui décide
du rapatriement. Pour connaître les urgences
et établissements aux standards internationaux : consulter les sites www.cimed.org –
www.diplomatie.gouv.fr et www.pasteur.fr

Trousse à pharmacie

On peut se procurer les médicaments communs
dans les pharmacies locales (évitez impérativement les médicaments vendus en dehors
des officines, notamment sur les marchés,
qui ne sont que de pâles copies). Il vaut mieux
préparer sa pharmacie personnelle avant le
départ. Les incontournables sont le paracé-
tamol (dans ces régions du monde, évitez de
consommer de l'aspirine qui, en cas de dengue,
peut provoquer une fièvre hémorragique, para-
cétamol ou Efferalgan sont sans risque), des
antidiarrhéiques (pour stopper une diarrhée),
des antibiotiques (contre l'origine d'une diarrhée,
les infections pulmonaires, ORL et cutanées),
un antiallergique et tout le nécessaire pour
se protéger des piqûres d'insectes (insecti-
cides et répulsifs). Une protection solaire est
indispensable. Des pansements adhésifs et un
désinfectant sont toujours utiles.

Médecins parlant français

Les consultations ont généralement lieu à
l'hôpital. Les tarifs des spécialistes restent
abordables (compter 500 B). Pour une aide
médicale ou des soins mineurs, il est utile de
savoir que le consulat de France dispose d'un
médecin français (coopérant) que les touristes
peuvent consulter. Voici la liste de quelques
médecins et services francophones agréés par
l'ambassade de France :

■ **BANGKOK HOSPITAL PHUKET –
DR SOMPOCH NIPAKANONT**
2/1 Thanon Hong Yok Uthis, Muang
PHUKET – PHUKET TOWN
✆ +66 76 254 425

■ **SAMITIVEJ HOSPITAL**
133 Sukhumvit Road Soï 49
BANGKOK
✆ +66 27 118 000
Voir page 113.

■ **SECTION CONSULAIRE
DE L'AMBASSADE DE FRANCE**
35 Charoenkrung, Soï 36
BANGKOK
✆ +66 26 575 100
consulat@ambafrance-th.org

Hôpitaux – Cliniques – Pharmacies

Ils sont en général propres et bien équipés.
Les hôpitaux privés des grandes villes sont les
meilleurs et d'un haut niveau de prestation, les
praticiens ayant souvent été formés en Europe
ou aux Etats-Unis.

■ **BNH HOSPITAL**
9/1 Thanon Convent, Silom
BANGKOK
✆ +66 26 320 550 / +66 26 862 700 /
+66 26 320 560
www.bnhhospital.com
info@bnhhospital.com
Station SkyTrain la plus proche : Saladaeng.

Urgences

En Thaïlande, le 191 est le numéro de la police et le 199, celui des pompiers. Ces numéros sont à utiliser en cas d'urgence, mais vous risquez d'avoir un interlocuteur thaïlandais qui ne parle pas ou très peu l'anglais. Il existe sinon une police touristique qui parle anglais et même un peu français. Dans ce cas, là il faut appeler le 1155.

▬▬▬ SÉCURITÉ ET ACCESSIBILITÉ ▬▬▬

Dangers potentiels et conseils

La Thaïlande n'a pas la réputation d'un pays dangereux en matière d'agression et les incidents graves concernant les touristes sont rares (attention tout de même au « gang des machettes » à Chiang Mai). Mais il y a toujours des risques de vol dans les secteurs touristiques, lieux de prédilection des « malfaisants » : donc, inutile de tenter le voleur ! La violence proprement dite existe en Thaïlande. La plupart des crimes sont des règlements de comptes mafieux ou des drames de jalousie. Les quelques agressions concernant les Occidentaux sont liées au trafic de drogue et à la prostitution. Mais si vous ne manquez de respect à personne, les risques sont quasi nuls. Par ailleurs, évitez de voyager seul à proximité des frontières « à risque » en raison des trafics toujours possibles. La presse et le gouvernement, pour des raisons évidentes, sont particulièrement discrets sur le sujet. Eviter la côte sud-ouest du golfe de Thaïlande. Les villes Pattani et Yala sont particulièrement dangereuses en raison du conflit qui oppose Bangkok aux musulmans séparatistes de la région.

Pour connaître les dernières informations sur la sécurité sur place, consultez la rubrique « Conseils aux voyageurs » du site du ministère des Affaires étrangères : www.diplomatie.gouv.fr/voyageurs.

▶ **Commissions.** Gardez présent à l'esprit que toute personne qui vient vers vous – parfois en uniforme et toujours avec le sourire – pour vous proposer un service que vous n'avez pas vous-même demandé est à éviter poliment : vous êtes assez grand(e) pour choisir un taxi vous-même ou savoir ce que vous voulez acheter. Dans le meilleur des cas, ces gens pensent toucher une commission en utilisant votre clientèle : ce sont des « rabatteurs » officiels. En se renseignant auprès des guichets d'information, on arrive parfaitement à se débrouiller sans faire aveuglément confiance à des inconnus ! Si un « entremetteur professionnel » (chauffeur de touk-touk ou autre) vous accompagne simplement jusqu'à un hôtel, il y aura probablement une « commission » à payer (à votre insu) en récompense de ce service que vous n'avez pas sollicité ! En clair, la chambre coûtera plus cher que si vous vous présentez seul à la réception

(250 B au lieu de 200 B, par exemple). Même raisonnement pour la location d'un véhicule, voire dans tous les cas… Il vaut donc mieux se débrouiller seul.

▶ **Police.** Police traditionnelle ou Tourist Police ? Il est peu probable que vous ayez des démêlés avec la police, à moins d'un accident de la route ou d'un contrôle systématique suite à une descente dans un établissement douteux. La police thaïlandaise n'a pas une réputation d'intégrité absolue (c'est pour cela que dans les rues de la capitale, elle est remplacée par des militaires), mais en misant sur l'existence d'une majorité bienveillante, le seul conseil qui puisse vous être donné est de garder votre calme et de faire preuve d'une correction irréprochable. Chaque situation étant particulière, à vous de déterminer la meilleure attitude à adopter. Si la situation devient sérieuse à votre endroit, demandez l'intervention de la Tourist Police qui a été spécialement créée (comme son nom l'indique) pour régler les démêlés avec les ressortissants étrangers (en anglais, voire en français). Généralement un poste de Tourist Police se trouve auprès de chaque bureau de l'office national du tourisme (TAT). Il en va de même sur les plages fréquentées.

▶ **Drogue.** A moins d'être suicidaire et d'accepter l'idée de passer environ dix ans dans les geôles thaïlandaises, ne touchez jamais aux drogues – opium, héroïne, ganja, « acids », amphétamines, yabaa, ecstasy, champignons hallucinogènes et autres –, que l'on trouve un peu partout. Il peut arriver qu'un inconnu vous aborde pour vous en proposer. Plus de 600 ressortissants étrangers, condamnés pour détention ou consommation (à Bangkok et Chiang Mai en particulier) végètent dans des conditions d'insalubrité totale. Pour consommation, détention ou intention de revendre de la marijuana, les peines peuvent aller d'une forte amende jusqu'à 15 ans de détention. Plus grave : pour l'héroïne, de six mois d'emprisonnement jusqu'à perpétuité… avec la menace bien réelle de la condamnation à mort pour certains (c'est ce que risquent les Thaïlandais eux-mêmes). La notion de « petite quantité » n'existe pas en Thaïlande. Les dealers et les taxis touchent occasionnellement des primes quand ils dénoncent leurs « clients ».

Aux abords des frontières de Thaïlande, surveillez vos bagages de près et n'acceptez sous aucun prétexte de prendre en charge ceux d'un tiers. Attention aux nouveaux compagnons de voyage : pour une justice sévère, vous pouvez facilement être considéré comme complice. En Malaisie limitrophe, les lois musulmanes sont également très dures.

Femme seule en voyage

Les jeunes voyageuses intrépides ont toute liberté de parcourir le pays sans crainte de se faire agresser physiquement. On peut se balader quasiment partout en Thaïlande sans être pourchassé par des malfrats, et une femme pourra donc prendre un taxi seule ou même sortir le soir sans risquer de se faire importuner à tous les coins de rue. Mais, aux yeux de certains Asiatiques, une jeune femme recherchant de la « compagnie », même en tout bien tout honneur, risque de passer pour une aventurière, voire une prostituée... En Thaïlande, mesdames, évitez le topless (et encore plus le nudisme), même sur certaines plages soi-disant désertes : les habitants seraient offusqués. Dans les campagnes reculées, encore de nos jours, les femmes qui vont se laver à la rivière ne se dénudent jamais complètement. Seuls les petits enfants peuvent jouer dans l'eau les fesses à l'air.

Voyager avec des enfants

Il n'y a aucun problème majeur pour voyager en Thaïlande avec un enfant si ce n'est de redoubler d'attention au jour le jour, que ce soit pour la nourriture (parfois trop épicée par exemple), le soleil (protection maximum car on est proche de l'équateur), les insectes (prévention contre les moustiques), les sorties (en randonnée dans la jungle par exemple, s'assurer qu'ils restent bien sur les sentiers) et de manière générale, ne jamais les laisser s'aventurer seuls ou sans surveillance. Il est très facile de trouver des couches, du lait et tout ce qui est nécessaire à un enfant.

Voyageur handicapé

La Thaïlande n'est pas un pays facile pour les handicapés moteurs : beaucoup de trottoirs, très peu de passages piétons et de signalisation, des personnes qui roulent dans tous les sens, des transports publics archaïques pas du tout adaptés tout comme les hôtels. Voyager seul relève de l'impossible. Accompagné, il faut se dire que ce ne sera pas toujours facile mais cela reste envisageable. Il faut alors ce cas bien préparer son programme, louer un véhicule personnel avec chauffeur, trouver le plus possible des hôtels avec ascenseur et surtout la gentillesse des Thaïlandais aidera pour le reste car bien

souvent vous aurez la chance d'être assisté. Si vous présentez un handicap physique ou mental ou que vous partez en vacances avec une personne dans cette situation, différents organismes et associations s'adressent à vous.

■ **ACTIS VOYAGES**
www.actis-voyages.com
actis-voyages@orange.fr
Voyages adaptés pour le public sourd et malentendant.

■ **AILLEURS ET AUTREMENT**
www.ailleursetautrement.fr
contact@ailleursetautrement.fr
Pour des personnes souffrant de handicap physique et/ou mental.

■ **ASSOCIATION DES PARALYSÉS DE FRANCE**
www.apf.asso.fr
Informations, conseils et propositions de séjours, en partenariat avec Événements et Voyages.

■ **ÉVÉNEMENTS ET VOYAGES**
47, chemin des Barbières
Chasse-sur-Rhône
℅ 04 72 49 72 41
www.evenements-et-voyages.com
info@eevoyages.com
Sports mécaniques, sports collectifs, festivals et concerts, cette agence est spécialiste des séjours F1, Rallye WRC, Nascar, football. Elle propose à ses clients d'assister à la manifestation de leur choix tout en visitant la ville et la région. Grâce à son département dédié aux personnes handicapées, Événements et Voyages leur permet de voyager dans les meilleures conditions.

■ **OLÉ VACANCES**
www.olevacances.org
info@olevacances.org
Olé Vacances propose d'accompagner des personnes adultes handicapées mentales.

■ **YOOLA**
84, quai de Jemmapes (10ᵉ), Paris
℅ 01 83 64 70 06 – www.yoola.fr
info@yoola.fr
Possibilité de devis en ligne.

Voyageur gay ou lesbien

L'homosexualité est bien tolérée en Thaïlande tant masculine que féminine et même avec les travestis (*kathoey*, ou lady-boy). On en voit beaucoup à Bangkok qui possèdent de nombreux établissements *gay friendly* et dans les villes touristiques. C'est quelque chose de beaucoup plus marginal en Isaan par exemple qui est une région plus traditionnelle, à l'image de l'Europe et du décalage entre grandes métropoles et campagnes.

TÉLÉPHONE

Comment téléphoner ?

Il n'y a guère de difficulté à téléphoner de Thaïlande, si ce n'est parfois un peu l'attente, due à la vétusté des installations de l'hôtel ou au faible dimensionnement du Pabx (central téléphonique).

▶ **Pour appeler depuis la France :** 00 66 +indicatif régional (sans le 0) +numéro local de votre correspondant (6 chiffres).

▶ **Pour appeler depuis la Thaïlande :** en automatique, composez le 002 +code du pays +numéro de votre correspondant. Par l'opérateur, composez le 100.

▶ **Annuaire.** A savoir aussi, un annuaire en anglais existe, mais pour Bangkok seulement. Les Thaïlandais y figurent selon la première lettre de leur prénom, les étrangers de leur nom.

▶ **Indicatif téléphonique des villes du guide :** Bangkok, Sammut Prakan : 02 • Cha Am, Hua Hin, Prachuap Khiri : 032 • Kachanaburi, Nakhon Pathom : 034 • Ayuthaya : 035 • Lop Buri : 036 • Pattaya, Rayong, Banphe, Siracha : 038 • Chantahaburi, Trat, Koh Chang : 039 • Chiang Hkan, Loei, Nakhon Phanon : 042 • Nong Khai, Sakhon, Udon, Thani : 042 • Hkon Khaen, Roi Et : 043 • Buriram, Khorat : 044 • Sisaket, Surin, Ubbon Ratchathani : 045 • Chiang Mai, Chiang Rai, Maehong Son : 053 • Lampang, Nan : 054 • Maesot, Phitsanulok, Sukhothai, Tak : 055 • Petchabun : 056 • Narathiwat : 073 • Hat Yai, Songkhla : 074 • Krabi, Koh Phi Phi, Nakhon Si, Thammarat : 075 • Phang Nga, Phuket, Koh Yao : 076 • Chumphon, Koh Samui, Koh Pha Ngan, Ranong, Surat Thani : 077.

▶ **Attention :** dans certains hôtels, les appels étant enregistrés sur ordinateur pour chaque chambre, vérifiez chaque soir (surtout le soir de votre arrivée) le montant de vos communications, car si le client précédent n'a pas payé les siennes, vous êtes redevable de ces dernières (idem pour le contenu du bar). Les communications internationales et les fax (également interurbains) sont en général lourdement facturés par les hôtels. De nombreuses agences de voyages ou de simples kiosques équipés de téléphones et de fax proposent également leurs services, avec des surcharges moindres que celles des hôtels. Comptez tout de même entre 100 et 200 B pour la première page d'un fax pour la France.

Téléphone mobile

Utiliser son téléphone mobile : Si vous souhaitez garder votre forfait français, il faudra avant de partir, activer l'option internationale (générale-ment gratuite) en appelant le service clients de votre opérateur. Qui paie quoi ? La règle est la même chez tous les opérateurs. Lorsque vous utilisez votre téléphone français à l'étranger, vous payez la communication, que vous émettiez l'appel ou que vous le receviez. Dans le cas d'un appel reçu, votre correspondant paie lui aussi, mais seulement le prix d'une communication locale. Tous les appels passés depuis ou vers l'étranger sont hors forfait, y compris ceux vers la boîte vocale. Pour alléger votre facture, nous vous conseillons de télécharger des applications telles que Skype, Line, Wattsapp...

Cabines et cartes prépayées

On trouve des cabines téléphoniques un peu partout en Thaïlande mais la plupart sont destinées aux appels locaux. Pour les appels internationaux, il faut chercher les cabines de couleur jaune plus rares. Le mieux est encore d'acheter une carte sim à insérer dans votre téléphone portable. Certains cybercafés offrent également la possibilité de passer des appels à l'international. Sinon, les cartes téléphoniques sont en vente à l'aéroport, dans les centres commerciaux et les boutiques 7/Eleven (ouvertes 24h/24). Les cartes téléphoniques locales et interurbaines coûtent entre 50 et 300 B. Les télé-phones à cartes internationaux (de couleur jaune) sont différents des autres. A défaut de carte, il est possible d'utiliser les téléphones publics à pièces. Ils sont rouges pour les appels locaux, et bleus pour l'interurbain. Il existe trois modèles de pièces de 1 baht : choisir la taille intermédiaire, c'est la bonne. A partir d'un téléphone public, des réductions tarifaires existent sur certaines tranches horaires : 21h-minuit et 5h-7h, moins 15 % ; minuit-5h, moins 30 %.

▶ **Fax.** Pour ceux qui ont le temps, qui ne craignent pas de se déplacer et qui souhaitent envoyer un fax à moindre coût, les bureaux de poste disposent de centres de communication. Etonnante centralisation, les fax transitent par Bangkok avant de partir vers l'étranger.

▶ **Appels en PCV.** Les postes proposent en outre un service de PCV en direct, vers une vingtaine de pays, mais pas la France ! Composez le 100 pour un PCV en France, puis expliquez-vous. Pour les autres pays, accessibles par le service Home Direct, vous pouvez, à partir de n'importe quel téléphone privé, appeler par exemple : la Suisse : 001999 41 1000 • le Canada : 001999 15 1000 • Hong Kong : 001999852 1086 • Singapour : 001999 65000. A Bangkok, le centre des communications est situé derrière la Poste centrale (Chaoren Krung New Road) et il reste ouvert 24h/24.

S'INFORMER

À VOIR – À LIRE

Librairies de voyage

■ **LIBRAIRIE TERRES D'AVENTURE**
55, rue Sainte-Anne (2ᵉ)
Paris
✆ 01 42 86 17 38
Ouverte du lundi au samedi de 9h30 à 19h.
En association avec le tour-opérateur Terres d'aventure, cette librairie est d'autant plus pertinente pour aiguiller vos recherches. Des livres spécialisés, plus de trente collections de guides, des globes, des cartes, mais surtout des spécialistes à l'écoute, sont là pour matérialiser vos rêves de voyages. Un espace décidément dédié à ce que vous ressortiez avec toutes les informations nécessaires dans votre valise afin de rendre inoubliable votre future expédition.

■ **MAGELLAN & CIE**
34, rue Ramey (18ᵉ)
Paris
✆ 01 53 28 03 05
M° Jules Joffrin ou M° Marcadet
Poissonniers
Ouvert du lundi au samedi de 10h à 18h.
Créées en 1999, les éditions Magellan & Cie donnent la parole aux écrivains voyageurs de toutes les époques. Explorateurs pour les uns, auteurs romantiques pour les autres, dévoilent des terres lointaines et moins lointaines. Des confins de l'Amérique latine à la Chine en passant par la Turquie, les quatre coins du monde connu sont explorés. Magellan & Cie est aussi une librairie gérée par un amoureux du voyage. C'est un lieu magique de découverte et d'échange.

Cartographie et bibliographie

Société

▶ **Crutchley Roger**, *Post Books*. Les meilleures des chroniques de R. Crutchley, parues ces dix dernières années dans le *Bangkok Post*. Une série d'anecdotes et de réflexions sur les attitudes et les comportements les plus curieux des Thaïs. Il faut aimer (et comprendre) l'humour anglais…

▶ **Girard Olivier**, *Comprendre la Thaïlande*, Ulysse, 2009. Un livre pour vous faire découvrir la Thaïlande, les us et coutumes de ses habitants.

▶ **Serawong Pornpimol**, *Les Liens qui unissent les Thaïs*, GOPE, 2010. Les réponses à toutes vos questions sur les caractéristiques sociales et culturelles fondamentales du pays.

Histoire, Arts et Culture

▶ **L. Frédéric**, *La Vie quotidienne dans la péninsule indochinoise à l'époque d'Angkor, 800-1300*. Hachette, 1981.

▶ **Predagne Jean-Pierre**, *Bonjour en thaï*, Editions Harcus. Par l'interprète de l'ambassade de Thaïlande à Paris, un livret d'introduction à la langue et à la culture thaïes. Toujours recommandé, même si la dernière édition date de 1990.

▶ **Alister Steacer**. *Thailand, The Lotus Kingdom*. Une très bonne description du pays et de ses habitants.

▶ **Segallet Denis**, *Thai Ways* et *Hose Thai Ways*. Récits humoristiques sur la vie en Thaïlande. Disponible dans la plupart des librairies de Bangkok.

▶ **Cooper Robert et Nanthapa**, *Culture Shock Thaïland*, *Times Books International*, distribué par Asia Books. Les auteurs présentent les principales caractéristiques de la culture thaïe, les usages et leurs origines. L'ouvrage aborde des sujets aussi variés que la religion, la famille, la fête et le business. Passionnant.

Religion et mentalités

▶ **Collectif**, *Fêtes et cérémonies en Thaïlande*, Chariot d'Or, 2004.

▶ **Fils de l'I-Sân**, de Kampoon Boontawee, collection Les enfants du fleuve (Fayard), 1991.

▶ **Lanni Dominique**, *Le Rêve siamois du Roi-Soleil : récits d'une fièvre exotique à la cour du Très-Chrétien*, Cosmopole, 2004.

▶ **Leksukhum Santi**, *Temples d'or de Thaïlande, Peintures boudhiques XVᵉ-XIXᵉ siècle*, Imprimerie nationale, 2001.

▶ **Pooput Wanee**, *Légendes bouddhiques de Thaïlande*, Grancher, 2001.

Littérature

▶ **Anchalee Tiaree**, *Thaïlande, la cuisine de ma mère*, Minerva, 2007. Une belle histoire entre une mère, sa fille et la cuisine thaïlandaise.

▶ **Aylwen Axel**, *Le Faucon du Siam*, Livre de Poche, 1998. Un roman palpitant qui vous plonge dans la Thaïlande du XVIIe siècle. Histoire en 3 volumes.

▶ **Nesbe Jo**, *Les Cafards : une enquête de l'inspecteur Harry Hole*, Folio Policier, 2006. Un thriller qui situe son histoire en Thaïlande avec un policier norvégien alcoolique et tourmenté. Forcément décalé !

▶ **Nikom Rayawa**, *L'Empailleur de rêve*. Regards croisés, 2003. L'auteur est thaïlandais, il livre un portrait simple et réaliste d'un paysan parti à la découverte de lui-même et de sa destinée, avec des révélations pas toujours gaies…

▶ **Rosse Etienne**, *Trois Autres Thaïlande*, GOPE, 2011. Passionnant recueil de nouvelles sur le quotidien parfois grisant, parfois désespérant d'expatriés et de locaux en Thaïlande. Par un ancien chroniqueur à *The Nation*.

▶ **Bangkok Tatoo**, série Sang d'encre, Presse de la Cité, 2006. L'histoire d'un flic à la morale bien à lui, évoluant dans les quartiers chauds de Bangkok.

Beaux livres

▶ **Collectif**, *Thaïlande : Un autre regard*, Pages du Monde, 2006.

▶ **Casella Maria Grazia, Bourbon Livio**, *Thaïlande, terre de l'éternel sourire*, White Stars, 2008.

Cartographie

▶ **Cartes régionales Periplus au 1/100 000.** Thaïlande, Bangkok, Chiang Mai, Koh Samui et Phuket. Elles sont très agréables à la lecture, avec des développements utiles sur les villes et les îles. Recommandées.

▶ **Thailand Highway Map au 1/100 000.** Un livre-atlas à jour (1995) des routes thaïlandaises, avec des plans de villes, dont la clarté n'est pas toujours évidente. Intéressant pour les routes de campagne.

▶ **Nancy Chandler's Map of Bangkok.** Un must. Existe aussi sur Chiang Mai. Cette carte ressemble un peu à une bande dessinée ; abondamment annotée et illustrée, elle insiste sur ce qu'il y a à voir, à visiter et à faire à Bangkok. Indispensable.

▶ **Tour'n Guide Map Bangkok Thailand.** Best-seller. Beaucoup plus classique, cette carte comprend une carte de la Thaïlande.

▶ **Carte de Bangkok et de Thaïlande au 1/500 000.** Editions Nelles. Cartes topographiques, parmi les meilleures.

AVANT SON DÉPART

Ambassades et consulats

■ AMBASSADE DE THAÏLANDE AU CANADA
180 Island Park
OTTAWA (Canada)
✆ +1 613 722 4444
thaiott@magma.ca
Ouverte du lundi au vendredi de 9h30 à 12h30 et de 13h30 à 15h.

■ AMBASSADE DE THAÏLANDE EN BELGIQUE
Chaussée de Waterloo 876
BRUXELLES – BRUSSEL (Belgique)
✆ +32 2 640 68 10
www.thaiembassy.be
thaibxl@thaiembassy.be
Ouverte du lundi au vendredi de 9h30 à 12h et de 14h à 15h.

■ AMBASSADE DE THAILANDE EN SUISSE
Kirchstrasse 56
3097 Liebefeld-Berne
BERNE (Suisse)
✆ +41 31 970 30 30 / +41 31 970 30 34
Ouverte du lundi au vendredi de 9h à 12h et de 14h à 17h.

■ AMBASSADE DE THAÏLANDE EN FRANCE
8, rue Greuze (16e), Paris
✆ 01 56 26 50 50
paris.thaiembassy.org
Ouverte du lundi au vendredi de 9h30 à 12h.

■ CONSULAT HONORAIRE DE THAÏLANDE À LYON
40, rue du Plat (2e)
Lyon
✆ 04 78 37 16 58
thailande.consulatlyon@wanadoo.fr
Ouvert le lundi, le mardi et le vendredi de 9h à 11h.

■ SERVICE ARIANE
www.diplomatie.gouv.fr
Ariane est un portail, proposé sur le site du Ministère des Affaires étrangères, qui permet, lors d'un voyage de moins de 6 mois, de s'identifier gratuitement auprès du Ministère. Une fois les données saisies, le voyageur pourra recevoir des recommandations liées (par SMS ou mail) à la sécurité dans le pays. En outre, la personne désignée par le voyageur comme « contact » en France sera prévenue en cas de danger. De nombreux conseils et avertissements sont également fournis grâce à ce service !

CONSULAT HONORAIRE DE THAÏLANDE À MARSEILLE

8, rue Cargo-Rhin-Fidelity (2ᵉ), Marseille
℡ 04 91 21 61 05
Ouvert du lundi au mercredi et le vendredi de 8h30 à 11h30.

Office du tourisme

OFFICE NATIONAL DU TOURISME DE THAÏLANDE

90, avenue des Champs-Elysées (8ᵉ), Paris
℡ 01 53 53 47 00 – www.tourismethaifr.com

Associations et institutions culturelles

ASSOCIATION FRANCE-THAÏLANDE

138, rue Chanzy
Hélesmes
℡ 03 20 47 92 64
http://sourirethailande.free.fr
Association loi 1901 fondée dans le but de favoriser les échanges culturels entre les deux pays, avec notamment un blog pour retrouver des informations en français. Différentes activités sont proposées comme des cours de danse, de musique ou encore de langue.

SUR PLACE

ALLIANCE FRANÇAISE

179 Thanon Witthayu, BANGKOK
℡ +66 26 704 200
Voir page 112.

AMBASSADE DE FRANCE

35, Charoen Krung Soi 36
Tour CAT, 23ᵉ étage, BANGKOK
℡ +66 26 57 51 00
Voir page 112.

LA BIENFAISANCE

35 Charoenkrung, Soi 36
Dans les locaux du consulat, BANGKOK
℡ +66 26 575 151 – www.la-bienfaisance.net
cd@la-bienfaisance.net
Le but de l'association est de venir en aide matériellement et moralement aux personnes de nationalité française résidant en Thaïlande ; de passage en Thaïlande ; incarcérées dans les prisons de Thaïlande.

MAGAZINES ET ÉMISSIONS

Télévision

RMC DECOUVERTE

12, rue d'Oradour-sur-Glane (15ᵉ), Paris
℡ 01 71 19 11 91 – www.rmc-decouverte.fr
RMC Découverte s'est imposée comme une chaîne originale, novatrice et incontournable dans l'univers du documentaire. Avec des programmes d'un genre nouveau, axés sur le divertissement et la connaissance et incarnés par des personnalités expertes, RMC Découverte est la seule chaîne de la TNT qui réunit sciences et histoire, aventure et investigation, technologie, voyage, exploration du monde animal jusqu'aux métiers de l'extrême… RMC Découverte, plus fort que la fiction ! Sur le canal 24 de la TNT.

TREK

www.trekhd.tv
Chaîne thématique. Chaîne du Groupe AB consacrée aux sports en contact avec la nature qui propose une grille composée le lundi par les sports extrêmes ; mardi, les sports en extérieur ; mercredi, les sports de glisse sur neige ; jeudi, les expéditions, avec des voyages extrêmes ; vendredi, le jour des défis avec des jeux télévisés de TV réalité ; samedi, deuxième jour de sports de glisse sur mer ; dimanche, l'escalade, à main nue ou à la pioche. Remplaçant la chaîne

Escales, Trek est disponible sur les réseaux câble, satellite et box ADSL.

FRANCE 24

www.france24.com
Chaîne d'information en continu, France 24 apporte 24h/24 et 7j/7, un regard nouveau à l'actualité internationale. Diffusée en 3 langues (français, anglais, arabe) dans plus de 160 pays, la chaîne est également disponible sur internet (www.france24.com) et les mobiles, pour vous accompagner tout au long de vos voyages.

Sites Internet

Quelques sites et blogs intéressants pour découvrir la Thaïlande ou suivre son actualité au quotidien.

FRANCO-THAI

Thaïlande
Voir page 74.

THAILANDE-FR

Thaïlande
Voir page 75.

THAÏLANDE GUIDE

Thaïlande
Voir page 75.

INDEX

■ L ■

■ M ■

■ N ■

■ W ■

■ Y - Z ■